麦 读
MyRead

走 向 上 的 路　追 求 正 义 与 智 慧

民法学原理

（重排校订版）

高等院校法学教材

民法学原理

（重排校订版）

主　编　张俊浩

副主编　刘心稳　姚新华

校　订　姚新华　费安玲　刘智慧　刘心稳

　　　　张馨予　朱李圣　吴香香　朱庆育

中国民主法制出版社

全国百佳图书出版单位

本书出版受南京大学文科中长期专项研究资金资助

重排校订版序

《民法学原理》1991年初版，先后共出版了三次。这一次是统合前三版内容再版，算是原貌再现。趁着旧书新印，谈谈这本书的撰写经过，因本书主编张俊浩教授三年前已过世，由我来执笔。

在本书出版前，中国政法大学还没有编写和出版过民法本科教材，撰写这本书就是奔着教学需要去的。

20世纪80年代后，各政法院系都开设有民法这门大课，大课之下再分设几门课程。一般都设有民法总则，分则就不一样了，有的参照法律名称，如财产所有权法、合同法、婚姻法、继承法等；我校一直设三门民法课程，即民法总则、民法分则及婚姻法，后来把继承法并入婚姻法，称婚姻继承法。各院校的民法课讲授的框架和理论，参照的是苏俄民法学理论，这是从20世纪50年代延续而来的，从当时的民法立法中也可以看到《苏俄民法典》的影响。民法课讲授内容则是围绕着《民法通则》《经济合同法》等单行立法及司法解释、民事政策展开。这样的讲授至多能讲清楚一些民法基本概念，在学术上显得干巴巴的，无法把民法丰富的理论内涵表达出来。那时还有民法经济法之争，经济法开设的课中也有部分课程与民法重叠，如合同法、知识产权法等。学生学完所有这些课程后就会有些茫然：民法到底是什么？那些高大上的私权神圣、意思自由、身份平等怎么感觉空荡荡的呢？其时，不独是民法，整个法学学术都在草创阶段，有人文学者就戏称法学为"幼稚的法学"。这些芒刺在背的评价，也更加鞭策着我们要撰写出能称得上是"学术"的民法教材。

使命和任务牵引，撰写这本教材必须从民法体系入手，通过体系把民法厚实的理论内涵写出来。主编张俊浩教授为了写书，有一年多常住昌平，闭门思考这些问题，并多次召集撰稿人讨论，有时是彻夜长谈。讨论集中在如何突破落伍于时代的教材结构，展现中国移植民法近百年过程中取得的成就并指出其存在的不足，尽可能汲取国外最新的学术思想。因为是中国民法课用的教材，最难的是如何与制定法匹配，在历史的经度和欧陆民法的纬度上，表现出中国学者对民法学所作的探索及学术上的最新发展。在讨论中也发现，当时奉行"宜粗不宜细"的立法取向，留下很多延伸解释的可能，深入其中就可以呈现出民法理论的无限空间，写出制定法所没有的内涵，揭示对立法走向的规律性认识。只要把全书的结构搭好，就不仅能覆盖制定法，让学生在体系化的理论中掌握法律，同时又能超越制定法的局限，让民法课成为一门法学素养的训练课，使本科生具备初步分析问题的学术能力，打下一个扎实的法学专业基础。

适逢当时官方提出"有计划的商品经济"，与《民法通则》立法时的背景大异其趣，这就为突破各种条条框框，再次引入欧陆市场国家的民法理论提供了外在的条件。在这样的背景下，我们确定了在体系构建、论证说理、概念界定诸方面回归至欧陆民法体系，再兼容当时的制定法，并明确指出其局限的写作路径。这在当时确属十分大胆，突破了沿袭多年的教材范式，对提高民法课品质、开阔学生的学术视野，起到了引领作用。

《民法学原理》以总则为纲，分则将财产权分为物权、债权、知识产权、继承权四大类。既有对欧陆民法体系的借鉴，也融入了撰写者的思考。这里以张俊浩教授写的总则部分为例，可以粗粗领略作者的创意。在民法总则中，对市民法的由来、法律行为与意思的关系、法律行为对物债两权的穿透及民法中人的本质等诸多方面，张老师不仅作了学术梳理，也表达了其独到的见解。张老师在撰写过程中还多次提到，教材的字数容量有限，重要的学术观念或学术思想，不允许太多的文字论证，用构建的体系去表达会同样有力。如关于人身权，制定法及很多民法著作在体例上将之作为与财产权并行的权利，置于民法分则。张老师就认为，一个自然人离开人身权就不可能成为丰满的人，甚至与动物都相去不远。人身权与自然人须臾不可分离，是法人不具有的权利，置于分则即成了自然人与法人共享的权利，完全违背了民法的宗旨。所以，在搭建全书结构时，毫不犹豫地把人身权放在总则，列于自然人这一单元，排除了法人对人身权的适用。对人身权的这一结构调整，显然比用一堆文字去论证人身权多么重要有着更强大的说服力。思想一旦获得自由，越过藩篱就成为快乐的学术，与张老师探讨、交流中，火花频现。如对于民法总则中的法人，德国民法将法人与自然人并列，并放入总则。虽然遵从了形式逻辑，但从价值判断看，有违民法的本质。法人是工具人，自然人才是民法的终极关怀，是民法被称为人法的根本所在。将工具人与民法的终极关怀并行，无疑降低了自然人地位。只有将形式逻辑与价值判断统一，才能形成一个更完美的学术体系。就此而言，被称为里程碑的德国民法也是有重大缺陷的。张老师还用马克思主义历史唯物论分析，认为将法人编入总则，实质是资本主义市场制度中，资本吃人在民法上的表现，尔后的"契约正义""消费者主权"等学说，都是在为此打补丁堵漏洞。当然，这些颠覆体系的想法，写进教材争议会很大，不能编入书中，只能在课堂中去阐发，让学生们从中感悟并学会学术批判。一份淡定，一份自信，张俊浩教授对民法的深刻理解和独特见解，真似泛行于大河之上的一叶独舟，勇敢而又孤独地前行。

民法作为一个外来法，自清末以降，先是移植欧陆法系，中华人民共和国成立后又转而引入苏俄理论。百多年的左支右绌，并无体系上和理论上的突破。当今世界正处于"百年未有之大变局"之中，民法理论应随时代而激荡。《民法学原理》在社会转型期对民法理论所作的探索，只是那个年代的学人思考，不能因此固步。深说起来，中国的民法理论与立法一样，一直是处于引入和补课状态，对西方法律及其学说长期抱着仰视心态，继受多于批判，更缺乏在自身文明基础上作出的创新式发展。"学徒"总有"满师"之日，出师之后应有自我主张。对于一个有5000年文明，渴望着复兴并正在走向复兴的民族来说，只有俯视这个地球，才可能树立真正的学术自信；也只有与中华文明结合，才能创造出属于民族的也是世界的法学！

姚新华
甲辰年夏至
2024年6月21日

重排校订版编辑说明

张俊浩教授主编的《民法学原理》是一部广受赞誉的中国民法学经典教科书，曾荣获普通高等学校法学优秀教材一等奖、国家优秀教学成果二等奖。该书取材广泛，资料详实，论证严密，思想深刻，风格独特，自出版以来一直深受法学院师生和法律从业者的推崇和喜爱。

《民法学原理》初版于1991年，并于1997年、2000年两次修订再版。惜2000年修订第三版推出后，再无新版问世，至2022年张俊浩教授仙逝，该书已绝版多年、一书难求。

为了继续传承这部实至名归的中国民法教学里程碑的经典作品，并满足众多钟爱读者的期待，由麦读文化总编辑发起提议，由朱庆育教授联络和支持，约请本书副主编姚新华教授、刘心稳教授以及原作者费安玲教授、刘智慧教授等对本书进行重排校订再版，并由作者方和出版方共同商讨确定了"修旧如旧、原貌重现"的再版原则和"新旧法条对应"的校订方向。

本次重排校订做了如下工作：

1.重排：本书以《民法学原理》修订第三版的内容为原本重排，将上下册合为一册，并恢复了初版中的第二章"法学方法与民法"（曾在第二版和第三版中删除内容只保留章名），除对个别文字错讹进行修正以外，文本内容均保持原貌未作修订。

作此安排的考虑有三：一是《民法学原理》作为一部以原理阐释为主要特色的教科书，所阐释的民法学原理和思想体系在今天阅读并不过时；二是张俊浩教授所撰写的部分难以更新和不可替代，即使由其他作者进行内容更新，也将导致全书不新不旧、无法统一；三是本次再版的一个重要目的是让这部经典作品得以继续传承，因此保持历史原貌具有重要的文献价值。

2.校订：本次校订主要围绕原版中涉及的旧法条文与现行新法条文之间的对应关系展开，尤其着重于《民法典》与原单行法及相关司法解释等的法条对应。校订内容具体呈现如下：

（1）关于新旧法条的对应关系，主要以增补楷体脚注的方式进行说明。视新旧法条的内容有无变化作分别提示：内容有变化的，标注为"对应《民法典》第***条"，并引用新法条文本；内容无变化的，标注为"现为《民法典》第***条"。标注视内容需要具体到款、项，多款用Ⅰ.Ⅱ.Ⅲ……区分。其他法律规范需要标注的处理同上。

与新法相关的其他对应关系(如编章节等)、说明性文字、评价性内容等,也在脚注或正文中用楷体增补呈现。

(2)关于参考文献。原版脚注中有部分参考文献信息不全,目前能核实确定的,进行了补全;目前已无法核实确定的,均保持原貌。

(3)关于其他错讹。对于原版中存在的个别法条、字句等错讹,本版进行了核实改正。

(4)关于法律文件全简称。宪法、法律、行政法规均省略"中华人民共和国";司法解释及其他规范性文件保留其原称谓,多处使用的在第一次出现时用括号标明其简称。

本次重排校订工作由姚新华、费安玲、刘智慧、刘心稳、张馨予、朱李圣、吴香香、朱庆育八人完成。具体校订分工为:

姚新华:第二十九—三十九章、第四十三章、第四十六章、第四十八—四十九章

费安玲:第四十一—四十二章、第四十四—四十五章

刘智慧、刘心稳:第十二—第十四章、第十六章、第二十章、第二十三章、第二十三章之一、第五十一—五十四章

张馨予:第一—四章、第二十四—二十七章

朱李圣:第五—十一章、第四十七章

吴香香和朱庆育对张馨予和朱李圣校订部分再作二次校订。

特此说明,并向张俊浩教授致敬,向各位作者和校订者致谢!

第三版修订说明

现在奉献给读者的是本书的第三版。为交代本版与此前版本的异同,我们有以下说明:

一、修订的指导原则

这是本书的第二次修订。此次修订,试图由法律条文的讲授向规范研讨转变,立法条文和司法解释不再作为出发点和立论依据,而以民法的整体理念以及具体制度的价值作为讨论的重点。此种转变,集中体现在绪论、总论和债法等部分。然而,本书毕竟是本科教材,而本科生的培养目标又是应用型人才,故而应以规范研讨为依归,而不应也不可能将本教科书变为纯理论著作。

二、修订的内容

(一)结构性调整

1.在"绪论"部分

撤销了原第2章(《法学方法与民法》)。撤销的考虑是:经重新检视,发现该章所涉问题尚待探讨,一时难以澄清;且其内容基本未涉及方法论问题,文不对题。俟将来研究得比较成熟后再作道理。

2.在"物权"部分

(1)将原第15章(《共有》)降格为节,附于第14章(《所有权》),作为第五节。

(2)将原第16章(《使用权》)、第17章(《国有企业财产经营权》)、第18章(《承包经营权》)和第19章(《典权》)四章的建制均降格为节,而合并为《用益物权》,编为第16章。其文字作了技术性修订,内容未变。

(3)将原第20章(《抵押权》)、第21章(《质权》)、第22章(《留置权》)三章的建制均降格为节,合并为《担保物权》,合编为第20章,文字作了技术处理。此外,增写了"最高限额抵押",列为第二节第五目;增写了"其他担保物权",其内容包括"优先权担保""财团抵押担保"和"所有权担保"三部分,列为第五节;其他部分,内容基本未变。

(4)增写了《占有》,列为"第23章之一"。

3.在"知识产权"部分

撤销了原第28章(《发现权、发明权及其他科技成果权》)。撤销的考虑是,该章所列诸权利虽有立法依据,并且值得从民法理论上予以探究,然而自学理看,却难谓其属于知识产权。

(二)内容的重大修改

1.在"绪论"部分

(1)第1章(《民法的意义、理念与性格》)强化了理论探讨,并在观点上作了一些整理。

2.在"总论"部分

(1)第5章《自然人》中的监护制度,其性质应为亲属法,以在亲属法中讲授为宜,故而撤销;但为与亲属法衔接,并方便有兴趣的读者阅读起见,被撤销的内容作为注释处理。

(2)第8章《法律行为》中,重写了第一节(《概说》)、第二节(《意思表示》)和第四节(《法律行为的要件》)三节。改写了第三节中"处分行为与负担行为""要因行为与无因行为"两项,增写了"要式行为和不要式行为";对《合同法》的有关规范作了检讨及整合,并将其纳入本章有关部分;其他部分,则作了理论上的充实。

(3)原第8章第八节《不真正法律行为》,鉴于其内容较多,而独立为章,列为"第8章之一"。其内容则依重写的法律行为要件的观点作了相应的调整。

(4)第9章《代理》中增加了关于"隐名代理"的讨论,并对《合同法》的有关规定作了检讨。

(5)重写了第11章《诉讼时效》,从法律要件和法律效果的角度讨论了诉讼时效,而罢于时效的法律效果,则定位于公力救济型请求权消灭。

3.在"知识产权"部分

(1)重写了第24章《知识产权总论》的第一节。

(2)改写了第25章《著作权》的第二节。

4.在债权部分

根据《合同法》(1999年)对涉及合同法的部分作了相应的修订,以反映立法的变迁,并对立法中存在的问题作了回应。其修订内容包括:

(1)改写了第32章《债的效力》第三节《债务不履行及其效力》。

(2)重写了第36章《合同的基本原理》第二节,并改其名为《合同的成立》。

(3)改写了第36章《合同的基本原理》第四节《合同的效力》。

(4)在"第五编之二·合同分论"部分,对各种有名合同类型,均根据《合同法》作了相应的增补。

三、修订的担当人

此次修订,由张俊浩、刘心稳、姚新华和刘智慧四人担任。具体分工如下:

张俊浩:第1章至第11章、第24章、第25章、第47章;

刘心稳、刘智慧:第12章至第23章;

刘智慧:第23章之一;

姚新华：第29章至第46章、第48章、第49章。

四、鸣谢

本书出版以来，多承读者厚爱，不断有读者主动赐教，指正我们的错误或者疏失，与我们切磋讨论。我们从上述活动中获益良多。读者的关爱之情，永远难忘。

本书曾侥幸荣获司法部、北京市和国家优秀教学成果奖。浪得虚名而已，实无由作为自得的依据。我们敢于在此提及，仅为表示对关心本书特别是费心为本书评奖的诸多同志的致谢之意。

此次修订，得到了本校同人和其他同志的热心帮助。在此我们深表感谢。

在张俊浩所担任部分的修订中，承中国政法大学法律系民法教研室同仁鄢一美和李永军两位不吝赐教；对外经济贸易大学法学院的金渝林先生则自始至终与张俊浩讨论，从价值与逻辑上进行切磋，并审阅了全稿；该部分品质的提升，实拜金先生的帮助所赐。中国政法大学研究生朱庆育、黄台英、亓述伟也自始至终关心本次修订，作为第一读者，他们不断地提出自己的批评，也使张俊浩大为感动并且受益。杨华同志(中国政法大学法律系资料室副研究馆员)，研究生亓述伟、黄台英和秦国辉并担任校雠之劳。对于以上诸位的帮助，张俊浩特此鸣谢。

本次修订，尽管担当人做了不少努力，但缺点错误定然难免。我们希望法学先进和广大读者继续批评赐教。

张俊浩

2000 年 9 月 4 日

第二版修订前言

本书出版已有6年。为使它所反映的立法、司法和法学学说与时俱进,我们推出了这个修订版。6年来,时事发生了很大变化。最为重要者,是中国认同了市场经济。民法作为表述市场经济的基本法,当然乐于看到中国的这一制度变迁。在建设"社会主义市场经济"的进程中,中国需要真民法。修订本书时,我们进一步感悟到民法理念的惊人价值。

此次修订,由张俊浩、刘心稳、姚新华和鄢一美四人担任。

此次修订,重在反映6年来的新立法,重写了物权分论、知识产权论和债权合同论三部分的大部分章节;其他各编,也根据立法作了相应调整。但是,全书的整体构造和基本观念,则原封未动,以力求贯彻民法的体系和方法。而文字则尽量作了一些通俗化的整修,但仍旧保留了原有的风格。

本书初版后,承蒙各界人士提出过不少意见和改进建议。这次修订,我们有机会作了全面回应。但愿今后能继续得到各界的厚爱,我们定将报以更加努力的研习和更加坚定的进取。

修订告竣,爰缀数语,以尽说明之责。

张俊浩
1997年5月31日

第二版作者及分工

张俊浩：1—9章、25章、47章

姚新华：10—11章、24章、26—36章、48—49章

刘心稳：12—13章、16—18章、39章、50—54章

刘　兰：14—15章、19—23章

赵　群：37—38章、43章、46章

费安玲：40—42章、44—45章

江序

　　《民法学原理》一书是中国政法大学民法教研室几位中青年学者的力作。他们思想敏锐，敢于用一种新的民法思维来阐述在我国还很不发达的民法学。

　　民法学是一个理论上博大精深的法学部门。它的历史悠远、立法详尽、理论根深、著作浩瀚。不深刻掌握民法的理论，就不能深刻理解立法的精神并正确运用于实践。高等法律院校的莘莘学子尤其应注意民法理论功底的培养。从多年教学实践来看，只掌握民法学每一个别制度、原理，而对整个民法学缺乏系统、完整的理解，是民法学学习和讲授中尤其应注意的问题。本书作者在设计全书结构时，力图贯彻体系化的要求，既注意对每一项民事法律制度的分析，又注意从体系角度对每一项民事法律制度的阐述，以便使读者形成具有内在联系的民法体系观念。

　　民法学又是一个实践性极强的法学部门。每一项制度、每一个原理、每一个法条、每一个解释，都是以社会各种生活为其依据，又以社会生活为其用武之地。再复杂的民法理论、再难懂的民法条文，一旦用生活中的实例来说明，就很容易被人理解、掌握。但实际又是千变万化的。我们总不能把一本民法教程变成查找解决案件的辞书、手册，更不能把每一个具体纠纷的解决答案都详尽无遗地告诉读者。要在教程中教给学生解决实际问题的方法，而不仅仅是解决问题的自身。本书作者注意民法实务的研究，并力图在民法实务中更多地解决方法论问题。作者不仅设专章介绍法学方法论，而且在各部分的叙述中注意对学生方法论的训练培养。

　　民法较之其他许多法律部门更需要理论联系实际，而体系观念和方法论则是二者重要的结合点。解决好这两个问题将会有助于民法学在我国的发展。在《民法学原理》一书出版之际，仅以此意愿寄厚望于作者、同人和广大读者！

江平

1991 年 5 月

第一版作者及分工

张俊浩：1—9章、24章、46章

姚新华：10—11章、23章、25—36章、47—48章

刘心稳：12—13章、16—18章、38章、49—53章

刘　兰：14—15章、19—22章

赵　群：36—37章、42章、45章

费安玲：39—41章、43—44章

目　　录

绪论
第一编　绪论

本论

第二编　总论

第三编　物权论

第四编　知识产权论

第五编　债权总论

第六编　债权各论

第六编之一　合同之债——合同总论

第六编之二　合同之债——合同分论

第六编之三　法定之债

第七编　继承权论

绪论

第一编　绪论

第一章　民法的意义、理念与性格

第一节　民法的意义

一、民法之语源

大凡初次接触民法的同胞,总不免觉得"民法"这术语太过模糊,远不像"刑法""行政法"和"诉讼法"那样,能给人以顾名思义的联想,使人领悟其调整对象以及部门法的特质性格。

原来,民法是外来文化,国人原本隔膜,这是与刑法、行政法和诉讼法[1]这些本土固有、国人耳熟能详的部门法所不同的。民法源自古代欧洲的罗马法,在其发源地的语言中,叫作"ius civile"(拉丁语),[2]直译即为"市民法"。当时叫它市民法,原无什么深言大义,无非直呼其名而已。"古代的起点是城市及其狭小领地",[3]"罗马始终不过是一个城市"。[4]作为城邦国家的公民,其身份便是市民。对市民相互关系加以规制的法称之为市民法,是再自然不过的了。问题是,到了15世纪至18世纪,西欧的市民等级作为新生产力的代表渐成气候,它不仅经济上强大有为,而且

---

〔1〕　中国古代行政法是极为发达的。只是依西方宪制理念,该行政法在理念上大相径庭。

〔2〕　"ius civile"揆其本义,无非是调整市民基本关系的部门法之义。古罗马的市民法,演变为今天意义上作为基本部门法的"市民法",有其漫长的历史过程。经过长期的演进、澄清,至迟在3世纪初叶,特别是212年《卡尔卡拉告令》赋予罗马帝国一切异邦臣民以罗马市民资格后,原来适用于罗马异邦人之间或罗马人与异邦人之间的"ius gentium"(义为"万民法"),因属人主义的主体之不存在而无从存在,另一方面其理念与制度也早被"ius civile"所吸收。"ius civile"取得了指称私法的专门用语的地位。必须指出,"ius civile"之被后世特别是今天作为私法的专门用语,与下列两个事实有关。其一是作为与《教会法大全》相区别的《市民法大全》的出版,6世纪东罗马皇帝优士丁尼(Justinianus, 400—565,其中527—565在位,也译优士丁尼安、优斯汀尼安努斯、查士丁尼)编纂的集罗马法之大成的罗马法全书,本来被称为《法律大全》(Corpus iuris)。但1583年,法国人Dionysius Gothofredus为了与《教会法大全》相区别,将其冠以《市民法大全》(Corpus iuris civilis)的新名称在热亚那推出新版本,这一称谓得到认同,成为用市民法指称罗马私法的嚆矢。随着各国法律界对《市民法大全》的研习和运用,罗马市民法成为全欧洲的私法。另一个事实是18世纪以后欧洲民族国家市民法立法,均命名其私法典为市民法典,其中的代表便是1804年法国的《拿破仑市民法典》(也称《拿破仑民法典》《拿破仑法典》,即《法国民法典》)。

〔3〕　[德]马克思和恩格斯:《费尔巴哈——唯物主义观点和唯心主义观点的对立》(《德意志意识形态》第一卷第一章),载《马克思恩格斯选集》第1卷,人民出版社1972年版,第28页。

〔4〕　同上注,第27页。

政治上势如破竹，俨然是封建势力的克星和取代者。于是，"市民"成为焕发着进步精神和豪迈气概的字眼，以至于知识界竟要造出"市民社会"[1]的专门词组，来称谓那与政治国家对立的基础性社会存在。古老的罗马市民法更被青眼有加，作为否定教会法和封建法的思想的以及制度的资源，被各国热情地竞相继受。而且，大革命胜利后欧陆民族国家制定其私法法典时，竟无例外地采用市民法命名那些新法典。1804年，法国的《拿破仑市民法典》，便是人所共知的范例。可见，在那个时代，"市民法"被注入了"私法""私权法""市民社会的法"等诸多信息，成为专有名词，而不再是寻常名物了。然而，19世纪日本学者在译介时，却同初进大观园的刘姥姥一样，不知"市民法"术语中"市民的"这个成分的固有价值，竟然以为它无足轻重，可以简而化之地译之为"民的"！于是，"市民法"在东方也就成为"民法"。[2]买椟还珠，市民法所传达的文化信息差不多全给丢掉了。[3]

〔1〕 市民社会是用以揭示社会与国家关系而提出的术语。关于其内涵，学说纷纭。但是，"作为政治国家对立物、由市民的交往或者组织构成的社会存在"，此一基本点则为各种学说的共识。马克思将市民社会定义为经济社会，亦即经济基础。

〔2〕 19世纪日本学者在介绍欧洲法律文明时，津田真道在庆应四年(1868年)，把荷兰语的"burgerlyk regt"译为"民法"。上列荷兰语词，是拉丁语"ius civile"的转译。据郑玉波：《民法总则》(台北，1998年修订11版)第10~11页注①："日本之'民法'二字，乃庆应四年，由其学者津田真道氏自荷语翻译而来(穗积重远：《民法总则》，第4页；松坂佐一：《民法提要·总则》，第4页)。但潘维和却认为"民法"一词之译者为箕作麟祥，见氏著《中国民法史》第126页："日本学者箕作麟祥氏转译法语droit civil一词"。然潘氏未示其所本。

〔3〕 对于日本学者将"ius civile"译为"民法"，国内也有学者予以积极评价，认为"独具匠心"，化解了东西方在市民与国民两语词上的文化差异，将"市民"正确地理解为"公民"。江平教授主编的《民法学》(司法部法学教材编辑部审定高等政法院校主干课程教材)(中国政法大学出版社2000年版)写道："日本学者在翻译欧洲国家法律中的前述术语时，不直接译为'市民法'，而译为'民法'，颇具匠心，充分考虑了东方幅员辽阔的乡村社会与欧洲以城市为中心的城邦社会的差别，以及由此决定的对'市民'这一术语的不同理解。欧洲的古代社会是一个城邦国家林立的社会，一个城邦的市民亦即一个城邦国家的国民。古代的罗马城邦国家如此，古代欧洲的其他城邦国家也是如此。于是在欧洲人的心目中形成了市民亦即国民、公民的概念。作为'民法'最终语源的'ius civile'虽然通常直译为'市民法'，但这一术语在罗马语言中亦同时具有罗马人的法、罗马民族的法的含义，'因为civitas(城邦)这个名词在罗马人中含有作为有秩序社会的民族的意思'(〔意〕彼得罗·彭梵得：《罗马法教科书》，黄风译，中国政法大学出版社1992年版，第4页)。然而在日本和中国的东方社会，'市民'即'城市人'，是与'乡村人'相对应的概念，并不具有'公民'的含义，惟'民'才能概括'城市人'与'乡村人'，具有一国所有人的含义。"(见该书第2页)

也有意见认为，"民法"之所以不易为国人理解，不在其未译为"市民法"，而在民法为外来法律文明：纵使译为"市民法"，国人也同样会感到难以理解，其情形未必比译为"民法"的好。另外，无论如何，"民法"在日中两国已为定型语词，纵使翻译有误，也不复可能变成"市民法"。因而不必在"市民"与"公民"的译名问题上纠缠。本书以为，上述指摘自有其道理。本书也无取消"民法"而代之以"市民法"之妄想和提议。然而，与"市民法"有关的术语，尚有"市民社会"、法国大革命的《人与市民权利宣言》(即《人权宣言》)、联合国的《市民权与政治权利公约》(即《公民权利与政治权利国际公约》)等，上述语词中的"市民"，译为"公民"虽难谓其错，但自政治哲学的内涵言，却也当得上"貌似神失，移橘变枳"八个字，起码阉割了近代市民等级所含有的时代和历史意义。平心而论，罗马时代将其私法叫做市民法或者别的什么名目并不重要，如果不是近代将私法叫作"市民法"，尤其"拿破仑法典"不叫作"市民法典"，那么今天的私法便与"市民法"的称谓无关。而近代欧洲大陆各国之所以将私法叫做"市民法"，实由市民等级使然。而该等级无论如何不能译为"公民等级"，更不能如日人译"市民法"为"民法"那样译为"民"等级，则不至有人质疑吧。

中文的民法这一术语,是照搬日本人的误译。[1]国人望民法而莫名尚在其次,更严重的是,该译名模糊了市民法的本质和性格。这就是民法作为术语使人不得要领的原因之所在。诚然,对于东方民族来说,市民法属于异质文明,纵使如实地译其为"市民法",如果没有必要的文化沟通、借鉴和同化,国人也未必能够望文生义地获知市民法的理念和性格,然而,无论如何,将市民法译为民法,毕竟丢失了太多的文化信息,该不是苛责之论吧。更可骇怪的是,"民法"这一成问题的译名竟然被中、日、韩等国用作私法法典的名称。

二、民法的文化源

民法作为法律文化现象,起源于古代的罗马私法。

(一)公法与私法

罗马人在构建其法律体系时,将法律划分为政治国家的法和市民社会的法,前者称之为"公法",其主角是权力,其运作赖于威权,赖于命令与服从,其内容体现为政治管理、公共秩序以及国家利益。后者则是"私法",它以权利为核心,以私人平等和自治为基本理念,其内容则体现为私人利益的调谐。诚然,任何逻辑上的划分,均不免遭遇亦此亦彼、莫衷一是的边缘事物,公法与私法的划分亦复如此。因而招谤涉讼,沸沸扬扬千百年。虽然,这一划分过嫌机械,割裂了法律的内在联系。在今天,尤其不宜拿它作标签,胡贴滥套。然而,罗马法视私人平等和自治为终极关怀,对于权力猖獗怀抱高度的怵惕之心,以至于试图用公法私法的"楚河汉界"去隔阻,天真之余,备极严肃。正是在这一意义上,"私法"一词仍然具有经典性的说明价值。

(二)罗马私法与市民法

ius civile是古代罗马人特有的私法。[2]在公元212年以前,ius civile奉行属人主义原则,适用于罗马本土人——罗马市民,而对于外省人之间以及外国人之间、罗马人与外省人、外国人之间的纠纷,则适用"ius gentium"(拉丁语,意为"万民法")去处理,后者是吸纳外地法和外国法中的合理原则(普遍理性或自然理性)发展起

既然如此,我们认为市民法译为"民法"为误译,大约也非苛求之论。

〔1〕 我国学术界,向来有关于民法一语乃中国典籍所固有,并非引自日本的主张。清末民政部《奏请厘定民律折》采纳了该意见,称"东西各国法律,有公法私法之分,……中国律例,民刑不分,而民法之称,见于《尚书·孔传》"。查《尚书·孔传》有如下文字:"咎单,臣名,主土地之官,作《明居民法》一篇,亡。"依本书所见,民法作为基本部门法,不是而且也不能为中国法律文化所固有,当属不争的事实,盖中国从不具备产生和发育市民法的社会条件也。《尚书·孔传》中的"民法"一词,与作为基本法律部门的民法显非同一概念。纵使典籍中有民法一语,也不足以证明中国固有民法这个法律部门。

〔2〕 同上注。

来的私法规范集，"是罗马人与其他所有民族共有的法"。[1]公元212年，卡拉卡拉（Caracalla）帝将罗马市民权赋予帝国所有臣民，ius civile 与 ius gentium 的属人色彩和分立便告终结，罗马私法合二为一。11世纪之后，罗马私法被奉为全欧洲共享的法学思想资源和制度资源。人们出于对往昔罗马市民法的偏爱，以及对于当时市民等级的自豪，约定俗成地用 ius civile 指代罗马私法。至迟在1583年，仿效《教会法大全》的《市民法大全》（"Corpus iuris civilis"，即优士丁尼《法律大全》的合刊本）在热亚那面世，该书使用"市民法"称呼罗马私法，此一模式得到普遍认同。自那时以后，人们便用"市民法"指称罗马私法。18世纪以后西欧大陆各国的民事立法 [其中包括著名的1804年《拿破仑市民法典》和1896年《德意志帝国市民法典》（即《德国民法典》）]，均以"市民法典"命名。市民法成为继受罗马私法的国家对于私法的专有术语，而"ius gentium"则被用来指称国际法。

三、民法的意义

（一）定义

民法指法律体系中调整社会普通成员之间人身关系和财产关系[2]的法律规范系统。

（二）说明

1.民法是实体部门法

在法律体系中，民法属于实体部门法，调整生活层面上的权利义务关系，与行政法和刑法等属于同一层面。是仅次于宪法的基本部门法，与仅调整诉讼中关系的程序法有着本质的区别。

2.民法是调整型实体部门法

实体法依其功能，可分为调整型与保护型两个类型。前者指主要由行为规范构成的实体法。该类规范的特点在于公告权利义务模型系列，诱导人们实施正常行为（肯定性行为），不实施反常行为（否定性行为）。所谓保护型实体法，则主要由裁判规范构成。该类规范的特点在于建立制裁的规范体系，而非行为模型体系。当然，裁判规范也对人们的行为起着间接调整作用，不过却是通过威慑力量，遏制反常行为

---

〔1〕［意］彼得罗·彭梵得：《罗马法教科书》，黄风译，中国政法大学出版社1992年版，第13页。

〔2〕《民法通则》第2条关于我国民法对象的规定，其顺序为财产关系和人身关系。（对应《民法典》第2条："民法调整平等主体的自然人、法人和非法人组织之间的人身关系和财产关系。"）此种顺序排列，容易给人以财产关系重于人身关系的印象，事实上，在民法的理念中，人法重于财产法，尽管我们坚持人格财产的两位一体性。而且，在罗马法的《法学阶梯》中，"人法"列为第一编，"物法"则列为第二编，此一顺序，也显示了人法重于物法的理念。故而我们在说明民法的对象时，将人身关系列于财产关系之前，以示人身关系的重要性。

的实施。当然,调整型实体法中,也有裁判规范:首先,单纯裁判规范有一定数量的存在;另外,凡行为规范必为裁判规范。此点务应注意。

民法兼有行为规范和裁判规范两种品格,属于调整型实体法,刑法则属保护型实体法。然而,调整型实体法,不只民法一种,行政法也属调整型实体法。它与民法有何区别呢?这便引起下面的第三点。

3.民法是调整社会普通成员之间相互关系的实体部门法

(1)社会普通成员关系

当事人以社会普通一员的面目彼此对待和交往,双方互视为同类,亦即身份彼此同一,任何一方均不以权力者的面目出现——尽管他实际具有这样的面目——彼此不形成命令和服从关系,这便是社会普通成员关系。此种关系,自罗马法以来,就被称为"私关系"。然而,我国今天的社会,不习惯那个"私"字。故而我们特别用"社会普通成员关系"加以表述,尽管累赘,亦非敢计。

社会交往归纳为,要么是人身关系,要么是财产关系,或者兼而有之。各个调整型实体法部门,无一例外地都调整这两类关系。

(2)人身关系

①意义

人身关系是人格关系和身份关系的合称,亦即自然人基于彼此人格和身份而形成的相互关系。

②人格关系

ⅰ.人格关系的意义

人格关系是自然人基于彼此人格或者人格要素而形成的相互关系。

ⅱ.人格

人格是自然人主体性要素的总称。所谓主体性要素,即人之所以作为人的要素或者条件。人格要素包括生命、身体、健康——可以统称为物质要素,此外尚有姓名、肖像、自由、名誉、荣誉、隐私等——可以统称为精神要素。所有人格要素形成整体结构,就是人格。可见,人格是从整体上着眼,而人格要素则是相对于具体要素而言。无论基于整体的人格,抑或人格要素,均可形成人格关系。

ⅲ.人格关系的内容

人格关系的内容,归结为人格尊重、人格不得抛弃、不得转让和不得非法褫夺。

③身份关系

ⅰ.身份关系的意义

身份关系是自然人基于彼此身份而形成的相互关系。

ⅱ.身份

身份是自然人在群体中所处的据之适用特别规范的地位。[1]申言之,对于身份

---

[1] 民法学中的"身份"概念,有其特别的内涵和外延,与日常用语中同一语词所表述的概念并不相同。

不同的人，所适用的规范也不同；适用于特定身份人的规范，未必可适用于其他身份的人。在罗马法中，"人法"呈强烈的身份色彩。随着近代解放运动和民主运动的进展，不平等身份已经基本上废止了。在今天，只有夫妻、父母、子女、兄弟姐妹、祖父母、孙子女、外祖父母、外孙子女等身份以及监护人与被监护人身份保留了下来。故而今天所称的身份，便只有亲属和配偶了。

ⅲ.身份关系的内容

身份关系的内容是精神的和伦理的权力、权利和义务，但往往与财产形成或紧或松的联系。

身份关系有平等型和权力服从型两种类型。社会普通成员之间的身份关系是平等型关系。普通成员对于同类的普通成员，彼此间当然视为平等。具有权力与服从关系的当事人之间，其身份则不平等。

（3）财产关系

①财产关系的意义

财产关系，是当事人基于财产而形成的相互关系。

为要明了财产关系的意义，先须明了财产的意义。

②财产

ⅰ.财产的意义

财产是从归属或者流转的视角定义的经济资源，是经济资源在法律上的表现。马克思指出："财富的本质就在于财富的主体的存在。"[1]这说明，在经济学的语境中，资源仅仅是有用和稀缺的东西而已；而在法律上，则进一步回答资源属于何人。归属或者主人的存在是资源转换为财产的必要条件。财产是有主人的，无主人即无

后者指称自然人在任何社会关系中的资格或者地位。例如，我们可以说"以公民的身份""以共产党员的身份""以老兵的身份"等，这都是有意义的。也可以说"以所有人的身份""以受害人的身份""以作者的身份"等，也同样有解。然而，上述用法，却不是民法学上身份的意义。民法学上的"身份"，原指自然人的权利能力依附于家庭、氏族、等级的状态或者人格地位，即人格依附关系中的地位，包括古罗马"子"的人格依附于"家父"，"妻"的人格依附于"夫"那样的人格依附。在近代，上述含义中的不平等内容归于消灭。英国19世纪的法制史家亨利·梅因(Henry Sumner Maine, 1822～1888)说："'身份'这个字可以有效地用来制造一个公式以表示进步的规律，不论其价值如何，但是据我看来，这个规律是可以足够地确定的。在'人法'中所提到的一切形式的'身份'都起源于古代属于'家族'所有的权力和特权，并且在某种程度上，到现在仍旧带有这种色彩。因此，如果我们依照最优秀的著者的用法，把'身份'这个名词用来仅仅表示这一些人格状态，并避免把这一名词适用于作为合意的直接或间接结果的那种状态，则我们可以说，'所有进步社会的运动，到此处为止，是一个'从身份到契约'的运动。"（［英］亨利·梅因：《古代法》，沈景一译，商务印书馆1959年版，第97页。）当代英籍思想家弗里德里希·哈耶克(Friedrich Hayek, 1899～1992)说："身份的观念，亦即每一个人根据指定在社会中占据的地位的观念，实际上是指这样一种状况，在这种状况中，所适用的规则并不具有很高的一般性，而是指向特定的个人或者群体，并赋予他们以特殊的权利和义务。"（［英］弗里德利希·冯·哈耶克：《自由秩序原理》，邓正来译，生活·读书·新知三联书店1997年版，第191页。）正是基于上述理解，我们不赞成把民法学上的身份概念，混同于日常用语中的用法，不赞成将专利权人和文学艺术作品的创作者这些资格视为身份，也不赞成将名誉和荣誉视为身份要素。因为，如果那样滥用，便足以阉割身份概念的本质，而无从领悟"从身份到契约"的演进。

〔1〕《马克思恩格斯全集》第42卷，人民出版社1979年版，第115页。

所谓财产。

ⅱ.财产的要件

财产须具备如下要件：

a.有用性

有用即具有满足人们需要的功能。有用性是资源抑且财产的首要属性，凡不具经济价值的事物，是不会被人们视为资源或者财产的。

b.稀缺性

稀缺即供给的客观不足。稀缺也是资源抑且财产的重要属性，凡取之不尽、用之不竭的事物，也不会被人们视为资源或者财产。

c.可支配性

作为财产的资源，必然是人力可以支配的东西。凡人力所不及的事物，纵使具有再大的价值，也无法作为财产。例如，大气、海洋、日月星辰等，即因其不为人力所能及，而不可能有主人，不能成为财产。

d.须不属物质型人格要素

自然人的身体、器官、名誉等，也具有经济价值，但却不能作为财产。因为它们均属主体的要素，永远只能作为目的，而不容他人支配。

ⅲ.积极财产、消极财产和总合财产

在民法上，我们有时使用积极财产和消极财产的分类。

a.积极财产

积极财产包括物、智慧财产、物上利益以及债权。

物是人的身体和器官之外、人力能够支配的物质资料和自然力。智慧财产是受法律保护的人类智慧活动产出的非物质性成果，如文学艺术作品、专利技术等。物上利益指建立于他人之物上的合法利益，如土地使用权、采矿权、渔业捕捞权等。债权是请求他人实施特定行为以满足自己利益的权利，如价金债权、货物债权等。

b.消极财产

消极财产仅指债务。

c.总合财产

财产也在经济利益总合的意义上被使用，如法人财产、合伙财产、夫妻共有财产、遗产等，均在此种意义上使用。

③社会普通成员之间的财产关系

人身关系和财产关系，依其参加者的地位，区分为社会普通成员间的关系和具有命令服从关系的成员之间的关系。民法调整社会普通成员之间的人身关系和财产关系。该种人身关系的特点，是人格尊重和身份平等。而财产关系，其特点则在于尊重财产权，财产惟依当事人的意思而流转。公法则调整具有权力与服从关系的当事人之间的人身关系和财产关系。此种人身关系的特点，是当事人处于权力与服从的法律地位,其财产关系,则体现财产的公法分配与奖惩,其流转不以受命令者的意思为转移。

(三)民法典

民法这一术语,也用来指称规定于一部法典之内的体系化的民法规范整体,即民法典。民法的这一用法,应系"民法典"一词的缩略语,与"民法"在形式上虽同一,却并非同一概念。此一意义上的用法,称为形式意义的民法。与此相对应,作为部门法意义的民法,则为实质意义的民法。

自18世纪以后,欧陆各国尊奉国家主义的民法渊源理论,坚持行为规范与裁判规范相统一的民法功能观,崇尚以演绎逻辑为基础的法律适用方法论,这些因素共同决定了民事立法采取法典化形式。民法典的经典模式有两种:一是无总则、三编式的法国模式(或称"法学阶梯"式),即设"人""财产"和"财产取得方法"三编。[1]二是设总则、分作五编的德国模式(或称"学说汇纂"式),即设"总则""债""物权""亲属"和"继承"五编。[2]而能够在体系上引以为荣者当推德国模式。因为,该模式不仅区分了物权与债权,而且归纳出了作为各部分适用前提的总则。严格说来,只有当"总则"这一立法技术臻于成熟,民事立法的体系化才算完成。尤应指出,上述两种模式,均未涉及知识产权。这不仅缘于立法时知识产权作为制度出现未久,民法学对其知之无多,尚未形成体系化的认识;另外也缘于知识产权是否属于民法的范畴确值研讨。事实上,迄今仍旧悬而未决。我国自清末以来,民事立法即确立了法典主义模式。国民党政权于1929年至1930年制定了采用德国模式的民法典。1997年,我国全国人大常委会已着手民法典草案的编制。研究民法典的体系技术,对于我国的民事立法和司法是有重大意义的。

(四)实证法民法、观念法民法和自然法民法

马克思主义认为,法律作为制度型上层建筑,与其他类型的上层建筑一样,是由经济基础决定、并且反作用于该基础的。依此思维进路,法律与基础相互作用的机

---

〔1〕 此制渊源于罗马法《法学阶梯》一书的体系,故而又称"法学阶梯式"(institutsystem)。不过,《法学阶梯》的构造为"人法""物法"和"诉讼法"三部分。依近代理念,诉讼法应从市民法中剔除。故《法国民法典》并未照搬《法学阶梯》的构造,而是将该体系的"物法"部分析分为二,即分为"财产"和"财产取得方法"两编。

〔2〕 此制源于近代罗马法学者对《学说汇纂》的逻辑整理所形成的体系。该体系始见于德国法学家格奥尔格·黑泽(Georg Amold Heise)1807年的《民法概论——供Pandekten教学用》一书。由于《学说汇纂》的希腊文音为"pandektae",故而又称"潘德克吞式"(pandektensystem)。黑氏被称为"潘德克吞体系"之父。不过,在潘德克吞,债权和物权两编的顺序有两种格局:《萨克森民法典》(也称《撒克逊民法典》,草案于1852年,施行于1863年)将物权编排在债编之前,此称萨克森模式;《巴威利亚(Baviria)民法典》(1861年)则相反,列债编在前,此称巴威利亚模式。《德国民法典》采巴威利亚模式,我国民国时代制定的民法典仿之。《日本民法典》则采萨克森模式(参见史尚宽:《民法总论》,正大印书馆1980年版,第4页;郑玉波:《民法总则》,三民书局1998年版,第29页)。

制是：(1)基础有其一般运行条件及要求，作为上层建筑的法均由此决定并为此服务。该要求可称之为"自然"层面或者存在层面上的法。(2)基础的一般要求被社群因应为行为规范，并演化为自发的制度；成功的制度得到其他社群的模仿和传播。该制度并无设计者或者创作人，而是社会演化的结果。制度的总和便构成习惯法。(3)基础的一般要求以及习惯法被思想家发现和反映，并在理论层面上加以提炼，形成意识形态的法律观念，称为观念层面上的法；统治阶级又依照这种观念，通过肯认习惯以及创制新法(创制"制定法")的方法实施立法，于是而有制定法。制定法是人编写的法，人造的法，既然是人造的，便可能造得好(体现基础的一般要求)，也可能造得坏(不理解、无视或者故意对抗基础的一般要求)，于是而有善法和恶法之分。其判断标准则是反映基础一般要求的自然法。由于制定法与习惯法是可以实证地予以观察和研究的，故而又称为实证法。实证法又反作用于基础，与基础相互印证。从上述理解出发，我们看到三个层面上的法：一是实证法，二是观念法，三是作为社会物质生活条件一般要求的法。第三层面也即最深层面的法，仅仅是一种客观存在的一般要求，我们不妨借用法哲学上"自然法"[1]的术语来表述它。而作为法律体系的一个部门，民法也有三个层面，即实证法民法、观念法民法和自然法民法。在上文，我们虽然只就实证法民法下了定义，但是，该定义的精神是完全适用于观念法民法和自然法民法的。

(五)民法概念的法系文化性和历史性

1.法系文化性

民法是市民法系文化特有的现象。在欧陆各国，成文民法典是实证民法的基本形式。而在普通法国家，尽管事实上存在着民法这样的法律部门，但它却不是通过

---

〔1〕　关于自然法的含义，在人类认识史上出现过多种不同的认识。但通常是指源于宇宙秩序本身、作为一切制定法之基础的关于正义的基本和终极的原则的集合。它萌发于古希腊哲学，其中智者学派将"自然"和"法"区分开来，认为"自然"是明智的、永恒的，而法则是专断的，仅出于权宜之计。苏格拉底、柏拉图和亚里士多德则断定能够发现永恒不变的标准，以作为评价成文法优劣的参照。其中亚里士多德认为，有一种无论何处均具有同样权威、通过理性可以发现的自然法或者正义。斯多噶学派引进了一种新的看法，并设想了均等的自然法，认为理性乃人所共有，自然状态则为理性控制的和谐状态，但已为自私所破坏，故而应当恢复自然状态。按照理性去生活，就是按照自然生活。罗马法中的自然法思想即源于此。中世纪教会法学者惯于使自然法与上帝法相一致，不过有的学者在自然法中强调上帝的理性，有的学者却强调上帝的意志罢了。启蒙运动后，自然法理论终于变成一个独立的理性主义思想体系。谓其独立，是指独立于教会与神学而言。荷兰法学家H.格劳秀斯相信宇宙受理性自然法统治，自然法由人的基本性质必然产生的准则所构成。英国的T.霍布斯提出了社会契约假说，认为社会契约是为走出自私和残酷的自然状态而赋予统治者以管理权的契约，但统治者必须遵守自然法。19世纪，自然法的思想普遍受到责难，认为社会契约论是虚构，纯理性作为法国革命的口号带来了许多过分的结果，认为自然法已经死亡，并判定其不可能死灰复燃。但在20世纪，自然法又有再生迹象，有些学者恢复了对自然法的研究。马克思主义者对待自然法观念的态度是，批判其历史唯心主义的本质，却不拒绝其合理性成分。

以上关于自然法学说，林林总总，各有不同，但却在以下三点中表现其共性：(1)自然法是永恒的、绝对的；(2)人的理性可以认识、发现自然法；(3)自然法超越于实在法之上，后者应当服从前者。

成文法典，而是通过判例的"积分"表述出来的。"遵循先例"的原则使判例所体现的私法原则在普通法国家起到了法律规范的作用。因此，在普通法国家，并没有市民法或民法这样的表述实证部门法的术语。在法学教学和研究中，通常是在亚部门法的层面具体地指称，如财产法、契约法、侵权行为法等。至于称谓相当于市民法系民法这一部门法时，则借用"市民法"这个术语，但更经常地称之为"私法"。

2.历史性

民法这一概念是人类对法律体系尤其是法律部门科学认识的产物。在这种认识形成之前，本无民法可言。然而，当民法概念形成之后，却可以用来溯指此前的事实，如说罗马民法、日耳曼民法，甚至中国古代民法等。不过，严格说来，这是在"民事性规范系统"的意义上使用，只是借用而已。

第二节　民法表现了商品生产与交换的一般条件

一、市民社会与市民法

马克思指出："法的关系正像国家的形式一样，既不能从它们本身来理解，也不能从所谓人类精神的一般发展来理解，相反，它们根源于物质的生活关系，这种物质的生活关系的总和，黑格尔按照18世纪的英国人和法国人的先例称之为'市民社会'。"[1]马克思的这段话，揭示了法律——尤其是市民法——根源于市民社会的真谛。启示我们，为要理解市民法，先要理解市民社会。

(一)市民社会

市民社会，顾名思义，是市民生于斯、长于斯的社会。而社会，不过是人们相互关系的总和，彼此交往的总和。[2]

---

〔1〕［德］马克思：《〈政治经济学批判〉序言》，载《马克思恩格斯选集》第2卷，人民出版社1972年版，第82页。

〔2〕 市民社会是个迄今仍无统一界定的术语。该术语本来是为了揭示社会与国家的关系而提出的，从该术语所反映的观念看来，人类社会呈现社会与国家的二元状态。然而，社会与国家究竟处于何种关系，却有不同甚至对立的理解。近来，有的学者批评二元论不合实际，提出了三元的观点，特别是德国的于根·哈贝马斯(Jurgen Habermas, 1929～)的观点，认为在社会与国家之间尚存在着第三领域，他称之为"公共领域"。该说目前颇有影响。必须指出，在马克思以外的学说中，市民社会主要用于对国家与社会的关系作政治学或者社会学的解说，只有马克思将市民社会定义为经济社会，亦即经济基础。马克思的概念，可以说明法律特别是私法与市民社会的关系。由于我们这里仅讨论市民社会的法律表现，亦即私法表现，故而采用马克思关于市民社会的定义。

关于市民社会的概念，可参考：［美］亚当·塞利格曼：《近代市民社会概念的缘起》，景跃进译，载邓正来、J.C.亚历山大编：《国家与市民社会：一种社会理论的研究路径》，中央编译出版社1999年版；［加拿大］查尔斯·泰勒：《市民社会的模式》，冯青虎译，载邓正来、J.C.亚历山大编：《国家与市民社会：一种社会理论的因而市民社会,也就是市民交往的总和。所谓市民,其本义是城市居民,但历史含义,却是商品生产者,或者市场经济社会的成员。马克思说:"社会——不管其形式如何——究竟是什么呢?是人们交互作用的产物。……在人们的生产力发展的一定状况下,就会有一定的交换和消费形式。在生产、交换和消费发展的一定阶段上,就会有一定的社会制度,一定的家庭、等级或阶级组织,一句话,就会有一定的市民社会。有一定的市民社会,就会有不过是市民社会的正式表现的一定的政治国家。"[1]马克思和恩格斯又指出:"市民社会包括各个个人在生产力发展的一定阶段上的一切物质交往,它包括该阶段上的整个商业生活和工业生活,因此,它超出了国家和民族的范围。"[2]"'市民社会'这一用语是在18世纪产生的,当时的财产关系已经摆脱了古代的和中世纪的共同体。真正的市民社会[3]只是随同资产阶级发展起来的;但是这一名称始终标志着直接从生产和交换中发展起来的社会组织,这种社会组织在一切时代都构成国家的基础以及任何其他的观念的上层建筑的基础。"[4]"'市民社会'是全部历史的真正发源地和舞台。"[5]从上引论述中,我们可以了解马克思主义经典作家关于市民社会的思想,了解市民社会与市民法的相互关系的思想。

(二)市民社会产生了市民法

对马克思关于市民社会的思想,可以概括为以下几点:

1.市民社会是基础

生产和交换只有在人们的一定组织中和社会制度下才是现实的,易言之,生产和交换只有在市民社会中方被实现。市民社会不是指生产和交换本身,而是指生产和交换存在于其中的组织和制度的总和,指家庭、社区、作坊、工厂、公司以及其他直接从生产和交换中发展起来的社会组织的总和。市民社会是国家、法律和其他上层建筑赖以产生和存在的基础。

2.罗马市民法是古代市民社会的直接表现

人类在告别野蛮状态之后,即建立城邦公社(国家),那里的居民就是市民。正是

研究路径》,中央编译出版社1999年版;[美]爱德华·希尔斯:《市民社会的美德》,李强译,载邓正来、J.C.亚历山大编:《国家与市民社会:一种社会理论的研究路径》,中央编译出版社1999年版。

〔1〕《马克思致巴·瓦·安年柯夫》,载《马克思恩格斯选集》第4卷,人民出版社1972年版,第321页。

〔2〕[德]马克思和恩格斯:《费尔巴哈——唯物主义观点和唯心主义观点的对立》(《德意志意识形态》第一卷第一章),载《马克思恩格斯选集》第1卷,人民出版社1972年版,第41页。

〔3〕在中文版,译者将"burgerliche gesellschaft"译为"资产阶级社会",而在脚注中注明:"这个术语既有'资产阶级社会'的意思,也有'市民社会'的意思。"我们认为,该译有重大误会,因为上引术语在其语境中只有"市民社会"的意思,而无"资产阶级社会"之义。故而我们直接将译文中的"资产阶级社会"改为"市民社会",并就此项改动负责。

〔4〕[德]马克思和恩格斯:《费尔巴哈——唯物主义观点和唯心主义观点的对立》(《德意志意识形态》第一卷第一章),载《马克思恩格斯选集》第1卷,人民出版社1972年版,第41页。

〔5〕同上注。

在这个意义上，马克思、恩格斯说"古代的起点是城市及其狭小领地"[1]"罗马始终不过是一个城市"。[2]古代市民社会，是人类文明的早期形态。在当时的文明中，市民的交往关系获得了法律上的表现，发育出了市民法。马克思、恩格斯指出"私法和私有制是从自然形成的共同体形式的解体过程中同时发展起来的"。[3]在罗马，由于斯多噶哲学的影响，私法自治的理念深入人心，市民的交往得到了充分的发展，罗马市民法成为古代最完善的私法。罗马市民法在其发展中，又融合了万民法。而万民法，不过是实体法意义上的国际性普通私法而已。

3.近代市民等级是自由平等的代表者

西欧中世纪，社会重心从城市转移到农村，"中世纪的起点则是乡村"。[4]但是，获得自由的农奴重新建立了城市，从而逐步复兴了市民社会。"从各个城市的许多地方性居民团体中，逐渐地非常缓慢地产生出市民阶级"，[5]"这个阶级在它进一步的发展中，注定成为现代平等要求的代表者"。[6]市民等级要求"推翻那些使人成为受屈辱、被奴役、被遗弃和被蔑视的东西的一切关系"，[7]特别是"宗教和身份"，要求把人变成人，自由和平等的人。"自由和平等也就很自然地被宣布为人权。"[8]震撼世界的法国大革命的庄严宣言，其标题就是"人和市民权利宣言"。人正是通过市民，才获得了自己的本质，真正成为人。

4.近代市民法是近代市民社会的法

"真正的市民社会只是随同资产阶级发展起来的。"[9]所谓真正的市民社会，指的是挣脱了封建奴役——包括身份奴役和宗教奴役——的社会。这一过程，被19世纪英国法律史家亨利·梅因（Henry Maine 1822—1888）精辟地概括为"从身份到契约"。近代市民法是近代市民社会的法律表现。"当工业和商业进一步发展了私有制（起初在意大利，随后在其他国家）的时候，详细拟制的罗马私法便立即得到恢复并重新取得威信。后来资产阶级强大起来，国王开始保护它的利益，以便依靠它的帮助来摧毁封建贵族，这时候法便在一切国家里（法国是在16世纪）开始真正发展起来了。除了英国以外，这种发展到处都是以罗马法典为基础的。但是即使在英国，为了私法（特别是其中关于动产的那一部分）的进一步发展，也不得不参照罗马法的

---

〔1〕［德］马克思和恩格斯：《费尔巴哈——唯物主义观点和唯心主义观点的对立》（《德意志意识形态》第一卷第一章），载《马克思恩格斯选集》第1卷，人民出版社1972年版，第28页。

〔2〕同上注，第27页。

〔3〕同上注，第70页。

〔4〕同上注，第28页。

〔5〕同上注，第59—60页。

〔6〕［德］恩格斯：《反杜林论》，载《马克思恩格斯选集》第3卷，人民出版社1972年版，第144页。

〔7〕［德］马克思：《〈黑格尔法哲学批判〉导言》，载《马克思恩格斯选集》第1卷，人民出版社1972年版，第9页。

〔8〕［德］弗·恩格斯：《反杜林论》，载《马克思恩格斯选集》第3卷，人民出版社1972年版，第145页。

〔9〕［德］马克思和恩格斯：《费尔巴哈——唯物主义观点和唯心主义观点的对立》（《德意志意识形态》第一卷第一章），载《马克思恩格斯选集》第1卷，人民出版社1972年版，第41页。

诸原则。"[1]近代西欧的市民法之所以是罗马市民法的继受和发展,其根本原因就在于,近代市民社会与罗马市民社会具有相当多的同一性。

市民社会的经济本质是商品生产与交换,作为商品生产与交换的高级形态的市场经济,亦符合市民社会的经济本质。在今天,我国实行社会主义的市场经济,故我国社会亦是市民社会,仍然需要市民法——社会主义的市民法。

(三)马克思、恩格斯关于市民社会与市民法思想的启示

马克思、恩格斯关于市民社会的思想,在今天依然具有巨大的理论意义,而且,市民社会这一术语本身,也具有不可替代的说明价值。它特别提醒我们以下几点:(1)市民社会是全部历史的真正发源地和舞台。(2)政治国家不过是市民社会的正式表现,并非只有国家才是一切,而别的则是微不足道的。对于欠缺市民社会的民族性体验的中国人来说,理解这一点是很要紧的,又是很不容易的。(3)市民社会是市民交往的总和。市民的经济成分是商品生产者,他们因为有赖于市场,所以定居于市镇之中。而对市民社会来说,市民又是社会的普通一员。市民的交往,也就是社会普通成员的交往,而非政治国家中的官方交往或者公的交往,表现市民交往的市民法,当然也就是"私"法,而不是公法。私法应当采用大别于政治国家对于社会管理的思路和调控手段,应当尊崇市民交往的规则,应当发掘市民社会的法律文化遗产,为社会主义的市民社会服务。又因为市民社会首先归结为人的组织和制度,从而市民法在其本质上是人法、人事法,而不是财产法,不是商品交换法。财产制度无非是人的舞台,是交往的依托,同时也是交往的标的和结果之一。

二、民法表现了商品生产和交换的一般条件

恩格斯指出:"民法准则只是以法律形式表现了社会的经济生活条件。"[2]由于民法所表现的社会是市民社会,这一社会的经济生活条件,就是商品生产和交换的条件。

然而,商品生产和交换的条件是什么?民法又是如何通过自己的制度加以表现的呢?

(一)分工与所有权

商品生产的首要条件是社会分工,正是分工使得原本结合在同一个人(或者同一个公社)身上的生产者与消费者分离了。生产与消费必须通过交换才得以连接。也

---

〔1〕［德］马克思和恩格斯:《费尔巴哈——唯物主义观点和唯心主义观点的对立》(《德意志意识形态》第一卷第一章),载《马克思恩格斯选集》第1卷,人民出版社1972年版,第70页。

〔2〕［德］恩格斯:《路德维希·费尔巴哈和德国古典哲学的终结》,载《马克思恩格斯选集》第4卷,人民出版社1972年版,第248页。

就是说，交换成为再生产过程不可或缺的环节。"与这种分工同时出现的还有分配
……其实，分工和私有制是两个同义语，讲的是同一件事情，一个是就活动而言，另
一个是就活动的产品而言。"[1]"可由个人享有和行使的所有权"[2]是商品生产者亦
即市民的安身立命的根本。"悠悠万事，惟此为大"，反映简单商品生产关系的罗马
私法，把所有权作为全部财产制度的基础和首要原则。资产阶级大革命中，饱尝了
专制王朝掠夺之苦的市民等级，把保障私有财产作为头等重要条款，写进了"人权
和市民权宣言"（这里以法国为代表）。在近现代民法中，整个财产法的规范体系仍
然以所有权为中心。所有权又是身份平等和意思自治的舞台。

(二)独立自由的商品生产者与权利能力

商品生产和交换，要求独立自由的主体，即生产和交换的担当者。只有独立自
由的主体，才能成为劳动产品的所有人，才能按照自己的意思去交换。与此同时，他
也必须把交换的对手当作与自己同类的独立自由的人，因而才需要进行交换。马克
思指出："还在不发达的物物交换情况下，参加交换的个人就已经默认彼此是平等
的个人，是他们用来交换的财物的所有者；他们还在彼此提供自己的财物、相互进
行交易的时候，就已经做到这一点了。"[3]又指出："交换，确立了主体之间的全面平
等。"[4]交换规定了当事人的身份差异无须考虑。在交换世界中，一切人都作为抽象
的市民而登场，而不分产业资本家、商业资本家、银行资本家或者社会主义企业；也
不分业主和工人、店员和顾客；大家统统都是市民。他们有时作出卖人，有时又作买
受人；有时作出贷人，有时又作借入人……如此自由无阻地变换自己的角色，从而彼
此结合和交往。恩格斯指出："权利的公平和平等，是18、19世纪的市民[5]打算在封
建的不公平、不平等的特权的废墟上建立他们的社会大厦的基石。劳动决定商品价
值、劳动产品按照这个价值尺度在权利平等的商品所有者之间自由交换，这些……
就是现代市民阶级[6]全部政治的、法律的和哲学的意识形态建立于其上的现实基

---

〔1〕［德］马克思和恩格斯：《费尔巴哈——唯物主义观点和唯心主义观点的对立》（《德意志意识形态》
第一卷第一章），载《马克思恩格斯选集》第1卷，人民出版社1972年版，第37页。

〔2〕"可由个人享有和行使的所有权"与"须由自然形式的共同体享有的所有权"相比较而有意义。后
者是人类历史的早期所有权形态。可由个人享有和行使的所有权的出现，应系人类历史的根本性进步。我
们今天的所有权正是也仍是那样的形态。如无特别说明，本书所称的所有权，均指此种形态的所有权。

〔3〕［德］马克思：《评阿·瓦格纳的"政治经济学教科书"（第二版）第一卷》，载《马克思恩格斯全集》
第19卷，人民出版社1963年版，第422—423页。

〔4〕［德］马克思：《政治经济学批判(1857—1858年草稿)》，载《马克思恩格斯全集》第46卷(上)，人民
出版社1979年版，第197页。

〔5〕中文版译为"资产阶级"。但依其文义，应为"市民"。

〔6〕中文版译为"资产阶级"。但依其文义，应为"市民"。

础。"[1]马克思甚至惊诧,自由和平等竟然成为"国民的牢固成见"。[2]资产阶级把它写进各种权利宣言,也就不足为怪了。对于上述抽象的市民资格,民法以"权利能力"制度予以表现,加以肯认。

(三)契约与意思自治

商品生产的第三项条件是契约。彼此平等的市民进行商品交换,相互出让自己的商品及其所有权,换取对方的商品及其所有权,是一个双向选择过程。作为交换媒体的,就是契约。所谓契约,是交易当事人自愿达成的关于交换的合意。商品交换不但规定了主体的全面平等,而且还与所有权制度共同规定了契约和契约自由。市民尊奉私法自治理念去参与生活,必须把理性判断作为交往的心理前提。罗马市民法由此生发出"非依意思不负担义务"的理念。中世纪的教会法则把意思作为从逻辑上统一说明权利义务得丧变更的出发点。近代德国法学更以体系化为能事,抽象出"法律行为"的概念,作为蕴含契约和其他以意思表示为要素的合法行为的一般概念,进而建立了体系化的法律行为制度,使之成为贯彻意思自治理念的锐利武器。资产阶级思想家,通过对市民社会的观察,奇想迭出,从市民平等、自由、所有权和契约中,升华出人权(自然权利)和宪法——社会契约的观念。欧洲北美的资产阶级革命更把观念上的东西转变为实证的国家制度。这不但说明市民权和契约制度的深远影响,而且足以证明马克思主义关于市民社会是政治国家的基础这一论断的正确性。

综上所述,我们可以说,市民法以法律形式表现了商品生产和交换的条件。然而不能由此反推,得出民法是商品关系法的结论。

三、民法与商法

商法,是西欧中世纪的商人在处理他们自己的法律事务中逐渐发展起来的,不同于当时通行的市民法以及教会法的独特法律制度。其本义指适用于商人(属人主义)、调整商事活动的规范体系和司法制度(自治法院的组织与运作)。因此,从其适用的主体着眼,它被称为"商人法",而从其调整内容着眼,则被称为"商事法"。

原来,在中世纪的西欧,随着商品交易的发展,表现交易条件的商事习惯也逐渐得到发育。这些习惯,涉及诸如商企业的组织制度,陆商和海商的交易模式,以及保险、票据甚至商企业破产制度等的诸多方面。在中世纪的法律体系中,市民法只能管辖世俗的市民生活,罗马教皇领导下的整个宗教世界,则以教会法作为普通法。这两个法律系统,恣肆着产品经济气息,体现着封建性身份制度,它们足以窒息市场

---

[1] [德]弗·恩格斯:《马克思和洛贝尔图斯》,载《马克思恩格斯全集》第21卷,人民出版社1965年版,第210页。

[2] [德]卡尔·马克思:《资本论》,载《马克思恩格斯全集》第23卷,人民出版社1972年版,第75页。

经济的要求，因而令新兴的商人阶层感到不便抑且不可。当这个阶层的政治实力达到足够强大时，首先在意大利北部，后来蔓延到西欧大陆的其他地区——便争得了城市自治权。在自治市，商人得以通过自己的组织——如行业公会——归纳和认可商事习惯，并且创制新的交易规则。这些惯例和规则，经过法学家整理研究，形成体系，并且广为传播，以至于形成西欧国际性的普通商人法。在一些自治市，还形成商人自治的法院；而在另一些自治市或者商业中心，普通法院在审理商事纠纷时，也须吸收商人陪审。这些法院的创造性工作，对于商事法的成熟，起了相当重要的作用。

从上述情况可以看出，商法自其初始，就直截了当地作为交易制度法而以商事组织——尤其是公司和合伙——的规范化和公示主义、商行为——尤其是合同和票据行为——的自由和定型化，以及权利证券化等为其根本特点，以交易的便捷、确实、安全以及公平为其首要价值原则，而与市民法和教会法迥然不同，且成鼎立之势。在近代，当法典式立法运动到来时，法国、德国、比利时、西班牙等大多数西欧国家在从形式上否定教会法的同时，纷纷制定商法典，而与市民法典并立。这种立法格局，称为民商分立模式。

然而，随着市民社会的发展，尤其是经过资产阶级革命，封建束缚和教会奴役被否定，商人作为特别阶层以及商行为作为特别法律行为的制度价值，已经大大降低。加之审判权的国家垄断，独立的商人法院不复存在。因而在大陆法系国家的法学理论中，出现了关于民事商事予以统一法律调整的主张，以及关于吸收商法的方法和价值，丰富民法以及使之现代化的实践。这一努力，率先在1872年《瑞士债务法典》中得到体现。该法典规定了商号、商事登记、商事账簿、公司和票据等本属商法的内容，并且在1911年，将其作为民法典的第五编而归并于民法典，从而开创了民商合一的立法模式。其后，土耳其、巴西、意大利、苏维埃俄罗斯及我国民国时代的立法，均采民商合一的模式。在法国，自20世纪40年代以来，研讨民法典修改的专门委员会，也提出了民商合一的设想。这种商法典的弱化和商法方法受重视的情形，甚至被称为商法被市民法同化和市民法的商法化。

惟应指出，商法是个并无确定内涵的语词，它所包括的范围在学说上也未形成共识。通常认为应包括公司、票据、海商等部分。[1]以此范围论，票据法属于地道的民法规范，即关于票据行为这一法律行为的特别类型的规范，尽管呈现较强的技术化特色；海商法是关于与海上运输有关事务的特别民法；但公司法则主要由组织性规范构成，与民事规范关涉正义、主要由规范权利义务的规范在性质上大异其趣。至于也有学说认为属于商法的保险法，则除保险契约外，主要是保险业管理法，应属行政法的范畴。至于破产法则主要为程序法规范。可见，商法与民法尽管均为私法，在理念上却是颇有差异的。

在英国、美国等国家的普通法系文化中，原不存在商人和商行为特殊的观念，从

---

〔1〕 关于商法的范围，在1949年之前，我国学说认为包括公司法、票据法、海商法、保险法和破产法。

而也没有作为法律部门意义上的商法。但是,仍然制定了一些关于商事组织和交易规范的单行法案。在美国,由于该领域的立法权属于各州,各州独立行使立法权的结果,形成了州际商事规范的矛盾和法律冲突。这种状况严重阻碍了交易的便捷、安全和公正。于是引出了"州法统一运动",并于1952年由美国法学会制定了样板法——《统一商法典》,供各州立法采用。目前,这一法典已为除路易斯安那州外的其他各州的立法所接受。然而这一现象并不说明,在美国出现了与大陆法系的商法典被弱化趋势相对立的发展。

不过,如果我们将目光转向法学教育,就会发现,无论在普通法系国家或是采取民商合一立法模式的市民法系国家,大学的法学教学中都有被称为商法的课程设置,或以商法作为教科书的名称的现象。

综上所述,商法不论作为专门的法典抑或作为法律部门,还是只作为教学课程,在所有这些意义上,都被归结为商组织法和商行为法;而其实质,则是关于商品交易的制度,从而与市民法不同。后者尽管表现了商品生产和交换的条件,却并不简单地等同于商品交易法。

第三节　民法的理念与性格

一、市民法的理念

(一)概说

从罗马法以来,市民法吸纳了人类文化的优秀思想成果,形成了私权神圣、身份平等和意思自治等基本理念。经过一千多年的历史演变,在西欧北美,它们业已实在化为市民的日常生活,或者如同马克思所说"成为国民的牢固成见",而不仅是写在文件上或者挂在权力者的口头上、在政治斗争需要时才派上用场或加以表演的套路而已。尽管对于市民法的理念,在表述上有着诸多差异,但其本质是相同的。

(二)市民法的传统理念

1.私权神圣

私权神圣,其含义是,民事权利受到法律充分保障,任何人或者任何威权均不得侵犯,并且非依公正的司法程序,不得限制或者褫夺。

私权神圣理念可以概括为以下几个基本点:

(1)民事权利是自然和当然的权利

即权利是无须解释的事实,它是历史的产物,既非神授,也非任何权力者,如政府、政党所赐予。

(2)民事权利系统是开放的

即权利类型的发展性和不封闭性，法学理论和立法不得以"权利法定主义"来固化(在不得突破的意义上)其类型以及各该类型的内容。物权法定仅系上述原则的例外。

(3)私权神圣的重点在于人格权神圣和所有权神圣

在市民法看来，人格与财产两位一体，无财产即无人格。然而，人永远是目的，而不能成为个人实现其目的的手段或者工具。因此，私权神圣首先是人格权神圣，亦即自然人的人格权神圣。在人格权体系中，生命权和身体权是基础，自由权则是核心。古代奴隶喊出的"不自由，毋宁死"的呼声，充分揭示了自由权的极高价值。所谓自由，就是不服从任何人的专断意志，而只服从法律的状态，而法律又不过是无溯及力的和公开的竞赛规则。自由的真谛是赋予每个人尽可能多的价值，并且能使个人低成本地运用他人所掌握的知识。它强调的是自立(自己依靠自己)、自主、甘冒风险、不干涉邻人事务，以及对于他人的宽容与合作。但自由并不意味着不受制约。那种诋毁自由，认为自由主义就是主张为所欲为或者无政府主义的观点，不仅是片面的，而且是肤浅的。

在近代民事生活中，与自然人并列的权利能力者，还有法人。然而，法人毕竟是自然人更好地参与生活的工具和手段，而自然人却是目的。法人无人格权可言。惟其如此，自上个世纪末以来，当财团垄断危及市民社会正常秩序时，为捍卫自然人的人格权，就必须对法人可能产生的异化力量加以限制。这不是故作危言，而是社会的先进认识。

所有权是财产权的基础。所有权神圣，曾被极端的思想家描述为所有权绝对，甚至有人主张对于土地的所有权，上至天空无限高，下至地心。这种言论，几近癫狂，不足为训。所有权神圣，作为市民社会的健全理念，从来不意味着权利不受制约；恰恰相反，应当是遵守法律，不危害邻人乃至公众的利益。所有权神圣为其他财产权的神圣奠定了逻辑基础。

2.身份平等

身份平等，即法律资格平等，用民法术语来说，是权利能力平等。

平等不过是市民在相互交往中，彼此独立，不受对方支配，处于对等地位之义。与平等相关的价值是自由。平等本身不是目的，而只是实现自由的手段。另外，平等只能是在自由前提之下的平等。靠牺牲自由换取的平等，不是真正的平等。尚应指出，在市民社会，平等只意味着竞赛起点以及机会的平等，而不是预设结果的平等。结果平等，是共产主义者理想中未来共产主义社会中的事情，在那一天到来之前，片面强调结果平等，特别是预设结果平等，只会窒息竞赛而制造变相特权。然而，结果平等也并非毫无价值，相反，它是检视竞赛规则是否合乎正义的重要标准之一，尽管不是唯一的标准。假使结果不平等超出了社会所认同的正义的范围,那么,修改竞赛规则的时机也就到来。无论宪法抑或法律,都不能一成不变,社会观念的演进,应当推动它们与时俱进,而不落伍。

在古代罗马,事实上并不存在广泛的身份平等。在欧洲中世纪,身份平等也只是那些文化超前的自治式社会的存在物。资产阶级革命从原则上否定了封建奴役和教会奴役,实现了市民等级关于身份平等的理想。但这个过程却是漫长的。直到战后,国外民法典中关于家庭成员不平等的条文,才最终被废止。尽管如此,也应看到身份平等作为理性要求,是自罗马法到近代市民法一脉相承的理念和不灭的向往。

3.意思自治

(1)意思自治的含义

意思自治,即当事人依照自己的理性判断,去设计自己的生活,管理自己的事务。

意思自治有两大前提:自由和理性。所谓自由,是指人不受他人强迫的状态。这是人文主义兴起后,对人尊崇和强调的结果。所谓理性,则是人类了解宇宙和改善自身条件的能力。作为哲学用语,理性是与感性、知觉和欲望相对、进行逻辑推理的能力。[1]但自启蒙运动以来,人们更多的是在人与上帝、人与自然的关系这种世界观的意义上使用该词,亦即作为人类了解自然和改善自身条件的能力来使用,并认为,知识、自由和幸福是理性人所追求的三大目标。因此,在这一理性的意义上,意思自治,就成为人类凭借其理性行为旨在追求自由和幸福的自主参与和自我管理。当然,一旦意思自治作为理念固定化之后,该两前提即成为题中应有之意。

意思自治的含义有以下三点:

①人是有理性的

人有其理性,这是经验告诉我们的确凿事实。理性是意思自治的主观条件,是人类进化获得的实现自治的主体性资源。同时,理性又是有限的。由于分工使然,知识是分立的,个人所能掌握的知识是极其有限的。不看到人有理性,是不顾事实和悲观主义;不看到理性的有限性,而走上计划经济或者"科学主义",便是致命的自负,今天人类正在遭遇自己制造的不幸,其重要根源之一便在理性的自负。

②人必须自治

从来没有救世主,没有神仙和皇帝,也不可能通过诸如国家计划之类的东西,为每个人的幸福和发展作出无须自己费心操持的安排。意思自治是不可避免的,是历史唯物主义对人类处理自己事务的基本要求。

---

〔1〕 古希腊的哲学家便对理性的威力及其用途作过研究,发现在自然有序的运行规律之中,存有一颗智慧心灵的活动或者劳动成果,那便是人的理性。罗马人继承并保存了上述文化中含有的合理的自然秩序及自然法的种种概念。中世纪经院哲学重新把理性作为了解世界的工具(但从属于天启)来使用。在文艺复兴、宗教改革,特别是启蒙运动中,人文主义者唤起人是创造者的观念,推崇自由心智对真理的自由探索,并发展了科学和数学的研究方法,理性被提升为认识自然界和社会以及人类自身条件的至高无上的能力。

③人可以凭借其理性而在合作秩序中实现自治

如上所述，理性是意思自治的主观条件。人既然有其理性，因而有条件、有能力通过自己的理性选择，通过自主参与，实现人生价值。这是历史唯物主义的基本观念。市场在资源配置上的不俗表现，使意思自治获得了经验的支撑。

(2)意思自治的基本点

意思自治从其积极面上来说，是自主参与与自主选择。从其消极面上说，则包含两个方面：第一是自己责任，即自主选择带来的后果与他人无涉；如果该后果归结为对他人须负的责任，那么也只能自己承担；第二是过失责任，即咎由自取，咎由过失取。

①自主参与与自主选择

所谓自主参与，即自己作主地去判断、去选择，自主地参与市民社会的生活，投入市民社会的竞赛。选择是参与的前提，而参与又使选择得以实现。在市场经济中，意思自治导致契约，而契约的总和则是市场。身份平等的人投入市场，目的在追求幸福，亦即追求利益最大化。然而他们终于发现，只有与对手彼此都接受双方同意的约束条件，即契约，才是唯一现实的选择。契约体现了合作性和对待的互惠性。市场的本质正规定于合作之中。

自主参与与自主选择，还包含否定政府包办代替和否定计划经济两种意蕴。政府无从包办代替市民的选择，计划经济的价值追求固然伟大，固然极为人道，但却因为计划的制订和实施在知识论上是不可能的，因而内在地规定了不可行。社会主义各国硬性推行计划经济几十年，已经付出了经济无效率的过高代价。自此种意义言之，意思自治是最不坏的制度安排。

②自己责任与过失责任

所谓自己责任，即自主参与者对于参与所导致的结果的承担。承担是参与的必然逻辑。惟参与是自由的、自主的，故而结果便只能归于参与者。如果参与所带来的结果是财富，参与者当然取得该财富的所有权——这正是他孜孜以求的目标；相反，如果参与所带来的是损失，那么，他也必须自觉承受自己料事失误的风险，无由推卸或者转嫁他人。此外，如果在参与中，由于自己的过失而给他人带来损害，那么，参与者则须对受害人负其责任，即回复受害人权利的原状；当无法回复时，则予以财产补偿。所谓过失，是指加害行为实施之际未尽应有注意，以及虽尽注意却料事失误这两种心理状态。意思自治理念，一方面规定有过失的加害人必须对加害行为负责；同时也规定，加害人只对有过失的加害行为负责。这就是著名的"无过失即无责任"的原则，简称为"过失原则"。意思自治理念尊崇意思，向意思求责任。当代思想家F·哈耶克说："课以责任，因此也就预设了人具有采取理性行动的能力，而课以责任的目的，则在于使他们的行动比在不负责任的情况下更具理性。它还预设了人具有某种最低限度的学习能力和预知的能力，亦即他们会受其对自己行动的种种后果的认识的引导。"[1]因此,有过失必负责任,无过失则无责任,其逻辑均在意思自治。同时,该理念认为,假如要求当事人就无过失的行为负责,无异于束缚自主参与者的手脚,这显然不合正义的要求,是不可理解而且危险的。

自己责任还含有否定连坐的积极价值。

(三)对传统理念的怀疑

自19世纪末叶以后,随着资本主义制度一系列问题的暴露,尤其是周期性的经济危机和分配的严重不公,积重难返,人们进一步质疑市场制度的正义性以及配置资源的效率性。迨于战后,此种怀疑达到顶点。在民法领域,社会性立法活跃,此一趋势被描述为"从个人本位"到"团体本位"的变迁。公共利益原则、诚实信用原则和权利禁滥用原则得以确立。这些原则在一定程度上修正和补充了市民法的传统理念。然而,与此同时,经济学中的新自由主义思潮却逐渐发展,反映在民法学说上,市民法的传统理念又受到重新评价和肯认。

1.对私有财产制度的怀疑

私有财产制度,被社会主义以及其他学说描述为万恶之源。社会主义国家彻底否定了私有制。资本主义国家也热衷于限制私有财产的所有权。尊重公共利益,增进社会福祉,禁止权利滥用,被强调为所有权行使的指导原则。该原则写进了战后修订的《日本民法典》第1条。这种趋势,被学者称为"所有权社会化"。一些资本主义国家也曾一度推行某些领域的国有化政策。

2.对市场制度的怀疑

长期以来,古典经济学认为,市场在运转中会对它所产生的各种结果自动加以平衡,这就是所谓"看不见的手"的原理。这一信念,由于市场的不完全性而动摇了。一个时期以来,西方社会普遍舍弃自由主义经济政策,而改宗凯恩斯学说,政府洋洋自得地扮演社会工程师的新角色,踌躇满志地去设计和再塑经济生活。福利主义则是这一政策的集大成者。在社会主义国家,则从未接受"看不见的手"的理论。在战时以资源统制为核心内容的动员体制,由于惯性的作用,变成战后斯大林式的计划经济模式。反映在民法理论上,非私法思潮占据压倒优势。而计划即法律,计划即一切的主张,则成为通说。

对市场怀疑,自然包括对契约自由的怀疑。社会主义者认为,契约自由是彻头彻尾的伪善。对于资产者,它是专利;对于无产者,则是陷阱。斯大林主义的民法理论,则把契约定位于经济计划的工具。在资本主义国家,为了修正契约自由的偏差,发育了社会立法。

关于社会立法,主要表现在以下四个领域:

---

〔1〕[英]弗里德里希·冯·哈耶克:《自由秩序原理》上册,邓正来译,生活·读书·新知三联书店1997年版,第90页。

（1）保护劳工立法

包括保障劳工基本权利、改善劳动条件、加强劳动保护的立法。同时，还肯认工会作为契约当事人，代表工人与资本家订立雇佣契约的"团体契约"模式。保护劳工立法，是把资本家的剥削限制在秩序和安全所能容忍的限度之内而已。

（2）保护消费者立法

这种立法又反映在两个方面：

①关于契约一般条款的立法

资本家集团往往利用经济上的优势地位，单方面制订有利于它们的定型化契约，推给广大消费者，如保险条款、供水供电、供煤气条款等。后者的契约自由于是被架空，变成要么全面接受、要么不接受的空虚自由——而拒不接受，也就意味着"买不到"消费品和服务，因此，消费者强烈要求对于这种契约条款进行公正审查和社会监督。这一要求，酿成关于契约一般条款的立法。

②关于产品责任的立法

商品在使用过程中因其瑕疵而加害他人的情况，自古已然，于今为烈。在此种事故的场合，传统的违约责任制度对于受害人提供的保护很不充分。于是产生了产品责任立法。该立法确立了两项原则：第一，受害人纵然不是契约当事人（如买主），也可直接向商品提供者主张赔偿责任；第二，商品提供者须负不问过失责任，从而突破了过失责任的框框。

（3）工业灾害责任立法

工业灾害指交通肇事、因工伤亡和环境污染等灾害。关于工业灾害责任的立法，也普遍采纳了较为严格的责任原则。

（4）治理经济环境立法

治理经济环境立法主要指反垄断和反不正当竞争立法。

上述社会立法，在战后工业社会相当兴旺。该立法又称为"经济立法"。对于这个领域的研究，形成德国、日本等国家的所谓经济法学科。

饶有兴味的是，对于市民法传统理念的怀疑，从未波及人格权神圣和身份平等这两个理念。这一现象足以说明，上述理念具有无可怀疑的文化价值；同时也反证了市民法是人事法和普通私法的论理。

3.诚实信用原则的确立

（1）从个人本位到社会本位

西方自由主义哲学观认为，社会的逻辑和价值元点是个人。这种观念折射到民法上，形成以权利为中心的个人本位思想。然而，市场制度的种种弊端迫使人们在法律观念上，转而乞灵于古代日耳曼社会的团体主义和社会连带思想。认为社会的元点不是个人，而是团体。个人只有处于社会共同体之中，才有其存在，也才谈得上人的价值。因此，个人参与法律生活，应当形成法律上的协同关系，而不是权利对抗关系。这种观念，在权利问题上，强调权利与义务的有机统一和权利与责任的互相对应。这种观念，尊崇国家，倾慕权力，主张个人在行使权利之际，应当意识到同时负有增进社会福祉、巩固国家安全和维持公共秩序的任务。这种观念体系被称为社会本位论。社会本位论者还热心于保障结果平等的制度设计，尤其是福利国家的设计。并且认为，从身份到契约，只是历史进一步的第一级台阶，从契约到制度才是第二级台阶，而目前则应转入从契约到制度的阶段。

(2)诚实信用原则的确立

所谓诚实信用，其本意是自觉按照市场制度中对待的互惠性原理办事、在订约时诚实行事，不诈不霸；在订约后，重信用，守契约，不以钻契约空子为能事。诚实信用，原是意思自治理念中的应有之义。真正的自治必然是受制约的自治。然而，在相当长的时期之内，这一思想被忽视甚至被冷落了。当市场制度暴露出严重问题时，人们才开始重视它，赋予它指导原则的地位。而这时，诚实信用就不仅是契约法的原则——即不仅具有上述不诈不霸、自觉履约的本义——而且被赋予民法实务一般方法的价值。一方面，是法院解释契约、解释其他意思表示(例如遗嘱)，从而干预生活，调整当事人利益冲突的依据和指导原则；另一方面，又是法院演进法律、填补法律漏洞的依据和指导原则。由于它内涵丰富，并且具有开放性，因而有"透明规定"之称；又由于它位阶极高，故而又有人称之为"帝王条款"。诚实信用原则首先出现在1907年《瑞士民法典》第2条，1947年日本全面修订民法时，追加到第1条第2款。而在德国，则是通过学说和判例发育起来的。

4.新自由主义经济思潮

西方的国家干预经济政策，并未出现奇迹。国有化运动半途而废，靠赤字预算支撑的福利主义，徒使政府债台高筑，不但经济增长速度大大降低，而且老大难的社会问题丛生如棘，积重难返。在此种情况下，本属"野火烧不尽"的自由主义思潮，如今"春风吹又生"，并且获得了迅速发展。该学说重新评价市场制度，认为西方现代社会所面临的问题，与其说是市场制度的失灵，不如说是政治制度的失败。因此，只有恢复对于市场的信心，消除影响市场运行的人为因素，尤其是权力过分干预的因素，并且按照市场规则去改革政治，才是解决问题的根本出路。该学说反映到民法学上，就是重新肯认一度遭怀疑的民法传统理论的文化价值，尤其是财产私有和意思自治的文化价值。与此同时，各社会主义国家普遍推行经济体制和政治制度的改革，否弃计划经济，改行市场经济。因此，当前民法理念的变迁，颇值注意。

二、民法的基本原则

(一)概说

民法的基本原则，是表述民法的基本属性和基本价值、为民法所固有、对民事立

法和司法活动具有最高指导意义的标准。民法的基本原则,是全部民事规范的价值
主线和灵魂所在。

《民法通则》第一章,以"基本原则"为标题,其中第4条规定:"民事活动应当
遵循自愿、公平、等价有偿、诚实信用的原则。"[1]第3条规定:"当事人在民事活动中
的地位平等。"[2]第5条规定:"公民、法人的合法的民事权益受法律保护,任何组织
和个人不得侵犯。"[3]这些规定,是研究我国民法基本原则的重要依据,具有不容忽
视的地位。但是,归纳民法的基本原则,应当从民法的对象和属性出发,而不应拘泥
于立法。被该章标明为原则的东西,也未必名副其实,如第4条明定为原则的"公平"
和"等价有偿"即属如此。公平是所有部门法律共同具有的原则,而非民法所独具,
因而不能作为民法特有和固有的原则。而等价有偿,则仅属财产关系中有偿合同领
域的原则,既非全部财产关系的原则,更不是全部民事活动的原则。

(二)基本原则各论

1.私权神圣

民法作为权利法,以民事权利作为调整社会关系的基本手段,因而,权利神圣,
便成为民法的首要原则。《民法通则》第5条规定:"公民、法人的合法的民事权益受
法律保护,任何组织和个人不得侵犯。"这是对私权神圣原则的表述,值得肯定。

私权神圣,首先是人格权神圣。人永远是目的,而不能沦为工具。同时,财产
权是人格的前提和保障。神圣人格权,也就必然要求神圣财产权,尤其是其中的所
有权。

2.意思自治

民法作为私法,崇尚意思自治。意思自治作为民法的基本原则的地位是不言而
喻的。《民法通则》第4条明确规定:民事活动应当遵循"自愿"原则。此外,第55条
把"意思表示真实"作为民事法律行为的要件;[4]第103条肯认了"婚姻自主权";[5]

---

〔1〕 对应《民法典》第5条、第6条、第7条。第5条:"民事主体从事民事活动,应当遵循自愿原则,按
照自己的意思设立、变更、终止民事法律关系。"第6条:"民事主体从事民事活动,应当遵循公平原则,合理
确定各方的权利和义务。"第7条:"民事主体从事民事活动,应当遵循诚信原则,秉持诚实,恪守承诺。"

〔2〕 对应《民法典》第4条:"民事主体在民事活动中的法律地位一律平等。"

〔3〕 对应《民法典》第3条:"民事主体的人身权利、财产权利以及其他合法权益受法律保护,任何组织
或者个人不得侵犯。"

〔4〕 对应《民法典》第143条:"具备下列条件的民事法律行为有效:(一)行为人具有相应的民事行为
能力;(二)意思表示真实;(三)不违反法律、行政法规的强制性规定,不违背公序良俗。"该条的第3项,相比
《民法通则》第55条第3项,发生了实质性变化,将违反法律任意性规范的民事法律行为排除在无效之外。
由于《合同法》第52条第5项已对《民法通则》进行了修改,故该条第3项的前半部分实际来源于《合同法》
第52条第5项,后半部分"不违背公序良俗"为新增内容,参见最高人民法院民法典贯彻实施工作领导小组:
《中华人民共和国民法典总则编理解与适用》,人民法院出版社2020年版,第720—721页。

〔5〕 对应《民法典》第110条第1款:"自然人享有生命权、身体权、健康权、姓名权、肖像权、名誉权、
荣誉权、隐私权、婚姻自主权等权利。"

而对第58条[1]及第59条[2]进行反向解释,也可得出意思自治的精神。可见,意思自治被立法确认为民事活动的基本原则。

　　3.过失责任

　　所谓过失责任,是以过失作为"民事责任归属的必要主观条件"之义。责任归属的主题,端在责任课予的心理条件,亦即主观条件,而不及于客观条件。这是意思自治基本理念在责任问题上的具体化。然而,意思自治是以个人为本位的,这就预设了在实施意思自治时,不可避免地要同邻人打交道,而邻人也是意思自治者,因而,实施意思自治是必须尊重邻人的,包括尊重邻人的人身和财产。这同样要付诸理性,一点也大意不得。理性而谨慎地行事,是意思自治的题中应有之义,是贯彻身份平等原则的必然要求。因为,邻人是与你完全平等的主体,你对他既不能令,又不能命,只有平等相处,彼此尊重。如果在意思自治实施中不慎而给邻人造成损害,就应当负责地去对待,回复其被侵权利的原状,以及赔偿损失,等等。可见,负责就是贯彻身份平等和意思自治原则。从自理性这一点来观察,那么就不得不说:课以责任的根据,不是缘于损害,而是缘于过失,咎由过失而取。这犹如使蜡烛发光者,与其说是火,不如说是氧气一样[19世纪德国伟大法学家鲁道夫·耶林(Rudolf Jhering,1818—1892)语]。

　　《民法通则》第106条规定:"公民、法人违反合同或者不履行其他义务的,应当承担民事责任。公民、法人由于过错侵害国家、集体财产,侵害他人财产、人身的,应当承担民事责任。没有过错,但法律规定应当承担民事责任的,应当承担民事责任。"[3]该法明文确认了过失责任原则,值得肯定。然而,该条使用的表述是"过错",

---

　　[1]　对应《民法典》第144条、第145条、第146条、第148条、第149条、第150条、第153条、第154条。第144条:"无民事行为能力人实施的民事法律行为无效。"第145条:"I.限制民事行为能力人实施的纯获利益的民事法律行为或者与其年龄、智力、精神健康状况相适应的民事法律行为有效;实施的其他民事法律行为经法定代理人同意或者追认后有效。II.相对人可以催告法定代理人自收到通知之日起三十日内予以追认。法定代理人未作表示的,视为拒绝追认。民事法律行为被追认前,善意相对人有撤销的权利。撤销应当以通知的方式作出。"第146条:"I.行为人与相对人以虚假的意思表示实施的民事法律行为无效。II.以虚假的意思表示隐藏的民事法律行为的效力,依照有关法律规定处理。"第148条:"一方以欺诈手段,使对方在违背真实意思的情况下实施的民事法律行为,受欺诈方有权请求人民法院或者仲裁机构予以撤销。"第149条:"第三人实施欺诈行为,使一方在违背真实意思的情况下实施的民事法律行为,对方知道或者应当知道该欺诈行为的,受欺诈方有权请求人民法院或者仲裁机构予以撤销。"第150条:"一方或者第三人以胁迫手段,使对方在违背真实意思的情况下实施的民事法律行为,受胁迫方有权请求人民法院或者仲裁机构予以撤销。"第153条:"I.违反法律、行政法规的强制性规定的民事法律行为无效。但是,该强制性规定不导致该民事法律行为无效的除外。II.违背公序良俗的民事法律行为无效。"第154条:"行为人与相对人恶意串通,损害他人合法权益的民事法律行为无效。"《民法总则》已将受欺诈、胁迫、乘人之危的法律行为的效力修改为可撤销。

　　[2]　对应《民法典》第147条、第151条。第147条:"基于重大误解实施的民事法律行为,行为人有权请求人民法院或者仲裁机构予以撤销。"第151条:"一方利用对方处于危困状态、缺乏判断能力等情形,致使民事法律行为成立时显失公平的,受损害方有权请求人民法院或者仲裁机构予以撤销。"

　　[3]　对应《民法典》第176条、第1165条。第176条:"民事主体依照法律规定或者按照当事人约定,履行民事义务,承担民事责任。"第1165条:"I.行为人因过错侵害他人民事权益造成损害的,应当承担侵权责

而不是"过失"。我们认为，这是有瑕疵的。在归责原则的论域，应当采用"过失"的用语，而不宜采用"过错"。因为，只有"过失"，才传达了对于理性的诉求，才强调了归责的主观方面。而"过错"则易生歧义，使人往"客观违法性"的意义上去理解。而这样理解，显然与归责原则风马牛不相及。"过错"的含义是"可非难性"，既包括主观上的可非难性，也包括客观上的可非难性，后者亦即"违法性"以及"不道德性"。值得注意的是，义项中的后一方面更为人们所习用。更有甚者，在立法和司法解释中，也往往在此一义项上使用该词。例如，在最高人民法院《关于人民法院审理离婚案件处理财产分割问题的若干具体意见》（1993年11月）序言部分关于财产分割的原则，便有"照顾无过错方"一项。[1]这里的"过错"，应指导致离婚结果的"可非难性"，自然主要指移情别恋之类，亦即客观上的违法性和不道德性，而不是并且也不可能是行为上的"不谨慎"。显然，这里的"过错"与过失无关。为免歧义计，还是采用传统的"过失"一词为好。有人会说，在民法归责中，不仅过失，故意是必须负责的，而"过错"蕴含了过失和故意，因而比采用"过失"似更可取。我们以为，尽管"过失"不能蕴含故意，但举轻以明重，过失既为已足，遑论故意。更何况"过失"一词，免除了使人望文生义附会到客观违法性意义上去之虞，这又非"过错"一词所能做得到的。

另外，《民法通则》第106条第1款关于违约责任的规定中，没有涉及过失。这是否意味着在违约责任领域采行"无过失"原则呢？

依本书所信，过失责任是意思自治的题中应有之义，契约则是意思自治的力器，如果在契约责任领域采行无过失责任，无异于意思自治的否定。而如果意思自治被否定，民法也就不复为民法了。

就体系层面而言，《民法通则》第106条第3款规定："没有过错，但法律规定应当承担民事责任的，应当承担民事责任。"[2]其含义究竟是坚持过失责任，还是采行"无过失责任"呢？从立法技术上看，此款属于"但书"。依该但书，从反面推之，没有过失，法律又没有规定负责任的，即不负责任，这恰是"无过失即无责任"的最佳证明。当然，本款对不能被证明有过失的人课以民事责任，虽有客观归责的明显意味，然而毕竟是过失原则的例外性规定，因而反证了"过失责任"作为基本原则的

任。Ⅱ.依照法律规定推定行为人有过错，其不能证明自己没有过错的，应当承担侵权责任。"《民法典》第176条自《民法总则》第176条而来，相较于《民法通则》第106条，主要修改之处是删去了第106条第2款和第3款的规定，认为这两款规定是侵权责任的归责原则或一般条款，不能统摄其他民法分则内容，已分别规定在第1165条和第1166条。参见最高人民法院民法典贯彻实施领导小组主编：《中华人民共和国民法典总则编理解与适用（下）》，人民法院出版社2020年版，第877—878页。

[1] 《民法典》中体现该价值判断的条文有第1087条第1款、第1091条。第1087条第1款："离婚时，夫妻的共同财产由双方协议处理；协议不成的，由人民法院根据财产的具体情况，按照照顾子女、女方和无过错方权益的原则判决。"第1091条："有下列情形之一，导致离婚的，无过错方有权请求损害赔偿：（一）重婚；（二）与他人同居；（三）实施家庭暴力；（四）虐待、遗弃家庭成员；（五）有其他重大过错。"

[2] 对应《民法典》第176条："民事主体依照法律规定或者按照当事人约定，履行民事义务，承担民事责任。"

地位。

顺便指出，我国大陆关于归责原则的著述中，经常有并列过失责任、无过失责任和公平责任等项原则的论辩。本书以为，这是不合逻辑的。我们知道，可并列的原则，必须具有相容性。而过失原则与无过失原则，其内容是反对的，故而不可能并列为原则。至于是否存在所谓"公平原则"，也是值得探讨的。因为，过失原则本身就体现着公平。如果在过失原则之外，再并列公平原则，那岂不等于说过失原则是不公平原则吗？民法基本原理不容许得出这样的结论。

4.诚实信用

《民法通则》第4条的规定中，有"诚实信用""原则"的字样。[1]在社会主义国家民法典或基本立法文件中，此属首例，关于此项原则的内容，与本节"市民法的理念"一题所述理念中的诚实信用原则相当。

三、民法的性格

在部门林立的法律体系中，民法有着自己独特的性格。了解这些性格，大有助于我们把握民法的实质，那么，民法具有怎样的性格呢？

（一）权利本位性

民法调整市民生活的基本方法，就是肯认他们的正当利益，并且使之权利化、法律化，郑重地加以保护。权利这一概念，凝结了市民法对于个人价值的尊崇，对于市场制度的信心，同时表述了对于权力、特权和权势的冷静界定和怵惕之心。正因为如此，权利概念成为民法的核心概念，民法同时也就体现为权利的庞大体系。假使从民法中把权利概念抽掉，整个体系将顷刻坍塌。这一现象，学者称之为"权利本位"。近来法理学界颇有人在讨论，法律究竟应以权利为本位抑或以义务为本位。在我们看来，这两个命题，只有放在民法领域才有意义。而就民法来说，却很难设想曾经有过所谓"义务本位"的时代。诚然，个人对于居处其间的共同体只知义务、不知权利的历史阶段是有过的，然而，在那种环境之下，个人恐怕并不作为民事权利能力者；他对于共同体的义务，也就不大可能属于民事义务。而且那种共同体中的个人，能够同其他共同体中的个人相交往，那么，在他们的交往中，也就不会只言义务，不言权利。因此，"义务本位"云云，与民法不搭界。

（二）身份平等性

民法以当事人身份的平等，作为自己的基本理念之一。因而，民法表现为平等者的法。上文所述市民法对于权力的警觉，其实就是对于身份不平等的警觉，对于

---

〔1〕 对应《民法典》第7条："民事主体从事民事活动，应当遵循诚信原则，秉持诚实，恪守承诺。"

以身份侵扰契约的警觉。在今天，如果身份平等不能获得切实保障，社会主义的政治民主也难免沦为虚话。

（三）含有任意性规范的属性

民法规范中相当一部分属于任意性规范，在调整财产流转的债法中尤其如此。这是因为，平等主体之间设定权利义务关系，只能通过相互协商来实现。加之商品交换的复杂性和随机性，规定了尊重当事人主动精神的必要性，法律无须也不可能越俎代庖，为交换的当事人规定交换的具体内容和方式。制定示范性和备选性规范，允许当事人自主选择，享有意思自治的充分自由，这是极其明智和必要的调整手段。

（四）纠纷的得调解性

民事权利义务关系既然在大多数情况下是当事人协商建立的，这也就内在地规定了，当出现纠纷时，当事人可以通过协商加以解决。而当需要中立的第三人居中调停时，也应准许。人民法院处理民事纠纷，调解也是必须予以保护的权利。《民事诉讼法》第85条规定："人民法院审理民事案件，根据当事人自愿的原则，在事实清楚的基础上，分清是非，进行调解。"[1]

（五）责任的同质救济性

民法规范规定了不履行民事法律义务的人应当负担的民事责任。民事责任以回复被侵害权利的原来状况为要务；在回复原状不能时，则按照价值规律的要求，用金钱赔偿损失。显然，民事责任以对受害人的同质救济为宗旨、为特点。而同质救济，也就是直接救济。相形之下，通过追究加害人行政责任和刑事责任的途径来实现救济，尽管手段是严厉的，却不是对于受害人的救济，而是对于社会秩序和公共安全的救济，对于规范的权威性的救济，与民法大异其趣。

---

〔1〕 现为《民事诉讼法》（2023年修正）第96条。

第二章　法学方法与民法[1]

第一节　法律的体系化

一、概说

民法是什么？民法规范是如何产生的？又是如何被适用的？适用的逻辑结构到底是归纳的？还是演绎的？抑或辩证的？司法活动如何使法律得到演进？诸如此类的问题，均属民法研究中的方法论问题。正确的方法论会使研究者聪明。因此，我们研习民法，应当注意科学方法论的训练和养成。

在上述关于方法论的问题中，关于民法是什么和民法规范是如何产生的，这两个问题，我们已经在第一章讨论过了。因此，本章的研讨，将集中在法律适用中的方法问题，特别是法律的体系化问题，法律规定的逻辑结构问题，法律适用中法律事实认定与法律解释相互关联问题，以及法律演进问题。

二、体系化与合理化

(一)体系化的意义

体系化作为研究方法，就是把法律如实地看成表现并且规整社会生活、储藏着文化价值的规范体系。这个体系逻辑井然，覆盖充分，而不封闭。体系的功能，在于运用和平的和可以理解的方式把孕育和养育它的那个社会所肯认的正义，实现在人们的共同生活之中。这里所说的"可以理解的方式"，系指公开的，可以检验的方式，而不是神秘的、不可预见和检证的方式。体系化方法对于立法，要求取向于正义，实现规范的体系化。对于司法，则要求忠于法律却不盲从，既要防止有法不依，也要避免"恶法亦法"。而在具体操作上，则要求面向案件事实而解释法律，同时，取向于价值而审认事实，并且经由适用总结经验，演进法律。总而言之，体系化作为方法，就是要求客观地、全面地和本质地看待法律问题，而不能主观恣意，不能片面机械，

---

〔1〕　本章主要参考台湾大学法学院黄茂荣教授所著《法学方法与现代民法》〔台湾大学法学丛书(三二)〕写成。在此特向黄教授致敬意。

不能就事论事，不能言不及义。

（二）不灭的梦想

亚里士多德认为形式是最高者。追求至善至美是人类的本性，这一本性，体现在法律研究上，就是追求法律的体系化。目前已知最早的法律文件，都是体系化的。在罗马时代，法学家噶尤斯（Gajus）编写了法学教科书《法学阶梯》，他已经在方法论层面上运用了体系化方法。优士丁尼编纂"罗马法大全"，集中代表了当时追求体系的努力。中世纪的注释法学派和疏证法学派（又称后注释法学派）的不朽贡献，结晶在罗马法的体系化上。他们澄清法律概念，消除法律规定的内在矛盾，更新业已落伍的价值观念。此项文化工程，历时400余年，为近代市民法立法体系和研究体系的形成，奠定了坚实基础。作为近代体系化工作集大成的Pandekten体系，与上述历史性工作分不开。在普通法系国家，尽管独辟蹊径，在私法法域不搞法典，然而却发育了灵活务实的判例法，配之以有效的审判程序和高明熟练的法官队伍，同样实现了法律的体系化。与此同时，也从未放松过法律的体系化研究，这特别表现在体系化的判例编纂上。美国法学会自20世纪30年代以降，出版了卷帙浩繁的"法律重述"，是为法律体系化研究的最新浪潮。我们中华民族，固有法典主义传统，近代继受欧陆法律之后，体系化研究取得了可观成果，就基本部门法的法典而言，在逻辑上都是比较成功的。

人类追求法律体系化的努力，在20世纪取得了重大突破，法律概念及其所存储价值的位阶性被发现。法律体系化的研究从而具有了存在上和逻辑上的可靠基础。

（三）为要合理化，就要体系化

法律既然要把正义实现在人间，也就必然是体系化的。体系化规定于法律的本质之中。

1.体系化的贯彻功能

（1）只有体系化，才能有效地贯彻法律

①体系化能够实现法律的高覆盖率；②体系化能够把法律的内在矛盾和漏洞降到合理限制之内；③体系化能够把法律的文化价值贯彻到每个规范之中，从而意味着适用一项法律规定，也就等于适用了全部法律。

（2）体系化的平等功能

"案件相似，裁判也应相似"，体系化有助于实现这一法律适用的基本原则。

①体系化有利于法律规范的确定和保真。法律的文化价值，当它存储在体系化的法律规定之中，也就容易实现较高的确定性和保真度。纵使立法不能完全做到这一点，在法律适用中，遵循体系化方法的法律解释和补充也将给予帮助，准确地捕获体系对于系争案件所要求的价值，并且把它贯彻到裁决之中。②体系化有利于法律

的稳定与安全。体系化的规范，才是最稳定和最不易破坏的规范。体系化带来的内部协调及联系，是稳定的保障。在体系运行中，纵使个别规定或者制度不幸染病甚至坏死，体系的自修复和再生功能，以及代偿功能，即足以维系体系安全无虞。

2.体系的说明价值

法律体系化使得制定法简洁、集约和便于鸟瞰，从而具有极大说明价值。

(1)便于学习法律

概念准确、位阶分明的法律体系，作为知识，当然也是体系化的，因而便于运用演绎式教学方法，从一般到具体，循序渐进地去传授，从而保持传授的高效率。近代德国民法学的体系化传统，正是在继受罗马法的过程中，由法学教授们传授罗马法知识的方法造成的。

(2)便于找法

在法律适用中，为待处理案件寻找可资适用的法律规定，被称为"找法"活动。这是一项至为繁难的作业。体系化方法提供了按图索骥的便利，以及通过解释和补充，使找法胜利完成的模式。

(3)便于新鲜法律资料的整理与吸纳

立法、判例和学说层出不穷，它们是法律充满生机的条件之一。整理和吸纳新鲜经验材料，使法律不断推陈出新，构成法学的例行要务。这一任务的实施，当然也离不开体系方法。

3.体系的法治价值

法律体系化，是人治的克星，法治的保障。因为体系化有助于：

(1)制约神秘主义

神秘主义是人治的保护伞。上有法律，下有对策，秘密文件、通知、批示、讲话、工作报告、经验总结，乃至口耳相传的惯例，事实上具有比法律更高的效力。上述种种，如果是对于法律的解释或者补充，那么即应一律公开，以使人民了解并及时调适自己，同时，公开也意味着接受体系化的检证。否则，势将无法保证它合乎体系的要求，甚至可能以它违反体系的价值，把庄严的法律蛀空。

(2)制约恣意擅断

恣意擅断是人治的返祖现象。价值判断的见仁见智，似乎使恣意找到了堂而皇之的口实。然而，价值判断的体系化方法，本质上是恣意的天敌。这种方法，给法律解释和补充提供了科学依据和制度保证。找法须从体系出发，面向案件事实，从逻辑和价值的体系上运作，应当使价值取向生活事实而具体化、生活事实取向价值而类型化，这些要求，使找法变得有章可循。判例和学说在运用体系化方法上，已经取得了阶段性成果，实证法上的基本原则和一般规定，已被由之演绎出的下位阶原则逐步具体化。这些成果，无疑大大增加了它们的可适用度。总之，只要坚持体系化的方法不断前进，法律中捉摸不定的价值就会变得容易把握，恣意擅断也就更难找到藏身之所。

三、体系化的根据

法律体系化的根据，在于法律概念及其所存储价值的位阶性。

（一）法律概念的位阶性

法律概念，不但在逻辑上，而且在其抽象化程度上，都具有位阶性。而那依照抽象程度所形成的位阶，使我们凭借共同经验相信，它们不是法学家运用逻辑的推演制造出来的，而是法律本身固有的。人们认识了法律概念和法律规定的位阶性，也就有条件对于法律体系进行科学的研究。

1.依抽象程度形成的概念位阶

概念法学发现，法律概念的位阶性，规定于内涵的抽象程度。也就是说，抽象程度高的概念，位阶也高；抽象程度低的概念，位阶也低。例如，在买卖关系中，一方出卖了某件物，于是从对方得到了那件物的价金。从法律上看，他占有那价金是有根据的，根据就是"出卖人的价金保有权"。"出卖人的价金保有权"，这是一个具体的法律概念。如果我们舍弃其中"出卖人对于价金的"这样的特征，就得到一个不针对具体人和具体给付的、"给付保有权"这样一个上位阶概念。如果我们由此继进，一层层地舍弃特征，就可以依次得到"合同债权"→"债权"→"财产权"→"民事权利"的概念系列。在其最高位阶"权利"这个概念上，任何具体的特征都被"蒸发"掉了，只剩下最一般的规定性。因而是一般概念。同样的现象还可举例说明。我们从"袋地通行权"概念，也可以逐步抽象出"民事权利"概念。袋地是与公共道路没有适宜联络，因而不能实施通常使用的土地。袋地所有人依法可以通过周围土地以达公共道路。此项权利，称之为袋地通行权。这一概念，经逐步舍弃特征，依次可以得到"用益物权"→"他物权"→"物权"→"财产权"→"民事权利"的概念系列。以上所述，即法律概念依其抽象程度的位阶性。

法律概念的位阶结构，除在逻辑上形成属概念与种概念的演绎关系外，在实证法上，也形成效力关系。即下位阶概念优先于上位阶概念而适用，此即"特别法优先于普通法"的原则。此外，上位阶概念具有大于下位阶概念的适用范围。

2.体系化

根据位阶原理，所有法律概念应当形成一个位阶分明、内部协调统一的体系。该体系，依照某些概念法学学者的设想，类似金字塔。最抽象的概念，如"法—权利—正义"，处在塔的顶端，俯视其余，而且有涵盖最广的鸟瞰度。如果从塔的底部拾级而上，则随其攀登，逐步缩小塔的底面积，而增加塔的高度。底面积越小者，位阶越高，而鸟瞰度越大；相反，底面积越大者，位阶越低，而鸟瞰度越小。在这里，底面积相当于概念的内容,而位阶高度,则相当于它的适用范围。在这个金字塔式体系中,各个概念之间,可以经由增减其所含特征的办法,而升降自如。多数同位阶概念,共同涵摄于一个上位阶概念。与此相反,一个上位概念,则可以通过附加特征的办法,演绎为不同的下位概念。应当指出,这种设想,尽管有其存在上的依据,然而今天的法学,还只能构建不太精确、不太完整的金字塔。而那完整无缺的理想中的金字塔,则只能是法学的永不泯灭的追求。

(二) 价值的位阶性

概念法学对于法律体系的认识,侧重于体系的逻辑方面,忽视甚至否认法律概念和法律规定的目的品格和价值品格。因而不能解决"恶法亦法"的难题。利益法学派特别是价值法学派则从法律的目的性和价值入手,发现了与概念的逻辑体系相统一的价值体系,并且得出了两个体系在本质上是一个体系的结论。

1.概念与价值

利益法学和概念法学认为,法律是实现正义的手段。因而法律概念不是被设计来描述生活事实的,恰恰相反,它以评价生活、实现正义为使命。正义亦即一般价值[1]。然而,价值必须找到自己的载体,才能靠着它的负荷,进入生活。否则,价值纵然再美好,也无非是飘忽无依的幽灵。价值的载体不是别的,正是法律概念。实际上,法律概念,除了非常技术性的之外,都负荷着价值。例如,法律行为负荷着意思自治的价值。无因管理负荷着画一条界线的任务,该界线横在不干涉他人事务与鼓励助人为乐行为之间。而赠予不动产以登记为要件,负荷着保护出赠人在最后一分钟可以反悔这种利益的特别价值。至于"诚实信用""公共利益""公共秩序和善良风俗""禁止权利滥用""情事变更原则"等,其本身就直接表现为价值。对法律概念的研究,必须注意到负荷着价值的事实。

2.价值的位阶性和体系化

价值依据其抽象程度,呈现位阶结构。作为一般价值的正义,以其抽象程度最高,而处于最高位阶。由正义演绎出来的法治原则、自由原则、社会主义原则(此条原则依国家信仰的不同而有不同)仅次之,它们构成各个部门法的共同原则,因而被称为宪法原则。具体到每个部门法领域,也各有其从宪法原则中演绎出来的部门法原则,如民法的意思自治、诚实信用等原则。这些价值,还进一步演绎为该部门法各项基本制度中的原则,如债法中的契约自由和情事变更原则。并且一直枝分下去,贯彻到每一项法律规定和法律概念之中,从而构成位阶分明、和谐统一的体系。然而,这种体系化,在实证法意义上,是通过负荷于概念(体系)而实现的。

价值位阶性的效力,是下位阶价值不得抵触上位阶价值,任何价值,均不得违背

---

〔1〕　价值(Weft, Value)是德国哲学家Rudolf H.Lotze(洛采,1817—1881)引入哲学的概念。据Kroener《哲学词典》(1961)的解释,指"人类在其本性情感上认为具有观察、承认、敬佩以及努力追求等意义的赞赏与确认"。

正义。这也就规定，上位阶价值，通过下位阶价值而被具体化、应用化；下位阶价值，则须接受上位阶价值的监控。

（三）逻辑体系与价值体系的统一

概念负荷价值，价值假概念以行。由概念所构成的体系，与由价值所构成的体系，是同一个事物的两个方面。

1.内容与形式

价值是内容，而法律概念和法律规定则是形式。价值假概念的体系化而体系化，并靠着概念体系的逻证力量和实证法效力来实现自己。例如，法律规定中的一般规定(例如民法关于"诚实信用"的规定)负荷着一般价值，而具体规定则负荷着具体价值。当适用任何具体规定时，也就是在实现其中储藏的价值。另一方面，在适用某项具体规定时，必须取向于一般规定来解释，如果发现它与上位阶的规定，尤其是一般规定相抵触时，那么，就须通过一般规定对于具体规定的监控效力，废止该项"恶法"的效力。

2.恶法非法与恶约非约

如上所述，实证法中的某些规定，可能违背宪法原则或者部门法的基本价值，学理上称之为"恶法"。同时，合同内容违背合同法所肯认的基本价值的情事，也所在多有。这种情况可以称之为"恶约"。恶法和恶约是否具备规范的品格呢？这只有从价值体系与逻辑体系相统一的观点，才能得到说明。恶法恶约因其负荷的价值，抵触了上位阶价值，从而在法律伦理上，不存在效力基础。然而在具体操作上，却须依照实证法的一般规定，通常是从中演绎出足以针锋相对地否定恶法恶约效力的原则，加以处理。这一推理过程，在裁判文件中应当交代清楚。此即所谓法官的说明义务，或者说理义务。不尽此项义务，而直接否定具体法律规定的效力，则滑入有法不依的泥潭。当然，通过法律解释而否定恶法，有时是不够的，因而在必要时尚需通过立法加以否定，这才是根本的解决。

四、市民法与普通法：体系化的两种模式

（一）概说

在比较法的意义上——又主要指民法或者私法法域——实证法的体系化有两种模式，即从罗马市民法一脉相承而来的法典化模式，与从英格兰普通法一脉相承而来的非法典化模式。法典化体系，是由可读文字(法条)在纸张上构建的，而非法典化体系则由内心语言直接在法官队伍的脑海中构建，一如计算机程序印制在磁盘或者光盘上一样。这里之所以称"法官队伍"，意在描述载体的集合性。尽管每个个体(法官)所存储的东西各有不同，然而作为全体的共识，则是同一的。必也如是，才

有体系化可言。

在法典化体系的情况下，体系与其操作手，在时空上是可分的。因而易于传授和移植。罗马法之所以传播得那样广，甚至被不同文化的日本和中国所继受，便与这一特质很有关系。而非法典化体系，体系与其操作手不可分，体系对于操作手的依赖度极高。因而对于法官的心理素质、知识结构、职业训练、方法作风的要求，也极为苛刻。普通法的法官，不仅应是知识渊博的学者，而且应是在法学方法论和审判作风上训练有素、法律体系已被化作工作习惯的"圣徒"式人物。当然，这是极而言之，是理想中的形象，在实际生活中，未必尽然。上述特点，规定了普通法传播和移植的困难，除非连同法官队伍一同搬将过去，恐怕是难以移植成功的。目前属于这种模式的国家或地区，其实证法的移植乃是海外殖民的结果。与中日自行继受欧陆市民法，大不相同。

(二) 普通法: 法官的法

英格兰普通法是在极其特殊的历史环境中发育起来的。本来，中世纪的欧洲，各国法律都是判例式的普通法，尽管也有一定数量的制定法。然而，由于征服英格兰的威廉一世，建起了足够强大的中央集权的统治——其中包括权威而统一的法院系统——这一条件，使得普通法和后来的衡平法能够以判例的形式存在。此外，法律业者行会化，有助于训练素质较高的法官和律师队伍，同时，也使法律知识作为行业秘密保存下来。而这一切，总合地造成了判例法的有效性，以及法律业者政治上的强大。正是靠了它们，在17、18世纪欧洲法典化甚嚣尘上的年代里，普通法才得以成功地捍卫自己，迄今传而不坠。

普通法是由法官一手制造和培育出来的，判例法的适用和演进也离不开法官。只有熟悉它那特别的体系方法的法官，才能够依靠经验和才智，从判例的长河中发现法律，并且制造新的规范。判例法法学教育，在一个相当长的时期，也采取学徒制方式，即使在职业学校里，也须法官夫子自道地传授知识。从而法官又是法学教授和法学家。判例法的体系方法、法官工作的重要社会价值和挑战性，以及法官的社会地位之隆，也进一步影响了人才分配。相当数量的社会精英，充实到法官队伍中来。这一切，共同规定了普通法是法官的法。普通法随着殖民活动而被带到北美、澳大利亚和其他殖民地之后，它的这一特点也保存了下来。

(三) 市民法: 法学家的法

与英格兰的情况相反，西欧大陆，法律业者的行会化却不成功——这是那里法官队伍的历史性失败——由于世俗统治者向罗马教廷争权，建立和强化民族国家，以及其他条件的刺激，导致了以继受罗马法、制定法典为内容的法律改革。而制定概念准确、体系完整的民法典，却只有教授罗马法或教会法的法学家才能胜任，法官最多只能派为配角。法国、德国、日本和中国在编纂民法典的活动中，法学家而不是法官出尽了风头。在法律实施中，由于法官只被设计为有法必依的操作者，也由于法律的解释和补充，必须从体系出发，并且取向于捉摸不定的价值，这也是法官难以独胜其任，而有赖于学说鼎力支持的。加上法学教育，本来就是法学家的看家本领，在这个领域，以及著书立说的差事，几乎是他们的一统天下。普通法法官作为法学泰斗那样的情况，市民法法官根本无从企及。总而言之，无论在立法、法律解释、法学研究和教育中，法学家起到举足轻重的作用。因而人们说，市民法是法学家的法。

（四）交流

普通法和市民法"鸡犬之声相闻，老死不相往来"的历史，到21世纪宣告终结了。在比较法学的促进下，两种法律文化日益频繁接触和交流。法律体系上的差别，也有明显缩小的趋势，市民法在体系方面，注意学习普通法重视通过审判演进法律的成功经验，重视判例的积累和研究。普通法也注意学习市民法重视形式体系的长处，法学家甚至以样板法和"法律重述"的方式，推动普通法的有形化。在今后，两大法系互相学习的进展，将会更深入。但是，作为文化，也必然会在竞赛中共同发扬光大，而保留其固有特色。

第二节　法律规定的逻辑结构

法律的基本单位是法律规范。然而就制定法而言，能够独立发挥规范功能的最小单位，则是法律规定。从字面上看，制定法是由编了序号的条文组成，先组合为节，再组合为章和编(有的法律不设编)。然而，重要的是透过文字结构，去发现法律规定，并进而研究法律适用和演进中的方法问题。

一、法条与法律规定

（一）法条

法条，即制定法的条文，是被归在一个序号之下的语句段落。

法条视其复杂程度，有只由一个段落构成的，也有由两个以上段落构成的。后者依其逻辑关系，再析分为款，如有必要，款再折为项，项再折为目，等等。通常，款、项、目等均不加番号，而要靠读者自行辨别。但是，全都分作段落书写或者印制。

制定法之析分为法条，是出于技术上的需要。一是为了醒目，便于人们学习和把握。二是为了适用中引作裁判依据的方便。然而有利即有弊。法条化使得一个完整的法律规定，被分作若干条文来表述，而且它们未必前后连属地排列在一起，有的甚至被安排在不同的节、章乃至编当中。此外，为了文字简洁，避免重复和累赘，有些法条被设计为需要借用其他法律规定中的逻辑成分，才形成完整意义，如借用概念、构成要件以及法律效果。而且，这种互相借用式的设计，往往弄出逻辑上和价值上的矛盾来。总而言之，在法律适用中，法条的整合作业，是不能避免的。

(二)法律规定

法律规定是制定法中能够独立发挥规范功能的最小语言单位。

如上所述，法条不能独立发挥规范功能。只有当它与相关法条共同地取向于一定的价值标准，针对一定的生活事实类型，被组合成一套规定时，它对于该事实类型所具有的意义，才能相对地确定下来，从而产生规范功能。这就是经由法条的整合作业，组成一个法律规定的情形。所谓整合，就是使相关法条彼此协调，化解可能存在的矛盾，从而形成一套完整的规定。例如，我国民通条32·Ⅱ规定："合伙经营积累的财产，归合伙人共有。"[1]该规定中，须说明的概念很多，在"合伙经营积累的财产"这一部分，即须回答什么是财产？什么是合伙经营积累的财产？什么是合伙？什么是合伙经营？而在后一部分，则须回答什么是所有？什么是共有？谁是合伙人？共有财产如何占有和使用？可否分割？如果可以分割，其条件又如何？等等。这就必须与民通条30、[2]31、[3]32·Ⅰ、[4]34、[5]71[6]和78[7]等条文组合起来，运用民法基本知识，使它们组成一个法律规定，才能获得完整的规范意义。在条文整合中，还需运用法律解释和补充的手法。关于解释与补充，我们将在本章§Ⅲ中研讨。

然而，在构成法律规定的诸法条中，往往有一个核心法条，具备法律规定的基本要素，即法律构成要件和法律效果，尽管尚需与之配套的法条，加以说明、补充或者限制。不过，对于具有民法基本知识的人来说却能够了解其规范意义，在法律适用

---

〔1〕　对应《民法典》第969条第1款："合伙人的出资、因合伙事务依法取得的收益和其他财产，属于合伙财产。""民通条*"即指《民法通则》第*条，以下不再一一注明。

〔2〕　对应《民法典》第967条："合伙合同是两个以上合伙人为了共同的事业目的，订立的共享利益、共担风险的协议。"

〔3〕　该条文已被删除，《民法典》不要求合伙合同需以书面方式订立。

〔4〕　对应《民法典》第969条："I.合伙人的出资、因合伙事务依法取得的收益和其他财产，属于合伙财产。II.合伙合同终止前，合伙人不得请求分割合伙财产。"

〔5〕　对应《民法典》第970条："I.合伙人就合伙事务作出决定的，除合伙合同另有约定外，应当经全体合伙人一致同意。II.合伙事务由全体合伙人共同执行。按照合伙合同的约定或者全体合伙人的决定，可以委托一个或者数个合伙人执行合伙事务；其他合伙人不再执行合伙事务，但是有权监督执行情况。III.合伙人分别执行合伙事务的，执行事务合伙人可以对其他合伙人执行的事务提出异议；提出异议后，其他合伙人应当暂停该项事务的执行。"

〔6〕　对应《民法典》第114条、第240条。第114条："I.民事主体依法享有物权。II.物权是权利人依法对特定的物享有直接支配和排他的权利，包括所有权、用益物权和担保物权。"第240条："所有权人对自己的不动产或者动产，依法享有占有、使用、收益和处分的权利。"

〔7〕　对应《民法典》第二编物权第八章共有的条文，即《民法典》第297条至第310条。

中,可以作为三段论方法的大前提,在制作裁判文书时,可以单独引用。这样的法条,学说上称为"完全性法条"。简言之,完全性法条是具备法律构成要件和法律效果的法条。然而必须指出,这绝不等于说,是无须其他法条配合的法条。如果从是否需要相关法条的配合着眼,那么,没有一个法条得以被称为完全性法条。因此,那种以为解决民事纠纷,似乎像查词典一样,可以找到现成规定,而无须体系知识及法律解释和补充方法,是没有根据的、浅薄的想法。

二、法律规定的逻辑结构

(一)概说

法律规定,属于形式逻辑中的规范性模态判断。它不是对于客观事物的存在、性质或者关系的判断,而是对于人的行为的当为性判断,即关于"应当""可以"或者"不可以"的判断,因而属于规范性判断。这种判断的逻辑结构,由主项、谓项和模态词构成。其中的主项,给出谓项的条件,学说上称为法律构成要件;而谓项则描述条件所引起的效果,学说上称为法律效果;模态词则把主谓两项联系起来,表述规范意义,即把法律效果归属于法律构成要件。应当说明,法律构成要件与法律效果之间的关系,并不反映客观事物之间的条件关系或者因果关系。也就是说,法律效果所指称的现象,并不是法律构成要件所指称现象的结果;同理,法律构成要件所指称的现象,也不是法律效果所指称现象的条件或者原因。要件与效果之间,只是规范上的模态关系,亦即立法者依其意愿使之具有的特定关系。至于立法者何以意欲如此,则属于体系化的价值判断问题,不拟讨论。本书为避免关于要件与效果具有因果关系的误会起见,不使用法律结果或者后果之类的表述。

(二)法律构成要件

1.意义

法律构成要件为法律规定中的判断主项,是给出谓项的适用对象或者适用条件的部分。易言之,是描述法律效果归属于之的事实的部分。为了行文简洁,我们称法律构成要件为构成要件,或者法律要件。作为判断的主项,其理想的逻辑形态当然是概念。法律概念是为规范社会生活设计的,因而应当把所描述的现象的特征,不多不少地列举清楚,这样才符合评价生活事实的要求。然而,民法学不能把应予规范的生活事实全都概念化,而且连大部分的概念化都做不到。在不能被概念化的生活事实中,又有一部分,能够归纳为构成要件,尽管还不能穷尽其所有特征,也庶几可以把握主要特征,因而可以将就地充作判断主项。法律规定的主项之所以被称为法律构成要件,而不称为法律概念,其原因当在于此。至于应予规范的生活事实之中,制定法连其构成要件都未能归纳出来的,还相当不少。但是,为能体系化地规范社会生活起见,也只好作了类型式或者只是原则性的规定。那些主项模糊的法律规定,在适用中,必须面向案件事实而具体化。这是政策性很强的工作,对于方法论的要求相当高。法律解释和法律补充的用武之地,端在于斯。所谓类型式规定的概念,如"买卖""借贷""租赁"等合同、"承包经营权""地上权""典权"等限制物权以及"作品"、侵权行为的"违法性""过失""因果联系"等即是。至于原则性规定,如"诚实信用""公共利益""显失公平""适当"等即是。

2.法律要件要素

(1)意义

法律要件要素,即组成法律要件的必要成分。例如,一般侵权行为由以下几大要素组成:①须有某项行为;②须该行为致人损害;③须该行为违法;④须该行为系出于过失或者故意;⑤须行为人有责任能力。而法定继承的要件则有:①须自然人死亡;②须有遗产;③须有继承人;④须继承人有继承权;⑤须继承权人不抛弃其权利;⑥须死亡人无遗嘱,或者虽有遗嘱但遗嘱未覆盖遗产之全部。

(2)划分

法律要件的要素,划分如下图:

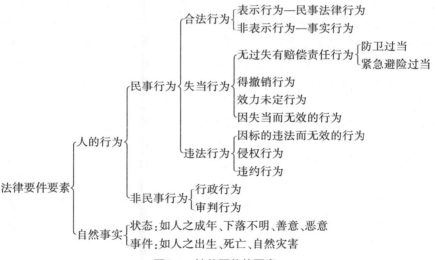

图2-1　法律要件的要素

(三)法律效果

1.意义

法律效果作为法律规定的谓项,是描述构成要件法律价值的内容的部分。它通常是描述一定的法律现象。当它与模态词相结合组合一个构造时,该法律价值的内容就具有规范意义。例如,上文举例的法条:"合伙经营积累的财产,归合伙人共有。"

这是一个完全性法条(为了讨论简洁,我们以完全性法条代替法律规定)。它的法律效果是"归合伙人共有"。其中的模态词"应当"给省略掉了。加上该词,即表明"归合伙人共有"的法律效果是当然的。再如民通条10:"公民的民事权利能力一律平等。"[1]它的法律效果是"一律平等",模态词是"是"。它似乎是系词,但实际上是模态词,其含义也是"当然"。

2.内容

法律效果的内容,是民事权利和民事义务的发生、变更或者消灭。唯民事权利和民事义务,均存在于民事法律关系之中,因而如果从法律关系着眼,法律效果的内容则是民事法律关系的发生、变更或者消灭。此外,在当事人无法律根据而不履行所负担的民事义务时,其法律效果则为发生民事责任。

(四)法律规定的性格

1.规范性

法律规定属于规范判断。它是对于规范对象(包括行为人和裁判者)发出的、要求他们依照该规定实施行为或者作出裁判的有约束力的命令,或者诱导信号。就绝大多数法律规定而言,它们既有行为规范的品格,同时又有裁判规范的品格。后者是前者的强化和担保。这是容易理解的。因为,假使不是这样,那么,作为行为规范所预示的法律效果,势必不能在裁判中加以贯彻;反转过来,它命令或诱导人们行为的功能也就丧失。然而,在法律规定中,也确有只是裁判规范,而不是行为规范的个别情况。例如,民通条61·Ⅱ所规定的"应当追缴双方取得的财产,收归国家、集体所有或者返还第三人",[2]就只是对于裁判者的指令,而没有对于一般行为人的规范价值。单纯裁判规范,在最高法院贯彻民事法律的系列意见中,就有不少。

2.一般性

既然法律规定属于规范判断,因而就不是也不能针对某个既定对象或者既定生活事实而发。恰恰相反,而是也必须针对受其规范的时空之内、不特定的一切人和生活事实而发。唯其如此,法律规定中的构成要件和法律效果,才都是运用抽象方法加以一般化描述的。这就是法律规定的一般化性格。这一特点,规定了法律适用中演绎方法的重要性。一般化的构成要件和法律效果,只有取向生活事实具体化,才能被适用。

---

〔1〕 对应《民法典》第14条:"自然人的民事权利能力一律平等。"

〔2〕 该条文已被删除,《民法典》第157条统一规定了民事法律行为无效、被撤销、确定不发生效力的法律后果。第157条:"民事法律行为无效、被撤销或者确定不发生效力后,行为人因该行为取得的财产,应当予以返还;不能返还或者没有必要返还的,应当折价补偿。有过错的一方应当赔偿对方由此所受到的损失;各方都有过错的,应当各自承担相应的责任。法律另有规定的,依照其规定。"

第三节　法律适用中的方法问题

一、概说

(一)经验与逻辑

美国的伟大法学家奥利弗·霍姆斯(Olinver W.Holmes，1841—1935)曾经说过："法律的生命不在于逻辑，而在于经验。可感知的时代必要性、盛行的道德和政治理论、公共政策的直觉知识(无论是公开宣称的还是无意识的)、甚至法官或其同胞所共有的偏见，在确定人们所应依据的规则时，比演绎推理具有更大的作用。法律所体现的是一个民族经历的许多世纪的发展历史，因此不能把它当作一本只包括原则和定理的数学教科书来看待。"〔1〕这就是关于"经验与逻辑"的有名言论。该论断尽管主要是针对英国和美国的法律体系而发，但是对于法典化国家的法律适用和法律演进，也同样具有深刻的启迪作用。因为它精辟地揭示了由经验所支撑的价值思维，是给逻辑思维尤其演绎方法以生命的东西，虽然经验应当通过逻辑表现出来并发挥作用。

然而必须指出，在法律适用中，取向于价值的逻辑思维，也具有不容忽视的方法论意义。即使普通法的法官在从判决先例中发现法律时，也要运用类比的归纳方法。无论普通法抑或市民法的法官，当他终于找到足资适用的法律规定，在把它适用到系争案件事实时，也都必须运用三段论的演绎方法，演绎方法是贯彻平等原则和防止恣意擅断的有效工具。霍姆斯的上述论断，其本意并非把经验和逻辑对立起来，今天的法学方法论者更应该得出结论说，经验与逻辑与其说是敌人，毋宁说是盟友。

(二)法律适用的逻辑结构

本节以下的讨论，以法典式法律体系为限。

在法典式法律体系中，法律适用的基本框架是三段论推理。

1.寻找大前提

即寻找一个对于本案生活事实有其适用性的法律规定，来作三段论法的大前提。这项作业，称为"找法"。大前提的逻辑结构是：假如本构成要件被任何法律事实所充分，那么本法律效果即应归属于该法律事实。所谓法律事实，即法律应当并且给予规范的生活事实，或者说，是发生并存续在具体案件中的生活事实或者状态。

---

〔1〕 译文转引自［美］E.博登海默：《法理学——法哲学及其方法》，邓正来、姬敬武译，华夏出版社1987年版，第145—146页所引霍姆斯的言论。

2.形成小前提

即取向于大前提评价和抽象案件事实,看它是否具备大前提中的构成要件所要求的特征。如若具备,那么该法律事实在逻辑上就是构成要件所指称的法律事实,易言之,构成要件即为案件事实所充分。小前提的逻辑结构是:本案法律事实即为构成要件所指称的法律事实。

3.推论—裁判

即把大前提和小前提结合起来考虑,运用推理功夫,得出结论,该结论即为本案的裁判意见。结论的逻辑结构是:法律规定中的法律效果应当归属于本案法律事实。

在三段论法的运用中,涉及价值思维指导下的许多方法问题,现在加以简要研讨。

二、寻找法律规定

为待处理案件寻找作为三段论法大前提的法律规定,即找法,又称寻找请求权的规范基础,这是一个面向案件事实反复尝试的过程。首先是初步评价案件事实,依据民法体系知识,提出"假说",即预测可能有适用性的法律规定,然后按图索骥地去查找。当获得一个规定时,即对照系争事实,看那构成要件对它是否有意义。而当我们进行这种比较时,也就发现,构成要件对于系争事实来说,过于抽象;与此对应,系争事实对于构成要件来说,则过于具体,而且掺带了许多与构成要件毫无关系的情况,必须剔除。剔剪一番之后,所留下的情况,仍嫌具体,无从与构成要件作对照,这就必须分析构成要件,使它面向系争事实而具体化;同时也要评价系争事实,使它面向构成要件而类型化。这项作业可能需要反复进行多次。总而言之,直到系争事实可以同构成要件充分进行比较时,也就足以作出判断,构成要件对于系争事实是否有意义。假使结论是肯定的,找法即告完成;相反,即需转向新的一轮找法。

找法活动包含两项作业:①法律解释;②法律补充。

三、法律解释

(一)法律解释的意义

法律解释,是探求拟适用法律规定的规范意旨,使其构成要件和法律效果具体化的作业。

(二)法律解释的标的

法律解释的标的,是构成法律规定的各个条文,尤以核心条文为其重点。因为,在裁判中被引用的,正是核心条文。唯解释法条,不能只着眼于条文本身,更不能拘泥于条文所用的词句。相反,应当斟酌条文的附随情况,如草案的沿革资料、立法理由书、草案说明书、起草机关在研议中发表的意见,以及立法机关审议中的意见。同时,还须考虑制定时的社会、经济与文化背景。

(三)法律解释的任务与目标

1.有中求旨

法律适用必须忠实于法律。因而,法律解释的任务,是探求拟适用法律规定的规范意旨,从而在此时此地此案中,实现衡平与正义。法律解释应当是从有到有,而不是从无到有,无中生有。诚然,对于任何法律体系来说,都不可避免地存在法律漏洞,而这些漏洞是必须填补的。填补漏洞即属无中生有,因而不再属于法律解释的范畴。

2.构成要件和法律效果的具体化

法律解释的终极目标,是使拟适用的法律规定的构成要件和法律效果具体化,达到满足三段论操作的要求。当然在价值上,不得违反体系的要求。

(四)法律解释的方法问题

1.常见的错误

在法律解释中,容易发生以下错误:

(1)拘泥字面,就法言法。在这种错误之下,忽视甚至无视法律的价值功能。结果却往往采用落伍的或者其他违反法律体系的价值,作为裁判依据。

(2)泥法不化,恶法亦法。这种错误不出在否认价值判断,而出在把立法当时的价值观念永恒化,拒绝追随社会生活和价值观念的变革而有所变革,从而不免闹出恶法亦法的毛病。

(3)主观恣意,感情法学。这种错误出在否认法条文义、法律体系和解释方法对解释活动的约束,把基于一己观点的偶然决定,冒充为价值判断,而滑入感情法学的泥坑。

(4)片面偏激、违反体系。这种错误出在见木不见林,不从体系的观点和方法进行解释,所得出的结论难免片面、背离体系的逻辑和价值。

2.法律解释的制约因素

为避免上述失误,法律解释须受以下因素的约束。

(1)范围因素

所谓范围因素约束,系指以条文的可能文义为范围。法律解释,应以法律语词的应有意义,亦即依照语法习惯被了解的意义为基本范围。但是,如果立法已经给出定义或者加以解释的,则应依照这种定义和解释。然而并不排除依照体系因素和法治因素的必要性再解释。法条之外的立法资料，即上文说到的立法理由书、说明书、研讨和审议意见，以及社会背景，尤其是那些反映某一概念、用语是如何产生、如何被纳入法条，某一条文、规定或者制度，是如何被接受到法律秩序中来的，这样的资料，能够帮助我们比较全面地确定文义，因而必须注意搜集和研究。

（2）体系因素

由于法律本身是体系化的，因而在解释法律时，必须坚持体系的观点，无论在逻辑上，还是在价值上，均不得违反体系。作为解释标的的，尽管只是具体条文甚至语词，但是必须从局部看到全体，必须注意把它们放到体系中去，分析它们在体系中的文义和意旨，当构成要件或法律效果被具体化之后，还要从体系上加以检证，看它们是否符合体系的要求。在体系因素中，必须注意宪法原则、部门法原则以及一般规定，对于法律解释的导向和监控功能。国外和我国台湾地区的学说判例，多年来十分重视把法律原则和一般规定具体化的工作。例如对于诚实信用原则，即已演绎出在合同法中的情事变更原则、法律行为基础变更原则、牺牲极限原则、信赖保护原则以及缔约双方互相关注原则等，并且有的已被构成要件化。这些成果，具有重大借鉴意义。然而，法律解释的天地是无穷尽的，任何时候，都可能遭遇到难以把握，从而见仁见智的价值标准，使解释的担当者莫衷一是。这时，即应实行"从群众中来，到群众中去""集中起来，坚持下去"的优良传统，注意广泛调查与系争案件处境相同或者类似的人们的意见，以及他们周围的人们的意见，并且向有真知的专家请教。这样做，虽然未必能够确保所得出的结论绝对正确，但是，至少已经尽到了最大的努力。在相当大的程度上，捕捉到了社会的共识。从而据以作出的裁判，也是最可接受的。

（3）法治因素

法治主要是指合宪性因素和程序上合法的因素。宪法是法律所追求价值的集中宣示者。在我国，民事法律和法规所肯认的价值，远未达到宪法那样的全面和完整。因此，在法律解释中，必须取向于宪法。这表现为合宪性因素。此外，法律解释必须遵照合法程序实施，并且要接受实践的检验。这就要求法官在裁判中善尽说理义务，极其所能，把解释的思路交代清楚，而便于上诉审以及审判监督程序的检验，同时便于学说的批评。

此外，应当指出，法律解释尚应致力于法律规定当中法律效果的具体化。关于此项任务，我们将在本节"六、裁判"目加以讨论。

四、法律补充

（一）法律漏洞

1.意义

法律漏洞是法律体系当中违反计划的不圆满状态。任何法律体系，对于应予规范的社会生活，都难能覆盖得充分无遗。相反，那些应予规范却竟未规范，或者虽有规范，然而却不完全或者有矛盾，更或者不妥当之处，就是法律漏洞。不过，应当注意的是，这里所说的法律，不仅包括制定法，而且包括习惯法。因此，假如某个漏洞，只在制定法中存在，而在习惯法中却不存在，那么还不能认为已经构成漏洞。至于什么样的习惯，才具有习惯法的品格，则端视它是否被社会共同观念确信具有法律效力。例如，民通对于所有权取得制度，未作规定。在处理这个方面的纠纷时，有的法院即认为无法可依。吉林省某地甲乙两位公民，共同出料出工，在各自享有使用权的毗邻宅地上，起造住房三间，并即分别居住管理。然而在所有权登记中，却因故登记为其中一人所有，从而成讼。管辖法院在审理中，找法未遂，于是请示上级法院。本书以为，关于此类生活事实，即享有宅基地使用权、履行基建程序、自己出料出工起造的房屋，其所有权归属，据本书编者所知，我国各地习惯法认为应归建造人同时也是出料出工人所有。盖房屋的价值，系由材料价值、建造劳动所物化的新价值共同形成。这些价值的拥有者，当然应当取得房屋的所有权。在民间，这类事实成千上万，不发生问题。房管机关也照此办理权属登记。此项习惯法规范，衡诸法律体系并无违碍之处，从而应当肯认其效力，当属无疑。因而不能认为在这个领域存在法律漏洞。诚然，关于不动产物权制度，宜于制定法作出规定。但是这属于立法规划问题，不拟多述。

2.成因

法律漏洞的出现，根源于人的认识能力的有限性。立法者并非圣贤，对于社会生活的方方面面，未必尽皆认识。因此，应予规定而竟不能规定，或虽有规定而违反体系的情事，在所难免。有时，为慎重起见，对于一时看不准的问题，暂付阙如，也是有的。例如我国近年民事立法中的情况即属如此。这些均足以造成法律漏洞。

（二）法律漏洞的填补

法律漏洞，意味着它所在的法域，无法可依。在今天的法治社会中，不能容忍。而且，法律的体系化，就其本质而言，也不许漏洞存在，因而必须设法予以填补。此项法律补充工程，如能通过立法完成，固然最称理想。然而，当立法未为补充时，法院在裁判纠纷中，出于不得借口无法可依而拒绝审判的职责要求，也有主动予以填补的必要和权限，而且能够胜任愉快地达于完成。

法律补充，与法律解释不同。补充属于法外找法，是在法条的可能文义之外，依照待裁案件的事理，从体系的一般原则中推导出规范，或者从体系外引入规范。法律漏洞的情况是复杂的，因而填补的具体任务和方法，也各有不同，必须具体情况具体分析。但就一般方法而言，如演绎方法、归纳方法、从体系着眼的辩证方法等，则与法律解释大同小异。为了防止法官在作业中恣肆偏狭，同样须运用体系因素和法治因素加以监控，这也是一样的。

关于法律补充，在法典主义国家，会不会导致法院造法，而动摇分权原则，这是学说和实务中聚讼纷纭的问题。依本书所信，法院应审判之需，运用法律补充手段，归纳出"规范"，仍然属于找法作业的题中应有之义。而且，所找到的"规范"，只对系争案件有其拘束力，而不具备普遍拘束力，因而并没有变成法律。如果说这就是造法，那么，极而言之，也只是造法的尝试。在这个过程中，即经过逐案摸索，小心归纳，假年月以澄清，肯定会形成富有价值的积累，而足以为立法提供经验。假如立法能够及时吸纳，当然就成为制定法。如若不然，则会在学说的支持下，相约成俗，取得社会共识而成为习惯法。这也就是说，作为实证的法律，仍然是经由立法制定的，或者经由习惯积淀和社会共识而成的，还谈不上法院造法，因而也不必担心法律补充会动摇分权原则。

五、认定法律事实

(一)意义与作业内容

1.意义

认定法律事实，是在裁处法律纠纷中审查系争事实的真实性，评价其法律意义，以便把该事实涵摄到系争构成要件，以形成三段论法小前提的作业过程。

2.作业内容

(1)判断真伪

真实性是法律评价的基础。一个扭曲的判断，往往经由对于案件事实的曲解性操纵而来，指鹿为马。因此，认定法律事实，必须解决其真实性问题。此项任务的达成，属于证据学方法问题，如何搜集证据，如何证明，均非等闲。然而这一讨论应当让诸证据学。本书不拟涉足。

(2)法律评价

即评价系争事实对于拟适用法律规定的构成要件，是否有其意义。评价的目的，在于为逻辑涵摄作准备，而最终达于涵摄，形成三段论法的小前提。这当中，涉及许多方法问题，下面简略地加以说明。

(二) 法律评价与逻辑涵摄

1.事实认定与找法的关联性

认定法律事实，不是单纯的逻辑涵摄，即把业经审定认其真实的案件事实，涵摄到拟适用的构成要件中去。因为，构成要件非经面向系争事实的解释或者补充作业，不足以作为三段论法的大前提；与此同时，系争事实倘不取向于系争构成要件而作评价，使之抽象化、类型化，把它的特征用陈述句表述出来，也无从与大前提中的构成要件作有效的比较。而且，这两项互相关联、互相渗透的作业，呈现为反复回馈的过程，即在增生和更新的基础上，一次又一次地重新开始，最后竟合二而一。

2.法律评价中的方法问题

当我们评价系争案件事实时，势必首先看它具有什么特征，并用陈述句加以描述。因为，构成要件的诸要素，都是以命题形式存在的，故而欲把系争事实的特征与之比较，也必须使后者命题化。例如，当我们评价系争事实是否属于侵权行为时，就须抽象该行为的特征。例如，判断是否存在致人损害的事实，即须取向于损害这个要件要素来分析，使之抽象化，去掉其中不具法律意义的东西，而把有意义的部分经由陈述句加以表现。在这个过程中，需要综合运用分析，综合、归纳、类比等方法，并且必须在辩证逻辑的指导下，从现象入手，把握本质。

系争事实是具体的，并且往往存在不规则情形，使得系争构成要件不能加以评价。例如审查侵权行为的违法性和因果联系要件，就经常遇到奇奇怪怪、极不规则的事实。其他案型的审查，也难免同样的遭遇。在这种场合，即应放开眼界，搜罗类似事实，进行比较，以便把同样的情形，归纳为一个可能的类型。例如把侵权行为的违法性事实，归纳为若干类型。而在进行此项归纳时，又须步步取向于构成要件，尤其是其中存储的价值。这也就是说，审查事实与法律解释合二而一。经过归纳，假使获得了使构成要件具体化的类型，也就创造了据为评价的具体标准，评价和使特征类型化自然就易于达成。由此可以看出，生活事实的类型化，同时就是构成要件的具体化。在类型化过程中所运用的方法，主要是归纳；而构成要件具体化，却体现为演绎逻辑。当然，无论归纳和演绎，都需辩证逻辑的指导和参与。事实类型化与要件具体化，又是法律的推陈出新。法律通过适用而演进的机制，正在于此。

3.逻辑涵摄

经过上述评价，最后必然达到这样的地步：系争案件事实的特征，充分了系争法律规定的构成要件，从而可以得出结论，该事实就是该要件所指称的事物。于是，生活事实被涵摄在构成要件之下，而形成了三段论法的小前提。

对于上述过程的讨论，为了便于说明，我们有意回避了评价与找法的失败和反复。而这是不可避免的。评价与找法，只能反复尝试。如果在第一回合的尝试中，用尽各种合理方法，无论如何不能达成逻辑涵摄，那么即应放弃此项思路，而另辟蹊径,开始第二回合的找法,甚至反复多次。而当终于找不到可资适用的法律规定时,即应怀疑法有漏洞,并且加以证实。若果有漏洞,即须转入法律补充的作业。总之,找法和认定事实,会有多次反复,反复中伴随着回馈和渗透,而不可能是直线式的,一蹴而就。

六、裁判

(一)意义

所谓裁判,是在获得对于系争案件具有适用性的法律规定,以及把案件事实涵摄到该规定的构成要件之后,依照三段论方法,把法律规定的效果归属到案件事实上去,并且依照诉讼法的要求,作成裁判文件和加以宣布的作业。

(二)法律效果的具体化

法律解释和补充,在找法和认定法律事实两个阶段,其作业目标是集中在构成要件上。而当进入裁判阶段,则须转移到法律效果上来。这是因为,裁判的任务,关键在于法律效果的归属。而且因为,在法律规定中,法律效果同样是以抽象方式一般化描述的。因而对于系争案件来说,还不足以直接确定当事人的具体权利、义务或者责任。因而法律解释和补充仍需继续努力,以便善始善终地达成整体目标。

关于法律效果这一部分的解释,同样必须取向于案件事实和价值,必须从法律体系出发,其中包括法条整合。而其目标,同样在内容的合体系的具体化。这种具体化,又集中体现在侵权责任和违约责任赔偿数额之上。民事审判诸案型中,该两类案型的数量最多。为了减少举证和理算的工作量,避免无谓的重复劳动,应当归纳案型、澄清数额、建立定量化的责任模式。在受害人死亡的场合,尤为必要。关于这个问题,本书在侵权责任的研讨中,还会具体说明。此外,当通过解释作业不能获得法律效果规定时,则应转入法律补充。须知,法律漏洞,不仅存在于构成要件上,而且存在于法律效果上。

(三)法律事实与法律效果的逻辑关系

如前所述,法律规范应当而且确实予以规范的生活事实,是法律事实。它与法律效果之间,仅在法律适用的裁判阶段,才发生逻辑归属关系。也就是说,当系争法律事实充分了构成要件,才依三段论推理,把该要件的法律效果归属于该法律事实。而在这时,作为规范的一般化的法律效果,也被具体化为事实上的权利、义务和责任。易言之,归属于法律事实的已是事实层面上的法律效果。对于上述情况,国内民法教科书未能加以区别,而是笼统地定义为法律事实是能够引起法律效果的客观事实[1]，或定义为法律效果的根据[2]。上述表述，仅就事实层面立论，而未从规范层面以及法律适用角度立论，因而容易使人误解：法律事实不经法律构成要件的媒介，即能直接发生法律效果。同时也容易使人误认法律事实与法律构成要件是一回事。

(四)法律事实与法律要件

法律事实是事实层面的存在，法律要件却是规范层面的东西。它们是规范与其对象的关系。当法律事实充分规范上的法律要件，那么，前者即是后者所指的事物之一。这就是逻辑涵摄关系。事实与规范不应被误认为一回事。否则，三段论推理就会失其存在根据，法律规范与法律适用也就会混为一谈。

---

〔1〕　见佟柔教授领衔主编的1990年版统编教材《中国民法》第36页；陶希晋领衔总主编、佟柔任分册主编的国家七五规划项目《中国民法学·民法总则》第59页；李由义领衔主编的统编教材《民法学》第36页；金平领衔主编的西南政法学院1990年版教材《中国民法学》第153页；马原领衔主编的全国法院干部业余法律大学教材《中国民法讲义》。

〔2〕　见王利明、郭明瑞、方流芳编著的《民法新论》第117页。

第三章　民法在中国

第一节　概说(1949年以前)

一、非私法传统

中华法律文化博大精深,绵亘五千年,独树一帜。在它世罕其匹的文化宝藏中,不但有法典化的公法文化,其中不乏间接反映商品交换的规范,[1]而且,在习惯法层面上,也有特色独具的财产法、交易法、亲属法和继承法。因此,一概而论地说中国固有文化中没有民法,至少是不全面的。

然而,同样难以否认的事实是,我国固有法律文化中,不仅没有发育出如同罗马法的"人格""权利""契约自由""债""过失责任""遗嘱"等概念,而且,它那传统的"非私法"观念,贯彻到社会生活的方方面面。家国同构、大公无私(崇公法而非私法)、身份本位、礼主刑辅之类的儒教信仰,已经成为中国人的生活信条,以至于根本不允许西欧的个人本位、私权神圣和意思自治的价值观念染指。而如果不存在上述市民法的价值体系,纵使存在反映商品交换关系的规范和制度,也与民法风马牛不相及。颇有学者认为中国的民法体现为"礼"。其实,姑且不论唐宋以后的礼,已经蜕变为以宗法家族、人伦关系为中心的礼教,充满道德色彩;纵使两周及其三代的"礼",其主要内容也是行政法和身份法,与西欧的市民法大异其趣。至于"咎单作民法"之说,姑且不论史无其证,纵然果有那样的典章文件在,其不会是罗马私法那样的民法,殆可断言。

二、继受欧陆市民法

中华法律文化不知市民法为何物的历史,在19世纪末终于划上了句号。内外交困的清王朝,从日本明治维新得到启示,打开了引进西欧法律文明的门户,继受市民法的过程开始了。然而,决策者也许过于乐观,显然低估了此项异质文化继受工程

---

〔1〕 以罪刑间接反映商品交换的规范,在《唐律·杂律》中有不少。例如,其"负债违契不偿"的规定:债务人逾期不返还借款,即处以笞、杖的刑罚,"并令备偿";其"器用绢布行滥短狭而卖"的规定,买卖的标的物有瑕疵者,对责任人"各杖六十",所获利"准盗论"。

的艰巨和繁难。在指导思想上，以器物制度拿来我用的功利色彩有余，而文化价值的同化吸收则显有未足。在操作上，只靠权力者的"英明决断"，省略了全社会文化上的整合。这就决定了其工程必然集中在法典的移植之上，而当造出中国版的法典时，也就不无盲目地自得于继受的成功，而文化补课的任务，却留给了后人，而且是那样地沉重。

顺便指出，要继受外国的私法，只能以采行法典主义的国家的法典为标的。英美的普通法固不在目标之选。这不仅有技术上的实质困难，而且有法律渊源上国家主权的障碍。申言之，由于普通法的私法是判例法，那么，倘若继受普通法，在法律渊源上即不能不承认被继受国法院的判决先例。这无异于否定继受国的国家主权。此项障碍，不可克服。在继受时选择的标准，是移植的可行性，而不涉及文化品质的劣优。我国清末继受市民法国家的民法，其决策并无问题。

(一)"民律一草"

1908年，清廷设修订法律馆，委派专员主持民律起草工作。1911年8月，完成了"总则""债权""物权""亲属"和"继承"五编制的《大清民律(草案)》。然而，未及颁行，清室覆亡。史称"第一次民律草案"。这个草案只有"亲属"和"继承"两编出自中国专家之手，而"总则""债权"和"物权"三编却倩诸洋人。[1]在内容上、体例上，也存在这样那样的缺点，不无幼稚。然而，草案毅然采用了最先进的Pandekten模式，[2]起点颇高。它标志着我国继受西欧市民法尤其是德国式民法的开端。

(二)"民律二草"

辛亥革命后，北洋政府的修订法律馆在北京继续民律的起草工程。此次编纂全部任用我国自己的专家。同时，对于国情尤其是有关习俗进行了比较深入的考察，因而在内容上有了很多改进。1926年完成《中华民国民律(草案)》五编1225条，公布全国，征集意见。司法部也曾通令全国法院作为条理引用。然而终未走完立法过程，未能成为法律。史称"第二次民律草案"。[3]

---

〔1〕《大清民律(草案)》"总则""债权"和"物权"三编，系聘任日本专家志田钾太郎和松冈义正起草。"亲属"编由我国专家章宗元和朱献文起草，"继承"编由高种和陈箓起草。

〔2〕罗马皇帝优士丁尼下令编纂的《学说汇纂》(533年出版，都50卷)，系用希腊文写成，其原文为"Pantectae"。此词的德文表述即"Pandekten"。"Pandekten"体系是近代德国法学的卓越创造。其特点在于：第一，抽象出"总则"，用以集中规定民法的基本概念和共通制度，从而使体例臻于完备；第二，在"分则"部分，设"债权""物权""亲属"和"继承"各编。惟在制定法立法中，"债权"和"物权"两编的顺序并不统一，《萨克森民法典》(1863年)置"物权"编在前，而《巴威利亚民法典》(1861年)则置"债权"编在前。后来，1896年《德国民法典》也将"债权"编置于"物权"编之前。

〔3〕担任各编起草工作的专家为："总则"——余棨昌；"债权"——应时；"物权"——黄右昌；"亲属"和"继承"——高种。

三、《中华民国民法典》

蒋介石南京政权建立后，先由其国民政府法制局编纂民法典。[1]1928年12月组建立法院，翌年1月任命傅秉常、焦易堂、史尚宽、林彬和郑毓秀（后改为王用宾）五人组成的民法起草委员会，专司民法起草。此次起草，在工作方法上采用集体制。在关于民法与商法的关系上，断然采取民商合一制，颇为超前。在参考民律两草案的基础上，于1930年12月，民法典五编1225条陆续通过并发布。

《中华民国民法典》在国民党统治区适用20年，也曾积累了许多判例和解释；然而，与广大人民群众的生活始终隔膜。1949年2月，当中国共产党领导的人民解放战争节节胜利时，中共中央发布文告，废止了包括民法典在内的国民党《六法全书》。此举并未给中国的社会生活带来震荡，或者出现什么法律真空，而那些由衷欢迎中共中央英明决定的人民大众，也并不清楚被革命所废止的民法究竟是怎样的法。中华人民共和国成立后，该民法典继续在我国台湾地区适用。到20世纪70年代之后，经过一系列的文化补课，已在那里的生活中生根。

第二节　中华人民共和国的民事立法

一、概说

中华人民共和国建立后，根据革命和建设的需要，逐步建立和健全了自己的民事法律体系。

（一）20世纪50年代的立法春天

《中国人民政治协商会议共同纲领》第3条规定："中华人民共和国必须取消帝国主义国家在中国的一切特权，没收官僚资本归人民的国家所有，有步骤地将封建半封建的土地所有制改变为农民的土地所有制，保护国家的公共财产和合作性财产，保护工人、农民、小资产阶级和民族资产阶级的经济利益及其私有财产，发展新民主主义的人民经济，稳步地变农业国为工业国。"根据这一基本路线，年轻的共和国制定了《婚姻法》（1950年4月）、《土地改革法》（1950年6月）、《工会法》（1950年6月），同时公布了《农业生产合作社示范章程（草案）》（1955年11月）征集意见。与此同时，中央人民政府也制定了一系列有关民事生活的法规，其中重要的有《新区债务纠纷处理暂行规定》（1950年10月）、《关于划分农村阶级成分的决定》（1950年1月）、

---

〔1〕　在法制局阶段起草出"亲属"和"继承"两编，其起草人是："亲属"——燕树棠，"继承"——罗鼎。

《私营企业暂行条例》(1950年12月)、《公私合营工业企业条例》(1954年9月)、《机关、国营企业、合作社签订合同契约暂行办法》(1950年10月)、《对外贸易管理暂行条例》(1950年12月)、《保护发明权与专利权暂行条例》(1950年8月)、《基本建设工作暂行办法》(1952年1月)等。此外,在买卖、借贷、房屋租赁、运输、保险等契约领域,也由中央或者大城市的政府制定了相应的规范或规章。民事立法的成果,保障了《共同纲领》在民事生活中的实施。50年代初期的民事立法,洋溢着浓烈的革命精神。然而,如果从法律逻辑和法律方法的角度考察,仍可看出,革命法律所使用的概念和方法,仍然是市民法样式的,这一点毋庸讳言。

(二)20世纪60至70年代的中期空白

自1957年夏天开始,直到1978年12月中共十一届三中全会,党和国家生活,陷于一个接一个的以阶级斗争为纲的运动之中,民事立法冷落下来。在这20多年中,虽然中共中央制定过《农村人民公社工作条例(草案)》、"修正草案"和"试行草案",以及《国营工业企业工作条例(草案)》,国务院也制定过一些有关民事生活的法规,如《企业登记管理办法》《商标管理条例》《技术改进奖励条例》等,但没有一件民事法律出台。民事立法几乎是空白。

(三)20世纪80年代改革开放以来的立法高潮

1978年12月,中共十一届三中全会以后,随着改革开放政策的贯彻,我国民事立法从复苏到活跃。20年来,已经制定了包括《民法通则》和《婚姻法》《继承法》在内的10余件民事法律,而与民事有关的法律还有若干件。同时,国务院制定了包括《企业法人登记管理条例》《私营企业条例》和系列化的经济合同条例在内的法规,最高人民法院也制定了10多件系统性司法意见。这个时期,民事立法不仅注意借鉴苏联和东欧社会主义国家的经验,而且也借鉴西方国家的经验。在《民法通则》中采用了诸如"自然人""法人""权利能力""行为能力""法律行为""意思表示""债""诚实信用"等基本概念,表现了开放的心态。然而必须指出,"继受"市民法文化,并不意味着必须否定自己的民族特色,尤其在人法和不动产方面的特色。多年来,我国一直采行有中国特色的路线,引起了国际社会的广泛注意。

二、民法典的三次草稿

由于中华人民共和国的民事立法和司法在思路上尤其方法论上是市民法样式的,因而一直萌动着制定自己的民法典的不屈不挠的愿望,并把它作为基本的法律文化工程。近40年来,曾经先后三次研拟民法典,相应地产生过三个民法典的草稿。

（一）"民法新一草"

1954年，刚刚诞生的全国人民代表大会常务委员会组建以法制委员会主任王明领衔的工作班子，研拟"中华人民共和国民法典"。该班子广泛开展关于民事习惯的调查研究，批判地借鉴外国特别是老大哥苏联的民事立法经验，经过两年多的艰苦努力，于1956年12月完成了由"总则""所有权""债"和"继承"四编构成、500多条的《民法（草稿）》，[1]下发征求各方面的意见。然而，很快到来的"反击资产阶级右派分子猖狂进攻"的斗争和"大跃进"等政治运动，使该草案束之高阁，此后再无人提起。

（二）"民法新二草"

1962年，在国民经济"调整、巩固、充实、提高"的过程中，毛泽东发出指示："不仅刑法要，民法也需要。现在是无法无天。没有法律不行。刑法、民法一定要搞。"遵照这一指示，全国人大常委会组建以中国科学院法学研究所所长孙亚明领衔的班子，又一次研拟民法典。到1964年7月，写出了包括"总则""所有权"和"财产流转"三编、24章、262条的《中华人民共和国民法（试拟稿）》。与1956年的"一草"相比，"二草"字里行间，充斥着"政治工作是一切经济工作的生命线""高举三面红旗""联系群众""勤俭节约""廉洁奉公"之类的政治口号；只讲义务不讲权利；通俗有余，体系性不足。"二草"被接踵而至的城乡"社会主义教育运动"和"文化大革命"抛到脑后去了。

（三）"民法新三草"

1978年12月，中共十一届三中全会以后，中国洋溢着乐观的"法制热"。1979年11月，全国人大常委会法制委员会组建民法起草小组，委员长兼该会主任彭真委任其副主任杨秀峰、陶希晋领衔，第三次研拟民法典。该小组的工作班子，集中了一批政策研究和司法方面的官员以及法学研究工作者和高校教师，他们深入各地区、各部门调查研究，并且借鉴了国外立法的案头准备工作。在此基础上，集思广益，对任务、指导原则、逻辑结构、具体制度乃至用语等方面，均进行了认真研讨。此次起草，不仅借鉴了苏联和东欧社会主义国家的经验，而且实事求是地研究了西方国家的经验。在思想上是比较开放的。经过3年努力，三易其稿，于1982年5月拿出了包括八编、43章、465条的《中华人民共和国民法草稿（四稿）》。[2]

"民法新三草"因后来立法思路的根本性转变而未能提交全国人大常委会审议。

---

〔1〕 此稿条文并未最后定型，某些编、章尚在整理之中。因此，其条文总数只是约略计算。

〔2〕 该稿各编的顺序是：一、任务和基本原则；二、民事主体；三、财产所有权；四、合同；五、智力成果；六、继承；七、民事责任；八、其他规定。共43章，465条。

刚刚开始的经济体制改革,引出了不少关涉民事制度的问题,亢奋异常的所谓"经济法"学说甚嚣尘上,使尚为幼稚的中国法学颇感迷惘。此外,是否还有其他重大原因,尚待研究。总之,主持立法的最高负责人当机立断,舍法典思路而取单行法系列的格局。这一转轨,果断固然果断,然而,辛辛苦苦写出的"民法新三草"也只能尘封鼠啮了。

三、以《民法通则》为核心的立法格局

(一)急用先立系列单行法

立法机关决定,先把民法典构造中那些急需而又比较成熟的部分,以单行法系列的形式制定出来。根据此一思路,《经济合同法》(1981年12月)、《涉外经济合同法》(1985年3月)、《专利法》(1984年3月)、《商标法》(1982年2月)和《继承法》(1985年3月)先后出台。此外,早在1980年9月就已经重新制定了《婚姻法》。我国民事立法的特点之一,是针对一些与行政管理有关的民事制度,授权国务院制定行政法规。这一时期,国务院充分发挥了受托立法的功能,行政法规和规章雨后春笋般地涌现。其中关于民事的,即有工矿产品购销、农副产品购销、加工承揽、建设工程勘察设计、建筑安装工程承包、借款、仓储保管、财产保险等系列化的经济合同条例(其中关于仓储保管合同的法规称为"实施细则",上述关于经济合同的条例均因《经济合同法》于1999年10月1日废止而牵连地被废止)。此外还制定了《城市私有房屋管理条例》、《工商企业登记管理条例》(1982年7月)、《公司登记管理暂行规定》(1985年8月)、《工商企业名称登记管理暂行规定》(1985年5月)、《发明奖励条例》(1978年12月发布、1984年4月修订)、《自然科学奖励条例》(1979年11月)、《合理化建议和技术改进奖励条例》(1982年3月)、《科学技术进步奖励条例》(1984年9月),等等。

(二)《民法通则》的出台

当系列化的单行民事法律达到一定数量时,一个原来潜在的矛盾也就显露并且尖锐起来:这个矛盾就是欠缺关于民事活动共通准则的规定,尤其是关于民事活动的基本原则、公民和法人的法律地位、法律行为和代理、民事权利、民事责任、诉讼时效等方面的规定。于是,1984年夏,立法机关决定在1982年"民法新三草"(习称"第四稿")的基础上,删繁就简,起草《民法通则》草案。[1]第六届全国人大第四次会议

---

〔1〕　1984年10月25日写出《民法总则(草案初稿)》7章83条。其结构为:第1章民法的任务,第1条至第2条;第2章基本原则,第3条至第9条;第3章民事主体,§Ⅰ.通则,第10条至第12条,§Ⅱ.公民,第13条至第24条,§Ⅲ.个体户,第25条至第31条,§Ⅳ.法人,第32条至第45条;第4章民事法律行为,第46条至第60条;第5章代理,第61条至第69条;第6章期限,第70条至第75条;第7章诉讼时效,第76条至第83条。1985年8月15日,写出《民法通则(征求意见稿)》,共8章113条。此稿已命名为"通则"。其结构为:第1章任务、基本原则和适用范围,第1条至第7条;第2章公民,第8条至第26条;第3章法人,第27条至第39条;

于1986年4月12日通过该法案，同日公布。《民法通则》以系列化民事单行法共通规则的面目出现在中华人民共和国，立于世界民事制定法之林。

（三）《民法通则》之后

《民法通则》制定的同时以及其后，立法机关又制定了《外资企业法》(1986年4月)、《中外合作经营企业法》(1986年4月)、《土地管理法》(1986年6月制定，1998年12月修改)、《技术合同法》(1987年6月，已于1999年10月1日废止)、《全民所有制工业企业法》(1988年4月)、《著作权法》(1990年9月)、《收养法》(1991年12月)、《海商法》(1992年11月)、《产品质量法》(1993年2月，2000年7月修改)、《反不正当竞争法》(1993年9月)、《消费者权益保护法》(1993年10月)、《公司法》(1993年12月)、《对外贸易法》(1994年5月)、《城市房地产管理法》(1994年7月)、《担保法》(1995年6月)、《保险法》(1995年6月)、《票据法》(1995年5月)、《拍卖法》(1996年7月)、《合伙企业法》(1997年2月)、《证券法》(1998年12月)、《公益事业捐赠法》(1999年6月)、《合同法》(1999年3月，《经济合同法》《涉外经济合同法》和《技术合同法》被废止)《个人独资企业法》(1999年8月)。国务院则受权制定了《城乡个体工商户管理条例》(1987年8月)、《私营企业暂行条例》(1988年6月)、《城乡集体所有制企业条例》(1990年6月)、《企业法人登记管理条例》(1988年6月，1982年7月的《工商企业登记管理条例》和1985年8月的《公司登记管理暂行规定》因而废止)、《社会团体登记管理条例》(1989年10月)、《公司登记管理条例》(1994年6月)以及公路、水路、铁路和航空四个货物运输合同实施细则(1986年12月)。此外，铁道部、交通部、民用航空总局、国家物价局和国家工商行政管理局五部局联合发布了《货物运输事故赔偿价格计算规定》(1987年4月)。国家工商行政管理局发布了《企业动产抵押物登记管理办法》(1995年1月)。

四、活跃的司法意见

中华人民共和国最高人民法院历来重视法律规范的解释和补充，以其卓越的法学造诣和忠于法律并且演进法律的使命感，积极制作司法意见。民事立法粗而不细

第4章合伙组织，第41条至第46条；第5章民事权利，第47条至第60条；第6章民事法律行为和代理，§Ⅰ.民事法律行为，第61条至第70条，§Ⅱ.代理，第71条至第79条；第7章民事责任，第81条至第99条；第8章时效和期间，§Ⅰ.时效，第100条至第108条，§Ⅱ.期间，第109条至第113条。1985年11月，第六届全国人大常委会第十三次会议初步审议该草案。会后，全国人大常委会法律委员会和法制工作委员会召开有全国民法专家、各级人民法院民庭、经济庭若干负责人以及中央有关部门和各省、自治区、直辖市人大常委会有关负责同志180多人参加的座谈会；还邀请在京的经济法专家座谈；并再次将草案印发中央有关部门、各省、自治区、直辖市人大常委会和法律院系师生征求意见。结合全国人大常委会初步审议提出的意见，对草案的许多条款作了修改和补充。1986年3月，全国人大常委会第15次会议决定将《民法通则(草案)》提交六届全国人大四次会议审议。

和轻视体系的格局,把最高法院推上了形式上无权立法、实质上又不得不造法的境地。它的作为,势将在相当程度上塑造我国民事法的基本气质和性格,其影响是巨大的。

最高人民法院的司法意见,以个案意见和系统意见两种形式作出。自《最高人民法院公报》创刊并且公开发行以来,即在该报发表。目前,关于民事法律的系统性司法意见共有以下14件(不包括关于婚姻关系的解释):

①《关于贯彻执行民事政策法律的意见》(1979年2月)。

②《关于贯彻执行民事政策法律若干问题的意见》(1984年9月)。

③《关于贯彻执行〈经济合同法〉若干问题的意见》(1984年9月,已于2000年7月13日废止)。

④《关于贯彻执行〈中华人民共和国继承法〉若干问题的意见》(1985年9月)。

⑤《关于审理农村承包合同纠纷案件若干问题的意见》(1986年4月)。

⑥《关于在审理经济合同纠纷案件中具体适用经济合同法若干问题的解答》(1987年7月,已于2000年7月13日废止)。

⑦《关于适用〈涉外经济合同法〉若干问题的解答》(1987年10月,已于2000年7月13日废止)。

⑧《关于贯彻执行〈中华人民共和国民法通则〉若干问题的意见(试行)》(1988年1月,以下简称《民通意见》)。

⑨《关于审理名誉权案件若干问题的解答》(1993年8月)。

⑩《关于审理名誉权案件若干问题的解释》(1998年7月)。

⑪《关于审理离婚案件中公房使用承租若干问题的解答》(1996年2月)。

⑫《关于审理铁路运输损害赔偿案件若干问题的解释》(1994年9月)。

⑬《关于审理农业承包合同纠纷案件若干问题的规定》(试行)(1999年6月)。

⑭《关于适用〈中华人民共和国合同法〉若干问题的解释(一)》(1999年12月)。

五、关于"中华人民共和国民法典"立法的建议

中华人民共和国的民事立法,以《民法通则》为核心,以民事单行法系列为主干,以关于民事生活的行政法规和司法意见为两翼的格局,已经初具规模。然而,如果考虑到法律的合理化和体系化,那么不得不承认,我们终究需要民法典。现在,"中华人民共和国民法典"的起草已经启动。关于制定什么样的民法典的讨论正在民法学界进行。我们也提出如下建议:

（一）关于模式

有关模式应仿效《德国民法典》的模式。

（二）关于民事主体制度的完善

民事主体制度的完善主要包括以下方面：第一，关于民事主体，《民法通则》只规定了公民（自然人）和法人，尚应肯认国家在特定场合也为民事主体的地位。

第二，关于法人，《民法通则》第三章第一节的"一般规定"，简而未全，如欠缺设立原则、权利能力范围、代表的责任等规定，应予补足。

第三，对财团法人应当有所规定。

（三）关于人身权

《民法通则》虽然以相当篇幅对人身权作了规定，然而仍嫌单薄。民法本质上是人法。战后各国对人身权的保护均相当注意，社会主义的中国民法亦应如此。具体包括：

第一，增加一般规定，即对人身权的基本原则、取得和保护加以规定。

第二，在人身权类型上，宜增加自然人身体权、身体自由权、意思自由权、隐私权、精神纯正权（观念纯正权）、亲权、亲属权。

（四）关于物权

有关物权包括以下方面：

第一，应当引入"物权"这一概念。

第二，应当设立关于物权的一般规定，尤其是基本原则、取得和消灭、善意取得、无权处分等方面的规定。

第三，应当肯认物权行为。

第四，应当对限制物权进行类型化整合，并补充关于地上权（基地使用权）、地役权、典权和质权的规定。

第五，应当对渔业捕捞权、采矿权等作出一般规定。

第六，应当将占有作为专门制度加以规定。

（五）关于债权

具体有以下方面：

第一，应当设立一般规定，即对债权法的基本原则、债的发生、效力、变更和消灭作出规定。

第二，应当补充关于合同的一般规定，特别是合同的订立、变更、履行、违约及其责任、缔约上的过失、定型化合同和一般条款、团体合同等制度的规定。

第三,对于有名合同进行合乎逻辑的划分,并作出相应规定。

第四,对侵权行为作更为科学的规定。

第四章 民事权利与义务

第一节 导言

一、民事法律关系与权利

民法典的编纂,以民事法律关系为经纬。假使我们翻检几部民法典,当能发现,其基本结构是沿着物权、债权、人身权、继承权等民事法律关系基本类型展开的,尽管顺序和具体安排未必相同。为了体系化地规定民事法律关系,避免不必要的重复,Pandekten体系民法典把关于各种民事法律关系的共通性制度,如法律关系的当事人、内容(权利与义务)及其变动、客体、权利行使原则以及时效等,提炼为"总则",而置于法典的开头。我国的《民法通则》也以民事法律关系作为编纂线索。了解了这一"秘密",我们在学习民法原理时,即应从民事法律关系入手,这样,定会高屋建瓴,事半功倍。

民法是权利法。权利是法律关系的核心和灵魂,如果抽掉了权利,法律关系就成为无意义的空壳。因此,民法典虽以法律关系构造其体系,却不过是构造权利的体系;民法教学训练学生辨析法律关系的方法与能力,不过是训练辨析权利的方法与能力。为突出民法权利法的性质计,本章不从法律关系的角度立论,而是从权利的角度着眼。此点尚须读者注意。

二、民事法律关系的意义

民事法律关系,是以民事权利和民事义务为内容的法律关系。上述定义说明:

1.民事法律关系是法律关系的类型之一

法律关系有多种,民事法律关系仅系其中之一。

2.民事法律关系以民事权利义务为其内容

民事法律关系不同于其他类型法律关系的特点,在于它的民事性格,如主体平等、权利义务的非"公法"性质、责任的同质救济性等。但最核心的区别,还是以民事权利与义务作为法律关系的内容。

3.民事法律关系是民法规范中法律效果部分实施的结果

民事法律规范由两部分构成，一是"法律要件"，二是"法律效果"。二者形成条件—结果关系。其中，"法律要件"给出了"法律效果"的条件，而"法律效果"则给出了"法律要件"被生活事实所充分时的效果，该效果归结为权利义务的得丧变更。民事法律规范实施于社会生活，方有民事法律关系出现。民事法律关系是民法规范中的法律效果部分在生活中的实现。惟应注意，民法规范调整社会生活，其主要方式是以裁判影响人们的行为。人们正是从裁判中得知政府的行为，并据此建立自己行为计划的合理预期。

三、民事法律关系的要素

（一）民事法律关系的结构

民事法律关系由当事人、民事权利与义务以及当事人的客体这三项要素构成，而分别称为主体要素、内容要素和客体要素。

（二）民事法律关系的要素

1.主体要素

民事法律关系的主体，指民事法律关系的参加者或者当事人。我国民法所肯认的当事人有两类，即"自然人"和"法人"。在特殊场合国家也以当事人的面目参与民事生活，而为"公法人"。

2.客体要素

民事法律关系的客体，指主体之间据以建立民事法律关系的对象性事物。对于任何关系来说，客体都是不可或缺的，因为没有一定的事物作对象，主体便无从建立任何关系——凭空建立关系是不可思议的。此外，主体也是相对于客体而言的，无客体，主体也就无从证实自己，取得自己的存在。

民事法律关系的各个类型，都有其固有的客体类型。例如，财产权关系的客体是财产，人身权关系的客体是人格和身份，知识产权关系的客体是知识性事物。如果我们进一步展开说明，那么，在财产关系的各个类型中，物权关系的客体是物，债权关系的客体是"给付"（在民法学，指称债务人依照债的主旨应实施的用为满足债权人利益的行为）。人身权关系的各个类型中，生命权的客体是生命，名誉权的客体是名誉等。

3.内容要素

民事法律关系的内容，指当事人之间的联系。当事人相互联系的具体性质和样态，正是由法律关系的"内容要素"是民事权利和民事义务。因此，民事法律关系的内容而用作描述的事物，则是民事权利和民事义务。正是民事权利和义务，如同纽带那样，把当事人在法律上联结到一起，使他们结成了法律关系。

第二节　人——民事权利主体

一、人的意义

作为民法概念，人，是指民事法律关系的参——加者。人是民事法律关系主体的同义语。人的外延，包括自然人、法人和作为民事法律关系当事人的国家。然而应当说明，在肯认合伙作为民事法律关系主体的法律环境中，人的外延也包括合伙。我国立法不肯认合伙的主体地位。在民法用语中，如无特别说明，人与民事权利主体同义。例如"当事人""所有人""债务人""责任人""第三人"等均是。不过，依其性质显然专指其中的自然人或者法人者，则应具体地予以认定。例如"继承人""遗嘱人""成年人"显然是指自然人，而不包括法人。

二、人的能力

（一）民事能力的意义

民事能力，指民事法律关系主体的法律地位。此处的"能力"，其含义为资格，而与日常用语中的"胜任某项工作的主观条件"的含义无关。民事能力又进一步枝分为"权利能力""行为能力""意思能力"和"责任能力"[1]等。

〔1〕 人的民事能力之被分解为权利能力、意思能力、行为能力和责任能力，是19世纪初叶由德国普通法学取得的成果。罗马法只形成"人格"的概念，中世纪的市民法学也不知上述各种民事能力。1804年《法国民法典》只使用"能力""缔约能力"概念，而未区分上述能力。在德国普通法学中，民事能力中首先被分解出来的是权利能力。至迟在1840年，弗里德里希·萨维尼(Friedrich Karl von Savigny, 1799—1861)在其名著《当代罗马法体系》中，即已明确区分了"权利能力"与"行为能力"两个概念，前者被定义为能够持有权利的可能性，后者则作为人自由行为的前提，被理解为取得权利的可能性。在这两个概念的形成过程中，普赫塔(Puchta)与德恩堡(Demburg)等法学家也作出了积极贡献。"意思能力"作为"行为能力"的不可或缺的基础，是在从"权利能力"到"行为能力"的过程中形成法学概念的。《萨克森民法典》(1851年起草，1863年正式制定)明确规定，无意思能力者无行为能力(第81条)，无行为能力者所为法律行为无效(第89条)。法学家对于法律行为的研究，注意到行为的法律效果有基于行为人意思者，也有与该意思相对立而由法律直接规定者。对于这一现象的研代，导致广义的行为能力概念一分为二地演化为"行为能力"与"责任能力"两个概念。1896年《德国民法典》第827条，体现了责任能力的概念。

汉字的"权利能力""行为能力"和"责任能力"用语，始出现于"民律一草"，"意思能力"则出现于《中华民国民法典》。上述四种民事能力，《日本民法典》皆未出现。故而此四用语皆为我国学者自译，而非取自东瀛。

(二)民事能力的结构

如上所述,民事能力,可枝分为"权利能力""意思能力""行为能力"和"责任能力"等四种类型。然而,惟"权利能力"属描述主体地位的概念,而"行为能力"和"意思能力"则系权利能力者实施法律行为和意思表示的资格,"责任能力"更系权利能力者负担民事责任的资格,它们均属权利能力获得后的进一步的资格,而不属关于主体地位的描述。故自逻辑言,"行为能力"与"意思能力",宜置于"法律行为"部分讨论,"责任能力"则宜置于有关责任的部分讨论。本书为照顾《民法通则》的体例,暂未按逻辑的要求作调整。"权利能力""意思能力""行为能力"均为民法学的固有术语,有其固有的内涵,而不宜妄加变动。故本书保留各该术语原貌,而不添加"民事"的限定语。此点请读者留意。

(三)权利能力

1.定义

权利能力,是能够作为民事权利义务担当者的法律资格。

2.说明

(1)权利能力属于主体资格

权利能力仅回答属否主体的问题,因而属于描述人的主体性资格的概念。

(2)权利能力自然取得

权利能力是人与生俱来的,无论自然人或者法人均属如此。在法人,尽管其成立须履行必要的手段,如批准、登记,但自事理言,那些手续,仅系政府关于产业以及特别事业的管制手段,以及对法人的法律要件是否充分的审查行为,而并非不许法人当然取得权利能力。因为,当认定申请的团体符合法律要求,特别是充分法人要件之后,政府便使法人当然取得主体资格。在今天,对于营利法人这一法人基本类型,我国政府采行"准则主义"的设立原则,更体现了对于法人权利能力取得上的便利态度。

(3)权利能力不得抛弃并且不得非法褫夺

抛弃权利能力,即不复为民事法律关系主体。此一后果是极为严重的。在今天,民主国家的政治哲学率皆不许。另外,人的权利能力非依法律规定并经正当程序,也不得褫夺。

(四)行为能力、意思能力与责任能力

1.行为能力的意义

行为能力,是权利能力者能够独立实施依其意思表示内容发生法律效果的行为的能力。上述"依其意思表示内容发生法律效果的行为",称为"法律行为"(见本

书第7章第一节)。因此,行为能力就是独立实施法律行为的能力。行为能力,自其实质而言,是民法关于理性人观念的表现。

行为能力依其内容,可划分为财产行为能力和身份行为能力。前者包括处分行为能力和负担行为能力,后者则包括结婚能力、收养能力等。

惟应注意的是,行为能力问题,是与法律行为配套的制度,自体系而言,应在法律行为制度中讨论,而不应在主体制度中讨论。我国《民法通则》一改《德国民法典》行为能力在法律行为部分规定,而放在自然人部分规定,不仅导致在法律制度中需重复规定问题(虽然在《民法通则》中仅须不多文字,但毕竟属重复规定),而且,自体系而言,是不妥当的。

2.行为能力与其他民事能力的关系

(1)与权利能力的关系

行为能力,以权利能力为前提。权利能力,在自然人人皆有之,而且平等。而行为能力,则未必人人皆有,就其有者而言,其能力内容也未必彼此同一。

(2)与意思能力的关系

行为能力以意思能力为前提。然而应当指出,意思能力属于心理能力,而行为能力则属于法律资格。此外,意思能力与行为能力在个别场合未必相互对应。无意思能力者,固无行为能力;然而,其逆定理却不成立:无行为能力者,未必尽无意思能力。例如,早熟的未成年人,尽管其智商值等于甚至超过成年人,由于硬性规定的行为能力制度,却使他无从具有与其意思能力相适应的行为能力。

3.意思能力

意思能力是权利能力者能够理解自己的行为并且预见其后果的能力。

意思能力的要素有两项:第一是理解力。无理解力者无意思能力。第二是想像力,具体说是对行为后果的想像力。无此想像力者也无意思能力。以上两点,也就是理性。民法以意思自治为基本理念,因此,意思能力是实现意思自治的心理条件,是当事人参与生活,享权担务的前提。

4.责任能力

(1)责任能力的意义

责任能力,是权利能力者能够理解自己的行为、并且预见其违法后果的心理能力。责任能力实际是关于违法行为的意思能力。

责任能力是与自己责任原则配套的制度,它存储了意思自治尤其是自己责任的价值。我国《民法通则》没有使用责任能力这一术语。不过,这不意味着我国民法否认责任能力制度。

(2)责任能力与其他能力的关系

①与权利能力以及意思能力的关系

责任能力以权利能力和意思能力为前提。无权利能力者,固然谈不到责任能力;

而无意思能力者,也同样谈不到责任能力。

②与行为能力的关系

责任能力与行为能力属于共生关系。有民事行为能力者,同时也有民事责任能力。不过,责任能力的档次区分,与行为能力不尽相同,如限制行为能力人是有责任能力的,而不是限制性的责任能力。

第三节　民事权利

汉语"权利"一词,虽先秦典籍即已出现,[1]但作为民法概念,却是清末从欧洲语言翻译而来。[2]

一、民事权利的意义和本质

(一)意义

1.定义

在民法学,权利指人实现正当利益的行为依据。

2.说明

(1)权利是自由的体现

权利在本质上体现为人依其意思实施行为的自由。

所谓自由,指操持闲暇,或者享有生活(尤其是自我发展)的充分空间。但在法律上,则指人得运用其知识选择和参与生活,而不受他人不正当专断意志强制的状态。

---

〔1〕　在古代典籍《荀子》中的《劝学》("是故权利不能倾也")和《君道》("按之于声色、权利、忿怒、患险,而观其能无离守也")中,两次出现"权利"一词。在《史记·魏其武安候列传·附灌夫》中也有出现("陂池田园,宗族宾客为权利,横于颍川")。但其含义均为"权势与财货"的合称,而非独立概念,与近代译自欧美的私权大异其趣。

〔2〕　李贵连先生认为,汉字"权利"二字最早见于清朝同治三年(1864年)出版的《万国公法》中译本,该书是当时在中国政府同文馆服务的美国专家丁韪良在中国同事协助下翻译的。在其后不久出版的该译者翻译的《公法便览》"凡例"中,译者丁韪良说明了"权利"之翻译情况:"故原文内偶有汉文所难达之意,因之用字往往似觉勉强。即如一权字,书内不独指有司所操之权,亦指凡人理所应得之分,有时增一利字,如谓庶人本有之权利。"云云。此等字句,初见多不入目,屡见方知为不得已而用之也。李贵连氏援引日本大文彦所撰的《箕作麟祥君传》中的一段文字,说明日文中"权利"一词是箕作麟祥从中国引入的:"麟祥君所创的新语中,似乎只有'权利'和'义务'两译语(right和obligation)是从汉译《万国公法》一书取来,其他法律用语,如'动产''不动产''义务相条''未必条件'等,都是麟祥君辛苦推敲出来的。"李贵连得出结论说:"箕作麟祥是明治初期的著名学者,与日本近代法的关系至深。他借用汉语,创造了不少法律新词。但是,大文彦为之作传,特云'权利'非箕作创制,而是取自《万国公法》。可见,'权利'非中国取自日本,东洋早有定论。"李贵连:《话说"权利"》,载《北大法律评论》第1卷第一辑(1988年6月)。

（2）权利是社会秩序对自由的肯认和保障

权利作为自由的依据，是社会秩序所肯认的。如果社会秩序并不肯认，即无由成为权利。惟应注意，社会秩序的肯认与实证法的肯认却未必相同。

（3）权利是不可剥夺的正当利益在法律上的定型化

权利为正当利益的定型化。然而，权利所体现的利益正当与否，却须以社会认可的经由演进形成的道德准则作判断。就此点而言，法律与道德是相通的。

（二）关于权利本质的学说

1.简介

自19世纪以来，关于民事权利的本质的研究，学说纷呈，如意思说、利益说、法律之力说等，甚至有权利否认说。其中，根本否认权利存在的否定说过于极端，实难采信，本书不予以介绍。

（1）意思说

此说认为，权利的本质是自由意思的能量。

德国法学家F.萨维尼和贝恩赫德·温德晒德（Bemherd Windscheid，1817—1892）是该说的代表人物。

该说从人的意思求解权利的本质，而人是有理性的，因而又是从理性求解权利的本质。由于理性预设了尊奉普遍正义的诉求，因而具有强烈的自然法色彩和法伦理意蕴。该说承续自然法思想，秉持西欧文艺复兴以及宗教改革的精神，有其深刻的思想智慧和哲学内涵。

（2）利益说

此说认为权利的本质是受法律保护的利益。

英国法哲学家J.边沁（Jeremy Bentham，1748—1832）和德国法学家R.耶林（Rudolf Jhering，1818—1892）是该说的代表人物。该说认为，人的行为必有目的，该目的即追求个人或者社会共同的福利。因此，权利无非是法律所保护的利益。然而，该利益究竟为个人本位的利益，抑或社会本位的利益，则有不同的理解。

对于此说的批评是，混权利与权利所保护的利益于一谈。此外，尚应注意，该说是反自然法思想的。惟其否定自然法的存在，即也否定了自然法所体现的普遍理性是评价善法恶法的准绳。该说剪断了权利与理性的联系，而转向实证法。而实证法则必须与国家主义联姻。因而，尽管利益说在纠正法的泛道德化倾向上有其积极作用，但其基本定位却是成问题的。

（3）法律之力说

此说认为权利的本质乃法律赋予当事人享受特定利益的支配力。倘无法律，何来权利？倘无法律的保障，权利何能存在并且真实？故而权利的本质只能向法律的求解。

德国法学家迈尔克(Merkel,1836—1896)倡导此说。在欧洲、日本和我国台湾地区已成通说。该说持彻底的国家—实证主义观念,比利益说走得更远。

2.本书见解[1]

(1)意思说为"体"

依本书所信,权利的本质是人的受社会演进生成的基本正义准则约束的自由意思的效力。申言之,权利的本质,应从人的本质上去寻找,而人的本质则是自由意志。故而将权利的本质定位于意思的效力,是与人的本质的定位相和谐的。

(2)利益说为"用"

诚然,自由的重要方面是人运用其知识追求效用,就此点而言,利益说有其说明价值。故而,若将自由定义为"人得运用自己的知识选择和参与生活,而不受他人不正当专断意志强制的状态",在此基础上,权利的本质可定位为正当利益,或追求正当利益行为的合理依据。

然而,个人的利益恒相矛盾,评价利益正当与否的标准应为社会认同的道德,而调谐手段则是体现共同生活准则的法律规范。

(3)法律之力说是实证主义的

权利作为意思之力是本源性的,法律之力仅属其形式。法律的功用在于而且必须在于保护基于自由的权利,使之真实确保,亦即成为法律之力。然而法律之力不能倒过来,成为权利的本质。法律之力说是法律实证主义的,它必然滑向权利法定主义的泥潭。

(4)权利法定主义不可取

在民法,除物权法采行法定主义外,在其他领域,均否定法定主义,而坚持权利类型的开放性。

然而应当说明,关于权利本质的讨论,应属学哲学的任务。本书的见解未必妥当。

(三)权限与权能

与民事权利相近的法律概念,是"权限"和"权能"。以下略作说明。

1.权限

权限是法律所确认的当事人的行为范围。它更接近于法律资格。而尚未达到权利的程度。一般说来,权限与权限人的利益无关。例如,代理权限、代表权限即是。然而,社员权和董事权,则与权限人的利益有关。此类权限,事实上已经接近权利的性质了。

---

〔1〕 本书关于权利的定义及本质部分,借鉴了中国政法大学民法专业(1999级)博士研究生朱庆育《权利的非伦理化——客观权利理论在中国的命运》(未刊稿)一文的研究成果。该文对客观权利理论的谱系及其对中国法学的影响作了梳理,给张俊浩以很大启发。

2.权能

权能是权利的具体表现样态，或者权利的内容要素。例如，所有权以"占有""使用""收益"和"处分"等权能为其内容，债权则具有给付的"请求""受领"和"保有"等项权能。

二、民事权利体系

民事权利，可以依其作用、内容、性质等标准，作如下划分：

(一)事实上的权利和观念上的权利

事实上的权利，即当事人依法实际享有的权利，或者受到他人侵犯、有待救济的权利(处于不圆满状态的权利)。与此对应，法律规范中规定的权利，即作为类型化的抽象概念，是观念上的权利。此外，在拉丁语、法语、德语和俄语等欧陆语言中，有所谓"主观权利"和"客观权利"(客观的法律)的说法，认为当事人实际享有的是主观权利，而客观上的权利则是法律。[1]

(二)财产权、人身权、知识产权和社员权

民事权利依其客体所体现的利益之性质，划分为财产权、人身权、知识产权和社员权。

1.财产权

(1)意义

财产权是以财产为客体的权利。

(2)特征

①权利所体现的利益具有经济价值，可予以经济评价。

②权利可以移转。不似人身权那样不可脱离权利人本人。

(3)再分类

财产权可进一步划分为物权、准物权和债权。至于继承权究属财产权抑或人身权？就其内容而言，属于财产权，但其取得，则基于身份关系。

2.人身权

(1)意义

人身权是以自然人的主体性要素为客体的权利。

(2)特征

①权利所体现的利益与个人尊严密切相关，属于非经济价值。然而，当人身权

---

〔1〕 拉丁话的"Ius"，法语的"droit"，德语的"recht"以及俄语的"право"等词，均既有"法"的含义，又有"权利"的含义。故而有"客观权利即法"之说。

受到不法侵害、且回复原状不能时,也须借助于财产手段予以救济。

②人身权与其主体不可分离,因而无从转让。

(3)再分类

人身权可进一步划分为人格权和身份权。人格权又可再划分为生命权、身体权、健康权、姓名权、肖像权、自由权、名誉权、荣誉权、精神纯正权、生活秘密权、贞操权等。身份权则可再分为亲权、配偶权、亲属权。

3.知识产权

(1)意义

知识产权是以受保护的知识性事物为客体的权利。[1]

(2)特征

①客体不是物。

作为知识产权客体的作品、专利发明、商标等,均不是物。

②须以法律维持客体的稀缺性。

③内容的"垄断"性。

4.社员权

(1)意义

社员权是团体成员依其在团体中的地位产生的对于团体的权利。

如上文所述,社员权本属权限,然而接近于权利。因而我们也放在这里讨论。

(2)特征

①基于社员资格而产生。

②社员权的利益归结为参与利益和狭义财产利益。前者包括表决权以及对业务的知悉、执行和监督的权利。后者包括盈利分配权和在团体终止时的剩余财产分配权。

(三)支配权、请求权、形成权和抗辩权

民事权利,依其作用,可划分为支配权、请求权、形成权和抗辩权。

1.支配权

(1)意义

支配权是对于客体直接支配并享受其利益的权利。支配权又称"管领权"。"管领"一语重在揭示权利客体的归属或领有;而"支配"则重在揭示权利对于客体的直接作用。

---

〔1〕 知识产权是个尚未完全概念化的法学语词,因而不能以定义揭示其内涵。首先,知识产权的客体,便难以概括其性质。其次,知识产权究竟包括哪些类型,也尚未形成共识。因此,我们在正文中的说明,只是在不严格的意义上作讨论的。关于知识产权尚未成为概念的情形,详见本书第二十四章。

（2）特征

①利益的直接实现性。

作为支配权内容的利益，仅凭权利人单方的意思即可实现，而无须义务人一方的积极行为相配合。

②权利作用的排他性。

即同一客体之上无从成立多个以占有为内容的支配权。

③效力的优先性。

即对于同一客体上的内容相容的多个支配权而言，其效力是有顺位的，即成立在先者优先于成立在后者。

④所对应义务的消极性。

与支配权对应的义务，以容忍、尊重和不干预为其内容，它们均都呈现为"不作为"。

（3）再分类

支配权可进一步划分为物权、人身权和知识产权中的人格权和财产权。

2.请求权

（1）意义

请求权是得请求他人实施一定给付的权利。所谓"给付"，即满足请求权人利益的特定行为。例如，买卖关系中出卖人交付标的物、承揽关系中承揽人完成一定工作即是。

（2）特征

①作为权利内容的利益须通过义务人的给付方能实现。

②权利的作用体现为请求给付。

③权利效力的非排他性。即在同一客体之上可成立两个以上不相容的请求权，如二重买卖，而不像物权那样，在同一物上不得成立内容抵触的多个物权。

④权利效力的平等性。即同一客体之上有数项请求权并存时，各该请求权彼此平等，成立在先者并无优先效力。

（3）再分类

请求权依其产生方式亦即原生性抑或派生性，而区分为原始请求权（原权型请求权）和派生请求权（救济权型请求权）。

①原权型请求权。

即作为原生权利的请求权。

ⅰ.契约债权

原权型请求权的基本形态是契约债权。严格说来，尚应包括无因管理债权。

ⅱ.基于亲属权的请求权

例如，配偶和亲属之间的抚养与赡养请求权。

②救济权型请求权。

当权利受到他人不法侵害或者有侵害之虞时，即发生救济性的请求权。

救济权型请求权依其原权为标准，区分为支配权上请求权与债权上请求权。

ⅰ.支配权上请求权

即作为支配权救济权的请求权。

又可进一步划分为"物权上请求权""人身权上请求权"和"知识产权上请求权"。但其形态，则有"停止侵害""预防危害""除去妨害""返还原物""回复原状"等请求权。

此型请求权，虽与下文将要讨论的"债权上请求权"中的"侵权行为之债请求权"在性质上皆为请求权，但其制度诉求，却在于回复受侵害的支配权的原状，而不在金钱的弥补，从而与后者不同。惟应注意，下文将要讨论的"债权上请求权"中的"契约债权请求权"亦以回复受侵害权利的原状为诉求。

ⅱ.债权上请求权

此型请求权又析分为两个类型，即契约债权请求权和侵权行为之债请求权。

A.契约债权请求权

即契约债权因债务人不履行而受到侵害时所生的债权上请求权。此类请求权，其内容包括"补正给付请求权"和"补正给付受领暨保有权"两项。

B.侵权行为之债请求权

即在权利(包括支配权以及契约债权)受到侵害、而回复原状不能或者不充分时，而诉求金钱弥补的债权上请求权。

ⅲ.自力救济请求权

救济型请求权依其实施主体为救济权人本身抑或诉求公共权力，而划分为自力救济请求权与公力救济请求权。

凡依救济权人本身之力实施的请求权，为自力救济请求权。无论支配权上请求权，抑或债权上请求权，均有自力救济请求权。例如，以自身之力实施支配权上请求权，请求侵害人"停止侵害""预防危害""除去妨害""返还原物""回复原状"；或者实施债权上请求权，请求违约人"补正给付""赔偿损失"。

ⅳ.公力救济请求权

依诉求公共权力实施的救济权是公力救济请求权。与自力救济请求权同样，无论支配权上请求权抑或债权上请求权，均发生公力救济请求权，亦即诉求公共权力强制实施"停止侵害""预防危害""除去妨害""返还原物""回复原状"，以及"补正给付""赔偿损失"等。

(4)救济权的枢纽地位

在民事权利体系中，请求权处于枢纽地位。这首先是因为，无论物权、准物权、人身权、知识产权和债权，当它们遭遇侵害时，统统需要救济性的请求权予以"保驾"。另外，实体法上的请求权，又往往需要经由程序法上的请求权（"实体诉权"）来行使。程序法上的请求权，实质上是启动公力救济的权利。因而从这个意义上又可以说，请求权是连接民法与民事诉讼法的纽带。

（5）请求权规范基础及其寻找

民事实务问题最终被归结为一点，即判断当事人的主张有无法律上的根据。而该主张，实质是声明自己享有一定的民法上的请求权。于是问题进一步归结为，能否为之寻得一项或者多项足以支持该项请求权的法律规定，以之作为该项请求权的规范基础。这也就是法律适用中"找法"作业的内容。

（6）请求权竞合

民事实务往往出现这样的情况，同一法律效果，可以通过两项以上的请求权来达成。这就是所谓"请求权竞合"。例如，某甲的自行车被某乙盗走，甲对乙可以基于所有权，主张返还原物并赔偿损失；也可以基于侵权行为，主张返还原物并赔偿损失。在请求权竞合时，权利人可以依其选择，行使在效果上或者举证责任上对他最有利的请求权。然而，在诉讼法学上，则引发诉讼标的乃至诉讼标的的单复异同问题。

3.形成权

（1）意义

形成权是依权利人单方意思表示使既存法律关系发生变化的权利。

（2）特征

形成权的特征，是仅依权利人单方意思表示，即足以使效力未定的法律行为生效，或者使法律关系变更、终止，从而突破了所谓"双方法律关系非经协议或有法律上的原因不得变更"的传统原则。

（3）类型

①使法律关系发生效力的形成权。

例如，法定代理人对于被代理人（被监护人）行为的承认权，被他人无权处分之物的权利人对无权处分的承认权，本人对无权代理的承认权，以及债权人对于债务人与第三人的债务承担的同意权是。

②使法律关系效力变更的形成权。

例如，债权的选择权。

③使法律关系效力消灭的形成权。

例如，撤销权、解除权、抵销权和终止权即是。

（4）须依诉行使的形成权

形成权有权利人直接行使者，也有法律规定须依诉行使者。《民法通则》第59条第1款规定，[1]对于重大误解和显失公平行为，得请求人民法院或者仲裁机关予

---

[1] 对应《民法典》第147条、第151条。第147条："基于重大误解实施的民事法律行为，行为人有权请求人民法院或者仲裁机构予以撤销。"第151条："一方利用对方处于危困状态、缺乏判断能力等情形，致使民事法律行为成立时显失公平的，受损害方有权请求人民法院或者仲裁机构予以撤销。"

以变更或者撤销。此即须依诉行使的形成权。除法律对依诉讼行使有其规定者外，其他形成权为可直接行使的形成权。在后者，当然也完全可以经由诉讼去行使。通过诉讼行使形成权，即构成民事诉讼法上的"形成之诉"。

4.抗辩权

（1）意义

抗辩权是能够阻止相对人所行使的请求权效力的权利。

（2）特征

①抗辩权主要是针对请求权的权利。

②抗辩权的效力在于阻止请求权的效力，从而使抗辩权人能够拒绝对相对人履行义务，而不在于否认相对人的请求权——此点与诉讼上所谓"权利未发生的抗辩"和"权利已消灭的抗辩"不同（详见下文），也不在于变更或者消灭相对人的权利——此点与形成权不同。

抗辩权虽主要是针对请求权，但又不以请求权为限。例如，也有对于抵销权（抵销权属于形成权）的抗辩权。

（3）与诉讼上抗辩的关系

诉讼上的抗辩，指被告人用来防御和对抗原告主张的一切主张。诉讼上的抗辩计有三种：一是关于权利未发生的抗辩。即主张对方的请求权根本没有发生，亦即不存在。二是关于权利消灭的抗辩。即主张对方的请求权业已因清偿、免除以及其他原因而消灭。三是权利排除抗辩。即主张自己有拒绝给付的权利，亦即主张自己有民法上的抗辩权。诉讼法上的三种抗辩当中，只有其中的权利排除抗辩与民法上的抗辩权互为表里，并以后者为其依据。易言之，实施此项抗辩，亦即行使民法上的抗辩权，否则，即被视为抗辩权的放弃。而权利未发生的抗辩和权利消灭的抗辩则不同，只要具备作为抗辩要件的法律事实，即使被告人未主张，法院也有审理追究的职责。

（4）类型

①一时性抗辩权。

即其效力在于暂时地阻止请求权效力的抗辩权，又称"延缓抗辩权"。包括同时履行抗辩权和先诉抗辩权。前者指双务合同的当事人一方无"先为给付义务"，在他方当事人不为对待给付时，得拒绝先给付的抗辩权。后者则是保证人在债权人未就主债务人的财产强制执行且无效果时，得拒绝代为清偿的抗辩权。

②永久性抗辩权。

即其效力在于永久地阻止请求权的抗辩权。有的国家民事立法规定，罹于诉讼时效的债务人取得抗辩权，便为永久性抗辩权，在那里，债权人虽然仍有债权，但因债务人能够永久反复行使抗辩权而使债权的效力永久地被阻遏。须注意的是，我国《民法通则》关于诉讼时效的效力并非使债务人取得永久性抗辩权（详见本书第十一章诉讼时效)。

(四)绝对权与相对权

民事权利,依其效力所及范围为标准,划分为绝对权与相对权。

1.绝对权

(1)意义

绝对权是指请求一般人不为特定行为的权利。易言之,是以权利人之外的一切人为其义务人的权利,因而又称之为"对世权"。

(2)特征

①义务人为不特定的一切人。

②义务的内容是对他人权利的容忍、尊重和不侵扰。

2.相对权

(1)意义

相对权是指请求特定人为一定行为的权利。相对权因其义务人是特定的,故而又称为"对人权"。

(2)特征

①义务人是特定人。

②义务的内容不限于消极的不作为,也包括积极的作为,而且主要体现为后者。债权的请求权即属于相对权。

应当指出,权利被区分为绝对权与相对权,原是罗马法的传统理论,近代已受到批评。因为,任何权利,既然受到法律保护,便都具有不可侵犯性,都具有要求一般人容忍、尊重和不侵扰的效力,不独物权然。其他权利——其中包括债权,也莫不如此。所以,从义务人特定与否来区分绝对权和相对权,并非妥当。

(五)专属权与非专属权

民事权利依其可否与其主体分离,划分为专属权与非专属权。

1.专属权

(1)意义

专属权是只能由其主体享有的权利。人身权即如此。

(2)类型

专属权可再划分为"享有上的专属权"和"行使上的专属权"。

①享有上的专属权。

是专属于特定人享有、而不可与权利人分离、不得移转于他人的权利。人身权即属此种享有上的专属权,既不可让与,也不可作为继承的标的。

②行使上的专属权。

是行使与否只能由权利人决定,他人不得代理或代位行使的专属权。例如,结婚、离婚、收养的权利。

义务也可能有专属性,如依委任合同和承揽合同所生义务,即属于专属性义务。

2.非专属权

非专属权是并非附着于主体,而是可由其他人享有的权利。财产权原则上是非专属权。但法律规定某些财产只能由国家所有,这种国家所有权就具有专属性。

(六)主权利与从权利、原权与救济权

相互关联的几项民事权利,依其相互地位划分为主权利与从权利、原权与救济权。

1.主权利与从权利

(1)主权利

主权利是相互关联的几项权利中不依赖其他权利而独立存在的权利。

(2)从权利

从权利是须以主权利为前提的权利。例如,在担保之债中,被担保债权是主权利,担保权则是从权利。

2.原权与救济权

在具有原生与派生关系的几项权利中,依其地位划分为原权与救济权。

(1)原权利

原权是原生的权利。

(2)救济权

救济权是原权受到侵害或者有被侵害之虞时产生的救援性权利。欧洲法谚有云:"有权利即有救济。"权利难免遭遇危险,因而有加以保护的必要。权利保护的方法,端在救济权制度。民法在赋与当事人原权的同时,也配套地赋与救济权,不过后者暂时处于潜在且停止的状态。当且仅是原权遭遇危险或有危险之虞时,方自然启动而去救济原权。请求权中凡不属基础权利的效力发生者,即为救济权。

(七)既得权与期待权

民事权利依其全部要件是否齐备,可分为既得权和期待权。

1.既得权

既得权是其全部法律要件完全齐备,从而为当事人实际享有的权利。

2.期待权

(1)意义

期待权是只具备部分要件,须俟其余要件具备时方可实际发生的权利。

期待权究其实质，是法律对于形成中权利的提前保护。

（2）类型

期待权主要有：

①以附停止条件和附始期的法律行为设定的期待权。

②由既存债权产生的将来债权，例如，清偿期尚未届至的利息债权和租金债权。

③继承开始前的继承权。

（八）几点说明

在介绍了民事权利的体系之后，有以下几点应说明：

第一，在上述权利划分标准当中，有些标准是有争论的。

第二，划分标准是单纯性的，即从一定角度着眼。如果变换一个角度，就会得到另外的标准，可作另外的划分。例如，所有权，既被归类于财产权，又被归类于支配权、绝对权、既得权、原权；在它受到侵害时又发生物权的请求权。

第三，上述权利划分标准，是学术上的，尽管大都被立法予以承认或者予以遵循，但并非均明文载于法条之中。例如，形成权、期待权、救济权等，即并未在条文中出现。

第四，权利类型都是随生活而发展的，生活的发展，会使权利类型有所变动，还会引起新的权利类型问世。

第四节　民事义务

一、民事义务的意义

民事义务是与民事权利对立统一的范畴，二者共同构成民事法律关系的内容。

（一）民事义务的意义

1.定义

民事义务是民事法律关系的当事人一方为了满足他方利益所应实施的行为依据。

2.说明

（1）义务在本质上是社会秩序课以的约束

此种约束，亦即"当为"（应当实施）行为的依据。约束即不自由，从而义务与权利在自由的问题上正相对应。

(2)义务在经济上体现为不利益

义务的功能是满足权利人的利益,故而对义务的负担人而言,体现为不利益。从而义务与权利在利益问题正相对应。也惟义务为不利益,故需秩序加以约束。苟无此约束,义务便可能不被履行。

(二)民事义务的实质

1.义务是以"不利益"为内容的法律拘束力

义务对应于权利,而权利体现为利益,因此,义务体现为不利益。另外,权利是法律赋予的意思支配力,义务就是对应于这种支配力的拘束力,亦即课以义务人一定的拘束。就与请求权相对应的义务而言,它直接体现为权利人意思的拘束;而就与支配权相对应的义务而言,则直接体现为法律课以拘束。

2.义务不是对于负担者人格的拘束力

义务的客体并非负担者的人格,负担者的人格并不因义务的负担或者履行而受影响。恰恰相反,义务的负担者与权利的享有者是彼此平等的。这种情况与命令服从关系中的义务不同,在那里,义务意味着服从权力,义务的负担者服从于权力享有者。

3.义务具有法律强制力

法律强制力是义务的法律属性之一。这一点,使得它与道德上或宗教上的义务相区别。所谓法律强制力,是指法律对于义务负担者给出的必须履行义务的命令,如果义务人故意或者因过失不履行,就要使之负担法律责任,加以制裁。

二、民事义务体系

(一)义务体系与权利体系的对应

义务与权利一样,也有自己的体系。由于义务对应于权利,因此,权利据以划分的标准,大都适用于义务。我们可以根据同样的标准,把义务划分为财产义务、人身义务与知识产权义务;绝对义务和相对义务;一次义务(原生义务)和二次义务(派生义务);主义务、从义务与附随义务;对应于一般权利的尊重义务与对应于请求权的给付义务;等等。对于这些义务类型,从其相对应的权利即可得到理解,而无须赘述。

(二)积极义务与消极义务

此外,义务也有不同于权利的划分方式,如可以把义务分为积极义务与消极义务。

1.积极义务

积极义务是以特定作为为内容的义务。例如,给付货物、交付工作成果等即是。

2.消极义务

消极义务是以特定不作为为内容的义务。

消极义务又可分为两类：

(1)对应于一般权利的尊重义务

即不实施妨碍或者侵犯权利的行为的义务。此项义务，通常以不作为为其内容。此外，此项义务不仅对应于支配权，而且对应于相对权。后者如尊重债权、不妨碍或者不侵犯的义务是。

(2)对应于请求权的特定不作为义务

顾名思义，此项义务，仅对应于请求权，而不对应于支配权。其内容，则为特定的不作为。例如，依约在一定时间不喧哗、不弹琴唱歌，或者不经营某种事业即是。

义务这一概念，在债务上体现得最集中、最丰富。我们在讨论债务时，还要详加研究，故而这里不展开说明。

三、权利与义务的关系

民事权利与民事义务，形成对立统一的关系。

(一)对立统一

权利与义务互相对立，权利不是义务，义务也不是权利。权利与义务又互相依存，有权利必有义务，有义务也必有权利。权利靠义务辅佐而实现，相反，义务不履行，权利就无从实现自己。

(二)既属权利也属义务的情况

然而，也存在既属权利、又属义务的特别情况。例如，亲权和监护权，它们虽名为权利，但同时又是义务。既属权利又属义务的情况应认定为权限，即体现享有人的利益从而接近于权利的那种权限。

(三)不对应义务的权利

通说认为，形成权是没有义务与之相对应的权利。对于形成权来说，并无任何人负担义务。然而，如果把义务的内容理解为尊重，那么似乎也可以认为有义务与之对应。不过，在义务与权利对立统一的意义上，义务不是指此种对于一般权利尊重的义务。

(四)公法上的义务

通说认为，权利的行使，不得以侵犯他人权利为目的，且不得损害公共利益和公共秩序。这一要求表明，权利本身就包含着义务。我们认为，不得滥用权利和不得侵害公共利益、公共秩序的要求，不属民事义务，而是公民或者团体作为社会的成员对于公共社会所负担的义务，即所谓"公法义务"。因此，认为权利本身就含有义务，是将民事义务和"公法义务"相混淆的结果。我们不赞成此种观点。

第五节　民事权利的得丧变更

一、权利的取得

(一)权利取得的意义

所谓权利取得，是指某项权利归属于某个(或者某几个)当事人的情形。权利取得与权利发生，是从不同角度对同一个现象的描述。以权利作为描述的主题，则称权利的发生；以权利人为主题，则称权利的取得。

(二)权利取得的样态

1.原始取得

原始取得是不以他人既存权利为前提的权利取得样态。

原始取得是权利的绝对发生。例如，依先占而取得物的所有权，以及依原物所有权而取得孳息的所有权。

2.继受取得

继受取得是自前手权利人承受既存权利的权利取得样态。继受取得属于权利的相对发生。继受取得也称"传来取得"。

3.继受取得的再划分

(1)移转型继受取得与创设型继受取得

①移转型继受取得。

移转型继受取得是前手权利原封不动地由后手承受。继承和买卖是其典型。

②创设型继受取得。

创设型继受取得，是因前手权利内容的变更而为后手创设新权利的情形，也可以视为前手的部分权利移转于后手。例如，从所有权中取得抵押权或者典权。

(2)概括型继受取得与特定型继受取得

①概括型继受取得。

概括型继受取得是将前手权利连同义务作为整体的继受取得。继承以及公司合并是其典型。

②特定型继受取得。

特定型继受取得是指从前手权利人取得某项特定权利的情形。例如，受赠和买受。显然，特定型继受取得不涉及前手义务的移转。

二、权利的变更

(一)权利变更的意义

权利变更是权利存续中其形态发生变化的情形，亦即权利的内容、效力或者主体发生了变更，而权利本身并不消灭。

(二)权利变更的样态

1.权利内容的变更

权利内容变更是权利的量变和部分质变的总称。所谓量变，如所有权因添附而扩大，因标的物部分灭失而缩小；债权因部分清偿或者免除而缩小等。所谓部分质变，如所有权因标的物出租或抵押而变得不圆满；种类债权变为特定债权，有息债权变成无息债权等。

2.权利效力的变更

顾名思义，权利效力的变更是权利的支配力发生了变化的情形。例如，有公力救济权的债权因诉讼时效完成而变成无公力救济权的债权，第二顺序抵押权变成第一顺序抵押权等。

3.权利主体的变更

权利主体的变更即前述移转型继受取得，此系从主体的角度作描述。

三、权利的消灭

(一)权利消灭的意义

权利消灭即权利与其主体相分离的情形。

(二)权利消灭的样态

1.绝对消灭

即权利不复存在。例如，所有权因标的物灭失而消灭，知识产权因保护期间届满而消灭，债因全部清偿而消灭等。

2.相对消灭

是权利由前手移转于后手。

第六节　民事权利的行使与保护

一、权利行使的意义

民事权利的行使，是权利的享有者依照权利的内容和范围实施必要行为，以实现其利益的情形。

民事权利的行使，虽然属于个人私事，却关涉相对人乃至第三人的利益，甚至会影响社会的共同生活，因而应当受到民法价值体系的制约。面向生活事实，把诚实信用原则具体化，演绎出若干下位原则，可作为指导民事权利行使的价值标准。

二、权利行使的指导原则

诚实信用原则，以及由它演绎出来的公共利益原则和禁止滥用原则，是指导民事权利行使的价值标准。就适用顺序而言，具体原则优于一般原则。下面分别讨论这些原则。

(一)公共利益原则

公共利益原则的基本点是：行使权利应当顾及而不违反社会公共利益。关于此一问题，罗马法有两条格言。其一是："行使权利，对任何人皆为非正义"；"行使权利，不损害任何人"。其二是："体面生活，不害他人，各得其所。"显然，后者更符合民法价值体系的要求，它蕴含了公共利益原则的意味。在近代，公共利益原则倍受重视，德国、法国等国家通过判例肯认了该项原则。日本1947年修订民法时增列了"私权应当尊奉公共福祉"的条文，作为民法典第1条第1款。我国民国时期制定的民法典，原来没有关于公共利益原则的规定，1982年台湾当局修订其"总则"编时，将第148条修改为"权利之行使，不得违反公共利益，或以损害他人为主要目的"。我国《民法通则》第7条，规定了"民事活动应当尊重社会公德，不得损害公共利益"的基本原则。[1]

关于违背公共利益行使民事权利的效力如何，殊值研究。本书认为，应当构成侵权行为，加害人须对受害人承担法律责任。

(二)禁止滥用原则

禁止滥用原则的含义是，行使权利不得背离权利应有的社会目的，也不得超越

---

[1]　对应《民法典》第8条："民事主体从事民事活动，不得违反法律，不得违背公序良俗。"

权利应有的界限。

在罗马法时代，尚未出现禁止权利滥用的观念。《德国民法典》第226条规定：
"权利行使不得专以损害他人为目的。"这是制定法上关于禁止滥用原则的首例规
定。《瑞士民法典》第2条第2款规定："公然滥用权利，不受法律保护。"1922年《苏
俄民法典》第1条有"民事权利行使，违背社会和经济目的者"不受保护的明文。日
本1947年修订民法，新增了"权利滥用不许之"的规定，作为第1条的第3款。我国
民国时期制定的民法典第148条设有"权利之行使，不得以损害他人为主要目的"的
条文。至于《民法通则》，从其整个精神看，无疑十分强调禁止权利滥用的，但在文
字上，却没有该项原则的直接表现。[1]

关于权利滥用的效果，作为原则，在于否定其权利行使的固有效力，然而，权利
滥用的情况相当复杂，在各种权利的行使中都可能发生。例如，在所有权、定限物
权、债权、形成权、抗辩权、知识产权、人格权、身份权等的行使中，均可能发生权利
滥用的问题。其效果究应如何，不能一概而论。我们借鉴国外学说，提出以下几条
意见，仅供参考：①权利滥用不具有排除他人侵害的效力。易言之，某项行为如被认
定为权利滥用，则纵有人妨害该滥用行为，也不构成侵权行为。滥用权利人无从请
求后者停止和排除妨害。②当加害他人的行为因欠缺违法性要件而不能构成侵权
行为时，倘属权利滥用，即应由滥用人就其所致损害，负担如同侵权行为一样的赔偿
责任。③形成权的滥用，不能产生形成权的固有效力，亦即不能使法律关系发生、变
更或者终止。例如，以损害他人为主要目的行使解除权或者抵销权，法院不应支持；
恶意不予追认、不予同意、不予抵销、不予变更合同等，法院均应通过裁判加以干预。
④亲权的滥用，可能导致该权利丧失。例如，滥用惩戒权、怠于行使监护权和财产管
理权，倘严重损害子女利益时，法院应当剥夺其有关权利。

（三）诚实信用原则

诚实信用原则是指导一切民事活动的基本原则，当然也是指导权利行使的基本
原则。这一原则，应根据具体情况而具体化。鉴于在本书第1章我们已经讨论过诚
实信用原则，故不再赘述。

---

〔1〕《民法典》及最高人民法院《关于适用〈中华人民共和国民法典〉总则编若干问题的解释》(以下简
称《民法典总则编解释》)已将这一原则成文化。《民法典》第132条："民事主体不得滥用民事权利损害国
家利益、社会公共利益或者他人合法权益。"《民法典总则编解释》第3条："I.对于民法典第一百三十二条所
称的滥用民事权利，人民法院可以根据权利行使的对象、目的、时间、方式、造成当事人之间利益失衡的程
度等因素作出认定。II.行为人以损害国家利益、社会公共利益、他人合法权益为主要目的行使民事权利的，
人民法院应当认定构成滥用民事权利。II.构成滥用民事权利的，人民法院应当认定该滥用行为不发生相应
的法律效力。滥用民事权利造成损害的，依照民法典第七编等有关规定处理。"

三、民事权利的保护

(一)概说

法律庄严确认的权利与当事人实际享有的权利之间存在着很大差异。民法关于私权神圣的基本理念,要求法制保障民事权利的圆满性和不可侵犯性。这就涉及权利保护问题。权利赋予和权利保护如鸟之双翼,车之两轮,二者同等重要。没有保障的权利是无意义的。自此点言之,保护重于赋予。

民法关于权利的保护,端在救济权制度,即赋予当事人救济权,而且确立方便可靠的程序,确保救济权的行使。此种安排,既许可权利人依靠自身力量行使救济权的自力救济程序,又许可权利人通过国家的专门帮助行使救济权的公力救济程序。

(二)自力救济

1.意义

自力救济是权利人依靠自己的力量强制侵害人,以捍卫受到侵犯的权利的权利保护制度。例如,反击行凶者而保护自己的人身权,追夺逃窜中的盗窃分子所盗赃物,扣留不付餐费的用餐者或者无票乘坐公共交通工具者(而报请国家主管机关处理),即均属自力救济。

2.价值

自力救济是人类早期盛行的权利保护方式。自从国家权力足够发育后,便不再允许该项制度在权利保护上唱主角。这是因为,自力救济容易滋生暴力事件,难免当事人恃强凌弱,循环复仇。此外,当事人仅凭一己的判断即去强制他人,难免感情用事,有违公允。由于上述种种原因,文明社会原则上禁止自力救济。不过,自力救济有其迅捷及时的优势,在某些情况下,公力救济则不免缓不济急。因而在特别情况下,国家例外地认可自力救济。

3.样态

自力救济包括自卫行为和自助行为两种样态。

4.自卫行为

(1)意义

自卫行为,是指为了防卫或者避免自己或者他人所面临的侵害,不得已而侵害加害人的行为。

(2)样态

自卫行为包括正当防卫和紧急避险两种形态。[1]

---

[1] 正当防卫与紧急避险现分别规定于《民法典》第181条与第182条。

（3）正当防卫

①意义。

正当防卫是反击现实不法侵害行为，以保护自己或者他人权利的行为。

②要件。

ⅰ．须有侵害自己权利或者他人权利的行为

即有侵权行为存在。至于其侵犯客体究属防卫人的权利，抑或他人权利，以及权利类型，均非所问。

ⅱ．须侵害行为属于不法

侵害权利行为，自权利不可侵犯性着眼，本无合法可言。然而，假如具备法律规定的特殊事由，却可以阻却其违法性。因此。本要件实际上是指不具备违法性阻却事由。

ⅲ．须属现实性侵害

所谓现实性侵害，是正在实施、倘若不予以反击就可能到来或者扩大的侵害。

ⅳ．须防卫不逾越必要程度

超过必要程度的防卫，仍须承担法律责任。所谓必要程度，指足以排除侵害的程度。其具体认定，须就个案具体判断。

（4）紧急避险

①意义。

紧急避险是为避免自己或者他人生命、身体、自由以及财产上的急迫危险，不得已而实施的加害他人的行为。

紧急避险与正当防卫，虽然同属自卫行为，但后者是对侵害行为予以反击，前者却只是逃避侵害，而且加害无辜的人，因此二者大不相同。

②要件。

ⅰ．须有急迫危险

危险指足以导致侵害的情形，既包括人的加害行为，也包括事件。危险的急迫性，其含义与正当防卫中侵害的现实性相同。

ⅱ．须为避免自己或者他人生命、身体、自由以及财产上的危险

关于逃避的险别（客体），各国立法例通常仅规定财产上的危险，而不包括人身危险。但我国民国时期制定的民法典第150条，却明定生命、身体和自由这三项人格权上的危险，令人瞩目。我们认为，这一规定较为合理。因为人格上的危险也应允许逃避。至于人格上的何种危险属逃避的客体，则应以生命、身体和自由三项为限。因为此三项人格权，通过避险行为，确能免除或者减轻损害，而其他人格权上的急迫危险，靠牺牲他人权利是无济于事的，因而只能通过正当防卫去救济。

ⅲ．须避险行为确属必要

亦即除避险外，别无选择。

ⅳ.须避险行为带来的损害不超过危险所能导致的损害

倘若避险行为带来的损害比危险所能导致的损害还大,就须负全部赔偿责任。

5.自助行为

(1)意义

自助行为,是为了保护自己的权利,而对加害人的自由加以拘束,或者对其财产实施扣押、毁损的行为。前述扣留不付餐费的用餐人,或者扣押其自行车,即属于自助行为。[1]

民事权利,有无须他人协助即能实现者,如支配权;也有非需他人协力不可实现者,如请求权。在行使请求权时,如果义务人不履行协助义务,权利人应当通过公力救济以谋保护,原则上不允许自力救济。但是,事有急迫、来不及通过国家机关保护时,如盗窃分子正携赃物逃窜,或无票乘车者正欲溜走,如不及时处置,势将导致权利无从实现,或者实现显有困难,此时,则不应机械地强令受害人坐受侵害。相反,而应许其实施自助行为,以补公力救济之不足。

(2)要件

①须自己的权利受到不法侵害。

自助行为救济的权利,须属行为人自己的权利,他人权利受到侵害,则不适用之。

②须时间急迫,来不及受国家机关援助。

急迫的认定标准是,倘不立即实施自助行为,则势将导致权利无从实现或其实现显有困难。相反,如可在事后请求公力救济,保护其请求权,那么,即使会增加困难或者导致迟延,也不得实施自助行为。

③须自助行为所使用的手段适于请求权的实现。

亦即不得滥用自助行为。

④须不逾越保全请求权的必要程度。

实施拘束他人自由,或者扣押他人财产的自助行为之后,行为人须及时请求国家主管机关依法处理。

(三)公力救济

如前所述,公力救济是通过国家的专门的暴力和程序,保护民事权利的手段。公力救济的主要程序是民事诉讼和强制执行。例如,通过给付之诉,使责任人返还原物、回复原状、排除妨害、赔礼道歉、恢复名誉、赔偿损失等。关于公力救济的具体内容,在各种具体权利的保护部分,还有相应论述,兹不展开。

---

〔1〕　自助行为现规定于《民法典》第1177条。

本论

第二编　总论

第五章　自然人

第一节　导言

一、自然人的意义

自然人，指在自然环境中产生并生存的人。此种人之产生，归于造化之功。

"自然人"是相对于"法人"的法律概念，而且与后者同步产生。本来，权利能力者，就是人，亦即自然人，仅此一家，别无他类。然而，当团体在民事生活中的地位愈益重要，以至于必须肯认为权利能力者时，即产生了在词语上设法区别两种"人"的需要。于是，造词者根据两种"人"产生的特点——自然产生与法律拟制——而分别使用"自然人"和"法人"的称谓。从此，自然人作为权利能力者同义语的时代终结了，人的外延拓宽为自然人和法人。

二、自然人与公民

自然人在公法领域中，以本国公民、外国公民和无国籍人的面目出现。而在私法领域，则是市民。把公民用作民法术语，始于1964年《苏俄民法典》，该法典第二章第二节的标题即为"公民"。1922年《苏俄民法典》，虽然依其本义应当译为"公民法典"（"граждлнский кодекс"，而市民法，俄文称"граждлнское право"，直译为"公民法"），但在条文中，公民一词仅在赋予全体苏俄公民权利能力这样的意义上被使用，而没有作为民事主体来使用，而且也没有用作章节的标题。公民作为民法概念反映了民事生活的某种封闭性和"非私法"性。公民与非公民，在我国民法上的地位并不相同。《民法通则》第8条第2款规定："本法关于公民的规定，适用于在中华人民共和国领域内的外国人、无国籍人，法律另有规定的除外。"[1]从其后段（实为但书）可以看出，尽管《民法通则》第二章的标题使用了"公民（自然人）"的表述，却不可望文生义，得出公民与自然人为同义语的结论。有鉴于此，本书区别使用"自

---

[1] 该款是属地原则的体现，现已废止。但《涉外民事关系法律适用法》对涉外民事关系的法律适用，有详细规定。在《民法通则》废止之前，根据新法优于旧法的原则，应适用《涉外民事关系法律适用法》，而非《民法通则》第8条第2款。

然人"与"公民"这两个语词。值得注意的是,《合同法》第2条直接使用"自然人",而不再使用"公民"。[1]

三、外国人与无国籍人的权利能力

关于外国人和无国籍人的权利能力,在法制史上,经历了由不承认主义到相互主义、再到平等主义的演变。其中,相互主义指依外国态度而采取对等互惠政策的模式。即当外国在其法律上承认本国公民的权利能力时,本国也对等地承认该外国公民在本国的权利能力。平等主义是在法律上规定外国人与无国籍人均有与本国公民同样权利能力的模式。

我国目前采取平等主义,但有若干限制。

第二节　自然人的权利能力

一、平等原则和不得转让原则

如前所述,自然人权利能力制度的目的,在于肯认自然人的社会文化价值。"公民权利能力平等和不得转让"这两项原则,其主旨就是保障上述目的的实现。

(一)平等原则

权利能力平等原则,是肯认自然人在民事权利能力上彼此同一。《民法通则》第10条规定:"公民的民事权利能力一律平等。"[2]此即平等原则的立法表现。

权利能力平等原则的基本点是:

---

〔1〕《合同法》第2条规定:"本法所称合同是平等主体的自然人、法人、其他组织之间设立、变更、终止民事权利义务关系的协议。"(《民法典》第464条第1款规定:"合同是民事主体之间设立、变更、终止民事法律关系的协议。"此处将《合同法》第2条中的"平等主体的自然人、法人、其他组织"统称为"民事主体"的原因是,《民法典》第2条已规定"民法调整平等主体之间的自然人、法人和非法人组织之间的人身关系和财产关系",故在《民法典》第464条第1款中已无重申之必要。)该条没有采用"公民"而采用"自然人"。此前的《经济合同法》(1981年)(该法在定义合同时未涉及"公民",其第2条规定:"经济合同是法人之间为实现一定经济目的,明确相互权利义务关系的协议。")、《涉外经济合同法》(1985年)[该法在定义合同时未涉及"公民",其第2条规定:"本法的适用范围是中华人民共和国的企业或者其他经济组织同外国的企业和其他经济组织或者个人之间订立的经济合同(以下简称合同)。但是,国际运输合同除外。"]和《技术合同法》(1987年)关于合同定义的相应规定则均采用"公民"。在此法立法过程中,全国人大常委会法制工作委员会提交给全国人大常委会的草案,在相应地方也用"公民",但经该会审议,改用"自然人"。在通过的法案中,即如上引(参见胡康生主编:《中华人民共和国合同法释义》,法律出版社1999年版,第3页)。

〔2〕 对应《民法典》第14条:"自然人的民事权利能力一律平等。"

1.参与机会人人平等

所谓参与机会,指参与民事活动、设定权利的机会。这里的平等,实际上只是机会平等,而不是结果平等。或者说,只是形式意义上的平等,而不是实质意义上的平等。实质意义上的人人平等,是共产党人的伟大理想;在目前,还不具备实现的条件。因此,机会平等原则,仍然具有其积极意义。我们看到,在某些领域,这一原则连法律上也还没有做到。例如,户籍制度的不平等、分配不公、劳动就业机会的不平等等。至于在执行法律和政策中有意无意制造的不平等,更是不胜枚举。此种违背权利能力平等原则的不圆满现象,只能通过社会的全面进步逐渐地加以消除。

2.权利能力人人完全

所谓"权利能力人人完全",是指公民不分男女、成年未成年、身心正常或残疾等,其权利能力均属完全,不存在也不允许存在歧视性差别。然而,对于平等原则的此一基本点,应从其法律伦理价值的角度去理解,而不能机械地理解。事实上,人的权利能力,不可能百分之百地彼此同一,剥夺政治权利的人和丧失继承权的人,与其他正常人在权利能力的实际上毕竟有其差异。近来,有地方性立法禁止"痴呆傻人"生育。[1]毋庸讳言,在该法辖区内,"痴呆傻人"的权利能力是有瑕疵的。然而我们必须承认,作为原则,人人权利能力完全,仍然是必须坚持的。凡对某些人的权利能力有所限制,一是不能违背民法的基本原则,二是必须通过正当的法律程序。在这两项前提之下,某些逸出原则的例外,方是可以接受的。

(二)不得转让原则

不得转让原则,指公民的权力能力,仅因死亡消灭,而不得转让或者抛弃。纳妾、卖身为奴等贬损权利能力的行为,纵使出于自愿,也为法所不许,不能发生当事人所欲的法律效果。权利能力非依法律规定,包括实体法规定和程序法规定,不得限制或者剥夺。

二、权利能力的取得和消灭

(一)取得

1.概说

自然人的权利能力因出生而当然取得,无须履行任何法律手续。我国户籍制度规定,公民出生之后,应当进行户籍登记。此项登记,仅属户籍管理上的要求,而非权利能力取得的要件。

---

〔1〕 甘肃省第七届人大常委会1988年11月23日制定《关于禁止痴呆傻人生育的规定》,已自1989年1月1日起施行。(该规定已被2002年1月22日甘肃省九届人大常委会第二十六次会议通过的决定废止。)

2.出生

(1)意义

出生是胎儿状态的自然人与其母体脱离而成为有生命独立体的事实。

(2)要件

①须与母体分离而成为独立体。

至于分离原因(分娩抑或流产)、分离方式(自然娩出抑或手术取出)等,均非所问。

②须有生命。

即与母体分离后须为"活着的"婴儿。如果离开母体后为死体,自无出生可言。至于生命存续时间的长短,则非所问。

3.出生时间

出生时间乃自然人权利能力开始的时间,其重要性自不待言。关于此项时间,我国立法尚无规定,也无相应判例及司法解释。因而,关于出生的学说,有参考价值。现予以介绍。

关于出生的学说:

(1)一部露出说

以胎儿身体的一部分露出母体之时为出生时间。

(2)全部露出说

以胎儿身体全部脱离母体之时为出生时间。

(3)断脐带说

以剪断胎儿脐带之时为出生时间。

(4)初啼说

以婴儿第一声啼哭之时为出生时间。

(5)独立呼吸说

以胎儿能独立呼吸之时为出生时间。

本书以为,上述诸说中,一部露出说,未涉"出"与"生"之要素,故不可采。全部露出说,则欠缺"生"之要素,亦不可采。断脐带说,若补足"生"之要素,则失之偏迟,因为剪脐带,当在呱呱坠地之后,该胎儿早已"出"且"生"矣。若不补足"生"之要素,则与一部露出说和全部露出说之不可采无异。初啼说,也有其不足,一是哑儿不能哭,二是纵使非哑儿,其初啼也有早有迟,故不宜以之作为出生的时间。独立呼吸说,则如胎儿头部先露,即与一部露出说有同样不足。综上所述,依本书所信,只有既全部露出,又独立呼吸之时,方应为出生的合理时间。此两项时间,如不为同一,则以在后时间为准。

4.对胎儿利益的保护

如上文所述,自然人权利能力始于出生的制度,过于僵硬,不但在胎儿继承权问题上于理难合,而且在胎儿之父被害身死、其母又死于难产的场合,若胎儿出生后,对于致父死亡的责任人竟无损害赔偿请求权,显违事理之平。因此,必须设法突破此种过僵的制度,在例外情况下,对胎儿的利益给予必要的保护。关于对胎儿继承权的保护,我国《继承法》第28条规定:"遗产分割时,应当保留胎儿的份额。胎儿出生时是死体的,保留的份额按照法定继承办理。"[1]但在其他方面,则尚无相应规定。国外立法有值得借鉴之处。例如,《瑞士民法典》规定,胎儿以将来非死产为限,关于其个人利益的保护,视为既已出生。《德国民法典》《法国民法典》和《日本民法典》则以列举方式,规定保护胎儿的损害赔偿请求权、扶养请求权、继承权和受遗赠权。我国民国时期制定的民法典仿《瑞士民法典》之例,原则规定了对胎儿利益的保护,视为既已出生。以上立法例,均值参考。关于胎儿利益的保护,值得探讨的问题不少,例如,关于胎儿能否成为侵权行为受害人的问题,以及为计划和优生而堕胎的伦理价值问题等。国外的研究,已有一定深度,殊值关注。[2]

(二)消灭

1.消灭的原因:死亡

自然人权利能力因死亡而消灭。死亡是权利能力消灭的唯一原因。

2.死亡的效力

死亡使得死亡人作为当事人的民事法律关系当然终止。申言之:①使继承开始。②充分遗嘱的生效要件。③使生存配偶发生新的结婚权。④充分人身保险金请求权的生效要件。⑤使遗属发生抚恤金请求权。⑥其他。

三、死亡

(一)概说

如上所述,死亡的概念,其功能在于终止自然人的权利能力。因此,对该概念而言,有意义的仅为死亡的法律要件及其法律后果。至于死亡原因,包括究系正常死亡,抑或非正常死亡;如系非正常死亡,又究系意外事故致死、战争中阵亡、暴乱中致死,抑或自杀、他杀等,因其所导致的权利能力消灭的效果完全一样,从而并无意

---

〔1〕 对应《民法典》第1155条:"遗产分割时,应当保留胎儿的继承份额。胎儿娩出时是死体的,保留的份额按照法定继承办理。"《继承法》第28条使用的是"出生",《民法典》第1155条使用的是"娩出",后者更为合理,因为"娩出"仅描述胎儿从母体脱离的物理过程,并不要求胎儿脱离母体时具有生命特征,从而可与"死体"的表述逻辑一致。

〔2〕《民法典》中已存在对胎儿利益进行特殊保护的规范。《民法典》第16条规定:"涉及遗产继承、接受赠与等胎儿利益保护的,胎儿视为具有民事权利能力。但是,胎儿娩出时为死体的,其民事权利能力自始不存在。"最高人民法院《关于适用〈中华人民共和国民法典〉总则编若干问题的解释》(以下简称《民法典总则编解释》)第4条规定:"涉及遗产继承、接受赠与等胎儿利益保护,父母在胎儿娩出前作为法定代理人主张相应权利的,人民法院依法予以支持。"关于胎儿权利能力的问题,可进一步参见朱庆育:《中国民法总则的希尔伯特问题》,载《中外法学》2023年第2期,第390—392页。

义。故而下文讨论的仅限于死亡的要件和效果。

（二）死亡的认定标准及其时点

1.在一般场合

关于自然人死亡的时间界限，本属医学问题。法律只能依医学的科学结论，取向死亡概念所负载的终止权利能力的制度功能，得出制度上的认识，进而作出实定法上的规定。

关于一般场合下死亡时间界限的学说，有力者为以下两说：

（1）心搏终止说

此说以心脏搏动的不可逆转的终止作为死亡的时间标准。此一观点为目前通说。然而现代医学发现，有人在心博终止之后，脑电波尚不消失。因而此说尚有不完满之处。

（2）脑电波消失说

此说以为生命是人脑的活动过程，因而，对于死亡认定，脑电波的有无比心搏的有无更为重要。故而脑电波消失，应为死亡的标准，其时点，即为死亡时间。此说已很有影响。不过从操作上看，心博终止说较易查证。

我国立法、司法解释和判例，目前无关于此项死亡时间认定标准的规定。

2.在数人共同遇难场合

互有继承关系的多数人在同一事件中遇难，其死亡时间在继承问题上有特别重要的意义。然而，各人死亡时间孰先孰后，往往无证据可资检证，从而只有取向于价值判断，予以法律拟制。拟制的原则是：①同死人当中如有无继承人者，则应推定该人死亡在先。②如均有继承人，但辈分却不同者，则推定长辈死亡在先。③如均有继承人，但辈分相同者，则推定同时死亡。[1]

3.死亡证书和死亡登记

自然人死亡时，应由医院或者基层主管部门向其遗属等出具死亡证书，后者并

---

〔1〕（1）同死人当中如有无继承人者，则推定该人死亡在先。其要件是：该人无生存的继承人。如此推定的考虑是：由于推定该人先于其他同事件死亡人死亡，那么，其遗产便可由被推定死亡在后的该事件中死亡的人继承。由于该死亡的继承人尚有生存的继承人，如此便不至于发生遗产无人继承的情形。（2）如均有继承人，但辈分却不同者，则推定长辈死亡在先。如此推定的考虑是：继承的功能主要在于抚养未成年人。故而应推定长辈先于晚辈死亡。其要件是：①同死者各自均有其生存的继承人；②同死者的辈分不同。如虽各自均有其继承人，但同死者的辈分相同，则推定同时死亡。其要件是：①同一事件中的死亡人各自均有其继承人；②死亡人辈分相同。如此推定的考虑是：同辈而有继承关系的人，依我国《继承法》的规定，只有"配偶"和"兄弟姐妹"两种亲属[《民法典》第1127条第1款规定："遗产按照下列顺序继承：（一）第一顺序：配偶、子女、父母；（二）第二顺序：兄弟姐妹、祖父母、外祖父母。"]。对配偶而言，与其推定其中一个先于另一个死亡，然后由其中被推定后死者继承先死者的遗产，再由其兄弟姐妹继承该人的遗产，不如使问题简单化，推定各人同时死亡，其遗产分别由其兄弟姐妹继承的好。（根据《民法典》第1121条第2款："相互有继承关系的数人在同一事件中死亡，难以确定死亡时间的，推定没有其他继承人的人先死亡。都有其他继承人，辈份不同的，推定长辈先死亡；辈份相同的，推定同时死亡，相互不发生继承。"）

须依户籍管理制度办理户籍注销登记。

四、宣告死亡

(一)意义

宣告死亡是自然人离开住所或者最后居所而生死不明,达到法定期间,经其利害关系人申请,由法院审判推定其死亡,以结束以其生前住所地为中心的民事法律关系的制度。

自然人离开住所或最后居所而下落不明的状态,称为"失踪"。失踪期间达到一定长度时,依社会共同生活经验判断,其生还的可能性已经微乎其微。此时,其相对人的利益——尤其是配偶的再婚利益、继承人的继承利益以及债权人的利益,上升到优先于失踪人的利益受保护的程度。保护的方式是,拟制失踪人死亡,以便其配偶取得再婚权,其继承人得以继承遗产,并清偿对于债权人的债务。此项拟制,须慎之又慎,而关键在于两点:其一,恰当规定利害关系人得申请宣告失踪人死亡的期间,使之既不太长——过长则害及相对人的利益;也不太短——过短则害及失踪人的利益。在信息传递手段落后的时代,该期间规定得比较长,如《德国民法典》规定为10年。今天则已不同,信息传递手段已相当进步,而无须规定如此之长了。我国《民法则》把此期间规定为4年,而对于意外事故导致的失踪,更缩短为2年。[1]从实施的情况看,这样的期间是妥当的。其二,当能够证明受死亡宣告人并未死亡时,应允许撤销死亡宣告,以保护该人的利益。

(二)沿革

罗马法已有为失踪人设立财产管理人的制度。在日耳曼法中,则发育了死亡推定制度。1763年《普鲁士失踪法》是现代死亡宣告制度的滥觞。国外立法,有法国的"失踪制"、德国的"死亡宣告制",以及苏俄的失踪和死亡宣告双轨制。失踪制是当失踪人失踪满4年时,其亲属和配偶得申请宣告其失踪;此后,随失踪期间的增加,而逐渐增加亲属和配偶的权利,直至最后终止失踪人所参加的民事法律关系。宣告死亡是在一定条件下直接宣告失踪人死亡。双轨制是既设立失踪制,又设立死亡宣告制。我国民国时期制定的民法典仿效德制,而《民法通则》则仿效《苏俄民法典》,既规定了失踪制,又规定了宣告死亡制。

---

〔1〕 对应《民法典》第46条:"Ⅰ.自然人有下列情形之一的,利害关系人可以向人民法院申请宣告该自然人死亡:(一)下落不明满四年;(二)因意外事件,下落不明满二年。Ⅱ.因意外事件下落不明,经有关机关证明该自然人不可能生存的,申请宣告死亡不受二年时间的限制。"

(三)《民法通则》宣告死亡的要件

根据《民法通则》的规定及《民通意见》，只有下列要件均被充分时，方能宣告自然人死亡：

1.须受宣告人失踪

具体指：

(1)须离开住所或者最后居所

离开住所或者最后居所，是失踪的要件，也是判断失踪期间的起点。

(2)须生死不明

此项不明，以申请人、管辖公安机关以及法院善意为已足。

2.须失踪期间达到法定期间

即受宣告人失踪的状态持续地存在，而达到法律规定的期间。关于此项期间，《民法通则》第23条规定：[1]

(1)普通期间

此期间为4年，自失踪人音信消失的次日起算(《民通意见》第28条)。[2]

(2)因意外事故导致生死不明的期间

此期间为2年，自事故发生之日起算。[3]

因战争而下落不明，究应适用上述期间中的哪一种？依《民通意见》第27条的解释，应适用4年期间。[4]本书以为，对于军人和平民，自应有所区别。因为，战争对军人言，非属意外事故，因而应适用普通期间，而起算点是战争结束日(《民法通则》第23条第2款[5])。此项规定，储存着对军人利益予以特别保护的价值。而对平民言，战争则属意外事故，因而应适用2年期间。此外，平民也是不应享受军人优惠待遇的。

---

〔1〕 对应《民法典》第46条："Ⅰ.自然人有下列情形之一的，利害关系人可以向人民法院申请宣告该自然人死亡：(一)下落不明满四年；(二)因意外事件，下落不明满二年。Ⅱ.因意外事件下落不明，经有关机关证明该自然人不可能生存的，申请宣告死亡不受二年时间的限制。"

〔2〕 对应《民法典》第41条第1句："自然人下落不明的时间自其失去音讯之日起计算。"将"次日"更改为"之日"的理由是：《民法典》第201条第1款已规定"按照年、月、日计算期间的，开始的当日不计入，自下一日开始计算"，若再称"次日"，未免惹人误解。参见黄薇主编：《中华人民共和国民法典总则编释义》，法律出版社2020年版，第109—110页。

〔3〕《民法典》第46条第2款增设了对该条第1款第2项的限制性规范："因意外事件下落不明，经有关机关证明该自然人不可能生存的，申请宣告死亡不受二年时间的限制。"

〔4〕 对应《民法典总则编解释》第17条："自然人在战争期间下落不明的，利害关系人申请宣告死亡的期间适用民法典第四十六条第一款第一项的规定，自战争结束之日或者有关机关确定的下落不明之日起算。"

〔5〕 对应《民法典》第41条第2句："战争期间下落不明的，下落不明的时间自战争结束之日或者有关机关确定的下落不明之日起计算。""或者有关机关确定的下落不明之日"是在民法总则草案三审后添加的，有代表提出，战争期间下落不明，若是参加军事行动的人员，"自战争结束之日"有其合理性，但这有忽视平民之虞，故增加了"有关机关确定的下落不明之日"。参见黄薇主编：《中华人民共和国民法典总则编释义》，法律出版社2020年版，第110页。

3.须由利害关系人依诉申请

是否申请失踪人死亡,关系失踪人近亲属的利益,也关系失踪人债权人利益。故两该利害关系人享有申请权。当上述要件被充分,利害关系人即可请求管辖法院宣告失踪人死亡。[1]

(1)利害关系人的范围和顺序的划定依据

何人应被赋予死亡宣告的申请权,应权衡其人与被宣告人在宣告问题上的利害关系。利害关系有直接间接,有远近区别,因而只应将关系相对直接和较近的人列入申请人的范围。其中包括配偶、父母、子女以及近亲属。近亲属的范围,通常包括兄弟姐妹、祖父母、外祖父母、孙子女、外孙子女。此外,被宣告人的债权人,也应列入申请人的范围。

对于应列入申请人范围的人,由于亲属的远近不同,因而也不能视同一律,而应有其顺序。顺序的效力是,在先顺位人的权利,优先于在后顺位人。申言之,当存在在先顺位人时,在后顺位人即无申请权。由于宣告有配偶的失踪人死亡,不仅关涉财产利益,而且关涉身份利益,特别是婚姻利益,此项婚姻利益,不仅较财产利益优先,而且也较其他身份利益优先。故而应将配偶列入利害关系人的范围之内,且应列为第一顺序。父母与子女,其身份利益仅次于配偶,故而应列为第二顺位。其他近亲属,则统列为第三顺位。亲属之外而有债的关系的人,则列为末位。

(2)实定法的规定

关于此项范围和顺序,《民法通则》无规定,但依《民通意见》第24条和第25条的解释,其范围和顺序是:

第一顺序:配偶;

第二顺序:父母、子女;

第三顺序:兄弟姐妹、祖父母、外祖父母、孙子女、外孙子女;

第四顺序:其他有民事权利义务关系的人。

上述范围和顺序,[2]殊值赞同。

---

〔1〕 死亡宣告须依诉为之。因此,其利害关系人须向管辖法院起诉。法院受理后,即应依法(《民事诉讼法》第168条第2款［现为《民事诉讼法》(2023年修正)第192条第1款］)寻找被宣告人。此系认定失踪是否成立的前提。如能找到或者确知其生死,即不能充分死亡宣告的要件。相反,该要件即可被充分。故而受理法院应予寻找,寻找的方式是公告寻找,即由法院通过公示的方式进行寻找。公告期为1年。但"因意外事故下落不明经有关机关证明该公民不可能生存的,宣告死亡的公告期间为3个月"。当公告期间届满,法院经审理,认定上述要件均已被充分时,即可认定被申请人死亡,而以判决作出被申请人死亡的宣告。惟应注意的是,宣告失踪不是宣告死亡的必经程序(《民通意见》第29条)。(对应《民法典》第47条:"对同一自然人,有的利害关系人申请宣告死亡,有的利害关系人申请宣告失踪,符合本法规定的宣告死亡条件的,人民法院应对宣告死亡。")

〔2〕 对应《民法典总则编解释》第16条:"Ⅰ.人民法院审理宣告死亡案件时,被申请人的配偶、父母、子女,以及依据民法典第一千一百二十九条规定对被申请人有继承权的亲属应当认定为民法典第四十六条规定的利害关系人。Ⅱ.符合下列情形之一的,被申请人的其他近亲属,以及依据民法典第一千一百二十八条规定对被申请人有继承权的亲属应当认定为民法典第四十六条规定的利害关系人:(一)被申请人的配偶、

4.死亡宣告由法院以判决为之

受理法院依法定程序[1]经审理，认定被申请人已充分宣告死亡的要件，便作出被申请人死亡的判决并予宣告。

（四）宣告死亡的效力

1.性质

宣告死亡的效力，仅在于终止受宣告人所参加的以其住所地为中心的民事法律关系，因而属于事实推定。其性质仅类似于自然死亡，而非等同。

2.死亡日期

关于被宣告死亡人死亡日期的推定，有四个日期可供选择。第一是失踪期间届满日。第二是法院公告寻找期间届满日。第三是判决日，第四是判决宣布日。其中，失踪届满日不妥，因为该期间仅为申请宣告的要件期间，而非被宣告死亡人的死亡日期。第三个日期无意义，因为法院裁判的生效，以宣布为要件。因而判决作出日与判决生效日关系并非直接。第二个及第四个日期，均有道理，难分轩轾。但鉴于死亡宣告称为"宣告"，当然应以判决宣告日最有优势。《民通意见》第36条解释："被宣告死亡的人，判决宣告之日为其死亡的日期。"[2]上述解释，可资赞同。

该日期属于法律拟制。即使日后被证明不真实，非经裁判撤销或者变更，仍然具有法律效力（《民通意见》第36条第2款："被宣告死亡和自然死亡的时间不一致的，被宣告所引起的法律后果仍然有效，但自然死亡前实施的民事法律行为与被宣

父母、子女均已死亡或者下落不明的；（二）不申请宣告死亡不能保护其相应合法权益的。Ⅲ.被申请人的债权人、债务人、合伙人等民事主体不能认定为民法典第四十六条规定的利害关系人，但是不能申请宣告死亡不能保护其相应合法权益的除外。"该修改的背景是在司法解释的清理过程中，发现主要有三方面的考量。首先，宣告死亡对当事人的利益，尤其是对配偶的身份利益影响巨大，故有必要作出顺序限制。其次，由于死亡宣告主要涉及继承人的利益问题，故在利害关系人的顺序上应体现继承顺序。此外，配偶、父母、子女均为第一顺位继承人，在申请顺序上没有必要将配偶置于父母、子女之前。最后，无论是否是近亲属者，除身份利益之外，均可能对死亡宣告具有其他合理利益，法秩序对此应有所因应。例如，失踪人所在单位若无权宣告死亡，就不得不继续支付失踪人的基本工资。再如，退休人员长期失踪而其配偶、子女不申请死亡宣告，社保机构照常定期向该长期失踪的退休人员账户汇付养老金、社保金。调和这些考量的结果是，不再严格规定申请死亡宣告的利害关系人的顺序，但为平衡各方当事人的利益，防止取消死亡宣告申请的顺序后又走向另一极端，也需对利害关系人申请宣告死亡作出必要限制，上述规定正是基于这一立法思路。参见贺荣主编：《最高人民法院民法典总则司法解释理解与适用》，人民法院出版社2022年，第261—262页。

〔1〕《民事诉讼法》第十五章规定了"特别程序"。其第三节规定了"宣告失踪、宣告死亡案件"的特别程序。

〔2〕对应《民法典》第48条："被宣告死亡的人，人民法院宣告死亡的判决作出之日视为其死亡的日期；因意外事件下落不明宣告死亡的，意外事件发生之日视为其死亡的日期。"增加第2分句的理由是，对于因意外事件下落不明宣告死亡的情形，被申请宣告死亡的人真正死亡的概率很大，故以意外事件发生或结束之日较为妥适。同时，由于意外事件发生之日与结束之日对于被申请人的死亡概率而言并不悬殊，为免于生出何时作为意外事件结束之日的争论，故立法规定为"意外事件发生之日"。参见黄薇主编：《中华人民共和国民法典释义》，法律出版社2020年，第122—123页。

告死亡引起的法律后果相抵触的,则以其实施的民事法律行为为准。"[1]）。

3.效力范围

(1)效力仅限于民事领域

其公法上的关系不受影响。

(2)效力及于一切民事法律关系

不仅包括财产关系,而且包括人身关系。

(3)在空间上的效力,限于以其原住所地为中心的区域

若受宣告人并未死亡,而在其他地区生存,那么,其在其他地区不但仍具有权利能力,而且其民事活动也不受影响。

(五)死亡宣告的撤销

1.意义

死亡宣告的撤销,是受死亡宣告人事实上并未死亡,经其本人或者利害关系人申请,由法院撤销不真实死亡宣告判决,从而回复原状的民法制度。

死亡宣告撤销制度,在于保护受到不真实死亡宣告的人及其亲属的利益。同时兼顾善意相对人的信赖利益。

2.要件[2]

须受死亡宣告人并未死亡。包括该人复出,或者有足以证明其生存的证据。

当上述要件被充分后,被宣告死亡人本人或者利害关系人即可向原作出死亡宣告判决的法院申请撤销死亡宣告判决。利害关系人的范围同于死亡宣告的人员。

3.效力

死亡宣告的撤销效力是溯及的,即回复原状。但须注意有例外规定。

(1)对于财产关系的效力

①因死亡宣告而直接取得财产者,不问其属继承、受遗赠抑或属受领人身保险金,均因撤销而失其权源。除保险金应依保险合同处理处,其他财产均应返还受撤销宣告人。

返还标的应为原物。原物因善意处分而不复存在者,则免除其返还原物义务,而代之以适当赔偿(《民法通则》第25条[3])。至于孳息,依《民通意见》第39条之反面解释,也应返还。[4]

---

〔1〕 该款主文已删除,但书对应《民法典》第49条:"自然人被宣告死亡但是并未死亡的,不影响该自然人在被宣告死亡期间实施的民事法律行为的效力。"

〔2〕 撤销死亡宣告,须依诉求之。故而在程序法上,尚须经由本人或者利害关系人申请。利害关系人的范围,与申请宣告死亡的利害关系人相同。但是,依《民通意见》第25条第2款,却无顺序限制。(《民法典》亦未规定顺序限制。)

〔3〕 对应《民法典》第53条第1款:"被撤销死亡宣告的人有权请求依照本法第六编取得其财产的民事主体返还财产;无法返还的,应当给予适当补偿。"

〔4〕 该规定已删除。但由于"孳息"可被涵盖在"财产"概念内,故《民法典》第53条第1款中的"返还

②第三人合法取得原物者，因其受善意取得制度的保护，其效力不受撤销宣告的影响（《民通意见》第40条规定：“其原物已被第三人合法取得的，第三人可不予返还”[1]）。

③恶意陷他人于宣告死亡者，属侵权行为，应依侵权行为制度承担法律责任（《民通意见》第39条规定：“利害关系人隐瞒真实情况使他人被宣告死亡而取得其财产者，除应返还原物及孳息外，还应对造成的损失予以赔偿。”[2]）。

（2）对于人身关系的效力

①关于婚姻关系的效力。

配偶尚未再婚的，其婚姻关系自行回复；配偶已再婚，其再婚效力不因撤销宣告而受影响。纵使再婚后该配偶丧偶或者离婚者，也无从与被撤销死亡宣告人当然恢复婚姻关系。如果双方欲重行结合，则依结婚制度办理（《民通意见》第37条[3]）。

②关于收养的效力。

受撤销死亡宣告人的子女在死亡宣告期间被他人合法收养者，该收养关系不受撤销宣告影响（《民通意见》第38条）。[4]

（六）与（自然）死亡的异同

1.相同点

均有结束以死亡人原住所地为中心的民事法律关系的效力。

2.不同点

（1）规范意旨不同

在（自然）死亡，自然人的权利能力归于消灭。而宣告死亡制度的功能，却不在于剥夺失踪人的权利能力，而仅在结束以其原住所地为中心的民事法律关系而已。且其效力不及于公法上的关系，尤其刑事法律关系。

（2）事实与拟制

在（自然）死亡，其死亡是真实的；而宣告死亡，其死亡却是法律拟制的，后者的当事人未必确已死亡。

（3）要件不同

（自然）死亡是当然死亡，而宣告死亡却须充分失踪等法律要件而后可。

财产”已包括对孳息的返还。

〔1〕 该规定已删除。但《民法典》第311条已一般性地规定善意取得制度。

〔2〕 对应《民法典》第53条第2款：“利害关系人隐瞒真实情况，致使他人被宣告死亡而取得财产的，除应当返还财产外，还应当对由此造成的损失承担赔偿责任。”

〔3〕 对应《民法典》第51条：“被宣告死亡的人的婚姻关系，自死亡宣告之日起消除。死亡宣告被撤销的，婚姻关系自撤销死亡宣告之日起自行恢复。但是，其配偶再婚或者向婚姻登记机关书面声明不愿意恢复的除外。”

〔4〕 对应《民法典》第52条：“被宣告死亡的人在被宣告死亡期间，其子女被他人依法收养的，在死亡宣告被撤销后，不得以未经本人同意为由主张收养行为无效。”

(4)效力不同

(自然)死亡的效力是绝对的,而宣告死亡的效力,则可依撤销而溯及地被消灭。

(5)死亡时点不同

在(自然)死亡,其死亡时间是真实的(数人共同遇难,而不能确知死亡时间孰先孰后者则当别论);而在宣告死亡,其死亡时间则是法律拟制的。

第三节 自然人的行为能力

一、概说

如第四章第二节所述,行为能力是权利能力者独立实施法律行为的资格。行为能力以权利能力为基础,以意思能力为前提。自然人的行为能力状况,决定于其意思能力状况。然而,自然人的意思能力和行为能力,究应如何确定呢? 意思能力属于事实问题,其有无以及状况如何,最可靠的认定方法是个案审查。然而此种方法过于烦难,不具有操作性。人们很早就发现,自然人的意思能力是从出生后逐步发育而乃至成熟的,其相应阶段(年龄阶段),可根据社会经验予以确定。于是,法律技术舍弃完全的个案审查主义,而采取"年龄主义+有条件的个案审查"模式。此种模式,既满足效率的要求,又保证必要的准确性。具体说来,对于心理发育无障碍的正常人,硬性规定意思能力成熟、部分成熟和尚未具备的年龄标准,分别赋予相应的行为能力:对于成年人——赋予完全行为能力;对于幼年人——不赋予行为能力;而处于两者之间的未成年人——赋予部分(限制)行为能力。对于心理发育有障碍者,则仍采取个案审查制。年龄阶段主义,是搞一刀切,对于个别智力早熟者来说,尽管实际上具备意思能力,却不能获得相应的行为能力。就此点言,与事实不符,但却易于操作。此外,此种整齐划一的制度,亦足以使未成年人的交往对手产生必要的警觉,注意不与他们订立后者依法不得独立订立的合同,以免遭受不必要的损失。对于未成年人,由于设计了专门的能力救济制度——法定代理人制度,也满足了他们直接参与民事交往的需要。因而此一制度堪称完善。

对于心理发育障碍者的个案审查制,也并非一律由法院实施,在一般情况下,是由利害关系人自行审查。只有当利害关系人申请,或者法院在审理他们作为当事人的案件而认为必要时,方予以审查。这对于法院来说,工作量的压力尚在可容忍的限度之内。通过上述审查,即使智力发育过迟和严重心理障碍者不能单凭年龄取得相应的行为能力,勉为其难地参与交易,也不致因意思能力不足,而蒙受不必要的损失。在年龄主义的原则之外,允许对精神病人[1]的意思能力个案审查,并且允许利

---

〔1〕 精神病人是因经常性心理障碍所致不具备意思能力的人。至于究属间歇型抑或非间歇型,则无不同。

害关系人申请法院对于他们的行为能力状况加以宣告。以此种制度作为补充，立法技术可谓已极其所能。

我国《民法通则》充分运用了上述立法技术。关于年龄主义，规定：①年满18周岁的人有行为能力；虽未满18周岁、但已满16周岁、以其劳动收入为主要生活来源者，也视为完全行为能力人。②不满10周岁的人无行为能力。③其他人有部分行为能力。[1]对于精神病人，则依意思能力状况，个案审定其行为能力，或者无行为能力或者有部分行为能力，同时规定了利害关系人申请精神病人行为能力宣告的制度。

二、完全行为能力

(一)意义

完全行为能力是能够独立实施任何法律行为的资格。

不过应当说明，婚姻行为能力，依特别法优于普通法适用的原则，须依《婚姻法》的规定。

(二)外延

具有完全行为能力的自然人是完全行为能力人。其外延如下：

1.非精神病成年人

其要件有两项：

(1)须非精神病人

依《民法通则》第13条之反面解释，只有非精神病成年人才具有完全行为能力。[2]

(2)须成年

依《民法通则》第11条第1款的规定，须年满18周岁。[3]

2.非精神病劳动成年者

《民法通则》第11条第2款规定："十六周岁以上不满十八周岁的公民，以自己的劳动收入为主要生活来源的，视为完全民事行为能力人。"[4]此即所谓劳动成年

---

〔1〕 根据《民法典》第17条至第20条可知，我国的行为能力制度采取三分法，即(1)不满8周岁的人为无行为能力人；(2)8周岁以上不满18周岁的人为限制行为能力人；(3)18周岁以上的人为完全行为能力人。在年龄三分法之外，还并行存在劳动成年制度，即16周岁以上不满18周岁的人原本为限制行为能力人，但若其以自己的劳动收入为主要生活来源，则拟制为完全行为能力人。

〔2〕 根据《民法典》第21条，不能辨认自己行为的成年人为无行为能力人。根据《民法典》第22条，不能完全辨认自己行为的成年人为限制行为能力人。由此反推，能完全辨认自己行为的能力是完全行为能力的必要条件，即完全行为能力人是非精神病人。

〔3〕 根据《民法典》第18条第1款，成年人是完全行为能力人。结合《民法典》第17条，成年需满足年满18周岁。

〔4〕 现为《民法典》第18条第2款。

者。其要件为：①须非精神病人；②须年满16周岁；③须已就业；④须劳动收入足以维持正常生活。

所谓正常生活，即相当于当地民众一般水平的生活。

劳动成年制，有利于保护此类自然人的特殊利益，使之具有成年人意思自治的资格。从情理上看，既然允许他们参加劳动法律关系，自不应再限制其参加其他财产性法律关系。

三、限制行为能力

(一)意义

限制行为能力，是仅能独立实施法律限定的法律行为的资格。

(二)能力的限制

能力的内容既言限制，则意味着此种行为能力尚不完全。其限制是：

1.范围上的限制

仅有下列行为得独立实施：

(1)须对其生活属于必要，但纯受利益、不负担义务且不损害他人的行为不在此限

限制行为能力制度，主要在于满足行为人的生活需要，如果行为并非其生活上必要者，即不应使其有行为能力。但纯受利益、不负担义务且不损害他人的行为不在此限，如接受奖励、赠与和报酬等行为(《民通意见》第3条[1]、第6条[2])，即属之。

(2)须有对于行为标的的意思能力

亦即对标的的价值能够理解，对行为后果能够想像。

2.程序上的限制

在上述范围之外，倘欲实施法律行为，则须取得法定代理人同意。然而，订立经国家核准的定型化契约(见本章第三节之五)，不在此限。例如，购买实行国家定价的商品，购买火车、汽车等客票，寄信、打电报、打电话等。取得法定代理人同意的方式，包括事前获得许可或者事后获得追认。

关于对限制行为能力人行为能力的限制，是否及于人身行为，我国立法尚无规定，也无司法解释和判例，学说对此也尚未注意。本书认为，限制行为能力制度所限制者，仅系财产性行为，而不包括人身性行为。道理在于，限制行为能力人独立实施

---

〔1〕 对应《民法典总则编解释》第5条："限制民事行为能力人实施的民事法律行为是否与其年龄、智力、精神健康状况相适应，人民法院可以从行为与本人生活相关联的程度，本人的智力、精神健康状况能否理解其行为并预见相应的后果，以及标的、数量、价款或者报酬等方面认定。"

〔2〕 根据《民法典》第20条与第21条，无行为能力人不得实施法律行为。根据《民法典》第19条与第22条，限制行为能力人可以独立实施纯获利益的法律行为以及与其年龄、智力、精神健康状况相适应的法律行为。

人身性行为,给其带来不利益的机会不多。另外,关于人身权保护的公法规定尤其刑法规定相当完备,在实施违法行为致其蒙受不利益时,既可对不法行为人追究刑事或行政责任,又可依违法性要件否定其行为的民法效力,并且追究加害人的民事责任。因此,无须限制行为能力制度专门保护。

(三)限制行为能力人

1.意义

具有下列不完全行为能力的自然人,称为限制行为能力人。

2.外延

(1)年满10周岁非精神病未成年人,但不包括劳动成年者[1]

(2)有部分意思能力的精神病成年人

《民法通则》第13条第2款称之为"不能完全辨认自己行为的精神病人"[2],《民通意见》第5条解释为"对比较复杂的事物或者比较重大的行为缺乏判断能力和自我保护能力,并且不能预见其行为后果"[3]。

(3)有部分意思能力的精神病未成年人

所谓精神病人,是因心理障碍致使没有或者仅有部分意思能力的人。至于间歇型还是非间歇型,则在非所问。某人是否患有精神病,须依证据原理加以认定。[4]

(四)精神病人的限制行为能力宣告

1.概说

精神病人充分限制行为能力要件,经其利害关系人申请,由法院宣告其为限制行为能力人的制度,即为对精神病人的限制行为能力宣告。

2.要件

(1)须受宣告人为精神病人;

(2)须受宣告人具有部分意思能力;

(3)须经利害关系人申请;

(4)须由法院审理、宣告。

此种宣告,其性质属于公示方法,而不属精神病人限制行为能力的法律要件。因为对于精神病人来说,只要其病情达到使其仅有部分意思能力的程度,当然就是限制行为能力人,而不待上述宣告。因此我们说宣告是公示性的。这一制度的价值

---

[1] 根据《民法典》第19条,限制行为能力人的年龄标准已为8周岁以上不满18周岁。

[2] 对应《民法典》第22条主文中的"不能完全辨认自己行为的成年人"。

[3] 该规定已删除。

[4] 《民通意见》第7条规定:"当事人是否患有精神病,人民法院应当根据司法精神病学鉴定或者参照医院诊断鉴定确认。在不具备诊断、鉴定条件的情况下,也可以参照群众公认的当事人的精神状态认定,但应以利害关系人没有异议为限。"(该规定已删除。)

在于避免他人误解,在诉讼时,也可免除举证的麻烦。

当受宣告人病愈,具有意思能力时,经其本人或者利害关系人申请,法院审理,可以撤销原限制行为能力宣告。相反,当其病情加重,连原有的部分意思能力也告丧失时,则可申请变更宣告为无行为能力人。

四、无行为能力人

(一)意义

不被民法赋予行为能力的自然人,称为无行为能力人。

无行为能力人,原则上不能独立实施任何法律行为。但是,纯获利益、不负担义务,并且不损害他人的行为仍可实施。然而必须指出,他们实施这类行为,欠缺目的意思,因而严格说来,不能被称为法律行为。自此意义而言,他们是绝对的无行为能力人。

(二)外延

第一,不满10周岁的人。[1]

第二,年满10周岁无意思能力的精神病人。[2]

《民法通则》第13条第1款称之为"不能辨认自己行为的精神病人"。[3]《民通意见》第5条解释为"没有判断能力和自我保护能力,不知其行为后果"的精神病人。[4]

(三)对无行为能力人的能力救济

无行为能力人,仍然可以独立实施纯获利益、不负担义务并且不损害他人的行为。另外,从我国实际情况看,6岁半或者7岁儿童即可入小学读书,他们在年满10周岁、获得限制行为能力之前,为了学习和生活,难免要参加一些必要的民事活动,如购买课本、文具,看电影,搭乘公共汽车,买零食,等等。他们参加这些活动,除由法定代理人代理外,也应肯认其订立经国家审核的定型化契约的能力。考虑到《民法通则》规定的无行为能力年龄的上限比较高,[5]作这样的解释是必要的。关于这一点,亟待立法机关或者最高人民法院作出解释。

---

〔1〕　根据《民法典》第20条,不满8周岁的人为无行为能力人。

〔2〕　根据《民法典》第21条,8周岁以上不能辨认自己行为能力的人为无行为能力人。

〔3〕　对应《民法典》第21条中的"不能辨认自己行为的人"。

〔4〕　该规定已删除。

〔5〕　关于行为能力人的年龄上限,《德国民法典》定为不满7岁,我国民国时期制定的民法典也规定为不满7岁。其他国家民法典则无此种规定。

(四)精神病人无行为能力宣告

1.意义

精神病人充分无民事行为能力要件时，经利害关系人申请，由法院宣告其为无行为能力人的民法制度，即为精神病人的无行为能力宣告。[1]

2.要件

(1)须受宣告人为精神病人；

(2)须该精神病人无意思能力；

(3)须经利害关系人申请；

(4)须由法院审理、宣告。

此项宣告的性质，与上文所述精神病人限制行为能力宣告相同，属公示性。

当被宣告为无行为能力人的宣告原因消灭时，经有撤销权人申请，法院依被宣告人的意思能力状况，可以撤销原宣告。如果申请人同时申请宣告为限制行为能力人或者宣告为完全行为能力人时，法院应通过审理，作出相应宣告。

(五)关于"禁治产人"

一些外国立法以及我国民国时期立法，有所谓"禁治产人"制度。这里略加介绍。

1.意义

禁治产人，是依法被禁止管理和处分自己财产的有心理障碍的自然人。

2.要件

(1)须为完全行为能力人或者限制行为能力人

因为至少须有限制行为能力，方有治其产的资格，也才有禁治其产的必要。如果本无行为能力，自无禁治产可言。

(2)须有心理障碍

包括有浪费恶习、酒癖、吸毒者，以及盲、聋、哑人等。

(3)须其精神障碍达到不能处理自己事务的程度

(4)须精神障碍属经常状态

仅一时的精神障碍，如因高烧、酒醉所致障碍，则不属之。

(5)须经利害关系人申请

(6)须由法院审理宣告

3.效力

禁治产宣告的效力是使受宣告人成为无行为能力人。

4.禁治产宣告的撤销

---

[1] 根据《民法典》第24条第1款："不能辨认或者不能完全辨认自己行为的成年人，其利害关系人或者有关组织，可以向人民法院申请认定该成年人为无民事行为能力人或者限制民事行为能力人。"

(1)意义

即对于法院的禁治产判决依法予以撤销。

(2)要件

①须禁治产原因消灭;

②须本人或者利害关系人申请;

③须由法院裁判撤销。

(3)效力

使受撤销宣告人回复其应有之行为能力。此效力仅向将来发生,而无溯及力。

五、对行为能力欠缺者的救济

(一)概说

自然人行为能力制度中,无行为能力和限制行为能力两项制度,对于意思能力欠缺者财产利益的消极保护有余,而对其"自主参与"条件的创造却明显不足,而"自主参与"却正是私法自治理念的核心,行为能力这个贯彻私法自治原则的制度,在这个问题上却导致了该原则的否定。须知,无行为能力人和限制行为能力人所欠缺的,只是行为能力,而非权利能力。为了实现权利能力的实质平等,恰恰需要创造条件,使他们得以参与民事生活。这就引出对于行为能力欠缺者救济的制度。该制度的内容在于:①为行为能力欠缺者设立法定代理人,补正其能力之不足。这可以说是直接救济。②管理定型化契约,防止此类契约可能出现的违背正义的弊端,以使具有部分意思能力者能够安全地参与生活。此属治理交易环境问题,并非专为意思能力欠缺者特设,因此可说是间接救济。③为失踪人设财产管理人,保护其财产利益。此属特殊救济。现对以上几种保护方式分述如下。

(二)设立法定代理人

意思能力欠缺者,或者不能亲自实施法律行为(对无行为能力人而言),或者不能实施其有限行为能力范围之外的法律行为(对限制行为能力人而言)。因此,为满足其参与计,即须设置完全行为能力人,赋其代替或者同意其实施法律行为。此即为代理人。其能够代替或者同意行为能力欠缺者实施必要法律行为的权限,即为代理权。由于该权限因法律规定的身份而当然产生,故又称为法定代理人。作为法定代理人前提的身份是亲权人和监护人。

亲权与监护,本属身份法上的制度。但既然法定代理须以之为前提,故为方便计,在立法例上,便有将其规定于民法典的"总则"编中自然人的制度之下者。当然,也有不计此种便利,而依逻辑体系,规定于亲属编之下者。两种体例,各有千秋。但自逻辑言之,后者似更合理。我国《民法通则》采行前一体例。鉴于我国大陆的民法学教科书，鲜有从逻辑体例着眼者，更鲜有将亲属法学纳入民法者，[1]同时，与本教科书配套的亲属法学教科书中，也未从逻辑上研究亲权和监护，为防学生得不到此项知识的课本学习，本书仍将监护的有关知识写出，但不放在正文，而作为注释。期能既满足学生学习有关知识的需要，又不破坏民法学体系的逻辑。至于亲权，则在第7章中论述。[2]

---

〔1〕 将亲属法学纳入民法教科书者，在中国已有其例，最高人民法院全国法院干部业余法律大学教材《民法》(1998年版)是第一家。

〔2〕 关于监护：

一、监护的意义

(一)意义

监护是对于不能得到亲权保护的未成年人和精神病人，设定专人以保护其利益的法律制度。

(二)监护与亲权

上述界定，在大陆法系国家是通行的。自情理而言，也比较合适。因为，处于亲权保护下的未成年人，其利益已得到充分保护，因而无须叠床架屋，再设监护制度。然我国《民法通则》第16条规定："Ⅰ.未成年人的父母是未成年人的监护人。Ⅱ.未成年人的父母已经死亡或者没有监护能力的，由下列人员中有监护能力的人担任监护人：(一)祖父母、外祖父母；(二)兄、姐；(三)……"(对应《民法典》第27条："Ⅰ.父母是未成年子女的监护人。Ⅱ.未成年人的父母已经死亡或者没有监护能力的，由下列有监护能力的人按顺序担任监护人：(一)祖父母、外祖父母；(二)兄、姐；(三)……"相较于《民法通则》第16条，《民法典》第27条通过"按顺序"表明监护人的担任具有顺位性。)该款文义，似乎应理解为亲权已被监护权吸收。其实并非如此。因为这样理解，不符合价值和逻辑体系的要求。另外，即使从条文字面上也可以看出，父母的地位被十分着意地加以强调，而不把它列入该条第2款监护人的(一)、(二)、(三)序列之中；对照观察规定精神病成年人监护人的第17条，父母列在配偶的后一位。这表明，精神病人尽管意思能力有欠缺，但毕竟不复为未成年人，因此，父母已经没有亲权了。而从反面理解，即可得出《民法通则》肯认父母对未成年人的亲权的结论。把上述两点结合起来，应当说，《民法通则》第16条第1款，尽管称父母是未成年人的"监护人"，但仅仅是在借用意义上使用该词而已，无非是说明他们依其亲权，应当管理和保护未成年人。进而言之，该款含有使亲权和监护相互衔接和协调的意旨。正是基于这样的理解，我们才给出了上述监护的定义。

二、监护权

(一)意义

是对于不能得到亲权保护的未成年人和精神病成年人的合法利益实施管理和保护的法律资格。本书采亲权与监护权分工合作说，因而认为监护权是亲权的延伸和救济。

(二)内容

对于未成年人，监护权基本上同于亲权，只是惩戒权受到限制。而对于精神病成年人的监护权，在财产方面上，同于亲权(无惩戒权)，而在人身方面上，则以身体和健康的照顾、治疗和保护为主，同时也包括对于侵害行为的救济权以及居所指定权。

(三)取得

监护权的取得可划分为法定取得和意定取得，详见下文关于"监护人"的讨论。

(四)行使原则

监护人恶意不尽职责，使被监护人的利益受到损害，即属不尽监护职责(《民法通则》第18条第2款)。(对应《民法典》第34条第3款："监护人不履行监护职责或者侵害被监护人合法权益的，应当承担法律责任。")其法律效果是：其一，损害赔偿。"给被监护人造成财产损失的，应当赔偿损失"(第18条第2款)。("给被监护人造成财产损失的，应当赔偿损失"已删除，这为《民法典》第34条第3款"承担法律责任"的应有之义。)其二，产生解除权。对于不尽职监护人，其他监护人和有监护权人发生解除权。此项权利须依诉行使[第18条第2款(对应《民法典》第36条第1款中"监护人有下列情形之一的，人民法院根据有关个人或者组织的申请，撤销其监护人资格……"。)]，"人民法院可以根据有关人员或者有关单位的申请，撤销监护人的资格"(此处的"撤销"，应系"解除"之误)。

（五）消灭

监护权因监护人死亡、丧失监护能力、被解除等事由而消灭。丧失监护能力事由消灭后，其监护权可以恢复。

三、法定监护人

（一）未成年人的法定监护人

1.范围和顺序

依《民法通则》第16条第2款[对应《民法典》第27条第2款："未成年人的父母已经死亡或者没有监护能力的，由下列有监护能力的人按顺序担任监护人：（一）祖父母、外祖父母；（二）兄、姐；（三）其他愿意担任监护人的个人或者组织，但是须经未成年人住所地的居民委员会、村民委员会或者民政部门同意。"]的规定，未成年人的法定监护人的范围和顺序如下：

（1）祖父母、外祖父母；

（2）兄、姐。

2.顺序的制度价值

由于监护人资格既有权利的内容，又有义务的一面。因此，为其设立顺序，既可保护在先顺序人的身份利益，又可防止其规避监护义务，同时允许监护人依其协议决定何人实施监护。此即为顺序的制度价值所在。

上述关于顺序制度价值的说明，对精神病人亦完全适用。

3.顺序的效力

（1）在先顺序人优先于在后顺序人担任监护人

但是，此顺序可依监护人的协议加以变更。

（2）同顺序多数人地位平等

当同顺序人为二人以上时，其法律地位平等，即可全体同作监护人，也可依其协议只由部分人作监护人[《民通意见》第14条第3款（对应《民法典总则编解释》第9条第2款："人民法院依法指定的监护人一般应当是一人，由数人共同担任监护人更有利于保护被监护人利益的，也可以是数人。"）]。

上述关于顺序效力的说明，对精神病人亦完全适用。

（二）精神病成年人的法定监护人

依《民法通则》第17条第1款的规定，精神病成年人的法定监护人的范围和顺序如下：

（1）配偶；

（2）父母；

（3）成年子女；

（4）其他近亲属。[对应《民法典》第28条："无民事行为能力或者限制民事行为能力的成年人，由下列有监护能力的人按顺序担任监护人：（一）配偶；（二）父母、子女；（三）其他近亲属；（四）其他愿意担任监护人的个人或者组织，但是须经被监护人住所地的居民委员会、村民委员会或者民政部门同意。"]

此款所指其他近亲属，依《民通意见》第12条（对应《民法典》第1045条第2款："配偶、父母、子女、兄弟姐妹、祖父母、外祖父母、孙子女、外孙子女为近亲属。"），指兄弟姐妹、祖父母、外祖父母、孙子女、外孙子女。

（三）法定监护人的要件

1.须是法律明确规定的人

2.须具监护能力

关于具有监护能力，《民通意见》第11条解释道："认定监护人的监护能力，应当根据监护人的身体健康状况、经济条件，以及与被监护人在生活上的联系状况等因素确定。"（对应《民法典总则编解释》第6条："人民法院认定自然人的监护能力，应当根据其年龄、身心健康状况、经济条件等因素确定；认定有关组织的监护能力，应当根据其资质、信用、财产状况等因素确定。"）

3.须不存在死亡亲权人指定的遗嘱监护人

（四）法定监护人的设立

法定监护人的设立，依其性质，可划分为原始设立与继任设立。而依其方式，又可划分为当然设立、协议设立和公力选任设立。原始设立与继任设立，其义自明。这里只说明当然、协议和指定三种设立方式。

1.当然设立

指第一顺序人全体作监护人。

2.约定设立

(1)意义

即当在先顺序监护人为多数时，由该多数人共同合意仅由其中的部分人担任监护的监护人设立方式。该设立方式的意思表示类型为合同，故而称为"合同设立"。我国大陆的民法著述中，多称此种监护为"协议监护"。本书视逻辑为理论的根本品质，鉴于"协议"非为民法学的科学术语，"合同"方为科学术语，故本书不采"协议监护"，而坚持"合同监护"的表述。

(2)类型

约定设立有以下四种情况：

①当第一顺序人为二人以上时，经其协议，只由其中一部分人作监护人。

②经在先顺序人协议，由第二顺序人作监护人。

③经精神病人监护人各顺序人协议，只由第三顺序人作监护人。

④经各顺序人协议，由各顺序人共同作监护人。

上述(1)、(2)、(3)、(4)各种情况，有多种组合的可能性。兹不详述。

3.公力选任设立

(1)意义

即当不能经由当然设立和约定设立方式设定监护人时，由主管组织依法从在先顺序监护人中选任监护人的设立方式。

此种设立方式，《民法通则》第16条第3款和第17条第2款均称"指定"。(对应《民法典》第31条中的"指定"。)于是，我国大陆的相应著述即均称此种监护为"指定监护"。

(2)要件

须不能依照当然设立和协议设立程序产生监护人，尤指对于何人担任监护人有争议的情况。

当出现上述情形，即须由主管组织选任监护人。关于该组织，在为未成年人选任场合，是未成年人父、母所在单位的机关(当父母不在同一单位时则有两个有资格指定的机关)，或者未成年人住所地的居(村)民委员会。在为精神病人选任时，则是精神病人的所在单位的机关，或者住所地的居(村)民委员会。[根据《民法典》第31条第1款，指定组织是被监护人住所地的居(村)民委员会或者民政部门。]上述指定组织的顺序，《民法通则》未作规定。实践中的做法是，首先考虑监护顺序、监护能力以及对被监护人有利等因素，在上述条件大体相同的情况下，以作出的指定在先者为准。如对该项指定存有争议且后被指定者已实际履行了监护职责，则可认为后者监护关系成立。惟主管组织的指定不是终局性的。当事人如果不服，可以诉诸法院裁判(《民法通则》第16条第3款后段和第17条第2款后段)。(对应《民法典》第31条第1款："……有关当事人对指定不服的，可以向人民法院申请指定监护人；有关当事人也可以直接向人民法院申请指定监护人。")其起诉期间，据《民通意见》第17条解释，为30日，自接到指定通知的次日起算。(对应《民法典总则编解释》第10条第1款："有关当事人不服居民委员会、村民委员会或者民政部门的指定，在接到指定通知之日起三十日内向人民法院申请指定监护人的，人民法院经审理认为指定并无不当，依法裁定驳回申请；认为指定不当，依法判决撤销指定并另行指定监护人。")

(五)法定监护人的变更

1.变更原因

(1)监护人死亡或者丧失监护能力，或者原无监护能力者恢复或者原始取得监护能力；

(2)监护人被解除监护；

(3)监护人之间订立了变更非公力选任监护的协议。

2.变更程序

(1)在后顺序人当然继任；

(2)在后顺序人依合同继任。

但对公力选任程序产生的监护人，如有需变更情事，则仍须通过原程序或诉讼程序。

四、意定监护人

意定监护人有两种类型：即委任监护人和遗嘱监护人。

（一）委任监护人

1.意义

即通过委任契约设立的监护人。

该契约的委任人为亲权人或者实际取得监护权的人。而受任人则为适格自然人或者社会组织。

2.类型

委任监护人的设立方式有两种情况：

(1)由亲权人为子女委任；

(2)法定监护人将其监护职责另托他人。

3.委任监护人的职责

委任监护人的职责，悉依委任契约的约定，既可为全权委任，也可特定委任。前者如父母把子女托给祖父母、外祖父母全权照料，或者配偶把精神病人托给精神病医院或者福利院全权照料；后者则如托给保姆、托儿所、幼儿园、学校、医院等。

（二）遗嘱监护人

1.意义

即通过遗嘱委任的监护人。

2.设立

亲权人和法定监护人均可实施。

惟此项监护，除须充分遗嘱要件外，尚须被指定人同意。

五、无因监护人

（一）意义

是指无监护义务人为被监护人计算自动担任且经主管组织同意而成立的监护人。本书之所以把此种监护人称为"无因"监护人，是强调其"本无法律上义务"之特点。此点与"无因管理"的命名道理相同。惟应注意的是，无因监护不意味着"自作主张""当然"地监护，而须以主管组织的同意为要件。此点与无因管理不同（关于无因管理，详见本书第三十一章）。

（二）要件

1.须被监护人不存在法定监护人和意定监护人

从《民法通则》第16条［对应《民法典》第27条："Ⅰ.父母是未成年人子女的监护人。Ⅱ.未成年人的父母已经死亡或者没有监护能力的，由下列有监护能力的人按顺序担任监护人：(一)祖父母、外祖父母；(二)兄、姐；(三)其他愿意担任监护人的个人或者组织，但是须经未成年人住所地的居民委员会、村民委员会或者民政部门同意。"］、第17条［对应《民法典》第28条："无民事行为能力或者限制民事行为能力的成年人，由下列有监护能力的人按顺序担任监护人：(一)配偶；(二)父母、子女；(三)其他近亲属；(四)其他愿意担任监护人的个人或者组织，但是须经被监护人住所地的居民委员会、村民委员会或者民政部门同意。"］以及《民通意见》第14条(对应《民法典》第31条："Ⅰ.对监护人的确定有争议的，由被监护人住所地的居民委员会、村民委员会或者民政部门指定监护人，有关当事人对指定不服的，可以向人民法院申请指定监护人；有关当事人也可以直接向人民法院申请指定监护人。Ⅱ.居民委员会、村民委员会、民政部门或者人民法院应当尊重被监护人的真实意愿，按照最有利于被监护人的原则在依法具有监护资格的人中指定监护人。")的文字看，似乎不能得出无因监护须"无法定和意定监护人"的要件。然而自体系判断，则该要件不可或缺。原因在于，在有法定监护人时，在何人作监护人的问题上纵然争论不休，亦不因有此争论而免其监护之责，而得从没有法定义务的人中选任监护人。此外，当法定监护人虽有监护能力，但不及无因监护人条件优越时，亦只能说服法定监护人通过委任监护程序处理，而不宜径为指定。

2.须无因人属被监护人关系密切的亲属或朋友

3.须无因人申请

4.须经主管组织同意

此主管组织与公力选任监护的组织相同。

(三)对于定型化消费契约的管理

定型化消费契约是为了供多数契约订立之用而预先拟定条款,由销售人或服务人在订约时提交消费者承诺的契约(详见第三十五章第一节)。由于定型化消费契约事实上取消了消费者订约时对契约条款协商的权利,因此,其条款是否符合公平正义的要求,应由中立的或者公共的机构加以审查管理。凡经该机构核准的定型化消费契约,消费者的利益大体已有必要的保护。因此,对参加者意思能力的要求便可相应降低,纵使欠缺行为能力人,也不妨缔结。故而该等人员在其生活必要和意思能力的范围内可以独立参加。本节三、四两目已有提及,如购买车、船客票、电影票,购买公园和展览馆、博物馆的门票,取得邮政服务,购买国家粮食部门出售的粮油及其制品等,均可独立进行。

(四)对于失踪人财产的管理

1.引言

对于失踪人财产的管理,惟有设立财产代管人一途。失踪人仍然具有权利能力和行为能力。不过因其失踪,其于住所地的行为能力事实上陷于空缺而需救济。设立财产代管人,即属救济行为能力的制度。

(1)财产代管人的意义和性质

财产代管人是依法为失踪人管理财产的人。

此种财产代管人,在性质上属于事务的管理人。

须设财产代管人的失踪人,是指有完全行为能力的失踪人。因为,失踪人中的未成年人和精神病成年人,纵使未失踪,也无亲自管理财产的能力,而由其监护人代为管理,故而无须为之特别设立财产代管人。

(2)财产代管人的权限

①为失踪人管理财产,即实施管理行为,包括占有、保存、使用该财产。

②为失踪人完税偿债,支付赡养费、扶养费、抚育费和代管财产所需的管理费

5.如果被监护人有部分意思能力时,尚须征求其意见

六、团体监护人

(一)意义

即由未成年人父、母或精神病人所在单位或者未成年人、精神病人住所地的居(村)民委员会或者民政部门任监护人。

(二)要件

须无法定、意定和无因监护人。虽有监护人但其无监护能力或者丧失监护权时,亦同。

至于上述三种团体的顺序,则无法律规定及司法解释。实务上的做法是,以先作出决定的团体为监护人。

(《民法通则》第21条第2款[1]、《民通意见》第32条[2])。

(3)财产代管人的善良管理人注意

财产代管人在管理中,须以一般有经验的管理人应有的注意实施,此即善良管理人的注意。

2.宣告失踪

(1)意义

宣告失踪,是自然人失踪达到法定期间,经其利害关系人申请,由法院宣告为失踪人并为之设立财产管理人的法律制度。

(2)要件[3]

①须受宣告人失踪。

②须失踪达到法定期间。

该期间为2年(《民法通则》第20条第1款[4]),自被申请人离开住所或者最后居所音讯消失的次日起算(《民通意见》第28条第1款[5])。

(3)效力

①可为受宣告的完全行为能力人设立财产代管人。

②有资格作代管人的人员范围是:依《民法通则》第21条第1款的规定,为配偶、父母、成年子女、关系密切的其他亲属、朋友。[6]

---

〔1〕 对应《民法典》第43条第2款:"失踪人所欠税款、债务和应付的其他费用,由财产代管人从失踪人的财产中支付。"

〔2〕 对应《民法典总则编解释》第15条:"Ⅰ.失踪人的财产代管人向失踪人的债务人请求偿还债务的,人民法院应当将财产代管人列为原告。Ⅱ.债权人提起诉讼,请求失踪人的财产代管人支付失踪人所欠的债务和其他费用的,人民法院应当将财产代管人列为被告。经审理认为债权人的诉讼请求成立的,人民法院应当判决财产代管人从失踪人的财产中支付失踪人所欠的债务和其他费用。"

〔3〕 宣告失踪须依诉为之。因而除正文所述实体法上的要件之外,尚须在程序法上:

(1)须经利害关系人申请

利害关系人的范围,同于死亡宣告,但无顺序限制。如申请权人为二人以上时,其申请权既可共同行使,亦可单独行使。但若其中有人依其优先序位申请宣告失踪人死亡,即排除所有其他利害关系人宣告失踪的申请权。

(2)须经法院公示寻找

受理法院在受理失踪宣告起诉后,依《民事诉讼法》第168条第1款[现为《民事诉讼法(2023年修正)》第192条第1句]的规定,则须发布寻找失踪人的公告。公告期间为3个月(《民通意见》第34条第2款规定的公告期为半年,后《民事诉讼法》第168条第1款则规定为3个月。依新法废改旧法的原则,应以后者为准)(现为《民事诉讼法(2023年修正)》第192条第2句)。

只有在公告期届满后,经审理,认定实体法所规定的宣告失踪的条件均被充分,方由法院作出宣告被申请人失踪的判决。

〔4〕 对应《民法典》第40条:"自然人下落不明满二年的,利害关系人可以向人民法院申请宣告该自然人为失踪人。"

〔5〕 对应《民法典》第41条:"自然人下落不明的时间自其失去音讯之日起计算。战争期间下落不明的,下落不明的时间自战争结束之日或者有关机关确定的下落不明之日起计算。"

〔6〕 对应《民法典》第42条第1款:"失踪人的财产由其配偶、成年子女、父母或者其他愿意担任财产代管人的人代管。"

③财产代管人的设立方式。

此项设立方式有两种，即委任和法院选任。法院选任仅适用于委任不能，以及无上述有资格人，或者虽有资格人而无代管能力等场合。法院选任，除委任不能外，可在其他人员和组织中择优选任(《民法通则》第21条第1款后段，《民通意见》第30条第1款)。[1]

(4) 失踪宣告的撤销

即失踪宣告后有反于失踪的事实被发现，而诉请法院撤销其失踪宣告的制度。《民法通则》第22条规定："被宣告失踪的人重新出现或者确知他的下落，经本人或者利害关系人申请，人民法院应当撤销对他的失踪宣告。"[2]撤销的要件，与撤销死亡宣告相同。失踪宣告撤销后，原为完全行为能力失踪人设立的财产代管人即当然消灭其资格，其管理权复归于本人。

3.宣告失踪与宣告死亡的异同

(1) 相同点

①均系对失踪人作出的法律资格宣告。

②均有保护失踪人利益和兼顾相对人利益的规范目的。

(2) 相异点

①制度价值不同。

宣告死亡有保护失踪人配偶、近亲属人身权和继承权的规范目的，宣告失踪则无之。

②法律效果不同。

ⅰ.宣告死亡须拟制失踪人死亡；宣告失踪则无此项拟制。

ⅱ.宣告死亡的效果在于终止失踪人以其原住所地为中心的人身和财产关系；宣告失踪则仅在为完全行为能力失踪人设立财产代管人。

ⅲ.宣告死亡被撤销，发生返还财产效果；宣告失踪撤销则无。

③法律要件不同。

ⅰ.宣告死亡的法定失踪期间一般为4年，特殊情况下为2年；而宣告失踪的法定失踪期间则一律为2年。

ⅱ.宣告死亡的公告期间为1年；而宣告失踪的期间为3个月。

4.对宣告失踪制度的批评

《民法通则》规定宣告失踪制度，揆其规范目的，应在为失踪人设立财产代管

---

[1] 对应《民法典》第42条第2款："代管有争议，没有前款规定的人，或者前款规定的人无代管能力的，由人民法院指定的人代管。"

[2] 对应《民法典》第45条第1款："失踪人重新出现，经本人或者利害关系人申请，人民法院应当撤销失踪宣告。"删除"确知他的下落"的理由是知悉失踪人的下落可被"失踪人重新出现"囊括，参见黄薇主编：《中华人民共和国民法典总则编释义》，法律出版社2020年版，第116页。

人。[1]然而,此一目的尽管有限,但也无从全面达成。其理由是:第一,宣告失踪并非强制性规范。因此,利害关系人若不为申请,该目的岂不落空! 第二,纵使利害关系人申请,且成功地宣告,然而起码已是被宣告人失踪2年又3个月以后的事了。此前的两年多,却无从依此制度设立财产代管人。[2]仅此两点,即足以说明《民法通则》仿效《苏俄民法典》设立的宣告失踪制度,弊大于利,不如废而代之以为无配偶完全行为能力失踪人径行设立财产代管人的制度,更为可行。

第四节　自然人的住所

《民法通则》第15条规定:"公民以他的户籍所在地的居住地为住所,经常居住地与住所不一致的,经常居住地视为住所。"[3]此处所规定的,是自然人的住所。

一、住所的意义及制度价值

(一)意义

住所是法律确认的自然人的中心生活场所。

(二)制度价值

1.在民事法上的价值

(1)是决定失踪的空间标准(《民通意见》第26条[4])。

---

〔1〕　关于宣告失踪制度的规范目的,《民法通则》起草机关全国人大常委会法制工作委员会《关于〈中华人民共和国民法通则(草案)〉的说明》只字未提。其他立法背景资料也未见到。据上述全国人大常委会法制工作委员会民法室工作人员编写的《民法通则释义》(穆生秦主编)对第21条的释义:"规定宣告失踪,可以便于利害关系人及时对失踪人的财产进行管理,对失踪人的债权、债务及时清结,这有利于稳定社会经济关系,有利于保护失踪人和利害关系人的利益。"(法律出版社1987年版,第25页)我们只能从中揣测一些意旨。据全国人大常委会法制工作委员会民法室工作人员编写的《中华人民共和国民法典总则编释义》:"自然人的失踪将使其相关的法律关系处于不确定状态,法律设立宣告失踪制度,就是为了调整这种不确定状态,保护相关当事人的利益。通过设立宣告失踪制度,由人民法院宣告自然人失踪,以结束失踪人财产无人管理以及其应当履行的义务不能得到及时履行的不确定状态,保护失踪人和利害关系人的利益,维护社会经济秩序的稳定。"(法律出版社2020年版,第107页)

〔2〕　《法国民法典》规定的失踪制度,是从失踪人无音讯的很早阶段便应利害关系人申请,为失踪人设立财产管理人,而不是宣告失踪(第112条、第113条)。

〔3〕　对应《民法典》第25条:"自然人以户籍登记或者其他有效身份登记记载的居所为住所;经常居所与住所不一致的,经常居所视为住所。"

〔4〕　该规定已删除。

（2）是决定婚姻登记管辖的空间标准（《婚姻登记办法》第4条[1]、第7条[2]、第8条[3]）。

（3）是决定个体工商户登记管辖的空间标准（《城乡个体工商户管理暂行条例》第7条第1款[4]）。

（4）是决定债务清偿的标准（《民法通则》第88条第3款[5]）。

2.在公法上的价值

（1）在民事诉讼法上的价值

①是决定民事诉讼地域管辖的标准（《民事诉讼法》第22条、第23条、第24条、第26条[6]、第27条[7]、第29条、第30条[8]、第34条），以及决定民事、刑事诉讼书状送达的空间标准（《民事诉讼法》第79条[9]、《刑事诉讼法》第57条第2款[10]）。

②是决定涉外民事关系法律适用的空间标准（《民法通则》第143条[11]、第147

---

〔1〕 对应《婚姻登记条例》第4条："Ⅰ.内地居民结婚，男女双方应当共同到一方当事人常住户口所在地的婚姻登记机关办理结婚登记。Ⅱ.中国公民同外国人在中国内地结婚的，内地居民同香港居民、澳门居民、台湾居民、华侨在中国内地结婚的，男女双方应当共同到内地居民常住户口所在地的婚姻登记机关办理结婚登记。"

〔2〕 对应《婚姻登记条例》第10条："Ⅰ.内地居民自愿离婚的，男女双方应当共同到一方当事人常住户口所在地的婚姻登记机关办理离婚登记。Ⅱ.中国公民同外国人在中国内地自愿离婚的，内地居民同香港居民、澳门居民、台湾居民、华侨在中国内地自愿离婚的，男女双方应当共同到内地居民常住户口所在地的婚姻登记机关办理离婚登记。"

〔3〕 对应《婚姻登记条例》第14条："离婚的男女双方自愿恢复夫妻关系的，应当到婚姻登记机关办理复婚登记。复婚登记适用本条例结婚登记的规定。"

〔4〕 对应《市场主体登记管理条例实施细则》第10条："申请人应当根据市场主体类型依法向其住所（主要经营场所、经营场所）所在地具有登记管辖权的登记机关办理登记。"

〔5〕 对应《民法典》第511条第3项："履行地点不明确，给付货币的，在接受货币一方所在地履行；交付不动产的，在不动产所在地履行；其他标的，在履行义务一方所在地履行。"

〔6〕 对应《民事诉讼法》（2023年修正）第25条："因保险合同纠纷提起的诉讼，由被告住所地或者保险标的物所在地人民法院管辖。"

〔7〕 对应《民事诉讼法》（2023年修正）第26条："因票据纠纷提起的诉讼，由票据支付地或者被告住所地人民法院管辖。"

〔8〕 对应《民事诉讼法》（2023年修正）第30条："因铁路、公路、水上和航空事故请求损害赔偿提起的诉讼，由事故发生地或者车辆、船舶最先到达地、航空器最先降落地或者被告住所地人民法院管辖。"

〔9〕 对应《民事诉讼法》（2023年修正）第89条："受送达人或者他的同住成年家属拒绝接收诉讼文书的，送达人可以邀请有关基层组织或者所在单位的代表到场，说明情况，在送达回证上记明拒收事由和日期，由送达人、见证人签名或者盖章，把诉讼文书留在受送达人的住所；也可以把诉讼文书留在受送达人的住所，并采用拍照、录像等方式记录送达过程，即视为送达。"

〔10〕 现为《刑事诉讼法》（2018年修正）第107条第2款。

〔11〕 对应《涉外民事关系法律适用法》第12条："Ⅰ.自然人的民事行为能力，适用经常居所地法律。Ⅱ.自然人从事民事活动，依照经常居所地法律为无民事行为能力，依照行为地法律为有民事行为能力的，适用行为地法律，但涉及婚姻家庭、继承的除外。"

条^[1]、第148条^[2]和第149条^[3])。

以上两项，在实务上容易发生争议。

(2)在其他法上的价值

主要在选举、纳税、服兵役、嫌疑犯的监视居住和取保候审等方面。

二、住所的原则与法律要件

(一)住所意定与唯一原则

1.住所意定原则

自然人以何地为其住所，属意思自治范畴。完全行为能力人有权设定自己的住所。但未成年人，则应以亲权人或者监护人的住所为住所。《户口登记条例》第5条规定："户口登记以户为单位。同主管人共同居住一处的立为一户，以主管人为户主。"该规定间接表述了限制行为能力人和无行为能力人以其亲权人或者监护人的住所为住所的规范。

2.住所唯一原则

自然人的住所，依法只能有一个。我国《户口登记条例》第6条规定："公民应当在经常居住的地方登记为常住户口，一个公民只能在一个地方登记为常住户口。"易言之，如以户籍登记住址为住所，那么只能有一个。此外，如果以户籍住址之外的经常居住地为住所，由于人不能分身，因此，能满足连续居住1年以上要件的处所，也只能有一个。

3.居所

住所之外的居住地，学理上称为"居所"。

居所的设定，亦属意思自治的范畴。

(二)住所的法律要件

1.须为中心生活场所

中心生活场所，实际上是指经常居住地。居住地不是指住宅，住宅为"物"，该

---

〔1〕　对应《涉外民事关系法律适用法》21条"结婚条件，适用当事人共同经常居所地法律；没有共同经常居所地的，适用共同国籍国法律；没有共同国籍，在一方当事人经常居所地或者国籍国缔结婚姻的，适用婚姻缔结地法律"、第22条"结婚手续，符合婚姻缔结地法律、一方当事人经常居所地法律或者国籍国法律的，均为有效"、第26条"协议离婚，当事人可以协议选择适用一方当事人经常居所地法律或者国籍国法律。当事人没有选择的，适用共同经常居所地法律；没有共同经常居所地的，适用共同国籍国法律；没有共同国籍的，适用办理离婚手续机构所在地法律"以及第27条"诉讼离婚，适用法院地法律"。

〔2〕　对应《涉外民事关系法律适用法》29条："扶养，适用一方当事人经常居所地法律、国籍国法律或者主要财产所在地法律中有利于保护被扶养人权益的法律。"

〔3〕　对应《涉外民事关系法律适用法》31条："法定继承，适用被继承人死亡时经常居所地法律，但不动产法定继承，适用不动产所在地法律。"

物的坐落处方为住所。此处所，在市镇以门牌编号标记；在我国乡村，目前仅以自然村表示。惟应注意的是，如果自然人长期住医院治疗疾病，那么，医院所在地可否被视为住所呢？依本书所言，住所的要件须有居住的意思，在医院治病，其目的是治疗而非居住，故而医院所在地不应被视为住所。

2.须属固定处所

渔民和海员住在船舶上，船舶不具有固定性，因而不能以船舶为住所，而是以船籍地为住所。

3.须有经常居住的意思

"经常性"是相对于偶然性的属性。关于居住的"经常性"，在法律上应有其要件，《民通意见》第9条第1款解释为"1年以上"[1]。

4.须公示

①自然人以经常居住地为住所。

②如无相反证明，户籍登记的住址即为经常居住地。

③户口迁移过程中，在到新址落户之前无经常居住地者，以原户籍登记住址为住所（《民通意见》第9条第2款）。[2]

三、住所的设定与变更

（一）设定原则

住所的设定与变更，依据《宪法》的基本原则，应采取有管理的自由主义原则。1954年《宪法》曾经确认公民有居住和迁徙的自由。后来，由于城乡差别恶性扩大，国家不得已而采取了严格控制农村居民转为城市居民、中小城市居民转为大城市居民的措施。从此，善良居民迁徙自由在形式上受到了限制。因而1982年《宪法》为杜绝"口惠而实不至"的弊端，未再明文确认居住迁徙自由。[3]但是，这并不意味着该项自由已被摒弃，恰恰相反，改革开放政策实行以来，这一自由不但事实上受到保护，而且呈日趋扩大的趋势。《民法通则》实行住所与户籍分离的制度，户政制度实行户口簿与身份证分离的制度，就是在这方面的重大改革。招工聘干等劳动人事政策也有系列改变。而且，随着农村经济体制改革的深入，城乡差别已趋缩小。居住

---

〔1〕 最高人民法院《关于适用〈中华人民共和国民事诉讼法〉的解释》（以下简称《民诉法解释》）第4条："公民的经常居住地是指公民离开住所地至起诉时已连续居住一年以上的地方，但公民住院就医的地方除外。"

〔2〕 对应《民诉法解释》第7条："当事人的户籍迁出后尚未落户，有经常居住地的，由该地人民法院管辖；没有经常居住地的，由其原户籍所在地人民法院管辖。"

〔3〕 法学教材编辑部统编、吴家麟主编：《高等学校法学试用教材·宪法学》在关于"迁徙自由"的问题上写道："新宪法（张俊浩按：指1982年宪法）对于公民权利和义务的规定，是从实际出发的。能做到的就规定，能做到什么程度就规定到什么程度。正如毛泽东关于1954年宪法草案所说的那样，现在能实行的我们就写，不能实行的就不写。……对'迁徙自由'不作规定，也属于这种情况"（该书第393—394页）。

迁徙自由的物质基础比之以前已经大为雄厚了。

(二)设定与变更

意定住所是依照当事人的意思而设定的住所。意定住所依定居于特定地点的事实而设定,因离开原住所而不再连续居住的事实而变更。目前,我国尚无关于住所登记方面的法律制度,住所的变更尚需通过户籍制度加以反映(《户口登记条例》第10条、第13条、第14条、第17条)。

四、户籍与身份证

(一)户籍

户籍是居民户口所隶属的基层"户政管理区"。[1]可见,户籍为户政管理上的概念,而住所则为地名管理上的概念。《民法通则》第15条规定"公民以他的户籍所在地的居住地为住所"[2],其本意应为关于住所的立法推定。由于我国的户籍管理资料比较健全,而户口登记中又有"住址"的项目,因而,可以以该地址作为住所的推定标准。该条的文义如此,非谓住所须与户籍扯在一起也。

(二)居民身份证

居民身份证是证明独立居民身份的法定文件。我国《居民身份证条例》规定,年满16岁的居民应领取身份证。[3]该证由户口登记机关办理。居民身份证记载居民的姓名、性别、民族、出生日期和住址五项内容。身份证是为便利公民进行社会活动,从原来的户口登记簿和户口簿中分化出来的法定书证。1985年9月6日,第六届全国人大常委会第十二次会议通过的《中华人民共和国居民身份证条例》是其法律依据。[4]所谓居民身份实际上就是公民资格。因为居民不过是居住于特定地的公民而已。公民身份属于公法身份,从居民身份证所载内容看,也与民事身份无关。

---

〔1〕《户口登记条例》第3条第2款:"城市和设有公安派出所的镇,以公安派出所管辖区为户口管辖区;乡和不设公安派出所的镇,以乡镇管辖区为户口管辖区。"

〔2〕 对应《民法典》第25条中"自然人以户籍登记或者其他有效身份登记记载的居所为住所"。

〔3〕 对应《居民身份证法》(2011年修正)第2条:"居住在中华人民共和国境内的年满十六周岁的中国公民,应当依照本法的规定申请领取居民身份证;未满十六周岁的中国公民,可以依照本法的规定申请领取居民身份证。"

〔4〕 现为《居民身份证法》(2011年修正)。

第五节　个体工商户与农村承包经营户

一、概说

自然人经商,须取得商事主体亦即商人的资格。此项资格,在民商分立的立法模式下,是为了属人主义的法律适用,亦即对商人适用商法,而对非商人则适用民法。在民商合一的体制下,则仅有对商人加以行政管理的价值。我国实行个体工商户和农村承包经营户制度,其中前一制度为行政管理而设。至于后一制度,则尚无行政管理的意涵,而仅系解决农民的商事地位问题而设。《民法通则》第二章第四节规定了"个体工商户、农村承包经营户",该节设有4个条文(第26条至第29条)。1987年8月5日,国务院发布《城乡个体工商户管理暂行条例》(下文简称《工商户条例》),同年9月5日,国家工商行政管理局发布了该条例的《实施细则》。[1]

二、个体工商户

(一)个体工商户的意义

个体工商户是我国公民从事工商经营的法律资格(商事权能力)。《民法通则》第26条规定:"公民在法律允许的范围内,依法经核准登记,从事工商业经营的,为个体工商户。"[2]《工商户条例》第2条规定:"有经营能力的城镇待业人员、农村村民以及国家政策允许的其他人员,可以申请从事个体工商业经营,依法经核准登记后为个体工商户。"[3]根据上述规定,可以得出个体工商户的界定。该界定说明:

1.个体工商户属于商个人

个体工商户是商事主体,以经营营利事业为目的。商事主体依其构造,分为商个人和商企业。前者包括商合伙,后者更进一步分为公司、合作社(对其营利性有异说)和非法人企业。个体工商户显然属于商个人。

---

〔1〕 这些规定均已失效。现在关于个体工商户的规范有《促进个体工商户发展条例》《市场主体登记管理条例》与《市场主体登记管理条例实施细则》等。

〔2〕 对应《民法典》第54条:"自然人从事工商业经营,经依法登记,为个体工商户。个体工商户可以起字号。"根据《市场主体登记管理条例》第5条:"Ⅰ.国务院市场监督管理部门主管全国市场主体登记管理工作。Ⅱ.县级以上地方人民政府市场监督管理部门主管本辖区市场主体登记管理工作,加强统筹指导和监督管理。"

〔3〕 对应《促进个体工商户发展条例》第2条:"有经营能力的公民在中华人民共和国境内从事工商业经营,依法登记为个体工商户的,适用本条例。"

2.个体工商户以业主劳动担任经营

个体工商户的经营由业主担当,业主是劳动者,不是"甩手掌柜",不是"资本家",不是聘人经营,也不雇工。

(二)个体工商户的法律要件

个体工商户须具备下列条件:

1.须从事工商业经营

即有计划地、持续地从事工商事业。关于事业范围,《工商户条例》第3条[1]作了列举规定。[2]

2.须个人亲自经营

个体工商户的资金由公民个人投入。家庭共同投资,也属个人出资的范畴。同时,个体工商户的经营由出资人负担,而不是通过雇佣劳动经营。个体工商户只能"根据情况请一、二个帮手;有技术的个体工商户可以带三、五个学徒"(《工商户条例》第4条第2款[3]),但不得雇工。个人出资和个人经营这两条,规定了个体工商户的个体企业性质,而与"私营企业"区别开来。依《私营企业暂行条例》第2条规定:"私营企业是指企业资产属于私人所有、雇工八人以上的营利性的经济组织。"[4]

3.须依《工商户条例》设立[5]

个体工商户的设立的规范基础在《工商户条例》。[6]非依该条例,不得设立个体工商户。

---

〔1〕　该规定已删除。

〔2〕　依《实施细则》第5条的解释,有以下各类:(1)工业和手工业。(2)建筑业。(3)交通运输业。(4)商业。(5)饮食业。(6)服务业。(7)修理业以及国家法律和政策允许经营的其他行业。关于有计划地持续经营,指必须作为事业来经营。偶尔为之则不构成持续经营。(该规定已删除。)

〔3〕　该规定已删除。

〔4〕　该规定已删除。

〔5〕　现须依《市场主体登记管理条例》设立。

〔6〕　(1)依该条例第2条,有经营能力的城镇待业人员、农村居民以及国家政策允许的其他人员,方有资格申请成为个体工商户。(该规定已删除。)(2)依第7条第2款和细则第3条的解释,申请需经具备特定条件或需经行业主管部门批准的事业,尚须满足各该条件,如申请经营机动车船客货运输业者,需有车船牌照、驾驶技术资格,并须向当地交通管理机关申办营运许可证;申请从事饮食业、食品加工和销售业者,须领得食品卫生监督机关核发的证明;申请从事资源开采、工程设计、建筑修缮、制造和修理简易计量器具、药品销售、烟草销售业者,应领得主管机关的批准文件或者资格证书;申请经营旅店业、刻字业、信托寄卖业、印刷业,须经当地公安机关批准;等等。(该规定已删除。)(3)依第7条第1款和细则第2条,申请人需持户籍证明,向户籍地工商行政管理所申请,并经县级工商行政管理机关核准登记,领取个体工商户营业执照。(该规定已删除。)(4)依第8条,个体工商户设立登记项目为:字号名称、经营者姓名和住所、从业人数、资金数额、组成形式、经营范围、经营方式、经营场所[对应《市场主体登记管理条例实施细则》第6条:"市场主体应当按照类型依法登记下列事项:…… (七)个体工商户:组成形式、经营范围、经营场所,经营者姓名、住所。个体工商户使用名称的,登记事项还应当包括名称。……"]。

(三)个体工商户与个人独资企业的异同

我国立有《个人独资企业法》(已于2000年1月1日实行)。个体工商户与个人独资企业有何异同呢?

1.相同点

均为个人投资,个人经营,均无法人资格。

2.相异点

(1)个体工商户为商个人,个人独资企业则为企业

个体工商户与其经营者为同一主体。而个人独资企业则在投资者之外,尚有企业作为实体。故有其独立于投资人的住所(以其主要办事机构所在地为住所),而个体工商户则无独立的住所。

(2)个体工商户须具有劳动性,个人独资企业则具有资本性

个体工商户以户主的劳动进行经营,不聘人经营,也不雇工;个人独资企业的投资人却可以不经营,而聘任他人经营,亦即作资本家,并且可以雇工,由此可见其资本性。

(3)个人独资企业可以申请土地使用权,须建会计制度,个体工商户则否

个人独资企业享有国家对于企业的待遇,在我国今天,可以申请取得城市国有土地使用权。但也有特别的行政管理,其中包括须适用《会计法》。个体工商户则无此项管理要求。

(四)个体工商户的能力

个体工商户是公民的商事权利能力。个体工商户在核准登记的营业范围内,有商事权利能力和行为能力。

(五)个体工商户的变更、异地经营与终止

1.变更

个体工商户的变更包括以下内容: ①改变字号名称。②改变经营者住所。③改变组成形式。④改变经营范围。⑤改变经营方式。⑥改变经营场所。⑦家庭经营者个体工商户改变其经营者姓名。上述变更,须依法办理变更登记。

2.异地经营

个体工商户在向原登记机关备案、并经异地工商行政管理机关接受、领得该地临时营业执照后,可以在登记地之外的地域经营。

3.终止

个体工商户终止其资格,须申办"歇业"登记,缴销营业执照。自行停业超过6

个月者,由登记机关收缴营业执照(《工商户条例》第11条)。[1]

三、农村承包经营户

(一)农村承包经营户的意义

为满足我国农村土地的公有和使用的效率,自20世纪80年代以来,农村进行了以联产承包经营制为内容的经营方式改革:解散了农村人民公社,确认土地归村一级农民集体组织所有,[2]并将土地分包给社员,肯认其土地使用权。为使社员经营所承包的土地,则相应地肯认其契约当事人资格,以及将产品送到市场的资格。因应此项需要,"农业生产合作社土地及其他大型生产资料承包人"被以"农村承包经营户"的称谓写进了法律文本。《民法通则》第27条规定:"农村集体经营组织成员,在法律允许的范围内,依照承包合同从事商品经营的,为农村承包经营户。"[3]这是法律直接规定的定义。其实,为农村土地承包人专门制造一个法律概念,是不必要的。至于该承包人将其产品送到市场的主体资格,也无须专门的法律概念为标志。

(二)农村承包经营户的要件

1.须为农村合作社社员

所谓农村合作社,指以土地为基本生产资料的合作社。此种合作社,有称为"农业生产合作社"者(《民法通则》第74条第2款[4]),有称为"农村经济社"者,有称"农

---

〔1〕 该规定已删除。

〔2〕 自逻辑言之,我国目前的农村土地应归"农业生产合作社"所有。但由于农民不喜欢由农村合作化运动所产生的合作社——其登峰造极形式为"人民公社"——故《民法通则》第74条第2款笼而统之地称"集体所有的土地依照法律属于村农民集体所有,由村农业生产合作社等农业集体经济组织或者村民委员会经营管理。"[对应《土地管理法》第11条:"农民集体所有的土地依法属于村农民集体所有的,由村集体经济组织或者村民委员会经营、管理;已经分别属于村内两个以上农村集体经济组织的农民集体所有的,由村内各该农村集体经济组织或者村民小组经营、管理;已经属于乡(镇)农民集体所有的,由乡(镇)农村集体经济组织经营、管理。"]该条中的"农民集体所有"一语究应如何解释,系"农民"作为主体集体所有?抑或"农民集体"作为主体所有?依本书所信,后者较合立法的文义,一方面是因为,作为所有人,须有权利能力,农民作为集合概念使用时,在法律上并无权利能力。而农民集体作为组织,则可取得权利能力。另一方面,《民法通则》第27条规定:"农村集体经营组织成员,在法律允许的范围内,依照承包合同从事商品经营的,为农村承包经营户。"(对应《民法典》第55条:"农村集体经济组织的成员,依法取得农村土地承包经营权,从事家庭承包经营的,为农村承包经营户。")上述文字将承包经营的主体定为"农村集体经济组织的成员",自其反向解释,发包人当为"农村集体经济组织"。而该集体组织的形态,则应为合作社,而不可能为其他。合作社作为农村的组织资源不应放弃。

〔3〕 对应《民法典》第55条:"农村集体经济组织的成员,依法取得农村土地承包经营权,从事家庭承包经营的,为农村承包经营户。"

〔4〕 对应《土地管理法》第11条:"农民集体所有的土地依法属于村农民集体所有的,由村集体经济组织或者村民委员会经营、管理;已经分别属于村内两个以上农村集体经济组织的农民集体所有的,由村内各该农村集体经济组织或者村民小组经营、管理;已经属于乡(镇)农民集体所有的,由乡(镇)农村集体经济组织经营、管理。"

工商公司"者。它们原为我国农业合作化运动的产物,在改革后由原来的农村人民公社的生产大队一级组织演化而来。

2.须从事商品经营

在农村实行农户联产承包经营之前,合作社社员并不是农村承包经营户(下文简称农户),因为他们不从事独立的商品经营,而农户则须从事工商营利事业,亦即有让划的持续性经营,因而事实上也有商个人的一面。

3.须以对于社有土地的经营权为基础

农户的经营,以对于社有土地的经营权为基础,其事业性质是大农业性的,或者与农业有关,而不像个体工商户那样,原则上不以土地经营权为基础,而是从事与农业无关的事业。

4.须履行对于合作社的承包契约义务

承包契约,是农户经营的前提,农户须履行契约义务,尤其是缴售约定的粮、棉、油和其他农产品的义务,此点使农户不同于个体工商户,它是合作社的经营层次,而不是单纯的个体企业。

农户的设立,无须经工商行政管理机关核准登记,也无从起字号。此由其作为合作社经营层次的属性所规定。

四、个体工商户、农村承包经营户的责任

(一)《民法通则》的规定

《民法通则》第29条规定:"个体工商户、农村承包经营户的债务,个人经营的,以个人财产承担;家庭经营的,以家庭财产承担。"[1]

(二)"户"或者家庭承担责任的条件

1.户的责任

由家庭成员中特定个人或几人出资,并由出资人经营,而"户"的财产也清楚确定者,即由该"户"独立承担债务的清偿责任。

2.家庭承担责任

两户虽系以家庭成员中的特定一人或几人申请登记,但有下列情形之一者,其债务亦应由家庭共有财产清偿。①实际系用家庭共同财产出资者。②经营收益的主要部分供家庭享用者。③夫妻一方经营,其收益作为夫妻共同财产者。

---

〔1〕 对应《民法典》第56条:"Ⅰ.个体工商户的债务,个人经营的,以个人财产承担;家庭经营的,以家庭财产承担;无法区分的,以家庭财产承担。Ⅱ.农村承包经营户的债务,以从事农村土地承包经营的农户财产承担;事实上由农户部分成员经营的,以该部分成员的财产承担。"

第六章 人身权

第一节 导言

一、人身权的意义

人身权是自然人人格权与身份权的合称。其中,人格权是自然人对其自身主体性要素及其整体性结构的专属性支配权,而身份权则是基于身份而产生的伦理性权利。

人身权属于非财产性权利,不能用经济价值作评价。人身权的作用,在于对自身人格和身份的支配,因而属于支配权。同时,也属绝对权。人身权与其主体不可分离,无从出让,从而又是专属权。

《民法通则》第五章用8个条文专节规定人身权(第四节)[1],在第六章,尚有两条关于侵犯人身权民事责任的规定[2]。考虑到《民法通则》总共只有156个条文,竟用如此之多的条文规定人身权,足见立法者对该权利的重视。[3]

---

〔1〕 对应《民法典》第一编第五章中的第109条"自然人的人身自由、人格尊严受法律保护"、第110条"Ⅰ.自然人享有生命权、身体权、健康权、姓名权、肖像权、名誉权、荣誉权、隐私权、婚姻自主权等权利。Ⅱ.法人、非法人组织享有名称权、名誉权和荣誉权"、第111条"自然人的个人信息受法律保护。任何组织或者个人需要获取他人个人信息的,应当依法取得并确保信息安全,不得非法收集、使用、加工、传输他人个人信息,不得非法买卖、提供或者公开他人个人信息"、第112条"自然人因婚姻家庭关系等产生的人身权利受法律保护"以及第五编第1042条第1款第1句"禁止包办、买卖婚姻和其他干涉婚姻自由的行为"。此外,《民法典》第四编将人格权独立成编。

〔2〕 在《民法典》中有5条,即《民法典》第1179条至第1183条。

〔3〕 应当指出,《民法通则》第五章(现为《民法典》第109条至第112条以及第四编)诸规定,从民法典固有体系的角度看,乃属"分则"的内容。将人身权置于"分则"地位作规定,亦即意味着立法者是将人身权与财产权等量齐观。此一立场,有违民法作为"人法"的根本性制度价值。在"市民法系"各国民法典中,实属我国仅有的特例。兹事体大,本书对此种做法持批判态度。

顺便指出,《民法通则》第五章第三节关于人身权的规定,还涉及法人人身权的内容,具体规定了法人的名称权、名誉权和荣誉权(现为《民法典》第110条第2款)。法人是否具有人身权,在学理上颇有争议。作为商事主体(商人),诚然应当享有"商号权",亦即名称权。然而自其属性看,该权利应属知识产权,而不是类似于自然人姓名权那样的人格权。商事主体的名誉权和荣誉权,则应属知识产权中的"竞争者地位权"(尚有待澄清)。对于商号权和竞争者地位权的侵害,应当通过知识产权法、其中包括反不正当竞争法的方法加以救济。如此方能体现同质救济的原则和效力,救济也才充分有效。至于非商事主体,如《民法通则》规定的国家机关、社会团体和事业单位诸类法人,它们有无名称、名誉和荣誉诸权,亦值讨论。然而在《民法通则》

惟应注意的是，本书认为法人无人身权，故本章的讨论，仅限于自然人的人身权。此点与《民法通则》的规定不同，请读者注意。

二、人身权的体系

人身权是一个总的称谓，它有许多具体形态。这些不同形态的人身权处在不同的分支和位阶上，形成一个逻辑的体系。

首先，人身权依其客体之为人格抑或身份，而分为人格权和身份权。其次，在人格权的支派，又进一步依其客体之为物质性人格要素抑或精神性人格要素，而再支分为物质性人格权和精神性人格权。接下来，在物质性人格权的支派，又依其客体的具体类型属性，如生命、身体、健康、劳动能力等，而细分为生命权、身体权、健康权和劳动能力权。至于精神性人格权分支，由于人的精神生活日见其丰富，因而这一分支成员众多。精神性人格要素分为标记表彰型、自由型和尊严型三个类型，精神性人格权亦相应分为标记表彰型人格权、自由型人格权和尊严型人格权。在标记表彰型人格权，则依照客体究系姓名抑或肖像，再分为姓名权和肖像权。[1]在自由型人格权，也再细分为婚姻自由权等。在尊严型人格权，则再细分为名誉权、荣誉权、隐私权、贞操权、精神纯正权和信用权等。

在身份权这一分支，由于"从身份到契约"的变迁，今天其成员已经寥寥无几，仅包括亲属权、亲权、配偶权和监护权。

为便于鸟瞰，先将人身权体系制图如下：

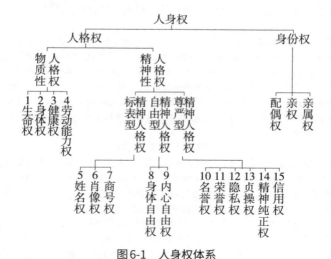

图6-1　人身权体系

短短的156个条文中去规定这些权利，是否可取，是值得研究的。

〔1〕 当自然人从事商事活动，成为个体工商户、个体企业或合伙时，尚享有商号权。

《民法通则》第五章第四节,对于人身权中的生命健康权(第98条[1]),姓名权(第99条第1款[2])、肖像权(第100条[3])、名誉权(第101条[4])、荣誉权(第102条[5])、婚姻自由权(第103条[6],但称"婚姻自主权",不过,该条同时也使用了"婚姻自由"的表述,禁止干涉婚姻自由的行为)作了宣示性规定。此外,在第六章的第119条规定了"侵害公民身体"的民事责任,这是对于"身体权"的保护性规定。《民法通则》对于人身权的上述种种规定,应当说是相当明细的。不少研究者对此给予了极高的评价,认为是《民法通则》的巨大成就。然而,对于人身权采取列举式的规定,这种方式是值得研究的。因为列举无论怎样详细,也仍旧难免有所阙漏。而且随着人们观念的演进,还会有新的人身权被归纳出来。而法律的规定则永远有滞后的遗憾。因此,那些未被规定的人身权,法律究竟是否肯认、是否提供保护呢? 这就留下了漏洞。由此看来,还是采用原则性规定的模式较为合理。如果规定——公民的人身权不可侵犯,非依法律规定并依正当司法程序不可剥夺;并且进一步规定,凡事关人格和身份的合理利益而法无明文限制者,均属公民的人身权利——就足够了。[7]

---

〔1〕 对应《民法典》第110条第1款"自然人享有生命权、身体权、健康权、姓名权、肖像权、名誉权、荣誉权、隐私权、婚姻自主权等权利"、第1002条"自然人享有生命权。自然人的生命安全和生命尊严受法律保护。任何组织或者个人不得侵害他人的生命权"以及第1004条"自然人享有健康权。自然人的身心健康受法律保护。任何组织或者个人不得侵害他人的健康权"。

〔2〕 对应《民法典》第110条第1款"自然人享有生命权、身体权、健康权、姓名权、肖像权、名誉权、荣誉权、隐私权、婚姻自主权等权利"、第1012条"自然人享有姓名权,有权依法决定、使用、变更或者许可他人使用自己的姓名,但是不得违背公序良俗"以及第1014条"任何组织或者个人不得以干涉、盗用、假冒等方式侵害他人的姓名权或者名称权"。

〔3〕 对应《民法典》第110条第1款"自然人享有生命权、身体权、健康权、姓名权、肖像权、名誉权、荣誉权、隐私权、婚姻自主权等权利"、第1018条"Ⅰ.自然人享有肖像权,有权依法制作、使用、公开或者许可他人使用自己的肖像。Ⅱ.肖像是通过影像、雕塑、绘画等方式在一定载体上所反映的特定自然人可以被识别的外部形象"以及第1019条"Ⅰ.任何组织或者个人不得以丑化、污损,或者利用信息技术手段伪造等方式侵害他人的肖像权。未经肖像权人同意,不得制作、使用、公开肖像权人的肖像,但是法律另有规定的除外。Ⅱ.未经肖像权人同意,肖像作品权利人不得以发表、复制、发行、出租、展览等方式使用或者公开肖像权人的肖像"。相较于《民法通则》第100条,《民法典》第1019条第2款未强调"营利目的"。

〔4〕 对应《民法典》第110条第1款"自然人享有生命权、身体权、健康权、姓名权、肖像权、名誉权、荣誉权、隐私权、婚姻自主权等权利"与第1024条"Ⅰ.民事主体享有名誉权。任何组织或者个人不得以侮辱、诽谤等方式侵害他人的名誉权。Ⅱ.名誉是对民事主体的品德、声望、才能、信用等的社会评价"。

〔5〕 对应《民法典》第110条第1款"自然人享有生命权、身体权、健康权、姓名权、肖像权、名誉权、荣誉权、隐私权、婚姻自主权等权利"与第1031条"Ⅰ.民事主体享有荣誉权。任何组织或者个人不得非法剥夺他人的荣誉称号,不得诋毁、贬损他人的荣誉。Ⅱ.获得的荣誉称号应当记载而没有记载的,民事主体可以请求记载;获得的荣誉称号记载错误的,民事主体可以请求更正"。

〔6〕 对应《民法典》第110条第1款"自然人享有生命权、身体权、健康权、姓名权、肖像权、名誉权、荣誉权、隐私权、婚姻自主权等权利"与第1042条第1款第1句"禁止包办、买卖婚姻和其他方式干涉婚姻自由的行为"。

〔7〕 更为严重的是,指导作出列举模式这一选择的法律理念认为,人身权究竟有多少类型,每一类型的内容如何,均赖立法作出规定。这与人身权法定主义无异。民法从来没有什么人身权法定主义,这是反民法的理念。民法的逻辑应当与此相反,即法无限制者均属人民的权利。这才是民法的理念,宪制的理念。

三、人格与权利能力

(一)事实人格与法律人格

人格,指人之所以作为人的事实资格。在第一章,我们曾经解说为人的主体性要素的整体性结构。在法律语言中,人们也使用"法律人格"这一术语。法律人格与权利能力等值,而人格却是说明事实层面上资格的概念,与法律人格并不等值。

(二)人格——人格权的客体

人格权能否作为法律概念,学说中不无争议。有人从形式逻辑的角度,否定人格权概念。其代表观点是:

1.人格权否定说 I ——客体即主体说

该说略谓:人格权的客体是人格,而人格权的主体也是人格,岂非自相矛盾?上述推理中,"人格权的主体是人格"这一命题并不真实。因为作为人格权主体的是人而不是人格,人格只是人之所以作为人的主体性要素的整体性结构,而不是人本身。要素及其整体结构只是人作为人的事实根据,人格与人不是同一概念。

2.人格权否定说 II ——客体即内容说

该说的主要观点是:人格权的客体是人格利益,而权利的内容也是人格利益。岂不自相矛盾?本书以为,人格权的客体是人格或者人格要素,而非人格利益。就具体人格权而言,其客体是相应的人格要素,如身体权的客体是身体,姓名权的客体是姓名,肖像权的客体是肖像,余类推。然而,这一理解,也并非畅通无阻。例如,隐私权、自由权的客体究竟是怎样的人格要素,似乎无法回答。相形之下,倒是利益说有其所长。本书以为,隐私权的客体是自然人的某种情感要素(情感人格要素、审美要素),自由权的客体是自然人的某种意志要素(意志人格要素、自由要素),这些要素,都是完整人格结构中不可或缺的。然而必须承认,我们对于这些要素的认识尚不充分,尚有待于面向生活归纳和澄清。不过,这决不意味着我们采信人格权的客体是人格利益的观点。因为该观点难以自圆:试想,利益本属身外之物,如何能够成为人格权这种与主体不可分离的权利的客体呢?

四、人格权与人权

(一)关于人权

人权是西方政治学的概念,用来指自然人固有的基本权利。这些权利是人类发展其个性、尊严与精神价值的保障,因而不可抛弃,制定法也不得褫夺。人权这个术语,在马克思和恩格斯的著作中并非没有使用过,但是,马克思主义者坚决批评人权的天赋性质和神秘色彩,认为它同一切其他权利一样,只是历史发展的产物,而由制定法所赋予。

鉴于第二次世界大战对于人类生活的严重破坏,国际社会十分关注人权问题。《联合国宪章》在其序言中庄严宣示:"重申基本人权、人格尊严与价值、男女平等以及国与国不分大小一律平等的信念。"在其正文中,则把"增进和激励对于全体人类之人权及基本自由之尊重"作为联合国的宗旨之一。1948年,联合国大会通过了《世界人权宣言》。此后,又制定了一系列关于人权的文件。[1]联合国保护人权和促进人权发展的不懈努力,具有积极意义。

我国法学曾经长时间拒绝人权这个概念,但随着社会的进步,不仅我国政府越来越重视对基本人权的保护,人权也成为法学研究的一个新的领域,成为学者们的严肃话题。

(二)人格权与人权

从逻辑上看,人格权与人权这两个概念具有密切联系,人格权属于人身权,人身权又属于民事权利,而民事权利则属于人权,因此,人格权是人权内容的部分。

第二节　物质性人格权

物质性人格权,是自然人对于物质性人格要素的不可转让的支配权。所谓物质性人格要素,包括生命、身体、健康和劳动能力。物质人格权则包括生命权、身体权、健康权和劳动能力权。

一、生命权

(一)意义

生命权是自然人以其性命维持和安全利益为内容的人格权。[2]

---

〔1〕 联合国关于人权问题的公约,最重要的有1976年的《经济、社会及文化权利国际公约》和同年的《公民及政治权利国际公约》。此外,欧洲委员会也于1953年通过了《欧洲人权公约》。

〔2〕《民法通则》第98条规定:"公民享有生命健康权。"(对应《民法典》第110条第1款"自然人享有生命权、身体权、健康权、姓名权、肖像权、名誉权、荣誉权、隐私权、婚姻自主权等权利"、第1002条"自然人享有生命权。自然人的生命安全和生命尊严受法律保护。任何组织或者个人不得侵害他人的生命权"以及第1004条"自然人享有健康权。自然人的身心健康受法律保护。任何组织或者个人不得侵害他人的健康权"。可见,《民法典》已将"生命健康权"的名称拆解为"生命权"与"健康权")此项条文规定了生命权。然而该条所规定的究竟是生命权与健康权,抑或一项被称为"生命健康权"的人格权? 不无疑问。关于此点,立法与司法均无解释,而学说多主张上述第二说。本书认为,生命与健康尽管联系密切,然而毕竟是两件事,

生命权的客体是生命，生命是自然人物质人格的集中体现。生命终止了，自然人的一切其他人格要素，也就全部同归于尽。有鉴于此，民法以充分保护生命权为其重要目的。由此决定，只要心跳、呼吸未停止，脑电波未消失，人的生命就还存在。只有当心跳、呼吸与脑电波都不可逆转地停止时，生命才告终结。而暂时的心跳停止或者呼吸停止，并不构成死亡。因此，只要心脏、肺脏和脑三器官之一种尚在运动，却以人力加以遏阻，即构成杀人的犯罪行为。

（二）侵害与救济

对于对生命权的侵害，亦即杀人的判断并不困难，但救济却相当困难。在杀人既遂的场合，任何救济均为时已晚。至于损害赔偿，则涉及许多法律伦理问题和逻辑问题，[1]以及赔偿数额类型化和定量化问题，[2]而有待学说探讨和判例归纳。

二、身体权

（一）意义

身体权是自然人对其肢体、器官等的支配权。[3]

身体作为一个整体，不可转让。但是现代法律伦理，允许血液、皮肤甚至个别器官的转让，以服务于救死扶伤的医学目的。

身体权与健康权密切相联，然而这两项权利的内容却非同一。身体权所保护的客体是肢体、器官和其他组织的完满状态；而健康权的保护客体则是各个器官乃至整个身体的功能健全。在具体案型上，此一区别可以看得很清楚。例如，使用谩骂、诋毁或者其他心理手段，致他人心理疾患者，所侵害的是健康权而不是身体权。相反，殴打致人肌肉或软组织损害，经治疗而痊愈，并无后遗症者，所侵害的则是身体权，而不是健康权。

（二）侵害与救济

侵害身体权的最常见案型是殴打，以及机器、机动车、动物、建筑物等导致的物理伤害。而救济手段则是正当防卫、紧急避险，以及停止侵害、排除妨害、回复原状

不容混为一谈。认为"生命健康权"为一项《民法通则》创立的新型人格权，在常识上难以自圆。

〔1〕 损害赔偿所涉及的问题主要有：(1)受害人本身有无赔偿请求权？如果有，那么，该权是否属于继承标的？ (2)在受害人被杀且立即死亡的场合，被害人所受的痛苦能否诉求金钱慰抚？ (3)在受害人瞬息死亡的场合，被害人是否受有痛苦？ (4)被害人死亡，其近亲属是否受有精神损害、可否诉求金钱慰抚？

〔2〕 赔偿数额类型化和定量化问题，本书将在"侵权行为之债"一章中讨论。

〔3〕《民法通则》第119条规定："侵害公民身体造成伤害的，应当赔偿医疗费、因误工减少的收入、残废者生活补助费等费用。"(对应《民法典》第1179条："侵害他人造成人身损害的，应当赔偿医疗费、护理费、交通费、营养费、住院伙食补助费等为治疗和康复支出的合理费用，以及因误工减少的收入。造成残疾的，还应当赔偿辅助器具费和残疾赔偿金；造成死亡的，还应当赔偿丧葬费和死亡赔偿金。")

和损害赔偿请求权。

关于侵害他人身体权所致受害人的痛苦感，是否属于应予负责的范围，我国目前的判例、学说均持谨慎的态度。

三、健康权

(一)意义

健康权是自然人以其器官乃至整体的功能利益为内容的人格权。[1]

健康权所保护的健康，不是指无疾病状态，而仅指器官、系统的整体安全运行，以及功能的正常发挥。健康不限于器质健康，而且包括功能健康；不限于生理健康，亦包括心理健康。在当代，心理健康的价值受到日益广泛的肯定与认可。

(二)侵害与救济

对于健康权的侵害，往往是侵害身体权伴生的结果。然而也存在单纯侵害健康权的现象。例如，有害物质对于生理健康的侵害，以及有害信号对于心理健康的侵害等。对于健康权的救济，与身体权相同，故不赘述。

四、劳动能力权

(一)意义

劳动能力权是自然人以其脑体功能利益为内容的物质人格权。[2]

劳动能力权与健康权紧密相连，原属健康权的重要方面，不过因其在实务上的重要性而独立化了。

(二)侵害与救济

侵害劳动能力权往往伴生于侵害身体权或者侵害健康权，其救济手段也与二者相同。

---

〔1〕《民法通则》第98条所称"身体健康权"(《民法典》第110条第1款与第1004条均称为"健康权")，如上文所述，系身体权与健康权之合称。易言之，该条即包括了关于健康权的规定。

〔2〕关于劳动能力权，《民法通则》无规定，而见于《民通意见》第146条、第147条两条［对应《最高人民法院关于审理人身损害赔偿案件适用法律若干问题的解释》(以下简称《人身损害赔偿解释》)］第12条、第17条)。其中第146条有"侵害他人身体致使其丧失全部或者部分劳动能力"(对应《人身损害赔偿司法解释》第12条第1款"残疾赔偿金根据受害人丧失劳动能力程度或者伤残等级……")的明文，而第147条也称"侵害他人身体致人死亡或者丧失劳动能力。"(对应《人身损害赔偿解释》第17条第1款"被扶养人生活费根据扶养人丧失劳动能力程度……")然而应当看到，在侵害身体权导致死亡的场合，所侵害的不只是身体权，应尚有生命权。同理，在侵害身体导致劳动能力损害或者丧失的场合，侵害的标的除身体权外，亦尚有劳动能力权。

第三节　精神性人格权

一、序说

（一）人与心理

自然人不仅是肉体的存在，而且是心理的存在。享有健全丰富的精神生活，此乃人的基本需要、基本利益和基本权利。所谓精神生活，亦即心理活动、心理生活。现代医学和心理学研究表明，心理健全比肉体健全更重要。因此，保护人的正当心理利益，不使心理遭受非法侵扰，不使人无端地遭受心理痛苦，遂成为民法的基本任务之一。保护之道端在肯认人的心理利益权，并且使之明细化和定型化。同时，尚应建立对被害人心理同质救济的制度，疗治其心理创伤，去除其心理痛苦，使之回复完满状态。于是，精神人格权制度应运而生。民法设立的具体精神人格权，无非是人的正当心理利益在法律上的定型化而已。惟应注意的是，这些类型仅具宣示功能，而非法定和限制。此外尚应指出，心理乃自然人所固有，法人谈不上什么心理，尤其不知情感为何物，法人既无美感和幸福感，也无丑感和痛苦感，因而不可能存在心理利益，不可能具有精神人格权，法人不可能遭受心理损害，因而无须精神人格权加以保护。

（二）精神人格权的意义

自然人的精神人格权是自然人对其精神性（心理性）人格要素的不可转让的支配权的总称。

（三）精神人格权的体系

精神人格权，依其客体的性质，划分为三个类型：①标表型；②自由型；③尊严型。每个类型，尚可划分为若干下位类型，已详述于本章第一节。惟应说明者是，精神人格权的体系是开放性的，立法和司法应当追随社会观念的变迁，不断归纳足以定型化的心理利益，而提升为新的精神人格权类型，庶几使精神人格权的体系与时俱进，越来越丰富，而不凝僵闭锁。

二、标表型人格权

(一)引言

自然人参与民事生活,首先需要借助社会符号达到彼此识别,而不至于混淆莫分。此即呼唤特定化自身以区别于同类的制度,亦即标记和表彰当事人的方式。此种标记和表彰方式更演进为权利能力的外在形式。这种外在形式,最原初、最方便和最普遍的是姓名。到了近代,随着摄影术的实用化,又有了摄影肖像,这是仅次于姓名的普遍化标表形式。我国实行居民身份证制度以来,摄影肖像与姓名同为年满16岁公民必备的标表方式。至于美术肖像,则主要使用于比较"高雅的"场合,其普遍性远逊于姓名与摄影肖像。此外,当自然人作为商事主体时,其权利能力则用专业化的方式表示,这就是商号。不过商号权在性质上属于知识产权,而不属人格权。此点尤应注意。人格标表权的内容共有两项:①设定与变更权。系指为了标表而选定合适方式的决定权与实施权——如取名、制作肖像以及变更它们的权利。为简化起见,此项权利,本书称之为设定权。②专用权。系指对所定的标表符号的专属性使用权。当事人行使设定权的结果,产生了姓名和肖像。我们把它们统称为"标表符号"。这些标表符号从其被设定之时起,便独立存在,并不等同于被标表的自然人。这是标表型人格权所独具的特点。正是从这个特征,引出了标表人格权与肖像和商号的知识产权交集的复杂情况。

(二)姓名权

1.意义

姓名权是自然人对于姓名设定、变更和专用的人格权。[1]

所谓姓名,是姓与名的合称,其中姓(或称姓氏)[2]是表示家族系统的,而名(或称名字)则是标表当事人本身的语文符号。姓名的核心在于名,设定姓名也主要是"取名",盖缘于姓原则上无须选取也。

2.内容

(1)设定权

指选定语文符号以作名字的权利。设定姓名不以设定一个为限,从而有真名和假名、登记姓名和非登记姓名之分。由于姓名是户籍登记项目,因而每个人只能有

---

〔1〕《民法通则》第99条规定:"公民享有姓名权,有权决定、使用和依照规定改变自己的姓名,禁止他人干涉、盗用、假冒。"(对应《民法典》第110条第1款"自然人享有生命权、身体权、健康权、姓名权、肖像权、名誉权、荣誉权、隐私权、婚姻自主权等权利"、第1012条"自然人享有姓名权,有权依法决定、使用、变更或者许可他人使用自己的姓名,但是不得违背公序良俗"以及第1014条"任何组织或者个人不得以干涉、盗用、假冒等方式侵害他人的姓名权或者名称权")。

〔2〕我国先民"姓"与"氏"不是同一概念,那时男子的家族系统称"氏",女子则称"姓"。秦汉以后,姓氏的区别归于消亡。

一个正式姓名,即登记在上述文件上的姓名。

如上所述,设定权中即含有变更权,即对原有姓名进行调整、废止或者另行创设的决定权和实施权。变更姓名,虽然仅依单方意思表示即可产生法律效力,但其表示,则需公示,登记姓名的变更,非依变更登记程序不生效力。

（2）专用权

即使用所设定的姓名标记表彰自己资格的专属性权利。

侵害姓名权,其样态有：①假冒,指擅自冒充他人实施行为。例如,冒充他人订立合同,实施其他违法或不当行为。②不正当使用。例如,恶意使用他人姓名为动物或者器物(如车、船)命名,为文学艺术作品中的反面人物命名,或者改动他人姓名中的文字,以行奚落,即其适例。③干涉姓名权行使。例如,不许他人取名或者使用姓名。④应标表而不标表。例如,使用他人作品时,未予以标表作者姓名,或者标表有误,也属侵权。对于侵害姓名权行为,视其必要,受害人得自力加以制止,或者请求加害人回复原状、消除影响、赔礼道歉以及赔偿损失。赔偿请求权,不以受有财产损害为要件。

（三）肖像权

1.意义

肖像权是自然人对于肖像的制作权和标表使用权。

肖像是采用摄影术或者造型艺术手段反映自然人包括五官在内的形象的作品。[1]

---

[1] 关于肖像的法律要件,本书以为应包括以下诸项：

1.须属艺术作品

肖像不是被描绘的自然人本身,而是对其描绘所产生的作品。易言之,肖像是与被描绘者相独立的"物"。

2.须属造型艺术作品

此项要件意味着,采用语言、文字或者其他非造型手段描述自然人形象的作品,无从构成肖像。至于造型艺术作品,宜作扩张理解,既包括绘画、雕塑、雕刻等一切造型作品,也包括电影和电视录像作品在内。

3.须以自然人的形象为主题

不以自然人的形象为主题的作品,如以风景为题,即使涉及人物描绘,也不属肖像。

4.须描绘包括五官的形象

完全不涉及五官的人体形象作品,如背面、蒙面或者颈以下局部人体作品,均不属肖像。

5.须一般人足以辨认被描绘者究为何人

肖像的功能在于标记和表彰人格。因此,对被描绘的人究竟是谁不能辨认的,尚不足以构成肖像。

6.戏剧角色造型照须不侵害导演者和美工师的角色造型权

戏剧尤其影视角色的扮演者,其角色造型不属于他(她)的固有形象,而是导演者和美工师创作的艺术形象。后者有属于著作权的角色造型权。但是,在不侵害后者角色造型权的前提下,仍不妨构成肖像。

7.非摄影性肖像,须经被造像人认可

当本人为无意思能力人时,则由其法定代理人代为认可。肖像可用于自然人形象的标记和表彰。如果被造像人认为某件非摄影性人像作品与他人无关,那么当然无从发生对该人肖像权、隐私权和名誉权的侵犯,因此在法律上不构成肖像。但该造像不妨成为艺术作品。

2.内容

(1)制作权

即制作肖像的决定权和实施权。肖像人可以自行制作肖像,如自拍、自绘等;也可以委托他人制作,如委托照相馆、画室制作。如有人主动为肖像人拍照或造像,则须从肖像人取得肖像制作权。但是,此项权利,应当受到一些限制。[1]

(2)专用权

指使用肖像来标记和表彰自己的权利。

侵害肖像权的样态主要有:①擅自为他人制作肖像。②擅自公开发表他人肖像。③擅自使用他人肖像。此项使用,不以营利性为限。《民法通则》第100条关于"不得以营利为目的使用公开的肖像"的规定[2],属于法律概念外延过窄的失误,因而宜于作扩大理解。[3]上述②③两种样态,在委托他人或者同意他人制作肖像的场合最易发生。此项侵权,同时涉及对肖像人隐私权和名誉权的侵害。

对于侵犯肖像权行为,得自力制止。例如,请求交出所拍胶卷,除去公开陈列肖像等。也得通过停止侵害、排除妨碍、消除影响、赔偿损失等项请求权实施。赔偿损失请求权,不以财产损害为要件(《民法通则》第120条第1款)。[4]

隐私权是事关个人生活信息是否公开的权利。肖像权与隐私权在两个领域存在交集关系:第一是在肖像制作同意权,第二是在肖像公开使用权。就裸体肖像而言,不问全裸还是半裸,上述两项权利,则主要归于隐私权范畴。

在委托他人制作肖像的场合,如无相反约定,该肖像的著作权(主要是其中的人身权)归属于著作人。于是,后者享有的对于肖像作品的发表权和使用方式决定权便与肖像人享有的肖像权和隐私权相冲突。此一冲突如何化解,自民法体系因素而言:①在一般场合,肖像人的肖像权、隐私权和名誉权,比著作人发表权和使用方式决定权更富有价值,从而前者优位于后者。易言之,著作人在行使肖像作品发表权和使用方式决定权时,须尊重肖像人的隐私权、名誉权和肖像权,非经肖像人同意,不得将制作的肖像公开陈列,或者制版发表、放映和播放等。②当肖像作品用于纯

---

〔1〕 主要包括:

(1)政治家、影视和体育明星以及其他公共人士,在公开露面时,不得反对他人拍照。

(2)参加游行、示威和公开演讲的人,因其活动目的具有公共性,而不得反对他人对上述活动的拍照。

(3)有特殊新闻价值的人,不得反对记者的善意拍照。如特别幸运者或者特别不幸者、重大事件的当事人或者在场人等,均属于这种情况。

(4)嫌疑犯不得反对司法人员为司法证据目的的拍照。

〔2〕 对应《民法典》第1019条第2款:"未经肖像权人同意,肖像作品权利人不得以发表、复制、发行、出租、展览等方式使用或者公开肖像权人的肖像"。该款已删除"营利目的"之限制。

〔3〕 1988年3月,最高人民法院召开的华北五省(市、区)审理侵害著作权、名誉权、肖像权、姓名权案件工作座谈会认为:擅自使用他人肖像,不论是否营利,均可认定为侵害了他人肖像权。不能认为侵害肖像权必须以营利为目的。引自唐德华为1989年《中国法律年鉴》所写文章:"华北五省审理侵害著作权、名誉权、肖像权案件工作座谈会",载《1989年中国法律年鉴》,第940页。

〔4〕 该规定已删除。适用第七编"侵权责任"的规定即可。

艺术场合时,不在此限。③依照美术或者摄影模特儿合同制作的肖像,如无相反约定,制定人当然取得为了艺术目的的陈列权。

三、自由型人格权

(一)引言

全部精神性人格权,其价值集中于一点,即对尊严的肯认,而尊严系于自由。自由包括身体自由和内心自由。此即自由型精神人格权。关于一般自由权,《中华人民共和国宪法》第37条规定:"中华人民共和国公民的人身自由不受侵犯。任何公民,非经人民检察院批准或者人民法院决定,并由公安机关执行,不受逮捕。禁止非法拘禁和以其他方法非法剥夺或者限制公民的人身自由,禁止非法搜查公民的身体。"为了贯彻上述宪法原则,我国《刑法》分则第四章,规定了非法拘禁、非法管制、非法搜身、刑讯逼供、强奸、强迫卖淫、拐卖人口等一系列侵犯人身自由的犯罪类型。上述规范表明,人身自由权在我国法律体系中,得到明确肯认和保障。

(二)身体自由权

身体自由权是以身体的自由活动不受非法干预为内容的人格权。

上述《刑法》规定的各种罪型,亦即侵害身体自由权行为的基本类型。当身体自由受到不法侵害时,可以进行正当防卫和紧急避险,同时可行使停止侵害、排除妨碍、消除危险和赔偿损失等项请求权。应当注意的是,损害赔偿请求权,不以财产损害的存在为要件。

(三)内心自由权

内心自由权是以意思决定的独立和不受非法干预为内容的人格权。

对于身体自由的侵害,同时也构成对内心自由的侵害。此外,诈欺、不法强制他人接受思想观点、接受或者变更生活方式以及宗教信仰,也属对内心自由权的侵害。当内心自由权受到不法侵害时,其救济方式与身体自由权的救济方式相同。

四、尊严型人格权

(一)引言

名誉、荣誉、隐私、贞操、精神纯正和信用这六种人格权,均与自然人的尊严密切相关。本书统而称之为尊严型精神人格权。

(二)名誉权

1.名誉及其意义

名誉是特定人所受到的有关其品行、才具、功绩、职业、资历和身份等方面评价的总和。

2.名誉的要件

(1)须属对于特定人精神价值方面的评价

精神价值无关的评价,不属于名誉的范畴。至于评价内容的真实与否,在非所问。

(2)须评价由社会一般人作出

如由专门组织作出并授予,则属于荣誉。此外,评价不应是秘密的,秘而不宣的私下评价,与名誉无关。

(3)须被评价人生存

对于死亡人的评价,不能再构成该人的名誉。盖棺论定,已属于对历史人物的评价问题。[1]

3.名誉权

名誉权是以名誉的维护和安全为内容的人格权。[2]

4.侵害名誉权的主要样态

(1)以言论(包括漫画)直接贬损他人名誉

但是应受舆论监督的公务员和公共人物,如政治家、影视体育明星和其他著名人士受到的批评,倘若不属恶意不实之词,即可以阻却其违法性。

(2)以不正当的检举揭发或者起诉而贬损他人名誉

(3)因对集体的评价而使其成员名誉受损

---

〔1〕　侮辱诽谤死亡人,是否构成对该人名誉的损害? 其遗属或者其后嗣有无损害赔偿请求权? 关于此一问题,国外判例学说立场不尽一致。我国最高人民法院(1988年)民他字第52号函有云:"吉文贞(艺名荷花女)死亡后,其名誉权应依法保护。其母陈秀琴亦有权向人民法院提起诉讼。"对于该函使用的"名誉权"字样,本书认为宜理解为"遗留精神形象权"。对于此一形象,死亡人的遗属或后嗣自然有其名誉利益或者身份利益。此利益应受法律保护。如受侵犯,即产生救济权。相反,如理解为死亡人继续享有名誉权,在逻辑上似难顺:"皮之不存,毛将焉附? 人之既死,名誉其将焉附?

值得注意的是,最高人民法院于1993年8月7日发布《关于审理名誉权案件若干问题的解答》,其第5号答写道:"死者的名誉受到损害的,其近亲属有权向人民法院起诉。"(对应《民法典》第994条:"死者的姓名、肖像、名誉、荣誉、隐私、遗体等受到侵害的,其配偶、子女、父母有权依法请求行为人承担民事责任;死者没有配偶、子女且父母已经死亡的,其他近亲属有权依法请求行为人承担民事责任。")此处文字比较微妙,使用了"死者名誉",而未使用"死者名誉权"。学说认为是对上述(1988年)民他字第52号函关于死者名誉权的提法的修正。

〔2〕　《民法通则》第101条规定:"公民、法人享有名誉权,公民的人格尊严受法律保护。禁止用侮辱诽谤等方式损害公民、法人的名誉。"(对应《民法典》第1024条第1款:"民事主体享有名誉权。任何组织或者个人不得以侮辱、诽谤等方式侵害他人的名誉权。")

5.对名誉权受侵害的救济

当名誉权受侵害时，可经由自力救济制止侵害行为，或者通过禁止侵害、排除妨碍、恢复名誉、赔礼道歉和赔偿损害项请求权的实施得以救济。此项赔偿损失请求权，不以财产损害的存在为要件。

（三）荣誉权

1.荣誉及其意义

荣誉是特定人从特定组织获得的专门性和定性化的积极评价。

2.荣誉与名誉的不同点

(1)评价来源的组织性

作出荣誉评价的，必须是社会组织，而不能是个人或公共舆论。

(2)评价内容的积极性

构成荣誉的评价必须是积极的、褒扬性的，而不能是消极的、批评性的。而在名誉，则无此种限制。

(3)评价的专门性和定型性

构成荣誉的评价，不能只是随便称赞表扬，而须具有专门性，其形式则须定型化。关于定型化，虽然不意味着非有专门称号不可，但至少须有一定文字格式，并经一定程序颁布。

(4)评价的可撤销、可剥夺性

荣誉授予之后，可以通过合法程序予以撤销或者剥夺，而名誉则无从撤销和剥夺。

3.荣誉权

荣誉权是对荣誉的不可让与性支配并享受其利益的人格权。[1]

4.侵害荣誉权的样态

侵害荣誉权的主要样态有：

(1)不法否定荣誉

(2)不法侵夺、毁损荣誉证书、证物

5.对侵害荣誉权的救济

关于救济，与名誉权相同；其赔偿损失请求权，也不以存在财产损失为要件。

---

〔1〕《民法通则》第102条规定："公民法人享有荣誉权，禁止非法剥夺公民法人的荣誉称号。"（对应《民法典》第1031条第1款："民事主体享有荣誉权。任何组织或者个人不得非法剥夺他人的荣誉称号，不得诋毁、贬损他人的荣誉。"）

(四)隐私权

1.隐私及其意义

隐私即私人生活中不欲人知的信息。因而也称生活秘密。[1]

2.隐私权

(1)意义

隐私权是自然人对其隐私的控制权,亦即私人生活不公开权。

(2)隐私权的规范基础

关于隐私权,《民法通则》关于人身权的列举规定和第六章第三节关于侵权民事责任的规定,均未涉及。[2]在基本法律中规定隐私权,最早见于《民事诉讼法》(试行)第103条第1款[3],该款规定涉及"个人隐私"的案件,不公开审理。[4]比该法更早的《刑事诉讼法》确认同样的原则,不过,其第111条第1款使用了"阴私"的表述。在民事规范性文件中首先使用"隐私"一语者,为《民通意见》第140条[5],该条有"以书面、口头等形式宣扬他人隐私"的字样。然而从《刑法》第144条、第149条[6]的一系列规定看,隐私权是人格权体系中的重要权利之一。

(3)隐私权的制度价值

隐私权的真谛是确信私生活自由与安宁,是保护个人生活免受好事之徒的窥探与干扰。就其反面言,是崇尚宽容。

3.隐私权的内容

隐私权的内容,包括以下方面:

---

〔1〕 关于隐私的要件,本书以为应包含以下两项:

1.须属个人生活中的事实;

2.须该事实不欲外人知悉。

所谓不欲外人知悉,只要当事人有此意愿即可,并非意味着该事实必为丑事。例如,私人信件,其内容完全可能是真善美的,但只要当事人不欲人知,即属隐私。此外,该事实是否已被他人知悉,也非所问。例如,某人是美术教学的裸体模特儿,即使该职业为师生共知,但若其人不欲其他人知晓,仍可成为隐私。

〔2〕《民法典》第110条关于具体人格权的宣示中已列有"隐私权",且《民法典》第四编第五章是关于"隐私权和个人信息保护"的规定。

〔3〕 现为《民事诉讼法》(2023年修正)第137条第1款。

〔4〕《民事诉讼法》(试行)(1981年)第103条第1款、《民事诉讼法》(1991年)第120条[现为《民事诉讼法》(2023年修正)第137条第1款]所称的"隐私",通说以为系指与性有关的情事。与《刑事诉讼法》第111条第1款[对应《刑事诉讼法》(2018年修正)第188条第1款:"人民法院审判第一审案件应当公开进行。但是有关国家秘密或者个人隐私的案件,不公开审理;涉及商业秘密的案件,当事人申请不公开审理的,可以不公开审理。"]所称的"阴私"同其意义。本书以为,此种含义的"隐私",与一般隐私的概念尚有较大区别。肯认与性有关的隐私,是坚持性神秘的中国传统文化的重要组成部分。因此,就价值体系而言,《民事诉讼法》上述文字尚不足以成为关于一般隐私权的首例法律规定。

〔5〕 该规定已删除。

〔6〕《刑法》第144条[现为《刑法》(2023年修正)第245条]规定了非法搜身、非法搜查住宅和非法侵入住宅罪,第149条[现为《刑法》(2023年修正)第252条]规定了非法开拆信件罪。

（1）对隐私的保密权

即对隐私事实加以控制、隐而不宣的权利。

（2）对隐私的公开权

即对隐私事实予以公开的决定权和实施权。例如，公开肖像，发表作品，向配偶公开身体，模特儿向画家、摄影师公开身体以供描绘、拍摄等均属此种情况。不过此项公开权，必须受到法律、公共秩序和善良风俗的制约。

4.侵害隐私权样态

侵害隐私权的样态有：

（1）窥探、录制他人私生活事实

（2）擅自公开他人的隐私事实

如公开受隐私权保护的照片、录像、录音、文字、档案资料以及有关嗜好、健康状况资料等。

（3）捏造事实，使第三人对当事人的私生活产生误解

（4）不法搜身，包括不法的同性搜身

下列事由，自事理而言，可阻却侵害行为的违法性：

（1）受害人同意

例如，同意作模特儿、同意公开档案资料。

（2）查知和公开政治家及其他公共人物的隐秘

政治家和其他公共人物的隐私权，也应受有限制。

（3）造型艺术作品如果艺术性很高，可降低违法性

（五）贞操权

1.贞操及其意义

贞操是不为婚外性交的操行。应当说明的是，贞操是对男女双方的共同要求。那种只要求女性守贞操，而对男子不贞却给予宽容的观念，是落伍而不足取的。

2.贞操权

贞操权是贞操不受玷污的人格权，亦即不许他人与自己实施婚外性交的权利。[1]

3.贞操权的保护

贞操权不但受到民法的保护，同时我国刑法向来确认强奸为重大犯罪。

----

[1] 关于贞操权，下列问题殊值研究：

1.侵害有配偶者的贞操权，是否对其配偶的名誉权构成侵害？如果构成侵害，后者有无损害赔偿请求权？

2.侵害未成年人（尤其是幼女少女）的贞操权，是否对其父母或其他近亲属构成损害？后者有无损害赔偿请求权？

3.配偶对配偶以暴力发生性行为，是否侵犯贞操权？

侵害贞操权的主要样态是强奸和性骚扰。其民事救济手段与自由权的救济相同。

(六)精神纯正权

精神纯正权是未成年人善良操行和作风的养成权。易言之,是在操行作风养成中不受不当教唆的人格权。精神纯正权事关未成年人人格健康发育,兹事体大,不可不重视。我国立有《未成年人保护法》(1991年9月),庄严规定:国家、社会、学校和家庭对未成年人进行理想教育、道德教育、文化教育、纪律和法制教育,反对腐朽思想的侵蚀。要求"父母或其他监护人应当以健康的思想、品行和适当的方法教育未成年人,引导未成年人进行有益身心健康的活动,预防和制止未成年人吸烟、酗酒、流浪以及聚赌、吸毒、卖淫"。(第10条)[1] "严禁任何组织和个人向未成年人出售、出租或者以其他方式传播淫秽、暴力、凶杀、恐怖等毒害未成年人的图书、报刊、音像制品。"(第25条)[2]

(七)信用权

1.信用及其意义

信用指一般人对于当事人自我经济评价的信赖性。信用又被称为"信誉"。关于"信用",在日常用语中的基本含义是"因践履诺言而获得的可信度"。但作为信用权的客体,却不是此种含义,而应如我们给出的界定。

2.信用权

信用权是直接支配自己的信誉并享受其利益的人格权。

关于信用权,我国立法和司法尚无法律规定。鉴于它在商品经济中的对于自然人人格的重要价值,本书认为,应予以肯认与保护。

3.对信用权的侵害及救济

对于信用权的侵害,往往是侵害名誉权、商号权或者商标权的伴生现象。其样态主要有:

(1)散布贬损他人信用的虚假信息

(2)假冒他人商标或商号推销劣质商品或服务

对于信用权侵害的救济与侵害商号权和名誉权的救济相同。

---

〔1〕 该规定已删除。

〔2〕 对应《未成年人保护法》(2024年修正)第50条:"禁止制作、复制、出版、发布、传播含有宣扬淫秽、色情、暴力、邪教、迷信、赌博、引诱自杀、恐怖主义、分裂主义、极端主义等危害未成年人身心健康内容的图书、报刊、电影、广播电视节目、舞台艺术作品、音像制品、电子出版物和网络信息等。"

第四节　身份权

一、总论

身份权是国内民法学说未能充分研讨的领域之一。制定法和司法解释中的规范也很不完整。《民法通则》虽然使用了人身权的概念，但却没有使用身份权这个最直接的下位概念。[1]在其列举的具体人身权中，也无一项属于身份权。《婚姻法》虽然规定了有关亲权、配偶权和亲属权的若干内容，但却未使用该三个概念。可见完善我国社会主义的身份权制度，才刚刚起步。下面的讨论，仅限于对现有实证制度（包括习惯法中的制度）的简要整理，详细的讨论则让之于亲属法。[2]

二、身份权

(一)意义

身份权是自然人基于其身份而享有的权利。

(二)特征

1.对人格的依附性

身份离不开人格，身份权也同样以一定人格的存在为前提。

2.内容的权利义务两位一体性

身份权虽然名为权利，其实处于权利与权限的过渡之中，是边缘形态的权利，因而含有义务的成分。对某些权利而言，同时也是义务，如配偶权、监护权即是。

3.内容与财产的关联性

身份权大多伴生财产上的内容，如财产上的抚养、继承等。

在古代，身份与阶级、等级密切相关，是不平等资格的代称。自资产阶级革命后，才有了今天意义的平等身份。

---

〔1〕《民法典》中已有"身份权利"的表述。《民法典》第1001条规定："自然人因婚姻家庭关系等产生的身份权利的保护，适用本法第一编、第五编和其他法律的相关规定；没有规定的，可以根据其性质参照适用本编人格权保护的有关规定。"

〔2〕本书未涉及亲属法的内容，对编者而言，此系一大尴尬事。此尴尬缘于中国大陆20世纪80年代以前的民法学，是效仿苏联民法学的。而该国自伟大导师弗·伊·列宁将婚姻法从民法中分离出去后，民法学教科书一直无关于亲属法的内容。中国政法大学至今仍坚持如此格局。故为学生编写的民法教材中，不可能包括亲属法部分。

（三）内容

1.使相对人人格完满的权利与义务

包括以下几个方面：①亲权与监护权使未成年人得到抚养教育而长大成人。②老年人、伤残病人从配偶权、亲属权和监护权制度得到照料。③配偶权、亲属权制度对自然人提供后事料理的期待权。④夫妻因彼此结合而使人格完满。

2.与相对人情感联络的权利与义务

亲情滋润人格，身份权使当事人享有来自相对人的情感利益。扶养和赡养不仅意味着物质上的供养扶助，同时也蕴含情感上的相濡以沫。

3.使相对人获得物质保障的权利与义务

这主要指赡养扶助的物质支持方面，以及相对人死亡之后的丧葬料理。

（四）身份权的体系

1.依客体划分
身份权依其客体，可划分为亲属权、亲权、配偶权和监护权。[1]

2.依内容划分
身份权依其内容，可划分为亲属权、亲权、配偶权和监护权。

以上两种划分，每一种权利均包含若干权能。此类权能，有纯人格性的，也有连带财产的。纯人格性的如亲权人对于子女的养育教化权、奖惩权、命名权；父母对非婚生子女的认领权以及对于被拐骗子女的领回权；配偶的同居权与贞操权；亲属间的情感联络权。而连带财产的，则如亲权人、监护人对意思能力欠缺人的财产管理权和代理权；配偶彼此对于非共同财产的管理权和日常家事的代理权；各种身份权中的扶养、抚养与赡养权、费用请求权、继承权等。

3.依作用划分

身份权中的权能，依其作用，可分别归于形成权、支配权和请求权。可归入形成权的如同意权、撤销权、解除权、命名权、住所指定权、非婚生子女认领权和否认权、收养权、行为能力宣告申请权、失踪和死亡宣告申请权、继承权。属支配权的有对子女的教化权、奖惩权、配偶同居权、财产管理权。而抚、扶、赡三费请求权，同居请求权，配偶和近亲属对于致人死亡者的损害赔偿请求权，显然都属于请求权。

---

〔1〕 关于监护权，属否身份权，有不同学说。主张其非身份权者，认为亲属之外的自然人组织，甚至政府民政机关，均可作监护人，而这些人，自难谓其有身份权。

三、分论

（一）亲权

1.意义

亲权是父母对于未成年子女的身心抚养教育、监护权利。

亲权是双亲对子女的亲属权，父母同为未成年子女的亲权人。其他亲属无从享有此项权利。在本书第五章（自然人）第三节，我们批评了《民法通则》未区分亲权与监护，理由即在该法将亲权人混同为祖父母、外祖父母及其他亲属，而且违反了习惯法。在迄今为止的中国人的生活中，双亲的地位是不同于其他亲属的。易言之，在习惯法的层面上是有亲权存在的。对此，《民法通则》是无法否认的，仅凭其一纸文件是无法改变的。

2.内容

亲权的内容包括以下几个方面：

（1）身心养育教化权

为使子女在德智体美诸方面健康成长，亲权人有养育权和教化权。关于教化，不仅包括心智和体魄的培育，而且包括良好品德和审美能力的养成，特别应当注意保护未成年子女的精神纯正权。对此，《未成年人保护法》有其规定。作为亲权人，应当在这方面多予以注意。

（2）奖惩权

当未成年人沾染不良习气时，亲权人有惩戒权，可以给予必要的家庭处分、亲权中的奖惩权，为习惯法所肯认，而制定法则尚无规定。惩戒权的行使，应防止滥用，不容许虐待行为和不人道的体罚。至于奖励，当然属亲权的权能之一，而不待言。

（3）其他权利

包括：①姓名设定权。②住所指定权。③法律行为补正权。④法定代理权。⑤失踪和死亡宣告权。

（4）关于财产管理权

对未成年子女所有的财产，其亲权人有管理权。当前者财产遭受不法侵害时，后者自有代其自力救济和公力救济的权限。惟应注意的是，财产管理权从性质上看属于财产权，而亲权却属于身份权。在身份权中竟然包括财产权，在逻辑上有难通之处。我们认为，此项财产管理权，应属亲权人依其身份取得的财产权，而不应包括在亲权之中。

（二）亲属权

1.意义

亲属权是指父母与成年子女、祖父母与孙子女、外祖父母和外孙子女，以及兄弟姐妹之间的身份权。

2.内容

其内容包括以下几个方面：

（1）父母与子女之间

①父母对精神病成年子女有监护权和抚养权。

②子女对父母有赡养权。

③父母子女之间互有继承权。

④父母子女间互有行为能力宣告、失踪宣告和死亡宣告申请权，以及一方失踪后的财产代管权。

（2）祖父母与孙子女、外祖父母与外孙子女之间

①有负担能力的祖父母、外祖父母，对于丧失亲权保护的未成年孙子女、外孙子女有抚养权和监护权（以有监护能力为要件）。

②有负担能力的孙子女、外孙子女，对于子女已经死亡的祖父母、外祖父母有赡养权。

③互有继承权，行为能力宣告、失踪宣告、死亡宣告的申请权，以及一方失踪后的财产代管权。

3.兄弟姐妹之间

①有负担能力的兄、姐对于失去亲权保护的未成年弟、妹有抚养权和监护权（以有监护能力为限）。

②互有继承权，行为能力宣告、失踪宣告和死亡宣告的申请权，以及一方失踪后的财产代管权。

（三）配偶权

1.意义

配偶权是夫妻之间对等性互享的身份权。

2.内容

（1）同居权

夫妻互有情感恩爱以及充分和正常性交的权利。此项权利，并非对于性自由权和性隐私权的吸收吞并，恰恰相反，却以两该权利为前提。易言之，任何一方均不得经由强制手段实现此项权利。

（2）贞操保持请求权

夫妻互有要求对方保持贞操的权利。

（3）感情联络权

即彼此之间相爱以情、相濡以沫的权利。《婚姻法》第25条第2款规定了"感情确已破裂，调解无效，应准予离婚"的基本原则。[1]最高人民法院已将该项原则具体化为14种类型，其中最典型的为类型二（姑且称为狭义的"婚而无爱"型）和类型七（姑且称为别居型）。自上述原则的反向面解释可知，配偶权中应当包含感情联络权。

（4）生活互助权

即夫妻共同生活中，有互相帮助的权利与义务。

（5）离婚权

即解除婚姻关系的请求权。该权须依婚姻登记程序或离婚之诉行使。

（6）其他权能

主要指：

①扶养权。夫妻有相互请求扶养的权利。

②监护权。夫妻相互有监护权。

③收养子女权。夫妻有共同收养养子女的权利。

④日常家事代理权。夫妻有日常家事代理权。

⑤行为能力欠缺宣告权。夫妻在对方行为能力欠缺或者恢复情事的场合，为行为能力宣告的权利。

⑥失踪宣告权。夫妻在对方失踪的场合，有宣告失踪的申请权。

⑦死亡宣告权。夫妻在对方失踪达可宣告死亡期间的场合，有宣告死亡的申请权。

⑧住所商定权。夫妻有商定家庭住所的权利。在西方以及日本和我国民国时期制定的民法典，均规定妻以夫的住所为住所。我们认为，此种立法例，虽课夫为妻提供住所的义务，但毕竟被视为夫妻不平等。为平等计，那么变更为夫妻有住所商定权，当无大碍。

⑨继承权。夫妻有相互继承遗产的权利。

---

〔1〕 对应《民法典》第1079条第2款："人民法院审理离婚案件，应当进行调解；如果感情确已破裂，调解无效的，应当准予离婚。"

第七章　法人

第一节　法人的意义和本质

一、法人的意义

（一）意义

法人是民法赋予权利能力的基于成员或者独立财产所形成的团体。

（二）说明

1.法人是团体

法人不是单个的自然人，而是团体。这是法人与自然人的根本区别。团体的形态有两类，一类系由多个自然人投入财产组织而成，该自然人成为团体的成员。民法学称此类团体为"社团"，其成员则被相应地称为"社员"。另一类系由捐助财产组成。所谓捐助财产，是为组建法人而献出、一俟该法人成立便归其所有的财产。此类团体无成员，其成立基础或本体只是一笔资金，但捐助人通过章程为资金的用益设定了宗旨，同时规定了执行机构，因而财产便由执行机构依照章程去管理运营，目标明确，运行自如，就像自然人一样。民法学鉴于这种团体没有社员，而以财产为成立基础，因而称之为"财团"。[1]

惟应注意的是，《民法通则》第36条关于法人定义的规定，称"法人是具有民事权利能力和民事行为能力，依法享有民事权利和承担民事义务的组织"。[2]该定义的落脚的属概念为"组织"。按组织指"按照一定的宗旨和系统建立起来的集体"。[3]依该义，难能包括财团。故而组织并非法人的属概念。此外，该条既称法人具有权

---

〔1〕 财团被称为团体，与人们心目中团体的观念不一致。在一般观念看来，团体应为人的集合，一笔资金如何可以成为团体？不无牵强。然而应当看到，依法成立的财团具有权利能力，能以自己的名义参与生活，它毕竟算是一个"单位"。由于这种单位不是单个的或者合伙的自然人，称其为团体也是可以的吧？

〔2〕 对应《民法典》第57条："法人是具有民事权利能力和民事行为能力，依法独立享有民事权利和承担民事义务的组织。"增加"独立"二字应为强调法人独立的民事主体地位。

〔3〕《现代汉语词典》"组织"条义项⑤。《辞海》"组织"条释义为"按照一定的目的、任务和形式加以编制。例如，组织起来。也指所编制的集体。例如，工会组织，民兵组织"。

利能力和行为能力,当然也就包括了能够享有权利负担义务的含义,用不着再重复地规定"依法享有民事权利和承担民事义务"了。

2.法人是民法赋予权利能力者

民法肯认一定的团体为法人,赋予权利能力,法人成为与自然人一样的权利能力者。此一特点使法人同其他无权利能力的团体区分开来。生活中的团体很多,只有其中达到民法所规定的法人要件的一小部分,才被赋予法人资格。法人要件的基本点,就是保障团体达到必要的组织程度,能够如同完全行为能力自然人一样,自主选择,自主参与。易言之,团体只有组织得像完全行为能力自然人一样,方能充分法人的要件。合伙的组织程度则比较低,达不到法人的要件,故而不被赋予权利能力。

二、法人的法律要件

(一)社团法人与财团法人的共同要件

1.须有章程

所谓章程,是团体的设立人作出的旨在使团体据之组建以及组建后据之运作和存止的意思表示。章程是团体形成组织的规范性文件,无章程也无以成团体。章程不仅使团体据之组建形成,也是团体形成后贯彻设立宗旨、达成运行目的的规范,足见章程对于团体的重要性。有鉴于此,我们将章程归纳为法人的必备条件之一。根据此项要件,可以把社团法人与合伙区别开来。合伙人的联合比较随便,只要约定相互权利义务即为已足。合伙的存续和运作亦比较灵活,只要决定散伙就足以使合伙关系终止,并且允许合伙人退伙。上述灵活性的需要,决定了合伙无须章程的特点。[1]当然,合伙人不妨订立章程,而且不妨制作得十分详尽、十分完善。然而,如果合伙组织得如此严密,如此郑重其事,即失却其灵活机动的性质,失却合伙的基本优点。人们不禁要问,既然如此,何不建立法人,而非要停留在合伙这种雏形团体阶段呢？足见郑重其事的章程是合伙的本质所不必要的。法律不肯认合伙为权利能力者,因而也就不要求合伙须制备章程。

惟应注意,《民法通则》第37条关于法人要件的规定中无关于章程的要件。[2]鉴于章程不可或缺,故而其规定不周延。

---

〔1〕 我国立有《合伙企业法》。该法关于合伙企业设立登记的条件中,并未规定须有章程。该法第15条〔对应《合伙企业法》(2006年修订)第9条:"Ⅰ.申请设立合伙企业,应当向企业登记机关提交登记申请书、合伙协议书、合伙人身份证明等文件。Ⅱ.合伙企业的经营范围中有属于法律、行政法规规定在登记前须经批准的项目的,该项经营业务应当依法经过批准,并在登记时提交批准文件。"〕关于申请设立登记须提交的文件中,仅包括"申请书、合伙协议书和合伙人身份证明",而未列章程。此外,我国也立有《个人独资企业法》。该法关于该企业要件的第8条、关于设立登记的第9条,均未要求须有章程。

〔2〕 对应《民法典》第58条:"Ⅰ.法人应当依法成立。Ⅱ.法人应当有自己的名称、组织机构、住所、财产或者经费。法人成立的具体条件和程序,依照法律、行政法规的规定。Ⅲ.设立法人,法律、行政法规定须经有关机关批准的,依照其规定。"

2.须有必要财产

财产是法人从事目的事业的物质基础。因此,法人成立和存续的必要条件之一,是须有自己的财产。具体指运营场所、设备、技术和资金等。同时,财产尚须达到满足目的事业的必要规模,此即必要财产的含义。对于企业法人的注册资金数额,法律有明文规定,对于其他类型的法人,则无规定。

惟值注意,《民法通则》第37条关于法人应当具备的要件中,既规定了"有必要的财产或者经费",又规定了"有自己的名称、组织机构和场所"。[1]其中,"财产"和"经费"两个概念系包容关系,因而不可并列;而"场所"则属"财产"的形态之一,亦不应与财产并列。诚然,法人应有其场所,但宜表述为"法人须有独立财产。该项财产中须包括场所"。而且,场所与"名称"和"组织机构"并列在一起,也是不妥的。

3.须有机关

如上所述,法人作为团体,必须组织得像一个完全行为能力自然人那样,能够以自己的名义参与生活,直到介入市场。它不但能够享有因其行为所设定的权利,而且能够负担因其行为所负担的义务,以及承担因其不法行为招致的责任。团体满足上述要求的关键,即在建立自己的机关。所谓机关,亦即团体的职能机构,如同自然人的思维"器官"和表述器官一样。汉语"机关"一词,是对拉丁语"organ"一词的意译。该词的本义即"生物体的器官",引申义为"机构和喉舌"。[2]自然人是通过大脑这个意思器官形成意思的,社团法人也就模仿人的大脑建立意思机关"社员大会",通过该机关而把社员的意思集中起来,形成团体的意思。于是团体便有了意思。在财团,由于法人的意思是固定在章程之中的,原则上不许更改,因而财团法人无须也不应设立意思机关。但无论社团法人抑或财团,均须建立自己的喉舌,亦即发表自己意思的机关,民法上称之为"意思表示机关"。通俗地说,即设立正式代表或发言人。法人正是通过该机关对外发表自己的意思,与他人交往,设权担务的。不然的话,社团法人有许多社员,财团法人也有许多工作人员,大家是七嘴八舌地都表态,就只会使相对人搞不清究竟何人当家,何人说了算数,这样一来,团体也就不成其为团体了。可见机关乃是团体得以组织如同完全行为能力人那样进行活动的关键所在,同时也是其组织程度的重要标志之一。通过机关这一要件,我们可以将法人与合伙区别开来。合伙无机关。由于合伙的规模不可能很大,有事可以召集大家商量,因而无须设立意思机关来形成意思;同时,指定一个或几个代表也就足以对外展开活动,因而也无须建立专门的意思表示机关。惟其如此,合伙无须设立机关,而只需以各个合伙人的共同意思去行事,而不必达到团体的组织程度。

惟应注意,《民法通则》第37条关于法人要件的规定中使用了"组织机构"的表

---

〔1〕 对应《民法典》第58条第2款:"法人应当有自己的名称、组织机构、住所、财产或者经费。法人成立的具体条件和程序,依照法律、行政法规的规定。"

〔2〕 谢大任主编:《拉丁语汉语辞典》"organ"词条,商务印书馆1988年版。

述，[1]依本书所信，惟机关方为专门术语。

4.须依法设立

自然人因出生而成为"人"，法人则通过设立行为而取得权利能力。该设立行为必须符合法律要求。

(1)须有设立该类法人的实体规范

此属有法可依问题。例如，设立公司法人须有"公司法"，设立合作社法人须有"合作社法"，等等。如无相应的实体法规范，便无从依法设立该类法人。

(2)须有设立人

即投入资金，依法组建该法人的人。自终极意义言，任何法人均为自然人所设。然而，当法人一旦设立，亦得作为设立人再去设立新的法人。

(3)须实施设立行为

即依照法律规范办理设立事宜，包括形成章程、依章程投入资金、召开成立大会、选任机关担当者，以及申办法人登记(如果该类法人依法须登记的话)。可见，依法设立要件包含的内容相当不少。如果仅仅理解为办理设立手续，[2]是片面的。

根据法人依法设立这一要件，可将法人与合伙区别开来。合伙谈不上设立。设立者，创设主体使之成立之谓也。合伙并不是独立于合伙人之外的权利能力者，而仅为合伙人的联合态。若干人组成合伙，无非是大家联合起来，形成共同关系而已。此一过程并不产成新的主体，因而不属设立行为，不能称之为设立。此外，结成合伙，也无须设立法人所必须的规范基础，更无须履行设立法人的法律手续。

(二)社团法人的特别要件

1.须有社员

社团，顾名思义，是社员所组成的团体。因而社团须以社员为必要条件。此系它区别于财团的最明显之点。

---

〔1〕 对应《民法典》第58条第2款中的"组织机构"。

〔2〕 关于登记究属法人的成立要件，抑或生效要件，立法有不同的模式。德国采生效要件主义。依法须登记的法人(《德国民法典》称之为"登记社团"。该法第21条规定，不以经营经济事业为目的的社团必须向管辖的初级法院申办登记)，非经登记不能取得法人权利能力。《德国民法典》第54条规定，无权利能力社团的法律地位等同于合伙，其成员须对团体债务负无限责任。依该条的反向解释，法人的社员对法人债务无须负无限责任。《德国民法典》的法人登记制度，是该国最重要的邦——普鲁士邦的当局害怕政治性团体借法人名义进行不利于政府的活动，因而设计出登记制度，以便对团体加以监控的产物。可见登记是为普鲁士当局不可告人目的服务的。登记制度设计了诱惑条件，即凡经登记者，其社员均可享受有限责任的优待。与德国的制度不同，法国和日本的法人登记则不采生效要件而采对抗要件模式。在后者，团体一经成立，纵使并未登记，也已然具有法人的权利能力，登记仅系社员对团体有限责任并得以此对抗第三人的要件。自事理言之，团体是否成立，关键看其是否组织得像一个人一样，即是否已经充分章程、必要财产以及机关等项要件。如已充分，即应成立设立行为，并发生令被设立团体取得权利能力的法律效果。登记属于官署的行政行为，不应作为法人的成立或生效要件。

2.须有意思机关

社团是社员共谋利益的工具,因而必须处于社员的控制之下,而不能反客为主,成为社员的统治者。社员控制社团的设施就是社团的意思机关。此机关通常是社员大会,通过该会,社员的个别意思集中为统一意思。由于社团运作所面临的外部环境瞬息万变,而频繁召开社员大会又不经济,为决策及时计,意思机关不得不分出一部分权力给常设的工作班子,自己只对重大问题定期举行会议,日常事务概委任工作班子处理,并使之对自己负责。意思机关是社团法人特有的机关,而为财团法人所不具有。

(三)财团法人的特别要件

1.须有捐助财产

如上文所述,捐助财产是以设立财团法人为目的而投入该未来法人的财产,它是财团法人的成立基础。例如,无捐助财产,财团法人即无从谈起。因此,捐助财产是财团法人的首要条件。设立财团法人的捐助行为,其要件是:①须交付财产。②须交付无对价。③须以财团法人的设立为目的。上述要件,使捐助与社团法人设立人的出资区别开来,前者无对价,后者是有对价的,即以股东权为对价;前者以公益事业为目的,后者则无须此目的。

关于捐赠行为的规范,我国立有1999年6月颁布的《公益事业捐赠法》,但该法未涉及以设立财团法律为目的的捐助行为。

2.须以公益事业为目的事业

财团法人依法只能从事公益事业,而不得以营利事业为目的。此乃其区别于社团法人之点。

三、法人的制度价值

法人作为民事主体制度,有其重要的社会价值。现就社团法人与财团法人分述如下:

(一)社团法人的价值

社团虽由自然人构成,但单个人一旦结成统一体,即获得新的质,从而具有自然人不可比拟的巨大优势。此种优势,概括说来,体现在以下几个方面:

1.集资优势

团体能够集敛巨资,兴办自然人财力难以企及的事业。

2.长生优势

团体在理论上具有永续性,得以突破自然人寿命限制,而免"出师未捷身先死"

之忧，完成须经数代人努力方能达成的事业。

3.分险优势

团体在经营中的风险，可由团体自行负担，而不殃及成员。此对于集资用于经营，无疑是巨大优点。

4.管理优势

团体有条件集中众人智慧，从而实现对于单个自然人智力的超越。

总而言之，由于团体的上述优势，使之获得了极大的发展。

然而，团体为能登上民法舞台，尚须具备一项条件，即法律关系清晰化，尤其是责任归属清晰化。此一要求，归结为提高组织程度，淡化社员人格，升华团体人格，最后形成超越成员的人格。该人格独立于成员，不受个别成员去留的影响。经过漫长的演进，团体在其组织技术上终于达到了上述要求，作为标志，是发明了团体机关这一法律技术。团体有了意思机关、执行机关和代表机关，便实现了对外关系的清晰化。在人类历史上，首先达到此种组织程度的，是氏族和部落，后来是国家。在罗马法，国库和城市最先具有法律人格，其道理即在于此。

团体虽然很早就产生了，并且商事团体在中世纪欧洲的海外贸易中，发挥过令人瞩目的巨大作用。但是，总的说来，在产业革命以前，由于社会生产力还相对低下，团体的优势在经济生活中还不能充分显示出来，亦即对其需求的相对不足，尚不足以呼唤法律对团体的肯认。产业革命之后，形势不变，建工厂、开矿山、修铁路和发展远洋贸易，均需集中巨额资金，并且分化风险。合伙对此已力不从心。商事团体特别是股份公司的优势，被充分显露出来。团体的法律人格，首先在商事习惯法上得到肯认，后来在民事和商事的制定法中确立下来。

(二)财团法人的价值

1.公益价值

捐助财产以公益事业，不论用之于教育、学术抑或慈善事业，其益于社会，功在人民，不言自明。

2.财产确保价值

捐助财产被赋予法律人格，与管理人的财产严格区别，能够防止管理人中饱私囊，从而使捐助财产得以确保，而实现捐助目的。

3.管理价值

捐助财产以财团法人存在，并由其机关妥善管理，国家加以监督，因此可避免因管理人的死亡、更迭而受影响。

(三)关于法人专横

法人与自然人，虽均为民事主体，而且彼此地位平等，然而就市民法的理念而言，自然人的价值具有终极性，法人只是自然人的手足和工具。自然人创设法人，旨在用其所长，为自己谋求利益。然而，法人一旦走进社会，便会奉行自己的逻辑，而试图摆脱自然人的制约，与自然人平起平坐，分庭抗礼，甚至凭其财力，以势压人，反仆为主，形成所谓"法人专横"。日本有学者对"法人资本主义"给予严厉批评，[1] 此举与法人专横之忧，不无关联。然而，对于法人专横和团体崇拜，在中国亦极有基础，我们必须有所警惕。

（四）普通法上的信托

财团法人是市民法的制度。在普通法，与之异曲同工的制度则是信托。信托是由英国衡平法归纳出来的制度，是衡平法的伟大创造之一。所谓信托，是当事人一方依照合同或者遗嘱移转财产于他方，他方为被指定人的受益人的利益而予管理的制度。信托关系涉及三方当事人：一是委托人，即就财产设定一定目的而移转他人的人。二是受托人，即接受财产并为之管理的人。受托人尚可依约或者依法选任复受托人。三是受益人，即被指定为取得信托财产所生利益的人。受益人可以是特定人也可以是信托目的所指的不特定人，即公益目的的受益人。信托以依赖为基础、委托人与受托人之间、受托人与受益人之间，都基于信赖而相处。此外，信托财产与委托人财产是严格分开的。受托人对于信托财产享有"用益权"（类似于市民法的代管权)，但须以最高度的谨慎实施诚实管理。在一定条件下尚可以将信托财产用于投资。受托人怠于履行义务，须负损害赔偿责任。信托置于法院的严格监督之下，法院拥有准许、改变或者撤销受托人行为的广泛权利。信托与财团法人的重大区别在于：第一，信托不以公益事业为限，而财务法人却只能以公益事业为目的；第二，信托财产并不形成为团体，不是权利能力者。

四、法人论

（一）法人的概念的创立[2]

法人作为法学语词，是12世纪至13世纪意大利注释法学派学者所创造，而于

〔1〕[日]奥村宏：《法人资本主义》，李建国、张尽平、徐长之、曾凡勇译，生活·读书·新知三联书店1990年版。该书力批法人资本主义。

〔2〕法人作为法学语词，是12世纪至13世纪意大利注释法学派学者所创造。不过当时还仅仅用来说明团体的法律地位，称"法人系以团体名义之多数人集合"，而尚未达到在团体成员之外，更承认独立存在抽象人格的地步。法人概念（已不仅为语词）的"发明"，应当归功于教会法学者。正是他们在解释教会拥有世俗财产的合理性时，想像在团体成员的多数人之外，尚有抽象的人格存在，该人格即法人，它与自然人一样，能够享有财产所有权。教会法学者把人的外延拓宽，推广到自然人之外，认为法人也是人，是人类之外的人。教皇英诺森四世（Innocent IV，12世纪末—1254）有言："法人者，法律所拟制之格者也，其存在纯为观念物。"杰出的非僧侣教会法学家约翰内斯·安德烈罗（Johannes Andrero，约1270—1348）云："法人者，人也。"疏证法学派（又称"后注释法学派"）应用教会法的理论成果，认为法人是在团体成员的多数人之外独立存在

1794年为《普鲁士普通法典》率先采用。

(二) 法人的本质

关于法人的本质，曾经成为19世纪市民法学者热烈讨论的课题，形成以下颇具影响的拟制说、实在说等学说。[1]

的抽象人格。该派泰斗巴尔多鲁斯(Bartolus, 1313/1314—1357)称："自然人者，实在人也；法人者，无肉体、无精神之观念之存在也，无乃法律之拟制云耳。"又称法人是永续的存在，在成员交替之上，保持超然之永续。他与教会法学家一样，认为法人是拟制人和观念上的人。法人作为制定法上的概念，据史尚宽先生言，首先在1794年《普鲁士邦普通法典》中被采用，当为1896年《德国民法典》采用后，其影响即扩大到全世界。

〔1〕 关于法人的学说

1. 法人拟制说

此说为F.萨维尼(Fridrich Savigny)所倡。萨氏认为，法人之为人，乃法律之拟制，系为使团体得享有权利之法律技术的产物，法人不过为想像中的人格而已。萨氏是研究罗马法的大家，对中世纪注释学派、疏证学派和教会法的法人学说相当熟悉。他的拟制说未能超脱罗马法"非自然人者无人格"的观念。

2. 法人否定说

该说否认法人人格的必要性，认为如果有人格，亦应归属于一定的自然人或者无主财产，而无须拟制什么想像中的人格。该说虽与拟制说同其出发点，却致力于法人实体的本质剖析，其想像力颇为骄人。法人否认说可划分为两派：

(1) 无主财产说

该说为德国学者布林茨(Brinz)所倡。其观点略谓，法人无非是遵行一定目的的无主财产。

(2) 受益人主体说

该说为德国学者R.耶林(Rudolf von Jherinhg)所倡。该说主张，法人财产的受益人，才是法人的真正人格者。在社团，该人格归属其社员；在财团，则归属于不特定的多数人。

(3) 管理人主体说

该说为德国学者赫德尔(Holder)等人所倡。该说认为，法人人格者，无非是充任法人财产管理者的自然人而已。

3. 法人实在说

该说认为，法人并非法律凭其技术拟制的抽象物，而是在性质上宜于作权利能力者的社会实在。至于该社会实在的性质如何，该说又分为两派：

(1) 有机体说

此说为德国日耳曼法大家奥托·基尔克(Otto Gierke, 1841—1921)所倡。基氏对日耳曼法固有的共同体推崇备至，力主民法采行团体本位，主张团体是社会性有机体，如同自然人是自然性有机体一样，有其固有的生命和意思。法人享有法律人格是理所当然的。

(2) 组织体说

为法国学者米舒(Michoud)和萨莱耶(Saleilles)所倡。该说认为，法人是有团体意思和代表机关、从而宜于作为权利能力者的组织体。

关于法人本质的以上几种学说，均系历史文化遗产。其实，法人之所有权利能力，与自然人并无不同，均为法律所赋予。而赋予的根据，也均在其具有应予肯认的主体价值，而不是出于主观随意。在古代早期，倒是共同体——尤其自然形成的共同体如氏族——具有法律人格，单个自然人反而不具。罗马法那种"非自然人者无人格"的成见，与史前事实不合，因此不必泥古不化。近代法人学说中的有机体说，虽然不无拟制说的某些痕迹，然而却闪烁着想像力的光芒，有其独具的认识价值。相形之下，目前成为日本和我国通说的组织体说，却未免就事论事，想像力平平。总而言之，法学先哲的见解，足以启人心智，我们应当做的，绝不仅止于批判。10年来，我国法学界也曾爆发关于法人本质的讨论，但因长期自我封闭，讨论属于补课性质，未能有所突破。关于法人的本质，特别是"企业"法人的本质，当代西方经济学中的企业理论，有其不容忽视的借鉴意义。

在今天，当代西方经济学中的企业理论，对说明企业法人的本质，有特有的价值，法学应当认真借鉴。

五、法人的财产与责任

(一)法人的财产

1.意义

法人的财产指法人作为其所有人的财产，包括积极财产和消极财产。需要指出的是，这是一个动态概念，须就一定时点而言方有意义。

2.关于法人财产权的性质

在我国，法人对其财产究竟享有经营权，抑或所有权？尽管《民法通则》作了集体所有制企业法人享有所有权(第74条[1])、全民所有制企业法人享有经营经(第82条[2])的规定，《公司法》也明定"公司享有由股东投资形成的全部法人财产权"(第4条第1款)[3]，"公司中的国有资产所有权属于国家"(第4条第2款)[4]，[5]但学说有其自己的认识。本书以为，法人不论集体制，抑或全民制，对其财产均应享有所有权。[6]

─────────

〔1〕 对应《民法典》第260条："集体所有的不动产和动产包括：(一)法律规定属于集体所有的土地和森林、山岭、草原、荒地、滩涂；(二)集体所有的建筑物、生产设施、农田水利设施；(三)集体所有的教育、科学、文化、卫生、体育等设施；(四)集体所有的其他不动产和动产。"

〔2〕 该规定已删除。但根据《全民所有制工业企业法》(2009年修正)第2条第2款规定："企业的财产属于全民所有，国家依照所有权和经营权分离的原则授予企业经营管理。企业对国家授予其经营管理的财产享有占有、使用和依法处分的权利。企业依法取得法人资格，以国家授予其经营管理的财产承担民事责任。"

〔3〕 对应《公司法》(2023年修订)第3条第1句："公司是企业法人，有独立的法人财产，享有法人财产权。"

〔4〕 该规定已删除。

〔5〕《公司法》所谓"全部法人财产权"的用语[《公司法》(2023年修订)中已没有该用语]，不仅是在所有权与经营权的上位概念上作规定，而且是在更上位的概念亦即物权和债权的共同上位概念这一层面作规定，只差没有在民事权利的层面上作规定了。这一处理方式，不仅回避问题，而且在逻辑上难以周圆。立法者的尴尬，于此见其一斑。

〔6〕 全民制法人对其财产享有所有权的理由如下：

第一，法人初始财产，无论来自捐助，抑或来自出资，在法人成立之时，便均当然地归属于法人所有。

"独立财产"系法人取得权利能力的前提之一。所谓独立财产，无非来自设立人的捐助或者出资。在法人成立之时，便均当然地归属于法人所有。易言之，捐助人和出资人，一律丧失了所有权。假如不是这样，而将社团法人的社员权理解为所有权，就会得出要么是双层所有权，要么是共有的结论。前者在市民法的传统学理上属体系违反，在我国学说中，支持者尚不多见；而共有论，则会导致法人否定说，更不足信。

第二，全民制法人对其财产的处分权，系所有权的表征。

全民制法人，对其财产具有处分权，此为学说上不争之事实，且为立法所明定。该处分权的权源即其享有的所有权。此结论可用"排除法"求证：

处分权的权源不外以下几种：①所有权。②担保物权的变价权。③拍卖人权。④代理人权中的处分权。⑤失踪人财产代管人的处分权。

（二）法人的责任

1.意义

法人的责任，系指法人对其行为所导致的债务不能清偿时的责任。该责任当然只能由法人自己负担，而无从推诿他人。《民法通则》第37条[1]、第41条[2]、第51条[3]，采用法人"独立承担民事责任"的表述，即是此义。

在以上各种权源中，全民制法人的处分权，不可能源于第②—⑤种。

首先，不可能源于第②种。因为，如果源于此种权源，岂不是说全民制法人取得财产系因国家为其抵押或者出质(留置权在法人初始财产的取得上几无意义)? 这当然是滑稽的。

其次，也不可能为第③种。因为，如果为该种，那么，全民制法人的初始财产，岂不等于来源于依法(特别是破产法)或依委托取得的拍卖权?

再次，也不可能源于第④种。因为，如果源于此种权源，那么全民制法人当非被当成国家的代理人?

最后，也不可能为第⑤种，即源于失踪人财产代管人的处分权。此种代管关系，其与全民制法人初始财产取得不沾边，至为明显，而不待言。

于是，仅留下第①种，即所有权。

结论：全民制法人对其财产的处分权源于所有权，易言之，全民制法人对其财产享有所有权。

第三，出资人的有限责任乃是出资所有权的对价。

全民制法人的出资人是国家，国家对其出资设立的法人，仅负有限责任。此项有限责任，是以其放弃对于出资财产的所有权作为对价的。假使出资人仍旧保有对其出资的所有权，却享有有限责任的待遇，不惟逻辑上说不通，且与正义理念有违。

第四，《民法通则》第48条规定："中外合资经营企业法人，中外合作经营企业法人和外资企业法人以企业所有的财产承担民事责任"(着重号系本书所加)(该规定已删除。)此规定说明，中方合营、合作者的财产，不问其原属全民，抑或集体，一旦合营或合作而组成法人，即归法人所有。同理，单由中方组成的法人，其出资也应为法人所有。如果中方法人并不具有所有权，那么，其参加的合资合作企业何以会有所有权? 罗马法法谚有云："任何人不能出让大于其权利的权利"(注：中方合营者，据《中外合资经营企业法》第1条、《中外合作经营企业法》第1条，指中国的公司、企业或其他经济组织)[根据《外商投资法》第2条："Ⅰ.在中华人民共和国境内(以下简称中国境内)的外商投资，适用本法。Ⅱ.本法所称外商投资，是指外国的自然人、企业或者其他组织(以下称外国投资者)直接或者间接在中国境内进行的投资活动，包括下列情形：(一)外国投资者单独或者与其他投资者共同在中国境内设立外商投资企业；(二)外国投资者取得中国境内企业的股份、股权、财产份额或者其他类似权益；(三)外国投资者单独或者与其他投资者共同在中国境内投资新建项目；(四)法律、行政法规或者国务院规定的其他方式的投资。Ⅲ.本法所称外商投资企业，是指全部或者部分由外国投资者投资，依照中国法律在中国境内经登记注册设立的企业。"]。

法人所有权说，是否有导致否定或者蚕食全民所有制财产的危险呢? 本书以为，此种担心实不必要。个人出资或集资设立法人，并没有否认个人的财产权，何以惟独国家出资或者集资设立法人，就会否认其财产权呢? 这大约是只着眼于实物财产，而不看信用财产或者收益财产的缘故，是计划经济后遗症在作怪。民事权利守衡"定律"表明，有偿出让权利，会获得另一形态的同值权利。此外，纵使我们承认全民制法人的所有权，但该法人的财产，在经济成分上仍然属于全民财产的范畴。

以上主张，是否背离所谓"两权分离"(即国家所有权与全民制企业经营权相分离)的论断呢? 该论断是党和国家对于全民制企业管理体制进行改革的主要理论原点。本书以为并无背离之处。因为所谓"两权"，主要是经济学意义之上的术语，而非法学概念，起码不是市民法学传统的概念。法人所有权与"两权分离"，本无比较和对立的必要。

[1] 对应《民法典》第60条"法人以其全部财产独立承担民事责任"。

[2] 该规定已删除。

[3] 该规定已删除。

2.与法人责任有关的问题

(1)有限责任与无限责任

在关于法人责任的问题上,经常看到所谓有限责任与无限责任之类的纠缠。其实,所谓有限责任与无限责任问题,仅在社团法人方有其意义,而在财团法人则无意义;另外,其所指的责任主体均非法人,而是其社员。申言之,社团法人社员的责任,方有无限责任和有限责任问题。[1]

法人无所谓有限责任或者无限责任。

(2)关于法人的独立责任

《民法通则》第37条、第41条、第51条,均采用法人"独立承担民事责任"的表述。[2]法人的独立责任,即法人自己对其行为负责、法人责任独立于其社员之义。亦即"法人有责任能力"。本来,自主参与和自己责任,同为意思自治的基本含义,自然人如此,法人也不能不如此。责任的负担,悉取决于自己的财产。法人既然拥有自己的财产,自己责任也就顺理成章了。无须再规定什么"能够独立承担民事责任"。

第二节 法人的类型

一、传统划分

关于法人的传统划分,先制图如下,然后展开说明。

---

〔1〕 ①无限责任

是指对于法人资产不足以清偿的债务,出资人仍需负责的情形。就出资人而言,其责任不以出资为限,故而称为无限责任。所谓"无限",即责任不以出资为限之义。此种责任,如果从出资人与法人的相互关系着眼,那么,出资人是与法人连带地负责。因此又称连带责任。

②有限责任

是指对于法人资产不足以清偿的债务,出资人无须负责的情形。就出资人而言,其责任仅以出资为限,故称有限责任。

就法人责任制度的价值而言,出资人原则上应负无限责任。非如此不足以保护债权人的利益,进而维护交易安全。然而,分化风险以利集资的机制,导出有限责任存在的依据。不过须设计严格制度加以制约。此种制度业已相当成熟,此即有限责任公司、股份有限公司和两合公司的有限责任股东的有限责任制度。

〔2〕《民法通则》关于法人独立责任的提法,脱胎于1961年的《苏联和各加盟共和国民事立法纲要》第11条第1款,该款规定:"拥有独立财产,能以自己名义取得财产和人身非财产权利并负担义务,能在法院、仲裁机关或者公断法庭起诉和应诉的组织,是法人。"《苏俄民法典》第23条采用了该款文字。我国《民法通则》第37条即由该条脱胎而来。其中第(4)项要件"能以自己名义……负担义务,能够独立承担民事责任",即对上述"能在法院、仲裁机关或者公断法庭起诉和应诉"的另一种表述。

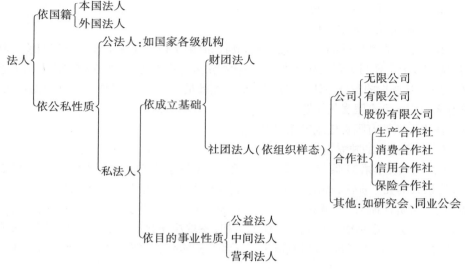

图7-1 法人的传统划分

(一)公法人和私法人

关于公法人和私法人的划分标准。学者见仁见智。在实务上，所谓综合说[1]似较可取。当国家及其地方国家实体(如我国的省、市、县、乡等)参与民事生活时，即以公法人的面目出现。《民法通则》第50条[2]所称的"机关"，应为"公法人"之误。因为，以为法人的"本体"，应为国家或者国家的地方性实体，而非上述本体的机关。除了公法人之外的法人，即为私法人。

(二)社团法人与财团法人

1.划分标准

此项划分，其标准为法人的成立基础。凡以人的集合为成立基础者，是为社团法人；相反，凡以捐助财产为成立基础，而无社员者，则为财团法人。然而，学说中也有否定此项划分标准的主张，认为财团也离不开自然人，社团也不能无其财产。但依本书所信，法人的成立基础仍不失为划分社团与财团两种法人的标准，二者之间的区别恰在于此。

---

〔1〕所谓综合说，系主张当综合斟酌以下因素认定法人之公法性质抑或私法性质的学说，这些因素是：(1)凡国家依其意思设立者，为公法人；而由社员、私捐助人设立者，则为私法人。(2)凡目的事业由法律直接规定者，为公法人；而由设立人规定者，则为私法人。(3)凡在社员加入上具有强制性、人事由国家任免者，为公法人；而在内部实行平等自愿原则者，则为私法人。(4)凡国家授予其公共权力者，为公法人；而经营私法事业者，则为私法人。(5)凡不许擅自解散者，为公法人；凡得由社员大会决定而解散者，则为私法人。

〔2〕对应《民法典》第97条："有独立经费的机关和承担行政职能的法定机构从成立之日起，具有机关法人资格，可以从事为履行职能所需要的民事活动。"

2.社团法人与财团法人的区别

(1)成立基础不同

此点已如上述,兹不赘述。

(2)设立人地位不同

社团法人的设立人在法人成立时即成为社员。而财团法人的设立人则于法人成立时与法人脱离关系。

(3)设立行为不同

社团法人设立属合同行为(非契约的多方法律行为),且为生前行为;财团法人的设立行为则为单方行为,且得以遗嘱方式实施。

(4)有无意思机关不同

社团法人须有意思机关,而财团法人则无该机关。惟其如此,学理上称财团法人为"他律"法人,而社团法人则是"自律"法人。

(5)目的事业不同

社团法人的目的事业,既可为公益也可为营利;而财团法人只能为公益事业,而不得营利。

(6)设立方式不同

社团法人和财团法人在设立、变更和国家管理上,均有不同。尤其在设立上,关于财团法人,国外多采许可主义,而非公益的社团法人,则采准则主义。

(三)营利法人、公益法人和中间法人

1.划分标准

此三类法人的划分标准是目的事业之有无营利性。所谓营利性,依通说,含义有两个:其一,须获取利益;其二,须分配该利益于社员。

2.营利法人

即以营利事业为目的的法人。易言之,是社员获取营业利益,或者参加其分配的法人。《民法通则》所称企业法人,即营利法人。[1]公司为其典型。

3.公益法人

即以公益事业为目的的法人。其积极要件是须以公益事业为目的,而消极要件是不以营利事业为目的。以学术、慈善、宗教等事业为目的的法人,为其适例。

4.中间法人

法人当中存在着既不宜归于营利法人,又难归于公益法人者,称做中间法人,如合作社、工会、商会等。

营利法人与中间法人,在组织形式上,须为社团法人,而财团法人则只能是公益法人。不过,社团法人也可以成为公益法人。

---

〔1〕《民法典》已称之为营利法人(第一编第三章第二节)。

（四）本国法人与外国法人

依本国法设立并设住所于本国境内的法人，是本国法人。不属本国法人而为本国认可的法人则是外国法人。

二、《民法通则》的划分

《民法通则》关于法人的划分，[1]有中国法人和外国法人、企业法人和非企业法

[1]　如正文所述，《民法通则》关于法人的划分，有中国法人和外国法人、企业法人和非企业法人。企业法人又依其所有制性质划分为全民制、集体制法人以及涉外法人（此种法人不问其所有权性质如何）。非企业法人则划分为机关法人、事业单位法人和社会团体法人。

比较传统划分和《民法通则》的划分，可以发现后者政治色彩较浓，把非涉外企业法人依照经济成分划分全民制、集体制、个体制和私有制，成为其一大特色。这种划分难于贯彻到涉外法人，而且在实务中也没有太大意义。相反，对于颇具学理和实务价值的划分方式，如社团与财团，公司、合作社等，却均未涉及。另外，在非企业法人中，竟然把日常非规范语汇，如机关法人、事业单位法人，作为立法用语，颇为随便。

（一）企业法人

《民法通则》关于法人［第三章（现为第一编第三章）］共设18个条文（《民法典》中对应45个条文），其中企业法人为9条（《民法典》中营利法人为11条），非企业法人仅1条（《民法典》中非营利法人为9条，特别法人为6条）。足见其对于企业法人之重视。

1.意义

关于企业法人的意义，《民法通则》和国务院制定的《企业法人登记管理条例》（现为《市场主体登记管理条例》）均无定义性规定（《民法典》第76条第1款规定："以取得利润并分配给股东等出资人为目的设立的法人，为营利法人。"）。本书以为，企业法人是依照法人条件组建并被赋予法人资格的企业。

2.划分

（1）依组织样态划分

《民法通则》未明确依组织样态划分法人，而仅出现合作社一种。

（2）依其他标准划分

①依有无涉外因素

依有无涉外因素，法人被划分为涉外法人与非涉外法人。其中涉外法人又进一步划分为中外合资经营企业法人、中外合作经营企业法人和外资企业法人。而非涉外法人则依所有制性质以及组织样态再划分。

②依所有制性质

非涉外法人划分为全民所有制企业法人、集体所有制企业法人和私营企业法人。全民所有制企业法人，指由国家独立出资组建的企业法人。集体所有制企业法人，指取得法人资格的集体所有制企业。私营企业法人，指纯由非公有制股东组建的法人。依《私营企业暂行条例》，目前我国只承认私营企业中的有限责任公司为法人。［《民法典》中将法人分为营利法人（根据《民法典》第76条第2款，营利法人包括有限责任公司、股份有限公司和其他企业法人等）、非营利法人（根据《民法典》第87条第2款，非营利法人包括事业单位、社会团体、基金会、社会服务机构等）以及特别法人（根据《民法典》第96条，特别法人包括机关法人、农村集体经济组织法人、城镇农村的合作经济组织法人与基层群众性自治组织法人）。］

应当指出，依照所有制划分，必然有难以归类的法人。关于集体制与私营的划分标准，即有可商榷之处。限于篇幅，本书不能展开讨论。

（二）非企业法人

《民法通则》第50条所规定的机关法人、事业单位法人和社会团体法人，可合称为非企业法人。（机关法人规定于《民法典》第97条，属特别法人；事业单位法人和社会团体法人分别规定于《民法典》第88条与第90条，属非营利法人。）

人。企业法人又依其所有制性质划分为全民制、集体制法人以及涉外法人(此种法人不问其所有权性质如何)。非企业法人则划分为机关法人、事业单位法人和社会团体法人。

三、公司

1.意义

公司是依照公司法组建的营利性社团法人。

2.说明

(1)公司是社团法人

公司属社团法人,而不是财团。原则上公司不能只由单一股东设立。不过,当公司股东因一定事由而仅余一人时,在不少国家仍承认其公司地位,此即所谓嗣后型"一人公司"。

(2)公司是营利性社团法人

公司的目的事业是营利性的。此为公司区别于同为社团法人的合作社的主要之点。公司和合作社颇为近似,其主要区别在于后者不具营利性(有异说)。

(3)公司是依公司法组建的社团法人

只有依照公司法组建的法人,才能被称为公司。所谓公司法,不仅指形式意义上的《公司法》,而且包括实际意义上的公司法。在我国,后者即指《中外合资经营企业法》[1]及其《实施细则》[2],以及《私营企业暂行条例》[3]中的有关规范。公司法对于公司的组织和行为的规定多属强行性规范,因此,不依公司法组建的法人,便

非企业法人有以下类型:

1.机关法人

应指有独立财政预算经费的各级国家机构以及人民团体的县以上领导机构。认定某国家机构是否属于法人,端视其有无独立的预算经费。至于其他机构,则视其有无独立经费。

2.事业单位法人

所谓"事业单位",应指国家机构和人民团体之外,从事非商事业、有固定从业员工和独立财产的组织。此处的固定从业员工,指直接从事目的事业的专职职员工人、勤杂员工则不属之。事业单位包括学校、科研院所、医院、剧团、报社、电视台、广播电台、通讯社等。

目前,事业单位由国家以命令设立或者许可设立,而不实行法人登记制度。易言之,一经政府主管部门下达设立命令或予以许可,即取得法人资格。

3.社会团体法人

关于社会团体,根据国务院发布的《社会团体登记管理条例》第2条的规定,系指"协会、学会、联合会、研究会、基金会、联谊会、促进会、商会等"(该规定已删除。)。即群众性人民团体。该条例第4条规定:"社会团体不得从事以营利为目的的经营性活动。"[对应《社会团体登记管理条例》第4条第2款:"社会团体不得从事营利性经营活动。"]社会团体中具备法人条件者,经登记官署核准登记,即成为社会团体的法人。

〔1〕现为《外商投资法》。

〔2〕现为《外商投资法实施条例》。

〔3〕该规定已废止。

不是公司。公司，尤其是其中的股份公司，是法学对于法人制度的伟大创造，它把法人制度推向成熟阶段。

公司依股东所负责任的性质，划分为无限公司、有限公司、两合公司和股份有限公司。[1]

我国《公司法》只规定了其中的有限责任公司和股份公司两种类型。依股东责任，这是关于公司的最重要划分。因为股东责任直接反映股东财产与法人财产的联系程度。另外，股东责任不同，法律关于公司的组织和行为的要求也不同。依相关公司之间的关系，公司划分为总公司与分公司；依国籍，划分为本国公司与外国公司。关于依股东责任之外的划分，本书不拟展开说明。

四、合作社

1.意义

合作社是在互助合作的基础上，通过共同经营方法谋取社员经济利益和生活改善的社团法人。

2.说明

(1)合作社是社团法人

就此点而言，合作社与公司属并列关系。

(2)合作社是互助合作性社团法人

合作社是劳动人民进行互助合作的法律形式，其宗旨在于谋求社员的经济利益和生活改善。尽管合作社的经营活动也会有盈利，并以分配该利益于社员，但这只

---

[1] 依股东责任，公司划分为四种：

1.无限责任公司

无限责任公司是由清一色的无限责任股东组成的公司。由于股东须对公司债务负连带责任，因此，公司财产对于股东财产的独立化程度相当低。应当说，无限公司是法人发展中早期阶段的组织形式。无限公司往往由家族组成，而与合伙相差无几。惟其如此，德国法不肯认无限公司为法人。

2.有限公司

我国《公司法》第3条规定，有限责任公司是企业法人［对应《公司法》(2023年修订)第3条中的"公司是企业法人"］。股东以其出资额为限对公司承担责任，公司以其全部资产对公司的债务承担责任。有限公司的股东一律负有限责任，因此，股东财产与公司财产的联系已被切断。从而其法人人格相对丰满。这是法人发展较成熟阶段的产物。

3.两合公司

两合公司是一人以上无限责任股东与一人以上有限责任股东所组成的公司。显然，它由隐名合伙发展而来，是由无限公司向有限公司过渡的中间样态。德国法也不承认两合公司为法人。

4.股份有限公司

股份有限公司是全部资本分为等额股份，股东就其所认股份对公司负其责任的公司。资金分成每股金额一律相等的股份，是为有利于集资和股票的转让。在股份公司，公司财产与股东财产的独立化程度更高。此系有限公司的最完善的形式。

是避免中间盘剥，以谋共同利益的手段，与公司的营利性显有区别。[1]

(3)合作社组织形式较公司简便灵活

社员有入社退社自由，股金总额也可变动，而不像公司那样严格。

(4)合作社是社区性社团法人

合作社的互助合作性质，规定了以其目的事业所允许的地域为接受社员的范围。合作社通常在村、镇或城市的街道范围内组建，因而具有社区性。此点也与法人不同。

合作社依其目的事业，划分为生产合作社、消费合作社、信用合作社、保险合作社、住房合作社等。保险合作社目前在国内尚不许开办。而依社员责任，划分为有限责任合作社、无限责任合作社。依社际关系，则划分为总社与分社、联合社与非联合社。

合作社是劳动人民开展互助合作，在生产中互助而求共同发展，在消费、信用、保险和建造住房等领域互助而谋共同利益，避免中间盘剥的法律形式。自19世纪以来，合作社成为遍及全球的经济政治运动。在社会主义国家，均曾推行互助合作运动，并由此发展出集体制公有经济，该经济成分在国民经济中占有不可忽视的地位。目前，我国的合作社在进行改革。[2]

---

〔1〕 关于合作社究属中间法人、抑或营利法人，学说中有营利说。该说以为合作社不仅通过经济活动获取利益，而且分配其利益于社员。故而难谓其非营利。依本书所信，就合作运动的宗旨而言，应肯认其互助合作性，而不应认其为营利法人。

〔2〕 我国的合作社制度

一、20世纪50年代的合作化运动

20世纪50年代，我国农村开展了从生产互助组、初级生产合作社到高级生产合作社的农业合作化运动。高级合作社被定义为土地股金不分红，其他股金退还，实行按劳分配的合作社。初高级合作社，从实质上看，均属法人。在集镇则推行手工业、建筑、运输、供销和信用合作社，尤以手工业、供销和信用合作社为普遍。这三种合作社还分别组建县联合合作社、省和全国的总社。这些合作社、联合社和总社在实质上均属法人。1958年开展的人民公社化运动，把原来的农业生产合作社定型化为政社合一、三级结构的"人民公社"，而不复为单纯的经济团体。然而，抛开公社作为乡级政权的一面，而单从经济角度观察，那么它其实为三级合作社组成的结构。第一级是拥有土地、从事农业生产的组织，被称为"生产队"。第二级是不拥有或只拥有少量土地，主要作为自然村这一社区的合作社联合社，同时也从事副业生产的组织，被称为"生产大队"（20世纪70年代，在一些地区，农村土地所有权由生产队升级到生产大队。然而就全国看，这种情况并不普遍）。第三级则是不拥有土地，而作为乡一级社区的联合社，同时也进行工业生产的组织，称为"人民公社"。然而，农业合作社只建立在乡级社区，县以上并没有它的联合社或者全国总社。在人民公社化以后，供销、信用两社下放给人民公社。后来在"无产阶级文化大革命"中，手工业、供销和信用三种合作社被改变为国营企业或者准国营企业（后者指手工业合作社）。

二、20世纪80年代的农村改革

自1978年中共中央十一届三中全会以来，人民公社因其不适应农村生产发展的要求而被改组，实行政社分立。作为合作社，只保留了生产大队一级，而被称为"农业合作社"或者"村农业生产合作社"（《民法通则》第74条第1款[对应《民法典》第260条"集体所有的不动产和动产包括：(一)法律规定属于集体所有的土地和森林、山岭、草原、荒地、滩涂；(二)集体所有的建筑物、生产设施、农村水利设施；(三)集体所有的教育、科学、文化、卫生、体育等设施；(四)集体所有的其他不动产和动产"，已无"农业合作社"或"村农业生产合作社"的表述]、"村经济合作社"等。其他两级则被废弃。不过，为了使得原来公社一级兴办的企合作社意思机关(社员大会)的表决制度实行"一人一票"原则("一人一票制")，每个社员均有一票，而不问其股金的多寡。这与公司的股权表决制("一股一票")是不同的。另外，合作社实行限制股权分红制，即盈余分配不是完全以股权多寡为标准，相反，主要依据对合作社投入的劳务和与合作社交往的数额等。这与公司盈余分配完全依据股权也是不相同的。

第三节 法人的能力

一、概述

对于法人本质的理解，决定了关于法人民事能力的立场。此点在行为能力和责任能力上尤为突出。假使持法人拟制说，法人当然既无行为能力，也无责任能力可言。相反，若持法人实在说，则应当肯认法人如同自然人一样，具有民事能力，其中

业有其归属，国家主管部门要求建立"乡经济联合社"(1984年3月1日《中共中央、国务院转发农牧渔业部和部党组〈关于开创社队企业新局面的报告〉的通知》)。然而，如果从实际制度予观察，那么无可否认的事实是，所保留的合作社其实不是生产大队一级，而是生产队一级，起码在多数地区是如此。因为，在原人民公社"三级所有，队为基础"的体制下，就一般而言，生产队才是社区土地的所有人。不过，无论如何，政社分立之后，农村仍旧保留了农业生产合作社或综合性经济合作社，则属不争之事实。同时，在该社对土地实行"大包干"或者"联产承包"责任制经营。至于原来社队兴办的工副业企业，则相应称为"乡镇企业"(同1984年3月1日中共中央、国务院通知)或者"乡村集体所有制企业"(《乡村集体所有制企业条例》，其法规的名称亦如此)。在改革中的农村，农民自动组织了一些新的合作社，如果树栽培、禽蛋产销、机耕植保等合作社。中共和国家主管部门鼓励农民的合作行为，并就有关问题进行严格认真试验。合作社这种劳动者互助合作的法律制度，仍然具有不可替代的价值。

三、农村供销、信用两社的恢复和城市信用社发展

1.农村供销、信用两社的恢复

与农村改革同步，"文化大革命"中被国营化了的供销、信用两社已经被恢复为集体所有制企业，并且有了相当的发展。

依1983年2月11日国务院批转国家体改委、商业部《关于改革农村商品流通体制若干问题的试行规定》(已失效)，"恢复基层供销社的合作商业性质，制订供销合作社章程，恢复理事会和监事会，通过社员代表大会选举领导机构和领导人员"。"县供销社改成县联社，作为基层社的经济联合实体，是合作商业"。早在1980年8月，中央财经领导小组即指出："把信用社下放给公社不对，搞成'官办'的也不对，这都不是把信用社办成真正集体的金融组织。"1984年8月6日国务院批转中国农业银行关于改革体制的报告，该报告要求"恢复信用社合作企业的性质"，"变'官办'为'民办'"。然而，这不过是政策上的规定而已。两社早已摒弃了自己的社员，因此，如何收拢旧社员，发展新股东，真正把它们办成名副其实的合作社，尚有不少问题有待探索和解决。

2.城市信用社的发展

目前在大、中城市，普遍办起了城市信用合作社。1988年8月16日中国人民银行发布《城市信用合作社管理规定》(已失效)，确认"城市信用合作社是城市集体金融组织，是为城市集体企业、个体工商户以及城市居民服务的金融企业"。并在市级设城市信用合作社联社。可以预期，城市信用合作社将有广泛深入的发展。

包括行为能力和责任能力。在目前,法人实在说已成为我国的通说,因此法人的民事能力,几乎与自然人一样地广泛。

二、法人的权利能力

(一)权利能力的开始与终止

法人的权利能力自其成立时开始,至其清算完结时终止。《民法通则》第36条第2款规定:"法人的民事权利能力和民事行为能力,从法人成立时产生,到法人终止时消灭。"[1]上述"法人的民事能力到法人终止时消灭",属循环规定。终期的时点应为法人清算完结之日。企业法人和社会团体法人的终止须完成注销登记。由于注销登记只是事实记录,并非能力终止的要件。因此,注销登记之日,不是法人终止的时点。

应当指出,对于我国的企业法人和社会团体法人,法人成立之时应理解为"法人执照"或者"法人登记证"所注日期。而对于机关法人和事业单位法人,法人成立之时应理解为主管机关批准设立日。

(二)权利能力的范围

法人权利能力受到以下限制:

1.性质上的限制

凡以自然人的天然性质为前提而为自然人专属的民事权利和义务,法人均无从享有和负担。[2]

人身权自不待言,即使财产权中,基于自然人的身份发生的权利和以自然人的

---

〔1〕 对应《民法典》第59条:"法人的民事权利能力和民事行为能力,从法人成立时产生,到法人终止时消灭。"

〔2〕 法人是否享人身权,各国立法采取谨慎态度,学说上见仁见智。我国《民法通则》第99条第2款明确规定法人享有名称权,第101条并规定法人享有名誉权,第102条则进一步规定法人享有荣誉权(《民法典》第110条第2款规定:"法人、非法人组织享有名称权、名誉权和荣誉权。")。这一立法颇值研讨。

我们认为,《民法通则》所规定的名称权,对商法人来说,无非是商号权,商号权在性质上究竟属人身权,抑或知识产权——知识产权中的工业产权——颇值研讨。依笔者所信,自以工业产权为是,而非普通的人身权。因为,普通人身权有专属性,是不可转让的。而商号权却可转让。另外,商法人的名誉权和荣誉权也非普通人格权的成员,而应属工业产权中的竞争者地位权。在上述权利受到侵害时,所带来的仅为财产损失,而难谓人格损害,如同自然人被羞辱感之类的心理痛苦。通过商号权和竞争者地位权去保护商法人的上述权利,已堪称周全,而用不着肯认法人具有如同自然人一样的人身权。至于商法人以外的那些法人,如《民法通则》所规定的国家机关、事业单位和社会团体三类法人,它们诚然也有自己的名称和公众形象,这些方面也需加以保护,然而单凭此点便非要肯认其名称权、名誉权和荣誉权三类人格权不可吗?我们认为只需适用财产赔偿之类的保护即已足够。须知,人格权的客体所体现的人格利益,说到底是一种心理利益,在人格受到损害时会引起心理痛苦。为了保护受害人的正当心理利益,不使其无端地遭受痛苦,民法始建立人格权制度。然而,法人的上述权利受到侵害时,难道会有什么心理上的痛苦吗?难道能把专为保护自然人心理利益而设的制度,适用到根本不存在心理利益的法人身上吗?

劳务为给付标的的义务,法人也无从享有和负担。例如,扶养和赡养请求权、继承权、创作和讲学等给付义务即是。

2.法律上的限制

法人的民事权利能力,受到法律和行政命令的限制,例如《私营企业暂行条例》第12条第1款[1]和《保险法》第103条[2]所规定的限制。另外,国外立法例普遍禁止有限责任法人充任其他法人的无限责任股东或者合伙人;同时,除依法律或者章程规定以保证为目的的事业者外,法人不得担任保证人。此一原则,乃理所当然。因为充任其他法人的无限责任股东、合伙人或者保证人,均与有限责任的本质相违。对于国有企业法人来说,尚意味着国家财产的风险加大。[3]

3.目的上的限制

即法人的权利能力范围,以其事业目的所必要的范围为限。在登记设立法人,该范围须经登记官署核准。《民法通则》第42条规定:"企业法人应当在核准登记的经营范围内从事经营。"[4]此外第49条规定企业法人的行为超出核准登记范围即属非法经营,须予以制裁,其中包括对于负责人的刑事制裁。[5]可见我国十分强调企业法人权利能力在目的上所受的限制。国外立法例也有类似原则。例如,英美法的超越权限原则以及《日本民法典》第43条关于法人行为须受其目的限制的规定。不过,在英美,上述原则正被淡化;在日本,判例学说也在竭力软化《日本民法典》第32条的规定。[6]我国《合同法》第50条规定:"法人或者其他组织的法定代表人、负责人超越权限订立合同,除相对人知道或者应当知道其超越权限的以外,该代表行为有效。"[7]从字面看,该条仅系逾越代表权行为效力的规定,然而,代表权原则上取决

---

〔1〕 该款规定:"私营企业不得从事军工、金融业的生产经营……"(该规定已删除)

〔2〕 该条规定:"金融监督管理部门有权限制或者禁止保险公司向中国境内的保险公司办理再保险分出业务或者接受中国境外再保险分入业务。"[对应现《保险法》第96条:"经国务院保险监督管理机构批准,保险公司可以经营本法第九十五条规定的保险业务的下列再保险业务:(一)分出保险;(二)分入保险。"]

〔3〕 然而,我国目前非但不采此项原则,反而鼓励相反行为,如为配合国家企业横向联合政策,《民法通则》第52条规定法人之间可以合伙(该规定已删除);《民通意见》第106条第1款规定企业法人可以作保证人(《民法典》第683条规定:"Ⅰ.机关法人不得为保证人,但是经国务院批准为使用外国政府或者国际经济组织贷款进行转贷的除外。Ⅱ.以公益为目的的非营利法人、非法人组织不得为保证人。"由此反推,一般的营利法人应可为保证人。);《企业法人登记管理条例施行细则》第34条第5款规定企业法人可以为申请法人登记组织出具资金担保书(该规定已删除)。上述诸规定,显属违反体系的重大瑕疵。

〔4〕 该规定已删除。《公司法》(2023年修订)第9条规定:"Ⅰ.公司的经营范围由公司章程规定。公司可以修改公司章程,变更经营范围。Ⅱ.公司的经营范围中属于法律、行政法规规定须经批准的项目,应当依法经过批准。"因此,公司的经营范围原则上可由公司自己决定。

〔5〕 该规定已删除。

〔6〕 日本判例认为,《日本民法典》第43条所谓法人"目的",不以其章程所定者为限;举凡达成法人的事业所必要的事项,或与之有牵连的事项均应属之。在学说中,有主张该条所限制的标的,乃法人代表机关的权限而非法人的权利能力。或主张目的范围只是对于代表机关责任的规定,而不具左右其行为的效力。代表机关在法人目的范围之外实施的行为,应属有效;不过,该机关应就此种行为对法人负其内部责任。

〔7〕 对应《民法典》第61条第3款:"法人章程或者法人权力机构对法定代表人代表权的限制,不得对抗善意相对人。"

于意思机关的决定,并且也受核准登记的经营范围的制约。因而,可以窥知立法经营范围效力的意旨。

(三)非法人团体的法律地位

非法人团体,即无权利能力社团。包括:①未获法人登记的企业("非法人企业")及社会团体。②筹备中法人。③法人的分支机构。关于第①③两类团体,仅需进行企业登记和社会团体登记即具有准法人地位:有名称权,可以以企业或团体的名义进行活动(订立合同、接受财产),并且具有与法人相同的诉讼当事人资格。[1]不过其负责人或者法人本部须对团体的债务负责。至于第②类,如所筹备法人属于以登记为成立要件的法人,经登记后得以团体名义进行活动,惟行为的法律效果由成立后的法人承受;当所筹法人成立不能时,则由筹备人负相应责任。

三、法人的行为能力

(一)法人有无行为能力

法人具有民事行为能力,其原因端在法人为权利能力者,法人是其设立人的工具,如无行为能力,当无从参与民事生活,其作为工具的功能亦无从发挥。这显然与法人制度的价值不合。故而今天学说、立法和判例,无否定法人行为能力者。我国《民法通则》第36条[2]也明定法人具有行为能力。

(二)法人行为能力的实施方式

法人的行为,由充任其执行机关和代表机关的自然人予以实现。该机关的行为,即为法人本身的行为。对于此项制度,《民法通则》虽无直接规定,但可从第38条[3]和第43条[4]中推知。

---

〔1〕《企业法人登记管理条例施行细则》第39条[《市场主体登记管理条例》第2条规定:"本条例所称市场主体,是指在中华人民共和国境内以营利为目的从事经营活动的下列自然人、法人及非法人组织:(一)公司、非公司企业法人及其分支机构;……"],《私营企业暂行条例》第21条(该规定已删除),《社会团体登记管理条例》第5条、第11条[对应《社会团体登记管理条例》(2016年修订)第14条:"社会团体的章程应当包括下列事项: (一)名称、住所;(二)宗旨、业务范围和活动地域;(三)会员资格及其权利、义务;(四)民主的组织管理制度,执行机构的产生程序;(五)负责人的条件和产生、罢免的程序;(六)资产管理和使用的原则;(七)章程的修改程序;(八)终止程序和终止后资产的处理;(九)应当由章程规定的其他事项。"],《民事诉讼法》第49条第2款[现为《民事诉讼法》(2023年修正)第51条第2款]。

〔2〕 对应《民法典》第59条:"法人的民事权利能力和民事行为能力,从法人成立时产生,到法人终止时消灭。"

〔3〕 对应《民法典》第61条第1款:"依照法律或者法人章程的规定,代表法人从事民事活动的负责人,为法人的法定代表人。"

〔4〕 对应《民法典》第61条第2款:"法定代表人以法人名义从事的民事活动,其法律后果由法人承受。"

（三）法人行为能力的范围

法人的行为能力，应当以其权利能力的范围为范围。依照《民法通则》第42条[1]和第49条[2]的规定，企业法人须在核准登记的经营范围内经营。至于非企业法人的行为能力范围，《民法通则》和其他法规尚无规定。但自体系言之，《民法通则》对于企业法人的规定除企业法人性质上固有者外，应准用于其他类型法人。因为企业法人具有典型性，故其法律的规定具有准用性。同样的例子见于合同法，《合同法》对于买卖的规定，其他有偿契约准用之。[3]

（四）登记设立法人超越其事业范围行为的效力

所谓"登记设立法人"，是指其以登记为成立要件的法人。在该类法人的登记中，事业范围特别是"经营范围"属于必要登记事项。对于此类法人来说，其意思表示机关实施的超越事业范围的行为，属否法人的行为？颇值探讨。

本来，法人在设立时，必有其目的事业，并且表述于章程之中。该事业的范围，旨在规范意思表示机关的行为，不使其随意逾越，致涉足法人设立人所不欲的高风险业领域，而陷设立人"投资的财产权"亦即营利预期于不测。质言之，目的事业的制度价值端在调整设立人(亦即经济学上所谓的"产权人")与意思表示机关的相互关系，约束后者的行为。在社团法人，设立人于法人成立后即转化为社员。然而，法人的意思表示机关在实施契约行为时，势必涉及第三人。而后者又难以知晓前者的行为是否逾越法人的目的事业范围。如果过分僵化目的事业对于意思表示机关的约束力，当意思表示机关逾越目的事业范围而与第三人为契约行为时，如果使逾越行为无条件地归于无效，即难免令第三人负担过重的信息成本，该方即会视与法人交往为畏途，反予交易无谓的阻力。因此，必须谋求上述两方面利益的协调。协调之道，即在软化对于意思表示机关行为的约束力，同时适当强化第三人的信息获知义务。目前，国外立法例已经归纳出了模式，即以第三人知晓意思表示机关的行为逾越目的事业范围为限，令意思表示机关的越权行为无效；否则即属有效。亦即越权行为不得对抗善意第三人。如果法人的社员认为该违反章程的越权行为损害其利益时，即通过追究意思表示机关担当者责任的途径予以解决。此种经验，已为我国《合同法》第50条部分采纳。其规定是："法人或者其他组织的法定代表人、负责人超越权限订立合同，除相对人知道或者应当知道其超越权限的以外，该代表行为有效。"[4]

---

〔1〕 该规定已删除。

〔2〕 该规定已删除。

〔3〕 我国《合同法》第174条规定："法律对其他有偿合同有规定的，依照其规定；没有规定的，参照买卖合同的有关规定。"(对应《民法典》第646条："法律对其他有偿合同有规定的，依照其规定；没有规定的，参照适用买卖合同的有关规定。")

〔4〕 对应《民法典》第61条第3款："法人章程或者法人权力机构对法定代表人代表权的限制，不得对

可惜,关于社员对于越权行为损害赔偿请求权的配套规定(例如在公司法或者相应法域作规定),却未采纳。上述规定,是用过于痛苦的经验换来的。自20世纪80年代我国改革开放,实行法人制度以来,多年计划经济形成的国家管理情节,令立法和执法部门将查处法人意思表示机关的越权行为视为天职,尽管外国立法早已废止了该制度,这一点却难使我们的同胞欣然采纳。尽管《民法通则》《企业法人登记管理条例》和《公司法》均未明确规定越权行为无效,但执法机关却基于从计划经济习得的传统,将越权行为解释为无效行为,[1]并在全国范围内实施了规模浩大的围剿无效合同的运动。直到1993年最高人民法院《全国经济审判工作座谈会纪要》(法发1993〔8〕号,1993年5月6日)才明确强调"合同约定仅一般违反行政管理性规定的,如一般地超范围经营、违反经营方式等而不是违反专营、专卖及法律禁止性规定,合同标的物也不属于限制流通的物品的,可按照违反有关行政管理规定进行处理,而不因此确认合同无效"。基于越权行为当然无效的审判才告止歇。

(五)筹备中法人的行为能力

筹备中的法人,尚未取得法人的权利能力和行为能力。其设立人不得以法人的名义实施行为,否则,所实施的行为只能属于该设立人的行为,而不属法人的行为。然而,当法人成立之后,法人不妨依债务承担制度,接受该行为的效果。

四、法人的责任能力

(一)法人有无责任能力

此问题亦受法人本质学说的左右。依法人实在说,自然承认法人的责任能力。相反,若依法人拟制说,由于其否认法人的意思能力,也就当然否认法人的责任能力。《民法通则》第37条规定法人应能"独立承担民事责任"[2],第43条进一步规定:

抗善意相对人。"

　〔1〕《民法通则》第42条的规定是"企业法人应当在核准登记的经营范围内从事经营。"(该规定已删除)但执法者却坚持对该规定作反向解释:超越核准登记的经营范围的行为是不允许的。于是,司法解释和行政规章规定越权行为无效。其中最有影响的是最高人民法院的司法解释,如1984年9月17日《关于贯彻执行(经济合同法)若干问题的意见》(该规定已失效)第1节第1目第2项"审查合同内容是否合法"中规定:"第四是审查合同的内容是否超越批准的经营范围。如合同签订时,已向工商行政部门申请变更或扩大经营范围,合同签订后经工商行政部门核准经营的,可不视为超越经营范围。"依该解释,凡逾越经营范围行为即属无效。此外,该院1987年7月21日《关于在审理经济合同纠纷案件中具体适用经济合同法若干问题的解答》(该规定已失效)第4节规定:"工商企业、个体工商户及其他经济组织应当在工商行政管理部门核准登记或主管机关批准的经营范围内从事正当的经营活动。超越经营范围或者违反经营方式所签订的合同,应认定为无效合同。例如,非法经营重要生产资料和紧俏耐用消费品的;零售商经营批发业务的;代销商搞经销的,只应准在特定地区内销售的进口商品,未经批准私自流入其他地区的,等等,均按无效合同处理。全部为超营项目的,全部无效;部分为超营项目的,超营部分无效。"其对越权行为否定激愤之情,溢于言表。

　〔2〕对应《民法典》第60条"法人以其全部财产独立承担民事责任"。

"企业法人对它的法定代表人和其他工作人员的经营活动,承担民事责任。"[1]上述规定,明确肯认了法人的责任能力。

(二)法人侵权行为的要件

1.须属代表机关或者其他有权代表法人者实施的行为

法人代表机关的行为,即为法人本身的行为,法人须为之负责。该行为如果充分侵权行为的要件,法人亦须为之负侵权行为责任。此外,其他有权代表法人者——通常是法人的职能机构,如销售科、财务科等——实施的所有行为,法人也须为之负责。

2.须属执行法人职务的行为

上述行为,尚须以执行法人职务为要件。非执行职务行为,无由法人负责。

至于何种行为方属职务行为? 其判断标准应为:

(1)须在外观上足以被认为属于执行职务

例如,在工作期间所实施者,目的旨在完成法人职务者,其内容属于法人职务者,等等。

(2)须依社会共同经验足以认为与法人职务有相当关联

例如,为财团法人募捐中实施的诈欺行为,以及代表法人诉讼中实施的贿赂行为。

3.须行为充分一般侵权行为的法律要件

所谓一般侵权行为的要件,我们将在本书第四十六章讨论。此处仅简单说明如下:①须有损害事实。②须损害与加害行为之间有因果关系。③须加害行为违法。④须加害人有责任能力。⑤须加害行为出于过失或者故意。

(三)法人侵权行为的效力

1.法人的责任

依《民法通则》第43条的规定,企业法人对于代表机关及其他有权代表法人者实施的侵权行为,负担责任。非企业法人,亦应与企业法人相同。不过我国立法及司法解释尚无此项规范。[2]

2.行为人的内部责任

法人机关或其他有权代表法人者,对于法人须负内部责任。亦即对法人的责任。

---

〔1〕 对应《民法典》第62条第1款"法定代表人因执行职务造成他人损害的,由法人承担民事责任"以及《民法典》第1191条第1款第1句"用人单位的工作人员因执行工作任务造成他人损害的,由用人单位承担侵权责任"。

〔2〕 对应《民法典》第62条第1款"法定代表人因执行职务造成他人损害的,由法人承担民事责任"以及第1191条第1款第1句"用人单位的工作人员因执行工作任务造成他人损害的,由用人单位承担侵权责任"。在现行法下,所有法人原则上均应对其法定代表人或其他工作人员的职务行为造成的他人损害承担赔偿责任。

内部责任由法人章程(对企业法人、社会团体法人和民立事业单位法人言)或者命令(对机关法人和国立事业单位法人言)规定。在实行承包责任制的企业法人,则依承包合同的约定。内部责任的内容包括财产赔偿责任和人事责任。后者则指内部的"行政"责任。

<h1 style="text-align:center">第四节　法人的机关与住所</h1>

一、机关概说

(一)机关的意义

自然人有其意思器官和意思表示器官,这就是大脑和口手等。法人则以其构成要素中的自然人为机关。这些人有如自然人的大脑和口、手一样,形成、执行和表示法人的意思。法人机关的形成和发育,使得法人能够像完全行为能力自然人一样参加民事活动。

法人机关与代理人不同。法人机关属于法人的构成部分,机关与法人为同一个人格。作为机关担当者的自然人,在以机关的名义实施行为时,其人格即为法人所吸收。而在代理人,其法律人格却与被代理人相比较而存在,在代理行为中并不失其独立人格。

(二)机关的结构

法人机关由意思机关、执行机关、代表机关和监察机关构成。

(三)机关担当人

机关担当人就是充任法人行为机关的自然人。[1]

《民法通则》第38条规定:"依照法律或者法人组织章程规定,代表法人行使职权的负责人,是法人的法定代表人。"[2]此规定实为关于法人代表机关担当人的规

---

[1] 法人机关与法人机关的担当人不是同一概念,其区别为:

(1)法人机关只是法人的必要成分,其本身并无法律人格可言

而法人机关的担当人却仍具有自然人法律人格。

(2)法人机关不可或缺,而其担当人却可以一时出缺

此种出缺状态并不影响法人的存续。

(3)法人机关无从变更,而其担当人却可以更替

此种更替也不影响法人的存续。

[2] 对应《民法典》第61条第1款:"依照法律或者法人章程的规定,代表法人从事民事活动的负责人,为法人的法定代表人。"

定。其中所谓"法定代表人"，[1]即法人代表机关的担当人。

二、机关各论

（一）社团法人的意思机关

1.意义

社团法人的意思机关，是该法人形成自己意思的机关，又称"决策机关"或"权力机关"。[2]

2.担当人

意思机关的担当人是法人的全体社员，或者全体股东(在公司和合作社，社员习称为股东)。法人的意思，通过社员(或股东)大会的决议来形成。当社员人数很多，召开社员大会在操作上有困难时，章程往往规定由社员代表大会为意思表示机关。此系为节约协调会议成员的决议成本的技术制度。

3.意思机关是社团法人的特有的机关

在财团法人，其意思由捐助人形成，并通过捐助章程(或遗嘱)固定化，财团法人无从而且也不得设立意思机关。在机关法人，其意思由法律规定，机关法人本身不得有自己的意思机关：而在国家或者集体所有制法人独资设立的企业法人和事业单位法人，往往由出资人委任若干董事组成董事会，由该会代行意思机关之责。

（二）执行机关

执行机关是执行法人章程、捐助章程或者设立命令所规定的事项，以及执行法人意思机关所决定事项的机关。任何法人均须设置执行机关，倘无执行机关，法人目的事业势将无法完成。然而应当指出，执行机关是着眼于法人事务执行而言的机关。在民法，则着眼于法人的对外行为，亦即下文的"代表机关"，而无须研究执行机关。相反，公司法却须研究执行机关，这是公司法与民法所不同的，殊值注意。

（三）代表机关

1.意义

代表机关是法人的意思表示机关，亦即代表法人对外进行民事活动的机关。

代表机关可简称为"代表"。

---

〔1〕 "法定"二字颇受学说批评，因其容易产生误会：似乎该担当人是基于法律规定而产生。其实不然，法人的代表并非法定，而为意定。"法定"二字乃属蛇足(参见方流芳：《〈民法通则〉评析》，载中国法学会编《法学研究动态》1988年第12期，第38页。)

〔2〕 "权力机关"之称，并非民法学概念，而是公法学或者组织行为学上的概念。此点应予注意。

2.代表的性质

所谓"代表",是指在对外活动中的代表者。在对外活动中,代表的行为即为法人的行为。在法人诸机关中,只有代表机关是对外机关,而其他机关均属内部机关。

3.代表机关是一切法人的必要机关

与执行机关相同,代表机关也是一切法人均需设置的机关。因为倘无代表机关,法人就无法进行民事活动。

4.代表机关的权限

《民法通则》以及其他法规均无明文规定。[1]自学理言之,代表权限原则上及于法人的一切事务。但法人得于章程中对于代表权限加以限制。在加以限制的情况下,该限制不得对抗善意第三人。

5.担当人

《民法通则》第38条是关于法人代表机关担当人的规定。[2]依该规定,代表机关是执行机关担当人中的"主要负责人"。关于代表机关担当人的产生和变更,尤其是出缺时的递补,须在章程、捐助章程或者命令中订明。

(四)监察机关

1.意义

监察机关是对执行机关和代表机关的行为实施监督的机关。

2.监察机关不是一切法人的必要机关

监察机关不是法人必设的机关。一个法人是否设立监察机关,应依其章程、设立命令(以及追加命令)或者意思机关的决定。但特别法可以规定某类法人必须设立监察机关。

3.担当人

监察机关的担当人是监事。担当人可为一人,也可为多人。

三、法人的住所

《民法通则》第39条规定:"法人以它的主要办事机构所在地为住所。"[3]当法人只设一个办事机构时,该办事机构所在地即为住所;当法人设有多个办事机构时,则以其主要办事机构所在地为住所。主要办事机构,乃指统率法人业务的机构。

---

〔1〕《民法典》第61条第3款规定:"法人章程或者法人权力机构对法定代表人代表权的限制,不得对抗善意相对人。"

〔2〕《民法典》第61条第1款规定:"依照法律或者法人章程的规定,代表法人从事民事活动的负责人,为法人的法定代表人。"

〔3〕 对应《民法典》第63条:"法人以其主要办事机构所在地为住所。依法需要办理法人登记的,应当将主要办事所在地登记为住所。"

企业法人和社会团体法人的住所，属于登记必要事项，因此，该两法人的住所应以登记所载为准。

法人住所的效力，与自然人同，故不赘述。

第五节　法人的成立

一、成立与设立

法人的出世与自然人大不相同。后者因出生而当然成为人，法人则只能由自然人依照法律的规定创设出来。这种创设法人的行为称之为法人的设立行为。当设立行为充分法人的成立要件，就具有"法人产生"的法律效果。于是在生活事实层面上，就有一个法人"呱呱坠地"。法人出世这一现象，称之为法人的成立。

关于法人产生的描述，法律用语有"设立"和"成立"两词。[1]设立系就法人的组建行为而言，而成立则指设立过程的结果，亦即法人出世的事实。

二、法人的成立要件

在本章第一节，我们讨论了法人的要件。那是从逻辑上和制度价值上对法人所应具备条件的抽象。该要件对于把握法人的意义和实质，是必要的，不可替代的。在这里，为便于说明法人的成立，特将法人的要件从成立的角度加以归纳。必须强调的是，此处的归纳并非对上述要件的修改，而只是从法人成立的角度另作观察。或者说，此处的归纳更倾向于成立的实务。

1.须有成立的规范基础

所谓规范基础，指某类法人据以成立的法律规定。例如，设立公司，须依《公司法》（1994年7月1日实施）；设立全日制普通高等学校，须依《普通高等学校设置暂行条例》（1986年12月15日国务院发布）。无规范基础，即不得设立法人。

2.须有必要初始财产

关于法人必要初始财产的数额，目前行政法规只对公司、企业法人和"基金会"作了规定。[2]

〔1〕　在《民法通则》、《企业法人登记管理条例》（现为《市场主体登记管理条例》）（下文简称《企业登条》）以及其他法规中，关于法人产生，分别使用"设立""成立""开办""兴办""组织""组建""开业"等语词。各词的具体含义，应就其语义和逻辑环境索解。

〔2〕　关于企业法人设立时必要财产的数额，《企业法人登记管理条例施行细则》（下文简称《企业登则》，该规定已失效）第15条第7款规定："生产性公司的注册资金不得少于三十万元（人民币，下同），以批发业务为主的商业性公司的注册资金不得少于五十万元，以零售业务为主的商业性公司的注册资金不得少于

3.须有章程(机关法人不适用之)

关于企业法人和社会团体法人的章程,在《企业法人登记管理条例施行细则》^[1]和《社会团体登记管理条例》^[2]中有其规定。关于事业单位法人类型,则无统一规定。

4.须有组织

具体包括以下内容:

三十万元,咨询服务性公司的注册资金不得少于十万元,其他企业法人的注册资金不得少于三万元。国家对企业注册资金超额有专项规定的按规定执行。"(该规定已删除。《市场主体登记管理条例》第13条第1款规定:"除法律、行政法规或者国务院决定另有规定外,市场主体的注册资本或者出资额实行认缴登记制,以人民币表示。")关于"基金会"设立时的必要财产数额,依《基金会管理办法》第3条第2项的规定,为人民币10万元或者等值外汇(对应《基金会管理条例》第8条第2项:"全国性公募基金会的原始基金不低于800万元人民币,地方性公募基金会的原始基金不低于400万元人民币,非公募基金会的原始基金不低于200万元人民币;原始基金必须为到账货币资金。")。《公司法》第23条规定:"有限责任公司的注册资本不得少于下列最低限额:(一)以生产经营为主的公司人民币五十万元;(二)以商品批发为主的公司人民币五十万元;(三)以商业零售为主的公司人民币三十万元;(四)科技开发、咨询、服务性公司人民币十万元。"[该规定已删除。现《公司法》(2023年修订)第47条规定:"Ⅰ.有限责任公司的注册资本为在公司登记机关登记的全体股东认缴的出资额。全体股东认缴的出资额由股东按照公司章程的规定自公司成立之日起五年内缴足。Ⅱ.法律、行政法规以及国务院决定对有限责任公司注册资本实缴、注册资本最低限额、股东出资期限另有规定的,从其规定。"]第78条第2款规定:"股份有限公司注册资本的最低限额为人民币一千万元。"[该规定已删除。现《公司法》(2023年修订)第96条规定:"Ⅰ.股份有限公司的注册资本为在公司登记机关登记的已发行股份的股本总额。在发起人认购的股份缴足前,不得向他人募集股份。Ⅱ.法律、行政法规以及国务院决定对股份有限公司注册资本最低限额另有规定的,从其规定。"]第152条规定,股份有限公司申请股票上市,"公司股本总额不少于人民币五千万元"(该规定已删除。《证券法》第47条规定:"Ⅰ.申请证券上市交易,应当符合证券交易所上市规则规定的上市条件。Ⅱ.证券交易所上市规则规定的上市条件,应当对发行人的经营年限、财务状况、最低公开发行比例和公司治理、诚信记录等提出要求。")。

〔1〕《企业登记》第19条规定,企业法人章程包括以下内容:(一)宗旨;(二)名称和住所(依该条第24条,名称由商号所属行业或者经营特点以及组织形式构成,名称前须冠以所在地行政区划的名称(涉外法人不必);(三)经济性质(涉外法人不必);(四)注册资金及其来源;(五)经营范围和经营方式;(六)组织机构及其职权;(七)法定代表人产生的程序和职权范围;(八)财务管理制度和利润分配形式;(九)劳动用工制度;(十)章程修改程序;(十一)终止程序;(十二)其他事项。[《公司法》(2023年修订)第46条规定:"Ⅰ.有限责任公司章程应当载明下列事项:(一)公司名称和住所;(二)公司经营范围;(三)公司注册资本;(四)股东的姓名或者名称;(五)股东的出资额、出资方式和出资日期;(六)公司的机构及其产生办法、职权、议事规则;(七)公司法定代表人的产生、变更办法;(八)股东会认为需要规定的其他事项。Ⅱ.股东应当在公司章程上签名或者盖章。"《公司法》第95条规定:"股份有限公司章程应当载明下列事项:(一)公司名称和住所;(二)公司经营范围;(三)公司设立方式;(四)公司注册资本、已发行的股份数和设立时发行的股份数,面额股的每股金额;(五)发行类别股的,每一类别股的股份数及其权利和义务;(六)发起人的姓名或者名称、认购的股份数、出资方式;(七)董事会的组成、职权和议事规则;(八)公司法定代表人的产生、变更办法;(九)监事会的组成、职权和议事规则;(十)公司利润分配办法;(十一)公司的解散事由与清算办法;(十二)公司的通知和公告办法;(十三)股东会认为需要规定的其他事项。"]

〔2〕《社会团体登记管理条例》第11条规定:"社会团体法人章程应当包括下列内容:(一)名称;(二)宗旨;(三)经费来源;(四)组织机构;(五)负责人产生的程序和职权范围;(六)章程的修改程序;(七)社会团体的终止程序;(八)其他必要事项。"[对应《社会团体登记管理条例》(2016年修订)第14条:"社会团体的章程应当包括下列事项:(一)名称、住所;(二)宗旨、业务范围和活动地域;(三)会员资格及其权利、义务;(四)民主的组织管理制度,执行机构的产生程序;(五)负责人的条件和产生、罢免的程序;(六)资产管理和使用的原则;(七)章程的修改程序;(八)终止程序和终止后资产的处理;(九)应当由章程规定的其他事项。"]此外,本书以为尚应载明住所。

(1)社团法人须有发起人。[1]

(2)非财团法人须有未来意思机关的人选。

(3)所有法人均须有执行机关和代表机关的人选。

(4)所有法人须有进行目的事业的必要员工。[2]

5.须经国家主管官署许可

所谓主管官署，指法人目的事业类型归其管辖的国家机构。设立法人，在我国原则上须经主管官署许可。但就机关法人言，其设立人为国家机构，故其许可行为即被吸收于设立行为之中。

充分以上要件，在非登记设立法人，该法人即告成立。在登记设立法人(企业法人、社会团体法人、财团法人[3])，尚须登记。如充分法人要件，主管官署即应予以登记。

三、法人设立的原则

法人的设立原则，指国家对于法人设立所采行的原则。设立原则，又称设立主义。就比较法而言，法人设立的原则有特许主义、许可主义、准则主义、自由放任主义和强制主义五种。[4]

---

〔1〕《私营企业暂行条例》第9条规定，有限责任公司的发起人须为2人以上。第9条第2款规定"有限责任公司应当符合下列规定：…… (三)投资者为二人以上三十人以下"。第9条第3款规定："……投资者超过三十人的应当向工商行政管理机关作专项申报，经同意后始得办理登记。"［对应《公司法》(2023年修订)第42条："有限责任公司由一个以上五十个以下股东出资设立。"］《公司法》第75条规定："设立股份有限公司，应当有五人以上为发起人，其中须有过半数的发起人在中国境内有住所。"［对应《公司法》(2023年修订)第92条："设立股份有限公司，应当有一人以上二百人以下为发起人，其中应当有半数以上的发起人在中华人民共和国境内有住所。"］

〔2〕《企业登则》第15条规定："申请企业法人登记，应当具备下列条件(外商投资企业另列)：…… (五)有与生产经营规模和业务相适应的从业人员，其中专职人员不得少于八人。"［该规定已删除。《市场主体登记管理条例》第8条规定："Ⅰ.市场主体的一般登记事项包括：(一)名称；(二)主体类型；(三)经营范围；(四)住所或者主要经营场所；(五)注册资本或者出资额；(六)法定代表人、执行事务合伙人或者负责人姓名。Ⅱ.除前款规定外，还应当根据市场主体类型登记下列事项：(一)有限责任公司股东、股份有限公司发起人、非公司企业法人出资人的姓名或者名称；(二)个人独资企业的投资人姓名及居所；(三)合伙企业的合伙人名称或者姓名、住所、承担责任方式；(四)个体工商户的经营者姓名、住所、经营场所；(五)法律、行政法规规定的其他事项。"］

〔3〕从法律规定看，设立须经登记的法人只有企业法人和社会团体法人。但由于《社会团体登记管理条例》视"基金会"为社会团体法人，因此，从实质上看，则应包括财团法人。

〔4〕关于法人的设立原则

1.特许主义

是设立法人必须依据国家元首或者政府的命令以及专为该法人制定的"法规"的政策立场。此种主义盛行于17世纪至19世纪的欧洲。在近代，这种政策只适用于设立特别法人。国外例如英国广播公司(BBC)、我国例如中国人民银行，即属于特许设立。

2.许可主义

是设立法人须依法律规定的要件并须经由政府主管官署审核批准的政策立场。

惟有准则主义和许可主义,最具普遍意义。自比较法观之,目前对于公益法人,多采许可主义。因其事关公共利益,故而应当严格把关。而对于其他法人,尤其企业法人,则采准则主义。我国目前也大体如此。

四、法人的设立方式

设立法人依法人类型的不同,而有以下方式:

(一)命令设立

即政府以其命令设立法人的方式。在我国,此种方式适用于国有独资公司、非公司全民所有制企业法人、机关法人、国立事业单位法人、国立财团法人等。政府直接设立法人,其财力、组织力以及对于法律的了解,均极可靠,故除企业法人外,无须审查,当然也无从审查。企业法人虽需经由设立登记,但那完全是出于便于管理的考虑。

(二)发起设立

即由发起人充分法人成立要件——尤指认足法人的资金数额——而设立法人的方式。此种方式,在市场经济国家适用颇广,就私法人言,除股份有限公司外,均采用这种方式。我国《公司法》关于有限责任公司设立的规定,虽未使用"发起设立"或"发起人"之类的字样,但从其精神看,则应属发起设立。另外,也规定股份公司得以发起设立的方式设立。[1]

3.准则主义

是将法人成立要件通过法律详为规定,只要设立行为充分该要件,即肯认法人成立的政策立场。至于设立行为是否充分法人要件,则主要通过加重设立人责任的办法,予以保障,当然也须经由主管官署审查。不过,这种审查只是形式审查。而在许可主义则为实质审查,此与法人要件未能具体化固然不无关系,但主要原因尚在指导思想上的公法色彩。上述准则主义已属严格的准则主义了。

4.自由放任主义

即设立法人无须国家审查,悉依当事人自由,只须具备法人之实,即可取得法人资格的政策立场。

5.强制主义

是国家规定某些事业领域必须设立法人以事运作的政策立场。欧美国家一般规定,在应当组建工会、农会和同业公会的领域或者地区,必须组建上述法人。

在以上各种政策立场中,特许主义,有违私法自治理念,并且失之过严;而自由放任主义,则失之过宽。至于强制主义,因只适用于特别事业领域,而不具普遍价值。所以,惟有准则主义和许可主义,最具普通意义。自比较法观之,目前对于公益法人,多采许可主义。因其事关公共利益,故而应当严格把关。而对于其他法人,尤其企业法人,则采准则主义。

[1]《民法通则》《中外合资企业法》《中外合作经营企业法》《外资企业法》《个人独资企业法》《合伙企业法》以及《乡村集体所有制企业条例》《社会团体登记管理条例》等法规,虽均未明定发起设立方式。但自事理而言,该几类法人只能由其发起人自行充分要件,而无他赖。故其应系发起设立,当属无疑。

（三）募集设立

募集方式，是在发起人不认足设立法人的资本数额，而向社会公开募集其余部分的法人设立方式。我国《公司法》第三章[1]规定了股份有限公司得以此种方式设立。

（四）财团法人的设立

设立财团法人，各国均采许可主义。任何人充分法人的成立要件并提出申请，经批准即可设立。其具体方式有：

1.命令设立

即政府拨足财政资金，以命令设立财团法人的方式。

2.捐助设立

在法人以及自然人生前捐足必要财产的场合，即由捐助人充分其他要件而设立。而在自然人以遗嘱捐足必要财产的场合，即由遗嘱执行人充分其他要件而设立。

3.募集设立

即由发起人募足必要财产，并充分其他要件而设立的方式。

第六节　法人的登记

一、概说

（一）法人登记

法人登记，是把关于法人成立、存续、变更和消灭的法律事实，在主管官署登录，以为公示的制度。在我国，企业法人、社会团体法人和财团法人，均适用法人登记程序。

（二）公示主义

法人登记，与民法上的公示主义有关。所谓公示主义，指某些法律特别要求的法律事实须予公开，以使利害关系人知晓，方可引起相应法律效果的政策原则。申言之，对于须公示的法律事实而言，仅有其存在，尚不足以发生相应法律效果，只有进一步充分公示要件，方能发生该法律效果。

公示主义的制度价值，在于保护法律事实的利害关系人的了解利益。例如，对

---

〔1〕　现为《公司法》（2023年修订）第五章。

于企业法人而言,它的资信状况、负责人、民事能力等事实状态,是交易对手与之交易的必要信息。而该类信息的获取非常困难。这就决定了法律技术有必要发明专门制度,以保护利益关系人的了解利益。其他类型的法律事实中,具有此种保护必要的也还有。为了保护了解利益,公示制度应运而生。法人登记制度,是公示制度中的一种。要式法律行为之必要方式,亦属公示方式,其中不动产物权行为登记、动产物权行为的交付、结婚登记和离婚登记等,均属之。

(三)登记的类型

法人登记分为:①设立登记;②变更登记;③注销登记。

(四)登记程序

1.登记的意义

登记程序,由登记申请、受理、审核、决定登记与公告诸项行为依次构成。[1]

2.登记的主管官署

企业法人登记的主管官署是国家和地方的工商行政管理局,[2]社会团体法人登记的主管官署则是民政部和县以上地方各级民政部门。[3]

3.登记义务人

设立登记的登记义务人是法人设立人;变更登记的登记义务人是法人代表;注

---

[1] 登记的具体程序如下:

(1)申请

登记义务人备齐登记申请书以及其他必要资料,提交于登记官署,是为申请。申请人对于上述文书所描述事实的真实性负责。

(2)受理

登记官署受理登记申请案。受理后发给申请人"受理通知书"。

(3)审理

登记官署受理申请后,审查所申请事实是否充分法人的成立要件,是为审理。关于审理,比较法上有"形式主义""实质主义"和"折衷主义"之分。我国采用的是折衷审查主义。

(4)登记核驳

登记官署经审查,认为所申请事实已充分法人成立要件,即作出予以登记的决定,将登记事项记载于法人登记簿;相反,如认定不能充分法人要件,除具备经营条件可直接登记为非法人企业外,其他则作出不予登记的决定。此为登记的核准和驳回。核准与驳回均应通知申请人。如决定给予登记,则发给法人执照及其必要副本,并令该法人的法定代表人就其签名手迹备案。至于其他两类登记,只是换发执照和缴销执照问题。

(5)公告

登记官署定期或者不定期发布关于企业法人登记的公告。

[2] 《企业登条》第4条,《公司登记管理条例》(1994年6月24日国务院发布,同年7月1日施行,下文简称《公司登条》)第4条。(现在应为"市场监督管理部门",根据《市场主体登记管理条例》第5条:"Ⅰ.国务院市场监督管理部门主管全国市场主体登记管理工作。Ⅱ.县级以上地方人民政府市场监督管理部门主管本辖区市场主体登记管理工作,加强统筹指导和监督管理。")

[3] 《社会团体登记管理条例》第6条[现为《社会团体登记管理条例》(2016年修订)第6条]。

销登记的登记义务人是清算人。

（五）非法人企业登记

我国目前实行非法人企业制度。[1]现就有关问题加以说明。

1.非法人企业的意义

非法人企业是不能充分法人全部要件，但却具备经营条件的企业，亦即无权利能力社团企业。所谓企业，指经营性、营利性和连续性组织。

2.非法人企业的类型

非法人企业有以下类型：

（1）独立企业

此系在财产关系上不隶属于其他法人的企业。独立企业依其组织样式，划分为独资企业[2]和合伙企业[3]两种。而它们在经济成分上，均属私营经济。私营企业与《民法通则》规定的个体工商户和"个人合伙"的区别，除经济性质上，后者属个体经营之外，在法律要件上，《个人独资企业法》《合伙企业法》和《私营企业暂行条例》[4]均规定为，企业雇工8人以上。[5]然而，雇工在8人以下者，是否为个体工商户，或者个人合伙，却有待澄清。[6]此外，独立企业依其有无涉外因素，划分为涉外非法人企业和非涉外非法人企业。前者的组织样式也有独资者，《外资企业法》所称的外资企业中，不具备法人条件者即是；同时也有合伙者，《中外合作经营企业法》所称的中

---

〔1〕《企业登条》第35条。(对应《市场主体登记管理条例》第23条："市场主体设立分支机构，应当向分支机构所在地的登记机关申请登记。")

〔2〕 独资企业有个人投资设立的企业、国家投资设立的企业以及法人单独投资设立的企业。对于个人独资企业，我国立有《个人独资企业法》(2000年1月1日实施)。不过，国家独资企业在设立时即依《全民所有制工业企业法》(依该法第65条［现为该法(2009年修正)第65条"本法的原则适用于全民所有制交通运输、邮电、地质勘探、建筑安装、商业、外贸、物资、农林、水利企业"］，该法适用于全民制交通运输、邮电、地质勘察、建筑安装、商业、外贸、物资、农林、水利、科技等企业，其实并不以工业企业为限)第2条第3款("企业依法取得法人资格")［现为《全民所有制工业企业法》(2009年修正)第2条第2款中的"企业依法取得法人资格，以国家授予其经营管理的财产承担民事责任"］直接取得法人资格［该说法似乎有误。根据《全民所有制工业企业法》(2009年修正)第16条第1款："设立企业，必须依照法律和国务院规定，报请政府或者政府主管部门审核批准。经工商行政管理部门核准登记、发给营业执照，企业取得法人资格。"］。此外，依《公司法》第64条，国家可设"国有独资公司"，而该类公司当然有法人资格［对应现《公司法》(2023年修订)第168条第2款："本法所称国家出资公司，是指国家出资的国有独资公司、国有资本控股公司，包括国家出资的有限责任公司、股份有限公司。"］。故而，国有独资企业中实际上并无非法人企业。我们之所以在正文中称非法人企业均属私营企业，其道理在此。

〔3〕 对于合伙企业，我国立有《合伙企业法》(1997年2月)。

〔4〕《私营企业暂行条例》已失效。

〔5〕 雇工8人以上的规定已删除。

〔6〕《私营企业暂行条例》(已失效)以及后来的《合伙企业法》和《个人独资企业法》之所以把企业雇工人数的起点定为8人，原是考虑与出台在先的《城乡个体工商户管理暂行条例》(已失效)相互协调与衔接，而后者第4条第2款规定，个体工商户请帮手带徒弟两项人数之和的上限为7人。然而，此处的请帮手与带学徒，其经济性究何所属，是否即为雇工，却不无疑问，而有待澄清。

外合作经营企业中,不具备法人条件者即是。[1]

(2)非独立企业

此系在财产关系上隶属于某法人的企业,即法人开办的具备经营条件的非独立分支机构。

3.非法人企业的设立及登记

对于非法人企业,我国采许可设立主义,即非经核准登记,不得营业。非法人企业的登记制度,包含于企业法人的登记制度之中,在申办企业法人登记中,凡具备经营条件却不能充分法人成立要件者,即被登记为非法人企业,并授予"营业执照"。[2]

4.非法人企业的民事能力

非法人企业有经营能力,有名称权,有民事诉讼的当事人能力。但毕竟不是民事权利能力者。这集中表现在:①无从享有财产所有权。②经营债务由其开办人负担。

第七节　法人的变更与消灭

一、法人的变更

(一)引言

本节所称法人的变更,指法人的合并、分立、组织变更和登记设立法人之应登事项变更。

(二)法人的合并

1.意义

法人合并是指两个以上的法人,无须清算,而归并为一个法人的法律行为。

法人合并是法人集中资金、发挥优势、增加竞争实力的手段之一。由于合并不必经过清算程序即能使原来法人的财产概括地转移给存续的或者新设的法人,手续简便,从而乐为人所接受。

---

〔1〕《外资企业法》与《中外合作经营企业法》已被《外商投资法》所废止。

〔2〕 依《企业登则》第38条规定:"……(三)对不具备企业法人条件,但具备经营条件的企业和经营单位,核发《营业执照》;……(四)对外商投资企业设立的从事经营活动的分支机构,核发《中华人民共和国营业执照》。"﹝该规定已删除。《市场主体登记管理条例实施细则》第25条规定:"申请办理设立登记,应当提交下列材料:……(四)公司、非公司企业法人、农民专业合作社(联合社)章程或者合伙企业合伙协议。"该《实施细则》第18条第1款规定:"申请材料齐全、符合法定形式的,登记机关予以确认,并当场登记,出具登记通知书,及时制发营业执照。"﹞

2.方式

合并有以下方式：

(1)创设式合并

也称"新设式合并"，是两个以上法人归并为一个新法人，而原有法人均告消灭的法人合并方式。

(2)吸收式合并

也称"吞并式合并"或者"存续式合并"，是一个以上法人归并于其他法人，归并后只有一个法人存续、被归并法人均告消灭的法人合并方式。

3.程序

法人合并的程序如下：

(1)法人的意思机关作出与其他法人合并的决议

(2)与其他法人订立合并合同

(3)对债权人通知(或者公告通知)

此为保护债权人利益的制度。[1]

(4)合并后的登记

主要是制定章程、移转财产、产生机关。对于须登记法人，尚须申办相应登记：

①因合并而新设的法人——申办设立登记。

②因合并而存续的法人——申办变更登记。

③因合并而消灭的法人——申办注销登记。

4.效力

(1)使一些法人消灭

在创设式合并，原有法人均归消灭；在吸收式合并，被并吞的法人归于消灭。

(2)使新的法人设立

在创设式合并，实际上是几个法人共同地设立了一个新法人。

(3)使存续的法人变更

在吸收式合并，存续的法人在章程、社员、财产、机关等方面均发生变更。

(4)权利义务的概括承受

因合并而消灭的法人，其权利义务均由合并后新设或存续的法人所概括承受。

---

〔1〕《公司法》第184条第3款规定："公司应当自作出合并决议之日起十日内通知债权人，并于三十日内在报纸上至少公告三次。债权人自接到通知书之时起三十日内，未接到通知书的自第一次公告之日起三十日内，有权要求公司清偿债务或者提供相应的担保。不清偿债务或不提供相应担保的，公司不得合并。"〔对应《公司法》(2023年修订)第220条："公司合并，应当由合并各方签订合并协议，并编制资产负债表及财产清单。公司应当自作出合并决议之日起十日内通知债权人，并于三十日内在报纸上或者国家企业信用信息公示系统公告。债权人自接到通知之日起三十日内，未接到通知的自公告之日起四十五日内，可以要求公司清偿债务或者提供相应的担保。"〕

(三)法人的分立

1.意义

法人的分立是一个法人分裂设立为两个以上法人的法律行为。

2.方式

分立的方式如下:

(1)创设式分立

即分解原法人而使之设立为两个以上的新法人。

(2)存续式分立

即原法人存续,但使其既有分支机构或者新分解成分设立为一个以上新法人。

3.程序

法人分立的程序与法人合并大同小异。对于须经登记的法人,其分立须申办登记。

(1)因分立而新设的法人——申办设立登记。

(2)因分立而存续的法人——申办变更登记。

(3)因分立而消灭的法人——申办注销登记。

4.效力

(1)在创设式分立

原法人消灭,两个以上的新法人成立。

(2)在存续式分立

原法人变更,但分解出一个以上的新法人。

(3)权利义务的概括承受

因分立而消灭的法人,其权利义务由分立后的法人概括承受;而存续式分立,其权利义务关系,则依分立合同的约定或者章程的规定。

(四)法人的组织变更

法人成立后,其组织形式可能发生变更。例如,有限公司变成无限公司或者两合公司,独资法人变成有限公司等。此种变更发生在登记设立法人,即须依法申办登记。

(五)法人登记事项的变更

对于登记设立法人,其应登事项也可能发生变更,如名称、经济性质、代表机关、注册资金、分支机构、住所等的一项或者几项发生了变更。在国营企业法人的调整中,有所谓"关、停、并、转、迁"之说,其中"转"指"转产",即生产性企业法人经营范围的变更。"迁"指"住所或者经营场所迁移"。以上变更,均须申办变更登记。

二、法人的消灭

法人消灭，就法律效果而言与自然人死亡相当：均使全部民事能力丧失。不过，自然人死亡属于自然事件，其权利能力瞬息丧失；其未了事务，尤其是财产关系，只能通过继承和遗赠等制度予以处理。而法人消灭，则属作为其机关或者设立人的自然人的有目的行为，因而完全可以事先谋划理性程序，使之从容妥善地处理未了事务之后，其民事能力再行消灭，而无须假以继承之类的自然人制度。此一程序是：当人们决定消灭法人人格(学理上称为"法人解散")时，即令法人清理其财产关系，了结未了的事务(学理上称为"法人清算")。而当事务全部了结时，法人人格才归于消灭。此一程序，即"解散→清算→法人消灭"。

三、法人的解散

（一）解散的意义

法人解散，[1]是法人因章程或者法律规定的其本身不能继续存在的事由发生，而停止积极活动，开始整理财产关系的程序。

解散作为法人终止程序的一环，是清算的前提。

---

〔1〕 关于法人的终止与解散

《民法通则》第45条规定："企业法人由于下列原因而终止：(一)依法被撤销；(二)解散；(三)依法宣告破产；(四)其他原因。"[对应《民法典》第68条："Ⅰ.有下列原因之一并依法完成清算、注销登记的，法人终止：(一)法人解散；(二)法人被宣告破产；(三)法律规定的其他原因。Ⅱ.法人终止，法律、行政法规规定须经有关机关批准的，依照其规定。"]自该条文义看，企业法人一经被撤销或者自行解散(该条所称"解散"应属自行解散之义)等，其法律人格即告"终止"。但《民法通则》第40条却规定："法人终止，应当进行清算，停止清算范围外的活动。"(对应《民法典》第73条："法人被宣告破产的，依法进行破产清算并完成法人注销登记时，法人终止。")这两条规定之间，存在一个明显的矛盾：法人既云"终止"，终止之后又由何人清算？而既云清算，又如何终止得了？(《民法典》中已不存在该问题，因为《民法典》第68条中已将"清算与注销登记"作为"法人终止"的前置流程)这两个法条因其逻辑矛盾，而互相将对方废止，从而形成一个法律漏洞。此种漏洞，学说上称为"碰撞式漏洞"。凡法律漏洞即需填补。衡诸实际情形，并参酌国外立法、判例和学说，可知法人被撤销或者自行解散，尚不发生法人终止的效果，而是导致法人清算。只有当清算完结之时，法人才告终止。关于上述条文中的"终止"，自逻辑体系判断，应为"解散"之误。因此，如果将该两条误作"终止"的文字，换为"解散"，问题即迎刃而解。不过，此项填补应由立法或者"法官造法"实施，本文仅作出学理建议。准此以解，《民法通则》第40条便是："法人解散(原文为'终止')，应当进行清算，停止清算范围外的活动。"第45条则是："企业法人因下列原因而解散(原为"终止")：(一)依法被撤销；(二)自行(原文无此二字)解散；(三)依法宣告破产；(四)其他原因。"值得高兴的是，《公司法》《合伙企业法》和《个人独资企业法》等规范企业的法律，已不再使用上述《民法通则》第40条(对应《民法典》第73条："法人被宣告破产的，依法进行破产清算并完成法人注销登记时，法人终止")关于终止与清算的表述了，而是采用"解散"与"清算"了。

(二)解散的样态与原因

1.解散的样态

法人解散有以下几种样态:

(1)意定解散

即基于法人的意思或者设立人的意思而自行解散。

(2)法定解散

即基于法律规定的原因而自行解散。

(3)命令解散

即根据国家主管机关或者法院的裁判而强制解散。

2.解散的原因

(1)意定解散的原因

①章程所规定法人不能再存续的事由发生。

例如,章程定有存续时间,而该期间届满;或者章程附有解除条件,而该条件成就。

②意思机关作出解散的决定。

③国立或者民立独资法人的出资人作出解散决定。

例如,国家作出关于全民制企业法人、事业单位法人、机关法人"关闭"、"停止"的决定。

(2)法定解散的原因

①法人所营事业已经成就或者确定地不能成就。

事业成就,法人当予解散。而事业已至确定地不可能成就时,不问是事实上不能抑或法律上不能,法人亦应解散。

②社员(股东)人数不足法定额。

在不许"一人公司"的法律环境下,如充分"嗣后一人公司"的要件,该公司即须解散。

③合并或分立。

参加创设式合并或分立的法人以及吸收式合并中被并吞的法人,当然解散。

④破产。

法人达于破产的地步,无以存续,因此而解散。

(3)命令解散的原因

①从事法律禁止的活动。

例如,企业法人从事《企业登则》第66条第1款第4项、第5项、第6项、第10项所规定的活动,[1]情节严重,而被工商行政管理机关吊销法人执照;社会团体法人从

---

〔1〕　该条第4项规定的活动为:超出核准登记的经营范围和经营方式从事经营活动;违反国家其他有

事《社会团体登记管理条例》第25条所规定的活动，[1]情节严重者，而被民政机关"撤销登记，依法取缔"。

②不能充分法人要件。

已成立法人出现不能充分法人要件情事，且不能除去者，即应着其解散。

法人解散后，即开始清算程序。

四、法人的清算

（一）清算的意义

1.意义

法人的清算，是已解散法人清理财产，了结其作为当事人的法律关系，从而使该法人在法律上归于消灭的程序。

应当注意，解散只是在生活事实的层面上消灭法人，而清算才旨在从法律层面上消灭法人。

2.破产清算和非破产清算

清算可分为破产清算和非破产清算两种。破产清算是依破产法规定的清算程序实施的清算。我国1986年12月颁布的《企业破产法》(试行)，但该法只适用于全民制企业法人。[2]非破产清算则是不依破产法所定程序实施的清算。此一程序，适用的前提是已解散的法人的财产，尚能清偿其债务。否则，即应申请破产，而适用破产清算程序。下文介绍的是非破产清算。

关规定，从事非法经营。第6项则为伪造、涂改、出租、出借、转让、出卖法人执照。第10项则为抵制工商行政管理机关的检查，或在检查中弄虚作假。(在《企业法人登记管理条例》被废止后，《市场主体登记管理条例》所规定的吊销营业执照的情形是第44条"提交虚假材料或者采取其他欺诈手段隐瞒重要事实取得市场主体登记的"、第45条"实行注册资本实缴登记制的市场主体虚报注册资本取得市场主体登记的"、第46条"市场主体未依照本条例办理变更登记的"与第48条第3款"市场主体伪造、涂改、出租、出借、转让营业执照的"，且需情节严重。)

[1] 该条所规定的行为是：(一)登记中隐瞒真实情况、弄虚作假；(二)涂改、转让、出借法人登记证；(三)从事以营业为目的的经营性活动；(四)违反章程规定的宗旨进行活动；(五)从事危害国家利益的活动。[对应现《社会团体登记管理条例》第30条第1款："社会团体有下列情形之一的，由登记管理机关给予警告，责令改正，可以限期停止活动，并可以责令撤换直接负责的主管人员；情节严重的，予以撤销登记；构成犯罪的，依法追究刑事责任：(一)涂改、出租、出借《社会团体法人登记证书》，或者出租、出借社会团体印章的；(二)超出章程规定的宗旨和业务范围进行活动的；(三)拒不接受或者不按照规定接受监督检查的；(四)不按照规定办理变更登记的；(五)违反规定设立分支机构、代表机构，或者对分支机构、代表机构疏于管理，造成严重后果的；(六)从事营利性的经营活动的；(七)侵占、私分、挪用社会团体资产或者所接受的捐赠、资助的；(八)违反国家有关规定收取费用、筹集资金或者接受、使用捐赠、资助的。"]

[2] 《企业破产法》(试行)第2条。《企业破产法》已删除该条。

(二)清算法人

1.意义

已解散而处在清算过程中的法人,称清算法人。

2.清算法人的地位

关于清算法人与解散前的法人的相互关系,亦即清算法人的法律地位,我国法律尚无规定。本书参酌国内外学说,[1]从我国法人制度以及相关民事制度的体系出发,认为清算法人应为解散前法人民事能力的有条件延续。易言之,清算法人与解散前法人属于同一人格。

3.清算法人的能力

清算法人虽仍保有法律人格,但其权利能力和行为能力均已减缩至清算的必要范围之内,包括直接了结其未了事务的活动,以及为了结未了事务所必要的活动。

4.清算法人的机关

清算法人以清算人为执行机关和代表机关。但其既有的意思机关和监督机关不变。

(三)清算人

1.意义

清算人是执行清算事务的自然人或其团体。[2]

2.地位

清算人是清算法人的执行机关和代表机关,对内执行清算职务,对外代表清算法人。

---

〔1〕　关于清算法人与解散前法人的关系,约有四说:

(1)清算法人说

该说认为已解散的法人成为以清算为目的事件的法人。

(2)拟制存续说

该说认为法人虽因解散而丧失能力,但是为了清算,法律拟制其在清算目的之内继续存在。

(3)同一人格说

认为清算法人与解散前的法人为同一人格,不过其能力已经缩小。有人甚至以"遭受致命伤"的自然人来比拟。

(4)同一人格兼拟制说

该说认为法人解散后,其人格依然存续;不过在社员(股东)不足法定人数时,则应解释为法律拟制其存在。

本书以为,以上四说中,同一人格兼拟制说最值采信。

〔2〕《民通意见》第60条规定:"清算组织是以清算企业法人债权债务为目的而依法成立的组织。"(该规定已删除。尽管欠缺法律定义,但《民法典》第70条第1款规定:"法人解散的,除合并或者分立的情形外,清算义务人应当及时组成清算组进行清算。")该文所称的"清算组织",在学理上应为"清算人"。

3.清算人的选任

（1）在任意解散

清算人由其执行机关充任，也可再行选任他人。

（2）在法定解散

因所经营事业成就或者成就不能而解散的场合，其选任与任意解散相同；因法定人数不足而解散时，由主管机关选任；在命令解散，由命令机关选任；因破产而解散，依破产法规定。

清算人有不正当行为，或有不能胜任情事，可由选任机关解任。

(四)清算人的基本义务

①清查解散法人的财产；

②了结解散法人的未了事务；

③公示催告债权人备案其债权；

④收取解散法人债权并清偿其债务；

⑤分派剩余或亏损；

⑥分派剩余财产；

⑦申请宣告破产；

⑧申办法人注销登记。

清算人须在法律规定的期间内完成清算任务。关于此项期间，我国法律尚无一般规定。

(五)清算完结

清算事务处理完毕，即清算完结。此时，凡纳入登记管理的法人，即应申办法人注销登记。

第八章　法律行为

第一节　概说

"法律行为"[1]是德国式近代民法的标志性概念,它与意思自治理念相表里,是意思自治原则赖以贯彻的锐利武器。

法律行为本属民法学的固有术语,后来,虽有"诉讼法律行为"以及"行政法律行为"等用语出现,但是,一方面均系模仿民法"法律行为"术语而来,另一方面,无论在哲学内涵上,抑或对意思自治理念的支撑上,均难望民法"法律行为"概念之项背。然而,中华人民共和国的民事立法中,出现了"民事法律行为"[2]的用语。仰体其意义之余,本书深感捍卫"法律行为"术语尊严的必要和重要。本此信念,我们只用"法律行为"的术语,而不称"民事法律行为"。此点请读者留意。

一、法律行为的意义

(一)定义

法律行为是以意思表示为要素,并依该表示的内容发生法律效果的行为。[3]

----

〔1〕 汉语"法律行为"一词非我国固有,而是继受日人对德语"Rechtsgeschäft"一词的译名。《日本民法典》中"法律行为"一词,译自《德国民法典》一草"Rechtsgeschäft"一词([日]有斐阁:《注释民法》(3),第3页)。《德国民法典》正式使用了该词。俄、瑞、奥、希、巴西、泰、韩等国民法继受《德国民法典》"法律行为"一词。我国《大清民律(草案)》(即"民律一草")、《中华民国民律(草案)》即("民律二草")和民国时代制定的《中华民国民法典》,均有"法律行为"的专章。在《民法通则》却使用了"民事法律行为"的表述。《民法典》承袭了此种表述。

〔2〕 在中华人民共和国立法活动中,"民事法律行为"一语始见于1984年《中华人民共和国民法总则》(草案初稿),该稿第三章的标题为"民事法律行为"。《民法通则》即脱胎于该稿之"总则"(当然增加了若干不属民法典总则编固有内容的东西)。将民法学传统的"法律行为"术语,改造成"民事法律行为"乃是鉴于法律行为乃多个部门法所共有,只有加上"民事的"这样的限定性成分,方足以使之与"行政法律行为""诉讼法律行为"等区别开来。《民法通则》第四章用17个条文(第54条至第70条)规定"民事法律行为"(其中第63条至第70条为法律行为的代理,自体系言之,亦属民事法律行为的范畴)。其第1节设9个条文(第54条至第62条),总其名曰"民事法律行为"。《民法意见》用13个条文(第65条至第77条)对上述规定作了系统性解释和补充。[《民法典》第一编专门设"民事法律行为"一章(第六章),包括"一般规定""意思表示"、"民事法律行为的效力"与"民事法律行为的附条件和附期限"四节。]

〔3〕 我国学者对民事法律行为所下定义,措辞不同。此系民法的重要概念,特录名家见解如下,俾资比较:

(二)对法律行为定义的解说

1.法律行为属于行为

法律行为属于人的行为，而行为是人有意识的活动。无意识的条件反射不属人的行为。

2.法律行为属合法行为

人的行为依合法性的标准，划分为合法行为与不法行为。法律行为属合法行为。因为，法律行为作为法律概念，存在于法律规范层面，是作为评价生活事实层面的行为构成(或者不能构成)法律行为的标准而存在的。既然属于规范，也就当然具备合法性——该合法性是由规范赋予的。当我们讨论作为规范的法律行为时，合法性已成为前提条件。

有意见认为，从意思自治原则出发，法律行为应指而且仅指行为人自我评价为法律行为的行为，只要旨在发生法律效果即为已足。因而，法律行为的概念，不应包括关于行为的法律评价方面，那是法律效果部分所要解决的内容。本书以为，此一意见似可商榷。法律行为与作为其调整对象的生活事实层面的行为，宜应区分。当

---

(1)李宜琛："法律行为云者，以意思表示为要素，因意思表示而发生私法效果之法律要件"(氏著《民法总则》，第208页)。

(2)胡长清："法律行为者，以私人欲发生私法上效果之意思表示为要素，有此表示，故发生法律上效果之法律事实"(氏著《中国民法总论》，第207页)。

(3)梅仲协："法律行为者，私人之意思表示，依私法之规定，可以达到所希望之法律效果也"(氏著《民法要义》，第63页)。

(4)王伯琦："法律行为者，以意思表示为要素之法律事实也"(氏编著《民法总则》，第121页)。

(5)洪逊欣："以意思表示为其成立要素，因意思表示而发生一定私法上效果之法律要件"(氏著《中国民法总则》，第242页)。

(6)史尚宽："法律行为者，以意思表示为要素，法律因意思之表示，而使发生法律上效力之私法上法律要件也"(氏著《民法总论》，第266页)。

(7)郑玉波："法律行为者，乃以欲发生私法上效果之意思表示为要素之一种法律事实"(氏著《民法总则》，第211页)。

(8)王泽鉴："何谓法律行为……应解为以意思表示为要素，因意思表示而发生一定私法效果之法律要件"(氏著《民法实例研习丛书·民法总则》，第188页)。

大陆学者，在《民法通则》制定前曾发表以下意见：

(9)佟柔："民事法律行为是基于意思表示，旨在产生民事法律后果的合法行为"(氏主编《民法原理》，第76页)。

(10)李慧君："民事法律行为，是指自然人或法人基于意思表示而设定、变更、终止民事权利和民事义务的行为"(《中国大百科全书·法学卷》，第102页)。

(11)杨振山："民事法律行为是具有民事行为能力的民事主体基于意思表示，以设立、变更、终止民事权利和民事义务为目的，具有法律约束力的民事行为"(氏著《论民事法律行为》，载《中国法学》1986年第1期)。

然而，在《民法通则》制定后，纵使理论著作，如，佟柔主编《国家社会科学'七五'规划项目》·中国民法学·民法总则》也只引用《民法通则》的立法定义，而未作学理上的定义。但最近(1996年)梁慧星在《"九五"规划高等学校法学教材·民法总论》中却下了学理上的定义："所谓民事法律行为，指以发生私法上效果的意思表示为要素之一种法律事实"(该书第152页，法律出版社1996年版)。

事人自我评价为法律行为的行为，存在于生活事实的层面，而评价该行为属否法律行为的标准——亦即法律行为的概念，却属规范。如上所述，规范已被赋予了合法的属性，作为其种概念的法律行为，当然不可能不具有合法性。

关于合法性要求的一个特别体现是相应权限，尤其是处分行为的处分权、以及代理行为的代理权，均属于法律的要求。

3.法律行为属表示行为

(1)表示行为与非表示行为

人的行为，依须否意思表示[1]为要件，划分为表示行为与非表示行为(见下图)：

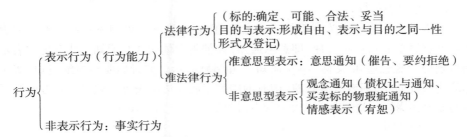

图8-1 表示行为与非表示行为

①表示行为

i.意义

表示行为(亦称"表现行为")，是以意思表示为要素的民事行为。

法律行为以意思表示为要素，是由法律行为的本质规定的，因为，在意思自治体制下，设定权利和负担义务，均经由意思表示方能达成。试想，某人设定权利，如应聘某公司经理而取得工资请求权，假使不实施意思表示，包括洽谈工作条件和工资并表示接受各该条件，如何办得到？任何设定权利义务意愿，以及变更或终止既有权利义务的意愿，如不经由意思表示实施，都是不能实现的。至于意思表示何以能设定、变更或者终止权利义务，便涉及另外问题，即下文将要讨论的法律行为的效力问题。

ii.行为能力

表示行为既然以意思表示为要素，那么也就要求表意人必须具有行为能力。行为能力不适格者，是无从实施意思表示的。

iii.表示与目的的同一性

意思表示由目的和表示等要素构成，作为表示行为，即须目的与表示具有同一性。不具此种同一性的表示，不属表示行为，当然，目的与表示是否具有同一性，是需要证据特别证明的，如果无相反证据，那么，所表示的目的，即为表意人的目的。

关于目的与表示的同一性，我们将在本章第二节讨论。

_____

[1] 关于意思表示，我们将在本章第二节加以讨论。

②事实行为

不以意思表示为要素的行为，则属非表示行为，民法学称之为"事实行为"。[1]事实行为的法律效果由法律直接规定，而不是由意思表示规定。例如，生产行为、文学艺术作品的创作行为、遗失物拾得等即是。

事实行为因其不以意思表示为要素，故而无须行为人具有行为能力。

③表示行为的类型

i.意思表示行为

即法律行为。

ii.准意思表示行为[2]

又依其表示客体之为意思抑或非意思，而划分为准意思型表示和非意思型表示。准意思型表示只有一种，即意思通知，如催告和债权让与通知。非意思型表示则再划分为观念通知（又称"事实通知"）和情感表示。前者如要约拒绝通知、买卖标的物瑕疵通知，后者只有宥恕，即有的国家亲属立法中夫妻彼此对于对方通奸行为的谅解和饶恕。关于准意思表示行为，详见本章第二节的讨论。

（2）行为自由

法律行为是行为能力适格者的自由形成并且发表其目的的行为，法律行为的概念已经预设了行为自由。故而不自由行为例如受胁迫行为不属法律行为。

（3）法律行为以意思表示为要素

意思表示是法律行为的核心要素，在多数情况下，法律行为仅由意思表示构成；但在特别情况下，如要物行为和书面行为，则在意思表示之外，尚须其他要素齐备，方能构成法律行为，此点宜应注意。

4.法律行为是其效果规定于意思表示的民事行为

行为人在法律行为中所表述的目的，法律听任并保障其实现。而在合法的事实行为，其效果依法律的直接规定，而不问行为人的意思。在不法行为，如债务不履行行为或者侵权行为，可能行为人有其目的，法律却不许其实现。这是法律行为区别于其他行为的根本之点。此外，表示行为中的"意思通知"，其法律效果也不取决于意思中的目的，而是法律的直接规定。

行为人何以能够通过法律行为去设定、变更或者终止权利义务，究其原因，乃因民法肯认意思自治原则，赋予法律行为依其意思表示的内容，设定、变更或者终止权

---

[1] 事实行为，是毋庸表现内心意思即依法发生法律效果的行为。易言之，只要事实上有此行为，即当然发生法律效果。至于行为人有无取得该效果的意思，在非所问。

[2] 学说中有反对关于法律行为与准法律行为划分见解，王伯琦认为："所谓准法律行为，其特征在于其效力，系由法律之规定而当然发生，而法律行为之效力，则由于行为人之意思，故有此种分别。实则法律行为之效力，亦系由法律规定当然发生，绝非由于行为人之意思，已如前述。故准法律行为之概念，殊无存在之必要。况所谓意思通知，观念通知，感情表示等准法律行为，亦应适用意思表示及法律行为的之规定，作此分别，亦少实益可言。至于在行为人心理作用上有所不同，是属心理学之研究范围，在法律科学上既无实益可言，亦无详予分析之必要也。"参见氏著：《民法总则》，正中书局1979年版，第152页。

利义务的效力。法律行为,正是实现意思自治的根本手段。

法律行为的效果究竟是法律规定的,还是意思表示规定的? 本书以为,法律行为之所以能依其意思表示发生效力,这是法律规定的。然而法律仅规定了此项原则,至于具体的法律行为其效果如何,却依意思表示来规定。可见,法律与意思表示,合作地规定了法律行为的法律效果。

二、法律行为概念的产生

法律行为这一概念,作为涵摄合同和单方行为、能够从逻辑上统一说明依意思表示而使法律关系发生变更或者终止的行为的一般概念,是近代德国法学的产物。

罗马法虽然出现了买卖、借贷、租赁等契约类型的概念,并且使用actus(行为)一词,却连债权契约这一层面的概念都未能抽象出来,遑论更为抽象的法律行为概念! 中世纪欧洲法学,也未产生法律行为的概念。到近代,德国的丹尼埃·奈特布兰德(Daniel Nettlblandt, 1719—1791)开始使用 "actus iuridicus" 和 "negotiumiuridicum" 两个拉丁语术语,它们均可译为 "法律行为"。1748年,他定义 "actusIuridicus" 为 "设定权利和义务的行为",[1]从而在法律技术层面上将 "法律行为" 与权利义务这种一般法律效果联系起来,并在 "总则" 中给予应有的体系性地位。然而,上述拉丁语词汇,在德语中如何翻译,尚不统一。1807年,Pandekten学派的创始人格奥尔格·黑泽(Georg Arnold Heise)的《民法概论——供Pandekten教学用》一书出版。其第六章,即以 "行为" 为题,该章第二节专门讨论了法律行为的一般理论,如概念、类型、要件等,从而把法律行为提到如同今天所理解的体系高度。在该书,黑泽使用了 "Rechtsgesechaft" 一语,得到学界认同,被沿用至今。后来,萨维尼在其《当代罗马法体系》(1849年)(尤其第3卷)中使法律行为理论精致化。该概念于1863年为《撒克逊民法典》在立法中首先采用,然后被《德国民法典》采用。法律行为这一概念,是近代德国法学的 "意思教" 倾向和体系化偏好的共同产物。[2]

---

〔1〕 关于近代德国法学创设 "法律行为" 概念的情况,见[日]有斐阁:《注释民法》(3),第5~16页。

〔2〕 近代德国法学基于自然法思想,确信自然界和人类社会存在统一的秩序,理性是安排该秩序的终极力量,而社会则是由有理性的、独立自由的人经由契约形成的。契约的拘束力,只能从当事人的理性亦即意思中求解。形形色色法律关系的生灭变更,也只能从意思表示中得到统一的说明。这种信念,被不无调侃地称为 "意思教"。

近代德国法学,与政治联姻,出于自然法实定化的需要,对于体系化的追求,几近痴狂。原来,自中世纪末叶以后,德意志民族在政治上长期四分五裂,邦国林立。后来,资本主义虽有一定发展,但封建势力依旧强大,市民等级不成熟。为摆脱罗马教廷的控制,实现所谓 "一个民族,一个国家,一个法律" 的愿望,诱致国家崇拜,把国家奉为拥有绝对权力的唯一立法者,国家主义法学应运而生。这样立法者被鼓舞起来,要制定与既存法律决裂、独具特色、有绝对权威、统一的法律。于是,中世纪教会法和注释派、疏证派法学的学问及方法,尤其是发明普遍性法律概念,以便能从一般概念演绎具体规定的方法,备受青睐。为了制定能够从逻辑上演绎地解决具体纷争的完备法律体系,数代杰出法学家进行了不懈的努力,终于在19世纪初,构建出包括 "总则" 的 "Pandekten" 体系。在这一过程中,法学家从罗马法原有的类型契约(买卖、借贷、租赁、

三、《民法通则》关于法律行为的规定

《民法通则》第54条规定："民事法律行为是公民或者法人设立、变更、终止民事权利和民事义务的合法行为。"[1]这是《民法通则》仿效1964年的《苏俄民法典》给民事法律行为下的立法定义。从学理上衡量，该定义存在重大瑕疵：未揭明法律行为不同于其他合法民事行为概念的"种差"——以意思表示为要素。尽管"设立、变更、终止民事权利和民事义务"的表述，暗含着意思表示的意味，但它毕竟未能戳破，而有功亏一篑之憾。

四、关于《民法通则》中"民事行为"一词

《民法通则》第四章，使用"民事行为"一语凡九次（第58条、第59条、第61条和第66条各两次，第60条一次）。[2]该语词的意义和价值，在《民法通则》出台后的一两年间，曾引起法学界的议论。认为该词的使用属于"理论突破"者有之，不以为然者也有之。本书以为，"民事行为"应系"具有民法上意义的行为"之义。法律事实中除自然事件、状态、行政行为与审判行为外，其他行为均属之。《民法通则》之前的民法教科书，普遍使用"无效的法律行为"和"可撤销的法律行为"两个术语。当时，曾有论者以为它们自相矛盾：既然属于法律行为，即无无效可言；同理，既称无效或可撤销，便不属法律行为。因此，"无效的法律行为"与"可撤销的法律行为"两词，语义矛盾，不宜采用。[3]我们认为，这两个被非议的语词，具有储藏特别信息的修辞价值，而不存在什么自相矛盾。但《民法通则》的起草者未能认识到此一层面，而为避开上述难题，采用了新造的"民事行为"一语。当其必须指称上述两行为时，即用此一模糊用语来代替。这无非是语文上的小动作，谓其机智可也，如果抬到理论突破的高度，未免言过其实。

委任、合伙等）的概念，抽象出"债权契约"和"物权契约"，接着又抽象出一般"契约"，再联想到契约之外的意思表示，更抽象出它们的共同上位概念——"法律行为"，至此，即可基于意思表示统一说明法律关系的生灭变更。体系化愿望也就大功告成。近代德国法学的这种体系狂热和方法论成就，真令人叹为观止。

〔1〕 对应《民法典》第133条："民事法律行为是民事主体通过意思表示设立、变更、终止民事法律关系的行为。"相较于《民法通则》中的定义，该定义突出了两点：一是删除"合法"一词，从而使得法律行为的概念可涵盖无效、可撤销与效力待定的法律行为。二是突出了"意思表示"的核心地位，因为表意人是借此实施法律行为。参见黄薇主编：《中华人民共和国民法典总则编释义》，法律出版社2020年版，第359—361页。关于"法律行为"概念，可参见朱庆育：《法律行为概念疏证》，载《中外法学》2008年第3期，第325—372页。

〔2〕《民法典》第一编第六章已专设"民事法律行为"一章。

〔3〕 称无效的民事行为为语义矛盾的指摘，自修辞学角度看，难以成立。其实，在我们的语言中，类似的修辞用法并非罕见，如"假革命""假党员""未婚妻"就是。如均目为语义矛盾，岂不等于放弃了一种颇有价值的修辞手段？

五、法律行为具有法律规范的品格

国家无从包揽或者取代民事主体在"市民生活"中的决策。历史经验证明,想要通过国家计划设计和控制社会生活,那是理性的致命自负。从宪制的层面看,肯认公民和法人的意思自治,是十数亿人民的几十年痛苦经验的总结。意思自治,则需要通过法律行为制度来实现。当事人之间想要设定权利和义务,通过法律行为加以约定就是了。只要他们追求的目标并不侵害他人合法利益,又不违公共秩序和善良风俗,国家也就应当允许和保护,而无须干预或取缔。从这个意义上可以说,当事人取得权利和负担义务并不是缘于法律的直接规定,而是缘于自己的法律行为的约定。法律行为不但对于当事人来说具有相当于法律的效力,体现为行为规范,而且对于法院来说同样具有法律规范的品格。如果当事人因履行法律行为发生纠纷而诉请法院加以解决,法院也要把合法有效的法律行为援为裁判准据。在这种场合,法律行为作为法律规范的品格淋漓尽现。我们学习法律行为制度,应当全面理解它这种既是生活事实、又是法律规范的品格,而不能只知其一——只看到它作为生活事实的一面,不知其二——不看到它作为法律规范的一面。如果这样,不仅是严重的忽略,也将无从理解意思自治这一市民社会的根本原则。

第二节 意思表示

法律行为既然以意思表示为核心要素,那么,认识法律行为,便须从意思表示入手。只有将意思表示的要素予以厘清,方能真正讨论和把握法律行为及其法律要件。

一、意思表示的意义

(一)意义

意思表示是行为能力适格者发表其自由形成的私法效果目的的行为。

(二)说明

1.意思表示是发表意思的行为

意思表示,顾名思义,是内心意思的发表或者宣示。

(1)意思

所谓意思,亦即表意人理性形成的追求特定目的的方案。意思是心理领域中"情感—意志"过程的结果,亦即关于特定目的的有意识的决断(方案)。

应注意的是，目的与动机不同，动机指唤起或者指导有目的行为的生理或者心理因素，如饥饿、安全、归属、爱和尊严等。目的则指行为的目标。目的基于动机形成，并且受动机的指导。

(2) 意思与表示

意思存于内心，是没有社会意义的。社会甚至不知晓其存在。为使其有意义，就必须发表。发表则须借助语言、文字或者表意的形体语汇。因而意思表示被归结为以语言、文字等信号表述追求特定目的的意思的行为。意思表示就是对意思的表示，意思与其表示是结合为一体的——在意思表示之外不存在"超然独立"的意思，在意思之外也无"空白的"表示。[1]

2.意思表示是发表私法效果意思的行为

(1) 意思与私法效果

意思表示所发表的意思，不是寻常意思，而是体现为民法效果的意思，亦即关于权利义务得丧变更那样效果的意思。权利得丧变更的效果，民法上称之为"标的"。因此，意思就是关于私法标的的方案。不具有私法效果的意思的宣示，不是意思表示。因而，意思表示所涉及的意思，是且仅是私法效果意思。

标的涉及确定、可能以及合法、妥当等问题，我们将在法律行为要件部分加以讨论。

(2) 意思须自由形成

意思自治这一民法的基本原则，预设了意思自由。只有自由形成的目的，方有表示的价值。不自由形成的目的，如受胁迫或者受诈欺形成的目的，不能构成意思表示。

---

〔1〕 德国民法理论，将意思表示进一步分析为几个要素，如表示行为、目的意思、效果意思、行为意思以及表示意识等，意思表示是上述各要素组成的整体。其中：

表示行为是内心意思据以发表的行为。

目的意思指表意人以特定目的为内容的意思。

效果意思指该目的的法律表现，或者法律上的效果，亦即特定权利义务得丧变更的效果。

行为意思指实施表示行为的意思，它所回答的问题是：表示行为是否是表意人自愿实施的，亦即是否出于表意人的意思，只有具有行为意思的表示行为，方符合意思自治要求，才可能被认定为意思表示。自觉自愿地签订契约、招呼出租汽车以乘坐，即均具行为意思。相反，被人麻醉后按指印，以及被胁迫而不得已地签署契约，则均欠缺行为意思。

表示意识指表意人关于表示行为与其目的之间具有同一性的自我认知，有表示意识是指表意人清楚自己的言行意味着什么。

本书在前两版，均采用上述理论。但在2000年8月进行修订时，对外经贸大学法学院的金渝林先生曾与张俊浩就此理论多次探讨，金先生认为该理论有其固有的说明价值，自不待言。然而也有一个难解之点，即意思表示与作为其要素的表示行为的关系，似乎存在一个"空白的"表示行为，它是意思的载体，可以用来负载和表示意思，也可以不负载、不表示任何意思。自逻辑言，这种"空白的"表示行为是不存在的。人们在说"意思表示"时，该行为就是对意思的表示，表示与意思结合为一体。金先生的见解对张俊浩极有启发，故而此版不再采信表示行为与目的意思以及效果意思的要素理论，但认为行为意思和表示意识是有价值的，仍然采用。

（3）对意思的表示

①意思表示与意思自治

意思必须表示，方有意义，此点已如上述。民法听任和促成表意人目的的实现，自意思表示看，即法律效果规定于意思之中。这是法律行为独具的特征，该特征导源于意思自治原则。与意思表示同属表示行为的"意思通知"——即关于特定意思的告知，如催告、要约拒绝、承认拒绝、召集公司股东会的请求等[1]——虽然也是一定意思的表示，然而其效果却不取决于意思，而是取决于法律的规定。故而意思通知不足以成为意思表示。

②表示的客体须为意思

作为意思表示，其表示客体必须是意思。意思之外的表示，如观念通知和情感通知，均不能成立意思表示。

i.观念通知不属意思表示

所谓观念通知，又称"事实通知"，是关于某种事实或者认识的通知。例如，承诺通知（《合同法》第22条[2]）、承诺迟到通知（《合同法》第28条[3]）、债权让与通知（《合同法》第80条[4]）、买卖标的物瑕疵之通知（《合同法》第158条[5]）等，它们所表示客体均不属意思，故而不属意思表示。

ii.情感表示也不属意思表示

关于某种情感的表示是情感表示。情感通知被立法予以规定的情形极少，仅见于有的立法中，夫妻宥恕对方的与人通奸行为和虐待行为。宥恕构成不得诉求离婚的理由。[6]宥恕即情感通知。该通知所表示的系情感，而非意思，更非追求法律效果

---

〔1〕 关于意思通知，《合同法》规定了请求承认之催告：第47条（对应《民法典》第145条第2款中的"相对人可以催告法定代理人自收到通知之日起三十日内予以追认"）、第48条（对应《民法典》第171条第2款中的"相对人可以催告被代理人自收到通知之日起三十日内予以追认"）。自逻辑言之，催告尚有选择权行使之催告、契约承担同意之催告、报明债权之催告（破产法）。此外，召集公司股东会之请求、要约之拒绝、承认之拒绝等，亦属意思通知。意思通知的效力依法律的规定当然发生，而非取决于所表示的意思。

〔2〕 对应《民法典》第480条："承诺应当以通知的方式作出；但是，根据交易习惯或者要约表明可以通过行为作出承诺的除外。"

〔3〕 对应《民法典》第486条："受要约人超过承诺期限发出承诺，或者在承诺期限内发出承诺，按照通常情形不能及时到达要约人的，为新要约；但是，要约人及时通知受要约人该承诺有效的除外。"增设"在承诺期限内发出承诺，按照通常情形不能及时到达要约人"这一情形是为弥补法律漏洞，参见黄薇主编：《中华人民共和国民法典合同编释义》，法律出版社2020年版，第62条。

〔4〕 对应《民法典》第546条："Ⅰ.债权人转让债权，未通知债务人的，该转让对债务人不发生效力。Ⅱ.债权转让的通知不得撤销，但是经受让人同意的除外。"

〔5〕 对应《民法典》第621条："Ⅰ.当事人约定检验期限的，买受人应当在检验期限内将标的物的数量或者质量不符合约定的情形通知出卖人。买受人怠于通知的，视为标的物的数量或者质量符合约定。Ⅱ.当事人没有约定检验期限的，买受人应当在发现或者应当发现标的物的数量或者质量不符合约定的合理期限内通知出卖人。买受人在合理期限内未通知或者自收到标的物之日起二年内未通知出卖人的，视为标的物的数量或者质量符合约定；但是，对标的物有质量保证期的，适用质量保证期，不适用该二年的规定。Ⅲ.出卖人知道或者应当知道提供的标的物不符合约定的，买受人不受前两款规定的通知时间的限制。"

〔6〕 我国民国时代制定的民法典第1053条规定："对于前条第1款(张按：指'与人通奸')、第2款(张按：

的目的，故而不属意思表示。

③表示客体须为表意人自己的意思

意思表示所表示的，应是表意人自己的意思，而非他人的意思。受托表示他人意思的行为，是传达行为。传达虽属意思表示，但其效果却不对表意人发生，而对被传达人发生，因而视为被传达人的意思表示，而不视传达人的意思表示。至于代理，所表示的目的与被代理人的目的，是有区别的。被代理人的目的，是一般的意思表示中的目的；而代理人的目的，则是代理。受强制而表示他人的目的，则不构成意思表示。民法规范规定受胁迫的意思表示得予撤销，其理由在此。

3.意思表示是有意识地发表私法效果意思的行为

表意人的意思究竟是什么，应以善意第三人对其意思表示的理解为准。然而，如果足以证明表示行为并非表意人有意识为之，那么即应认定该表示不构成意思表示。例如，在受人强制的情况下不得已而签署契约，或者被人麻醉后在契约书上按指印，应视为不存在关于意思的表示。可见，意思表示对于内心意思的发表，表意人在发表之际必须有发表的决断，学理上称此一心理要素为"行为意思"。上述受强制而签约以及被麻醉按指印，均欠缺行为意思，单就此点而言，所作表示也不是意思表示，更何况其意思的形成不自由了。

4.意思表示是真实表达私法效果意思的行为

如上所述，表意人的意思究竟是什么，一般以善意第三人对其意思表示的理解为准。然而，如果足以证明所表示的含义并非表意人的意思，那么即应依证据法则作为认定。例如，无认识、错误、真意保留、通谋虚伪表示等，如被证明成立，那么即不构成意思表示。可见，意思表示在品质上必须达到善意相对人所理解的意义与表意人的目的相一致。这就涉及所谓"表示意识"问题。

(1)表示意识的意义

表示意识，指表意人关于表示行为与其目的之间具有同一性的自我认知。

(2)表示意识的要素

①关于表示与目的之间有否同一性的意识力

即对表示行为的客观含义具有认识能力，并且对于该意义与内心目的之间有否同一性具有自我意识。此一方面，涉及行为能力问题，本章第四节在讨论法律行为的要件时，有行为能力的要件，其道理之一在此。

②关于表示与目的之间具有同一性的判断

表示意识的在认知上的深度，须达到能够确认表示与目的之间具有同一性的程度。无相应判断固然不可，但虽有判断，却为否定性判断，同样不能说具有表示意识。

③关于表示行为与目的之间具有同一性的判断真实

指'夫妻之一方有他方不堪同居之虐待'）之情事，有请求权之一方于事前同意，或事后宥恕，或知悉后已逾6个月，或自其情事发生后已逾2年者，不得请求离婚。"

表示意识不仅要求表意人确认其表示与目的之间具有同一性,而且要求,在善意第三人的理解上也具有该种同一性。如果表意人虽然确认具有同一性,但其判断却不客观,而且对此一不客观又无意识,那就构成"错误"。错误的情况不同,有表意人自己所犯,也有因相对人的诈欺而犯。错误的表示实际上与目的并无同一性,故而不构成意思表示。另外,如果表意人知晓其表示的客观意义与目的不一致,并依行为意思实施表示行为,那就是故意的不一致,亦即"真意保留"或者"伪装行为"。因此,只有对表示与目的之间的同一性有识别能力,并且作出该同一性存在的判断,而且该判断是真实的这样几个方面同时齐备,并依行为意思实施表示行为,方能达到意思表示真实。

(3)表示意识与行为意思之间的关系

表示意识与行为意思不同,后者回答表示行为的实施是否出于自愿的问题;前者则回答表示行为与目的有否同一性的问题。只有当表意人存在行为意思时,方能将目的外在化;并且,只有同时具有表示意识时,方能使表示行为与目的达成同一性。

5.表意人须行为能力适格

形成目的并且有意识地表示目的,均需行为能力。惟行为能力适格者,方谈得上意思表示。此点已多次提到,详细讨论则在诸法律行为的要件部分进行。

二、意思表示与法律行为的关系

(一)沿革

德国法学的法律行为理论原来认为,意思表示与法律行为系同义语。法律行为理论的集大成者F.萨维尼即持此种见解。《德国民法典(第一草案)》的立法理由书也说:"意思表示与法律行为,原则上同义使用。"然而,意思表示与法律行为并非完全一致。例如:要物行为,除了意思表示之外,尚须进行标的物的交付,方始成立;第二,在登记行为,除了意思表示之外,尚须履行登记行为,方始生效。于是,学说逐步澄清,意思表示仅系法律行为的要素之一。此说遂取代前说而成为通说。但仍有异说存在。

上述德国通说,已为日本和我国的立法所接受并成为学界通说。我国《民法通则》第四章同时使用"民事法律行为"和"意思表示"两个概念。[1]从其文字看,是把意思表示作为民事法律行为的要素来处理的。

(二)意思表示与法律行为的关系

第一,意思表示是法律行为的核心要素。

---

[1] 《民法典》第一编第六章规定的是"民事法律行为",其第二节即规定"意思表示"。

第二，在单方诺成行为，法律行为仅由一个意思表示构成。

第三，双方或者多方诺成行为，法律行为则由两个或者两个以上意思表示结合而成。对此种行为而言，仅有一个意思表示，尚不足以成立法律行为。例如，仅有要约或者仅有承诺，均尚不构成合同。

第四，在要物行为（又称"践成行为"），除意思表示外，尚须践行一定的行为，方构成法律行为。

三、意思表示的类型

（一）表示行为的样态

意思表示依其样态可分为明示与默示两种。区分的实益在于连带债务须基于明示始得成立。

1.明示表示

是使用直接语汇实施的表示行为。直接语汇包括口头语言、文字、表情语汇以及特定形体语汇。后者如举手招呼出租汽车，即表示有租用该车之意。

2.默示表示

是使用不可直接单独理解的语汇实施的表示行为。易言之，相对人必须经过推理，才能了解行为人所表示的意思。它分为：

（1）意思实现

即经由一定行为间接表示内心意思的默示行为。例如，将汽车停放在收费停车场、登乘公共汽车、在自选商场选物并携至结算处即是。

（2）特定沉默

特定沉默是单纯的不作为却依约或者依法被赋予一定意思表示的默示行为。例如，届时的不作为即属约定的特定沉默。法律直接规定的特定沉默，是法定沉默。例如，《民法通则》第66条第1款末段规定的对无权代理的沉默[1]、《合同法》第47条[2]和第48条[3]所规定的对催告的沉默，《继承法》第25条末段对接受继承的沉默[4]等。

（二）意思表示的类型

1.有相对人的表示与无相对人的表示

意思表示，依其是否以向相对人实施为要件，划分为有相对人的表示与无相对

---

〔1〕 该规定已删除。

〔2〕 对应《民法典》第145条第2款中的"法定代理人未作表示的，视为拒绝追认"。

〔3〕 对应《民法典》第171条第2款中的"被代理人未作表示的，视为拒绝追认"。

〔4〕 对应《民法典》第1124条第1款中的"没有表示的，视为接受继承"。

人的表示。订立合同的要约与承诺、债务免除、合同解除、授予代理权等属前者;而遗嘱、捐助行为则属后者。

有相对人的表示尚可进一步划分为对特定人的表示和对不特定人的表示;对话表示和非对话表示。

2.对特定人的表示与对不特定人的表示

须以特定人为相对人的意思表示是对特定人的表示。例如,承诺、允许、撤销等。无须向特定人实施的意思表示是对不特定人的表示。例如,悬赏广告和要约。前者非向特定人实施不生效力,后者则否。

3.对话表示和非对话表示

有相对人的双方表示,依其相对人是否处于可同步受领和直接交换意思表示的状态,而划分为对话表示和非对话表示。口头或者打电话直接订立合同是对话表示;相反,通过信函交往或者经使者传达而订立合同,则属非对话表示。这两种意思表示的生效时间不同,详见本章第五节。

4.要式表示与非要式表示

明示的意思表示,依其是否须以法定或者约定的特别方式实施而划分为要式表示与非要式表示。为提醒当事人慎重其事,使利害关系人周知,或者为了保存证据,法律或者合同可要求意思表示应以特别尊重的方式实施。此即要式表示。特别方式有一般书面方式、公证书面方式和登记方式。[1]凡无此项要求者,从而行为人可随意选择表示方式,则为非要式表示。基于意思自治主义,意思表示的方式以不要式为原则,以要式为例外。

第三节 法律行为的类型

为便于研究和把握,学理上将法律行为划分为若干类型。现制图[2]于下,并分别说明:

---

〔1〕 登记依其性质,应属公法行为。能否成为意思表示的组成部分,颇值探讨。

〔2〕 本表借鉴我国台湾地区王泽鉴先生所著《民法实例研习丛书·民法总则》第191页编制。

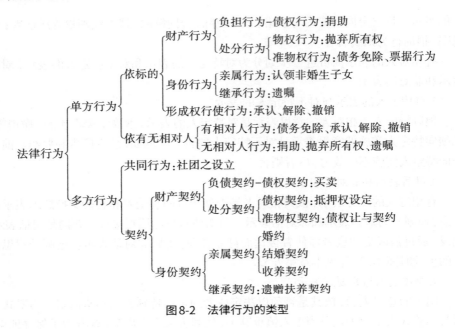

图8-2　法律行为的类型

一、单方行为与多方行为

法律行为,依其是否得由行为人一方的意思表示构成,而划分为单方行为与多方行为。

(一)单方行为

是由行为人一方的意思表示构成的行为。例如,代理权授予、遗嘱、撤销权行使等行为。惟应注意的是,单方行为的"单",仅在说明意思表示属于行为人一方,易言之,仅在相对于契约行为和共同行为而言,并不意味着只能是一个人实施的行为。例如,限制行为能力人实施的无相应能力的行为,尚须得到法定代理人的"允许",这里虽有两个行为,却属单方行为。再如,财产共有人共同抛弃共有权,虽有多数人的行为,然而也属单方行为。

(二)多方行为

多方行为又分为契约行为与共同行为。

契约行为,是双方意思表示对立统一结合的行为。所谓对立,系指标的的方向相对立,如一方买,一方卖;一方借,一方贷等。契约虽然以双方为普遍,然而也有三方以上的契约。尽管如此,学理上仍习称契约为双方行为。关于契约,本书将在第三十六章详述。

惟须说明的是，1981年《经济合同法》《民法通则》以及1999年所谓统一《合同法》，无一例外地均将合同定位于"协议"，而未定位于法律行为的种概念。[1]这不仅是立法的逻辑问题，更严重的是观念的缺位，未能真正懂得法律行为在民法中的地位，特别是与意思自治原则的关系。因此宁愿采用无立法定义的"协议"这一用语(应属日常用语，而非规范的法律用语)，而不采用在《民法通则》中已有定义特别是已有要件的法律行为(就《民法通则》和统一《合同法》言)，致使《民法通则》用了那么多条文规定的法律行为，在抽掉契约这一基本类型的情况下被封杀，也使契约因脱离法律行为而成为无源之水和无本之木。以至于在所谓统一《合同法》中竟然重复地规定契约的要件、成立与生效、无效等制度。如此混乱的立法，迄今只有扬弃。[2]

共同行为，是多方意思表示平行融合地互相结合的行为。[3]易言之，即其标的方向同一。共同行为在形式上类似于合同，而其实质，却与单方行为接近。在今天，团体契约有一定发展。此种契约，其当事人一方或者双方均为团体。例如，团体保险契约、由工会代表职工与雇主订立的契约。团体契约在成立要件方面，类似于契约，在效果方面，却与共同行为接近。上述单方行为与多方行为区别的实益，在于多方行为须其意思表示结合一致，始可成立，而单方行为则不生此种问题。另外，限制行为能力人实施的待补助行为，其效力因其为单方行为抑或合同行为而不同。后者使相对人产生催告权和撤销权等。

二、财产行为与身份行为

法律行为，依其效果处于财产领域抑或身份领域，划分为财产行为和身份行为。

(一)财产行为

是发生财产关系变动效果的行为。财产行为可再划分为负担行为与处分行为。详见后述。

---

〔1〕　1981年《经济合同法》第2条规定："经济合同是法人之间为实现一定经济目的，明确相互权利义务关系的协议。"该条已于1993年修改为"本法适用于平等民事主体的法人、其他经济组织、个体工商户、农村承包经营户之间，为实现一定经济目的，明确相互权利义务关系而订立的合同"。1986年《民法通则》第85条规定："合同是当事人之间设立、变更和终止民事关系的协议。"1999年所谓统一《合同法》第2条规定："本法所称合同是平等主体的自然人、法人、其他组织之间设立、变更、终止民事权利义务关系的协议。"(《民法典》承袭了将合同定位于"协议"的做法。《民法典》第464条第1款规定："合同是民事主体之间设立、变更、终止民事法律关系的协议。")

〔2〕《民法典》第一编第六章规定的"民事法律行为"与第三编第一分编规定的"合同编通则"在分工趋于合理，但仍有一些多余的规范，如《民法典》第475条与第485条。

〔3〕　在1949年以前我国的大陆以及此后的台湾地区，学理上将共同行为称为"合同行为"。在1949年以后，大陆则逐渐以"合同"代替"契约"。为防混淆计，我们用"共同行为"命名本来称之为"合同行为"的行为类型。

(二)身份行为

身份行为[1]是发生身份关系变动效果的行为。身份行为可再划分为亲属行为与继承行为。

1.亲属行为

亲属行为是发生亲属法上效果的身份行为。其中有单方行为，如非婚生子女认领、申请死亡宣告；也有双方行为，如结婚契约、离婚契约和终止收养关系的契约。[2]

2.继承行为

是发生继承效果的身份行为。其中有单方行为，如遗嘱、继承权的接受和抛弃等；也有契约，如扶养遗赠契约。

三、负担行为与处分行为

财产行为，依其效果是否直接发生财产权移转或消灭的效果，而划分为负担行为与处分行为。

(一)负担行为

负担行为是发生债法上给付义务效果的财产行为，亦即使一方或者双方负担债务的行为，故而也称"债权行为"。负担行为生效之后，尚须经由义务人的履行行为，权利人的利益方能实现。故而不能直接发生财产权变动的效果。负担行为也分为单方行为和多方行为，前者如捐助和遗赠；后者则如买卖、借贷和租赁等。

(二)处分行为

处分行为是直接发生支配型财产权设定[3]以及一切财产权变更或者消灭效果的行为。易言之，处分行为生效后，无须义务人的履行即直接发生财产权变动的效果。处分行为可再划分为物权行为和准物权行为，其中各均有单方行为与多方行为。

1.物权行为

物权行为是直接发生物权设定、移转或者消灭效果的处分行为。简言之，是以物权为处分对象的行为。物权行为有单独行为，如交付动产于他人、不动产物权移转登记行为和抛弃所有权的行为；也有契约，如抵押权设定契约。

---

〔1〕 民法典的"总则"编关于法律行为的规定是否适用身份行为，尚须研究。国外市民法国家和我国台湾地区的通说持否定意见。我国《民法通则》虽不属民法典的"总则"编，但其关于民事法律行为的规定类似于民法典"总则"编的相应规定。

〔2〕 在我国今天的亲属法著述中，一般认为结婚、离婚协议和收养协议不是契约。其实，自理论言，上述行为在性质上系契约型法律行为。肯认其为契约，不应有逻辑上的以及观念上的障碍。

〔3〕 此处的"财产权设定"，严格言之，不含债权的设定。否则，便与债权行为相交叉了。

2.准物权行为

是直接发生物权外支配型财产权设定、以及一切财产权移转或消灭效果的处分行为。简言之，是以准物权、债权和知识产权中的财产权为处分对象的行为。准物权行为有单方行为，如采矿权设定、债务免除行为，也有契约行为，如债权让与。

(三)处分行为与负担行为的关系

处分行为与负担行为的关系，其基本样态为物权行为与债权行为的关系，故而以下的讨论，直接在物权行为与债权行为的层面上展开。

当物权行为与债权行为基于同一标的物存在时，即形成二者的关系。如果标的物并不同一，即无关系可言。在生活中，当事人实施物权行为，多属履行基于买卖、互易或者赠与等债权行为所生之义务。例如，公民某甲出卖某座房屋及屋内10件家具于某乙。此系买卖契约，属债权行为；甲为履行其债务，即需：①交付房屋并与乙共同完成房屋所有权的移转登记。②交付10件家具。③乙则需交付价金。这里的行为①系一项物权行为，而行为②，依"一物一权"原则，则系10项物权行为，而行为③，由于物权法是将每一张纸币的交付均看作一项物权行为的，其行为的数量可能相当大。债权行为与物权行为的关系，有四种组合：

1.债权行为与物权行为均有效

在此种情形，买受人依法取得标的物的所有权，不产生任何问题。

2.债权行为与物权行为均无效或者不成立

此种情况，买受人无法取得标的物的所有权，出卖人得主张所有物返还请求权。

3.债权行为成立、有效，但物权行为不成立或者无效

此种情形，买受人虽然占有标的物，但未能取得其所有权，但得基于有效债权行为，请求出卖人再行移转所有权。

4.债权行为不成立或者无效，但物权行为成立有效

此种情形，买受人能否取得标的物的所有权，将视立法对物权行为与债权行为的关系采行何种态度而定。此种物权行为与债权行为的关系，即物权行为要因或者无因的问题。[1]倘若采行使物权行为与基础行为同命运的模式，便是物权行为的要因主义。所谓要因，那因即指基础的债权行为所生的债务。易言之，如果基础行为无效或者被撤销，债务不存在，物权行为也牵连地无效或者被撤销。此际，受领给付而占有标的物的当事人一方，即不能取得该物的所有权。而给付人便得基于所有权而请求前者返还原物。相反，倘若立法采行相反的立场，使物权行为独立于其基础行为，亦即物权行为的效力与基础行为相脱离，该行为是否成立、生效，端视其本身的要件是否被充分，而不受基础行为的效力的左右。纵使基础行为被宣告无效或

---

〔1〕 王泽鉴：《物权行为无因性理论之检讨》，载氏著《民法学说与判例研究》第1册，中国政法大学出版社1998年版，第257—258页。

者被撤销，只要物权行为的成立要件和生效要件均被充分，即能独立地成立和生效。此种立法模式，就是物权行为的独立性和无因性的模式。在此种模式下，为履行债务而实施的给付被作为物权行为，仍然有其效力，受领给付的一方取得标的物的所有权。不过，由于基础行为已告无效，其所有权取得便欠缺法律依据，而构成不当得利。实施给付的当事人一方只能依据不当得利返还请求权，请求前者返还利得。[1]

(四)区分处分行为与负担行为的说明价值

1.法律效果泾渭分明

区分处分行为和负担行为，能使并存的两类行为在效果上泾渭分明。例如，在买卖行为与物权行为并存中，买卖作为债权行为使行为人分别负担给付标的物(包括协助不动产物权登记)和给付价金的义务。此属债法上的效果；而实际交付标的物，申办不动产物权登记和交付价金的行为，则被视为物权行为，使相对人分别取得标的物和价金的所有权。此系物权法上的效果。两类行为的效果泾渭分明，而不混淆。相反，如果对两类行为不加区别，亦即不肯认在债权行为之外尚有物权行为存在，那么，当事人就会依据债权行为直接取得标的物和价金的所有权。易言之，债权行为发生直接使物权变动此一物权法上的效果，这在逻辑上是混乱的。[2]

2.法律关系明晰

假如不区分处分行为和负担行为，那么，在买卖关系中只形成债的关系，但却依债的效力使当事人取得标的物和价金的所有权。相反，如果区分两类行为，那么，买卖作为债权行为仅引起债的法律关系，交付标的物和价金的行为作为物权行为则引起所有权的法律关系。在这里，法律关系明晰无疑。

3.消极后果

区分处分行为和负担行为，使得一项买卖行为被分裂为三种行为：①作为买卖的债权行为。②交付标的物的物权行为。③交付价金的物权行为。这与人们的生活观念颇为不合，因而难免法律脱离实际、而遭"法律强奸生活"(O.基尔克语)之讥。[3]

惟应注意，目前我国立法对此一问题尚未从逻辑上厘定清楚，对物权行为和债

---

〔1〕 当物权行为以债权行为为基础——亦即以交付或者登记为内容的物权行为，是对于基础行为所生债务的履行行为。且基础行为被认定无效和被撤销时，由于物权行为(即交付或者登记)的效力不受影响，交付或者登记的受领人可以取得物权。以上结论是从物权行为的角度看问题得出来的。如果从债权行为的角度作观察，结论则大不相同：既然债权行为无效，也就不会有债的关系发生，给付人原本无给付义务。这样一来，给付人以债务清偿为目的而实施的给付原本就不该实施，因而应当"回复原状"。在处理回复原状的问题上，不当得利制度就被派上了用场。可见，不当得利，是从基础行为的角度作观察得出的结论。既然债权行为是物权行为的基础，现在基础不存在了，上部建筑焉能存在？尽管给付作为物权行为是发生效力的，但该(给付受领)行为的根据已不存在，那么，无法律根据而受利益，当然属不当得利了。惟应注意的是，此处所指法律上的根据，仅就债权行为而言，物权行为本身自然不能同时作为根据。

〔2〕 其中颇具典型性的例子是我国的《城市房地产管理法》和《担保法》(已失效)。

〔3〕 ［德］K.茨威格特、H.克茨著：《"抽象物权契约"理论——德意志法系的特征》，孙宪忠译，载《外国法译评》1995年第2期。

权行为虽然有其区分,但各自的法律要件和法律效果却未规定明白,而呈混乱状态。学说上则聚讼纷纭。本书以为,法律行为概念的说明价值,只有当其配以物权行为独立性和无因性理论时,方在最深层面上显示出来,法律行为理论才真正到位,而不至途半而返。这不仅是逻辑的要求,更是法律工具专业化的要求。正是基于这样的考虑,我们才有关于法律行为的"要因行为"与"无因行为"的分类才有其解,才有其必要性。

四、要式行为与不要式行为

法律行为依其是否须践行口头之外的特别方式为成立要件,划分为要式行为与不要式行为。

(一)要式行为

要式行为是以践行口头之外的特别方式为成立要件的法律行为。口头之外的特别方式,指书面方式以及公证方式等,至于标的物的交付以及登记,则不属之。标的物的交付,所涉及的问题系"要物"与否,以及物权行为的公示,而登记则属公法行为,难能成立法律行为的要素。不须践行一定方式即可成立的法律行为是不要式行为。要式有法定要式与约定要式之分,前者如《合同法》第186条规定的经公证的赠与[1]。[2]后者则由当事人的意思决定。在古代法特别是罗马法的古代法,奉行契约的要式主义。但在近代,则以不要式为原则,以要式为例外了。[3]

---

〔1〕　对应《民法典》第658条第2款:"经过公证的赠与合同或者依法不得撤销的具有救灾、扶贫、助残等公益、道德义务性质的赠与合同,不适用前款规定。"

〔2〕《合同法》第10条规定:"法律、法规规定采用书面形式的,应当采用书面形式。当事人约定采用书面形式的,应当采用书面形式。"(根据《民法典》第490条第2款:"法律、行政法规规定或者当事人约定合同应当采用书面形式订立,当事人未采用书面形式但是另一方已经履行主要义务,对方接受时,该合同成立"。相较于《合同法》第10条,该款一方面明确法定形式要求的来源是"法律与行政法规",另一方面通过反面解释可知,未完成形式要求的效果是合同不成立,但当事人可通过履行行为治愈形式瑕疵。)惟应注意的是,在司法实务上,法律规定须采用书面形式而当事人并未采用该形式的契约,如果当事人无异议,未必不成立。关于此类规定,计有第197条规定的借款(对应《民法典》第668条第1款:"借款合同应当采用书面形式,但是自然人之间借款另有约定的除外。")、第215条规定的租赁(对应《民法典》第707条:"租赁期限六个月以上的,应当采用书面形式。当事人未采用书面形式,无法确定租赁期限的,视为不定期租赁。")、第238条第2款规定的融资租赁(对应《民法典》第736条第2款:"融资租赁合同应当采用书面形式。")、第270条规定的建设工程(对应《民法典》第789条:"建设工程合同应当采用书面形式。")、第330条第3款规定的技术开发(对应《民法典》第851条第3款:"技术开发合同应当采用书面形式。")、第342条第2款规定的技术转让(对应《民法典》第863条:"技术转让合同和技术许可合同应当采用书面形式。")等。

〔3〕　从比较法上看,法律规定的要式契约通常为不动产物权契约,在债权契约,《法国民法典》仅规定了乡村财产租赁适用土地租赁与佃农雇佣的特别规定(第1714条),《德国民法典》仅规定1年期间土地使用租赁(第566条)、2年期间土地用益租赁(第585条a)和保证(第766条),《日本民法典》只规定不可撤销赠与(第550条),我国民国时代民法典仅规定1年以上期间的不动产租赁(第422条)和不可撤销赠与(第408条)。

（二）不要式行为

不要式行为是无须特别方式为成立要件的行为。凡法律未规定或者当事人未约定法律行为须具备口头之外特别方式者，即为不要式行为。

五、要因行为与无因行为

此系财产行为的再划分。财产行为依给与原因是否作为其要素，而划分为要因行为与无因行为。

所谓给与原因，是增益他人财产的行为的原因。增益他人财产的行为，称给与行为。给与原因，通说认为指典型交易目的。[1]

依本书所信，在履行基础行为所生义务的行为，原因应指基础行为的目的，而与履行行为本身的标的不同。任何法律行为均须有其标的，即使无因行为，亦有其标的。无标的的法律行为是不可想像的。无因行为无须具备的"因素"仅为原因。在票据法上，为了保障票据的流通证券和文义证券的基本效力，便须创立票据行为不受基础行为效力牵连的制度，因为，票据行为的效力如受基础行为左右，即无异于宣布接受票据不可靠，果如此，谁人愿意或者敢于接受票据！票据的流通证券性和文义证券性便大打其折扣。可见，必须令票据行为仅为其本身标的而存在，而不沾染原因关系的色彩，方属可行。于是，票据行为无因性的制度被归纳了出来。另外，在《德国民法典》，当物权行为作为履行基础行为所生义务的派生性行为存在时，为了基础行为和派生行为各自的效果明晰，也赋予派生型物权行为不受基础行为效力左右的效力，此即物权行为的独立性和无因性制度。可见，票据行为与物权行为无因性的本义，均指行为的成立及有效不受基础行为效力的左右，亦即不以基础行为的效力为依据。因此，"要因"与"无因"之"因"，不是因果律意义上的"原因"，而指

---

〔1〕 王泽鉴："欲理解法律行为的'有因''无因'的问题，首先必须明了给与(Zuwendung)的意义。所谓给与者，系指因法律行为之作成，致他人之财产有所增益而言。任何人所以愿意减少自己的财产而增益他人财产者，都在企图实现特定之目的。这个目的就是给与的缘由，而第一个目的常成为第二个目的之手段。以此类推，一个较远之目的常是一个较近之目的之缘由。而较近之目的，常成为实现较远目的之手段。兹以赠与为例，加以说明：有某甲者，约定给与乙1万元；甲所以要给与乙1万元者，乃在于无偿增益其财产〔此为给与之第一目的，亦为决定该项给与法律性质(赠与)之基本因素〕；甲所以要无偿增益乙之财产者，乃在于对乙昔日救助之感恩(第二个目的)；甲所以要以无偿赠与方式表示对乙之感恩，乃在于获得愉快或平息因未为感恩行为而发生之不愉快(第三个目的)……"

"给与所欲实现之目的，种类繁多，如就上述无偿增益他人财产为例，除感恩外，尚可能有同情、投机、自我宣传、积阴德等。凡此均为个人主观之目的，属于给与行为动机之范畴。然而，除此等个人主观目的之外，在每一个给与，都有其所企图实现之典型交易目的(Tupische Verkehrszwecke)。这些典型交易目的也就是给与所欲实现的法律效果，这些法律效果并且决定了给与之法律性质及对其所适用之法规。因此所谓法律行为之原因，系指基于给付所欲追求之典型通常之交易目的，或是基于此种交易目的而欲实现的法律效果。"参见氏著：《民法学说与判例研究》第1册，中国政法大学出版社1998年版，第258页。

依据或者前提。[1]

(一)要因行为

要因行为是以给与原因作为要素的行为。

(二)无因行为

无因行为是不以给与原因为要素的行为则为无因行为。此类行为仅为其本身目的而存在,不因基础行为的不成立、无效或者被撤销而失其效力。

要因行为与无因行为的划分,在派生型处分行为,是以该行为的独立性为前提的,如果没有处分行为的独立性,当无其无因性可言。

六、主行为与从行为

彼此关联的民事法律行为,依其是否具有独立性,划分为主行为与从行为。

(一)主行为

是彼此关联的行为中无须相关行为存在即能成立的行为。

(二)从行为

是彼此关联的行为中须以相关行为为前提的行为。例如,在借贷契约与担保借款人履行债务的保证契约之间,借贷契约为主行为,保证契约则为从行为。再如,买卖契约与违约金债权契约之间,买卖契约是主行为,违约金契约则是从行为。从行为既然以主行为为其前提,则与主行为同其命运:主行为若不成立、无效,被撤销或者终止,从行为即随其命运。

此种分类的实益,是两种行为的效力不同,主行为能独立生效,而从行为效力的命运则依从于主行为。

---

〔1〕 将要因行为与无因行为之“因”定义为“典型交易目的”,在逻辑上似值商榷。首先,典型交易目的即典型法律效果上的目的,而法律效果上的目的亦称“标的”;因此,典型交易目的即“典型性”标的。已知原因即典型交易目的,那么,原因即“典型性”标的。鉴于典型标的也属标的的类型之一,因此可以说,原因即标的。准此以解,要因行为须以标的为成立要件,无因行为则无须标的。这一结论显不正确。因为,任何法律行为均须以标的为其成立要件,而非要因行为独然。无标的的法律行为是不可想像的。如果肯认无标的的行为,势将抵触民法关于理性和理性人的预设。可见,将原因解为标的或者典型交易目的是不妥的。然则,原因应作何解?依本书所信,不应一般性地讨论法律行为的原因问题,而应把问题定位于基础行为与派生型处分行为的关系上来讨论原因问题。在此一定位之下,问题便相应简化:票据行为和物权行为无因性的命题,其含义为且仅为,行为的效力不受其基础行为(亦即债权行为)效力的左右,或者不受基础行为不成立、无效或者被撤销命运的牵连。在此一含义下,原因系“依据”“前提”之义。申言之,票据行为和物权行为的无因性,其含义均为行为的效力不以其基础行为的有效为依据。故而原因应为基础行为所生的义务,亦即给与的依据。

七、基本行为与补助行为

彼此关联的民事法律行为之间，依其有无独立的实质内容，划分为基本行为与补助行为。

(一)基本行为

是相关联行为中具有独立的实质内容但却以相关行为为要件的行为。例如，需法定代理人同意的限制民事行为能力人的行为即是。由于该行为有赖补助，故而又称"待补正行为"。基本行为与主行为不同，后者能够独立生效，基本行为则无从独立生效。

(二)补助行为

是相关联行为中不具有独立的实质内容、仅作为基本行为生效要件的行为。例如，上述法定代理人对于限制民事行为能力人所实施行为的"同意"（同意行为）即是。补助行为须以基本行为为前提，此点与从行为相同。但从行为具有独立的实质内容看，补助行为却不具有。

八、生存行为与死因行为

法律行为依其效力发生于行为人生前抑或死后，划分为生存行为与死因行为。

(一)生存行为

是效力发生于行为人生前的行为。故又称生前行为。法律行为除个别者外，绝大多数均属生存行为。

(二)死因行为

是以行为人死亡为生效要件的行为。又称死后行为。典型的死因行为是遗嘱，遗赠扶养契约则含有死因行为成分。此外，似乎再无死因行为。死因行为须俟行为人死亡方能生效。因此，如何使其生前保全证据资料，十分重要。否则死无对证，其遗嘱事实的认定及其意思的解释，势必极其困难。有鉴于此，法律对遗嘱的形式规定了极为严格的要件。

关于法律行为的类型，尚有"有偿行为与无偿行为""诺成行为与要物行为"等划分。鉴于两该分类均发生在契约上，为避免重复，让诸第三十六章第一节讨论。

第四节　法律行为的要件

关于法律行为的法律构成要件,先制图如下,然后再展开说明。

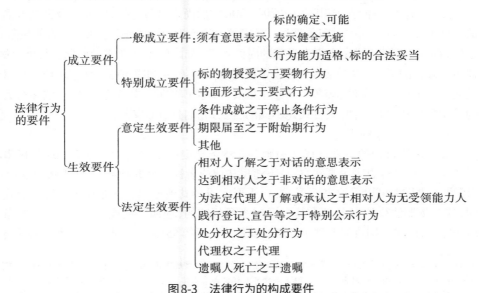

图8-3　法律行为的构成要件

法律行为的法律要件,依其性质之为法律行为的实质性要素,抑或使之进一步生效的特别要求,而划分为成立要件与生效要件。

一、成立要件

(一)意义

1.本书的定义

法律行为的成立要件,[1]是法律基于法律行为的实质性要素所提出的条件。申

言之，是作为生活事实的行为能够被认定为法律行为所须具备的条件。

2.区分成立要件的意义

法律行为成立要件所回答的问题，是法律行为质的标准，凡具备成立要件的行为，便属法律行为。在生活事实层面上，便有一件法律行为产生。法律行为的产生，民法上称之为法律行为成立。

然而，有些法律行为却因各种原因，在成立后尚应具备时间、空间以及其他方面的条件方能生效。其中时间条件指：有相对人的行为，尚须到达于相对人方能生效；遗嘱，尚须遗嘱人死亡；当事人设定的时间条件，如附停止条件或者始期。另外，法律出于政策的考量，也对某些行为设定控制效力的条件，如特别公示行为的公示，以及效力未定行为的条件，等等。关于生效要件，本书将在下文讨论。总之，法律行为的成立要件和生效要件，其性质是不同的，区分它们是有意义的。

3.《民法通则》的规定

关于法律行为的要件，《民法通则》第55条规定："（一）行为人具有相应的民事行为能力；（二）意思表示真实；（三）不违反法律或者社会公共利益。"[1]第56条规定："民事法律行为可以采取书面形式、口头形式或者其他形式。法律规定用特定形式的，应当依照法律的规定。"[2]其中第55条所规定的，应属一般成立要件，[3]第56条所规定的，应属特别成立要件中的形式要件[4]。而第55条第（1）项属于行为能力适格

异议的，保证合同成立。"）、第112条（该规定已删除）和第128条（该规定已删除），《合同法》第25条（对应《民法典》第483条："承诺生效时合同成立，但是法律另有规定或者当事人另有约定的除外。"）、第32条（对应《民法典》第490条第1款："当事人采用合同书形式订立合同的，自当事人均签名、盖章或者按指印时合同成立。在签名、盖章或者按指印之前，当事人一方已经履行主要义务，对方接收时，该合同成立。"）、第33条（对应《民法典》第491条第1款："当事人采用信件、数据电文等形式订立合同要求签订确认书的，签订确认书时合同成立。"）、第36条（对应《民法典》第490条第2款："法律、行政法规规定或者当事人约定合同应当采用书面形式订立，当事人未采用书面形式但是一方已经履行主要义务，对方接受时，该合同成立。"）、第37条（对应《民法典》第490条第2款："法律、行政法规规定或者当事人约定合同应当采用书面形式订立，当事人未采用书面形式但是一方已经履行主要义务，对方接受时，该合同成立。"）等，均有使用。诚然，上述规定中之"成立"一词，与本书所用"成立要件"中之"成立"是否等值，不无研讨余地。但就字面而言，该词出现的频度颇高，说明其仍有存在价值。

〔1〕 对应《民法典》第143条："具备下列条件的民事法律行为有效：（一）行为人具有相应的民事行为能力；（二）意思表示真实；（三）不违反法律、行政法规的强制性规定，不违背公序良俗。"相较于《民法通则》第55条第3项中的"不违反法律或者社会公共利益"，本条第3项将"法律"扩展为"法律、行政法规的强制性规定"，同时将"社会公共利益"扩展为外延更大的"公序良俗"。本条意义不大。因为只要没有效力障碍事由，那么基于"法无禁止即自由"的私法理念，法律行为就是有效的，所以逻辑上规定法律行为的效力障碍事由即可，而这些事由在《民法典》中已有规定。

〔2〕 对应《民法典》第135条："民事法律行为可以采用书面形式、口头形式或者其他形式；法律、行政法规规定或者当事人约定采用特定形式的，应当采用特定形式。"相较于《民法通则》第56条，本条将法定形式要求的渊源扩展至"法律、行政法规"，同时又规定了意定形式。本条的规定不妥。法定要式与意定要式并不相同，不宜并置于一条进行规定。若并置一处，则本条中对"应当"的理解会产生问题。例如，当事人通常不得合意变更法定要式，但可变更意定要式，这实际上是对应两种不同含义的"应当"。

〔3〕 对应《民法典》第143条，见上注〔1〕。

〔4〕 对应《民法典》第135条，见上注〔2〕。

问题,[1]第(3)项属于合法性问题[2]。至于第(2)项,即意思表示须充分法律要求的问题。[3]

惟应注意,本书关于法律行为要件的讨论,是在整合立法规定基础上从理论层面上展开的,而不照搬立法条文。故而关于要件的说明与立法并不简单等同。此点尚须读者留意。

(二)一般成立要件

在成立要件中,为一切法律行为所共有的,是一般成立要件。法律行为的一般成立要件,是意思表示。

关于意思表示,本书在前文已有详细讨论,这里要强调的是,意思表示必须符合法律的要求,包括:

1.标的须确定并且可能

(1)标的确定

标的确定,指关于标的表示须达到能被具体认定的程度。例如,买卖的价金以及委任的授权事项等,须能确定。认定标的确定与否的时点,通常为行为成立时。申言之,在行为成立时其标的即应达到确定的程度。但在若干场合,依行为的性质,也可延展至行为成立之后。例如,租约只订明赁屋一间,而可供出租的房屋则有多间,在事后再确定所租者究为哪间;又如托人购物,先付其500元,事后再确定所购何物,均无不可。

(2)标的可能

标的可能,指标的在客观上须具有实现的现实性。

①须非客观不能

所谓客观不能,系指无论何人处于行为人的地位,均不能达成的不能。例如,约定返老还童、水变汽油之类。而由当事人本身的事由所导致的不能,则属主观不能。例如,约定教人英语,却不识ABC;约定出售钢材,却无钢可售等。主观不能,不应影响行为的生效,而只发生履行不能问题,亦即须由不能履行的当事人就其不履行负责。惟其如此,方能依合同关系将不利益分配给恶意的当事人一方,而不待启用缔约过失责任,来远水解近渴。

②须非自始不能

自始不能,系指行为成立时即已存在的不能。自始不能系相对于嗣后不能而言,

---

〔1〕 现为《民法典》第143条第1项。"行为人具有相应的民事行为能力"表述得不严谨,如在限制行为能力人的情形,若行为人取得了法定代理人的允许,则其所为之法律行为仍有效。

〔2〕 对应《民法典》第143条第3项"不违反法律、行政法规的强制性规定,不违背公序良俗"。

〔3〕 现为《民法典》第143条第2项。但即使将此处的"法律行为有效"理解为终局有效,关于"意思表示真实"的表述也存在一些问题。第一,意思表示不真实不一定推出相应的法律行为效力具有瑕疵。例如,若表意人真意保留,而相对人善意,则法律行为应为有效。第二,意思表示的瑕疵包括两方面,即意思表示不真实与意思表示不自由。仅表述为"意思表示真实",无法很好地涵盖欺诈、胁迫、危难被乘的情形。

后者是在行为成立之后方始出现的不能。只有自始不能，才能使行为无意义，从而不发生法律效力。至于嗣后不能，则不应影响其生效，而仅发生履行不能问题，由具有不能事由的当事人负担不履行责任。嗣后不能的风险，应由该方当事人负担，方属合理。

③须非全部不能

全部不能，系指不能情形涉及标的全部的不能。全部不能，且属客观、自始不能，行为当然不生效力。倘若不能仅仅涉及标的某一部分，而除去该部分之后，其余部分仍能独立成立，则不影响后一部分行为的效力。《民法通则》第60条规定："民事行为部分无效，不影响其他部分的效力的，其他部分仍然有效。"《合同法》第56条规定："合同部分无效，不影响其他部分效力的，其他部分仍然有效。"[1]此即关于部分不能的立法规定。

④须非永远不能

永远不能，系指不能的情形永远存续的不能。又称继续不能。倘若仅属一时不能，则不应影响行为的生效。例如，雇人来当汽车司机，但受雇人却尚未取得驾驶资格，然而经培训却能获得该资格。此种情形，不应导致行为当然无效，而仅使不能事由的责任人负其不履行责任。

2.不存在诸如错误、内心保留、通谋虚伪、受诈欺、受胁迫等问题

存在上述任何问题的表示，在性质上均不属意思表示。关于错误、内心保留（单独虚伪行为）、通谋虚伪（双方通谋的虚伪行为）、受诈欺和受胁迫等行为，本书将在第1章讨论。

3.意思表示预设了行为能力适格以及标的的合法性

本书在讨论意思表示时，已经说明，意思表示作为表示行为，即须以行为能力适格为要件。同时也说明，意思表示作为法律规范，也预设了标的的合法性。现在，为与上述讨论呼应，对法律行为的行为能力和合法性要件作些说明。

（1）行为人须行为能力适格

行为人须具备行为能力，才能实施意思表示。故而作为法律行为，须以行为能力适格为其要件。无行为能力人实施的行为不属法律行为，尽管其实施的纯获利益、不负担义务且不损害他人的行为有效，然而不过是法律特别赋予其效力而已，并非肯认其为法律行为。限制行为能力人在其行为能力范围之内实施的行为，构成意思表示或者法律行为，而在能力范围之外的行为，除经其法律代理人同意或者追认者外，不构成意思表示或者法律行为。

（2）须标的合法

标的合法，依民法"法无限制者皆为自由"的原则，难以正面地说明，只能反向说明，凡法律明文规定为不合法的行为，方不具有合法性；此外的一切行为，皆为合

---

[1] 对应《民法典》第156条："民事法律行为部分无效，不影响其他部分效力的，其他部分仍然有效。"

法行为。

①须不违反强制性规定

所谓强制性规定,系指命令当事人无条件实施一定行为的规定。如果不依规实施,即属违法,其行为不生意思表示所表述的效力。《民法通则》第18条关于监护人职责[1]、第78条第3款关于共有人先买权的规定[2],以及行政法规关于限制流通物的规定等,即均属强制性规定。法律行为的标的违反强制性规定,其无从生效,自不待言。

②须不违反狭义禁止性规定

所谓禁止性规定,系指命令当事人无条件地不实施一定行为的法律规定。例如,《民法通则》第41条、第46条及第47条关于企业法人登记(自其反面解释)[3]、第49条关于禁止企业法人实施一系列行为,[4]第58条关于诈欺[5]、胁迫[6]、乘人之危[7]、恶意串通[8],以及经济合同违反国家指令性计划,第73条第2款[9]、第74条第3款[10]、第

---

〔1〕 对应《民法典》第34条:"Ⅰ.监护人的职责是代理被监护人实施民事法律行为,保护被监护人的人身权利、财产权利以及其他合法权益等。Ⅱ.监护人依法履行监护职责产生的权利,受法律保护。Ⅲ.监护人不履行监护职责或者侵害被监护人合法权益的,应当承担法律责任。Ⅳ.因发生突发事件等紧急情况,监护人暂时无法履行监护职责,被监护人的生活处于无人照料状态的,被监护人住所地的居民委员会、村民委员会或者民政部门应当为被监护人安排必要的临时生活照料措施。"监护人损害被监护人的利益处分其财产的,宜认定为无权处分,不宜直接认定为无效,从而可兼顾交易安全。

〔2〕 对应《民法典》第306条第1款:"按份共有人转让其享有的共有的不动产或者动产份额的,应当将转让条件及时通知其他共有人。其他共有人应当在合理期限内行使优先购买权。"共有人先买权可以提高物的使用效率,因为这有利于将所有权的归属限于共有人内部。一般认为,此类先买权具有物权效力。

〔3〕 关于法人登记,对应《民法典》第77条"营利法人经依法登记成立"、第88条"具备法人条件,为适应经济社会发展需要,提供公益服务设立的事业单位,经依法登记成立,取得事业单位法人资格;依法不需要办理法人登记的,从成立之日起,具有事业单位法人资格"、第90条"具备法人条件,基于会员共同意愿,为公益目的或者会员共同利益等非营利目的设立的社会团体,经依法登记成立,取得社会团体法人资格;依法不需要办理法人登记的,从成立之日起,具有社会团体法人资格"、第92条第1款"具备法人条件,为公益目的以捐助财产设立的基金会、社会服务机构等,经依法登记成立,取得捐助法人资格"与第68条第1款"有下列原因之一并依法完成清算、注销登记的,法人终止:(一)法人解散;(二)法人被宣告破产;(三)法律规定的其他原因"。

〔4〕 该规定已删除。

〔5〕 对应《民法典》第148条:"一方以欺诈手段,使对方在违背真实意思的情况下实施的民事法律行为,受欺诈方有权请求人民法院或者仲裁机构予以撤销。"《民法典》第149条:"第三人实施欺诈行为,使一方在违背真实意思的情况下实施的民事法律行为,对方知道或者应当知道该欺诈行为的,受欺诈方有权请求人民法院或者仲裁机构予以撤销。"

〔6〕 对应《民法典》第150条:"一方或者第三人以胁迫手段,使对方在违背真实意思的情况下实施的民事法律行为,受胁迫方有权请求人民法院或者仲裁机构予以撤销。"

〔7〕 对应《民法典》第151条:"一方利用对方处于危困状态、缺乏判断能力等情形,致使民事法律行为成立时显失公平的,受损害方有权请求人民法院或者仲裁机构予以撤销。"

〔8〕 对应《民法典》第154条:"行为人与相对人恶意串通,损害他人合法权益的民事法律行为无效。"

〔9〕 对应《民法典》第258条:"国家所有的财产受法律保护,禁止任何组织或者个人侵占、哄抢、私分、截留、破坏。"

〔10〕 对应《民法典》第265条第1款:"集体所有的财产受法律保护,禁止任何组织或者个人侵占、哄抢、私分、破坏。"

75条第2款关于禁止侵占国家、集体和个人财产，[1]《婚姻法》第7条关于禁止结婚的条件的规定[2]，等等，均属禁止性现定。

禁止性规定尚可再划分为"取缔性规定"和"狭义禁止性规定"两种。

i.取缔性规定

所谓取缔性规定，是使行为被强制取消，但行为所辐射的行为并不连同地取消的规定。例如，关于法人、非法人企业、个体工商户等设立、变更和终止须登记的规定，《商标法》关于销售商品须使用商标的规定，即属取缔性规定。如果某筹备中的"法人"擅自开业，而所进行的交易行为本身并无无效事由，那么，该交易行为应属有效，而筹备人依法却须受到制裁。取缔性规定的规范意旨，仅在取缔违禁行为，如果有人实施该行为，则所实施的行为当然无效，而且行为人尚须负其公法上的责任。然而，取缔行为的规范意旨，却不在于限制该行为所辐射行为的效力。

ii.狭义禁止性规定

所谓狭义禁止性规定，则是不但禁止实施特定行为，而且该受禁行为所辐射的行为也同样禁止的规定。上面所举《民法通则》第18条关于监护人职责、第78条第3款关于共有人先买权的规定，以及行政法规关于限制流通物的规定、《民法通则》第58条关于诈欺、胁迫、乘人之危、恶意串通，以及经济合同违反国家指令性计划，第73条第2款、第74条第3款、第75条第2款关于禁止侵占国家、集体和个人财产，《婚姻法》第7条关于禁止结婚的条件的规定，等等，即均系狭义禁止性规定。

(3)须标的妥当

关于标的妥当性要件，也只能用排除法加以界定。《民法通则》第55条关于法律行为要件的第(3)项规定，使用"不违反……社会公共利益"的文字，[3]即表明了此项宗旨。

标的妥当性要件，除要求不违反社会公共利益外，尚要求不违反诚实信用原则（《民法通则》第4条[4]），以及不违反公共秩序和善良风俗。[5]此种不妥当行为，如约定受雇人在受雇期间不得结婚或不得生育，约定某人不得经营某项事业等即是。

---

〔1〕 对应《民法典》第267条："私人的合法财产受法律保护，禁止任何组织或者个人侵占、哄抢、破坏。"

〔2〕 对应《民法典》第1048条："直系血亲或者三代以内的旁系血亲禁止结婚。"

〔3〕 对应《民法典》第143条第3项："不违反法律、行政法规的强制性规定，不违背公序良俗。"

〔4〕 对应《民法典》第7条："民事主体从事民事活动，应当遵循公平原则，合理确定各方的权利和义务。"

〔5〕 关于法律行为不得违背公序良俗的立法例：《法国民法典》第6条、《日本民法典》第90条、我国民国时代制定的《中华民国民法典》第72条，均明文规定契约或法律行为不得违反公序良俗。《德国民法典》第138条第1款、《瑞士债务法典》第20条第1款则规定违反善良风俗者无效。以上法例，可供参考。本书以为，违反公序良俗的不妥当性至为明显，应予以肯定。违反公序良俗的行为，应当认定为无效。

（三）特别成立要件

在成立要件中，凡属法律对于某些行为类型特别要求的条件，为特别成立要件。特别成立要件只能就各该行为类型来讨论。例如：

1.标的物授受之于要物行为

要物行为是以标的物的授受为成立要件的行为，已如上述。对于此类行为，标的物的授受就是特别成立要件。我国《合同法》第367条规定，保管合同是要物行为。[1]

2.书面或者公证形式之于要式行为

法律规定或者当事人约定法律行为须制作书面或者须经公证者，制作书面或者公证即该类行为的特别成立要件。倘若未作成书面或经公证，纵使其意思表示适格，亦不能成立法律行为。

（四）成立要件的效力

成立要件的效力，主要为对于行为人的拘束力（详见本章第四节）。

二、生效要件

以成立要件为基础，使行为能依其意思表示内容发生法律效果的要件，是民事法律行为的生效要件。

生效要件，就其性质而言，是控制法律效果发生的条件。

（一）意定生效要件

当事人以意思表示设定的生效要件，是意定生效要件。该类要件通常体现为"停止条件"或者"始期"的法律行为附款。关于法律行为的附款，将在本章第七节讨论。

1.在附停止条件行为——须条件成就

停止条件是意思表示设定的令已成立法律行为的效力处于停止状态的条件。在该条件成就之前，法律行为尚不能产生固有效力。

2.在附始期行为——须期间届至

始期是意思表示设定的令已成立法律行为固有效力开始的日期。在该日期到来之前，法律行为的固有效力也处于停止状态。

3.其他

除上述意定条件外，当事人尚不妨设定其他条件，来控制已成立法律行为的生效。至其具体类型，尚难确切归纳。

---

〔1〕　现为《民法典》第890条。

（二）法定生效要件

生效要件中，凡仅属法律对于某些行为特别要求者，为法定生效要件。对于此类要件，只能就各该行为类型，分别讨论。

1.有相对人行为的特别生效要件

（1）以对话意思表示为要素的行为——须相对人了解

以对话的意思表示为要素的行为，表意人当面或者通过同步传声装置实施意思表示——主要是订立契约的要约—承诺行为——该行为在为相对人了解时对于相对人生效。

（2）以非对话意思表示中要素的行为——须达到相对人

以非对话的意思表示为要素的行为，在未到达相对人时，相对人尚不知其存在，故而不能对其生效。当到达于相对人时生效，方属合理。《合同法》第26条规定："承诺通知到达要约人时生效。"[1]就体现了此种要求。

2.在公示行为——须践行法定公示程序

公示行为是以法律特别要求的公开形式实施的意思表示。所谓公开，即第三人对意思表示可以获知。各国立法通常规定，物权行为须公示。在动产物权行为，公示的方式为标的物的交付；在不动产物权行为，公示的方式则为行为登记。法人成立亦须公示，其方式是登记。对于公示行为，只有依法完成公示方式，方能生效。

3.在相对人为无受领能力人行为——须为法定代理人所了解或承认

在有相对人行为且其相对人为无受领能力人的场合，该行为须由其法定代理人受领，故而只有当法定代理人了解时，该行为方生效力；在无受领能力人已经受领的场合，则须经其法定代理人追认，方生效力。

4.在处分行为——须有处分权

处分行为因直接产生财产权变动的效力，故而处分行为人应对处分标的具有处分权。若无处分权，则可能侵害处分权人的利益，故而不应许其生效。但是，处分行为得到处分权人追认，或者处分人事后取得处分权者，即变成有效。

5.在代理行为——须有代理权

代理行为的效力直接对被代理人发生，其机制端在代理权的作用。若无代理权，则须经本人追认，方生效力。

6.在遗嘱——须遗嘱人死亡

遗嘱是处分未来遗产的行为，依其时间条件，当然在遗嘱人死亡时方生效力。

---

〔1〕 对应《民法典》第484条第1款："以通知方式作出的承诺，生效的时间适用本法第一百三十七条的规定。"

三、问题点

关于民事法律行为的成立要件与生效要件,其应否作如此划分? 如应划分,又何者应属成立要件,何者应属生效要件? 在学理上均有待研究。国外和我国台湾地区学说,争议也不小。然而必须指出,成立要件与生效要件,在概念上宜作区别,则应肯定。就民事法律行为的实施过程而言,两者也不相同,前者系不成立(不存在),后者则为虽成立(存在),却不能依其意思表示内容发生法律效果。但以上两点,仅就逻辑而言,方有意义。若就实务而言,即就当事人依其行为所企望实现的法律效果而言,则并无不同。以契约为例,当其被认定不成立时,当事人固然无从依契约主张任何权利;当其虽成立而不生效时,当事人同样无从依契约而主张任何权利。此系应予以注意者。

第五节 意思表示的拘束力

一、概说

意思表示一经作成,即足以影响表意人、相对人或第三人的利益。例如,表意人作成订立合同的要约,相对人即产生承诺权;表意人抛弃某物的所有权,他人占有该物即不构成非法占有或者不当得利行为;另外,对于已作成的意思表示,表意人可否撤回或者撤销,也事关表意人本身以及相对人和第三人的利益。凡此种种,均与意思表示的拘束力有关。

(一)意思表示拘束力的意义

意思表示的拘束力,指表意人须受其约束,非依法律,不得擅自撤回或者变更的法律效力。意思表示的拘束力,亦即意思表示的成立效力。

(二)意思表示拘束力的发生

意思表示拘束力自何时发生,事关表意人对于撤销行为撤销权的行使期间(该期间始期与终期的确定),以及相对人的信赖利益,同时关涉非对话意思表示传达途中遗失或者迟到风险的负担。因此,须由立法加以规制。《民法通则》第57条规定:"民事法律行为从成立时起具有法律约束力。行为人非依法律规定或者取得对方同意,不得擅自变更或者解除。"[1]然而,意思表示,既有无相对人者,又有有相对人者;自

---

[1] 对应《民法典》第136条:"Ⅰ.民事法律行为自成立时生效,但是法律另有规定或者当事人另有约

其相对人着眼,既有有受领能力者,亦有无受领能力者;自其表示方式着眼,既有对话者,亦有非对话者,如此等等。事实上,意思表示的成立与拘束力的发生,在时间上势难尽同。《民法通则》的上述规定过于笼统。现依据《合同法》,并参酌国外以及我国民国时期和台湾地区立法例,加以讨论,期能有益于此一问题的解决。[1]

二、无相对人表示的拘束力

无相对人的意思表示,原则上应从成立时发生拘束力。因为,此类意思表示本无相对人,因而毋庸考虑是否到达相对人以及是否为其了解的问题。不过亦有例外。例如,遗嘱,因其性质使然,须于遗嘱人死亡时发生拘束力,而在此前,遗嘱人得随意变更或者取消。又如,悬赏广告,在有人着手从事广告所指定的行为时始发生拘束力,因为自该时起,相对人的信赖利益便值得保护了。

三、有相对人表示的拘束力

(一)相对人的受领能力

有相对人的意思表示,须向相对人实施,方能成立。由此规定了相对人对于意思表示的受领问题。而为能受领,又须具有受领能力。所谓受领能力,指能够独立有效地接受相对人意思表示的能力、属于行为能力的题中应有之义。行为能力系自意思表示实施者的角度作观察,而自意思表示受领者的角度看,该能力即为受领能力。准此以解,完全行为能力人有受领能力,无行为能力人无受领能力,而限制行为能力人,除法律规定的情况外(如《民法通则》第12条第1款[2]),也无受领能力。综上所述,有相对人的意思表示,应当向有受领能力的人实施,方为有效;而向无受领能力人实施,则归于无效。当与无受领能力人进行交易时,须向其法定代理人实施意思表示。本书下文所述意思表示的受领、了解、达到,均包括有受领能力人和无受领能力人的法定代理人。

(二)对话的意思表示拘束力的发生

有相对人的意思表示,依其实施方式,划分为对话的意思表示和非对话的意思表示。在对话的意思表示,其拘束力应从意思表示被相对人了解之时发生。至于了解与否,则须根据具体情形,实事求是地加以认定。

定的除外。Ⅱ.行为人非依法律规定或者未经对方同意,不得擅自变更或者解除民事法律行为。"

[1] 关于意思表示何时生效,《民法典》规定于第137条至第139条。

[2] 对应《民法典》第145条第1款:"限制民事行为能力人实施的纯获利益的民事法律行为或者与其年龄、智力、精神健康状况相适应的民事法律行为有效;实施的其他民事法律行为经法定代理人同意或者追认后有效。"

(三)非对话意思表示拘束力的发生

1.非对话意思表示的过程性

非对话意思表示，呈现为以下阶段：①意思形成阶段即意思在大脑中形成。②写信阶段，即用信函或电文表示意思。③发信阶段即将信函、报文交传达人(如信使或邮电局)。④到达阶段，即意思表示到达相对人的控制范围，如送达于自备信箱包括传真机或者电子邮箱。⑤了解阶段，即受信人拆阅、理解其内容的阶段。

2.拘束力发生的时点

关于非对话意思表示的拘束力，依其过程，可定于不同阶段。与此相应，学说上有四种主义：

(1)表示主义

以信函、报文写就之时为拘束力发生的时点。

(2)发信主义

以信函付邮之时为拘束力发生的时点。

(3)达到主义(又称受信主义)

以信报达到受信人的支配范围之时为拘束力发生的时点。

(4)了解主义

以受信人拆阅信报并了解其内容之时为拘束力发生的时点。

以上四种方案，表示主义似嫌过早，而了解主义又嫌过迟，而且表示与了解的事实，不易证明。因此，不宜以之作为意思表示拘束力发生的时点。立法例也鲜有采用者。至于发信主义和达到主义，各有利弊。但两相权衡，达到主义更为合理，因为此种方案将信报遗失和迟到的风险分配于发信人，合情合理。所谓达到，指信函或者电文进入相对人的支配范围，处于可被后者了解的状态。至于受信人是否拆阅，则非所问。其理由在于：怠于拆阅的危险，应由受信人负担；若由发信人负担，则有失事理之平。易言之，当意思表示达到相对人时，表意人即不得擅自撤回；但是，如果撤回的追加通知同时或者先时到达，仍能撤回。《合同法》第16条规定："要约到达受要约人时生效。采用数据电文形式订立合同，收件人指定特定系统接收数据电文的，该数据电文进入该特定系统的时间，视为到达时间；未指定特定系统的，该数据电文进入收件人的任何系统的首次时间，视为到达时间。"[1]第26条第2款规定："采用数据电文形式订立合同的，承诺到达的时间适用本法第十六条第二款的规

----

〔1〕 对应《民法典》第474条："要约生效的时间适用本法第一百三十七条的规定。"《民法典》第137条规定："Ⅰ.以对话方式作出的意思表示，相对人知道其内容时生效。Ⅱ.以非对话方式作出的意思表示，到达相对人时生效。以非对话方式作出的采用数据电文形式的意思表示，相对人指定特定系统接收数据电文的，该数据电文进入该特定系统时生效；未指定特定系统的，相对人知道或者应当知道该数据电文进入其系统时生效。当事人对采用数据电文形式的意思表示的生效时间另有约定的，按照其约定。"

定。"[1]上述规定，可资赞同。

第六节　意思表示的解释

一、解释的意义与步骤

意思表示的解释，是运用解释手法，确定其中目的确切含义的作业。

在法律行为的要件部分，本书主张法律行为的要件以意思表示为已足，于是便生一个问题，表意人所表示的目的，仅仅是其作为非法律专家的判断，而未必符合法律的规定。如其意思直接与法律的效果类型相合，固属可喜；如果不甚相合，即应依其最接近的效果予以解释。在后一种场合，就需要对意思表示进行解释了。

在意思表示中，目的被表述得清清楚楚、明明白白的情形，并不少见；然而更多的情况却是表述得并不明确、并不完全。此一现象的成因，不仅与表意人的知识、经验和判断能力有关，而且与语言文字与概念的差异、词不达意有关。总之，模糊和不完备是客观存在，所在多有。在履行中，由于表意人和相对人利害不同，争议即由此而生。可见，意思表示的解释，是法律适用中的基本问题之一。

意思表示的解释，首先，须判断系争行为属否意思表示。这便需要审查该行为能否充分法律行为的要件。其次，认定所审查的表示行为属于意思表示之后，则进一步判断究属意思表示的何种类型：是单方表示，抑或契约？如属单方表示，又属何种具体类型：是撤销，抑或承认；是委任，抑或遗嘱？如属契约，则须进一步究明：属于有名契约，抑或无名契约？如属有名契约，那么又属有名契约的何种类型；若属无名契约，又是何等性质、特征？等等。再次，审查意思表示是否附有约款。如果有附款（关于法律行为的附款，将在本章第七节讨论），则审查该附款究为条件抑或负担。如属条件，那么究为停止条件，抑或解除条件？等等。最后，则应探求意思表示尤其契约的确切含义。此系整个解释作业的核心。此外，尚须审查意思表示（尤其契约）有无漏洞，以及确定填补漏洞的途径，并予以具体填补。

---

〔1〕　对应《民法典》第484条第1款："以通知方式作出的承诺，生效的时间适用本法第一百三十七条的规定。"《民法典》第137条规定："Ⅰ. 以对话方式作出的意思表示，相对人知道其内容时生效。Ⅱ. 以非对话方式作出的意思表示，到达相对人时生效。以非对话方式作出的采用数据电文形式的意思表示，相对人指定特定系统接收数据电文的，该数据电文进入该特定系统时生效；未指定特定系统的，相对人知道或者应当知道该数据电文进入其系统时生效。当事人对采用数据电文形式的意思表示的生效时间另有约定的，按照其约定。"

二、解释的方法

意思表示解释的核心目的，既然在探求意思的确切含义，那么即须讨论，该含义究何所指？其意旨又如何探求？

(一)当事人的真意究何所指

关于意思的确切含义，有不同的学说：①意思说。该说以为，效果意思的确切含义，应以表意人的内心意思为准。②表示说。该说以为，效果意思的确切含义，应以相对人所理解的含义为准。③信赖说。该说以为，效果意思的确切含义，既不能以表意人的内心意思为准，也不能以相对人所理解的含义为准，因为二者均属主观上的东西，不足为凭；而应以一般人处于相对人地位善意理解的含义为准。此一含义，体现了一般人对于意思表示的善意信赖，故而被称为信赖说。以上三说，均旨在公平分配意思表示错误的风险。比较言之，信赖说较为合理。因此，对于意思表示的解释，应本着信赖说的思路上探求意思的确切含义。

(二)探求当事人真意的方法

探求当事人的真意，其主要方法，并非语义学上的推求，而是依据诚实信用原则，通过事理逻辑思维，进行必要的价值判断。我国民国时期的立法仿效法国、德国和瑞士等国立法例，在当时的民法典第98条设有规定："解释意思表示，应探求当事人之真意，不得拘泥于所用之辞句。"[1]此项规定颇有道理，且极必要。关于解释的步骤，大体如下：

第一，当意思表示的词句足以传达目的的信息时，应善解其义，而不可舍本逐末，另事推求。

第二，当意思表示所用词句含义模糊时，则应通过语义学方法，寻求理解，澄清其确切含义。

第三，在实行语义学推求中，须以价值判断为指导，取向于当事人的处境，斟酌附随情况、以往事实和其他证据资料，通过事理逻辑思维，推求表意人的经济目的，作出必要的价值判断。

第四，在进行价值判断时，应根据法律行为类型，有所调整。"例如遗嘱系无相对人之单独行为，不发生相对人保护之问题，故应采所谓自然理解，偏重于探求遗嘱人之内心意思，在有相对人之意思表示，例如要约、承诺、解除、终止等，则应以客观

---

〔1〕《民法典》第142条规定："Ⅰ.有相对人的意思表示的解释，应当按照所使用的词句，结合相关条款、行为的性质和目的、习惯以及诚信原则，确定意思表示的含义。Ⅱ.无相对人的意思表示的解释，不能完全拘泥于所使用的词句，而应当结合相关条款、行为的性质和目的、习惯以及诚信原则，确定行为人的真实意思。"需注意的是，本条第2款要求"不能完全拘泥于所使用的词句"，这不意味着能通过反面解释得出第1款就可"完全拘泥于所使用的词句"。

的表示价值为准(所谓规范解释)。在定型化契约,其条款有疑义时,则应作有利于相对人之解释。易言之,即条款不明确之危险,应由条款制作人负担。在对不特定人之意思表示,如悬赏广告、债券之发行等,则应注视由文件所表现之典型目的,更不待言。"[1]

第五,当意思表示(主要是契约)有漏洞时,应首先寻找可资适用的任意性法律规范,加以解释和补充。如果不存在可资适用的任意性规范,则应设想一般人处于表意人地位时应有的价值判断,代为形成所欠缺的意思,亦即填补漏洞。但此种填补,须慎之又慎,以防损害意思自治原则。

第七节　条件与期限

一、概说

(一)法律行为的附款

人们在实施法律行为时,总是基于一定的判断,预为计划,希望预期目的顺利达成。然而,计划赶不上变化的情形,所在多有。对于此种计划落空的危险,当事人可否事先作出安排,预为分配呢? 民法基于私法自治原则,创设了法律行为附款制度(《民法通则》第62条和《合同法》第45条对附条件法律行为作了规定,[2]《民通意见》第76条和《合同法》第46条,则对附期限行为作了规定[3]),以适应人们的此一需要。例如,当事人约定:"如果产品达到A级标准,则予以包销。"此项契约即附了条件。该条件如同控制器,使契约的效力,于"产品达到A级标准"时方始发生,从而把不能达到A级标准的危险,预先分配给厂家。再如,约定"2个月内如仍不能清偿货款,则解除契约"。此项补充契约中即附了期限,把不能清偿货款的期限预定为2个月。上述例子中,法律行为借以控制效力发生或者消灭的意思表示,称为法律行为的附款。附款除具有预先分配危险的功能外,尚有引导相对人行为的作用。在上例之一,包销人鼓励厂家抓管理;而在上例之二,供货人则督促厂家改正违约行为。

---

〔1〕 王泽鉴:《民法实例研习丛书·民法总则》,三民书局1997年版,第282页。

〔2〕 对应《民法典》第158条"民事法律行为可以附条件,但是根据其性质不得附条件的除外。附生效条件的民事法律行为,自条件成就时生效。附解除条件的民事法律行为,自条件成就时失效"以及第159条"附条件的民事法律行为,当事人为自己的利益不正当地阻止条件成就的,视为条件已经成就;不正当地促成条件成就的,视为条件不成就。"

〔3〕 对应《民法典》第160条:"民事法律行为可以附期限,但是根据其性质不得附期限的除外。附生效期限的民事法律行为,自期限届至时生效。附终止期限的民事法律行为,自期限届满时失效。"

(二)附款的性质

1.附款是所附法律行为的组成部分

附款并非独立行为,也非所附行为的从行为,而是所附行为的组成部分。如系独立行为,则不能成为附款。

2.附款属所附法律行为的特别生效要件

附款不属法律行为的必要成分(成立要件)。法律行为无附款,并不影响其成立。不带附款的法律行为比比皆是,是法律行为的常态。例如,本章第四节所述,附款不是法律行为的一般生效要件。而系特别生效要件。

3.附款是意思表示中的效力控制性成分

有附款的法律行为,其意思由两项内容构成,其一规定希望发生的一定效果,其二则设定该效果发生或者消灭的控制条件。

附款既然属于意思表示的成分,从而须依表意人的自由意思作出,与意思无关的条件或者期限,如法定条件(如企业法人设立和不动产移转行为须登记)和法定期限(遗嘱在遗嘱人死亡时生效,《合同法》第47条第2款[1]和第48条第2款[2]规定的为期1个月的催告期间),均非法律行为的附款。

(三)附款的类型

在狭义上,法律行为附款包括条件和期限。在广义上,则包括条件、期限和负担。例如,约定"此台汽车借与你用,若能每天接送残疾人甲上学放学,则该车于1年后归你所有"。此属条件。而若约定:"送你汽车一部,但须每天接送残疾人甲。"则属负担。负担通常指赠与或者遗赠所附加的义务。此外也指附买回条件买卖中所附的、将来由出卖人买回标的物的条件。例如,约定"汽车卖给你,但2年后再由我买回",即属买回条件。

二、条件

(一)条件的意义

条件是表意人选定为控制意思表示效果发生或者消灭手段、其成就与否并不确定的将来事实。包含条件附款的法律行为,称为附条件的法律行为。

---

〔1〕 对应《民法典》第145条第2款:"相对人可以催告法定代理人自收到通知之日起三十日内予以追认。法定代理人未作表示的,视为拒绝追认。民事法律行为被追认前,善意相对人有撤销的权利。撤销应当以通知方式作出"。

〔2〕 对应《民法典》第171条第2款:"相对人可以催告被代理人自收到通知之日起三十日内予以追认。被代理人未作表示的,视为拒绝追认。行为人实施的行为被追认前,善意相对人有撤销的权利。撤销应当以通知方式作出。"

（二）条件的要件

作为法律行为附款的条件，其要件为：

1.须属将来事实

既成事实因无从用以控制法律行为的效力，故不能设定为条件。

2.须属成就与否不能确定的事实

即为偶成事实，惟其成就与否并不确定，方有控制法律行为效力之用。必成事实以及不能事实均不能设定为条件。

3.须属合法事实

标的违法或者严重不当的事实，不能成立法律行为，故而也不能设定为条件。例如，约定："如杀某甲，则赠金50万。"此属违法事实，不能作为条件。再如，约定："3年内如不结婚，则赠金10万。"则属严重不当条件，侵犯了当事人的婚姻自由权，亦不能作为条件。

4.须被设定为控制意思表示效力的条件

附款既为所附法律行为的组成部分，即须由表意人设定。如系多方行为的附款，则由该多方当事人共同设定。非经表意人设定的条件，如法定条件，便不属法律行为附款的条件。

（三）条件与负担

如上所述，在广义上，法律行为的附款包括负担。条件与负担如何区分呢？

1.负担属于义务，条件则不属之

负担属于义务，因而必须履行，否则可依强制执行程序，强制其履行。例如，上例1，约定赠汽车而附有为残疾人服务的负担。该受赠人即须为残疾人服务，否则可强制其服务。而条件则不同，纵使相对人不实施条件所指的行为，也无从强制。例如，上例2，约定为残疾人服务1年则赠汽车。假使相对人未为上述服务，也只能使赠与不成立而已，而无从强制其履行。

2.条件有控制法律行为效力的功能，负担则无

如上例1约定以服务为条件的赠车，即以服务与否来控制赠车行为的效力。而负担则不具有此项功能。

（四）条件的类型

条件依其控制功能，划分为停止条件和解除条件。

《民法通则》关于条件，只设一条规定，即第62条。而该条只有简单的两句话，其中第二句为："附条件的民事法律行为在符合所附条件时生效。"语义含混，似仅指停止条件。《合同法》第45条第1款则有所前进，既规定了停止条件，又规定了解

除条件。不过该款却将停止条件表述为"生效条件",称"附生效条件的合同,自条件成就时生效。"[1]

1.停止条件

停止条件是限制意思表示效果发生的条件。例如,约定"如今年考中博士研究生,则赠笔记本电脑一部"。其中"考中博士研究生"即属停止条件。意思表示若无该条件,本应在相对人了解时立即生效,但由于附了该项条件,其效果即处在停止状态,须俟条件成就时方始发生。停止是指使意思表示的生效效力的暂时停止之义。由于该条件延缓了本应发生的生效效力,故而又称为"延缓条件"。由此可证《合同法》第45条第1款称"停止条件"为"生效条件"之不妥。[2]

2.解除条件

解除条件是限制意思表示效果消灭的条件。例如,约定:"此屋借与你住,但我女儿结婚时,则须返还。"其中"女儿结婚"属解除条件。该条件的功能,在于限制借贷效果的消灭。易言之,条件成就(该女结婚),借贷关系即告终止,借用人须腾房退屋;条件如果不成就(该女不结婚),则借贷关系存续,借用人可以继续借用。

条件依其内容为所设事实发生抑或不发生为标准,划分为积极条件与消极条件。

3.积极条件

积极条件是以所设事实发生为内容的条件。易言之,在积极条件,以设定事实的发生为条件成就。停止条件与解除条件,均可设定积极条件。例如,上例中的"考中博士研究生"和"女儿结婚",即均属积极条件。

4.消极条件

消极条件是以所设事实不发生为内容的条件。易言之,在消极条件,所设定事实是消极的。例如,约定"下个星期日如不下雨,则同去游览八达岭长城"。即属消极条件。其实,积极与消极,其区别仅在设定的角度不同。例如,约定"我儿子如在国外延长居留,房子就借给你住",属积极条件,而如约定"我儿子如到期不回国,房子就借给你住",则属消极条件。条件内容并无不同,但条件的性质,却有积极与消极之分。

(五)条件的成就与不成就

1.条件成就

条件成就,指条件内容得以实现的情形。在积极条件,指作为条件内容的事实发生;在消极条件,则指作为条件内容的事实确定地不发生。

---

〔1〕《民法典》中已规定生效条件与解除条件。《民法典》第158条规定:"民事法律行为可以附条件,但是根据其性质不得附条件的除外。附生效条件的民事法律行为,自条件成就时生效。附解除条件的民事法律行为,自条件成就时失效。"

〔2〕《民法典》第158条第2句规定:"附生效条件的民事法律行为,自条件成就时生效。"

2.条件成就之拟制

《法国民法典》《德国民法典》《瑞士债务法典》《日本民法典》以及我国民国时期制定的民法典均规定，因条件成就而受不利益的当事人，如以不正当行为阻止条件成就者，视为条件已成就。此即所谓条件成就之拟制。其立法理由，在于制裁不正当行为，保护因条件成就而受利益的当事人。我国《民法通则》以及《民通意见》，均无类似规定和司法解释。但《合同法》第45条第2款已有规定："当事人为自己的利益不正当地阻止条件成就的，视为条件已成就。"[1]

3.条件不成就

条件不成就，指条件内容确定地不实现的情形。在积极条件，指作为条件内容的事实确定地不发生；而在消极条件，则指作为条件内容的事实已经发生。

4.条件不成就之拟制

我国民国时期制定的民法典第101条第2款规定，"因条件成就而受利益之当事人，如以不正当行为，促其条件之成就者，视为条件不成就"。此即所谓条件不成就之拟制。其立法理由，与条件成就之拟制相同。此项拟制规定，《民法通则》以及《民通意见》均未顾及，但《合同法》第45条第2款已有规定："当事人为自己的利益……不正当地促成条件成就的，视为条件不成就。"[2]

（六）条件的效力

1.条件成就与否未定时的效力

在此期间，因条件成就而受利益的当事人，取得受利益的期待权。此项权利，可作为处分和继承的标的；如果受到不法侵害，并受侵权行为法的保护。

2.条件成就时的效力

在停止条件，使主意思表示的效果得以发生；而在解除条件，则使主意思表示的效果得以终止。

3.条件不成就时的效力

因条件成就而受利益当事人的期待权归于消灭。

三、期限

（一）期限的意义

期限是表意人选定的、作为意思表示效果发生或者消灭控制手段的将来确定发生的事实。包含有期限附款的法律行为，称附期限的法律行为。

---

[1] 对应《民法典》第159条前半句："附条件的民事法律行为，当事人为自己的利益不正当地阻止条件成就的，视为条件已经成就……"

[2] 对应《民法典》第159条后半句："……不正当地促成条件成就的，视为条件不成就。"

(二)期限的要件

1.须属将来事实

已经发生的事实不能被设定为期限。此点同于条件。

2.须属必成事实

(1)必成事实

即其发生为确定的事实。不可能发生的事实(如千年以后赠与),不能被设定为期限。此点与条件不同,条件须为发生与否并不确定的事实,即"偶成事实"。

(2)如何区分期限与条件

在实务中,同一件事实,究应认定为期限,抑应认定为条件,须基于必成事实抑或偶成事实,具体把握。

①时期确定,事实的发生也确定

是为期限。例如,"今年12月31日"。

②时期确定,事实的发生却不确定

是为条件。例如,"某甲70岁生日"。该甲生日的时点是确定的,但该甲能否活到该时点,却是不确定的。因而应属条件。

③时期不确定,但事实的发生确定

是为期限。例如,"下次下雪时"。下雪的天气过程虽必然会到来,但具体时点却未知,因而属必成事实,属期限而不属条件。

④时期不确定,事实发生与否也不确定

是为条件。例如,"某甲获得博士学位之日",该甲能否获得博士学位,已属不确定;至于何日获取博士学位,则更加不确定,故显然属于条件。

3.须属合法事实

非法事实,也不能被设定为期限。

(三)期限的样式

期限设定的样式,既可为日历日期,也可为周、月度或年度,还可为起点日之后的若干时日。此外,也可以某件将来事实的发生时点作为期限的时点。例如,某人的死亡、下次下雨之类是。

(四)期限的类型

期限以效力为标准,划分为始期与终期。

1.始期

始期是限制意思表示的效果的开始,使之在所设事实发生时方始发生的期限。显然,始期的功能与停止条件相同。

2.终期

终期是限制意思表示已发生效果的存续,使之在所设事实发生时即告终止的期限。显然,终期的功能与解除条件相同。

3.确定期限

期限以其到来时点是否确定为标准,划分为确定期限和不确定期限。确定期限是时点在其设定时即可确定的期限。例如,某日历日或者1年之后等。

4.不确定期限

不确定期限则是时点在其设定时不能确定的期限。例如,某甲死亡日等。

始期和终期,均可以确定期限或者不确定期限来设定。

(五)期限的到来

1.意 义

期限到来,指作为期限内容的事实发生。始期到来,谓为"届至";而终期到来,则谓之"届满"。

2.期限到来之认定

(1)以日历日设定期限者

以该日为期限到来的时点。

(2)以期间设定期限者

以该期间末日的终止时为期限到来。《民法通则》第154条第4款规定:"期间的最后一天的截止时间为二十四点。有业务时间的,到停止业务活动的时间截止。"[1]该条第3款规定:"期间的最后一天是星期日或者其他法定假日的,以休假日的次日为期间的最后一天。"[2]《民通意见》第198条第2款规定:"星期日或者其他法定假日有变通的,以实际休假日的次日为期间的最后一天。"[3]

(3)以事实的发生设定期限者

以该事实发生的时点为期限的到来。

(六)期限的效力

1.期限到来前之效力

首先,附始期的法律行为,在期限未届至时,不发生效果效力。而附终期的法律行为,在期限未届满时,其效果效力不终止。

其次,因期限届至而受利益的当事人取得"利益期待权"。该权利可作为处分

---

[1] 对应《民法典》第203条第2款:"期间的最后一日的截止时间为二十四时;有业务时间的,停止业务活动的时间为截止时间。"

[2] 对应《民法典》第203条第1款:"期间的最后一日是法定休假日的,以法定休假日结束的次日为期间的最后一日。"

[3] 该规定已删除。

行为和继承的标的,并受侵权行为法的保护。因期限未到来而享有的利益,是为"期限利益",亦受法律保护。

2.期限到来后的效力

附始期的法律行为,在始期届至时,发生效力。而附终期的法律行为,在终期届满时,终止其效力。

第八章之一　不真正法律行为

第一节　概说

生活事实中,貌似法律行为的行为,所在多有。它们能充分法律行为的部分要件,故而有法律行为之外观;却不能充分其全部要件,故而无法律行为之实质。将该类行为与真正的法律行为区别开来,在实务上极具意义,因为二者法律效果不同,前者不具有法律行为所固有的效力。为在称谓上将其与真正法律行为相区别,本书名之为"不真正法律行为"。市民法国家民法典为提供系统化裁判准据起见,通常在法律行为的章节中对该类行为作出专门规定。我国《民法通则》是在第58条至第61条作集中规定,[1]并在第65条第1款[2]、第91条[3]等条文有分散规定。另外,在《合同法》中,也对得撤销契约和无效契约行为作了规定。[4]

为便于读者对不真正法律行为的理解和把握,本书对于上述法律规定以及最高人民法院的配套司法解释进行了必要整合,在"不真正法律行为"的名目下加以讨论,期能发挥体系化说明的鸟瞰功能。

一、不真正法律行为的意义

(一)意义

不真正法律行为,是能够充分法律行为部分要件,却不能充分其全部要件,从而不能当然发生法律行为固有效力的民事行为。

(二)说明

1.不真正法律行为仅能充分法律行为的部分要件

不真正法律行为仅能充分法律行为的部分要件,而不能充分其全部要件。惟其

---

〔1〕 对应《民法典》第146条至第157条。

〔2〕 该规定已删除。

〔3〕 对应《民法典》第555条:"当事人一方经对方同意,可以将自己在合同中的权利和义务一并转让给第三人。"

〔4〕 在《民法典》中,总则编规定了可撤销的法律行为与无效的法律行为。

能充分的部分要件,故而有法律行为之外观;惟其不能充分其全部要件,故无法律行为之实质。

2.不真正法律行为在性质上不是法律行为

不真正法律行为并非法律行为的一个类型,相反,而是非法律行为。本书之所以称其为不真正法律行为,一方面是揭示其不属真正的法律行为的性质,另一方面则在于揭示其与真正法律行为在外观上相似的特点。而绝无以之作为法律行为类型之一的含义。

3.不真正法律行为不生法律行为的固有效力

不真正法律行为既然不是法律行为,故而不能发生法律行为的固有效力,亦即依意思表示发生法律效果的效力。

二、不真正法律行为的类型

(一)依要件瑕疵分类

不真正法律行为依其欠缺法律行为要件的情况,划分为三个类型:

1.行为能力瑕疵型

即欠缺相应行为能力人所实施的依法不能实施的不真正法律行为。《民法通则》第58条第1款第1项[1]、第2项两项和《合同法》第47条[2]对此型作出了规定。

2.标的瑕疵型

即存在标的不确定、不能、不法以及不当的不真正法律行为。《民法通则》第58条第1款第5项[3]、第6项[4]、第7项[5]三项和第59条第1款第2项[6],以及《合同法》

---

〔1〕 对应《民法典》第144条:"无民事行为能力人实施的民事法律行为无效。"

〔2〕《民法通则》第58条第1款第2项与《合同法》第47条对应《民法典》第145条:"限制民事行为能力人实施的纯获利益的民事法律行为或者与其年龄、智力、精神状况相适应的民事法律行为有效;实施的其他民事法律行为经法定代理人同意或者追认后有效。"在原法律体系下,或可解释为限制行为能力人无法独立实施的双方法律行为效力待定,而单方法律行为无效。但在《民法典》体系下,该解释结果恐怕只能通过目的性限缩得出。

〔3〕 对应《民法典》第153条:"Ⅰ.违反法律、行政法规的强制性规定的民事法律行为无效。但是,该强制性规定不导致该民事法律行为无效的除外。Ⅱ.违背公序良俗的民事法律行为无效。"本条第1款中的但书指向的是强制性规范的规范目的,即法律行为是否无效,需视被违反的强制性规定的目的而定。

〔4〕 该规定已删除。

〔5〕 对应《民法典》第146条:"Ⅰ.行为人与相对人以虚假的意思表示实施的民事法律行为无效。Ⅱ.以虚假的意思表示隐藏的民事法律行为的效力,依照有关法律规定处理。"本条规定的是"通谋虚伪表示"。《民法通则》第58条第1款第7项规定的是"以合法形式掩盖非法目的",但通谋虚伪表示中的隐藏行为不一定具有不法性,表面行为也不一定具有合法性。

〔6〕 对应《民法典》第151条:"一方利用对方处于危困状态、缺乏判断能力等情形,致使民事法律行为成立时显失公平的,受损害方有权请求人民法院或者仲裁机构予以撤销。"

第52条〔1〕、第53条〔2〕等，对此型作了规定。

3.意思表示瑕疵型

即意思表示不健全的不真正法律行为。包括受诈欺、受胁迫、危难被乘、串通虚伪、重大错误等行为。《民法通则》第58条第1款第3项〔3〕、第4项〔4〕两项对此型作了规定。

（二）依法律效果分类

不真正法律行为依其效力，划分为两个类型：

1.效力确定型

（1）无效型

此类行为，自始、当然和确定地不发生法律行为的固有效力。《民法通则》第58

---

〔1〕 对应《民法典》第146条"Ⅰ.行为人与相对人以虚假的意思表示实施的民事法律行为无效。Ⅱ.以虚假的意思表示隐藏的民事法律行为的效力，依照有关法律规定处理"第153条"Ⅰ.违反法律、行政法规的强制性规定的民事法律行为无效。但是，该强制性规定不导致该民事法律行为无效的除外。Ⅱ.违背公序良俗的民事法律行为无效"以及第154条"行为人与相对人恶意串通，损害他人合法权益的民事法律行为无效"。《合同法》第52条第1项"一方以欺诈、胁迫的手段订立合同，损害国家利益"、第4项"损害社会公共利益"可吸收入《民法典》第153条第2款，第2项"恶意串通，损害国家、集体或者第三人利益"对应《民法典》第154条，第3项"以合法形式掩盖非法目的"对应《民法典》第146条，第5项"违反法律、行政法规的强制性规范"对应《民法典》第153条第1款。

〔2〕 现为《民法典》第506条。

〔3〕 对应《民法典》第148条"一方以欺诈手段，使对方在违背真实意思的情况下实施的民事法律行为，受欺诈方有权请求人民法院或者仲裁机构予以撤销"、第149条"第三人实施欺诈行为，使一方在违背真实意思的情况下实施的民事法律行为，对方知道或者应当知道该欺诈行为的，受欺诈方有权请求人民法院或者仲裁机构予以撤销"（新增第三人欺诈）、第150条"一方或者第三人以胁迫手段，使对方在违背真实意思的情况下实施的民事法律行为，受胁迫方有权请求人民法院或者仲裁机构予以撤销"（新增第三人胁迫）与第151条"一方利用对方处于危困状态、缺乏判断能力等情形，致使民事法律行为成立时显失公平的，受损害方有权请求人民法院或者仲裁机构予以撤销"。

〔4〕 对应《民法典》第154条："行为人与相对人恶意串通，损害他人合法权益的民事法律行为无效。"本条将《民法通则》第58条第1款第4项中的"损害国家、集体或者第三人利益"笼统地称为"损害他人合法权益"。

条第1款[1]和《合同法》第52条[2]、第53条[3]作了规定。为行文简洁起见,本书把这类行为简称为"无效的法律行为"。

(2)得撤销型

此类行为,原已发生了法律行为的固有效力,但是得依法变更或者撤销,而使其效力溯及地归于消灭。《民法通则》第59条[4]和《合同法》第54条[5]对此型作了规定。为了行文简洁起见,本书把此类行为简称为"得撤销的法律行为"。

2.效力未定型

此类行为,其效力处于待定状态。如果所缺要件被补足,即成立真正法律行为;如果在补足权除斥期间之内不被补足,即确定地自始无效。《民法通则》第66条第1款和《合同法》第48条规定的无权代理,[6]《民法通则》第91条[7]和《合同法》第84

---

〔1〕 对应《民法典》第144条"无民事行为能力人实施的民事法律行为无效"、第146条"Ⅰ.行为人与相对人以虚假的意思表示实施的民事法律行为无效。Ⅱ.以虚假的意思表示隐藏的民事法律行为的效力,依照有关法律规定处理"、第153条"Ⅰ.违反法律、行政法规的强制性规定的民事法律行为无效。但是,该强制性规定不导致该民事法律行为无效的除外。Ⅱ.违背公序良俗的民事法律行为无效"以及第154条"行为人与相对人恶意串通,损害他人合法权益的民事法律行为无效"。《民法典》中无效法律行为的类型范围小于《民法通则》第58条第1款:相对人欺诈(《民法典》第148条)、胁迫(《民法典》第150条)、危难被乘(《民法典》第151条)规定为可撤销,第三人欺诈是否可撤销视相对人是否善意而定(《民法典》第149条),限制行为能力人无法独立实施的法律行为为效力待定(《民法典》第145条)。

〔2〕 对应《民法典》第146条"Ⅰ.行为人与相对人以虚假的意思表示实施的民事法律行为无效。Ⅱ.以虚假的意思表示隐藏的民事法律行为的效力,依照有关法律规定处理"、第153条"Ⅰ.违反法律、行政法规的强制性规定的民事法律行为无效。但是,该强制性规定不导致该民事法律行为无效的除外。Ⅱ.违背公序良俗的民事法律行为无效"以及第154条"行为人与相对人恶意串通,损害他人合法权益的民事法律行为无效"。《合同法》第52条第1项"一方以欺诈、胁迫的手段订立合同,损害国家利益"可被《民法典》第153条第2款中的"违背公序良俗"吸收,《合同法》第52条第2项"恶意串通,损害国家、集体或者第三人利益"对应《民法典》第154条,《合同法》第52条第3项"以合法形式掩盖非法目的"对应《民法典》第146条,《合同法》第52条第4项可被《民法典》第153条第2款中的"违背公序良俗"吸收,《合同法》第52条第5项"违反法律、行政法规的强制性规定"对应《民法典》第153条。

〔3〕 现为《民法典》第506条。

〔4〕《民法通则》第59条第1款第1项"行为人对行为内容有重大误解"对应《民法典》第147条,《民法通则》第59条第1款第2项"显失公平"被吸收入《民法典》第151条。

〔5〕《合同法》第54条第1款第1项"因重大误解订立的"对应《民法典》第147条,《合同法》第54条第1款第2项"在订立合同时显失公平的"被吸收入《民法典》第151条,《合同法》第54条第2款"一方以欺诈、胁迫的手段或者乘人之危,使对方在违背真实意思的情况下订立的合同,受损害方有权请求人民法院或者仲裁机构变更或者撤销"中的"欺诈"对应《民法典》第148条至第149条,"胁迫"对应《民法典》第150条,"乘人之危"被吸收入《民法典》第151条,《合同法》第54条第3款已删除,《民法典》第147条至第151条已不再规定有"可变更"效果。

〔6〕 对应《民法典》第171条:"Ⅰ.行为人没有代理权、超越代理权或者代理权终止后,仍然实施代理行为,未经被代理人追认的,对被代理人不发生效力。Ⅱ.相对人可以催告被代理人自收到通知之日起三十日内予以追认。被代理人未作表示的,视为拒绝追认。行为人实施的行为被追认前,善意相对人有撤销的权利。撤销应当以通知的方式作出。Ⅲ.行为人实施的行为未被追认的,善意相对人有权请求行为人履行债务或者就其受到的损害请求行为人赔偿。但是,赔偿的范围不得超过被代理人追认时相对人所能获得的利益。Ⅳ.相对人知道或者应当知道行为人无权代理的,相对人和行为人按照各自的过错承担责任。"

〔7〕 对应《民法典》第555条:"当事人一方经对方同意,可以将自己在合同中的权利和义务一并转让

条[1]规定的债务承担。《合同法》第51条规定的无权处分，[2]《民法通则》第12条第1款、第13条第2款[3]和《合同法》第47条规定的限制行为能力人的待补助行为等是。

三、不真正法律行为的性质

不真正法律行为，情况复杂，不具有单一性质，因而不属法律概念，而仅系指称该类行为群的语词。不过，我们还是可以观察到它的若干共同属性。总的说来，它是法律行为与表示行为中非法律行为的中间形态。其中，可撤销行为接近于法律行为，而无效行为则接近(有的则属)于不法行为。然而，对于具体行为，则须进行具体分析，而难为一般定性。

给第三人。"

　　〔1〕 对应《民法典》第551条第1款："债务人将债务的全部或者部分转移给第三人的，应当经债权人同意。"

　　〔2〕 对应《民法典》第597条第1款："因出卖人未取得处分权致使标的物所有权不能转移的，买受人可以解除合同并请求出卖人承担违约责任。"既言"解除合同"与"违约责任"，必以合同有效为前提，故出卖人处分权之欠缺不导致买卖合同无效。可予佐证者，最高人民法院《关于适用〈中华人民共和国民法典〉合同编通则若干问题的解释》(以下简称《民法典合同编通则解释》)第19条规定："Ⅰ.以转让或者设定财产权利为目的订立的合同，当事人或者真正权利人仅以让与人在订立合同时对标的物没有所有权或者处分权为由主张合同无效的，人民法院不予支持；因未取得真正权利人事后同意或者让与人事后未取得处分权导致合同不能履行，受让人主张解除合同并请求让与人承担违反合同的赔偿责任的，人民法院依法予以支持。Ⅱ.前款规定的合同被认定有效，且让与人已经将财产交付或者转移登记至受让人，真正权利人请求认定财产权利未发生变动或者请求返还财产的，人民法院应予支持。但是，受让人依据民法典第三百一十一条等规定善意取得财产权利的除外。"就《合同法》第51条而言，在负担行为与处分行为分离的背景下，无权处分应位于处分行为层面。而《民法典合同编解释》第19条第1款中的合同是负担行为层面上的合同，正因无权处分不影响负担行为的效力，故"主张合同无效的，人民法院不予支持"，而处分行为中处分权的欠缺可通过《合同法》第51条中的"权利人追认""无处分权的人订立合同后取得处分权"以及《民法典》第311条的善意取得制度补正。

　　〔3〕《民法通则》第12条第1款规定："十周岁以上的未成年人是限制民事行为能力人，可以进行与他的精神健康状况相适应的民事活动；其他民事活动由他的法定代理人代理，或者征得他的法定代理人同意。"(对应《民法典》第19条："八周岁以上的未成年人为限制民事行为能力人，实施民事法律行为由其法定代理人代理或者经其法定代理人同意、追认；但是，可以独立实施纯获利益的民事法律行为或者与其年龄、智力相适应的民事法律行为。")第13条第2款规定："不能完全辨认自己行为的精神病人是限制民事行为能力人，可以进行与他的年龄、智力相适应的民事活动；其他民事活动由他的法定代理人代理，或者征得他的法定代理人同意。"(对应《民法典》第22条："不能完全辨认自己行为的成年人为限制民事行为能力人，实施民事法律行为由其法定代理人代理或者经其法定代理人同意、追认；但是，可以独立实施纯获利益的民事法律行为或者与其智力、精神健康状况相适应的民事法律行为。")自上述两条文看，限制行为能力人实施的依法不得独立实施的行为而被法定代理人"同意"者，即属法律行为。而"同意"的方式，在逻辑上则应包括(事前)"同意"和(事后)"追认"。而在事后追认的场合，待补助行为即属效力未定行为。但同法第58条规定："下列民事行为无效：……(二)限制民事行为能力人依法不能独立实施的……"(该规定已删除)。此一规定显然与上述条两条文的规定相碰撞，而形成碰撞型法律漏洞。该漏洞必须予以填补。依本书所见，宜将第58条的上述规定解释为遗漏一项但书："经法定代理人追认者不在此限。"因而应当补足。

第二节　无效的法律行为

一、意义

无效的不真正法律行为,是欠缺法律行为实质性要件,自始、确定和当然不发生法律行为固有效力的不真正法律行为。

申言之:

1.无效行为欠缺法律行为的实质性要件

即欠缺行为能力、标的确定、可能及合法性诸要件。这些要件,或者事关意思自治原则,或者事关社会公共利益,因而都属于根本性要件。欠缺这些要件的行为,当然不属法律行为,法律也当然无从赋予其法律行为固有效力。

2.无效行为不发生法律行为的固有效力

也就是说,不发生依其意思表示取得法律效果的效力。"无效"的含义,在于此也止于此,而不是说任何法律上的效力均不发生。事实上,当无效行为如果充分侵权行为或者不当得利行为的法律要件时,即构成侵权行为或者不当得利行为,而分别发生后者的固有效力。例如,损害赔偿或者返还原物等。需要指出的是,《民法通则》第58条第2款[1]的文字是"没有法律约束力"。从文义看,"法律约束力"与同法第57条[2]规定的"法律约束力"相同,而后者指"不得擅自变更或者解除"。然而,从其规范意旨看,却不属此种意义,而是指法律行为的固有效力。

3.其无效是自始、确定和当然的

自始无效指从行为成立时起无效。确定无效指确定无疑和确定不移地无效。当然无效指不待任何人主张,也不待法院或者仲裁机关确认和宣告即无效;也就是说,其无效不以主张、确认和宣告为要件。然而,如有必要,当事人不妨主张,法院和仲裁机关也有权确认并予以宣告。

二、类型

《民法通则》第58条规定:"下列民事行为无效:(1)无民事行为能力人实施的;(2)限制民事行为能力人依法不能独立实施的;(3)一方以欺诈、胁迫的手段或者乘人之危,使对方在违背真实意思的情况下所为的;(4)恶意串通,损害国家、集体或者第三人利益的;(5)违反法律或者社会公共利益的;(6)经济合同违反国家

---

〔1〕 对应《民法典》第155条:"无效的或者被撤销的民事法律行为自始没有法律约束力。"

〔2〕 对应《民法典》第136条:"Ⅰ.民事法律行为自成立时生效,但是法律另有规定或者当事人另有约定的除外。Ⅱ.行为人非依法律规定或者未经对方同意,不得擅自变更或者解除民事法律行为。"

指令性计划的；(7)以合法形式掩盖非法目的的。无效的民事行为，从行为开始起就没有法律约束力。"[1]此外，《合同法》第52条规定："有下列情形之一的，合同无效：(1)一方以欺诈、胁迫的手段订立合同，损害国家利益；(2)恶意串通，损害国家、集体或者第三人利益；(3)以合法形式掩盖非法目的；(4)损害社会公共利益；(5)违反法律、行政法规的强制性规定。"[2]第53条规定："合同中的下列免责条款无效：(1)造成对方人身伤害的；(2)因故意或者重大过失造成对方财产损失的。"[3]上述规定中，《民法通则》第58条第2项有重大瑕疵。[4]依该法第12条第1款[5]和第13条第2款[6]规定，限制行为能力人实施的依法不得独立实施的行为而为法定代理人"同意"者，即属法律行为。而"同意"的方式，在逻辑上应包括(事前)"同意"和(事后)"追认"两种。在事后追认的场合，待补助行为即属效力未定行为，而不属无效行为。故而该法第58条第2项规定限制民事行为能力人依法不能独立实施的行为属无效行为，与同法第12条第1款、第13条第2款的规定相碰撞，而形成碰撞型法律漏洞。该漏洞必须予以填补。依本书所见，宜将第58条的上述规定解释为遗漏一项但书："经法定代理人追认者不在此限。"因而应当补足。有鉴于此，本书不将《民法通则》第58条第2项所规定的行为作为无效的法律行为。此点务应注意。

对于上述《民法通则》和《合同法》诸规定，依其欠缺法律行为生效要件情况，可整合为三个类型：行为能力欠缺型、标的欠缺型和标的瑕疵型。

---

〔1〕 对应《民法典》第146条"Ⅰ.行为人与相对人以虚假的意思表示实施的民事法律行为无效。Ⅱ.以虚假的意思表示隐藏的民事法律行为的效力，依照有关法律规定处理"、第153条"Ⅰ.违反法律、行政法规的强制性规定的民事法律行为无效。但是，该强制性规定不导致该民事法律行为无效的除外。Ⅱ.违背公序良俗的民事法律行为无效"以及第154条"行为人与相对人恶意串通，损害他人合法权益的民事法律行为无效"。

〔2〕 对应《民法典》第146条"Ⅰ.行为人与相对人以虚假的意思表示实施的民事法律行为无效。Ⅱ.以虚假的意思表示隐藏的民事法律行为的效力，依照有关法律规定处理"、第153条"Ⅰ.违反法律、行政法规的强制性规定的民事法律行为无效。但是，该强制性规定不导致该民事法律行为无效的除外。Ⅱ.违背公序良俗的民事法律行为无效"以及第154条"行为人与相对人恶意串通，损害他人合法权益的民事法律行为无效"。

〔3〕 对应《民法典》第506条："合同中的下列免责条款无效：(一)造成对方人身损害的；(二)因故意或者重大过失造成对方财产损失的。"

〔4〕 该规定已删除。根据《民法典》第145条第1款，限制行为能力人不能独立实施的法律行为的效力是效力待定，而非无效。

〔5〕 对应《民法典》第19条："八周岁以上的未成年人为限制民事行为能力人，实施民事法律行为由其法定代理人代理或者经其法定代理人同意、追认；但是，可以独立实施纯获利益的民事法律行为或者与其年龄、智力相适应的民事法律行为。"

〔6〕 对应《民法典》第22条："不能完全辨认自己行为的成年人为限制民事行为能力人，实施民事法律行为由其法定代理人代理或者经其法定代理人同意、追认；但是，可以独立实施纯获利益的民事法律行为或者与其智力、精神健康状况相适应的民事法律行为。"

三、行为能力欠缺型无效行为

即无行为能力人和限制行为能力人实施的行为能力范围之外的行为,以及法人实施的行为能力范围之外的行为。

四、标的欠缺型无效行为

此型计有通谋虚伪行为和伪装行为两型。

(一)通谋虚伪行为

1.意义

通谋虚伪行为是表意人与相对人恶意通谋实施的与其内心意思不一致的法律行为。例如,甲机关的科长乙为该机关向办公设备供应商丙购买电脑等设备,价款总计为10万元,但乙与丙的工作人员丁通谋,开发票为11万元。乙向甲如数报销,得1万元,与丁私分。此即通谋虚伪行为。

2.要件

(1)须有表示行为

表示行为系法律行为的一般成立要件,通谋虚伪行为既属不真正法律行为,当然须具该要件。

(2)须表示与内心目的不同一

行为所表述的目的,并非内心意思中的目的。上例中发票所记电脑价金数额,即非乙丁的真实意思。

(3)须有虚伪故意

表示与内心目的不同一,是表意人有意而为,而非错误。上例中多开发票的行为,即出于乙丁的故意。

(4)须非真意表示系与相对人通谋实施

即相对人了解表意人的真意,却配合实施虚假表示。[1]上例中乙丁的行为,二人即有其通谋。

---

〔1〕《民法通则》第58条第1款第4项规定:"恶意串通,损害国家、集体或者第三人利益的"。《合同法》第52条第2项仍之。(对应《民法典》第154条:"行为人与相对人恶意串通,损害他人合法权益的民事法律行为无效。")大约以为该规定是《民法通则》的成功之笔。该规定不仅要求意思表示须有恶意串通,而且进一步要求该意思表示旨在或者已经"损害国家、集体或第三人利益",即标的不法。我们以为,仅有串通,就足令该行为无效,而无须过问其是否旨在或者事实上损害国家、集体或者其他第三人利益。标的不法,已在该条该款第5项["违反法律或社会公共利益"(对应《民法典》第153条:"Ⅰ.违反法律、行政法规的强制性规定的民事法律行为无效。但是,该强制规定不导致该民事法律行为无效的除外。Ⅱ.违背公序良俗的民事法律行为无效。"),但此项未明定"以损害他人为目的及以故意方法违背公共秩序和善良风俗",似嫌过狭]有所规定。如该项仍嫌不足,也应通过补扩的方式去解决,而不宜在本项也规定串通行为标的不法。

3.效力

（1）对于当事人的效力

串通虚伪行为，在当事人之间（上例的甲丙之间），不发生法律行为的固有效力。

（2）对于善意第三人的效力

通谋虚伪行为对于第三人，若不损害其利益，则为有效。《民法通则》第58条和《合同法》第52条共同规定，"恶意串通，损害国家、集体或者第三人利益的"[1]方无效，即示此旨。该两条之所以加上"损害国家、集体和第三人利益"的额外要求，是着眼于第三人。也就是说，通谋虚伪行为，因其内心目的与表示不一致，对于表意人无效，由于相对人有其通谋，故而对该方也无效。至于第三人，则取决于其善意及受损害与否。如为善意且未受损害，则应有效。如善意却受有损害，即无效。

（二）伪装行为

1.意义

伪装行为是由虚伪行为作表面以掩盖目的违法的隐藏行为的复合行为。《民法通则》第58条和《合同法》第52条，均称之为"以合法形式掩盖非法目的的"行为。[2]例如，债务人为规避强制执行，而与相对人通谋，虚订出卖财产的合同即是；又如某外国人甲与相对人公民乙和公民乙所在乡政府丙通谋，为规避税法的有关规定，甲虚赠汽车于丙而实赠乙即是。

2.要件

（1）须有表面行为；

（2）须表面行为虚伪；

（3）须有隐藏行为；

（4）须隐藏行为与表面行为目的近似；

（5）须隐藏行为标的违法；

（6）须表面行为掩盖隐藏行为。

3.效果

伪装行为的效果，须就其表面行为与隐藏行为分别确定。另外，尚应就对于表意人的效力以及对于善意第三人的效力分别确定。

（1）表面行为的效果

表面行为因属恶意通谋行为，故对在当事人间不生法律行为的固有效力。

---

〔1〕 对应《民法典》第154条："行为人与相对人恶意串通，损害他人合法权益的民事法律行为无效。"

〔2〕 对应《民法典》第146条："Ⅰ.行为人与相对人以虚假的意思表示实施的民事法律行为无效。Ⅱ.以虚假的意思表示隐藏的民事法律行为的效力，依照有关法律规定处理。"通谋虚伪表示与恶意串通的区别在于，前者有两层行为，即表面行为与隐藏行为，而恶意串通可能只有一层行为。例如，第二买受人以诱使出卖人违反与第一买受人的合同为目的而与之订立合同，则出卖人与第二买受人之间的买卖合同为双方恶意串通，损害第一买受人的利益，根据《民法典》第154条，该合同无效，但此时并无隐藏行为。

(2)隐藏行为的效果

隐藏行为的标的违法,故在当事人间不生法律行为的固有效力。

(3)对于善意第三人的效果

伪装行为对善意第三人如不造成损害,即应有效。

五、标的瑕疵型无效行为

此一类型,因其标的违反法律的强制性规定,因而不能发生法律行为的固有效力。惟应注意,何种情形属于违法,与国家立法政策的价值取向直接相关。在不同社会制度的国家和同一国家的不同时期,其态度可能大不相同。至于我国当前的立法,《民法通则》第58条[计规定"……(三)一方以欺诈、胁迫的手段或者乘人之危,使对方在违背真实意思的情况下所为的;……(五)违反法律或者社会公共利益的;(六)经济合同违反国家指令性计划的;(七)以合法形式掩盖非法目的的"四种。其最后一种,实际上是由表面行为(伪装行为)和隐藏行为结合构成的。其中的隐藏行为,所欠缺的是合法性或妥当性要件,但作为表面行为,所欠缺的却是内心目的要件。此点应予以注意]、[1]第18条第1款(监护人非为被监护人利益而处分被监护人的财产)、[2]《合同法》第52条[计规定"(一)一方以欺诈、胁迫的手段订立合同,损害国家利益;(二)恶意串通,损害国家、集体或者第三人利益的;(三)以合法形式掩盖非法目的的;(四)损害社会公共利益;(五)违反法律、行政法规的强制性规定"五种]、[3]第53条[计规定合同中"(一)造成人身伤害的"以及"(二)因故意或者重大过失造成对方财产损失的""免责条款"两种]。[4][5]

---

〔1〕对应《民法典》第146条:"Ⅰ.行为人与相对人以虚假的意思表示实施的民事法律行为无效。Ⅱ.以虚假的意思表示隐藏的民事法律行为的效力,依照有关法律规定处理"、第153条"Ⅰ.违反法律、行政法规的强制性规定的民事法律行为无效。但是,该强制性规定不导致该民事法律行为无效的除外。Ⅱ.违背公序良俗的民事法律行为无效"以及第154条"行为人与相对人恶意串通,损害他人合法权益的民事法律行为无效"。

〔2〕对应《民法典》第35条第1款:"监护人应当按照最有利于被监护人的原则履行监护职责。监护人除为维护被监护人利益外,不得处分被监护人的财产。"

〔3〕对应《民法典》第146条"Ⅰ.行为人与相对人以虚假的意思表示实施的民事法律行为无效。Ⅱ.以虚假的意思表示隐藏的民事法律行为的效力,依照有关法律规定处理"、第153条"Ⅰ.违反法律、行政法规的强制性规定的民事法律行为无效。但是,该强制性规定不导致该民事法律行为无效的除外。Ⅱ.违背公序良俗的民事法律行为无效"以及第154条"行为人与相对人恶意串通,损害他人合法权益的民事法律行为无效"。

〔4〕现为《民法典》第506条。

〔5〕关于合同的无效,近20年来成为我国民事立法的焦点问题之一。1981年的《经济合同法》本着"在实行计划经济的前提下,要发挥市场调节的辅助作用,发展商品生产","经济合同既是使国家计划具体化和得到贯彻执行的重要形式,又是制定计划的重要依据和必要的补充"[均见顾明:《在第五届全国人民代表大会第四次会议上关于〈中华人民共和国经济合同法〉(草案)的说明》,在其第七条规定"违反国家法律和国家政策、计划"的经济合同、无权代理人订立的经济合同无效。把计划放在与国家法律政策并列的地位。]即使在《民法通则》生效后,最高法院于1987年7月21日发布《关于在审理经济合同纠纷案件中具体适用

（一）诈欺

关于诈欺行为，《民法通则》无规定，但《合同法》第52条有规定："一方以欺诈、胁迫的手段订立合同，损害国家利益"[1]，该合同无效。

应当说明的是，上述条文，系对《民法通则》第58条第3项"一方以欺诈、胁迫的手段或者乘人之危，使对方在违背真实意思的情况下所为的"行为无效[2]的规定的修订。《民法通则》的相关文字是界定受诈欺、受胁迫和危难被乘行为，而修订的文字却转变成了诈欺和胁迫行为。界定的主题反转了。依《合同法》第52条，损害国家利益的诈欺行为和胁迫行为无效。其实，任何故意损害国家利益的行为均无效，而不问其是否采用诈欺或者胁迫的手段。其次，诈欺（意思表示不真实且目的违法）和胁迫（目的和手段违法）也无效，而不问其是否损害国家利益。现在却似乎单是诈欺未必无效，尚须同时损害国家利益，方始无效。如果是这样，那么是不合适的。

经济合同法的若干问题的解答》中仍规定，凡工商企业、个体工商户和其他经济组织超越经营范围或者违反经营方式签订的以及无实际履约能力的经济合同均属无效，订立假经济合同、倒卖经济合同、利用经济合同买空卖空、转包渔利等行为，均属无效。其非法所得须予收缴，并可根据情节依法处以罚款，情节严重构成犯罪的，应及时移送公安、检察机关处理。此一期间，无论法院和工商行政管理机关，均将主动查处无效合同作为重要任务。并且，工商行政管理机关取得了对经济合同鉴证和仲裁的权力。1993年9月2日，第八届全国人民代表大会修改《经济合同法》，删除了关于"违反国家计划"的经济合同无效的规定，确定经济合同无效的权力归于人民法院及仲裁机构，撤销了工商行政管理机关的确认和仲裁权。但是，此后，工商行政管理机关仍制定大量规章，查处利用经济合同的违法行为，1995年，国家工商行政管理局即发布有《关于依法严厉查处利用经济合同进行欺诈的违法行为的通知》和《关于查处利用经济合同进行违法行为的暂行规定》。在后者，仅欺诈行为便详细规定为伪造合同、盗用和假冒他人名义、虚构主体资格等八种类型，查处范围相当广泛，惩罚手段相当严厉。在此期间，各地如辽宁、山东、安徽、贵州、山西、宁夏等不少省区均分别制定地方性经济合同管理或者监督法规(规章)，层层扩张国家工商行政管理机关关于应予查处行为的范围，而且往往规定订立经济合同须使用由工商管理机关制订的统一合同文本，否则即会被该机关查处。工商行政管理机关的查处，虽无确认合同无效之名，但比确认无效的后果还要严重。该法律和规章的实施，编织了依计划经济的理念惯性查处无效合同之网，使《民法通则》确认的契约自由原则横遭践踏。直到1999年《合同法》取代了经济合同法，并明确合同自由原则，此一凡达20年的围剿无效合同运动方告停歇。而最高人民法院的上述"解答"也因《合同法》的施行而被废止。

在关于合同无效的问题上，法人和非法人社团超越由工商行政管理机关核准的经营范围的行为，当然主要是所谓经济合同无效，十多年中，成为左右执法机关的不可动摇的定律。莫名其妙的是，对于无主体资格的企业或者其他团体，执法部门很快就肯认其合同行为能力，但惟独对超越经营范围不肯放过。直至1999年《合同法》第50条关于"法人或者其他组织的法定代表人、负责人超越权限订立的合同，除相对人知道或者应当知道其超越权限的外，该代表行为有效"(对应《民法典》第61条第3款："法人章程或者法人权力机构对法定代表人代表权的限制，不得对抗善意相对人。")的规定出台，方从立法上止息了这一不合时宜的认识。有关讨论，详见本书第七章。

〔1〕 该规定可被"违背公序良俗"吸收，故可归入《民法典》第153条第2款之情形。

〔2〕 根据《民法典》第148条至第151条，除第三人欺诈的法律效果可能为法律行为有效外，相对人欺诈、胁迫与危难被乘的法律效果均为可撤销，而非无效。

(二)胁迫

胁迫因其目的和手段违法而当然无效。不待《合同法》第52条规定，更无须具备"损害国家利益"的条件。

(三)契约的反正义免责条款

《合同法》第53条规定："(1)造成人身伤害的"以及"(2)因故意或者重大过失造成对方财产损失的""免责条款"无效。[1]该两条免责条款在性质上属反正义条款，法律是不能予以保护的。

第三节　得撤销的法律行为

一、意义与类型

(一)意义

得撤销行为是因有法定重大瑕疵面得依诉变更或者撤销的不真正法律行为。

(二)类型

《民法通则》第59条第1款规定："下列民事行为，一方有权请求人民法院或者仲裁机构变更或者撤销：(一)行为人对行为内容有重大误解的；(二)显失公平的。"《合同法》第54规定："下列合同，当事人有权请求人民法院或者仲裁机构变更或者撤销：(一)因重大误解订立的；(二)在订立合同时显失公平的。一方以欺诈、胁迫的手段或者乘人之危，使对方在违背真实意思的情况下订立的合同，受损害方有权请求人民法院或者仲裁机构变更或者撤销。当事人请求变更的，人民法院或者仲裁机构不得撤销。"[2]上述规定，计包括：①受诈欺；②受胁迫；③危难被乘；④重大错误；⑤重大误解；⑥显失公平六类行为。现展开说明。

---

[1] 现为《民法典》第506条。

[2]《民法典》中可撤销的法律行为包括：第147条"基于重大误解实施的民事法律行为，行为人有权请求人民法院或者仲裁机构予以撤销"、第148条"一方以欺诈手段，使对方在违背真实意思的情况下实施的民事法律行为，受欺诈方有权请求人民法院或者仲裁机构予以撤销"、第149条"第三人实施欺诈行为，使一方在违背真实意思的情况下实施的民事法律行为，对方知道或者应当知道该欺诈行为的，受欺诈方有权请求人民法院或者仲裁机构予以撤销"、第150条"一方或者第三人以胁迫手段，使对方在违背真实意思的情况下实施的民事法律行为，受胁迫方有权请求人民法院或者仲裁机构予以撤销"以及第151条"一方利用对方处于危困状态、缺乏判断能力等情形，致使民事法律行为成立时显失公平的，受损害方有权请求人民法院或者仲裁机构予以撤销"。

二、效力

(一)附有效力解除的法定条件

此类行为能够依其意思表示发生效力，不过却附有一项法定解除条件，如果该条件成就，其已生效力即被解除。此项解除条件即行为人的撤销或者变更。申言之，对于该类行为，赋予因该行为而受有损害的当事人一方以撤销权和变更权。如果权利人依该权利而将行为撤销或者变更，那么，该行为已经发生的效力即溯及地消灭；相反，如果权利人依该权利而不撤销或者变更，则该行为已经发生的效力即被保留并且确定下来。

(二)发生撤销权和变更权

得撤销行为使得因该行为受有损害的行为人一方取得对该行为的撤销权及变更权。

1.撤销权

(1)意义

撤销权是权利人依其单方意思表示消灭法律行为的权利。所谓撤销，就是以单方意思表示消灭法律行为的意思。

撤销权在性质上属于形成权。

(2)撤销权人

关于何人取得撤销权，《民法通则》第59条只称"一方"，《民通意见》第73条则言"当事人"，比《民法通则》更加笼统。《合同法》第54条则指明为"受损害方"，这是一大进步。[1]我们认为，自逻辑言，应指以下人员：

①受有损害的表意人

即受诈欺、受胁迫、危难被乘、错误、误解和显失公平诸行为的表意人。所谓受有损害，未必是财产或者人身上的损害，意思自由受到不正当干扰亦属之。受干扰而实施有瑕疵的行为的人，在获知干扰或者行为人良心发现之后，应被赋予撤销权及变更权。如不许其撤销变更，显无道理。

②显失公平行为的受害人

此点已为《合同法》所明定，其义自明。

③上述人员的权利继受人

包括继承人、法人合并或者分立之后存续的法人以及清算人。

(3)效力

---

〔1〕 对于基于错误的法律行为，《民法典》第147条称之为"行为人"；对于受欺诈的法律行为，《民法典》第148条与第149条称之为"受欺诈方"；对于受胁迫的法律行为，《民法典》第150条称之为"受胁迫方"；对于危难被乘的法律行为，《民法典》第151条称之为"受损害方"。

撤销权的效力,是使被撤销行为溯及不生效。《民法通则》第59条第2款和《合同法》第56条有明定。[1]

(4)要件

撤销权须依诉讼或者仲裁程序行使,即请求人民法院或者请求仲裁机关予以撤销。如果撤销仅涉及客体的一部分,而承认其余部分者,即属变更。假如在部分撤销之后,又重新设定新部分,亦无不可。

(5)除斥期间

撤销权应当及时行使,如果久不行使,势将影响相对人的利益和法律秩序的稳定。因而,民法上有关于权利行使法定期间的制度。此种法律规定的权利行使期间,学理上称为"除斥期间"。关于撤销权的除斥期间,《民法通则》无规定,属于法律漏洞,因而《民通意见》予以填补,其第73条第2款规定:"自行为成立时起超过一年当事人才请求变更或者撤销的,人民法院不予保护"。《合同法》第55条已明定其期间为1年,殊值赞同。[2]

(6)不撤销

撤销权人表示不撤销,使得撤销行为确定地转变为真正法律行为。《合同法》第55条第2款规定,"具有撤销权的当事人知道撤销事由后明确表示或者以自己的行为放弃撤销权",[3]即为"不撤销"。

2.变更权

是依权利人依其单方意思表示使得撤销行为的内容发生变更的权利。

变更可以分析为"撤销"+"另行形成意思表示"。准此以解,变更及变更权无非是撤销及撤销权的特别形态而已。

变更当中的变更权人、变更的效力、变更权的行使、变更权的除斥期间,以及不

---

[1] 《民法通则》第59条第2款规定:"被撤销的民事行为从行为开始时起无效。"《合同法》第56条规定:"无效的合同或者被撤销的合同自始没有法律约束力。合同部分无效,不影响其他部分效力的,其他部分仍然有效。"(对应《民法典》第155条"无效或者被撤销的民事法律行为自始没有法律拘束力"与第156条"民事法律行为部分无效,不影响其他部分效力的,其他部分仍然有效"。)值得注意的是,《合同法》第56条规定的效力是"没有法律约束力",与《民法通则》第59条第2款的用语不同。合同的法律约束力,应指意思表示不得随意解除以及变更之义。"没有法律约束力",亦即得随意变更或者解除之义。该法既然在第55条明定该类合同须诉请人民法院或者仲裁机构变更或者撤销,如何又在此条仅称无法律约束力,得随意变更或者解除,岂非自相矛盾?纵使我们不将"无法律约束力"解释为随意变更或者解除,而解释为诉请人民法院或者仲裁机构变更或者撤销,那么,该条的文字是"无效的合同或者被撤销的合同自始没有法律约束力"。其主语是无效的合同或者被撤销的合同,既然无效或者已被撤销,如何仅止于没有法律约束力?看来应系"无效"之误。比较之下倒是《民法通则》第59条第2款的用语准确。

[2] 对应《民法典》第152条:"Ⅰ.有下列情形之一的,撤销权消灭:(一)当事人自知道或者应当知道撤销事由之日起一年内、重大误解的当事人自知道或者应当知道撤销事由之日起九十日内没有行使撤销权;(二)当事人受胁迫,自胁迫行为终止之日起一年内没有行使撤销权;……Ⅱ.当事人自民事法律行为发生之日起五年内没有行使撤销权的,撤销权消灭。"

[3] 对应《民法典》第152条第1款第3项:"当事人知道撤销事由后明确表示或者以自己的行为表明放弃撤销权。"

变更等问题，均与撤销权的对应问题相同，而无须赘述。

应当指出，受诈欺、受胁迫、危难被乘三种行为，《民法通则》第58条本规定为无效行为。由于学说强烈批评，《合同法》第52条和第53条已作了回应，即对受诈欺和受胁迫两种行为的无效，增列了"损害国家利益"的要件。不具备该要件的该两行为，其效力已修改为可撤销变更。并撤销了关于危难被乘行为无效的规定。[1]

三、受诈欺行为

（一）意义

受诈欺的行为是因他人欺罔陷于错误，从而作出的有瑕疵意思表示的不真正法律行为。所谓诈欺，即故意把不真实的情况当作真实情况来表示，旨在使他人发生错误，并进而作出迎合性意思表示的行为。受诈欺人则是基于受骗上当而形成目的意思的，该意思并不合格。因而从实质上看，该意思表示的瑕疵在于欠缺意思自由。《民法通则》第58条采用的是"欺诈"这样的表述。[2]本书以为，传统术语"诈欺"更为妥当，故而舍"欺诈"而采"诈欺"。[3]

---

〔1〕 不过，这是依《合同法》的善良解释得出的结论。如依其文字，则尚难得出上述结论。《合同法》第52条的文字，与《民法通则》第58条的对应文字，并不相同。《民法通则》第58条第3项的文字是"一方以欺诈、胁迫的手段或者乘人之危，使对方在违背真实意思的情况下所为的"，而《合同法》第52条的文字却是："一方以欺诈、胁迫的手段订立合同，损害国家利益"。虽然均有"一方以欺诈、胁迫的手段"的文字，但《民法通则》指的行为是受诈欺、受胁迫行为，而不是诈欺和胁迫行为。因为其文字有"使对方在违背真实意思的情况下所为的"字样。而《合同法》则明确指诈欺和胁迫。因此，《民法通则》指的是受诈欺和受胁迫行为无效，而《合同法》指的却是诈欺和胁迫行为无效，更有甚者，单单诈欺和胁迫尚属未足，尚须具备"损害国家利益"的要件。因此，从《合同法》第52条的文字看，该条并未修改《民法通则》第58条第3项。

即使将讨论的条件设定为《合同法》第52条修改了《民法通则》第58条第3项，那么也尚有以下问题需要探讨：

1.《合同法》与《民法通则》的关系，在立法中并无规定。通说以为前者系后者的特别法。准此以解，依特别法的效力优先于普通法的原则，《合同法》的效力优先于《民法通则》。那么，凡受诈欺和受胁迫而未损害国家利益的合同，即非无效。而不依《民法通则》使之无效。

2.《合同法》仅系对合同这种法律行为特别类型的规定，法律行为的类型并非只有合同一种，合同外的法律行为则仍须适用《民法通则》。于是，在合同行为与非合同行为之间，同种类行为的效力就不一致。尽管合同占据了法律行为的绝大部分，从而不一致行为的总量并不大，但毕竟有其不一致。因而，不修改《民法通则》的有关规定，而仅修改《合同法》，就必然出现这种不一致。（《民法典》在第148条至第150条规定了受欺诈或受胁迫的法律行为，同时在第153条规制违反法律、行政法规的强制性规定与违背公序良俗的法律行为。）

〔2〕《民法典》第148条与第149条使用的表述也是"欺诈"。

〔3〕 诈欺这一词组应系偏正结构，"诈"为偏，是手段，即施以"诈术"；"欺"为正，义为欺罔、蒙蔽。"诈"为"欺"服务，义项主要由"欺"给出。同样结构的近义词组是"诈骗"（哄骗、诓骗、蒙骗）。而"欺诈"则应分析为单字叠用，"欺"而且"诈"，用欺去加强诈，或者用诈去加重欺。照此构词法，岂不是可以由"诈骗"造出"骗诈"吗？所以，我认为，诈欺有解，欺诈不好解。尽管在生活用语中，已经肯认了"欺诈"，但立法则应极为严肃，尽量不采用不规范的语词，申言之，应当用"诈欺"，而不用"欺诈"。

(二)要件

1.存在于诈欺人方面的要件

(1)须有诈欺行为

所谓诈欺行为,即施以诈术,把关于行为标的不真实情况当作真实情况加以表示的行为。其诈术究属虚构事实,抑或歪曲事实、隐瞒事实,甚至利用相对人自己的错误将错就错,均非所问。诈欺行为违反诚实信用原则,因而属于不当行为。

(2)须有诈欺故意

该故意由两个层面共同构成:

①使相对人陷于错误的故意

陷于错误,即促使人犯错误,也包括使既有错误加深或者维持。此层故意尚属手段。

②使陷于错误人基于错误作出意思表示的故意

基于错误作出意思表示,其标的必然迎合诈欺人的意思。与第一种故意亦即手段性的故意相比,此层故意属于目的。

无论第一层抑或第二层故意,均指实施不法或者不当行为的心理状态,包括明知行为的结果违法或者不当,却希望该结果到来;或者该结果的到来并不违反其意思。

2.存在于受诈欺人方面的要件

(1)须相对人因诈欺而陷于错误

即相对人之陷于错误,与诈欺行为之间具有因果联系。非如此,不足以构成受诈欺行为。如果虽受诈欺,却能不为所惑;或者虽然陷于错误,却非受诈欺所致,则均不属受诈欺行为。至于受诈欺人陷于错误,是否也与有过失,则非所问。

(2)须受诈欺人基于错误而作出意思表示

即受诈欺人须作出意思表示,而且该意思表示与其受诈欺而形成的错误具有因果联系。

四、受胁迫行为

(一)意义

受胁迫行为是由于他人不正当预告危害而陷于恐怖,从而作出的有瑕疵意思表示的不真正法律行为。不正当预告危害,是旨在使相对人恐怖,从而使后者作出不利的意思表示的行为,而该预告的目的是非正当的。受胁迫人基于恐怖而形成的目的意思,在很大程度上是胁迫人设计的,因而是有瑕疵的。该意思表示,不是表意人的意思表示,而是胁迫人的意思表示。其不属法律行为,自不待言。

（二）要件

1.存在于胁迫人方面的要件

（1）须有胁迫行为

胁迫行为，指预告危害，旨在使他人陷于恐怖的行为。所谓预告危害，即把将要到来的危害告知相对人。关于受危害人，《民通意见》第69条定为相对人及其亲友。[1]关于受危害的客体，该条定为"生命、健康、荣誉、名誉、财产等"。依本书所信，身体、自由、信用等，也应包括在内。关于加害源，则无解释。本书以为，度为胁迫人或者受其指使的其他人以及自然力，甚至对迷信者预告神怪惩罚，亦无不可。关于该危害是否能够实现，则非所问，只要足以使相对人相信其会到来即为已足。

（2）须有胁迫故意

此项故意，由两个层面的故意共同构成：

①使相对人陷于恐怖的故意

与胁迫相同，此项故意属于手段性的。

②使相对人基于恐怖而作出合己性意思表示的故意

同上，此项故意方属胁迫的目的。

（3）须胁迫行为违法或者不当

具体包括：

①目的不法或不当

即依社会认同的伦理标准判断，预告危险的目的不正当。例如，以举发相对人的犯罪或者揭露其不名誉事实相要挟，使之订立不利契约。这里的举发、揭露行为虽不违法，但订立损人契约的目的却不正当。

②手段违法或不当

例如，使用暴力、非法施用行政或者诉讼强制措施。

2.存在于受胁迫人方面的要件

（1）须相对人因胁迫而发生恐怖

即恐怖与胁迫之间具有因果联系。相反，如果虽受胁迫，但却不为所惧；或者虽有恐惧，却非受胁迫所致，则均不构成受胁迫行为。

（2）须相对人基于恐怖而作出意思表示

此项要件可析分为两项：

①相对人的意思表示与其恐怖有因果联系

即惟因恐怖，方有意思表示之义。

---

〔1〕 对应《民法典总则编解释》第22条："以给自然人及其近亲属等的人身权利、财产权利以及其他合法权益造成损害或者以给法人、非法人组织的名誉、荣誉、财产权益等造成损害为要挟，迫使其基于恐惧心理作出意思表示的，人民法院可以认定为民法典第一百五十条规定的胁迫。"

②相对人的意思表示在客观上迎合胁迫人的意思

此之迎合，仅指双方意思方向一致，而不必内容完全一致，也不必受胁迫人有迎合的意思。例如，甲要挟乙压价50%出售某物，乙只表示压价30%，虽然未达甲的要求，但仍足以构成迎合。

五、危难被乘，显失公平行为

(一)意义

危难被乘，显失公平行为是因危难处境被他人不正当利用，不得已而作出的严重不利意思表示的不真正法律行为。在此种意思表示中，其标的系迎合乘危人意思形成，因而所表示的是乘危人的意思，而不是表意人的意思。乘人之危行为，违背诚实信用原则，其属不当自不待言。惟应注意的是，在《德国民法典》《瑞士债务法典》以及我国民国时代制定的民法典均规定为乘人之危显失公平行为，[1]即以显失公平的结果为要件的乘人之危行为。并且在学理上，该行为称之为"暴利行为"。但我国《民法通则》的起草者认为，乘人之危性质恶劣，民国时代制定的民法典规定该行为为得撤销行为，其"处理"太过轻纵，而应定其效果为"无效"，故而在《民法通则》第58条规定乘人之危行为无效行为，单纯的显失公平行为方为得撤销行为(《民法通则》第59条)。[2]然而，自事理而言，乘人之危而不导致显失公平结果，法律无须多管，惟当其导致显失公平结果时，方应干预。因而乘人之危与显失公平应是该类不真正法律行为的共同条件。如果像《民法通则》那样拆分为乘人之危行为和显失公平行为，在后者，势必要无条件地讨论公平与不公平的，问题，这与竞争市场和价值规律的观念将难以协调。另外，乘人之危也势必加上显失公平的条件——事实上，《民通

---

〔1〕《德国民法典》第138条第2款规定："乘他人之急迫、轻率或无经验，使其对于自己或第三人给付或约定给付财产上之利益之法律行为，依当时情形，显失公平者，其法律行为无效。"《瑞士债务法典》第21条规定："给付及反对给付，系因显著误解之契约而成立，且其契约之订立，当事人之一方系乘他方之急迫、无经验或无知识为之者，被害人于1年之期间内，得表示不服该契约，请求其给付物之返还。"我国民国时代制定的民法典第74条规定："法律行为，系乘他人之急迫、轻率或无经验，使其为财产上之给付，或为给付之约定，依当时情形显失公平者，法院得因利害关系人之声请，撤销其法律行为或减轻其给付。"

〔2〕《民法典》第151条将乘人之危与显失公平相结合，规定"一方利用对方处于危困状态、缺乏判断能力等情形，致使民事法律行为成立时显失公平的，受损害方有权请求人民法院或者仲裁机构予以撤销。"《民法通则》第59条第1款第2项规定的是"显失公平"，这是对给付与对待给付的等价性的客观评价。但交易奉行的是主观等值，故客观上的显失公平本身不足以推出法律行为具有效力瑕疵。另一方面，《民法通则》第58条第1款第3项规定了"乘人之危"，在表意人处于危困情形时，其主观效用评价会发生改变，这种改变不是相对人以不当方式引起的。如果相对人只是单纯利用了"对方处于危困状态、缺乏判断能力等情形"，而客观上并无显失公平的结果出现，则也不应认为法律行为具有效力瑕疵，否则会抑制表意人处于危难情形时的交易，从而导致难以脱困。因此，本条结合了乘人之危的主观要件与显失公平的客观要件，规定了危难被乘的法律行为效力瑕疵。

意见》第70条便加上了"严重损害对方利益"的条件,[1]仍旧是乘人之危显失公平行为,而不复为单纯的乘人之危行为。依本书所信,《民法通则》的上述立法格局在逻辑上是有问题的。故本书将"危难被乘、显失公平"作为一项不真正法律行为讨论,请读者注意。

(二) 要件

1.存在于乘危人方面的要件

(1) 须有乘人之危行为

即有利用他人危难处境使之接受不利条件的行为。例如利用他人的经济困难或者政治厄运,使之接受苛刻的合同条件即是。乘危不同于胁迫,不必预告危害,而只需对于既有危难因势利用即可。

(2) 须有乘危故意

即令危难人意志软化、接受不利条件的故意。

2.存在于相对人方面的要件

(1) 须作出意思表示

此项意思表示,是乘危人因势利用的结果,而不是独立形成的。

(2) 须意思表示显失公平

《民通意见》第70条规定:"一方当事人乘对方处于危难之机,为牟取不正当利益,迫使对方作出不真实的意思表示,严重损害对方利益的,可以认定为乘人之危。"[2]由此可知,危难被乘人作出的意思表示,须迎合乘危人的意思并且对自己严重不利,亦即显失公平。

六、重大错误行为

(一) 意义

1.错误的意义

错误是基于不符合事实的认识而实施不真正法律行为。例如,将甲物当成乙物而出卖,将100000元写成10000元即是。

2.错误与误解

错误依其形成原因,可分为自己错误和因他人不正当干涉而陷于错误。后者即受诈欺行为中的错误。自己错误依其发意与受意而区分为表示错误和受领错误。表意人向他人主动地实施意思表示中的错误,是表示错误或称"主动型错误"。表意人受领相对人的意思表示、并对所受领的表示理解错误,即为受领错误,或称"被动

---

[1] 对应《民法典》第151条中"显示公平"的表述。

[2] 同上注。

型错误", 亦即误解。上例中把甲物当成乙物出卖是错误, 而把甲物当成乙物来买则是误解。

《民法通则》第59条第1款1项使用的表述是"误解"。[1] 自规范意旨而言, 该"误解"不应依其本义理解, 而应扩张解释为既包括误解, 也包括主动型错误, 亦即理解为"错误"。《民通意见》第71条解释道: "行为人因对行为的性质、对方当事人、标的物的品种、质量、规格和数量等的错误认识, 使行为的后果与自己的意思相悖, 造成较大损失的, 可以认定为重大误解。"[2] 该条文中不但使用了"错误认识"的表述, 而且已将"误解"扩张为"错误"。此解释殊值赞同。然而,《合同法》第54条未能吸纳司法解释和学说, 而仍采用"误解"的表述, 未免欠周。[3]

(二) 重大错误行为的要件

1. 须有表示行为

此点其义自明。

2. 须表示与目的不同一

表示行为与目的不一致, 方有错误可言。故错误应以二者的不一致为要件。

3. 须表意人无故意

因过失形成表示行为与目的意思的不一致, 方属错误, 如属故意不一致, 即为虚伪行为了。

4. 须错误在交易上被认为重大

无足轻重的错误, 不值得赋予撤销权和变更权, 只有重大错误方可。所谓重大, 其判断标准是: 一般人处于表意人的地位, 假使非因错误, 断不会作出该意思表示。

(三) 样态

1. 内容上的错误

具体包括:

(1) 关于对方当事人的错误

如把甲当成乙。

(2) 关于标的物的错误

如把甲物当成乙物, 把铜器当成金器, 或者对于物的规格、型号、品质、数量有错误理解。

---

〔1〕《民法典》第147条所使用的表述也是"误解"。

〔2〕 对应《民法典总则编解释》第19条第1款: "行为人对行为的性质、对方当事人或者标的物的品种、质量、规格、价格、数量等产生错误认识, 按照通常理解如果不发生该错误认识行为人就不会作出相应意思表示的, 人民法院可以认定为民法典第一百四十七条规定的重大误解。"本款已不要求"造成较大损失"这一要件。

〔3〕《民法典》第147条延续使用"误解"之表述。

（3）关于法律关系性质的错误

如误认借贷为赠与而承诺，误把甲契约书当成乙契约书而签字。

2.表示上的错误

最常见的是误写、误记，如把100000元写成10000元。

（四）关于表意人的撤销后赔偿责任

撤销有错误行为，意味着相对人或者第三人信赖利益的损害，为求衡平起见，在赋予表意人撤销权时，也须课其以责任。但是撤销原因为受害人明知或者应知者，不在此限。《民法通则》第61条第1款规定："民事行为被确认无效或者被撤销后"，"有过错的一方应当赔偿对方因此所受的损失，双方都有过错的，应当各自承担相应的责任。"[1]其中"有过错"，即指应知而言。不过，上述规定只及于双方，而未及第三人。第三人信赖利益也是有保护价值的。

七、重大误传行为

重大错误的样态中，尚有意思表示经人传达，而传达人的表述发生重大错误的情形，此即误传。例如，传达人因记忆有误而传错，或者所表示的意思与其所传达的意思不相一致，均其适例。《民通意见》第77条有言："意思表示由第三人义务转达，而第三人由于过失转达错误或者没有转达，使他人造成损失的，一般可由意思表示人负赔偿责任。但法律另有规定或者双方另有约定的除外。"[2]这是关于误传的司法解释。其含义有三个：（1）误传可以撤销。（2）撤销权人须对第三人信赖利益损失负赔偿责任。上述意见所称"给他人造成损失"，即指因撤销而给善意第三人信赖利益造成损失。（3）传达人因其与有过失而对表意人负赔偿责任，但义务传达人不在此限。

第四节　效力未定的法律行为

一、意义

效力未定行为，是其法律效力有待第三人以行为使之确定的不真正法律行为。

---

〔1〕 对应《民法典》第157条："民事法律行为无效、被撤销或者确定不发生效力后，行为人因该行为取得的财产，应当予以返还；不能返还或者没有必要返还的，应当折价补偿。有过错的一方应当赔偿对方由此所受到的损失；各方都有过错的，应当各自承担相应的责任。法律另有规定的，依照其规定。"

〔2〕 对应《民法典总则编解释》第20条："行为人以其意思表示存在第三人转达错误为由请求撤销民事法律行为的，适用本解释第十九条的规定。"

关于效力未定行为,《民法通则》第12条第1款和第13条第2款以及《合同法》第47条规定了限制能力人实施的待补助行为,[1]《民法通则》第66条第1款、《合同法》第48条规定了无权代理,[2]《民法通则》第91条、《合同法》第84条规定了债务承担[3],《合同法》第51条规定了无权处分[4]。而在国外和我国民国时期制定的《民法典》尚规定有配偶者被人收养等。

二、效力

有成立效力,但其效果效力却有待确定。具体而言:

第一,其效果效力是待确定的,既非无效,也非有效,而是处于悬而未决的状态之中。

第二,其效果效力取决于第三人行为,该第三人称"承认权人",其行为指承认或拒绝。

第三,经承认权人承认,其效果效力即确定地自始发生(法无明文规定,在学说上尚有异说:认为自承认时发生)。

第四,承认权人拒绝承认,即确定地自始无效。

---

〔1〕 对应《民法典》第145条:"Ⅰ.限制民事行为能力人实施的纯获利益的民事法律行为或者与其年龄、智力、精神健康状况相适应的民事法律行为有效;实施的其他民事法律行为经法定代理人同意或者追认后有效。Ⅱ.相对人可以催告法定代理人自收到通知之日起三十日内予以追认。法定代理人未作表示的,视为拒绝追认。民事法律行为被追认前,善意相对人有撤销的权利。撤销应当以通知的方式作出。"

〔2〕 对应《民法典》第171条:"Ⅰ.行为人没有代理权、超越代理权或者代理权终止后,仍然实施代理行为,未经被代理人追认的,对被代理人不发生效力。Ⅱ.相对人可以催告被代理人自收到通知之日起三十日内予以追认。被代理人未作表示的,视为拒绝追认。行为人实施的行为被追认前,善意相对人有撤销的权利。撤销应当以通知的方式作出。Ⅲ.行为人实施的行为未被追认的,善意相对人有权请求行为人履行债务或者就其受到的损害请求行为人赔偿。但是,赔偿的范围不得超过被代理人追认时相对人所能获得的利益。Ⅳ.相对人知道或者应当知道行为人无权代理的,相对人和行为人按照各自的过错承担责任。"

〔3〕 对应《民法典》第551条:"Ⅰ.债务人将债务的全部或者部分转移给第三人的,应当经债权人同意。Ⅱ.债务人或者第三人可以催告债权人在合理期限内予以同意,债权人未作表示的,视为不同意。"

〔4〕 对应《民法典》第597条第1款:"因出卖人未取得处分权致使标的物所有权不能转移的,买受人可以解除合同并请求出卖人承担违约责任。"可予佐证者,《民法典合同编通则解释》第19条规定:"Ⅰ.以转让或者设定财产权利为目的订立的合同,当事人或者真正权利人仅以让与人在订立合同时对标的物没有所有权或者处分权为由主张合同无效的,人民法院不予支持;因未取得真正权利人事后同意或者让与人事后未取得处分权导致合同不能履行,受让人主张解除合同并请求让与人承担违反合同的赔偿责任的,人民法院依法予以支持。Ⅱ.前款规定的合同被认定有效,且让与人已经将财产交付或者移转登记至受让人,真正权利人请求认定财产权利未发生变动或者请求返还财产的,人民法院应予支持。但是,受让人依据民法典第三百一十一条等规定善意取得财产权利的除外。"

三、与类似行为的区别

(一)与无效行为

无效行为，其无效是自始被确定的，不因第三人的承认而重新发生效力；同时其无效又是当然的，无须第三人实施拒绝来确定其无效。

(二)与得撤销行为

得撤销行为，其生效效力在撤销前业已发生，而不是处于悬而未决状态；撤销只是消灭该效力，而不是使未决效力得以确定地无效。承认则使已发生的效力得以继续，并不是确定其有效。

(三)与停止条件成就前的行为

停止条件成就前的附条件行为，其效力也是不确定的，此点与效力未定的法律行为相同。但是，其确定却系于作为条件的不确定事实是否发生，而不取决于承认权人的承认和拒绝。

(四)与遗嘱人死亡前的遗嘱行为

遗嘱是死因行为，在遗嘱人死亡之时始生效力。而在遗嘱人生前，他可以随时撤销遗嘱。而效力未定行为却取决于承认权人的承认或拒绝，而且不能擅自撤销。

四、同意

(一)意义

同意是同意权人实施的、使他人效力未定行为发生效力的补助行为。

(二)性质

第一，同意属于法律行为。

第二，同意是补助行为，其作用在于补足相关行为所欠缺的要件，而不是独立行为。

第三，同意是有相对人的单方法律行为，须向特定人实施。但依一方的意思表示即可成立和生效。

(三)同意权人

享有同意权的人是同意权人。至于何人享有同意权，须具体情况具体分析。在无权处分,同意权人是处分权的享有人;在无权代理,同意权人是本人;在债务承担,同意权人是债权人;在限制行为能力人实施的待追认行为,同意权人是法定代理人。

(四)同意的方式

同意应向效力未定行为的当事人以意思通知实施。该当事人既包括行为人,也包括行为的相对人。例如,无权处分行为的相对人等。至于其方式,《民法通则》等无限制性规定,故为不要式行为。

(五)同意的效力

是使效力未定行为所缺生效要件补足,而溯及地自始发生效力(有异说)。

五、类型

效力未定行为,比较重要的是无权处分、无权代理、债务承担和限制行为能力人实施的待追认行为。现分别加以说明。

(一)无权处分

无处分权人以自己的名义对于他人权利标的所实施的处分行为,是无权处分。其所以须以自己的名义为之,是因为,如果以处分权人名义,便属于无权代理,而不属于无权处分。关于无权处分,《民法通则》未作规定。但《合同法》第51条作了规定:"无处分权的人处分他人财产,经权利人追认或者无权处分人订立合同后取得处分权的,该合同有效。"[1]经处分权人同意,即令处分行为生效。如果处分权人拒绝同意,则确定地成为无效行为。此外,当无权处分人在处分后取得处分权时,处分行为应溯及地自始有效。此种情形,指处分时尚无处分权,但事后因继承、买受或者受赠等取得了标的物的处分权。

(二)无权代理

是欠缺代理权,而能充分代理的其他要件的行为。《民法通则》第66条第1款规定,无权代理经本人"追认",即成为代理。否则无效。《合同法》第48条亦有相似

---

〔1〕 对应《民法典》第597条第1款:"因出卖人未取得处分权致使标的物所有权不能转移的,买受人可以解除合同并请求出卖人承担违约责任。"可予佐证者,《民法典合同编通则解释》第19条:"Ⅰ. 以转让或者设定财产权利为目的订立的合同,当事人或者真正权利人仅以让与人在订立合同时对标的物没有所有权或者处分权为由主张合同无效的,人民法院不予支持;因未取得真正权利人事后同意或者让与人事后未取得处分权导致合同不能履行,受让人主张解除合同并请求让与人承担违反合同的赔偿责任的,人民法院依法予以支持。Ⅱ. 前款规定的合同被认定有效,且让与人已经将财产交付或者移转登记至受让人,真正权利人请求认定财产权利未发生变动或者请求返还财产的,人民法院应予支持。但是,受让人依民法典第三百一十一条等规定善意取得财产权利的除外。"

规定。[1]此处的无权代理,学理上称为狭义无权代理(详见第九章第三节)。

(三)债务承担

是债务人与第三人约定,由后者受让前者对于债权人债务的行为。该行为属于契约。该契约虽在债务人与第三人之间成立,但由于债务是债务人与债权人之间的法律关系的内容,第三人并不是该关系的一方当事人,因此,为了使债务承担对于债权人生效,亦即使第三人取代债务人的地位,当然须经债权人同意。在这种场合,实际是债务人解除与债权人的契约,作为条件由第三人与债权人另订债务承担契约。就第三人而言,则属于契约参加。关于债务承担,《民法通则》第91条作了规定。[2]另外,《合同法》第84条也作了规定。[3][4]

(四)限制行为能力人实施的待追认行为

1.意义

也称"待补助行为"。是限制行为能力人实施的超越其行为能力范围的行为。

2.追认权及其行使

追认权即对待补助行为予以追认的权利。其权利人是待追认行为人的法定代理人。

追认权属于形成权,依权利人的单方意思表示即成立补助行为。因该补助行为的补助,待追认行为即溯及地成立法律行为。相反,不能获得追认的,则自始成为无效行为。

追认行为得以明示或者默示方式实施。不过须注意的是,默示的意思法律解释为不予追认。《合同法》第47条第2款规定:"相对人可以催告法定代理人在一个月内予以追认。法定代理人未作表示的,视为拒绝追认。"[5]后者适用于催告的场合,前者则适用于无催告场合。

3.对于相对人的效力

待追认行为对行为的善意相对人产生催告权和撤销权的法律效力。善意相对人知悉待追认行为后,产生催告权和撤销权。

---

〔1〕《民法典》第171条第1款亦规定无权代理需经被代理人"追认"。

〔2〕《民法通则》第91条规定:"合同一方将合同的权利、义务全部或者部分转让给第三人的,应当取得合同另一方的同意,并不得牟利。依照法律规定或者应当由国家批准的合同,需经原批准机关批准。但是,法律另有规定或者原合同另有约定的除外。"

〔3〕《合同法》第84条规定:"债务人将合同的义务全部或者部分转移给第三人的,应当经债权人同意。"

〔4〕《民法典》第551条规定:"Ⅰ.债务人将债务的全部或者部分转移给第三人的,应当经债权人同意。Ⅱ.债务人或者第三人可以催告债权人在合理期限内予以同意,债权人未作表示的,视为不同意。"

〔5〕 对应《民法典》第145条第2款:"相对人可以催告法定代理人自收到通知之日起三十日内予以追认。法定代理人未作表示的,视为拒绝追认。民事法律行为被追认前,善意相对人有撤销的权利。撤销应当以通知方式作出。"

（1）催告权

①意义

即对追认权人告知并催促其在给定期间实施补助行为的权利。

如上所述，《合同法》第47条第2款规定了此项催告权。[1]

②内容

催告权的内容则是告知待补助行为存在的事实以及催促追认人在给定期间予以追认。

催告权的相对人是待追认行为的追认权人。

（2）撤销权

即撤销基于待追认行为而实施的法律行为的权利。

《合同法》第47条第2款规定："相对人可以催告法定代理人在1个月内予以追认。法定代理人未作表示的，视为拒绝追认。合同被追认之前，善意相对人有撤销的权利。"[2]

第五节　问题点

关于不真正法律行为，其效力何以被区别为三个类型？易言之，据以区别的价值判断是什么？这个问题应当探究。本书以为，价值判断大体如下：关于无效行为，其所欠缺的要件事关公共利益，如标的违法和不当；或者事关私法自治原则，如行为人欠缺相应的行为能力和串通虚伪行为。由于事关重大，因而应当规定为无效。而得撤销行为所欠缺的要件，是目的意思自由上的瑕疵、表示行为与内心目的无意不一致以及标的显失公平行为等，对于此类行为，明智的选择应当是，给当事人重新斟酌的机会，由其决定是否维持该行为的效力，并且设置除斥期间，以使法律关系早日得以确定。至于效力未定行为，所欠缺的只是他人的追认，因而只须同意权人依其意思加以确定即可。

---

〔1〕　对应《民法典》第145条第2款："相对人可以催告法定代理人自收到通知之日起三十日内予以追认。法定代理人未作表示的，视为拒绝追认。民事法律行为被追认前，善意相对人有撤销的权利。撤销应当以通知的方式作出。"

〔2〕　同上注。

第九章　代理

第一节　代理的意义与性质

一、代理的意义

(一)意义

代理是以本人名义实施意思表示,而其法律效果直接对本人发生的法律行为。

《民法通则》第四章第二节,用8个条文专节规定代理。[1][2]其第63条第2款规定了代理的定义,其文字为:"代理人在代理权限内,以被代理人的名义实施民事法律行为。被代理人对代理人的代理行为,承担民事责任"。[3][4]该定义大体可取。

(二)说明

1.代理关系涉及三方当事人

代理行为引起代理关系。该关系由三方当事人构成;

(1)本人

本人亦称"被代理人"是在民事活动中需他人意思表示予以帮助的人。

(2)代理人

代理人是在代理活动中予本人以帮助,亦即代其实施意思表示的人。

(3)第三人

第三人亦称"相对人",是代理人对之实施意思表示、或自其受领意思表示的人。

---

〔1〕　关于代理的立法例,《德国民法典》在"法律行为"一章中设"代理与代理权"一节,而示代理属法律行为的特别实现方式之义。《日本民法典》、我国民国时期制定的民法典均仿照《德国民法典》。《苏俄民法典》(1964年)则把"代理与委托"上升为章,与"法律行为"章并列。《俄罗斯民法典》(1994年)仍之。我国《民法通则》名其第四章为"民事法律为和代理",似可看到《苏俄民法典》的影响。至于《法国民法典》,则无法律行为的概念,且代理与委托合同被视为一回事。

〔2〕《民法典》总则编第七章规定的是"代理"一章,法律规范是第161条至第175条。

〔3〕　"承担民事责任",依其本义,应指因不法行为而对受害人承担民事责任。但依该款的逻辑,却应为"取得法律效果"之义。该款"责任"一词,显属误用。

〔4〕　对应《民法典》第162条:"代理人在代理权限内,以被代理人名义实施的民事法律行为,对被代理人发生效力。"

2.代理属于法律行为

代理在性质上为法律行为,此点已为《民法通则》第63条第2款所明定,该条称代理人"以被代理人的名义实施民事法律行为"。[1][2]不过,此种行为颇为奇特:行为人欠缺依其意思表示自己取得法律效果的意思。就此点言,代理似难充分法律行为的要件,因而不属法律行为。不过,在意定代理,其所欠缺的目的意思,却经由本人的授权行为予以补足。易言之,由被代理人的目的意思,与代理人的表示意识和表示行为合而为一,构成完整的意思表示,从而足以充分法律行为的要件。不过,在法定代理,本人系无相应行为能力人,因而无从补足代理所欠缺的意思。此种代理的效果,由法律直接规定。

3.代理是向相对人为意思表示或自相对人受意思表示

代理行为属有相对人的法律行为。故其意思表示须向相对人实施,或自相对人受领意思表示。惟其如此,代理必定涉及第三人。

4.代理须以本人名义实施

既为代理,则行为人在行为之际须揭明其旨,亦即以本人名义实施行为。惟其如此,代理的效果方直接对本人发生。否则,如果行为人并不揭明本人名义,便不足以构成代理,而属于其自己的行为。而且,行为的效果也不对本人发生。此即代理的"显名主义"。惟应注意,在行为之际虽未揭明本人名义,但有其他情形足以推知行为人有此意思,并为相对人明知或可得而知者,亦能成立代理。此即所谓"隐名代理"。与此对应,在行为之际即以本人名义实施的代理,则为"显名代理"。

5.代理的法律效果直接对于本人发生

代理的效果,即代理中意思表示所描述的效果,该效果直接归于本人。所谓直接,系指自始并当然地对本人发生,而非先由代理人承受,然后再移转于本人。

代理行为的效果直接对于本人发生,系其法律效果归属的特别之点。此种归属的格局,似与法律行为的原理不合。其实,如果深入分析,即可发现其完全符合法律行为效果归属的原理,而无不合之处。申言之,行为人因其特别揭明行为的本人名义,故其效果自然不对行为人自己发生,而只能对本人发生。相反,如果行为人在行为之际不以本人名义,则其效果便无由对本人直接发生,此即罗马法"非依意思不负担义务"的原则。由于代理实施之际特别揭明了本人名义,即表明了行为效果直接归于本人之旨。行为的效果之对本人发生,正是对行为人该项意思的尊重。此与

---

〔1〕 明定代理为法律行为的立法例有《苏俄民法典》(1964年),其第62条规定:"根据委托书、法律或行政命令的授权一人(代理人)以他人(被代理人)的名义所实施的法律行为,直接为被代理人确立、变更和终止民事权利和民事义务。"《俄罗斯民法典》(1994年)仍之,其第182条规定:"基于委托书、法律规定或者受权的国家机关或地方自治机关文件规定的权限,一人(代理人)以他人(被代理人)的名义所实施的法律行为,直接设立、变更和终止被代理人的民事权利和义务。"《德国民法典》《日本民法典》和我国民国时期制定的民法典则未直接规定代理为法律行为,但却肯认为"意思表示",而既为意思表示,也就等于肯认代理为法律行为。

〔2〕 现为《民法典》第162条中的"以被代理人名义实施的民事法律行为"。

法律行为效果归属是原理完全一致的。

二、代理的法律要件

(一)须充分法律行为的一般要件

代理属于法律行为,故而必须充分法律行为的一般要件,其中包括成立要件和生效要件,始能成立及生效。下面所讨论者,仅为该要件在代理上的具体化,亦即代理的特别成立要件和特别生效要件。

关于代理,在立法例上有显名主义和隐名主义之分,已如上述。《民法通则》原采显名主义,但《合同法》肯认隐名代理。[1]由于两种代理在要件上有较大区别,故须分别加以讨论。

(二)代理的特别成立要件

1.须有第三人

需代理的行为,通常为有相对人行为。因为,倘系无相对人的行为,对于完全民事行为能力人而言,便意味着无须他人帮助。但法定代理,则当别论。

2.须向第三人实施或者自第三人受领意思表示

代理行为既属法律行为,那么,代理人即须实施意思表示。因而代理便归结为向相对人为意思表示,或者自相对人受意思表示。前者系"发动型"代理,后者则是"受动型"代理。此外,既为意思表示,即须充分意思表示的要件,始为成立和生效。若不能充分该要件,则不成立代理行为。至于代理的意思表示出现瑕疵,应就代理人抑或本人为判断,亦属重要问题,容于本章第二节中另行说明。

3.须以本人名义

即代理人在实施代理行为之际,须以本人的名义。此要件之必要,构成所谓"显名主义"原则。依此原则,凡不以本人名义实施的行为,其法律效果即由行为人自己承担,而无由归于本人。《德国民法典》第164条第2款、《日本民法典》第100条,对此皆有专门规定。[2]显名主义的法律伦理在于,惟明示以本人名义,方可依法律行为的效力模式,令意思表示所描述的法律效果归诸本人。不过,此一原则过嫌机械,德国、法国两个国家的判例学说已使之弹性化,并且出现了否定显名主义的主张,[3]

---

〔1〕《民法典》第925条规定了隐名代理:"受托人以自己的名义,在委托人的授权范围内与第三人订立的合同,第三人在订立合同时知道受托人与委托人之间的代理关系的,该合同直接约束委托人和第三人;但是,有确切证据证明该合同只约束受托人和第三人的除外。"

〔2〕《德国民法典》第164条第2款规定:"是否以他人名义为法律行为,其意思不明时,不得遽认为欠缺以自己名义而为法律行为之意思。"《日本民法典》第100条规定:"代理人未表示为本人而为之意思表示,视为为自己为之。但相对人知之或可得而知其为本人时,准用前条之规定。"

〔3〕 否定显名主义的主张略谓:(1)在法律效果归属于何人这一点对相对人并无利益的场合,亦即人的

值得注意。我国《民法通则》第63条第2款规定："代理人在代理权限内，以被代理人的名义实施民事法律行为。被代理人对代理人的代理行为，承担民事责任。"是采显名原则，迨于《合同法》第402条，方有改变。[1]

(三)代理的特别生效要件

1.须以得代理行为为标的

(1)须属民事法律行为

德国、日本以及我国民国时期和目前台湾地区的立法及判例，均以法律行为作为代理的标的，事实行为则不及之。我国《民法通则》第63条第2款则明定"代理人以被代理人的名义实施民事法律行为"[2]，自其反面解释，事实行为无从包括。至于违法行为，其不许代理，更不待言。

(2)须属财产行为

身份行为酌专属性质决定其不具代理性，结婚、离婚、收养及认领非婚生子女的行为，均不许代理。《民通意见》第78条解释道："凡是依法或者依双方的约定必须由本人亲自实施的民事行为，本人未亲自实施的，应当认定行为无效。"[3]该解释示明了身份行为不许代理之旨，是正确的。

2.须依代理权

代理权的存在及行使，是代理的效果归诸本人的关键之所在。所谓代理权，即能够以本人名义实施法律行为，并使行为效果直接归于本人的法律资格。代理权系代理的核心要件，其他要件，多以之为前提。

所谓须依代理权，其含义有两个：

(1)须有代理权存在

如上所述，代理权系代理行为当于本人的关键之所在，其不可或缺，自不待言。

(2)须在代理权的范围之内实施行为

代理行为，须谨依代理权限的内容及范围，而不得逾越。倘有逾越，即构成代理瑕疵。对此，《民法通则》第63条第2款规定："代理人在代理权限内，以被代理人的名义实施民事法律行为。被代理人对代理人的代理行为，承担民事责任。"第64条

因素不作为交易前提的场合，显名与否，毫无意义；(2)处分行为的效力不以名义为要件。就处分行为的发动型代理而言，显名与否其效力并无不同；(3)对于非处分行为的隐名代理，纵使其法律效果在名义上先归属于代理人，然而，可由代理人依债权移转或者债务承担方式，在名义上移转于被代理人，也无烦难之处。总之，代理的实质在于为被代理人计算，而不在于是否以被代理人名义。

〔1〕 对应《民法典》第925条："受托人以自己的名义，在委托人的授权范围内与第三人订立的合同，第三人在订立合同时知道受托人与委托人之间的代理关系的，该合同直接约束委托人和第三人；但是，有确切证据证明该合同只约束受托人和第三人的除外。"

〔2〕 对应《民法典》第162条中"以被代理人名义实施的民事法律行为"。

〔3〕 对应《民法典》第161条第2款："依照法律规定、当事人约定或者民事法律行为的性质，应当由本人亲自实施的民事法律行为，不得代理。"

规定："委托代理人按照被代理人的委托行使代理权，法定代理人依照法律的规定行使代理权，指定代理人按照人民法院或者指定单位的指定行使代理权。"[1]上述规定，皆示明代理须谨依代理权内容和范围之旨。

3.须为本人计算

(1)意义

为本人计算，指代理行为须以本人利益为取向。此系代理权所存储的价值之所在。凡旨在侵害本人利益的行为，均不能构成代理。

(2)不为本人计算的行为

①法定代理人的利己行为

法定代理人利用地位之便，实施利于自己却不利于被监护人的行为，为法所不许。《民法通则》第18条第1款规定："监护人……除为被监护人的利益处，不得处分被监护人的财产。"[2]此即禁止法定代理人利己行为的规定。

②自己契约

自己契约是代理人乘代理之便而自己与本人订立的契约。例如，某甲授权某乙代售其屋，该乙却自己买下该屋。

自己契约之被禁止，其法理在于，契约乃双方法律行为，当事人通过竞争而实现其利益的对立统一；在自己契约，却被偷换为代理人的单方行为，不仅契约的本质被阉割，而且，因竞争之被抽掉，亦难期其公正。不过，该原则应予以必要的弹性：当自己契约为本人许诺时，即应许其有效。《法国民法典》第596条、《德国民法典》第181条、《日本民法典》第108条、我国民国时期制定的民法典第106条，皆表述了此一原则及其必要的灵活性，殊值借鉴。[3]我国《经济合同法》(1981年)曾规定，代理人"以被代理人的名义同自己或者向自己所代理的其他人签订的合同"无效(第7条)，虽仅有禁止自己契约的原则，而欠缺必要的弹性，但毕竟涉及了代理中的此一重要制度。当该法为《合同法》(1999年)取代时，则连该项原则亦未保留。[4]

---

〔1〕 对应《民法典》第163条第2款："委托代理人按照被代理人的委托行使代理权。法定代理人依照法律的规定行使代理权。"

〔2〕 对应《民法典》第35条第1款："监护人应当按照最有利于被监护人的原则履行监护职责。监护人除为维护被监护人利益外，不得处分被监护人的财产。"

〔3〕《法国民法典》第1596条规定："下列各人，不得以自己名义或假借他人名义，为下列财产公卖中的竞买人；如有违反，其竞买无效：Ⅰ.监护人对于受监护人之财产；Ⅱ.受任人对于受托出卖之财产……"《德国民法典》第181条规定："代理人无特别许可，不得以本人名义与自己为法律行为，亦不得为第三人之代理人与本人为法律行为；但法律行为系属专以履行债务为目的者，不在此限。"《日本民法典》第108条规定："无论何人，不得就同一法律行为，为其相对人之代理人或为双方当事人之代理人；但债务之履行，不在此限。"我国民国时期制定的民法典第106条规定："代理人非经本人之许诺，不得为本人与自己之法律行为，亦不得既为第三人之代理人，而为本人与第三人之法律行为。但其法律行为，系属专履行债务者，不在此限。"

〔4〕《民法典》第168条第1款规定："代理人不得以被代理人的名义与自己实施民事法律行为，但是被代理人同意或者追认的除外。"

③双方代理

双方代理是代理人同时代理当事人双方订立契约的情形。例如,某甲授权某乙代购A物,而某丁则授权该乙出卖A物,乙同时代理甲与丁订立买卖A物的契约。

禁止双方代理的法理,与自己契约相同。其原则性与弹性亦复相同。当双方契约系为履行债务时,则许其有效。上述国外及我国民国时期的立法例,即皆示明此旨。我国立法则无相应规定。[1]

(四)隐名代理的特别要件

隐名代理在生活中所在多有,尤其《合同法》第402条[2]和第403条[3]的规定涉及隐名代理和外贸惯例中的"间接代理",故而更有讨论的必要。

1.须未以本人名义实施行为

此乃事属当然,苟以本人名义实施,即无隐名代理可言。

2.须相对人知道或可得而知该行为系代理

代理在行为之际虽未以本人名义,但依其情形,若相对人知道或可得而知该行为为代理之情事,仍能成立代理。《合同法》第402条规定的受任人行为,即为隐名代理。其文字是:"受托人以自己的名义,在委托人的授权范围内与第三人订立的合同,第三人在订立合同时知道受托人以委托人之间的代理关系的,该合同直接约束委托人和第三人,但有确切证据证明该合同只约束受托人和第三人的除外。"该条的不足是,仅列明第三人知道的要件,而未列明第三人对代理情事可得而知的要件。实际上,苟第三人可得而知,亦应成立隐名代理。惟应注意,该法第403条所规定的行为,却不属市民法的隐名代理,而属外贸惯例中的间接代理。

(五)《合同法》第403条所规定的受任人行为

《合同法》第403条第1款、第2款两款所规定的委任关系中受任人的行为如下:"Ⅰ.受托人以自己的名义与第三人订立合同时,第三人不知道受托人与委托人之间的代理关系的。受托人因第三人的原因对委托人不履行义务,受托人应当向委托人

〔1〕《民法典》第168条第2款规定:"代理人不得以被代理人的名义与自己同时代理的其他人实施民事法律行为,但是被代理的双方同意或者追认的除外。"

〔2〕对应《民法典》第925条:"受托人以自己的名义,在委托人的授权范围内与第三人订立的合同,第三人在订立合同时知道受托人与委托人之间的代理关系的,该合同直接约束委托人和第三人;但是,有确切证据证明该合同只约束受托人和第三人的除外。"

〔3〕对应《民法典》第926条:"Ⅰ.受托人以自己的名义与第三人订立合同时,第三人不知道受托人与委托人之间的代理关系的,受托人因第三人的原因对委托人不履行义务,受托人应当向委托人披露第三人,委托人因此可以行使受托人对第三人的权利。但是,第三人与受托人订立合同时如果知道该委托人就不会订立合同的除外。Ⅱ.受托人因委托人的原因对第三人不履行义务,受托人应当向第三人披露委托人,第三人因此可以选择受托人或者委托人作为相对人主张其权利,但是第三人不得变更选定的相对人。Ⅲ.委托人行使受托人对第三人的权利的,第三人可以向委托人主张其对受托人的抗辩。第三人选定委托人作为其相对人的,委托人可以向第三人主张其对受托人的抗辩以及受托人对第三人的抗辩。"

披露第三人，委托人因此可以行使受托人对第三人的权利，但第三人与受托人订立合同时如果知道该委托人就不会订立合同的除外。Ⅱ.受托人因委托人的原因对第三人不履行义务，受托人可以向第三人披露委托人，第三人因此可以选择受托人或者委托人作为相对人主张权利，但第三人不得变更选定的相对人。"上述两款所规定的受任人以自己名义与第三人订立契约，在性质上非属市民法的隐名代理，而为外贸惯例中的间接代理，已如上述。

1.外贸惯例中的间接代理

（1）意义

外贸惯例中的间接代理，是代理人以自己名义与相对人订立契约，经相对人承认而使本人取代代理人地位参加该契约债务不履行事务处理的代理。

（2）与隐名代理的区别

①在法律要件上

无须相对人知道或可得而知受任人的行为应属代理的法律要件，因而须以相对人承认要件。

②在法律效果上

仅发生令本人取代代理人地位参加契约不履行事务处理的效果。而与隐名代理令本人自始承受代理的效果、作为所订立契约的当事人不同。

依《合同法》上述条文的规定，该行为的效力是，以契约纠纷发生后受任人揭明"代理"名义且为第三人承认为要件，该契约即由委任人取代受任人在与第三人之间的契约中的地位，使该契约转变为委托人与第三人的之间的契约，使本人取得与相对人解决契约纠纷地位。

2.不获相对人承认的法律效果

如显名后不获第三人承认，则为市民法上的间接代理，亦即"行纪"。行纪也涉及三方当事人，即本人、行纪人与第三人。本人与行纪人之间形成由行纪人办理约定买卖事务的特别委任关系，但行纪人在与相对人买卖时既不以本人的名义，且法律效果也不直接对本人发生，而仅对行纪人发生，但行纪人须依行纪契约的约定移转该效果于委任人。可见，此种情形与代理无关。

三、代理制度的沿革

在罗马法中，尚无今天被称为代理的制度。当时商品交换的规模，无论量与质均尚相对狭小、简单，家父通过其家子之帮助，即能敷其所需。"非本人不得缔结契约"的原则，当然被奉为天经地义的信条。随着商品交换规模的不断扩大，产生了代理的必要性。然而因囿于传统观念束缚，此种需要只能通过迂回途径，其中包括若干诉的类型，得到满足，并未归纳出代理制度。在中世纪欧洲，也未能建立代理制度。然而，日耳曼普通法却别开生面，早在14世纪至15世纪，即逐渐确认了代理行为。17世纪后，自然法学者致力于法律行为理论体系的构建，对于代理理论的形成给与大推动。此外，商事代理的发展，亦为民事代理提供了宝贵经验。迨至19世纪，代理已是羽翼初丰。德意志各邦的普通法典，均有所表述，尤其1794年《普鲁士普通法典》、1811年的《奥地利民法典》和1863年的《萨克森民法典》，皆已肯认了代理制度。

四、代理的制度价值

（一）扩张完全行为能力

意思自治原则，要求当事人依其意思表示设权担务，其主旨本在鼓励参与，而并非提倡自缚手脚，事必躬亲。代理制度，给与完全行为能力人以分身之术，使之得以超越时空限制，突破本身知识、才干、经验以及体力和脑力诸局限，更加广泛和深入地参与民事生活。

（二）补足不完全行为能力

意思自治原则，也不意味着拒行为能力欠缺者于民事活动的大门之外，与此相反，而是设法补其能力之不足，成全其参与利益。此一任务，悉赖代理制度予以达成。无行为能力、限制行为能力人以及宣告失踪人，皆拜法定代理制度之赐，而借助于他人的行为能力，实现其利益。

五、代理与类似制度的区别

（一）与代表的区别

所谓代表，是将自然人的行为，直接视为其旨在代替的自然人或者法人行为的制度。此种行为，亦即"代表行为"。法人代表机关的行为，是其典型。

代表与代理的区别是：

1.在代表，担当者人格被代表的角色吸收

代表行为实施之际，代表人仅作为被代表人的机关，其人格则被所代表角色吸收。与此不同，在代理行为实施中，代理人则表现其独立的法律人格。

2.代表行为在法律上被视为被代表人的行为

如上所述，代表行为被视为被代表人的行为。而代理，则仍为代理人自己的行为，只不过其法律效果归于本人而已。

3.代表行为的范围不限于法律行为

代表行为的标的不以法律行为为限，而包括事实行为；此外，代表人执行代表事务中的侵权行为，亦被视为被代表者的行为。而代理行为的标的，却以法律行为为限。

(二) 与传达的区别

所谓传达，是将本人的意思表示传递于非对话相对人的行为。实施传递行为者，称之为"传达人"或者"使者"。传达与代理是不同的：

1.传达人是本人的意思表示机关

在传达之际，使者并不表现自己的人格，而仅作为被传达人的意思表示机关。代理人则不同，代理人表现自己的人格。

2.传达人仅传达本人的意思表示

传达人所传达的，是本人既已形成的意思表示。而代理人所实施的意思表示，却系代理人自己所形成，尽管以代理权为前提并受其制约。然而无论如何，其所表示者并非本人既已形成的意思表示，则至为显然。

3.传达之瑕疵以本人为断

被传达的意思表示有无瑕疵，原则上须就本人为判断。但误传不在此限。而代理行为有无瑕疵，原则上须就代理人为判断。

(三) 与行纪的区别

所谓行纪，是行为人以自己名义，为他人计算而实施行为，其法律效果归于其自己的行为。不过，依行纪契约，行纪人所取得的效果，尚须转移于委托人。比如，我国各地信托商店、贸易货栈所实施的"代购代销"行为的。行纪在学理上称之为"间接代理"，而真正代理则称之为"直接代理"。然而间接代理一语易滋生误会，因为行纪在性质上不属代理，而仅类似代理而已。

行纪与代理的区别在于：

1.行纪人以自己的名义实施行为

行纪行为不以本人的名义实施，代理却须以本人的名义。

2.行纪的法律效果归属于行纪人

行纪的法律效果，由行纪人取得，然后再依行纪的效力移转于本人，而不是由本人直接取得。

(四) 与夫妻间日常家事的代理的区别

夫妻之间在共同生活中就其必要事项，不须他方授权，即可以互相代理。此在比较法上属通行制度，也为我国习惯法所肯认，尽管并未为实定法所明定。此种代

理权,德国习称为"钥匙权"。此种代理与一般代理的区别在于:

1.无须以本人的名义

夫妻日常家事代理,无须以配偶的另一方的名义即可。

2.代理范围以日常生活中的必要事务为限

此项代理,由其性质所规定,仅以日常生活中的必要事项为限。

六、代理的学说

德国普通法学在说明代理的本质时,遇到了逻辑困难,即依意思自治原则,意思表示的效力,只能对表意人发生;而在代理,缘何却对作为非表意人的本人发生呢?此一在普通人看来极其自然的法律现象,却使法学家搜索枯肠,造出许多学说加以解释。

(一)本人行为说

F.萨维尼、赫尔曼(Hellman)等人认为,代理是基于本人的授权行为而实施,代理人所表示的意思,是本人的意思;在代理中,真正的行为人并非代理人,而系本人。此一解说,与代理的实际情况不合,而且混淆了代理与传达。

(二)共同行为说

图尔(Thul)、L.米泰斯(L.MitteiS)等人认为,法律行为中的意思表示,未必不可分割开来,合作地加以实施。在代理中,本人通过授权行为,实施了一部分意思表示;代理人则通过代理行为,实施另一部分意思表示;从而代理不过是本人与代理人的共同行为而已。

(三)代理行为说

R.耶林、B.温德晒德等人认为,代理纯属代理人自己的行为,不过因其明示以本人名义,表明了旨在使法律效果直接归于本人的意思。既然如此,其法律效果遂当然直接对于本人发生。代理行为说,后来获得"代理权"概念的有力支持(见本章第二节),从而成为德国、日本等国家的通说。

(四)统一要件说

此系当代德国学者穆伦·弗莱茵费尔斯(Mullen Freinfers)于1955年提出的理论,后来受到著名学者维奈尔·弗鲁莫(Wemer Flume)、柯茵(Coing)等人的支持。该说认为,代理由授权行为与代理行为共同构成。授予代理权的行为,既含有目的,又含有表示意识和表示行为,因而属于法律行为;而代理行为,却因欠缺为自己取得法律效果的意思,而不能成立法律行为。因此,只有同授权行为相结合,方始统一地构成法律行为。易言之,代理的统一构成要件是: 本人的目的意思(经授权行为)＋代理人的补充和具体化＋代理人的表示意思＋代理人的表示行为。在代理中,代理人不是简单地传达本人的意思表示,而是秉持为本人计算的宗旨,使本人的意思得以具体形成,因而属于目的的形成阶段。日本学者高桥三知雄等也支持此一学说。[1]我国台湾地区学者陈锳雄则变通为"统一意思说"。[2]

以上诸说,均主要针对意定代理构建。至于法定代理,则未能涵盖。

本书以为,上述诸说中,以统一要件说较有说服力。代理中的目的,是以本人为主形成的,然而代理人也予以必要助力,即本乎代理权,参以己意,在行为的时空条件和相对人意思表示的制约下,使本人的目的得以具体化。具体化即含有决断因素,因而对意思形成而言不是可有可无的。正是在这一点上,代理与传达清晰地区别开来。此外,代理中,关于为本人计算的表示,对于说明代理效果的归属,也具有不可或缺的价值。

至于法定代理,虽然名为代理,却与意定代理有着本质的不同。法定代理不过是对于行为能力欠缺者的能力救济制度。法定代理的效力当然只能由行为能力欠缺者取得。与此相适应,行为能力欠缺者所实施的加害行为,也由法定代理人负责。上述两项制度,实际上是以同一逻辑为基础的。

七、代理的类型

代理不是民法独具的制度,在民事诉讼法和行政法上也有其存在。不过,此处的讨论,却以民法上的代理为限。

(一)意定代理与法定代理

依照代理权发生的条件,代理划分为意定代理与法定代理。

1.意定代理

(1)意定代理的意义

意定代理是基于本人代理权授予的意思而生的代理。例如,甲工厂授权乙外贸公司代购某项进口原料。"意定代理",《民法通则》称之为"委托代理"。本书以为,"委托代理"一语,易使人误以为"意定代理"与"基于委托契约所生代理"是一码事。还是"意定代理"语义更为精确。

---

〔1〕 [日]高桥三知雄:《代理理论之再检讨》,对该观点的介绍见[日]奥田昌道、玉田弘毅等编:《民法学·总论的重要问题》,有斐阁,第203—204页。

〔2〕 陈锳雄在其所著《民法总则新论》中有言:"代理行为的效果意思乃本人意思融合代理人之补充意思(为本人意思具体化所需之补充意思)而成立统一意思。此项统一意思,以直接对本人发生全部效果为内容,丝毫无发生效果于代理人之意思。故仅对本人发生代理之效果,可名之曰统一意思说"(该书第675页)。

（2）职务代理

依照劳动或雇佣关系中的职务而取得代理权，是所谓"职务代理"。如商店售货员依其职务售货、公共汽车的售票员售票、工厂的采购员为该厂订立购货契约是。职务代理的代理权也因授权行为而取得，因而属意定代理的具体类型。

2.法定代理

法定代理是因法律规定的身份或者资格而取得代理权的代理。依《民法通则》第14条规定："无民事行为能力人、限制民事行为能力人的监护人是他的法定代理人。"[1]第16条、[2]第17条[3]尚规定了法定代理的有关要求。因此，法定代理是依《民法通则》第14条、第16条及第17条之规定而取得代理权的代理。

《民法通则》第64条第2款所称的指定代理，系对应于同法第16条及第17条关于指定监护人的规定而言。依第14条，凡监护人即为法定代理人。而依第64条第1款，凡指定监护人，却为指定代理人，且指定监护人又不属法定代理人(依第64条第1款，代理划分为委托代理、法定代理和指定代理。显然，该条把指定代理划在法定代理之外)。因此，第64条第1款与第14条互相碰撞。而第64条第2款关于指定代理的规定，属于体系违反。故本书不在与法定代理相对立的意义上使用"指定代理"一语。此点请读者注意。

(二)单独代理与共同代理

依照代理权属于一人抑或多人，代理划分为单独代理与共同代理。

1.单独代理

单独代理是代理权属于一人的代理。单独代理的核心要件，是代理权属于一人，至于被代理人为一人，抑或多人，则非所问。另外，无论意定代理抑或法定代理，均可产生单独代理。

2.共同代理

共同代理是代理权属于两个以上的人的代理。共同代理与单独代理的区别，仅在代理权共同地属于两个以上的人。共同代理人之间，形成共同关系，其代理权的行使，应共同进行。[4]此点类似合伙人。依《民通意见》第79条，凡未共同行使代理

---

〔1〕现为《民法典》第23条。

〔2〕对应《民法典》第27条："Ⅰ.父母是未成年子女的监护人。Ⅱ.未成年人的父母已经死亡或者没有监护能力的，由下列有监护能力的人按顺序担任监护人：(一)祖父母、外祖父母；(二)兄、姐；(三)其他愿意担任监护人的个人或者组织，但是须经未成年人住所地的居民委员会、村民委员会或者民政部门同意。"

〔3〕对应《民法典》第28条："无民事行为能力或者限制民事行为能力的成年人，由下列有监护能力的人按顺序担任监护人：(一)配偶；(二)父母、子女；(三)其他近亲属；(四)其他愿意担任监护人的个人或者组织，但是须经被监护人住所地的居民委员会、村民委员会或者民政部门同意。"

〔4〕所谓共同实施代理，固指共同代理人全体共同地或依多数决原则形成代理意思。但是，在表示该意思时，究应全体共同实施抑或只须其中一人或部分人实施即为已足，自《民通意见》第79条(对应《民法典总则编解释》第25条"数个委托代理人共同行使代理权，其中一人或者数人未与其他委托代理人协商，擅自行使代理权的，依据民法典第一百七十一条、第一百七十二条等规定处理")观之，仅需其中一人或部分

权者,该行为应属行为人自己的行为,而非共同代理行为。[1]

(三)显名代理与隐名代理

代理行为依其是否以本人名义实施,而区分为显名代理与隐名代理。

1.显名代理

显名代理是以本人名义实施的代理。《民法通则》所规定的代理是显名代理。

2.隐名代理

(1)定义

隐名代理是不以本人名义实施、但依其他情形第三人知道或可得而知其性质而成立的代理。

(2)显名主义

隐名代理与显名代理的区别,端在前者在行为之际不揭明代理名义。代理的本义应为显名模式。而且惟其显名,方能解释其法律效果的归属。至于隐名代理,虽未揭明本人名义,但依其他情事,代理的性质却为相对人明知或可得而知,故而并不否定显名主义。

(3)《合同法》对《民法通则》的修订

如上所述,《民法通则》和《民通意见》均未涉及隐名代理,但《合同法》第402条却规定了隐名代理。惟应注意,《合同法》在肯认了隐名代理之后,进一步引进了外贸惯例中的"间接代理"。[2]其体系上的龃龉,有待适用上的消化与磨合。

(四)本代理与复代理

本人为同一人的相关联的代理,依其代理人的选任者是本人[3]抑或代理人,代理划分为本代理与复代理。

1.本代理

本代理是代理人由本人选任或者依照法律规定而产生的代理。本代理系相对于复代理而言,如无复代理存在,本代理即无从谈起。

2.复代理

(1)意义

复代理是代理人基于复任权而选任的代理人所实施的代理。例如,甲代理乙采购货物,又选任丙也为乙采购货物,丙即为复代理人,丙的代理行为即为复代理。惟应注意,复代理人仍属本人的代理人,而非代理人的代理人。因为,如属于后者,即

人即可,当然不妨全体共同实施。

〔1〕 对应《民法典总则编解释》第25条:"数个委托代理人共同行使代理权,其中一人或者数人未与其他委托代理人协商,擅自行使代理权的,依据民法典第一百七十一条、第一百七十二条等规定处理。"

〔2〕《民法典》第925条规定的是隐名代理,《民法典》第926条规定的是间接代理。

〔3〕 此处系指意定代理。因法定代理,无委任人可言。然而,在法定代理亦可发生复代理问题。

无从称为复代理人。

（2）要件

①须有本代理存在

复代理须以本代理为前提，倘无本代理，复代理即无从谈起。

②须复代理人由代理人选任

复代理人系本人的复代理人，而非代理人的代理人已如上述；然而，复代理人又须由代理人为本人所选任，而非本人亲自选任。如属后者，则直接成立本代理，而不成立复代理。

③须复代理权不得大于本代理权

如复代理权大于本代理权，其大于部分即成为无权代理。

④须复代理须具备一般代理的法律要件

复代理既然为代理，当然须充分一般代理的法律要件，而不待言。

⑤须原代理权仍然存续

复代理权并非原代理权的移转，如果原代理权在复代理成立时即告消灭，便无复代理可言。

（3）复任权

关于复任权，有以下两种情况值得探讨：

①意定代理人有无复任权

《民法通则》第68条规定："委托代理人为被代理人的利益需要转托他人代理的，应当事先取得被代理人的同意。事先没有取得被代理人同意的，应当在事后及时告诉被代理人，如果被代理人不同意，由代理人对自己所转托的人的行为负民事责任，但在紧急情况下，为了保护被代理人的利益而转托他人代理的除外。"[1] 上述规定，既言须取得本人同意，依其反面解释，意定代理人原则上无复任权。但有两点例外：一是经本人同意，二是有不得已的必要事由。依《民通意见》第80条的解释，该事由系指：ⅰ.代理人因患急病而陷于代理的紧急事务履行不能。此种紧急事务，指倘不立即处置，势将对本人造成损失或使既有损失扩大。ⅱ.不能与本人及时联络沟通，而不得不机断专行。[2]

②法定代理人有无复任权

---

〔1〕 对应《民法典》第169条："Ⅰ.代理人需要转委托第三人代理的，应当取得被代理人的同意或者追认。Ⅱ.转委托代理经被代理人同意或者追认的，被代理人可以就代理事务直接指示转委托的第三人，代理人仅就第三人的选任以及对第三人的指示承担责任。Ⅲ.转委托代理未经被代理人同意或者追认的，代理人应当对转委托的第三人的行为承担责任；但是，在紧急情况下代理人为了维护被代理人的利益需要转委托第三人代理的除外。"

〔2〕 对应《民法典总则编解释》第26条："由于急病、通讯联络中断、疫情防控等特殊原因，委托代理人自己不能办理代理事项，又不能与被代理人及时取得联系，如不及时转委托第三人代理，会给被代理人的利益造成损失或者扩大损失的，人民法院应当认定为民法典第一百六十九条规定的紧急情况。"

对于此点，我国立法无规定。自学理言之，应肯认其具有复任权。[1]

第二节　代理权

一、意义

(一)定义

代理权是代理人能够以本人名义为意思表示或者受领意思表示，而其效果直接对本人发生的法律资格。

(二)代理权名为权利，实为权限

其依据是：

第一，代理权只是得据之实施代理行为的法律资格。其内容既包含权利，又包含义务，显然并非纯权利，而属民事能力。[2]

第二，代理权要求代理人据之实施行为之际，须为本人计算，其效果直接归属于本人。《民法通则》第65条第2款使用了"权限"的用语，殊为准确。[3]质言之，代理权与代理人自己的利益并无必然联系。与行为人利益无关的地位，其不属权利，而属权限，自不待言。

(三)代理权作为法学发现

代理权作为法学概念，是德国学者拉班德(Laband)提出的。原来，德国普通法学认为，代理是委托契约的对外效力，或者委任关系的外部行为。代理权授予必然基于委任契约，两者系同一事物的两个方面。在19世纪50年代《德国商法典》(史称旧商法)起草时，学者即感到上述观念的不妥。1857年R.耶林首先发表了此一看法。1866年，拉班德发表《代理权授予及其基础关系的区别》一文，澄清了代理权授予行为与委任契约的区别，确立了代理权的法学概念。此乃德国法学代理理论完成

---

〔1〕　肯认法定代理人有复任权的理由略谓：(1)法定代理权具有概括性，其范围甚广，代理人不可能事必躬亲。(2)法定代理人通常不得辞去代理职务，当不能亲自完成代理任务时，如不许其委任复代理人，于理不合。(3)法定代理非以信任为基础而成立，当代理人不能履行代理事务时，本人无从随意选任新的代理人。(4)本人不具有允许代理人再行选任代理人的行为能力。综上所述，为补足行为能力欠缺者的民事行为能力，充分保护其利益，本书以为，宜肯认法定代理人具有复任权。

〔2〕　代理权究为何种民事能力，日本通说认为，应属行为能力，而不属权利能力。因为，权利能力是静态资格，行为能力则为动态资格，即得据以实施法律行为或者管理财产的资格。代理权显然是管理财产的资格。见〔日〕广渡清吾：《代理权》，载〔日〕奥田昌道、玉田弘毅等编：《民法学1·总论的重要问题》§ 15。

〔3〕　《民法典》第165条关于"代理授权委托书"的规定中采用的表述也是"权限"。

的标志,被称为法学上的一大发现。[1]

二、代理权的发生

(一)法定代理权的发生

1.因具备法律规定的地位而当然发生

各国民事立法均肯认,亲权人、监护人是未成年人或者成年精神病人(以及禁治产人)的法定代理人。该地位是法定代理权发生的根据。依我《民法通则》第14条、第16条及第17条的规定,凡具备该地位的自然人或者社会组织,即当然成为相应行为能力欠缺人的法定代理人。[2]

2.因主管组织指定而发生

在不能从法律规定的监护权人中当然产生监护权人时,即须由法定主管组织从中指定以为产生。《民法通则》第16条及第17条规定了此种指定程序。凡经由该程序而被指为监护人者,即取得法定代理权。[3]

3.因法院选定而发生

依《民法通则》第16条及第17条的规定,凡被主管组织指定为监护人而不服者,即须诉请法院裁决。经法院判决选定者,即取得法定代理权。[4]

---

〔1〕 [德]汉斯·多勒:《法学上的发现》(Hans Dolle:《Juristische Entdeckumgen》),王泽鉴译,载王泽鉴:《民法学说与判例研究》第4册,中国政法大学出版社1998年版,第1—23页。

不过,在代理权被1896年《德国民法典》接受时,该国学界也存在代理权否定说。施罗茨曼(Schlossman)于1900年发表《代理原理》一书,痛斥代理权为"无实体的幽灵",主张应从委任、雇佣等关系上,而不是从空虚的代理权以及代理人的意思表示上,去寻求关于代理本质的说明。代理权否定说在日本法学界也有其影响,为大西耕三、於保不二雄和四宫和夫等学者继受。於保更发出"财产管理权论",意欲统一说明意定代理人、亲权人、监护人、失踪人的财产管理人、遗产管理人、遗嘱执行人、破产清算人的权限。见[日]广渡清吾:《代理权》,载[日]奥田昌道、玉田弘毅等编:《民法学1·总论的重要问题》§15。

〔2〕 根据《民法典》第23条、第27条与第28条可知,具备监护人地位的自然人或者社会组织,即为相应行为能力欠缺人的法定代理人。

〔3〕 对应《民法典》第31条:"Ⅰ.对监护人的确定有争议的,由被监护人住所地的居民委员会、村民委员会或者民政部门指定监护人,有关当事人对指定不服的,可以向人民法院申请指定监护人;有关当事人也可以直接向人民法院申请指定监护人。Ⅱ.居民委员会、村民委员会、民政部门或者人民法院应当尊重被监护人的真实意愿,按照最有利于被监护人的原则在依法具有监护资格的人中指定监护人。Ⅲ.依据本条第一款规定指定监护人前,被监护人的人身权利、财产权利以及其他合法权益处于无人保护状态的,由被监护人住所地的居民委员会、村民委员会、法律规定的有关组织或者民政部门担任临时监护人。Ⅳ.监护人被指定后,不得擅自变更;擅自变更的,不免除被指定的监护人的责任。"

〔4〕 对应《民法典》第31条第1款:"……有关当事人对指定不服的,可以向人民法院申请指定监护人;有关当事人也可以直接向人民法院申请指定监护人。"

（二）意定代理权的发生

1.概说

意定代理权经由本人的授权行为而发生。此种授权行为，系有相对人的单方法律行为，仅由本人的意思表示即可成立。惟意思表示，应向被授权人实施——此即所谓"内部授予代理权"，但是，向被授权人对之实施代理行为的人实施，亦无不可——此即所谓"外部授予代理权"。至于意思表示的形式，除法律另有规定者外，口头、书面乃至公告，均无不可(《民法通则》第65条)。[1]

2.授权行为的性质

自从拉班德使授权行为独立化之后，授权行为的单方行为性质，即为学界认同而成通说。《德国民法典》《日本民法典》和我国民国时期制定的民法典均采纳这一学说。而德国普通法理论中原有的"委任契约说"与"无名契约说"，则告式微。[2]

3.授权行为与基本法律关系

在授权行为独立化之前，代理被认为系基于委任、雇佣、合伙等契约而发生，已如前述。当授权行为独立化之后，上述契约关系则被称为代理的基本法律关系。

授权行为与基本法律关系之间，有以下三种组合：

（1）授权行为不伴有基本法律关系

例如，公民某甲嘱某乙代购某物，或者代交房租，甲乙之间仅系基于朋友之情，而未建立委任或者雇佣关系。乙虽无为之代理的法律上义务，但仍能取得代理权。倘乙依其所嘱购物完租，其法律效果即当然对于该甲发生。

（2）虽有基本法律关系存在，却不授予代理权

如甲商店雇佣公民某乙作店员，但命其先实习观摩，不得售货，即属不授予代理权。

（3）授权行为伴有基本法律关系

在委任与合伙合同成立时，均既有授权行为，又伴有基本法律关系。而在雇佣或劳动合同中，当向职工授予代理权时，也伴有基本法律关系。在上述场合，授权行为往往被契约吸收。然而，为了郑重起见，仍不妨专门授权。例如，口头、公告或者出立委任状是。

4.授权行为要因抑或无因

当授权行为伴随基本法律关系，当基本法律关系不成立、无效、被撤销或者终止时，授权行为是否受牵连而同其命运，此即授权行为要因抑或无因问题。如受基本

---

〔1〕 关于代理权授予行为的形式，《民法典》已删除相关规定。但基于形式自由原则，仍能得出代理权授予行为是非要式的。其实，《民法典》第165条规定"委托代理授权采用书面形式的"，其隐含意思是承认代理权授权亦可通过口头形式。

〔2〕 "委任契约说"与"无名契约说"均认为授权行为属契约行为，须本人与相对人就代理权授受达成合意始为成立。不同之处在于，前者认为该契约系委任契约，后者则认为不属委任契约，而为无名契约

法律关系左右，即为要因；相反，如不受其左右，即为无因。关于此点，我国法律尚无规范。学说也未见论及。国外和我国台湾地区，学说则颇多歧见。既有要因说，也有无因说，还有折衷说。依本书所信，从保护善意第三人利益出发，授权行为应以无因为妥。[1]

三、代理权的范围

代理行为，须在代理权的范围之内实施，方属有效；如逾越代理权的范围，则构成代理权的滥用。因此，对代理权范围的认定，意义重大。此涉及两个问题：

(一)范围的界定

代理权的界限，在法定代理，应以法律规定为准。在解释时，须取向"为本人利益计算"原则为之。而在意定代理，则以授权的意思表示为准。如其意思不明，则须予以解释。在日本实务上，有所谓委任事项空白不具的"白纸委任状"。我国则有与之类似的抽象授权的"介绍信"，以及盖有本人名章的空白合同书。关于此种方式的授权行为，其所授权也不宜解释为漫无限制，而应斟酌本人与代理人的基本法律关系以及附随情况，慎重解释。而且，法律不宜提倡此种方式。我国《民法通则》第65条第2款规定："书面委托代理的授权委托书应当载明代理人的姓名或者名称、代理事项、权限和期间，并由委托人签名或者盖章。"[2]款Ⅲ规定："委托书授权不明的，被代理人应当向第三人承担民事责任，代理人负连带责任。"[3]

(二)得代理行为

允许作为代理标的的行为，须为合法行为。《民法通则》第67条规定："代理人知道被委托代理的事项违法仍然进行代理活动的，或者被代理人知道代理人的代理行为违法不表示反对的，由被代理人和代理人负连带责任。"[4]此外，允许代理的行为，应属法律行为，盖事实行为无从代理之故。[5]

---

〔1〕 王泽鉴先生主张，授权行为究为要因抑无因，应依授权行为的意思为断。当其意思明白显示不受基本法律关系左右时，即应从其意思；假如并未表明此项意思，则应解为与基本法律关系同命运。至于意思究竟为何，则依意思表示解释予以探求。参见氏著：《民法实例研习丛书·民法总则》，第361—362页；《民法实例研习丛书·债编总论》，第210—212页。

〔2〕 对应《民法典》第165条："委托代理授权采用书面形式的，授权委托书应当载明代理人的姓名或者名称、代理事项、权限和期限，并由被代理人签名或者盖章。"

〔3〕 该规定已删除。

〔4〕 对应《民法典》第167条："代理人知道或者应当知道代理事项违法仍然实施代理行为，或者被代理人知道或者应当知道代理人的代理行为违法未作反对表示的，被代理人和代理人应当承担连带责任。"

〔5〕 关于事实行为得否代理，日本判例一直持否定态度。学说通说与判例见解相同。不过也有主张在一定场合，如事实行为与本人有密切关系时，应例外地承认事实行为亦得代理。然而，此一见解尚处于探索阶段，关于密切关系的认定，尚未归纳出要件。以上见［日］远藤浩、福田平主编：《法令解释事典》"民法

四、代理行为中的行为能力及意思表示瑕疵

代理的标的既然为民事法律行为,便引出两个问题:第一,代理人须否具备完全行为能力? 第二,代理行为的意思表示瑕疵,应就何人为判断?

(一)意定代理人的行为能力

关于法定代理人的行为能力,民法通则规定为完全行为能力(第14条、第16条、第17条)。[1]而关于意定代理人的行为能力,则无规定。国外立法中,《法国民法典》第1990条、《德国民法典》第165条、《日本民法典》第102条均规定意定代理人只须有行为能力,而无须为完全行为能力。[2]我国民国时期制定的民法典第104条也是如此。[3]依本书所信,自事理而言,限制行为能力人被选任为意定代理人时,本人对其意思能力必定有所了解,并且信其足以胜任。法律宜听其自便,而不必硬行禁阻。征诸习惯,此种情况,所在多有。

(二)代理的意思表示瑕疵应就何人为判断

代理行为,系由代理人实施。因此,凡因意思欠缺、受诈欺、受胁迫,或有恶意等情事,致其效力受影响时,该事实之有无,自应就代理人以为判断。然而,在意定代理场合,倘若代理人的意思表示,系依本人指示实施者,则应就本人的授权行为而予认定。

关于此一问题,我国立法尚无规定,国外以及我国民国时期制定的民法典,可供参考。[4]

部分":1.总则§16。我国台湾地区通说,也主张事实行为不得代理(史尚宽:《民法总论》,第287页;王泽鉴:《民法实例研习丛书·债编总论》,第199页)。

〔1〕《民法典》第27条与第28条规定监护人必须具备"监护能力"。

〔2〕《法国民法典》第1990条规定:"未解除亲权的未成年人得被选任为受任人;但委任人对于未成年人受托人,惟依关于未成年人义务之一般规定,始有诉权。"《德国民法典》第165条规定:"代理人所为或代理人所受意思表示之效力,不因代理人之为限制行为能力人而受影响。"《日本民法典》第102条规定:"代理人无须为能力人。"

〔3〕我国民国时期制定的民法典第104条规定:"代理人所为或所受意思表示之效力,不因其为限制行为能力人,而受影响。"

〔4〕《德国民法典》第166条规定:"Ⅰ.意思用表示的法律效力因意思欠缺或因知其情事或可得而知其情事而受影响时,其事实之有无,应就代理人决之。Ⅱ.由法律行为授予之代理权,系依代理权授予之特定指示而为行为者,代理权授予人已知之情事,不得主张代理人之不知,可得而与知其情事者,应视为同一者,授权人就其可得而知之情事,亦同。"《日本民法典》第101条规定:"Ⅰ.意思表示之效力,因意思欠缺、诈欺、胁迫或知其信事或因过失不知而受影响时,其事实之有无,就代理人决之。Ⅱ.于委托为特定行为时,代理人系依本人指示而为其行为者,本人已知之情事,不得主张代理人之不知。因其过失不知之情事,亦同。"我国民国时期制定的民法典第105条规定:"代理人之意思表示因其意思欠缺、被诈欺、被胁迫或明知其情事,或可得而知其情事,致其效力受影响时,其事实之有无,应就代理人决之;但代理人之代理权,系以法律行为授予者,其意思表示,如依照本人所指示之意思而为时,其事实之有无,应就本人决之。"

（三）代理人与相对人恶意串通

《民法通则》第66条第3款规定："代理人和第三人串通，损害被代理人的利益的，由代理人和第三人负连带责任。"[1]结合该法第58条、第61条以及第106条等规定，其效果是：(1) 在代理行为实施中，代理人与相对人恶意串通，该行为无效。(2) 行为人须对本人负侵权行为责任。(3) 代理人须与串通的相对人连带地负其责任。[2]

五、代理权的消灭

代理权消灭，划分为部分消灭和全部消灭两种情形。现分别说明其要件如下：

（一）代理权部分消灭

1.代理权限缩

代理权限缩，是对既有代理权内容或者范围的限制与收缩。而一旦限缩，被排除在外的原有权限即告消灭。例如，甲公司原授权乙商店代购代销商品，后把代理权限为代销，其代购权即消灭。

2.代理权部分撤回

代理权部分撤回，与代理权限缩，名异实同，故不赘。

（二）代理权全部消灭

关于代理权的全部消灭，《民法通则》第69条[3]和第70条[4]分别作了规定。

1.意定法定代理全部消灭的共同要件

(1) 本人死亡或法人终止

本人既已死亡、终止，代理权原则上即应消灭。但依《民通意见》第82条[5]，在

---

[1] 对应《民法典》第164条第2款："代理人和相对人恶意串通，损害被代理人合法权益的，代理人和相对人应当承担连带责任。"

[2] 对应《民法典》第154条："行为人与相对人恶意串通，损害他人合法权益的民事法律行为无效。"《民法典》第157条："民事法律行为无效、被撤销或者确定不发生效力后，行为人因该行为取得的财产，应当予以返还；不能返还或者没有必要返还的，应当折价补偿。有过错的一方应当赔偿对方由此所受到的损失；各方都有过错的，应当各自承担相应的责任。法律另有规定的，依照其规定。"

[3] 对应《民法典》第173条："有下列情形之一的，委托代理终止：(一)代理期限届满或者代理事务完成；(二)被代理人取消委托或者代理人辞去委托；(三)代理人丧失民事行为能力；(四)代理人或者被代理人死亡；(五)作为代理人或者被代理人的法人、非法人组织终止。"

[4] 对应《民法典》第175条："有下列情形之一的，法定代理终止：(一)被代理人取得或者恢复完全民事行为能力；(二)代理人丧失民事行为能力；(三)代理人或者被代理人死亡；(四)法律规定的其他情形。"

[5] 对应《民法典》第174条："Ⅰ.被代理人死亡后，有下列情形之一的，委托代理人实施的代理行为有效：(一)代理人不知道且不应当知道被代理人死亡；(二)被代理人的继承人予以承认；(三)授权中明确代理权在代理事务完成时终止；(四)被代理人死亡前已经实施，为了被代理人的继承人的利益继续代理。

下列场合,却不终止:

①代理人非因过失而不知本人死亡。

②法律或基本法律关系有不因本人死亡而终止代理权的规定或约定。

③代理人负有紧急处置代理事务的义务。[1]

(2)代理人死亡

代理人死亡,代理权即失去其担当者,从而当然消灭。

(3)代理人沦为无行为能力人

代理人沦为无行为能力人,即当然丧失执行代理事务的能力,其代理权不得不消灭。然而,仅一时陷于无意思能力状态,尚不足以充分此项要件。

2.意定代理权全部消灭的特别要件

(1)代理事务完成

代理事务完成,代理权即无存在必要,故应消灭。

(2)代理权附有终期而期限届满

期限届满当然构成代理权终止的条件。

(3)本人破产

《民法通则》对于此类事由未作直接规定。但自该法第40条[2]的规定看,破产人的行为能力已经缩小到清算的必要范围之内。而清算事务则由清算人执行,毋庸原代理人插手。故在本人破产时,其授予他人的代理权即不得不终止。

(4)代理人破产

其情形与要件三相同。破产人非但丧失作为代理人的行为能力,而且就意定代理以信任为基础的性质言,破产人也难为本人继续信任,故而其代理权不得不消灭。

(5)代理权被全部撤回

《民法通则》第69条称为"取消委托"。[3]

(6)代理人辞卸代理权

《民法通则》第69条称为"辞去委托"。[4]

3.法定代理权全部消灭的特别要件

(1)本人取得或者恢复完全行为能力

《民法通则》第70条仅称"取得或者恢复行为能力",似嫌模糊。[5]因为只有具备完全行为能力,才能使法定代理权失去基础。

(2)监护人资格被撤销

Ⅱ.作为被代理人的法人、非法人组织终止的,参照适用前款规定。"

〔1〕 该条尚规定:"被代理人的继承人均予承认"属代理权不终止的事由。按此种情况,应属重新授权,与代理权不终止事由迥然有别。然而在法律效果上,则似乎间不容发。

〔2〕 对应《民法典》第72条第1款:"清算期间法人存续,但是不得从事与清算无关的活动。"

〔3〕 对应《民法典》第173条第2项中的"被代理人取消委托"。

〔4〕 对应《民法典》第173条第2项中的"代理人辞去委托"。

〔5〕 对应《民法典》第175条第1项"被代理人取得或者恢复完全民事行为能力"。

法定代理人既然以监护人资格为前提,故监护人资格被撤销,当然无从保有法定代理人地位。

(3)由其他事由引起的监护人资格消灭

其义同(2),不赘述。

第三节　无权代理

一、无权代理的意义与类型

(一)意义

无权代理指非基于代理权而以本人名义实施的旨在归属其法律效果于本人的行为。

《民法通则》第66条第1款规定:"没有代理仅、超越代理权或者代理权终止后的行为,只有经过被代理人的追认,被代理人才承担民事责任。未经追认的行为,由行为人承担民事责任。本人知道他人以本人名义实施民事行为而不作否认表示的,视为同意。"[1]此即关于无权代理的基本规定。

(二)类型

上述《民法通则》的规定,实际上包括无权代理的两种情形:其一,虽无代理权,但因本人的行为造成了足以令人信其有代理权的外观,从而须本人负授权之责;其二,既无代理权,也不存在具有代理权的外观,无从由本人负责。第一种情况是发生本人责任的无权代理,学理上称之为"表现(见)代理";第二种情形则是不发生本人责任的无权代理,学理上称之为"狭义无权代理"。现在分别加以说明。

---

〔1〕《民法通则》第66条第1款第1句"没有代理仅、超越代理权或者代理权终止后的行为,只有经过被代理人的追认,被代理人才承担民事责任"对应《民法典》第171条第1款"行为人没有代理权、超越代理权或者代理权终止后,仍然实施代理行为,未经被代理人追认的,对被代理人不发生效力",第2句"未经追认的行为,由行为人承担民事责任"对应《民法典》第171条第3款"行为人实施的行为未被追认的,善意相对人有权请求行为人履行债务或者就其受到的损害请求行为人赔偿。但是,赔偿的范围不得超过被代理人追认时相对人所能获得的利益",第3句"本人知道他人以本人名义实施民事行为而不作否认表示的,视为同意"已删除。

二、表现代理

(一)概说

1.意义

表现代理是因本人的行为造成了足以令人相信某人具有代理权的外观,本人须对之负授权人责任的代理。

简言之,表现代理即本无代理权,表面上却足以令人信其有代理权,而以(有权)代理论的行为。亦即"以假乱真,姑以真论"的代理。表现代理的效力,是由本人负授权人之责,其内容是对于善意第三人负担因代理行为所生之义务。此处的"表现"[1]一语,是"表面上所显示的"之义。

2.制度价值

表现代理既然属于无权代理,依事理之常,原应由无权代理人自己取得法律效果;然而,此中却有不容忽视的特殊情况在,即本人的行为(作为或者不作为)制造了代理权存在的外观,并且引起了善意相对人的信赖。后者的利益,事关交易安全,从而远较本人的利益更值保护。民法于是归纳出特别保护善意相对人的表现代理制度。我国《合同法》第49条明确规定了此种代理。[2]此外,《民法通则》第66条第1款[3]及第4款[4]实质上也是关于表现代理的规定。

3.类型

解释《民法通则》第66条第1款及第4款,比较《德国民法典》第170条至第172条、《日本民法典》第109条、第110条及第112条,以及我国民国时期制定的民法典第169条及第107条诸规定,[5]衡诸生活事实,表现代理划分为三个类型:①授权表

---

〔1〕 在古汉语中,"表现"写作"表见"。

〔2〕 对应《民法典》第172条:"行为人没有代理权、超越代理权或者代理权终止后,仍然实施代理行为,相对人有理由相信行为人有代理权的,代理行为有效。"

〔3〕《民法通则》第66条第1款第1句"没有代理权、超越代理权或者代理权终止后的行为,只有经过被代理人的追认,被代理人才承担民事责任"对应《民法典》第171条第1款"行为人没有代理权、超越代理权或者代理权终止后,仍然实施代理行为,未经被代理人追认的,对被代理人不发生效力"。《民法通则》第66条第1款第2句"未经追认的行为,由行为人承担民事责任"对应《民法典》第171条第3款"行为人实施的行为未被追认的,善意相对人有请求行为人履行债务或者就其受到的损害请求行为人赔偿。但是,赔偿的范围不得超过被代理人追认时相对人所获得的利益"。《民法通则》第66条第1款第3句"本人知道他人以本人名义实施民事行为而不作否认表示的,视为同意"已删除。

〔4〕《民法通则》第66条第4款规定:"第三人知道行为人没有代理权、超越代理权或者代理权已终止还与行为人实施民事行为给他人造成损害的,由第三人和行为人负连带责任。"该款对应《民法典》第171条第4款:"相对人知道或者应当知道行为人无权代理的,相对人和行为人按照各自的过错承担责任。"问题是,在狭义无权代理的情形,若被代理人不追认,则代理行为不生效力,此时被代理人的损害为何。另一种理解是,《民法典》第171条第4款是对同条第3款第1句的抗辩。

〔5〕《德国民法典》第170条规定:"如代理权系向第三人以意思表示授予者,在授权人未将代理权消灭情事通知第三人之前,其代理权仍保有效力。"第171条规定:"Ⅰ.对于第三人以特别通知或公告表示授予

示型。②权限逾越型。③权限延续型。

(二)授权表示型表现代理

1.意义

授权表示型表现代理,是以自己的行为表示授予他人代理权,或者知悉他人以其代理人名义实施行为而不作反对表示,从而须对之负授权人之责的表现代理。但是,第三人明知或者应知其无代理权者,不在此限。《民法通则》第66条第4款规定:"第三人知道行为人没有代理权……还与行为人实施民事行为给他人造成损害的,由第三人和行为人负连带责任。"对该款进行反向解释,那么,若第三人善意不知行为人无代理权,且因本人的行为导致足以令人信其有代理权的情形,即应成立授权表示型表现代理。[1]此外,《民法通则》第66条第1款也规定:"本人知道他人以本人名义实施民事行为而不作否认表示的,视为同意"(此处"同意"应指"承认")。[2]

2.要件

表现代理,当然须有本人、代理人和第三人等一般代理的要件。本目所讨论者,仅为尚须具备的特别要件。下文对于权限逾越型和权限延续型表现代理要件的讨论,亦复相同。

(1)须"代理人"以本人名义实施意思表示或者受领意思表示

此系代理的要件,作为表现代理,须充分之。因为,倘不能充分此项要件,当无表现代理可言。

(2)须本人以其行为表示授予行为人以代理权

此项表示,可以经由作为或者不作为实施。前者如甲公司致函诸客户,称新聘自然人某乙为其业务经理,将由该乙负责与客户往来,但后来却因故未能聘任是。再如,交付印章于他人保管,或把盖有印章的空白合同用纸借与他人使用,而收取使用费是。对于此型代理,最高人民法院曾著有司法解释。[3]以不作为表示者,即《民

代理权者,该他人在前一场合依此表示对于受领特别通知的第三人有代理权,在后一场合对于第三人皆有代理权。Ⅱ.代理权在未依前款授予代理权的同一方式撤回前,视为继续存在。"第172条规定:"Ⅰ.授权人交付授权书于代理人并由代理人将授权书提示第三人阅览,视为授权人以特别通知授予代理权。Ⅱ.授权书未交还于授权人或未宣告为无效时,其代理权视为继续存在。"《日本民法典》第109条规定:"对第三人表示以代理权授予他人之旨者,就该他人与相对人之间于代理权范围内所为之行为负其责任。"第110条规定:"代理人逾越其权限而行为时,若第三人有信其为有权代理人之正当理由者,准用前条之规定。"第112条规定:"代理权之消灭,不得以之对抗善意第三人。但第三人因过失不知其事实者,不在此限。"我国民国时期制定的民法典第169条规定:"由自己之行为表示以代理权授予他人,或知他人表示为其代理人而不为反对之表示者,对于第三人应负授权人之责任。但第三人明知其无代理权或可得而知者,不在此限。"第107条规定:"代理权之限制或撤回不得以之对抗善意第三人。但第三人因过失而不知其事实者,不在此限。"

〔1〕 对应《民法典》第172条中"行为人没有代理权……仍然实施代理行为,相对人有理由相信行为人有代理权的,代理行为有效。"

〔2〕 该规定已删除。

〔3〕 最高人民法院1987年7月21日《关于在审理经济合同纠纷案件中具体适用(经济合同法)的若干问题的解答》问题一:"(一)合同签订人用委托单位的合同专用章或者加盖公章的空白合同书签订合同的,应

法通则》第66条第1款所称"不作否认表示"。[1]

(3)须第三人在行为时善意且无过失

亦即在行为之际不知"代理人"无代理权并且无从得知。

(4)须为意定代理

在法定代理，因不存在授权行为，故无从发生此型表现代理。

(三)权限逾越型表现代理

1.意义

权限逾越型表现代理，即代理权嗣后被限缩，却因限权人的行为造成足以令人信其未被限缩的外观而发生的表现代理。

此型表现代理的规范，可自《民法通则》第66条第4款之反向解释，并参酌民法规范的体系因素而推出。[2]

2.要件

(1)须代理人被授予代理权

既为权限逾越型表现代理，代理人自然存在代理权，否则，权限逾越即无从谈起。

(2)须代理权嗣后被限缩

此系本类型表现代理的特点之所在。如无嗣后限缩，当不足以令善意相对人信其有代理权。

(3)须限权人行为造成代理权并未限缩的外观

此情形多发生于外部授权而内部限缩的场合，即未依授权同一方式实施限权表示。

(4)须与第三人在权限外事项上实施行为

亦即实施代理行为。倘不实施此项行为，亦无表现代理之可言。

(5)须第三人在行为时善意且无过失

相对人善意，是表现代理的又一本质之所在，如果相对人为恶意，则不能成立表现代理。

视为委托单位授予合同签订人代理权。委托单位对合同签订人签订的合同应当承担责任。(二)合同签订人持有委单位出具的介绍信签订合同的，应视为委托单位授予代理权。……(三)合同签订人未持委单位出具的任何授权委托证明签订合同的，如果委托单位未予盖章，合同不能成立，责任由签订人自负；如果委托单位已经开始履行，应视为对合同签订人的行为已予追认。"问题二：关于借用业务介绍信、合同专用章或者盖有公章的空白合同书签订的经济合同："借用人与出借单位有隶属关，且借用人签订合同是进行正常的经营活动，……出借单位与借用人对合同的不履行或者不完全履行负连带赔偿责任。"惟应注意的是，该解释已被废止。

[1] 该规定已删除。

[2] 对应《民法典》第172条中"……行为人超越代理权……，仍然实施代理行为，相对人有理由相信行为人有代理权的，代理行为有效。"

此型表现代理,在意定代理和法定代理均可发生。

(四)权限延续型表现代理

1.意义

权限延续型表现代理,即代理权被全部撤回,却因撤权人的行为造成足以令人信其代理权存续的外观,而发生的表现代理。

此型表现代理的规范,也可自《民法通则》第66条第4款之反向解释,并参酌民法规范的体系因素推出。[1]

2.要件

(1)须"代理人"曾有代理权

代理若从未取得代理权,当无权限延续之可言。故而此型表现代理的特点,须以代理人曾有代理权为其要件。

(2)须"代理人"以本人名义实施意思表示或者受领意思表示此点为表现代理的共同要件,其必要性自不待言。

(3)须行为时代理权已被全部撤回

此系造成权限延续外观的根本性条件。如权限未被撤回,则为真正代理。如权限仅部分撤回,则成立权限逾越型表现代理,而非权限延续型表现代理。

(4)须撤权人造成足以令人信其代理权仍然存续的外观

此种情形,也多发生于外部授权而内部撤回的场合,即来依授权的相同方式实施撤权表示。例如,被撤权人仍然保有授权书或盖有印章的空白契约用纸。但是,该书据已被公告失效者,不在此限。

(5)须相对人在行为时善意且无过失

如果相对人为恶意,自无从成立表现代理。

三、狭义无权代理

(一)意义

无代理权而以本人名义实施行为且不能充分表现代理要件者,为狭义无权代理。此种无权代理,又称真正无权代理。

(二)要件

狭义无权代理,除须具备行为人、被无权代理人、相对人之外,尚须具备下列要件:

---

[1] 对应《民法典》第172条中"……行为人代理权终止后,仍然实施代理行为,相对人有理由相信行为人有代理权的,代理行为有效。"

1.须实施法律行为

如不实施法律行为，即无代理之可言。此种行为，实质上应为不真正法律行为。

2.须以本人名义

如不以本人名义，即无代理之外观，故无从成立无权代理。

3.须欠缺代理权

如不欠缺代理权，也无无权代理可言。欠缺代理权的样态有四：未经授予代理权；授权行为无效或者被撤销；逾越代理权的范围；代理权业已消灭。

4.须表面上不足令人信其有代理权

如果表面上有足以令人信其有代理权的理由，即构成表现代理，而不属于狭义无权代理。

（三）效果

无权代理属于效力未定的不真正法律行为。其效力如下：

1.在本人与相对人之间

（1）本人有追认权

《民法通则》第66条第1款规定：无权代理"只有经过被代理人的追认，被代理人才承担民事责任"。[1]此即本人享有承认权的规范依据。"未经追认的行为，由行为人承担民事责任。"此即本人享有拒绝权的规范依据。拒绝权属于追认权的反面。

追认权属于形成权。其行使，原则上明示默示均无不可。但对默示，民法通则与合同法的规定不尽相同。《民法通则》第66条第1款规定："本人知道他人以本人名义实施民事法律行为而不作否认表示的，视为同意。"[2]依此规定，默示的法定解释为"追认"。而依《合同法》第48条第2款："相对人可以催告被代理人在一个月内予以追认。被代理人未作表示的，视为拒绝追认。"[3]默示的法定含义却是"不予追认"。似乎彼此矛盾。其实，二者并无矛盾。民法通则的规定适用于无催告场合，而在有催告场合，则适用合同法的规定。

（2）相对人有催告权

《德国民法典》第177条、第178条，《日本民法典》第114条、第115条，我国民国时期制定的民法典第170条第2款及第171条，均规定无权代理的相对人，得定相当期间催告本人确切答复是否对无权代理予以追认。我国《合同法》第48条第2款也规定："相对人可以催告被代理人在一个月内予以承认。"[4]

---

〔1〕 对应《民法典》第171条第1款"未经被代理人追认的，对被代理人不发生效力"。

〔2〕 该规定已删除。

〔3〕 对应《民法典》第171条第2款"相对人可以催告被代理人自收到通知之日起三十日内予以追认。被代理人未作表示的，视为拒绝追认。……"

〔4〕 对应《民法典》第171条第2款："相对人可以催告被代理人自收到通知之日起三十日内予以追认。……"

（3）相对人有撤回权

在本人未为承认之时，相对人有撤回权。我国《合同法》第48条第2款规定："合同被追认之前，善意相对人有撤销的权利。撤销应当以通知的方式作出。"[1]该款所称之"撤销"，自逻辑言之，应为撤回，即将意思表示撤回之义，而与法律行为之撤销不同。

2.在无权代理人与相对人之间

（1）在无权代理经本人追认场合

无权代理如经本人承认，即溯及行为之时转换为真正代理。无权代理人与相对人之间便不生效果归属关系。

（2）在无权代理不获本人追认场合

如果本人对无权代理不予追认，无权代理人对于善意相对人，即有《民法通则》第59条及第61条所规定的责任。[2]

3.在本人与无权代理人之间

（1）无因管理

无权代理行为，如果事实上系为本人利益计算，本人与"代理人"之间即成立无因管理，而适用无因管理的规定；若本人承认管理事务，则适用关于委任合同的规定。

（2）侵权行为

若无权代理事实上对于本人不利益，并使其受有损害，即构成侵权行为，须依《民法通则》第61条、第106条、第117条之规定，对本人负其责任。[3]

---

〔1〕 对应《民法典》第171条第2款："……行为人实施的行为被追认前，善意相对人有撤销的权利。撤销应当以通知的方式作出。"

〔2〕 对应《民法典》第171条第3款："行为人实施的行为未被追认的，善意相对人有权请求行为人履行债务或者就其受到的损害请求行为人赔偿。但是，赔偿的范围不得超过被代理人追认时相对人所能获得的利益"。

〔3〕 对应《民法典》第164条第2款"代理人和相对人恶意串通，损害被代理人合法权益的，代理人和相对人应当承担连带责任"以及第171条第4款"相对人知道或者应当知道行为人无权代理的，相对人和行为人按照各自的过错承担责任"。

第十章　期日与期间

第一节　期日、期间的意义与功能

一、期日与期间的意义

(一)期日的意义

期日，是指不可分或视为不可分的特定时间，如某日、某月或某年。期日的特征是表示时间长度中的某一点，而此点是不可分的，虽非瞬间，但无继续的意蕴。

(二)期间的意义

期间，是指从起始点到终止点所经过的时间区段，如从某年某月某日至某年某月某日即是。其中，在先的时点是起始点，在后的时点则为终止点，其间继续的区段是期间。期间的特征是表示时间长度中的某一点到某一点的区间。与期日所表示的时间之"点"不同，是表示时间的"线段"。

二、期日与期间的功能

人的生死、事物的变化、历史的发展等，均存在于一定的时间维度之上，时间对人类社会的重要性自不待言。而民法上，权利义务的得丧变更也有其期日或者期间，一切民事法律关系均于一定期日或期间发生、继续或者变更、消灭其效力，故而期日或期间与民事法律关系的"关系"殊为密切。

期限的功能主要有以下几个方面：

(一)决定民事主体的法律地位

民事主体的法律地位由期限决定。例如，自然人权利能力自出生之日起开始，自死亡之日终止；有行为能力人在宣告死亡期间实施的法律行为有效；等等。

(二)决定权利的得丧变更

即权利的取得、存续、丧失或者变更，均有其期限。例如，因法律行为取得物之所有权,其所有权从交付之时起移转;对法律行为的撤销权和承认权须于该权利的行使期间(学理上称为"除斥期间")内行使,如逾越该期间,该权利即告终止;依公力救济诉求权利保护,须于法定时效期间内为之,如逾越该期间,该救济权即告消灭;继承权自被继承人死亡时变为既得型继承权;等等。

(三)决定义务的担卸变更

义务的承担和卸解,均有其期限。例如,在子女未成年期间父母有抚养义务;在债的有效期间债务人有给付义务;在专利权存续期间专利权人有交纳专利费的义务;等等。

三、性质及类型

(一)性质

对于某些民事法律关系的发生、变更或者消灭的时间,人们是可以依其意志决定的,如订立合同、决定结婚等。这是对时间的选择。任何人均无法排除时间对于法律的作用,故而期限在性质上属于事件而不属于行为。

(二)类型

依主体有无选择权,期限可分为以下三种类型:

1.约定期限

可由当事人自主选择予以确定的期限,是约定期限。例如,依合同或者事后协商确定债务的履行期限、所有权交付的期限等。

2.法定期限

法律强行规定的期限,是法定期限。例如,诉讼时效期间、权利行使期间、自然人成年的期限等。

在法律定有期限并且允许当事人约定其期限的场合,两种期限如何适用,值得探讨。在此种场合,约定期限具有优先效力。例如,法律规定所有权从财产交付时起移转(法定期间),但当事人不妨另行约定其期限。如当事人有其约定,即从其所约。只有当当事人未约有期限时,方适用法定期限。在法律无当事人得约定其期限的规定时,则应适用法定期限。该期限是不可更改的。

3.指定期限

由法院或仲裁机关确定的期限,是指定期限。例如,宣告死亡以判决宣告之日为死亡日期、违约金赔偿金自仲裁机关或法院明确责任后10天之内偿付等均是。指定期限实质上也是法定期限,其与一般法定期限的区别,只是法律将确定期限的"法定"权授予法院或仲裁机关而已。

第二节　期间的计算

一、计算方法

期间的计算方法有两种。第一是自然计算法，即以实际经过的时间为准据，如9月9日下午5时到9月16日上午10时即是。期间分秒不差，颇为精确。第二是历法计算法，即以日历的年、月、日为计算准据。所称年，不论平年闰年一律定为365日；所称月，不论大月小月皆为30日。对此，《民通意见》第198条有其解释："当事人约定的期间不是以月、年的第一天起算的，一月为30日，一年为365日。"[1]历法计算法虽不精确，却颇为便利。依《民法通则》第154条[2]的规定，两种期间计算方法可以并存，法定或指定期限多用历法计算法，而约定期限则允许当事人选择，如未约定何种计算方法时，则推定以历法计算法确定其约定期限。

二、始期的计算

第一，以小时为期间计算单位的，从规定时开始计算。

第二，以年、月、日为期间计算单位的，其开始的当天不计入，而从翌日开始计算。当事人另有约定者，从其所约。

第三，人的年龄，自出生之时起计算；其起算点，包括出生之日。此为各国民法皆有规定的计算方法（《德国民法典》第187条）。《民法通则》第9条，也有其规定。

三、终期的计算

第一，在终期是为星期日或者其他法定体假日的场合，以星期日或者假期最后日的次日为终期日；星期日或者其他法定体假日在实际休假中有变通时，以实际休假日最后日的次日为终期日。

第二，终期的截止时间为该日24时。但是，定有业务活动时间者，则为该业务活动时间的终止时点。

---

〔1〕　该规定已删除。

〔2〕　对应《民法典》第200条"民法所称的期间按照公历年、月、日、小时计算"、第201条"Ⅰ.按照年、月、日计算期间的，开始的当日不计入，自下一日开始计算。Ⅱ.按照小时计算期间的，自法律规定或者当事人约定的时间开始计算"以及第203条"Ⅰ.期间的最后一日是法定休假日的，以法定休假日结束的次日为期间的最后一日。Ⅱ.期间的最后一日的截止时间为二十四时；有业务时间的，停止业务活动的时间为截止时间"。

第十一章　诉讼时效

第一节　民法时效

一、时效的意义

(一)意义

时效是一定的事实状态持续地达到一定期间而发生一定财产法效果的制度。

(二)说明

1.时效是以一定事实状态的存在为要件的制度

时效是关于一定的事实状态持续存在而该状态获得尊重效力的制度。所谓事实状态,指物的占有或者请求权怠于行使的事实。时效的具体制度,对于事实状态的要件虽然不同,但均须一定的事实状态具备,并无二致。此点与权利的除斥期间有别。除斥期间在性质上属于权利存续的法定期间,无须具备何等事实状态。

2.构成时效基础的事实状态须经过一定期间

时效的机制,原以时间的经过为前提,亦即上述事实状态须持续至一定期间经过,始发生该状态应受尊重的特有效力。无须时间经过为要件的制度,自不得谓为时效。例如,动产的善意取得(亦称即时取得),在学理上虽有称之为"即时时效"或"瞬时时效"者,然而无须时间经过为要件,其机制与时效完全不同。

3.时效是因一定事实状态经过而发生与该状态之尊重有关的效果的制度

时效制度的基本精神,在于尊重既成事实状态。此系秩序原则的体现。原来,人们在参与生活时,通常以秩序为决策的前提。F.哈耶克说:"所谓'秩序',我们将一以贯之地指这样一种事态,其间,无数且各种各样的要素之间的相互关系是极为密切的,所以我们可以从我们对整体中某个空间部分或某个时间部分所作的了解中学会对其余部分作出正确的预期,或者至少是学会作出颇有希望被证明为正确的预期。"[1]秩序为我们的决策提供了预期他人行为的基本条件之一。一定事实状态较

---

〔1〕 〔英〕F.哈耶克:《法律、立法与自由》,邓正来、张守东、李静冰译,中国大百科全书出版社2000年版,

长期间的持续，即逐渐获得秩序的构成部分的品格，会被有关的人作为其决策的条件之一。因而该状态所昭示的法律意义理应受到尊重。持续状态所昭示的法律意义，即占有人被推定为占有权人，请求权怠于行使人被推定为抛弃其权利等意义。此等意义，是与权利的本来情形恰恰相反的。

4.时效是财产权领域固有的制度

时效制度仅系财产权领域固有的制度，身份权不克因时效而取得，亦不依时效面消灭。而且，基于身份权而生并为身份权服务的财产性权利，尤指亲属之间的抚养权、赡养权和扶养权，虽在性质上属于财产权，但与身份权的联系相当紧密，故而也不应罹于时效而消灭。此点务应注意。

二、时效的类型

依法律效果及其适用的法域为标准，时效划分为取得时效和消灭时效。

（一）取得时效

1.意义

取得时效是占有他人财产于一定期间经过即依法取得该物物权的时效。

取得时效因以占有为法律要件，故而亦称"占有时效"。

2.取得时效是物权法领域的时效制度

取得时效是物权法领域固有的制度，在请求权领域不适用，形成权亦无适用余地。

我国民事立法尚未肯认取得时效。

（二）消灭时效

1.意义

消灭时效是请求权人怠于行使权利而于一定期间经过该相应权利依法归于消灭的时效。

由于请求权的保护须向法院或者仲裁机构诉求，亦即与诉相关，故而苏联民事立法称其为"诉讼时效"。我国大陆1949年以后的法学系以苏联法学为母本，且有全面否定"旧"法的强烈情结，故而不用消灭时效的科学术语，而采诉讼时效。

2.消灭时效是请求权领域的时效制度

与取得时效相对应，消灭时效是请求权领域固有的时效，在物权法领域无其适用，形成权亦无适用余地。

三、时效制度的沿革及立法例

(一)沿革

时效制度源自罗马法。其中取得时效肇始于《十二铜表法》,[1]消灭时效则创立于裁判官的判例,即裁判官赋予的诉权,须于一定期间内行使,逾期即告消灭。至中世纪,注释法学将两种时效整合为统一的制度,分为两种类型。在苏联,立法者认为取得时效会助长"不劳而获"的剥削阶级思想,与社会主义"各尽所能,按劳分配"的基本理念不合,故而在立法上取消了取得时效制度。

(二)立法例

国外立法关于时效的规定有三种体例:第一是以法国、日本等国民法典为代表,设统一时效制度的体例,在统一时效之下再分设取得时效和消灭时效。第二是以德国民法典为代表的体例,承袭罗马法旧制,将取得时效规定于物权编的所有权章,而将消灭时效列于总则编。我国民国时代制定的民法典仿之。第三是以苏俄民法典为代表的不规定取得时效的体例,仅于总则编设诉讼时效。我国《民法通则》仿之。

四、关于我国民法应否肯认取得时效的论争

关于我国民事立法应否肯认取得时效,学说极为关注,形成了正反两种观点。

(一)否定说

此说认为我国民事立法不应设立取得时效制度。其理由略谓:

第一,近现代民法,随着土地法独立、不动产登记制度的完善以及动产善意取得制度的确立,取得时效已无存在必要。

第二,取得时效的设立,会鼓励行为不轨者哄抢、私占公共财物,与我国"拾金不昧""物归原主"的传统美德相龃龉。[2]

(二)肯定说

此说认为我国民事立法应肯认取得时效制度。其理由是:

第一,有助于促使所有权人及时行使权利,充分发挥财产的经济效益。

第二,有利于法院及时审理民事纠纷,保护当事人的财产权利。[3]

---

〔1〕《十二铜表法》第六表之第3条规定:"占有土地的时效为2年。其他物品则为一年。"

〔2〕《法学研究》编辑部编著:《新中国民法学研究综述》,中国社会科学出版社1990年版,第187—189页。

〔3〕 同上注。

(三) 本书的见解

本书认为，我国民事立法应设立取得时效制度。理由是：

第一，取得时效和消灭时效是并行不悖的两种时效，尽管注释法学统合为一，但各自仍有其固有功能。取得时效相对于物权而言，消灭时效则相对于请求权而言。如果舍一取一，足以导致民法规范体系的失衡，从而使民法的调整域留下一块其他制度不可替补的盲区。动产善意取得制度的确立，乃以取得时效为前提，而非代替取得时效。无论采注释法学理论创制的《法国民法典》(第2233条)，抑或承袭罗马法旧制的《德国民法典》，均以善意作为取得时效的法律要件(第937条)。

第二，取得时效的功能价值，在于对长久形成的事实秩序的尊重，维护交易安全和法律关系的稳定，防止社会所依赖的事实状态被所谓"权利上的睡眠者"推翻。同时，事实的发生因历时过久，证据难免湮灭。一旦争执，则是非难辨。以取得时效代替证据，可避免法院审理之烦。

第三，任何国家的取得时效制度，均以不背离公序良俗为要件，并不存在为抢占公物以及他人之物行为提供法律"空隙"情事，也无悖于各民族的传统美德。《法国民法典》第2229条规定："为使时效完成，须以所有人的名义继续、不中断、和平、公开和明确地占有。"第2233条第1款进一步规定："胁迫行为亦不得据以成立主张时效的占有"。可见取得时效须以善意、公开占有他人财产为要件，这就防范了恶意占有的道德危险。

第二节　诉讼时效：要件与效果

一、诉讼时效的意义

(一) 意义

1. 定义

诉讼时效是债权人怠于行使权利的状态持续型法定期间，其公力救济权归于消灭的制度。

2. 说明

(1) 诉讼时效是消灭时效

诉讼时效的效果，在于消灭一定权利，故而属于消灭时效，而与因法定占有事实的存续达于法定期间而使占有人取得权利的取得时效不同。此系宜首先说明者。

（2）诉讼时效是以债权人怠于行使权利为要件的时效

诉讼时效既然属于消灭时效，那么，鉴于市民法关于两种时效分工的格局，即取得时效适用于物权，而消灭时效则适用于请求权，故而诉讼时效以请求权人怠于行使权利，且其怠于状态达到法定期间为要件。然而，请求权是个庞大的体系，并非全部请求权皆适用诉讼时效，而仅其中的债权及其救济权方适用之（关于此点，将在下文讨论），故而诉讼时效以债权人怠于行使权利为要件。

（3）诉讼时效是消灭债权人公力救济型请求权的时效

诉讼时效的效力在于消灭怠于行使的公力救济请求权。详细讨论上诸本节第三目"罹于诉讼时效的法律效果"。

（二）诉讼时效的对象

诉讼时效的对象，指诉讼时效所适用的权利。

自本书第四章关于请求权的讨论可知，请求权是个庞大的体系（见图示），既包括契约债权以及作为身份权内容的请求权这些原权型请求权，又包括因原权受到侵害而生的救济权型请求权。后者又析分为以回复支配原状为诉求的"支配权型救济权"，和以回复债权原状为诉求的"债权上救济权"，而"债权上救济权"又析分为"契约债权上请求权"以及"侵权行为之债请求权"。此一请求权庞大体系中的全部形态，是否皆适用诉讼时效？颇值探讨。

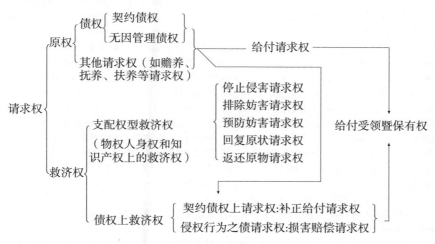

图11-1　请求权体系

1.比较法及学说

（1）比较法

关于诉讼时效的客体，有不同的立法例，其一是请求权模式，以《德国民法典》为代表，《泰国民法典》和我国民国时代的民法典仿之；其二是债权模式，以《瑞士债务法典》和《日本民法典》为代表。不过《日本民法典》也规定非债权以及所有权之外的财产权适用消灭时效。《法国民法典》则因混合规定取得时效和消灭时效，故无关于消灭时效客体的一般规定，但自第2271条至第2277条看，则属关于消灭时效的规定，其客体明确为债权。[1]

(2)学说

我国民国时代和目前的台湾地区，尽管立法明定诉讼时效的客体为请求权，司法解释也著有明文包括物权救济权型请求权，[2]但学说却有肯定和否定两说。[3]肯

---

〔1〕《德国民法典》的规定——第194条："对于他人之作为或不作为的请求权，罹于时效。"第196条："1.下列请求权，因2年而罹于时效：(1)商人、制造业者、手工业者及工艺品经营者因供应商品，提供劳务及管理他人事务及垫款而生之请求权；……(2)农业或者林业经营因应家用农林产品而生之请求权；……(17)证人和鉴证人因报酬及其垫款而生之请求权。Ⅱ.本条第Ⅰ款第(1)、(2)、(5)各项所列之请求权，如不因2年罹于时效，则因4年而罹于时效。"第197条："关于利息之迟延及为原本之逐次偿还而作为利息增加之金额之迟延之请求权，关于非依第196条第1款(6)规定之借贷及佃租之迟延额之请求权；及关于定期金、保留金、工资、待命金、休职金、养育费、其他定期给付之迟延额之请求权，以4年为罹于时效。"第902条："由已登记权利所生之请求权，不因超过时效而消灭。"第924条：基于相邻权"所生之请求权，不因超过时效而消灭"。

《泰国民法典》的规定——第425条："权利于法律所定之期间，债权人不行使时，因时效而消灭。"第449条："下列时效期间为5年：(1)对卸卖商人应付价金之支付。(2)利息及红利之支付。(3)不动产租金之支付。(4)应定期履行之一切给付。"第450条："政府之一切债权，其时效期间为10年。"第451条："由终局判决或仲裁决定所生之债权，其时效期间为10年。"第452条："债权，于法律无特别规定者，其时效期间为10年。"

《瑞士债务法典》的规定——第127条："在联邦法律无特别规定时，一切债权因10年而罹于时效。"第128条："下列债权因5年而罹于时效：(1)租金、地租、利息及其他定期给付之债权。(2)因供给食宿而生之餐饮费、住宿费之债权。(3)因手工、商品之小卖、医生之手术、律师、诉讼代理人、支配人及公证人之酬金、使用人、佣人、零工之酬金债权。"

《日本民法典》的规定——第167条："Ⅰ.债权因10年不行使而消灭。Ⅱ.非债权或所有权之外的财产权因20年不行使而消灭。"第168条："定期金债权，自第一次清偿起，因20年不行使而消灭，自最后清偿期起10年不行使便消灭。"第169条："1年或短于1年之金钱或其他物之给付之债权，因5年不行使而消灭。"

《法国民法典》的规定——第2271条："下列诉讼，时效期间为6个月：科学与艺术教师有关其按月授课所得酬金之诉；旅店餐饮业经营者因食宿供给而生之诉。"第2272条："执达员对其送达的文书与其执行的任务应得工资之诉，时效期间为1年；寄宿学术教师对其学生的寄宿费以及其他教师寄宿费用以及学徒费用产生的诉讼，其时效为1年；医生、外科医生、牙科医生、助产士以及药剂师对其门诊手术或药品所生的诉讼，时效期间为2年。商人对因其出售给非商人的个人商品所生的诉讼，时效期间为2年。"第2273条："上诉法院诉讼代理人，对其工资与费用支付的诉讼，时效期间为2年，……"第2277条："下列款项支付之诉，时效期间为5年：——工资；——永久性定期金与终身定期金以及抚养费；——房租与地租；——借贷利息；总之，按年支付款项以及支付期限更短的定期支付款项，时效期间均为5年。"第2277条—1："对依法有资格在法院代理或协助当事人进行诉讼的人，因其应负的责任而对其可以行使的诉权，时效期间为10年，自其代理与协助任务结束时起算。"

〔2〕我国民国时代制定的民法典第125条规定："请求权因10年不行使而消灭。"第963条规定："前条请求权(张俊浩按：指物之占有人的返还占有、除去妨害和防止妨害三项请求权)自侵夺或妨害占有或危险发生后一年间不行使而消灭。"司法院释字第1833号解释案解释道："不动产所有权之回复请求权，应适用民法第125条关于诉讼时效之规定。"第2145号解释案解释道："民法第125条所称之请求权，不仅指债权请求权，物权的请求权亦包括在内。"但院字第107号解释案解释道："已登记不动产所有人之回复请求权，无民法第125条消灭时效规定之适用。"

〔3〕史尚宽：《民法总论》，第566—568页；李宜琛：《民法总则》，第364—365页；王伯琦：《民法总则》，第216—217页。

定说认为应包括物权救济权型请求权,其理由略谓:物权请求权毕竟属于请求权,以对人的给付为标的,尽管其原权不因诉讼时效而消灭,但救济权却无由不因罹于诉讼时效而消灭。另外,若物权请求权不因时效而消灭,则法律容许怠于行使权利的状态多年存在,显然有害于交易安全。否定说认为不应包括物权救济权型请求权,其理由是:物权救济权型请求权,并非独立的请求权,而是物权的权能之一,故有其从属性,不得脱离物权而独因消灭时效而消灭。另外,若物权请求权因罹于诉讼时效而消灭,则物权将任人宰割,有名无实矣。

2.《民法通则》的规定及本书的理解

(1)《民法通规》第139条规定

该条规定:"在诉讼时效期间的最后6个月内,因不可抗力或者其他障碍不能行使请求权的,诉讼时效期间中止。"[1](着重号系本书所加,下同)自此条使用"不能行使请求权"的表述看,似乎诉讼时效的对象为一切请求权,但结合第137条的规定,可间接窥知仅以债权上救济权为对象的意味。该条的文字是:"诉讼时效期间从知道或者应当知道权利被侵害时起计算。但是,从权利被侵害之日起超过二十年的,人民法院不予保护。"[2]以知道或者应当知道权利被侵害作为时效期间的始点,亦即以契约债权以及侵权行债权得行使之时作为始点。该条暗含了诉讼时效的对象为债权及债权上救济权。

(2)《民法通则》第135条的规定

该条规定:"向人民法院请求保护民事权利的诉讼时效期间为二年"(着重号系本书所加,下同)。[3]该条既言"请求保护民事权利",即已揭明,诉讼时效是与救济权对应的制度。

(3)《民法通则》第138条的规定

该条规定:"超过诉讼时效期间,当事人自愿履行的,不受诉讼时效限制。"[4]当事人自愿履行,不受时效限制,是说债权人仍享有给付请求、给付受领及保有的权能,以及就两该权能实施自力救济的请求权。申言之,当义务人补正履行时,权利人

---

[1] 对应《民法典》第194条第1款:"在诉讼时效期间的最后六个月内,因下列障碍,不能行使请求权的,诉讼时效中止:(一)不可抗力;(二)无民事行为能力人或者限制民事行为能力人没有法定代理人,或者法定代理人死亡、丧失民事行为能力、丧失代理权;(三)继承开始后未确定继承人或者遗产管理人;(四)权利人被义务人或者其他人控制;(五)其他导致权利人不能行使请求权的障碍。"

[2] 对应《民法典》第188条第2款:"诉讼时效期间自权利人知道或者应当知道权利受到损害以及义务人之日起计算。法律另有规定的,依照其规定。但是,自权利受到损害之日起超过二十年的,人民法院不予保护,有特殊情形的,人民法院可以根据权利人的申请决定延长。"本条在诉讼时效的起算上新增了"知道或者应当知道义务人"的要求,因为权利人可能只知道权利受损,而对义务人无从知晓,此时权利人也无法主张请求权。

[3] 对应《民法典》第188条第1款:"向人民法院请求保护民事权利的诉讼时效期间为三年。法律另有规定的,依照其规定。"

[4] 对应《民法典》第192条第2款:"诉讼时效期间届满后,义务人同意履行的,不得以诉讼时效期间届满为由抗辩;义务人已经自愿履行的,不得请求返还。"

受领和保有该给付在法律上是有根据的,并不构成"不当得利"。惟权利人无从诉请公共权力强制债务人履行的公力救济请求权而已。

(4)《民法通则》第140条的规定

该法规定:"诉讼时效因提起诉讼、当事人一方提出要求或者同意履行义务而中断。"[1]"提出要求或者同意履行义务"的用语,也预设了权利为债权及债权上救济权。

总之,《民法通则》虽然并未明文规定诉讼时效的对象为债权及其救济权,但自其有关规定整合地理解,却应为该债权及债权上救济权,殆无异议。

3.本书见解

(1)诉讼时效的对象应为请求权

自逻辑言,诉讼时效仅对请求权有其适用,因为惟请求权方须义务人的给付为满足条件,因而关涉相对人的利益。而支配权则否,其行使通常为单方行为,且不妨为不作为。不仅通常并不关涉相对人利益,而且在以不作为行使权利的场合,自外观上也难能辨识其属否怠于行使权利。因而难能以权利怠于行使为要件地消灭其权利。此系诉讼时效仅适用于请求权的法伦理上以及技术上的缘由。

(2)诉讼时效的对象不应包括因身份权而生的请求权

诉讼时效系以财产权为客体的制度,身份权固不适用,基于身份而生的请求权,尽管其性质亦为请求权,但却与身份权关系密切,故不适用诉讼时效,自不待言。

(3)诉讼时效的对象亦不应包括支配权上请求权

依本书所信,诉讼时效无须适用于支配权上的请求权,而仅须适用于债权上的请求权。理由是,支配权上请求权,包括停止侵害、排除妨害、防止妨害、回复原状和返还原物等项救济权,尽管在性质上属于请求权,但毕竟为救济权,具有从属性,不应脱离原权而单独罹于诉讼时效。若许其单独罹于时效,则原权难免有名无实:不难设想,当物被他人侵夺,其返还请求权罹于时效而消灭;当物权被妨害或有妨害之虞,其除去妨害和防止妨害救济权也罹于时效而消灭,所有权人均不得求为公力救济,其所有权岂不名存实亡?

(4)结论:诉讼时效的对象为债权及其救济权

综上所述,请求权中除因身份权而生的请求权、以及支配权型救济权,便只剩下债权以及债权上救济权。准此以解,惟债权及债权上救济权方为诉讼时效的对象。

(三)制度价值

1.维护交易秩序和交易安全

民法为权利法,以保护私权为旨归。但时效制度却公然听任对私权的否定,岂

---

[1] 对应《民法典》第195条:"有下列情形之一的,诉讼时效中断,从中断、有关程序终结时起,诉讼时效期间重新计算:(一)权利人向义务人提出履行请求;(二)义务人同意履行义务;(三)权利人提起诉讼或者申请仲裁;(四)与提起诉讼或者申请仲裁具有同等效力的其他情形。"

不是与民法基本宗旨相违谬? 然而,事实没有如此简单。

原来,权利人虽有行使或者不行使权利的充分自由,然而,该自由却不是无限制的。如果涉及他人利益,也必然受到秩序的合理限制。此项限制,乃属自由的题中之义。作为诉讼时效客体的债权及其请求权亦应受到此种限制。请求权人长期怠于行使权利,即不免使人信其放弃该权利的意思。如果听任此种状态存在,便易使法律关系处于不稳定状态。相反,法律明确规定权利保护期间,则有助于法律关系的及时清结,有利于交易秩序和交易安全。

2.促进权利行使的速度

诉讼时效有催促权利人及时行使权利的积极意义,这并不增加权利人的负担,而只能提高权利行使的效率。

3.降低诉讼中的证明费用

另外,听任权利人长期怠于行使权利的状态存在,也对诉讼构成威胁。如果权利人在年代久远之后,诉求保护其权利,必然带来证据上的困难,远不如及时了结法律关系的好。

二、诉讼时效的法律要件

(一)须有债权及债权上救济权存在

如上所述,诉讼时效的对象为债权及债权上救济权。因此,该类请求权存在,成为诉讼时效的首要条件。

(二)须有上述请求权怠于行使的事实

1.须有不行使权利的事实

请求权怠于行使是故意过失不行使权利的状态。因此,权利不行使的事实存在,是权利怠于行使的核心要件。

2.须权利人知道或者应当知道其请求权存在

知晓自己的权利存在,是行使该项权利的前提。如果权利人并不知道或者不应知道自己有该项请求权,怠于行使无从谈起。惟其如此,诉讼时效期间是从权利人知道或者应当知道自己的权利被侵害之时起开始计算的。尽管二者并非同一,但距离则不大。

3.须权利行使可能

(1)须权利行使可能

"权利行使可能"却"不行使",方为权利怠于行使。如果权利行使并不可能,怠于行使也无从谈起。因此,判断权利怠于行使,须先认定权利行使可能。不可抗力、法定代理人缺位、继承开始后继承人或者遗嘱执行人缺位等,是障碍权利行使的事由。因而，须上述事由均不存在。

（2）须自始可能

此处讨论的可能，是诉讼时效期间开始的要件。

（3）须最后可能

如果诉讼时效期间开始后发生的行使不能，亦即"嗣后不能"，则未必影响诉讼时效的完成。但在行使不能发生在诉讼时效期间的最后阶段，如果不对权利人予以特别救济，则可能对该方过分不公，因而有特别救济的必要。"诉讼时效期间中止"就是这样的救济。《民法通则》第139条规定，在诉讼时效期间的最后6个月，发生障碍请求权行使的事由，便使诉讼时效中止。[1]

（三）须请求权怠于行使的状态持续达到法定期间

1.须权利怠于行使状态持续

怠于行使权利的状态构成诉讼时效的基础，而该事实必须不中断地持续，而不得有反于诉讼时效基础的事实掺杂其间。权利行使、债务人认诺等，即属反于诉讼时效基础的事实。

2.须权利怠于行使状态达到法定期间

上述怠于行使权利的状态必须达到法律所规定的期间，诉讼时效方始完成。与此相反，如果权利人怠于行使权利的状态的持续，尚未达到法定期间，而突然改而行使权利，那么，即造成怠于行使权利状态的中断（称为"诉讼时效中断"，详见下文），而使诉讼时效不完成。

3.诉讼时效期间的中断

诉讼时效期间的中断，是在诉讼时效进行中，有反于诉讼时效基础的事实发生，而使既已经过的诉讼时效期间归于无效的制度。关于诉讼时效的中断，我们在下文将有详细讨论，兹不赘述。

三、罹于诉讼时效的法律效果

（一）比较法

关于罹于诉讼时效的法律效果，在比较法上有三种立法例。一是请求权消灭模式，以《日本民法典》第167条[2]为代表。二是诉权消灭模式，以《法国民法典》为代

---

[1] 对应《民法典》第194条第1款："在诉讼时效期间的最后六个月内，因下列障碍，不能行使请求权的，诉讼时效中止：（一）不可抗力；（二）无民事行为能力人或者限制民事行为能力人没有法定代理人，或者法定代理人死亡、丧失民事行为能力、丧失代理权；（三）继承开始后未确定继承人或者遗产管理人；（四）权利人被义务人或者其他人控制；（五）其他导致权利人不能行使请求权的障碍。"

[2] 《日本民法典》第167条规定："债权，因10年不行使而消灭。"

表，〔1〕三是抗辩权发生模式，时效完成后，债权人的债权并不消灭，仅使债务人发生给付拒绝的抗辩权。此种模式，以《德国民法典》〔2〕为代表，我国民国时代制定的民法典采之。〔3〕

本书认为，上述三种立法例，第一种亦即债权消灭模式，在逻辑上有重大问题。因为它对于自然债务难以解释：既然债权业已消灭，何以当自然债务人为清偿时，债权人可以受领并且保有？诉权消灭说就更成问题了，诉权属于宪制保护的权利，不能因诉讼时效而使之消灭。至于第三种模式亦即抗辩权模式，对债务人的保护则嫌薄弱。自逻辑言之，并不是债务人取得永久性抗辩权，而是债权人的债权上公力救济请求权归于消灭。

惟应注意的是，就债权人的自力救济权而言，债务人因诉讼时效已过而享有永久性抗辩权，得以对抗债权人的请求。

（二）我国《民法通则》的规定

《民法通规》关于诉讼时效效果的规定，主要为第135条的"向人民法院请求保护民事权利的诉讼时效期间为二年"〔4〕；第137条的"诉讼时效期间从知道或者应当知道权利被侵害时起计算。但是，从权利被侵害之日起超过二十年的，人民法院不予保护"，〔5〕以及第138条的"超过诉讼时效期间，当事人自愿履行的，不受诉讼时效限制"。〔6〕如上文所述，整合各该条文，可知该法所规定的诉讼时效的效果为公力救济债权上请求权。

（三）本书见解

诉讼时效虽以债权及债权上救济权为对象，但罹于诉讼时效的法律效果，却未必与该对象同一，因为二者的视角并不相同。在言对象时，系看因何种权利怠于行使而应罹于时效，故此一论域中权利的外延宽；而言诉讼时效的效果时，却仅限于罹于诉讼时效消灭何种权利，此时的外延要相对狭窄——只及于债权型公力救济权。申言之，在要件，怠于行使的权利包括契约债权及其救济权，以及侵权行为债权；而在效果，则不包括契约债权，而且在救济权（契约债权上请求权和侵权行为之债请求

---

〔1〕《法国民法典》第2262条规定："诉权，无论对人的抑或对物的，均以30年为消灭时效完成之时间。"
〔2〕《德国民法典》第222条规定："消灭时效完成时，债务人得拒绝履行。"
〔3〕 该民法典第144条第1款规定："时效完成后，债务人得拒绝给付。"
〔4〕 对应《民法典》第188条第1款："向人民法院请求保护民事权利的诉讼时效期间为三年。法律另有规定的，依照其规定。"
〔5〕 对应《民法典》第188条第2款："诉讼时效期间自权利人知道或者应当知道权利受到损害以及义务人之日起计算。法律另有规定的，依照其规定。但是，自权利受到损害之日起超过二十年的，人民法院不予保护，有特殊情况的，人民法院可以根据权利人的申请决定延长。"
〔6〕 对应《民法典》第192条第2款："诉讼时效期间届满后，义务人同意履行的，不得以诉讼时效期间届满为由抗辩；义务人已经自愿履行的，不得请求返还。"

权)中,亦不包括自力救济权。其理由在于:

1.契约债权作为原权不应罹于诉讼时效

原权均固有其配套的救济权为保护,不仅人身权、物权和知识产权如此,而且契约债机也非不如此,故自逻辑言,当原权(其中包括契约债权)受到侵害时,权利人是凭借救济权而非原权诉求救济的。故而罹于诉讼时效的效果,不应定位于原权的消灭,而仅为救济权的消灭。况且,在自然债务,当义务人自愿履行时,如果定位于作为原权的债权已经消灭,将无从解释其受领和保有的依据,而且于事理不合。

2.自力救济权亦不应罹于诉讼时效

诉讼时效的效力属于裁判规范中法律效果的内容,本质上是宣示权利消灭,而非行为规范中法律效果的内容。完整的原权本应有完整的救济权相配套,罹于诉讼时效,原权消灭,仅其救济权消灭,然而不宜使救济权全部消灭,而宜保留自力救济权。因为消灭其公力救济权即为已足。罹于诉讼时效之后,债权人仍不妨对债务人主张债权,惟债务人对此有抗辩权而已,此点并不害及相对人利益,故法律无干涉的必要。

3.惟公力救济型债权上请求权罹于诉讼时效

依本书所信,罹于诉讼时效的效果,应仅为债权请求权中的公力救济权。亦即契约债权上的公力救济以及债权行为之债的公力救济权。而不采抗辩说和胜诉权说。

(1)罹于诉讼时效效力的抗辩权模式之不合理

关于罹于诉讼时效的效力,有抗辩权模式。依该模式,罹于诉讼时效之后,使债务人取得对于债权人的永久性抗辩权。而既然有此抗辩权存在,法院便无从使债权人胜诉。对债权人的此种地位,固可称之为"法院不予保护"。此与《民法通则》第137条的逾越时效期间"人民法院不予保护"的用语并无不合。[1]然而该模式,债务人的地位终不如公力救济权消灭的地位为优越。而且,自诉讼言,起诉本质上即诉为求公力救济,败诉即司法机关认定其无实体法上的公力救济请求权。故而罹于诉讼时效的效果,自以消灭其公力救济权为合理。

另外,对抗辩权模式不可一概否定。在采公力救济权消灭模式,由于请求权人仍有其自力救济权,对于此种救济权,债务人仍得抗辩。此点宜应注意。

(2)罹于诉讼时效效力的胜诉权模式亦不合理

关于罹于诉讼时效的效力,亦有所谓胜诉权模式。依该模式,罹于诉讼时效之后,债权人丧失却实体法上的胜诉权。而既然已无胜诉权,法院便无从使债权人胜诉。对债权人的此种地位,固可称之为"法院不予保护"。此与《民法通则》第137条的"人民法院不予保护"的用语并无不合。然而自逻辑言,该项胜诉权应指公力救济权。故不如直称公力救济权为好。

---

[1] 对应《民法典》第188条第2款"人民法院不予保护"的表述。

（四）法院得否直接援用诉讼时效

《法国民法典》《瑞士债务法典》和《日本民法典》均规定法院不得直接援用诉讼时效，[1]苏联则许之，[2]但1994年开始制定的《俄罗斯民法典》则无关于法院援用诉讼时效义务的规定。我国《民法通则》对此无规定。[3]关于这一问题，实务界一直有热烈讨论，但形诸文字者尚不多见。依本书所信，因诉讼时效而受利益的当事人，如果并不主张该利益，即令在诉讼系属中，法院亦不可依职权直接援用诉讼时效。因为，当事人有其诉讼上的处分权。对诉讼时效利益不主张，即应解释对该利益的抛弃。法院作为居中裁判人，自无从置喙。

第三节 诉讼时效：期间

一、期间的性质

（一）期间的性质

1.法定性

诉讼时效期间是法定期间，既不同于契约约定的期间，也不同于作为法律行为附款的期限（附期限法律行为所附的期限）。

2.强制性

诉讼时效期间不仅是法定的，而且是强制的，当事人必须遵守，法院也必须适用。当事人不得以意思表示展缩变更。

3.得延展性

诉讼时效期间可以延长，这是它不同于"除斥期间"的根本之处，后者属不变期间。惟应注意的是，此项延展的决定权，属司法权，须依诉为之。

（二）与除斥期间的区别

1.除斥期间

除斥期间，是形成权存续的法定期间。

---

〔1〕《法国民法典》第2223条规定："基于时效之理由，法官不得以其职权援用之。"《瑞士债务法典》第142条规定："法官不得以职权调查时效。"《日本民法典》第145条规定："时效非当事人援用，法院不得依之而为裁判。"

〔2〕《苏俄民法典》(1964)年第62条规定："法院、仲裁署或公断法庭，不论双方当事人声请与否，均应适用诉讼时效。"

〔3〕《民法典》第193条已规定"人民法院不得主动适用诉讼时效的规定"。

2.诉讼时效与除斥期间的区别

诉讼时效与除斥期间均为法定期间，均以法律关系之稳定为己任，但二者又有不同，表现如下：

（1）制度价值上的区别

诉讼时效的制度价值是消灭怠于行使的公力救济权，消除权利的不稳定态，从而形成新秩序。因此，诉讼时效旨在维持新生秩序。而除斥期间则在于消灭形成权，消除权利的不稳定状态，从而原有秩序得以继续存在。因此，除斥期间旨在维持原有秩序。

（2）要件上的区别

①诉讼时效的客体是请求权。而除斥期间的客体却是形成权。

②诉讼时效以"请求权怠于行使"加"期间经过"为要件，而除斥期间则为形成权的预定期间，无须上述两要件存在。

③诉讼时效期间的始点，为请求权怠于行使日。而除斥期间的始点，则为形成权发生日。

（3）性质上的区别

虽两种期间均为法定期间和强制期间，但除斥期间属不变期间，即使司法机关也无权使之延展。但诉讼时效期间却属可变期间，在法定条件下，司法机关可延长之。此外，诉讼时效有中止和中断的制度，而除斥期间则无之。

（三）与其他法定期间的区别

民法上尚有其他法定期间，如知识产权客体的存续期间，《担保法》第25条、第26条规定保证责任的法律推定期间[1]等。它们的客体均非债权型请求权，而且各有其制度价值，因而与诉讼时效均不同。不过它们的各该性质，尚未引起足够的讨论。

二、期间的始点

（一）概说

诉讼时效期间的始点，自逻辑言，应为契约债权及其救济权、以及侵权行为之债请求权怠于行使之时。然而，权利怠于行使难于确知，因而不具操作性，故以是请求权行使可能之日替代。

《德国民法典》第198条、《日本民法典》第166条、我国民国时代制定的民法典

---

[1]《担保法》第25条规定："一般保证的保证人与债权人未约定保证期间的，保证期间为主债务履行期届满之日起六个月。"第26条规定："连带保证的保证人与债权人未约定保证期间的，侵权人有权自主债务履行期届满之日起六个月内要求保证人承担保证责任。"（这两条对应《民法典》第692条第2款第2分句："没有约定或者约定不明确的，保证期间为主债务履行期限届满之日起六个月。"）法定责任期间，既不是诉讼时效期间，也不是除斥期间。

第128条等立法例,均规定消灭时效的始点为请求权可行使之日。[1]《民法通则》第137条规定:"诉讼时效期间从知道或者应当知道权利被侵害时起计算。但是,从权利被侵害之日起超过二十年的,人民法院不予保护。"上述规定,可资赞同。

(二)要件

1.须权利人知道或者应当知道其权利存在

如上所述,诉讼时效的核心要件,是债权型请求权的怠于行使。因此,诉讼时效期间的始点,亦应为债权型请求权怠于行使之日。然而,权利行使怠于与否,本属心理问题,必须归纳可靠和稳定的外部表征,方具操作性。权利人知悉其权利存在,且该权利行使可能,可以归纳为怠于行使的表征。故而作为始点的要件。

2.须权利行使可能

尤指知悉债务人为何人,知悉其居止,以及可以向其主张。这是由请求权的对人权性质所规定的。倘若不具备上述条件,请求权便无从行使。对原权型债权及其救济权,其债务人为谁,通常是明晰的。但在物权、知识产权或者人身权上救济权,情况则要复杂。请求权人未必知悉债务人为何人,因而必待请求权人知悉何人为其债务人时,诉讼时效期间方可开始。

(三)限制

1.概说

诉讼时效期间的始点的要件为请求权人知悉或者应当知悉其权利存在并且该权利行使可能,已如上述。然而,请求权人可能在相当漫长的期间之内不知或者不应知悉其权利被侵害,或者虽知悉,但相当漫长的期间之内不具备行使的条件,申言之,该要件的充分需要相当漫长的时间。如果该时间长得背离诉讼时效制度的本旨,那么就走向自己的反面。因而,法律不应无限期地等待当事人对于上述两要件的充分,而必须基于时效的本旨,为之规定最大的容忍期间。

2.最大容忍期间

《民法通则》第137条规定:"诉讼时效期间从知道或者应当知道权利被侵害时起计算。但是,从权利被侵害之日起超过二十年的,人民法院不予保护。"[2]这就是关于最长容忍期间的制度。该期间长短适中,可资赞同。

---

〔1〕《德国民法典》第198条规定:"时效,自请求权成立时起算,请求以不作为为目的者,时效自有反对行为时起算。"《瑞士债务法》第130条规定:"Ⅰ.时效自债权期限届至,开始进行。Ⅱ.债权须催告者,其时效自得为催告之日起,开始进行。"《日本民法典》第166条规定:"消灭时效,自权利得行使时进行。"我国民国时代制定的民法典第128条规定:"消灭时效,自请求权可行何时起算。以不行为为目的之请求权,自为行为时起算。"

〔2〕 对应《民法典》第188条第2款:"诉讼时效期间自权利人知道或者应当知道权利受到损害以及义务人之日起计算。法律另有规定的,依照其规定。但是,自权利受到损害之日起超过二十年的,人民法院不予保护,有特殊情况的,人民法院可以根据权利人的申请决定延长。"

3.对"长期诉讼时效期间"说的质疑

上述20年期间，通说认为属于诉讼时效的"长期期间"，自有其道理。然而，却也有其逻辑障碍：

（1）期间的始点与诉讼时效期间不同

最大容忍期间的始点是权利被侵害日，而诉讼时效期间的始点，无论"普通期间"以及短于普通期间的"特别期间"均不同的。如上所述，后者的始点是知道或者应当知道请求权存在并且权利行使可能之日。

（2）诉讼时效在最大容忍期间内仍有其适用

当请求权人自权利被侵害之日起的第18年至第20年期间方知其权利被侵害而诉求保护，此时，如应适用普通时效期间，那么，他实际上受保护的期间将会超过20年。或者应适用1年的短期时效期间，而请求权人自权利被侵害之日起的第19年至第20年期间方知其权利被侵害而诉求保护，那么，他实际上受保护的期间也将会超过20年。这两种情形，均不违反《民法通则》的规定。相反，如果认定20年为诉讼时效的"长期期间"，那么，鉴于诉讼时效期间的法定性和强制性，就势必得到结论，认为实际保护期间超过20年，将构成违反长期时效期间不得延展的原则。可见，认为《民法通则》第137条规定的20年期间[1]属于"长期时效期间"的观点于理未合。值得注意的是，也与《民通意见》第167条解释不合。该条解释的文字是："民法通则实施后，属于民法通则第一百三十五条规定的二年诉讼时效期间，权利人自权利被侵害时起的第十八年后至第二十年才知道自己的权利被侵害的，或者属于民法通则第一百三十六条规定的一年诉讼时效期间，权利人自权利被侵害时起的第十九年后至第二十年期间才知道自己的权利被侵害的，提起诉讼请求的权利，应当在权利被侵害之日起的二十年内行使；超过二十年的，不予保护。"[2]

鉴于以上两端，本书以为，将《民法通则》第137条所规定的20年期间[3]认定为对诉讼时效始点的最大容忍期间则比较妥当，也比较合乎实际，而认定诉讼时效的长期期间，则难以自圆。

（四）关于始点的类型研究

对时效始点的研究，澄清法律要件是重要的，但尚须归纳类型，使要件面向类型而具体化。

1.清偿期无约定之债权

对此类债权，其始点应为债权成立日。虽然债权成立日并非债权实现日，更非

---

〔1〕 对应《民法典》第188条第2款："诉讼时效期间自权利人知道或者应当知道权利受到损害以及义务人之日起计算。法律另有规定的，依照其规定。但是，自权利受到损害之日起超过二十年的，人民法院不予保护，有特殊情况的，人民法院可以根据权利人的申请决定延长。"

〔2〕 该规定已删除。

〔3〕 对应《民法典》第188条第2款中的"二十年"期间。

救济权成立日,然而,此类债权在成立后的合理期间即开始实现,而该合理期间往往较短。因此,以债权成立日作为诉讼时效期间的始点,误差不会太大,因而是惟一可行的选择。

2.清偿期有约定之债权

此类债权,其诉讼时效期间始点应为债权届满日。因为,该日正是请求权实现日。

3.附停止条件之请求权

此类债权,其诉讼时效期间的始点应为所附条件成就日。盖因停止条件成就,债权方为既得权,而此前尚属期待权矣。

4.损害赔偿请求权

(1)因债务不履行而生的损害赔偿请求权

此类救济权诉讼时效期间的始点,学说上有两种不同的见解:

①债权同一说

该说认为,此项请求权仅为原债权的变形,而非新债权,故其时效期间的始点应与原债权保持同一,亦即为债权成立日或期限届满日。

②救济权说

该说认为损害赔偿请求权,是对债权因不履行而生的救济权,故不应与原债权同一。此说较为可信。

依此说,诉讼时效期间的始点应为债务不履行所致损失发生日。

(2)因人身受伤害而生的损害赔偿请求权

①在伤害明显情形

应为受伤害之日。

②伤害不明、损失难定情形

如果伤害不明,或者未能及时发现,以及虽知伤害存在,但伤害所致损失尚难确定的情形下,应为伤势确诊之日。关于此点,《民通意见》第168条著有解释,可资赞同。[1]

(3)因其他侵权行为而生的损害赔偿请求权

其始点为权利人知道或应当知道权利遭受侵害、加害人且对该人主张救济可能之日。

三、期间的类型

(一)一般期间

即民事普通法规定具有普遍适用性的诉讼时效期间。在我国,该期间目前由《民

---

[1] 该规定已删除。

法通则》规定。该法第135条规定："向人民法院请求保护民事权利的诉讼时效期间为二年"。[1]

（二）特殊期间

即立法规定了特别适用条件的期间。在我国，目前有以下几种：

1.民法通则规定的为期1年的特殊期间

《民法通则》第136条规定："下列诉讼时效的期间为一年：（一）身体受到侵害要求赔偿的；……（三）延付或者拒付租金的；（四）寄存财物丢失或者损毁的。"[2]

本来，《民法通则》该条尚规定"……（二）出售质量不合格的商品未声明"其诉讼时效期间也为1年。[3]但是《产品质量法》（1993年2月）第33条后来规定："因产品质量存在缺陷造成损害要求赔偿的诉讼时效期间为二年"。[4]依特别法优于普通法的原则，民法通则的上述规定已被《产品质量法》第33条所修改。

一年期间的适用范围：①身体伤害救济权；②租金补正给付权以及损害赔偿请求权；③寄存物毁损灭失赔偿请求权。[5]

2.其他法律、法规规定的特殊期间

我国民法通则之外的若干法律和法规，也规定了特别诉讼时效期间，如《合同法》第104条第2款规定的提存物领取权期间为5年；[6]《环境保护法》第42条规定因环境污染的损害赔偿请求权，其诉讼时效期间为3年；[7]《保险法》第26条规定人寿保险的保险金请求权，其诉讼时效期间为5年，其他险种相应诉讼时效期间为2年，等等。

四、期间的延展

（一）意义

诉讼时效期间延展，是在诉讼中法院因应保护当事人权利的必要，依法对诉讼时效期间的延展。《民法通则》第137条规定："诉讼时效期间从知道或者应当知道权利被侵害时起计算。但是，从权利被侵害之日起超过二十年的，人民法院不予保

---

〔1〕对应《民法典》第188条第1款："向人民法院请求保护民事权利的诉讼时效期间为三年。法律另有规定的，依照其规定。"

〔2〕该规定已删除。

〔3〕该规定已删除。

〔4〕对应《产品质量法》（2018年修正）第45条第1款："因产品存在缺陷造成损害要求赔偿的诉讼时效期间为二年，自当事人知道或者应当知道其权益受到损害时起计算。"

〔5〕这些关于短期时效的规定已删除。

〔6〕《合同法》第104条第2款规定："债权人领取提存物的权利，自提存之日起5年不行使而消灭"。（现为《民法典》第574条第2款第1句）

〔7〕现为《环境保护法》（2014年修订）第66条。

护。有特殊情况的,人民法院可以延长诉讼时效期间。"[1]《民通意见》第175条著有解释:"民法通则第一百三十五条、第一百三十六条规定的诉讼时效期间,可以适用民法通则有关中断、中止和延长的规定。"[2]

(二)要件

1.须有不延展则不足以保护当事人权利的特殊情况

特殊情况的类型和范围,属法院自由裁量问题,由法院在诉中自由裁量。

2.须依诉实现

即主张有应予延长事由的人须诉请人民法院予以延长。

另外,此项延长的裁量权,亦须依诉行使。法院不得在诉外行使。

五、期间的中止

(一)意义

诉讼时效期间中止,是在诉讼时效进行中有障碍请求权行使的事由发生,而使进行中的诉讼时效期间暂时休止。依我国《民法则》规定,该事由须发生于诉讼时效期间的最后6个月。[3]在外国法,《德国民法典》《苏俄民法典》《俄罗斯民法典》以及我国民国时期制定的民法典,亦规定限于最后6个月期间。[4]

(二)制度价值

诉讼时效仅适用于请求权怠于行使情形,如果请求权不行使并非出于当事人"怠于"的意思,而是有不得已事由,那么,就不应适用诉讼时效。障碍权利行使的事由,显然是与诉讼时效基础不相干。

(三)法律要件

1.须诉讼时效期间业已启动诉讼时效期间的中止,须期间处于运行中。倘若期间尚未启动,自无中止之可言。

---

〔1〕 对应《民法典》第188条第2款中的"……有特殊情况的,人民法院可以根据权利人的申请决定延长"。

〔2〕 对应《民法典总则编解释》第35条:"法典第一百八十八条第一款规定的三年诉讼时效期间,可以适用民法典有关诉讼时效中止、中断的规定,不适用延长的规定。该条第二款规定的二十年期间不适用中止、中断的规定。"

〔3〕 对应《民法典》第194条第1款中的"在诉讼时效期间的最后六个月内……"。

〔4〕《德国民法典》第203条:"Ⅰ.时效期间,于最后6个月内,因裁判上之休止,妨害权利人请求者,其间,停止其时效。Ⅱ.前款之妨害,因不可抗力而生者,亦同。"《苏俄民法典》(1922年)第48条、(1964年)第85条,《俄罗斯民法典》(1994年)第202条均规定该期间为最后6个月。我国民国时代制定的民法典第140条、第141条也规定一般中止事由的发生期间须在时效期间的最后6个月之内。

2.须有障碍请求权行使事件发生

(1)障碍请求权行使事件

即导致请求权行使客观不能或者不便的事件。

(2)事件类型化

①不可抗力

不可抗力是障碍权利行使的事件。《民法通则》第139条对此作了规定,可资赞同。[1]

②行为能力欠缺者的法定代理人出缺

如果请求权人为行为能力欠缺者,其请求权是需法定代理人代理的。如果其法定代理人出缺,那么,当然障碍他行使请求权。《民通意见》第172条对此著有解释:"在诉讼时效期间最后六个月内,权利被侵害的无民事行为能力人、限制民事行为能力人没有法定代理人,或者法定代理人死亡、丧失代理权、或者法定代理人本人丧失行为能力的,可以认定为因其他障碍不能行使请求权,适用诉讼时效中止。"[2]

3.须诉讼时效期间已运行至最后6个月

《民法通则》第139条规定:"在诉讼时效期间的最后六个月内,因不可抗力或者其他障碍不能行使请求权的,诉讼时效期间中止。"[3]障碍请求权行使的事由必须发生于诉讼时效期间的最后6个月内,方有诉讼时效中止的适用,在此前发生的同性质事件,则不适用之。此项规定,可资赞同。因为,在诉讼时效期间的最后6个月,对于请求权的行使已相当急迫。此段期间的对于请求权人重要性,非此前期间可比。因而应当确保该期间的足质足量。在此期间,如果发生障碍权利行使事件,即应使期间的计时中止,待事由结束后再接续计算。

(四)法律效果

中止事件所障碍的权利行使期间,不计人诉讼时效期间的最后6个月。亦即待事件结束后才继续计算诉讼时效期间。《民法通则》第139条后段规定:"从中止时效的原因消除之日起,诉讼时效期间继续计算。"[4]

---

〔1〕《民法典》第194条第1款规定的事由均是"导致权利人不能行使请求权的障碍"。

〔2〕对应《民法典》第194条第1款第2项:"在诉讼时效期间的最后六个月内,因下列障碍,不能行使请求权的,诉讼时效中止:……(二)无民事行为能力人或者限制民事行为能力人没有法定代理人,或者法定代理人死亡、丧失民事行为能力、丧失代理权;……"。

〔3〕对应《民法典》第194条第1款:"在诉讼时效期间的最后六个月内,因下列障碍,不能行使请求权的,诉讼时效中止:(一)不可抗力;(二)无民事行为能力人或者限制民事行为能力人没有法定代理人,或者法定代理人死亡、丧失民事行为能力、丧失代理权;(三)继承开始后未确定继承人或者遗产管理人;(四)权利人被义务人或者其他人控制;(五)其他导致权利人不能行使请求权的障碍"。

〔4〕对应《民法典》第194条第2款:"自中止时效的原因消除之日起满六个月,诉讼时效期间届满。"相较于《民法通则》第139条中"诉讼时效期间继续计算"的规定,本款是直接延续六个月,这会导致诉讼时效的实际期间超过三年。

六、期间的中断

(一)意义

诉讼时效期间的中断是在诉讼时效进行中,有反于诉讼时效基础的事实发生,而使既已经过的诉讼时效期间归于无效的制度。

(二)法律要件

1.须权利怠于行使

请求权人怠于行使其权利,方使诉讼时效进行。而诉讼时效既已进行,方有中断可言。

2.须权利怠于行使状态持续尚未达到法定期间届满

诉讼时效中断,亦称时效不完成。如果时效业已完成,纵使有反于时效基础的事由发生,因时效已完成,亦无从使其中断了。

3.须有反于时效基础的事由存在

(1)反于时效基础事由

诉讼时效本质上是怠于行使请求权最大容忍期间的制度。因此,其基础即为请求权怠于行使。因此,与此基础相反的事由,即不足以适用诉讼时效。

(2)事由类型化

①权利行使行为

包括:权利直接行使行为(自力救济行为),亦即向义务人本人或者向其保证人、代理人、财产代管人等行使。[1]

②义务人认诺其义务

义务人确认权利人存在权利的行为。认诺也属反于时效基础事由。因为,诉讼时效的适用,是要因时效而受利益的当事人依诉主张的。因此,如果该方认诺,亦就成为其无从主张的事由。故而与时效基础相反。[2]

③公力救济行为

亦即起诉、提起督促程序(申请支付令)、申请仲裁、报明破产债权等。[3]

起诉、申请支付令和申请仲裁,其属反于时效基础的事实无疑。至于报明破产债权,亦即破产人的债权人向破产管理人或者清算人报明其债权的行为,当然也是

---

〔1〕 对应《民法典》第195条第1项:"有下列情形之一的,诉讼时效中断,从中断、有关程式终结时起,诉讼时效期间重新计算:(一)权利人向义务人提出履行请求;……"。

〔2〕 对应《民法典》第195条第2项:"有下列情形之一的,诉讼时效中断,从中断、有关程式终结时起,诉讼时效期间重新计算:……(二)义务人同意履行义务;……"。

〔3〕 对应《民法典》第195条第3项与第4项:"有下列情形之一的,诉讼时效中断,从中断、有关程式终结时起,诉讼时效期间重新计算:……(三)权利人提起诉讼或者申请仲裁;(四)与提起诉讼或者申请仲裁具有同等效力的其他情形"。

与时效基础相反的事实。

然而，当事人起诉、申请支付令或者申请仲裁后，却可能撤诉或者撤销申请。此项撤销行为，对于诉讼时效中断的效力如何，则值得研究。有学说认为，撤销或者撤销仲裁申请，也就意味着救济权行使行为自始消灭，申言之，等于并无救济权行使其事。故而不应使诉讼时效中断。相反学说则认为，撤诉和撤销仲裁申请与救济权行使并非同一。撤诉与撤销仲裁申请，为公法行为，仅发生公法上的效力。不宜直接解释为在私法层面上权利行使行为未发生。故而应使诉讼时效中断。本书赞成前一种见解。

(三)法律效果

诉讼时效不完成，亦即已经计入怠于行使权利的时间不生诉讼时效期间的效力，而自新的怠于行使权利状态持续后重新计算诉讼时效期间。

第三编 物权论

第十二章　物

第一节　物的意义

一、物的意义和特征

法律意义上的物,是指人们能够支配和利用的物质实体和自然力。在民法上,物是物权的客体,可以作为物权客体的物和物权的类型均由物权法规定。

这一定义表明,民法上的物都具有物理属性,但是物理意义上的物并不都是民法上的物。民法上的物具有以下法律特征:

(一)客观物质性

物必须是客观存在的物质实体或自然力。

自身不具备物质性的财产或财产权利,虽然能够给权利人带来物质利益,但它本身不是物。传统民法上的"无体物"[1]的概念,实际上是指无体财产,即不具备物质形态但能给权利人带来物质利益的财产权利。

智慧成果不具备物质形态,因而不是物,是物之外的另一类权利客体。智慧成果的物质表现形式或者说是物质载体,如书籍、专利文献等则属于物。

财产权利不是物。物本来是财产权的客体,如果财产权也是物,就会在逻辑上造成混乱。

自然人的活体虽然也是物质实体,但现代立法都摈弃了把人作为客体的野蛮观念,确认人为权利主体,权利主体是物的支配者,不是物。至于尸体和从活体上分离的物体,如血液、肾脏等,可以作为物。

能够被人所支配的自然力,如电、热、气、磁力等,都有一定的物质结构或形态,因而也是物。

---

〔1〕 无体物是罗马法最早使用的概念,后世民法有延用。罗马法将物分为有体物和无体物,亦称有形物和无形物。有体物是具有实体存在、人们可以实际掌握的物,如金钱、奴隶、土地等。无体物是没有实体存在、人们凭主观拟制的物,如债权、继承权、用益权等权利。

(二) 可支配性

能够被民事主体支配的物质实体和自然力才是民法上的物。民法确立物的制度，是为了民事主体以物为客体或者为物质条件，进行民事活动。如果把民事主体无法支配的物质实体或自然力也规定为民法上的物，是不具法律意义的。比如，太阳就不能是民法上的物。

(三) 可使用性

能够满足民事主体的物质利益或精神需求，供民事主体使用的物，才能成为民法上的物。值得注意的是，没有经济价值和用途但能满足人的精神需要的物也是民法上的物。

综上所述，民法上的物必须是事实上、法律上能供民事主体占有、使用、收益和处分的物。

二、物与财产及财产权利

这三个概念之间有着十分密切的联系。在罗马法中，这三个概念基本是同义的，[1]后世的立法，程度不同地把这三个概念区别开了。如《日本民法典》中就明确规定物为有体物。[2]我国《民法通则》没有专门确立物的制度，但从"财产所有权和与财产所有权有关的财产权"的规定中可以看出，是未采用"无体物"这个概念的。[3]

对这三个概念的科学理解应当是：

第一，财产是个属概念，物是财产的一种。财产除包括物之外，还包括各种财产权利。如以清偿金钱为内容的债权，就是一种财产。

第二，有时物与财产通用。如财产所有权。在这种情形下，财产专指物，而不包含财产权利的意义。

第三，在一定场合中，财产不仅包括物和财产权利，还包含有财产内容的债务。

民法上把财产权称为积极财产，把有财产内容的债务称为"消极财产"。

三、物在民法中的地位

绝大多数的民事法律关系都和物有着密切的联系。有的直接以物为客体，如所

---

〔1〕 江平、米健：《罗马法基础》，中国政法大学出版社1985年版，第116页。

〔2〕 《日本民法典》第85条："本法所称物，谓有体物。"

〔3〕 《民法典》仍然将物限于动产和不动产，实质上也采这一立法态度。

有权关系,有的虽以行为为客体,但仍然与物紧密相关联,如以交付物为内容的债权关系。因此,物在民法中有重要的地位。各国或地区的民法,或专门规定物的制度,[1]或将物分散规定于有关制度之中,而且大都对物的范围、不同物的性质等作出明确规定。比如,《民法通则》第五章第一节,就比较具体地规定了物包括土地、森林、山岭、建筑物、水库等不动产和生活用品、牲畜、货币等动产,还对哪些物能够作为国家、集体、公民的财产作了规定。此外,《民法通则》[2]和其他有关法律、法规对土地、金银、文物等物的流通性质分别作了禁止或限制流通的规定。民事主体必须明了哪种物能作哪种权利的客体,哪种物能在什么范围内流转,才能有效地取得财产利益。

第二节　物的分类

为了明确不同物的不同特点,从不同的角度、按照不同的标准,可对物进行不同的分类。分类的一般方法是,多次地把物按照不同标准进行分类,然后在同一标准之下,把相同性质的一类物与性质相对的另一类物用对称的概念表达出来。分类的结果是,从不同的侧面揭示出一类物的共同特点和与该类物相对的另一类物的特点,以及相对两类物之间的关系。民法上的物主要有以下分类:

一、流通物、限制流通物、不流通物

这是以物是否能够流通、能在何范围流通为标准而进行的划分。

流通物,是指法律允许在民事主体之间自由流通的物。

限制流通物,是指法律对流通范围和程度有一定限制的物。

不流通物,是指法律明令禁止流通的物,又称为禁止流通物。

我国的限制流通物主要有:①按照指令性计划购、销的物资,必须按计划流通。②黄金、白银,只能由国家规定的专营单位经营,禁止私相买卖和借贷抵押。[3]③外币,只能由国家外汇管理机关依法履行外汇管理职责,禁止私自买卖外汇、变相买卖外汇、倒买倒卖外汇或者非法介绍买卖外汇。[4]④文物,国家禁止转让、抵押国有不可移动文物,不得将非国有不可移动文物转让、抵押给外国人。[5]⑤麻醉药品、毒品、运动枪支,只能由国家允许的单位购售,个人不能随意购售。⑥国营企业法人闲置的固定资产或因关停并转需要转让给其他单位的资产,在转让时应取得上级主

---

〔1〕　如《日本民法典》第一编第三章。

〔2〕　现为《民法典》。

〔3〕　《金银管理条例》第7条、第8条、第12条。

〔4〕　《外汇管理条例》第45条。

〔5〕　《文物保护法》第24条、第25条。

管机关的同意。⑦）法律规定的其他限制流通物。

我国的禁止流通物主要包括国家专有的物资、土地、矿藏、水流、淫秽书画等。

民事主体违反有关限制或禁止流通物的规定的，可能导致行为无效，还可能承担行政的或刑事的责任。

二、动产与不动产

这是以物能否移动并且是否会因移动而损害其价值为标准进行的划分。

动产是能够移动并且不至于因移动而损害其价值的物。比如，桌子、电视机等。不动产是指性质上不能移动或虽可移动但移动就会损害其价值的物。

民事立法上一般不给动产和不动产下定义，而是采取列举和排除的方法。对不动产列举规定，不动产之外的财产就是动产。《民法通则》未采用这两个术语，《民通意见》第186条的解释是："土地、附着于土地的建筑物及其他定着物、建筑物的固定附属设备为不动产。"〔1〕

动产和不动产的法律地位是不同的。主要差别是：

第一，流通性质和范围有区别。不动产中除土地、公路、铁路等相当种类的物为禁止流通物外，其他一些物多为限制流通物，流通物种类很少。但动产中大多数的物都是流通物或限制流通物，禁止流通物的比例比较小。

第二，物权变动的法定要件不同。不动产物权的变动，以向国家行政主管机关登记为要件，否则不受法律保护。比如，房屋买卖，当事人必须订立书面合同，还必须向房屋所在地房管机关登记，办理过户手续，才能发生所有权转移的后果。〔2〕其中原因，主要是不动产一般都有价值大、用途重要，对社会、对当事人及关系人利害重大等特点。动产物权的变动，一般以物的实际交付为要件，甚至可以合同成立为要件。

第三，纠纷管辖方面有差异。因不动产发生的纠纷，一律由不动产所在地法院或有关机关负责处理。有关机关是指房管机关、土地管理机关，处理森林、林木纠纷的乡和县级以上的人民政府等。〔3〕处理不动产问题的法律依据是不动产所在地法，

---

〔1〕 该两个法律文件均已经废止。现《不动产登记暂行条例》第2条第2款列举的不动产为土地、海域以及房屋、林木等定着物。

〔2〕《城市私有房屋管理条例》第6条、第9条。(该条例已经于2008年1月15日被废止，但根据《民法典》第209条及相关法律规定，除非法律特别规定，否则不动产物权的设立、变更、转让和消灭，未经登记，不发生效力。)

〔3〕《森林法》第14条、《土地管理法》第13条。(该两部法律均于2019年被修正。现根据修正后的《森林法》第9条的规定，国务院林业主管部门主管全国林业工作；县级以上地方人民政府林业主管部门，主管本行政区域的林业工作；乡镇人民政府可以确定相关机构或者设置专职、兼职人员承担林业相关工作。根据修正后的《土地管理法》第5条的规定，国务院自然资源主管部门统一负责全国土地的管理和监督工作；县级以上地方人民政府自然资源主管部门的设置及其职责，由省、自治区、直辖市人民政府根据国务院有关规定确定。)

在涉外不动产纠纷上是这样,在国内不动产纠纷上也是这样。而且,不违背国家立法的地方性法规、行政规定对纠纷的处理有着直接的决定性的作用。动产纠纷的管辖则比较灵活。

三、特定物与种类物

这是根据转让物是否有独立特征或是否被权利人指定而特定化所作的分类。

特定物,是指具有独立特征或被权利人指定的转让物。包括独一无二的物和从一类物中指定而特定化的物。前者如毛泽东的一页手稿、齐白石的一幅遗画;后者如从一批解放牌汽车中挑选出来的某一辆等。

种类物,是指以品种、质量、规格或度量衡确定,不需具体指定的转让物。如标号相同的硅酸盐水泥,级别、价格相同的大米等。

有些法律关系只能以特定物为客体,如租赁关系;有些则只能以种类物为客体,如金钱借贷关系。

民法对特定物和种类物的灭失责任、所有权转移等有不同的规定。

特定物在未交付对方当事人之前灭失的,可以免除义务人实际交付原物的义务,由有过失的当事人或第三人承担损失。因不可抗力造成物灭失的,按《民法通则》第107条[1]的规定,在法律没有另外规定的情况下,当事人不承担民事责任。种类物在未交付前灭失的,义务人仍应交付同等种类物。

种类物的转让,通常以物的交付时间为所有权转移时间。特定物的转让,可以物的交付为所有权转移的标志,也可以按照法律规定或当事人的约定,确定所有权转移时间。[2]

四、主物与从物

根据两个独立存在的物在用途上客观存在的主从关系,可以把物分为主物与从物。

同属一人所有的两个独立存在的物,结合起来才能发挥经济效益的,构成主物

---

〔1〕 对应《民法典》第180条:"Ⅰ.因不可抗力不能履行民事义务的,不承担民事责任。法律另有规定的,依照其规定。Ⅱ.不可抗力是不能预见、不能避免且不能克服的客观情况"。

〔2〕《民法通则》第72条。(对应《民法典》第208条"不动产物权的设立、变更、转让和消灭,应当依照法律规定登记。动产物权的设立和转让,应当依照法律规定交付"、第209条"Ⅰ.不动产物权的设立、变更、转让和消灭,经依法登记,发生效力;未经登记,不发生效力,但是法律另有规定的除外。Ⅱ.依法属于国家所有的自然资源,所有权可以不登记"、第224条"船舶、航空器和机动车等的物权的设立、变更、转让和消灭,未经登记,不得对抗善意第三人"、第641条"Ⅰ.当事人可以在买卖合同中约定买受人未履行支付价款或者其他义务的,标的物的所有权属于出卖人。Ⅱ.出卖人对标的物保留的所有权,未经登记,不得对抗善意第三人"等。)

和从物关系。

主物是指独立存在，与同属一人所有的其他独立物结合使用中有主要效用的物。

在两个独立物结合使用中处于附属地位、起辅助和配合作用的是从物，也称为"附属物"。例如，机器和附带的维修工具，机器是主物。

在法律或合同没有相反规定时，主物所有权转移时，从物所有权也随之转移。

五、可分物与不可分物

物依其能否分割以及是否会因分割而损害其效益或改变其性质，分为可分物与不可分物。

可分物是指可以分割并且不因分割而损害其效益或改变其性质的物。比如，油、米、布等。

不可分物是指按照物的性质不能分割，否则会改变其效益或性质的物。比如，一辆汽车、一部机床、一匹马等。按照财产共有人的协议或权利的性质，在一定时间内不得分割的物，也属于不可分物。

区分可分物与不可分物的实际作用是：

第一，有利于共有财产的正确分割。共有财产是可分物的，共有人可分割实物，各得其所；共有财产为不可分物的，不得分割实物，只能是有人得实物，其他人从得实物人处取得合理的折价补偿。

第二，便于明确多数人之债的债权债务。数人共享一个债权或共负一个债务，标的物为可分物的，债权人可以享有按份债权，债务人可以负有按份债务；标的物为不可分物的，债权人之间是连带债权，债务人负连带债务。

六、消耗物与不消耗物

根据同一物仅能一次性使用还是能反复使用，有消耗物与不消耗物之分。

仅能供权利人一次性使用的物是消耗物，也称为"消费物"。比如，水果、食品、燃料、原材料、金钱等。能够供权利人反复使用的物是不消耗物，亦称"不消费物"。比如，房屋、机器和各种耐耗物品。

物的这种分类的法律意义在于，明确消耗物可以作为消费借贷、买卖等转移所有权的合同的标的物，不消耗物则不仅可以作为转移物的所有权的合同的标的物，还可以成为使用借贷、租赁等合同的标的物。

七、原物与孳息物

根据两物之间存在的原有物产生新物的关系,物可分为原物和孳息物。

原物是指依其自然属性或法律规定产生新物的物,如产生幼畜的母畜、带来利息的银行存款等。

孳息是指原物产生的物,包括天然孳息和法定孳息。天然孳息是原物根据自然规律产生的物,如幼畜。法定孳息是原物根据法律规定带来的物,如存款利息、股利、租金等。

除法律或合同另有规定外,孳息归原物所有人所有,转让原物时,孳息收取权一并转移。[1]

八、有主物与无主物

根据物在一定期限内是否有所有人,有有主物与无主物的分类。

有主物指所有人明确的物,如某公民的汽车。

无主物指在一定期限内没有所有人或者所有人不明的物,如抛弃物、无人继承物等。所有人不明是指事实上无法明确所有人,讼争的物不是所有人不明的物。

这种分类,主要是为了解决无主物的归属,以便物尽其用。对无主物所有权的取得,各国或地区民法有不同规定。如法国,规定一切无主物归国家所有;[2]再如日本,则是除法律有特别规定外,无主动产一般归先占者所有,无主不动产归国家所有。[3]我国《民法通则》规定,所有人不明的埋藏物、隐藏物归国家所有,[4]其他有关法律规定,超过规定期限无人认领的拾得物、漂流物等也归国家所有。无人继承又无人受遗赠的遗产,归国家所有,但死者生前是集体所有制组织成员的,归所在集体所有制组织所有。[5]

---

〔1〕《物权法》第116条即区分规定了法律没有特别规定情形下天然孳息和法定孳息的归属确定方法:除当事人另有约定外,天然孳息,由所有权人取得;既有所有权人又有用益物权人的,由用益物权人取得;法定孳息,没有约定或者约定不明确的,按照交易习惯取得。《民法典》第321条承继了《物权法》的规定。

〔2〕《法国民法典》第713条。

〔3〕《日本民法典》第239条、第240条、第241条。

〔4〕《民法通则》第79条。(《物权法》第114条即规定了"拾得漂流物、发现埋藏物或者隐藏物的,参照适用拾得遗失物的有关规定。法律另有规定的,依照其规定。"《民法典》第319条承继了《物权法》的规定。)

〔5〕《继承法》第32条。(对应《民法典》第1160条:"无人继承又无人受遗赠的遗产,归国家所有,用于公益事业;死者生前是集体所有制组织成员的,归所在集体所有制组织所有。")

九、单一物、合成物与集合物

依标的物是由一个还是多个独立物构成，有单一物、合成物与集合物之分。

单一物是指独立成一体的物，如一匹马、一只电灯泡等。

合成物是指数个单一物结合为一体的物，也称为"合一物"。比如，离心式水泵与配套电机构成的排灌工具，配有宝石鸡心的金项链等。合成物的各个组成物能够独立为一体，而且相互之间没有主物、从物关系。合成物事实上是二个以上独立物的结合体，在作为权利标的时，被法律和交易观念视为一个物。

集合物是指多个的单一物或合成物集合为一体作为权利标的，在交易上和法律上当作一物对待的物的总体。比如，一群羊、一个企业法人的全部物质资料等。国家财产就属于集合物。

对物作此种区分，主要是为了明确：无论是哪种物，在作为权利标的时，在法律观念上都是一个完整的物。具体说就是：①在作为所有权客体时，合成物、集合物与单一物的法律性质相同，一物之上有一个所有权，不能认为合成物或集合物的每个独立物上都存在一个所有权。(2)在作为债权标的物时，债务人不得改变合成物或集合物的组合状况，否则构成债的不履行。③在作为抵押权客体时，抵押人不仅不能改变抵押的各种物，而且，在法律或者合同无特别规定的情况下，还不得把单一物或者合成物、集合物的部分独立物质另行抵押给其他人。

十、定着物与附着物

根据一物对他物的粘连程度不同，有定着物与附着物的分类。

定着物，是指固定于地上或地下、不能移动的物，如房屋、桥梁等。定着物不是它所定着的物的一部分，也不是从物，而是独立的物。

附着物，是指附着于其他物上、可以与所附着之物分离但分离后不能发挥其用途的物，如室内安装的吊灯、固定在墙壁上的板块组合式浮雕等。

定着物属于不动产，适用不动产法律。附着物有的是动产，有的在法律上视为不动产。

十一、混合物与附合物

根据不同所有人的物结为一体时是混为一体还是相互附合为一体，物有混合物与附合物之分。

混合物，是指不同所有人的物互相掺合，难以分开而形成的物，如甲、乙二法人的同质同规格的钢筋混在一起的钢筋堆等。

附合物，是指不同所有人的物相互附合成为一体、不经毁损就不能分离的物。比如，甲的衣面料与乙的衣里布做成的衣服、承租人在出租人房边上扩建的耳房等。

区分混合物与附合物可以明确以下两点：①混合物可分割的，由原所有人共有或分割；不可分割的，由一方取得物并向另一方支付合理价金；附合物的所有权归主物的所有人，未取得物的一方有权要求得物人予以补偿。附合物的各附合部分为无主、从物关系的，应由原所有人共有。②动产可发生混合与附合，不动产不能形成混合物，动产和不动产可以形成附合物。动产与不动产附合时，附合物归不动产所有人，动产所有人有权要求不动产所有人给予合理补偿。[1]

第三节　特殊意义的物

有一些物，由于其性质、作用的特殊性，或者由于人们观念上的特殊原因，在法律上具有特殊的意义和地位。

一、货币、证券

货币与证券都属于代表一定财产权的凭证，但各自的作用、法律地位有明显不同。

（一）货币

货币是充当一切商品的等价物的特殊商品，在民法上属于种类物。我国的货币是人民币，包括各种纸币和铸币。

在我国境内，除法律有特别规定者外，人民币是法定的支付工具，外国货币、金银都不得作为支付手段。

在民事法律关系中，货币的作用主要表现为：

其一，担当物权的客体。公民、法人[2]除能对一般实物享有物权外，还可拥有货币，对其进行占有、使用、收益和处分。

其二，充当债权的客体。这是货币最主要的作用。买卖之债中的价款、劳务之债中的酬金、借贷之债中的款项以及侵权赔偿、违约赔偿等债权债务关系中的赔偿金、违约金等，都以货币为支付工具。

---

〔1〕　混合物与附合物均属于添附物。《民法典》第322条确立了添附物归属的确定原则："因加工、附合、混合而产生的物的归属，有约定的，按照约定；没有约定或者约定不明确的，依照法律规定；法律没有规定的，按照充分发挥物的效用以及保护无过错当事人的原则确定。因一方当事人的过错或者确定物的归属造成另一方当事人损害的，应当给予赔偿或者补偿。"

〔2〕　自《民法总则》始，自然人、法人以及非法人组织均已经成为民事主体。

我国法律不限制自然人的货币拥有量,以有息储蓄等手段,减少自然人对货币的直接占有量。法人、非法人团体[1]的货币直接占有量和现金使用量受到国家的必要限制。

(二)证券

证券有广、狭二义。

广义的证券,是指在特制的专用纸单上记载一定文字,表明一定财产权利或者法律事实的书据。它包括以下几种具体类型:

第一,票证,即以很小的专用纸卡、纸单等记载小的财产权的书据,如车票、船票、机票、门票、入场券等。此外,各种邮票、彩票(如有奖销售券)也都属于票证。票证是代表一定财产权的特制物,行使票证上表明的权利,以持有票证为根据。某些票证是重要的物权客体或债权的标的物,如一枚惟一的清末的邮票。

第二,证书,即证明某种权利或法律事实的书据,如记载人格权取得或丧失的出生证或死亡证,证明房产权的房产证等。证书只证明权利或法律事实的发生、变更和消灭,不代表它所证明的权利或事实。因此,证书和它所证明的权利或事实是两个独立存在的事物,二者不仅可以分离,而且分离后互不影响。如结婚证被毁,不影响夫妻二人的夫妻身份权。但是,某些证书所证明的权利,在行使时以提示证书为根据。比如,房屋买卖合同的当事人到房管机关办理登记过户手续,出卖人一般须持有出卖房屋的房产证,交房管机关验看后方能办理。

第三,单据,即收取金钱或者货物的书据。从广义上讲,它包括发票、发货票、现金收据、提单、仓单、运单、存单等;从狭义上讲,它只是指记载一定支付结算法律事实的书据。在证券法上,提单、仓单、运单、存单等表明财产权利、又可流通的单据,属于有价证券。单据也是一种特定物,在民事法律关系中既可独立担当客体,也能与其他有关物结合而为客体。

第四,特种格式合同书,如保险公司交付给投保人的保险单。它既是保险合同成立的凭证,又是投保人的权利证书。

第五,有价证券,是代表一定财产权利的书据。它包括债券(公债券、企业债券)、票据、提单、仓单、抵押单、股票等。

证券的作用纯粹是表明一定的财产权利。特别是债券、票据、不记名股票等,属于完全有价证券。也就是说,这些证券是用来代表一定的财产权的,这些证券与它所代表的财产权融为一体,密不可分。人们持有了证券,也就享有证券所代表的财产权;丧失了对证券的持有,就不能行使证券所代表的权利。例如,甲将自己的国库券5000元丢失,他就不能在到期日要求银行兑现。

有价证券有以下法律特征:

---

[1] 自《民法总则》始,均以非法人组织称谓。

第一，证券直接代表财产权利，券面所记载的财产价值，就是证券本身的价值。比如，一张面额50万元的本票，票面上的文字就表明了50万元财产权的存在，这张本票就值50万元，要取得本票上的财产权，就必须取得本票。

第二，证券上的权利的行使，离不开证券。证券是代表财产权的书据，本身则属于特定物。这就产生了"证券上的权利"和"对证券的权利"两种密切相联但又性质不同的财产权。"证券上的权利"是证券上的文字表明的权利，一般是债权。"对证券的权利"是持券人对证券的占有、使用、收益和处分的权利，属于物权。持券人凭借持有证券的事实，才能行使证券上的债权，如果离开证券，就无法表明权利存在，也就无从行使权利。

第三，证券权利的转移，仅以证券的交付为要件。证券属于动产，动产所有权的转移，除法律另有规定或当事人另有约定外，[1]以动产的交付为要件。持券人要转让证券权利，只需将证券交付给受让人即可生效。反过来，持券人以转让证券为目的将证券交付他人，也就是转让证券权利。

第四，证券的债务人是固定的，债权人则可以因证券的转让而变更。证券的作用，除证明权利外，更重要的是流通。因此，持券人会发生变换，证券债务人不得因持券人的合法变更而拒绝履行债务。

第五，证券上的债务，是"无条件给付"券面载明的财产的义务。所谓无条件给付，是指债务人履行证券义务，交付财产时，除有权收回证券外，不得向持券人提出任何对价性的条件，只能是单纯给付。如国库券，兑现期到来时，银行只有照券面金额给付金钱的义务，不能要求持券人支付代价。

狭义的证券，是指有价证券。它包括以下几种主要类型：

其一，票据，是发票人依法签发的、约定由自己或者自己委托的人按约定时间无条件支付一定金额为内容的有价证券。它分为：

本票，又称为"期票"，是出票人签发的，承诺自己在见票时无条件支付确定的金额给收款人或者持票人的票据。

汇票，是出票人签发的，委托付款人在见票时或者在指定日期无条件支付确定的金额给收款人或者持票人的票据。我国有商业汇票和银行汇票两种汇票。

支票，是出票人签发的，委托办理支票存款业务的银行或者其他金融机构在见票时无条件支付确定的金额给收款人或者持票人的票据。在我国，有现金支票、转账支票、定额支票三种支票。

其二，债券，是国家或者企业依法发行的、约定在到期时还本付息的有价证券。它分为公债券和企业债券。公债券是国家发行的债券，国库券就是一种公债券。企业债券是企业发行的债券。

---

〔1〕《担保法》第78条规定："以依法可以转让的股票出质的，出质人与质权人应当订立书面合同，并向证券登记机构办理登记。质押合同自登记之日起生效"。自《物权法》始，即区分质押合同生效与质权的设立。根据《民法典》第443条规定，以股权出质的，质权自办理出质登记时设立。

其三，股票，是股份有限公司依法发行的表明股东权利的有价证券。持票人有权在一定的时间内向发行人领取股息。

其四，提单，是货物承运人接受承运货物后签发给托运人的货运单据。它既是货物运输合同成立的证书，也是承运货物的物权凭证。

有价证券分为记名式和不记名式两种形式。记名式证券是指券面上记载权利人名称的证券，如票据、提单、记名股票等。不记名式证券是指券面上不记载权利人名称的证券，如国库券、不记名股票。对记名证券和不记名证券有不同的法律规定：在行使权利方面，记名证券的持券人除必须提示证券外，还必须证明自己是券面记载的权利人；而不记名证券的持券人则只须提示证券。在证券转让方面，记名证券应以背书方式进行转让，而不记名证券的转让则只需交付证券就可实现。在权利救济方面，记名证券丢失的，可行挂失或除权判决，毁损的，可采取其他补救措施；而不记名证券丢失毁损的，不能采取补救措施，原权利人只有坐受损失。

二、尸体、活体器官、死体器官、精子、卵子

对于这些物体是否能作为民事法律关系的客体，有一些不同的认识。随着社会的发展，人们的观念也在不断变化。救死扶伤是人道主义的高尚行为，因此，在必要时，以尸体解剖供医学研究，以身体上的器官移植给病人，以健壮者的精子、卵子通过医学手段授予不育症患者，是人道主义的表现，对社会有益。在此意义上，应确认这些物体在特定条件下可以成为民事法律关系的客体。但是，这些物毕竟不同于其他的物，在法律上应作专门的规定，明确它们可以当作物来对待的条件、范围等。

第十三章 物权通论

第一节 物权的意义

一、物权概述

物权是一定社会的财产所有和支配关系的法律表现形式。

生产和生活是人们的基本存在方式,物是人们从事生产和生活的一大要素。在物质财富不能满足人们的需要时,就必须以法律确定和保护一定物质财富的归属关系,承认特定人对特定的物有不容他人干涉的全面支配权,即财产所有权。同时,社会生产和生活在客观上要求必须最大可能地实现物的经济效益和社会效益,力争物尽其用、物尽其利。因此,没有某物的人可以按照法律或者合同,对他人所有的物进行使用、收益等,形成物的利用关系。对合法利用他人物的人必须予以保护,承认利用人对利用的物有不容他人干涉的独占性利用权,即他物权。所有权和各种他物权,构成了一个高层次的权利概念——物权。

人类历史上出现财产私有制的同时,物权概念便随之产生。所有权和他物权几乎是同步产生的。一方面,所有权用以明确一定物质财富特别是生产资料归谁所有,由谁独占地按自己意志予以支配;另一方面,所有人在支配财产时,不可或缺地要与特定人发生直接关系,而非所有人为满足自己需要,也积极地与所有人发生财产利用上的他物权关系。在罗马法上,自物权和他物权同时得到确认。我国历史上虽无明文记载,但奴隶主把自己闲余不用的土地封赏给贵族的现象,实际上就是当时自物权和他物权并存的反映。

不同社会的物权制度,反映各该社会的所有制,这是马克思主义关于法律与所有制关系的科学发现。在人类历史上,迄今为止先后出现过奴隶社会的奴隶主物权制度、封建社会的封建主物权制度、资本主义社会的资本主义物权制度、社会主义社会的社会主义物权制度。

二、物权的意义

物权是权利人在法律规定的范围内按照自己的意志支配自有物或者依照授权支配他人的物,直接享受物的效益的排他性财产权。

由这一定义可知:①物权是一种财产权,具有直接的财产内容。②物权是以一定的物为标的的财产权。首先,物权是以物为标的的权利,除非法律有例外规定,以给付或无体财产为标的的权利,不是物权;同时,物权的标的只能是一定的物,即权利人合法所有的自有物,或者权利人根据法律、合同所支配的他人的物。各个物权的标的,在内容、范围等方面都必须确定,否则,民事主体的个人利益、社会生产和生活,都会因物的归属不明、利用无度而陷入混乱。③物权是支配型财产权。财产权依其作用不同分为请求型和支配型两种权利。因合同、侵权行为等发生的债权,是请求型财产权,权利人须通过义务人为财产上的给付,才能实现利益。而物权则是权利人不需请求他人给付财产,自己支配标的即可直接实现财产利益的权利。所谓支配,就是直接对标的实施取得利益的各种行为。④物权分为按照自己的意志支配自有物的物权和依照授权支配他人的物的物权。前者是自物权,后者称他物权。

物权是大陆法系民法上的概念,在罗马法中已有出现,一直沿用至今。我国《民法通则》没有使用这一术语,但第五章第一节"财产所有权和与财产所有权有关的财产权"所规定的大多数权利,符合物权的基本特征,民法学界普遍认为这些权利属于物权。[1]

三、物权的特征

与其他有关权利相比较,物权有以下特征:

(一)对物的支配权

这是物权在作用方面的特征。物权的作用是保障权利人能够对标的物全面支配或限定支配,从而直接享受物的效益。因此,物权以物为支配对象。其他权利如人身权、知识产权,也有支配权性质,但都不是对物支配权。反过来,物权也不能以人身、智力成果作为支配的对象。

物权有完全物权和限制物权之分,不同物权有不同的支配力。完全物权就是所有权,它有全面的支配力,保障物的所有人能够依法按照自己的意志,对自有物行使占有权、使用权、收益权和处分权等全面的支配权。所有权的全面支配力,核心在于"自主支配力",即除法律的限制外,其他因素不能限制所有人对自有物的自由支配。

---

〔1〕 2007年施行的《物权法》明确规定所有权、用益物权、担保物权三大物权类型,《民法典》承继这一设计,以"物权"编专编予以规定。

限制物权是非所有人根据法律或者合同的授权,对他人所有的物享有的某些支配权。它只有法律或者合同所限定的支配力,保障限制物权人在法律或者合同所限定的范围内,对他人所有的物行使占有权、使用权、收益权、处分权中的某些权利。限制物权的不全面支配力,既表现为支配权范围的局部性,也表现为无"自主支配力"。总之,都受到所有权实质上是所有人意志的限制。比如,借用他人之物,使用人享有使用权,但无收益权和处分权。又如,受托为他人出卖物品,有处分权但须按委托人的意思处分。

(二)排他性财产权

这是物权在效力方面的特征。物权的排他性是指:其一,一物之上不能有两个或两个以上互不相容的物权。就所有权而言,一物之上不能有两个所有权,某人对某物享有所有权,就排除其他任何人同时再对该物另有一个所有权。就他物权而言,一物之上也不能同时有两个或两个以上互不相容的他物权。比如,甲对乙的汽车有使用权,就排除其他人同时对该车再有相同的使用权。其二,物权具有直接排除不法妨碍的性能。物权人行使权利遇有不法妨碍时,凭借物权能够直接请求妨碍人排除妨碍或消除可能发生妨碍的因素。

物权的排他性来自物权法的立法原则,即国家为维护正常经济秩序,保障民事主体独占地支配一定物质财富的意志。相反,与物权同为财产权的债权,不具有排他性。因为债权是请求权,客体是行为(即"给付"),权利的作用只是请求债务人为一定行为,数个债权人可以同时请求债务人为同种行为而互不影响,所以,法律允许同一客体之上有多个债权存在。

物权的排他性不排除下列情况:①多人共享同一物权。比如,夫妻对家庭财产共享所有权,家庭全体成员对集体土地共享承包经营权等。②一物之上有所有权与他物权同时存在。如甲在自有物上为乙设立了使用权或抵押权。③一物之上有互不影响的数个他物权同时存在。用途上互不影响的或者虽为同一种类但互不影响的数个他物权,能够同时并存于一物之上。前者如甲在自己的不动产上为乙设立了使用权,为丙设立了向乙收取使用费的收益权,又为债权人丁设立了抵押权的情况。后者如债务人甲在自有的价值10万元的不动产上为债权人乙、丙二人分别设立了价值各为5万元的抵押权的情况。④法律针对物权所规定的限制。比如,禁止权利滥用原则、相邻权的发生等。

(三)对世权

这也是物权在效力范围方面的特征。物权对除权利人之外的任何人都有约束力。某人对某物享有物权时,其他一切人都成为义务人。因此,物权的义务人是不特定人。

与物权相对存在的债权，只对某个或某些人有约束力，债权关系之外的其他人不受债权的约束。所以，义务人是特定人。由于义务人范围不同，民法上把物权称为"对世权"，把债权称为"对人权"。例如，甲对一辆汽车有所有权，其他任何人就该车都对甲负有不得非法妨碍其行使所有权的义务，此为物权的对世约束力；后甲与乙订立合同将车卖给乙，此时甲只对乙享有债权，仅能请求乙按合同付价款，其他任何人都无付款义务，这就是债权的对人约束力。

(四)绝对权

这是物权在实现方式方面的特征。物权的实现，不需义务人为积极行为进行协助，而以权利人对标的进行合法支配为唯一要件。可见，一方面，义务人负担的是不作为的义务，即不得对物权人的合法支配实施非法干预的消极义务；另一方面，因为物权是法定之权，[1]其种类、内容[2]均是民法上强制性规范所规定，依法行使物权就是直接实现有关规范的立法意图，所以法律保障物权人在合法范围内能够无限制条件地、绝对地实现其权利。

民法上有绝对权和相对权之分。绝对权是指不需义务人为积极行为进行协助，仅有权利人合法支配行为即能实现的权利。它和对世权相通但强调面各有侧重。属于绝对权的，有物权、人身权、知识产权。相对权是指必须通过特定义务人为特定积极行为进行协助才能实现的权利。债权是相对权，它的实现，一般以特定义务人完成特定积极行为为要件，债务人不按债的规定完成特定积极行为时，债权就无法实现。所以，债权是有限制条件的相对权利。

第二节　物权法

一、概述

为了有效地保护正常的财产归属和利用关系，就要用法律确认、保护物权。规定民事主体可以享有哪些物权，各种物权有何权能，如何行使、变动物权及怎样保护物权等的法律制度，就是物权法。物权和物权法都是大陆法系民法中的用语。在英美法中，没有这些词汇，与之相近的是"财产权"和"财产法"，而且它们的含义、内容和反映的观念等都有很大的差异，不可等同。

---

〔1〕 参见本章第二节中"物权法定主义"。
〔2〕 《民法典》第116条规定："物权的种类和内容，由法律规定。"

二、物权法的发展

物权制度产生于罗马法。罗马法把物权分为自物权和他物权,并规定了占有制度,对物权的保护,也作了比较完备的规定。根据罗马法,自物权即所有权,是对自有物的完全的支配权;他物权是权利人对他人的物的有限度的支配权,包括役权、永佃权、地上权三类用益物权和质权、抵押权等担保物权。在罗马法中,所有和占有是不同的两个概念。所有指一种物权,占有是指人对于物有事实上的管领力,即对物的实际控制。占有是一种事实而非权利,适法占有才能有占有权。

罗马法的物权制度对后世立法影响巨大。法国资产阶级革命胜利后制定的《法国民法典》,几乎原封不动地照搬了罗马法的物权概念、种类和体系,并进一步明确了"所有权神圣"的原则,为资本主义私有制奠定了民法保障基础。

1900年施行的《德国民法典》,在罗马法物权制度和日耳曼法基础上,有了新突破。该法不仅比较周全地规定了物权种类,而且首次在法典中专设了"物权编",系统、集中地规定物权制度。《瑞士民法典》《日本民法典》、民国时期的民法典(现我国台湾地区适用)都效法《德国民法典》,专设了物权编。1922年的《苏俄民法典》也曾专设物权编,但在1964年《苏俄民法典》取消了。民国时期民法的物权法,兼采德、日两国物权立法特点,在物权编中集中规定了各种物权,其中除所有权外,还有地役权、地上权、永佃权、典权、质权、抵押权、留置权等他物权和占有制度。

我国《民法通则》中没有用"物权"作专节标题,但决不能因此而否定我国的物权制度。实际上,我国法律已规定了初具规模的物权制度体系。对此,本章第三节和以下有关章节将作专门介绍和研究。[1]

三、物权法的基本原则

物权法的基本原则,是贯穿于整个物权制度中的物权立法思想和适用物权规范的根本准则。它可以由若干相对集中的法条系统表明,也可以分散体现于有关条款之中。

物权法的基本原则包括:

(一)一物一权主义

所谓"一物一权",是指一个标的物上只能存在一个所有权,不允许有互不相容的二个以上的物权同时存在于同一标的物上。

这里所说的"一物",是指法律观念上的一个标的物,它既可以是单一物,也可

[1]　自2007年《物权法》实施,我国有了专门的形式意义上的物权法。现《民法典》以"物权"编专编规定物权。

以是合成物或者集合物，而不是指客观事实上的一个独立物。

一物一权主义的立法思想，是保障物的所有人能够按照自己的意思独占性地、全面地支配自有物，能最终地处分自有物。这样的结果，能够确定一定物质财富的所有关系，不致因对物的所有关系不确定而造成社会混乱。

一物一权主义是物权排他效力的表现。值得注意的是，一物一权主义并不排除在同一标的物上同时设有所有权和他物权，也不排除在同一标的物上同时设立二个以上不相冲突的他物权。[1]他物权的内容和效力受到所有权的限制，他物权中的担保物权具有期待处分权，可以排除所有人的处分权。[2]用益物权则只具备使用、收益的权利，不能排除所有人的处分权。无论如何，他物权都不构成对所有权的妨害。

一物一权主义的立法，使物权的支配权性质有了可靠的法律保障，并确定了物权的排他性、优先性等性质。

(二) 物权法定主义

所谓"物权法定"，是指物权的类型以及各类型的内容由法律规定，而不许当事人自行创设。

物权法总体上偏强制性规范，它规定的各个条款原则上不得违反，否则，可能影响行为的效力，使得利害关系人和国家有关机关对不法行为人不承担物权的义务。

物权法定主义的立法原因在于，物权是支配性财产权，是绝对权，物权人之外的一切人都是义务人。因此，物权的种类、变动等，对社会其他成员、对社会和国家都有直接关系，只有以强制性规范规定有关制度，使物权归属关系明朗化、物权变动公开化，才能做到既保障物权人的利益，又不至于发生当事人任意创设新的物权种类或滥用权利、损害第三人利益、危害社会经济秩序的现象。

物权法定主义并不是封闭性立法，对于经济生活中新出现的具备物权性质的财产关系，法律应及时确认，规定新的物权种类，发展物权体系，适应和促进经济发展。

(三) 公示和公信原则

物权变动以公示为要素。所谓公示，即以公开方式使公众知晓物权变动的事实。动产物权的变动以占有(转让物权的以交付)标的物为公示方式；不动产物权的变动以在国家主管机关办理登记为公示方式。欲变动物权但未采用法定公示方式的，不发生物权变动的法律后果。

所谓公信，又称为公信力，是指物权变动符合法定公示方式的即具有可信赖性的法律效力。即使物的转让人事实上无处分权，善意受让人基于对公示的信赖，仍可能取得物权。

---

〔1〕 参见本章第一节中"物权的特征"。
〔2〕 参见本章第三节中"担保物权"部分。

公示和公信两个原则，是针对物权变动而设立的。[1]前者的作用是要求物权变动当事人须以明确、可靠的方式变动物权，使物权变动行为能发生确定的效果。后者的作用则在于保护交易活动中的善意受让人，维护公开交易的可靠性和正常秩序。

四、物权观念

物权观念是寓于物权法中的物权立法价值取向。在历史上有两种法制，对后世的物权立法发生不同的影响。其一是罗马法的物权法制；其二是日耳曼法的物权法制。这两种不同的物权法制，由于价值观上的差异，在物权观念上也存在着很大的区别。了解这两种物权观念及其对后世物权立法的影响，对于健全我国的物权法制，有重要意义。

(一)罗马法的物权观念

罗马法的物权法受简单商品经济的决定，以"个人主义"为立法思想，反映出个人本位，承认个人所有权有绝对性、排他性和永续性，确立了以所有权为中心的物权法体系(物权的核心在于物的"所有"而非物的"利用")。其内容可以概括为：

第一，物权是对物的抽象的支配权利，对物的具体利用，是抽象的支配权的功效。所有权是支配力最完整的物权，所有人能够按自己的意志对自有物行使占有、使用、收益和处分等权利，其中对物的自由处分权是根本性权利。他物权是在所有权基础上产生的、对物有特定方面的支配权的物权，他物权的特定方面的支配力，是所有权的全面支配权的功效所致。这就是"以所有为中心"的物权观念。

第二，所有权的本质，是所有人对自有物的自由处分力，在所有权上设立他物权，由他物权人对所有人的物享有使用、收益等权利，是所有人行使支配权的表现，所有人并不因此丧失所有权。一物只能由一个意志独占性地全面支配，所以，一物之上只能有一个自由处分力存在，即"一物一权"。

第三，物权是私法上的对物支配权，所有权是绝对性、排他性和永续性的权利，法律上对所有权的种种限制，存在于所有权概念之外，实际上是对所有权行使的限制，不是对所有权本身的限制。此即为"所有权绝对"的思想。

第四，所有权具有弹性力或称归一力。所有权的某些权能，在一定条件下能够与所有权相分离，形成他物权，他物权只在一定时间内和某些方面对所有权有限制，他物权终止时其限制作用即行消除，分离出去的权能自动回复于所有权，所有权即刻回复其全面支配力。这是所有权的权能可以与所有权分离并能回复于所有权的观念。

[1] 参见本章第五节"物权变动的原则"部分。

第五，所有权与占有不同。所有权是法律上的支配力，占有是对物的事实上的掌握。因此，所有之诉和占有之诉是相互独立的。

第六，多人共有一物时形成的所有权的分割，是量的分割。分割的所有权与不分割的所有权性质相同，但所有人的权利范围不同。不分割的所有权，共有人的权利无量的差别；分割的所有权，共有人的权利有量的差别，即共有人就共享的所有权在内部分享不同的权利份额。

(二) 日耳曼法的物权观念

日耳曼法的物权制度是农业经济的法律表现，它以"团体本位"为立法原则，体现了团体本位、所有权的相对性，确立了以物的"利用"关系为中心的物权法体系。其内容主要是：

第一，认为所有权不是对物的抽象的支配权，而是具体的利用权，所有权是相对性的权利。日耳曼法中的"所有"与罗马法中的"所有"，在含义上有很大差别。罗马法中的所有，用来表明物的归属和全面支配力，因而含义是抽象的、绝对的；日耳曼法中的所有，虽然也包含着归属和全面支配力的意义，但主要是表明物的实际占有和利用关系的，而且所有和占有无明显区别，[1]不存在所有权与他物权的差异。日耳曼法注重物的利用关系，从具体的事实关系出发，根据对物的各种利用形态，确认相关的各种物权。在同一物上可以有两个所有权，即所谓的"双重所有权"，典型的形式是同一土地上并存的"上级所有权"（收取地租的所有权）和"下级所有权"（应支付地租的所有权）。总之，日耳曼法中的"所有"的意义是具体的、相对的。

第二，各种具体的利用权，都是独立的物权，不存在所有权派生他物权的概念。不同的利用权有不同方面的利用力，对标的物能全面利用的，是不同利用权全部集合的作用，全面利用和某些方面的利用，是利用权的量的差别。这一点，反映了"以利用为中心"的物权观念。

第三，物权概念中包含身份权性质。日耳曼法的土地所有权，兼有财产权和领土主权双重性质，全部土地在名义上都归国王所有，然后再按社会地位的高低分配给臣下自由使用，实际上这些臣下享有土地所有权。不同的土地所有权表明不同权利人的不同社会身份。

第四，所有权具有浓厚的团体主义色彩。日耳曼法中的不动产，由家庭、公社等团体享有所有权，团体再给内部成员以种种使用、收益的权利。在日耳曼法中有"总有权"的概念，[2]充分体现了团体主义的浓厚色彩。

第五，物权的变动，以占有的变动为要素。

---

〔1〕 在罗马法中，所有权和占有相分离时，所有权为本权，分离的占有不一定为权利。但在日耳曼法中，有占有(Gewere)即受物权法的保护，作为本权的物权与占有不能分离，因此，有Gewere就有物权。

〔2〕 总有是指一定的财产，由村落或团体的成员享有使用权和收益权，由村落或团体享有管理权和处分权的物权关系。

第六,多人对一物可有不同内容的物权。此种情况下,所有权发生质的分割,即所有权内容的管理、处分、使用、收益等权利,分别由不同的物权人享有。分割的所有权与不分割的所有权,性质完全不同。不分割的所有权,所有人独自对标的物享有使用、收益、管理和处分诸方面的集合性权利。分割的所有权,权利人就自己的权利对整个标的物分享使用权、收益权或者管理权、处分权。

(三)近、现代物权观念

罗马法和日耳曼法的不同物权观念,对近、现代物权立法产生了巨大的但又是截然不同的影响后果。在大陆法系,《法国民法典》几乎全盘继受了罗马法的观念;《德国民法典》既继受了罗马法的传统,又结合了日耳曼法的一些特点。在英美法系,英国的财产法大量接受了日耳曼法,简直成为近、现代社会中的"唯一的日耳曼法"。[1]

从世界范围看,罗马法的影响相对要大些。在资产阶级革命胜利初期,罗马法的"个人本位""所有为中心"的物权观念,适合资产阶级的需要,因而被大多数资本主义国家所接受。随着资本主义经济的发展,这些观念逐渐不能完全适应社会经济的需要,而日耳曼法的"团体本位""利用为中心""所有权相对性"等观念,符合社会的要求,又逐渐被各资本主义国家所重视,并很快渗透到物权法中。事实上,现代物权观念已由近代物权法的"所有为中心"转化为"利用为中心"。

在我国,民国时期的物权法原在制定的时候受德国民法的影响比较大。近几十年来,我国台湾地区的经济、政治、文化等受到美国的重大影响,现在的物权观念更加注重物的"利用"关系。

《民法通则》及《土地法》《森林法》等法律关于物权的制度,对所有权关系规定较多,对他物权规定较少,这种情况会随着社会主义经济体制改革的不断深化,逐步改变,对物的用益关系给以高度重视,是历史发展的必然。[2]

第三节 物权的分类

一、概述

传统民法学中的物权种类有所有权、地上权、地役权、永佃权、典权、抵押权、质权、留置权以及矿业权、渔业权等准物权。在我国,由于社会主义公有制经济基础的建立和发展,一些旧的物权种类因失去了存在的基础和价值而消失,同时,又产生了

---

〔1〕《马克思恩格斯选集》第3卷,人民出版社1972年版,第150页。

〔2〕 自《物权法》颁行以来,这种现象已经大有改观。

一些新的物权种类。根据我国《民法通则》和其他有关法律的规定,我国的物权包括所有权、使用权、经营权、承包经营权、典权、抵押权、留置权等。[1]为了明确不同物权的不同特点和相关物权的共同点,有必要对众多的物权进行分类。

二、物权的分类

对物权的分类,是按照不同的标准进行的。主要的分类是:

(一) 自物权与他物权

此系根据权利人是对自有物享有物权还是对他人所有之物享有物权来划分的。自物权是指权利人依法对自有物享有的物权。所有权是唯一的自物权种类,因此,自物权就是所有权。他物权是民法学对所有权之外的各种物权的总称,是指权利人根据法律或合同的具体规定,对他人所有之物享有的物权。

区分这两种物权的实益在于明确不同的物权有不同范围的支配力,不同物权人的权利范围和内容也就不相同。①自物权有全面、最高的支配力,自物权人在合法范围内能够对标的物进行全面的、自主的支配,按照自己的意思对标的物进行占有、使用、收益和处分,并排除他人的干涉。因此,学理上还称之为"完全物权"。②他物权没有自物权那样的全面支配力,只有某些方面的、特定的支配力,而且要受到标的物上的所有权的制约。他物权人支配标的物享受其效益时,除不得违反法律的一般性规定外,还受到设定他物权的合同或者具体法律规定的限制。例如,使用权,权利人只能使用他人之物,不得处分。所以,他物权也称为"不完全物权""限制物权"。学理上也有称之为"定限物权"的,意在明确他物权的内容有限定性。

值得指出的是,他物权与商品交换有着不可分割的关系,所以它们的形态也较所有权生动、复杂。更重要的是,他物权是民事主体最大限度地利用物质财富满足生产、生活需要的基本法律手段,是国家组织、管理和发展国民经济、促进社会发展的重要法律制度。在我国,他物权还是理顺物质财富的所有与利用关系,协调地发展经济,最大限度地满足人民群众日益增长的物质生活、精神生活需要的有效法律工具。了解和研究物权制度,应当对他物权有所侧重,建立和健全物权制度,也应当对他物权作出较全面的规定。

(二) 动产物权与不动产物权

这是根据物权标的是动产还是不动产所作的分类。动产物权是标的为动产的物权。不动产物权是指标的为不动产的物权。区分二者的目的是明确不同物权的

---

〔1〕 2007年施行的《物权法》明确规定所有权、用益物权(包括建设用地使用权、宅基地使用权、农村土地承包经营权、地役权)、担保物权(包括抵押权、质权和留置权)三大物权类型,《民法典》在承继这一设计的基础上,又增加了居住权这一用益物权类型。

成立要件不同,动产物权一般以标的物的交付为成立要件,不动产物权则是以依法登记为成立要件。

(三)主物权与从物权

此种分类的根据是物权是否从属于其他权利而存在。主物权是指独立存在、不从属于其他权利的物权。比如,所有权、使用权、典权等。从物权是指从属于其他权利、并为所从属的权利服务的物权。如抵押权、留置权等。区分二者的实益在于明确主物权能够独立存在,从物权的存在则须以它所从属的权利的存在为前提;主权利消灭时,从物权原则上也随之消灭。例如,债权及其担保物权抵押权,债权是主物权,抵押权是从物权。

(四)用益物权与担保物权

根据他物权设立目的的不同,对他物权作此区分。用益物权是指以实现对标的物的使用和收益为目的而设立的他物权。比如,地上权、地役权、典权等。担保物权是指为担保债务履行而在债务人或第三人的物上设立的他物权。如抵押权、质权、留置权等。区别二者的意义在于明确不同的他物权,设立目的的不同,权利内容也就不同。用益物权的作用在于使他物权人对标的物进行使用和收益,实现物的使用价值,他物权人不得处分标的物。担保物权的用途则在于以债务人提供的担保物的价值来担保债务的履行和债权的实现。当债务人不履行债务时,担保物权人能够以担保物折价抵债,或变卖担保物而从价款中优先受偿。

除上述分类外,还可以分为:有期限物权和无期限物权,以区别不同物权的有效期;经登记物权与不经登记物权,以明确不同物权的生效条件等。

三、我国民法中的他物权

《民法通则》[1]和其他有关法律、法规、最高人民法院的指导性文件等,确立了我国现阶段的他物权体系。《民法通则》第五章第一节没有使用他物权这个概括性的用语,而是创造了一个"与财产所有权有关的财产权"的体系语词,意在替代他物权这个既有法律术语。这种立法技术,有一定好处,但也有一定的理论上的缺憾。因为债权、知识产权中的财产权等,都与所有权有密切关系,都可认为是与所有权有关的财产权。

《民法通则》规定的"与财产所有权有关的财产权",实际上可以分为下列几种权利。

---

[1] 现为《民法典》。

（一）他物权

包括：①国有土地使用权（第80条第1款）。②国有自然资源使用权（第81条第1款）。③土地承包经营权（第80条第2款）。④自然资源承包经营权（第81条第3款）。⑤全民所有制企业对国家授权经营管理的财产的经营权，简称"经营权"（第82条）。[1]

《民法通则》规定的他物权种类，除上述五种外，还有：①抵押权（第89条第2款）。②留置权（第89条第4款）。③典权（《民通意见》第120条）。[2]

对于我国的各种他物权，参见本书"用益物权"和"担保物权"两章。

（二）物权取得权

物权取得权是指民事主体依照法律的具体规定，能够直接取得物权的财产权。它包括：①财产继承权（第76条）。②按份共有人的优先购买权（第78条）。③无主财产取得权（第79条第1款）。④采矿权（第81条第2款）。[3]

这些权利，本身不属于物权，不应以他物权看待，其中有些权利，在法律上准用物权法的有关规定，被称为"准物权"。

（三）相邻权（第83条）

相邻权不属于自物权或他物权。相邻权是相邻不动产所有人或使用人依法享有的在行使自己的物权时能从对方得到便利的权利。详细内容，见本书第十七章。

四、准物权

准物权，是指某些性质和要件相似于物权、准用物权法规定的财产权。

准物权实际上不是物权，由于这些财产权与物权、债权相比较，性质和成立要件上相似于物权，因而法律上把这些权利当作物权来看待，准用民法物权法的规定。

属于准物权的财产权有：林木采伐权、渔业权、采矿权、狩猎权、先买权等。

第一，林木采伐权，是指法人、公民[4]依照法定程序取得的采伐林木获取收益的权利。

林木采伐权的取得，以采伐申请人取得采伐许可证为要件；林木采伐权的行使，

---

〔1〕 我国《物权法》构建了由建设用地使用权、宅基地使用权、农村土地承包经营权、地役权等用益物权以及抵押权、质权和留置权等担保物权构成的他物权体系。《民法典》在承继这一体系的基础上，专门以"用益物权"和"担保物权"两个分编规定他物权，并在用益物权中增加了居住权的类型。

〔2〕《民法通则》虽未直接规定典权，但通过《民通意见》根据民间习惯作了补充。

〔3〕 在我国《民法典》中，这四种权利中的财产继承权、无主财产取得权见之于"继承"编；按份共有人的优先购买权见之于"物权"编之所有权分编；采矿权见之于"物权"编之"用益物权"分编。

〔4〕 2019年修订的《森林法》用的是"组织""个人"的表述。

以采伐许可证规定的内容为根据。

有权接受采伐申请人申请，审核发放采伐许可证的部门，是申请人所在地的县级以上林业主管部门。农村居民采伐自留山和个人承包集体的林木的，由县级林业主管部门或者其委托的乡、镇人民政府审核发放采伐许可证。采伐以生产竹材为主要目的的竹林，适用上述规定。

有关林木采伐权的法律规定，集中表现于《森林法》及《森林法实施细则》。

第二，采矿权，是指法人、公民[1]依照法定程序取得的采挖国有矿产进行使用、收益和处分的权利。

法人、公民[2]要取得采矿权，必须经过国家主管部门的批准并颁发采矿许可证。无采矿许可证的，不能享有采矿权。

矿产资源是国家专有物。国家对采矿权的批准与授予，采用分级颁发许可证的做法：①国务院和国务院有关主管部门批准开办的国营矿山企业，由国务院地质矿产主管部门根据批准文件颁发采矿许可证；特定矿种的采矿许可证，可以由国务院授权的有关主管部门颁发。②省、自治区、直辖市人民政府批准开办的国营矿山企业，由省、自治区、直辖市人民政府矿产主管部门根据批准文件颁发采矿许可证。③开办乡镇集体矿山企业、个体采矿的，按省、自治区、直辖市人民代表大会常务委员会制定的管理办法，颁发采矿许可证。

国家保护合法的采矿权不受侵犯。任何单位或者个人不得进入他人已取得采矿权的矿山企业矿区范围内采矿。

采矿权不得买卖、出租、不得用作抵押。采矿权人不得违反法律，滥用采矿权，不得在国家禁止的地区开采矿产资源。

规定采矿权的法律规范，有《民法通则》第81条第2款[3]、《矿产资源法》等。

第三，渔业权，是指法人、公民[4]依法定程序取得的在国有水面、滩涂从事水产养殖业或在内水、近海从事捕捞业，从而获取收益的权利。它包括水产养殖权和捕捞权。《渔业法》确认了渔业权。

水产养殖权，是指法人、公民依照法定程序取得的在国有水面、滩涂从事水产养殖业，从而获取收益的权利。

水产养殖权的取得，以从事水产养殖业的法人、公民向水面、滩涂所在地的县级以上人民政府申请，领得养殖使用证为要件。

捕捞权是法人、公民[5]依照法定程序取得的在内水、近海从事捕捞业，获取收益

---

〔1〕　2009年修订的《矿产资源法》用的是"组织""个人"的表述。

〔2〕　2009年修订的《矿产资源法》用的是"组织""个人"的表述。

〔3〕　对应《民法典》第329条："依法取得的探矿权、采矿权、取水权和使用水域、滩涂从事养殖、捕捞的权利受法律保护。"

〔4〕　2013年修订的《渔业法》用的是"单位""个人"的表述。

〔5〕　2013年修订的《渔业法》用的是"单位""个人"的表述。

的权利。

从事内水、近海捕捞业的，必须向渔业行政主管部门申请领取捕捞许可证。

海洋大型拖网、围网作业的捕捞许可证，由国务院渔业行政主管部门批准发放。其他作业的捕捞许可证，由县级以上人民政府渔业行政主管部门批准发放。

捕捞权人必须按照持有的捕捞许可证的具体内容，行使捕捞权，不得买卖、出租、涂改、不法转让捕捞许可证。

第四，狩猎权，是法人、公民[1]依照法定程序取得的猎捕、捕捞野生动物，进行使用、收益的权利。《野生动物保护法》规定了这种权利。

狩猎权的取得，以行为人向国家有关主管部门提出申请，领得特许猎捕证或者狩猎证为要件。狩猎权人在行使权利时，应当按照特许猎捕证、狩猎证规定的种类、数量、地点和期限、工具、方法等进行猎捕。

因科学研究、驯养繁殖、展览或者其他特殊情况，需要捕捉、捕捞国家一级保护野生动物的，必须向国务院野生动物行政主管部门申请特许猎捕证；猎捕国家二级保护野生动物的，必须向省、自治区、直辖市政府野生动物行政主管部门申请特许猎捕证。

猎捕非国家重点保护野生动物的，必须取得县级以上有关主管部门核发的狩猎证。

第五，先买权，是指特定权利义务关系的一方当事人依照法律的具体规定享有的、在同等条件下对标的物能够优先购买的权利。

享有先买权的人称为先买权人。先买权人通常是标的物的共有人或合法占有人。先买权对标的物的所有权有一定的限制力，在所有人出卖标的物时，先买权人在同等条件下能比他人优先购买，出卖人不得拒绝，否则，先买权人有权请求法院予以保护。

先买权人与出卖之物的所有人之间，须有因该物所形成的特定权利义务关系。比如，标的物的共有关系、长期的共用关系、租赁关系等。缺少这一事实要件的，不能发生先买权。

先买权人只能在同等条件下行使先买权，凭借先买权强迫所有人接受不利条件的，行为无效。

先买权主要包括：按份共有人的先买权；不动产长期共用人的先买权；财产承租人的先买权；其他合法占有人的先买权等。

---

[1] 2022年修订的《野生动物保护法》用的是"组织""个人"的表述。

第四节　物权的效力

一、物权效力概述

物权的效力，是指法律赋予物权的强制性作用力。它反映着法律保障物权人能够对标的物进行支配并排除他人干涉的程度和范围。

凡物权具有三方面的效力：对标的物的支配力；对债权的优先力；对妨害的排除力。支配力是基本效力，用来保障物权人支配标的物享受其效益；优先力是特殊效力，在一标的物为物权的客体同时又是债权给付的标的物时，物权效力强于债权，优先行使或实现；排除力是法律救济力或者说是保护力，保障物权人能够直接请求他人排除妨害，或请求法院强制妨害人排除妨害，恢复对标的物的支配。从权利角度观察，这三个效力可以理解为：对物的支配权、对债权的优先权和排除妨害请求权。其中，支配权是第一性的权利，优先权和请求权是在其基础上发生的权利。

二、物权的支配力

物权的支配力，是指物权具有的、保障物权人对标的物直接为一定行为，享受其效益的作用力。

支配力与支配有区别。对标的物的支配，是指对标的物直接为一定行为。具体表现为对物的占有、使用、收益、处分或者其中某些行为。支配力是能够支配标的物的法律保障，是法律强制力在物权效力上的具体表现。支配是一种事实状态，而支配力则是物权人合法支配标的物的意志和行为受到法律保护时所具有的强制性作用力。

物权的支配力包含着国家的意志、物权人合法支配标的物的意志和物权人可为支配行为的范围和程度，其中，物权人的合法支配意志起着主导作用。在物权关系中，物权人是直接为各种支配行为，还是将标的物交他人为某些支配行为，自己收取利益并能收回标的物，除法律另有规定外，全依物权人的合法支配意志而确定。在这个意义上，也可以认为，物权的支配力是物权人合法支配意志的强制性作用力。

所有权是完全物权，有完全的支配力。所有人依法对自有物享有占有、使用、收益和处分的权利，在合法范围内，能够依自己意思自由支配标的物。他物权是不完全物权，有不完全的支配力。他物权人只能在法律或者合同具体限定的范围内，对他人的物享有一定的支配权，即使有权对标的物占有、使用、收益甚至处分，也只能是授权范围内的支配。

三、物权的优先力

物权的优先力，是指在一标的物为物权的客体同时又是债权给付的标的物时，物权具有的比一般债权优先行使或者实现的效力。

在一标的物为物权的客体同时又是债权给付的标的物时，两权的行使就可能会发生冲突，哪一权利能够行使，对当事人事关利害。物权立法和物权原理都规定，物权效力强于债权，原则上物权优先于债权，但法律另有规定或当事人另有约定者不受此限。[1]

债权是给付请求权，对标的物没有支配力，债务人未行交付之前，债权人无权支配标的物；相反，物权是对物支配权，其作用就是保障物权人在合法范围内，依自己意志支配标的物。因此，标的物虽为债权给付的标的物，但物权人仍能凭借物权对物支配，而债权人则不能凭借债权，妨害物权人行使对物支配权，否则构成侵权行为。但是，物权人行使优先权使债权人合法利益受损害时，债务人应当赔偿损失或支付违约金，收取债权人定金的，还应双倍返还。

有一种观点认为，物权的优先性还表现在两物权之间，即"先设立的物权优先于后设立的物权"。我们不同意这种观点。我们认为：

第一，这种观点在逻辑上有错误。在"物权有优先性"的大前提下，提出"先设立的物权优先于后设立的物权"，这实际上是认为设立在后的物权没有优先性。那么，既然是有些(或有时)物权没有优先性，就否定了"物权有优先性"的大前提，只能得出"有些(或有时)物权有优先性"的结论。反之，如果坚持"物权有优先性"的大前提正确，就不应违反逻辑，认为有些物权(先设立的)有优先性，有些物权无优先性。

第二，"先设立的物权优先于后设立的物权"这一命题，没有普遍意义，不是物权普遍具有的性质，而只是个别担保物权特有的现象。"一物之上不能有两个内容相同的物权"是一个客观规律，它决定标的物上不能有两个相同的物权，因此也就无所谓哪一物权优先。具体看来，所有权、用益物权、质权、典权等，都是权利人独占性支配标的物的物权，绝不会发生相同两权并存于同一物上的现象，当然就无权利优先与否的问题。不同的物权，如所有权与用益物权、担保物权或用益物权与担保物权中的抵押权等，可以并存于同一标的物上，但相关的不同物权之间，是效力强的限制效力弱的制约关系，不是何权优先行使的问题。事实上，只有在数个抵押权并存于同一抵押物上时，才会发生哪个抵押权优先的问题。对此，法律的规定确实

---

[1] 如《民通意见》第119条规定："私有房屋在租赁期内，因买卖、赠与或者继承发生房屋产权转移的，原租赁合同对承租人和新房主继续有效。"(此内容的核心所谓"买卖不破租赁"，对应《民法典》第725条的规定："租赁物在承租人按照租赁合同占有期限内发生所有权变动的，不影响租赁合同的效力。")

是设立在先的抵押权优先。[1]但是，正如上文所列举说明的，除抵押权外，其他的物权原则上不存在优先问题，而抵押权只是物权的一种，它所具有的特点，是个别事物的特点，而非一类事物的共同属性。物权对物权有优先性的观点，正是以偏概全所得出的结论。

四、物权的妨害排除力

物权的妨害排除力，是指物权具有的、排除他人妨害、恢复权利人对物正常支配的效力。

物权的这一效力，实质是一种法律保护力，是物权支配力在一定条件下的特殊作用。从权利角度理解，可以称之为"排除妨害请求权"，或者"物权的请求权"。

所谓物权请求权，是指物权人享有的、请求妨害人或者法院排除妨害、恢复对物正常支配的权利。

物权请求权是一个独立的权利种类，但是它与物权有密不可分的联系。物权人受到妨害，标的物尚存在时，物权请求权即发生，如果标的物灭失，物权即消灭，物权请求权亦无从行使。此时，受损害的人只能行使"债权请求权"，要求侵权人赔偿损失。

物权请求权与债权请求权虽然同为请求权，但二者的发生前提、作用和内容都有明显的不同。物权请求权以物权存在为发生前提，其作用在于排除对标的物支配所存在的种种妨害，属于救济权。它的内容，包括停止侵害请求权、排除妨碍请求权、消除危险请求权（亦称"妨害防止请求权"）、恢复原状请求权和返还原物请求权等具体权利。[2]债权请求权以债权存在为前提。在意定之债，须以当事人设立债权的意思表示作基础；在法定之债，则须有法定的债权发生为根据。[3]债权请求权也有属于救济权的，如赔偿损失请求权，但占主要的是给付请求权。当发生债务不履行时，依约给付请求权是原权利，要求债务人承担违约责任的权利是救济权。赔偿损失请求权与物权请求权极易混淆，区分的关键点在于，前者的作用是赔偿权利人的财产损失，在侵害行为使权利人遭受财产损失时发生和行使；后者的作用是恢复物权人对标的物的正常支配，在物权标的尚存在、但物权行使受妨害时发生。

有一种说法，认为物权有追及力，有追及权性质。其意为，当物权标的物被他人

---

〔1〕《担保法》第54条（《物权法》第199条对《担保法》第54条作了修正）、《民通意见》第115条［对应《民法典》第414条："Ⅰ.同一财产向两个以上债权人抵押的，拍卖、变卖抵押财产所得的价款依照下列规定清偿：（一）抵押权已经登记的，按照登记的时间先后确定清偿顺序；（二）抵押权已经登记的先于未登记的受偿；（三）抵押权未登记的，按照债权比例清偿。Ⅱ.其他可以登记的担保物权，清偿顺序参照适用前款规定。"］。

〔2〕《民法通则》第117条、第134条。（对应《民法典》第235条"无权占有不动产或者动产的，权利人可以请求返还原物"、第236条"妨害物权或者可能妨害物权的，权利人可以请求排除妨害或者消除危险"和第237条"造成不动产或者动产毁损的，权利人可以依法请求修理、重作、更换或者恢复原状"。）

〔3〕 参见本书债权编。

不法占有时，无论该物辗转于何人之手，物权人并不因失去物的占有而丧失物权，而是物权跟着标的走，物权人有权要求不法占有人返还原物。这一观点值得商榷。我们认为追及力是排除力的一种表现，而且物权的追及力也是有限的，有偿的善意的取得人，对原物权人有抗辩权，可阻断其追索。

第五节　物权的变动

一、物权变动概述

物权变动历来是立法、司法和民法理论中的一个重要问题。从有关立法来讲，它是规定物权的设立、变更、终止的制度，规范着民事主体设立、变更、终止物权的法律行为，调整民事主体间的物权关系；从司法方面看，它关系着在物权纠纷案件中，能否正确认定讼争物的物权归属；对于民法理论来说，探索商品交换关系中财产移转和利用的客观规律，科学地概括物权变动的原因、原则、生效条件等，才能对物权立法、司法发挥应有的指导作用，推动我国社会主义商品经济[1]的发展。

二、物权变动的意义

物权变动，是指物权的设立、变更和终止。包括所有权和他物权的取得、变更、终止；物权共享关系的发生、变更和终止等。

物权的设立，是指民事主体依法设立新的物权。为自己设立物权的，也称为物权的取得；为他人设立他物权的，通常称为"物权的设定"，但从他物权人方面看，也是取得物权。物权的设立，使一个新的物权出现，故亦称"物权的发生"。一般地讲，设立、设定、取得、发生等意义相通，仅有强调方面的不同。

物权的变更，有广、狭二义。广义的变更，指物权的主体、标的或内容发生改变。狭义的变更，指物权标的、内容等的部分改变。物权法上的变更，是狭义的变更。比如，标的物数量的增减、权利内容的扩充或缩减等。主体的变更或标的、内容的彻底改变，结果是发生物权的取得或消灭，故一般从物权的取得或终止的角度表述问题，不再作为物权变更来理解。

物权的终止，是指某一物权归于消灭。从物权人方面看，就是某一物权人丧失了某一物权。转让物权或抛弃物权，以及物权人死亡等都导致原物权终止。在物权

---

〔1〕 2002年11月中国共产党第十六次全国代表大会宣告，我国社会主义市场经济体制初步建立。2003年召开的十六届三中全会通过《中共中央关于完善社会主义市场经济体制若干问题的决定》，标志着中国经济体制改革进入完善社会主义市场经济体制的新时期。

法上,物权的终止、消灭、丧失是同义语。

物权的设立和终止密切联系,在绝大多数场合中互为条件和结果。比如,原所有人转让所有权,新所有人即取得所有权,受让人取得所有权,出让人就丧失所有权。

三、物权变动的原因

物权变动的原因,是指引起物权发生、变更、终止的法律事实。包括民事法律行为和法律行为之外的法律事实。

第一,能够引起物权变动的法律行为,主要有:买卖、互易、提存;赠与、遗赠;设定或变更、终止他物权的各种法律行为等。

第二,法律行为之外的法律事实,主要有:添附、继承、无主物的取得、法定期间的届满以及征用、没收、罚款等。

四、物权变动的原则

设立、变更、终止物权所必须遵循的基本规则,称为物权变动的原则。包括公示原则和公信原则。

(一)公示原则

公示原则,是指物权变动行为须以法定公示方式进行才能生效的原则。

所谓公示,是将物权变动的意思表示公开向社会公众显示。公示的法定方式分为二种:①动产物权的公示,为标的物的占有。转让动产物权的,以交付占有为公示;抛弃动产物权的,须抛弃占有,也可以是公开抛弃的意思表示。②不动产物权的公示,为当事人在国家主管机关登记变动事项,简称为登记。

公示原则的内容是:物权变动公示的,产生权利变动的效力,即一般发生物权取得、变更、终止的后果,并受到法律的保护。不公示的,原则上不能发生物权变动的效力。具体而言:①动产物权的变动,以占有标的物为生效要件。就动产物权转让而言,则以交付为生效要件。[1]②不动产物权的变动,以完成登记为生效要件。

公示原则的作用在于,要求当事人以法定方式向社会公众公开其物权变动,以明确何人取得何物权,何人丧失何物权,防止第三人因物权变动而蒙受损害,维护商品交换安全、有效地进行。

---

〔1〕 我国《担保法》第43条所定"当事人以其他财产抵押的,可以自愿办理抵押物登记,抵押合同自签订之日起生效"似为例外。按该条,抵押合同自签订之日生效,抵押权亦属生效。(《物权法》第188条对此予以修正。对应《民法典》第403条:"以动产抵押的,抵押权自抵押合同生效时设立;未经登记,不得对抗善意第三人。")

确立公示原则的立法理由主要有二：

第一，物权是对世权，物权变动涉及人的范围大，不公示不足以明确物权归属，不利于保护权利人。物权的义务人是不特定的任何人，物权人与一切人之间都存在物权关系。因此，物权的变动，不仅仅是权利人个人的事，对于不特定的任何义务人（社会公众）来说，也都发生权利义务变动的后果。权利人变动权利，不需义务人同意，但应告知义务人，否则对义务人无约束力。不仅物权变动如此，债权变动亦应如此，只不过债权变动应当告知的只有相对人。只有以公开方式将变动事实告知社会公众，才能使他人知道自己对何人负有物权法上的不作为义务。

第二，物权变动直接关系财产的归属和利用，对社会经济的正常发展有直接作用，不公示不足以确保商品交换的安全和有效。有偿转让物和物的用益、以物的价值作为担保等商品交换关系，是最大量、最普遍的交换关系，而这些财产关系，在法律上就表现为物权变动关系。在交换关系中，出让人是否有权出让标的物、受让人能否取得物权、何时取得物权，直接决定交换双方的利益。因此，确保交换能够安全、有效地进行，是发展社会经济的基本需要。为适应这一需要，就必须规定，凡是按法定方式转让或取得标的物的，就能发生物权变动的效果，受让人就取得物权。这样，就给人们确立了一个明确的、合理的、可信赖的行为规范，或者说是物权变动生效的法律标准，使人们放心地进行交换活动。

（二）公信原则

公信原则，是指物权变动经公示的，即使标的物出让人事实上无处分权，善意受让人基于对公示的信赖，仍可能取得物权的原则。

所谓公信，是公示所产生的物权变动效力的可信赖性。这种可信赖性，是法律赋予公示的效力，旨在保护以公示方式取得物权的善意第三人。可见，公示产生公信力，公信原则是公示原则的补充。

公信原则的内容是，物权变动公示的，即发生权利变动的效力，即使公示有瑕疵，善意受让人也不负返还义务，只能由有过错的人承担责任。具体而言：①动产占有人按公示方式转让动产物权，受让人不知道并且无义务知道其无处分权的，取得了标的物的占有，就取得了物权。原所有人只能对占有人行使赔偿请求权，无权要求新物权人返还原物。只有受让人恶意取得时，才不受公信力的保护。②不动产经登记而转让物权的，即使登记有瑕疵，受让人不知道并且无义务知道的，办理完登记就取得了物权。原所有人只能要求有过错的出让人或登记机关承担责任。③受让人的善意，仅指不知道并且无义务知道登记事项本身有瑕疵。对于登记事项之外的有关事实，如不知出让人无行为能力或限制行为能力等，不在善意之列，不受公信力的保护。

公信原则的作用在于，保护商品交换关系中的善意取得人。它主要适用于交换关系中的物权变动。非交换性质的物权转让,可依法律的特殊规定,不适用这一原则。例如,遗嘱处分了属于国家、集体或他人所有的财产,这部分遗嘱应认定无效。[1]

公信原则的立法理由主要是,商品交换要求及时、可靠地将商品的物权转移给受让人,受让人在事实上不可能对出让人的处分权进行周密详尽的了解,只要出让人以合法方式证明自己有处分权,受让人即可信任其有处分权;而物权公示,一般情况下足以证明出让人有处分权,所以,按法定公示方式转让物权的,善意受让人出于对公示的信赖,当然应当保护受让人取得物权。否则,连法定方式都无法保证出让人确有处分权,交换失去了最起码的法律保障,人们便不敢安心地进行交换,社会经济也就无法正常发展了。

五、我国的物权变动立法

我国关于物权变动的立法,分别见之于《民法通则》[2]《土地管理法》《森林法》《草原法》《渔业法》《水法》《矿产资源法》《城市私有房屋管理条例》[3]等法律文件。此外,最高人民法院的有关意见、解释性文件等,对物权变动也有法律约束力。

《民法通则》第72条是关于物权变动的一般性规定:按照合同或者其他合法方式取得财产的,财产所有权从财产交付时起转移,法律另有规定或者当事人另有约定的除外。[4]根据这一规定,物权变动一般以标的物的交付为生效要件,但不排除两种特殊的情况:①法律专门规定了某类财产的物权转移生效条件。如《城市私有房屋管理条例》第6条规定,房屋所有权转移或房屋现状变更时,须到房屋所在地房管机关办理所有权转移或房屋现状变更登记手续。可见,房产物权变动以办理登记手续为生效条件。[5]此外,《土地管理法》等涉及不动产的立法文件,都规定不动产物权的变动,须履行登记。所有这些,说明我国法律规定,不动产物权的变动,以登记为生效要件。在我国,车辆所有权的转让,必须要有登记。这说明,某些动产物权的变动,也以登记为生效要件。[6]②当事人约定了物权变动生效条件,但约定不得违

---

〔1〕 最高人民法院《关于贯彻执行〈中华人民共和国继承法〉若干问题的意见》第38条。(对应《最高人民法院关于适用〈中华人民共和国民法典〉继承编的解释(一)》[以下简称《民法典继承编解释(一)》]第26条:"遗嘱人以遗嘱处分了国家、集体或者他人财产的,应当认定该部分遗嘱无效。")

〔2〕 现为《民法典》。

〔3〕 该条例于1983年发布实施,已于2008年被废止。

〔4〕 对应《民法典》第209条"Ⅰ.不动产物权的设立、变更、转让和消灭,经依法登记,发生效力;未经登记,不发生效力,但是法律另有规定的除外。Ⅱ.依法属于国家所有的自然资源,所有权可以不登记"、第224条"动产物权的设立和转让,自交付时发生效力,但是法律另有规定的除外"。

〔5〕 尽管《城市私有房屋管理条例》已经于2008年被废止,但《民法典》及相关法律文件仍然要求房屋所有权变动原则上以登记作为生效要件。

〔6〕 自《物权法》颁行,我国立法即改变了这一态度。《民法典》第225条:"船舶、航空器和机动车等的物权的设立、变更、转让和消灭,未经登记,不得对抗善意第三人。"另外,《最高人民法院关于适用〈中华人民共和国民法典〉物权编的解释(一)》第6条进一步规定:"转让人转让船舶、航空器和机动车等所有权,

反法律。其中又有两种情况：其一，财产已经交付，但当事人约定财产所有权转移附条件的，在所附条件成就时，财产所有权方转移；[1]其二，财产未交付，但按当事人约定所有权已经转移，以后的权利义务，只是请求转移占有和应当转移占有。

在实践中，当事人约定物权变动生效条件的，可能会发生原物权人不按协议转让物权，甚至将标的物及其物权又转让给第三人的情况。在这种情况下，一方翻悔并无正当理由、协议又能够履行的，应当继续履行；如果协议不能履行，给对方造成损失的，应当负赔偿责任。[2]

综上所述，根据现行有关法律可以看出，我国的物权变动立法，不动产物权的变动，以登记为生效要件；动产物权的变动，一般以交付为生效要件，法律另有规定或当事人另有约定的，依法律规定或当事人的约定。

第六节　物权行为

一、概述

物权行为，是引起物权变动的普遍的、主要的原因。[3]当物权因物权行为而变动时，能否发生权利变动的效果，完全取决于物权行为是否生效。在此意义上可以认为，物权行为的生效条件就是物权变动的生效要件。因此，研究物权变动，就必须研究物权行为，对物权行为的意义、形式、特点、生效要件等，都应有明确的认识。

二、物权行为的意义

物权行为是指民事主体直接设立、变更、终止物权的法律行为。由此定义可见：

第一，物权行为是一种民事法律行为。民事法律行为必须具备法律规定的有效条件。因此，物权行为首先要具备行为人具有相应的民事行为能力、意思表示真实、不违反法律或者社会公共利益[4]这三个实质要件。

受让人已经支付合理价款并取得占有，虽未经登记，但转让人的债权人主张其为民法典第二百二十五条所称的'善意第三人'的，不予支持，法律另有规定的除外。"

〔1〕《民通意见》第84条。（现司法解释未明确承继这一规定，但根据《民法典》第158条"民事法律行为可以附条件，但是根据其性质不得附条件的除外。附生效条件的民事法律行为，自条件成就时生效。附解除条件的民事法律行为，自条件成就时失效。"的规定，也可以解释出这一结论。）

〔2〕《民通意见》第85条。（现司法解释未明确承继这一规定，但《民法典》第583条关于违约责任的一般规定，以及《民法典》第597条等关于买卖合同的规定，也可以解释出这一结论。）

〔3〕德国法学家萨维尼在其著作《当代罗马法体系》中提出物权行为概念。

〔4〕自《民法总则》以来，以"法律、行政法规""公序良俗"称，现《民法典》第154条予以承继："违反法律、行政法规的强制性规定的民事法律行为无效。但是，该强制性规定不导致该民事法律行为无效的除外。

第二,物权行为是直接设立、变更、终止物权的法律行为。民事主体实施民事法律行为,设立、变更、终止财产权,分别有两种目的,从而发生两种行为:①为了设立、变更、终止债权。以此为目的的行为,在学理上称为"债权行为"。债权行为的效力在于,当事人之间发生、变更或终止"给付请求权",债权人只能请求债务人实施给付,不能直接支配债务人应交付的物。换言之,债权行为是要对方为给付的请求行为,而不是对物的支配行为。②为了直接设立、变更、终止物权。以此为目的的行为,学理上称为"物权行为"。它的效力是,直接发生物权变动,行为人直接取得、变更、终止物权。换言之,物权行为不是要求对方为给付的请求行为,而是对物进行的占有或改变、放弃占有的行为。试举一例说明两种行为的不同:甲、乙双方订立买卖彩电100台的合同,甲方是买方,根据合同有权要求乙方交付彩电,他请求交付的行为就是债权行为;乙方有义务交付彩电,他的交付行为就是物权行为,反过来,甲方取得彩电的行为也是物权行为。[1]

我国《民法通则》总括地规定了民事法律行为的定义,没有债权行为与物权行为的法律划分,学术界对物权行为也颇多争论。我们认为,《民法通则》关于民事法律行为的概念,包含债权行为和物权行为,否则就无法正确地解释所有权抛弃、遗赠、设立抵押、交付财产等民事法律行为的性质。[2]不弄清这一类财产处分行为的性质和效力等,在理论上将造成重大缺陷,也会给实践带来许多难以解决的困难和麻烦。

三、物权行为的形式

按照民法理论,物权行为有以下表现形式:

(一)动产物权行为和不动产物权行为

动产物权行为,是指变动动产物权的法律行为,不动产物权行为是指变动不动产物权的法律行为。这两种不同的物权行为,都以合法的意思表示为成立要件,但生效条件有区别。原则上前者以物的交付为生效要件,后者以登记为生效要件。

(二)单方物权行为和双方物权行为

单方物权行为,是指权利人单方依法进行物权变动的意思表示就能引起物权变动的法律行为。主要有处分遗产的合法遗嘱、法律允许的物权抛弃行为等。双方物权行为是指当事人双方之间有物权变动的合意,才能引起物权变动的法律行为。主

违背公序良俗的民事法律行为无效。"

〔1〕 在这种合同关系中,债权的标的是债务人的交付物的行为。此可以说,在这种以交付行为为标的的合同中,物权行为是债权行为的标的,债权行为是原因行为,物权行为是履行行为。

〔2〕《民法典》也没有在形式上划分债权行为与物权行为,但实质上也是认可这一划分的。

要有当事人之间发生的所有权转让行为、他物权设定行为等。双方物权行为在法学上称为"物权契约"。

单方物权行为和双方物权行为的区别主要有：(1)前者为物权人单方所为的行为，后者则是物权出让人和受让人双方所为的共同行为。(2)前者的成立要件是物权人单方的合法意思表示，后者则以当事人双方的合意为成立要件。(3)前者的内容，可以是为他人设定物权、转移物权，也可以是抛弃物权，但后者只能是以设定或转移物权为内容，不能发生抛弃物权的合同。

四、物权行为的特征

物权行为属于民事法律行为，故有民事法律行为的一般特征，但将其与债权行为相比较，又有以下特征：

其一，以物权变动为直接内容，直接发生物权变动的法律后果。民事主体为民事法律行为，总有一定的目的，行为的目的即构成行为的内容。不同的民事法律行为，有不同的内容。债权行为也有涉及物权变动的，如买卖合同，但直接内容是设立、变更、终止债权，物权变动行为只是债权的标的。而物权行为则以直接设立、变更、终止物权为内容。同时，债权行为的后果是债权人对债务人给付请求权的设立、变更或者终止，而物权行为的后果则是物权的取得、变更或者消灭。

其二，生效条件有严格、具体的法律规定。法律规定，原则上动产物权行为除行为人合法意思表示外，交付标的物才为生效；不动产物权行为一般须以书面形式为意思表示，须登记方为生效。这就表明，物权行为的生效条件有严格、具体的法律要求。债权行为一般以行为人的合法意思表示为生效要件，即使是要式行为，也有法定要式和约定要式之分，法律并不强求。也就是说，除法律有专门规定者外，债权行为的行为人尽可依法自由确定行为生效的条件，而物权行为的生效条件，一般不能由行为人选择。

其三，区别于债权行为而独立存在。民法理论认为财产性民事法律行为有债权、物权两种行为，物权行为是债权行为之外的、独立存在的一类民事法律行为。按照债权合同而为物权行为的，物权行为区别于债权行为而独立有其成立要件。单方物权行为与债权行为可以毫无联系，独立性比较突出。比如，处分遗产的合法遗嘱、抛弃物权的行为等。双方物权行为如实现赠与，设定用益物权、抵押权等，既独立于债权合同，物权行为的性质也较为明显。比较复杂的是，债权合同的标的是物的交付、物权的设定、转移等行为时，这些行为是否属于物权行为而可以独立生效，在立法例上，对物权行为有否认和肯定两种情况。

一种情况是意思主义，否认物权行为独立存在。规定物权变动只因当事人的意思表示而发生效力，动产的交付、不动产的登记只是对抗第三人的要件。依债权合同设定、转让物权时，物权变动是债权效力的结果。法国民法、日本民法均采意思主义。[1]因法国首先采用，故亦称"法国主义"。这种立法例的优点是程序简便、有利交换的迅速进行，缺点是易生交换不安全因素。

另一种情况是形式主义，肯定债权行为之外有物权行为独立存在。因此，依债权合同设定、转让物权的，债权行为是物权变动的"原因行为"（债权关系是原因关系）。原因行为不发生物权变动，必须要另有直接发生物权变动的法律行为，即物权行为，才能产生物权变动的效力。因此，物权行为是"履行行为"。这种能直接发生物权变动效力的法律行为，在动产物权的变动，为物的交付；在不动产物权的变动，为物权变动登记的行为。交付和登记是物权变动的生效要件，已为交付或已登记的，在当事人之间就发生物权转移的效力，而且对第三人当然有约束力。德国民法、我国台湾地区现行"民法"等，均属这种立法。[2]由于德国先采用，故学理上也称为"德国主义"。这种立法例的优点是物权变动形式明显、程序严密、安全性强，而且有公信原则解决善意取得问题，因此比较适应商品交换的需要。缺点是没有意思主义那样简便。

根据我国物权变动立法，我们认为，我国法律行为中包括物权行为，所以，在债权行为之外，还有物权行为独立存在。[3]

凡认为物权行为独立的立法和学说，基本上都主张物权行为是无因行为。凡是不认为物权行为独立的，不发生物权行为有因、无因的问题。即便是持物权行为无因说者，也逐渐倾向于相对无因说，即主张物权行为原则上为无因，但法律另有规定或当事人另有约定时，可为有因。更有学者指出，主张物权行为之无因性实际上并无多大的实益可言。[4]我们认为，我国《民法通则》规定，财产所有权的取得，不得违反法律规定。[5]《票据法》规定，票据的签发、取得和转让，应当具有真实的交易关系和债权债务关系；票据的取得，应当给付票据双方当事人认可的相对应的代价。[6]最高人民法院确认，承包经营权人未经发包人同意擅自转包或者转让的无效。[7]这些都足以说明我国法律不采用物权行为无因性说，而更注重于法律行为的合法性、真实性。

---

〔1〕《法国民法典》第1138条；《日本民法典》第176条、第177条、第178条。

〔2〕《德国民法典》第873条、第925条、第929条；我国台湾地区现行"民法"第758条、第761条。

〔3〕参见本节中"我国的物权变动立法"。

〔4〕刘得宽：《对物权行为的"独立性"与"无因性"之探讨》，载郑玉波主编：《民法物权论文选辑》（上），五南图书出版公司1984年版。

〔5〕《民法通则》第72条。

〔6〕《票据法》第10条第3款。

〔7〕《民通意见》第95条。（根据2018年修正的《农村土地承包法》第36条规定："承包方可以自主决定依法采取出租（转包）、入股或者其他方式向他人流转土地经营权，并向发包方备案。"也就是说，转包不再要求发包人同意，向发包人备案即可。）

五、物权行为的要件

物权行为的要件分为成立要件和生效要件。

(一)成立要件

物权行为属于法律行为,自应具备法律行为的一般成立条件,但是要注意两个问题:(1)行为人的意思表示必须以物权变动为内容。(2)不动产物权行为是法定要式行为,原则上必须以书面形式为意思表示,动产物权行为的形式,除法律有规定者外,行为人可自行确定。

(二)生效要件

物权行为的生效要件,包括一般生效要件和特别生效要件。一般生效要件是指各种民事法律行为共有的生效要件,特别生效要件是指物权法特别规定的物权行为生效要件。有些场合中,物权行为成立,也就随即生效,如即时买卖;有些法律关系中,物权行为成立和生效尚有一定的时间间隔。只有其具备了法定的生效条件时,才能发生物权变动的法律后果。例如,甲、乙二人订立了房屋买卖的书面合同后,按约定去办理过户手续。这时,转让房产的物权行为已经成立,但未生效,双方在房管部门办理完登记时,房屋的所有权就转移给买方。在登记前或登记中,物权行为均未生效。此时,卖方若翻悔,买方只能要求按约定办理登记,不能以侵权而要求确认所有权归自己。

动产物权行为和不动产物权行为有不同的特别生效要件。

1.不动产物权行为的特别生效要件

第一,原则上必须有书面形式的物权变动意思表示。不动产物权行为,原则上必须以书面形式进行,否则不成立。未成立的物权行为当然不能使其生效,否则不仅对行为人极为不利,在法理上也说不通。因此,书面形式不仅是物权行为成立的标志,一般也是物权行为生效的法定要件。

《城市私有房屋管理条例》第7条规定,办理城市私有房屋所有权转移、变更登记手续时,除必须提交房屋所有权证、契证外,购买的房屋,须提交买卖合同;受赠的房屋,须提交赠与书;交换的房屋,须提交双方签订的协议书。[1]

最高人民法院也明文规定,设立抵押权时,应当订立书面合同或者在原债权文书中写明。[2]

---

[1] 尽管《城市私有房屋管理条例》已经于2008年被废止,但根据《民法典》及相关法律文件,房屋所有权变动原则上仍需要类似程序要件。

[2]《民通意见》第112条。(目前的司法解释并未承继这一规定,但根据《民法典》第400条的规定,设立抵押权,当事人应当采用书面形式订立抵押合同。)

第二,必须在国家主管机关履行登记。各国或地区大都有不动产物权登记,但登记的作用有所不同。采用意思主义的立法,规定登记只是对抗第三人的要件,即第三人不得主张登记了的物权变动为无效,未登记的,第三人则可主张物权变动无效。采用形式主义的立法,规定登记是物权行为生效的要件,未行登记的,在当事人之间不发生物权变动的效力,对第三人更无效力可言。

为全面理解不动产物权变动登记,必须掌握登记的主要问题。

其一,登记的意义。登记是指物权变动当事人按照法律的要求,向国家主管机关提交申请书、有关的产权证书、协议书(或让与书)、契证等,要求登载记录物权变动事项,该机关经审查认为无误时,将物权变动事项记载于特备公簿。

其二,登记的程序。首先,物权变动当事人向不动产所在地(如果是动产物权登记,一般在出让人户口所在地或动产原登记地)的国家主管机关提出登记申请书,同时必须按法律要求提交有关证件、文书。其次,有管辖权的登记机关受理当事人的申请,收取法定的费用。在这一阶段,登记机关要审验当事人提供的证件、文书等是否真实、合法、齐全。发现有问题又可由当事人补正的,应要求当事人及时补正,否则不予登记;发现重大问题而又属不容当事人改变的,如假造证件、文书或文书内容不合法的,应告知当事人并不予登记。当事人行为违法情节严重的,要依法追究其法律责任。再次,登记机关认为必要的,应派专人实地调查,掌握有关不动产的资料,如房屋的坐落、四至等,同时注意了解是否有产权争执。发现有问题的,应及时要求当事人妥善解决;如当事人起初未告知,事发后又不能妥善解决的,应停止办理登记,并不退还已交费用。最后,登记机关经审查,确认有关事项无误时,将物权变动的事项登载于特备的登记册簿上,向当事人颁发有关证件,或在当事人持有的有关证件上记载权利已变动的文字,加盖印章。至此,登记即告完毕,物权变动始为生效。

其三,登记的机关。各国或地区大都以一定的行政机关担当登记主管机关。所不同的是,有的以司法行政机关为登记机关,有的则以不同部门分管不同的登记业务。

在我国,房产行政管理机关为房产变动登记机关,土地管理机关为土地所有权、使用权变动登记机关。不同的机关有专门的登记管辖权,不能替代登记。[1]

其四,登记的效力。登记或为对抗第三人的要件,或为物权变动生效要件,依法律规定的不同而有所区别。但无论使物权变动生效,还是使物权变动对第三人有对抗效力,都是登记所产生的一般效力。

特殊的问题是,当登记有瑕疵从而发生无处分权人转让他人之物,第三人依据登记而取得物权,致使原来的物权人蒙受损失时,已完毕的登记有无效力、原来的物权人的损失如何解决以及第三人应否返还。所有这些,都与登记的效力直接相关。

---

〔1〕 自《物权法》《不动产登记暂行条例》等法律法规确立不动产统一登记制度以来,我国对于不动产已经实行统一登记。

采用登记公信原则立法的解决方法是，维护登记的公信力，规定善意第三人不负返还义务，原来的物权人有权要求无权处分的出让人赔偿损失。

我国法律规定，房屋所有人出卖共有房屋，在登记时必须提交共有人同意的证明书。[1]但实践中仍不能排除未提交共有人同意的证明书而办完登记，买受人依登记取得房产所有权的可能性。为解决此类纠纷，最高人民法院指出，在共同共有关系存续期间，部分共有人擅自处分共有财产的，一般认定无效。但第三人善意、有偿取得该项财产的，应当维护第三人的合法权益；对其他共有人的损失，由擅自处分共有财产的人赔偿。[2]最高人民法院的这一意见，无疑是为了保护善意第三人，维护登记的公信力。[3]

需要强调指出的是，登记完毕，才发生物权变动生效，未登记完毕的，当事人随时可要求撤回登记，真正的物权人也有权对登记提出异议，要求不予登记。

不采用登记公信原则的立法，规定登记有不法原因的，登记机关可以涂销登记，撤销登记所产生的对抗效力。[4]

2.动产物权行为的特别生效要件

占有是动产物权行为的特别生效要件，从转让动产物权一方观察，则是以交付为特别生效要件。

交付，是物的出让人以物权变动为目的，把自己占有的物或物权证书交给受让人占有的行为。简言之，交付就是出让人向受让人转移占有的行为。例如，出卖人把出卖物交给买受人。

动产的种类繁杂，难以清数；其价值和作用从小到大，应有尽有；动产本身又有可任意移转、控制的性质，所以事实上不可能也不必要物物俱行登记。国家根据不同动产的特点，规定某些重要的动产，如船舶、车辆等必须登记外，一般的动产都不要求登记。[5]一般情况下，动产占有人公开以物权人名义进行占有，或有物权凭证的，国家就承认其享有标的物的物权；其他人有异议的，应负举证责任。在这一立法原则规定之下，交付既然是转移占有，就是使物权发生变动的行为；一旦交付，占有转移，物权也随之变动，新的占有人即可按所取得的物权的内容，对物进行全面的或某些方面的支配。立法上把交付作为动产物权行为生效的特别要件，符合社会经济生活的规律，从法理上讲也是科学的。

通常，交付表现为当事人双方形成合意后，物的出让人将出让之物交给受让人

---

〔1〕《城市私有房屋管理条例》第10条。（尽管《城市私有房屋管理条例》已经于2008年被废止，但根据《民法典》及相关法律文件，房屋所有权变动仍需要类似程序要件。）

〔2〕《民通意见》第89条。

〔3〕现司法解释虽然不再专门对此作出规定，但根据善意取得规则，可以解释出这一论断。

〔4〕《日本民法典》第149条。

〔5〕自《物权法》颁行，我国立法即改变了这一态度。现根据《民法典》第225条的规定，对于船舶、航空器和机动车等动产，法律仍然要求登记，但登记并非物权变动的生效要件，而是属于对抗善意第三人的要件。

占有,但是有三种特殊的情况,与现实交付有相同效力。

其一,简易交付。动产物权的受让人或其代理人因合同业已占有出让人的出让物的,出让人与受让人或其代理人形成物权转让合意时,交付即为完成。

其二,指示交付。出让人的出让动产被第三人占有的,出让人将返还请求权让与给受让人,并告知占有人向受让人交付该动产,为指示交付。亦称"返还请求权之让与"。

其三,占有改定。出让人在转让物权后仍需继续占有出让的动产时,出让人与受让人订立合同,使出让人由原来的所有人的占有改变为非所有人的占有,而受让人已取得物权,但将占有权交出让人行使一定时间,在约定期限届满时,出让人再按约定将该动产交还受让人直接占有。

第十四章　所有权

第一节　导论

一、所有权的意义

所有权,是指所有人依法对自己的财产享有占有、使用、收益、处分的权利。

在罗马法中,所有权意味着人对物最充分、最完全的支配。近世民法对于所有权概念的描述多采用如下两种方式:(1)概括式。例如,《德国民法典》第903条规定,所有权为"以不违反法律和第三人的权利为限","随意处分其物,并排除他人的任何干涉"的权利。(2)列举式。例如,《法国民法典》第544条规定:"所有权是对于物有绝对无限制地使用、收益及处分的权利,但法律所禁止的使用不在此限。"我国《民法通则》也采用了这种方式。[1]

人类产生伊始,便有了人与物(自然)之间的关系。这种关系首先表现为一群人对于物的共同占有。然而人与物的关系实际上是以人与人的关系为背景,因此占有又是人与人之间基于物而形成的关系。人类初始的占有,仅仅是一种事实而无权利的意味。当生产力的发展使私人占有成为可能,便产生了用法律手段对这种事实状态予以肯认和保护的需要。法律于是应运而生,它使占有这种事实具有了法律意义,占有人也因此获得法律上的所有权。随着社会经济生活在内容和形式上的丰富与发展,特别是交换的逐步发达,以调整人对物的直接支配关系为内容的物权制度得以建立并不断发展。而所有权正是物权制度的核心和基石。所有权又称自物权,它是最完全的物权,是物权最充分和最典型的表现形式。

二、所有权的内容

马克思指出:"一切生产都是个人在一定社会形式中并借这种社会形式而进行的对自然的占有。"[2]这意味着,人类的生产活动,体现为人指向自然(也即物)的活动。正是这种人与自然的相互作用,构成了社会生产的主要内容。也正是这种人对

---

[1]《民法典》沿用了这一设计。

[2]《马克思恩格斯全集》第12卷,人民出版社1962年版,第737页。

于特定范围内财产的自由支配,构成了所有权这一权利的灵魂。

所有权包括占有、使用、收益和处分等几项内容。它们分别从不同的角度,将所有人的自由支配具体化和类型化,使其内涵更加清晰,外延更加明确,并说明了权利部分内容转让的可能性。

占有意味着人对于物的事实上的管领。这是所有权最基本的一项内容,也是所有人直接支配其物的前提。使用则意味着所有人基于物的实际管领,而依该物的性能与用途加以利用,来满足自己某种需要的具体活动。收益则指获取物的增值——孳息。处分指所有人在事实上或法律上变更或者消灭其对物的权利的行为。

上述四点是对所有权积极内容的概括。所有权的内容并非上述权能的简单相加,占有、使用、收益和处分只是从不同的角度表现了所有人的自由支配的各种可能性以及权利的概括性。

除此之外,某人拥有对于特定物的所有权,便意味着该人以外的一切人均不得妨碍其权利的行使。一旦有妨碍其权利行使的情事,所有人便可直接行使消除此种妨碍的权利。这是所有权的消极内容,民法学称之为所有人的物权请求权。它包括:(1)所有权返还请求权。(2)所有权妨害排除请求权。(3)所有权妨害预防请求权。(4)所有权回复原状请求权。所有人对于一切非所有人所拥有的这种权利,构成了所有权的另一方面的内容。

显然,所有权包括了人对物和人对人这样两个不同层面上的权利。前者又称为原权,它是所有权的核心内容;后者又称为救济权,是为保障人对物的权利的充分、自由地行使而赋予所有人的、以排除他人非法干预为目的的法定权利,是所有人基于对特定范围内财产的权利而产生的对一切非所有人的直接权利。

三、所有权的特征

所有权的特征是通过与其他物权的比较而得出的。然而,国内民法教科书以往总将所有权与债权作比较,来讨论所有权的特征。究其原因,主要是由于当时我国社会主义物权制度没有得到很好地发育所致。我们认为,这种做法在逻辑上似嫌未通。因为同类或同一层面上的事物之间才有比较可言。债权与物权是同一层面的财产权,而所有权只是物权的属概念,将它与债权直接比较是不妥当的。只有将所有权与物权的其他属概念之间作比较,才是揭示其特征的最重要的方式。以此为出发点,我们得出结论如下:

(一)所有权具有自权性

我们知道,物权分为自物权和他物权。前者指对自己的物所享有的权利,后者则指对他人的物所享有的权利。自物权也即所有权,因此,与他物权相比,所有权意味着权利人可以直接地、不经任何中介地和无条件地享有占有、使用、收益和处分其物的权利。这是所有权与他物权区别的始点。

(二)所有权具有完全性和归一性

所有权赋予权利人全面支配物的一切可能性，除了法律和公序良俗，不受任何限制。占有、使用、收益和处分，旨在极其所能地描述所有权作用的全面性与充分性。因此，所有权归结为完全物权。其他物权，则均派生于所有权，而且仅仅是在一定范围内，以一定方式对物的支配，所以在性质上归结为限制物权。此外，从所有权集占有、使用、收益和处分为一身着眼，所有权又具有"归一性"，亦即一切权能的归一性。

(三)所有权具有恒久性

他物权是有期限的，即只在法定或者约定的期限内有效，期限到来之日便是权利消灭之时，而所有权却不以期限为要件。法律不限制所有权的存续期限，当事人在取得所有权时无须设定其期限。因而所有权是恒久性权利。当然这不等于说所有人不可消灭其权利，其中包括出让。

(四)所有权具有弹性

所有权部分权能的全部或一部，可以通过设定他物权或者其他形式而同作为整体的所有权相分离。然而所有权并不因此丧失其作为所有权的品格。此外，这种分离又是暂时的和有条件的。一旦加诸其上的限制或者负担消除，那些离开整体的权能便复归原位，所有权也就恢复其圆满状态。所有权的这种性质被称为弹性。事实上，他物权正是所有权所具有的这种弹性的一种表现。

四、所有权的理念

(一)所有权的本质

所有权的本质也即所有权的根本属性。关于这个问题，西方学者有许多不同学说，如先占说、劳动说、人性说和法定说等。先占说认为，所有权的本质是对于无主物的优先占有的一种认可；劳动说则认为，所有权的本质是对于自己劳动所得的认可和保护；而根据人性说的观点，所有权的本质被描述为人类天性的要求，也即定分止争、各得其所的要求；法定说则认为，正是由于上述人类与财产的关系，法律创设了所有权制度。其本质无疑在于利用此种法律手段来调整人与财产的关系，从而维护正常的社会秩序。

上述各种观点从不同的角度出发，试图从不同的侧面揭示所有权的本质。其中不乏积极成分。然而根据马克思主义的法学观点，所有权的本质被认为是表现并保护一定社会形态下的所有制关系。根据这种观点,一定社会中所有权法律关系的状况,主要是该社会生产资料所有制状况的写照。

(二)所有权在民事权利体系中的地位

如果说民法是一部民事权利宣言书,那么所有权无疑是其中一个极其重要的篇章。所有权是财产权的基石和核心,全部财产法不过是围绕着所有权而规定和展开的。就所有权与债权的关系而言,如果说债权的本质是信用,是一种可期待的利益,那么所有权则是建立这种信用的基础。财产的归属是交换的起点和归宿,交换则是特定范围内的财产在不同主体之间的流转。

还应该看到,尽管所有权在民法中获得了最系统和最直接的表现与保护,但这并不意味着所有权仅仅是一个民法问题。事实上,所有权始终是一切法律部门所共同关注的焦点,各个法律部门分别从不同的角度,以不同的方式对其进行全方位的严密保护。法律的精神就是所有权——孟德斯鸠这句名言极为精辟地道出了所有权在整个法律体系当中的重要地位与作用。

(三)所有权的社会价值

正如卢梭所说:"人性的首要法则,是要维护自身的生存。人性的首要关怀,是对于其自身应有的关怀"。[1]无疑,人类为了生存需要而对自身的关怀,首先表现在对财产的关怀上。这既是因为财产是维系生命的基本手段,更因为财产是自由这一人类理想境界的不可或缺的物质基础,是物化了的人格。从一定意义上讲,财产的多寡决定着自由的内容与品质。法律正是通过所有权这样一种法律手段来保障这种物质基础——从而保障人类的自由。因此,我们看到,所有权与人类对自身命运和发展的终极关怀有着极为密切的联系。这或许也正是所有权最为深刻的意义之所在。

五、所有权的类型

依据生产资料所有制的不同形式划分,所有权分为三类:

第一,国家财产所有权,是指国家以民事主体的身份对国有(也即全民所有)财产的所有权。在公有制国家,由于国家以所有者和管理者的双重身份涉足经济生活,最重要的经济命脉掌握在国家手中,因此大部分经济活动或财产流转都是在国有财产的范围内展开的。随着我国经济体制改革的深入以及市场机制的引进,国家财产所有权的行使,也即国有企业与国家之间的财产关系在一个很长的时期内均是一个不容忽视的、十分严峻的问题。随着社会主义市场经济的健康发展,国家财产所有

---

[1]　[法]卢梭:《社会契约论》,何兆武译,商务印书馆1980年版,第9页。

权的重心已经出现从管领到用益的转移。

第二，集体财产所有权，即集体所有制法人对其财产的所有权。集体所有制是公有制的一种重要组成形式。集体所有权在经济生活中具有重要价值。

第三，个人财产所有权，是指自然人对其财产所享有的占有、使用、收益和处分的权利。我国法律上肯认并保护个人财产所有权。

根据所有人数量的不同来划分，所有权分为三类：

其一，单一所有权，也即通常意义上的所有权，即所有人为某个自然人或者法人的所有权。

其二，多数人所有权。这种所有权类型指两个以上的人共同享有对某项财产的所有权的情况。包括共有、总有、互有以及区分所有等。参见本章第五节的内容。

其三，动产所有权为以动产为标的的所有权。不动产所有权则为以不动产为标的的所有权。上述两种所有权在权利的得、丧、变更以及权利的行使等方面都有许多不同。

所有权还可依据其他标准划分为不同的种类。然而上述三种划分则具有普遍意义。

但是必须指出，在不同的法律体系当中，所有权这一概念所具有的实际法律意义是不尽相同的。特别是在受唯理论哲学影响的大陆法系和受经验论哲学影响的英美法系之间，所有权无论在内容、范围还是在法律意义方面，都存在很大差异。

第二节　所有权的权能

一、权能概述

权能意味着行使权利的各种可能性。所有权的权能有时被概括地描述为"随意处分"，有时又明确地划分为占有、使用、收益和处分四个方面。

诚然，近代所有权概念所强调的是财产的归属，因而从终极意义上讲，所有权是一项静态权利。但这并不等于说所有权内部是绝对静止的。所有权权能的运动便很好地证明了这一点。一般而言，享有所有权当然意味着对该项财产拥有上述四个方面的完整权利。但是社会经济的发展使得所有权的部分权能与作为整体的所有权在一定时空条件下发生分离。显然，占有、使用、收益和处分四项权能全部、无条件地转移的法律后果，是财产主体的变更。只有当部分权能转移于非所有人时，才发生权能与所有权的分离。这种分离不会造成所有人资格的改变。分离是有条件的、暂时的，它使得所有人丧失了法定或者约定范围内财产的使用价值，从而获得相应的价值。而一旦负担解除，所有人的权利便仍回复如初。

其实,对所有人来说,当财产完全处于自己的实际控制之下时,所有权权能的明确划分是没有多少实际意义的。因为这种客观权利究竟在多大程度上和以怎样的方式体现为所有人的主观权利,完全是所有人自己的事情,除非他根本不知道应该怎样行使自己的权利。事实上,正是因为权能与所有权的分离,才使得权能的划分以及对各项权能具体内容的界定成为必要。所有权的权能按照所有人的意思分离出去之后,便获得了相对独立的存在。

二、权能各论

(一)占有权

占有,是指人对物的事实上的管领,也即实际控制的权能。

占有是一个十分复杂的问题。我们此处论及的仅仅是作为所有权权能的占有。无疑占有是所有权最基本的一项权能,它总是表现为一种持续的状态,而这种持续的状态通常被认为是拥有所有权的最明显的证据。因为在大多数情况下,实际控制某项财产的必然是该项财产的所有人。对于所有人来说,占有本身并不是最终目的,它是所有人行使对财产的其他权利的前提。没有这个前提,便无所谓使用、收益和处分。

作为所有权的一项权能,占有可以通过一定方式转移给非所有人。当占有依照法律规定或所有人的意思与所有人相分离时,非所有人获得的是相对独立的占有权,这种占有又称他主的合法占有。而当占有非依法律或所有人的意思而与所有人发生分离时,这种占有非但不是权利,反而是对所有人权利的侵犯。我们称之为他主的非法占有。

(二)使用权

使用权,是指依照物的性质和用途加以利用,从而实现权利人利益的权能。

使用是所有权人的一项重要权能。拥有所有权的目的,在绝大多数情况下,正是为了对物或财产加以利用。因此使用权能是所有权四项权能当中的一个核心环节,是所有人实现其对于物的利益的最主要方式。

传统理论认为,使用应以不毁损物的外形和实质、不改变其性能为限度。[1]然而严格说来,任何使用都意味着消耗,只不过对于"不消耗物"而言,其消耗表现为一个缓慢的、不断积累的过程,以至在一定期间内可以忽略不计,因而只有不消耗物才有使用可言。对消耗物的"使用",可以归结为"处分"。

使用权能也可依法律或当事人的意思移转给非所有人。这种移转的结果是非所有人获得物的使用价值,而所有人则获得在一定条件下的物的价值。

---

〔1〕　史尚宽:《物权法论》,中国政法大学出版社2000年版,第57页。

必须指出，这里的使用是有限度的。即使用须以不损害他人或公共利益为限。绝对的、无限制地使用必然导致权利的滥用。而适当的限制不过是为了在个人利益之间、个人利益与公共利益之间寻求一种最佳平衡。

(三) 收益权

收益权，是指获取物的孳息的权能。

传统理论认为，收益须以不改变物的性能为前提。收益可以通过以下两种方式实现：

第一，利用物的自然属性而获得。例如，如获得动、植物繁殖和再生所带来的孳息。孳息脱离原物而成为与原物性质相同或不同的独立的物，即天然孳息。

第二，依一定法律关系存在而获得。例如，储蓄货币而获得利息、出租房屋得到租金。这种孳息即法定孳息。这里的"一定法律关系"的内容是通过所有权的部分权能的移转，出让物的使用价值而获得物的价值(在此处也即增值)。因此，以这种方式获得的孳息与原物在性质上可以没有任何联系，亦不存在与原物相脱离的问题，而是在一定范围内随时间的推移而连续发生。

如果说在自然经济条件下所有权的重心是使用，那么今天，在市场经济、特别是货币经济和信用经济条件下，所有权的重心正日益由使用转向收益。西方一些学者甚至认为，现代所有权的本质便表现为收益权。这一走向，我们称之为从管领到用益。

(四) 处分权

处分权系指所有人变更、消灭其物或对物的权利的权能。

处分权一向被认为是拥有所有权的根本标志。没有处分权能，所有人必无法实现生产资料与劳动力的结合，从而无法进行实际的生产活动。没有处分权能，所有人必无法完成商品的交换以及权利的转让，交换以及有关交换的法律制度也必然成为无稽之谈。处分权能最直接地反映了所有人对物的支配。不过处分权能也经常以合同的形式实现。可见处分权能是连接物权与债权的一座桥梁。

处分又可分为事实处分与法律处分。事实处分指所有人变更或消灭其物而实现其利益的行为；法律处分则指变更或消灭其对物的权利的行为。二者的区别还在于前者是通过事实行为、后者是通过法律行为实施。从法律效果上看，前者导致了所有权的绝对消灭；而后者则为所有权全部或者部分权能的移转。

事实处分包含两个方面的内容：其一，在客观上使物归于消灭；其二，在客观上改变物的性状。此处的改变不应包括因正常使用而造成的变化。

法律处分也包括两个方面的内容：其一，以一定方式移转物的所有权，也即物的易主。无疑，正是许许多多所有权的移转构成了通常意义上的商品流通。不过，这里还应包括抛弃所有权的情形。虽然它并不属于正常的交换范畴,但抛弃权利也是一种处分行为。[1]其二,以一定方式暂时转让若干权能或若干权能的一部分。也就是说,所有人在一定时空范围内出让物的使用价值而取得物的价值。值得注意的是,法律处分的这个方面常常被忽略。事实上,所有人正是依据处分权能进行权能的部分转让。如果不是这样,那么所有人的这类行为便失去了依据,所有权的四项权能也必无法囊括所有人的全部权利。我们看到,无论是事实处分还是法律处分,都不必然导致所有物的消灭。

同其他权能一样,处分权能也可转让于非所有人。例如,国有企业对于本企业经营管理的国家财产便享有一定程度上的处分权。需要指出的是,处分权的行使与处分权能同所有人的分离是不同的。前者指所有人实际享有并实施处分权能;而后者则是这一权能行使的一种结果。也就是说,处分权能的行使并不必然导致处分权能与所有权的分离。

三、权能的整体结构

从以上论述不难看出,所有权是各项权能组成的完整的权利。然而在其实际行使的过程中,所有权又总是以部分权能以及某项权能的一部分的形式出现。作为所有权的一个有机组成部分,每项权能都具有相对独立的作用与地位,同时每项权能又都具有十分复杂的性质和内容。而权能的行使和运动,更使得各项权能相互之间及其与所有权之间的关系进一步复杂化。

权能的运动,或者说权能与作为整体的所有权的分离有如下两方面的原因:其一,依据所有人的意思,主要指依法律行为的方式达成分离。其二,非依所有人的意思,其中包括:直接根据法律的规定;根据司法机关的强制;由于丢失、被盗或其他所有人意思之外的原因。

所有权权能与所有权分离的形式和结果有:(1)权能的分离形成相对独立的他物权,分离的方式与内容都是由法律直接规定的,当事人不可任意变更。(2)权能的分离不形成他物权,分离的方式与内容当事人可自行约定。事实上,所有权的各项权能,除了那些在立法上得到确认的有限的他物权所规定的方式之外,还可以约定的各种方式在所有人与非所有人之间分享。随着社会经济生活在内容上的逐步复杂化,特别是在市场经济条件下所有权权能的商品化,权能分离的频度越来越高,且在形式上越来越朝着多样化的方向发展。

占有、使用,收益和处分这四项权能在所有权的行使以及所有人利益最终实现的过程中各自起着不同的作用,但是每一项权能都从一个侧面表现了所有权所具有

---

[1] 有学者认为,抛弃可被视为一种对不特定人的赠与。因而抛弃也是一种交换行为,即与零价值的交换。

的最本质的属性，即对于自己所有财产的支配。所有权绝非这四项权能的简单相加，而是它们的有机结合所构成的一个完整的权利。

还需指出，在有些情况下，权能之间会发生吸收或竞合。例如，占有权能便经常会被使用权能所吸收，使用权能也可能与处分权能发生竞合等。

最后，分离出去的权能对所有人的所有权构成一定的限制。尤其是当权能的分离形成他物权时，该他物权人在其权利范围内，可以对抗任何第三人，甚至可以对抗所有权人。我们认为，这种情形实际上是救济权能全部或部分地随其他权能与所有权分离的结果。

第三节　所有权的取得

一、概述

（一）取得及其样态

所有权的取得，是指所有权因一定法律事实的存在而对特定主体发生的效力。

所有权的取得有多种形式和途径，依其是否以他人所有权为前提而划分为原始取得和继受取得。原始取得包括以下诸种方式：(1)先占；(2)生产；(3)收取孳息；(4)添附；(5)无主物、罚没物的法定归属；(6)动产所有权的善意取得；(7)没收等。[1]

继受取得则表现为所有权在时间上的承接关系，即后手权利直接来自于前手权利的转让。此种转让通常是以合同的方式实现的。此外，某些事实的发生也可导致所有权的继受取得。

（二）取得的根据

所有权取得的根据包括：(1)因法律行为而取得。(2)因法律行为以外的事实而取得。

---

〔1〕 在许多国家的民事立法和民法理论中，遗失物的拾得也可导致所有权的原始取得。但我国《民法通则》第97条明确规定，拾得遗失物应当然归还原主，只有在一定期间内无人认领的前提下方可视为无主财产，由国库原始取得。故就一般而言，遗失物的拾得并不必然导致所有权的原始取得。（《物权法》第107—113条针对遗失物进一步明确了当事人之间的权利义务，《民法典》第321—327条承继了《物权法》的规定。对于遗失物是否可能被第三人善意取得的问题，理论上存在不同认识。）

二、不动产所有权的取得

(一)取得根据

不动产所有权的取得根据有两种,即法律行为和法律行为以外的事实。显然,此处的法律行为也即物权行为。作为不动产取得原因的法律行为可以是:(1)物权合同,如买卖合同、赠与合同以及互易合同;(2)单方物权行为,如受遗赠。法律行为以外的事实包括:(1)继承;(2)建造,如房屋、桥梁的建造(包括自力建造和定作建造)、围海造田以及竹木的栽种等;(3)法院判决或强制执行以及没收等行政行为。

(二)登记

不动产所有权的取得,必须采用特定方式。国外立法所采用的制度主要有下列三种:

第一,地券交付主义。这一制度为英美法国家所采用。它是指不动产初次登记时由登记机关依一定程序确定其权利,并做成地券。当该不动产所有权转移时,将地券交登记机关予以更换或重新记载。

第二,生效要件主义,又称德国法主义。其内容是,不动产所有权的取得除依当事人合意外,还必须到登记机关进行登记,方可发生法律效力。也就是说,在这里,登记成为不动产所有权转移的特别生效要件。

第三,对抗要件主义,又称法国法主义。根据此项制度,不动产所有权的转移只需合意便足以在双方当事人之间发生。然而非经登记尚不能对抗第三人。

我国法律不允许土地买卖。依法律行为取得不动产所有权,主要指房屋而言。依我国现行法律的规定,房屋所有权转移或房屋现状变更时,须到房屋所在地房管机关办理所有权转移或房屋现状变更登记手续。只有完成登记,才能发生房屋所有权移转的效力。可见我国在不动产所有权的取得上采取的是德国法主义,即登记为不动产所有权转移的特别生效要件。

不动产所有权的取得根据有法律行为和法律行为以外的事实两种。对前者来说,因法律行为而取得意味着权利的移转,也即前手权利的丧失和后手权利的获得。为了保证双方当事人的利益和交易的安全,登记在这里可以起到两方面的作用:(1)由有关机关对该项权利转移事宜进行审查,以确保交易的合法性。(2)将此项权利更迭昭示于众,以保护第三人的利益。此种登记在学理上称为设权登记。对后者来说,情形有所不同:其中登记仅仅起到公示作用,在此之前,所有权业已发生转移。这种登记在学理上称为宣示登记。

三、动产所有权的取得

(一) 概述

与不动产所有权一样，动产所有权也可因法律行为和法律行为以外的事实取得。其中因法律行为取得所有权的情形与不动产相同。因法律行为以外的事实取得所有权时，除不动产所有权取得中所列举的几种情形外，还包括下列几种动产所有权取得的特有原因：(1)先占；(2)添附；(3)无主物的法定归属；(4)善意取得。

(二) 取得方式

1. 先占

先占，是指因单方事实行为而取得动产所有权。构成先占须符合以下几个条件：(1)标的物须为无主物，即在占有之时，该物不属任何人所有。被所有人抛弃之物也属无主物，但遗失物、漂流物也并不当然属于无主物。(2)标的物须非法律禁止占有之物。(3)须占有标的物。(4)须占有人有所有的意思。

2. 添附

添附，是指不同所有人的物因结合或因加工而形成不可分割的物或具有新质的物，由于回复原状之不可能或者不合理而由一所有人取得或数所有人共同取得该物所有权，并由该人对于他方因此所受的损失予以补偿或者赔偿。[1]在下文中，我们仅对新物所有权的归属原则加以说明。添附包括混合、附合、加工三种形式：

混合，是指不同所有人的动产因相互混杂或交融而难以识别和分离，且在某些情况下业已生成新物质的情形。

附合，是指不同所有人的物因密切结合而形成难以分割的新物的情形。附合可以分为不动产上的附合和动产上的附合。不动产上的附合是指动产因附合而成为不动产的重要成分的情形。在这种场合，一般由不动产所有人取得该项动产的所有权。动产上之附合是指因两个以上动产相附合而形成新物的情形。在这种场合，新物一般由原物价值较大的一方取得。当各方原物的价值不相上下时，则发生共有。

加工，是指在他人的物上进行劳作，从而使其物具有更高价值的活动。加工的标的仅限于动产，而不包括不动产。加工物的所有权，一般依加工所生成的新价值是否大于原物价值而定其归属。大于者，由加工人取得；否则，由原物所有人取得。

3. 无主物的法定归属

无主物是指没有所有人或所有人不明的物。例如，无人继承和无人受遗赠的遗

---

〔1〕《民法典》第322条对于添附物的归属确定方法以及债的关系均作了原则性规定："因加工、附合、混合而产生的物的归属，有约定的，按照约定；没有约定或者约定不明确的，依照法律规定；法律没有规定的，按照充分发挥物的效用以及保护无过错当事人的原则确定。因一方当事人的过错或者确定物的归属造成另一方当事人损害的，应当给予赔偿或者补偿。"

产、无主的埋藏物和隐藏物等。[1]对于无主财产的归属,近现代民法通常规定由发现人(先占人)取得其全部或者部分所有权。我国《民法通则》第79条规定:"所有人不明的埋藏物、隐藏物,归国家所有。"然而如果某人能以充足的证据证明挖掘或发现的埋藏物、隐藏物为其所有,则该物不属无主物。[2]此外,根据《文物保护法》第4条的规定,我国境内地下、内水和领海中遗存的一切具有历史、科学和艺术价值的文物以及古文化遗址、古墓葬等,均属于国家所有。[3]

需要指出的是,无主物与遗失物是不同的。遗失物并非无主物,只是因所有人的不慎而导致物与所有人的暂时分离,许多国家和地区的民法规定,遗失物在一定条件下可以由拾得人得到部分所有权。而根据我国《民法通则》的规定,拾得遗失物应当归还所有人。但是,在拾得人发出招领通知或采取其他相应措施一定时间之后仍无人认领时,也可推定为无主财产,而由国家取得所有权。对于漂流物、失散的饲养动物以及其他合法的占有物,也适用关于遗失物的规定。

4.善意取得

善意取得,是指受让人以取得动产所有权[4]为目的占有某项动产,即使出让人无处分权,受让人仍可取得其所有权的情形。关于善意取得,请见下述。

四、动产所有权的善意取得

(一)要件

1.须标的为动产[5]

各国或地区的民法多规定善意取得的标的,只限于动产。一般认为,因不动产所有权以登记为特别生效要件,故无善意取得的可能。对此,学界存有争议。

2.须受让人有偿[6]取得标的物的占有

我国习惯法认为,无偿取得动产者,其利益较之物之真正所有人的利益,不值保护。因而善意取得须以有偿受让为要件。

---

〔1〕 这里的埋藏物和隐藏物仅指动产。不动产一般不发生埋藏或隐藏问题。

〔2〕《民通意见》第93条。(现司法解释未作如此规定。根据《物权法》第114条规定,"拾得漂流物、发现埋藏物或者隐藏物的,参照适用拾得遗失物的有关规定。法律另有规定的,依照其规定。"《民法典》第319条承继了《物权法》的规定。)

〔3〕 在2017年修订的《文物保护法》中,这一内容规定在第5条第1款和第2款。

〔4〕《物权法》第106条将善意取得的对象扩大适用至不动产。《民法典》第311条承继了《物权法》的规定。

〔5〕《物权法》第106条将善意取得的对象扩大适用至不动产。《民法典》第311条承继了《物权法》的规定。

〔6〕《物权法》第106条即将"合理价格"作为善意取得的构成要件之一。《民法典》第311条承继了《物权法》的规定。

3.须自无处分权人取得占有

善意取得制度，只对无权处分的情形有意义。因为倘系有权处分，该行为即当然发生动产物权变动的效力，无须善意取得制度以为救济。

4.须受让人取得占有为公然[1]和善意

所谓公然，系相对于隐秘而言，亦即非隐秘；所谓善意，则指无过失地相信出让人有处分权。此项要件，系法律伦理上的要求：只有善意取得，才合乎正义。关于此项要件，又具体化为如下两点：(1)须从市场或者从经营与标的物同类别商品的商人处受让取得。(2)须价格合理。倘价格过于低廉，受让人通常会发现标的物的权利瑕疵，而难于辞其过失。

5.须标的物系依其所有人的意思而由无权处分人占有

亦即标的物不属盗赃，也不属拾得物。换言之，正是所有人本人使非法出让人取得了标的物的合法占有。后者非法出让标的物，与所有人对其信任不无关系。因此，这一风险，由所有人负担是合理的。关于盗赃和拾得物能否善意取得其所有权，《日本民法典》作了肯定的规定。我国学界对法律的规定存在不同解读。

(二) 制度价值

善意取得制度发源于德国，而为近现代民法所广泛采用。

事实上，善意取得制度是对所有权追及力的限制。肯认善意取得人的权利，便意味着剥夺了所有人向无权处分人请求返还原物的权利，所有人因此将蒙受损失。但是另一方面，第三人对于该物的取得是善意、有偿和无过失的。因此，法律对其利益若不予保护，则将危及交易安全。解决这个问题的唯一方式是，在二者利益之间谋求最佳平衡。在交换日益频繁的现代社会，国外立法越来越倾向于交易安全的优先保护而不得不因此而牺牲所有人的返还原物利益，所有人只能向非法转让人请求损害赔偿。

(三) 关于善意取得的理论

善意第三人何以能够从无所有权的出让人处取得所有权？学说有以下解说：

1.取得时效说

此说认为善意取得因特别时效(也即所谓瞬间时效)的经过而取得所有权。

2.权利外像说

此说认为善意取得的依据在于占有的公信力。依公示主义，应推定占有人为所有人。

---

[1] 现行法未将"公然"作为一个独立的要件。在实践中，会将"公然"与否作为判断受让人是否善意的考量。

3.法律赋权说

此说认为善意取得是由于法律赋予无权处分人以处分他人所有权的权利。

4.占有效力说

此说认为善意第三人是基于占有的效力而为善意取得。

5.法律特别规定说

此说认为善意取得的依据在于法律的特别规定。

上述诸学说,各从不同的角度,试图对善意取得的逻辑依据给出一个令人满意的答复。其中法律特别规定说似更有说服力。

(四)善意取得的性质

关于善意取得在法律上的性质究竟为原始取得抑或继受取得,也存在不同学说。一说为原始取得,即善意取得人并非基于原权利人的权利而取得所有权,而是直接基于法律的特别规定,因此当然为原始取得。一说为继受取得,此说认为善意取得效力的发生是基于让与行为,因此应属于继受取得。依本书所信,前说较为可取。

第四节 所有权的消灭

一、概述

所有权有其发生与取得,同时也有其丧失与消灭。

所有权的消灭,从权利本体着眼,有两种形态,即相对消灭与绝对消灭。某项所有权与其主体脱离,而权利却可由他人取得,在这种场合,对原主体而言,是所有权的丧失,但就权利本体而言,则只是所有权的相对消灭。例如,所有人死亡,抛弃所有权或者出让所有权,即均属之。与此不同,当标的物灭失时,所有权则为绝对消灭,对于任何人而言,该所有权均不复存在。

所有权的消灭,主要问题在于所有权消灭的要件,我们将在下文中进一步展开说明。

二、所有权消灭的根据

(一)因法律行为而消灭

1.所有权的抛弃

以消灭自己的所有权为目的而作出的单方意思表示，即为所有权抛弃。抛弃属单方物权行为，能引起所有权消灭的效果。

2.所有权的出让

即旨在消灭自己所有权而使他人取得该所有权的行为。例如，出赠、出卖、互易等均属之。出让行为也需公示：对于动产，须为交付；而对于不动产，则须为登记。

(二)因法律行为以外的事实而消灭

1.所有人死亡或终止

当作为所有人的自然人死亡或法人终止时，该项所有权即告消灭。

2.标的物灭失

当标的物灭失时，所有权即不复存在。灭失的形态有物在物理意义上的消灭和实质变更。这不仅可因消费而导致，也可因生产、附合、侵权行为乃至自然事件而导致。

3.因判决、强制执行、行政命令等而导致所有权的转移

例如，判决、罚款、没收，乃至纳税即是。

第五节 共有

《民法通则》第78条规定："财产可以由两个以上的公民、法人共有。"[1]这是我国民事立法对于共有的原则性规定。

一、共有的意义

共有是两个以上的人对于同一件物的共同所有。其中，共同所有权的享有者称为共有人，而其标的，则称为共有物。依《民法通则》[2]的规定，共有有两种样态：按份共有和共同共有。

所有权以外的财产权，在为两个以上人共同享有时，学理上称之为"准共有"。

---

[1] 对应《民法典》第297条第一句"不动产或者动产可以由两个以上组织、个人共有"。需要注意的是，相较于《民法通则》第78条，本条将共有的主体表述为"组织、个人"，不再表述为"公民、法人"。

[2] 《民法典》承继了这一设计。

从上述定义中可以看出：

第一，共有的所有权在形态上是一个。共有的所有权是一个，而不是多个，只有同一个所有权由多数人享有，才成立共有。假使多个所有权并存，则非共有。

第二，共有的所有人是两个以上的人。既为共同所有，其权利人必为多数人。一人独立享有所有权，则无共有可言。共有人可以是自然人，也可以是法人[1]。前者如夫妻对于共同财产的共有；后者如甲乙两公司就合伙所积累而未分割的财产的共有。

第三，共有人须不形成社团法人。在共有的场合，各共有人并不成立法人。假使多数人形成法人，那么，该法人对于其发起人投入的财产所享有的所有权，是单一的所有权，而不是共有。社会主义经济学的术语，把社团法人所有称为集体所有，集体所有又被认为属于公有制的在法律领域中的表现形态之一。公有制在法律领域中的另一形态是全民所有，即国家所有。

二、总有与区分所有

与共有类似的制度，是总有与区分所有。

(一)总有

总有(Gesamteigentum)是日耳曼法中村落共同体对于土地(耕地、山林、水面等)的管理与分配权及其成员的用益权的总称。

其包含以下意义：

1.共同体享有管理权与分配权

共同体为了全体成员的利益而享有名义上的所有权，其内容却只限于管理、服务和分配，不包括使用与收益，因而其权利在严格意义上并不是所有权。

2.成员享有用益权

总有用益偏重于内容，而抽象支配意义却较淡薄。为发挥土地的经济效用，由成员而非共同体直接占有、使用和收益。

3.成员的用益权以成员资格为前提

成员的用益权只能从共同体取得。换言之，须以作为共同体的成员为前提。用益权体现为共同体成员的福利，该福利具有身份性。因而共同体须依成员的变动而调整个别成员所占有的土地。这是其分配权存在的依据。此外，共同体须为全体成员的用益权提供服务，管理共同的农田、水利设施和道路等。

从上述说明可以看出总有具有如下特征：

第一，总有的团体色彩很浓。总有是共同体的"所有"，成员把共同体作为自己的"家"，共同体为成员服务，成员有很强的团体意识。

---

〔1〕 自《民法总则》颁行，也包括非法人组织。

第二，所有权内容的质的分割。总有制度对所有权在质上作了分割，即管理权和处分权由共同体享有，而直接占有权、使用权与收益权则由成员享有。质的分割成为总有的突出特色。

第三，重用益而轻管领。总有制度对于如何发挥土地作为经济资源的效益十分重视，相形之下，对于土地的抽象管领和概括支配却不那么看重，从而与罗马法的所有权观念形成鲜明区别。总有是农耕经济的产物。罗马法的所有权观念，则重在抽象管领与支配，以便明晰产权，便于物的流转。这种理念是市场经济的产物。

我们认为，总有制度对于我国农村土地制度建设具有重大参考价值。

(二) 区分所有

区分所有是对于建筑物的有独立用途的部分的所有和对于共用部分的共同所有的总称。

其包括以下含义：

1.区分所有的标的须为建筑物

区分所有，从本质上说，须以整个建筑物共用设施的用益权为前提。例如，楼房的使用，离不开电梯、楼梯、给水排水的共同设施、机械设施、走廊等。在房屋的设计中，诸设施必须共同使用。因此，就该楼房的各个具有独立用途的部分，虽然可以成立所有权，但不能成立完全独立的所有权。这种并非完全独立的所有权，称为"区分所有权"。

2.区分所有权的标的须为含有有独立用途的部分的建筑物

如上所述，如果某建筑物并不含有有独立用途的部分，而是只有作为一个完整的整体才有独立的使用价值，那么无从成立区分所有权。例如，只有一间房屋的建筑物。

3.区分所有权的标的须为有必要共同设施的建筑物

如上所述，只有具备必不可少的共同设施，如楼梯等的建筑物，才有必要和可能成立区分所有权。相反，如果一排平房，虽有若干房间，但各自可独立使用，并不依赖于共同部分的用益权，那么对其中某个或某几个房间而言，就不必成立区分所有权，只须成立独立的所有权即可。

4.区分所有权须以共用物的用益权为前提

5.区分所有人对于共用设施有使用、管理的权利和义务

所谓使用、管理的权利与义务，指对于共用设施的使用权、管理权和修缮义务。

三、按份共有

(一) 意义

按份共有是共有所有权在量上得分析为份额，并且份额分配于各共有人的共有

形态。《民法通则》第78条第2款规定："按份共有人按照各自的份额,对共有财产分享权利,分担义务。"[1]在我国台湾地区现行"民法"中,与按份共有对应的概念为"分别共有"。

其内容包含以下意义:

1.按份共有的所有权为一个

按份共有虽然是共有权分析为份额,但作为所有权,却仍为一个,而不是在每个份额之上各自成立独立的所有权。例如,甲乙丙三人依3：2：1的份额共有12间房屋,其中甲的份额为1/2,乙为1/3,丙为1/6。但这并不是说甲有1/6房产即6间的所有权,乙有1/3房产即4间的所有权,丙有1/6房产即2间的所有权。事实上,所有权仍为一个,甲、乙、丙三人各自拥有的只是共有权。

2.共有权在量上分析为份额

份额即共有权的一定比例,而非标的物的份额,已如上述。显然,份额是权利在量上的分割,而不是标的物在量上的分割。各共有人对于标的物的支配是全面的,而不是依照份额去支配。

3.各共有人依其份额享有共有权

即共有权在量上的份额分配于各该共有人,从而每个人的权利以其份额为限,其义务也以份额为限。例如,上述甲、乙、丙三人共有12间房屋之例,当房屋全部出租而分配所获租金时即按份额为标准;同时纳税及修缮义务的分担,也按份额分配。又如,甲乙丙三人依3：2：1的份额共有一台拖拉机,在使用权的行使上,应按3：2：1的比例分配;当然义务也按同一份额负担。

(二)按份共有的效力

1.依照份额享有共有权

共有人可为下列行为:(1)保存行为和利用行为。各共有人对于共有权的享有,即实施保存行为和利用行为,以其份额为依据;对共有财产所生义务的分担,也以其份额为依据,已如上述。(2)改良行为和处分行为。各共有人对共有物实施改良行为和处分行为,应依共同意思,即依全体一致的意思。当不能形成共同意思时,则应依其份额占多数的共有人的意思。

2.分割请求权

各共有人对于共有物有分割请求权。所谓分割,系指共有人以消灭其共有关系为目的而分出其份额的行为。各按份共有人均有分割请求权。然而,以有偿移转于共有人之外的第三人为目的的分割,则须受其他共有人在同等条件下享有优先购买权的限制。对此下文有述。

---

〔1〕 对应《民法典》第298条"按份共有人对共有的不动产或者动产按照其份额享有所有权"、第300条"共有人按照约定管理共有的不动产或者动产;没有约定或者约定不明确的,各共有人都有管理的权利和义务"。

分割请求权的行使，除当事人有特约外，在时间上不受限制。

3.优先购买权

当共有人中有人转让其份额时，在同等条件下，其他共有人有优先购买权(《民法通则》第78条第3款)。[1]侵犯该项权利的转让行为，应为无效。[2]

4.在份额上设定担保物权

按份共有人可就其共有权份额，设定抵押权。

5.物权请求权

当共有物受到妨害时，各共有人单独并且共同地享有物权请求权，包括停止侵害、防止妨害和排除妨害、回复原状和返还原物的请求权。

(三)共有物的分割

1.实物分割、折价补偿与变价分割

对共有物实施分割时，依标的为可分物抑或不可分物，而分别运用实物分割和变价分割。实物分割是将共有物直接分作份额并归属于各该共有分割人。折价补偿是将共有物归属于其中一个共有分割人，而由该人对其他共有人依物之价格和各自之份额在货币上予以补偿。变价分割是以共有物拍卖或变卖取得价金，将价金依共有人各自的份额予以分割。

2.协议分割与诉讼分割

对共有物实施分割行为，得依协议进行。协议不成时，可通过诉讼解决。

四、共同共有

(一)共同共有的意义

共同共有是共有人平等和不分份额地享有共有权的共有形态。

《民法通则》第78条第2款后段规定，"共同共有人对共有财产享有权利，承担义务"。对照该款前段关于按份共有的规定，可知共同共有人是不按份额而平等地享有共有权。[3]

---

〔1〕 对应《民法典》第305条："按份共有人可以转让其享有的共有的不动产或者动产份额。其他共有人在同等条件下享有优先购买的权利。"

〔2〕 对于侵犯该项权利的转让行为的效力，根据《最高人民法院关于适用〈中华人民共和国民法典〉物权编的解释(一)》第12条的规定，按份共有人向共有人之外的人转让其份额，其他共有人以其优先购买权受到侵害为由，仅请求撤销共有份额转让合同或者认定该合同无效的，人民法院不予支持。我们认为，对于侵犯该项权利的转让行为的效力，应当区分转让合同与份额变动行为考量。首先，不能因为侵犯优先购买权，就认定转让合同无效；而在考量份额变动行为的效力时，应当同时立于交易安全的角度，视受让人是否构成善意取得而确定。

〔3〕 对应《民法典》第299条"共同共有人对共有的不动产或者动产共同享有所有权"、第300条"共有

上述定义表明：

第一，共同共有是按份共有之外的另一种共有形态。各共有人对于共有权虽然在观念上有其份额(平等也为份额，如夫妻共有，即意味着每人份额均为1/2；同理，三人平等共有，意味着每人份额为1/3)，然而并不表现出来，而呈潜在状态。只有在共有关系终止、分割共有物时，份额才有实际意义。

第二，共同共有以共同关系为前提。所谓共同关系，指基于共同目的而形成的关系。例如，夫妻关系。共同共有因共同关系而发生，因其存续而存续，因其消灭而消灭。换言之，在共同关系存续中，共有人不得自由处分其共有权的"应有部分"，不得请求对共有物进行分割。

第三，共同共有可理解为多个"所有权"的竞合。即各人对于同一物的各自所有权的互相竞合而形成一项共有权。

(二)共同共有的效力

1.对外效力

对外效力系指共有人的行为对于第三人的效力。

只有依全体共有人的共同意思，其处分行为才能发生对外效力。但各共有人可以推举部分共有人代表全体共有人实施行为。此外，法律保护第三人的善意取得(《民通意见》第89条)。

各共有人单独并且共同地享有共有物的物权请求权，此点与按份共有相同。

2.对内效力

各共有人在共有存续期间无分割请求权(包括转让权)。此点与按份共有不同，从而也无优先购买权可言。但是，在共有终止时对财产的分割与按份共有的分割相同。需要注意的是，《民通意见》第92条规定了共同共有人有条件的优先购买权："共同共有财产分割后，一个或者数个原共有人出卖自己分得的财产时，如果出卖的财产与其他原共有人分得的财产属于一个整体或者配套使用，其他原共有人主张优先购买权的，应当予以支持。"[1]

人按照约定管理共有的不动产或者动产；没有约定或者约定不明确的，各共有人都有管理的权利和义务"。

〔1〕 需要注意的是，这一规则没有被《物权法》《民法典》及司法解释吸收。对于共有财产的分割问题，根据《民法典》第303条的规定，共有人约定不得分割共有的不动产或者动产，以维持共有关系的，应当按照约定，但是共有人有重大理由需要分割的，可以请求分割；没有约定或者约定不明确的，按份共有人可以随时请求分割，共同共有人在共有的基础丧失或者有重大理由需要分割时可以请求分割；因分割造成其他共有人损害的，应当给予赔偿。由此可见，对于共有财产的分割问题，现行法更注重对于共有人自由意志的尊重。

第十五章(原为"共有",并入第十四章)

第十六章　用益物权(原章名为"使用权")

第一节　概述

一、用益物权的意义

　　用益物权产生的社会原因是,人们对物质资料的占有与需求方面的矛盾以及人们可以想到的解决这一矛盾的最佳方法。社会成员对物质财富的所有存在差异,而利用物满足生产、生活的需求又有所不同;所有人在一定条件下不必或者不能直接利用标的物,而没有某物的人在一定条件下则急需利用该物,同时又不需要花费太大代价取得该物的所有权。为解决物的所有和利用方面的矛盾,人们之间发生了只转移对物的使用和收益,不转移物的所有权的财产关系。其中主要的是交换关系,即非所有人支付代价,换取对所有人财产的使用和收益的关系。在这种关系中,所有人不丧失标的物的所有权,通过非所有人的对物直接利用,收取报酬,实现所有权的收益权能,最终还能收回标的物,行使所有权的全部权能,而非所有人的需求也得到了满足,双方都以最合理的代价取得了物的效益。之后,所有人仍可有偿转让标的物的用益权,直至物消灭,而非所有人则可用节省的资金,从事其他方面的活动。所有人与非所有人之间的这种财产关系,对当事人、对社会、对国家都有利,当然地受到了法律的确认和保护。为保障非所有人的正当利益,法律确认非所有人对所有人财产的合法使用和收益是一种物权,即用益物权。

　　用益物权的作用是,保障用益权人对他人之物进行合乎约定的使用和收益,满足用益权人的需要。因此,用益权人只要不违反法律或设立权利的合同的规定,就能够独占地、排他性地支配标的物,不仅其他任何非所有人,而且包括所有人,都不得妨害他行使权利。所有人违反法律或者合同妨害用益物权的,同样构成侵权行为。

二、传统民法学上的用益物权

　　第一,地上权,是指在他人的土地上营造建筑物或种植树木而长期使用该他人土地的权利。

地上权立法的目的是调整土地所有人与在其土地上营造不动产的土地使用人之间的财产关系。

建筑物或树木有长期存在的特点，因此地上权也具有长期甚至永久存续性。地上权的存续期间，一般由当事人约定。但是，有些国家规定了最长期限。

地上权存续期间，地上权人对土地享有占有、使用、收益的权利，还有权转让地上权。地上权可以继承。

设定地上权，可以是无偿的，也可以是有偿的。通常，有偿取得地上权的人，以支付使用费作为对价。

我国实行土地公有制，但公民、法人[1]依照法律或者合同使用国有土地或集体所有的土地营造建筑物或植树，也发生土地所有人和使用人之间的权利义务关系。我国法律规定的宅基地使用权、国有土地使用权、中外合资经营企业的场地使用权、林地使用权等，在性质上都属于地上权。

第二，地役权，是指为实现自己不动产的利益而使用他人不动产的权利。例如，为耕作而在必经的他人的土地上修路通行的权利，为排灌而在他人土地上修渠的权利。

地役权立法的目的是调整相邻不动产所有人之间因实现自己不动产的利益必须而使用他人不动产所发生的财产关系。地上权人、典权人也可享有地役权。

设立地役权，可以是有偿或无偿。我国土地分为国有土地和集体所有的土地，私有土地制已彻底消灭，以土地所有权设定地役权法律关系的情形相对较少，但民事主体之间就不动产设定地役权的仍有较大空间。

地役权和相邻权有相似之处，但不相同。二者的主要区别是：(1)相邻权是法定权利，地役权是按当事人约定设立，或由时效取得[2]。(2)相邻权在性质上是对相邻不动产所有权的限制或扩大，它不是独立的物权，而地役权是为自己不动产的利益而使用他人的不动产，是一种他物权。(3)相邻权原则上依法发生在相互毗邻的不动产的所有人或使用权人之间，而地役权则不受不动产是否毗邻的限制。(4)地役权的内容只是为自己不动产的利益而使用他人的不动产，而相邻权的内容则包括自然流水的利用、排水、危害和危险的防治与排除、道路或桥梁的通行、采光、通风、噪音和震动的防止与减低等多方面的权利。

第三，典权。典是一种法律行为，即一方当事人把自己的不动产交对方占有、使用和收益，以此从对方取得一定金钱，到一定期限向对方返还金钱，赎回不动产或者不返还金钱，放弃该不动产所有权的法律行为。

在典权关系中，不动产所有人称为出典人；占有、使用不动产但出资的人称为承典人；承典人交出典人使用的金钱称为典价。

---

[1] 在《民法总则》颁行后，还包括非法人组织。

[2] 我国《民法典》未规定物权的时效取得方式。

典权，即承典人支付典价、占有出典人的不动产并予使用和收益的权利。

典权制度的立法目的是保障不动产所有人在需要一定金钱但又不愿丧失所有权时，能通过出典不动产而融通资金，并在一定期限届满时赎回该不动产。同时，承典人取得典权后能通过对承典不动产的使用和收益，满足自己在不动产方面的需要。

第四，永佃权，即当事人一方支付佃租，在对方的土地上永久耕作或放牧的权利。我国台湾地区"民法"曾有这一概念，但我国台湾地区自实行土地改革以后，永佃权现象已基本消失。[1]在我国大陆，自1949年以后，就废除了这种旧制度，永佃权也已成为历史概念。

下面分四节分别阐述我国民法中规定的各类使用权、国有企业财产经营权、农村土地承包经营权以及典权。

第二节　使用权

我国现行物权法律规定了各类使用权，这种使用权与作为所有权权能的使用权不是同一概念，而是一类独立的他物权。法律对其意义、种类、内容、取得方式、行使条件等都有比较具体的规定。

一、概述

（一）使用权的意义

使用权，是指法人、公民[2]按照法律的具体规定，对国有或者集体所有的土地、自然资源享有的使用和收益的权利。

这一定义表明：

其一，使用权是指包含着使用和收益双重权能的部分用益物权。即非所有人按照法律的具体规定，对所有人的物进行使用和收益的权利。享有使用权的人称为使用权人。

其二，使用权是权利人按照法律的具体规定，对标的物享有的他物权。

其三，使用权是以国有或者集体所有的土地、自然资源为标的物的用益物权。

通常，使用权的标的物既可以是动产，也可以是不动产。目前，我国物权法律制度尚不完善，立法上仅就土地使用权和自然资源使用权作了明确规定。以其他财产

---

〔1〕　我国台湾地区"民法"于2010年废除永佃权的规定，增订农育权的规定。

〔2〕　在《民法总则》颁行后，还包括非法人组织。

为标的物的使用权,也受到国家的保护,但立法上未作具体规范。[1]

(二)使用权的特征

使用权除具有他物权的一般特征外,还有以下特征:

第一,权利的发生须履行法定程序。根据相关法律规定,土地或自然资源的使用人,须按法定程序,向有关主管机关提出申请,经县级以上人民政府登记造册,核发使用证,才能取得使用权。依法改变相关土地或自然资源使用权的,必须办理权属变更登记手续,更换使用证书,新使用人才能取得使用权。

第二,权利的内容有法定限度。依《民法通则》[2]及有关法律规定:第一,从整体上看,任何使用权的内容都有具体的法定限度。双重权能的,只有使用和收益权能,单一权能的,只能单纯使用,都不具有对标的物的处分权。第二,从个别看,每一使用权的具体内容都有法定限度。使用权人须按设立权利的法定目的、用途和权利存续时间,对标的物进行使用和收益,不得非法改变。[3]

第三,权利的行使附随法定特殊义务。任何权利的行使,都附随着不得滥用权利的一般义务。使用权的行使,除此项一般义务外,还附随着法定特殊义务。即《民法通则》[4]和有关法律明文规定的、使用权人负有的对标的物管理、保护和合理利用的义务。

第四,权利的客体有法定范围。按照《民法通则》[5]及其他有关法律规定,使用权的客体限于土地及森林、山岭、草原、荒地、滩涂、水面等自然资源,矿藏、埋藏物不能作为使用权客体。

《矿产资源法》第3条规定,地表或者地下的矿产资源的国家所有权,不因其所依附的土地的所有权或者使用权的不同而改变。开采矿产资源,必须依法申请取得"采矿权"。采矿权与使用权不是同一性质的权利。[6]当采矿权与使用权发生冲突时,使用权对采矿权无限制力,但采矿权人应对使用权人因矿产采挖所受损失予以赔偿。[7]

---

〔1〕 可参见《民法典》第323条的规定,明确用益物权的客体包括他人所有的不动产或者动产。

〔2〕 现为《民法典》。

〔3〕《土地管理法》第19条规定,对国有土地不按批准的用途使用的,收回用地单位的土地使用权,注销土地使用证。《土地管理法实施条例》第15条规定,依法确定给个人使用的自留地、自留山,应当按照规定用途使用,不得擅自建房、建窑、建坟、采矿、采石、挖沙、取土。(尽管《土地管理法》迄今已历经三次修正,一次修订,不少条文都已经变化,但土地用途管制的基本精神没有变更。例如,2019年修订的《土地管理法》仍然有多个条文规定有"国家实行土地用途管制制度""经批准的土地利用总体规划的修改,须经原批准机关批准;未经批准,不得改变土地利用总体规划确定的土地用途"等类似内容。)

〔4〕 现为《民法典》。

〔5〕 现为《民法典》。

〔6〕 参见第十三章第三节"物权的种类"之准物权。

〔7〕《矿产资源法》第30条。(《矿产资源法》自1986年颁行后,迄今已经历经两次修正。根据2009年《矿产资源法》第32条的规定,开采矿产资源给他人生产、生活造成损失的,应当负责赔偿,并采取必要的补

地下埋藏物，所有人明确的，使用权人当然不得以使用权对抗所有权；因所有人不明或无主而属国家所有的，使用权人自然也不得自行使用、收益。

第五，权利的存续时间长久。我国法律未就各类使用权的存续时间作出划一限制。许多使用权能够存续几十年甚至更长些（如中外合资经营企业的场地使用权），有些使用权则无具体期限（如国营企业的场地使用权）。仅有少量存续时间较短的例外情况，如"临时土地使用权"。

二、国有土地、自然资源使用权

国有土地和自然资源是国家所有权的重要客体，它具有数量大、种类多、分布广的特点。国家为了实现土地和自然资源的使用价值，用物权法确认了国有土地使用权和国有自然资源使用权。

（一）国有土地使用权

国有土地使用权是指法人、公民[1]按照法律的具体规定，对国家所有的土地享有的使用权。

国家颁布的《土地管理法》《土地管理法实施条例》《城镇国有土地使用权出让和转让暂行条例》等，对国有土地使用权作了系统规定。

按照使用权人的不同，国有土地使用权分为四种。

1.全民所有制单位的国有土地使用权

国家是全民所有制单位的设立人，又是其财产所有人。全民所有制单位依法使用的土地，除极少数情况外，都是国有土地。

依法使用国有土地者，必须向县级以上地方人民政府土地管理部门提出土地登记申请，由县级以上地方人民政府对其所使用的土地登记造册，核发国家土地管理局统一制订的《国有土地使用证》，确认使用权。

因新建、扩建等建设项目需要使用土地的，建设单位须具备下列条件，才能取得使用权：

第一，实质要件。建设项目已列入国家固定资产投资计划或者国家准许建设，并经过批准。

第二，程序要件。凡是建设项目需要征用集体所有的土地的，须履行法定审批程序。

在城市规划区内申请建设用地，建设单位在取得"建设用地规划许可证"后，履行上述程序取得使用权。

救措施。）

　〔1〕　在《民法总则》颁行后，还包括非法人组织。

国家建设使用国有荒山、荒地以及其他单位使用的国有土地的,按照国家建设征用土地的程序和批准权限经批准后,办理有关登记手续方可取得使用权。

2.集体所有制单位的国有土地使用权

我国的集体所有制单位,分为城市集体所有制单位和农村集体所有制单位。前者在城镇所占有、使用的土地,基本上是国有土地;后者在农村占有、使用的土地,主要是集体所有的土地。

集体所有制单位使用国有土地,同样必须向县级以上地方人民政府土地管理部门提出土地登记申请,经登记造册,核发《国有土地使用证》,确认使用权。

城市集体所有制单位进行建设,需要使用土地的,必须按照《土地管理法》的有关规定,履行审批手续、土地登记手续等,领得使用证,才能取得使用权。

3.公民个人的国有土地使用权

城镇非农业户口居民,能够按照法律的规定享有国有土地使用权。公民个人依法使用国有土地,主要用作宅基地,少数情况是用作个体工商经营或者私营企业的场地。对于宅基地使用权,参见本节"宅基地使用权"部分。

4.中外合资经营企业、中外合作经营企业、外资企业和外资土地开发企业享有的国有土地使用权[1]

上述四种企业的场所,依法必须设在我国境内,因此必然要发生土地使用问题。这三种企业,按照法律规定享有国有土地使用权。但是,它们享有权利的条件具有特殊性,其主要特点是:

其一,有偿使用。中外合资或者合作经营的企业和外资企业使用国有土地,要按照国家规定支付使用费。国营企业、集体企业使用国有土地则可为无偿使用或有偿使用。

其二,有具体期限。《中外合资经营企业法实施条例》第100条(修订)规定,合营企业的合营期限,一般项目的为10年至30年,特殊项目的可以延长到50年,经国务院特批的可在50年以上。合营期限决定了企业使用土地的期限。[2]

其三,以合同确定权利。例如,《中外合资经营企业法实施条例》第47条规定,合营企业所需场地,应由合营企业向所在地的市(县)级土地主管部门提出申请,经审查批准后,通过签订合同取得土地使用权。[3]

我国香港、澳门、台湾地区的企业、个人来大陆投资、办企业等需使用国有土地

---

〔1〕 1990年5月19日,国务院发布的《外商投资开发经营成片土地暂行管理办法》第4条、第5条规定,外资成片开发国有土地的,须依中国法律成立"开发企业",依法取得开发土地的用权。该办法已经于2008年被废止。

〔2〕 该条例迄今已历经四次修订。根据2014年《中外合资经营企业法实施条例》第89条的规定,合营企业的合营期限,按照《中外合资经营企业合营期限暂行规定》执行。《中外合资经营企业合营期限暂行规定》明确了合营期限的确定方式。

〔3〕 对应2014年《中外合资经营企业法实施条例》第44条。

的[1]，按照有偿使用原则，经土地管理部门批准，办理有关手续后，取得使用权。

（二）国有自然资源使用权

按照《民法通则》第81条[2]和《森林法》《草原法》等法律的规定，国有自然资源使用权是指全民所有制单位、集体所有制单位[3]按照法律的具体规定，对国有的森林、山岭、草原、荒地、滩涂、水面等自然资源享有的使用、收益的权利。它可以具体分为国有森林资源使用权、山岭使用权、草原资源使用权、荒地使用权、滩涂使用权、水面使用权等。其中，森林、草原、滩涂、水面等自然资源的使用权，法律有较为具体的规定。

1.森林资源使用权

森林资源使用权，是指全民所有制单位、集体所有制单位[4]按照法律的具体规定，对国有森林资源享有的使用、收益的权利。

所谓"法律的具体规定"，是指《森林法》及其实施细则中有关森林资源使用权的规定。所谓"森林资源"，包括国有林区、竹林、林木、林地以及林区内野生的植物和动物。

《民法通则》第81条确认了法人对国有森林资源的使用权。[5]

《森林法》第3条规定，森林、林木、林地使用者的合法权益，受法律保护。[6]

2.草原资源使用权

草原资源使用权，是指全民所有制单位、集体所有制单位按照法律的具体规定，对国有草原资源享有的使用、收益的权利。

《草原法》对草原资源使用权作了具体规定。"草原资源"包括草地、草山、草原植被。[7]

根据《草原法》第4条的规定，全民所有制单位使用的草原，由县级以上地方人民政府登记造册，核发证书，确认使用权。集体长期固定使用的全民所有的草原，由

---

〔1〕 参见1986年10月11日国务院发布的《关于鼓励外商投资的规定》第20条。

〔2〕 对应《民法典》第324条"国家所有或者国家所有由集体使用以及法律规定属于集体所有的自然资源，组织、个人依法可以占有、使用和收益"、第325条"国家实行自然资源有偿使用制度，但是法律另有规定的除外"。

〔3〕 根据《民法典》第324条的规定，"组织"与"个人"对国有自然资源均有依法占有、使用和收益的权利，实质上是为扩大国有自然资源使用权的主体范围提供了空间。

〔4〕 根据《民法典》以及2019年修订的《森林法》的规定，国有森林资源使用权的主体已经不再局限于全民所有制单位、集体所有制单位。

〔5〕 根据《民法典》第324条的规定，"组织"与"个人"对国有自然资源均有依法占有、使用和收益的权利，这意味着国有自然资源使用权的主体可以不限于法人。

〔6〕《森林法》迄今已历经两次修正一次修订。2019年修订的《森林法》第15条第2款规定："森林、林木、林地的所有者和使用者的合法权益受法律保护，任何组织和个人不得侵犯。"

〔7〕《草原法》迄今已历经三次修正一次修订。2021年修正的《草原法》第2条规定："本法所称草原，是指天然草原和人工草地。"第74条的规定："天然草原包括草地、草山和草坡，人工草地包括改良草地和退耕还草地，不包括城镇草地。"

县级人民政府登记造册,核发证书,确认使用权。[1]

3.国有滩涂、水面使用权

国有滩涂、水面使用权,是指全民所有制单位、集体所有制单位[2]按照法律的具体规定,对国有的滩涂、水面享有的使用、收益的权利。可分为国有滩涂使用权和国有水面使用权。

《渔业法》第10条规定,县级以上地方人民政府根据国家对水域利用的统一安排,可以将规划用于养殖业的全民所有的水面、滩涂,确定给全民所有制单位和集体所有制单位从事养殖生产,核发养殖使用证,确认使用权。[3]可见,国有滩涂、水面使用权是以从事水产养殖生产为内容的使用权。

(三)国有土地、自然资源使用权争议的解决

使用权争议是指当事人之间因使用权的归属、行使等发生的争议。它与侵害使用权的纠纷性质不同。

解决国有土地、自然资源使用权争议,应当贯彻法定的"行政处理在先""不服行政处理决定可以诉讼""争议解决之前维护现状"三个原则。[4]

1.行政处理在先

当事人之间发生使用权争议,由当事人协商解决;协商不成的,由人民政府处理。

全民所有制单位之间、集体所有制单位之间、全民所有制单位和集体所有制单位之间的争议,由县级以上人民政府处理。个人之间、个人与全民所有制单位和集体所有制单位之间的争议,由乡级人民政府或者县级人民政府处理。属于侵害使用

---

〔1〕 对应2021年修正的《草原法》第11条:"Ⅰ.依法确定给全民所有制单位、集体经济组织等使用的国家所有的草原,由县级以上人民政府登记,核发使用权证,确认草原使用权。Ⅱ.未确定使用权的国家所有的草原,由县级以上人民政府登记造册,并负责保护管理。Ⅲ.集体所有的草原,由县级人民政府登记,核发所有权证,确认草原所有权。Ⅳ.依法改变草原权属的,应当办理草原权属变更登记手续。"

〔2〕 根据《民法典》第324条的规定,"组织"与"个人"对国有自然资源均有依法占有、使用和收益的权利。《渔业法》迄今已历经四次修正。2013年修正的《渔业法》第10条的规定:"国家鼓励全民所有制单位、集体所有制单位和个人充分利用适于养殖的水域、滩涂,发展养殖业。"可见,个人是可以作为国有滩涂、水面使用权的主体的。

〔3〕 对应2013年修正的《渔业法》第11条:"国家对水域利用进行统一规划,确定可以用于养殖业的水域和滩涂。单位和个人使用国家规划确定用于养殖业的全民所有的水域、滩涂的,使用者应当向县级以上地方人民政府渔业行政主管部门提出申请,由本级人民政府核发养殖证,许可其使用该水域、滩涂从事养殖生产。核发养殖证的具体办法由国务院规定。集体所有的或者全民所有由农业集体经济组织使用的水域、滩涂,可以由个人或者集体承包,从事养殖生产。"

〔4〕 《土地管理法》第13条。(对应2019年修正的《土地管理法》第14条:"土地所有权和使用权争议,由当事人协商解决;协商不成的,由人民政府处理。单位之间的争议,由县级以上人民政府处理;个人之间、个人与单位之间的争议,由乡级人民政府或者县级以上人民政府处理。当事人对有关人民政府的处理决定不服的,可以自接到处理决定通知之日起三十日内,向人民法院起诉。在土地所有权和使用权争议解决前,任何一方不得改变土地利用现状。"相较而言,现行法不强调单位的所有制性质。)

权的,可以直接向法院起诉。[1]

2.不服行政处理决定可以诉讼

当事人对有关人民政府的处理决定不服的,可以在接到处理决定通知之日起30日内,向人民法院起诉。

3.争议解决之前维护现状

在争议解决之前,任何一方不得改变土地现状、破坏土地上的附着物,或者破坏草原和草原上的设施,或者破坏养殖生产。争议解决之后,有过错而给对方造成损失的一方,应向对方赔偿损失。双方有过错或均无过错,因为争议而发生损失的,应合理分担损失。

三、宅基地使用权[2]

(一)宅基地使用权的意义[3]

宅基地使用权,是指城、乡居民依法对批划给自己建造住宅的土地享有的占有、使用、收益的权利。通常,亦称"宅基地权""房基地权"等。它可以分为城镇非农业户口居民宅基地使用权、农村居民宅基地使用权。

《民法通则》虽然没有明确规定宅基地使用权,但根据《土地管理法》有关规定的精神和最高人民法院的有关文件以及国务院有关规定,宅基地使用权受到国家的确认和保护。[4]

宅基地使用权除具有土地使用权的一般特点外,还有以下特征:

第一,主体是城、乡居民。法人和非法人团体不能享有宅基地使用权。

第二,客体是人民政府依法批准划拨给个人建住宅所使用的国有土地或集体所有的土地。城镇非农业户口居民一般可对国有土地取得宅基地使用权,经过合法批准手续的,也可对农村集体的土地取得宅基地使用权。农村居民一般可对集体土地取得宅基地使用权。

第三,内容是依法为建造、保有个人住宅、庭院而对土地的占有、使用和收益的权利。国家确认和保护宅基地使用权,目的只是保障公民个人依法使用土地建造、保有个人住宅、庭院。凡是不符合这一目的的,都不能享有宅基地使用权。已经占有、

----

〔1〕《土地管理法》第53条;《民通意见》第96条。

〔2〕《物权法》将在集体所有的土地上建造住宅的权利称为宅基地使用权,在国家所有的土地上建造建筑物、构筑物及其附属设施的权利称为建设用地使用权。《民法典》予以承继。故,本部分的"宅基地使用权"实际上包括了现行法上的"宅基地使用权"和部分"建设用地使用权":其中,农村居民宅基地使用权对应的基本上是现行法上的"宅基地使用权",城镇非农业户口居民宅基地使用权部分对应现行法上的"建设用地使用权"。

〔3〕除非特别指出,本标题下的"宅基地使用权"均包括现行法上的"宅基地使用权"和"建设用地使用权"。

〔4〕《物权法》分别以专章规定了宅基地使用权和建设用地使用权,《民法典》予以承继。

使用土地但擅自改作他用或长期不建造住宅超过规定期限的,国家或集体有权收回土地,终止其使用权。

经济体制改革以来,我国逐步实行了宅基地有偿使用的做法。城镇非农业户口居民申请宅基地的,须交纳一定的使用费,履行批准手续后方能取得使用权。

(二)宅基地使用权的取得条件

1.农村居民宅基地使用权的取得条件

其一,凡无宅基地的、居住拥挤确需分居而又无宅基地的、因国家或乡(镇)建设需要另行安排宅基地的、在农村落户需建住宅而无宅基地的,公民均可向村民委员会或村农业集体经济组织申请批划宅基地。

其二,应当使用原有的宅基地和村内空闲地。确需使用耕地的,须经县级人民政府批准。

其三,宅基地面积不得超过省、自治区、直辖市规定的标准。[1]

其四,出卖、出租、赠与住房后再申请批划宅基地的,不予批准。

其五,宅基地使用申请人应当先向村农业集体经济组织或者村民委员会提出用地申请,经村民代表会或者村民大会讨论通过后,报人民政府批准。其中,需要使用原有宅基地、村内空闲地和其他土地的,报乡级人民政府批准;需要使用耕地的,由乡级人民政府审核,经县级人民政府土地管理部门审查同意后,报县级人民政府批准。

其六,经有批准权的人民政府批准后,由村主管机构派专人丈量、划清四至,发给《宅基地使用证》,确认使用权。

2.城镇非农业户口居民宅基地使用权的取得条件[2]

其一,凡在城镇有正式户口、住房确有困难的居民或职工,都可以申请在城镇建造住宅,但夫妇一方户口在农村的,一般不得申请在城镇建房。

其二,建房申请人须持本人所在单位或所在地居民委员会开具的证明,向所在地房地产管理机关提出申请,经审核同意后,办理批准手续。同时,个人建造住宅必须符合城市规划的要求,须经城市规划管理机关审查批准,发给建设许可证后,方可施工。未经房地产管理机关和城市规划管理机关批准的,不得擅自占地建房。

其三,需要使用集体所有的土地的,应当经其所在单位或者居民委员会同意后,向土地所在的村农业集体经济组织或者村民委员会或者乡(镇)农民集体经济组织提

---

〔1〕 各省、自治区、直辖市的规定有所不同,一般每户用地不少于0.2市亩(2分),使用山地、丘陵地的可稍多些。

〔2〕 针对国有土地上的建设用地使用权,《民法典》以及相关法律规定并不禁止自然人通过出让方式取得建设用地使用权,但现行法下自然人已经不能通过申请取得国有土地上的建设用地使用权。目前主要通过廉租房、经济适用房等政策性用房以解决城市低收入家庭的住房困难。故本标题下的内容已经不符合现行法。

出用地申请。使用的土地属于村农民集体所有的,由村民代表会或者村民大会讨论通过,经乡(镇)人民政府审查同意后,报县级人民政府批准;使用的土地属于乡(镇)农民集体所有的,由乡(镇)农民集体经济组织讨论通过,经乡(镇)人民政府审查同意后,报县级人民政府批准。

(三)宅基地使用权的内容

宅基地使用权以依法建造、保有个人住宅、庭院而对批划的土地进行占有、使用和收益为内容。

宅基地使用权人的主要权利可以概括为:(1)为保有住宅而长期使用宅基地的权利。宅基地和房屋联为一体,不能分离,房屋所有权与宅基地使用权也紧密关联。房屋所有权不发生变动,宅基地使用权也不发生变动。(2)在宅基地空闲处修建其他建筑物、设施的权利。使用权人可在宅基地空闲处修建各种生活需要的建筑物和生产需要的小型建筑物或设施。(3)在宅基地空闲处从事种植以为收益的权利。(4)依法转让房屋所有权时一并转让宅基地使用权的权利。但是,当事人必须向县级以上地方人民政府土地管理部门申请使用权变更登记,由县级以上地方人民政府更换土地证书。

宅基地使用权人的主要义务可以概括为:(1)按照批准的用途使用宅基地的义务。取得宅基地使用权的人必须在批划的宅基地上建造住宅,不得擅自变更用途,更不能买卖、出租或以其他形式非法转让土地。新批划的宅基地,使用权人必须在规定的期限内建房。违反这一义务的,土地所有人有权收回土地使用权。(2)按照批准的面积建房造院的义务。任何人不得采取任何不法手段,多占土地以作宅基地。多占土地的,按照非法占用土地追究法律责任。(3)服从国家、集体统一规划的义务。因国家、集体统一规划需要变更宅基地时,使用权人不得阻挠,但因变更给使用权人造成困难或损失时,应依法予以补偿。(4)行使宅基地使用权不得妨碍公共利益和邻人合法利益的义务。

四、城镇国有土地使用权的商品化

国务院1990年5月19日发布的《中华人民共和国城镇国有土地使用权出让和转让暂行条例》(以下简称《国有土地使用权出让和转让暂行条例》),系统规定了我国城镇国有土地使用权法律制度。[1]按照这一暂行条例,城镇国有土地使用权可以有偿地出让和转让,还可以出租或抵押,并允许继承等,从而使这一部分土地的使用权成为商品,能够在法定的范围内自由流通,并受到国家法律的保护。无疑,这一法律制度是我国日益健全中的物权制度的极为重要的组成部分。

---

〔1〕 该条例已于2020年11月29日修订。

根据这一暂行条例，城镇国有土地使用权法律制度，包括下述各项具体规定。

(一)城镇国有土地使用权的出让

1.意义

城镇国有土地使用权出让，是指国家以土地所有者的身份，用出让合同方式，将土地使用权在一定年限内让与土地使用者，向土地使用者依法收取土地使用权出让金的民事法律行为。

在土地使用权出让关系中，国家是土地使用权的出让人和土地使用权出让金的收取权人；向国家支付出让金换取土地使用权的人，是土地使用权的受让人，亦称土地使用权人。受让人可以是法人或自然人。

国家有偿出让土地使用权的行为，是为受让人设定他物权的行为，属于物权行为。

受让人以支付出让金为代价，换取土地使用权，是物权取得行为。

土地使用权出让行为是法定要式行为。受让人在支付全部出让金后，依照国家行政规定办理登记，领取土地使用证方取得土地使用权。

2.土地使用权出让的效力

依照《国有土地使用权出让和转让暂行条例》取得土地使用权的人，不但可以对所使用的土地进行开发、利用和经营，还可以在不超出权利有效年限的条件下，转让、出租、抵押土地使用权。取得土地使用权的个人，其土地使用权可以继承。

国家对土地使用权人依法取得的土地使用权，不提前收回。在特殊情况下，根据社会公共利益的需要，国家可以依照法律程序提前收回，但同时根据土地使用权人已使用的年限和开发、利用土地的实际情况给予相应的补偿。

3.土地使用权出让的生效要件

除须具备法律行为的一般要件外，还须具备下列要件，才能发生土地使用权出让的效力。

其一，须订立土地使用权出让合同书。土地使用权出让关系是双方法律行为所发生的关系，因此，须以合同形式缔结。土地使用权出让合同应当按照平等、自愿、有偿的原则，由市、县人民政府土地管理部门与受让人以书面形式订立。出让合同应明确规定土地使用权出让的地块、用途、年限和其他条件。土地的用途不同，土地使用权出让的最高年限也不同。

其二，受让人须在出让合同签订后60日内，支付全部出让金。受让人逾期未全部支付出让金的，出让人有权解除合同，并可请求违约赔偿。

其三，出让人须按合同规定，提供出让的土地使用权。主要是划定地块、面积及四至，办理登记手续，发给土地使用证等。

出让人不按合同规定提供土地使用权的，受让人无法取得权利。但受让人有权解除合同,并可请求违约赔偿。

其四,须依法定程序登记。向土地管理机关申请办理登记,是土地使用权出让生效的公示要件。合同虽已订立但未登记的,不生土地使用权出让的效力。出让使用权的土地上有建筑物、其他附着物的,还应到房产管理部门办理登记。

4.土地使用权行使的限制

受让人行使土地使用权,除受法律关于禁止权利滥用的规定的限制外,还应遵守以下特别限制规定:

首先,应按照出让合同的规定和城市规划的要求,开发、利用、经营土地。

未按合同规定的期限和条件开发、利用土地的,市、县人民政府土地管理部门应当予以纠正,并根据情节可以给予警告、罚款直至无偿收回土地使用权的处罚。

其次,不得擅自改变出让合同规定的土地用途。

确需改变的,应当征得出让人同意并经土地管理部门和城市规划部门批准,依法定程序重新签订出让合同,调整出让金,办理登记。

5.土地使用权的终止

终止的原因包括:(1)因出让合同规定的使用年限届满。(2)国家根据社会公共利益的需要,提前收回土地使用权。(3)土地灭失。(4)因受让人违反出让合同,出让人提前收回土地使用权。

6.土地使用权期限的续延

土地使用权期满前,需要续期的,受让人应当依法定程序重新订立合同,支付出让金,办理登记,续延权利有效期。

(二)城镇国有土地使用权的转让

1.意义

土地使用权的转让,是指土地使用权人在其权利有效年限范围内,将其受让的土地使用权依法转让给第三人的民事法律行为。包括土地使用权的出售、交换和赠与等行为。

在土地使用权转让关系中,原有土地使用权的人为转让人,从转让人手中依法取得土地使用权的人,可称为受转让人。

受转让人是在转让人的土地使用权有效年限内,受让土地使用权。因此,土地使用权的转让,是原土地使用权人将自己享有的未到期的土地使用权,有偿或无偿地转让给受转让人。

2.土地使用权转让的效力

受转让人按法定程序从转让人手中取得土地使用权后,即取代转让人的地位,成为新的土地使用权人,对所剩年限内的土地使用权,能够依法行使。具体而言,转让的效力是:

其一，土地使用权转让时，转让人原订土地使用权出让合同和登记文件中所载明的权利、义务随之转移给受转让人。

其二，受转让人取得的土地使用权年限，为最初所订土地使用权出让合同规定的年限，减去转让人已使用年数后所剩余的年数。

其三，土地使用权转让时，其地上建筑物、其他附着物所有权随之转移。

其四，转让地上建筑物、其他附着物所有权的，这些不动产使用范围内的土地使用权随之转让。

3.土地使用权转让的生效要件

土地使用权转让行为，除应具备法律行为的一般要件外，还须具备下列要件方能生效：(1)转让人须无不得转让的法律限制。比如，法律规定，土地使用权人未按土地使用权出让合同规定的期限、条件投资开发、利用土地的，不得转让其土地使用权。[1]此即不得转让土地使用权的法律限制。(2)当事人须订立书面转让合同。(3)须依照规定办理过户登记手续。

值得注意的还有，土地使用权转让价格明显低于市场价格的，市、县人民政府有优先购买权，这实质上是基于土地所有权产生的优先购买权。

(三)城镇国有土地使用权的出租

1.意义

土地使用权出租，是指土地使用权人作为出租人，将其土地使用权随同地上建筑物、其他附着物出租给承租人使用，承租人向出租人支付租金的双方法律行为。

土地使用权出租和土地使用权转让不同。转让是将权利彻底移交受转让人，由受转让人取代转让人原有土地使用权人地位，转让人就此失去土地使用权，转让合同规定的年限届满时，受转让人不向转让人返还权利。而土地使用权出租，则是出租人将权利租给承租人使用一定年限，出租人并不因此失去土地使用权，而只是自己不直接使用土地，租赁合同期满而土地使用权未到出让合同年限时，出租人有权收回土地使用权，自己直接使用土地。

2.土地使用权出租的效力

土地使用权出租后，承租人依照租赁合同，行使土地使用权，对土地进行占有、利用或经营。而土地使用权出让合同所规定的权利、义务不发生转移，出让合同仍由作为出租人的土地使用权人继续履行。承租人只依租赁合同，对出租人有权利、义务。

3.土地使用权出租的生效要件

除须具备法律行为一般要件外，还应具备以下要件，土地使用权出租行为才能生效：

---

[1]《城镇国有土地使用权出让和转让暂行条例》第19条。

其一，出租人无法定的不得出租的情况。

未按土地使用权出让合同规定的期限和条件投资开发、利用土地的，土地使用权不得出租。

其二，当事人须在法律和土地使用权出让合同规定的范围内，订立租赁合同书。

违反法律和土地使用权出让合同的租赁合同，不能发生土地使用权出租的效力。

其三，出租人须依法办理登记。

（四）城镇国有土地使用权的抵押

1.意义

土地使用权抵押，是指土地使用权人作为他人债务人时，为担保债务的履行，与其债权人以书面约定，不转移土地占有和土地使用权而将土地使用权作为担保财产，当其不履行债务时，债权人能够处分其土地使用权，从所得价款中优先受偿的双方物权行为。

在土地使用权抵押关系中，提供土地使用权作担保财产的人，称为抵押人；按约定在抵押人不履行债务时能够处分其土地使用权的人，称为抵押权人，也是抵押人的债权人。抵押权人对抵押土地使用权的权利，称为抵押权。这种权利，不是对土地使用权的行使权，而是一种限制权和期待的处分权。[1]它表现为：(1)限制抵押人对土地使用权的转让，未经抵押权人同意，抵押人无权转让所抵押的土地使用权。(2)在抵押人到期不能履行债务时，能够处分抵押的土地使用权，从所得价款中优先受偿。

2.土地使用权抵押的效力

土地使用权抵押后，债权人取得抵押权，对土地使用权有处分限制权和期待处分权。需要注意的是：(1)土地使用权抵押时，其地上建筑物、其他附着物随之抵押。另外，如果以地上建筑物、其他附着物抵押时，其使用范围内的土地使用权亦随之抵押。(2)抵押人到期未能履行债务或者在抵押合同有效期间宣告解散、破产的，抵押权人得行使抵押权，有权依法律和抵押合同的规定处分抵押财产，从所得价款中优先受偿。

因处分抵押财产而取得土地使用权和地上建筑物、其他附着物所有权的，应当依法定程序办理过户登记。

3.土地使用权抵押的生效要件

除应当具备法律行为一般要件外，还必须具备以下要件，土地使用权抵押行为始得生效：

其一，当事人须依法律和土地使用权出让合同的规定，订立书面抵押合同。土

---

〔1〕　关于抵押权，请参阅本书第二十章第二节。

地使用权抵押事关重大，涉及面广，不订立书面合同，不足以切实明确当事人的权利义务，也不便于国家管理。因此，不订立书面合同的，国家不承认其行为发生土地使用权抵押的效力。同时，抵押合同不得违反法律，不得违反土地使用权出让合同，否则，亦不能有效。

其二，须依法定程序办理抵押权登记。不动产抵押权以登记为生效公示要件。未进行登记的，即为未公示，自不能发生抵押权效力。

抵押权因债务清偿或者其他原因而消灭的，也必须依照法定程序办理"注销抵押"登记。

第三节　国有企业财产经营权

《民法通则》和《全民所有制工业企业法》规定了国有企业财产经营权，也称经营权。

一、经营权的意义

经营权，是指全民所有制企业对国家授予其经营管理的财产依法享有的、在国家授权范围内进行经营性占有、使用、收益和处分的权利。此定义表明：

其一，经营权是全民所有制企业对国家授予其经营管理的财产依法享有的支配权。

第一，经营权的权利主体限于国有企业。国家与国有企业之间，是企业创办人（或称出资人）与其独资创办的企业的关系，国家是企业的所有人，企业是国家出资财产的经营人。

第二，国有企业的财产是国家授予其经营管理的财产。

第三，国有企业对国家授予其经营管理的财产依法享有支配权。

第四，经营权是国有企业对国家财产依法支配的权利。

"依法支配"，是指国有企业：(1)对国有财产的支配范围，仅限于依法取得经营权的特定部分，任何企业都不能对国家授权范围之外的国有财产享有经营权。(2)必须依照国家关于物权行使的法律、关于商品生产和经营的一般性法律，行使经营权。任何企业都不得凭借国营优势、经济优势等滥用经营权，损害国家、集体和个人的合法利益。(3)必须依照国家关于本行业、本企业的专门性法律、法规和规定行使经营权。不得非法突破有关法律和规定，滥用经营权。

其二，经营权是在国家授权范围内对权利客体进行经营性占有、使用、收益和处分的权利。

第一，经营权是国家所有权派生的他物权。国家作为所有人，经营权的授权人，对经营权的客体、内容、行使条件等都作了具体规定，经营权对国家所有权有限制功能，国家所有权对经营权也有制约作用，经营权只能在国家所有权制约作用下存在和行使，企业不能超越国家的具体授权范围享有经营权。

第二，经营权是对权利客体进行经营性占有、使用、收益和处分的权利。所谓经营性占有、使用、收益和处分，是指以经营为目的而对财产的占有、使用、收益和处分。财产所有人可以亲自经营自有财产，也可以将自有财产授权他人经营而取得收益。

二、经营权的特征

经营权除具有物权的共同特点外，还有以下特征：

(一)经营权只能由国有企业享有

首先，非国有的企业不能与国有企业共享经营权；其次，非企业的国有事业单位、团体等不能享有经营权；最后，国家对国有企业的经营权也不得直接行使，而只能由国有企业来实现。

(二)客体是国家授予其经营管理的集合物

国有企业经营权的客体，包括动产、不动产，其中既有生产资料，又有即将销售或分配给职工的生活资料等。但无论有多少种类、数量如何，在作为经营权客体时，是集合物。

不无疑问的是企业的债权、知识产权中的财产权是否为经营权的客体。按照通理，债权、知识产权是与物权不同的两种权利，不能混同。它们的客体不是物，但它们无疑是企业经营的财产，而且，专营科学技术研究、有偿转让的企业，产品就是无体财产。我们认为，不应把这些无体财产作为经营权客体。

(三)权利内容是在授权范围内对客体进行经营性占有、使用、收益和处分

经营权是他物权，虽然有四项权能，表面看起来与所有权相差无几。但稍加分析就不难发现，所有权是财产所有人依法按自己意志对自有财产进行占有、使用、收益和处分的权利，除法律有规定外，不受任何人的限制。而经营权则是除法律的规定外，还要受物的所有人的意志的限制，经营权人只能在所有人授权范围内对物享有占有、使用、收益和处分的权利。

(四)权利的行使附随特定义务

经营权的行使，除必须符合法律的一般性规定外，还必须符合国家法律对经营权的特殊规定，承担法律规定的若干义务。

三、经营权的内容

经营权的内容，是指经营权所包含的权能。对此，《民法通则》未行明确，《全民所有制工业企业法》则规定，企业对国家授予其经营管理的财产享有"占有、使用和依法处分的权利"。法学理论的通说是经营权具有国家授权范围内的占有、使用、收益和处分四项权能。

我们认为，通说关于经营权包含四项权能的揭示，合理成分比较多。但还应指出经营权权能与所有权权能的区别。因此，经营权的内容应当是：在国家授权范围内的"经营性占有、使用、收益和处分的权利"。这样的界定，能够准确区分经营权权能与所有权权能在性质、作用等方面的差异，进一步明确经营权的特点，澄清在国有企业财产权问题上的模糊认识。

按照《全民所有制工业企业法》等有关法律的精神，经营权的具体内容主要包括：

第一，经营性占有权，即国有企业对国家授予其经营管理的财产享有的、以经营为条件的占有权。国家授予国有企业的财产，包括企业创办时国家交给的和企业在经营中积累的，依法都由企业独立占有，作为生产、经营的物质基础和必要条件。

第二，经营性使用权，即国有企业对国家授予其经营管理的财产享有的、以经营为条件的使用权。它具体表现为：(1)自主使用财产进行生产、经营的权利。(2)合理、经济使用财产的权利。(3)依法自主决定留用资金用途的权利。(4)依照规定出租财产的权利。但是出租收益必须用于设备更新和技术改造。(5)向其他企业、事业单位投资的权利。

第三，经营性收益权，即国有企业对国家授予其经营管理的财产享有的、以维护和扩大经营能力为条件的收益权。

企业在经营活动中取得的经济收入，一部分依法缴纳税金、费用和利润，另一部分依法由企业收益支配。企业的收益权是企业生存、发展所必需的权利。企业的再生产、经营条件的改善、职工的利益等，都与其息息相关。

国有企业的收益权与其使用权、处分权密切相联，行使使用权、处分权的结果，就能使收益权得到实现。故其具体形式不另叙述。

国有企业享有、行使收益权，以维护和扩大其经营能力为条件。企业的收益，主要用于以维护、扩大其经营能力为目的的各种项目和活动。否则，国家有权限制。

第四，经营性处分权，即国有企业对国家授予其经营管理的财产享有的、以经营为条件的处分权。

财产处分权是商品生产者和经营者自主经营的必要条件，是企业实现资产增值的前提。因而也是国有企业经营权的核心权能。

国有企业经营性处分权，包括两个方面的权利：(1) 对财产进行事实上的处分的权利。企业有权对资金、设备、原材料、燃料等进行消费性处分，生产产品或者提供服务。没有这种处分权，生产和经营就无从进行。(2) 对财产进行法律上的处分的权利。即企业有权依照法律和国家计划，销售产品或提供服务，实现财产的交换价值，取得利润。这一方面的处分权主要是：(1) 产品销售权。(2) 资金处分权。(3) 固定资产处分权。

四、经营权的性质

经营权是国有企业对国有财产的支配权，属他物权自当无疑。然而，经营权是何种他物权，却存在不同认识。有认为是用益物权的，[1]也有主张为新型他物权的。[2]

我们认为，经营权具有所有人授权范围内的经营性占有、使用、收益、处分四项权能，与传统民法中的用益物权有根本区别。诚然，从企业角度看，享有经营权主要是为了用益，但仅仅从企业享权目的，而不是从所有人、经营权人双方设立权利的目的、经营权的内容等全面地看问题，无疑有片面性。我们主张，经营权是一种新型他物权。

第四节　承包经营权[3]

《民法通则》第80条、第81条和《土地管理法》等法律确认了承包经营权。承包经营权是一种新型的他物权，是农村经济体制改革的产物。

一、承包经营权的意义

承包经营权，是指公民、集体按照承包合同，以承包方式，对集体所有的或者国

---

〔1〕孙宪忠：《论全民所有制企业对国家财产的经营权》，载《政法论坛》1986年第4期。

〔2〕佟柔、周威：《论国营企业经营权》，载《法学研究》1986年第3期。

〔3〕本节的"承包经营权"是广义的，只有"土地承包经营权"才是《物权法》专章规定且《民法典》予以承继的"土地承包经营权"。

家所有由集体使用的土地、森林等自然资源享有的经营性使用和收益的权利。

《民法通则》第80条第2款、第81条第3款分别规定，公民、集体依法对集体所有的或者国家所有由集体使用的土地、森林、山岭、草原、荒地、滩涂、水面的承包经营权，受法律保护。承包双方的权利和义务，依照法律由承包合同规定。这些规定，从立法角度确认了农村经济体制改革中产生的承包制的形式——承包经营合同关系，肯定了承包经营权的他物权性质。

承包经营合同所确立的承包经营权，是对标的物直接占有、使用和收益的权利，因而是物权；承包经营权的作用主要是保障承包人对发包人的物进行使用和收益，所以它应属于用益物权。

二、承包经营权的特征

承包经营权除具有他物权的共同特点外，还有以下特征：

第一，权利人有限定。承包经营权的权利人只能是从事农业生产的集体组织或者公民个人，[1]非农业的单位和个人不能成为承包经营权的权利人。

第二，权利客体是土地、森林、山岭、草原、荒地、滩涂、水面等不动产。

第三，权利内容是权利人按照承包经营合同的规定，以承包方式对标的物进行经营性使用和收益的权利。

首先，承包经营权的内容是承包合同规定的。承包合同是承包经营权的效力依据，权利的客体、范围、期限、行使条件等，都由承包合同依法确定，权利人只能在合同规定的范围内享有权利。

其次，承包经营权是对物经营性使用和收益的权利。承包经营权具有突出的对物经营性；不行经营，就不能使用和收益，权利的名称和设立目的都决定了这一点。

最后，承包经营权是以承包方式享有的经营性使用和收益的权利。所谓"承包"是指权利人：(1)对标的物包经营。权利人按照权利范围经营使用标的物，不受任何人干预，发包人也不参与其经营活动。这一点，实现了农业生产资料所有权与经营权的分离。(2)对经营收入包收益。承包经营所得利益，除依法和按照承包合同交纳税、费外，全归权利人所有。(3)对经营不善的损失包承担。经营中因不可抗力、情事变更等客观原因造成的损失，可按合同变更、解除的法律规定，全部或者部分免除承包人的责任。[2]但因权利人自身过错而经营不善造成的损失，由权利人独自承担。(4)对经营收益的风险损失包负担。在经营过程中，因各种非他人过错的情况所造成的收益的减少、灭失等，都由权利人全部承受，发包人不负责任。

第四，承包经营权不具有处分权能。任何承包经营权人都不得出卖、抵押或以

---

〔1〕 此处所说农业，是包括农、林、牧、副、渔的广义的农业。

〔2〕 参见最高人民法院《关于审理农村承包合同纠纷案件若干问题的意见》第5点。

其他方式非法处分承包的财产。

第五，权利的取得和行使附随特定义务。权利人取得权利、行使权利，必须承担下列主要义务：(1)按合同约定的用途，对标的物进行经营性使用和收益，不得擅自改变用途。(2)应不断对标的物适当增加投入，以维持和提高其生产率。不得进行破坏性利用、掠夺式收益或弃之不管、不用。(3)应当依照法律和承包合同，向国家纳税。(4)应按照承包合同向发包人交付约定的费用，包括实物、款项等。

第六，权利存续有具体期限。承包经营权的存续期间由承包合同规定，无论何种承包经营权，都必须在承包合同中明确规定具体期限，不得设立无期限的承包经营权。由此亦见，承包经营权与传统民法中的永佃权是截然不同的。

三、土地承包经营权[1]

在各类承包经营权中，土地承包经营权占有重要地位，承包经营权制度即以其为核心。

（一）土地承包经营权的概念

土地承包经营权，是指农业经济组织的个人或者集体，依照承包经营合同，以承包方式，对农业经济组织所有的、国家所有由农业经济组织依法使用的土地享有的经营性使用和收益的权利。

土地承包经营权具备承包经营权的全部特征，与其他承包经营权相比较，主要差别在于其客体为土地。

（二）土地承包经营权的设立

土地承包经营权是依照法律以承包经营合同设立的。

1.设立的步骤和方法

土地所有人或使用权人作为发包方，个人(包括家庭)、集体作为承包方，双方就权利的客体、内容、期限以及其他有关权利义务进行平等协商，意思表示一致时，订立书面合同，合同生效时承包人即取得承包经营权。

2.权利生效的时间

当事人双方就承包合同内容协商一致，签字盖章，合同成立，承包经营权即生效。当事人另外附有条件的，所附条件具备时，权利生效。

---

〔1〕 这一标题的概念即《物权法》专章规定且《民法典》予以承继的"土地承包经营权"。《民法典》在土地承包经营权概念的基础上，根据"三权分置"的理念，创设了土地经营权制度。根据《民法典》第339条和340条的规定，土地承包经营权人可以自主决定依法采取出租、入股或者其他方式向他人流转土地经营权；土地经营权人有权在合同约定的期限内占有农村土地，自主开展农业生产经营并取得收益。

(三)土地承包经营权的变更

土地承包经营权的变更，是指土地承包经营权因一定法律事实的出现而改变其主体、客体或者内容。

1.主体的变更

有下列情况之一的，发生权利人的改变：

第一，承包经营权的合法转让，简称转让。即原承包经营权人自找对象，经发包人同意，由他人代替自己向发包人履行承包经营义务，享有承包经营权利。

未经发包人同意的，不能发生权利转让的法律效果。

应当区分转包与转让。转包是指权利人经发包人同意，把标的物全部或者部分，以一定条件转让给他人承包经营，该他人在权利人授权范围内对标的物进行经营性使用和收益，向权利人承担约定义务，权利人仍向发包人履行合同约定义务的行为。

转包未经发包人同意，或者擅自改变权利用途的，行为无效，发包人有权终止行为人的承包经营权，收回土地。

第二，权利人死亡而其继承人按继承法和承包合同继承了权利。

2.客体的变更

标的物数量的增减、地块的调整等，都能引起承包经营权的变化。

3.内容的变更

即权利人可为经营性使用和收益的范围的扩大、缩小或者标的物用途的合法改变。

(四)土地承包经营权的终止

有下列情况之一的，土地承包经营权终止：(1)权利存续期限已满而又未续展的。(2)当事人双方经过协商一致，并且不因权利终止而损害国家、集体利益的。(3)承包经营的土地被国家征收的。(4)因不可抗力的原因，使权利从此无法行使的。(5)权利人违反合同约定，滥用权利，进行破坏性、掠夺性使用和收益等，发包人劝阻无效，解除承包合同的。(6)权利人户口转为非农业的。(7)根据发展生产、提高劳动生产率的需要，实行专业承包适度规模经营，对有关承包土地进行合理调整的。(8)其他合法或符合合同规定的终止原因。

终止承包经营权的通知或协议，应采用书面形式。

(五)土地承包经营权争议的解决

当事人之间因土地承包经营权发生争议的，应当以依法订立的承包合同为依据，正确认定当事人的权利、义务和责任。

土地承包经营权争议，一般由有关农村基层组织以及承包合同管理部门进行调处。当事人不服处理向人民法院起诉，或未经调处直接向人民法院起诉的，人民法院应当依法受理。[1]

从预防、减少争议发生的角度讲，发包人和有关行政部门应当充分认识承包经营权的物权性质，认清承包经营权制度的作用，在维护社会主义土地公有制和国家、集体利益的同时，主动维护承包经营权人的权利。

第五节　典权

一、典权的意义

（一）意义

典权是支付典价、占有他人不动产而为使用收益的限制物权。

在典权关系中，支付典价而占有他人不动产者，为典权人；其相对人，即取得典价而以自己的不动产供典权人用益者为出典人。该项不动产称为典物。典权人交付于出典人的价金称为典价。

典权是我国传统民法上特有的物权制度。民国时期的民法物权编第八章作了专门规定。《民法通则》虽无规定，但现行司法实践是肯认典权的。[2]

（二）说明

1.典权属于限制物权

典权具有直接支配他人所有之典物的效力，因而属于限制物权。

2.典权属于不动产物权

典权的标的限于不动产，因而属不动产物权。我国现阶段，典权主要发生在公民私有房屋之上。

3.典权是支付典价而用益他人不动产的物权

典权须经当事人以合同设定。典权合同为有偿合同，典权人须支付典价，始能占有相对人的不动产而为用益。典价是价金的变形，虽其数额未及价金，但距之不远。因而"典"是一种变相的"卖"。

---

〔1〕　最高人民法院《关于审理农村承包合同纠纷案件若干问题的意见》。（关于农村土地承包案件的审理，对应最高人民法院《关于审理涉及农村土地承包纠纷案件适用法律问题的解释》。）

〔2〕　对于是否将典权作为我国制定法上的用益物权，理论上一直存在争议。目前《民法典》用益物权体系中没有规定典权。故本节的探讨纯属理论探索。

4.典权是有期限物权

我国近现代法律,规定了典权的期限,[1]以维护交易安全。《民通意见》第58条第2款后段,规定"……典契未载明期限经过三十年未赎的,原则上应视为绝卖"。这是关于典权期限的现行制度。[2]

5.典权是得回赎的限制物权

典权期限届满,出典人即可备价回赎,亦即向典权人提出典价,而回复其占有,使所有权回复其圆满状态。唯回赎权可以抛弃。倘出典人抛弃回赎权,或者逾期不行使回赎权,即丧失其所有权,而由典权人取得典物的所有权。

(三)典与典当

我国民间向有典当业。近年来,典当业在一些城市得到恢复。典当是设定动产质权,即以动产交付于当主,从后者借得短期现金,于当期届满时还本付息,而取回质物的制度。质权的标的,在我国限于动产和权利的交换价值。质权的性质,属于担保物权。质权人占有质物,目的不在于使用。典权的标的,却是不动产的使用价值,典权人占有典物的目的在于用益。

(四)典权的制度价值

典权是在封建私有制条件下发育起来的物权制度。其历史可追溯到汉代。在封建时代,土地和住宅是最基本的生产资料和生活资料,保有祖遗田宅,被赋予重大的伦理价值而构成孝道的一部分。因而,出卖田宅,不仅意味着基本物质生活条件的丧失,而且会招致败家不孝之骂名,从而颇为国人所不齿。有鉴于此,久而久之,便有典权制度,以为救济。典的好处在于:(1)出典人取得接近卖价的典价,却仍然得有田宅的所有权。其后,如其经济状况出现好转,待典期届满时,尚可以原典价赎回占有、使用和收益诸权,回复所有权之圆满状态。(2)在回赎制度中,更有有利于出典人的设计:当典物价格跌至典价之下时,虽有回赎之权,却无回赎的义务,因而可以抛弃回赎权;相反,当典物价格涨高时,纵使出典人无力回赎,仍有所谓"找贴权"(或称"找价权"),即请求典权人给付典价与时价差额的权利。(3)对于典权人而言,只须支付典价,即获得典物的用益权,其权利内容并无限制,虽无所有权之名,却有所有权之实。在典期届满时,尚可通过"找贴"或者"留买"而取得典物的所有权。正是由于其独具的上述制度价值,方能历久不衰,通行各地。直到今天,这项制度仍

---

〔1〕 古代以至清初,典权事实上无法定期间,但《大清律例》"典卖田宅条"所附定例规定:"自乾隆十八年定例以前,典卖契载不明之产,如在30年以内,契无绝卖字样者,听其照例分别找赎。若远在30年以外,契无绝卖字样,但未注明回赎者,即以绝论,概不许找赎。"后来《户部则例》明定典权以10年为准。我国民国时期的民法典第912条规定30年为最高限度。1984年最高人民法院《关于贯彻执行民事政策法律若干问题的意见》第58条第2款规定:"……典契未载明期限经过三十年未赎的,原则上应视为绝卖"。《民通意见》无关于买期最高限度的规定。似应就此作出补充规定。

〔2〕 随着《民法典》的实施,该规定随着《民通意见》的废止而废止了。

具有一定的活力。

然而，典权也具有一些未尽合理之处。[1]集中表现于两点：(1)典物意外毁损灭失的风险由典权人负担，失之过苛。(2)典权人对典物的用益权毫无限制，又失之过泛。在土地公有加之公民私有房屋数量有限的背景下，典权制度发挥作用的空间本就不大。且抵押权这种更合理和简便的担保物权制度，也使典权在一定程度上相形见绌，典权难为复兴与此不无关系。

二、典权的性质

典权究为担保物权，抑或用益物权，甚至是兼而有之的特殊物权，在1949年之前和此后的我国台湾地区，学说意见未尽一致。[2]本书以为，用益物权与担保物权之划分标准，端在标的。凡以物的使用价值为标的的，为用益物权；相反，以物的交换价值为标的而确保债权实现的，则为担保物权。准此以解，典权人的基本目的，在于典物的用益，而不在其交换价值，因而应归于用益物权。

三、典权的期限

(一) 典权的期限

1.期限及其效果

典权的期限，是出典人不得回赎典物的期限。

典权的期限，其效果在于在该期间内，出典人不得回赎典物。只有当期限届满，始发生典物回赎权。因此，该期限不是典权的存续期间或者除斥期间。易言之，该期限届满，典权并不当然消灭。必待出典人行使回赎权，或者典权人依法取得典物所有权，典权始告消灭。

典权期限，关系当事人利益，同时关系交易秩序，因而法律应当加以限制。在法律限制的范围内，允许当事人自由设定。

2.典权期限的限制

我国台湾地区"民法"第912条规定："典权约定期限，不得逾30年；逾30年者，缩短为30年"。可见30年为其典权约定期限的最高限度。

典权未约定期限者，应解释为出典人得随时回赎但最长期限不得超过30年。

---

〔1〕 张龙文：《民法物权实务研究》，汉林出版社1977年版，第164页。

〔2〕 梅仲协：《民法要义》，中国政法大学出版社1998年版，第571—572页；倪江表：《民法物权论》，正中书局1982年版，第212页；郑玉波：《民法物权》，三民书局1982年版，第138页；姚瑞光：《民法物权论》，海天印刷厂1988年版，第326页，上述学者均主用益物权说。余戟门：《民法物权要论》，法学研究会1937年版，第101页，主担保物权说。而黄右昌：《民法诠解·物权编》(下册)，商务印书馆1948年版，第80页；史尚宽：《物权法论》，中国政法大学出版社2000年版，第435页，则主特种物权说。

（二）回赎权

回赎权是出典人得回赎典物的权利。所谓回赎,即出典人向典权人提出原典价,以消灭典权的行为。回赎是有相对人的单方民事法律行为,故须由回赎权人向典权人或其权利受让人为之。

回赎权属于形成权,其行使便令典权消灭。

1.回赎权的要件

回赎权的要件包括:(1)须有出典人或其权利受让人。(2)须典权期限届满。典权定有期限者,于其期限届满即生回赎权。典权未定期限者,出典人得随时行使回赎权。(3)须未逾回赎权除斥期间。

关于回赎权期间,可由当事人约定。未约定者,其期间为典期届满后的10年。最高人民法院《关于贯彻执行民事政策法律若干问题的意见》第58条第2款规定:"典权届满逾越十年……未赎的,原则上应视为绝卖"。此10年期间,似嫌过长。[1]

2.回赎权的行使

行使回赎权,应以意思表示向典权人或其权利受让人为之,并须提出原典价。不能同时充分上述要件者,不生回赎效力。

3.逾期未赎及其效果

逾期未赎,是指在回赎权行使期间之内不行使回赎权的事实。

逾期未赎的法律效果包括三个方面:(1)回赎权消灭。回赎权行使期间属除斥期间,其期间经过,即足以使回赎权消灭。该期间无从延长、中止。(2)典权人取得典物所有权。逾期未赎,典权人即当然取得典物的所有权。此项取得,属原始取得,不以原所有人的所有权为前提。(3)典权消灭。典权人既然依法取得典物的所有权,其典权即同时归于消灭,不属占有他人不动产而为用益,故而已无典权可言。

四、典权的效力

（一）典权人的权利

1.典物占有权

典权人依其典权,对于典物有占有权。

2.典物用益权

指使用典物并获取孳息的权利,用益权原则上无特别限制。

3.留买权

出典人在回赎时,如将所赎典物出卖于第三人,在同等条件下,承典人应有留

---

〔1〕 此《意见》已废止。

买权。

4.转典、出租权

典权人有权将典物转典或者出租。

(二)出典人的权利

1.所有权

出典人仍然保有典物的所有权。

2.典价权

出典人对于典权人有典价请求权。受领典价后，即取得典价的所有权。

3.担保物权设定权

出典人有权在典物上为他人设定抵押权。

4.回赎权

在典权期限届满时，出典人有典物回赎权。

第十七章(原为"国有企业财产经营权"，并入第十六章)

第十八章（原为"承包经营权"，并入第十六章）

第十九章 (原为"典权",并入第十六章)

第二十章　担保物权(原章名为"抵押权")

第一节　概述

一、担保物权的意义

担保物权,是指为担保债务的履行而在债务人或其保证人的特定物或者权利上设立的他物权。包括抵押权、质权和留置权。

担保物权除具有物权的一般性质外,还有以下特征:

第一,它是为担保债务的履行而设立的从权利,具有附随性。

当事人之间发生债权债务关系,债权人为督促债务人履行债务,防止因债务人不履行债务而使自己遭受损失,才与债务人约定或依照法律的直接规定,设立担保物权,在债务人不履行债务时,债权人作为担保物权人,就可行使物权,得到担保物权的利益,补偿因债权不能实现而遭受的损失。因此,设立担保物权,是为被担保的债权服务的,担保物权的存在,是附随于被担保的债权的,被担保的债权是主权利,担保物权是从权利。正因此故,担保物权的存在须以债权存在为前提。

第二,担保物权是当债务人不履行债务时,才能行使的权利,它具有期待性或附条件性。

设立担保物权的目的是督促债务人履行债务,防止债权人因债务人不履行债务而遭受损失。因此,在债务人履行了债务,或者履行期限届满之前,债权人原则上都不得行使担保物权,否则将可能损害债务人的合法利益。这一点,也反映了担保物权立法的目的。

第三,担保物权是以期待的(或附条件的)处分权和优先受偿权为内容的他物权。

设立担保物权,目的不在于取得对担保物的使用权和用益权,而是以担保物所具有的交换价值为对象,在债务人不履行债务时,使债权人凭借担保物权,处分担保物,取得价金,从价金中优先受偿,清偿债务。由此决定担保物权的权能或者说内容主要是:(1)对担保物的期待的(或附条件的)处分权。无论债权人是否占有担保物,对担保物的处分权均以债务人不履行债务为权利行使要件。(2)就担保物的变价的优先受偿权。债权人在债务人不履行债务时不仅可以处分担保物,从所得价金中受偿，而且当债务人对多人负有债务不能清偿时，有担保物权的债权人比无担保物权的债权人有优先受偿权，能够行使担保物权，依法处分担保物，从所得价款中优先得到清偿，有剩余时，再由其他债权人受偿。

当然，担保物权也可以包括担保物所有权取得权。即债务人不履行债务时，债权人将担保物取为己有，合理折价以为抵偿。折价金额超过债务额的，由债权人退还债务人。

担保物权是一种历史悠久的物权。中国古代就有质与押的担保方式，西方在罗马法中也已有担保物权制度，到《法国民法典》《德国民法典》则发展为较完备的规范体系。在现代，这一制度已成为各国或地区民法的重要组成部分。有所不同的是，有的国家将其编入物权法中，以突出其物权性质，有的立法则在债权法中规定，作为债权的担保方式。无论如何，抵押权、质权、留置权等权利的物权性质是不能否认的。我国《民法通则》在"债权"一节规定了抵押和留置，作为债的担保方式，而未规定质权。我国《担保法》则对抵押、质押和留置均作了规定。[1]

二、担保物权的种类

第一，抵押权，是指债权人对于债务人或第三人提供的不转移占有而作担保的财产，在债务人不履行债务时，[2]能够以该财产折价或者以拍卖、变卖该财产的价款优先受偿的权利。

关于抵押权的具体内容，详见本章第二节。

第二，质权，是指债权人为担保债权而占有债务人或第三人提供的财产，当债务人到期不履行债务时，[3]能够以该财产折价或者以拍卖、变卖该财产的价款优先受偿的权利。它分为动产质权和权利质权。关于质权的具体内容，详见本章第三节。

第三，留置权，是指债权人合法占有债务人的动产，债务人不履行因该动产所生债务，债权人能够依法扣留该动产并催告债务人，债务人仍不履行时，以该财产折价或者以拍卖、变卖该财产的价款优先受偿的权利。留置权是一种法定担保物权，本章第四节将作具体研究。

---

〔1〕《民法典》同样将抵押权、质权与留置权规定于"担保物权"分编。

〔2〕《物权法》中将"当事人约定的实现抵押权的情形"也作为行使抵押权的情形，《民法典》予以承继，体现对当事人意思自治的尊重。

〔3〕《物权法》中将"当事人约定的实现质权的情形"也作为行使质权的情形，《民法典》予以承继，体现对当事人意思自治的尊重。

第二节　抵押权

一、抵押权概述

(一)抵押的意义

抵押,是指债务人或者第三人以担保债务清偿为目的,不转移占有地就自己的财产为债权人设定处分权和卖得价金优先受偿权的物权行为。

对这一定义可作如下说明:

1.抵押是一种物权行为

抵押是表意行为,自不待言。然其究为债权行为抑或物权行为,似有辨析必要。[1]民法学上将设定债权法上请求权的行为称为债权行为,把直接发生物权变动效果的处分行为称为物权行为,按此分类,抵押应属后者。因为在法律效力上,抵押不是设定债权,而是为主权利关系中的债权人设定物权,足以直接发生物权变动。

抵押是双方法律行为,债务人或第三人与债权人有抵押合意,方构成抵押。

抵押为法定要式法律行为。我国《担保法》第38条规定:"应当以书面形式订立抵押合同。"[2]

抵押属诺成性法律行为,债务人或第三人与债权人以法定表意形式形成抵押合意时,抵押行为成立。

抵押行为成立时,依照是否登记为生效要件,分为登记生效和成立生效两种类型。我国《担保法》第41条规定,依法应当登记的抵押合同,自登记之日起生效。第43条规定,法律允许自愿办理登记的,抵押合同自签订之日起生效。[3]

2.抵押是债务人或第三人为担保债务清偿,在自己的财产上为债权人设定担保物权

这一点说明抵押的四个问题:

〔1〕　梁慧星先生曾在1989年就《民法通则》中的民事法律行为是否包括物权行为以专文《我国民法是否承认物权行为》指出,我国现行法不承认有物权行为,以物权变动为债权行为之当然结果。此说虽出自1989年,但至今仍具很大影响。参见梁慧星:《民法学说判例与立法研究》,中国政法大学出版社1993年版,第127页。

〔2〕　对应《民法典》第400条:"Ⅰ.设立抵押权,当事人应当采用书面形式订立抵押合同。Ⅱ.抵押合同一般包括下列条款:(一)被担保债权的种类和数额;(二)债务人履行债务的期限;(三)抵押财产的名称、数量等情况;(四)担保的范围。"

〔3〕　《物权法》改变了《担保法》不区分抵押合同与抵押权的设立行为的做法,《民法典》予以承继。根据《民法典》第402条和第403条的规定,以不动产抵押的,抵押权自办理登记时设立;以动产抵押的,抵押权自抵押合同生效时设立,但未经登记不得对抗善意第三人。由此,对不动产抵押而言,抵押合同自当事人合意一致即可成立,但抵押权须登记才设立。

第一，抵押行为人。一般是债务人和债权人。债务人自己提供抵押物时，也同时为抵押人，债权人也即抵押权人。有第三人愿以自己财产为债权人设定抵押权时，第三人也为抵押人。

第二，抵押目的。债务人或第三人为担保债务清偿，在自己财产上为债权人设定抵押权。

抵押的发生，因有债务关系，债权人恐债务人不能履行债务，要求债务人提供可靠之担保，或债务人为释债权人疑虑，主动提供担保，经双方协商一致，采抵押担保方式。抵押成立，即有主行为与从行为之关系。抵押自属从行为。

第三，抵押标的。债务人或第三人以自己财产作担保，该财产即成为抵押标的。抵押标的通称"抵押物"。依大陆法系私法学说，抵押物原则上为不动产，但不以其为限，凡属抵押人合法拥有且法律上允许抵押的财产，均可抵押。如我国《担保法》第34条规定，抵押人有处分权的不动产、交通运输工具、机器等均可为抵押物。[1]

第四，抵押的效力。抵押权设立，当事人之间即发生抵押权利义务关系，此为抵押的效力。抵押权是担保物权，限制物权；抵押权的基本功能之一是限制抵押人对抵押物的处分权，[2]抵押权人在债务人不履行到期债务时[3]对抵押物有处分权。抵押权人就抵押物卖得价金有优先受偿权。

3.抵押不转移抵押物的占有[4]

首先，抵押人占有抵押物无害于抵押权。抵押的目的是为债权人设定抵押权，抵押权的效果不是使抵押权人取得抵押物，而是获得抵押利益。"抵押利益"是抵押人用作担保的、与被担保债权的价值相等的利益。就抵押利益和抵押物来说，抵押利益寓于抵押物，但是，法律为维护抵押权的安全性，认可抵押利益可与充当抵押物

---

〔1〕 对应《民法典》第395条和第399条，分别规定了允许抵押的财产与不得抵押的财产。第395条："Ⅰ.债务人或者第三人有权处分的下列财产可以抵押：（一）建筑物和其他土地附着物；（二）建设用地使用权；（三）海域使用权；（四）生产设备、原材料、半成品、产品；（五）正在建造的建筑物、船舶、航空器；（六）交通运输工具；（七）法律、行政法规未禁止抵押的其他财产。Ⅱ.抵押人可以将前款所列财产一并抵押。"第399条："下列财产不得抵押：（一）土地所有权；（二）宅基地、自留地、自留山等集体所有土地的使用权，但是法律规定可以抵押的除外；（三）学校、幼儿园、医疗机构等为公益目的成立的非营利法人的教育设施、医疗卫生设施和其他公益设施；（四）所有权、使用权不明或者有争议的财产；（五）依法被查封、扣押、监管的财产；（六）法律、行政法规规定不得抵押的其他财产。"

〔2〕 对于抵押人在抵押期间对于抵押物的处分权限制问题，《担保法》《物权法》以及《民法典》分别采取了不同的态度。《民法典》第406条规定："抵押期间，抵押人可以转让抵押财产。当事人另有约定的，按照其约定。抵押财产转让的，抵押权不受影响。抵押人转让抵押财产的，应当及时通知抵押权人。抵押权人能够证明抵押财产转让可能损害抵押权的，可以请求抵押人将转让所得的价款向抵押权人提前清偿债务或者提存。转让的价款超过债权数额的部分归抵押人所有，不足部分由债务人清偿。"

〔3〕 自《物权法》以来，"当事人约定的实现抵押权的情形"也属于可以行使抵押权的情形。

〔4〕《担保法》颁布前，我国立法上未定"质权"制度，奉行不动产抵押和动产质合一立法，即无动产质。以动产为担保物的，债权人为安全起见，就以占有担保物为必要。这种抵押与质混淆不分的做法，有悖法理，有害于实务。《担保法》明认动产质和不动产抵押之区别，动产质以质物占有移至质权人为要件，抵押则无须转移物之占有。

的某一特定物有条件地分开，当抵押物不存在但其交换价值转化为其他物时，抵押利益则依然存在于该转化物。物权法上规定抵押权有物上代位性，当抵押物灭失或出让，有赔偿金、保险金、价金等转化物时，抵押权人有权就这些财产主张利益，获得利益。在此基础上，抵押人占有抵押物，对抵押权无害；相反，若将抵押物之占有转至抵押权人，抵押权人反受管理之累，为趋利避害，抵押权人不必占有抵押物。

其次，抵押人占有抵押物，即使债权人利益不致必然受损，又可供抵押人在获得信用的同时，继续占有、使用、收益，实现物的使用价值。这种情况，实现了经济利益上的合理化。立法上考虑到这一合理性，均规定不转移占有。

最后，物权法上就抵押专设登记制度。抵押登记为抵押权人利益设置了强有力的法律保障，抵押权人虽不占有抵押物，利益亦无受损之虞。这也是不转移占有的立法原因之一。

总之，最大限度地维护抵押权的安全性，是抵押制度的立法价值取向之一。不转移抵押物的占有，足使抵押权安全无损，又使物尽其用兼顾抵押人之利益。抵押之精巧设计，极大地满足了经济生活的需要。

（二）抵押权的意义

抵押权，是债权人对债务人或者第三人不转移占有的担保财产享有的变价处分权和就卖得价金优先受偿权的总称。

我国《民法通则》和《担保法》均未对抵押权下定义。但是，《民法通则》第89条和《担保法》第33条，均对抵押权的功能作了规定。[1] 即债务人不履行债务时，[2] 债权人有权依照法律规定以抵押财产折价或者以拍卖、变卖该财产的价款优先受偿。

上述抵押定义有四层含义：

1.抵押权是物权

抵押权的基本内容是对抵押物的变价处分权。该权利体现为对物的直接支配，因而属于物权。

2.抵押权是担保物权

抵押权是以抵押物的交换价值确保债权清偿的物权，故属担保物权。

3.抵押权是由债务人或者第三人就其特定财产为债权人设定的担保物权，属约定担保物权而非法定担保物权

抵押权由抵押合意而设定，与直接依照法定而产生的留置权在成立要件上有重

---

〔1〕《物权法》从抵押权人享有的具体权利角度给抵押权下了定义，《民法典》予以承继。对应《民法典》第394条："Ⅰ.为担保债务的履行，债务人或者第三人不转移财产的占有，将该财产抵押给债权人的，债务人不履行到期债务或者发生当事人约定的实现抵押权的情形，债权人有权就该财产优先受偿。Ⅱ.前款规定的债务人或者第三人为抵押人，债权人为抵押权人，提供担保的财产为抵押财产。"

〔2〕 自《物权法》以来，"当事人约定的实现抵押权的情形"也属于可以行使抵押权的情形。

大不同。基于此点，抵押权的担保范围、抵押物等可由抵押人和抵押权人事先约定，以抵押合同书或合同中的抵押条款予以明确。

抵押权由合意设定与"物权法定"并无矛盾。物权法定是指物权的种类、内容皆由法定，民事主体不得在法定范围之外另为创设。抵押权由合意设定，则是债务人和债权人在法定的物权制度范围内，实施物权行为，创设具体的担保物权。

4.抵押权是对抵押物的变价处分权和就卖得价金优先受偿权的总称

抵押权的内容有两项：一是对抵押物的变价处分权；二是就抵押物卖得之价金的优先受偿权。"变价处分权"是抵押权人在债务人不履行债务时[1]，以合法方式拍卖、变卖抵押物或与抵押人协议以抵押物折价偿债的权利。《民法通则》第89条和《担保法》第33条所称"折价"，即为协议以抵押物折价偿债，是拍卖、变卖之外的另一种"变价处分"形式。[2]究其实质，也是一种变卖，只不过抵押权人作为买受人，获取抵押物而不得价金而已。

细加推究，抵押权除上述两方面的内容外，还有抵押人对抵押物处分的限制权、追及权、对抵押物不法妨害的排除权等。《担保法》第49条规定，抵押人转让已行登记的抵押物的，应当通知抵押权人，否则转让行为无效，即为对上述限制权、追及权的肯认。[3]而《担保法》第51条关于抵押权人有权制止抵押人减少抵押物价值的规定，[4]就是上述排除权的一个方面。至于抵押权对来自抵押人之外的不法妨害的排除力，由于此项权利属物权，自毋庸置疑，这一方面的排除力，则是上述排除权的另一组成部分。

（三）抵押权的特性

抵押权除具物权一般性质外，还有以下特性：

1.从属性

抵押权是从属于所担保债权的从权利，它因主权利的存在而存在，因主权利的变更、消灭而变更、消灭。《担保法》第51条关于抵押权不得与债权分离而单独转让或者作为其他债权的担保的规定，第39条关于抵押合同应当载明被担保的主债权的

----

〔1〕 自《物权法》以来，"当事人约定的实现抵押权的情形"也属于可以行使抵押权的情形。

〔2〕 对应《民法典》第410条："Ⅰ.债务人不履行到期债务或者发生当事人约定的实现抵押权的情形，抵押权人可以与抵押人协议以抵押财产折价或者以拍卖、变卖该抵押财产所得的价款优先受偿。协议损害其他债权人利益的，其他债权人可以请求人民法院撤销该协议。Ⅱ.抵押权人与抵押人未就抵押权实现方式达成协议的，抵押权人可以请求人民法院拍卖、变卖抵押财产。Ⅲ.抵押财产折价或者变卖的，应当参照市场价格。"

〔3〕 对于抵押人在抵押期间是否可以转让抵押物，在综合了肯认抵押权作为物权的追及效力、追求物尽其用、尊重当事人的意思自治等原则的基础上，《民法典》第406条原则上允许抵押人在抵押期间转让抵押物，作了既不同于《担保法》也不同于《物权法》的规定。（见第410页注2）。

〔4〕 对应《民法典》第408条："抵押人的行为足以使抵押财产价值减少的，抵押权人有权请求抵押人停止其行为；抵押财产价值减少的，抵押权人有权请求恢复抵押财产的价值，或者提供与减少的价值相应的担保。抵押人不恢复抵押财产的价值，也不提供担保的，抵押权人有权请求债务人提前清偿债务。"

规定,第5条关于担保合同是主合同的从合同,主合同无效,担保合同无效的规定,《担保法》第52条关于抵押权与其担保的债权同时存在,债权消灭的,抵押权也消灭的规定等,都是我国立法对抵押权从属性的肯认。

从属性为抵押权固有之特性,然而有无例外情况?易言之,是否任何条件下,抵押权皆随设定抵押权的主合同的无效而无效?我国《担保法》第5条第1款中,一方面规定主合同无效,担保合同无效;另一方面,又规定担保合同另有约定的,按照约定。因这一规定在《担保法》第一章"总则"中,理应认为对各种担保方式都适用。按这一规定,抵押合同另有约定时,即使被担保债权的合同无效致债权无效,抵押合同设定的抵押权仍为有效。[1]

2.不可分性

抵押权是不可分割的物权。抵押物或债权的变化不能致其分割。抵押物的分割、部分灭失或转让,被担保债权的分割或部分转让,均不影响抵押权,抵押权人仍然能够完整地行使其抵押权。

在抵押物分割时,分割不影响抵押权,受领分割部分的人不得以分割为由或持有部分抵押物而对抗抵押权,或主张按分物状况分割抵押。简言之,抵押物之分割不致抵押权分割。

在抵押物部分灭失场合,抵押权不因灭失而受不利影响,剩余部分之价值与抵押权价值相等者,仍担保被担保的债权的全部,剩余部分不足担保额时,抵押人应以他物补足,不得以灭失为由,对抗抵押权。对此,我国《担保法》第51条规定,抵押物价值减少时,抵押权人有权要求抵押人恢复抵押物的价值,或者提供与减少的价值相当的担保。[2]第52条规定,抵押物价值未减少的部分,仍作为债权的担保[3]。概言之,抵押权不因抵押物部分灭失而减少价值,失去完整性。

抵押物部分转让的,抵押权不因该转让而改变完整性。抵押人或受让人不得仅向抵押权人交付转让部分所涉金额而使该转让物不受抵押权之约束。我国《担保法》

---

〔1〕　特别需要注意的是,对于抵押权等担保的从属性,《民法典》及相关司法解释做出严苛的从属性要求,不再如《担保法》允许当事人通过担保合同排除担保的从属性。对应《民法典》第388条"Ⅰ.设立担保物权,应当依照本法和其他法律的规定订立担保合同。担保合同包括抵押合同、质押合同和其他具有担保功能的合同。担保合同是主债权债务合同的从合同。主债权债务合同无效的,担保合同无效,但是法律另有规定的除外。Ⅱ.担保合同被确认无效后,债务人、担保人、债权人有过错的,应当根据其过错各自承担相应的民事责任"、《最高人民法院关于适用〈中华人民共和国民法典〉有关担保制度的解释》第2条"Ⅰ.当事人在担保合同中约定担保合同的效力独立于主合同,或者约定担保人对主合同无效的法律后果承担担保责任,该有关担保独立性的约定无效。主合同有效的,有关担保独立性的约定无效不影响担保合同的效力;主合同无效的,人民法院应当认定担保合同无效,但是法律另有规定的除外。……"和第3条"Ⅰ.当事人对担保责任的承担约定专门的违约责任,或者约定的担保责任范围超出债务人应当承担的责任范围,担保人主张仅在债务人应当承担的责任范围内承担责任的,人民法院应予支持。Ⅱ.担保人承担的责任超出债务人应当承担的责任范围,担保人向债务人追偿,债务人主张仅在其应当承担的责任范围内承担责任的,人民法院应予支持;担保人请求债权人返还超出部分的,人民法院依法予以支持"的规定。

〔2〕　对应《民法典》第408条(见第412页注4)。

〔3〕　此为不可分性的自然体现,故现《民法典》及相关司法解释未再作规定。

第49条第3款规定,抵押人转让抵押物所得的价款,应当向抵押权人"提前清偿"所担保的债权,不足部分,由债务人清偿。[1]由此可见,抵押权之作用,在于使被担保之债权获得"清偿",抵押物部分转让时,一不能使抵押权改变;二不能使转让部分超出抵押物之范围。

被担保债权的分割、转让,不使抵押权变动其整体性。如系被担保债权的分割,由各债权人对抵押物不分份额地共享抵押权。若属被担保债权的转让,全部转让的,抵押权转移自无疑问;部分转让的,转让人与受让人应共享抵押权且对抵押物不分份额地行使抵押权。

遇有被担保的债务分割的,抵押物仍作各债务人的债务担保。

3.物上代位性

抵押物灭失或者出让,其交换价值转化为其他形态的物时,抵押权的效力及于该物。这即抵押权的代位性。我国《担保法》第58条规定,抵押物灭失所得的赔偿金,应当作为抵押财产,即为对抵押权代位性的肯认。[2]最高人民法院曾在《民通意见》第114条规定,抵押物在抵押人处灭失、毁损的,应当认定抵押关系存在,并责令抵押人以其他财产代替抵押物。此规定也属对抵押权物上代位性的认可。[3]

(四)抵押财产

抵押为不转移财产占有的担保方式。抵押人有占有抵押财产之利,倘若抵押人擅自处分抵押物而法律上无周密之防范制度,抵押权人必陷不利境地。为维护抵押权的安全,除强化抵押权效力外,对抵押财产设置法定要件,使充当抵押财产的财产既能满足债权实现的价值需要,又不易为抵押人擅自处分,实属预防性措施。在这一意义上,抵押财产应有以下要件:

1.须为可流通之物

抵押财产有变卖、拍卖可能时,才得转化为货币形态,满足债权实现的价值需要。如果用作抵押之物不可变价,就难以保障债权的实现。流通物、限制流通物可作抵押物。禁止流通物和其他不可变价之物,不应为抵押物。

2.须为法律不禁止抵押之物

法律、行政法规明令禁止抵押的物,绝对不可作为抵押物,否则,不发生抵押权效力。我国《担保法》第37条规定,下列财产不得抵押:(1)土地所有权。(2)除本法另有规定者外,耕地、宅基地、自留地、自留山等集体所有的土地使用权。(3)学校、幼儿园、医院等以公益为目的的事业单位、社会团体的教育设施、医疗卫生

---

〔1〕 对应《民法典》第406条(见第410页注2)。

〔2〕 对应《民法典》第390条,统一规定了担保物权的物上代位性。第390条:"担保期间,担保财产毁损、灭失或者被征收等,担保物权人可以就获得的保险金、赔偿金或者补偿金等优先受偿。被担保债权的履行期限未届满的,也可以提存该保险金、赔偿金或者补偿金等。"

〔3〕 此与《民法典》第408条(见第412页注4)规定有同样的目的。

设施和其他社会公益设施。(4)所有权、使用权不明或者有争议的财产。(5)依法被查封、扣押、监管的财产。(6)依法不得抵押的其他财产。[1]

3.须为不消耗物

抵押物由抵押人占有、使用和收益，如是消耗物，易被抵押人消费殆尽甚至荡然无存，抵押权的安全性便易受动摇。相反，不消耗物则可避免在短期内被消耗，或者无法消耗掉，从经济利益上为抵押权安全提供了可靠性。房屋、土地上的其他定着物、土地使用权等不动产，交通运输工具等耐用财产，在事实上最适合为抵押物，当然被法律所选定。

不消耗物不限于不动产。动产可否为抵押物，《担保法》第42条明文规定可以。[2]国家有关部门还专颁动产抵押规定。[3]从法理角度讲，动产除物权变动须登记者外，其他皆不适合为抵押物。从抵押人方面讲，动产转让极为容易。一旦转让，辗转易手，抵押权人必徒增若干麻烦，若抵押人心生不良，将抵押之动产出手后随之耗尽价金，呈"资不抵债"状况，抵押权便有落空可能。从动产受让人方面讲，若为善意取得，自受"善意取得"制度保护，抵押权人不能向其行使权利。外国立法上一般以不动产为抵押物。我国民国时期的民法亦是如此。再者，《担保法》中已分设"动产质"制度，若担保财产为动产，就应用此制度，将担保之动产移交债权人占有。[4]

二、抵押权的效力

抵押权的效力，可从三个方面考察：一是抵押担保的范围；二是抵押权人与抵押人之间的权利义务；三是抵押权对第三人的效力。

(一)抵押担保的范围

抵押担保的范围，也即抵押权效力所及范围。《担保法》第46条规定，抵押担保的范围，包括主债权、利息、违约金、损害赔偿金和实现抵押权的费用。抵押合同另有约定的，按照约定。[5]对此规定的含义，分述如下：

1.抵押权担保主债权

[1] 对应《民法典》第399条(见第410页注1)。

[2] 对应《民法典》第395条(见第410页注1)。

[3] 1995年10月18日国家工商行政管理局发布《企业动产抵押物登记管理办法》。(2007年10月12日国家工商行政管理总局令第30号公布了《动产抵押登记办法》，同时宣布《企业动产抵押物登记管理办法》废止。《动产抵押登记办法》现已历经2016年和2019年两次修订。)

[4] 自《物权法》以来，我国对于抵押财产的范围，均采取法律、行政法规不禁止抵押的，就可以作为抵押财产的态度。而且，为落实《国务院关于实施动产和权利担保统一登记的决定》的相关要求，规范动产和权利担保统一登记服务，中国人民银行于发布《动产和权利担保统一登记办法》，已于2022年2月1日施行。

[5] 对应《民法典》第389条，统一规定了担保物权的担保范围。第389条："担保物权的担保范围包括主债权及其利息、违约金、损害赔偿金、保管担保财产和实现担保物权的费用。当事人另有约定的，按照其约定。"

抵押权之设定，本为担保主债权得以实现，若债务人不履行债务，[1]抵押权人便可依法定程序拍卖或变卖，从卖得价金中优先受偿或以抵押物折价受偿。

2.抵押权担保主债权所生之利息

在抵押合同无相反约定的场合，债务人本应负担的、由主债权所产生的利息，亦在抵押权担保之列。

3.抵押权担保因主债权未获清偿所生的违约金

债务人不履行债务，按照主债之规定应当支付违约金的，该项违约金也在抵押担保范围之内，除非抵押合同另有约定。

4.损害赔偿金亦在抵押权担保之列

债务人不履行债务，按主债之规定应向债权人支付损害赔偿金时，抵押合同如无相反约定，该项赔偿金也在抵押权担保范围。

5.实现抵押权的费用

债务人不履行债务，抵押权人实现抵押权所生费用（如拍卖、变卖所花费用），应在抵押权担保范围内，在抵押物变价所得价金中扣减。抵押合同对此费用另有约定的，从约定。

抵押权效力所及，除上述各项外，还包括抵押物的孳息。《担保法》第47条规定，债务履行期届满，债务人不履行债务致使抵押物被人民法院依法扣押的，自扣押之日起抵押权人有权收取由抵押物分离的天然孳息、抵押人就抵押物可收取的法定孳息。[2]但是，按照该条，抵押权人收取抵押物的孳息时，应当满足两个条件：(1)须将扣押抵押物的事实通知应当清偿法定孳息的义务人，如通知应付租金之承租人。如抵押权人不履行通知手续，其抵押权的效力不能及于该孳息。(2)先以孳息充抵收取孳息的费用。

抵押物有从物、添附物、从权利时，抵押权是否亦将其置于效力范围之内？我国《担保法》未予以明确。从立法例和法理方面看，应认抵押权效力及于抵押物之从物、添附物、从权利；例外的是，从物为第三人所有物时，应阻断抵押权效力对从物的扩张。[3]

---

〔1〕《物权法》中将"当事人约定的实现抵押权的情形"也作为可以行使抵押权的情形，《民法典》予以承继，体现对当事人意思自治的尊重。

〔2〕对应《民法典》第412条："Ⅰ.债务人不履行到期债务或者发生当事人约定的实现抵押权的情形，致使抵押财产被人民法院依法扣押的，自扣押之日起，抵押权人有权收取该抵押财产的天然孳息或者法定孳息，但是抵押权人未通知应当清偿法定孳息义务人的除外。Ⅱ.前款规定的孳息应当先充抵收取孳息的费用。"

〔3〕《最高人民法院关于适用〈中华人民共和国民法典〉有关担保制度的解释》第40条、第41条分别规定了从物、添附物可否为抵押权的效力所及。解释上，从权利是否可为抵押权的效力所及的问题，可以参照从物。

（二）抵押权人与抵押人的权利和义务

抵押权的设定，使抵押权人和抵押人之间发生抵押权利义务，抵押权人享有抵押权，抵押人负有对待的义务。

1.抵押权人的权利

其一，变价处分权。债务人不履行债务而致被担保债权不获清偿时，[1]抵押权人得依法定程序拍卖、变卖抵押物，实现抵押物的交换价值。

其二，优先受偿权。抵押权人就抵押物卖得价金，优先于无担保物权的债权人受领清偿。

同一财产向两个以上债权人抵押的，拍卖、变卖抵押物所得的价款，在多个抵押权人之间按下列规定实现优先受偿权：（1）抵押合同以登记生效的，按照登记先后顺序清偿；顺序相同的，按照债务比例清偿。（2）抵押合同自签订之日起生效的，该抵押物已登记的，按照上述规定清偿；未登记的，按照合同生效时间的先后顺序清偿，顺序相同的，按照债权比例清偿。已登记的先于未登记的受偿。[2]

抵押权人的优先受偿权，受有下列法定限制：（1）城市房地产抵押合同签订之后，土地上新增的房屋，不属抵押物，拍卖抵押的房地产而将新增房屋一同拍卖时，抵押权人无权就新增房屋卖得价金主张优先受偿。（2）拍卖划拨的国有土地使用权所得的价款，在缴纳相当于应缴纳的土地使用权出让金的款额之前，[3]不得对拍卖所得价款优先受偿。

其三，抵押权保全权。该权利又含有两个方面：（1）抵押物价值减少防止权。抵押人的行为足以使抵押物价值减少的，抵押权人有要求其停止该行为的权利。（2）抵押物价值恢复权。抵押物的价值减少时，抵押权人有要求抵押人恢复抵押物价值或者提供与减少的价值相当的担保的权利。

2.抵押人的权利

其一，抵押物用益权。抵押物由抵押人继续占有、使用，以合理发挥物的效用。

其二，抵押物处分权。抵押权对抵押人处分抵押物有限制力，但并非使抵押人丧失处分权。在无害于抵押权条件下，抵押人仍得行使以下处分权：（1）为他人设定用益物权，如出租、出典。（2）在抵押后，得就抵押物的价值大于所担保债权的余额

---

〔1〕《物权法》中将"当事人约定的实现抵押权的情形"也作为行使抵押权的情形，《民法典》予以承继，体现对当事人意思自治的尊重。

〔2〕《物权法》改变了《担保法》不区分抵押权设立与抵押合同成立的做法，《民法典》在《物权法》规定的基础上作了微调。《民法典》第414条规定："Ⅰ.同一财产向两个以上债权人抵押的，拍卖、变卖抵押财产所得的价款依照下列规定清偿：（一）抵押权已经登记的，按照登记的时间先后确定清偿顺序；（二）抵押权已经登记的先于未登记的受偿；（三）抵押权未登记的，按照债权比例清偿。Ⅱ.其他可以登记的担保物权，清偿顺序参照适用前款规定。"

〔3〕我国国有土地使用权出让均为有偿，受让人须缴纳出让金。划拨则是无偿取得土地使用权。拍卖抵押的原以划拨方式取得的土地使用权，性质上由无偿使用转化为有偿出让，由此所得价金，应缴纳出让金。

部分，再行抵押。[1](3) 出让抵押物。抵押权是以抵押物的交换价值为担保的，对于无害于抵押权的出让行为，抵押权人无权干涉。但是，由于抵押物的出让终与抵押权人的利益有关，法律上为保护抵押权的安全，特就抵押人在抵押期间出让抵押物，设置限制。该种限制，概要有三种：(1) 出让登记的抵押物的，应通知抵押权人，并告知受让人转让物已经抵押的情况，否则转让无效。(2) 转让价款明显低于抵押物价值的，抵押权人可要求抵押人提供相应的担保；抵押人不提供的，不得转让。(3) 转让所得价款，应向抵押权人提前清偿。[2]

3. 抵押人的义务

其一，保全抵押物的义务。抵押人应妥善保管，保全抵押物，如因自己行为致抵押物毁损灭失，应以相等之物补足替代，或以相当之价值作为担保。

其二，告知义务。遇有第三人对抵押物主张权利时，抵押人应及时告知抵押权人，以便抵押权人行使、实现抵押权。

(三) 抵押权对第三人的效力

抵押权属物权，自有对世权的效力。然而，当有第三人对抵押物亦有物权或债权时，抵押权对第三人效力如何？以下区别不同情况分述之。

1. 抵押权与抵押物的用益物权

抵押权与抵押物上的用益权互不冲突，因此，抵押人可就其财产为他人设定抵押权和用益物权。问题在于，一旦债务人不履行债务，抵押权人要实现其抵押权时，必然涉及用益物权人能否继续行使其用益物权。对此点，通常认为：

首先，在抵押权成立后设定的用益物权，一般不能对抗抵押权，亦不能对抗抵押物的买受人。

在抵押物为不动产时，抵押权与抵押物上的用益权，抵押权以登记为生效要件，后设用益物权的场合，无论用益物权的设立是否需要登记，用益物权人知晓抵押物上有抵押权而仍为用益物权之设定，自然认可了标的物上的抵押权负担，故不得以其用益物权对抗抵押权及抵押物受让人。就此点，我国《担保法》第55条[3]规定的"城市房地产抵押合同签订后土地上新增房屋的，新增房屋不是抵押物，但可将该房与抵押物一同拍卖"，即为立法实例。

在抵押物为动产时，依法须登记而未登记的，不生抵押权效力，自不能对抗第三

---

〔1〕《物权法》改变了《担保法》禁止超额抵押的做法，改由不否定超额抵押的有效性，但确定重复抵押情形下各抵押权实现顺位的做法，《民法典》在《物权法》规定的基础上作了微调，对应《民法典》第414条（见第417页注2）。

〔2〕 对于抵押人在抵押期间转让抵押物的效力问题，《民法典》第406条原则上允许抵押人在抵押期间转让抵押物，作了既不同于《担保法》也不同于《物权法》的规定。（见410页注2）。

〔3〕 对应《民法典》第417条："建设用地使用权抵押后，该土地上新增的建筑物不属于抵押财产。该建设用地使用权实现抵押权时，应当将该土地上新增的建筑物与建设用地使用权一并处分。但是，新增建筑物所得的价款，抵押权人无权优先受偿。"

人；法律准自愿登记而未办登记的，不得对抗第三人（《担保法》第43条）。[1]

其次，抵押权设定前成立的已经登记的用益物权，对抵押权有对抗效力，亦能对抗买受人。[2]

抵押权设定前，第三人对抵押物有经登记而设定的用益物权的，后设定的抵押权不能对抗该用益物权，无论抵押期内还是实现抵押权发生抵押物所有权的变动，用益物权不受影响。《担保法》第48条"抵押人将已出租的财产抵押的，应当书面告知承租人，原租赁合同继续有效"[3]及法理上"买卖不破租赁"之规则，俱可说明这一问题。

2.同一物上有多个抵押权

在此种场合，登记在先的抵押权先得实现。登记次序在先的抵押权实现，抵押权所担保之债权清偿，登记次序在后的抵押权才得就剩余卖得价金受偿。《担保法》第54条规定："（1）抵押合同以登记生效的，按照抵押物登记的先后顺序清偿；顺序相同的，按照债权比例清偿。（2）抵押合同自签订之日起生效的，该抵押物已登记的，按照本条第（1）项规定清偿；未登记的，按照合同生效时间的先后顺序清偿，顺序相同的，按照债权比例清偿。抵押物已登记的先于未登记的受偿。"[4]

3.一物上有抵押权而该物同时为债权给付的标的物

抵押权为物权，物权优先效力使同一物上之抵押权得优先于其上在之债权而实现，此一点不需赘言。

三、抵押权的设定

抵押权依抵押合同设定，抵押权的设定为物权行为。不动产抵押须行登记，动产抵押除法定须为登记者外，其他动产之抵押，我国《担保法》采取了"自愿登记"和"不登记不得对抗第三人"的做法。[5]显然，任何动产抵押之登记，可保抵押权效力之周全圆满。

---

〔1〕 自《物权法》以来，以动产设定抵押权无须登记即可生效，但未经登记不得对抗善意第三人。《民法典》虽然规定动产上可以成立用益物权，但目前还没有法定的这类用益物权，故而当下不会存在动产上抵押权与用益物权并存的情形。

〔2〕 自《物权法》以来，明确了土地承包经营权、地役权等用益物权无须登记即可生效，但未经登记不得对抗善意第三人。所以，对于抵押权设定前成立的未经登记的用益物权，是否具有对抗效力，目前主要考量第三人是否善意。

〔3〕 对应《民法典》第405条："抵押权设立前，抵押财产已经出租并转移占有的，原租赁关系不受该抵押权的影响。"

〔4〕 需要注意《物权法》改变了《担保法》不区分抵押权设立与抵押合同成立的做法，《民法典》在《物权法》规定的基础上作了微调。（见第417页注2）。

〔5〕 自《物权法》以来，以动产设定抵押权均无须登记即可生效，但未经登记不得对抗善意第三人。《民法典》承继这一设计。

(一) 抵押合同

抵押合同,是指债权人与债务人或第三人签订的以债务人或第三人的财产为债权人设定抵押权的合同。

1.抵押合同的订立

抵押合同为双方法律行为,当事人双方须有抵押合意,方得使抵押成立。

然而,抵押合同之形式,仅应限于书面,还是可有其他? 《担保法》第38条明定,抵押人和抵押权人应当以书面订立抵押合同。第39条则进一步规定了抵押合同应当包括的内容。[1]由此看来,抵押合同应属"法定要式合同"。

将抵押合同定为"法定要式",自有其明显、确定、可靠、免生抵押合意是否存在之歧义,便利诉讼等好处。反过来说,如僵化拘泥于此种形式,则虽利于诉讼之程序,却难免有损于真正抵押权人之利益。为公正、周到起见,立法上或司法实务上应认可,债权人和债务人或第三人之间虽无书面之抵押合同,但债权人占有债务人或第三人之财产或权利凭证,双方对抵押关系无争议或虽有争议但有其他事实足以证明抵押合意存在的抵押关系有效,以奏补漏之效。

抵押合同的书面形式,可为单独存在的合同书,也可是债权合同书中设定的抵押条款。

2.抵押合同的内容

抵押合同应当包括以下内容: (1)被担保的主债权种类、数额。(2)债务人履行债务的期限。(3)抵押物的名称、数量、质量、状况、所在地、所有权权属或者使用权权属。(4)抵押担保的范围。(5)当事人认为需要约定的其他事项。

不完全具备上述内容的,当事人双方可以补正。[2]

3.抵押合同禁止条款

订立抵押合同时,抵押权人和抵押人在合同中不得约定在债务履行期届满抵押权人未受清偿时,抵押物的所有权转移为债权人所有。

此项禁止性规定,主旨是保护抵押人正当利益,防止抵押权人凭借有利之条件和地位,以抵押行为取得不应有之利益。此外,亦存保护其他债权人之含义,使其他债权人得就抵押物剩余价值获得受偿。[3]

---

〔1〕 对应《民法典》第400条(见第409页注2)。

〔2〕 对应《民法典》第400条(见第409页注2),与《物权法》相较而言,有微调。

〔3〕 此所谓流押条款。对于流押条款,《担保法》和《物权法》均采禁止态度,实践中对于流押条款也一般认定无效。《民法典》改变了对于流押条款的规制方式。根据《民法典》第401条规定,抵押权人在债务履行期限届满前,与抵押人约定债务人不履行到期债务时抵押财产归债权人所有的,只能依法就抵押财产优先受偿。

（二）抵押权登记

抵押权为物权，抵押权之设定，除法律有特别规定外，均应登记以为公示，否则不生效力。

《担保法》使用了"抵押物登记"的术语，改以往抵押权之登记为"抵押物"的登记，采此措辞，虽可理解为立法自有其用意，但从法理上客观地讲，抵押权登记之说更为顺达。例如，《担保法》第54条第(1)项"抵押合同以登记生效的，按照抵押物登记的先后顺序清偿"，如将抵押物登记的先后顺序改为抵押权登记的先后顺序，就显得既与法理上习惯用语和谐，又突出了权利观念，且直接反映出登记与抵押权的关系。[1]

1.以登记为生效要件之抵押

凡以不动产、航空器、船舶、车辆、企业的设备和其他动产抵押的，应当办理登记，抵押合同自登记之日起生效。[2]此为法定抵押登记。

此类抵押的登记，分别由下列部门办理：(1)以无地上定着物的土地使用权抵押的，为核发土地使用权证书的土地管理部门。(2)以城市房地产或者乡(镇)、村企业的厂房等建筑物抵押的，为县级以上地方人民政府规定的部门。(3)以林木抵押的，为县级以上林木主管部门。(4)以航空器、船舶、车辆抵押的，为运输工具的登记部门。(5)以企业的设备和其他动产抵押的，为财产所在地的工商行政管理部门。[3]

2.自愿登记之抵押

当事人以法定抵押登记之外的财产抵押的，是否办理登记，权在当事人。登记的，抵押合同自签订之日起生效，登记记载了当事人之间业已存在的抵押权利义务关系，且赋予抵押权得对抗第三人的效力；不登记的，抵押合同亦自签订之日起生效，但是，该种抵押仅在抵押合同当事人之间有效，不具对抗第三人之效力。[4]

自愿登记之抵押，登记部门为抵押人所在地的公证部门。[5]

---

〔1〕 自《物权法》以来，已改为"抵押登记"的表述。

〔2〕 自《物权法》以来，以航空器、船舶、车辆、企业的设备等动产设定抵押权均无须登记即可生效，但未经登记不得对抗善意第三人。《民法典》承继这一设计。

〔3〕 自《物权法》以来，不动产实行统一登记。《不动产登记暂行条例》第6条规定："国务院国土资源主管部门负责指导、监督全国不动产登记工作。县级以上地方人民政府应当确定一个部门为本行政区域的不动产登记机构，负责不动产登记工作，并接受上级人民政府不动产登记主管部门的指导、监督。"对于动产，中国人民银行发布《动产和权利担保统一登记办法》，已于2022年2月1日施行。根据该办法第4条："中国人民银行征信中心(以下简称征信中心)是动产和权利担保的登记机构，具体承担服务性登记工作，不开展事前审批性登记，不对登记内容进行实质审查。征信中心建立基于互联网的动产融资统一登记公示系统为社会公众提供动产和权利担保登记和查询服务"。需要注意的是，机动车抵押、船舶抵押、航空器抵押不适用该办法。

〔4〕 如前述，《民法典》区分抵押合同与抵押权的设立行为。根据《民法典》第402条和第403条的规定，对不动产抵押，抵押合同自当事人合意一致即可成立，但抵押权须登记才设立。

〔5〕 如前述，对于动产抵押，属于自愿登记的抵押。除机动车抵押、船舶抵押、航空器抵押的登记是在

3.办理登记之必备文件

登记申请人应当向登记部门提供下列文件或者其复印件：(1)主合同和抵押合同。(2)抵押物的所有权或者使用权证书。

四、抵押权的消灭

抵押权，由于下列原因而消灭：

第一，所担保之债权因清偿或者其他原因消灭。在此场合，作为从权利的抵押权自然随主权利的消灭而消灭。

第二，抵押权实现。抵押权实现，是抵押权人在债务履行期届满而未获清偿时，经法定程序以抵押物折价或者以拍卖、变卖该抵押物所得价款受偿。又称抵押权实行。

抵押权实现的法定程序，按《担保法》第53条之规定，分为两种：(1)协议。抵押权人到期未获清偿的，可与抵押人协议，或以抵押物折价抵债，或进行拍卖、变卖抵押物，从卖得价款中优先受偿。(2)诉讼。协议不成的，抵押权人可以向人民法院提起诉讼，由法院判决，进行拍卖，抵押权人从拍卖所得价金中优先受偿。[1]

无论协议拍卖还是经判决而拍卖，均应由专门的拍卖商按合法的拍卖程序进行。

抵押权实现，贯彻"多退少补"精神，清偿债务尚有剩余的，剩余财产归还抵押人；不足清偿的，债务人应补足。

第三，其他原因。例如，被担保的债权因时效届满、抵押权抛弃等而消灭。

五、最高额抵押

最高额抵押，是指抵押人与抵押权人协议，在最高债权额限度内，以抵押物对一定期间内连续发生的债权作担保。

(一)最高额抵押的特征

最高额抵押作为抵押担保物权，具有一般抵押担保物权的共性。例如，哪些财产可以抵押，设立抵押权应当签订抵押合同，某些财产抵押应当办理抵押物登记，抵押期间抵押物价值减少的处理等等，在这些问题上，最高额抵押与一般抵押都应当遵照关于抵押权的有关规定。除此，最高额抵押还有其自身的独特特征：

交通运输管理部门，其余动产抵押登记是在中国人民银行征信中心建立的基于互联网的动产融资统一登记公示系统。

〔1〕 对应《民法典》第410条(见第412页注2)。

1.担保的实际债权的确定程度不同

一般抵押权所担保的实际债权额是完全确定的；最高额抵押权所设定的实际债权额是不确定的，是一个未定数额，只是对一段时间内持续发生的数额作出一定的预测，而据此设定抵押额。

2.担保的债权发生的时间不同

一般抵押权担保的设定与债权同时产生，是为已经发生的债权设定的担保，其目的是保证债的实际履行；最高额抵押权的设定所担保的债权通常是将来的债权，即设定最高额抵押时，主债合同尚未发生，或者尚未实际发生。

(二)我国的最高额抵押的适用范围

1.借款合同

担保法之所以规定借款合同可以附有最高额抵押合同，是因为在借款法律关系中，借款人与贷款人之间经常持续性地发生债权债务关系，以满足借款人开展经营活动时对资金的需要，特别是一些大型建设项目，计划几年建成投产，资金不可能一次到位，需要分期借款，如果借一次款就签订一份抵押合同，将不胜其烦，而采用最高额抵押贷款方式，省时、省力、省资金，有利于资金流通。

2.债权人与债务人就某项商品在一定期间内连续发生交易而签订的合同

担保法规定对这种合同可以附有最高额抵押合同，主要是为了简化手续，方便当事人，促进生产发展。

第三节　质权

一、质权的意义

质权，是指债权人为担保债权而根据合同占有或者依法控制债务人或第三人的财产，当债务人到期不履行债务时，[1]能够以该财产折价或者以拍卖，变卖该财产的价款优先受偿的权利。

根据合同占有或者依法控制担保财产的债权人称为质权人；提供担保财产的债务人或第三人称为出质人；担保财产称为出质财产。

对上述质权定义可作如下说明：

1.质权是担保物权

质权之设定，旨在担保债务履行、债权实现，被担保之债务到期履行者，债权自

---

〔1〕《物权法》中将"当事人约定的实现质权的情形"也作为可以行使质权的情形，《民法典》予以承继，体现对当事人意思自治的尊重。

然得以清偿，质权亦随之消灭，倘若债务人到期不履行债务，占有出质财产之债权人即可倚占有和质权合同之利，依法定之程序，处置出质财产，保障其债权实现。

质权属物权之一种，对一般债权有优先力。

2.质权是转移担保财产占有或者控制力的物权

当事人之间设定质权，须转移出质财产之占有或者控制力，由质权人对出质财产予以占有或者依法控制。此一点，与抵押形成区别。

3.质权之标的是动产或所有权之外的可转让的财产权

此一点，也是质权与抵押权的一个区别。质权之"质"，就是一方将自己的财产押给对方，由对方占有或者依法控制，以担保自己对于债务的履行。就便利占有而言，动产最为理想，故质权多为动产质权。然又不限于此。除所有权外的一切可以转让的财产权，只要便利占有或者依法控制又足奏担保之效的，均可为质权标的。比如，债券、股票及专利权、商标权、著作权等知识产权中的财产权，即可设定权利质。

4.质权以出质财产之交换价值为担保利益

当事人之间设定质权，转移出质财产之占有或者控制力，并不直接转移出质财产的所有权或权利本身，而是以出质财产的交换价值作为担保。在这里，财产的归属不如财产的交换价值重要。当被担保的利益——债权所含利益因债务不履行而不能实现时，就要以担保利益——质权标的的交换价值来填补替代。

质权是大陆法系物权法中一个古老的物权种类。民国时期的民法中设有动产质和权利质。中华人民共和国成立后，不认质权，将质权与抵押权合二为一，《民法通则》中仍未定此物权，《担保法》问世，才将质权与抵押权分别开来。[1]

二、质权的种类

一些国家的民法如《法国民法典》《日本民法典》设不动产质权、动产质权、权利质权，民国时期的民法，设动产质权和权利质权两种。《担保法》规定了动产质押、权利质押。在我国，不认可不动产质，故而以不动产为担保的，盖有两种，一种为抵押，即不转移占有之担保，另一种为"典"，即转移占有，由债权人（也称为承典人、典权人）占有、使用债务人（出典人）的不动产。如前所述，立法上现未规定典权，司法解释中早已认可，审判上也予保护。

---

〔1〕 之后的《物权法》与《民法典》予以承继这种设计。

三、动产质权

（一）动产质权的意义

动产质权，是指债权人为担保债权而根据合同占有债务人或者第三人的动产，当债务人到期不履行债务时，[1]能够以该动产折价或者以拍卖、变卖该动产的价款优先受偿的权利。[2]

动产质权关系中，出质财产通称"质物"。

担当质物的动产，一般是物权变动无需登记的物，必须登记的动产，如航空器、船舶、车辆等，不登记不生物权变动之效果。《担保法》将此等财产定为抵押客体。质押制度中虽未明定不得以此等财产为质物，但是：(1)必须登记之动产为质物时，质权人占有质物，若再行登记，不免稍嫌麻烦，平白增添登记费用。(2)质物被质权人占有而质权人不获使用权，出质人又无法使用，必使此等高效用之财产闲置，构成社会财富之浪费。所以，质物虽可有高价值之物，但较少为必须登记之重大财产。[3]

（二）动产质权的效力

1.质权对担保债权的效力

《担保法》第67条规定，质押担保的范围包括主债权及利息、违约金、损害赔偿金、质物保管费用、实现质权的费用。[4]质押合同另有约定的，按照约定。[5]

2.质权对质物的效力

质权人不但对质物本身有质权，对质物之从物、孳息物，亦享有质权。质物因附合、混合、加工等而成添附物时，质权人仍借质权享有利益。第三人致质物灭失毁损所支付的赔偿金，为"代位物"，质权人得就此取偿。

3.质权人的权利义务

除上述有关权利外，质权人得享有如下权利：(1)留置质物。(2)优先受偿。(3)收取孳息，但合同另有约定者从约定。(4)救济质权损失，即排除各种有害质权的行为。

---

〔1〕《物权法》中将"当事人约定的实现质权的情形"也作为可以行使质权的情形，《民法典》予以承继，体现对当事人意思自治的尊重。

〔2〕 我国《担保法》第四章规定"质押"而不用"质权"为章名，突出的是行为。本书采质权而不用质押，意在强调权利。二者实无本质上的冲突。

〔3〕 如前所注，自《物权法》以来，以航空器、船舶、车辆等特殊动产设定抵押已经与一般动产无异，均将登记作为对抗要件而非生效要件。根据《民法典》第426条的规定，法律、行政法规禁止转让的动产不得出质。因此，解释上也无须将航空器、船舶、车辆等特殊动产排除作为质权的客体。

〔4〕 此处之损害赔偿金，系质物原有瑕疵而使质权人受到损害之赔偿金，与第三人应付之赔偿金性质不同。

〔5〕 对应《民法典》第389条，统一规定了担保物权的担保范围。

质权人义务主要有两项：(1)妥善保管质物。质权人应以善良管理人之注意保管质物，否则应对其过失所致损失负责。(2)返还质物。债务人到期清偿债务，主债消灭，质权亦当然消灭，质权人当按约定完璧归赵。

(三)动产质权的设定

动产质权依当事人之间的质押合同而设定。

质押合同为法定要式合同。《担保法》第64条规定，质押合同应为书面形式。第65条规定了质押合同的必要条款，包括：(1)被担保的主债权种类、数额。(2)债务人履行债务的期限。(3)质物的名称、数量、质量、状况。(4)质押担保的范围。(5)质物移交的时间。(6)当事人认为需要约定的其他事项。[1]

质押合同自质物移交于质权人占有时生效，属于要物合同。[2]

(四)动产质权的消灭

动产质权由于以下原因而消灭：

(1)债权消灭。如债务人清偿债务、债权人抛弃权利、债权债务混同等。

(2)债务人不履行债务，质权人依法定程序实现质权，《担保法》第71条第2款规定，债务履行期届满质权人未受清偿的，可以与出质人协议以质物折价，也可以依法拍卖、变卖质物。[3]

(3)质权人丧失了对质物的占有，如质物毁损灭失等。

(4)质权存续期间届满。质押合同定有质权存续期限的，期限届满，质权消灭。

四、权利质权

(一)权利质权的意义

权利质权，是指以所有权之外的可转让的财产权为出质财产的质权。亦称"准质权"。

权利质权与动产质权的突出区别在于二者的标的不同。动产质权以动产为标

---

〔1〕 对应《民法典》第427条"Ⅰ.设立质权，当事人应当采用书面形式订立质押合同。Ⅱ.质押合同一般包括下列条款：(一)被担保债权的种类和数额；(二)债务人履行债务的期限；(三)质押财产的名称、数量等情况；(四)担保的范围；(五)质押财产交付的时间、方式。"与《物权法》相较，略有微调。

〔2〕 自《物权法》以来，就区分质押合同与质权的设立行为。根据《民法典》第429条的规定，质权自出质人交付质押财产时设立。由此，对动产质权，质权合同自当事人合意一致即可成立，但质权自出质人交付质押财产时才设立。

〔3〕 对应《民法典》第436条"Ⅰ.债务人履行债务或者出质人提前清偿所担保的债权的，质权人应当返还质押财产。Ⅱ.债务人不履行到期债务或者发生当事人约定的实现质权的情形，质权人可以与出质人协议以质押财产折价，也可以就拍卖、变卖质押财产所得的价款优先受偿。Ⅲ.质押财产折价或者变卖的，应当参照市场价格。"

的，权利质权的标的是所有权之外的可转让的财产权利，如财产性债权、专利权、商标权、著作权等无体财产权。不动产上设定的用益物权，可为抵押权之标的，不能作为质权标的。

依我国《担保法》第75条之规定，下列权利可为权利质权的标的：(1)汇票、支票、本票、债券、存款单、仓单、提单。(2)依法可以转让的股份、股票。(3)依法可转让的商标权，专利权、著作权中的财产权。(4)依法可以质押的其他权利。[1]

(二)权利质权的设定[2]

其一，以汇票、支票、本票、债券、存款单、仓单、提单出质的，应当在合同约定的期限内将权利凭证交付质权人。质押合同自权利凭证交付之日起生效。[3]

其二，以依法可以转让的股票出质的，出质人与质权人应当订立书面合同，并向证券登记机构办理出质登记。质押合同自登记之日起生效。[4]

其三，以有限责任公司的股份出质的，按照公司法关于股份转让的规定办理。质押合同自股份出质记载于股东名册之日起生效。[5]

其四，以依法可以转让的商标专用权，专利权、著作权中的财产权出质的，出质人与质权人订立书面合同，并向有关管理部门即商标局、专利局、新闻出版署办理出质登记。质押合同自登记之日起生效。[6]

(三)权利质权的消灭

权利质权之消灭，适用动产质权消灭之法律规范。此不赘述。

---

〔1〕《民法典》在《物权法》的基础上，进一步拓展了权利质权的客体。《民法典》第440条规定："债务人或者第三人有权处分的下列权利可以出质：(一)汇票、本票、支票；(二)债券、存款单；(三)仓单、提单；(四)可以转让的基金份额、股权；(五)可以转让的注册商标专用权、专利权、著作权等知识产权中的财产权；(六)现有的以及将有的应收账款；(七)法律、行政法规规定可以出质的其他财产权利。"

〔2〕《物权法》开始允许以应收账款出质，《民法典》承继并做了进一步拓展。《民法典》第445条规定："以应收账款出质的，质权自办理出质登记时设立。应收账款出质后，不得转让，但是出质人与质权人协商同意的除外。出质人转让应收账款所得的价款，应当向质权人提前清偿债务或者提存。"

〔3〕《物权法》开始区分质押合同的成立与质权的设立，《民法典》承继之。《民法典》第441条规定："以汇票、本票、支票、债券、存款单、仓单、提单出质的，质权自权利凭证交付质权人时设立；没有权利凭证的，质权自办理出质登记时设立。法律另有规定的，依照其规定。"

〔4〕《物权法》开始区分质押合同的成立与质权的设立，《民法典》承继之。《民法典》第443条规定："以基金份额、股权出质的，质权自办理出质登记时设立。基金份额、股权出质后，不得转让，但是出质人与质权人协商同意的除外。出质人转让基金份额、股权所得的价款，应当向质权人提前清偿债务或者提存。"

〔5〕《物权法》开始区分质押合同的成立与质权的设立，《民法典》承继之。见上注。

〔6〕《物权法》开始区分质押合同的成立与质权的设立，《民法典》承继之。《民法典》第444条规定："以注册商标专用权、专利权、著作权等知识产权中的财产权出质的，质权自办理出质登记时设立。知识产权中的财产权出质后，出质人不得转让或者许可他人使用，但是出质人与质权人协商同意的除外。出质人转让或者许可他人使用出质的知识产权中的财产权所得的价款，应当向质权人提前清偿债务或者提存。"

第四节　留置权

一、留置权的意义

留置权，是指债权人合法占有债务人的动产，在与该物有牵连关系[1]的债权未受清偿前，得予以留置的担保物权。

上述定义表明：

1.留置权为担保物权

留置权属于担保物权。其功能在于以被留置物的交换价值，担保债权的实现，而不在于以被留置物的使用价值，供留置权人使用收益。

2.留置权的标的是债务人的动产

被留置的物，应当是债务人的动产，虽然并不要求该动产属于债务人所有，但只有该动产对于债务人有重要意义，才更有利于担保债权的实现。

3.留置物是债务人依债而交付于债权人的物

留置物不是随便任何物均可以充当，它应是债权人实际上已经合法占有的；该占有，源于债务人依与债权人之间的债而交付于债权人，而不是债权人对于债务人财产的侵占。留置的本义，是扣留并且拒绝返还。只有债权人依债已经占有债务人的物，才有留置可言。

4.留置权是担保与留置物有牵连关系[2]的债权的担保物权

留置权所担保的债权，必须属于与被留置物有牵连关系[3]而发生的债权。例如，甲交付汽车于乙汽车修理厂维修，甲不交付修理费，乙便可留置甲的汽车。乙的修理费债权，即属于与汽车有牵连关系[4]而发生的债权。倘若不是如此，而是甲欠乙厂借款，乙便不可留置甲的汽车。因为借款债权与汽车并无牵连关系[5]。

5.留置权是债权未受清偿之前留置债务人的动产的担保物权

留置权作为担保物权，其担保的债权，必须已届清偿期。这时，倘若债务人不为清偿，债权人留置债务人的财产，当然有担保债权清偿的作用，法律应当肯认债权人的留置权，以维护交易安全。否则，假如允许债务人取回其物，而其并无资力清偿债务时，则将使债权人蒙受损失。这样做显然不利于交易安全。作为留置权要件之一，债权的清偿期必须届至。假如尚未届至，一般是不应许其留置的。[6]

---

〔1〕〔2〕〔3〕〔4〕〔5〕　自《物权法》，这一"牵连关系"被改为"同一法律关系"。对应《民法典》第448条："质权人在质权存续期间，未经出质人同意，擅自使用、处分质押财产，造成出质人损害的，应当承担赔偿责任。"

〔6〕　立法例中，当债务人显然无清偿能力时，即使债权未届清偿期，债权人也发生留置权，此时的留置权称为"紧急留置权"。见《德国商法典》第370条、第931条第1款，《瑞士民法典》第897条，我国台湾地区"民法"第9310条。

6.留置权的内容是留置，以及有条件的变价处分权和受偿权

留置权的本义是扣留以为督促，促进债务人清偿。这是留置权的基本内容。然而，当经由催告，债务人仍然不为清偿时，债权人便有权依法定程序将该物处分，并就卖得的价金受清偿。

7.留置权是法定担保物权

留置权基于法律的规定而当然发生，而不是当事人依约设定的。此点与抵押权不同，后者属于约定担保物权。

二、留置权的性质

留置权究竟属于物权，抑或债权？各国和地区的立法例，并不一致。

（一）国外立法例

1.担保物权

《瑞士民法典》《日本民法典》规定留置权属于担保物权。[1]

2.债的效力

《瑞士民法典》第273条第2款及第3款、第274条第1款规定了留置权。该两条均属债权编的条文。条文中也未肯认留置权为物权。因而留置权属于债的效力，即债权人在债务人未为给付前，得拒绝返还应当返还的标的物。《法国民法典》第1948条、第2082条第2款则将留置权作为双务合同的同时履行抗辩权之一。

（二）我国立法例

除《担保法》第82条外，《民法通则》第89条规定的债的担保方式也规定："按照合同约定一方占有对方的财产，对方不按照合同给付应付款项超过约定期限的，占有人有权留置该财产，依照法律的规定以留置财产折价或者以变卖该财产的价款优先得到偿还。"就上述条文文义而言，留置属于债的担保方式，至于究属物权抑或债的效力，则未明确规定。[2]

我国台湾地区"民法"规定留置权属于担保物权。[3]

（三）我国学说

我国学说认留置权属于担保物权。关于属于债的效力的主张，尚未见到。

---

〔1〕《瑞士民法典》895条。《日本民法典》物权编第七章用8个条文规定"留质权"。上述立法例，均明定留置权属于物权。

〔2〕《物权法》专章规定留置权，将留置权纳入"担保物权"编，《民法典》承继之，将留置权纳入"担保物权"分编，专章规定。

〔3〕我国台湾地区"民法"物权编第九章规定"留置权"。

三、留置权的法律要件

1.须债权人占有属于其债务人的动产

即债权人已依债占有了债务人的财产。例如，承揽人占有定作人交付修理、建造的物，保管人占有委托人交付保管的物，运送人占有托运人交付运送的物，房屋出租人占有承租人放在承租房屋中的物，等等。此点与抵押权不同，后者可由第三人自愿就其财产为债权人设定抵押权。

关于留置权的标的仅限于动产，抑或兼及不动产，自《民法通则》第89条及《担保法》第82条的规定看，应限于动产。[1]此外，关于被留置物是否限于流通物，而不应包括不流通物，我国立法无规定。本书以为，留置权的基本功能，在于留置而督促债务人清偿债务，虽然也包括变价处分权和就卖得价金的优先受偿权。因而，即使不流通物，当其被留置时，也足以发挥上述促进清偿的作用。故不应限于流通物。

2.须债权发生与该物具有牵连关系[2]

所谓有牵连关系，系指债权与物之返还请求权系基于同一生活关系而发生。易言之，债权人享有的债权，与其所负担的物之返还义务是同一项债的内容。此项要件，旨在防止留置权人滥用留置权，毫无限制地扣留债务人的财产。因而在标的上，把其权利限制在债权发生与该物有牵连关系之上是很有必要的。

3.须债权已届清偿期

如前所述，留置权系因债务人不履行债务而发生。而债务人是否不履行债务，只有当债务履行期限届至才能认定；此时点，也就是债权清偿期的届至。因此，债权未届清偿期的，则不发生留置权。然而，留置权是否应以债务人履行迟延为要件？自《民法通则》第89条观之，回答似应为肯定的。然自事理而言，则不应以迟延为要件。因为倘若以迟延为要件，那么，在债权已届清偿期，而该期间尚未届满之时，债务人尚无迟延可言，易言之，此时债权人即无留置权，而应返还标的物。只有当清偿期间届满时，才发生留置权，然而，此时的留置权，已成虚言空话，因为在届满前标的物已经返还于债务人了。准此而解，上述《民法通则》的条文，均应解释为以债权已届清偿期为已足，而无须债务人迟延。实际上，《担保法》第82条对此已予以肯定。[3]

4.须留置标的物不违反法律或者公序良俗

留置物品行为本身，固然不得违反法律，同时，也不得违反公序良俗。例如，债务人及其家属在生活上或者工作上必不可少的物品，像衣物、自行车乃至身份证、工

---

[1]《物权法》和《民法典》仍如是。

[2] 自《物权法》，这一"牵连关系"被改为"同一法律关系"。对应《民法典》第448条："债权人留置的动产，应当与债权属于同一法律关系，但是企业之间留置的除外。"

[3] 对应《民法典》第447条："Ⅰ.债务人不履行到期债务，债权人可以留置已经合法占有的债务人的动产，并有权就该动产优先受偿。Ⅱ.前款规定的债权人为留置权人，占有的动产为留置财产。"

作证等即属之。倘若允许留置上述物品，势将严重影响债务人的生活、工作和公法上的活动。

四、留置权的效力

留置权使其权利人发生留置和处分等权利，同时发生保管等义务。现分述如下。

（一）留置权人的权利

第一，留置标的物，即扣留标的物，而不返还于债务人，直至后者清偿债权。在这种情况下，留置权人为合法占有人，其基于留置权而对留置物的占有，可以对抗所有权人的返还请求权，[1]并得排除任何人对其占有的妨害。

第二，收取留置物的孳息以充抵债权，[2]此处之孳息包括天然孳息和法定孳息。对于孳息，留置权人亦有留置权。当孳息为货币时，留置权人可直接用于清偿债务；而当孳息为其他财产时，可估价充抵或拍卖之。

第三，请求债务人偿还因留置标的物而支出之必要费用。[3]债权人因留置物的保管或维持所支出的费用，有权请求债务人返还。

第四，变价处分权，即变卖留置物并从中受清偿。债务人到期未履行债务时，留置权人享有留置物变卖请求权，本无疑问。但问题在于如在留置物之上存在数个不同性质之债权时，留置权人是否享有优先受偿权。根据《日本民法典》第297条之规定，留置权人只就孳息享有优先受偿权。而根据《民法通则》第89条的规定，留置权人享有"优先得到偿还"的权利。[4]

（二）留置权人的义务

其一，妥善保管留置物的义务。留置权人应以善良管理人的注意保管留置物。留置权人如未以足够的注意保管留置物而造成财产损失时，应当承担债务不履行的损害赔偿责任。

其二，催告义务。《民通意见》第117条规定："债权人因合同关系占有债务人财物的，如果债务人到期不履行义务，债权人可以将相应的财物留置。经催告，债务人在合理期限内仍不履行义务，债权人依法将留置的财物以合理的价格变卖，并以变卖财物的价款优先受偿的，应予保护。"由此可见，留置权中变价处分权的行使须先以催告为要件，未经催告，不得径行变卖留置物。对此，《担保法》第87条第1款也予以肯认："……债权人与债务人在合同中未约定的，债权人留置债务人财产后，应

〔1〕　参见《瑞士民法典》第889条第2款。
〔2〕　参见我国台湾地区"民法"第935条、《日本民法典》第297条第1项。
〔3〕　参见我国台湾地区"民法"第934条、《日本民法典》第269条。
〔4〕　《民法典》第447条也赋予留置权人优先受偿权。

当确定两个月以上的期限,通知债务人在该期限内履行债务。"[1]

其三,在留置权消灭后返还留置物的义务。在债务人履行了义务,或留置权因其他原因而消灭时,留置权人应将留置物归还于债务人。

五、留置权的消灭

留置权由于下列原因而消灭:

1.债务人清偿

债务人清偿债务,留置权即失其存在依据,从而归于消灭。

2.留置权实现

即留置权人将留置物变卖,并从卖得的价金中获得清偿。或者留置权人取得留置物之所有权,而折抵债权。

3.债务人另行提出担保

4.留置物灭失

亦即留置权人占有之丧失。占有既是留置权成立的要件,同时也是留置权存续的要件。因此,一旦债权人丧失占有,也就同时丧失了留置权。但是,此种丧失不包括留置物依留置权人之意思而由他人占有的情形。

5.其他原因

例如,主债权消灭、债务更新而新债未届清偿期、债权抛弃等。

第五节　其他担保物权

一、优先权担保[2]

(一)优先权担保的意义与立法例

优先权担保,是指由法律直接规定的特种债权的债权人,就债务人的全部或者特定财产优先受偿的担保物权。

优先权为罗马法上创设的制度。在罗马法上最初的优先权有妻之嫁资返还优

---

〔1〕 对应《民法典》第453条,该规定给出的时间为"六十日"。第453条:"Ⅰ.留置权人与债务人应当约定留置财产后的债务履行期限;没有约定或者约定不明确的,留置权人应当给债务人六十日以上履行债务的期限,但是鲜活易腐等不易保管的动产除外。债务人逾期未履行的,留置权人可以与债务人协议以留置财产折价,也可以就拍卖、变卖留置财产所得的价款优先受偿。Ⅱ.留置财产折价或者变卖的,应当参照市场价格。"

〔2〕 对于优先权的性质,理论上有不同观点。基于物权法定主义的基本原则,目前《民法典》只肯定抵押权、质权与留置权为担保物权。故本标题下的"优先权"目前还不属于担保物权。

先权和受监护人优先权。后来设的优先权不随债权的移转而移，后又演进为法定抵押权。

近代各国或地区民法中继受罗马法的优先权制度方面却大不一样。《法国民法典》继受了罗马法上的优先权制度，该法典将优先权与抵押权规定在一起，将其确认为担保物权。《德国民法典》虽然也继受罗马法，但并未规定优先权制度。《日本民法典》在物权编中专门规定一章为先取特权(优先权)。日本民法中的优先权规定多效仿《法国民法典》。我国民国时期民法上未规定优先权，但在特别法中有规定。我国《民法通则》和《担保法》均未规定优先权，但在特别法上有规定。[1]

（二）优先权的种类

优先权因为是国家基于立法政策上的考虑而制定的，因而不仅在私法上有规定，而且在公法上也有规定，各国或地区规定的优先权的范围也大不一样。这既与一国的立法政策有关，也与相关的担保制度有关。

第一，一般优先权，即以债务人的一般财产为标的的优先权。优先权人可以债务人的一般财产优先有偿。

从各国或地区的法律规定看，一般优先权通常有：(1)为司法费用而设的优先权。比如，破产费用的优先拨付。(2)为民法上特定债权利益而设的优先权。比如，职工工资的优先支付。(3)为民法上债务人利益而设的优先权。比如，债务人及其所抚养家属的生活必需费用要优先保留。(4)为国库而设的优先权。比如，债务大所欠税款的优先清偿。

第二，动产优先权，即在债务人特定动产上成立的优先权。优先权人可以债务人的特定动产的价值优先受偿。

从各国或地区的立法规定看，动产优先权的主要种类有：(1)基于当事人有默示设定质权的理由而规定的优先权。比如，不动产出租人的优先权、营业主人的优先权等。(2)基于因债权人的财物加入债务人财产而增值或者增加的理由而规定的优先权。(3)基于存在费用的理由而规定的优先权。(4)基于正义的理由而规定的优先权。

我国现行法上规定的船舶抵押权、民用航空器优先权等也均属于动产优先权。

第三，不动产优先权，即在债务人的特定的不动产上成立的优先权。

各国或地区的立法中规定的不动产优先权主要有不动产出卖的优先权、购买不动产贷款的优先权、不动产施工的优先权、不动产保存的优先权等。

我国现行法上未明确规定不动产优先权。[2]但在实务中有时也承认为动产优先

---

〔1〕《民法典》规定有优先权类型，如第807条规定的建设工程合同中承包人的优先受偿权："发包人未按照约定支付价款的，承包人可以催告发包人在合理期限内支付价款。发包人逾期不支付的，除根据建设工程的性质不宜折价、拍卖外，承包人可以与发包人协议将该工程折价，也可以请求人民法院将该工程依法拍卖。建设工程的价款就该工程折价或者拍卖的价款优先受偿。"

〔2〕《民法典》第807条规定的建设工程合同中承包人的优先受偿权即为不动产优先权。

权,如不动产施工费用的优先权、土地使用权上的破产企业职工安置费用优先权等。

二、财团抵押担保

财团,是由企业的有形资产和无形资产组成的集合体。财团抵押担保是指以财团作为标的抵押制度。

(一)财团抵押担保的作用

财团抵押担保是近现代各国或地区的法律为适应市场经济发展的需要而制定的新制度。其作用主要有:

其一,发挥财产的担保价值,增强企业的担保能力,有利于企业融通资金。

因为企业的各项资产,是企业的有机的生产构成,只有相互结合、相互配合,才能发挥其最大的效用。如果将企业的各项资产各个单独设定担保,既麻烦又减损各个财产的担保价值。相反,将企业的资产作为一个整体财产设定一个抵押权,一方面其担保价值可以大于各个财产单独担保价值的总和,另一方面也比较经济。这对于企业融资是特别有利的。

其二,更能发挥物的使用价值。

因为设定财团抵押后,抵押人仍然可以利用企业的整体财产进行生产经营,从而可以使企业财产的整体效益发挥出来。另一方面,由于企业的财产整体用于抵押,抵押权人可以就企业整体实现抵押权,从而使其债权的实现也更有保障。

(二)财团抵押的类型[1]

第一,英国式的浮动担保,其抵押权的标的一般为企业的全部财产,既包括企业现有的财产,也包括企业将来取得的财产。在抵押权实行前,抵押人可以任意处分财产。只有在抵押权实现之时,担保物才能具体确定。也就是说,在抵押权实现前,抵押人仍可以利用抵押财产继续进行生产经营活动。

第二,德国式的固定式财团抵押,即抵押担保的标的限于企业现有财产中的特定财团,一般不能包括将来可以取得的财产。因此,抵押权的标的在抵押权设定时就已经特定,而不是在抵押权实现时才能确定和明确。也就是说,抵押人在抵押权设定后、抵押权实现前虽然仍可就抵押权的财团及其所属的各个物或权利进行处分,但其处分受到一定限制。

比较而言,德国式的财团抵押更有利于保护债权人的利益,而英国式的浮动担保更有利于企业的自由经营。在现代法上,两种财团抵押的方式有融合的趋势,如日本就兼采两种抵押。

---

[1]《民法典》已经认可本标题下两种抵押权的类型。

三、所有人抵押

所有人抵押，是指抵押物的所有人在该抵押物上设定的自己的抵押权。

所有人抵押制度的主要作用在于：当前抵押权归于消灭，后抵押权不升位，这有利于保护所有人的利益。我国现行法没有规定所有人抵押。[1]

---

〔1〕《最高人民法院关于〈中华人民共和国担保法〉若干问题的解释》第77条规定有"同一财产向两个以上债权人抵押的，顺序在先的抵押权与该财产的所有权归属一人时，该财产的所有权人可以以其抵押权对抗顺序在后的抵押权"，这被解释为承认后发的"所有人抵押"。该司法解释被废止，在新的《最高人民法院关于适用〈中华人民共和国民法典〉有关担保制度的解释》未保留该规定。

第二十一章（原为"质权"，并入第二十章）

第二十二章(原为"留置权",并入第二十章)

第二十三章　相邻权

第一节　相邻权的意义

相邻权是相毗邻不动产的权利人为行使其所有权或他物权的必要而对他方不动产依法直接支配的权利。

法律肯认相邻权的考虑，是协调相邻不动产物权，既保护各方的利益，又保护他们相互的利益，并力图在各方利益之间谋求一种最佳平衡。

第二节　相邻权各论

一、关于土地的相邻权

1.因土地利用而发生

邻地通行权，系指无适宜的通道与公共道路联络的土地权利人（包括所有权人，也包括他物权人），可以从邻人之土地通行的权利。

邻地管线敷设权，土地权利人非通过他人的土地，无法安设管线，或虽可以安设，但耗资巨大时，有通过他人土地之上下而安设的权利。

邻地使用权，土地权利人在自己与他人土地相邻接的边缘修建房屋或其他建筑物，且有用邻地之必要时，有使用邻地的权利。

上述三项权利的共同特点在于：(1)须对邻人土地确有使用之必要。(2)须选择对邻人损害最小处使用。(3)须给予邻人一定补偿。(4)权利的行使意味着其所有权的扩张以及对邻人权利的限制。

2.因土地的环境保护而发生

环境与生态的保护已经越来越成为一项直接关系到人类生存与发展的不容忽视的问题。就土地而言，它可能遭受到的污染主要来自有害液体和固体（如未经处理的工业废水和废渣）。一旦发生上述污染事件或有污染之虞时，土地权利人有权请求对方停止侵害，排除和防止妨害，回复原状和赔偿损失。

3.因安全的原因而发生

相邻一方在其土地上挖掘沟、池,营造建筑物,或因竹木根枝的延伸危及对方工地和建筑物的正常使用,在与邻人相邻接的地方堆放易燃易爆物品、放射性物质和有毒物品时,对方有请求排除险情、恢复原状以及赔偿损失的权利。

二、关于水流的相邻权

水流可分为地下水和地上水。无论地上水或者地下水,土地权利人均可以自由使用之。但不得因开发和利用水流而妨害邻人用水利益(如在自己土地上掘井从而使得邻人之井泉的水位降低甚至干涸)。

相邻各方在共同使用同一自然水流时,应当遵从其自然形成的流向,按照由近至远、由高至低的原则依次使用。水源不足时,高地占有人不得堵截水源,断绝低地所有人的用水。水源充盈时,低地占有人亦不得筑坝截流,影响高地所有人的排水。任何一方为自身利益擅自改变流向或堵截水源,以致影响他方正常的生产、生活,他方有请求排除妨碍、恢复原状和赔偿损失的权利。

第二十三章之一　　占有[1]

第一节　占有的意义和分类

占有是伴随人类历史而存在的一种极为悠久的社会现象。不过,占有就其在法学、经济学、哲学和社会学等学科中的适用情形看,存在着含义多元的情形,即看似称谓相同,实则有异。本章阐述的是民法上的占有制度。民法上确立占有制度的主要目的在于保护对物的事实支配状态,进而维持社会秩序与和平。

占有制度自其诞生以来,大致经历了罗马法、中世纪的日耳曼法及近现代民事立法三个发展阶段。[2]但总的说来,占有是作为一个含义可变的法律概念出现的,民法学因此演绎出现今各种占有学说。有关占有的法律规定受占有学说的影响,也体现于各国或地区的法律中,并在占有的意义、性质、分类、取得及效力等多方面均存异同。

一、占有的意义

通说认为,占有是人对物有事实上的管领力。其中,对物为管领之人,称占有人;被管领之物,称占有物。

罗马法与日耳曼法对占有的意义的规定就存有分歧。虽然罗马法和日耳曼法对于占有予以脱离本权独立保护这一点上是相同的,但在具体方面却差异很大。在罗马法中,本权与占有无关,故对占有的保护全为对占有事实状态的保护,不因其实质

---

〔1〕 学习本章,下列中文书目的相应部分可资参照:陈允、应时:《罗马法》,商务印书馆1933年版;黄右昌:《罗马法与现代》,京华印书局1930年版;陈朝璧:《罗马法原理》(下册),商务印书馆1944年版;周枏:《罗马法原论》(上册),商务印书馆1994年版;江平、米健:《罗马法基础》,中国政法大学出版社1991年版;〔意〕彼得罗·彭凡得:《罗马法教科书》,黄风译,中国政法大学出版社1992年版;史尚宽:《物权法论》,中国政法大学出版社2000年版;黄右昌:《民法诠解·物权编》(下册),商务印书馆1948年版;郑玉波:《民法物权》,三民书局1982年版;谢在全:《民法物权论》(下册),中国政法大学出版社1999年版;王泽鉴:《民法物权·占有》,三民书局1999年版;等等。

〔2〕 "在有关占有的法律中,各种构成现代民法本质的线索是如此紧密和错综地交织在一起,恐怕法律的任何其他领域都无法与之相比。罗马法理论、古老的日耳曼法观念和封建观念、以及院法改革和黑格尔学派的形而上学都曾影响占有法律,并使这个论题特别有趣复杂"(〔澳〕瑞安:《财产法中的占有和所有权》,载中国人民大学法律系民法教研室汇编:《外国民法论文选》(校内用书),1984年5月第1版,第162页)。

的权利而左右。在日耳曼法中,对占有的保护也即对权利的保护,占有人即受权利推定。虽然后世各国或地区的立法多以罗马法和日耳曼法为基础,设有占有的章节或条款,但却各取其一端,反映了不同的立法取向。这样,占有的意义在各国或地区的民法中也就存在分歧。[1]究这些分歧的主要原因,一是对占有的性质有不同认识,二是对占有的构成要件有不同认识。

(一)关于占有法律性质的主要学说

对于占有的法律性质究竟如何这个问题,在罗马法时就有争论,其学说及划分方法一直影响到后世的民事立法和民法学理论。从立法例上看,德国、法国、瑞士及我国台湾地区"民法"中均只称"占有",而《日本民法典》则称"占有权"。[2]在学说上,民法学界对占有的法律性质的争论主要形成下列三种学说:

1.事实说

主张占有的法律性质为事实者认为,对占有的这种外表形态,是不需要考虑占有人主观态度和意思如何的,占有的取得完全是靠事实行为(学说上称体素),故违法行为(如盗窃)也可以取得占有,法律行为的无效(如要式买卖的证人不适格)也不影响占有的转移。

2.权利说

持占有的法律性质为权利者认为,权利的要素一为利益,二为法律的保障,由法律赋予之力,即可理解为一种权利。占有是由某人持有某物的事实,这种事实状态是受法律保护的,从而能排斥第三人的干涉,因而占有形成了一种权利。而且,只有当支配有权利之实,才使占有对物有事实上的管领具有重要的法律意义。

3.权能说

持占有的法律性质为权能者认为,占有的性质为所有权的一项权能。这主要体现在苏联及东欧国家的规定中。占有被规定在所有权中,作为所有权的一项权能,这就使占有被紧紧地限制在所有权的定义中,而所有权又吸收了占有、使用、收益和处分的全部内容。

将占有的法律性质确定为事实抑或权利的问题涉及法律对于占有加以保护的根据。如果认为占有是一种事实,法律将对一切占有加以保护,而不论占有人是否具有占有权,除非有人能够证明他享有比占有人更高的权利。这样,关于占有的诉讼,也仅及于占有的侵害或妨害,而不及于真实权利是否存在。而如果认为占有是一种权利,按照权利的取得须合法的法律原则,凡以非法手段或途径取得的占有,当然不能受到法律的承认和保护。因此,在占有人的占有受到他人的侵害或妨害,占有人请求法律保护时,他须证明享有合法的占有权利,否则,法律能否给予其充分保

---

〔1〕 参阅《法国民法典》第2228条、《德国民法典》第854条、《瑞士民法典》第919条、《日本民法典》第180条、我国民国时代制定的民法典第940条等。(我国《民法典》没有给占有下定义。)

〔2〕 不过,对于《法国民法典》第2228条所规定的占有的性质,学者们多认为是权利。

护就存在疑问。[1]

(二)占有的构成

占有的主体、客体、主观要件、客观要件，这均是构成占有不可缺少的方面。

1.占有的主体

能够作为占有主体的占有人的范围，因时代的发展而不断发展。目前，各国或地区的立法例多承认自然人和法人均可作为占有的主体。不过，各国或地区的规定有一些细微的差别。比如，对于无行为能力人与限制行为能力人是否可作为占有人等问题，即属此列。[2]

2.占有的客体

占有是人对物的关系，占有的主体是人，占有的客体即为物。对占有的标的物，现代各国或地区的立法均以物为限。[3]

3.占有的客观要件

占有的客观要件即体素，是指须有占有人的占有行为存在。对于占有客观要件的认定，学说不一。对于有事实上的管领力这一点，最初基本上是指人对物有实际上的接触或物理上的控制。但是，因为社会的进步、科学的发达，事实上的管领已随着社会的需求而日趋抽象化，成为观念的产物。因此，占有不再以其人与标的物身体上的接触为限(物理上的关系)，只要依一般社会观念足以认定一定的物已具有属于其人实力支配之下的客观关系，即可谓有事实上的管领力。当然，对于有无事实上的管领力，在实践中难以一概而论，而应依具体情况而定。一般而言，对于物已有确定与继续的支配关系，或者已立于得排除他人干涉的状态的，均可谓其对于物已有事实上的管领力。

4.占有的主观要件

占有的主观要件即心素，是指占有人的内心意思。在罗马法中，占有是以占有意思为必要的。[4]然而，因罗马法并未对占有意思的含义加以明确的规定，使得后世罗马法学家在解释上产生了分歧，出现了占有主观说和占有客观说理论。而后世各国或地区的民法关于占有的构成的规定不同程度地吸收了罗马法的因素。

占有主观说认为，占有不仅需要事实上的管领，还须有占有意思。依占有意思的种类不同，可分为：所有人意思说、支配意思说自己意思说。所有人意思说以萨维尼为代表，认为占有意思须为所有的意思。支配意思说以温德晒德为代表，认为占

---

〔1〕 我国《民法典》将占有作为事实予以保护。

〔2〕 对此，我们认为，占有因行为而取得，取得占有的行为除法律行为外，还包括事实行为，如拾得遗失物。在事实行为，行为人须有自然的意思能力，但不必有行为能力；而在法律行为，如果行为人不具有相应的行为能力，虽然不影响占有的成立，但可能影响占有的合法性。

〔3〕 如《德国民法典》第854条第1项;《法国民法典》第2228条、第2229条;《瑞士民法典》第919条第1项;《日本民法典》第180条;我国民国时代制定的民法典第940条的规定。

〔4〕 史尚宽《论占有和持有》可资参照。

有的意思须为支配的意思。自己意思说以德恩堡为代表,认为占有的意思须有为自己利益的意思。

占有客观说以耶林为代表。该说最初认为,占有的成立以具有若干意思为必要,但这项意思为构成体素的一部分,而非独立的要素。后来,该说又发展为纯客观说,以贝克尔(Bakker)为代表,认为占有是依纯客观的事实支配状态而成立,占有的意思无必要。

值得指出的是,主观之于客观,从来不是孤立存在的,必定有其占有人的主观意志,并以不同的意志取得不同的结果。

二、占有的分类

依占有的不同状态可以对占有作不同的分类。罗马法中占有的种类就已经极其复杂,不同的占有状态有不同的法律效果。占有的分类反映出占有这种事实的多面性以及对其进行保护的需要复杂性。在近现代各国或地区的立法及关于占有的著述中,对占有的分类主要可以概括如下:

(一)有权占有和无权占有

这是依有无占有的权源为标准所作的划分。

有权占有又称正权源占有,是指基于本权即基于法律上的原因而为的占有,如基于所有权、质权、租赁或地上权等所进行的占有。无权占有又称无权源占有,是指非基于本权或者说欠缺法律上原因的占有,如窃盗人占有赃物或承租人在租赁关系消灭后继续占有租赁物等。

这一分类的意义主要在于:(1)有权占有人可拒绝他人为本权的行使,而无权占有人遇有本权人请求返还占有物时,有返还义务。(2)因侵权行为占有他人之物,不生留置权发生的效果。

(二)善意占有和恶意占有

这是在无权占有中,以占有人是否知其无占有的权源且是否有怀疑而作的划分。

善意占有指占有人不知其无占有的权源而误信其有正当权源且无怀疑地占有,如盗赃物,买受人信赖出卖人有所有权而买受并且占有。恶意占有指占有人对物知无占有的权源,或对于该物自己是否有权占有虽有怀疑而仍为占有,如对于盗赃物,买受人明知出卖人无所有权而买受并且占有。

这一分类的意义主要在于:(1)在不动产取得时效,占有人因善意占有、恶意占有,时效期间有所不同。(2)动产的善意取得须以善意受让为要件。(3)回复请求权人的义务因善意占有与恶意占有而有所不同。

(三)公然占有与隐秘占有

这是以占有的方法或占有的表现形态为标准进行的划分。

公然占有是指依物的性质而为一般的占有,即占有状态无避免他人发现其行为的意思,如佩戴珠宝出入社交场合。隐秘占有指恐他人知晓而藏匿,不公示于众的占有,如盗窃者将赃物藏匿在人所不易发现的地方。

这一划分的意义主要在于:取得时效的要件须为公然占有。

(四)和平占有与强暴占有

这是以占有的手段为标准进行的划分。

和平占有指不以法律所禁止的手段占有,即占有的取得与占有的保持均依和平的手段,如通过赠与行为或买卖关系而占有物。强暴占有指以法律所禁止的手段占有,即占有的取得和保持均采取暴力手段,如抢夺他人钱包。

这一分类的意义主要在于:取得时效的要件为和平占有。

(五)自主占有与他主占有

这是以占有人是否具有所有的意思为标准进行的划分。

自主占有指以所有的意思为占有,如在买卖关系中,买受人占有买卖标的物。他主占有指不以所有的意思为占有,如地上权人、借用人、监护人等的占有。

这一分类的意义主要在于取得时效、先占及占有物毁损灭失时占有人的赔偿责任范围等均对自主占有和他主占有有不同的具体要求。

(六)直接占有与间接占有

这是以占有人在事实上是否直接占有其物为标准所作的划分。

直接占有指占有人事实上占有其物,即直接对物有事实上的管领力,如质权人、保管人等基于物权或债权关系而直接占有他人之物。间接占有指基于一定法律关系而对事实上占有其物之人有返还请求权的占有,如出质人、寄托人等基于物权或债权关系,不自己直接占有其物,而由他人为占有。

这种分类的意义主要在于:(1)间接占有不能独立存在,而直接占有则可独立存在。(2)对占有的保护,有时仅限于直接占有人。(3)使动产的交付能依占有改定进行,便于物的交易。比如,甲委托乙以自己的名义向丙购买某书,并约定自乙受让该书交付之际,其所有权移转于甲,乙则借用该书1个月。在此情形,甲因占有改定而取得该书所有权,就该书的占有而言,乙为直接占有人,甲为间接占有人。

此外,还可依其他标准将占有分为无过失占有与有过失占有、无瑕疵占有与瑕疵占有、继续占有和不继续占有、完全占有与辅助占有、单独占有与共同占有、部分占有与全部占有等。

第二节 占有的取得、变更、消灭

一、占有的取得

占有的取得，是指占有人获得对于物的事实上的管领。

（一）占有的原始取得和继受取得

占有的取得可分为原始取得和继受取得。

占有的原始取得，是指非基于他人既存的占有而取得占有，如遗失物的拾得。占有的原始取得不以合法为必要，也不以行为人有行为能力为必要。

占有的继受取得是指基于他人既存的占有而取得占有。占有的继受取得的发生原因主要有占有的让与和继承。占有的让与是指占有人以法律行为将其占有物交付他人，该他人因而取得占有。占有的继承是指被继承人死亡时，继承人因继承而取得对遗产的占有。[1]占有的继受取得可产生这样的一个特殊的法律效果：占有的受让人或者继承人，可以将自己的占有与前占有人的占有相分离而仅主张自己的占有，也可以将自己的占有与前占有人的占有合并而为主张。[2]

（二）占有取得的一般方式

其一，因法律行为取得。在占有系因法律行为而取得的场合，占有可因占有人自己的行为而取得，如买卖；也可因代理人、占有辅助人的行为而取得；[3]还可因第三人的行为而取得，如邮递员将信件投入收件人的信箱。

其二，因事实行为取得。比如，建造房屋、拾得遗失物等。

其三，因自然事件取得。如果实落入邻居院内等。

其四，因侵权行为取得。比如，抢夺他人钱包、霸占他人房屋等。

---

[1] 关于占有是否能继承，在立法上也有不同的见解：一般认为罗马法中占有不得继承，日耳曼法则认为占有可以继承。不过，近代许多国家或地区的民法规定，占有可因继承的关系，由被继承人移转于继承人。比如，《法国民法典》第724条、第1006条、第2235条；《德国民法典》第856条、第875条；《瑞士民法典》第560条；《意大利民法典》第693条、第925条；我国民国时代制定的民法典第947条及《日本旧民法》财产编第192条等，均明认占有的继承。

[2] 如我国民国时代制定的民法典第947条的规定。

[3] 占有的原始取得或者继受取得均得依占有辅助人的行为进行。比如，法人的工作人员接受法人机关的指示购买物品。此时，买卖合同的一方当事人为该工作人员供职的法人单位，但标的物占有的移转却由该工作人员完成，从而使该法人取得对标的物的占有。

其五，因占有的推定取得。这是一种特殊的占有取得方法，各国或地区立法例多有规定。参见本章"占有的推定效力"部分。

二、占有的变更

占有的变更，是指在占有存续中占有的状态发生变更。占有的状态各异，各类占有相互之间的转变会产生法律上的不同效果。

1.他主占有与自主占有的转变

依各国或地区立法例，他主占有与自主占有是可以相互转变的。[1]

他主占有变为自主占有的情形主要有：(1)依占有所发生的事实的性质，他主占有是无所有意思的，当他主占有人对于使其占有的人表示所有的意思而为占有时开始变为自主占有人。例如，地上权人、承租人、受寄人等占有他人之物，均须负担法律上或契约上的义务，如果想变为有所有意思的自主占有，必须对于使其占有的人表示所有的意思。(2)因为新的事实的变化或发生，以新事实为理由，他主占有人以所有意思开始占有时则变为自主占有人。比如，出租人为所有人，将其租赁的动产出卖或赠与承租人，因买卖或赠与的新事实发生使承租人取得租赁物的所有权。

2.善意占有与恶意占有的转变

就善意占有变为恶意占有而言，各国或地区立法例一般规定善意占有人自发现或怀疑自己没有占有权时起，即成为恶意占有人。[2]

恶意占有也可变为善意占有，不过实践中较为少见。比如，甲自乙处购得一车，数日后他人告知此车与甲的朋友丙被窃的车相似。此时，甲已由善意占有变更为恶意占有。又几日后，甲驾车途中与丙相遇，丙见车并无特别表示，甲因此对车的来路消除怀疑，此时，甲又由恶意占有变更为善意占有。

此外，瑕疵占有与无瑕疵占有、有权占有与无权占有、单独占有与共同占有等也均可相互转变。

三、占有的消灭

占有的消灭，是指对物丧失事实上的管领力。占有丧失，即产生占有人及回复请求人的权利义务。[3]

对于占有的消灭，各国或地区所规定的占有丧失的情形不尽一致，但大致可概

---

〔1〕 比如，我国民国时代制定的民法典第945条、《日本民法典》第185条等的规定。

〔2〕 比如，我国民国时代制定的民法典第959条就规定："善意占有人于本权诉讼败诉时，自其诉讼拘束发生之日起，视为恶意占有人。"《日本民法典》第189条第2款也规定："善意占有人于本权之诉中败诉时，自提起公诉之时起，即视为恶意占有人。"

〔3〕 可参阅本章"占有的效力"部分。

括为如下两类情形：

1.占有的确定丧失

占有的确定丧失指占有因占有人确定地、永久地丧失其对于物的事实上的管领力而消灭，如房屋被焚毁、约定的占有期限届满等。

2.占有的推定丧失

这主要是指对不行使权利或不能再行使权利的同类情形，而使占有必然消灭的推定。

不行使权利指当事人客观上没有行使权利的行为，如放弃占有。不能再行使权利指占有人确定地丧失对物的管领。不能再行使权利通常指两种情况：一是占有人死亡。二是占有物的灭失。

值得注意的是，无论是占有的确定丧失还是占有的推定丧失，均将"其管领力仅一时不能实行者"排除在外。例如，占有人将其草帽遗忘在朋友住处，虽一时有事实上管领力行使的妨碍，但不能认为是占有的丧失。但如果已经不知遗忘何处，而其再获得除偶然外可能性已经不大时，则可以认为是占有的丧失。

第三节 占有的效力

占有的效力，是指法律依据占有的事实而赋予占有人所为的一定行为在一定情形下产生的法律后果。占有的效力直接反映占有在社会生活中的地位和作用，是占有制度的核心内容。

一、占有的保护效力

占有的保护是针对占有的损害的保护。对占有的保护就是对社会安宁和稳定的保护，也是占有诸种效力得以实现的保障。

（一）占有保护请求权

占有保护请求权，是指占有人在占有被侵害时，得请求侵害人回复其圆满状态的权利。[1]自罗马法以来，虽然各国或地区多承认占有保护请求权，但其种类却不尽相同，大致包括占有返还请求权、占有妨害排除请求权、占有妨害防止请求权。这三种请求权须以存在占有被侵夺、被妨害、有被妨害之虞的事实状态为前提条件。

行使占有保护请求权的人为其占有被侵害的人。值得注意的是，占有辅助人仅

---

〔1〕 对于这种权利，学界历来有不同的称谓，如称为占有人的物上请求权、占有人的请求权、占有请求权或占有保护请求权、占有诉讼或占有之诉。

为占有机关,只能以占有人的名义行使占有保护请求权。行使占有保护请求权的相对人为义务人。一般而言,该相对人不限于最初侵夺人或加害人。至于占有辅助人,仅为指示人的占有机关,不是义务人,自应以指示人为义务人。

对于占有保护请求权的权利人行使权利的期间,各国或地区对此多设有限制。因为,占有保护请求权的行使在于保护占有现状,维持占有公信力,以安定社会秩序。但如果占有人在其占有被侵害或有被侵害之虞,而不迅速行使此权以为救济,不仅无以保护占有的安全,从而使彼此权利状态陷于久悬不决,也无以维系占有公信力和安定社会秩序。故对此权的行使,不得不限制其行使的期间。

(二) 自力救济权

自力救济即占有人不依据国家规定的公力救济手段,而依靠私力保护。这是占有人独自实施的保护占有的措施。[1]

依各国或地区立法例,占有人的自力救济权主要包括自力防御权和自力取回权。自力防御权指占有人对于侵夺或妨害其占有的行为,得以己力进行防御的权利。自力取回权指占有人在其占有完全被侵夺或妨害后,可以己力回复原有状态的权利,即占有人可取回其物。

(三) 不当得利返还请求权

一般认为,占有作为一种利益,自可作为不当得利的客体。[2]

不当得利可分为给付不当得利和非给付不当得利两个类型。在给付不当得利,因不成立、无效或被撤销合同的履行而取得物的占有,因缺少法律上的原因,可构成不当得利,对方当事人得依不当得利的规定请求返还占有物。在非给付不当得利,因侵害他人的占有而取得利益,也可构成不当得利,负返还利益于占有人的义务。

(四) 侵害占有的侵权责任

占有属于法律所保护的财产利益,不受他人任意侵害。侵害占有的,应负侵权的损害赔偿责任。

一般而言,侵害占有可能发生的损害主要有:(1)使用收益的损害,指占有人对于占有物因不能使用收益而产生的损害。比如,停车位被侵占致使不能停车。(2)支出费用的损害,指占有人对占有物支出费用,本得向回复请求权人请求偿还,但因该物被侵夺而毁损灭失致使不能求偿而受到的损害。(3)责任损害,指占有人因占有物被第三人侵夺而致使毁损灭失,对回复请求权人应负损害赔偿责任。(4)取得时效损害,指占有人因占有物被侵夺,致使时效中断而不能取得所有权。一般而言,在上述

---

〔1〕 自力救济权与正当防卫有本质的区别:自力救济是对财产利益受到的侵害而言,而正当防卫是对自己或者他人的人身受到的损害而言。

〔2〕 王泽鉴:《民法债编总论》(二),三民书局1990年版,第16页、第29页。

四种损害中,被害人可请求赔偿的损害仅包括前三种损害。

二、占有的推定效力

占有的推定有占有权利的推定和占有事实的推定之分。

(一)占有的权利推定

占有的权利推定,是指如果占有人对占有物有占有的事实,则其在占有物上所行使的权利,应推定其为适法享有此权利。比如,占有人在其占有物上行使所有权时,即推定其有所有权。如果他人就该标的物上的权利有争议,提出争议的该人负有举证责任;占有人可援用此项推定对抗有争议的对方。比如,盗窃人由于占有窃物,可推定为其对该物有所有权,而真正的所有人须对自己的权源举证。

一般认为,设定权利推定制度主要有保护占有背后的权利、维持社会秩序、促进交易安全等作用。

占有权利推定的效力,不仅占有人可以援用,第三人也可援用。如甲占有人以所有人资格将占有物向乙设定租赁权,如果有丙基于权源,主张该占有物为其所有而否认甲的处分行为有效时,乙也可采用占有的权利推定,主张甲的占有以对抗丙。

(二)占有的事实推定

占有的事实推定主要有如下情形:

1.以所有的意思或为自己占有的推定

某物既在某人管领之下,则该占有人以所有的意思或为自己占有属常态,以之为他人所有属例外。所以,对于占有,推定为以所有的意思或为自己占有。

2.占有常态的推定——善意、公然、和平占有的推定

善意、和平及公然占有属人之常情,而以恶意、隐秘、强暴占有属例外。所以,对于占有,推定为善意、公然、和平占有,占有人对其占有无须负举证责任。若反对者欲推翻,须为之举证。

3.占有期间的推定——即对前后两时之间继续占有的推定

前后两时既占有,中间也恒占有,此为常态,前后两时占有而中间不占有的,属例外。所以,各国或地区多规定,经证明前后两时为占有的,则推定其前后两时之间为继续占有,占有人无须负举证之责,如果反对者欲推翻,则须为之举证。

三、占有的权利取得效力

依各国或地区立法例,基于占有的效力而可能使占有人取得占有物上权利的情

况主要有两种：(1)取得时效取得占有物所有权。[1] (2)善意取得占有物所有权或占有物上的其他权利。[2]

四、占有人对占有物的使用和收益权

依各国或地区的立法例，尽管善意占有和恶意占有都是非法占有，但两种占有的法律后果却迥然不同。占有人对于占有物的使用、收益权的特点是：占有人的孳息取得，因占有人的善意或恶意而不同。

各国或地区的民法多规定善意占有人在占有期间对物的使用收利益(孳息)不必返还回复占有物请求权人。[3]

五、占有人的有关费用偿还请求权

占有人的有关费用偿还请求权，是指占有人对于回复请求权人享有因占有其物而自行支出费用的偿还请求权。一般认为，占有人自行支出费用分为必要费用和有益费用两种。占有人对物占有为善意还是恶意，其有权请求偿还的费用范围不同。

立法例上，善意占有人还可请求偿还有益费用，恶意占有人则只能请求偿还必要费用。不过，一般而言，善意占有人也只能在占有物现存价值的限度内请求偿还。

此外，如果占有人所支出的费用，既非必要也非有益的，不得请求偿还。但如果回复请求人未提出偿还额，占有人在返还占有物前，于不因分离而损害占有物的范围可以取回。[4]

---

〔1〕 德国、瑞士、日本民法及我国民国时代制定的民法典都接受取得时赦制度。对应本书"时效"部分。

〔2〕 有关善意取得的意义、要件、效力等问题，一般均在"动产所有权"中论述。为了照顾民法典的体系，善意取得在一些国家或地区的立法例主要被规定在所有权的取得中，但同时也在占有制度中予以规定，而在占有制度中作规定时，更加侧重于占有在善意取得中的意义。可参阅本书"善意取得"部分。我国《民法典》将善意取得规定在"所有权"分编。

〔3〕 如《日本民法典》第189条规定："善意占有人取得由占有物产生的孳息。"此外，《法国民法典》第549条，《德国民法典》第955条、第957条，《瑞士民法典》第938条，《日本民法典》第189条、第190条，我国民国时代制定的民法典第952条等均有类似规定。不过，在德国民法，善意占有人系无偿取得占有时，应依不当得利返还其所取得的使用收益(《德国民法典》第988条)，而我国民国时代制定的民法典第952条则不问善意占有人取得占有物时是否为无偿，一律不必依不当得利负返还责任。有学者认为依此条规定，善意占有人已非无法律上的原因，故无不当得利可言[王泽鉴：《民法债编总论》(二)，三民书局1990年版，第242页；谢在全：《民法物权论》(下册)，中国政法大学出版社1999年版，第526页可资参照]。根据我国《民法典》第460条规定，不动产或者动产被占有人占有的，权利人可以请求返还原物及其孳息；但是，应当支付善意占有人因维护该不动产或者动产支出的必要费用。

〔4〕 如《德国民法典》第997条、《瑞士民法典》第939条等就有这样的规定。

六、合法占有人的若干义务

行使权利者须履行相应的义务,这是各国或地区民事法律对权利人在权利义务方面所作的一般原则性规定,即使所有权人也不得例外。所有权人是如此,占有他人财物者更不得滥用权利,更应在占有物的使用、收益、处分、担保时,遵守规定,履行义务,如对占有物管理、保护、合理利用的义务;不得侵害所有权的义务;不得随意处分的义务;不得作任意担保和承担有限担保义务;按法律规定和双方约定支付使用占有物费用的义务;返还所有物的义务;损害赔偿义务等。

第四节 准占有

一、准占有的概念及制度价值

准占有也称权利占有,是指对于不必占有物也可行使权利的财产权为事实上的行使。[1]

罗马法时对准古有已有规定。现今大陆法系各国或地区的民法中多规定有准占有,给予与占有同等的保护[2]各国或地区在占有制度之外再设准占有制度,其主要意义在于:对于占有的标的物,现代各国或地区的立法多以具体的物为限。但如果不支配某物,而在事实上为权利的行使的,其状态与对物在事实上进行管领无异。既然有必要保护对物在事实上的管领,也就有必要对这种在事实上为权利行使的外形予以法律保护,以维持社会秩序及交易安全。

二、准占有的客体

对哪些权利可以作为准占有的客体这一问题,法制史上几经变迁。现今大陆法系各国或地区均规定准占有的标的是权利,但并非一切权利都可以作为准占有的标的。[3]

一般而言,作为准占有标的的权利须具备下列要件:(1)须是财产权。不带有财

---

〔1〕 德国、瑞士、日本、意大利等国的民法中虽然确立了准占有制度,但没有对准占有作出明确的定义。这里采我国民国时代制定的民法典第966条对准占有下的定义。

〔2〕 如《法国民法典》第2228条,《德国民法典》第1029条、第1090条,《瑞士民法典》第919条,《日本民法典》第205条,《意大利民法典》第1140条、第1157条、第1992条等,均对权利占有予以保护。

〔3〕 而且,对于哪些财产权可以成为准占有的客体,学界的争论也堪称众多。争论的焦点主要集中在下列权利是否可以作为准占有的客体:(1)撤销权、解除权、回赎权或与之类似权利。(2)所有权。(3)地役权。(4)所有权的物权请求权。(5)债权。

产权性质或只是反映一种身份关系等的权利，如行政权等，不能成为准占有的标的。(2)须为不必占有物即可行使的权利。如果行使权利必须占有物，可直接适用占有的规定，不成立准占有。(3)须事实上可得继续行使的权利。所谓事实上行使，与占有的所谓事实上管领相当，通常只须依一般交易或社会观念，有使人认识其事实上支配该财产权的客观事实存在即可。

三、准占有的成立与消灭[1]

准占有因事实上行使财产权而成立。具体须具备下列要件：(1)权利持有人须有行使财产权的意思，如专利权受让人为获取专利利益而制造产品。一般而言，这种意思无须明示，通过权利持有人的行为即可推定。(2)须有权利持有人行使财产权的客观行为。比如，商标的使用等。

准占有因权利行使的事实丧失而消灭。权利行使的事实丧失，有基于准占有人的意思，如窃贼将其窃得的存款单返还债权人；也有基于外部的强制等其他事由，如抵押权被涂销登记等。

四、准占有的法律效力

对于准占有的法律效力，各国或地区一般均规定，在占有所生的各种效力中，只要在性质上与准占有不相抵触，就可以直接准用。

---

　〔1〕　在罗马法中，在准占有的成立和消灭问题上，要素与占有一样，须具备心素与体素的条件。现代各国或地区对此规定各异。

第四编　知识产权论

第二十四章　知识产权通论

第一节　知识产权的意义

一、知识产权的意义

(一) 意义

知识产权指排他性支配受保护智慧产品、商事标记以及商誉等并享受其利益的一组权利。

(二) 说明

1.知识产权的客体是受保护智慧产品、商事标记和商誉等。通常认为,1976年《成立世界知识产权组织公约》第2条第8款的规定,表述了人们对知识产权这一术语所指称的权利类型及其"客体一般"所形成的共识,该款的译文是:

"'知识产权'包括有关下列各项的权利:

——文学、艺术和科学作品;

——演艺人、录音品及广播的表演;

——在人类一切活动领域内的发明;

——科学发现;

——外观设计;

——商标、服务标记、商号及其他商事标记;

——制止不正当竞争。

以及在工业、科学或者艺术领域内其他一切源自智力活动的权利。"

依据上述规定,知识产权的客体有三个类型,第一型是受保护的智慧产品。具体包括服务于知识和审美领域的文学、艺术和科学作品,演艺表演、音像制品及广播电视节目等,以及服务于技术领域的发明和外观设计(部分国家尚肯认"实用新型"专利)。第二型是受保护的商事标记,包括商标、商号和其他商事标记(包括原产地名称和货源标记)。第三型是"与制止不正当竞争有关的"地位,我们认为包括商誉和竞争者地位(尚待进一步研究澄清)。

应当注意，在列举知识产权诸客体时，我们加上了"受保护"的限定。原来，并非任何智慧产品、商事标记和竞争者地位均当然构成知识产权的客体，相反，只有其中受法律保护的部分，方属知识产权的客体。法律决定保护与否的标准，一是提出了必要的条件，二是保护——就大多数类型而言——具有期限性。这成为知识产权的客体不同于支配型民事权利其他客体的突出之点。原来，智慧产品作为有用的信号集合，具有一个十分特别的属性，即它一旦被发表，即成为经济学上所称的"公共产品"，因而人人得而知之，得而用之，而使用者通常不会对其使用自觉付酬。这就使得产品生产者的智慧劳动和相关投入难以取得相应回报。易言之，生产者无从援用民法上传统的财产权制度，主张其创造物的排他性"使用权"。此种不激励创造活动、对"搭便车"行为无可奈何的状态，显然是不可欲的。自15世纪以来，人类社会开始探索对知识——审美用信息品的保护，逐渐发明了以法律手段制造并维护其"稀缺性"，以形成"排他性使用权"的法律制度。即以法律强制力，宣布最先出世的信息品为受保护的客体，其后出世的同类则不予以保护，亦即赋予前者"唯一"和"排他"的法律地位。为了兼顾社会公共利益，此种排他地位不可听其永续存在，而只能存在于一定期间，方属合理。这样，知识产权被作为保护与智慧劳动有关的权利的制度，归纳了出来。[1]

商标型客体受保护，与上述情形不同。其被赋予垄断地位似乎与鼓励创作者无关，而仅仅出于维护商标"识别性"的法律技术。商标的期限性，也仅仅是为了管理上的需要，而与垄断期间控制无关。

至于与制止不正当竞争有关权利，人们的认识尚刚刚开始，某些已知类型所保护的客体，通常也被法律赋予排他地位，那不过是法律技术上类比了上述权利而已。

---

〔1〕 对于知识产权制度的发明，学说上并非一片誉美赞颂，而是自始即有强烈批评。最近的强有力批评者是F.哈耶克。他说："有一些所谓知识分子，对于在有效组织实质工具方面不可或缺的那些实质财产权，一般说来，一向是采取质疑的态度的。然而，偏偏就是这些人最热心、最卖力地支持一些非实质东西的财产权。这些财产权大都是在最近才被编造出来的。例如，有关文艺作品和各种技术发明的权利（即著作权和专利权）。

"这些财产权和其他财产权的差别在于：实质东西的财产权，具有引导各种稀缺性资源发挥最大效用的功能；然而，像文艺作品和技术发明这样的东西，生产它们的那种能力固然也是稀缺的，不过一旦它们被生产出来了，它们便可被无限制地复制和重复使用，这时如果说它们有什么稀缺性，也完全是由法律造成的。这样做，据说是为了提供诱因，鼓励人们继续生产出这样的东西。然而，以法律强制的稀缺性来激励人类的创造力，却不见得一定是最佳、最有效的方法。我很怀疑，在我们目前拥有的文学著作当中，我们会因为作者得不到专属的著作权而失掉哪一部伟大的作品。在我看来，大概只有一种情况下，著作权的保护还有一些道理可言，那就是像百科全书、字典、教科书和其他参考工具书这些非常有用的作品，如果允许别人任意翻印，根本就不可能被生产出来。

"同样的，一再重复的研究到目前也还未能证明，对发明授予专利事实上一定会提升新技术的流出量。相反的，却有不少的理由，显示发明专利只会过度诱导研究资源，集中浪费在一些大家都预见得到短期内会找到答案的问题上，因为鉴于专利法的保护，任何人如果凑巧比别人早先一步寻得答案，便可以在很长的一段期间内享有独占使用该答案的权利。"〔英〕F.哈耶克：《不要命的自负》，谢宗林等译，远流出版公司1995年版，第48—49页。

关于该制度的进一步归纳,尚须积以时日。

2.知识产权是支配受保护智慧产品、商事标记以及商誉等并享受其利益的一组权利。知识产权属于民事权利。自权利的作用看,知识产权属于支配权。故而称为支配受保护的智慧产品、商事标记以及商誉等并享受其利益的权利。

3.知识产权目前还不是法学概念。概念是总结科学认识成果、反映对象特有属性的逻辑形式。概念有其内涵和外延。然而迄今为止,法学连知识产权的客体一般都尚未搞清,又遑论其内涵和外延。《成立世界知识产权组织公约》试图用"源自智力活动"来揭示知识产权的"客体一般",这一定性,对于文学、艺术和科学作品、演艺表演、音像制品、广播电视节目,以及专利,无疑是成立的,然而,对商标却不行。商标既难以称为产品,更非"智力活动产品"。它的受保护,仅在于它附审于特定商品所形成的"识别性",而该识别性与标记之作为"艺术作品"的创造性并无必然关联。例如,生产者将自己的姓氏作为产品的销售商标,那姓氏作为文字就不是他创作的,那姓氏商标受到保护,并不是因为姓氏具有创作性。另外,某件已逾保护期间的绘画用作商标,尽管它作为作品已不受保护,但是,如其附丽于特定商品之后具有商标法所要求的识别性,便可受到商标法的保护。可见商标保护之点与作品和专利等具有本质的不同。商标在市场上是有价值的。但其价值却不取决于商标作为标记所具有的创造性,而在于它所附丽的商品及其营销等方面与众不同的优点。诚然,这些优点也是智力活动形成的,然而商标之受保护却非基于那些优点;而且,商标在受保护之始,该优点可能尚不存在。可见,商标难以定性为智慧产品。至于商号和其他标记,也均非"智力活动产品",人们取得标记使用权,也非源于对标记的形成付出了智慧劳动。至于《成立世界知识产权组织公约》所列"与'制止不正当竞争'有关的权利",其作为权利目前尚未成型,姑且不论其内涵无从界定,就连所包括的权利类型,也远未形成共识。

综上所述,知识产权的"客体一般"并不存在,知识产权难以界定其内涵和外延,不足以成为法学概念,而只能作为指称一组相关权利的语词来使用。

二、知识产权所包含的权利类型

(一)著作权与著作权邻接权

著作权与著作权邻接权,是直接支配受保护的文学艺术作品以及与之有关的创作品并获取其利益的知识产权类型。

1.著作权。

2.著作权邻接权。

3.演艺人表演权。

4.音像品制作人权。

5.广播电视节目制作人权。

6.图书装帧和版式设计权。

(二) 工业产权

工业产权,是直接支配法律所肯认的新技术商事标记等并获取其利益的知识产权类型。

工业产权又分为三个类别:

1.专利权。即直接支配专利技术和设计、并享受其利益的工业产权。

2.商标权。

(1)商标权。即直接支配商标并享受其利益的工业产权。

(2)商标邻接权。即直接支配未注册商标、商号名称以及商事地理标记、并享受其利益的工业产权。

商标邻接权又分为三个类型:(1)商号权。(2)原产地名称权。(3)货源标记权。

3.与竞争有关的权利。这是市场参加者直接支配其商誉以及竞争者地位并享受其利益的工业产权类型。竞争者为形成和维持有利的竞争地位,必须在管理和营销等方面予以智慧性投入,那是专利和商事标记之外的管理型和营销方面的投入,唯其有了此种投入,方使竞争者在机遇出现时有条件抓住它——如果没有竞争者的不正当干预、妨碍、破坏以及不可抗力的话。不难理解,竞争者的不正当干预、妨碍以及破坏,乃是对于任何一个竞争者"机会投入"利益的最大威胁。因此,机会投入利益享有权,也就凸显为制止和排除不正当竞争行为以及请求赔偿的权利。

与竞争有关的权利可划分为如下类型:(1)商誉权。(2)竞争者地位权。

三、关于知识产权的特征

(一) 概说

如上所述,法学对知识产权的认识,目前尚不能概括知识产权的客体一般。这也就决定了,对于知识产权特征的概括,目前不具备条件。有关著述关于知识产权专有性、地域性、有期性等说法,有澄清的必要。

(二) 客体的唯一性和不替代性

准确地说,应指受法律保护智慧产品和商事标记——而非知识产权所有客体——具有唯一性或称为"排后性"(亦即排除出世时间在后的同类的属性),它们是知识产权制度制造的真正的"独生子女"。原来,人类的审美和学习活动,被归结为信息的接收和解读。此一消费过程,并不磨损或灭失客体。这就意味着,任何智慧产品,对于全人类来说,只有一件即为已足,而无须重复生产。为了导引人类的智慧劳动——此属稀缺性极高的资源——不去无谓地重复生产,便需归纳机制和制度,使得重复生产沦为不经济。仅肯认第一顺位智慧产品为受保护客体,而不给予在后各顺位同类以同一地位,便属有此效力的措施。于是,受保护智慧产品成为货真价实的"独生子女",专以排斥自己的"弟弟妹妹"为能事。知识产权作为权利的专有性,即由此所规定。

商标和受保护商事标记也具有唯一性,不过不规定于消费的不磨损性,而是由制度的反混淆功能所要求的。因为,非如此便不足以反混淆。

我们也必须看到,商誉和竞争者地位却不具有唯一性和不替代性。因而,关于客体唯一性和不替代性的归纳并不适用于知识产权客体的全部,尽管被适用者为大多数。

(三)有期性

准确地说,应指受保护智慧产品、商标的受保护地位是有期限的。其他受保护客体(例如商号、其他商事标记、商誉和竞争者地位)则无期限。由此规定著作权及其邻接权、专利权和商标权是有期限的支配权,商号权、其他商事标记权、商誉权和竞争者地位权则是永续性权利。

所谓有期性,是指法律赋予受保护智慧产品和商标以特定期间的权利客体地位。逾越法定期间,它们就不复为受保护客体了。如上所述,这一制度,源于兼顾鼓励智慧产品生产和保护消费者利益的双重政策目标。智慧产品法定期间与对创作活动的鼓励正相关,而与保护消费者反相关。知识产权立法应当归纳保护的法定期间,以便做到政策目标的双兼顾。然而,商标的有期性却与上述兼顾政策不相干。商标不属审美和获知型消费品,其保护期间无论多么长久,均不会损及消费者的利益。商标的有期性完全是由注册制度造出来的。商标注册必然提出效力期间问题。有期性的注册也有一个好处,即当期间届满时,商标权人可以考虑是否继续注册。如要继续注册,只要"续展"就可以了。如果不要再注册,只要不申办也就是了。然而,知识产权中的其他权利如商誉权、商号权、原产地名称权和货源标记权,以及竞争者地位权,却均无期限限制。

(四)权利的专有性

准确地说,应指著作权及其邻接权、专利权和商标权及其邻接权的专有性,而并非知识产权的专有性。如上所述,权利的专有性不过是客体唯一性和不替代性的表现而已。权利何以"专有",一是缘于主体的唯一性或者特权地位,二是缘于客体的唯一性和不替代性。近代民法并不认许特权,知识产权的专有性只能缘于后一种机制。知识产权法也同物权一样,采行"一物一权"主义,假使存在两件以上同样的受保护的智慧产品,那么也是会有两件以上客体完全相同的知识产权存在的,权利的专有性也就消失了。正是由于知识产权客体的排后性和"独生子女"性，受保护的智慧产品均系唯一的不替代"物"，从而客体相同的知识产权便只能有一项，于是，权利也就不能不专有。知识产权的专有性，是相对于同属支配权的物权而言的。在物权，虽然也有不替代物，而且有唯一性的不替代物，但后者只是例外现象，可替代物才是事理之常。故而物权并无专有性的特征。支配性权利尚包括人身权，人身权的客体也具有唯一性和不替代性，因而人身权也是专有性权利。如果我们把知识产权与人身权作对照，那么，便不能强调权利的专有性特征了。

如果说到与反对不正当竞争有关的权利，那么，专有性是无从谈起的。因而，上述关于知识产权专有性的归纳并不适用于知识产权客体的全体，尽管被适用者为大多数。

(五)地域性并非知识产权独具的属性

任何实证法权利，均只在特定国家主权之下方有意义。知识产权固然如此，其他权利又何尝不如此。因此，认为知识产权是具有地域性的权利，而其他权利则不是，这种观点尽管流传极广，却是无根据的。

第二节　知识产权法

知识产权法是民法的下位法域。然而，目前国内的某些教科书和其他论著，却对上述定位持异议。因而有说明的必要。

一、我国的知识产权立法

市民法系国家几个最具有影响的民法典，例如法国、德国等国家民法典，在其制定的时代知识产权法尚未归纳出或者尚未成熟，因而均不及于知识产权法域。当日后该法域的组成部分发育成熟时，才将该部分制成特别法。于是有了作者权法、专利法和商标法等知识产权特别法系列。而民法典却没有增定知识产权的专编。只有1961年苏联"民事立法纲要"制定时法学对知识产权的认识已经比较系统了，因而可以作出体系性的规定。该法典以三编对作者权(第四编)、发现权(第五编)和发明权(第六编)分别作了规定，苏俄和各加盟共和国民法典均仍之。到我国民法通则制定时，法学对于该法域的认识已经相当成熟了。因而该通则得以在关于民事权利的宣言式规定(即第五章)中，用了一节(即第三节)专门规定知识产权，虽然只有4个条文，但却旗帜鲜明地宣示知识产权是民法的下位法域。由于立法思想的纲要式情结，加之民法专家资源的过度缺位，4个条文不免单薄得十分尴尬，显然只能表示立法者决心保护知识产权的心迹而已，算是个宣言。为因应实务之需，民法通则立法的前后制定了《著作权法》(1990年9月)、《专利法》(1984年3月制定，1992年9月修订)、《商标法》(1982年8月制定，1993年2月修订)和《反不正当竞争法》(1993年9月)等特别法律，以及《实施国际著作权条约的规定》(国务院，1992年9月)、《著作权法实施条例》(国家版权局，1991年5月)、《计算机软件保护条例》(国务院，1991年6月)、《专利法实施细则》(国家专利局，1985年1月公布，1992年12月修订)、《商标法实施细则》(国家工商局，1983年公布，1988年、1993年、1995年修订)、《驰名商标认定和管理暂行规定》(国家工商局，1996年8月)、《集体商标、证明商标注册和管理办法》(国家工商局，1994年12月)、《企业名称登记管理规定》(国家工商局，1991年7月)、《关于禁止有奖销售活动中不正当竞争行为的若干规定》(国家工商局，1993年12月)、《关于禁止仿冒知名商品特有的名称、包装、装潢的不正当竞争行为的若干规定》(国家工商局，1995年7月)、《关于禁止侵犯商业秘密行为的若干规定》(国家工商局，1995年11月)、《关于禁止商业贿赂行为的暂行规定》(国家工商局，1996年11月)。[1]上述立法，构成我国知识产权法的目前格局。

二、知识产权法的民法属性

知识产权法属于民法的下位法域。原因不在别的，就在于知识产权的性质属于民事权利。我们知道，凡相对于私的义务主体、其内容体对应定型化利益的权利，就是民事权利。知识产权正是这样的权利。因此，规范知识产权这种民事权利的法域，当然属于民事法。

然而，国内某些知识产权研究者强调知识产权的某些特殊性，例如客体的无体性和有期性，以及作为权利内容之一的人身权的可继承性，加之知识产权关系是多元的，既涉及权属，又涉及使用许可，更涉及政府的管理，甚至还涉及知识产权犯罪。而关于知识产权的各法律似乎都是冶诸法于一炉的，很难纳入民法或者行政法的既有框架，于是，主张该法应当自立门户，成为一个独立的法律部门。这种主张所依据的理由是难以成立的。民法自古就有无体性的权利，例如准物权。这并没有使民法感到规范该类权利有什么困难。另外，所谓知识产权中的人身权可以继承，则完全是误会。著作权中的发表权、修改权等作者人格权，在作者死后可以由其继承人行使，其实应是法律推定作者有授权近亲属在其死后发表和修改作品的意思，其近亲

〔1〕 上述规范的现状如下：《著作权法》(2020年修正)、《专利法》(2020年修正)、《商标法》(2019年修正)和《反不正当竞争法》(2019年修正)、《实施国际著作权条约的规定》(2020年修订)、《著作权法实施条例》(2013年修订)、《计算机软件保护条例》(2013年修订)、《专利法实施细则》(2023年修订)、《商标法实施细则》(失效)、《驰名商标认定和管理暂行规定》(失效)、《集体商标、证明商标注册和管理办法》(2003年)、《企业名称登记管理规定》(2020修订)、《关于禁止有奖销售活动中不正当竞争行为的若干规定》(失效)、《关于禁止仿冒知名商品特有的名称、包装、装潢的不正当竞争行为的若干规定》(1995年)、《关于禁止侵犯商业秘密行为的若干规定》(1998年修订)、《关于禁止商业贿赂行为的暂行规定》(1996年)。

属依法取得了该项授权。这并不是什么继承。关于这个问题，本书已在有关部分予以澄清。至于所谓知识产权法律关系属于多元关系、因而无从纳入以关系的单一性为能事的任何一个部门法来调整的理由，则是很奇怪的。该主张似乎不了解部门法划分的逻辑依据就是各该法律关系性质的单一性。所谓知识产权关系的多元性，其实并非该关系所独有。任何生活层面的社会关系其实都呈对应多元的或者复合的特征。科学学科的能事就是善于把复合的关系析分为性质单一的关系，然后因应各该单一性质的关系建立学科加以研究。学科分工的依据就在于生活层面的关系都是可以析分的，即析分为单一性质的关系。例如，知识产权中的关系，从知识产权人权利的角度，就是民事权利义务关系。从政府管理的角度，就是行政管理关系。从对侵犯知识产权犯罪的角度，就是刑法和刑事诉讼法的关系，等等。生活层面关系的复合性，从来不是也不可能是障碍学科分类的理由。

国内用所谓"经济法"的眼光研究知识产权的研究者，强调专利、商标都与经济有关，也与政府对经济的管理有关，于是认为知识产权法属于经济法。殊不知传统的民事权利，无论财产权还是人身权，均与经济相关，所有权、债权与经济的关系更其直接。认为与经济相关的法律规范就是经济法的规范，是违背法学常识的。

总之，知识产权自其性质言是地道的民事权利。尽管专利和商标两项权利的取得，需要公共机关的介入，但这没有否定权利的民事性。既然如此，知识产权法当然属于民事法。

第二十五章　著作权

第一节　导言

《民法通则》第94条规定："公民、法人享有著作权(版权)，依法有署名、发表、出版、获得报酬等权利。"[1]《著作权法》于1990年9月7日颁布，自1991年6月1日起生效。与之配套的《实施条例》，于1991年5月30日发布，自1991年6月1日起施行。

一、著作权

(一)意义

著作权是支配特定作品并享受其利益的人格权以及财产权的合称。

这个定义说明：著作权的客体为特定作品；著作权是基于作品的人格权与财产权两位一体的权利；著作权是支配权和绝对权。

(二)语源

我国固有法律文化中未能发育出著作权文化，汉语中也无"著作权"一词。该词是19世纪末自日本引进的。日语的"著作权"一词则译自欧洲语言。在欧洲，德语"urheberrecht"、法语"droitdauteur"、西班牙语"derecho clel autor"、俄语"аВ д apckaoe п paBo"，其含义均为"著作人的权利"，日本学者译为"著作权"。在英语国家，则习用"Copyright"表述，其本义是"拷贝权"，引申为"复制权"，日本学者译为"版权"。[2] 汉语中"著作权"一词，是从日本引进的。自1910年《大清

---

〔1〕《民法典》于第123条规定了知识产权及其客体。

〔2〕 日人福泽谕吉1873年自英语"Copyright"译出用汉字表述的"版权"一词，即为日本立法采用(1875年《出版条例》为首例，1887年《版权条例》、1893年《版权法》等法律、法规相沿采用)。1886年《保护文学与艺术作品公约》制定。其后，日本政府申请参加。但依该公约，须在内国立法贯彻公约的基本价值。为此，日本决定修改其1893年《版权法》。1897年，主司其事的内务省参事官水野练太郎赴欧考察半年之久，发现日译"版权"一词不合《伯尔尼公约》尊崇著作权权利的基本理念，于是，自德语和法语中译出用汉字表述的"著作权"一词，而舍弃既有的"版权"之译。1899年，新定的法律也不用"版权法"的旧名，而改称《著作权法》。自此，日本法律用语中只使用"著作权"一词，"版权"即成死语。不过，依日本现行著作权法，其所谓著作权仅限于著作财产权，而不及于著作人格权。此点极需注意。

著作权律》在立法使用，1928年的《中华民国著作权法》相袭用。

（三）"著作权"与"版权"

在日本，自1899年著作权法起，"著作权"一词被确立为法律用语，而"版权"一词则沦为死语。但在我国，该两词却一直混用。[1]1910年至1949年之间，虽然"著作权"，是法律正式用语，但在民间，"版权所有，翻印必究"之类的套语，却每每出现在书籍的所谓"版权页"之上。1949年之后，连法律文件也混用"著作权"与"版权"。1979年，我国着手研拟著作权法，当时即称之为"版权法"。[2]自那以来，我国学界爆发了"版权"与"著作权"两词孰优孰劣的论战，[3]两词均在法律文件中使用。[4]作为国家基本部门法的《民法通则》也使用"著作权（版权）"的表述。而在《著作权法》中，也不得不专门设立关于"本法所称的著作权与版权系同义语"的条文（第51条）。[5]然而，这一条文却暗含一项体系违反情事，[6]影响著作权的本义，须经由

---

〔1〕 汉语"版权"一词最早出现在我国法律文件中，是1903年《中美通商行船续订条约》第11条"保护版权"的字样。据中方签约大臣吕海寰等在"签订美国商约情形折"（即向皇帝、皇太后的奏折）中解释，"保护版权即中国书籍翻刻必究之意"，"版权"与同年签订的《中日通商行船续约》第5条"印书之权"相同。版权的上述意义可以说是其本义，至今保持未变，并被《民法通则》采用。1986年4月11日，全国人大常委会法律委员会向第六届人大第四次会议主席团《关于三个法律草案审议结果的报告》第一部分第(5)节中说："有的代表提出，应当增加保护出版者权利的规定。因此，建议根据王汉斌主任的说明，在《民法通则》（此系本书编者所加）草案第92条规定的'公民、法人享有著作权'后面加上'（版权）'。这样规定，既包括作者的著作权，也包括出版者的出版权（着重号为引者所加）。"由此可知，《民法通则》第94条（即草案第92条）的"版权"系指"出版者的出版权"。［对应《民法典》第123条："Ⅰ.民事主体依法享有知识产权。Ⅱ.知识产权是权利人依法就下列客体享有的专有的权利：(一)作品；(二)发明、实用新型、外观设计；(三)商标；(四)地理标志；(五)商业秘密；(六)集成电路布图设计；(七)植物新品种；(八)法律规定的其他客体。"该条沿用了《民法总则》第123条。对于如何定义知识产权，从世界范围上看，均缺乏统一的、普遍的概念，因此《民法总则》未对知识产权有明确定义。］

〔2〕 1979年以中国出版工作者协会名义组建了版权小组，其受命起草的历次稿子均称为"版权法"。

〔3〕 出版工作者协会版权小组对于如何统一英、法、俄、日语中关于"版权"与"作者权"的译名，引起争论。依据英语者，力主"版权"论，依据俄语的，则主"作者权"说，依据日语的，却倡"著作权"方案。经协调，在"版权"一词上取得一致意见。然而问题并未解决。该争论并非单纯翻译上的选词技术之争，而且牵动着如何把握中国著作权法基本理念的研讨。后来，一些法学师生和立法官员也参加了争论。关于争论的资料依据，刘波林撰《关于"版权"和"著作权"两个用语的由来和使用情况》一文（载国家版权局编印的《版权参考资料》1985年第6期）颇具价值。上述争论，推动了我国的著作权理论的补课和研究。

〔4〕 1984年《图书、期刊版权保护试行条例》（当时起到"著作权基本规章"的作用）称"版权"，1985年设立"国家版权局"。而同年的《继承法》，却使用"著作权"的用语。

〔5〕 对应《著作权法》（2020年修正）第62条："本法所称的著作权即版权。"

〔6〕 《著作权法》第51条规定"本法所称的著作权与版权系同义语"。（同上注。）该规定系以"版权"作为参照系来定义"著作权"，亦即表述"本法所称的'著作权'，即以前通行的'版权'之义"。因为倘非如此，而是表述"以前通行的'版权'，其含义应以本法所称的'著作权'为准"，那么，该条则应表述为"版权与著作权系同义词"。然而，第51条据为参照系的"版权"，其含义如何？从现行法看，应以《民法通则》第94条"著作权（版权）"中的"版权"为准。据1986年4月11日第六届人大第四次会议通过的法律委员会《关于〈民法通则〉等三个法律草案审议结果的报告》第一部分第(5)节，其含义为"出版者的权利"。既然版权是出版者的权利，那么，它的同义语应与之等值，即也系"出版者"的权利。给著作权以这样的定义，显然是重大的体系违反。

解释方法予以化解。

二、著作权史

　　著作物与人类同龄，著作权观念历来存在。剽窃他人作品从来被认为属于不法行为。然而，近代意义的著作权，却是15世纪中美因茨人约翰·古登堡(Johannes Gutenberg，约14世纪90年代—1468年)发明机械印刷术[1]以后的事。古氏印刷术使书籍成为大众性文化品，印刷出版业成为重要的商事行业。书商为了追求垄断利润，便向统治者谋取排他性图书印制权。这是一种与作者利益不搭界的专利印刷权，于是进入专利印刷权时代。英国的情况具有典型意义。1556年，皇家特许成立出版同业公会(Stationers Company)，代理皇家授予该会会员印制权，并采纳登记主义。Copyright一词至迟出现在17世纪末，1701年，该会登记簿上即载有了"Copyright"。该会的登记是英国以及受其传统影响的国家版权登记的嚆矢。

　　当时，自由主义理念在英国大倡，作者权利观点萌动，漠视和掠夺作者权利的印刷专利权制度遭到挑战。这一过程导致了1710年4月10日的安妮女王版权法(The Copyright Statute of Anne)。该法第一次肯认作者享有Copyright。[2]从而终结了二百余年的专利印刷权时代。该法也被视为近代意义著作权法的滥觞。接着，英国把Copyright由图书扩大到雕刻。法国、美国、德国等国家也以单行法确认作者的某些权利，后来则出台体系化的著作权法。例如，1793年法国、1790年美国、1830年俄国、1837年德国的著作权法。在法国和德国，还出现了不同于英国的理念，即导源于自然法的作者权利神圣理念，认为书商的出版权，只能从作者获得。并且，著作权的取得，无须履行手续。到这时，近代著作权法的价值体系终于形成。1886年，在伯尔尼通过《保护文学与艺术作品公约》(《伯尔尼公约》)，上述观念得到了国际肯认。1952年，另一项重要的国际公约，即《世界著作权公约》出世。近三四十年，各国纷纷更新著作权法。例如，英国(1956年)、法国(1958年)、德国(1965年)、日本(1970年)、美国(1976年)等均全文更新了著作权。苏联也在1961年的联盟民事立法纲要中专编规定了著作权。

　　我国至迟在南宋时代产生了"版权"制度。但作者权利思想却未得昌明。自清末开始继受西欧著作权法，1910年《大清著作权律》出台。1928年《中华民国著作权法》颁布。中华人民共和国自1979年4月着手起草著作权法，历时11载，稿次20余，于1990年9月正式问世。

---

　　〔1〕　J.古登堡印刷术系由下列技术构成：铅字铸造技术、铅字合金的配方、印刷机和油脂性印刷用墨等，与我国宋代毕昇的印刷术已不相同。

　　〔2〕　该法承认作者同购得稿件的人一样享有Copyright，而后者在其权利期间届满时，须将权利返还于作者。

三、著作权法的基本原则

民法的基本原则在著作权关系中，体对应著作权法的基本原则。

(一)作者权利神圣原则

文学艺术和科学作品，是其创作者精神人格的集中体现。马克思认为，作品是作者本质力量的对象化(《1844年哲学—经济学手稿》)。因此，肯认并神圣作者对于作品的权利，乃是肯认和神圣人格之道，是充分尊重人、调动人的积极性之道，是广开文源、繁荣文化之道。《世界人权宣言》把著作权宣布为一项基本人权。我国《民法通则》肯认著作权是重要民事权利，而《著作权法》也在第1条开宗明义地宣示，保护作者的著作权是该法基本宗旨之一。

(二)作者权利完全原则

在作者权利中，不仅有著作财产权，而且有著作人身权。而后者则是著作权的精髓和灵魂。相形之下，专利权和商标权，立法则未肯认其精神权。这是因为作品更集中地体现了作者人格的缘故。这一理念，与我国传统文化很不协调，我国不仅欠缺民法文化传统，尤其欠缺著作权文化传统。在实际生活中，使用作品的组织倚势压人、漠视和掠夺作者权利的现象并不罕见。不少作者也是只知稿酬权，而不知其他权利。因此，神圣并充分作者权，必须经历艰巨的文化补课过程，决不是《著作权法》制定完成并付诸实施就可以立即解决的。

(三)鼓励作品传播原则

《著作权法》负有鼓励作品传播，促进知识积累和交流，丰富社会文化生活，提高全民族文化素质，推动经济发展和社会进步的重要使命。《著作权法》在肯认作者权利的前提下，肯认作品传播者的投入和经营的社会价值，许可并保护他们的复制权、发行权、表演权、展示权，从而给予出版、广播、表演事业奠定坚实的法律基石。

(四)促进文化发展原则

此项原则，与上述鼓励传播原则互为表里。充分肯认和保护作者权以及传播人的版权和邻接权，不能抵触社会文化发展利益，尤其是教育事业的利益。恰恰相反，必须服从这些利益。《著作权法》第二章第四节关于"权利的限制"的系统性规定，就是这一原则的集中体现。此外，关于不保护内容原则和期限原则，都是促进文化发展原则的体现。

第二节　作品

一、作品的意义

(一)定义

作为著作权的客体,作品是具备创作性品格、表现思想或者情感、属于文学艺术领域的受保护智慧产品。[1]

(二)对定义的说明

上述定义,应从如下几点理解:

1.作品属于信号集合。这是指:

第一,作品既不是物,例如不是图书、CD;不是人的行为,例如口述、歌唱;也不是其他物质的"东西",而是那些物质作为载体所负载的信号集合。以文字作品为例,作品是由文字的语句、段落这种信号构成、能够表述一定思想内容的信号集合。

第二,作品也不是信号所表述的信息,例如主题、故事、思想内容等。[2]这在使用作品的场合,可以看得很清楚:以文字作品为例,"复制"作品,不是重述作品的主题、故事和思想内容等,而是复制纸张或者CD等载体上所记载的文字集合;朗诵(表演)作品,也是朗诵的文字集合;同理,改编作品,还是改编的文字集合。

把作品所表现的内容(即其信息方面)和作品本身(即信号)严格区别开来,是法律技术的重大突破。其意义在于实现了著作权与思想自由宪制原则的辩证统一。作品仅被作为信号集合,而不是所表现的思想内容,那么,著作权就归结为对于信号的控制权,而不是对于思想内容的控制权。授予作者著作权也就不致破坏思想自由原则。对于那些受到著作权保护的作品,公众仍然可以自由获知它们所表达的思想,

―――――――――

〔1〕 我国《著作权法》未为作品下定义,其定义规定于《著作权法实施条例》第2条:"著作权法所称作品,指文学、艺术和科学领域内,具有独创性并能以某种有形形式复制的智力创作成果。"[对应《著作权法实施条例》(2013年修订)第2条:"著作权法所称作品,是指文学、艺术和科学领域内具有独创性并能以某种有形形式复制的智力成果。"]美国、日本、意大利等国家的相关法律有其作品的定义。其中《美国版权法》(1976年)第102条(a)规定:"由作者创作并固定于有形媒体——该媒体之为现有抑或今后发明,在非所问——可以直接或者借助于机械或者装置被感知、复制或者以其他方式传播的作品,依本法予以保护。"《日本著作权法》第2条第1款第1项规定:"著作物:系指创作性地表现思想或者情感,属于文学、学术、美术或者音乐领域的原作。"《意大利著作权法》第1条规定:"具有创作性并属于文学、音乐、平面美术、建筑、戏剧和电影范畴的智慧作品,不问其表达方式及形式如何,受本法保护。"

〔2〕《美国版权法》第102条(b)对此有经典性表述:"对作者创作性作品的版权保护,在任何场合,均不及于作品中的思想、程序、方法、体系、操作方法、概念、原理或者发现,而不问其描述、说明、图示或者体现的方式如何。"

自由运用该思想；已被表现过的思想内容包括题材仍然可以由他人以作品的形式再表现。上述种种，均不构成侵害著作权行为。

2. 作品属创作的信号集合。作品是人创作的信号集合，而不是自然产生的信号集合。天然信号很多，如花开花落，莺啼蛩鸣，树木年轮，动植物化石，等等。它们都传达着大自然的信息，具有固有的科学价值。然而他们并不是文学艺术作品，作品必须具有创作性。这一特点，使作品同自然信号区别开来。

3. 作品是表现思想和情感的属于文学艺术和学术领域的信号集合。作品是表达人的思想和情感的，是人们审美和获取新知的心理资料。

作品固有的这一性质，使它在功能上同作为工业产权客体的智慧产品区别开来。专利技术和设计、商标、商号等标记也都是信号集合，而且也都是人创作的，然而它们同作品不同，他们受到保护并不基于其审美和获知资料的功能，尤其不作为审美资料。例如，一件设计优秀的商标也具有自己的美学价值，因而完全可以作为审美资料。然而应当注意，它之所以作为商标，却仅在执行区别所附丽商品的功能，而与审美无关。专利文件也是如此，也表达技术思想，该技术领域的工程技术人员和学生也通过专利文件获取技术知识，然而作为专利，它所执行的功能是技术的实施，区分有权实施和无权乃至侵权实施，而与技术的学习和交流无关。

作品须属文学艺术领域的性质，使得作品与公文书、纯新闻、科学公式等人创信号集合区别开来，后者均不属文学艺术领域。

4. 作品是受保护的信号集合。不是任何人创作的、表现思想或者情感、属于文学艺术领域的信号集合，皆属著作权法意义上的作品，只有其中能够充分该法关于作品要件的那些，方属作品。关于作品的法律要件，我们将要讨论，这里仅指出其中的一点，就是关于期间的要件，信号集合被赋予作品的法律地位，是有期间性的，只有未逾该期间那些，才是作品。其他要件，请见下文。

二、作品的法律要件

依照著作权法和著作权国际公约的规定，我们归纳作品的法律要件如下：

(一) 须属信号集合

著作权法所指的作品，均属信号集合，而不及于信号所表达的思想、情感、主题、概念、原理、方法，等等。然而，对于文学艺术作品来说，信号集合又不能简单地理解为语言(泛指一切能够表达思想或情感的符号)、文字的集合，作为文学或艺术的固有表达手段、作为文学要素、艺术要素的东西是否也属作品的要素，属于信号集合，亟待结合案例事实，予以澄清。[1]

---

〔1〕 在关于文学作品著作权纠纷的实务中，究竟何者属于信号集合，何者属于著作权不予保护的东西？

（二）须具创作性

在著作权法学上，"创作性"也被表述为"原创性"。具体是指：

1.须属独立创作品。该信号集合须属独立创作的产品，而非剽窃于人。

2.须具备智慧投入。选择和组织特定信号集合去表现思想或情感，需要智慧型的投入。选择和调动信号集合就属于智慧投入。如果某种信号集合的制作无须智慧投入，那么，该信号集合便不属智慧产品，产品的制作也不属智慧投入。例如，许多国家的著作权司法均不肯认身份证件用照片属于作品，"纯新闻"也被排除于作品之外，其道理均在于它们的制作无须创作性智慧投入。然而，至于创作的文学品质、艺术或者学术水准以及社会价值等，则非所问。另外，即使处于未完成态，只要能够表达思想或者情感，便为已足。

3.须属原件。作品仅指智慧产品的原件，而不包括复制本。我们知道，重作属于从无到有，从有到有则不属创作。而复制却是从有到有，因而复制本不属作品。此点对于造型艺术作品特别要紧。画作、工艺美术作品以及建筑作品均仅指其原件，而不包括复制品。

（三）须属文学、艺术和学术领域

《伯尔尼公约》第2条第1款规定："'文学艺术作品'一词包括文学、科学和艺术领域内的一切成果，而不论其表现形式或方式如何。"我国《著作权法》第3条规定："本法所称的作品，包括以下列形式创作的文学、艺术和自然科学、社会科学、工程技术等作品。"[1]上述两条文均强调，只有属于文学、艺术和学术领域内的创作性信号集合，才属于著作权法所保护的作品。这一逻辑畛域的划分，不仅使作品同专利、商标等工业产权客体区分开来，而且也同公文书、纯新闻等信号集合区别开来。工业产权诸客体从其功能来看并不属于文学、艺术和学术范围内的智慧产品。不过，专利文件作为文字集合，商标图案作为造型，则都是作品，不过，此种意义与其作为专利和商标的意义是完全不同的。我国《著作权法》第5条第1项规定："本法不适用于：（一）法律、法规、国家机关的决议、决定、命令和其他具有立法、行政、司法性质的文件，及其官方正式译文。"该条指称的那些文件，从其功能来看均不属于文学、艺术和学术作品的范畴，因而不应受到著作权法的保护。当然，该条规定还体现了

尤其是"人物"、情节等文学创作的固有表现手段、文学的固有要素是否属于作品的构成要素？纪实性文学作品所描写的主人公以及其他当事人的经历、事迹等是否属于作品的要素？等等，学说尚未形成有说服力的意见，因而亟待探讨。

〔1〕 对应《著作权法》（2020年修正）第3条："本法所称的作品，是指文学、艺术和科学领域内具有独创性并能以一定形式表现的智力成果，包括：（一）文字作品；（二）口述作品；（三）音乐、戏剧、曲艺、舞蹈、杂技艺术作品；（四）美术、建筑作品；（五）摄影作品；（六）视听作品；（七）工程设计图、产品设计图、地图、示意图等图形作品和模型作品；（八）计算机软件；（九）符合作品特征的其他智力成果。"

人民有权了解立法、行政和司法状况的宪制原则。如果上述文件适用著作权法的保护，由立法、行政和司法机关以文件作者的资格享有控制作品的著作权，那么，显然是与人民了解立法、行政和司法的宪制权利相抵触的。

(四) 须能以有形形式复制

我国《著作权法实施条例》第2条规定："著作权法所称的作品，指文学、艺术和科学领域内，具有独创性并能以某种有形形式复制的智力创作成果。"[1] 信号具有易拷贝性。可复制要件对于作品来说是题中应有之义。著作权法要求作品必须具备以有形形式复制的性质，这是出于解决纠纷中的易于举证的考虑。在国外立法中，美国著作权法早就提出了复制性要件。[2]

(五) 须处于法定期间

此点在上文已有讨论，兹不赘述。

三、作品的类型

(一) 文学作品、艺术作品与科学作品

作品依其功能领域，划分为文学作品、艺术作品和科学作品。然而，文学与艺术的界限并不是容易划分清楚的。另外，科学作品也未必不能采取文学的、艺术的体裁。因此，尽管《著作权法》明列这种划分，但其实益(无论在要件上，还是在效果上)并不大。

(二) 口头语言、文字与造型作品

作品依其信号类型，划分为口头语言作品(如即席赋诗、演讲、授课)，文字作品(如文字的小说、散文)，造型艺术作品(如绘画、雕塑、工业图、地图等)，其他信号形式作品(如影视作品、计算机软件)。此种划分对于界定作品的使用方式有其实益，尤其在依合同移转使用权时如此。

(三) 基础作品与演绎作品

在创作上彼此关联的作品，划分为基础作品与演绎作品。凡依据既有作品而二度创作形成的作品，是演绎作品。又称"派生作品"或者"二次作品"。演绎创作的主要方式是改编、汇集和翻译。

---

〔1〕 对应《著作权法实施条例》(2013年修订)第2条："著作权法所称作品，是指文学、艺术和科学领域内具有独创性并能以某种有形形式复制的智力成果。"

〔2〕 参见《美国著作权法》第102条。

1.改编作品。主要包括三种：(1)由一种文学艺术式样改编为另一种式样，如由小说改编为剧本、由钢琴独奏曲改编为交响乐曲。(2)在同一式样基础上缩编或扩编。(3)注疏标点式整理，例如对古籍的校勘、标点、注释疏证形式的作品。

2.汇集作品。即取向于一定目的把多件作品汇成一件整体性作品。例如，词典、百科全书、年鉴、报纸、杂志、文集和影视资料片等。

3.翻译作品。即由一种语言变为另一种语言，以及同一种语言的古代文体变为现代文体。

基础作品与演绎作品的划分，对于保护两种作品各自的著作权具有实益。就一件作品来说，其演绎权属于完全著作权中的权能。因此，非演绎权人为取得该项权利，须自权利人取得授权。然而，合法演绎作品也有其独立的著作权。

(四)独立人作品、职务作品与受托创作作品

作品依其创作之际有无基本法律关系，划分为独立人作品、职务作品与受托创作作品。

1.职务作品。指工作人员履行其职务而创作出的作品，工作人员与雇主或者劳动组织之间存在雇佣或劳动合同关系。例如，某乐团的作曲家在工作中创作乐曲、广告公司画家执行公司职务设计的广告作品。

职务作品的法律要件是：

(1)须由团体的工作人员创作。即作品的实际创作人与团体之间存在劳动或者雇佣关系。

(2)须创作属于履行职务。履行职务既包括创作项目属于其岗位所规定的或者团体特别交办的任务，以及创作活动基本上是在工作时间(即上班时间或者特别给出的创作时间)进行的。

(3)须作品发表时依约由其实际创作人员以作者资格署名。此项要件，使职务作品与法人作品区别开来，后者在发表时由法人(或者非法人团体)以作者资格署名。

2.受托创作作品。指受任人基于授权而创作的作品。例如，甲请乙为其制作肖像，该乙受托创作的描述甲肖像的作品即为受托创作作品。

3.独立人作品。凡在创作之际不存在上述基本法律关系的作品，即为独立人作品。

上述三类作品的法律效果不同。关于此点，容于第三节研讨。

(五)共同作品与非共同作品

作品依其是否由单一作者创作，划分为共同作品和非共同作品。两个以上的人创作同一件作品，在创作中形成关联共同关系，该作品是共同作品。例如，电影即为

典型共同作品。《著作权法》第13条称共同作品为"合作作品"。[1]

共同作品依其能否在形态上划分为有独立使用价值的作品，而划分为分别共有与共同共有作品。这种划分就其财产权而言，类似分别共有与共同共有。此外，在创作之际不存在关联共同关系的作品，是非共同作品。以上两类作品在法律效果上各不相同。

（六）已发表作品与未发表作品及遗著

作品依其是否发表，划分为已发表作品和未发表作品。作品受保护，不以发表为要件。作者生前未发表的作品，称为遗著。遗著的发表权由作者的继承人或遗嘱执行人执行（《著作权法》第21条解释）。[2]

第三节　著作权

一、著作权的人格—财产两位一体性

如第二十六章（知识产权通论）所述，作品与其他受保护智慧产品不同，是人格和财产两位一体的。因而著作权便呈对应人格权与财产权两位一体的权利。这不仅在民事权利体系中是绝无仅有的，而且在知识产权体系中，同样是只此一例的。《保护文学艺术作品伯尔尼公约》第6条之二和我国《著作权法》第10条均肯认作者享有精神权利或人身权。[3]

然而，作品之外的受保护智慧产品是否同样具有人格性的品格，对于这个方面，尚未引起足够的重视与研究。我们认为，在作品之外的智慧产品中，专利技术实质上也是发明人（或者设计人）的"作品"，同样体现着"作者"的人格（心理气质、技术素养、想象力以及献身精神等）。竞争者地位又何尝不是竞争者的"作品"？就连商标以及其他商事标记，也事关它们的使用人的企业家气质、能力、成功与否等社会形象，因而也是他的"作品"，具有强烈的人格意味。不过，国内外立法和判例均尚未肯认此种人格权性质。

---

〔1〕 对应《著作权法》（2020年修正）第14条："Ⅰ.两人以上合作创作的作品，著作权由合作作者共同享有。没有参加创作的人，不能成为合作作者。Ⅱ.合作作品的著作权由合作作者通过协商一致行使；不能协商一致，又无正当理由的，任何一方不得阻止他方行使转让、许可他人专有使用、出质以外的其他权利，但是所得收益应当合理分配给所有合作作者。Ⅲ.合作作品可以分割使用的，作者对各自创作的部分可以单独享有著作权，但行使著作权时不得侵犯合作作品整体的著作权。"

〔2〕 对应《著作权法》（2020年修正）第23条第1款："自然人的作品，其发表权、本法第十条第一款第（五）项至第（十七）项规定的权利的保护期为作者终生及其死亡后五十年，截止于作者死亡后第五十年的12月31日；如果是合作作品，截止于最后死亡的作者死亡后第五十年的12月31日。"

〔3〕 对应《著作权法》（2020年修正）第10条第1款第1句。

二、著作人格权

《著作权法》第10条规定的著作人身权和财产权共有5项,[1]即发表权、署名权、修改权、保护作品完整权、使用权和获得报酬权。但从实质上看,应为8项,因为使用权和获得报酬权实为4项,即控制权、使用权、他人使用许可权(处分权)和报酬获取权(收益权)。该条没有具体指明其所列举的权利中,究竟何者属于人身权,何者属于财产权。然而自民法体系而言,前四项当属著作人身权,其余则属著作财产权。《著作权法》中著作权的概念,实为"完整性著作人人格权+对作品的完整性准物权(准所有权)"的合称。[2]

(一)内容

1.发表权。"即决定作品是否公之于众的权利"(《著作权法》第10条)。[3]发表有两种样态:(1)出版并发行,以使第三人得到作品的复制本(包括音像制品型重复本)。(2)公开展示和表演。所谓公开,指该活动超出家庭或者社交的正常范围。发

---

〔1〕 对应《著作权法》(2020年修正)第10条第1款:"著作权包括下列人身权和财产权:(一)发表权,即决定作品是否公之于众的权利;(二)署名权,即表明作者身份,在作品上署名的权利;(三)修改权,即修改或者授权他人修改作品的权利;(四)保护作品完整权,即保护作品不受歪曲、篡改的权利;(五)复制权,即以印刷、复印、拓印、录音、录像、翻录、翻拍、数字化等方式将作品制作一份或者多份的权利;(六)发行权,即以出售或者赠与方式向公众提供作品的原件或者复制件的权利;(七)出租权,即有偿许可他人临时使用视听作品、计算机软件的原件或者复制件的权利,计算机软件不是出租的主要标的的除外;(八)展览权,即公开陈列美术作品、摄影作品的原件或者复制件的权利;(九)表演权,即公开表演作品,以及用各种手段公开播送作品的表演的权利;(十)放映权,即通过放映机、幻灯机等技术设备公开再现美术、摄影、视听作品等的权利;(十一)广播权,即以有线或者无线方式公开传播或者转播作品,以及通过扩音器或者其他传送符号、声音、图像的类似工具向公众传播广播的作品的权利,但不包括本款第十二项规定的权利;(十二)信息网络传播权,即以有线或者无线方式向公众提供,使公众可以在其选定的时间和地点获得作品的权利;(十三)摄制权,即以摄制视听作品的方法将作品固定在载体上的权利;(十四)改编权,即改变作品,创作出具有独创性的新作品的权利;(十五)翻译权,即将作品从一种语言文字转换成另一种语言文字的权利;(十六)汇编权,即将作品或者作品的片段通过选择或者编排,汇集成新作品的权利;(十七)应当由著作权人享有的其他权利。"

〔2〕 我国《著作权法》中的著作权概念,系采德国、法国、西班牙、俄罗斯的"著作人权利"概念,而与下列各国的概念同:

1.英美的Copyright——该词在严格意义上不包括著作人的精神权利;此外,就其财产权而言,既指对作品的完整性财产权,也指其中的任何下位阶权利——此点与普通法的财产权概念相一致,从Property一词无从确知其为完整性财产权,抑或限制性财产权。

2.日本的"著作权"。据《日本著作权法》第17条、第21条至第28条的规定,著作权仅指财产权。第17条:"著作人享有第18条第1款、第19条第1款和第20条第1款规定的权利(以下称'著人格权')以及第21条至第28条规定的权利(以下称'著作权')。"第21条至第28条所规定的"著作权"如下:(1)复制(第21条)。(2)上演权和演奏权(第22条)。(3)广播、有线广播等(第23条)。(4)口述权(第24条)。(5)展览权(第25条)。(6)上映权及发行权(第26条)。(7)出租权(第26条之二)。(8)翻译权(第27条)。(9)改编权(第27条)。(10)与二次著作物的使用有关的原著作人的权利(第28条)。

〔3〕 对应《著作权法》(2020年修正)第10条第1款第1项。

表权之所以属于人格权，系由于它是隐私权的延伸，作品在发表之前，应属作者的隐私范畴。遗作的发表权，应理解为法律推定作者以遗嘱方式授权其继承人行使。

2.署名权。"即表明作者身份，在作品上署名的权利"（《著作权法》第10条第2款）。[1]此项权利是姓名权的延伸。作者在其作品上的署名（包括署真名、假名、匿名或者伪装名）[2]及于一切复制本，其署名状态不受侵犯。

3.修改权。"即修改或者授权他人修改作品的权利"（《著作权法》第10条第3款）。[3]自事理言，此项权利应指作品发表后的修改权。修改权原则上应由作者本人行使。但不妨授权他人代为修改。受任人当属作者信赖的人，其修改通常会使作品增光添彩，从而体对应作者的积极性人格利益。并且，授权他人修改，亦属修改权的行使方式，故而应予以肯认。对于遗作的修改权，应当认为系法律推定作者以遗嘱方式授权继承人行使。

4.保持作品完整权。"即保护作品不受歪曲、篡改的权利"（《著作权法》第10条第4款）。[4]此处使用的"保护"一词容易产生误会：以为该权利属于救济权。自体系而言，应为"完整性保持权"，属支配力的样态之一。《日本著作权法》使用"同一性保持权"，比较贴切。

（二）享有及死后保护

著作权中的人格权，是专属性权利，只能由作者享有。作者授权他人修改作品，以及遗作发表权由继承人行使，也是作者行使其专属权的行为。作者死后，其人格权是否可以作为继承标的，学说上颇有争议。我国《著作权法》肯认遗著的发表权可以由继承人享有（第20条[5]与第21条[6]结合起来解释），判例则肯认作者人格权可以继承。我们认为，人格权属于专属性权利，无由继承。有些学者认为，不可继承的观念业已陈旧，应予以抛弃。但本书却看不出其陈旧性。坚持人格权的专属性，关涉宪制理念，兹事体大，不可随意妄为。作者生前对其人格权的行使状态，例如发表、署名和修改的状态，事关人格独立和精神自由，应当予以充分尊重。提供和维护这种保护原状的格局，乃属公法的任务，属公共秩序的范畴，而非人格权的继承。此点务应究明。认为人格权可以继承，背离权利专属性的原则，在民法体系上是说不通的。然而，遗作的发表，如上文所论，并非发表权的继承，而是法律关于作者以遗嘱方式授权继承人行使的直接规定。法律坚持认为，作品在本质上是利他的，是供他

---

〔1〕 对应《著作权法》（2020年修正）第1款第2项。

〔2〕 伪装名系指署上有关自然人姓名，而不署作者的名字。易言之，即以他人名义署名。

〔3〕 对应《著作权法》（2020年修正）第1款第3项。

〔4〕 对应《著作权法》（2020年修正）第1款第4项。

〔5〕 对应《著作权法》（2020年修正）第22条。

〔6〕 对应《著作权法》（2020年修正）第23条第1款："自然人的作品，其发表权、本法第十条第一款第（五）项至第（十七）项规定的权利的保护期为作者终生及其死亡后五十年，截止于作者死亡后第五十年的12月31日；如果是合作作品，截止于最后死亡的作者死亡后第五十年的12月31日。"

人致知和审美之用的,因而不可能永不发表。我国读书人有"藏之名山,传诸后人"的说法,传诸后人就是希盼遗作能有发表之日。有鉴于此,只要作者无作品不得发表的有效遗嘱,那么,法律即推定作者愿意遵从习惯,在其死后由继承人将遗作在合适的时间、地点,以合适的方式予以发表。这种愿意遵从习惯发表遗作的默示,正是作者生前行使其发表权的特殊方式。此外,遗作的修改权与此类似。即作者授权或者起码不反对由其继承人以其善良管理人的注意修改遗作,同样是作者生前行使修改权的特殊方式。

三、著作财产权

(一)特征

著作财产权是对于作品在财产侧面的完全性支配权。这一支配,具有所有权的一切特征。

1.完全支配性。著作财产权具有对于作品的完全支配权,已知的和今后发明的所有支配方式均被囊括在内。通过支配,著作权人享有作品的财产利益。

2.弹性。著作财产权的部分权能,可以自著作权人分离,从而使著作权变得空虚;但这种空虚状态,却不影响著作权作为整体的存续。而那些暂时分离出去的权能,尚可复归,当其复归时,著作权则恢复圆满状态。

3.永续性。著作权如同所有权一样,具有永续性。永续性系指而且仅指在取得权利时无须为权利订定一个存续期间。永续性与作品财产地位的有期性并不矛盾。然而,永续性仅指权利设定时法律是否要求订定权利期间,而非对客体存续时间而言。在有期性的客体之上,也不妨成立永续性的权利。例如,人们买一束鲜花、一杯热牛奶,它们均很快因消费而灭失,客体的存续期间比作品的法律地位期间要短得多,然而不否定权利的永续性。作品的财产地位起码有50年以上,比鲜花和牛奶长得多,著作权的永续性更不应受影响。

(二)内容

《著作权法》第10条第5款规定了著作财产权的三项权能,即使用权、收益权和处分权。[1]自逻辑而言,还应包括控制权。因此,著作财产权的内容也为四项,即控

---

〔1〕 使用权对应《著作权法》(2020年修正)第10条第1项第5款到第17款:"(五)复制权,即以印刷、复印、拓印、录音、录像、翻录、翻拍、数字化等方式将作品制作一份或者多份的权利;(六)发行权,即以出售或者赠与方式向公众提供作品的原件或者复制件的权利;(七)出租权,即有偿许可他人临时使用视听作品、计算机软件的原件或者复制件的权利,计算机软件不是出租的主要标的的除外;(八)展览权,即公开陈列美术作品、摄影作品的原件或者复制件的权利;(九)表演权,即公开表演作品,以及用各种手段公开播送作品的表演的权利;(十)放映权,即通过放映机、幻灯机等技术设备公开再现美术、摄影、视听作品等的权利;(十一)广播权,即以有线或者无线方式公开传播或者转播作品,以及通过扩音器或者其他传送符

制、使用、收益和处分。现分别予以说明：

1.控制权。即对作品的事实上的管领。由于作品具有易拷贝的特性，在其发表之后，不易控制，因而只能从控制他人的使用人手，来实现对作品的控制。我们在下文讨论使用权时，其每一项具体形态，都意味着著作权人的排他性使用，亦即使用兼控制之义。

2.使用权。使用权的意义与所有权的使用权相同，即依照客体的性能和用途加以利用，以实现其使用价值。然而，著作权的使用权又有不同于所有权的使用权的特点，其使用权的外延，依赖于使用信号复制和传播技术的拓展。除了展示和演绎使用之外，复制型使用则完全依赖复制技术。传统的印刷术、摄影术，今天的静电复印术、电磁记录术、激光记录术，以及广播术、电视术，等等，拓展了使用的方式。在今天，使用权已依技术手段类型化了。这为各种类型使用权的流转化，奠定了法律技术前提。关于使用权的类型，《著作权法》列举了"复制、表演、播放、展览、发行、摄制电影、电视、录像或者改编、翻译、编辑等"权利。现参酌国外立法例[1]加以整合，说明如下：

(1)复制权。即制作作品复制本的权利。关于"复制"，《著作权法》第52条规定："(一)本法所称的复制，指以印刷、复印、临摹、拓印、录音、录像、翻录、翻拍等方式将作品制作一份或者多份的行为。(二)按照工程设计、产品设计图纸及其说明进行施工、生产工业品，不属于本法所称的复制。"[2]

关于复制，学理上依其结果是否形成拷贝(复制品)而分为有形(拷贝)复制和无形(复制)，例如，输入电脑磁盘即无拷贝，属无形复制。我国立法不肯认作者的无形复制权。

(2)演绎创作权。即创作演绎作品的权利，包括《著作权法》第10条所列的"改编、

号、声音、图像的类似工具向公众传播广播的作品的权利，但不包括本款第十二项规定的权利；(十二)信息网络传播权，即以有线或者无线方式向公众提供，使公众可以在其选定的时间和地点获得作品的权利；(十三)摄制权，即以摄制视听作品的方法将作品固定在载体上的权利；(十四)改编权，即改变作品，创作出具有独创性的新作品的权利；(十五)翻译权，即将作品从一种语言文字转换成另一种语言文字的权利；(十六)汇编权，即将作品或者作品的片段通过选择或者编排，汇集成新作品的权利；(十七)应当由著作权人享有的其他权利。"收益权对应该条第2款和第3款，处分权对应该条第3款。《著作权法》(2020年修正)第10条："II.著作权人可以许可他人行使前款第(五)项至第(十七)项规定的权利，并依照约定或者本法有关规定获得报酬。III.著作权人可以全部或者部分转让本条第一款第(五)项至第(十七)项规定的权利，并依照约定或者本法有关规定获得报酬。"

〔1〕《美国著作权法》第106条规定了五项权利：(1)复制权。(2)演绎权。(3)发行权。(4)表演权。(5)展示权。《德国著作权法》第15条至第22条、第25条及第26条则规定了九项权利：I.实物形式使用：(1)复制权。(2)发行权。(3)展示权。II.非实物形式使用：(4)表演权。(5)广播权。(6)通过音像载体传播权。(7)广播节目转传权("即通过银幕、扬声器或类似技术设备使公众看到广播节目的权利)。III.其他：(8)对于已出让作品的接触权(为复制或改编而接触)。(9)增值共享权(即艺术作品再出售中的分成权)。

〔2〕 对应《著作权法》(2020年修正)第10条第1款第5项："(五)复制权，即以印刷、复印、拓印、录音、录像、翻录、翻拍、数字化等方式将作品制作一份或者多份的权利。"

翻译、注释、编辑"诸项使用权。[1]

（3）发行权。指为满足公众的合理需求而向其提供作品复制本（包括音像制品型复制本）的权利。

（4）音像录制权。即使用摄影术、电磁记录术等把作品加以固定的权利。《著作权法》第10条称"摄制电影、电视、录像"的权利。[2]

（5）表演权。表演即以声音、人的形体造型集合或者二者结合表现作品的行为。表演依其主体是演艺人抑或机械装置，而分为两种类型。表演行为的实施权或者许可权，即为表演权。

①演艺表演权。即由自然人演艺家采用朗诵、演唱、演奏、舞蹈以及哑剧和戏剧表演等方式使用作品的权利。

②机械表演权。即通过机械装置或者其他技术设施再现演艺表演的使用权。例如播放记录表演作品的唱片、录音带、CD、影片等。[3]

（6）广播权。是采用广播技术使表演或者展示通过无线或有线电波传送到现场之外听众或观众的使用权。

（7）展示权。是公开陈列作品的使用权。

3.收益权。收益权的意义也与所有权中的收益权相同。然而，作品的收益主要体对应收取法定孳息。例如，展示或表演的票房收入，把作品出租给他人而收取租金。目前国内通行的出版"稿酬"（含图书稿酬、报刊稿酬）其性质属于使用费。因为《著作权法》未肯认作品的出售，[4]只肯认"著作权许可使用"（第三章），而且，许可使用"合同的有效期不超过十年。合同期满可以续订"（第26条）。[5]从性质上看，类似于作品租赁。因此，《著作权法》第10条所称"获得报酬的权利"，[6]应属收益权范畴。

4.处分权。处分权的意义也与所有权中的处分权相同。其基本样态是使用许可权。鉴于作品的绝大多数需借助于出版人、广播人、表演人才能同广大消费者见面，作者本人亲自实施复制或者广播的可能性不大，因此，对于著作财产权来说，处分权

---

〔1〕 对应《著作权法》（2020年修正）第10条第1款第14项至第16项："（十四）改编权，即改变作品，创作出具有独创性的新作品的权利;（十五）翻译权，即将作品从一种语言文字转换成另一种语言文字的权利;（十六）汇编权，即将作品或者作品的片段通过选择或者编排，汇集成新作品的权利。"

〔2〕 对应《著作权法》（2020年修正）第10条第1款第13项："（十三）摄制权，即以摄制视听作品的方法将作品固定在载体上的权利"。

〔3〕 我国《著作权法》未肯认机械表演权。这一法律漏洞已引起学说和立法机关的注意。

〔4〕 关于在我国是否应允许作品著作权出售问题，在《著作权法》起草中，学界曾有争议，通说认为不应允许出售。《著作权法》虽然未明文禁止出售，但自其只肯认有期使用看（第26条、第30条），应解释为不允许出售。

〔5〕 在2001年《著作权法》的修订中，该条文已被删除。

〔6〕 对应《著作权法》（2020年修正）第10条第2款和第3款："II.著作权人可以许可他人行使前款第（五）项至第（十七）项规定的权利，并依照约定或者本法有关规定获得报酬。III.著作权人可以全部或者部分转让本条第一款第（五）项至第（十七）项规定的权利，并依照约定或者本法有关规定获得报酬。"

处于核心地位。能够找到"用户"有偿使用，对于作者至关重要。这一点同物之所有人未必处分标的物，或者说处分对于他未必至关重要大不相同。唯其如此，人们往往误认为著作财产权就是"获得稿酬权"。

（三）法律上的限制

著作权法基于兼顾鼓励作品创作和保护消费的原则，对著作权中的财产权规定了一系列限制。此种限制，均以已出版作品为要件。未出版作品的财产权，则无限制可言。此点务应究明。比较国际公约和国外立法，此种限制包括三项具体制度，它们是"合理使用"、"法定许可"和"强制许可"。

1.合理使用。

(1)意义。合理使用是在法律规定的条件下直接无偿使用已出版[1]的有著作权作品，而无须获经著作权人许可的著作权财产权限制制度。

(2)法律要件。《著作权法》第22条规定了合理使用的法律要件。这些要件包括：

①使用标的须为已出版作品。

合理使用制度仅适用于已出版作品。因为，未出版作品涉及发表权，而发表权属于作者专属权，而无他人合理使用的余地。

②须尊重被使用作品的人格权状态。

合理使用制度属于法律对著作权的财产权的限制制度，而不及于其中的作者人

---

〔1〕 我国《著作权法》第22条对"合理使用"作规定时［对应《著作权法》(2020年修正)第24条："I.在下列情况下使用作品，可以不经著作权人许可，不向其支付报酬，但应当指明作者姓名或者名称、作品名称，并且不得影响该作品的正常使用，也不得不合理地损害著作权人的合法权益：(一)为个人学习、研究或者欣赏，使用他人已经发表的作品；(二)为介绍、评论某一作品或者说明某一问题，在作品中适当引用他人已经发表的作品；(三)为报道新闻，在报纸、期刊、广播电台、电视台等媒体中不可避免地再现或者引用已经发表的作品；(四)报纸、期刊、广播电台、电视台等媒体刊登或者播放其他报纸、期刊、广播电台、电视台等媒体已经发表的关于政治、经济、宗教问题的时事性文章，但著作权人声明不许刊登、播放的除外；(五)报纸、期刊、广播电台、电视台等媒体刊登或者播放在公众集会上发表的讲话，但作者声明不许刊登、播放的除外；(六)为学校课堂教学或者科学研究，翻译、改编、汇编、播放或者少量复制已经发表的作品，供教学或者科研人员使用，但不得出版发行；(七)国家机关为执行公务在合理范围内使用已经发表的作品；(八)图书馆、档案馆、纪念馆、博物馆、美术馆、文化馆等为陈列或者保存版本的需要，复制本馆收藏的作品；(九)免费表演已经发表的作品，该表演未向公众收取费用，也未向表演者支付报酬，且不以营利为目的；(十)对设置或者陈列在公共场所的艺术作品进行临摹、绘画、摄影、录像；(十一)将中国公民、法人或者非法人组织已经发表的以国家通用语言文字创作的作品翻译成少数民族语言文字作品在国内出版发行；(十二)以阅读障碍者能够感知的无障碍方式向其提供已经发表的作品；(十三)法律、行政法规规定的其他情形。II.前款规定适用于对与著作权有关的权利的限制。"]，使用的语词为"已发表"作品。国际公约及外国立法例，则使用"Publication work"，该词通常译为"已出版作品"或"已发行作品"。《实施条例》第25条第2款规定："著作权法第2条第2款所称外国人的作品首先在中国境内发表，指外国人未发表的作品通过合法方式首先在中国境内出版。"［对应《著作权法实施条例》(2013年修订)第7条和第8条。第7条："著作权法第二条第三款规定的首先在中国境内出版的外国人、无国籍人的作品，其著作权自首次出版之日起受保护。"第8条："外国人、无国籍人的作品在中国境外首先出版后，30日内在中国境内出版的，视为该作品同时在中国境内出版。"]据该条解释，"发表"则成了"出版"。

格权。因而在合理使用中必须尊重作者的人格权状态，包括保持作者署名和作品本身的同一性，并且标明作品的"出处"，而不得错署或者漏署，也不得破坏和丑化作品，以及不标明出处。

③须限于下列场合和目的：

a.个人使用。即自然人个人自己或者在家庭以及亲密朋友的有限范围内，以学习、研究以及欣赏为目的的使用。其方式包括阅读、展示、表演和少量复制。

b.引用。即为了作为论证的依据而适量征引，以及为了介绍和评论作品而适量引用。所谓"适量"，一指引用量不应过分损害被引作品上的权利；二指引用量不能构成引用作品的主要和实质部分。

c.新闻使用。即为了报道新闻事件而在报道中使用构成该事件要素以及报道中不可回避地会看到、听到或者摄入镜头的作品。

d.传媒转载转播。即大众传媒转载转播其他传媒刊播的未声明不许转载转播的关于政治、经济和宗教主题的社论、评论员文章以及其他作者的言论。[1]

e.讲演作品的传媒刊播。即大众传媒刊播他人在公众集会上发表的讲演词。

f.教学与科研使用。即为课堂教学以及科学研究目的而少量复制和翻译作品。其量度须以不妨害作品的正常使用和过分损害作者的正当利益为限。

g.公务使用。即立法、行政和司法机关在执行自己的公务中使用作品，此项使用，须以不妨害作品的正常使用和过分损害作者的正当利益为限。

h."五馆"复制。即图书馆、档案馆、纪念馆、博物馆和美术馆等馆所为了陈列和保存藏品的必要而复制本馆收藏的作品。

i.无偿表演。即为了公益目的而由演艺人无偿表演作品。[2]此项表演仅指演艺人的现场表演，而对该表演的机械表演则不属之。

j.公共场所美术作品的非接触式使用。即以非接触性方式使用置于公共场所的美术作品，[3]包括摹写、摄影和录像。但接触性使用(有的国家称为"机械复制")则

〔1〕 我国《著作权法》第22条第1款第5项的规定是："报纸、期刊、广播电台、电视台刊登或者播放其他报纸、期刊、广播电台、电视台已经发表的社论、评论员文章"。［对应《著作权法》(2020年修正)第24条第1款第5项："(五)报纸、期刊、广播电台、电视台等媒体刊登或者播放在公众集会上发表的讲话，但作者声明不许刊登、播放的除外。"］但国外立法例多规定得转载和转播的文章仅以政治、经济和宗教主题者为限。

〔2〕 我国《著作权法》第22条第1款第9项使用的文字是："免费表演"。［对应《著作权法》(2020年修正)第24条第1款第9项："(九)免费表演已经发表的作品，该表演未向公众收取费用，也未向表演者支付报酬，且不以营利为目的。"］查免费系指不向观众收费之义。然而在由某些组织邀集演艺人表演的场合，却向表演人付酬。此种情形，仍然可以说属于免费表演，但却有违立法的本意。为了堵塞上述漏洞，《著作权法实施条例》第30条规定："依照著作权法第22条第9项的规定表演已经发表的作品，不得向听众、观众收取费用，也不得向表演者支付报酬。"［在《著作权法实施条例》(2013年修订)中该条已被删除，已吸收进《著作权法》(2020年修正)第24条第1款第9项："(九)免费表演已经发表的作品，该表演未向公众收取费用，也未向表演者支付报酬，且不以营利为目的。"］

〔3〕 我国《著作权法》第22条第1款第10项的文字是："对设置或者陈列在室外公共场所的艺术作品进行临摹、绘画、摄影、录像。"［对应《著作权法》(2020年修正)第24条第1款第10项："(十)对设置或者陈

不属之。

"汉译少"。即把原作为汉文的作品翻译为我国少数民族语文的演绎作品。然而，如果属于自少数民族语文译为汉语的作品，再译为另一种少数民族语文，亦即"少译汉→汉译少"的翻译，则不属之。

以盲文出版。即把非盲文作品改制为盲文出版。

以上各种使用的目的，均体现特殊的政策取向。尽管损害著作权人的利益，但所保护的利益更具有价值。此种价值追求，值得赞同和体味。

（3）法律效果。

①取得在法律限定的方式和范围内使用作品的权利。②依法直接取得上述使用权，而无须获经著作权人的许可。③无偿取得使用权，而无须向著作权人给付任何对价。④该使用权的目的和范围是法律特别规定的，体现法律政策向公共利益和特殊弱者利益的倾斜。前者如教学和科学研究和新闻利益，后者如少数民族和盲人的文化发展利益，等等。

2.法定许可。

（1）意义。法定许可是在法律规定的条件下直接有偿使用有著作权已出版的有著作权作品，而无须获经著作权人许可的著作权财产权限制制度。

（2）法律要件。我国《著作权法》第32条第2款、第35条第2款、第37条第1款后段和第40条第2款规定了法定许可的法律要件，现归纳说明如下：①须作品已合法出版。②须权利人无不许使用的意思表示。③须依法律规定的目的和范围使用，该目的和范围限于：

a.报刊转载其他报刊刊载的作品(第32条第2款)。[1]

b.演艺人的营业性表演(第35条第2款)。[2]

c.制作音像制品(第37条第1款)。[3]

d.制作广播电视节目(第40条第2款)。[4]

列在公共场所的艺术作品进行临摹、绘画、摄影、录像。"删去了"室外"。]我们认为，"室外的"限定是多余的。既然属于公共场所而置有美术作品供公众观赏，就难以禁止而且也不应禁止公众实施摹写、摄影和录像之类的行为。

〔1〕现为《著作权法》(2020年修正)第35条第2款。

〔2〕该款已被删除，《著作权法》(2020年修正)第38条删去了"表演者使用他人已发表的作品进行营业性演出，可以不经著作权人许可"的情况。《著作权法》第38条："使用他人作品演出，表演者应当取得著作权人许可，并支付报酬。演出组织者组织演出，由该组织者取得著作权人许可，并支付报酬。"根据《著作权法实施条例》(2013年修订)第21条："依照著作权法有关规定，使用可以不经著作权人许可的已经发表的作品的，不得影响该作品的正常使用，也不得不合理地损害著作权人的合法利益。"可见现行《著作权法》否定了对已发表的作品进行营业演出的法定许可使用。

〔3〕对应《著作权法》(2020年修正)第42条："I.录音录像制作者使用他人作品制作录音录像制品，应当取得著作权人许可，并支付报酬。II.录音制作者使用他人已经合法录制为录音制品的音乐作品制作录音制品，可以不经著作权人许可，但应当按照规定支付报酬；著作权人声明不许使用的不得使用。"

〔4〕对应《著作权法》(2020年修正)第46条第2款："广播电台、电视台播放他人已发表的作品，可以不经著作权人许可，但应当按照规定支付报酬。"

（3）法律效果。

①内容。法定许可的法律效果是依法直接有偿取得作品在特定目的和范围内的使用权，而无须获经著作权人的许可。具体说来：

a.取得作品的使用权。

b.依法直接取得作品的使用权，而无须获经著作权人的许可。

c.有偿取得作品的使用权，必须向著作权人给付对价。

d.该使用权的目的和范围是法律特别规定的，体现法律政策向公共利益的倾斜。

②与合理使用的区别。法定许可与合理使用同属著作权财产权的限制制度，但在法律效果上存在一项区别，即合理使用下使用权取得是无偿的，而法定许可下则是有偿的。

3.强制许可。强制许可是在法律规定的条件下，经政府批准而有偿取得已出版的有著作权作品翻译权和出版权的著作权财产权限制制度。

关于强制许可，我国《著作权法》无规定。但在《伯尔尼公约》和《世界著作权公约》两公约的1971年附件中有规定。该制度的目的是使发展中国家在获得必需的教育方面的资料时不至于受到恶意阻碍，其要点则是在要约翻译并出版发达国家出版的教育资料作品以供发展中国家使用，然而却不能获得著作权人许可的情况下，通过发展中国家政府的授权而使申请人取得两该权利。由于是以政府的授权来替代著作权人的许可的，等于一国政府依职权强制本国或者他国的著作权人许可翻译和出版，因而该制度被称为强制许可。[1]

---

[1]　现根据《伯尔尼公约》和《世界著作权公约》1971年增补的附件，对强制许可制度归纳如下：

1.法律要件

（1）须作品已在国外发行3年以上。

（2）须作品属于发展中国家必需的教学或科研资料。

（3）须申请人向著作权人要约翻译并在该发展中国家出版。

（4）须著作权人拒绝。

（5）须进而向政府申请。

（6）须政府审核批准。

2.法律效果

强制许可的法律效果是由发展中国家政府依职权而替代在国外出版作品的著作权人，许可申请人翻译该作品并在该国出版。具体说来：

（1）政府依法取得处分权。

政府依照法律的规定替代了著作权人的地位，取得了将标的作品翻译并在该国出版的权利授予申请人的"处分权"。

（2）政府将作品的翻译权和出版权授予申请人。

（3）申请人取得作品的上述使用权。

四、著作权的取得

(一)原始取得

著作权因著作行为而当然取得。如果一件作品持续许多时日才最后完成，那么，在每个时点上，均可以就已著作部分取得著作权。此外，作品不论是否完成、是否发表，均不影响其著作权。

关于著作权取得，无须履行任何手续，诸如登记、缴送样书、署上著作权标记等手续，而当然取得。

在著作权法学上，把获得著作权的作品称为有著作权作品。在今天的比较法上，作品一经著作，即使并未完成，也当然取得著作权。至于有无出版人予以出版，有无其他使用人申请使用，那仅发生合同方面问题，与著作权的有无不是一回事。而当某件作品的内容违反法律，构成法律责任时，当然应依法追究，包括禁止传播；但即使在这种场合，该作品仍然有其著作权，非权利人不能擅自使用。

(二)几种作品的著作权归属

1.法人与非法人团体的作品

我国《著作权法》第11条第3款规定法人和“非法人单位”可以成为作品的作者。[1]

(1)《著作权法》所规定的法人作品的法律要件。

①须作品由法人的工作人员创作。

②须创作活动由法人主持。[2]

---

〔1〕 对应《著作权法》(2020年修正)第11条第3款："由法人或者非法人组织主持，代表法人或者非法人组织意志创作，并由法人或者非法人组织承担责任的作品，法人或者非法人组织视为作者。"

〔2〕 我国《著作权法》第11条第3款所称作品"由法人或者非法人单位主持，代表法人或者非法人单位的意志创作，并由法人或者非法人单位承担责任"，(同上注。)实际上所涉及的均属作品的观点问题，而不涉及作品本身。这是因为：第一，只有观点才与团体的意志有关。第二，只有观点的提炼整合才需要团体成员的集思广益，因而需要主持。第三，更重要的是，也只有违法或者违反组织纪律的观点才需要有人为之负责(应当指出，上述文字所称"由法人或者非法人单位承担责任"，该"责任"的含义应系"政治责任"或刑事责任之谓，而非一般的民事责任。此点必须究明)。既然上述文字所涉及的问题只是作品的观点，而观点却完全属于作品的思想内容，而不属于作品的本体，不属于著作权制度所保护的客体，因而上述文字所规定的其实是与团体取得著作权无关的条件，是说了外行话。应当指出，在某些类型文学艺术作品的创作中，例如，电影和电视剧作品，也是需要主持人的，这就是导演。然而导演所主持的，却完全是如何表现思想或者情感的问题。而不是什么观点的问题。此外，在团体性演艺表演中，例如，乐队的演奏，也是需要主持人的，这就是乐队的指挥。然而与导演相同，乐队指挥所解决的问题，也是如何表现的问题，而不是什么观点的问题。另外，我们看到，导演所导出的电影和电视剧作品，按照我国《著作权法》第16条的规定，[对应《著作权法》(2020年修正)第18条："I.自然人为完成法人或者非法人组织工作任务所创作的作品是职务作品，除本条第二款的规定以外，著作权由作者享有，但法人或者非法人组织有权在其业务范围内优先使用。作品完成两年内，未经单位同意，作者不得许可第三人以与单位使用的相同方式使用该作品。II.有下列情形之

③须作品的观点和内容体现法人意志。

④须作品以法人名义发表。

(2)须探讨的问题:

首先,法人作为作者问题。市民法系国家的著作权制度,肯认作品的人格—财产两位一体性。作者的人格性导源于创作者本质力量的对象化。所谓本质力量,亦即心理力量,包括价值追求以及表现思想和情感的创作能力。价值追求和创作能力是自然人固有的心理能力,法人无从谈起。既然无价值追求和创作能力,遑论创作作品?法人作者问题,还直接关涉对于法人本质的理解。民法之所以肯认社团法人为民事主体,乃完全出于经济考虑。亦即让企业能够取得民事资格,而企业的本质,无论采信"市场替代物"说,[1]抑或采信"诸多契约联结点"说,[2]企业都是为自然人服务的装置和工具,而与心理能力之类的问题根本不搭界,也扯不到文学艺术作品的创作方面去。准此以解,那种把法人硬拉到经济领域之外的创作能力以及人格方面的做法,实在远离了法人制度创制的初衷。在市民法系著作权制度中,原则上否认法人能够作为作品的创作者。只不过对于电影和汇集作品(例如百科全书、辞典以及将报纸或者每期杂志作为一件作品看待),为了著作权行使的便利,同时也为了降低交易成本,才把电影的制作企业和报刊的编辑企业作为"契约的联结点",使企业依法受让取得作品的著作权,以便能够成为许可他人使用电影和汇集作品的处分权人。但是《日本著作权法》却将企业"视为"作者。应当说,这与该国强烈的国家主义文化传统不无关联。除此以外,在典型的市民法系著作权法中,则无类似的立法例。我国《著作权法》明确肯认法人可以成为作品的作者,在逻辑上和民法文

一的职务作品,作者享有署名权,著作权的其他权利由法人或者非法人组织享有,法人或者非法人组织可以给予作者奖励:(一)主要是利用法人或者非法人组织的物质技术条件创作,并由法人或者非法人组织承担责任的工程设计图、产品设计图、地图、示意图、计算机软件等职务作品;(二)报社、期刊社、通讯社、广播电台、电视台的工作人员创作的职务作品;(三)法律、行政法规规定或者合同约定著作权由法人或者非法人组织享有的职务作品。"]其著作权也并非归属于导演所供职的法人或者非法人单位,而是由导演和其他主要创作人员与其供职单位分割地取得。这一规定,适足反证了该法第11条第3款所规定的"主持"恰恰是主持团体意志的形成,而不是作品的创作本身。因为意志是处于著作权所保护的客体之外的东西。故而主持意志形成的活动不能列入创作行为的范畴。

〔1〕 该说认为企业是为了降低交易费用而造出的局部替代市场的"装置",企业在其内部取消了市场,因而也就在其取消了市场的范围内省却了交易费用,从而在总体上降低了交易成本。于是,这种观点认为企业是降低交易费用的经济装置,是市场的替代者。

〔2〕 企业的契约联结点说,认为企业是许多契约的联结点。这些契约包括但不限于:各个股东组建该企业的契约,企业与受雇人其中包括经理人员、管理人员以及劳动者的契约,企业与原材料、资金和能源供应商等的契约,企业与保险公司的契约,等等。而上述诸多卖方与买方、借方与贷方、雇方与佣方、保险方与被保险方等方面的关系,虽然以企业为一方当事人,然而企业却不过是所有股东的集合和代表,因而终极当事人的并不是企业,而是各个股东。然而,如果由各个股东去与各个当事人分别建立买卖、借贷、雇佣和保险等各项关系,那么,不但其间关系复杂如蛛网,而且其交易费用也将不堪其负。从而是极不经济、不现实的。与此相反,如果通过企业去建立和实现上述关系,问题就变得相当简单、相当容易了。当事人之间的权利义务关系也变得简单而明了。这当然十分有利于界定"产权"。因此,在这种观点看来,企业就是股东与股东之间,股东与买卖、借贷、雇佣和保险等交易对手之间的诸多契约的联结点。

化上都是值得再探讨的。

其次，"非法人单位"成为作品作者问题。"非法人单位"成为作品作者问题，其体系违反则更加严重。"非法人团体"并无民事能力，无从享权担务，如何可以成为著作权的享有者？我国《著作权法》还规定"非法人单位"可以成为邻接权人，这同样属于体系违反，自不待言。

最后，关于法人及非法人团体的意思表示与著作权。在现实生活的某些场合，确有由法人或者非法人团体以自己的"身份"发表声明、以表明观点的实际需要。这种表明观点语言文字，当然必须以法人或非法人团体的名义发表。这是否意味着法人和非法人团体作为作者了呢？不然。原因在于，表明态度与取得该态度借以表述的作品的著作权，完全是两回事，不容混淆。法人有意思能力，因而完全可以实施意思表示，表明自己的态度。非法人团体虽然没有权利能力和意思能力，然而也完全可以有其成员的共同意思，如果该意思属于法律行为，那么，应当认为是其成员合伙的或者共同的行为。至于表态所产生作品的著作权，则不同。法人没有创作作品的能力，因而不可能成为作品的作者。非法人团体连主体资格都没有，根本谈不上创作问题和作为作者的问题。自逻辑言之，该作品均属自然人创作的职务作品。

2.职务作品。

(1)法律要件。职务作品的法律要件，我们已在第二节第三目作过说明，现再归纳如下：1)须作品由团体的工作人员创作。2)须创作行为属于履行职务。3)须作品发表时依约由其实际创作人员以作者资格署名。

(2)著作权的归属。依《著作权法》第16条的规定，[1]职务作品的著作权的归属是分割式的，即不是将完整的著作权归属于有关各方中的任何一方，而是把下位权利分配给双方。此种分配分为两种样态：即大部分权利归属于创作人的样态，和大部分权利归属于法人或者非法人团体的样态。

①大部分权利归属作品的创作人。

a.权利分配。组织职务作品创作的法人(或者非法人团体)取得为满足其目的事业需要而排他性使用作品的为期两年的权利。申言之，该使用权须以满足目的事业需要为目的；权利具有排他性，纵使创作人亦不得竞争性地使用作品；权利期间为两年。

著作权中除上述特别使用权之外的权利归属于作品的实际创作人。

b.特殊法律要件。作品不属工程设计和产品设计图纸、计算机软件以及地图。

②大部分权利归属法人(或者非法人团体)。

a.权利分配。署名权归属于作品的实际创作人，著作权中的其余权利均归属于法人(或者非法人团体)。

b.特殊法律要件。

---

〔1〕 对应《著作权法》(2020年修正)第18条(见第482页注2)。

(a)须作品属于工程设计和产品设计图纸、计算机软件以及地图。

(b)须作品的创作主要依靠法人(或者非法人团体)为之提供的物质技术条件。

所谓物质技术条件,依《著作权法实施条例》第15条规定,"指为创作专门提供的资金、设备或者资料。"[1]

3.电影作品、电视作品和录像作品。依《著作权法》第15条的规定,电影作品、电视作品和录像作品的著作权,分割地归属于主要创作人员(该条称之为"作者")和制片人。[2]这里的制片人,是指为作品创作提供物质技术条件的人,例如电影制片厂、电视台等。主要创作人员包括"导演、编剧、作词、作曲、摄影师",[3]他们取得各自的署名权。著作权中除此之外的其余权利则统统归属于制片人。著作权法的上述规定,主要是为了便于作品的许可使用。电影、电视和录像作品,是集艺术创作与技术于一体的作品,必须由多数人共同完成,另外,此类作品又以他人使用为目的。而在许可使用中,尽量使合同易于订立,使用要约人无须同导演等诸多创作人员逐个协商,而只需同制片人签订合同就可以,这样做,极大地简化了讨价还价的程序,大大降低了交易费用。因而是有意义的。

4.受托创作作品。即受他人委托而为该人创作的作品。

关于受托创作作品,其著作权归属,有不同的立法例。在市民法国家,通常规定由创作人取得著作权。但在普通法国家,则允许约定著作权的归属。我国《著作权法》仿普通法国家的立法例。该法第17条规定,只有当事人无约定时,著作权方归属于受托人亦即实际创作人。[4]

(三)继受取得

1.依法律行为。著作权中的使用权可移转于他人,该行为亦得以遗嘱为之。取得美术作品原件的人,同步取得该作品的展示权(《著作权法》第18条)。[5]有著作权的法人终止时,其著作权由其财产继受人取得。

---

〔1〕 对应《著作权法实施条例》(2013年修订)第11条第2款:"著作权法第十六条第二款关于职务作品的规定中的'物质技术条件',是指法人或者该组织为公民完成创作专门提供的资金、设备或者资料。"

〔2〕 对应《著作权法》(2020年修正)第17条:"I.视听作品中的电影作品、电视剧作品的著作权由制作者享有,但编剧、导演、摄影、作词、作曲等作者享有署名权,并有权按照与制作者签订的合同获得报酬。II.前款规定以外的视听作品的著作权归属由当事人约定;没有约定或者约定不明确的,由制作者享有,但作者享有署名权和获得报酬的权利。III.视听作品中的剧本、音乐等可以单独使用的作品的作者有权单独行使其著作权。"

〔3〕 从国外立法例看,电影和电视作品的主要创作人员是:导演、编剧、美工师、摄影师和作曲家。此外,有演艺人表演的电影,例如故事片、戏曲片、电视剧等,尚包括主要演员。上述立法例是符合电影和电视剧创作实际的。我国《著作权法》的这一规定显然是不完全的,遗漏了美工师和主要演员。

〔4〕 现为《著作权法》(2020年修正)第19条。

〔5〕 对应《著作权法》(2020年修正)第20条:"I.作品原件所有权的转移,不改变作品著作权的归属,但美术、摄影作品原件的展览权由原件所有人享有。II.作者将未发表的美术、摄影作品的原件所有权转让给他人,受让人展览该原件不构成对作者发表权的侵犯。"

2.依继承。自然人作者死亡时，其著作财产权依继承移转。权利继受人死亡时，仍可再依继承移转。

3.依法律规定。如上所述，有著作权的法人终止时，其著作权由其财产继受人取得。如果其继受人为国家，则由国家依法取得。

第四节　著作邻接权

一、概说

唱片问世之后，演艺表演的声音得以独立于演艺人而存在。从而意味着，欣赏演艺表演可以无须去看现场演出，只要听唱片就可以了。诚然，唱片作为文化传播工具的价值，功不可没。唱片制作人的经济和智慧投入，应当得到社会的肯认。然而，当许多人靠听唱片而不是看现场演出而满足音乐和戏剧等的欣赏时，演艺人发现自己的市场被唱片商蚕食了：收入减少，甚至出现了唱片吃掉艺术家的"机械性"失业问题。广播问世之后，唱片商遭遇了演艺人早些时候已经遭遇的命运。当电视出现，尤其是盒式录音录像带、CD、VCD、DVD等接踵走进家庭时，上述利益失衡问题更加严重。盗版音像制品使音像制作业遭到沉重的打击。

演艺人和广播事业人的利益也受到严重影响。在法律上妥善调整演艺人、音像制品制作人、广播事业人和广大消费者之间的关系的迫切需要，呼唤邻接权制度的诞生。早在1936年奥地利即开始对于演艺人的邻接权保护，20世纪40年代，意大利开始保护演艺人和唱片制作人的权利。接着，德国、法国等国家起而效法。1961年在罗马签订了"保护表演人、录音制品制作人和广播事业人公约"（简称《邻接权公约》或《罗马公约》）。后来，又出现两个保护邻接权的专门公约，即1971年在日内瓦签订的《保护录音制品制作人防止擅自复制该制品公约》（简称《唱片公约》，缘于公约订立时称保护唱片制作人防止擅自复制其唱片公约），我国于1992年参加了该公约，以及1974年在布鲁塞尔签订的《关于播送卫星传播节目信号公约》（简称《卫星公约》）。应当指出，在欧洲大陆，立法肯认邻接权的国家并不多，参加上述公约的国家也不很多。另外尚需指出，采用非著作权的邻接权格局，保护与作品传播有关的智慧权，是欧陆国家的模式。在美国以及接受其影响的国家，则采用版权模式保护上述权利，认为演艺人、音像制品制作人和广播事业人的权利，是同文学艺术作品作者的权利同样性质的权利，并且都一律叫做"Copyright"。

二、邻接权的意义

(一)意义

邻接权是直接支配演艺表演、音像制品和广播电视节目等与传播作品有关的智慧产品并享受其利益的知识产权类型。

(二)说明

1.邻接权的客体是与再现和传播作品有关的智慧产品。邻接权的客体是什么,我国立法和国际公约未作一般规定,学说也尚未形成成熟的概括。我们认为,邻接权的客体一般是与再现和传播作品和"前作品"(即已逾保护期间的作品)有关的智慧产品。邻接权的客体共有三个类型,即演艺表演、录音录像制品和广播电视节目。其中演艺表演是通过表演语汇和其他手段、对于文学艺术作品和前作品等加以再现的行为或者信号集合。[1]录音录像制品主要是记录演艺表演和其他表演,以及其他声音和连续图像的密码型信号集合,也是与再现和传播作品有关的智慧产品。而广播电视节目则记录了用供广播的演艺表演以及其他表演的电波密码信号,也是与再现和传播作品有关的智慧产品。把上述邻接权的诸客体的共同本质归纳一下,可以看到,它们基本上都是与再现和传播作品有关的智慧产品。

2.邻接权是直接支配演艺表演、音像制品和广播电视节目并且享受其利益的知识产权。邻接权与知识产权的其他类型一样,也是直接支配作为客体的智慧产品并且享有其利益的权利,只不过它的客体是演艺表演、音像制品和广播电视节目罢了。

3.邻接权是邻接于著作权的知识产权。市民法系著作权法理念认为,对于文学艺术作品的演艺表演,虽然也属创作行为,但其创作性尚达不到创作文学艺术作品那样的高度,从而其产品——演艺表演——尚不足以构成演绎作品。易言之,演艺表演不是作品,因而不能得到著作权制度的保护。同理,把表演作品的演艺表演记录下来,制成录音录像制品或者广播电视节目,其创作性品位也达不到创作作品那样的智慧高度。音像制品和广播电视节目也还不是文学艺术作品,也不能得到著作权的保护。然而,演艺表演、音像制品和广播电视节目毕竟属于创作行为的产品,亦即智慧产品,因而应当给予知识产权的保护。以它们为客体的知识产权虽然还不是著作权,然而毕竟接近或者邻近著作权,因而称之为"'相邻'于著作权的权利",汉语译为"著作权邻接权",简称"邻接权"。然而,在美国以及接受其影响的国家中,

---

[1] 演艺表演的最基本客体是作品、前作品和民间文学艺术作品。诚然,表演的客体也包括其他的智慧信号,例如,演艺人用自己的嘴或者乐器模仿自然声响。在这种场合,被表演的东西就不是作品等。然而,表演这类客体的情况毕竟非常少。在不精确的意义上,甚至可以忽略不计地说,演艺表演是再现和传播作品和前作品的行为。由于该类行为也是人的智慧产品,即活劳动形态的智慧产品,因此也可以说,演艺表演基本上是再现和传播作品的智慧产品。

却没有采用邻接权的术语和制度。那里将演艺表演、音像制品和广播电视节目统统都视为作品，都可以它们为客体而赋予"Copyright"，因而无须专门造出"邻接权"来称谓。

(三)外延

在肯认邻接权的国家，关于邻接权外延的规定也不一致。但多数均肯认表演人权、音像制品制作人权和广播事业人权。1961年，在罗马签订的《保护表演人、录音制品制作人和广播事业人公约》(简称《邻接权公约》或《罗马公约》)所肯认的也是这三项权利。我国《著作权法》第四章则规定了四种"与著作权有关的权益"，除上述三种国际公认的权利之外，还包括"出版者对其出版的图书和报刊享有的权利"。该权利又包括"专有出版权"和"图书装帧版式权"。其中的专有出版权并不属于邻接权，国内学说就此早已形成共识。本书不把专有出版权纳入邻接权讨论。

三、邻接权的客体和内容

(一)邻接权的客体

1.各论。依据《著作权法》第四章的规定，邻接权的客体是演艺表演、音像制品、广播电视节目和图书装帧版式设计。

(1)演艺表演。演艺表演是演艺人运用自己的语言、歌唱、面部和形体演艺语汇以及操作乐器产生声音所形成的再现作品等的智慧信号集合。

演艺表演是"演艺人的表演"之谓。上述定义表明：

①演艺表演是演艺人的活劳动。首先，表演体对应活劳动，而不是物化劳动。活劳动的特点在于，产品的生产行为和消费行为的同步和直接同一，而没有物化为独立于劳动者的实物产品。基于这一点，可以把表演与表演的有形记录物区分开来。后者即音像制品和广播电视节目。其次，表演须以演艺人的演艺器官实施。演艺器官指自然人的嘴、眼、面部、手和四肢等。机械表演不属之。

②演艺表演须再现作品等。表演的标的，必须是作品、前作品和民间文学艺术作品。上述标的，我们将其简称为"作品等"。凡不以作品等为标的的"表演"，例如体育竞赛、竞技活动、马戏、杂技等，则不属之。演艺表演须以作品等为标的这一点，是由邻接权与作品的传播有关的性质规定的。显然，如果不再现作品的"表演"也可以成为赋予邻接权的表演，那么，它就背离了邻接权与著作权有关的本质规定性。

③演艺表演是再现作品等的活的智慧信号集合。演艺表演作为活劳动，它同步地体对应劳动产品。如上文所述，活劳动的特点在于，劳动产品的产出过程与劳动产品的消费过程直接同一。但不等于说活劳动无产品，而只是说无物化产品罢了。

表演作为劳动，其产品就是该表演本身，这是不能独立于表演人而存在的非实物产品，是活的智慧信号集合。正是演艺表演的这一性质，规定了表演人权这种邻接权包含对于表演信号集合的记录权、现场直播权等。

我国《著作权法》对于演艺表演，没有规定如同作品那样的须能记录于有形载体的法律要件。

（2）音像制品。音像制品，是电影、电视和录像作品之外的、记录声音和连续活动图像、可以借助技术装置予以再现、复制和广播的制品原件。《著作权法实施条例》第6条规定："录音制品，指任何声音的原始录制品。""录像制品，指电影、电视、录像作品以外的任何有伴音或者无伴音的连续相关形象的原始录制品。"[1]

上述定义表明：

①音像制品是利用现代留声、电磁录音和录像技术的制作的信号集合。音像制品是现代录音和录像技术，亦即以非电影手段记录声音和连续活动图像技术的产儿，须以利用该技术为要件。如果所记录的不是可以再现的声音和连续活动图像的电子信号，便不属音像制品。

②音像制品属于非作品信号集合。音像制品是不能充分作品的全部法律要件的智慧产品。所以，我们说除了"电影作品、电视作品和录像作品之外"。与此相反，音像制品如果能够充分作品的全部法律要件，那么便属于作品，而作品是受到著作权保护的，因而无须通过邻接权制度加以保护。

③仅仅指制品的原件。复制品则不属之。

（3）广播电视节目。广播电视节目是通过无线电频道或者电缆传送的供非现场公众借助接收机而再现的声音、图像及二者的组合。广播电视节目是无线电广播节目和电视节目的合称。上述定义表明：

①广播电视节目是利用广播电视技术制作的表演密码。广播电视节目，从其再现后的终极样态来看，无非是纯语音和乐音节目、纯图像节目、纯连续活动图像节目、有伴像的语音和乐音节目、有伴音的图像节目和有伴音的连续活动图像节目。这些节目，本质上都是演艺表演和机械表演。然而，广播电视节目并不是指接收机解密后的普通听众和观众可以理解的那种表演，而是指源表演，即利用广播电视技术调制的负载表演的可还原的电波密码信号集合。就是说，已经调制为密码信号，该信号负载了普通表演信号，经过解密装置如收音机、电视机，可以将密码还原为普通表演信号。关于这些基于广播电视技术的要件，我们在下文第②项、第③项加以讨论。

②广播电视节目传送给非现场公众的信号集合。广播电视节目不是现场用节目，而是传送用节目，它要传送给现场之外的公众去使用。

---

〔1〕 对应《著作权法实施条例》（2013年修订）第5条第2项："（二）录音制品，是指任何对表演的声音和其他声音的录制品。"

③广播电视节目是通过广播和电视广播手段传送给非现场公众的信号集合。将表演传送给非现场公众，必须通过专门技术。无线电广播、有线电广播、电视传播和有线电视传播技术，就是现代的专门传输技术。为保证传输的特殊需要，普通表演被负载到经调制的电波上了。

（4）图书装帧和版式设计。图书装帧和版式设计，是使图书期刊外观和书刊报纸文图编排实用和富于美感的设计。装帧和版式设计是装帧设计和版式设计的合称。上述定义说明：

①图书装帧和版式设计是对书刊的设计。书刊装帧和版式设计，顾名思义，是在以图书、期刊、和报纸的形式复制作品、前作品和民间文学艺术作品的场合，对其产品即书刊报纸的外观设计。专利中有工业品外观设计。我们可以说装帧和版式设计是特种工业品外观设计。然而必须指出，作为专利的工业品外观设计，以获经国家专利机关的审核为要件。在未通过上述审核之前，尚不能取得工业品外观设计的法律地位。书刊报纸装帧和版式设计却不然，不以上述审核为要件。

②图书装帧和版式设计是对图书外观和文图编排的设计。图书是装订成册的出版物。装帧设计是对图书期刊作为一个整体进行的造型、设色和包装设计，版式设计则是对书刊正文文字和图片编排的平面布局设计。然而应当指出，为图书设计封面、创作插图，会产生美术作品，那么是可以取得著作权，因其无须邻接权的保护，从而不属装帧和版式设计了。

③图书装帧和版式设计是使图书外观和文图编排提升实用性和富于美感的设计。装帧和版式设计的功能，是使图书整体和页面提升其实用性，例如便于阅读、携带，提升耐磨损度，等等，此外，还使图书整体和页面富于美感。

2.客体一般。

（1）与作品有关但其创作性品位低于作品的智慧信号集合。邻接权的客体一般，如上文所述，是使作品等得以再现和传播的智慧信号集合。不过其创作性没有达到作品创作性的高度，还不足以产出独立地表现思想或者情感的文学艺术作品。例如，演艺表演，只是对于既有作品等的再现，尽管包含着再创作，增加和提升了作品的美学价值，然而尚难谓为演绎作品。至于音像制品和广播电视节目，往往是对表演的记录，其距演绎作品的要求则更远了。市民法系著作权法理论，坚持分辨和区别对待智慧劳动的创作性高度。进而归纳出邻接权制度来专门肯认达不到作品创作高度的智慧劳动。这种用心，不无道理和实义，然而学说中也不是没有异说的。在美国以及继受其版权制度的国家，并不区别文学艺术作品和邻接权客体，一律给予版权保护，目前，国际社会也积极探讨给予邻接权更高保护之道，这一动向，颇值关注。

（2）人格—财产的两位一体性。邻接权客体，尽管其创作性品位低于文学艺术作品，然而也同作品一样，因而具有人格—财产两位一体性。其财产属性不言而喻，其人格属性也不难想见，都是其创作者本质力量的对象化，而构成创作者名誉的重要要素。以演艺表演为例,它外化着表演人的人格,特别是文化传承和修养、价值观、艺术观以及表演能力,等等。任何演艺人的表演都不会相同于同行的同一内容的表演,即使刻意模仿也做不到韵味的分毫不差。因为"演"如其人。音像制品和广播电视节目也莫不如此。然而,在立法上充分肯认邻接权诸客体的人格性质的实例,却几乎没有。令人欣慰的是,我国著作权法肯认表演人的署名权和反丑化权,肯认了演艺表演的人格属性,具有先进性,尽管并未肯认音像制品和广播电视节目的人格属性。此外,近年来,世界知识产权组织(WIPO)正致力于组织新的邻接权国际公约,在草拟的文本草案中,即建议给予演艺表演人和音像制品制作人以人格权的保护,其保护程度几乎等于文学艺术作品作者的人格权。这一国际公约的立法动议,颇值注意。

关于邻接权各个类型的具体内容,我们将在以下各目予以讨论。

(二)邻接权的内容

邻接权是对于再现和传播作品等的智慧产品直接支配并享有其利益的权利。自学理而言,源于客体的人格—财产两位一体性,邻接权也是人格权—财产权两位一体的知识产权。其中的人格权体对应对于客体的人格一面的直接支配并享受利益,具体包括创作人署名权和使用中的同一性权利。而财产权则体对应对于客体的财产一面的领有、使用、收益和处分的综合性权利。

关于邻接权各类型的具体内容,我们将在本节以下各目进行讨论。

四、邻接权的取得及其财产权的法律限制

(一)邻接权的取得

邻接权的取得,适用著作权取得的规范。

(二)邻接权财产权在法律上的限制

邻接权财产权在法律上的限制,适用著作权财产权在法律上的限制。

五、表演人权

(一)内容

依《著作权法》第36条的规定,[1]表演人的邻接权包括:(1)署名权。(2)保护表

---

〔1〕 对应《著作权法》(2020年修正)第39条:"I.表演者对其表演享有下列权利:(一)表明表演者身份;(二)保护表演形象不受歪曲;(三)许可他人从现场直播和公开传送其现场表演,并获得报酬;(四)许可他人录音录像,并获得报酬;(五)许可他人复制、发行、出租录有其表演的录音录像制品,并获得报酬;(六)许可

演完整权。(3)录音权。(4)录像权。(5)机械表演权。(6)广播权。(7)收益权。现说明如下：

1.署名权。指在表演活动中以及在其记录载体或者制品上标记姓名的权利。

2.保护表演完整权。指对于表演形象的记录与原表演须具有同一性的控制权，亦即反丑化权。

3.录音权。指以录音技术对表演记录的权利。非经表演人许可，任何人不得录制表演，以及制作记录表演的录音制品。但法律另有规定者不在此限。

4.录像权。指以电子录像技术对表演记录的权利。非经表演人许可，任何人不得录制表演，以及制作记录表演的录像制品。但法律另有规定者不在此限。

5.机械表演权。指借助解读装置或其他终端设施，以自然人可以理解的信号再现记录表演的录音、录像制品的控制权。非经表演人许可，任何人不得播放录制表演录音、录像制品，但法律另有规定者不在此限。

6.广播权。指通过电缆或者无线电技术使表演现场之外的人同步地看到、听到或者既看到又听到的该表演的控制权，亦即现场直播权。非经表演人许可，任何人不得作上述传播，但法律另有规定者不在此限。

广播权尚包括非现场直播，即通过电缆或者无线电技术播放记录表演的录音或者录像制品，亦即对机械表演加以广播。表演人也享有此项权利。

7.收益权。指对表演、表演的录音、录像、机械表演以及广播的收费权。

此外，国外有肯认"追及权"的立法例。所谓"追及权"，即对记录表演的录音、录像制品在商业使用中所获收益提取分成的权利。

(二)期间

依《著作权法》第42条第2款，邻接权的保护期间为50年。[1]

六、音像制品制作人权

(一)内容

1.署名权。即在音像制品的原件上以及一切复制本上标记制作人姓名的权利。此项权利，著作权立法无规定，然而一直受到邻接权习惯法的肯认和有效保护。

2.保护制品完整权。即保护音像制品原件的完整及一切复制本均与原件保持同一性的权利。

他人通过信息网络向公众传播其表演，并获得报酬。Ⅱ.被许可人以前款第(三)项至第(六)项规定的方式使用作品，还应当取得著作权人许可，并支付报酬。"

　[1]　对应《著作权法》(2020年修正)第47条第3款："本条第一款规定的权利的保护期为五十年，截止于该广播、电视首次播放后第五十年的12月31日。"

此项权利,著作权立法无规定,然而一直受到邻接权习惯法的肯认和有效保护。

3.复制权。即对于音像制品复制的控制权。非依法律规定或经权利人许可,任何人均不得予以复制。非法复制,即构成侵权行为,俗称盗版行为。

4.发行权。即发行音像制品复制本的控制权。

5.机械表演权。即借助解读装置或其他终端设施,以自然人可以理解的信号再现所记录的音像的控制权。此项权利,著作权立法无规定,然而一直受到邻接权习惯法的肯认和有效保护。

6.许可权。即许可他人复制和营利性机械表演音像制品的权利。

7.收益权。即在许可他人使用的场合收取约定的使用费的权利。

(二)期间

依《著作权法》第39条第1款规定,音像制品人权的期间为50年,自首次出版之日起,至第50年的12月31日止。[1]

七、广播事业人权

(一)内容

1.署名权。即在所创作的广播电视节目原件上署上创作人姓名,以及在使用中标记和宣示该姓名的权利。

此项权利,著作权立法无规定,然而一直受到邻接权习惯法的肯认和有效保护。

2.保护节目完整权。即保护节目原件的完整及在使用中与原件保持同一性的权利。

3.广播权。以无线、有线和电视传播方式使用节目的权利。

4.复制权。即以录音、录像手段及其他手段对节目实施复制的权利。

5.许可权。即许可他人使用节目的权利。无论广播使用抑或复制使用,均得许可之。

6.收益权。即在许可他人使用的场合收取约定的使用费的权利。

(二)期间

依《著作权法》第42条第2款规定,广播事业人权的期间为50年,自首次广播之日起,至第50年的12月31日止。[2]

---

〔1〕 对应《著作权法》(2020年修正)第44条第1款:"录音录像制作者对其制作的录音录像制品,享有许可他人复制、发行、出租、通过信息网络向公众传播并获得报酬的权利;权利的保护期为五十年,截止于该制品首次制作完成后第五十年的12月31日。"

〔2〕 对应《著作权法》(2020年修正)第47条第3款:"本条第一款规定的权利的保护期为五十年,截止于该广播、电视首次播放后第五十年的12月31日。"

八、图书装帧和版式设计人权

(一) 内容

1.署名权。即在装帧和版式设计的原件及一切复制本上署上设计人姓名的权利。此项权利，著作权立法无规定，然而一直受到邻接权习惯法的肯认和有效保护。

2.保护设计完整权。即保护设计原件的完整及一切复制本均与原件具有同一性。此项权利，著作权立法无规定，然而一直受到邻接权习惯法的肯认和有效保护。

3.使用权。即使用设计，以满足需要的权利。

4.许可权。即许可他人使用设计的权利。

5.收益权。即在许可他人使用的场合收取约定的使用费的权利。

(二) 期间

著作权立法无其规定。

第二十六章　专利权

第一节　导论

一、专利的意义

汉语中"专利"一词,出自《左传》"唯我知女,女专利而不厌"[1]这里的专利是指独占利益的意思,显与专利法之"专利"意义不同。被公认为世界上第一部现代含义的专利法于1623年诞生于英国。[2]专利法之"专利"就是英文Patent的迻译。Patent有"首创""公开""独享"等含义,[3]因此,世界知识产权组织总干事D.A.Bogsch(鲍格胥)曾建议在汉语中找一个与Patent相当的词来代替"专利",以免引起汉语文化圈的人们对专利制度的误解。所以,专利法所称之"专利"的含义是与Patent对应的。其以"旧瓶装新酒"的办法来合致两种不同语言的理念冲突,也可以说是汉文字在吸纳外来语方面所表现出的应变能力和独特的表达方式。

据此,可以把专利定义为:对于公开的发明制造所享有的独占权。[4]

二、专利制度的功能及价值

专利制度的基本功能就是将发明创造作为专利,赋予发明者本人。发明创造作为科学技术,是社会生产力最重要的组成部分,理应成为全人类的共同财富,但为什么要将其置于个人的垄断之下呢? 这是对专利制度感到迷惑不解的人们,最常要提出的一个问题。

今天在地球各个角落的人们能同时观看由卫星传播的世界杯足球赛;可视电话已能使身处大洋两岸的至爱亲朋进行似坐一室的对话。人类物质生活的提高,无一不与发明创造相联。既然文明社会的财富凝聚着发明者的天才和血汗,享受者们理应酬谢报答,将他们载入史册或给他们荣誉,或如"牛顿定律"那样以他们的名字

---

[1]《十三经注疏》,中华书局1980年影印版,第1789页。

[2] 即英国国会制定和颁布的《垄断法规》(The Statute of Monopolies)。

[3] 英文Patent来源于拉丁文Patere,意思是"摆出来的衣服挂钩"。

[4] Patent既有专利又有专利权的意思。

称呼他们的发明，当然这也算是一份心意。但是，如何来补偿发明者为发明创造所付出的脑力劳动和物化劳动的价值，使他们天才般的智慧能为人类创造更多的财富呢？这就是专利制度的价值判断之所在：承认发明创造成果的价值和使用价值，尊重发明者的劳动，以法律的形式肯认发明者对其成果的一定期限的独占权，使他们能通过实施发明收回投资，获取利润，从而为创造更多的发明准备物质条件，当独占期限届满后，就解消发明者的垄断权，发明创造遂归于全人类。这就是专利制度为发明创造在发明者和全人类之间架起的一座桥梁，其对发明者个人利益和全人类利益的整合价值，已成为当今文明社会的共识。以专利实施所积累的财产而设立的诺贝尔奖奖金(Nobel Prize)，[1]就是专利制度这一整合价值最完美的体现。我们不妨将美国第16任总统林肯(A.Lincoln, 1809—1865)的一段讲演为此注脚："在没有专利法以前，随便什么人，随便什么时间，都可以使用别人的发明，这样发明人从自己的发明中就得不到什么特别的利益了。专利制度改变了这种状况，保证发明人在一定时期内对自己的发明独占使用，因此给了发明和制造实用新物品的天才之火添加了利益之油。"[2]

三、专利规范

依《民法通则》的体例，专利权属民事权利范畴，故专利规范基础由以下三部分构成：(1)《民法通则》及最高人民法院司法解释中关于专利的规范。(2)《专利法》(1992年)。(3)《专利法实施细则》。

第二节　专利权的主体

一、概说

专利权的主体，是指能取得专利权资格的主体。当然就客观条件而言，具有自然人或法人资格的民事主体都能成为专利权的主体，但就主观条件言之，只有作出发明创造的人才能成为专利权的主体。所以，本节论及的专利权主体，就是指各种具备主观条件的民事主体。

---

〔1〕 诺贝尔(A.B.Nobel)，瑞典化学家，在其化学研究生涯中共获得255项专利，他也因此成为百万富翁，诺贝尔奖奖金就是由他提供的基金。

〔2〕 这是林肯于1860年2月22日论"发现、发明及改良"的演讲中的一段话。现美国专利局门口的石壁上即镌刻着"为天才之火添加利益之油"的格言。

二、发明人或设计人

发明人,是指发明或实用新型的创造人;设计人是指外观设计的制作人。发明创造是"人脑的专利",故其只能由自然人作出。因此,发明人或设计人是当然的专利权主体。

三、社会组织

社会组织是涵纳了法人组织的概念,这里不直接使用法人,是因为专利权主体除法人外,还有不具备法人资格的社会组织,例如某些民办科研机构、私营企业等,学理上称之为非法人团体。《专利法》是用"单位"一词来涵盖法人和非法人团体的。社会组织没有生物学意义上的"脑子",当然也作不出发明。但是在社会组织中供职的自然人如基于职务而作出的发明,就归属其所在的社会组织。故社会组织可因职务发明而成为专利权的主体。由于职务发明的法律效果直接剥夺了自然人的权利,因此,如何界定职务发明就成了专利法的一大难题。国外立法例多规定由雇主与雇员在雇佣合同中约定此项权利的让渡与否。我国《专利法》则以法律的规定代替当事人的约定。下面就我国法律的规定,对职务发明作一界定:

(一)职务发明的意义

是指自然人在执行本单位的任务或主要是利用本单位的物质条件所完成的发明创造。(《专利法》第6条)[1]在比较法上,职务发明也谓之雇佣发明。

(二)职务发明的构成要件

符合以下条件之一的,即属职务发明:(《专利法实施细则》第10条)[2](1)在本职工作中完成的发明创造。(2)履行本单位交付的本职工作以外的任务所作出的发

---

〔1〕 对应《专利法》(2020年修正)第6条:"I.执行本单位的任务或者主要是利用本单位的物质技术条件所完成的发明创造为职务发明创造。职务发明创造申请专利的权利属于该单位,申请被批准后,该单位为专利权人。该单位可以依法处置其职务发明创造申请专利的权利和专利权,促进相关发明创造的实施和运用。II.非职务发明创造,申请专利的权利属于发明人或者设计人;申请被批准后,该发明人或者设计人为专利权人。III.利用本单位的物质技术条件所完成的发明创造,单位与发明人或者设计人订有合同,对申请专利的权利和专利权的归属作出约定的,从其约定。"

〔2〕 对应《专利法实施细则》(2023年修订)第13条:"I.专利法第六条所称执行本单位的任务所完成的职务发明创造,是指:(一)在本职工作中作出的发明创造;(二)履行本单位交付的本职工作之外的任务所作出的发明创造;(三)退休、调离原单位后或者劳动、人事关系终止后1年内作出的,与其在原单位承担的本职工作或者原单位分配的任务有关的发明创造。II.专利法第六条所称本单位,包括临时工作单位;专利法第六条所称本单位的物质技术条件,是指单位的资金、设备、零部件、原材料或者不对外公开的技术信息和资料等。"

明创造。(3)退职、退休或调动工作1年内完成的，与其在原单位承担的本职工作或分配的任务有关的发明创造。

四、合法受让人

合法受让人，是指依有偿或无偿转让、继承等方式承受专利权的自然人和社会组织。专利经合法受让后，受让人就成为专利权的主体，让与人或被继承人的专利权主体资格即行消灭。但基于专利权是"两权一体"的民事权利，专利人身权永远属于发明人或设计人，不因受让而转移。

五、外国人与外国组织

所谓外国人，是指不具有中国国籍的自然人；所谓外国组织是指依外国法律在外国注册的企业或其他组织。对于外国人或外国组织的专利权主体资格，专利法采取了区别对待的办法：

1.对于在中国境内有经常的居所或营业所的外国人或外国组织，可以享受和中国公民或社会组织相同的待遇，即国民待遇。[1]

2.对于在中国境内没有经常的居所或营业所的外国人或外国组织，应依国际条约、双边协议或互惠原则确定其专利权主体资格，即(1)其所属国与我国有双边协议或共同参加的国际条约的，依协议或条约办理(《专利法》第18条)。[2](2)其所属国与我国无双边协议或共同参加的国际条约的，依互惠原则办理(同上条)，亦即依其所属国给予中国公民的待遇，确定其待遇。

第三节　专利权的客体

一、概说

专利权的客体，是指专利权主体的利益所指向的对象，亦即作为专利的发明创造。发明创造作为人类智慧结晶，是丰富多彩的，但能成为专利权客体的发明创造，仅仅是人类多种多样的发明创造中的一部分，依《巴黎公约》和《专利法》的规定，仅限定于发明、实用新型和外观设计三类。

---

〔1〕《专利法》对此未有明文规定，但依我国于1984年加入的《保护工业产权巴黎公约》(以下简称《巴黎公约》)第3条的规定，对外国人或外国组织的专利权主体资格，应以此确定。

〔2〕 现为《专利法》(2020年修正)第17条。

二、发明

发明是指对产品、方法或其改进所提出的新的技术方案(《专利法实施细则》第2条第1款)。[1]亦即发明包括下列三类成果：

1.产品发明。也称物品发明，是指发明人在创造性劳动中得到的一种前所未有的产品，其发明的思想是通过具体的产品体现出来的。例如晶体管、计算机的发明。

2.方法发明。是指在已有的产品上应用和体现出来的一种前所未有的创造性方法，其发明的思想是通过制作产品的具体过程体现出来的。即以一种新的制造方法来生产已有的产品，这一方法也可作为发明获法律的保护。

3.改进型发明。一般是指对产品发明或方法发明的应用、改良过程中所作出的发明，其实质是对已有产品发明或方法发明的完善和提高。

三、实用新型

实用新型(Utility Model)，其原意是指实惠而又有用的产品新样式。《专利法实施细则》第2条第2款对此定义为："实用新型是指对产品的形状构造或者其结合所提出的适于实用的新的技术方案。"[2]实用新型仅是指产品实用新型，而不包括方法实用新型。一般而言，实用新型在技术思想水平上略低于发明，故被称为"小发明"，但在实用性要求方面则高于发明。

四、外观设计

外观设计(Industrial Design)，其原意是指供工业上使用的图案、图样等设计，亦即是使用于工业品的装饰性设计。《专利法实施细则》第2条第3款对其定义为："外观设计是指对产品的形状、图案、色彩或其结合所作出的富有美感并适于工业上应用的新设计。"[3]由法律规定可以看出，外观设计须具备这样几个要素：

1.外观性。外观设计的形式必须是以图案、色彩或造型等表现于产品的外部，即人眼可视。

2.结合性。外观设计的内容必须依附于某种工业产品，亦即其设计是与工业品相结合而于工业品上作出的。例如一幅作在纸上的画只能是件艺术品，但如画在瓷

〔1〕对应《专利法》(2020年修正)第2条第2款："发明，是指对产品、方法或者其改进所提出的新的技术方案。"

〔2〕对应《专利法》(2020年修正)第2条第3款："实用新型，是指对产品的形状、构造或者其结合所提出的适于实用的新的技术方案。"

〔3〕对应《专利法》(2020年修正)第2条第4款："外观设计，是指对产品的整体或者局部的形状、图案或者其结合以及色彩与形状、图案的结合所作出的富有美感并适于工业应用的新设计。"

器等产品上就可能成为外观设计。由于外观设计与美术作品的区别仅是有否与产品的结合，故也有的国家将其列为著作权法的保护对象。

3.审美功能。外观设计的功能仅是为了美化工业产品，而不涉及产品的技术性能。如一项外观设计不仅美化了产品，而且还对产品的技术性能有所改进，则应归入发明或实用新型。

五、专利的排除

从逻辑上讲，符合上述三类发明创造定义的，即可成为专利权的客体，反之即可排除。但有些发明创造与上述三者的界限较为模糊，或虽符合上述三者之一的定义，为维护社会公共利益，法律明文将这些发明创造排除在专利之外，使其不能作为专利权的客体。《专利法》第25条规定，[1]下列各项不授予专利权：(1)科学发现，例如爱因斯坦的相对论。(2)智力活动的规则和方法，例如"英语单词速记法"。(3)疾病的诊断和治疗方法。(4)动物和植物品种，但关于动植物方法发明仍可申请专利。(5)用原子核变换方法获得的物质。

除此以外，依《专利法》第5条的规定，[2]违反国家法律、社会公德或者妨害公共利益的发明创造，也不授予专利权。例如赌博器具、毒品生产方法等。

第四节　专利权的取得

一、概说

专利权的取得，就是发明创造成为专利的过程，亦即发明人或设计人取得专利权主体资格的过程，它包括专利权取得的条件、原则和程序三个部分。

二、取得的条件

专利权的取得条件，即专利的法律要件，在《专利法》中称"授予专利权的条

---

〔1〕 对应《专利法》(2020年修正)第25条："I.对下列各项，不授予专利权：(一)科学发现；(二)智力活动的规则和方法；(三)疾病的诊断和治疗方法；(四)动物和植物品种；(五)原子核变换方法以及用原子核变换方法获得的物质；(六)对平面印刷品的图案、色彩或者二者的结合作出的主要起标识作用的设计。II.对前款第(四)项所列产品的生产方法，可以依照本法规定授予专利权。"

〔2〕 对应《专利法》(2020年修正)第5条："I.对违反法律、社会公德或者妨害公共利益的发明创造，不授予专利权。II.对违反法律、行政法规的规定获取或者利用遗传资源，并依赖该遗传资源完成的发明创造，不授予专利权。"

件"。依《专利法》的规定,发明、实用新型取得专利权的条件是新颖性、创造性和实用性,即"三性";外观设计取得专利权的条件是新颖性。

1.新颖性(Novelty)。是指发明创造与已有技术相比的前所未有性。一项发明创造是否新颖,其判断是以已有的技术作为参照物来衡量的,因而新颖性是与人的意志无关而客观存在的事实。

依《专利法》第22条第2款的规定,[1]发明、实用新型的新颖性要素有下列二项:(1)未被"公知"。所谓"公知"是指公众所知。未被"公知"是要求在申请日以前没有同样的发明或者实用新型在国内外出版物公开发表过或在国内公开使用过或以其他方式为公众所知。(2)未有同样的申请。这是指在申请日以前,没有同样的发明或实用新型由他人向专利局提出过申请并记载在申请日以后公布的专利申请文件中。如虽未被"公知",但已有人先申请时,新颖性即被排除。

与发明、实用新型相比,对外观设计的新颖性的要求更高,即在申请日以前不仅未有相同的外观设计被"公知",而且还要求未有相似的外观设计被"公知"(《专利法》第23条)。[2]

关于不丧失新颖性的例外,《专利法》第24条规定,[3]在申请日以前6个月内有下列情况的,不丧失新颖性:(1)在中国政府主办或者承认的国际展览会上首次展出的。(2)在规定的学术会议或技术会议上首次发表的;[4](3)他人未经申请人同意而泄露其内容的。

2.创造性(Inventiveness)。"是指同申请日以前已有的技术相比,该发明有突出的实质性特点和显著进步,该实用新型有实质性特点和进步"。(《专利法》第22条第3款)[5]所谓"实质性特点",是指比之已有技术具有新的、本质上的突破;所谓"进

---

〔1〕 对应《专利法》(2020年修正)第22条第2款:"新颖性,是指该发明或者实用新型不属于现有技术;也没有任何单位或者个人就同样的发明或者实用新型在申请日以前向国务院专利行政部门提出过申请,并记载在申请日以后公布的专利申请文件或者公告的专利文件中。"

〔2〕 对应《专利法》(2020年修正)第23条:"I.授予专利权的外观设计,应当不属于现有设计;也没有任何单位或者个人就同样的外观设计在申请日以前向国务院专利行政部门提出过申请,并记载在申请日以后公告的专利文件中。II.授予专利权的外观设计与现有设计或者现有设计特征的组合相比,应当具有明显区别。III.授予专利权的外观设计不得与他人在申请日以前已经取得的合法权利相冲突。IV.本法所称现有设计,是指申请日以前在国内外为公众所知的设计。"

〔3〕 对应《专利法》(2020年修正)第24条:"申请专利的发明创造在申请日以前六个月内,有下列情形之一的,不丧失新颖性:(一)在国家出现紧急状态或者非常情况时,为公共利益目的首次公开的;(二)在中国政府主办或者承认的国际展览会上首次展出的;(三)在规定的学术会议或者技术会议上首次发表的;(四)他人未经申请人同意而泄露其内容的。"

〔4〕 依《专利法实施细则》第31条的规定,其所称的学术会议和技术会议,是指由国务院主管部门或全国性学术团体组织的会议。[对应《专利法实施细则》(2023年修订)第33条第2款:"专利法第二十四条第(三)项所称学术会议或者技术会议,是指国务院有关主管部门或者全国性学术团体组织召开的学术会议或者技术会议,以及国务院有关主管部门认可的由国际组织召开的学术会议或者技术会议。"]

〔5〕 对应《专利法》(2020年修正)第22条第3款:"创造性,是指与现有技术相比,该发明具有突出的实质性特点和显著的进步,该实用新型具有实质性特点和进步。"

步"是指比现有技术先进,超乎现有的技术。由于对创造性的评价是需人作出的,故其评价具有主观性,不同的人因认识上的差异,判断的结果也会有不同。为了做到起码的公平,一般是以普遍专业技术人员的水平为准,作出此项判断。

3.实用性(Utility)。"是指该发明或实用新型能够制造或者使用,并且能够产生积极效果"。(《专利法》第22条第4款)[1]实用性是对专利的经济及社会价值方面的要求,与一国的意识形态及经济、技术发展水平的关系较为密切。例如一项测试胎儿性别的发明,在中国就很可能为重男轻女者所利用,产生不利的社会后果。

三、取得的原则

专利权取得的原则,既是申请人申请专利应遵循的原则,也是专利局授予专利权时所持的依据。

1.单一性原则。亦称"一发明一专利"原则。其具体内容是,"一件发明或者实用新型专利申请应当限于一项发明或者实用新型","一件外观设计专利申请应当限于一种产品所使用的一项外观设计",但"属于一个总的发明构思的两项以上的发明或者实用新型,可以作为一件申请提出","用于同一类别并且成套出售或者使用的产品的两项以上的外观设计,可以作为一件申请提出"(《专利法》第31条)。[2]

2.先申请原则。是指"两个以上的申请人分别就同样的发明创造申请专利的,专利权授予最先申请的人"(《专利法》第9条)。[3]

3.优先权原则。包括两个内容:第一,期限优先权,是指"申请人自发明或者实用新型在外国第一次提出专利申请之日起十二个月内,或者自外观设计在外国第一次提出专利申请之日起六个月内,又在中国就相同主题提出专利申请的,依照该外国同中国签订的协议或者共同参加的国际公约,或者依照相互承认的优先权的原则,可以享有优先权"(《专利法》第29条第1款)。[4]第二,相同主题优先权,即"申请人自发明或者实用新型在中国第一次提出专利申请之日起十二个月内,又向专利

---

〔1〕 现为《专利法》(2020年修正)第22条第4款。

〔2〕 对应《专利法》(2020年修正)第31条:"I.一件发明或者实用新型专利申请应当限于一项发明或者实用新型。属于一个总的发明构思的两项以上的发明或者实用新型,可以作为一件申请提出。II.一件外观设计专利申请应当限于一项外观设计。同一产品两项以上的相似外观设计,或者用于同一类别并且成套出售或者使用的产品的两项以上外观设计,可以作为一件申请提出。"

〔3〕 对应《专利法》(2020年修正)第9条:"I.同样的发明创造只能授予一项专利权。但是,同一申请人同日对同样的发明创造既申请实用新型专利又申请发明专利,先获得的实用新型专利权尚未终止,且申请人声明放弃该实用新型专利权的,可以授予发明专利权。II.两个以上的申请人分别就同样的发明创造申请专利的,专利权授予最先申请的人。"

〔4〕 对应《专利法》(2020年修正)第29条第1款:"申请人自发明或者实用新型在外国第一次提出专利申请之日起十二个月内,或者自外观设计在外国第一次提出专利申请之日起六个月内,又在中国就相同主题提出专利申请的,依照该外国同中国签订的协议或者共同参加的国际条约,或者依照相互承认优先权的原则,可以享有优先权。"

局就相同主题提出专利申请的,可以享有优先权"(《专利法》第29条第2款)。[1]

四、取得的程序

专利权取得的程序有两部分,一是申请人递交申请文件;二是专利局对申请的审批。

(一)申请

申请是申请人向专利局作出的要求承认其发明创造为专利的意思表示。申请的意思表示须以书面方式为之,记载申请意思表示的书面文件称申请书,具体包括:请求书、说明书及其摘要、权利要求书、附图、优先权声明等。专利局收到申请文件之日为申请日,以邮寄方式递交的,以寄出的邮戳日为申请日(《专利法》第28条)。[2]但信封上寄出日期的邮戳日不清晰的,除申请人能提出证明外,以专利局收到日为递交日(《专利法实施细则》第5条第1款)。[3]

(二)审批

包括审查和批准。

1.审查。是指对专利申请是否符合专利权的客体、取得条件和原则等的检查核对。依《专利法》第四章的规定,对发明与对实用新型、外观设计采取不同的审查制度。其具体内容以下二图说明:

---

〔1〕 对应《专利法》(2020年修正)第29条第2款:"申请人自发明或者实用新型在中国第一次提出专利申请之日起十二个月内,或者自外观设计在中国第一次提出专利申请之日起六个月内,又向国务院专利行政部门就相同主题提出专利申请的,可以享有优先权。"

〔2〕 对应《专利法》(2020年修正)第28条:"国务院专利行政部门收到专利申请文件之日为申请日。如果申请文件是邮寄的,以寄出的邮戳日为申请日。"

〔3〕 对应《专利法实施细则》(2023年修订)第4条第1款:"向国务院专利行政部门邮寄的各种文件,以寄出的邮戳日为递交日;邮戳日不清晰的,除当事人能够提出证明外,以国务院专利行政部门收到日为递交日。"

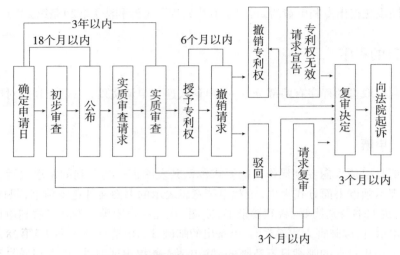

图26-1　对发明采取"延迟 实质 审查制度"

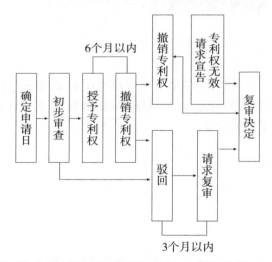

图26-2　对实用新型、外观设计采取"形式审查制度"

2.批准。是指对专利申请的认可。专利申请经审查合格后，由专利局授予专利权，并发给专利证书。

第五节　专利法律关系的内容

一、概说

专利权的内容是指专利法律关系中的权利与义务。基于知识产权的期限性,专利权也具有一定的期限,以下将分别论述。

二、专利权人的权利

专利权人的权利就是专利权,它包括专利人身权和专利财产权。专利人身权是发明人或设计人有在专利文件中写明自己是发明人或设计人的权利(《专利法》第17条),[1]亦即对发明创造的署名权。专利权侧重的是财产权,其具体内容可分解为以下四项:

1.独占使用权。是指专利权人对专利之发明创造享有制造使用和销售的垄断权(《专利法》第11条)。[2]依此项权利,专利权人有权在其专利产品或该产品的包装上标明专利标记和专利号(《专利法》第15条)。[3]专利权人以外的任何人,对此都负有不作为的义务,这是专利权绝对性和排他性的体现。

2.实施权。即指实现专利使用权中制造、销售等具体权能。专利的实施可作以下分类:

依实施的根据划分:(1)自愿实施,是指专利权人依自己的愿望而实施其专利,它是专利权人行使专利实施权的体现。(2)非自愿实施,包括强制实施和指定实施。它虽不是专利权人自愿而为,但却是实现专利使用权的一种方法。就其实施非自愿而言,其实质是对专利权人行使权利的限制;就其实施的结果而言,也是实现专利使用权中制造、销售等具体权能的途径。

依实施的主体划分,可分为自己实施、他人实施和合作实施三类。

3.收益权。是指通过实施专利取得经济利益的权利,这是专利商品性的最集中

---

〔1〕 对应《专利法》(2020年修正)第16条第1款:"发明人或者设计人有权在专利文件中写明自己是发明人或者设计人。"

〔2〕 对应《专利法》(2020年修正)第11条:"I.发明和实用新型专利权被授予后,除本法另有规定的以外,任何单位或者个人未经专利权人许可,都不得实施其专利,即不得为生产经营目的制造、使用、许诺销售、销售、进口其专利产品,或者使用其专利方法以及使用、许诺销售、销售、进口依照该专利方法直接获得的产品。II.外观设计专利权被授予后,任何单位或者个人未经专利权人许可,都不得实施其专利,即不得为生产经营目的制造、许诺销售、销售、进口其外观设计专利产品。"

〔3〕 对应《专利法》(2020年修正)第16条第2款:"专利权人有权在其专利产品或者该产品的包装上标明专利标识。"

的体现。

4.处分权。是指专利权人对专利之发明创造的归属所作处置的权利。专利处分的方式有放弃和转让两种方式。

三、对专利权的限制

（一）不视为侵犯专利权的实施专利行为

依《专利法》第62条规定，[1]非专利权人未经专利权人同意而于下列情形实施专利的，不视为侵犯专利权：

1.专利权"耗尽"（Exhaustion）原则。是指专利产品所发生的专利权效力，以其在市场上第一次行使权利为限，不得无限延伸。其包括专利使用权耗尽和专利销售权耗尽。据此原则，在专利权人制造或经专利权人许可制造的专利产品售出后，不经专利权人同意而使用或再销售该专利产品时，不视为侵犯专利权。

2.善意使用人原则。是指使用或销售不知道是未经专利权人许可而制造并售出的专利产品的第三人，其使用或销售专利产品的行为不视为侵犯专利权。

3.先用权原则。是指在专利申请日以前，已经制造相同的产品、使用相同的方法或为制造、使用作好准备的非专利权人，仍有在原范围内继续制造或使用的权利。

4.临时过境的使用权原则。是指临时进入中国的领土、领空、领水的外国运输工具，如未经许可为运输工具自身需要而在其装置和设备中使用有关专利的，不视为侵犯专利权。

5.非商业使用原则。是指专为科学研究和实验等非商业性目的而使用有关专利的，不视为侵权。

（二）专利实施的强制许可

是指专利局不经专利权人同意，经强制许可程序许可非专利权人实施发明或实用新型专利的许可。根据强制许可取得的仅是专利实施权，不包括转让权，且实施人仍要向专利权人支付实施费。发生强制许可的情形有三种：

1.对滥用专利权的强制许可。是指具备实施条件的单位以合理的条件请求发

---

〔1〕 对应《专利法》（2020年修正）第75条、第77条。第75条："有下列情形之一的，不视为侵犯专利权：（一）专利产品或者依照专利方法直接获得的产品，由专利权人或者经其许可的单位、个人售出后，使用、许诺销售、销售、进口该产品的；（二）在专利申请日前已经制造相同产品、使用相同方法或者已经作好制造、使用的必要准备，并且仅在原有范围内继续制造、使用的；（三）临时通过中国领陆、领水、领空的外国运输工具，依照其所属国同中国签订的协议或者共同参加的国际条约，或者依照互惠原则，为运输工具自身需要而在其装置和设备中使用有关专利的；（四）专为科学研究和实验而使用有关专利的；（五）为提供行政审批所需要的信息，制造、使用、进口专利药品或者专利医疗器械的，以及专门为其制造、进口专利药品或者专利医疗器械的。"第77条："为生产经营目的的使用、许诺销售或者销售不知道是未经专利权人许可而制造并售出的专利侵权产品，能证明该产品合法来源的，不承担赔偿责任。"

明或实用新型的专利权人许可实施其专利,而未能在合理长的时间内获得这种许可时,专利局可给予实施该专利的强制许可(《专利法》第51条)。[1]

2.从属专利的强制许可。从属专利是指其实施有赖于前一项专利实施的专利。由于从属专利权人不获前一项专利的实施权其专利就无法实施,故对于比前一项专利在技术上更为先进的后一项发明或实用新型之从属专利权,可给予实施前一项专利的强制许可。按对等原则,前一项专利的专利权人也可申请实施后一项专利的强制许可(《专利法》第53条)。[2]

3.国家强制许可。是指在国家出现紧急状态或者非常情况时,或者为了公共利益的目的,而由专利局给予的强制许可(《专利法》第52条)。[3]

(三)国家指定实施

亦称"政府许可",是指国家根据国家计划指定非专利权人对专利的实施。依《专利法》第14条规定,[4]国家指定实施分为两类:

1.对全民所有制单位专利权的指定实施。这是由国务院主管部门和省级人民政府根据国家计划,对本系统或所管辖的全民所有制单位的专利权的指定实施。

2.对中国集体所有制单位和个人专利的指定实施。这是对有国家利益或重大公共利益而需推广的中国集体所有制单位或个人的专利,经国务院有关部门报国务院批准后所作的指定实施。

四、专利权人的义务

1.实施专利的义务。实施专利既是专利权人的权利,也是专利权人的义务。专利权人负有自己在中国制造其专利产品、使用其专利方法或者许可他人在中国制造其专利产品、使用其专利方法的义务(《专利法》第51条)。[5]发明或实用新型的专利

---

〔1〕 对应《专利法》(2020年修正)第53条:"有下列情形之一的,国务院专利行政部门根据具备实施条件的单位或者个人的申请,可以给予实施发明专利或者实用新型专利的强制许可:(一)专利权人自专利权被授予之日起满三年,且自提出专利申请之日起满四年,无正当理由未实施或者未充分实施其专利的;(二)专利权人行使专利权的行为被依法认定为垄断行为,为消除或者减少该行为对竞争产生的不利影响的。"

〔2〕 对应《专利法》(2020年修正)第56条:"I.一项取得专利权的发明或者实用新型比前已经取得专利权的发明或者实用新型具有显著经济意义的重大技术进步,其实施又有赖于前一发明或者实用新型的实施的,国务院专利行政部门根据后一专利权人的申请,可以给予实施前一发明或者实用新型的强制许可。II.在依照前款规定给予实施强制许可的情形下,国务院专利行政部门根据前一专利权人的申请,也可以给予实施后一发明或者实用新型的强制许可。"

〔3〕 对应《专利法》(2020年修正)第54条:"在国家出现紧急状态或者非常情况时,或者为了公共利益的目的,国务院专利行政部门可以给予实施发明专利或者实用新型专利的强制许可。"

〔4〕 对应《专利法》(2020年修正)第49条:"国有企业事业单位的发明专利,对国家利益或者公共利益具有重大意义的,国务院有关主管部门和省、自治区、直辖市人民政府报经国务院批准,可以决定在批准的范围内推广应用,允许指定的单位实施,由实施单位按照国家规定向专利权人支付使用费。"

〔5〕 对应《专利法》(2020年修正)第53条(见上注1)。

权人不履行此项义务,还会导致强制实施的法律效果。

2.缴纳专利年费的义务。专利年费是指专利权人为了维持专利的有效性,按年度向专利局缴纳的费用。专利权人未按规定缴纳年费的,将引起专利权的终止(《专利法》第47条),[1]因而专利年费有"维持费"的性质。

3.不得滥用专利权的义务。是指专利权人有在法律划定的范围内依诚信原则行使专利权的义务。例如不得向专利受让人提出限制技术竞争和技术发展的交易条件,不得泄露属于国家机密的专利等(《专利法》第64条)。[2]

五、专利权的期限

专利权的期限是专利权存续的最长有效期限。专利权只有在法定期限内才是有效的;逾此期限,发明创造的专利性就绝对消灭,该发明创造也由此时起进入公有领域,成为全人类的共同财产,以臻专利制度的目标价值。

专利权的期限自申请日起计算,发明专利权的期限为20年;实用新型、外观设计专利权的期限为10年。

---

〔1〕 对应《专利法》(2020年修正)第44条:"I.有下列情形之一的,专利权在期限届满前终止:(一)没有按照规定缴纳年费的;(二)专利权人以书面声明放弃其专利权的。II.专利权在期限届满前终止的,由国务院专利行政部门登记和公告。"

〔2〕 对应《专利法》(2020年修正)第78条:"违反本法第十九条规定向外国申请专利,泄露国家秘密的,由所在单位或者上级主管机关给予行政处分;构成犯罪的,依法追究刑事责任。"

第二十七章　商标权

第一节　导论

一、商标的功能价值

商标即商品标记(Trademark),俗称为"牌子"或"唛",是区别不同生产者或经营者所生产或经营商品的标记。作为近代商品经济的产物,商标具有如下的功能价值:

(一)在商业方面

1.商标具有区别不同生产者或经营者生产或经营同类商品的功能。商标虽是一种"标志艺术",但其是以和特定的商品或服务相结合来实现其区别功能的。这一功能为生产或经营同类商品或同类服务的商品生产者和经营者在市场竞争中提供了个性识别的符号。

2.商标是负载生产者或经营者技术及管理水平的符号。商品生产者或经营者的技术及管理水平最终是以其提供的商品来表现的。因而消费者以商标作为识别标志对商品的择优弃劣的态度,实质也就是对负载于商标之上的生产者或经营者的技术及管理水平的赞同或否定。消费者的赞同就是生产者或经营者的声誉,消费者的否定就是生产者或经营者的"坏名声"。

3.商标是可供交换的商品。由于商标所负载的技术及管理内容,是其生产者或经营者的劳动成果,因而具有价值和使用价值,故商标本身也是商品。

(二)在文化方面

由于商标是以文字或图案作为外在表现形式,因此这一形式除显示商业标志外,还能传达相当的文化信号:

1.企业文化。现代社会的企业间竞争,已不局限于使用商标,而开始以企业形象(Corporate Identity,简称CI)作为企业的个性标记,向社会传递个性化的企业文化。

在CI的体系中,商标被作为一种视觉识别[1]标记,向公众展示企业文化。

2.展现民族文化的纵深度。由于不同历史时期所制作设计的商标,体现着特定时代风貌,因此由产生于不同时代的商标所组成的群族,一如兵马俑、长城、故宫等文物所表现的悠久历史,也能反映国家和民族的历史纵深度。正如"全聚德""双钱"所透出的旧时代工商业者励精图治以期发财致富的心志;"抵羊(洋)""民生"所饱尝的以"实业救国"振兴民族工业的苦涩;以及"桑塔纳""阿里斯顿"所记载的我们民族迈出的最新一步。由此可见,商标的变迁往往对应着一种历史的变迁,它从商业层面折射出不同时代的政治和经济特征、风俗时尚及民族的文化沉淀。

二、商标的扩展

基于商标的识别功能而使消费者"认牌购货",市场的竞争者们无不把商标充作其商品的"无言推销员",由此也把商标推到了社会生活的各个方面,以至于服务标记、商号、产地标记、原产地名称等各种竞争中使用的识别标记,都望挤进商标的行列。商标范围的这一扩展,已逐渐成为一种共识。《巴黎公约》对此扩展的确认,就是例证。所以,现代法律所保护的商标,不仅指商品商标,而且对服务标记、商号等标记也给予与商标同等的保护。

三、商标的财产化

由于商标在商业方面显现的功能价值,使商标的财产化成为必要。对此,法国人捷足先登,于1857年颁布了世界上第一部系统完整的商标法,[2]把商标权与其他有形财产权置于同等的法律地位。至此,在罗马法框定的财产权家族中,又增添了新的一员。

四、商标法规范

《民法通则》将商标权作为民事权利而列入知识产权节(第96条)。[3]依狭义上的解释,构成商标规范基础的除《民法通则》外,还有《商标法》(1993年),《商标法实施细则》(1993年)。但在广义上,还应包括规定商业名称、服务标记等法律规范,例如《企业法人登记管理条例》《企业名称登记管理规定》等。

---

〔1〕 CI作为系统,称CIS,由VI视觉识别、BI行动识别和MI理念识别构成。

〔2〕 该法全称是《关于以使用原则和不审查原则为内容的制造标记和商标的法律》。在此法之前,法国曾于1803年颁布的《关于工厂、制造场和作坊的法律》中,将假冒商标比照伪造文件罪处理。

〔3〕 对应《民法典》第123条第2款第3项:"知识产权是权利人依法就下列客体享有的专有的权利:(三)商标……"

第二节　商标权的主体与客体

一、商标权的主体

商标权的主体即是商标权的承受者,依《商标法》第4条的规定,[1]商标权的主体须是企业、事业单位和个体工商业者。一般自然人不得为商标权主体。对于外国人或外国企业的商标权主体资格,与前述专利权主体相同(《商标法》第9条)。[2]

二、商标权的客体

商标权的客体即为商标。

(一)商标的类型

1.依商标的形态划分,商标可分为文字商标、图形商标或文字与图形组合的商标。在此方面的最新发展,是近年来出现的立体商标、音响商标、气味商标等,但我国法律尚未予以承认。

2.依商标的使用者划分,商标可分为生产商使用的生产商标、销售商使用的商业商标及作为报刊名称的报刊商标等。

3.依商标的功能划分为:(1)联合商标(Associated Tradema—rks),是指同一人在同类商品上使用的一组近似的商标。(2)防护商标(Defensive Trademark),是指同一人在不同类别的商品上使用的同一个商标。

联合商标和防护商标是为了防止他人以近似的商标或近似的商品影射而采取的自我救济方法。例如"娃哈哈"为防止影射,同时注册"哈娃娃""哈娃哈"等,组成联合商标;"可口可乐"为防止他人使用啤酒类影射,而在酒类注册,构成防护商标。

4.商标的其他类型,有驰名商标;证明商标;集体商标和服务商标四种。

从一般意义上说,驰名商标(well—know Marks),是指公众所知的享有卓越声誉的商标。依《巴黎公约》的规定,驰名商标是在一国驰名并由该国主管官署认定的商标。至于如何确认驰名,国际公约和国内法都没有规定。通常认为要从商标的公知程度、商标连续使用的年限、所表示商品的质量或特点、商品的市场覆盖率以及广

---

〔1〕 对应《商标法》(2019年修正)第4条第1款:"自然人、法人或者其他组织在生产经营活动中,对其商品或者服务需要取得商标专用权的,应当向商标局申请商标注册。不以使用为目的的恶意商标注册申请,应当予以驳回。"

〔2〕 现为《商标法》(2019年修正)第17条。

告投放量等因素来确定。根据《巴黎公约》第6条之二的规定，对驰名商标应给予特别保护，一切与驰名商标相同或相近似的商标都被禁止注册或使用；驰名商标无论是否已获注册，皆可对抗已注册的普通商标；对已注册的与驰名商标相同或相近似的商标，驰名商标权人有撤销之请求权。

证明商标，是指为社会团体所有并提供给他人使用的，用以证明使用人的产品或服务的产地、使用原料、加工方法、质量、精确度或其他特征的商标。如"纯新羊毛""绿色食品""真皮"等标记。

集体商标，是指由团体所有，供团体成员共同使用以表明商品或服务的提供者属于同一团体的商标。如邮电、铁路、银行等使用的集体标志。集体商标的特点在于向公众告知使用该商标产品或服务的共同特点。集体商标与证明商标的区别主要在于，集体商标的使用人必须是集体的成员，而证明商标采用"开放"原则，使用人并不是注册人或其成员。

服务商标，是用来识别不同服务特征的标记。服务商标是相对于产品商标而言的。后者是有形物品的标记，而前者是无形商品的标记。我国《商标法》第4条第3款规定："本法有关商品商标的规定，适用于服务商标"。[1]对于服务的种类，《尼斯协定》分为八类，包括广告、金融、电信、运输、教育、修理、餐饮等服务。

（二）商标的构成要素

文字商标和图形商标虽形态各异，但其构成要素不外乎以下三类内容：

1.商标的名称。商标是否须以名称为其必备要素，法律未有规定，但着眼于便利消费者选购商品时对商标的呼叫，商标应有名称。

2.商标的图案。图案是有装饰意味的花纹或图形。在图形商标中，图案为其构成要素；在文字商标中，由文字变形构成的图案，也可作为图形要素。

3.商标的颜色。商标的颜色是指黑白之外的着色。经特别着色构成的商标，其颜色也是商标的组成部分。

（三）商标的构成要件

是指商标发生客体效果所应具备的条件。其有积极要件和消极要件之分。

1.积极要件，是指商标必须具备的条件，其内容有二：(1)有构成的要素，即商标须有文字、图形或其结合之一种构成(《商标法》第7条)。[2]无法定之构成要素的商标，不发生客体之效果。(2)有显著特征便于识别。所谓"有显著特征"是指商标的构成要素有显明的特色。"便于识别"是指商标的外观能使消费者据以辨别及区分其结合的商品与他人商标结合的商品，不致发生混淆。

---

〔1〕 现为《商标法》(2019年修正)第4条第2款。

〔2〕 对应《商标法》(2019年修正)第9条第1款："申请注册的商标，应当有显著特征，便于识别，并不得与他人在先取得的合法权利相冲突。"

2.禁止要件,是指商标须不具备的条件,亦称消极要件。依《商标法》第8条之规定,[1]有下列十项:(1)同中华人民共和国的国家名称、国旗、国徽、军旗、勋章相同或近似的。(2)同外国的国家名称、国旗、国徽、军旗相同或近似的。(3)同政府间国际组织的旗帜、徽记、名称相同或近似的。(4)同"红十字""红新月"的标志、名称相同或近似的。(5)本商品的通用名称和图形。(6)直接表示商品的质量、主要原料、功能、用途、重量、数量及其他特点的。(7)带有民族歧视性的。(8)夸大宣传并带有欺骗性的。(9)有害于社会主义道德风尚或有其他不良影响的。(10)县级以上(含县级)行政区划的名称和公众知晓的外国地名(《商标法实施细则》第6条)。[2]

三、商标邻接标记

商号、产地标记、原产地名称等,虽不是狭义的商标,但依《巴黎公约》的规定(第1条第2项),仍应予以与商标同等的保护,故于此作简略的介绍。

1.商号(Trade Names)。是厂商为了表示自己的特征而使用的标记。易言之,商号是区别不同商人的标记。商号与厂商名称有所区别。厂商名称是指厂商的全称,一般由五要素构成:所在地名称、厂商名称、业务或经营名称、承担财产责任形式以及组织形式。其中,除商号外,其余为公有名称,厂商对此无独占使用权。例如"上海大众汽车有限公司",其中"大众"才是商号。厂商对其名称享有专用权,受法律保护(《企业名称登记管理规定》第4条)。[3]如商号与商标名称相同时,就受双重的法律保护。

2.产地标记(Indications of Source)。是指商品的产地或生产者、制造者的标记。在商标之外,有些商品往往还以产地或制造者特有的标记表示该商品的传统特色和质量特点,而当该种特色或特点与产地的自然因素或制造者的专有技术相联系时,该产地标记就有了商业上的意义。在国际贸易中,当输入国对某项产品以产地确定配额时,产地标记同样也会有商业意义。《巴黎公约》第9条规定,禁止直接或间接

---

[1]　对应《商标法》(2019年修正)第10条第1款:"下列标志不得作为商标使用:(一)同中华人民共和国的国家名称、国旗、国徽、国歌、军旗、军徽、军歌、勋章等相同或者近似的,以及同中央国家机关的名称、标志、所在地特定地点的名称或者标志性建筑物的名称、图形相同的;(二)同外国的国家名称、国旗、国徽、军旗等相同或者近似的,但经该国政府同意的除外;(三)同政府间国际组织的名称、旗帜、徽记等相同或者近似的,但经该组织同意或者不易误导公众的除外;(四)与表明实施控制、予以保证的官方标志、检验印记相同或者近似的,但经授权的除外;(五)同'红十字'、'红新月'的名称、标志相同或者近似的;(六)带有民族歧视性的;(七)带有欺骗性,容易使公众对商品的质量等特点或者产地产生误认的;(八)有害于社会主义道德风尚或者有其他不良影响的。"

[2]　对应《商标法》(2019年修正)第10条第2款:"县级以上行政区划的地名或者公众知晓的外国地名,不得作为商标。但是,地名具有其他含义或者作为集体商标、证明商标组成部分的除外;已经注册的使用地名的商标继续有效。"

[3]　对应《企业名称登记管理规定》(2020年修订)第4条:"企业只能登记一个企业名称,企业名称受法律保护。"

使用虚假的产地标记，否则主管机关有权扣押标有虚假标记的商品。

3.原产地名称(Appellations of Origin)，是指当产品的质量和特征完全是或主要是由自然因素或人文因素等地理环境造成时，用于表明产品出处的国家、地区或地点的地理名称(《里斯本协定》第2条)。有些产品、特别是天然产品其质量或功能特点可能与加工制造人的技术特点无关，而与地理环境的因素有直接联系，这时原产地名称就直接成为产品质量特征的标记。例如"龙井"茶叶、"四川"榨菜以及法国的"香槟"酒等。原产地名称可以是国家或行政区划名称，也可以是自然地理名称。一般情况下产地的厂商都可使用，但不受个人垄断，也不能转让。非产地厂商只有在依惯例使用原产地名称表示产品的原料来源时可使用原产地名称，例如"澳毛""瑞士机芯"等，否则，禁止使用。

第三节 商标权的取得

一、取得的条件

"需要取得商标专用权的，应当向商标局申请注册"(《商标法》第4条)，[1]这是取得商标所有权的唯一条件，亦即未经注册的商标，其使用人只享有商标使用权而不享有商标所有权，不能对抗第三人使用相似或相同商标。所谓商标注册，是指商标使用人为取得商标权而将其商标向商标局登记备案。

二、注册的原则

1.自愿注册原则。是指由商标使用人自由决定是否申请商标注册的原则。但对人用药品和烟草制品则采取强制注册(《商标法实施细则》第7条)。[2]即这两类商品的商标未经注册时，其商品不得在市场销售(《商标法》第5条)。[3]

2.先申请原则。即当两个以上的人在同种或同类商品上以相同或类似的商标申

---

〔1〕 对应《商标法》(2019年修正)第4条第1款："自然人、法人或者其他组织在生产经营活动中，对其商品或者服务需要取得商标专用权的，应当向商标局申请商标注册。不以使用为目的的恶意商标注册申请，应当予以驳回。"

〔2〕 对应《商标法》(2019年修正)第6条："法律、行政法规规定必须使用注册商标的商品，必须申请商标注册，未经核准注册的，不得在市场销售。"当前，烟草制品仍存在要求使用注册商标的规定，但药品已不存在相关规定。《烟草专卖法》(2015年修正)第19条："卷烟、雪茄烟和有包装的烟丝必须申请商标注册，未经核准注册的，不得生产、销售。"《药品管理法》(1984年，现已失效)第41条："除中药材、中药饮片外，药品必须使用注册商标；未经核准注册的，不得在市场销售。"但2001年《药品管理法》的修订删去了1984年《药品管理法》第41条关于药品强制注册商标的规定。

〔3〕 对应《商标法》(2019年修正)第6条(见上注)。

请注册时,先申请人取得商标权;如同日申请的,先使用人取得商标权(《商标法》第18条);[1]如同日申请而又同日使用或均未使用时,由申请人协商,协商不成时,由商标局裁定(《商标法实施细则》第13条)。[2]

3.单一性原则。即一份注册申请,仅限于使用于一类商品的一件商标。易言之,如需在几类商品上使用一件商标或在一类商品上使用几件商标时,应分别提出申请。对于商品的分类,我国采用的是《商标注册用商品和服务国际分类表》,该表将商品分为34类,将服务分为8类,共计42类。

三、取得的程序

1.申请,是指申请人向商标局作出的请求注册商标的意思表示。这一意思表示是以向商标局交送申请书件的方式进行的。商标局收到申请书件的日期为商标注册的申请日(《商标法实施细则》第12条)。[3]

2.审核,是指商标局对商标注册申请的审查和核准。审查,是指对商标注册申请是否符合商标的构成要件、注册原则等的检查。依《商标法》第三章,《商标法实施细则》第三章、第四章的规定,审核程序可以下列流程图说明:

---

〔1〕 对应《商标法》(2019年修正)第31条:"两个或者两个以上的商标注册申请人,在同一种商品或者类似商品上,以相同或者近似的商标申请注册的,初步审定并公告申请在先的商标;同一天申请的,初步审定并公告使用在先的商标,驳回其他人的申请,不予公告。"

〔2〕 对应《商标法实施条例》(2014年修订)第19条:"两个或者两个以上的申请人,在同一种商品或者类似商品上,分别以相同或者近似的商标在同一天申请注册的,各申请人应当自收到商标局通知之日起30日内提交其申请注册前在先使用该商标的证据。同日使用或者均未使用的,各申请人可以自收到商标局通知之日起30日内自行协商,并将书面协议报送商标局;不愿协商或者协商不成的,商标局通知各申请人以抽签的方式确定一个申请人,驳回其他人的注册申请。商标局已经通知但申请人未参加抽签的,视为放弃申请,商标局应当书面通知未参加抽签的申请人。"

〔3〕 对应《商标法实施条例》(2014年修订)第18条:"I.商标注册的申请日期以商标局收到申请文件的日期为准。II.商标注册申请手续齐备、按照规定填写申请文件并缴纳费用的,商标局予以受理并书面通知申请人;申请手续不齐备、未按照规定填写申请文件或者未缴纳费用的,商标局不予受理,书面通知申请人并说明理由。申请手续基本齐备或者申请文件基本符合规定,但是需要补正的,商标局通知申请人予以补正,限其自收到通知之日起30日内,按照指定内容补正并交回商标局。在规定期限内补正并交回商标局的,保留申请日期;期满未补正的或者不按照要求进行补正的,商标局不予受理并书面通知申请人。III.本条第二款关于受理条件的规定适用于办理其他商标事宜。"

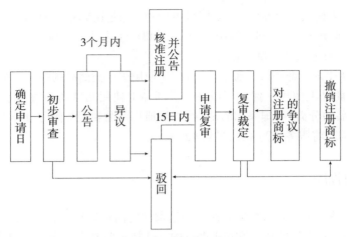

图27-1　商标注册审核程序

核准，是指商标注册经审查合格后，始予核准注册，发给注册证并予公告，申请人自此取得商标所有权。

第四节　商标专用权

一、意义

商标权包括商标使用权与商标所有权。商标使用权依使用取得，而商标所有权须注册取得。

二、权能

亦即商标所有权的具体内容。

1.独占使用权。是指商标所有权人在核定商品上使用注册商标的权利。即只有商标所有权人有权将注册商标与核定的商品相结合，他人未经许可不得为此"结合"的行为。商标所有权人应在商品或产品包装上以"注册商标"或"注""®"等字样，表示其对注册商标的独占使用权（《商标法实施细则》第26条）。[1]

2.许可使用权。是指商标权人有许可他人使用其注册商标的权利。许可使用是他人对注册商标的"租赁"或"借用"，其实质是租借商标的信誉。因此，商标权人

---

〔1〕　对应《商标法实施条例》(2014年修订)第63条："I.使用注册商标，可以在商品、商品包装、说明书或者其他附着物上标明'注册商标'或者注册标记。II.注册标记包括⊕和®。使用注册标记，应当标注在商标的右上角或者右下角。"

对许可使用人的商品,负有质量监督及保证义务(《商标法》第26条)。[1]

3.处分权,即对注册商标的归属得为放弃或转让的权利。

三、商标所有权的范围

商标所有权的范围,包括独占权行使范围和禁止权的行使范围。独占权的范围限于核准注册的商标和核定使用的商品(《商标法》第37条),[2]而禁止权的范围,即法律对商标权的保护范围则要大于其行使范围。即保护范围不仅包括商标权的行使范围,还扩及与注册商标类似的商标和核定商品类似的商品。例如茅台酒,其"茅台"商标与白酒的结合,属权利行使范围,倘若他人以"矛台"白酒或"茅台"啤酒方式使用商标,因"矛台"近似"茅台","啤酒"类似"白酒",仍属侵犯茅台商标权的行为,茅台商标所有人依商标的保护范围,可禁止他人使用。

四、对商标权的限制

对消费者而言,其对不同商标的识别,是为了识别不同商标所核定使用商品的质量。因此,依"消费者主权"的理念,商标权人在使用注册商标时,不得对商品粗制滥造,以次充好,欺骗消费者,否则即为对商标权的滥用,将导致承担行政处罚的后果(《商标法》第31条)。[3]

五、商标权的期限

商标权的期限,是商标权存续的有效期限。依《商标法》第23条规定,[4]其期限自核准注册之日起计算为10年,同时依第24条的规定,在有效期满前可申请续展注册,每次续展注册的期限也是10年。对续展的次数,法律没有限制。

---

〔1〕 对应《商标法》(2019年修正)第43条:"I.商标注册人可以通过签订商标使用许可合同,许可他人使用其注册商标。许可人应当监督被许可人使用其注册商标的商品质量。被许可人应当保证使用该注册商标的商品质量。II.经许可使用他人注册商标的,必须在使用该注册商标的商品上标明被许可人的名称和商品产地。III.许可他人使用其注册商标的,许可人应当将其商标使用许可报商标局备案,由商标局公告。商标使用许可未经备案不得对抗善意第三人。"

〔2〕 现为《商标法》(2019年修正)第56条。

〔3〕 该条文已被删除。

〔4〕 现为《商标法》(2019年修正)第39条。

第二十八章 (删 除)

第五编 债权总论

第二十九章　债与债法

第一节　债的意义

一、概说

(一)债的意义

"债"这一法律术语来自拉丁文Obligatio,原义是约束、债务,如定位于权利观之,则称债权。综而观之,可称债权债务关系。在以《德国民法典》为代表的体系结构中,以"主体""法律行为"等为核心构成总则,而将各类型的民事法律关系编为分则。我国民法,自清末以来一直受德国法的影响,故就我国《民法通则》[1]对此体系的承受而言,"债"应是指债权债务关系,简称"债的关系"。又因债的关系是民事法律关系的一种类型,为符合逻辑学种加属差的定义规则,以债的上位概念"财产性民事法律关系"作为属差,可以将"债"定义为:特定的当事人之间,得请求特定行为的财产性民事法律关系。其中,当事人一方对他方有请求其为特定行为的权利,谓债权,享有债权的当事人谓债权人;负有为特定行为的义务,谓债务,负有债务的当事人谓债务人。

(二)债的沿革

在古代汉语中,债通"责",本义是指"所欠的钱财"。作为财产性民事法律关系的债,源自罗马法,指称债是依"法律给付某物的义务"。[2]在继承罗马法体系的近代民法典中,法国民法典将债置于"取得财产的各种方法"编中,而《德国民法典》则在分则中设立独立的债编,形成与物权相对应的"债权"编。这一立法体制自被民国时期民法采纳后,逐渐成为我国民法立法和教学体系的定制。不论在中国内地,还是在澳门地区、台湾地区,债是除香港地区以外的中国民法的共享资源。

---

[1]　已废除,由《民法典》替代。

[2]　[罗马]查士丁尼:《法学总论——法学阶梯》,张企泰译,商务印书馆1989年版,第158页。

二、债的要素

债的要素即是构成债的关系的具体成分。

(一)债的主体

债的主体，即是债的当事人，包括债权人和债务人。债权人和债务人的地位是相对于特定行为而言，负有为特定行为的人就是债务人。但在对待债中，双方都负有为特定的义务。例如买卖，就货物而言，卖者负有给付货物的义务，是债务人，而买者则是债权人；反之，就支付价金而言，他们的地位正好相反，买者是债务人，而卖者是债权人。当债权人一方或债务人一方有数人时，就分别称之为多数债权人或多数债务人，他们之间的债的关系，也就称为多数人之债。在多数人之债内部还存在民事法律关系。为了节约文字，民法理论和民法规范是将债权人和债务人假设为单数来展开对债的描述的，而将多数人之债不同于单数人之债的特殊点，在债的类型中专作说明。

(二)债的内容

债的内容，就是债权与债务。债的内容与其他民事法律关系内容的异质，就是债权债务的特定性。其具体表现是债权与债务都负载同一特定行为：债权是请求为特定行为的权利；债务是负有为特定行为的义务。两者都以特定行为作为立足的基石，由此也决定了债权与债务的互依、共生和对应性。基于债权与债务这一"法锁"式联结，学者们给债权一个"对人权"的别称，以示其与物权的区别。

(三)债的客体

债的客体，是我国民法理论中最有歧见的问题之一，因而有必要将其放上"手术台"作一番外科手术式的"解剖"。

法学中的"客体"移自于哲学，英文为Object，德文为objekt，其原义为主体的认识对象。在债权债务关系中，客体显然是指主体的利益对象。我国学者将这一利益对象对位于汉语的债的"客体"或债的"标的"。由于债权人与债务人共同的利益（即债权债务）负载的都是特定行为，因此，这一利益的"对象"就是特定行为。德国民法典用Inhalt表示，直译是"容器里面的东西"。如从该词所定位的债的关系考察，其是指"债的客体里面的东西(内容)"。我国学者为显示债的动态价值，将其意译为"给付"。故也可以说，"给付"是"特定行为"的动词化表达，由于沿用习惯；其又有了名词的词性。因而民法中的"给付"有名词和动词的双重词性。而作为动词，"给付"在债运作的不同阶段和不同层面，会产生各种不同的法律效果。如就给付满足债权的过程而言，又被称之为"履行"；就给付的结果消灭债的关系而言，又被称为

"清偿"或"偿付"等。而在德文中是专用Leistung来表示履行、清偿等给付行为的，以和Inhalt这一利益"对象"的抽象概念相区别，不似汉语中沿袭使用的给付"上窜"债的客体，"下跳"具体行为，无逻辑上的概念定位，为对债的关系的文字描述设置了无法规避的逻辑"陷阱"。基于"给付"一词"模糊"状态已成为学术界的共识，且又对研习债法的障碍并非不可逾越，故本书在使用"给付"一词时，也难免有"上窜下跳"的逻辑错位发生，企望读者谅解。

第二节 债的本质

一、债是法律上可期待的信用[1]

债是在商品经济社会里发育并形成的法律制度。在商品交换中，债就是连接交换者的"法锁"，它以债权债务来分解交换的内容，将履行债务作为打开法锁的"钥匙"；当法锁被打开，也即实现了交换本身。

但是，在简单的商品交换中，可以设想，一手交钱，一手交物，这样的交换无疑是不需要以"债"这样复杂的法律语言去描述的。因此，在更深的层面上，"债是法律上承认让渡商品和实现价值在时间上分离的结果。债是确认这种分离造成不平衡的合理性，保证这种不平衡趋于平衡"。[2]正是由于商品交换在时间上和空间上分离所造成交换过程的复杂性，才有债法规范替代简单交换规则的需要。所以，债就是法律上可期待的信用，债法的规范功能，就是保障在不同地域、不同时间的商品交换得以实现，各种财产利益通过债的信用得以进行跨越时空的交换，使"过去可以为将来服务，将来可以为过去服务，时间障碍被打破，人类可以自由地征服时间和空间"。[3]由此可见，债法是商品交换最一般的、普遍适用的法律规范。

商品交换孕育了债法，使债法涵容了商品交换的一般规则。但是，切不可将债法等同于商品交换的规则。因为商品交换表现在法律上就是财产让渡，而财产让渡除商品交换外，在其他社会关系领域也同样存在。例如，在损害赔偿中，赔偿也是财产让渡的方式。所以，债法是关于财产让渡或者是财产流转的法律制度体系。这一体系以反映交换为主要内容，同时也调整其他领域的财产让渡关系。

---

〔1〕 债权人一词，英文为Creditor，法文为Craditeur，均来自拉丁文Credo，原意为信赖、相信等。
〔2〕 佟柔主编：《经济体制改革中的若干民法问题》，北京师范学院出版社1985年版，第9页。
〔3〕 ［日］我妻荣：《债权在近代法中的优越地位》，王书江、张雷译，谢怀栻校，中国大百科全书出版社1999年版，第6页。

二、债权的性质

债的关系包含债权与债务，基于债权与债务的互依、共生和对应性，为节约文字，学理上多从债权的角度来论述债的性质。本书亦采取此便捷的方法。

1.债权是财产权。债权是在交换或分配各种利益时产生的权利，其给付须以财产或可以评价为财产(例如劳务)的利益为主要内容。故就权利的内容而言，债权与物权、知识产权同属财产权。

2.债权是请求权。债是特定人之间的法律关系，债权的实现无不需要债务人的协助，故债权是债权人请求债务人为特定行为的权利。因而就权利的作用而言，债权属请求权，这与物权属支配权不同。除请求权外，债权于特殊情形时，还有代位权、撤销权、解除权等，但以请求权的作用范围和普通性为最大。

3.债权是对人权。所谓对人权非指债权人对债务人的人身享有支配权，而是指债权人对其债权，原则上只能请求债务人履行，不能直接请求第三人履行。故就债权人之相对义务主体的特定性而言，债权属对人权，亦称债权之相对性。它与物权得对抗不特定义务主体的"对世权"相区别。

三、债权与物权

债权与物权是关系最为密切的财产权。就财产关系的运作过程而言，物权是这一过程的起点和终点，而债权是对起点至终点的运作状态的形而上概括，物权是债权的最终归宿。明晰两者的关系，对把握民法学中财产法体系的构造殊为重要。

1.债权是请求权，物权是支配权，此为两者作用的差别，前已论述。

2.物权采取"一物一权主义"，即在原则上同一标的物之上不得有互不相容的数个物权存在，故物权具有排他效力；而债权，则采债权平等原则，即同一标的物上，允许同时或先后设立数个内容相同的债权，彼此不发生排他效力。

3.物权(主要担保物权)具有优先性，即内容相同的担保物权，生效在前的优先(《担保法》第54条)；物权与债权的标的物竞合时，以物权为优先(《民通意见》第116条)。[1]而债权因其相对性，数个债权不论其发生先后，均以同等地位并存受偿，即债权平等。

4.物权是静态财产权，其社会机能是保护标的永续或恒常状态，侧重财产的静态安全；而债权是动态财产权，其社会机能是超越时空障碍，获得交换的财产，侧重的是财产的动态安全。

5.物权的类型及效力须依法定，此称物权法定主义；债权的类型既得法定(例如

---

〔1〕 对应《民法典》第386条："担保物权人在债务人不履行到期债务或者发生当事人约定的实现担保物权的情形，依法享有就担保财产优先受偿的权利，但是法律另有规定的除外。"

侵权行为之债、不当得利之债等)也得为约定(例如合同之债)。

四、债权的物权化

债权与物权虽有前述殊异,但随着债权实现保障的加强,有些债权突破了相对性(即对人权)而出现了某些物权的效力,学理上称此为债权的物权化。例如,《海商法》第21条规定的船舶优先权,《合同法》第229条规定的"买卖不破租赁"[1]等,即扩张了请求权的效力,使债权在特殊情形下有了对抗第三人的效力。

五、债的扩张

(一)概说

在民事法律关系的架构中,债本发生于特定人之间,其效力不涉及债权人与债务人以外第三人。但是,随着交易领域扩大和交易形式的多样化,特定人之间的关系在某些情况下,可能因第三人的"入侵"而遭破坏。为了加固债的关系,保护交易安全,债法理论对传统的债的本质作某些修正,扩张了债对第三人的效力。现就某些被民法典吸收的理论,作一概述。

(二)债的保全

在债务不履行与第三人行为有关时,允许债权人干预该行为,以保全债权。这就是债的保全的基本价值,这一制度已为很多国家民法吸收,我国合同法中也有债权保全的完整规范(详见后文)。

(三)第三人侵害债权

在债法理论架构中,如债务人因可归责的事由不履行债务时,应负不履行债务的责任,如因第三人行为致履行不能时,该第三人要不要负担损害后果? 例如,甲出卖名画于乙,交付前被丙不慎毁坏,致甲给付不能,丙应对甲负侵权责任自不待言,但乙就其损害,能否请求丙负赔偿责任? 英国和法国判例对此持肯定的态度;[2]在我国,台湾地区学者多持肯定说,[3]大陆学者认为要审慎对待,现在适用法律依据也不足,[4]从我国《合同法》的规定看,基本上是否定第三人侵害债权责任的。[5]

---

〔1〕 对应《民法典》第725条:"租赁物在承租人按照租赁合同占有期限内发生所有权变动的,不影响租赁合同的效力。"

〔2〕 史尚宽:《债法总论》,中国政法大学出版社2000年版,第2页。

〔3〕 王泽鉴:《民法债编总论》(一),三民书局,第19页。

〔4〕 参见李永军:《合同法原理》,中国人民公安大学出版社1999年版,第206—207页。

〔5〕 《民法典》第593条规定:"当事人一方因第三人的原因造成违约的,应当依法向对方承担违约责任。

（四）涉他契约

涉他契约是指契约的当事人可订立使第三人直接取得或负担对当事人一方的债权债务的契约。这类契约突破了罗马法上"不得为他人缔约"的理念，扩张了债权的相对性特质。这一理论已被各国民法典普遍吸收，[1]我国《合同法》第64条和第65条[2]也规定了为第三人订立的合同。但根据意思自治原则，涉他契约是为第三人设定负担的，第三人不履行的，应由债务人自己向债权人履行或承担不履行债务的责任。

第三节　债法

一、大陆法系的债法

在以民法典为特色的大陆法系，债法的规范体系，如前所述，当推法国和德国为典型模式。《法国民法典》基本承受罗马法的体系模式，没有独立的债编，而把"债"置于第3卷"取得财产的各种方法"中，其条文约占整部民法典的2/5；《德国民法典》在总则的"法律行为"章设有一节"契约通则"，紧接总则编的就是第二编债编，其条文约占全部法典的1/4。从债法条文在上述两部法典所占比例来看，足见债法在民法中的重要地位，尤其是《德国民法典》刻意把债编置于物权编之前。在当今的成文法国家，债法编纂无不趋效法国、德国民法，非此即彼，只是命名方式略有不同而已。

我国虽有成文法，但民法尚未法典化，所以，债法规范分散零乱，整合性差，基本上是由《民法通则》《合同法》架构了我国债权制度的粗略轮廓。

当事人一方和第三人之间的纠纷，依照法律规定或者按照约定处理。"

〔1〕 参见《法国民法典》第1121条；《德国民法典》第328条；《日本民法》第537条；《俄罗斯联邦民法典》第430条。

〔2〕 对应《民法典》第522条、第523条。第522条："Ⅰ.当事人约定由债务人向第三人履行债务，债务人未向第三人履行债务或者履行债务不符合约定的，应当向债权人承担违约责任。Ⅱ.法律规定或者当事人约定第三人可以直接请求债务人向其履行债务，第三人未在合理期限内明确拒绝，债务人未向第三人履行债务或者履行债务不符合约定的，第三人可以请求债务人承担违约责任；债务人对债权人的抗辩，可以向第三人主张。"第523条："当事人约定由第三人向债权人履行债务，第三人不履行债务或者履行债务不符合约定的，债务人应当向债权人承担违约责任。"

二、债法与商法

在大陆法系，商法是指调整私人商事活动的法律规范，通常包括有关商人及商行为的一般规范以及有关公司、票据、保险、海商等具体规范。商法是欧洲在中世纪向近代市场经济过渡时期由民法派生而来的，在近代法典化运动中，以法国、德国为代表，在民法典外又制定了商法典，出现了民商分立，而另以瑞士、意大利等国为代表，采民商合一。中国从民国始就实践民商合一，20世纪80年代以后的法制复兴又遵循这一体例，将来仍会坚定不移地采纳民商合一立法体系。在民商合一体例中，将债法能涵容的商事规范，例如商事委托、行纪、仓储等规范置于债编，于民法不能涵容的特殊商事规范，例如保险、票据等另立特别法。[1]

随着商业活动的普遍性和行会制的商人垄断制的解体，在现代私法中，即使民商分立，因商法的适用离不开民法，所以，诠释商事关系仍不能离开民法理论。易言之，民商合一或民商分立只有形式上的意义，而无实质上的意义。诚如法国学者达维德所言："几乎不再有什么规定对商事与民事债区别对待。"[2]

三、我国的债法规范

在我国，债法是指调整平等主体的当事人之间的债权债务关系的法律规范总和。其主要部分由下列规范组成：[3]

1.《民法通则》"债权""民事责任"部分；《民通意见》中"关于债权问题"（第104条至第132条），"民事责任"（第142条至第162条）部分。

2.《合同法》以及《保险法》《担保法》中的关于债法规范。

3.最高人民法院有关债的问题的批复及行政法规中有关债的规范，后者如《城市房地产法》中的关于房屋买卖合同的规范等。

4.我国政府签署或参加的涉及债的关系的双边协定和国际公约，例如，《联合国国际货物买卖合同公约》、《统一国际航空运输某些规则的公约》（华沙公约）等。

四、债法规范适用的逻辑分析

我国的债法规范，虽然也遵循了"由一般到具体"的立法体例，但我国《民法典》未设立债编，对债的共同事项的规定分散在总则、合同编、侵权责任编中。这就

---

〔1〕　在民商合一的国家，因立法体系不同，其民法所涵容的商法规范也不同。例如，《瑞士债务法典》第三编还包括公司法。此处仅就一般而论。

〔2〕　[法]勒内·达维德：《当代主要法律体系》，漆竹生译，上海译文出版社1984年版，第84页。

〔3〕　我国《民法典》未设立债编，但按该法第118条的规定，因合同、侵权行为、无因管理、不当得利等发生的权利义务，仍被认为是债权债务。

要求在学习债法时掌握运用法律的基本规程,首先是要明确法律事实所产生的权利义务关系是否属债法的范畴,并将其"对号入座"于债的某一类型,然后以该类型的债的规范去处理。对于没有债的类型的具体规定,例如,物业管理、球员转会等合同或其他债,就须用与其相类似的债法规范甚至民法的一般原则去处理。鉴于现行立法多是将债的一般规定与具体规定糅合在一起,故不免使适用发生困难。幸而本书的债编以现行法律规范为基础,以法典法国家的债法体系为参照构筑的债法理论体系,使读者能从中把握现行债法的内在逻辑体系和整体架构,为准确适用债法提供帮助。

五、债法与其他财产法

债法系民法的组成部分,民法总则对债的关系适用自不待言,唯其与其他财产规范的功能联系,有予以特别阐明的必要。

(一)债法与物权法

债法与物权法同属财产法,其功能联系有下列三点:(1)债以物权变动为其内容的,其履行须借助物权行为完成,例如买卖、赠与等,依物权行为(在未肯定物权行为时,也可以看作履行行为)取得物权,以债权合同为其法律上的原因;(2)为确保交易的安全,债权可以担保物权为保障,而担保物权的功能则确保债权的实现;(3)债权请求权与物上请求权可并存竞合,例如,出借人在借用物期限届满时,请求返还借用物。

(二)债法与婚姻家庭法、继承法

继承法中也有对债的关系的规定,如遗产继承时,关于债权移转和债务承担的规定(《继承法》第16条),[1]遗赠、遗赠扶养协议(《继承法》第31条)等。[2]

(三)债法与知识产权法

知识产权的转让、使用许可皆须通过债的关系实现。在工业产权法,工业产权被宣告无效时,因专利或商标的转让或使用许可所取得利益,应按不当得利之规定返还给利益所有人。

---

〔1〕 对应《民法典》第1159条:"分割遗产,应当清偿被继承人依法应当缴纳的税款和债务;但是,应当为缺乏劳动能力又没有生活来源的继承人保留必要的遗产。"

〔2〕 对应《民法典》第1123条:"继承开始后,按照法定继承办理;有遗嘱的,按照遗嘱继承或者遗赠办理;有遗赠扶养协议的,按照协议办理。"

(四)债法与婚姻法

婚姻家庭虽是身份关系，其中亦涉及财产关系。如结婚时对夫妻财产的约定，结婚时对夫妻财产的约定，协议离婚时关于分割财产或设定抚养权的合同，亲属间法定扶养请求权的行使等，都以请求权为基础。虽然债法规范不直接适用于身份契约，但是在婚姻家庭对债的关系未有规定的情况下，可参照债权编处理。

第三十章　债的类型

第一节　导论

社会经济生活和财产流转的多样性,决定债的类型的多样性。但是,如将现实生活中的各种交易模式直接移作债的类型,一是民法的有限篇幅无以容纳,二是无理论支撑的债的类型,将失去其指导实践的经典意义。所以,民法学上的债的类型,是指依一定的标准对债进行划分时,具有共同特征的债所形成的类别。因此,对债的类型的研究,一方面是为了深入债的关系把握其整体架构,另一方面也揭示了民法在调整财产关系时所采取的科学方法的特征。

对债的类型的研究是从对债的分类入手的,这种分类是依各种债的目的而选择分类标准的。就总体而言,学理上和法律上所采纳的分类标准不外乎下列几种:一是债的发生根据;二是债的要素结构,例如主体、客体等;三是债的法律效力,例如主从关系等。在承袭德国民法典模式的体例中,是将以债发生原因标准划分为合同、侵权行为、无因管理、不当得利之债作为债的一般类型,并以此构成债法分则体系,将依其他标准划分的债的类型作为特殊类型于债法总则中规定。而特殊类型的债中,多数人之债类型较之其他特殊类型债更有普遍的适用性,故本章将其另设一节专述,而对一般债的类型,则由债编分论详述。

第二节　债的类型

一、依债的给付标的分类

债依其给付标的,可以分为以下六种债的类型:

(一)实物之债

实物是指有交换价值的有体物,以实物作为债的给付标的的,称为实物之债。实物之债依实物的属性,可以分为特定物之债和种类物之债。

1.特定物之债,是指以特定物为给付标的的债,也称特定之债。所谓特定物,有客观特定物和主观特定物之分,前者指独具特征而不能为他物所替代的物;后者指经当事人意思表示而特定化的种类物。特定物之债的标的物,在债发生时就已确定,因此,债务人履行债务时须交付特定物;只有在特定物因灭失不存在时,才能免除交付原物义务。特定物之债的当事人对于特定物所有权的移转时间,除法律有强行规定外,可自行约定。

2.种类物之债,是指以种类物为给付标的的债,也称种类之债。种类物之债的标的物,在债发生时尚未被确定,只有在交付时才被特定化。所以,在债的标的物交付前发生灭失的,不能免除债务人交付实物的义务,债务人须以同等的种类物履行债务。在债的关系中,种类物所有权在交付时才发生移转。

实物之债在履行不能时,可转化为货币之债,由债务人以给付货币代替实物给付(最高人民法院《关于贯彻执行民事政策法律若干问题的意见》第68条)。[1]

(二)货币之债

货币之债是指以给付货币为标的的债。在我国,货币有人民币和外币之分。人民币是法定流通货币,一般给付应为人民币,外币只有在法律有特别规定的情况下,才能作为债的给付标的。

由于货币是一般等价物,有不同于其他债的特殊效力。

1.货币之债的特殊意义。货币之债是一种特殊的种类债,货币的使用价值围于它的交换价值,作为一般等价物能交换其他物品、劳务和外币。所以,它较其他实物具有更大的流通性。在其他类型的债发生给付不能时,都可以转复为货币之债来履行,而货币之债本身原则上只发生给付迟延,不发生给付不能,债务人不得以给付不能而免责。只有在债务人被宣告破产时,才能根据情形免除履行部分或全部债务。

2.货币之债的给付变更。由于货币的交换价值是通过价格来体现的,所以,当货币贬值或升值而导致其购买力下降或上升时,就会发生这样的问题:货币之债的给付应否相应发生变更,即仍然给付原定数量的货币还是原定购买力的货币数量?就法律的功能而言,货币价值的变化,是市场法则所致,非法律所能及。基于此理念,英国于1604年首先确立了唯名主义原则,[2]即不论货币的币值如何变更,债务人仅以法定支付手段的货币给付原定数额的货币。此项原则后为各国仿效,有的还将此写入了民法典(《法国民法典》第1895条)。但是,自20世纪以来,在经济危机发生的频度增加以及通货膨胀率持高不下的情形下,按唯名主义原则,将货币贬值的负担完全分配给债权人,显然有失交易公平。为了合理分配此项风险,当事人创设了

---

〔1〕 对应《民法典》第579条:"当事人一方未支付价款、报酬、租金、利息,或者不履行其他金钱债务的,对方可以请求其支付。"

〔2〕 该原则由Gilbert v.Brett案确立。参见[苏联]纳雷什金娜主编:《资本主义国家民商法》(下),刘家辉等译,中国政法大学出版社1989年版,第52页。

在合同中预先约定抵制贬值的保护性条款，例如以黄金或粮食计价等，也有国家的法院依情事变更修正唯名主义原则，以平衡当事人双方的利益。我国的民法未有指导性的规定，新公布的合同法在最后时刻删除了"情事变更"也见立法者对此的审慎态度，就此推论我国应适用"唯名主义"原则应该是符合立法原意的。[1]

3.交换货币行为。货币之债中给付的货币，是执行货币的支付手段职能。它与货币的交换不同，后者是以一国货币兑换他国货币的法律行为。在交换中，货币不是执行支付手段的职能，而是被当作可以买卖的种类物。所以，货币交换必须是货币同等使用价值的交换，而不适用唯名主义原则[《国际货币基金协定》第19条第7节(a)]。

(三)利息之债

利息是使用他人货币应给付他人的对价。以给付利息为标的的债，称利息之债。利息之债是以本金为标的的主债之从债。由主债视之，利息是主债权的收益，属法定孳息。

1.利息的类型。依利息发生的原因，可以分为约定利息和法定利息两种类型。约定利息是依当事人约定所生之利息；法定利息是依法律强行规定所生之利息。法定利息依其性质又可以划分下列两类：(1)罚息，是债务人因违约而在原定利息外应加付的利息，罚息的本质是一种违约金。(2)迟延利息，是债务人因给付迟延而应支付的逾期利息(《合同法》第207条),[2]迟延利息本质上是一种不当得利。

2.利率，是指利息对于本金在一定期间的比率，该期间通常以月度或年度为计算单位。以月为计算单位者，称为月利率；以年为计算单位者，称为年利率。而该比率多以十分比、百分比或千分比或分、厘、毫表示。利率依发生原因，可以分为：(1)法定利率，即强行规定的利率，其又分两种形态，一为固定利率；二为浮动利率。我国的法定利率由中国人民银行决定并公布(《中国人民银行法》第27条)。(2)约定利率，是由当事人自由确定的利率。对约定利率，法律上有两项特殊限制，一是以金融机构为债权人或债务人的，约定之利率必须在法定最高和最低利率的幅度之内(《商业银行法》第31条、第38条)；自然人之间的借贷关系的利率应以适当高于法定利率为限(最高人民法院《关于审理民间借贷案件适用法律若干问题的规定》第29条),[3]而生产性借贷的利率又可以适应高于生活性借贷的利率(《民通意见》第122

---

〔1〕《民法典》第533条肯定了情事变更："合同成立后，合同的基础条件发生了当事人在订立合同时无法预见的、不属于商业风险的重大变化，继续履行合同对于当事人一方明显不公平的，受不利影响的当事人可以与对方重新协商；在合理期限内协商不成的，当事人可以请求人民法院或者仲裁机构变更或者解除合同。"

〔2〕 对应《民法典》第676条："借款人未按照约定的期限返还借款的，应当按照约定或者国家有关规定支付逾期利息。"

〔3〕 该规定已被最高人民法院《关于修改〈关于审理民间借贷案件适用法律若干问题的规定〉的决定》(法释〔2020〕6号)修订并重新公布。新修订的"决定"第22条限定"以不超过合同成立时一年期贷款市场

条）。[1]

必须注意,约定利率和约定利息不是同一概念,前者是利息计算方法,后者是本金产生的孳息。约定利息未定利率或利率约定不明的,应准用法定利率的规定(《民通意见》第121条)。[2]

3.复利,是将利息滚入本金而再生之利息,我国民间称之为"利滚利"。以利作本,将会使债权额迅速增加,危及公平交易,各国民法多有限制。在我国借贷关系中原则上禁止计算复利。但法律有例外规定的,也允许计算复利(例如民政部1994年公布的《农村社会养老保险养老金计发办法》第1条第1项),复利属法定利率,不允许依当事人的意思约定。

4.利息之债的特殊债力。研究利息之债的意义,就是明确其有不同于其他类型债的特殊效力。首先,基于利息之债是从债,故其存在以主债权为条件,主债权发生变更、消灭之效力时,及于利息之债。其次,在主债权已届清偿期时,利息已产生,成为独立的利息债权而产生法律效力。

(四)劳务之债

以债务人提供劳务为标的的债,称为劳务之债。所谓劳务是通过债务人的作为体现出来的服务,其既可以通过一定的物化劳动结果体现,如成衣制作,也可以没有物化劳动结果而以满足特定需求的服务来体现,如诉讼代理。在英美法上,称前者为技术性服务,后者为专业性服务。

劳务之债与实物之债等其他债的区别在于:劳务债务的给付具有人身性,所以,劳务债务一般须由债务人亲自履行,未经约定不能由第三人代替履行,劳务之债发生履行不能时,不适用强制履行的方法,只能转化为损害赔偿施以救济。

(五)智慧成果之债

以著作物、专利、商标和技术秘密、技术诀窍等智慧成果为给付标的的债,称为智慧成果之债。智慧成果是脑力劳动的产品,属"无体物",其交换价值是由知识产权法肯定的。因此,智慧成果与劳务的法律属性不同,前者是知识产权的客体,其财产属性是法定的,他人未经许可而分享智慧成果时,构成侵权行为,反之,法律未肯定有财产属性的智慧成果具有公有性,人人得享用之;而后者是人的行为,其财产属性是当事人约定的,因此只能是债的标的。

报价利率四倍为限"。

[1] 新的规定见最高人民法院《关于修改〈关于审理民间借贷案件适用法律若干问题的规定〉的决定》(法释〔2020〕17号)第10条、第11条。

[2] 根据《民法典》第680条第3款的规定,借款合同未约定利息并协商不成的,该借款视为没有利息。

(六) 损害赔偿之债

损害赔偿之债，是指以回复或补偿他人所受损害为标的的债。对于损害所发生的赔偿债务，《民法通则》称之为"民事责任"，并将侵权行为和债务不履行(违约)分别规定。[1] 对损害赔偿之债的债务负担方法，各国民法的规定有所不同。法国、日本等国民法以金钱赔偿为原则，而德国等民法以回复原状为原则，金钱赔偿为例外。以我国《民法典》立法精神观之，应以回复原状为原则，赔偿损失为补充。

损害赔偿之债的发生原因有以下两类：

1.依法律规定而发生损害赔偿之债的原因：(1)侵权行为(《民法通则》第106条第2款)。[2] (2)不履行债务(《合同法》第107条)[3]。(3)滥用代理权和无权代理(《民法通则》第66条)。[4] (4)民事行为无效和或被撤销(《民法通则》第61条、《合同法》第58条)。[5] (5)法律允许的权利扩张行为(《民法通则》第83条、《民通意见》第86条、《土地管理法》规定的征用土地等)。[6] (6)为他人利益而致财产损害的行为(《民法通则》第93条)。[7]

2.依合同约定而发生损害赔偿之债的原因：(1)保险合同(《保险法》第2条)。(2)损害赔偿担保合同(最高人民法院《关于强制变卖被扣押船舶清偿债务的具体规定》第1条第1项)。[8]

---

〔1〕《民法典》继受了《民法通则》的概念体系。

〔2〕对应《民法典》第120条："民事权益受到侵害的，被侵权人有权请求侵权人承担侵权责任。"

〔3〕对应《民法典》第577条："当事人一方不履行合同义务或者履行合同义务不符合约定的，应当承担继续履行、采取补救措施或者赔偿损失等违约责任。"

〔4〕对应《民法典》第167条、第168条、第171条。第167条："代理人知道或者应当知道代理事项违法仍然实施代理行为，或者被代理人知道或者应当知道代理人的代理行为违法未作反对表示的，被代理人和代理人应当承担连带责任。"第168条："Ⅰ.代理人不得以被代理人的名义与自己实施民事法律行为，但是被代理人同意或者追认的除外。Ⅱ.代理人不得以被代理人的名义与自己同时代理的其他人实施民事法律行为，但是被代理的双方同意或者追认的除外。"第171条："Ⅰ.行为人没有代理权、超越代理权或者代理权终止后，仍然实施代理行为，未经被代理人追认的，对被代理人不发生效力。Ⅱ.相对人可以催告被代理人自收到通知之日起三十日内予以追认。被代理人未作表示的，视为拒绝追认。行为人实施的行为被追认前，善意相对人有撤销的权利。撤销应当以通知的方式作出。Ⅲ.行为人实施的行为未被追认的，善意相对人有权请求行为人履行债务或者就其受到的损害请求行为人赔偿。但是，赔偿的范围不得超过被代理人追认时相对人所能获得的利益。Ⅳ.相对人知道或者应当知道行为人无权代理的，相对人和行为人按照各自的过错承担责任。"

〔5〕对应《民法典》第157条："民事法律行为无效、被撤销或者确定不发生效力后，行为人因该行为取得的财产，应当予以返还；不能返还或者没有必要返还的，应当折价补偿。有过错的一方应当赔偿对方由此所受到的损失；各方都有过错的，应当各自承担相应的责任。法律另有规定的，依照其规定。"

〔6〕参见《民法典》第七章相邻关系。

〔7〕对应《民法典》第121条："没有法定的或者约定的义务，为避免他人利益受损失而进行管理的人，有权请求受益人偿还由此支出的必要费用。"

〔8〕《民法典》已作了一般性规定，见第1187条："损害发生后，当事人可以协商赔偿费用的支付方式。协商不一致的，赔偿费用应当一次性支付；一次性支付确有困难的，可以分期支付，但是被侵权人有权请求提供相应的担保。"

由于损害赔偿之债因发生原因各异,故难以一概论定其性质,唯就侵权行为所生之损害赔偿和债务不履行所生之损害赔偿,可作一比较。其一,债务不履行之损害赔偿是代替原来应履行的债,故属传来发生之债,与原债受同一担保,原债权不成立时,该债亦不成立,其二,侵权行为之损害赔偿,属原始发生之债,其成立与侵权行为同时发生,其债务属法定。

二、依债的标的可否选择分类

(一)选择之债

选择之债,是在数宗给付中,依当事人的选择而确定一宗作为给付标的的债。选择之债可因民事法律行为而产生,如货物运输合同中约定在铁路、空运等数宗运输方式中选择;也可因法律的规定而产生,如对产品瑕疵之损害赔偿,可以在更换、修复等数宗给付中选择一宗行使(《消费者权益保护法》第44条)。

1.选择之债的成立要件。必须有两宗以上内容相异的给付供当事人选择。这和种类物之债不同:(1)选择之债的给付标的包括物之给付和行为之给付。(2)选择之债的标的为物之给付时,可以是特定物,在以种类物为给付选择时,其选择范围须经个别的、预定的、能辨认而易选择的数宗种类物,而种类物之债的范围只是指示的一宗种类物。

2.选择之债的给付特定。选择之债的履行,须选择一宗给付为履行标的,此即为选择之债的给付特定。特定的方法有给付选择、给付不能和合同三种。依合同而特定,只要不违反法律,可依当事人的意思确定。而给付选择和给付不能的特定,稍微复杂些,以下分述之。

(1)给付选择。选择是由选择权人向相对人作出为特定给付的意思表示。选择是依一方意思而成立的,故选择权属于形成权。债权人享有选择权的,称选择债权,债务人享有选择权的,称选择债务。如果没有约定或法律的特别规定,选择权属于债务人。享有选择权的当事人一方变更时,选择权也随之变更。选择权的行使,将使给付特定,但如选择权人怠于行使选择权,不免使债的关系因给付不特定而无法履行。因此,选择权人在选择权得行使期间不行使时,选择权移至对方当事人,如选择权属于第三人而不行使时,选择权移至债务人。当事人一旦行使选择权而使给付特定时,选择之债即成为简单之债,其效力溯及债发生之时,如选择权人选择的标的发生给付不能的,则债之标的因自始不能而无效。

(2)给付不能。在供选择的数宗给付中,有给付不能的情况的,如剩余能履行的给付还有两宗以上,那么,只是使选择范围缩小,并不发生特定问题;如剩余能履行的给付仅为一宗,那么,就发生给付特定,选择之债便成为简单之债,债务人只须按可能履行的标的给付即可。但如给付不能是无选择的当事人所致,那么,选择权人如选择不能之给付为债的标的,此时,该有选择权的当事人是债务人时,可免除给付义务;选择权人是债权人时,则因给付不能发生损害赔偿之债。

3.选择之债特定的效力。选择之债因合同、给付选择或给付不能而特定的,则发生简单之债的效力。即选择之债一经特定,即转为简单之债。

(二)简单之债

简单之债,是指只有一宗给付作为标的的债。在简单之债中,当事人对债的给付标的没有选择余地,故也称不可选择之债或单纯之债。简单之债可因合同而产生,也可因法律规定而产生。

(三)任意之债

任意之债是指债权人或债务人可以用原定给付之外的其他给付来代替原定给付的债,其代替原定给付之其他给付,称代用给付。这是附属于债的从权利,故称为代用给付权。代用给付权可因民事法律行为产生,也可因法律规定而直接产生。任意之债依代用给付权的归属,可分为债权人任意之债和债务人任意之债。任意之债与选择之债、简单之债相比较,有如下特征:

1.任意之债的标的虽为单一给付,与简单之债相似,但其可以用代用给付代替原定给付;而在选择之债,数宗给付是并列待选的。

2.任意之债成立时,原定给付须为可能,如原定给付自始不能,债之关系就根本不能成立,这是任意之债与选择之债不同而与简单之债相似之处。

3.任意之债的代用给付权人在作出代用给付的意思表示后,代用给付成为不能的,债务人并不因此免除给付义务,仍须为原定之给付。而在选择之债,选择特定之给付成为不能时,因选择的溯及力,债的标的自始无效。

三、依债的给付方法分类

(一)一时之债

一时之债,是指只须一次行为即可完成给付的债。如买卖中的物品交付和价款支付,只须一次行为完成,故此类债即属一时之债。一时之债的债务人在给付时,没有一次完成,即为给付有瑕疵,承担不履行债务的责任。

(二)持续之债

持续之债,是指须有持续性给付为标的的债,例如出租人给付义务等。所谓持续性给付,是内容和范围受债的存续时间左右的给付,给付义务随时间的经过而陆续履行。持续性给付有两种形态:

1.回归的给付,是指以须反复为之的个别给付为内容的给付,例如定期给付的工资、利息等。

2.非回归的给付,回归给付以外的给付皆属非回归给付,例如保管人所为的给付。

四、依债的执行力分类

(一)自然之债

自然之债,是指虽为法律认可,但却不受强制执行力保护的债,法律对此多从债务角度规定,故称其为自然债务。对于自然债务,债务人不履行时,债权人不得请求法院强制执行,债务人自愿履行时,履行仍为有效。大陆法系中称自然债务有四类:因婚姻居间而约定的报酬、赌债、限定继承之债务以及罹于消灭时效的债务。在我国,对于诉讼时效消灭和超出遗产价值的自然债务,获得法律的肯定(《民法通则》第138条、《继承法》第33条)[1];我国法律明令禁止赌博(《治安管理处罚条例》第32条),但法律并没有确认赌博发生债务属于不当得利应予返还,反推之,法律是承认赌债的自然债务属性的,对婚姻居间而约定的报酬,法律没有规定,如果依法成立的婚姻介绍所向当事人收取报酬的,应视为法定之债,不应作自然之债处理。

(二)法定之债

广义的法定之债是与自然之债相对应的,其指依约定或法律规定产生的受诉讼执行力所保护的债,狭义的法定之债是与约定之债相对应,指依法律规定直接产生的债,如侵权行为、无因管理、不当得利等债。

第三节　多数人之债

一、概说

债的关系,以其主体的人数为标准,可划分为单一之债和多数人之债。单一之债是债权人和债务人各为一人的债,故也称单数主体之债;多数人之债是以同一给

付为标的,有数个债权人或者数个债务人的债,故也称复数主体之债。

多数人之债,与单一之债不同,是除了债权人与债务人的外部关系外,还有多数人内部的关系问题。依多数债权人或多数债务人内部的关系,可分为连带之债和按份之债;依多数人之债之给付可否分割,可区分为可分之债和不可分之债。

多数人之债的主体虽然是复数,但其债之关系是否也是复数呢? 对此,民法学上存在三种学说。主体说认为,债之关系的主体为单数的,应以单数之债而定,主体为复数的,应以复数之债而定;客体说认为,债的关系为单数或复数,应以客体是否同一为标准,若客体为同一,而主体为复数的,仍属单一之债;效力说认为,应以各主体能否独立地发生其为债权人或债务人的一切效力为标准,只要各主体能独立地发生其效力的,则不论其客体是否同一,应定其为复数之债。近世民法学以效力说为通说,该学说也为大陆法系各民法典所采纳。[1]

多数人之债因其复数主体,与单一之债相比较,在各主体之间发生以下两个方面的特殊效力:其一,在外部关系上,各债权人与各债务人,在如何行使债权或如何履行债务方面,发生各债权人或各债务人的整体对外效力;其二,在内部关系上,多数债权人中之一人受领债权,或多数债务人之一人履行债务时,在多数债权人或多数债务人之间发生对内效力。

民法对单一之债和多数人之债的分类,目的是研究多数人之债这一债的类型。因为在编纂民法典或构建债法理论时,为了精简文字、减少重复,对各种债的关系的描述,都是在假设其为单一之债的前提下展开的,对多数人之债,则以特例设专章说明。[2]大陆法系民法典多在债编总则中设专章或专节规定了可分之债和不可分之债、连带之债和按份之债四种多数人之债的类型及其特殊效力,另在物权编(《日本民法典》、我国民国时期制定的民法)或债编分则(《德国民法典》)规定因共有而发生的多数人之债。[3]我国《民法通则》在债权一节以两个条文对按份之债(第86条)[4]和连带之债(第87条)[5]作了一般规定,另在财产所有权一节规定共有所生之债(第78条)。

为了全面揭示多数人之债的类型,除介绍《民法通则》规定的连带之债和按份之债外,本书按民法学原理将大陆法普遍规定的可分之债和不可分之债也整合列入

---

〔1〕 参见史尚宽:《债法总论》,第607页。

〔2〕 参见《法国民法典》第1125—1197条,《德国民法典》第二编第六章;《日本民法》第三编第一章第三节;《意大利民法典》第四编第一章第七节;《俄罗斯联邦民法典》第321—326条。

〔3〕 参见《德国民法典》第1011条;《日本民法》第254条、第259条;《意大利民法典》第1104条。

〔4〕 对应《民法典》第177条:"二人以上依法承担按份责任,能够确定责任大小的,各自承担相应的责任;难以确定责任大小的,平均承担责任。"

〔5〕 对应《民法典》第178条:"Ⅰ.二人以上依法承担连带责任的,权利人有权请求部分或者全部连带责任人承担责任。Ⅱ.连带责任人的责任份额根据各自责任大小确定;难以确定责任大小的,平均承担责任。实际承担责任超过自己责任份额的连带责任人,有权向其他连带责任人追偿。Ⅲ.连带责任,由法律规定或者当事人约定。"

多数人之债体系。因为连带之债与按份之债是可分之债可能发生的两种效力,在不可分之债,只有连带而不发生按份之债的效力。所以,搞清连带和按份之债,不能离开可分之债和不可分之债,这是民法理论体系的表现。

二、按份之债

按份之债,是指以同一可分给付为标的,各债权人或各债务人按各自的份额分享债权或负担债务的多数人之债。其中,各债权人享有的份额债权,称按份债权;各债务人负担的份额债务,称按份债务。

对于按份债权,各债权人只能就其所享有的债权份额请求债务人履行,或接受债务人的给付,而无权接受超出其债权额的给付;当其所享有的债权份额受清偿时,该部分债权即归消灭,对其他债权人的按份债权不发生效力。对于按份债务,各债务人仅就自己所负担的债务份额向债权人清偿,对其他债务人的按份债务,不负清偿义务;当其所负担的债务份额清偿完毕时,该部分债务即归消灭,对其他债务人的按份债务,亦不发生效力。

由此可见,按份之债的债权或债务,仅对各债权人或各债务人发生效力,而不对整个债之关系发生独立效力。所以,按份之债实质上是数个独立之债,不具有多数人之债的说明价值。

大陆法系各国民法典,一般都有对可分之债和不可分之债两种债的类型所作的特别规定,而在不可分之债,因其给付不可分割,若发生按份之债将损及整个债的关系,故多将按份之债置于可分之债中规定。而《民法通则》对多数人之债规定了连带之债和按份之债,而对可分和不可分这一重要的多数人之债的形态未置一词,[1]在体例上应该是受《苏俄民法典》(1964年)的影响。而在《苏俄民法典》对于连带之债和按份之债的关系,明确规定法律没有特别规定或当事人没有约定时,多数人之债适用按份之债的规定(第179条)。我国《民法通则》第87条也规定适用连带之债须"依照法律的规定或当事人的约定",就此也可以推论是以按份之债作为确认多数人之债的原则的。

三、可分之债

(一)可分之债的意义

可分之债,也称分割之债或联合之债,是指以同一可分给付为标的,其债权可分

---

〔1〕《民法典》第517条作了规定:"Ⅰ.债权人为二人以上,标的可分,按照份额各自享有债权的,为按份债权;债务人为二人以上,标的可分,按照份额各自负担债务的,为按份债务。Ⅱ.按份债权人或者按份债务人的份额难以确定的,视为份额相同。"

享或其债务可分担的多数人之债。其中，数个债权人分享同一可分给付之债权，称可分债权；数个债务人分担同一可分给付之债务，称可分债务。所谓可分给付，是指可分为数个而又无损其性质或价值的一个总给付。例如，粮食和酒类作数量分割后给付，价值不受影响。此外，不可分给付变为可分给付时，也可成立可分之债，如数人共负一辆汽车的债务，是为不可分给付，但因给付不能，变为金钱赔偿时，即成立可分给付。

（二）可分之债的法律效力

1.对外效力。除法律有特别规定或当事人有约定外，对于可分之债，以各债权人平均分享债权或各债务人平均分担债务为原则。

2.对内效力。债权人之一人或债务人之一人所发生的给付迟延、给付不能、受领迟延、债权免除、混同、诉讼时效消灭等情形，对其债权人或债务人不发生效力。除法律有特别规定或当事人有约定，各债权人享有按份债权，各债务人负担按份债务。

四、连带之债

（一）概说

连带之债是指以同一给付为标的，各债权人或各债务人之间有连带关系的多数人之债。其中，数个债权人连带分享以同一给付为标的的债权，称连带债权；数个债务人连带分担以同一给付为标的的债务，称连带债务。所谓连带，就是债权人有权代受他债权人应得份额的债权，或债务人有义务代负他债务人应负担额的债务。连带之债中，连带债务因有担保作用，对债权人颇为有利；而连带债权因他债权人代为受领后，本债权人求偿容易受阻，也对债权人不利。在连带债权和连带债务中，因多数人之间的连带有很多相似之处，所以，民法对连带债务的规定较多，而对连带债权的规定较少，在法律对连带债权没有规定的，准用对连带债务的规定。

（二）连带债务

连带债务则指各债务人对同一标的给付负有全部清偿义务的债务。

1.连带债务的发生原因。连带债务虽然对债权人有利，但对债务人，无疑是一种加重责任。所以，《民法通则》规定，发生连带债务，须由当事人约定或法律规定。换言之，在多数人之债，债务的清偿以按份债务为基本原则。[1]

首先，对于约定，可理解为民事法律行为，一般是指合同。有的国家民法规定"约定"必须是明示行为（《法国民法典》第1202条、《德国民法典》第427条）。我国《民

---

〔1〕《民法典》第178条第3款规定："连带责任，由法律规定或者当事人约定。"

法通则》虽然没有规定，但这一国际通用规则可资参考。[1][2]

其次，由于债务人约定加重自己责任的情况毕竟不多，所以，连带债务的发生，大多来自法律的规定。规定连带债务发生原因的法律规范是相当庞杂的，除《民法通则》外，有《海商法》（第16条）、《合同法》（第272条）[3]等单行法，也有最高人民法院的司法解释（如《关于审理农村承包合同纠纷案件若干问题的意见》第9条）以及有关行政法规（如国务院《关于城镇劳动者合作经营的若干规定》第9条）。所以，在确定债务人是否承担连带债务时，应根据该债务发生之事实，在适用的法律中查找有无此规定。如无此规定，当事人又未约定，就推定债务人负按份债务的责任。

2.连带债务的法律效力。

（1）对外效力（债权人之权利），即各债务人与债权人的关系，主要是债权人请求权问题。依《民法通则》规定，连带债务人都有义务向债权人清偿债务。换言之，债权人可向债务人之一人或数人甚至全部，请求全部或一部分之给付，被请求之债务人不得以超过自己应负担之份额为由，提出抗辩。

（2）对内效力（债务人内部关系），即各债务人相互之间的权利义务关系。连带债务的对内效力有两项：一是对于连带债务人之一人因清偿、提存、抵销、混同、免除以及诉讼时效完成等而使债务部分或全部终止的，对全体债务人发生效力，其他债务人得免除向债权人履行债务。二是按《民法通则》[4]的规定，在连带债务人内部，仍是按份债务。即连带债务人之一人因清偿或其他行为使他债务人免除履行义务的，就他债务人各自承担的份额，有请求偿还的权利。这一权利谓之求偿权。对于各连带债务人的债务份额，应依约定确定，在法定之债可依法律的规定确认；法律无规定，当事人也无约定的，则均分份额。

（三）连带债权

连带债权，是指各债权人对同一标的的给付，有权请求债务人全部履行的债权。

---

〔1〕 我国《担保法》第19条规定，"当事人对保证方式没有约定或者约定不明确的，按照连带责任保证承担保证责任"，竟然将连带责任强加给没有作连带意思表示的当事人，受到学界的批评。

〔2〕《担保法》第19条的规定已被《民法典》修正，该法第686条第2款规定："当事人在保证合同中对保证方式没有约定或者约定不明确的，按照一般保证承担保证责任。"

〔3〕 对应《民法典》第791条："Ⅰ.发包人可以与总承包人订立建设工程合同，也可以分别与勘察人、设计人、施工人订立勘察、设计、施工承包合同。发包人不得将应当由一个承包人完成的建设工程支解成若干部分发包给数个承包人。Ⅱ.总承包人或者勘察、设计、施工承包人经发包人同意，可以将自己承包的部分工作交由第三人完成。第三人就其完成的工作成果与总承包人或者勘察、设计、施工承包人向发包人承担连带责任。承包人不得将其承包的全部建设工程转包给第三人或者将其承包的全部建设工程支解以后以分包的名义分别转包给第三人。Ⅲ.禁止承包人将工程分包给不具备相应资质条件的单位。禁止分包单位将其承包的工程再分包。建设工程主体结构的施工必须由承包人自行完成。"

〔4〕 参见《民法典》第519条："Ⅰ.连带债务人之间的份额难以确定的，视为份额相同。Ⅱ.实际承担债务超过自己份额的连带债务人，有权就超出部分在其他连带债务人未履行的份额范围内向其追偿，并相应地享有债权人的权利，但是不得损害债权人的利益。其他连带债务人对债权人的抗辩，可以向该债务人主张。Ⅲ.被追偿的连带债务人不能履行其应分担份额的，其他连带债务人应当在相应范围内按比例分担。"

在对外效力方面,连带债权人中任何一人受领全部给付时,全体债权人的债权统归消灭。在对内效力上,各债权人仍应按确定份额享受债权,受领全部给付的债权人对其受领的超出份额部分,应偿还给其他债权人。连带债权的其他事项,可参照连带债务的规定。

五、不可分之债

不可分之债,是指以同一不可分给付为标的的多数人之债。其中,以同一不可分给付为请求标的的复数债权,称为不可分债权;以同一不可分给付为标的的复数债务,称为不可分债务。给付不可分有性质不可分和意思不可分两种,性质不可分给付,是给付在性质上不可分割,如分割就会损害其价值,例如相声演出;不可分之债因给付不可分而使各债权或各债务间同受约束,一旦给付变为可分,则债之关系也变为可分之债。

不可分之债一般以民事法律行为或法律规定而发生,前者如合同等,后者如《民法通则》第122条规定的产品责任之制造商和销售商不可分债务。[1]

不可分之债因给付的不可分性,决定了其债权或债务的不可分性。所以,不可分债权的请求和不可分债务的履行,原则上适用连带之债的规定。但就以下几个方面,与连带之债有所不同:

1.各债权人虽有给付请求权,但债权人之一人行使请求权时,必须为全体债权人请求全部之给付;反之,债务人之一人清偿债务时,也必须为全体债务人为全部清偿。部分请求或给付不发生部分债权或债务消灭之效力。

2.不可分之债因一债权人受领或一债务人给付而消灭后,受领债权人或为给付的债务人是否负偿还义务或享有求偿权,应视为不可分之债的发生原因而定。例如,对于共同共有人发生的不可分债务,因共有人无份额问题,故无求偿权;而对于产品责任产生的不可分债务,销售商在清偿债务后,则获得向制造商的求偿权。

---

〔1〕 对应《民法典》第1203条:"Ⅰ.因产品存在缺陷造成他人损害的,被侵权人可以向产品的生产者请求赔偿,也可以向产品的销售者请求赔偿。Ⅱ.产品缺陷由生产者造成的,销售者赔偿后,有权向生产者追偿。因销售者的过错使产品存在缺陷的,生产者赔偿后,有权向销售者追偿。"

第三十一章　债的发生

第一节　导论

债的发生,是指债权债务在相对的当事人之间产生,亦即债的"出生"。在广义上,债权债务不仅可因法定或约定在当事人间发生,而且在原无债的关系的当事人之间,也可因承受其他人的债权债务而产生债。在狭义上,债的发生仅指前者,因为在后者只是债的主体发生变更而已,客体上并无新的债权债务发生。所以,在民法原理上,对债的发生仅是从狭义的角度来研究的。债作为民事法律关系,是一定的事实充足一定的法律要件的内容,从而引起债的效果发生。

在昔日罗马法中,将债的发生原因归为四类:一是契约,即双方当事人以发生、变更、担保和消灭债为目的的合意行为;二是准契约,即导致当事人间债权债务关系发生的当事人一方的行为,例如无因管理、不当得利等;三是私犯,即侵害他人人身或私人财产的行为,这是与危害国家的行为,亦即"公犯"相对称的行为;四是准私犯,即类似私犯而未列入私犯的违法行为,例如法官渎职、堆置或悬挂的物品危及行人、家属或家奴加害于他人的行为等。[1]

近世大陆各国民法典多承袭罗马法,但又以《法国民法典》和《德国民法典》为模式代表。《法国民法典》几搬罗马法旧制,将债的发生分为合意与非合意两类,前者主要指契约,后者由包括准契约(仅指无因管理)、侵权行为和准侵权行为,不承认不当得利为债发生的原因。而《德国民法典》对罗马法稍作修正,将契约、无因管理、不当得利及侵权行为作为债的发生原因。

我国《民法通则》第五章第二节规定,因合同、不当得利、无因管理在当事人间发生债之关系,而另于第六章第三节规定"侵权的民事责任"。[2]《民法通则》虽然也承认侵权行为发生后在当事人间亦发生债之关系,但在体例定位上视其为民事责任。因此,如不拘泥于体例而以《民法通则》的内容而论,关于债的发生的规定无疑是继受了《德国民法典》模式。

如就两大法系比较,英美法虽然无类似大陆法关于"债"的理念,但就债务的发

---

〔1〕　周枏:《罗马法》,群众出版社1983年版,第五章第三节"债的发生"。

〔2〕《民法典》第118条第2款规定:"债权是因合同、侵权行为、无因管理、不当得利以及法律的其他规定,权利人请求特定义务人为或者不为一定行为的权利。"该条规定与《民法通则》规定的债的体系完全一致。

生原因而言，共有两类：一是合意行为，包括合同与协议；二是产生返还之债的各种情况，包括无因管理、不当得利、侵权行为等法定之债。[1]

第二节　合同

一、合同是商品交换的法律形式

社会分工导致了商品生产和商品交换。然而，交换如何进行，是强迫或由交换者自愿选择？对此，马克思指出："我在分析商品流通时就指出，还在不发达的物物交换情况下，参加交换个人就已经默认彼此平等的个人"，"这种通过交换和在交换中才产生的实际关系，后来就获得了契约这样的法的形式"。[2]因此可以说，合同是当事人对利益交换条件和方式的设计，这一设计一旦被法律所肯认，即获得"准法律"的地位，故合同本质上就是因利益交换的私人立法。合同即以利益交换为内容，那么，市场经济就是合同法律体系得以立足的制度平台，古今中外，在非市场体制下也有合同，但不会有合同的制度体系。离开市民社会，没有合同的制度体系，就不会有真正的合同。

二、合同意义

（一）合同与契约

在当今的汉语文化圈中，合同与契约被人们交互使用，难分彼此，以致现今出版的各种辞书均释"契约即合同"或"合同即契约"。[3]不过应该引起我们注意的是，在东亚的汉语文化圈里，同属大陆法系的日本、韩国以及我国台湾地区的"民法"中均使用"契约"一词，惟有汉字发源地的中国大陆在正式的法律文件中已不见使用契约，而改称"合同"。中华文化的本源，是如何造就这两个词，谁的传承更为正宗呢？

根据《辞源》的解释，"契"是指灼刻在兽骨龟甲上的文字，"约"就是规约，即当事人的合意。契约的本意也就是灼字于甲骨，用今天的话说，就是记录下的当事人的合意。古人为了防止对方毁约，将契分为两半，双方各执一半作为凭证，以作为彼此的约束。当双方据契履约时，则将半分之契合之，此谓"合同"。因此，可以说"契约"

---

〔1〕《牛津法律大辞典》中文版，第650页。
〔2〕《马克思恩格斯全集》第19卷，人民出版社1963年版，第422—423页。
〔3〕此可从权威性辞书中得到印证：《辞海》（缩印本）第317页"合同"和第646页"契约"两条目，以及《中国大百科全书》（法学卷）第275页"合同"和第464页"契约"条目，均是如此解释。

是表示合意的名词,而"合同"则是表示履行合意的动词。从语词结构上看,契约是偏正词组,其构成符合汉语名词的规范;而合同的语词结构不符合汉语的名词构成。中华文化的正源应该属于"契约"。

当然现代合同法的理念来自欧洲大陆,若将合同或契约置于欧洲大陆语境作一分析,也许更能示问题的一二。与汉语契约相对应的,拉丁文Contractus,英文Contract,法文Contrat。它们的前缀"Contra",意思是"相反",其突出的是双方权利义务以相反的内容对接的说明价值,似与汉语"契约"的"各执一半"的含义相近。英文中另有"Agreement"法文为Agrement表示"合意",以示和契约相区别,只有发生债的关系的合意才是契约。惟不同的是,德文中的词汇是"Vertrag",词的构成与英法文完全不同,其前缀"Ver"是"合"的意思,突出的是双方权利义务合致的说明价值,似与汉语"合同"的"分半而合"的含义相近。由此可见,在欧陆语言中并无分别表示"合同"与"契约"的两个词汇。若深入文化层面论之,以"Contra"说明契约,承受了罗马法以个人本位对契约的定位,而以"Ver"说明契约,则体现了日耳曼法突出团体的价值。它们之间的差异,表现的是不同文化圈中理念的差异,而绝不是日耳曼人在造字时,用错了三个拉丁字母。

在中国,1949年以前,法律文件都是使用"契约";1949年以后开始改用合同。以合同代替契约,是不是也像自那时以来创造的诸多新名词一样,用"合同"来割断与旧法的联系,以表示"新中国"之新呢?

(二)民事合同与其他合同

合同,是当今社会使用最为广泛的法律语言,不仅在经济方面,而且在政治、文化、教育领域,甚至人口控制方面,人们都广泛使用合同。治安合同、扶贫合同、计划生育合同等,不胜枚举。人们似乎形成了共识:"权利的互相转让就是人们所谓的契约。"[1]由此还衍生出一种观念,以为合同是约束他人达到预定目标的最理想、最为有效的控制手段,是填补法律空缺的约束手段。合同对民事以外的社会关系领域的渗透,当然在某种程度上说明我们这个社会由"身份""命令"逐步走向契约关系而显示出来的进步,但是在法律关系上,必须明白民法上的合同,只是平等主体之间的合意。那些为了明确上下级责任或将公权力具体化的合同,并不是民法上所说的合同,不属于民法的合同范畴。

(三)债权合同与物权、身份合同

合同有广义与狭义之分。广义上的合同是两个以上的人之间变动民事权利义务的双方法律行为。其中,以变动物权为目的的,称物权合同,例如设定抵押;以变动身份关系为目的的,称身份合同,例如收养;以变动债权债务为目的的,称债权合同。

---

〔1〕 引自〔英〕霍布斯:《利维坦》,黎思复、黎廷弼译,杨昌裕校,商务印书馆1985年版,第100页。

狭义上的合同专指债权合同,即两个以上的人之间以设定、变更或消灭债权为目的的双方法律行为。

民法作为私法的基本法,依其功能,调整范围无疑应是广义合同。但是,由于"法律行为"这一抽象概念的发明,各国民法典在体例上通常只把合同作为债的发生原因而置于债编,债权以外的合同,则由总则"法律行为"直接调整,只有德国等少数国家的民法典,因肯认物权合同,故在总则中设合同通则,采广义合同的概念。

我国《民法通则》虽然将合同置于"债权"一节,但所作的定义却是广义合同的。[1]在就《民法通则》"债权"一节对合同规定的其他条文看,又是定位于债权合同的,因此,《民法通则》规定的合同主要是债权合同,债权合同以外的物权合同、身份合同等亦可准用《民法通则》对债权合同的规定。[2]我国《合同法》第2条对合同下的定义,[3]与《民法通则》不同,是明确排除了身份合同,因物权法尚未公布,不知对物权合同态度,故《合同法》调整的范围仅限于债权合同。

第三节　侵权行为

一、概说

侵权行为是指因过失不法侵害他人人身权利和财产权利的行为。因侵权行为在侵害人和受害人之间产生的损害赔偿的债权债务关系,所以,侵权行为是债发生的根据。

近世各国民法对侵权行为之债的规定均自罗马法上的"私犯"演变而来。罗马法上的私犯是指侵害人身和私人财产的行为,其不包括违约等侵犯债权的行为。《法国民法典》把侵权行为之债归入"非因合意而发生的义务";《德国民法典》把侵权行为定义为"因故意或过失不法侵害他人的生命、身体、健康、自由、所有权或其他权利者"(第823条);《俄罗斯联邦民法典》则命名为"因损害所发生的债",用损害赔偿来涵盖侵权行为之债。在英美法,侵权行为被认为是违反法律所规定的普遍义务而加害他人的行为,而违约行为则被认为是违反约定义务的行为。

---

〔1〕 该法第85条所下的合同定义是:"合同是当事人之间设立、变更、终止民事关系的协议"。《民法通则》把合同的上位概念定位"协议",而在总则却规定了"民事法律行为",全部条文未见对"协议"作任何说明。故作者认为此"协议"一词有违《民法通则》的定义体系,不适合作合同的属概念。

〔2〕《民法典》第464条下的是"财产合同"的定义,即涵盖债权、物权合同,不包括身份合同。该法第467条还规定:"本法或者其他法律没有明文规定的合同,适用本编通则的规定,并可以参照适用本编或者其他法律最相类似合同的规定。"

〔3〕 对应《民法典》第464条:"Ⅰ.合同是民事主体之间设立、变更、终止民事法律关系的协议。Ⅱ.婚姻、收养、监护等有关身份关系的协议,适用有关该身份关系的法律规定;没有规定的,可以根据其性质参照适用本编规定。"

由此可见，侵权行为指侵害物权、知识产权等财产权和人身权的行为，而不包括不履行债务行为。第二次世界大战后，基于法西斯主义蔑视人权而将人类推入战争的惨痛教训，联合国大会通过的《世界人权宣言》将人的精神权利纳入基本人权的范畴，与此相适应，各国民法始将侵害精神权利的行为列为侵权行为，并以侵权行为所生债务的方式对受害者予以财产救济。

我国的《民法通则》在立法上充分吸收了各国在民法立法过程中积累起来的经验和民法理论发展中不断完善的理念，其对侵权行为的规定和各国民法基于一致，只是在体例上，把它列为民事责任发生的原因。

二、侵权行为与民事责任

我国《民法通则》将违约责任和侵权责任与债法分立，另立民事责任一章加以规定。[1]从民法的体例上看，在大陆法系是独特的。当然独特并不就是好。

侵权行为是一种不法行为，就侵权人的目的而言，并不是为了确立民事权利义务关系，因而侵权行为所生之债，只是法律强行以侵害人承担债务的方式填补受害人所受的损害。对此，《民法通则》虽然也肯定侵权行为在侵害人和受害人之间所生的债权债务关系，但在立法体例上，为了强化人们的守法观念，把侵权行为所生之债看做是违反法定义务而应承担的责任，故设"侵权民事责任"来代替侵权行为之债。所以，《民法通则》"民事责任"突出义务本位，有违现代法强调权利本位的普世价值。

三、侵权行为的意义

侵权行为属违法行为自无异议，但对违法的认定，民法学上存在两种学说。主观说认为，所谓违法是指行为违反了法律；而客观说则认为，违法是因为行为行使权利产生了损害。《民法通则》对此采纳客观说（第106条第2款）。[2]

法律确定侵权行为的违法性乃是为了划定人们行使权利的界限，当人们在法律所定范围之内行使权利时，其行为则被法律所许可，反之则为法律所不许可，并以行为人承担债务表示不许可的禁止性。

---

〔1〕《民法典》继受《民法通则》的民事责任体系，但把侵权责任与违约责任分离。《民法典》中的第八章民事责任更多的是指向侵权责任，违约责任则规定于合同编中。

〔2〕《民法典》规定的更具体，第1165条规定了"过错责任"原则，第1166条规定了"无过错"为例外。第1165条："Ⅰ.行为人因过错侵害他人民事权益造成损害的，应当承担侵权责任。Ⅱ.依照法律规定推定行为人有过错，其能不能证明自己没有过错的，应当承担侵权责任。"第1166条："行为人造成他人民事权益损害，不论行为人有无过错，法律规定应当承担侵权责任的，依照其规定。"

四、侵权行为法的功能及地位

（一）侵权行为法的功能

人类社会自产生起就存在着个体或团体间的冲突，而解决冲突是维系人类社会的秩序、保障个体生存安全的基本条件。在野蛮时代，人们以复仇来解决冲突，而文明社会为了避免相互残杀则以赔偿来代替复仇。[1]当人类社会的秩序外化为法律时，将冲突挑起者的行为称之为侵权行为，但主题仍未变，只是将侵权行为不仅视为对受害人的危害，而且还视为对公众利益的挑战。对于后者，现代法律体系将其归入刑法，称其为犯罪行为。民法以不得损害他人权利为界标，确定每个个体行使权利的最大值，当权利的行使超出此值域而造成他人损害时，法律就将损害的风险责任分配给行为人。但"损害他人权利"的界标应镶嵌在行为人与受害人权利的哪一个交接处？这个界限就是归责原则。为了在保护受害人利益的同时又能最大限度地兼顾行为人的自由活动空间，民法确立了过失责任作为分配损害风险的价值准则，并通过债法的规范功能连接受害人与行为人的权利义务，即受害人以债权人的地位享有请求侵害人救济的权利；侵害人则以债务人的身份负担赔偿的义务。所以，就侵权行为法的规范功能而言，是向侵害人分配损害风险、填补受害人财产利益损失的普遍适用的债法规范。

（二）侵权行为法的地位

侵权行为法对人们自由活动空间的保障，并非是完美无缺的，尽管近世民法在分配损害风险方面，一再扩展了无过失责任的适用范围，但此举仍无法完全解决天灾及人祸（如战争）对人们所造成的损害的补偿问题，而公益救助（如政府救济）、商业保险等恰好弥补了这一缺憾。所以，现代社会在分配损害风险方面，已形成了一个以侵权行为法为主的多元化格局。

第四节　不当得利

一、意义

不当得利是指没有法律上的根据，使他人受损而取得的利益。由于不当得利的利益所有人对利益取得人有返还利益的请求权，发生债权债务关系，故不当得利为

---

〔1〕［美］路易斯·亨利·摩尔根：《古代社会》（新译本）全两册，杨东莼、马雍、马巨译，商务印书馆1977年版，第75页。

债发生的原因。

不当得利源于罗马法的Condictio(请求返还之诉),其属于对人诉讼(Actio in personam)。罗马法学家对此加了段有名的注脚:"损人而利己乃违反衡平。"近世民法的不当得利制度,始于《德国民法典》,它将不当得利分为无法律原因和有法律原因而后消灭两种不当得利(第812条)。我国《民法通则》第92条[1]对不当得利的定义是:"没有合法根据,取得不当利益,造成他人损失的,应当将取得的不当利益返还受损失的人。"这里的"没有合法根据"的解释,应当包括无原因和有原因而后消灭两类比较妥帖。

二、关于不当得利性质的学说

不当得利是由罗马法的个别诉权演变为近世民法的一项制度,但其体系化仍未臻完善,有待演进。尤其对"无法律上原因"如何判断,在学说中尚未形成共识,需要研究填补。

(一)统一说

此说认为,不当得利既然有概括的定义,对于法律上的原因,也应确定其统一的性质,以资说明的界定。如何认定统一原因,学说上又有两说。"事件说"认为,不当得利是依法律规定直接发生,其利益返还的原因,虽然有属事件又有属行为的,但就债的发生而言,不论当事人的主观意志如何,只要有不当得利的事实存在,债即发生,故不当得利属事件。"行为说"则认为,发生不当得利的原因虽说众多,但本质上仍是与人的主观意志有关的不公正行为,因此,在法律上确认不当得利的不法性,有助于规范民事主体的行为,故不当得利属行为。

(二)非统一说

此说由奥地利学者维尔伯格(Wilburg)倡导,认为各种不当得利的发生原因各异,不能求其统一,因而对于不当得利的法律要件难以作统一说明,应区别因给付而受利益与给付外事由而受利益两种类型,通过类型化来分别说明财产变动是否有法律上的原因。[2]

三、不当得利的价值定位和规范功能

不当得利历经两千年来,一直以不得损人利己、维护公平交易为基石。故其将

---

〔1〕　对应《民法典》第985条至第988条,规定了给付型和非给付型等类型的不当得利。

〔2〕　王泽鉴:《民法债编总论》(二),三民书局1990年版,第17页。

制度体系定位于：调整欠缺法律依据的损益变动，使无法律上原因受益而致他人受损害者，负返还其利益的义务，以纠正有悖于利益所有人意志的财产让渡。以此价值定位法律规范构成，不当得利的债法规范功能是：其一，以不当得利给付为债务的内容，确定不符合利益所有人意志的财产变动，维护公平交易秩序；其二，以利益的返还请求为债权，确定财产的应有归属，纠正违反公平交易的差错。

第五节　无因管理

一、意义

无因管理是指无法定或约定义务，而为他人管理事务的行为。由于无因管理的发生，在管理人与被管理人（本人）之间产生债权债务关系，故无因管理是债的发生原因。

无因管理源于罗马法中的准契约。[1]自《德国民法典》始，废除了准契约的观念，而将其作为债发生的独立原因。我国《民法通则》亦采纳此观念，《民法通则》第93条[2]规定："没有法定的或者约定的义务，为避免他人利益损失进行管理或者服务的，有权要求受益人偿付由此而支付的必要费用。"

二、性质

无因管理在性质上属事实行为，而非民事法律行为。无因管理之管理人虽然需有管理他人事务的意思，但此意思无须表示，也无须以设立民事法律关系为目的，只要有管理事务的事实，就发生无因管理之债的效力。

三、无因管理的价值定位及规范功能

在当今文明的社会，尊重他人、不干预他人的事务，是人际交往的一项基本的行为准则，窥视或干预他人私生活，将构成侵权行为；但另一方面，社会成员共处于同一地球而共同生活的事实，又需要每个社会成员有乐于助人的"雷锋"式美德。如何使这两种不同的价值合致呢？这就是法律创设无因管理制度要解决的问题。

对此双重价值的整合，无因管理确立了这样的价值定位：以互助的有益性为判断标准，肯定无义务互助的合法性，并以此准则，变动互助中的损益并界定无因管理

---

〔1〕《民法典》也将无因管理和不当得利视为"准合同"，见该法典第三分编。

〔2〕对应《民法典》第979条至第984条，规定了适法和不适法等多种类型的无因管理。

的债法规范功能：其一，以违法性阻却作为债发生条件，肯定互助行为有益于他人的社会伦理价值；其二，以管理中的财产损失作为管理人的债权及被管理人的债务，以界定互助行为所发生的财产关系。

第三十二章 债的效力

第一节 导论

一、意义

债的效力,是指债的关系发生后,为了实现其内容而由法律肯认的作用。债的效力的范围,对债权人者,称债权效力;对债务人者,称债务效力。

债自发生到消灭,就是以债务的履行满足债权的过程,债的效力就是为了达此宗旨而为债权债务的互动提供的运作空间。在此运作空间中,法律肯认债权人一系列权利,以帮助其实现债权;同时赋予债务人一系列义务,促使其去满足债权。当然,在债务人不依债的内容履行债务时,为了填补债权人的利益,债的效力同样提供了救济债权的运作空间。尽管债由于发生原因或类型的不同,会呈现出纷繁复杂的具体样态,但债的效力却是其运作所需的共有空间。

二、类型

在法律规范上,债的效力是在具体债的规范中的;而学理上的债的效力,是以法律规范为依据,经过梳理以体系化的方式表现的,这样便于对整体的把握。

(一)依主体范围划分

1.对内效力,是指发生于债权人与债务人间的效力。
2.对外效力,是指发生于债权人与第三人间的效力。

(二)依债的效力涉及的债的范围划分

1.一般效力,是指对所有类型的债都适用的效力,故也称通共效力。
2.特殊效力,是指仅对某些类型的债适用的效力,如仅适用于侵权之债或承揽合同的效力等。

三、债的效力立法例

在立法例上，各国民法典多将债的对内效力与对外效力统设一章规定(例如《法国民法典》《瑞士债务法典》《日本民法典》)，也有不承认对外效力的(例如《德国民法典》)。而在债的效力一章，一般只规定债的通共效力，而将特殊效力列入适用该效力的具体债的类型中规定。我国《民法通则》将债的通共效力，简缩为债务的履行(在债权节)和不履行(在民事责任违反合同的民事责任节)；特殊效力因法律"宜粗不宜细"而规定的比较少。《合同法》[1]的"合同的履行"和"违约责任"规定了合同的通共效力，但其"合同的效力"一章主要内容是代理、无效和可撤销行为等，懂得民法体系的人不难判定，那是民法总则的内容，不仅仅是合同的效力。

四、本章体例设计

本章试以比较法上的立法例为参考，以民法理论作为支撑，将现行债法规范中对债权债务的效力规定加以梳理概括，以债法的通共的对内效力作为本章的内容，债的对外效力将另设一章介绍。关于债的特殊效力，则分别在类型债中阐述。尚需说明的是，各国民法典基于债权债务的对应性，为简约文字，只规定债务效力而鲜见有债权效力。如此虽收精简文字之利，但易生误解：似无债权的效力。本书是学理研究，为便于对债的效力全貌的揭示，强化权利本位的理念，特设债权的效力一节，以求效力体系的平衡，企图纠正大陆债法学说中以"债的履行"为效力体系核心的观念，立市民社会应有的宪制思想。

第二节　债权的效力

一、概说

债权的效力指债权在债的关系中所具有的作用。因其享有者是债权人，故债权的效力也谓之对债权人效力。对于债权来说，是否需要实现和满足，应由债权人决定，即法律将此选择权赋予权利人，不主动去帮助其实现。当债权人一旦决定行使其债权时，法律则提供相应的保障，使债权得以实现并满足。由于债权的满足须债务人的协助，当债务人怠于协助时，债权的行使就会碰到各种障碍，故债权效力的作

---

〔1〕《民法典》没有债编，以合同通则替代债的一般规定，即合同编的内容也可以援用于非合意之债。该法第468条规定："非因合同产生的债权债务关系，适用有关该债权债务关系的法律规定；没有规定的，适用本编通则的有关规定，但是根据其性质不能适用的除外。"

用是多方面的，并且伴随债权运行的全过程。因而债权的效力具有纵深性，其由债权的请求力、执行力和保持力组成。

二、债权的请求力

(一)意义

债权的请求力，是指债权人有依其债权请求债务人履行债务的效力。请求力有广义与狭义之分。广义上的请求力包括诉讼上及诉讼外的请求力；狭义上的请求力仅指诉讼外的请求力。诉讼上的请求谓之诉权，诉讼外的请求谓之请求权。诉讼上的请求须以实体法上的请求权为依据；实体法上的请求权须以诉权之请求公力救济为支撑，所以，债权的请求力既是民法上的效力，也是诉讼法上的效力，故其属广义上的请求力。

(二)请求力的规范基础

1.《民法通则》的规定。《民法通则》第84条第2款规定的"债权人有权要求债务人按照合同的约定或者依照法律的规定履行义务"，[1]以及第87条[2]中关于"享有连带权利的每个债权人，都有权要求债务人履行义务"的规定，即是请求力的实体法规范基础。据此，债权人得请求债务人履行债务，同时因请求还发生下列第一次效力：(1)中断诉讼时效的效力。依第139条的规定，[3]诉讼时效因债权人的请求而中断。(2)给付未确定期限的，经请求并催告，债务人仍不为给付时，负迟延责任(《合同法》第62条第4项)。[4](3)留置权因请求(催告)而发生效力(《担保法》第87条)。[5]

2.《民事诉讼法》的规定。《民事诉讼法》确立了债权请求力的诉讼法规范基础，其第189条第1款规定，"债权人请求债务人给付金钱、有价证券，符合下列条件的，可以向有管辖权的基层人民法院申请支付令"；第192条规定，"支付令自行失效，债

---

〔1〕 对应《民法典》第118条："Ⅰ.民事主体依法享有债权。Ⅱ.债权是因合同、侵权行为、无因管理、不当得利以及法律的其他规定，权利人请求特定义务人为或者不为一定行为的权利。"

〔2〕 对应《民法典》第518条："Ⅰ.债权人为二人以上，部分或者全部债权人均可以请求债务人履行债务的，为连带债权；债务人为二人以上，债权人可以请求部分或者全部债务人履行全部债务的，为连带债务。Ⅱ.连带债权或者连带债务，由法律规定或者当事人约定。"

〔3〕 对应《民法典》第195条："有下列情形之一的，诉讼时效中断，从中断、有关程序终结时起，诉讼时效期间重新计算：(一)权利人向义务人提出履行请求；(二)义务人同意履行义务；(三)权利人提起诉讼或者申请仲裁；(四)与提起诉讼或者申请仲裁具有同等效力的其他情形。"

〔4〕 对应《民法典》第511条第4项："(四)履行期限不明确的，债务人可以随时履行，债权人也可以随时请求履行，但是应当给对方必要的准备时间。"

〔5〕 对应《民法典》第453条："Ⅰ.留置权人与债务人应当约定留置财产后的债务履行期限；没有约定或者约定不明确的，留置权人应当给债务人六十日以上履行债务的期限，但是鲜活易腐等不易保管的动产除外。债务人逾期未履行的，留置权人可以与债务人协议以留置财产折价，也可以就拍卖、变卖留置财产所得的价款优先受偿。Ⅱ.留置财产折价或者变卖的，应当参照市场价格。"

权人可以起诉";其他债权也可依第108条的规定,向法院起诉。据此,债权人可经法院依督促程序或审判程序请求债务人履行债务。

三、债权的执行力

债权的执行力,是指债务人不履行债务时,债权人有通过执行程序强制实现其给付利益的效力。在债的关系运行时,法律赋予债权人对其债权的请求力,尚不足以确保债务人自动依债的内容履行债务。故法律于请求力之上,再赋予债权以执行效力,为债权提供硬性的公力救济。

债权的执行力,其制度内容亦执行的方法和程序表现在《民事诉讼法》上,但其根据则在民法。故不可将债权的执行力与强制执行程序混为一谈。前者所指的是债权有依公力救济实现给付利益的效力;后者所指的是司法救济的程序与方法。由此可见,债权的执行力不仅仅是诉讼法上的效力,也是实体法具有的效力。[1]

四、债权的保持力

债权的保持力亦称债权的受领保持力,是指债权有保持所受给付的效力。与前述请求力、执行力等积极效力不同,债权的保持力是债权的消极效力。因为债权人对所受利益无保持力,该利益就构成不当得利,必须返还。所以,保持力虽消极但不可或缺,保持力的法律依据是推导出来的。《民法通则》第92条规定:"没有合法依据,取得不当利益,造成他人损失的,应当将取得不当利益返还受损失的人。"[2]如将此条的含义作反面解释,则是"有合法根据而取得利益,造成他人损失的,得不返还利益"。其中因"合法根据而取得的利益"理当包括债权。

一般债权都具有上述三项效力,但对具体的某项债权,如其通过请求力即能实现给付利益的,就无须发生执行力了。只有债权请求力不足以保障其给付利益实现时,才需要发生执行力。也有些债权虽然不具有请求力与执行力,但仍具有保持力,例如罹于诉讼时效的债权。所以,债权的效力是立体效力,其运行具有纵深性。

---

〔1〕 1985年4月9日,最高人民法院、司法部《关于已公证的债权文书依法强制执行问题的答复》的规定,可资说明:"当事人申请人民法院强制执行的,应当是公证机关在公证时明确赋予强制执行效力的追偿债款、物品的文书",即依强制执行的债权,须有实体法上的执行力。易言之,若无实体法上执行力的债权,就不能发生诉讼法上的强制执行效力。

〔2〕 对应《民法典》第985条:"得利人没有法律根据取得不当利益的,受损失的人可以请求得利人返还取得的利益,但是有下列情形之一的除外:(一)为履行道德义务进行的给付;(二)债务到期之前的清偿;(三)明知无给付义务而进行的债务清偿。"

五、债权效力的阻却

(一)引言

债权效力的阻却，是指因债权人怠于行使债权时，债权的效力所发生的障碍。债权人怠于行使债权，并不表明其放弃债权或免除他方的债务，除不行使债权致诉讼时效消灭外，债权的请求力和执行力并不消灭，而只是暂时中止。债权人怠于行使债权的情形，民法上谓之受领迟延。

(二)受领迟延的构成要件

受领迟延，又称债权人迟延，是债权人对已提出的给付，未受领或未为给付完成提供必要协助的事实。其构成要件如下：

1.须有履行上需要债权人受领之债务。受领是指协助债务履行的行为。债务的履行无须受领的，则不发生受领迟延。例如不作为债务、意思表示债务等。只有须受领才能履行的债务，方有发生受领迟延的可能，例如接受交付的货物等。

2.须债务人已按债的内容提出给付。提出给付是指债务人已完成履行债务所必需的一切行为，包括给付时间、地点、内容等各项准备。

3.须债权人未予受领。未予受领包括不能受领和拒绝受领。不能受领，即对可能的给付，因债权人的主观原因而未予受领。如疾病、外出、无受领设备等。但如债务人提前履行债务时，债权人不能受领的，不负迟延受领的责任。拒绝受领，即能受领而不肯受领的事实，包括明示和不予协助的消极状况。

(三)受领迟延的效力

受领迟延成立后，自提出时起，债权人负迟延受领的责任。这一责任的主要效果就是债权的请求力减损，其具体内容因债的类型的不同，多有规定该类型债的相关法律规定。

第三节　债务的效力

一、概说

债务的效力是指债务满足债权的效果，因负担债务的是债务人，故其亦谓之对债务人效力。

债的关系在利益分配上，依其性质应将砝码倾向债权人一方。因此，民法对债务效力的规定是围绕着满足债权这一目标设计的。所以,债务效力就是以给付义务为核心的义务群,即义务是复数的,不是单一的。需要指明的是,从债的关系相对性考察,债务的另一端就是债权,按常理,履行了给付义务,也就实现了债权。但从债的效果考察,有时履行了给付义务并不意味着完全满足了债权,例如,买来的电脑没有使用说明书,就可能影响使用。故债务的效力除给付义务外,还包括其他义务,只有债权完全得到满足,债务人方为履行了债务。此外,当债务人不履行或不完全履行债务时,同样应有救济措施来满足债权,这一救济措施也当然包括在债务的效力之内。由于债务不履行不仅涉及"履行",还涉及损害赔偿,故将债务不履行及其效力专设一节说明。

二、给付义务

(一)给付义务

是指满足债权为主旨的特定行为,这是债务人所负的首要义务。"给付"一词,就满足债权效果定位,又称"履行",我国法律中多用后者。本书为了追求法律话语的特定性而采用给付,只是在其满足债权时,用履行表示。

给付是实现交易的基础。当今社会的各种交易,无论是货物、服务、技术交易,还是证券、期货、房地产买卖,当事人间的关系皆可分解为债权债务关系,而债务的核心则可用"给付"表述。为实现公平交易,现代民法以诚实及信用原则作为节制给付的尺度,以体现正义的法律伦理。

(二)给付义务的类型

不同类型的债,债权利益的表现方法不同,决定了实现债权之给付行为的不同。

1.给付行为与给付效果。这是以给付与预期利益的关系而对给付所作的划分。

给付行为,这是指当债的类型或性质确定,给付内容只考虑给付行为本身,而不考虑是否有预期利益即发生履行效力之给付,例如,律师受委托任诉讼代理人,其给付义务仅在诉讼代理之行为,而不在该行为是否导致委托人胜诉,故律师只要依约完成代理行为,即完成了给付义务。

给付效果,是指依债的类型或性质确定,给付内容不仅要考虑行为本身,还要谋求相对人预期利益之给付。例如承揽,承揽人不仅要完成承揽行为,还要使该行为达到定作人的预期要求,否则即使有承揽行为,也不发生履行效力。故在给付为给付效果时,判断债务人是否完成给付,是依效果而不是依行为而定。

在某个特定的债的关系中,给付究竟属于给付行为或给付效果,对于债务的履行甚为重要,通常应依债的类型及性质、当事人的约定、交易惯例等确定。

2.主给付义务与从给付义务。这是在复数给付中,依各给付之间的关系而作的划分。

主给付义务是指债务固有、必备并决定债的类型的基本义务。例如,在买卖中,出卖人所负交付标的物的义务和买受人所负的支付价金的义务就属主给付义务。

从给付义务是不具有独立意义而且是辅助主给付的给付义务,其功能在于使债权人的利益得到最大限度的满足。对从给付义务,债权人之债权仍有请求力与执行力。在债务履行上,产生从给付义务的原因有三个:(1)基于法律的强行规定,例如承运人为旅客运送携带行李义务(《合同法》第296条)。[1](2)基于当事人的约定,例如约定买卖电脑提供培训。(3)基于诚实及信用原则,例如人身保险中投保人披露身体状况。

3.原给付义务与次给付义务。原给付义务是债之关系原定的给付义务,亦称第一次给付义务。

次给付义务是指原定给付义务履行过程中,因特殊事由而演变生成的义务。例如,因可归责事由在原给付义务发生给付不能、给付迟延或不完全给付时,发生的赔偿义务(《民法通则》第111条)[2],故亦称第二次义务。次给付义务虽然可使债的效力变更或扩张,但因其发生的根据仍来自原给付义务所在之债,故债的关系之同一性仍保持不变。[3]

三、附随义务

这是依诚实信用原则而发生的义务,但关于其名称尚有争议,[4]我国大陆学者多称附随义务。它是指依债的关系发展情形所发生的对相对人的告知、照顾、保护等义务。例如,技术开发失败后开发人所负的告知义务、旅馆对旅客人身和财产安全之保障义务等。我国《合同法》第60条[5]肯定了当事人之间的附随义务,并对该义务的发生限定了"遵循诚实信用原则,根据合同的性质、目的和交易习惯"的法律要件,弹性很大,有待学术上的类型化和法院判例的充实。在具体的合同类型中,《合同法》也有对附随义务的规定。例如,《合同法》第301条[6]规定客运合同的承运人

〔1〕 对应《民法典》第817条:"旅客随身携带行李应当符合约定的限量和品类要求;超过限量或者违反品类要求携带行李的,应当办理托运手续。"

〔2〕 对应《民法典》第577条:"当事人一方不履行合同义务或者履行合同义务不符合约定的,应当承担继续履行、采取补救措施或者赔偿损失等违约责任。"

〔3〕 债的关系同一性保持不变,是指债的效力依旧不变,债的原有利益(例如时效利益)及各种抗辩不因此受影响,其从属权利(例如担保)原则上仍继续存在。

〔4〕 据王泽鉴先生介绍,德国学者对此称谓各不相同,有保护义务、附随义务、持续行为义务等。我国台湾地区学者也有称之为附从义务。参见王泽鉴:《民法债编总论》(一),三民书局,第30页。

〔5〕 对应《民法典》第509条:"Ⅰ.当事人应当按照约定全面履行自己的义务。Ⅱ.当事人应当遵循诚信原则,根据合同的性质、目的和交易习惯履行通知、协助、保密等义务。Ⅲ.当事人在履行合同过程中,应当避免浪费资源、污染环境和破坏生态。"

〔6〕 对应《民法典》第822条:"承运人在运输过程中,应当尽力救助患有急病、分娩、遇险的旅客。"

对急病、分娩、遇险旅客的救助义务等。

如何区别附随义务与主给付义务、从给付义务,对判定行使何种请求权殊为重要。

附随义务与主给付义务的区别主要有三点:一是主给付义务自始确定,并决定债的类型;而附随义务则随着债的关系的发展,为满足债权人利益的需要而要求债务人有所作为或不作为,故其在任何类型的债中均可发生,不受特定债之类型的限制;二是主给付义务不履行,债权人有权解除合同;而附随义务不履行,债权人原则上不得解除合同,对所受损害可根据不完全给付的规定,请求损害赔偿;三是给付义务构成双务合同中的对待给付时,一方当事人在他方当事人未为对待给付前,得拒绝自己之给付;而附随义务原则上不属对待给付,不能发生同时履行之抗辩。需要指出的是,在具体区分某项义务究竟是属主给付义务还是附随义务时,难免会有模糊之处,区分的要点是看该义务究竟是属于特点类型的债所不可或缺义务还是随债的发展于特定情形下产生之义务。例如,在供水合同中,供水与付水费当属当事人的主给付义务,因修缮设备断水之告知义务,应属附随义务。

关于附随义务与从给付义务的区别更加模糊,学说上也无定论。通说认为,应以是否有执行力为判断标准:能独立诉请履行的,为从给付义务,若不能独立诉请履行的,则为附随义务。例如,在买卖空调时,卖方给付物为主给付义务,安装空调为从给付义务,告知使用方法或注意事项则为附随义务。如出卖人不履行主、从给付义务,买受人得诉请履行;如出卖人不履行附随义务,买受人只能就其损害诉请损害赔偿,但不能就附随义务独立诉请履行。

四、前合同义务与后合同义务

前合同义务,指当事人订立合同而接触时发生的说明、告知、注意等义务。这一义务因发生于合同前,故学理上称为前合同义务,违反此义务,则构成缔约上过失(后文有专门论述)。我国《合同法》第42条[1]、第43条[2]明文规定了恶意磋商、缔约欺诈、不泄露并禁止使用商业秘密以及其他违背诚实信用行为等四项前合同义务,因此,前合同义务是法定义务。违反前合同义务的,负损害赔偿责任。

后合同义务,指合同之债消灭后,当事人为了维护给付效果或为了协助相对人终了善后事务所负的作为或不作为义务。后合同义务多基于法律的特别规定,例如,

---

[1] 对应《民法典》第500条:"当事人在订立合同过程中有下列情形之一,造成对方损失的,应当承担赔偿责任:(一)假借订立合同,恶意进行磋商;(二)故意隐瞒与订立合同有关的重要事实或者提供虚假情况;(三)有其他违背诚信原则的行为。"

[2] 对应《民法典》第501条:"当事人在订立合同过程中知悉的商业秘密或者其他应当保密的信息,无论合同是否成立,不得泄露或者不正当地使用;泄露、不正当地使用该商业秘密或者信息,造成对方损失的,应当承担赔偿责任。"

《合同法》第43条关于不泄露并禁止使用商业秘密义务，同时也不妨约定，如《合同法》第266条[1]对承揽人是否要遵守保密义务，就法律规定必须有约定。对后合同义务，债权人得请求履行，债务人违反此项义务时，视情形负不履行债务或损害赔偿责任。

前合同义务和后合同义务在广义上也属于附随义务，其与附随义务的区别，主要在于附随义务发生于债的关系有效期间；而前合同义务和后合同义务发生于债成立前或消灭后。还有一个稍微模糊的区别是前合同义务多为法定，后合同义务为法定或约定，而附随义务基本上是根据诚实信用依交易性质、目的以及交易习惯发生，在实务中，如何判定附随义务，法官有更多的自由裁量权。

五、不真正义务

不真正义务是强度较弱的义务，是指权利减损或丧失的义务。其主要特征在于相对人通常不得请求履行，而其违反亦不发生损害赔偿责任。在法律上，当事人不负有不损害自己权利的义务，但如其损害了自己的权利，不免要承担由此而遭致的损失。例如，《民法通则》第114条规定："当事人一方因另一方违反合同受到损失的，应当及时采取措施防止损失的扩大；没有及时采取措施致使损失扩大的，无权就扩大的损失要求赔偿。"[2]《合同法》第119条也有类似规定。依该规定，受害人所违反的，是对自己利益的照顾保护义务，而不是满足相对人的义务，即是不真正义务。由于不真正义务使义务人权利减损或丧失，故其所发生的效力，是使相对人减少所负的义务，取得消极之权利。

六、债权与责任

（一）概说

如前述，债权的满足是基于债务人的给付义务，然而债务人以何来担保此项义务的履行呢？这就衍生出了责任问题。民法上讲的责任是专指民事责任，《民法通则》对此设专章规定（第六章）[3]。在公权力与私权利的关系上，责任是指违反第一性义务而招致的第二性义务。第一性义务相对应的是权利，而第二性义务相对应的则是国家公权力，不履行第一性义务引起的第二性义务，而不履行第二性义务则导致国家机器的强制。因而，在债务与责任的关系上，所谓的"民事责任"实际就是国家

---

〔1〕 对应《民法典》第785条："承揽人应当按照定作人的要求保守秘密，未经定作人许可，不得留存复制品或者技术资料。"

〔2〕 对应《民法典》第591条第1款规定："当事人一方违约后，对方应当采取适当措施防止损失的扩大；没有采取适当措施致使损失扩大的，不得就扩大的损失请求赔偿。"

〔3〕 对应《民法典》第一编第八章即"民事责任"。

对私权的公力救济,是债权之公力担保。"无救济无权利",任何权利都以救济为支持,就此而言,用"民事责任"代替"债务"在体系上并不合适。

从债务与责任关系的演进,也可略见人类文明之发展。在罗马法和日耳曼法上,债务人对其债务须以人身担保,债务人不履行债务时,债权人得以强制拘束债务人身体,或割肉偿债,或贩卖为奴。由于社会进步和国家权力的日臻发达,对债务人的直接强制渐渐消逝,终于演变为纯粹的财产救济。故在近代民法中,债务已与责任相结合,债务人对其债务,原则上应以全部财产对债权人负其责任。

(二)对《民法通则》第134条分析

以《民法通则》第六章对责任的规定看,其将责任作了多重划分,例如过错责任、过失错责任,等等。这里仅就第134条规定的承担责任方式作一分析。此节规定的民事责任,从性质划分,可分为两类,一是民事主体间的责任,属于私法上的责任(第1款);二是因司法干预所产生的责任,属于公法上的责任(第3款)。此私法上责任又可分为作为的责任和不作为的责任,后者如停止侵害等。民法上规定公法责任,在体例上并不妥帖,而规定以"意思表示"方式承担责任,则更不相宜。因对该类责任,法律无强制可能,且又与宪法、民法所保护的公民有意思表示自由权相悖(见《宪法》第35条、《民法通则》第55条)。故建议在民法中不要规定公法责任和意思表示责任。

(三)财产责任的类型

财产责任,就债务人对其财产所负债务的责任形态,可以分为两类:

1.无限责任,是指债务人以其全部财产对其债务所负的责任。依无限责任,除债务人及其所扶养家属的生活必需品和费用外,其所有财产均可被强制执行,以满足债权(《民事诉讼法》第222条第1款)。债务人对其债务,原则上应负无限责任,债务人之所有债权人,不论其债权发生的先后,均以平等地位受清偿,即所谓债权平等。

2.有限责任,是指债务人仅以特定财产为限,对其债务所负的清偿责任。在有限责任中,债务人的特定财产不足以满足债权时,可不以其他财产负清偿责任。债务人对债务负有限责任,对债权实现甚为不利,故负有限责任之债务须以法有明定为限,否则即应负无限责任。现行法对有限责任作出了四个方面的规定:一是遗产之有限清偿责任,即所谓限定继承(《继承法》第33条)[1];二是有限公司和股份有限公司股东之有限责任(《公司法》第3条);三是乡村集体企业出资人的有限责任(《乡村集体所有制企业条例》第2条);四是国家对国有企业之有限责任(《全民所有制工业企业法》第2条、《公司法》第64条)。

---

〔1〕 对应《民法典》第1161条:"Ⅰ.继承人以所得遗产实际价值为限清偿被继承人依法应当缴纳的税款和债务。超过遗产实际价值部分,继承人自愿偿还的不在此限。Ⅱ.继承人放弃继承的,对被继承人依法应当缴纳的税款和债务可以不负清偿责任。"

(四)债务与责任

债务通常都有责任伴随,但也未必尽然;有责任者未必都有债务,责任人有时会与债务人分离。两者关系有如下类型:

1.无责任之债务,即指不负强制履行责任的债务。例如诉讼时效完成的自然债务。

2.无债务之责任,即不负债务但负有保证债务履行的责任。例如,第三人为债务人提供抵押而承担物上保证人的责任(《担保法》第33条)。[1]

3.有债务之责任,即既负债务又负有履行债务之责任。债务与责任原则上系相伴而生,如影随形,相生相灭。无债务之责任或无责任之债务终属少数,故有债务即有责任,是确定债务与责任关系的基本准则。

第四节　不履行债务及其效力

一、概说

不履行债务,是指未依债的内容给付以满足债权的状态。必须说明的是,不履行债务是大陆法系的用语,因为大陆法系债的发生原因有四类,所以,对债的履行及不履行的规定置于债法总论,亦即该规定涵盖了合同、侵权行为、无因管理、不当得利等债的类型;而英美法系因没有债法体系,合同与侵权自然就没有体系上的联系,其合同法将不履行合同债务称为"违约",承担的不履行合同债务的责任也相应称之为"违约责任"。我国自20世纪80年代复兴法制以来,债法中以对合同立法最为重视,导致民法规范体系呈现"头小体大"的格局,[2]尤其缺少债法总则方面的规范,因此,在制定以单行法形式公布的合同法时采用了英美法中"违约"和"违约责任"的概念。如果将来要制定民法典,构筑债法总论体系时,"违约"及"违约责任"等概念还是应该让位于"债务不履行"这样的上位抽象概念。

我国《民法通则》和《合同法》对不履行债务没有作类型化区分,只规定是"不履行合同义务或者履行合同义务不符合约定要求"(《民法通则》第111条、《合同法》

---

〔1〕 对应《民法典》第410条:"Ⅰ.债务人不履行到期债务或者发生当事人约定的实现抵押权的情形,抵押权人可以与抵押人协议以抵押财产折价或者以拍卖、变卖该抵押财产所得的价款优先受偿。协议损害其他债权人利益的,其他债权人可以请求人民法院撤销该协议。Ⅱ.抵押权人与抵押人未就抵押实现方式达成协议的,抵押权人可以请求人民法院拍卖、变卖抵押财产。Ⅲ.抵押财产折价或者变卖的,应当参照市场价格。"

〔2〕《民法通则》总、分则加起来只有156个条文,而1999年3月15日公布的《合同法》竟有428个条文。

第107条),[1]语焉不详。《合同法》第108条[2]增加了"预期违约"的不履行债务形态,但实际上英美合同法上的"预期违约"与大陆债法中的"给付拒绝"和"不安抗辩权"有异曲同工的效果,[3]我国合同法同时引进英美法和大陆法两套制度,使法律叠床架屋耗费人智,似有消化不良之嫌。

按大陆法的逻辑划分,不履行债务的样态有四种:即给付不能、给付迟延、给付拒绝和不安全给付。不履行债务的样态虽然各异,但效果却是相同的,即未满足债权。因此发生不履行债务时,债的关系依然存在。为此,法律就不得不另设补救措施作为满足债权的救济。这一补救措施就是不履行债务的效力,包括强制履行和损害赔偿。

二、给付不能

(一)给付不能的意义

给付不能,是指实际给付的内容为不能。不能与不为不同,不能是欲为而不能,亦称不履行;不为是能而不为,称迟延履行。因而给付不能发生不履行债务的效力。

(二)给付不能的类型

1.事实不能与法律不能。事实不能是因自然法则而使给付不能,因而亦称自然不能,例如给付之特定物灭失;法律不能是因法律上的原因而使给付为不能,例如给付物被法院查封。因事实不能或法律不能,免除债务人给付义务(《合同法》第110条第1项)。[4]

2.自始不能与嗣后不能。自始不能亦称原始不能,是指在债成立之时给付即为不能;嗣后不能是债成立后发生的给付不能。自始不能涉及的是债的成立问题,而嗣后不能涉及的是债务的履行问题。故就不履行债务而言,研究的是嗣后不能,因自始不能约定之债不成立。

3.客观不能与主观不能。对于客观不能与客观不能的区分,因划分标准的不同,民法学上存在多种学说。[5]依我国法的立法主旨,应以是否债务人的原因为划分标准较为妥帖。如因债务人的原因而使给付不能的,为主观不能;因债务人以外的原因而使给付不能的,则为客观不能。

---

〔1〕 对应《民法典》第577条吸收了该两条规定的内容。

〔2〕 对应《民法典》第578条:"当事人一方明确表示或者以自己的行为表明不履行合同义务的,对方可以在履行期限届满前请求其承担违约责任。"

〔3〕 李永军:《合同法原理》,中国人民公安大学出版社1999版,第570页。

〔4〕 对应《民法典》第580条第1款第1项:"当事人一方不履行非金钱债务或者履行非金钱债务不符合约定的,对方可以请求履行,但是有下列情形之一的除外:(一)法律上或者事实上不能履行……"

〔5〕 史尚宽:《债法总论》,中国政法大学出版社2000年版,第366页。

4.永久不能与一时不能。永久不能是在债务的履行期或期间给付不能；一时不能是在债务履行的一部分期间内给付不能。

5.全部不能与部分不能。全部不能是给付的全部履行不能；部分不能是给付的一部分履行不能。

6.可归责的给付不能与不可归责的给付不能。可归责的给付不能是因有可归责于债务人的事由之给付不能；不可归责的给付不能是因不可归责于债务人的事由之给付不能。

(三)给付不能的效力

由于我国民法对于不履行债务的责任，是以归责事由作为基本要件(例如不可抗力可免除给付义务)，所以，给付不能的效力也因有否可归责于债务人的事由，而确定其效力。

1.因不可归责于债务人事由的给付不能。不可归责事由，一般有法律规定或当事人约定，例如不可抗力等。不可归责事由的举证责任由债务人承担，即债务人负过失推定责任(《合同法》第107条)[1]。因不可归责于债务人的事由，发生下列不履行债务的效力：(1)免除给付义务，《合同法》第117条[2]规定："因不可抗力不能履行合同的，根据不可抗力的影响，部分或全部免除责任，但法律另有规定的除外。"即给付为全部不能的，免除全部给付义务；部分不能的，免除部分给付义务。至于是事实不能或是法律不能，客观不能或主观不能，均非所问。(2)代偿请求权，即债务人因不履行债务的事由而对第三人有损害赔偿请求权时，债权人得请求让与该请求权或交付其所受领的赔偿物。

2.因可归责于债务人事由的给付不能。因可归责于债务人事由的给付不能，须根据全部不能还是部分不能来确定其效力：(1)给付为全部不能的，债务人虽然无须履行原定的给付，但须负损害赔偿的责任。(2)给付为部分不能的，债务人对不能履行的部分负损害赔偿责任，对其他部分仍应按原定的给付履行。但其他部分的履行，对债权人因无利益而成为不必要时，债权人有选择权，既可受领部分给付，也可拒绝受领该部分给付而请求全部不履行之损害赔偿(《合同法》第155条至第157条)。[3]

---

〔1〕 对应《民法典》第577条："当事人一方不履行合同义务或者履行合同义务不符合约定的，应当承担继续履行、采取补救措施或者赔偿损失等违约责任。"

〔2〕 对应《民法典》第590条："Ⅰ.当事人一方因不可抗力不能履行合同的，根据不可抗力的影响，部分或全部免除责任，但是法律另有规定的除外。因不可抗力不能履行合同的，应当及时通知对方，以减轻可能给对方造成的损失，并应当在合理期限内提供证明。Ⅱ.当事人迟延履行后发生不可抗力的，不免除其违约责任。"

〔3〕 对应《民法典》第617条、第619条、第620条。第617条："出卖人交付的标的物不符合质量要求的，买受人可以依照本法第五百八十二条至第五百八十四条的规定请求承担违约责任。"第619条："出卖人应当按照约定的包装方式交付标的物。对包装方式没有约定或者约定不明确，依据本法第五百一十条的规定仍不能确定的，应当按照通用的方式包装；没有通用方式的，应当采取足以保护标的物且有利于节约资源、保护生态环境的包装方式。"第620条："买受人收到标的物时应当在约定的检验期限内检验。没有约定检

以上是给付不能在一般债务上的效力。对于因合同而发生的债务,给付不能还是发生合同解除权的法定原因(《合同法》第94条),[1]这部分内容将在后文"解除权"中介绍。

三、给付拒绝

(一)给付拒绝的意义

给付拒绝,亦称履行拒绝,是债务人在债成立后履行期届满之前,能为给付而明示地表示不为给付的意思表示。给付拒绝是债务人能为给付而不为,若不能为给付,则属于给付不能的问题。对于债务的履行,债务人若有拒绝权的,例如拒绝履行诉讼时效完成的债务,则不属于给付拒绝。

我国《合同法》第108条[2]规定了当事人一方明示或默示两种"预期违约"形态,并赋予不同的效力。对于"明示"的预期违约,根据《合同法》第94条第2项[3]的规定,债权人得直接行使解除权而解除合同;而对于"默示"的预期违约,则只能根据第68条的规定,得行使不安抗辩权,但不能直接行使解除权。可见明示预期违约与默示预期违约的效果大不相同,即前者是发生解除权的法定原因,后者是行使不安抗辩权的法律要件,将形成权和抗辩权的不同法律要件置于同一条文,生硬地套搬英美合同法的预期违约制度,实在是不懂大陆法体系精义的伪法学之为,这一规定受到很多学者的质疑。[4]所以,如果将《合同法》第108条拆开来看,在履行期限届满之前"当事人明确表示不履行合同的",即是对给付拒绝的法律规定。

(二)给付拒绝的效力

1.对于有履行期限的给付,债务人在期限到来后届满前拒绝给付的,债权人有选择权,得选择请求债务人负强制履行或不履行债务责任,后者包括违约金、损害赔偿(《民法通则》第111条、《合同法》第108条)。[5]

2.对于未届履行期的给付拒绝,债权人得拒绝受领,若系双务合同,债权人可直

验期限的,应当及时检验。"

〔1〕 对应《民法典》第563条:"Ⅰ.有下列情形之一的,当事人可以解除合同:(一)因不可抗力致使不能实现合同目的;(二)在履行期限届满前,当事人一方明确表示或者以自己的行为表明不履行主要债务;(三)当事人一方迟延履行主要债务,经催告后在合理期限内仍未履行;(四)当事人一方迟延履行债务或者有其他违约行为致使不能实现合同目的;(五)法律规定的其他情形。Ⅱ.以持续履行的债务为内容的不定期合同,当事人可以随时解除合同,但是应当在合理期限之前通知对方。"

〔2〕 对应《民法典》第578条吸收了《合同法》第108条,见第563页注2。

〔3〕 对应《民法典》第563条第2项,见上注1。

〔4〕 崔建远主编:《新合同法原理与案例评释》上,吉林大学出版社1999年版,第562—563页。

〔5〕 对应《民法典》第578条,见第563页注2。

接解除合同(《合同法》第94条)。[1]

四、不完全给付

(一)不完全给付的意义

不完全给付,亦称不完全履行,是指债务人按完全给付意思但没有完全按债务的内容所为的给付。罗马法及德国民法并没有不完全给付的类型,这一类型是德国学者施道伯(Staub)在《积极的契约侵害》一文中提出对契约的积极损害后,逐渐被归纳出又一新的不履行债务类型,后被判例及学说肯定,也有民法吸收了这一学说。[2]

1.不完全给付的法律要件:(1)须债务虽然为给付,但给付不完全,即给付没有完全按债务的内容进行。(2)须可归责于债务人,即造成不完全给付的原因在于债务人。

2.不完全给付的类型:(1)瑕疵给付,即债务人的给付是含有瑕疵的给付,例如数量不足、品种不合、地点不妥、时间不宜、方法不当或未履行附随义务等,对于瑕疵给付,我国法律多用不适当履行表述。(2)加害给付,即债务人的给付不但含有瑕疵,而且其瑕疵还造成了债权人的其他损害,例如伪劣水泥修筑的"豆腐渣"大坝。这类给付导致的损害,就是施道伯提出的"积极侵害债权",也有学者谓之不良给付。我国《合同法》第112条规定[3]:"当事人一方不履行合同义务或者履行合同义务不符合约定的,在履行义务或者采取补救措施后,对方还有其他损失的,应当赔偿损失。"即为加害给付的制定法依据。

(二)不完全给付的效力

1.对于在清偿期内尚可补正的不完全给付,债务人有补正其为完全给付的责任,如补正之给付已过清偿期的,债务人就补正之给付,负给付迟延的责任;债务人除负补正责任外,还要就加害给付所生之损害负赔偿责任;补正之给付对债权人无利益时,债权人可拒绝受领,改由债务人负损害赔偿责任。

2.对于不能补正的不完全给付,债务人应负赔偿的责任,其中包括对加害给付所造成的积极损害之赔偿。但对于给付的标的物是产品的,其积极加害之赔偿适用民法对产品侵权责任的规定(《民法通则》第122条)。[4]

需要注意的是,对于有些不完全给付的补正以及损害赔偿请求权,法律规定有

---

〔1〕 对应《民法典》第562条:"Ⅰ.当事人协商一致,可以解除合同。Ⅱ.当事人可以约定一方解除合同的事由。解除合同的事由发生时,解除权人可以解除合同。"

〔2〕 我国台湾地区的"民法债编修正案"第226条、第227条即明确不完全给付为不履行债务的类型。

〔3〕 现为《民法典》第583条。

〔4〕《民法典》第七编第四章设专章规定了产品责任。

特殊时效的,适用特殊时效。

五、给付迟延

(一)给付迟延的意义

给付迟延,亦称债务人迟延,是指对履行期已满而能给付的债务,因可归于债务人的事由未为给付所发生的迟延。给付迟延使债权不能及时满足,造成对债权的消极侵害,这是时间上的不完全给付,因其有独特效力,故归为不履行债务的独立类型。

(二)给付迟延的要件

1.债务已届履行期。给付迟延是给付在时间上的瑕疵,故以履行期届至为要件。首先,给付有确定期限的,债务人自期限届满之时起,负迟延给付的责任(例如《合同法》第226条至第227条)。[1]其次,给付无确定期限的,经债权人请求并催告,债务人仍未履行的,自催告之时起,负迟延责任;如催告有法定或约定的期限时,债务人自期限届满时起负迟延责任。催告是债权人请求债务人于期限内给付的意思表示。

2.给付须可能。迟延之给付须能为之给付,这是给付迟延与给付不能的重要区别。给付在迟延后,发生给付不能的,应自即时起,发生给付不能效力。

3.须有可归责于债务人的事由。如无可归责于债务人事由而给付迟延,债务人不负迟延责任(《合同法》第110条第3项)。[2]

(三)给付迟延的效力

1.对一般债务的效力。

(1)债务人负损害的赔偿责任。包括三种赔偿责任:①迟延赔偿,即对因迟延所生损害的赔偿。②不可抗力赔偿,即对因迟延中所发生的不可抗力之损害的赔偿,这是对债务人的加重责任,在通常情况下,不可抗力是债务人的免责条件,但迟延中发生的不可抗力的损害,因与债务人不按时履行债务有关,故应由债务人承担。③替补赔偿,即在迟延给付对债权人无利益时,债权人得拒绝原给付(或解除合同),

---

〔1〕　对应《民法典》第721条、第722条。第721条:"承租人应当按照约定的期限支付租金。对支付租金的期限没有约定或者约定不明确,依据本法第五百一十条的规定仍不能确定,租赁期限不满一年的,应当在租赁期限届满时支付;租赁期限一年以上的,应当在每届满一年时支付,剩余期限不满一年的,应当在租赁期限届满时支付。"第722条:"承租人无正当理由未支付或者迟延支付租金的,出租人可以请求承租人在合理期限内支付;承租人逾期不支付的,出租人可以解除合同。"除法律有例外规定,根据《民法典》第562条第3项的规定:"当事人一方迟延履行主要债务,经催告后在合理期限内仍未履行",始负迟延责任。

〔2〕　对应《民法典》第580条第1款第3项:"当事人一方不履行非金钱债务或者履行非金钱债务不符合约定的,对方可以请求履行,但是有下列情形之一的除外:……(三)债权人在合理期限内未请求履行。"

并可请求赔偿因延迟履行所生之损害。

(2)强制履行。债务人负迟延履行赔偿责任后，并不能免除继续履行的责任。根据《合同法》第110条的[1]规定，除债务不适合强制履行或履行费用过大的，债权人有请求继续履行的选择权。

2.对金钱债务的特殊效力。金钱债务只能发生迟延给付赔偿，不发生替补或不可抗力之赔偿。因而金钱债务迟延与一般债务不同：

(1)迟延利益。因金钱债务的迟延给付所造成的损失，由债务人偿付迟延利息，迟延利息的数额，有法律规定时，以法定利率计算，无法律规定时，可由当事人约定（《合同法》第207条）。[2]

(2)物价利益。对于执行政府定价或指导价的物品或服务，因迟延给付期间涨价的，按原价履行，降价的按新价履行；反之，债权人受领迟延的，由债权人负价格不利责任。即排除适用唯名主义原则（《合同法》第63条）。[3]

(四)给付迟延的终止

1.给付提出。债务人依债务的内容提出给付时，则给付迟延状态终止，但提出前的迟延效力并不消灭。

2.债务消灭。债务不论因何种原因消灭，给付迟延均至消灭时终止，但已生的迟延效力不因此而消灭。

3.给付获延展。债权人允许债务人延展给付的，给付迟延终止。终止前的迟延效力是否随之消灭，依债权人的意思而定。

4.给付不能。给付迟延中发生给付不能时，自该不能发生时起由债务人负给付不能的责任，而给付迟延告终止。

六、不履行债务的效力

对于不履行债务的各种样态的特殊效力前已分述。这里论述的是前四者的一般效力。

(一)强制履行

我国法律对于债务不履行采取以继续履行为主、赔偿为辅的救济原则，所以，对于因给付拒绝、不完全给付及给付迟延而不履行债务的，除法律有规定外，均可发生强制履行的效力。对于给付不能，虽然因其性质无法强制履行，只能请求损害赔偿，但债务人不予以赔偿时，对此损害赔偿债务，债权人仍可请求强制履行。故强制履

---

〔1〕《民法典》第580条与《合同法》第110条内容基本一样。

〔2〕 现为《民法典》第676条。

〔3〕 现为《民法典》第513条。

行是各种债务不履行形式都适用的一般效力。

强制履行是由法院运用国家强制力,迫使债务人履行债务,以实现保护民事权利之目的的行为。强制履行,就债务而言,是不履行债务的效果;就债权言之,是对债权的救济。因这种救济是通过法院行使国家强制力实现,故称司法救济或公力救济,是与私力救济相对应的救济形态。

强制履行应依民事诉讼法规定的强制执行程序进行,其具体内容属于诉讼法学范畴,这里将执行方式略作简述。

1.直接强制履行,是指不问债务人的意思如何,依国家强制力,直接实现债务内容的执行。以直接强制方法履行债务,一般是通过处分债务人的财产或解除债务人的占有形式来满足债权的。基于对人格权的尊重,法律不允许对"行为债务"采取直接强制履行的方法,例如,劳务、意思表示债务等不使用强制执行。

2.间接强制履行,是指以债务人的费用,由债务人或第三人代债务人实现债务内容的履行。这种强制方法多用于行为债务的履行(《民事诉讼法》第231条)。在法定或约定,或按习惯,该行为债务不需要债务人亲自履行的场合,可采用间接强制履行。例如,对于出租人不履行修缮房屋之义务,法院得以强制处分债务人之财产委托他人或雇人修缮。

(二)损害赔偿

因不履行债务而致损害的,债务人负损害赔偿的责任。不履行债务之损害赔偿与侵权行为之损害赔偿,虽然都是请求补偿损失的权利,但仍有下列不同点:(1)成立基础不同。前者是因不履行债务而损害债权;后者是因侵权行为侵害债权以外的人身权或财产权。(2)举证责任不同。前者以不可归责于债务人的事由为免责条件,故由债务人负此举证责任,即负过失推定责任;而后者一般以过失为成立要件,由债权人(即受害人)负举证责任。[1]

不履行债务与侵权行为之损害赔偿请求权,有时也发生竞合,此时,债权人有选择权,可择一行使[最高人民法院《关于适用〈中华人民共和国合同法〉若干问题的解释(一)》(下文简称《合同法解释(一)》)第30条]。[2]例如,承租人损毁租赁物,既违反合同义务,又是侵害他人财产所有权的行为,因而发生两个损害赔偿请求权的竞合。不履行债务有时还会转化为侵权损害,除前述加害给付外,例如,承运人未尽谨慎义务,致旅客人身损害的,就要负不问过失的侵权赔偿责任(《合同法》第302条)。[3]可见,大陆法系不履行债务的涵盖面大,在合同与侵权之债之间的逻辑构造清晰，适用法律方便，在体系化整合上优于英美合同法。

根据《合同法》第113条[1]的规定，对于不履行债务之损害赔偿的范围，包括实际损失和预期利益等履行利益的损失。实际损失是现实财产的减少，也称直接损失；预期利益是指缔约时可以预见到的履行利益，也称可得利益、间接损失。但是，如何判断预期利益带有很大的主观性，债务人与债权人肯定会见仁见智，各有不同的判断。因此，在法律适用上，还有待学说和判例的填补。

赔偿金若以货币支付的，使用的货币应为人民币，但法律有特别规定的，准许以国家公布的外汇牌价或约定换算价格用外币支付(《外汇管理条例》第11条)。

规定免票、持优待票或者经承运人许可搭乘的无票旅客。"

　〔1〕　对应《民法典》第584条："当事人一方不履行合同义务或者履行合同义务不符合约定，造成对方损失的，损失赔偿额应当相当于因违约所造成的损失，包括合同履行后可以获得的利益；但是，不得超过违约一方订立合同时预见到或者应当预见到的因违约可能造成的损失。"

第三十三章　债权的实现

第一节　导论

一、债权效力的盲区

在日臻发达的商品经济社会里，社会分工使得人与人之间的依赖性日益增强，无论是个人财产的积聚还是社会总财产的增值，皆须以财产流转的方式实现。因此，确保债权——这一流转中动态财产权的实现，对人类生存和发展的重要性，是无须多言的。

但债权是对人权，其本身无法跨越债务人的履行而得到满足。尽管为保障债权的实现，法律设计了完整的效力空间，但因债权的特性所限，其还不能保证债权能在任何情况下都得以实现。我们且将债权效力不能顾及的债权运行空间，称为债权效力的盲区。为资佐证，以下列说明为例。

1.当债务人因客观给付不能（例如不可抗力、物品灭失）而不履行债务时，债权就无法实现。

2.当债务人因某些主观原因而致给付不能（例如破产）时，债权也将会徒有其名而落空。

3.债务人怠于履行债务时，即使债权依其执行力而得到满足，但民事诉讼所需耗费的时间成本，也会使迅速、安全交易给债权带来的各种可得利益荡然无存。

所以，债权效力的盲区，使得债——只有"履行"这把钥匙才能打开的"法锁"，面临着被砸开的危险。在安全性方面，债权确是略逊物权一筹，因而如何增加债权的安全性能，一直是民法学者面临的难题。保险制度、当事人事先对危险负担的约定等，就是学者与商人们携手努力的结果，它能在一定范围内缓解这一难题。但在补救债权效力盲区的体系化研究方面，尚未见有突破性进展。

二、债权实现的研究方法

自罗马法以后，从"私力救济"到"公力救济"，形成了债的保全、债的担保等一系列保障债权利益的制度。因此，在债权效力的盲区中，并非没有救济债权的方法，只是没有形成一个消灭盲区的理论或制度体系。而需要思考的是，在债权运作时，债权人能否在一个被割裂分装的制度中，寻觅到实现其债权的所有方法？如果不能的话，这些制度的功能就将受到影响。而体系化的实益就是减少"找法"的成本，以使寓于体系之中的制度能发挥最大的功效。

三、本章的设计思路

本章旨在整合债权救济制度，构造一个债权实现的体系。这一体系的内容就是对已有各种债权实现方法的整合。

体系化的目的是说明债的关系自始即应以完全满足债权人的给付利益为主旨，债权实现的体系就是以此主旨为基石，指明债权在形形色色的交易中得以最大满足的各种可能性，其功能就在于填补债权效力的盲区。为此，将民法中债的担保、保全以及其他为使债权实现而扩张债务或债务人的方法，列于债权实现体系。这样的体系便于与债的效力衔接，使现有债法规范中各种保护债权的方法合成一个有机的网络，便利债权人在行使债权时，得以选择实现其给付利益的最为安全而又有效的途径。

债权的实现是研究债权如何得以实现其给付利益的各种途径，此与债的消灭不同，后者表明的是债的关系运行的终点。易言之，前者研究的是如何使债权达到目标而死亡；后者研究的则是判断债的关系"死亡"的各种原因，而不问其是否已达目的。

第二节　完全债权与不完全债权

一、概说

债权要得以实现，当然是其本身没有瑕疵。而区分完全债权与不完全债权的标准，就是甄别债权是否有瑕疵的有效方法。

完全债权，是指在运行中能行使债权的效力或权能得以实现的债权。

不完全债权，是指欠缺的债权的效力或权能不能行使或实现有障碍的债权。

二、完全债权的构成

完全债权由两部分内容构成：

（一）债权的效力（动态要素）

首先是具备债权的一般效力，即请求力、执行力和保持力；其次还包括债权于特殊条件下或于某些类型的债权所具有的特殊效力，例如代位权、撤销权、解除权、抵销权等形成权和抗辩权。

一项完全债权，并不是要求其同时具备上述效力，而是要求其在运行中遇到障碍时，能够运用所发生的效力来排除该障碍，使债权得以实现。例如，当行使请求力即能实现债权时，并不发生执行力，只有请求力对债权的实现无能为力时，才发生执行力。因而债权的效力是构成完全债权的动态要素，这是由债权的动态财产权的特性决定的。

（二）债权的权能（静态要素）

债权的权能是伴随债权运行的全过程而始终存在的效力，亦称债的平面效力，为了与债权的请求力、执行力、保持力等构成的立体效力相区别，故称其为债权的权能。债权的权能与债权的效力不同，若将债权的运行线路视做由无数个点连接成的线，那么，构成债权效力整体的各单个效力仅是在各个点上发挥其作用，过了此点则轮到下一个效力发挥作用，易言之，债权的效力是由各个点的效力集合而成的；而债的权能则是在债权运行的整条线上都能发挥作用的"效力"，易言之，债的权能是在债权运行的全过程始终存在、相对不变的效力，故称其为构成完全债权的静态因素。

债权作为动态财产权，其静态权能并不多，又债权的权能时常与债权的效力竞合，故债权的权能有时又是债权的效力，例如请求权，除请求权外，债权的最主要的权能就是处分权，包括债权的让与、免除和权利质权的设定等。

三、不完全债权的类型

在严格的意义上，缺乏完全债权构成要素的债权，皆应为不完全债权。但债权的某些特殊效力并非每一类型的债权都具备，例如仅存于双务合同的同时履行抗辩权。此外，有些债权虽然欠缺某项要素，但仍能选择其他方法行使，例如代位权、撤销权等。由此而论，所谓不完全债权，是指因欠缺某项因素而预期难以实现或实现有障碍的债权类型。

一般而言，欠缺下列之债权构成要素的，即属不完全债权。

1.欠缺请求力。在通常情况下，债权失去请求力时，就意味其不复存在了。但有些债权欠缺请求力时，因具有受领保持力，故债权仍为有效，但属不完全债权。例如，罹于诉讼时效的债权，因为债务人可以拒绝履行，所以不能以公力救济实现。

2.欠缺执行力。债权欠缺请求力时，自然无执行力可言，但若欠缺执行力时，并不一定就无请求力。如演员拒绝演出，不能强制其履行。故一般以特定人的行为作为给付内容的债权，在特定人不履行特定行为时，债权就沦为不完全债权，其原定的给付利益就会落空。对此，法律特别以损害赔偿作为其救济。

3.欠缺处分权。当债权欠缺处分权时，因债权人无法依其意志处分债权，故欠缺处分权之债权也属不完全债权。例如，受诉讼保全的债权，债权人就丧失对其债权的处分权。

第三节　债权的担保

一、概说

债权的担保，从功能划分，有物权担保(如抵押、质权等)、债权担保(如保证、违约金等)、公力担保(如提存等)、形成权担保(如抵销等)、信托担保(如动产让与担保、英美法的按揭等)。总之，担保的方式是多种多样的，并不是仅仅见于《担保法》[1]中的那几种担保才叫做担保。民法分则中债权和物权是根据效力划分的，为了遵循逻辑体系，将物权担保置于物权编，债权编只规定债权担保。所以，本节只介绍债权担保。

债权需得担保并非债权的无能。债权虽然可由其固有的效力获取其应受的给付利益，但商业社会之风云变幻，情事无常，其风险实难预测。对债务人而言，或交易失败，或经营不善，或遇不可抗力，或发生不测，甚至债务人破产，都可能危及债务的履行，使债权落空。为交易安全所使然，于主债务之外再设担保之从债务，就能使债权得到双重保障。

债权担保，依其标的划分，可以分为信用担保和财产担保。信用担保就是以第三人的信用确保债权的实现，其实质是把履行债务的主体及其责任财产范围，由债务人扩张至第三人，以增加债权人受偿的机会。财产担保是以债务人或第三人的特定财产确保债权的实现。由于特定财产成为担保财产后，所有人对其权利的行使就受限制，故其实质就是让担保财产淡化交易功能甚至退出交易，使债权的给付利益免遭各种交易风险。

我国《担保法》和《合同法》中规定的担保，并不是存在于民法中的全部担保方式，而是生活中常用的担保，具体分为下列六种：

---

〔1〕《民法典》对担保体系的分类，与本书分类基本一致。即将担保物权规定在物权编(见第二编第四分编)；债权担保的保证，规定在合同编(见第三编第十三章)；违约仍然作为民事责任，但亦置于合同编(见第三编第八章)。

图33-1　债权担保的类型

我国《担保法》只规定抵押、出质、留置、保证、定金共五种担保，违约金因其担保作用较弱，自《民法通则》开始，把违约金既看作是对损失（债务）的担保，又看作是对"违约"的惩罚，故将其纳入"民事责任方式"（第134条第8项）。惩罚不应该是私权利的效力，无论违约金有无惩罚的客观功能，都应该遵循其私法的属性，归之债权担保比较妥帖。

遵循上述理念，这一节介绍保证、定金和违约金三种债权担保。

二、保证

（一）保证的意义

保证是由保证人向债权人承诺，当主债务人不履行债务时，由其代负履行责任或承担连带责任的合同，保证虽然有担保功能，但其行为本身是属于合同，担保只是保证的效果而已。保证人是以其全部责任财产作为债务的担保，债权人据此于主债务人外，又增加了从债务人，一主一从，使其债权的实现更加可靠。

从保证人与债权人的关系看，保证债务是一种从债务，其履行是以主债务不履行为发生条件；从保证人与债务人的关系看，保证人所负的是代位清偿义务，其履行的效果，既消灭主债务人之债务，同时又产生代位求偿权。

（二）保证的设立

保证的设立须经保证人与债权人的合意，故保证的设立须以合同的方式为之。

1.保证设立的条件。

（1）主债务之有效存在。保证是一种从债务，故须以主债务（即被保证债务）的有效存在为其存在的条件。当主债务无效、被撤销或得解除时，除当事人有约定外，保证亦不发生效力。但主债务的合同无效或被撤销、解除时，对于债务人负担的返还财产或赔偿损失之债务，仍属有效存在的主债务，保证人对该债务仍需负过失责任（《担保法》第5条）。[1]可见，保证担保的是主债务，而不是担保合同这一行为，当合

---

〔1〕　对应《民法典》第388条："Ⅰ.设立担保物权，应当依照本法和其他法律的规定订立担保合同。担保合同包括抵押合同、质押合同和其他具有担保功能的合同。担保合同是主债权债务合同的从合同。主债权债务合同无效的，担保合同无效，但是法律另有规定的除外。Ⅱ.担保合同被确认无效后，债务人、担保人、

同因无效或解除演变为损害赔偿债务时，主债务仍然存在。

（2）保证人资格。保证人也即保证债务的债务人。对于保证人的行为能力，法律有特殊要求，即保证人须是有代偿能力的自然人、法人或其他经济组织。未获授权的企业法人分支机构、国家机关以及以公益事业为目的的事业单位或社会团体法人不得充任保证人（《担保法》第8条、第9条）。[1]

（3）保证设立方式。保证的设立须以要式方式为之，对于约定保证，保证人与债权人应订立书面保证合同（《担保法》第13条）；[2]对于依法律的直接规定而产生的法定保证，既得以保证合同发生，也得以空白保证的方式进行（《海事诉讼特别程序法》第73条第2款）。所谓空白保证，是指以保证人一方的意思表示而为债务提供的保证。以空白保证的方式设定保证，须由法律特别准许。

2.保证合同。保证合同是由保证人与债权人合意，于主债务人不履行债务而有保证人负连带或替代履行责任的双方民事法律行为。保证合同可以由保证人与债权人单独订立，也可以是保证人在债权人与债务人的主合同中承诺的担保条款（《担保法》第93条）。[3]保证合同的主要条款，应包括保证之标的、保证期限、方式、保证之范围等内容。

（1）保证的范围。保证的范围是指保证债务（即从债务）的范围。保证债务的范围应依约定确定，但其最大范围一般不得超出主债务的范围。当事人对保证范围没有约定或约定不明确时，应推定保证范围及于全部主债务（《担保法》第21条第2款）。[4]在保证期限内，保证债务随主债务的减少而减少，当主债务增加时，非经保证人的同意，保证范围不随之扩大（《民通意见》第109条）。[5]在同一主债务之上保证与担保物权竞合的，担保物权有优先效力，保证的效力仅及物权担保以外的主债务。（《担保法》第28条）[6]

（2）保证类型。保证的类型有两种，即补充保证和连带保证。补充保证也称一

债权人有过错的，应当根据其过错各自承担相应的民事责任。"

[1] 对应《民法典》第683条："Ⅰ.机关法人不得为保证人，但是经国务院批准为使用外国政府或者国际经济组织贷款进行转贷的除外。Ⅱ.以公益为目的的非营利法人、非法人组织不得为保证人。"

[2] 对应《民法典》第685条："Ⅰ.保证合同可以是单独订立的书面合同，也可以是主债权债务合同中的保证条款。Ⅱ.第三人单方以书面形式向债权人作出保证，债权人接收且未提出异议的，保证合同成立。"

[3] 对应《民法典》第685条第2款，见上注。

[4] 对应《民法典》第691条："保证的范围包括主债权及其利息、违约金、损害赔偿金和实现债权的费用。当事人另有约定的，按照其约定。"

[5] 对应《民法典》第695条："Ⅰ.债权人和债务人未经保证人书面同意，协商变更主债权债务合同内容，减轻债务的，保证人仍对变更后的债务承担保证责任；加重债务的，保证人对加重的部分不承担保证责任。Ⅱ.债权人和债务人变更主债权债务合同的履行期限，未经保证人书面同意的，保证期间不受影响。"

[6] 对应《民法典》第392条："被担保的债权既有物的担保又有人的担保的，债务人不履行到期债务或者发生当事人约定的实现担保物权的情形，债权人应当按照约定实现债权；没有约定或者约定不明，债务人自己提供物的担保的，债权人应当先就该物的担保实现债权；第三人提供物的担保的，债权人可以就物的担保实现债权，也可以请求保证人承担保证责任。提供担保的第三人承担担保责任后，有权向债务人追偿。"

一般保证,补充保证之保证人在债权人未就主债务人之财产申请强制执行并获得满足前,享有拒绝清偿之抗辩权,该抗辩权谓之先诉抗辩权,根据先诉抗辩权,保证人得拒绝履行保证债务(《担保法》第17条)。[1]连带保证,即在主债务发生履行迟延,债权人就享有请求保证人或主债务人履行债务的选择权(《担保法》第18条),[2]保证人与主债务人负连带清偿责任,不享有先诉抗辩权。保证人承担补充或连带保证,应在合同中约定,没有约定或者约定不明确的,推定保证人承担连带保证责任(《担保法》第19条)。[3]

(3)保证的期限。保证的期限亦即保证债务的有效期间。保证是从债务,其履行期限以主债务不履行或强制履行无效果为始期;其终期应依约定,未约定的,为主债务履行期届满之日起6个月(《担保法》第25条、第26条),[4]债权人于该期限内不行使请求权的,保证人免除保证债务。《担保法》还规定该约定或法定保证期限适用诉讼时效中断的规定(第25条第2款)。[5]但这一期限不应被认作是诉讼时效期限,而只是法律规定债权人以默示意思表示免除保证人从债务,即默示发生免除效力,使保证之从债务因免除归于消灭。因为诉讼时效是法定期间,不容约定,而保证期间为可约定期间,显然不符合诉讼时效的特征。

对于未约定保证期限的最高额保证,于保证人书面终止意思为保证期限的终期,但对于该期限之前的债务,保证人仍须负约定的保证责任(《担保法》第27条)。[6]

(三)保证的效力

1.对债权人与保证人的效力

(1)保证债权的效力。保证债权的效力与债权的一般效力并无不同,在补充保证,

---

〔1〕 对应《民法典》第687条:"Ⅰ.当事人在保证合同中约定,债务人不能履行债务时,由保证人承担保证责任的,为一般保证。Ⅱ.一般保证的保证人在主合同纠纷未经审判或者仲裁,并就债务人财产依法强制执行仍不能履行债务前,有权拒绝向债权人承担保证责任,但是有下列情形之一的除外:(一)债务人下落不明,且无财产可供执行;(二)人民法院已经受理债务人破产案件;(三)债权人有证据证明债务人的财产不足以履行全部债务或者丧失履行债务能力;(四)保证人书面表示放弃本款规定的权利。"

〔2〕 对应《民法典》第688条:"Ⅰ.当事人在保证合同中约定保证人和债务人对债务承担连带责任的,为连带责任保证。Ⅱ.连带责任保证的债务人不履行到期债务或者发生当事人约定的情形时,债权人可以请求债务人履行债务,也可以请求保证人在其保证范围内承担保证责任。"

〔3〕《民法典》的规定与《担保法》的规定相反,即当事人未约定或约定不明时,推定保证人承担一般保证(对应《民法典》第686条第2款:"当事人在保证合同中对保证方式没有约定或者约定不明确的,按照一般保证承担保证责任。")

〔4〕 对应《民法典》第692条第2款:"债权人与保证人可以约定保证期间,但是约定的保证期间早于主债务履行期限或者与主债务履行期限同时届满的,视为没有约定;没有约定或者约定不明确的,保证期间为主债务履行期限届满之日起六个月。"

〔5〕《民法典》规定与《担保法》不同,保证期间为刚性的不变期间,该法第682条第1款明确规定:"保证期间是确定保证人承担保证责任的期间,不发生中止、中断和延长。"

〔6〕《民法典》第690条第2款规定:"最高额保证除适用本章规定外,参照适用本法第二编最高额抵押权的有关规定。"对应《民法典》第423条第2项规定:"没有约定债权确定期间或者约定不明确,抵押权人或者抵押人自最高额抵押权设立之日起满二年后请求确定债权。"

保证债权之请求力于主债务人受强制执行未见效果时发生,惟有因主债务人住址变更发生请求障碍或主债务人破产时,保证人无先诉抗辩权,发生连带保证效力;在连带保证,保证债权请求力应于主债务履行迟延时发生,债权人不得因给付拒绝行使保证债权。保证债权的请求力范围,不仅及于主债务,还及于主债务的负担,例如违约金、赔偿金等。当主合同无效后,对于主债务人应负担的返还财产或赔偿损失的债务,除有约定外,保证人负过失清偿责任。

(2)保证债务的效力。主债务人对于债权人享有或负担的各种权利义务,也对保证人发生绝对效力。主债务人放弃抗辩权之意思表示,不及于保证人(《担保法》第20条),[1]唯有先诉之抗辩,为保证债务特有的效力。

(3)多数保证人之间的相互关系。同一债务有两个以上的保证人的,多数保证人负连带保证责任,但保证人与债权人约定承担按份保证责任,保证人仅就约定的份额负担保证责任(《担保法》第12条)。[2]

2.对保证人与债务人的效力。保证人履行债务后,保证人取得对主债务人的代位求偿权。即保证人得以自己的名义,于其所受清偿的限度内,代位行使债权人的权利(《担保法》第31条)。[3]

(四)保证的消灭

保证因下列原因而消灭:

1.主债务消灭。主债务因主债务人履行或与履行有同等效力的事实而消灭时,保证亦随之消灭。

2.主债务承担。保证是一种信用担保,故主债务人更换时,除经保证人同意外,保证归于消灭(《担保法》第23条)。[4]

3.保证人死亡或法人解散。自然人之保证人死亡后,其继承人仅在遗产范围内负有限保证责任,若无遗产的,保证消灭;法人解散时,其清算组织对法人所负的保证责任,与继承人相同。

4.保证期满或解除。债权人若于保证有效期内不行使保证请求权的,保证债务因免除而消灭;债权人未经保证人同意而允诺主债务人延期履行的,保证于期限届

---

[1] 对应《民法典》第701条:"保证人可以主张债务人对债权人的抗辩。债务人放弃抗辩的,保证人仍有权向债权人主张抗辩。"

[2] 对应《民法典》第699条:"同一债务有两个以上保证人的,保证人应当按照保证合同约定的保证份额,承担保证责任;没有约定保证份额的,债权人可以请求任何一个保证人在其保证范围内承担保证责任。"

[3] 对应《民法典》第700条:"保证人承担保证责任后,除当事人另有约定外,有权在其承担保证责任的范围内向债务人追偿,享有债权人对债务人的权利,但是不得损害债权人的利益。"

[4] 对应《民法典》第697条:"Ⅰ.债权人未经保证人书面同意,允许债务人转移全部或者部分债务,保证人对未经其同意转移的债务不再承担保证责任,但是债权人和保证人另有约定的除外。Ⅱ.第三人加入债务的,保证人的保证责任不受影响。"

满时终止；法律规定或约定，保证合同被解除的，保证也归于消灭。

三、定金

（一）定金的意义及性质

定金是合同当事人一方，为确保合同的履行为目的而预先向他方交付的金钱或其他替代物。约定定金的合意为定金合同，定金合同为践成合同，于交付时生效（《担保法》第90条）。[1]在买卖等各种有偿合同中，都可以使用定金这一担保方式。定金与预付款不同，两者有时虽然甚难区别，然而定金是担保主债务履行的从债务，而预付款则是清偿，两者的性质截然不同，只是功能有些相似。

定金之"定"字，有约定的约束力之意。因对此约束力性质的认识不同，各国民法规定的定金类型也有所不同，举要如下：

1.成约定金，是作为合同成立要件的定金，亦即合同因定金的交付始告成立（例如《德国民法典》第336条）。

2.证约定金，是以定金作为订立合同的证据（例如《俄罗斯联邦民法典》第380条）。

3.违约定金，是指给付定金的一方如不履行债务时，接受定金的一方得没收定金，定金有预付违约金的性质（《合同法》第115条）。[2]

4.解约定金，是以定金作为保留解约权的代价，即给付定金者，得以抛弃定金而解除合同，接受定金者，得以加倍返还定金而解除合同（例如《法国民法典》第1590条、《日本民法典》第557条）。在我国，对于不履行债务之救济以继续履行为原则，故定金有无解约效力法律并无明文规定。但因行为债务无法强制执行，故在承揽、委任、行纪等合同中，定作人、委任人、行纪人给付的定金，应视为解约定金；此外，按交易习惯，在房屋买卖、租赁等交易中，买受人或承租人放弃定金的，也应享有解约权，即不应使给付定金的一方再负履行债务的责任。

5.立约定金，是为了保证正式订立合同而交付的定金。

（二）定金的给付

1.给付的时间。定金之债是从债，其成立以主债的有效存在为前提，故其应于主债务成立后履行期限届满前给付。

2.给付的标的。定金的给付标的，原则上为金钱。但当事人有特别约定时，也

---

〔1〕 对应《民法典》第586条第1款："当事人可以约定一方向对方给付定金作为债权的担保。定金合同自实际交付定金时成立。"

〔2〕 对应《民法典》第587条："债务人履行债务的，定金应当抵作价款或者收回。给付定金的一方不履行债务或者履行债务不符合约定，致使不能实现合同目的的，无权请求返还定金；收受定金的一方不履行债务或者履行债务不符合约定，致使不能实现合同目的的，应当双倍返还定金。"

可以用替代物作定金。例如，农副产品买卖合同中的买受人可以用化肥、农药等物品替代定金。

3.给付的数额。定金的数额，应于主债务的给付价值内，由双方约定。但法律限定不得超过主债务应付额的20%（《担保法》第91条）。[1]

（三）定金的效力

依我国《民法通则》以及有关法律的规定，定金发生如下效力：

1.证约效力。给付定金后，如无相反证据证明，主合同视为成立。定金发生证明主合同成立的效力。

2.充抵价金和返还效力。定金既为担保主债履行的从债，故主债履行后，定金之从债也告消灭。给付定金的当事人对于定金有选择权，即可请求接受定金的当事人一方返还定金，或以定金与应给付之价金抵销。在后者，定金发生抵销之效力。如选择行使返还请求权的，接受定金的当事人一方不返还定金的，返还请求权的基础应是不当得利，即给付定金的当事人一方可行使不当得利请求权，请求返还。

3.利益填补效力。《担保法》第89条规定："给付定金的一方不履行约定债务的，无权要求返还定金；收受定金的一方不履行约定债务的，应当双倍返还定金。"[2]

此项规定是定金的解约效力，还是定金的惩罚效力？学者们的理解有所不同。但从定金的功能看，是为了确保债务的履行而设立。当债务人不履行债务而失去定金时，应视为其不履行债务而付出的代价，而非惩罚。因为当事人一方失去定金，恰是取得不履行债务之利益而付出的对价；而他方取得定金也正是作为未获债权之给付利益而取得的补偿。定金作为一种利益分配给未获给付利益的债权人，实现了定金担保债权的功能。

据此，还可以得出如下结论，即当债务的不履行是因不可归责于双方当事人事由所致，定金应"物归原主"。因为对于双方均应免责而失去的债务不履行利益，理应由双方负担。若以定金来调节，必然会发生利益倾斜，从而违反民法维护交易公平的基本功能。

《担保法》规定不履行债务时，定金才发生填补利益效力，而《合同法》第107条规定的不履行债务仅指给付不能、给付迟延或不完全给付，而对给付拒绝，《合同法》是另条规定（第108条），能否发生该项定金效力，有待学说或司法解释补充。但按理对给付拒绝，即认为是不履行债务的形态，债权人应有权没收定金。

4.替代赔偿金效力。在有法定或约定的违约金条款时，当事人一方不履行债务而丧失定金的返还请求权后，得否免除违约金或赔偿金的给付责任？从《合同法》规定的精神看，定金有替代效力，即当事人给付的定金低于或等于损失的，定金发生

---

[1] 对应《民法典》第686条第2款，见第577页注3。

[2] 对应《民法典》第587条，见第579页注2。

替代赔偿金的效力。因为《合同法》第114条[1]确认违约金有替代赔偿金效力，而第116条又规定在双重约定违约金和定金时，当事人仅得选择一宗，[2]即选择定金的，不得选择违约金，定金有替代违约金的效力。违约金可以替代赔偿金，定金又可以替代违约金，如此推论定金当有替代赔偿金的效力。

四、违约金

(一)违约金的意义

违约金是依当事人的约定或法律的直接规定，在当事人一方不履行债务时，向他方给付的金钱。违约金依其发生的根据，可以分为约定违约金和法定违约金；依其功能，可以分为赔偿性违约金和惩罚性违约金。违约金是在债务人不履行债务后给付的，若债务人拒绝给付的，债权人仍得通过违约金债权的强制力实现给付。因违约金是事后给付，对债权的担保作用较其他方式为弱，《民法通则》因此将其作为不履行债务应承担的民事责任，而《合同法》将违约金作为事先约定的赔偿。不论对违约金的理解如何，违约金是以主债务的不履行为发生条件，故违约金债务是从债务，其存在以主债务的存在为前提，在这一点上与担保是一致的。[3]

(二)违约金的给付

违约金的给付，应由当事人双方约定，但法律有强制性规定时，应依法律规定。法律如在规定法定违约金的同时，又准许当事人约定的，应优先适用约定违约金。

1.违约金给付的数额。

(1)约定违约金的数额。约定违约金的数额，应由当事人在主合同或违约金合同中约定，但约定违约金的数额应与不履行债务造成的损失大致相当。如过高或过低的，当事人可请求法院或仲裁机构减少或增加(《合同法》第114条第2款)。[4]

(2)法定违约金的数额。法定违约金的数额，一般由行业性的法规规定。综合起来看，有三种确定数额的方法：①固定比例。这是由法律规定的计算违约金数额的强制性比例，当事人一方违约时必须按此固定比例向他方支付违约金。例如，逾期

---

[1] 对应《民法典》第585条："Ⅰ.当事人可以约定一方违约时应当根据违约情况向对方支付一定数额的违约金，也可以约定因违约产生的损失赔偿额的计算方法。Ⅱ.约定的违约金低于造成的损失的，人民法院或者仲裁机构可以根据当事人的请求予以增加；约定的违约金过分高于造成的损失的，人民法院或者仲裁机构可以根据当事人的请求予以适当减少。Ⅲ.当事人就迟延履行约定违约金的，违约方支付违约金后，还应当履行债务。"

[2] 《民法典》第588条有同样的规定："Ⅰ.当事人既约定违约金，又约定定金的，一方违约时，对方可以选择适用违约金或者定金条款。Ⅱ.定金不足以弥补一方违约造成的损失的，对方可以请求赔偿超过定金数额的损失。"

[3] 对违约金的性质，《民法典》的规定与《民法通则》《合同法》《担保法》的立法精神是一致的。

[4] 对应《民法典》第585条第2款，见上注1。

付款的违约金给付额,依每日逾期付款金额的5‰计算。[1]②浮动比例,这是由法律规定一个计算违约金数额的比例幅度,允许当事人在此幅度内选择并约定具体的比例,例如,《农副产品购销合同条例》第18条规定,需方违反合同的,应向供方偿付"货款总值5%至25%的违约金"。③固定数额,这是由法律直接规定违约金的数额,例如,《铁路货物运输合同条例实施细则》第19条规定,托运人"未按货物运输合同履行,按车向承运人偿付违约金50元"。

2.给付的时间。违约金作为一种从债,应自当事人双方合意时起成立,并于主债务不履行时生效。违约金债务自生效起,债权人得行使请求权。

(三)违约金的效力

1.利益填补效力。违反合同的一方给付违约金,是对他方因不履行或不完全履行债务所未获之利益的填补,故违约金有填补利益之效力。但所谓"未获之利益"并不单指实际损失,应该包括逾期利益甚至信赖利益。故违约金的给付不以是否有实际损失为条件,而是以对此利益填补是否有约定或法律规定为原因。

2.替代赔偿金效力。在当事人一方不履行债务造成他方损失时,违约金具有替代赔偿金的效力。即不履行债务对债权人造成的损失低于或等于违约金的,债务人不再承担赔偿损失义务,这时违约金就是事先预约的赔偿金。

3.违约金与定金选择权。《合同法》规定,在既约定违约金又约定定金时,在相对人不履行债务时,债权人可以选择一宗行使(《合同法》第116条)。[2]这一条需要解释方能适用,因为定金合同是践成合同,不交付不生效。如果债务人已经交付定金,那么,债权人就无选择权可言;如果没有交付定金,合同就不生效,债权人不会选择一个不生效的债权请求履行。显然《合同法》是将定金当作诺成合同,与《担保法》的规定相矛盾。揣摩其原意大概是当事人在收受了定金后,如果定金能填补损失的,不得再请求违约金。当然,有效的解释还有待有权解释部门解释。

第四节 债权的保全

一、概说

对于债权,债权人只能向债务人请求履行,原则上是不及第三人的。但当债务人与第三人的行为危及债权人的利益时,法律就允许债权人对债务人与第三人的关系进行一定的干预,以排除对其债权的危害。这一制度就称为债的保全或债权的保

---

〔1〕 详见最高人民法院"法复(1996年)7号"批复。
〔2〕 对应《民法典》第588条,见第581页注2。

全。因涉及债权人与第三人的关系，称其为债的对外效力。

保全，乃是保持责任财产完整不使其受损失的意思。设立债权的保全，其思路是"以债务人的全部财产作为实现债权的保证"。因为债务人就其债务，原则上应以其全部财产负责，这一全部财产法律上谓之责任财产，责任财产的减损，关系债权人利益至巨，故近代民法自罗马法"赊销之诉"发展成债的保全，自《法国民法典》始，逐渐肯定债权人代位权和债权人撤销权，以资债权。我国《合同法》循民国以来立法传统，肯认债权保全制度，对代位权和撤销权作了较为全面的规定。

当然，以理性思维见长的日耳曼人认为债是对人权，不能发生对抗第三人效力，《德国民法典》因此拒绝承认债权保全为实体权利，另辟蹊径在民事诉讼法的强制执行程序解决责任财产的不完全问题。

两种立法体例，留给我们思索的问题是，债权保全究竟是实体权利还是程序权利？值得思考。

二、债权人代位权

（一）债权人代位权的意义

债权人之代位权，是指债权人为了保全其债权不受损害，以自己的名义代债务人行使权利的权利。从权利的性质观之，属形成权。我国法律对债权人代位权的规定，始于最高人民法院对于民事诉讼法的司法解释，[1]《合同法》第73条[2]首次以实体法肯定代位权的债权效力。所以，在我国，债权人代位权是有诉讼法和实体法双重保障的，相比较而言，行使程序法上的权利更优越一些。

在民法上，代位权有代位求偿权与代位继承权之分，而代位求偿权又可以分为债权人代位权和清偿代位权。后者是指代位清偿义务人，代替债务人向债权人清偿后而取代债权人的地位，成为债务人的新债权人，故其实质是债务代位权，与债权人代位权不同。

债权人代位权与代理权不同，后者是代理人以被代理人的名义行使权利。债权人代位权与优先受偿权也不同，后者从债务人的财产中受偿，而非从债务人之债务人的财产中受偿。

---

〔1〕　最高人民法院《关于适用〈中华人民共和国民事诉讼法〉若干问题的意见》第300条规定："被执行人不能清偿债务，但对第三人享有到期债权的，人民法院可依申请执行人的申请，通知该第三人向申请执行人履行债务。该第三人对债务没有异议但又在通知指定的期限内不履行的，人民法院可以强制执行。"实际上是由法院越俎代庖，不用债权人行使权利。

〔2〕　该条文被《民法典》第535条吸收。第535条："Ⅰ.因债务人怠于行使其债权或者与该债权有关的从权利，影响债权人的到期债权实现的，债权人可以向人民法院请求以自己的名义代位行使债务人对相对人的权利，但是该权利专属于债务人自身的除外。Ⅱ.代位权的行使范围以债权人的到期债权为限。债权人行使代位权的必要费用，由债务人负担。Ⅲ.相对人对债务人的抗辩，可以向债权人主张。"

(二)债权人代位权的构成要件

根据《合同法》等法律规定，[1]债权人行使代位权，须具备下列要件：

1.债务人怠于行使权利。所谓"怠于行使"是指对于应行使的权利，能行使而不行使；至于不行使的理由如何，则在所不问。但对于债务人不能行使的权利(例如破产人之财产权)，或债务人已行使权利，或不适于代位行使的权利等，债权人不得行使代位权。对于"怠于行使"权利的含义，最高人民法院《合同法解释(一)》的解释是"债务人不以诉讼或仲裁方式"主张债权(第13条)。

2.有保全债权的必要。代位权为保全债权而设立，故只有在债务人不行使该权利损害债权人之债权时，才有必要代位。判断是否对债权人造成"损害"，保全有无"必要"，应以债务人和保证人的财产以及其他担保财产是否不能或不足以清偿债务为标准。

3.债权已届履行期。债权人须在债权已届履行期时，才能行使代位权。对于尚未届至履行期的债权，因债权人是否有不能实现债权危险尚难预料，即使债权有危险也应行使不安抗辩权为妥。故债权人若此时便行使债权代位权，既对债务人不公平，也有滥用权利之嫌。因此，我国民国时期制定的民法规定，以债务人负迟延责任为行使代位权(第243条)要件，可资参考。

依最高人民法院的司法解释，还要求债权必须"合法"，应理解为代位之债权不属于自然债权，因为并不存在"不合法"权利。即使自然债权也不能说不合法，因为依民法规定其仍有受领保持力。

(三)债权人代位权的行使

1.代位行使的权利，以非专属于债务人的财产权利为限，债务人的人身权和专属于债务人的财产权利，[2]不得代位行使。专属于债务人的财产权利，是指须由债务人亲自行使才生法律效力的财产权，根据最高人民法院的《合同法解释(一)》第12条[3]的规定，可以概括为：①基于亲属关系而发生的财产权，因亲属间的扶养、继承等给付请求权。②专属于自然人的债权，例如，因人身损害而产生的损害赔偿债权、

---

[1] 《民法典》第三编第五章即是合同的保全，其第535条至第537条规定了债权代位权。其中第536条："债权人的债权到期前，债务人的债权或者与该债权有关的从权利存在诉讼时效期间即将届满或者未及时申报破产债权等情形，影响债权人的债权实现的，债权人可以代位向债务人的相对人请求其向债务人履行、向破产管理人申报或者作出其他必要的行为。"第537条："人民法院认定代位权成立的，由债务人的相对人向债权人履行义务，债权人接受履行后，债权人与债务人、债务人与相对人之间相应的权利义务终止。债务人对相对人的债权或者与该债权有关的从权利被采取保全、执行措施，或者债务人破产的，依照相关法律的规定处理。"

[2] 《民法典》第535条第1款规定"专属于债务人"的权利不得代位。

[3] 最高人民法院《关于适用〈中华人民共和国民法典〉合同编通则若干问题的解释》(法释〔2023〕13号)第34条作了类似的规定，对于专属于债务人的权利作了列举规定。

人寿保险之保险金请求权等。③禁止让与的权利,劳动报酬、养老金、抚恤金等请求权。④权利的某项权能也不得代位行使,例如,债务人未出租房屋,债权人不得代位出租。

2.代位权行使的范围,以保全债权的必要为限。即代位行使之债务人权利所获的价值,应与所需保全的债权的价值相当。如超出保全债权的范围时,应分割债务人的权利行使。不能分割行使的,方可行使全部权利。

3.代位权行使方法,根据我国合同法规定,[1]代位权须以诉方式为之,不得以私力请求。这一点与大陆法系民法规定不同,几乎没有强行要求非以公力救济方式行使代位权的,这可能与我国盛行"全能政府"的制度理念有关。

(四)债权人代位权的效力

在规定有代位权的大陆法系民法,根据债权平等原则,多规定债权人行使代位权效力,应归属于债务人,债务人与第三人之债的关系因此消灭。即行使债务人对第三人的请求权所获的财产应归于债务人,此财产仍为债务人之总债权的担保。债权人不得直接以此财产清偿,如债务人不主动履行债务时,债权人可请求强制履行而受偿。

我国《合同法》对此未作出明确规定,在最高人民法院《合同法解释(一)》中,却规定债权人行使代位权的效果,是次债务人(第三人)直接向债权人清偿(第20条)。[2]也就是债权人获得"优先受偿权",使债权具有排他效力。这一规定,不仅会损害其他债权人的权利,还会损害债权平等原则。这样的扩充解释是应该受到质疑的。

三、债权人撤销权

(一)债权人撤销权的意义

债权人撤销权,是指债权人对于债务人损害债权的行为,有请求法院撤销该行为的权利。撤销权,源自罗马法的"保罗诉权"(Paoliana),因其须经诉讼实现,又称废罢诉权。撤销权因使债务人的行为发生自始无效的实体法上的效力,故属实体法上的权利。

撤销权,依所撤销行为的主体,可以分为对自己行为的撤销权和对他人行为的撤销权,前者如可撤销民事行为之撤销权,债权人撤销权属对他人行为的撤销权;依请求撤销的主体分,可以分为债权人撤销权和债务人撤销权,后者如赠与人撤销权;依撤销权的法律依据分,可以分为民法上的撤销权和破产法上的撤销权,债权人撤

---

〔1〕《民法典》及《关于适用〈中华人民共和国民法典〉合同编通则若干问题的解释》(法释〔2023〕13号)的规定与《合同法》一致。

〔2〕 见第584页注1《民法典》第537条规定。

销权，属于民法上和破产法上的撤销权。破产法上的撤销权，要件与效果均与民法上撤销权不同，故这里所论的不包括破产撤销权。

我国对债权人撤销权的规定，始于最高人民法院《民通意见》，但其只规定了因损害法定债权的撤销权，而撤销之行为也仅限于赠与(第130条)；《合同法》则与之相异，只规定损害合同之债权的撤销权，如将两者整合，就构成我国比较完整的债权人撤销权制度。[1]

(二)债权人撤销权的成立要件

合同法对于撤销权之撤销的行为，区分有偿和无偿，规定了不同的要件，故参照国外立法例，以客观要件和主观要件分别说明。

1.客观要件。

(1)须有债务人的行为。即有债务人减少其财产或增加其财产负担的行为。我国《合同法》对债务人行为，仅规定放弃债权或赠与财产等处分财产行为(第74条)，[2]对于增加财产负担行为，例如为第三人提供财产担保等行为未作规定。以债权保全的主旨推论，应该包括负担行为。

债务人的无偿行为或非对待给付行为，必然会导致债务人财产的减少，但是，对待给付的有偿行为，只是使财产形态发生变化，并不必然导致债务人财产价值的减少，即使遇有商业风险遭致财产减少，也不应受到诘难。故对债务人以对待给付为目的的有偿行为，不能行使撤销权。此外，对于债务人的身份行为，即使会使其财产减少，也不能对此行使撤销权，例如因结婚、收养或放弃继承权等行为。对于使财产减少的公益行为，能否行使撤销权，是值得讨论的问题，如将财产捐献希望工程，对这类行为是否增加主观有无"恶意"为条件，不与一般无偿行为相提并论。

(2)须债务人的行为损害债权。也就是债务人的上述行为导致财产的减少将会使债权得不到清偿，损害了现实的债权利益。如债务人的行为虽然会减少其财产，但其尚存的财产仍足以清偿其债务，就不存在对债权的损害。

(3)债务人的行为须在债权成立后所为。在债权成立前，债务人的行为并无发生危害债权的可能性，故债权人只能对债权成立后的债务人行为行使撤销权。但破产法上的破产债权，是概括债权，故法律以特则准许，在法院受理破产案件前6个月至破产宣告之日期间，对于破产人损害破产债权的行为，清算人均可行使撤销权。

2.主观要件。对于撤销权的行使，是否须以债务人的过失为必要，各国或地区民法的规定有所不同。《法国民法典》(第1167条)和《日本民法典》(第424条)均以恶意为要件，而我国民国时期制定的民法则区分有偿行为与无偿行为，在有偿行为，

---

[1] 《民法典》第538条至第542条系统规定了债权人撤销权。

[2] 对应《民法典》第538条："债务人以放弃其债权、放弃债权担保、无偿转让财产等方式无偿处分财产权益，或者恶意延长其到期债权的履行期限，影响债权人的债权实现的，债权人可以请求人民法院撤销债务人的行为。"

以恶意为要件,在无偿行为,则无主观要件(第244条)。我国《合同法》对债务人有偿与无偿行为也作了区分,[1]对有偿行为规定了"债务人以明显不合理的低价"的限定条件,以此与无偿行为无限定条件相对应。阐述其意,应该肯定《合同法》的本意是,对无偿行为不设定主观要件,对有偿行为则以债务人有"恶意"为要件,对于前述公益性的无偿行为,也应该以主观有"恶意"为要件。

(三)债权人撤销权的行使

1.债权人撤销权须以诉方式为之,若债务人的行为是单方行为时,撤销之诉以债务人为被告;若债务人行为是双方行为时,可以债务人及相对人或受益人为被告。

2.撤销权行使期间,根据《合同法》规定,在撤销权行使期间,自债权人知道或应当知道撤销事由起1年内行使,自债务人行为发生之日起5年内不行使的,撤销权消灭(第75条)。[2]

(四)债权人撤销权的效力

债权人行使撤销权对债务人行为生效后,发生如下效力:

1.对于债务人效力。债务人的行为被视为自始无效,[3]如赠与、为他人抵押等归于无效。

2.对于第三人效力。第三人因该行为取得的财产,返还债务人;如不能返还的,折价补偿。

3.对于债权人效力。因撤销权返还的财产归于债务人,使债务人责任财产完全,该财产仍然是债务人之全体债权人共同担保,债权人并不享有优先受偿权。

(五)撤销权与代位权之关系

如债务人行为被撤销后,对第三人应返还的财产"怠于"行使请求权的,或债务人获得财产后仍不主动履行债务的,债权人得转复行使债权人代位权请求返还,并以强制力实现债权的给付利益。

---

〔1〕 对应《民法典》第538条、第539条。其中第539条:"债务人以明显不合理的低价转让财产、以明显不合理的高价受让他人财产或者为他人的债务提供担保,影响债权人的债权实现,债务人的相对人知道或者应当知道该情形的,债权人可以请求人民法院撤销债务人的行为。"

〔2〕 对应《民法典》第541条:"撤销权自债权人知道或者应当知道撤销事由之日起一年内行使。自债务人的行为发生之日起五年内没有行使撤销权的,该撤销权消灭。"

〔3〕 对应《民法典》第542条:"债务人影响债权人的债权实现的行为被撤销的,自始没有法律约束力。"

第三十四章 债的移转

第一节 导论

一、概说

债的移转,属债的变更范畴。所谓债的变更,是债的关系的同一性保持不变而其部分要素发生的变化。其中,包括债的主体、内容和客体的变更。债的关系是动态的财产关系,其在运行时,由于交易风险、利益变动等客观因素或当事人主观因素等原因,会要求变动债的某个要素以适应主客观条件所发生的变化,以使债的关系得以良性运行。而债的变更就是为了适应这一需要而设立的制度。

对于各种债的内容或债的客体而言,因其变更的原因或方式极其复杂,且其个性多于共性,故各国在编纂民法典时,多将那些个性条款规定在与其相关的内容中,而不作概括规定,例如,因债务人死亡发生的债权债务移转(《继承法》第33条),[1]因代物清偿,使债的标的发生的变更等。对于纯财产关系中债的主体变更,因其变更的原因和方式概括性较强,故在债编总则中设专章作总括性的规定。我国《合同法》第五章"合同的变更和转让"[2],即是对债权债务移转的总括性规定。

二、债的移转意义

债的移转,是在不变更债的内容或标的的限度内,债的主体发生的变更。债的移转的实质就是债权或债务在不同的民事主体之间的移转——亦即由新的债权人或债务人代替原债权人或原债务人,使债的主体移位。债的移转,有以下类型:

(一)依其发生的原因划分

1.法律行为上的移转。是因法律行为而产生的债的移转,其有因合同产生的,

---

[1] 对应《民法典》第1161条:"Ⅰ.继承人以所得遗产实际价值为限清偿被继承人依法应当缴纳的税款和债务。超过遗产实际价值部分,继承人自愿偿还的不在此限。Ⅱ.继承人放弃继承的,对被继承人依法应当缴纳的税款和债务可以不负清偿责任。"

[2] 对应《民法典》第三编第六章。

也有因单方行为产生的,例如遗赠、捐助等。

2.法律上的移转。是因法律规定而产生的债的移转,例如法定继承。

3.裁判上的移转,是因法院或仲裁机构的裁定或判决而产生的债的移转。

(二)依其移转的内容划分

1.概括承受,是指债权与债务作为财产的整体而移转的。例如继承,由继承法规定;又例如法人合并,由民法总则或公司法等规定。[1]但概括承受中,债权让与和债务承担的有些事项,在民法其他部分规范或特别法中未见规定的,则可准用债法总则中有关债的移转的规定。

2.特定承受,是债权或债务单独发生的移转。债的移转要研究的就是债权债务的特定承受。

三、债的移转之立法

债的移转制度的建立,是民法对社会经济生活的发展所作的积极反映。在罗马法,因将债视为"法锁",位于法锁两端的债权人和债务人被认为是不可更换的,债的关系一旦成立,债权人与债务人就要"白头到老",以履行消灭。到了近代,市场经济制度的兴起,交易手段的多样化和商业风险的多变,人们很难在债成立之时就把一切风险预料在握,特别是债权证券化的趋向,使得债权不仅作为交易的方法和手段,其自身也往往被作为交易的"物品"(如期货交易)。所以,为了便利人们适时转移商业风险,适应债权被作为交易对象的需要,债的移转终于被民法所认可。1804年的《法国民法典》首先确立了这一制度,将其作为"债的更新"规定在债消灭的原因中,到1896年的《德国民法典》,债的移转制度与债的消灭分立,被作为独立的债的变动原因,在债编总论中单设"债权让与"和"债务承担"两章,使债的转移制度更为具体。《法国民法典》和《德国民法典》对债的移转的规定,成为后来民法的典范,各成文法国家移植法律时基本都是仿效这两种模式。我国《民法通则》中对债的移转只有一个条文(第91条),至《合同法》开设专章规定(第五章),[2]使我国法律中债的移转制度趋于完善。

由于债权让与和债务承担的要件和法律效果有很大的差异,所以分为两节介绍。

---

〔1〕《民法典》第67条规定:"法人合并的,其权利和义务由合并后的法人享有和承担。"

〔2〕 对应《民法典》第三编第六章"合同的变更和转让",规定的主要内容就是债权让与债务承担。

<h1 style="text-align:center">第二节 债权让与</h1>

一、债权让与的意义

债权让与，是债权人将其债权移转于受让人的民事法律行为，受让人在取得让与的债权后，成为债权人，让与人则就此丧失债权人资格。债权让与是债权人以处分行为移转其债权的一种方式，其法律效果，就是原债权人退出债的关系，由新债权人接替其地位，并使债权在同一性不变的限度内，对新债权人发生效力。

移转债权，除债权让与外，还有其他由法律直接规定产生移转债权效力的情况，例如，连带债务人和保证人清偿债务时的代位、继承等。但唯有债权让与，其债权移转是由债权人与受让人约定的，故其须以合同的方式进行。

二、债权让与合同

债权让与合同，是债权人与受让人以债权让与为内容的合同，债权让与合同是债权合同，其以债权变动为目的，既产生债权人让与债权的债务，也产生债权让与的效力。故债权让与合同与债权让与并非同一概念，前者是产生后者的原因；后者是前者所发生的效力。债权让与合同属于诺成合同，自双方意思表示一致时成立，并产生让与债权之债权债务关系，但让与之债权的发生是经过行政审批或登记程序的，该债权让与合同也需经同样的程序后才能生效（《合同法》第87条）。[1]

除自由让与的债权外，债权让与合同在对债务人公示前不发生对抗债务人效力，因此，让与合同生效亦不发生让与债权的效果。债权让与的效果何时发生，因债权是对人权，处分债权还涉及债务人的履行问题，并不如处分物品那么简单，因此，债权让与还须有公示制度，这就是对债务人生效的要件。

三、债权让与之限制

债权虽然是债权人的财产权，但让与并不是可以完全自由地进行，法律对此有

---

[1] 《民法典》的规定不同。履行办理申请批准等手续的当事人未履行此义务的，要向相对人承担违约责任。对应《民法典》第502条："Ⅰ.依法成立的合同，自成立时生效，但是法律另有规定或者当事人另有约定的除外。Ⅱ.依照法律、行政法规的规定，合同应当办理批准等手续的，依照其规定。未办理批准等手续影响合同生效的，不影响合同中履行报批等义务条款以及相关条款的效力。应当办理申请批准等手续的当事人未履行义务的，对方可以请求其承担违反该义务的责任。Ⅲ.依照法律、行政法规的规定，合同的变更、转让、解除等情形应当办理批准等手续的，适用前款规定。"

所限制。法律所禁止或限制让与的债权,债权人不得自由让与。根据《合同法》第79条[1]和其他有关法律的规定,下列债权的让与受到禁止或限制:

(一)限制让与之债权

限制让与的债权,非经债务人同意,债权人不得自由让与。

1.不得单独让与其从债权,例如保证、定金等债权,非与主债权一并让与,其让与为无效。

2.因福利而产生的债权,非经同意不得让与,例如承租的公房不得转租,承包合同不得转包等。

3.法律限制让与的债权,例如船舶保险(《海商法》第230条)。

4.约定限制让与的债权,例如约定须经同意让与的债权等。

(二)禁止让与之债权

受法律禁止让与的债权,债权让与为无效。

1.因合同性质不得让与之债权,主要是行为债务,例如演出、委任。

2.当事人约定不得让与之债权,也不得让与,例如专用于扶贫、技术改造的借款合同之债权。

3.法律禁止让与的债权,例如建设工程等合同(《合同法》第272条)。[2]

4.其他因债的性质不得让与的债权,例如因人身权受损害的赔偿请求权、抚恤金债权等。

四、债权让与对债务人生效的要件

(一)概说

债权是一种对人权,让与之债权最终要有债务人履行才能实现,因此,债权让与的生效要件,就是规定让与是否需要向债务人公示,并如何公示。然而,债权类型不

---

〔1〕 对应《民法典》第545条:"Ⅰ.债权人可以将债权的全部或者部分转让给第三人,但是有下列情形之一的除外:(一)根据债权性质不得转让;(二)按照当事人约定不得转让;(三)依照法律规定不得转让。Ⅱ.当事人约定非金钱债权不得转让的,不得对抗善意第三人。当事人约定金钱债权不得转让的,不得对抗第三人。"

〔2〕 对应《民法典》第791条:"Ⅰ.发包人可以与总承包人订立建设工程合同,也可以分别与勘察人、设计人、施工人订立勘察、设计、施工承包合同。发包人不得将应当由一个承包人完成的建设工程支解成若干部分发包给数个承包人。Ⅱ.总承包人或者勘察、设计、施工承包人经发包人同意,可以将自己承包的部分工作交由第三人完成。第三人就其完成的工作成果与总承包人或者勘察、设计、施工承包人向发包人承担连带责任。承包人不得将其承包的全部建设工程转包给第三人或者将其承包的全部建设工程支解以后以分包的名义分别转包给第三人。Ⅲ.禁止承包人将工程分包给不具备相应资质条件的单位。禁止分包单位将其承包的工程再分包。建设工程主体结构的施工必须由承包人自行完成。"

同,公示的方法也会不同,但法律总要规定一个一般原则,即债权让与的一般生效要件。对此,各国民法的规定有所不同,概括起来有三种立法例:

1.自由让与原则,即债权让与只要经债权人与受让人合意,即对债务人生效。也就是债权让与得由债权人自由行使,其行使时对任何第三人不负公示之义务(例如《德国民法典》第398条)。

2.让与通知原则,即债权让与须让与人或受让人通知债务人,才对债务人生效。也即以债权让与通知为对债务人生效的要件(例如《法国民法典》第1690条、《日本民法典》第467条)。

3.债务人之允诺原则,即债权让与须经债务人允诺,方对债务人生效(例如《日本民法典》第467条)。日本民法在同一个条文中既规定通知原则又规定允诺原则,是因为不同原则在对抗第三人的效力上有所不同。

我国《合同法》规定,债权让与以通知债务人为对债务人生效的要件(第80条),[1]即采取让与通知原则。一旦让与通知到达债务人,即对债务人发生债权让与之效力,非经受让人同意,该通知不得撤销。

但《合同法》规定的让与通知原则,是对一般债权而言的,如果有法律特别规定或交易习惯允许自由转让的,则不以通知为对债务人生效的要件,例如,铁路客运合同,允许旅客自由转让客票,即为允许自由让与债权,让与无须通知承运人及对其生效;反之法律规定或当事人约定,让与债权须债务人同意的,那么,让与债权通知债务人后,还须经债务人允诺,才对其生效。

(二)债权让与的通知

1.债权让与通知的方式

债权让与通知是向债务人作出的关于让与债权的意思表示。让与通知由谁来向债务人作出,法律没有规定,让与人、受让人以及他们的代理人、传达人均可以;对于通知的方式,法律也没有特别要求,如口头通知、书面通知或受让人将债权让与合同向债务人提示等一切可达通知效果的方式均可以采用。但是,法律有特别规定的,如票据(《票据法》第27条、第81条、第94条)、指示提单(《海商法》第79条)等的债权让与,法律规定得以背书方式进行,因而背书方式应与通知发生同等效力。

2.债权让与通知的效力。债权让与通知到达债务人或其代理人时即发生效力。债务人在接到通知后,应以受让人为债权人,并不得再向原债权人清偿或为其他免责行为。但债务人在接到通知前,已对原债权人作出的清偿或原债权人对债务人作出的免除、抵销等均为有效。债务人于接到通知时得对抗让与人之各项事由,例如,让与之合同为无效或可撤销、权利消灭之抗辩、解除权等,均可对抗受让人(《合同

---

[1] 对应《民法典》第546条:"Ⅰ.债权人转让债权,未通知债务人的,该转让对债务人不发生效力。Ⅱ.债权转让的通知不得撤销,但是经受让人同意的除外。"

法》第82条)。[1]

五、债权让与的效力

债权让与的效力，就是因债权让与而对让与人、受让人和债务人发生的法律上的效果。

(一)在债务人与受让人之间

1.债权及从权利移转至受让人，受让人成为债务人之新债权人，债权亦因此对其生效。

2.债务人因债之关系得对抗让与人的一切权利，除法律另有规定或约定外，均得对抗受让人，例如，给付协助请求权、抵销权等(《合同法》第83条)。[2]

3.因债权让与而增加的履行债务的费用，由受让人承担，[3]如有约定的，也可以约定方式承担。

(二)在让与人与受让人之间

1.让与人对受让人负有使其完全行使债权的义务，包括给付义务、附随义务等，应将所有足以证明债权的一切文件交付给受让人，并帮助受让人取得债权。

2.为使受让人实现债权，让与人应将关于主张该债权之必要的情形，告知受让人。例如，保证人住所、履行方法、受领地点等。

第三节　债务承担

一、概说

债务承担有广义与狭义之分。广义的债务承担，包括免责的债务承担和并存的债务承担。免责的债务承担是指由第三人替代债务人承担其债务的民事法律行为，此即狭义上的债务承担；并存的债务承当是由第三人加入债之关系，与原债务人共负其债务的民事法律行为，此类债务承担亦称债务加入，第三人因加入债务而与原

---

〔1〕 对应《民法典》第548条："债务人接到债权转让通知后，债务人对让与人的抗辩，可以向受让人主张。"

〔2〕《民法典》增加了两项限制性条件，见该法第549条："有下列情形之一的，债务人可以向受让人主张抵销：(一)债务人接到债权转让通知时，债务人对让与人享有债权，且债务人的债权先于转让的债权到期或者同时到期；(二)债务人的债权与转让的债权是基于同一合同产生。"

〔3〕 对应《民法典》第550条："因债权转让增加的履行费用，由让与人负担。"

债务人负连带责任,故原债务人并未脱离债之关系。这里要讨论债务承担,系狭义的债务承担,对于债务加入,可准用债务承担的规定,第三人加入债务后与原债务人的关系,则适用连带债务的规定。

如债权让与,罗马法也不承认债的移转,到了近代民法始有这项制度。《法国民法典》将债务承担列入债的更新而作为债消灭的原因(第1217条、第1275条),《德国民法典》则设专章规定债务承担(第二编第五章)。我国《民法通则》(第91条)规定了与计划经济相适应的债的移转制度,《合同法》第五章规定的债务承担已基本与市场制度相吻合。

二、债务承担法律要件

(一)须有可移转之债务

债务承担,须有有效的债务存在,且此债务具有可移转性,即其在法律上或性质上,不受移转之禁止或限制。如前述公法上的债务、债之性质不可移转之债务或人身损害赔偿、给付扶养费等债务,因属不可移转之债务,故其债务也不得移转而发生债务承担。

(二)须有债务承担合同

债务承担合同由谁与谁来订立,我国法律没有规定。在各国立法例上,债务承担合同由债务人或债权人与承担人订立两种,而且两类的生效要件也有所不同。

1.债务人与承担人之承担合同。债务承担合同是第三人(承担人)允诺承担债务并使债务人免除清偿责任的合同。除由法律规定外,债务承担合同不拘于形式,口头或书面皆可以。

对于债务人与承担人之间的债务承担合同的性质,学理上有四种解释:[1]

一是要约说。此说认为债务人与承担人之间的合同,系对债权人的要约,经债权人承诺后,债务始发生移转效力。

二是债权处分说。此说认为债务人与承担人订立使债务移转的合同,包含了对债权人债权的处分,故须债权人的同意始生效。

三是代理说。此说认为债务人移转债务是债权人未经授权的代理,故须经债权人的追认(允诺)才对债权人生效。

四是第三人订立的合同说。此说认为债务人与承担人的合同,是为债权人订立的合同,债权人依此合同成为新债务人的债权人。

无论以哪种学说解释,债务承担合同均需债权人允诺才能生效。从各国民法典的规定看,以要约说和债权处分说为通说。以要约说,债权人同意是承诺,该承诺

---

[1] 史尚宽:《债法总论》,中国政法大学出版社2000年版,第709—710页。

无疑是债务承担合同的成立要件;以债权处分说,债权人同意则是合同的对抗要件。若以债务承担合同为无因行为,则以债权处分说合理;若不承认其为无因行为,则只能以要约说解释方为妥帖。

2.债权人与承担人之承担合同。大陆法系民法还允许债权人与第三人订立债务承担合同,该承担合同于成立时债务移转至承担人(《法国民法典》第1274条、《德国民法典》第414条),至于债务人是否受通知或允诺,则在所不问。

我国民法或合同法虽然未明确作出规定,但对于债权人与承担人订立的债务承担合同,在效力上即是债权人免除债务人的清偿责任,于法有据(《合同法》第105条)。[1]故该承担合同自成立起生效,无须债务人允诺。承担人履行债务以后,除法律有特别规定或约定的,承担人不享有代位求偿权,但可以无因管理之请求权,请求原债务人(被管理人)返还其给付利益。

(三)债权人之允诺

债务承担是更换债务人,所以,新债务人(承担人)的信誉、履约能力及财产状况如何,对债权安全以及给付利益的最终实现,有至关重要的影响。故对于债务人与承担人订立的债务承担合同,非经债权人的同意(《合同法》第84条)[2]或提供担保(《公司法》第184条),对债权人不发生效力。债权人同意的意思方式,法律没有限制,应该是口头或书面皆可以。如债权人拒绝允诺的,视为债务未发生移转,债务人不发生更换。

对于债权人与承担人之间订立债务承担合同,因该合同已表明债权人的承诺,故自合同生效就直接发生债务移转效力。

三、债务承担的效力

债务承担自对债权人生效起,发生如下效力:

1.承担人取代债务人的地位,成为债权人的新债务人,负履行债务及其他义务的责任,原债务人得免除清偿债务的义务。

2.从属债务和从属于债权的权利不因债务承担而消灭,例如,利息、违约金等从债务或原债务人以自己的财产为债权设定的抵押权等从权利,一并随债务承担发生移转效力。但经当事人特别约定的或与债务人不可以分离的从权利或从债务不当然发生移转效力,例如,约定由承担人设定抵押以代替原抵押时,原抵押权就消灭,或

---

〔1〕 对应《民法典》第575条:"债权人免除债务人部分或者全部债务的,债权债务部分或者全部终止,但是债务人在合理期限内拒绝的除外。"

〔2〕 对应《民法典》第551条:"Ⅰ.债务人将债务的全部或者部分转移给第三人的,应当经债权人同意。Ⅱ.债务人或者第三人可以催告债权人在合理期限内予以同意,债权人未作表示的,视为不同意。"

债务人以劳务充利息等(《合同法》第86条)。[1]

3.由第三人为债权设定的担保,除第三人允诺该债务承担外,因债务承担而消灭(《担保法》第23条)。[2]

4.债务人得对抗债权人的事由,承担人也得以对抗债权人,例如同时履行抗辩权、时效抗辩权等。但对于从属债务人的债权,承担人不得以其抵销(《合同法》第85条)。[3]

5.在承认债务承担为无因行为时,承担人不得以对抗债务人的事由(即债务承担的原因事实)对抗债权人。例如,由债务人甲出租房屋给承担人乙,乙则以偿付甲欠债权人丙的借款充抵房租,则乙不得以房屋属违章建筑须拆除为由对抗丙。我国法律对是否无因行为问题,没有作出规定,有待有权解释填补。

---

〔1〕 对应《民法典》第554条:"债务人转移债务的,新债务人应当承担与主债务有关的从债务,但是该从债务专属于原债务人自身的除外。"

〔2〕 对应《民法典》第697条:"Ⅰ.债权人未经保证人书面同意,允许债务人转移全部或者部分债务,保证人对未经其同意转移的债务不再承担保证责任,但是债权人和保证人另有约定的除外。Ⅱ.第三人加入债务的,保证人的保证责任不受影响。"

〔3〕 对应《民法典》第553条:"债务人转移债务的,新债务人可以主张原债务人对债权人的抗辩;原债务人对债权人享有债权的,新债务人不得向债权人主张抵销。"

第三十五章　债的消灭

第一节　导论

一、债的消灭的意义

债的消灭,又称债的终止,是指债权债务客观上不复存在。债的关系消灭,债的法律效力也随之消灭。因此,从债的运行过程看,债的消灭就是债"死亡",与债因发生而"出生",正好处于债运行的两端。

债的消灭与债权效力停止不同。后者是债权因债务人的抗辩,而暂时失去效力,例如,在对待给付中债务人行使同时履行抗辩权,债权人暂时失却债权请求力,当抗辩事由消灭后,债权效力即回复。另外,债的消灭,是指债权债务整体效力的消灭,假如债只是失却某一项效力,并不导致债的整体消灭,例如,已罹诉讼时效的债权虽然失却了请求力、执行力,但受领保持力还在,故债的关系仍未消灭。

债消灭后,不仅债之主给付义务、从给付义务消灭,债权之担保及其他从权利,也同时消灭。

二、债消灭的原因

债的消灭原因,就是指引起债权债务消灭的法律事实。依法律事实是否必然引起债的消灭为标准,引起债消灭的原因有必然导致债的消灭和可能导致债的消灭两种。后者例如自然人死亡、法人解散、民事行为无效或被撤销、给付不能等,由于这一类原因并不必然导致债的消灭,而是债可能消灭或可能不消灭,所以,民法将可能消灭债的原因置于具体的制度中。例如,自然人死亡后,其债务是否消灭,对继承人是否仍然有效,就在继承法中规定。而在债法总论中,只规定债必然消灭的原因。我国《合同法》规定的债消灭的原因有六种,即清偿、提存、抵销、免除、混同和解除(第91条)。[1]但解除是解除合同,只发生于合同之债,在合同以外的债,解除不是消

---

〔1〕《民法典》将"合同的权利义务终止"改为"债权债务终止"。见该法第557条:"Ⅰ.有下列情形之一的,债权债务终止:(一)债务已经履行;(二)债务相互抵销;(三)债务人依法将标的物提存;(四)债权人免除债务;(五)债权债务同归于一人;(六)法律规定或者当事人约定终止的其他情形。Ⅱ.合同解除的,该合同

灭债的原因。所以，遵循总分论体系，将解除放在合同总论中阐述。

第二节 清偿

一、清偿的意义及性质

清偿是指依债之主旨而达消灭债权效果的给付。在汉语和中国的法律中，对于该词有多种称呼，如"履行""偿付""给付"和"清偿"等（《民法通则》第86条）。[1] 给付是对应特定行为的，如为满足债权的给付过程，称"履行"，如债权获满足而消灭的履行，则称为"清偿"。这是学理上为了说明给付的不同功能而分别起的"别称"。由此可见，"履行"与"清偿"是不同概念，履行如果有瑕疵，并不消灭债，而无瑕疵消灭债的履行，就是清偿。《合同法》将"按约定履行"的履行为消灭债的原因。汉语语汇丰富，完全有能力为不同的法律概念提供不同的词汇，这里为区别履行，遵循民法学传统，使用"清偿"。

对清偿的性质，有多种学说解释。法律行为说认为，清偿须有消灭债务的意思表示，因此属法律行为；事实行为说认为，清偿无须有清偿的意思表示，至于实现清偿的给付有否意思表示，并不能说明清偿本身须有意思表示，事实行为说是德国法的通说；折中说认为，清偿是一种给付行为，既有法律行为；也有事实行为，故清偿的性质只能视具体给付行为的性质而定。[2]

二、清偿人

清偿人，是指依债务的内容向受领清偿人进行清偿的人。其中包括：

1.债务人。清偿为债务人之义务，原则上应由债务人为清偿，清偿之债务人包括本债务人、连带债务人、保证债务人和不可以分债务人等。

2.债务人之代理人。在债务人授权的给付行为范围内，债务人之代理人的清偿，其清偿的法律效果归属债务人。但法律规定或当事人约定不得由代理人清偿之债务，必须由本人清偿。

3.第三人。债可由第三人清偿，第三人清偿也导致债的消灭。在第三人代位清偿时，第三人向债权人清偿后，可取得代位求偿权，即第三人成为新债权人代替原债权人的地位(例如保险人清偿)。但当事人另有约定或依债的性质须债务人亲自清偿

的权利义务关系终止。"

〔1〕《民法典》的用语略有改善，但对履行、给付、清偿等未下定义。

〔2〕 黄立：《民法债编总论》，第668—672页。

的,以及当第三人清偿有害于债权人利益时,第三人不得作为清偿人。

三、受领清偿人

受领清偿人,是指有权接受清偿的人,包括债权人和债权人以外的人。

1.债权人。债权人享有请求给付的权利,是当然的受领清偿人。

但有下列情况之一的,债权人不得受领清偿:①在法院按民事诉讼法的规定,对债权人的债权采取强制执行措施时,债权人不得受领清偿(《民事诉讼法》第228条)。②依《企业破产法》第25条第2款的规定,当债权人是受破产宣告的企业时,不得受领清偿,而由清算人受领清偿。③清偿之给付行为属法律行为的,无行为能力或限制行为能力人为债权人的,受领清偿须监护人同意或由监护人受领清偿;清偿之给付属事实行为的,受领清偿人不以有无行为能力为必要。

2.债权人的代理人。经债权人授权或依法律的规定,债权人的代理人可受领清偿。

3.受领证书持有人。持有债权人签名的受领证书的人,也是受领清偿人。但债务人已知或因过失而不知证书持有人无权受领清偿时,证书持有人受领的清偿无效。

四、清偿的标的

(一)概说

清偿的标的,亦即给付的内容。给付的具体内容是什么,须视债的类别及债务的具体性质确定,如物、金钱、劳务以及权利、不作为等。

债的清偿必须以全部清偿为原则,只有依债务的内容为全部清偿,才能发生消灭债的效力(《合同法》第60条)。[1]是否愿意接受部分清偿,债权人有选择权。对于部分清偿或不符合债务内容的给付,应视为给付有瑕疵,债权人有权拒绝受领。

清偿债务,原则上须依债务主旨清偿,不按债务主旨的清偿,不发生清偿效力或为清偿有瑕疵,债务人须负担不履行债务或损害赔偿的效果。在法律允许或当事人约定以其他与清偿同等有效方式履行债务的,应该允许。我国法律对于与清偿同等有效的代物清偿和更改没有作出明确规定,但《合同法》允许在当事人合意时,变更合同。[2]所以,这两种与清偿有同等消灭债之效力方法,应该有适用的空间。

[1] 对应《民法典》第509条:"Ⅰ.当事人应当按照约定全面履行自己的义务。Ⅱ.当事人应当遵循诚信原则,根据合同的性质、目的和交易习惯履行通知、协助、保密等义务。Ⅲ.当事人在履行合同过程中,应当避免浪费资源、污染环境和破坏生态。"

[2]《民法典》第543条规定:"当事人协商一致,可以变更合同。"

（二）部分清偿

债务原则上以全部清偿为原则，但在法律有特别规定或当事人有特别约定时，可以为部分清偿。债务人在下列情况下，有部分清偿的权利，债权人不得拒绝受领：

1. 当事人约定部分清偿的。

2. 依债的性质或法律规定可部分清偿的，如可以分之债、依判决或裁定所作的部分清偿等（《民法通则》第108条）。

3. 部分清偿不损害债权人利益的（《合同法》第72条）。[1]

部分清偿发生消灭部分债务的效力，因部分清偿增加的清偿费用，由债务人负担（《合同法》第72条）。

（三）代物清偿

代物清偿是以他种给付代替原定给付的清偿，债权人受领代物清偿后，债的关系即告消灭。如果债务人无法依原定给付清偿，愿意用其他给付代替原给付清偿的，例如，以债券替代货币清偿，债权人为了免使债权落空，也可以接受代物清偿。因此，代物清偿能否达到清偿的效果，须债权人允诺。

1. 代物清偿的法律要件：①须有债权存在。②他种给付与原定给付是属不同种类的。③他种给付是代替原定给付的，但代物清偿属要物行为，只有合意没有现实的交付不能生效，替代物为不动产时仍以登记生效。④须经当事人合意，即有代物清偿消灭债的合意，但如仅有合意而无交付行为，只是标的变更，不是代物清偿。

2. 代物清偿的效力：代物清偿与清偿有同等效力。债权因代物清偿消灭后，其从权利也同时消灭，连带债务人、不可以分债务人中一人为代物清偿时，其他债务人得免除清偿责任。

（四）更改

更改，又称债务更替，是指设定新债务以更改原债务并使原债务消灭的法律行为，例如以买卖代替原来的租赁等。更改是使原债务消灭，以新债务替代，更改的行为意思被称为更替意思，更改的效果意思是债务更新。更改是当事人不更换而变更债务，故其与债的移转不同。在法国和日本民法中，将更改作为消灭债的独立原因，德国民法则没有规定。

1. 更改与代物清偿的区别：①依更改，债权人以取得的新债权代替旧债权；依代物清偿，债权人只是受领他种现实给付而代替原给付。②更改中原债消灭后有新债产生，代物清偿则不产生新债。③更改有使债权人、债务人交替的可能，如借贷被赠

---

[1] 对应《民法典》第531条："Ⅰ.债权人可以拒绝债务人部分履行债务，但是部分履行不损害债权人利益的除外。Ⅱ.债务人部分履行债务给债权人增加的费用，由债务人负担。"

与更改时,当事人的法律地位就发生交替,代物清偿则无此可能。

2.更改的要件:①须有效债务的存在,更改是有因行为,须有供更改债务存在,自然债务、可撤销或附解除权的债务在撤销或解除前,也可以更改;但尚未成立或已归无效的债务不得更改;如明知不存在有效债务而更改,应视更改意思为赠与合同。②产生新的债务。新债务不发生或无效、被撤销时,更改也无效,原债务仍然存在。③新债务与旧债务须是不同种类,例如保管合同更改为借用合同等。④须有当事人的更改合意。

3.更改的效力:①原债权消灭,从权利也同时消灭。②产生新债权和新债务。

五、清偿地、清偿期、清偿费用

(一)清偿地

清偿地又称给付地、履行地,是债务人为给付行为的处所。债的清偿地可依给付的性质确定,例如,不动产给付应以不动产所在地为清偿地,建设工程合同自应以债权人的所在地为清偿地。在依给付的性质,清偿地可由当事人选择时,首先应以双方合意确定清偿地;在双方无约定或约定不明确时,则以习惯或法律来填补当事人的意思,并据此确定清偿地(《合同法》第61条)。[1]

1.给付金钱的,以债权人的所在地为清偿地(《合同法》第62条第3项);[2]在国际货物买卖中,凭移交货物或单据支付价金的,应以移交货物或单据的地点为清偿地[《联合国国际货物买卖合同公约》第57条(1)之(b)项]。

2.其他给付,以债务人的所在地为清偿地。(《合同法》第62条第3项)[3]

清偿地的确定,在实体法及程序法上产生各种效力。在实体法方面,清偿地是债权债务的消灭地点;也是决定由谁负担清偿费用的根据;在给付的价金不明确须参照市场价格确定时,须以清偿地的市场价格为标准(《合同法》第62条第2项)。在程序法上,清偿地是决定法院地域管辖的根据(《民事诉讼法》第24条);在涉外合同发生争议时,清偿地是决定法律适用的依据(最高人民法院《关于适用〈涉外经济合同法〉若干问题的解答》第2条第4款)。[4]

---

〔1〕 对应《民法典》第510条:"合同生效后,当事人就质量、价款或者报酬、履行地点等内容没有约定或者约定不明确的,可以协议补充;不能达成补充协议的,按照合同相关条款或者交易习惯确定。"

〔2〕 对应《民法典》第511条第3项:"当事人就有关合同内容约定不明确,依据前条规定仍不能确定的,适用下列规定:……(三)履行地点不明确,给付货币的,在接受货币一方所在地履行;交付不动产的,在不动产所在地履行;其他标的,在履行义务一方所在地履行。"

〔3〕 对应《民法典》第511条第2项:"当事人就有关合同内容约定不明确,依据前条规定仍不能确定的,适用下列规定:……(二)价款或者报酬不明确的,按照订立合同时履行地的市场价格履行;依法应当执行政府定价或者政府指导价的,依照规定履行。"

〔4〕 这个司法解释已有《涉外民事关系法律适用法》更替,参见该法第六章。

（二）清偿期

清偿期又称给付期、履行期，是债务人应当清偿而债权人应当受领的时期。债之清偿期，应由当事人约定，未约定或约定不明确的，则依习惯或法律的规定填补。

1.清偿期的确定。当事人对清偿期未约定或约定不明的，债务人可以随时清偿，债权人也可以随时请求清偿（《合同法》第62条第4项）。[1]也就是债务人提出清偿，或债权人请求清偿并给予债务人必要的准备时间，清偿期限即届至。债务人为实际给付或提出清偿的意思通知的时间，即为清偿期；债权人以明示的请求清偿的意思，并根据债务性质给予必要的准备时间后，即为确定的清偿期。

2.期限利益。期限利益，是指在清偿期届至以前，债务人清偿或债权人请求清偿而使相对人失去的利益。在债权人无期限利益时，债务人有权抛弃期限利益提前清偿，债权人不得拒绝受领；在债务人或债权人均享有期限利益时，相对人有拒绝对方提前清偿或请求提前清偿的抗辩权；当约定补偿期限利益提前清偿或请求提前清偿时，可以提前清偿（《合同法》第71条）。[2]未经同意提前清偿损害对方期限利益的，由侵害人负赔偿责任，债务人提前清偿；债权人拒绝受领的，不发生清偿效力。

（三）清偿费用

清偿费用，是指清偿债务所需的费用。债务给付标的的价格不是清偿费，如买卖合同中货物的价格不属清偿费，而货物的运送费则属清偿费。清偿债务的费用，除法律有特别规定或当事人约定外，由债务人承担（《合同法》第62条第6项）。[3]但因债权人的原因，如变更营业地等增加的清偿费用由债权人承担；反之，由于债务人部分清偿、提前清偿增加的清偿费用，则由债务人承担（《合同法》第71条、第72条）。[4]

---

〔1〕 对应《民法典》第511条第4项："当事人就有关合同内容约定不明确，依据前条规定仍不能确定的，适用下列规定：……（四）履行期限不明确的，债务人可以随时履行，债权人也可以随时请求履行，但是应当给对方必要的准备时间。"

〔2〕 对应《民法典》第530条："Ⅰ.债权人可以拒绝债务人提前履行债务，但是提前履行不损害债权人利益的除外。Ⅱ.债务人提前履行债务给债权人增加的费用，由债务人负担。"

〔3〕 对应《民法典》第511条第6项："当事人就有关合同内容约定不明确，依据前条规定仍不能确定的，适用下列规定：……（六）履行费用的负担不明确的，由履行义务一方负担；因债权人原因增加的履行费用，由债权人负担。"

〔4〕 对应《民法典》第530条、第531条。第530条："Ⅰ.债权人可以拒绝债务人提前履行债务，但是提前履行不损害债权人利益的除外。Ⅱ.债务人提前履行债务给债权人增加的费用，由债务人负担。"第531条："Ⅰ.债权人可以拒绝债务人部分履行债务，但是部分履行不损害债权人利益的除外。Ⅱ.债务人部分履行债务给债权人增加的费用，由债务人负担。"

六、清偿的效力

(一)概说

因清偿债之关系消灭,债权的从权利也随之消灭。但是,后合同义务因是法定义务,在合同之债消灭后,该义务并不随之消灭(《合同法》第92条)。[1]清偿人在清偿后可要求受领清偿人返还债权证书,或给付清偿受领证书,以资证明清偿完成。当第三人代债务人清偿时,债之关系仅对债权人消灭;第三人代位行使债权的,债权仍不消灭。对上述两种清偿效力分以下两款说明。

(二)受领证书与债权证书

受领证书是证明清偿已被受领的书据,清偿人对受领清偿人有请求其给付受领证书的权利。受领证书在诉讼法上是清偿债务的证据;在实体法上,给付受领证书是债权人承认债务消灭的意思表示。例如,按交易习惯,收条即是受领金钱清偿的书据,发票则是收付价金的凭证(《发票管理办法》第3条)。

债权证书是证明债务人所负债务的书据。债务全部消灭后,债务人有请求返还债权证书的权利。债权证书返还后,推定债务已归消灭。在对同一债务,债权人持有债权证书,而债务人持有受领证书时,受领证书为有效,债权证书为无效。

(三)第三人清偿代位

第三人清偿代位也称法定债权移转,是第三人因清偿而取代债权人的地位。因清偿代位,债权人与债务人之间的债的关系消灭,而第三人取代债权人的地位,受债务人清偿。清偿代位与债权让与的区别,主要在发生原因上,后者的代位是约定产生的。依我国民法规定,发生第三人清偿代位的情况有:①共同债务人之间的代位清偿,在连带债务人、保证债务人向债权人清偿后,即取得代位求偿权(《民法通则》第87条、《担保法》第31条)。[2]②有利害关系的第三人的代位清偿,例如,在保险人代位清偿后,即取得投保人对债务人求偿权(《保险法》第44条)。

---

〔1〕 对应《民法典》第558条:"债权债务终止后,当事人应当遵循诚信等原则,根据交易习惯履行通知、协助、保密、旧物回收等义务。"

〔2〕 对应《民法典》第519条、第700条。第519条:"Ⅰ.连带债务人之间的份额难以确定的,视为份额相同。Ⅱ.实际承担债务超过自己份额的连带债务人,有权就超出部分在其他连带债务人未履行的份额范围内向其追偿,并相应地享有债权人的权利,但是不得损害债权人的利益。其他连带债务人对债权人的抗辩,可以向该债务人主张。Ⅲ.被追偿的连带债务人不能履行其应分担份额的,其他连带债务人应当在相应范围内按比例分担。"第700条:"保证人承担保证责任后,除当事人另有约定外,有权在其承担保证责任的范围内向债务人追偿,享有债权人对债务人的权利,但是不得损害债权人的利益。"

第三节　提存

一、概说

提存，是债务人将难以清偿的标的物交提存部门保存以消灭债的行为（《合同法》第101条）。债的关系发生在相对人之间，债务的履行通常需要债权人的协助，例如，债务人付钱需债权人受领，当债权人拒绝受领或受领不能时，并不意味着其放弃债权，所以，债务人仍不能免除债务。但债务人如长期为债务履行所困扰，显然不利于财产关系的稳定。提存就是为了弥补这一不稳定因素而创设的消灭债务的方法。基于提存的性质和功能，主要适用于金钱债务，对于给付内容为行为或其他不适宜提存的债务，则不能适用提存。

在立法例上，提存机关通常是法院或公共机关（《日本民法典》第495条、《德国民法典》第372条、《意大利民法典》第1212条）。因而提存是国家通过非诉讼形式直接对债的关系的干预，属于公力救济。所以，就提存的法律效力看，提存消灭了私法上债的关系，又发生了提存机关或其指定的提存所保存债务的公法行为。

提存除了有消灭债的效果外，还可以用作债的担保，即担保提存。亦即负有先行给付价金的债务人，可将该价金提存，债务消灭，在相对人清偿后，方有受领权。与消灭提存不同的是，担保提存的提存人在相对人不履行债务时，有取回权。

二、提存的原因

提存的原因就是发生提存的条件，债务履行受阻时，只有符合提存条件的，才能提存。根据《合同法》的规定，构成提存的原因有：

（一）债权人拒绝受领

对债务人的给付，债权人无正当理由拒不受领时，债务人可将给付标的物提存。当债权人受领不能时，债务人不能提存，因为法律要求"债权人无正当理由"，如有正当理由受领不能，则不能提存（《合同法》第101条第1项）。[1]拒绝受领是否应以明示为条件，法律无规定，参照国外立法例，明示拒绝或受领迟延皆可以，特别是受领迟延应视为默示拒绝受领。

---

〔1〕 对应《民法典》第570条第1款第1项："有下列情形之一，难以履行债务的，债务人可以将标的物提存：（一）债权人无正当理由拒绝受领；……"

(二)不能确知孰是受领人

当债务人不能确知谁是受领人时,可以提存。不能确知受领人,并不是不知道债权人,而是不知道该债权应该由谁来受领,因而难以履行。

1.无法确认债权人的继承人或监护人。在债权人是自然人时,其死亡后不知谁是继承人,或其丧失行为能力后未确定监护人的(《合同法》第101条第3项)。[1]

2.债权人变更住址未通知债务人,难以履行的(《合同法》第70条)。[2]

3.债权人分立或合并时,使债务履行困难的,如法人分立后数人同时主张债权,使债务人不知向谁履行的(《合同法》第70条)。[3]

(三)债权人下落不明的

债权人如是自然人,其下落不明的,债务人自然无法履行债务。自然人下落不明,是宣告死亡或宣告失踪的法律要件,但作为提存的原因,不应以自然人已被宣告死亡或失踪为提存条件,只要该自然人离开住所不知音信,即可认定为下落不明(《合同法》第101条第2项)。[4]

(四)法律规定的其他情形

例如当事人约定,以提存方式给付,依契约自由原则,合同的约定也可成为提存的原因。

三、提存的主体与客体

(一)提存的主体

提存发生于提存人和提存机关之间,其主体是指提存人和提存机关。对于提存人,须是债务人及其代理人,第三人不得作为提存人;提存机关,通常是法院或仲裁机构等公共机构,提存一般采属地管辖,为债务清偿地提存机关。在我国,目前只有公证提存,由公证处充任提存机关。

---

〔1〕 对应《民法典》第570条第1款第3项:"有下列情形之一,难以履行债务的,债务人可以将标的物提存:……(三)债权人死亡未确定继承人、遗产管理人,或者丧失民事行为能力未确定监护人;……"

〔2〕 对应《民法典》第529条:"债权人分立、合并或者变更住所没有通知债务人,致使履行债务发生困难的,债务人可以中止履行或者将标的物提存。"

〔3〕 同上注。

〔4〕 对应《民法典》第570条第1款第2项:"有下列情形之一,难以履行债务的,债务人可以将标的物提存:……(二)债权人下落不明;……"

(二)提存的客体

即提存的标的物,原则上须是债务之给付的标的物。

1.种类。一般为动产,如金钱、有价证券等,对于物品适于提存也可以提存,对于不宜提存或提存费用过高的,应由债务人将其变卖后,将价款提存。

2.范围。依全部清偿原则,提存之债务,应是须清偿的全部债务,原则上不允许为部分提存。

四、提存的成立

(一)提存的申请

提存须有提存人向提存机关呈交提存申请书,此书应载明提存的原因及理由、标的以及债权之受领人等。

(二)交与提存物

应根据提存机关的指定,向提存所交付提存物。如提存机关与提存所为同一机构的,可直接向提存机管交付提存物。

(三)授予提存证书

在收到提存申请及提存物后,应有提存机关或其指定的提存所向提存人授予提存证书,提存证书有与清偿受领证书同等的法律效力。

五、提存的效力

提存成立后,产生以下三个方面的效力:

1.债务人与债权人之间。

(1)债的关系消灭。提存与清偿发生同等消灭债的效力,债权人对债务人之债权及其从权利因此消灭。[1]

(2)提存物的风险移转的债权人。在提存期间,提存物的毁损灭失的风险由债权人负担;提存的保管费用及其他费用由债权人负担,同时提存物的孳息也由债权人享有(《合同法》第103条)。[2]

(3)提存人的通知义务。在提存后,除债务人下落不明以外,债务人应及时通知

---

〔1〕 参见《民法典》第571条第2款:"提存成立的,视为债务人在其提存范围内已经交付标的物。"

〔2〕 现为《民法典》第573条。

债权人或者债权人的继承人、监护人、债权之受领人(《合同法》第102条)。[1]提存人怠于履行此义务的,使债权人受领提存受损害的,负损害赔偿责任。

2.提存人与提存所之间。除有悖于提存性质的事由外,提存人与提存所的关系可适用保管合同的规定;当提存的原因消灭后,是否允许提存人取回提存物,我国法律没有作出明确规定。国外民法多允许撤销提存(《法国民法典》第1261条、《德国民法典》第376条、《日本民法典》第496条),提存物一旦被债务人取回,提存原有的效力即消灭,债务也同时回复。以有利于履行债务为条件,我国也应允许撤销提存。

3.债权人与提存所之间。债权人对提存所有交付提存物的请求权,但对待给付中,债权人对提存人(债务人)负有届期债务的,经提存人的请求,在债权人履行债务或提供担保前,提存所应当拒绝其受领提存物。[2]

债权人对受领提存物的除斥期间,为提存之日起5年,5年内不行使权利的,受领权消灭,提存物归国家所有(《合同法》第104条)。[3]

第四节 抵销

一、概说

抵销是指当事人就互负种类相同的给付,按对等数额使其相互消灭的意思表示。提出抵销的债权称主动债权或反对债权、自动债权;被抵销的债权称受动债权。抵销既消灭了互负的债务,也消灭了互享的债权,故抵销是债消灭的原因。

抵销,就其发生的根据而言,可以分为合意抵销和法律上的抵销,合意抵销是由互负债务的债务人约定,可对互负债务进行抵销,法律上的抵销是依法律规定所作的抵销;在合意抵销中,如事先约定可依一方意思抵销的,为抵销权合意,属于单方抵销,如事先无约定,在清偿时约定的,则属于双方抵销,不发生抵销权;就抵销发生的规范基础而言,又可以分为民法上的抵销和破产法上的抵销。

抵销权是当事人因享债权而使互负债务消灭的权利,故抵销权属债权的从权利,不得与债权分离单独让与;抵销权属于单方抵销,因一方意思表示而生效,故属于形成权,行使抵销权不得附条件或附期限。

---

〔1〕 对应《民法典》第572条:"标的物提存后,债务人应当及时通知债权人或者债权人的继承人、遗产管理人、监护人、财产代管人。"

〔2〕 参见《民法典》第574条第1款:"债权人可以随时领取提存物。但是,债权人对债务人负有到期债务的,在债权人未履行债务或者提供担保之前,提存部门根据债务人的要求应当拒绝其领取提存物。"

〔3〕 对应《民法典》第574条第2款:"债权人领取提存物的权利,自提存之日起五年内不行使而消灭,提存物扣除提存费用后归国家所有。但是,债权人未履行对债务人的到期债务,或者债权人向提存部门书面表示放弃领取提存物权利的,债务人负担提存费用后有权取回提存物。"

　　抵销在功能上，既省却清偿的费用，节省了给付的提出，又使债权得以及时实现，避免落空。所以，抵销有简化清偿和担保债权的功能。

二、抵销的要件

　　对于抵销的要件，约定抵销权的，其要件以当事人合意为依据；法律上规定的抵销，则以法律规定为准。但以下要件为约定和法定抵销权必备要件（《合同法》第99条、第100条）。[1]

（一）双方债权的存在

　　抵销仅于对待之债适用，故须有可供抵销的双方债权的存在。所谓可供抵销的债权，是指有执行力的债权，欠缺执行力的债权不可为抵销，例如，附停止条件的债权在条件成就前，即不可供抵销。

（二）双方债权均届清偿期

　　债权届至清偿期，抵销方可以进行。但已届清偿期的主动债权抛弃期限利益与未届清偿期的受动债权抵销的，应有效。对于破产人的债权未届清偿期的，可在破产清算前抵销，但所得的期限利益，应在债权中扣除（《企业破产法》第31条、第33条）。

（三）抵销的债权与抵销的债务须在对待的当事人之间存在

　　即供抵销的债权均是当事人自己所享有的债权，债务人不能以第三人的债权抵销他方的债权。只有因债权让与，债务人取得对债权人的债权时，方可为抵销。

（四）抵销的债务须是同种类的给付

　　抵销的实质是双方给付的交换，故为便于交换时价格的计算，给付的种类应相同，一般多在互负的金钱之债中适用。在适用抵销时，对下列债权债务抵销，应予以注意：

　　1.在互负的债务中，一方的给付货币为外汇的，应依《外汇管理条例》的规定，确定可否适用抵销，不得以抵销套汇、逃汇。

　　2.债务标的是给付同种类特定物的，一般不得为抵销。

　　3.债权因未获履行而取得损害赔偿转化为金钱债权时，可以为抵销。

―――――――――

　　〔1〕 对应《民法典》第568条、第569条。第568条："Ⅰ.当事人互负债务，该债务的标的物种类、品质相同的，任何一方可以将自己的债务与对方的到期债务抵销；但是，根据债务性质、按照当事人约定或者依照法律规定不得抵销的除外。Ⅱ.当事人主张抵销的，应当通知对方。通知自到达对方时生效。抵销不得附条件或者附期限。"第569条："当事人互负债务，标的物种类、品质不相同的，经协商一致，也可以抵销。"

4.债权人与破产企业互负的债权,给付种类不同时,可折算成金钱为抵销。

三、抵销的禁止

抵销的禁止,就是不得为抵销的债权,也称抵销的消极要件。

(一)因债权的性质禁止的抵销

以行为、智慧成果为给付标的的债权,即是同种类,因其性质也不得为抵销。

(二)法律禁止的抵销

1.法律禁止扣押的债权,债务人不得主张抵销,例如,劳动报酬、人身损害赔偿等债权禁止抵销。
2.受公法约束的债权也不得为抵销。

(三)当事人约定禁止抵销的债权不得为抵销

当事人若订有债权不得抵销的约定,该债权即不得抵销,而不待言。

四、抵销的方法

(一)抵销的意思表示

抵销须有主动债权人向受动债权人为抵销的意思表示。抵销的意思附条件或附期限的,不发生抵销的效力。抵销的意思应以通知的方法送达对方时,抵销始生法律效力。

(二)抵销债权的范围

当主动债权的给付利益与受动债权对等时,债的关系全部消灭。但主动债权的给付利益大于或小于受动债权的给付利益时,抵销应就对等数额的给付利益范围内消灭债权,即债部分消灭。

(三)共同债务人的抵销

保证人、合伙人等连带债务人,可以以其单一的债权抵销连带债务,连带债务人因抵销发生求偿权。

五、抵销的效力

（一）债之关系消灭

双方对等数额的债权因抵销而消灭。抵销为债的绝对消灭，故抵销成立后不得撤回，抵销后当事人一方受领同一债务的清偿，属不当得利，由利益受领人负返还义务。

在双方债权的数额不相等时，对尚未抵销的残存债权，债权人仍有受领清偿的权利。

（二）抵销的溯及力

当抵销生效时，双方债权的消灭效力溯及抵销权发生之时。

1.抵销权发生后支付的利息应依不当得利返还，如互生利息的，因抵销的溯及力统归消灭。

2.抵销权发生后的迟延给付责任，归于消灭，但抵销之前的责任不消灭。

3.抵销权生效后，免除债务人于抵销发生时起所负的不履行责任。

（三）时效中断

抵销是权利行使，应与行使请求权有同等中断时效的效力，因抵销后残存的债权的时效，应重新起算。

第五节　免除

一、免除的意义及性质

免除，是债权人以债消灭为目的而抛弃债权的意思表示。因债权人抛弃债权，债务人得免除清偿义务，所以，免除是债消灭的一种方法。我国《合同法》规定免除为债消灭的方法（第105条）。[1]

但《合同法》对免除仅有一个条文规定，[2]对免除意思表示的性质尚不明晰，适用起来不免困难，需要学说填补其漏洞。以下就各国立法例对免除性质的不同规定加以比较，供学习《合同法》参考。

---

〔1〕 对应《民法典》第575条："债权人免除债务人部分或者全部债务的，债权债务部分或者全部终止，但是债务人在合理期限内拒绝的除外。"

〔2〕《民法典》在"合同的权利义务终止"一章，也只有一个条文规定免除，即第575条。

(一)免除是法律行为

债权是存于特定人之间的请求权而非支配权,所以,抛弃债权不得以事实行为的方式而须有抛弃的意思表示,即免除是法律行为。但对于免除的生效,究竟是以单方意思表示,还是双方意思表示,《合同法》规定不明确,而各国民法的规定又不尽相同。有的认为债是特定人之间的关系,当债务人不愿接受债权人抛弃所得利益时,不应强使其接受,故规定免除为双方法律行为(《法国民法典》第1282条、《德国民法典》第397条);也有认为当抛弃债权不损害他人的利益时,免除可依债权人一方的意思表示生效(《日本民法典》第519条)。

我国究竟应采纳单方主义还是双方主义,颇值探讨。

(二)免除是无偿行为

债务人因免除取得利益时,无须为此支付对价。在规定免除是单方法律行为时,免除还是一种无因行为。

(三)免除须以债消灭为内容

免除直接导致债的关系消灭,所以,免除是处分债权的行为。因免除而消灭的债务应与抛弃的债权范围相一致。

二、免除的条件

1.免除作为双方法律行为,应以契约方式、交付免除证书的方式或交还债权证书的方式为之;免除为单方行为的,免除的意思表示须有债权人或其代理人向债务人或其代理人为之。

2.免除作为法律行为,适用法律行为的规定,如可附条件或附期限等。

3.债权人须有处分能力,债务人因纯获利益,所以,即使能力有欠缺,免除仍可成立。

三、免除的效力

(一)债的关系绝对消灭

债权债务因免除而消灭,债权的从权利也随之消灭。免除部分债权的,仅免除债权部分消灭;免除不得损害第三人的利益,否则免除为无效。

（二）保证债务的免除

保证债务为从债务，所以，主债务消灭，保证债务也消灭；反之，债权人与保证人之间发生免除，保证其从债务消灭但主债务不消灭。

（三）连带之债权债务的免除

债权人仅免除部分连带债务人的债务的，除被免除的连带债务人所承担的债务份额外，其余债务人的债务份额不消灭。

在免除为双方法律行为时，债权人仅免除部分连带债务人的债务，须由其他连带债务人允诺，否则不产生免除效力。（《法国民法典》第1285条）[1]

（四）不可以分债权债务的免除

对于给付不可以分割的不可以分债权或不可以分债务，免除须对全部债权或债务为之。债权人仅免除部分不可以分债务人的债务，或部分不可以分债权人免除债务人的部分不可以分债务时，不发生免除效力。

（五）法律禁止抛弃的债权不得为免除

例如，受雇人对雇佣人的工伤事故赔偿请求权不得预先抛弃（最高人民法院《关于雇工合同应当严格执行劳动保护法规问题的批复》）。

第六节　混同

一、概说

混同，是指债权和债务归于同一人的法律事实。债的关系须有债权人和债务人同时存在时方能成立，当债权人和债务人合为一人时，债权债务就当然消灭（《合同法》第106条）。[2]所以，混同也是债消灭的原因之一。同一债权人的两个债务人合二为一，或所有权与他物权同属一人时，不发生混同，因为其时债务或权利仍存在，只是承受的主体发生变化。

对于混同的性质，民法理论上存在多种学说。履行不能说认为，债权债务归于

---

〔1〕《民法典》对此也有规定，该法第520条第2款规定："部分连带债务人的债务被债权人免除的，在该连带债务人应当承担的份额范围内，其他债务人对债权人的债务消灭。"

〔2〕 对应《民法典》第576条："债权和债务同归于一人的，债权债务终止，但是损害第三人利益的除外。"

同一人时,发生履行不能,因为任何人不能对自己履行债务;清偿说认为,在继承中,如继承人是被继承人的债务人时,以遗产清偿其债务,反之则以遗产接受清偿;目的达到说认为,债权因混同而达到目的,所以债权为之消灭;债权消灭说认为,债的成立必须有两个以上的主体,当债权人和债务人为同一主体时,不符合债应具备的要素,所以,混同发生时,债权应消灭,此说为通说。[1]

二、混同的效力

债的关系因混同绝对消灭。消灭效力不仅及于债权人和债务人的抗辩权,而且还及于债权的从权利,如担保、违约金债权等。

但是,在法律另有规定或债权的标的属他人的权利时,混同不发生债权消灭的效力。

(一)法律规定混同不发生债消灭之效力的

当法律允许债权债务归于一人,但债的关系仍存在时,混同不发生消灭债的效力。例如,在票据未到期前依背书转让的,票据上的债权债务即使同归一人的,票据仍可流通,票据所示之债不消灭。

(二)债权的标的属他人权利的

当债权债务同归一人而债权的标的又属他人权利,债权不因混同而消灭。例如,以债权作质押的,即使债权债务发生混同,为保护质权人的利益,债权不因此消灭。

〔1〕 史尚宽:《债法总论》,中国政法大学出版社2000年版,第834—835页。

第六编　债权各论

第六编之一　合同之债——合同总论

第三十六章　合同的基本原理

第三十六章　合同的基本原理

第一节　导论

一、引言

合同,在商业层面上,是社会公认的一种实现私人或集团目的的交易规则;在伦理层面上,它又包含着应该信守诺言的道德原则。由于不同民族和不同文化背景人群之间交往的频繁,以及国际经济顽强迈向一体化的步伐,合同的上述商业与伦理价值已为各种不同文化圈的人们所认可而逐渐成为一种共识。一个社会契约关系的发育和普及程度,已成为判断该社会进步与文明的标志。契约关系越来越多地渗入以往靠身份连接的宗亲、族群、单位甚至亲属内部,尤其是网络的出现,公司内部的分工协作也可能被坐在家里的网民以契约替代。因此,在存在隔阂的不同法系,再也没有比契约法更能表现出它们之间的和谐与一致了。在合同的基本理念、合同的订立过程、合同的类型和合同所产生的效果方面,各国合同法所表现的思维,有着更多的一致性,而不像其他法律概念那样,常常被不同法系的法律用来表示不同的事物。1980年4月在维也纳签订的《联合国国际货物买卖合同公约》,[1]就是各国契约法日益趋同所表现出的最新发展。随着中国加入WTO的日子日益临近,契约规范的国际化将成为不可避免,我国1999年3月公布的《合同法》,大胆吸收国外立法的经验,兼容电子商务时代的交易形态,使我们的法律有更多的前瞻性和通约性。

二、合同法的基本理念

(一)概说

合同虽然是双方法律行为,但对于缔约人来说,他的目的却不是在合同的本身,而是要运用合同,通过变动权利义务实现其私人目的。

市场经济和民主政治,从本质上说是一种信奉自治的制度,权利的合法性基础来自于选择,每个人都应享有自由地表达自己的意思、处理自己事务的权利。尽管

---

〔1〕　中国政府代表于1981年9月30日签署该公约,1986年12月11日缴存核准书。

在市场经济与民主政治发展的不同阶段，法律给予个人的自治程度有些差别，但是，"契约自由"始终是合同法的灵魂所在，是合同法甚至是民法固有的理念。根据这一基本理念，当事人相互缔结的契约，就被认为是约束当事人的法律，对缔约者直接发生法律效力。《法国民法典》第1134条第1款对契约自由作了最为经典性的表述："依法成立的契约，在缔约的当事人间有相当于法律的效力。"契约自由作为意思自治原则在合同法中体现，其价值的另一面就是"契约神圣"，即合同一经自由缔结，即神圣不可侵犯，谁违反合同，就应受到公力或私力的强制。我国《合同法》第8条规定："依法成立的合同，对当事人具有法律约束力。"[1]这一移植自《法国民法典》的对合同效力的说明，就是我国适用"契约自由"的制定法依据。

（二）契约自由

契约自由作为一种价值判断，是贯穿于合同法始终的第一性原则，其内容至少包括契约意思自由和契约形式自由两个方面。

1.契约意思自由。这是指只有依当事人意思发生的契约之债权债务关系才具有合法性，否则就不产生契约的效力。当事人有设定或不设定契约的自由，契约的法律效果完全由当事人意思决定。具体而言，契约的意思自由大致应包括以下几个方面：①缔约自由，即决定是否与他人缔结契约的自由。②选择相对人自由，即与谁缔结契约的自由。③契约内容自由，即选择契约条款的自由。④契约类型自由，即有根据自己的意愿决定选择何种契约类型的自由权。例如，需要物品时，可以任意选择买卖、租赁或加工等交易方式。契约类型自由的核心是创设契约的自由。⑤解约自由，即当事人有依单方的意思表示解除契约的自由。单方解约与违约不同，须有法律上规定的原因，当事人才具有解约权。无原因的随意解约，属不履行债务行为。⑥选择裁判自由，在发生契约争议时，当事人有选择仲裁或诉讼的自由。⑦选择法律的自由，在涉外契约，当事人有选择所适用的法律解决争议的自由。

2.契约形式自由。契约的形式，即是契约意思的载体，如对话、书面以及行为等。一般而言，在古代法中对契约的形式要求严格些，例如，在古罗马，就要求缔约"用法律规定的语言，做规定的动作"，[2]否则契约便无效。而在近现代实行市场制度的各国，将契约视为当事人意思表示一致的"合意"，至于这种合意采用什么样的形式，则属证据问题。除要式契约外，法律对契约形式不加限制。例如，法国、德国、日本等民法典都允许口头、书面甚至交易上的习惯等契约形式，具有法律共识价值的《联合国国际货物买卖合同公约》第11条也规定："买卖合同无须以书面订立或以书面证明，在形式方面也不受其他条件的限制，买卖合同可以用包括人证在内的任何方式证明。"

---

〔1〕《民法典》第119条几乎将该条文一字不落照录。
〔2〕 周枏：《罗马法原论》下册，商务印书馆1994年版，第655页。

我国《民法通则》第56条规定："民事法律行为可以采取书面形式、口头形式或者其他形式"，[1]契约形式自由是被我国法律所肯定的。《合同法》对契约自由又作了进一步的肯定，允许"当事人订立合同，有书面形式、口头形式和其他形式"（第10条），[2]而且即使法律规定的书面合同，只要"一方已经履行主要义务，对方接受的，该合同成立"（第36条）。[3]与过去强调书面主义的立法相比，《合同法》在肯定形式自由方面有很大的进步。

（三）契约正义

如果肯定自由和自治是每个人应有的权利，那么，契约自由无疑是符合正义的。但20世纪以来，尤其是第二次世界大战结束后的几十年中，随着大企业的出现和垄断的加剧，财富的天平越来越倾斜，强弱阵营黑白分明。强者往往假契约自由之名限制弱者的自由缔约权，一方面，社会公共服务业的发达，交易的程式化使格式合同大量被使用，契约自由面临从未有过的挑战；另一方面，在经济地位有明显势差的交易者之间，契约自由演变为弱肉强食的工具，厂商们利用内容复杂、专业性强的格式合同使消费者不明其义而处于不利的地位；劳动生产力的提高，导致大量的失业大军，为雇主们迫使雇员降低工资、减少福利保障创造了条件。正是基于对弱者保护的呼声，一批被称为"正义论"者的学者认为，要以"公平的正义"重新分配社会成员间的权利义务，[4]"个人的自由没有必要扩及由个人组成的团体，而且政府有时甚至有责任保护个人来对付有组织的团体"。[5]也就是要强化弱者、弱化强者的自由权，实现平均正义。所谓"契约正义"就是契约理论承受这一学说，并在立法、司法等层面改造及重新评价契约法等活动的泛称。所以，契约正义并不是对契约自由的否定，而是对契约自由的补充和发展，是在新的历史条件下，为契约自由提供新的道德评价，两者在价值目标上具有同一性。如果认为契约正义不是补充而是替代契约自由的新原则，那么，无异于宣告我们这个时代不再有私权。那种以某种学说推销社会本位、国家至上、全能政府的企图，正是半个多世纪以前纳粹法西斯所梦寐以求的法律秩序，是文明社会绝不能容忍的。

---

〔1〕 对应《民法典》第135条："民事法律行为可以采用书面形式、口头形式或者其他形式；法律、行政法规规定或者当事人约定采用特定形式的，应当采用特定形式。"

〔2〕 对应《民法典》第469条："Ⅰ.当事人订立合同，可以采用书面形式、口头形式或者其他形式。Ⅱ.书面形式是合同书、信件、电报、电传、传真等可以有形地表现所载内容的形式。Ⅲ.以电子数据交换、电子邮件等方式能够有形地表现所载内容，并可以随时调取查用的数据电文，视为书面形式。"

〔3〕 对应《民法典》第490条第1款："当事人采用合同书形式订立合同的，自当事人均签名、盖章或者按指印时合同成立。在签名、盖章或者按指印之前，当事人一方已经履行主要义务，对方接受时，该合同成立。"

〔4〕 [美]约翰·罗尔斯：《正义论》，何怀宏、何包钢、廖申白译，中国社会科学出版社1988年版，第56页。

〔5〕 [奥]F.冯·哈耶克：《个人主义与经济秩序》，贾湛、文跃然等译，施炜校，北京经济学院出版社1989年版，第107页。

三、合同的类型

(一)概说

合同的类型是按一定的标准对合同进行逻辑分解的结果。学理上对合同类型的研究，主要是为了分析和描述每类合同的意思表示内容和所发生的债权债务的结构，以构建合同法的分论体系。同时这种学理上研究，也是合同法分则的立法依据。从各国立法例看，合同法分则的内容，多是由以给付标的的性质为标准而分解成的各类合同构成的。因此，本书的合同分论的结构，也采纳此方法，而将依其他标准而分解成的各类合同，于此介绍。

(二)有名合同与无名合同

依法律对合同类型有无规定区分，合同划分成有名合同和无名合同。合同属于意定之债，民法对合同类型不采取法定主义，允许当事人自由创设合同类型。

有名合同是法律规定其内容并赋予一定的名称合同，也称典型合同；无名合同是法律未规定其内容和名称，由当事人自由创设的合同，也称非典型合同。有名合同经过逻辑归纳和梳理，其名称、性质、条款都已成型，既为当事人提供了合同的范式，便利适用，又为缔约双方梳理了未注意的事项。法律对有名合同的规范属于任意性规范，双方可以特约排除有名合同的有关条款，当事人如未特约排除时，制定法中的有关有名合同的条款可直接适用于缔约者之间。对于无名合同，只要该合同不违反社会公德、社会公共利益和法律的禁止性规定，当事人可以自由创设，法律承认其效力。在无名合同因当事人意思不完备而出现纠纷时，应以民法总则、债法总则、合同法总则并参照最相类似的有名合同的条款处理(《合同法》第124条)。[1]

(三)诺成合同与要物合同

这是依合同成立于意思表示外是否须交付物为标准而划分的两种合同类型。诺成合同是双方意思表示一致即成立的合同，要物合同也称践成合同，是指于意思表示一致外还须有物之交付方可成立的合同。合同属于诺成合同或要物合同，对于有名合同，通常由法律规定或当事人约定；对于无名合同，则由当事人约定或参酌交易习惯确定。研究这一分类的意义在于，诺成合同的成立仅需意思表示一致，而要物合同的成立须有意思表示与物之交付两项要件。例如，保管合同为要物合同，故仅有双方意思表示一致，合同并不成立，须待保管物交付时，合同方成立(《合同法》第

---

〔1〕 对应《民法典》第467条："Ⅰ.本法或者其他法律没有明文规定的合同，适用本编通则的规定，并可以参照适用本编或者其他法律最相类似合同的规定。Ⅱ.在中华人民共和国境内履行的中外合资经营企业合同、中外合作经营企业合同、中外合作勘探开发自然资源合同，适用中华人民共和国法律。"

367条)。[1]诺成合同与要物合同的划分,系承袭罗马法而来。在现代民法中,合同究属诺成抑或要物,一是依契约自由任当事人约定,二是依法律规定。

(四)单务合同与双务合同

依合同当事人双方是否互负义务,合同可以分为单务合同与双务合同两个类型。单务合同亦称片务合同,是当事人一方负担债务,而他方不负担债务的合同;双务合同是当事人双方互负债务的合同。研究这两类合同的意义有两个:①同时履行抗辩、不安抗辩等抗辩权仅发生于双务合同,单务合同无此效力。②双务合同有风险负担的分配问题,例如,当事人一方因不可抗力不能履约,可以解除合同,对方如已履约时,则应将所得利益返还,而单务合同没有对待给付以及返还问题。

(五)有偿合同与无偿合同

依当事人间有无对价的给付为标准,合同可以分为有偿合同与无偿合同。有偿合同是当事人双方各因给付而取得对价的合同;无偿合同是当事人一方只为给付而无对价的合同。在有名合同中,买卖、租赁、承揽等为有偿合同;赠与、借用等为无偿合同;而保管、委托、消费借贷等合同是有偿或无偿,则需视当事人是否约定报酬而定。就常情而言,双务合同多为有偿合同,而有偿合同未必是双务合同,例如有偿的消费借贷。区分这两类合同的意义有三个:①有偿合同的债务人的注意义务较无偿合同为重,例如在保管合同中,对保管物的灭失,有偿保管之保管人负过失赔偿责任,无偿之保管人则负重大过失责任,即一般过失不负赔偿责任(《合同法》第374条)。[2]②限制民事行为能力人订立有偿合同时,须经法定代理人同意或追认才有效,而对于纯获利益的赠与等无偿合同,则可独自为之(《合同法》第47条)。[3]③债权人撤销权行使,须债务人与第三人的合同以无偿为条件,债权人不得撤销非恶意的有偿行为(《合同法》第74条)。[4]

(六)定型化合同

定型化合同,亦谓格式合同、定式合同、附和合同等,是指由一方当事人为重复使用而预先拟定交易条件,并于缔约时不容相对人协商的合同。如果当事人一方事

---

〔1〕 对应《民法典》第890条:"保管合同自保管物交付时成立,但是当事人另有约定的除外。"

〔2〕 对应《民法典》第897条:"保管期内,因保管人保管不善造成保管物毁损、灭失的,保管人应当承担赔偿责任。但是,无偿保管人证明自己没有故意或者重大过失的,不承担赔偿责任。"

〔3〕《民法典》有改动,对未成年人以八周岁为限,对民事行为能力作了区分。该法第20条规定,不满八周岁的未成年人,不得独立为民事法律行为,必须由其法定代理人代理实施;八周岁以上的未成年人独立为民事法律行为的,可由法定代理人事后追认。该法第19条规定,纯获利益的民事法律行为,无须追认,

〔4〕 对应《民法典》第538条:"债务人以放弃其债权、放弃债权担保、无偿转让财产等方式无偿处分财产权益,或者恶意延长其到期债权的履行期限,影响债权人的债权实现的,债权人可以请求人民法院撤销债务人的行为。"

先拟定只是合同中的部分条款,该类条款就称为格式条款,相对人仍可就合同中的其他非格式条款提出磋商。格式条款与格式合同的区别在于,格式合同是全部采取格式条款的合同,《消费者权益保护法》采用了格式合同的概念,《合同法》则采用格式条款的概念。虽然在分工日益社会化的经济格局中,格式合同有其存在的必要,能提高交易效力,降低交易成本,对消费者不无好处。但格式合同毕竟是由当事人一方拟定,使相对人失却了选择合同条款的自由权,为了保护相对人的权利,体现"契约正义",法律对格式合同的使用、效力以及解释等,有特别的限制:

1.不可排除法定条款的效力。即法律直接规定格式合同拟定人的义务或相对人的权利,以替代合同的约定,如果提供格式合同的当事人一方在合同中免除或减少自己应负的义务,加重对方责任或排除对方主要权利的,该条款为无效(《合同法》第40条)。[1]

2.官署或中介机构制定或审核。对属于公共服务业的金融、交通等行业的格式合同,须经主管官署或其授权的机构制定或审核才能使用。就是有一个"中间人"来制定合同或由他审核当事人一方拟定的格式条款,这样对双方就更公平些,可避免出现偏袒。例如,商业保险主要险种的保险合同就须使用官署制定的格式条款(《保险法》第106条)。

3.免责条款的提示和说明义务。免责条款是指格式合同中免除或限制格式合同拟定人责任的条款。由于免责条款对相对人不利,所以,法律特别要求拟定人在缔约时,要以合理的方式提请对方注意该条款,并在相对人有要求时,对该条款的含义予以说明(《合同法》第39条)。[2]对提示要求以"合理的方式",可以解释为明示,在书面合同中则要对该条款作醒目的标示,即能使相对人确实注意到该条款。如果拟定人未作提示的,该条款无效。

4.非格式条款之优先效力。在使用格式合同的交易中,有时拟定人会允许相对人就格式合同中的某些条件提出磋商,而不使用格式条款,经磋商订人合同的条款就属于非格式条款。非格式条款融合了相对人的自由意思,更符合公平原则。所以,在允许使用非格式条款时,应优先使用非格式条款;在同一合同或构成一个合同的正款和副款中,格式条款与非格式条款的意思不一致的,应以非格式条款效力为优先(《合同法》第41条)。[3]

---

〔1〕 对应《民法典》第497条:"有下列情形之一的,该格式条款无效:(一)具有本法第一编第六章第三节和本法第五百零六条规定的无效情形;(二)提供格式条款一方不合理地免除或者减轻其责任、加重对方责任、限制对方主要权利;(三)提供格式条款一方排除对方主要权利。"

〔2〕 对应《民法典》第496条:"Ⅰ.格式条款是当事人为了重复使用而预先拟定,并在订立合同时未与对方协商的条款。Ⅱ.采用格式条款订立合同的,提供格式条款的一方应当遵循公平原则确定当事人之间的权利和义务,并采取合理的方式提示对方注意免除或者减轻其责任等与对方有重大利害关系的条款,按照对方的要求,对该条款予以说明。提供格式条款的一方未履行提示或者说明义务,致使对方没有注意或者理解与其有重大利害关系的条款的,对方可以主张该条款不成为合同的内容。"

〔3〕 现为《民法典》第498条:"对格式条款的理解发生争议的,应当按照通常理解予以解释。对格式

5.有利于相对人的解释原则。当事人对格式条款的理解发生争议时，不应由拟定人解释该条款的意思，而要从有利于相对人的立场解释。首先按照常理解释；其次在对条款有两种以上的解释时，从不利于拟定人一方解释，易言之，就是从有利于相对人一方解释(《合同法》第41条)，由拟定人承担条款歧义的不利效果。

(七)一时性合同与持续性合同

一时性合同与持续性合同是依合同所确定的给付形态而划分的两种合同类型。一时性合同是指债务因一次给付即履行完毕的合同，例如买卖、互易、赠与等合同。需要注意的是，分期交付合同，例如，分期付款买卖，只要其总给付自始确定，分期给付的时间因素对给付的内容和范围不发生影响时，仍属一时性合同，只是在给付方面，债务人可先为部分清偿。持续性合同是指债务须经持续的给付才能履行完毕的合同，例如租赁、委托等合同。持续性合同不同于一时性合同的特点，在于给付的时间长度。区分这两类合同的实益在于：①持续性合同之债务不履行，常适用终止，一时性合同则适用解除。②持续性合同的给付，不可以同时履行，必有先给付一方，所以，仅适用不安抗辩和先履行抗辩救济，而一时性合同的给付，还可以适用同时履行抗辩救济。③持续性合同的当事人双方，多有信用关系，例如合伙、雇佣、委托等，故其债权债务原则上不得任意转移，而一时性合同则无如此严格限制。

(八)预约与本约

预约与本约是依合同的订立是否以订立另一合同为内容而区分的两种合同类型。预约是约定将来订立相关联的另一个合同的合同；[1]本约是履行预约而订立的合同。预约以订立本约为债务，属债权合同；本约可以是物权、身份、债权等合同。唯有对未成年人婚约，不被法律承认，故不发生合同的效力(《未成年人保护法》第11条)。预约与所谓的"意向性合同"不同，后者虽然谓之"合同"，却不发生合同的拘束力，若有约束力，则属预约。对于区分预约与本约的意义，学者们多认为，预约重在当事人之间的信用，故预约的债权不得让与，债务亦不能承担。

(九)复合合同

复合合同是与单一合同相对应的合同类型，也称混合合同，是指由两个以上的有名或无名合同的内容复合构成的合同。复合合同虽然有多个合同的内容，但仍属一个合同，故与合同联立不同。复合合同虽然是由数个合同构成，但仍发生单一合

条款有两种以上解释的，应当作出不利于提供格式条款一方的解释。格式条款和非格式条款不一致的，应当采用非格式条款。"

[1]《合同法》没有规定预约，《民法典》第495条作了规定："当事人约定在将来一定期限内订立合同的认购书、订购书、预订书等，构成预约合同。当事人一方不履行预约合同约定的订立合同义务的，对方可以请求其承担预约合同的违约责任。"

同的效力；而合同联立是数个合同虽然有一定的依存关系，例如预约与本约，但联立的合同各自发生其效力。对于复合合同适用何种法律有三种学说：吸收说认为，应适用构成合同主要部分性质的合同，非主要部分由主要部分吸收；结合说认为，应先将复合合同的各部分的意思分解，在依当事人的意思调和其歧见后再统一适用之；类推适用说认为，法律既未对复合合同作出规定，故应就其各构成部分类推适用于各有名合同的规定。[1]研究复合合同的意义就在于确定法律的适用，有学者认为取类推适用说较为合理。[2]

(十) 涉他合同

涉他合同，也称为第三人合同，是指约定第三人为给付或受利益之合同。合同是债权人与债务人之间的债的关系，其产生的债权债务本应只对当事人有效，不发生对第三人的效力。罗马法上即限制为第三人契约，[3]近世民法承受罗马法古训，基于意思自治原则，也限制为他人设定债之关系。但对于确需要他人参与的交易，民法则有条件地肯定涉他合同的效力，表现出一定的灵活性。涉他合同，根据其为第三人设定的是债权还是债务，分为为第三人利益合同和第三人负担合同。为第三人利益合同，也称利他合同，是合同之债务人向第三人为给付，使第三人取得债权的合同，如人寿保险合同；第三人负担合同，也称负担合同，是由第三人向债权人为给付的合同，如融资租赁合同。涉他合同的第三人不是合同的当事人，本不受合同的约束，如其不履行债务或不受领债权，其效力如何，是研究涉他合同的意义所在。根据《合同法》的规定，涉他合同的一般效力是：

1.在利他合同中，债务人未向第三人履行债务或履行不完全的，应由债务人向债权人承担不履行债务责任(第64条)；[4]在第三人拒绝受领债权时，应有债权人自己受领。

2.在负担合同中，第三人未向债权人履行债务或履行不完全的，由债务人向债权人承担不履行债务的责任(第65条)。[5]

在涉他合同中，债权之受领或债务之履行由第三人特定行为完成，如第三人拒绝受领或不履行债务，则视为债权人或债务人本人的行为，由合同当事人承担责任。

〔1〕王泽鉴：《民法债编总论》(一)，三民书局，第97—98页。
〔2〕史尚宽：《债法总论》，中国政法大学出版社2000年版，第10页。
〔3〕罗马法允许为没有被收养、流放、充军和非奴隶的第三人设定债权，但不允许为第三人设定债务。参见[意]桑德罗·斯奇巴尼选编：《民法大全选译Ⅳ·1债 契约之债》，丁玫译，中国政法大学出版社1992年版，第43页。
〔4〕对应《民法典》第522条："Ⅰ.当事人约定由债务人向第三人履行债务，债务人未向第三人履行债务或者履行债务不符合约定的，应当向债权人承担违约责任。Ⅱ.法律规定或者当事人约定第三人可以直接请求债务人向其履行债务，第三人未在合理期限内明确拒绝，债务人未向第三人履行债务或者履行债务不符合约定的，第三人可以请求债务人承担违约责任；债务人对债权人的抗辩，可以向第三人主张。"
〔5〕对应《民法典》第523条："当事人约定由第三人向债权人履行债务，第三人不履行债务或者履行债务不符合约定的，债务人应当向债权人承担违约责任。"

第三人不履行债务的形态,包括履行不能、履行迟延、履行拒绝和不完全履行。

(十一)射幸合同

射幸合同,是指以将来不确定事件的发生而决定是否给付的合同,例如保险、押赌、有奖抽彩等,后两者又称赌博合同。射幸合同是风险合同,是付小利博大利的商业活动,同时又有集小利助大事的公益功能。所以,在保险、福利抽彩领域被允许使用,在其他方面适用射幸合同从事商业活动,须经主管官署审批。

第二节 合同的成立

一、概说

(一)合同成立要件

合同属法律行为,其成立须具备当事人、意思表示、标的三要件,而合同有别于其他民事法律行为的特殊性在于其意思表示须由当事人合意,亦即双方意思表示一致合同方能成立。合意的形成过程,就是双方的磋商过程,依契约形式自由,近代契约法还以"要约—承诺"作为缔约范式,[1]缔约中纷乱的磋商意思,被抽象分解为要约与承诺,并以此判断是否合意。所以,对合同订立的研究,主要是对合意如何形成的研究,至于当事人、标的等要件,则适用法律行为的规定。所以,合同的成立,就是双方意思表示的合意,判断的范式是对要约的承诺,我国《合同法》第二章"合同的订立"[2]即是对缔约范式的规定,除此之外,还有悬赏广告、事实上的契约关系等特殊成立要件,按契约自由,也是被法律所承认的。

(二)合意与不合意

如何来判断当事人是否合意进而确定合同的订立呢? 由于合同的类型不同,其内容构成也不同。例如,雇佣合同的主要对价是提供劳务与报酬,买卖则为标的物和价金之交付等。所以,法律上无法为合意与否划定一个统一标准。而学理上将订立合同的意思表示分解为要素、常素及偶素三者,可作判断的参考。要素是指合同成立不可或缺的因素,例如合同的标的与价金;常素是通常情况下某合同类型成立时不可或缺的因素,例如买卖中的瑕疵担保责任;偶素是当事人特意以意思表示附加于合同内容的因素,例如附条件和附期限。要素是确定合同成立与否的必要因

---

〔1〕 这是指在大陆法系,英美法系合同法则要求在缔约时,除要约承诺外,还须有"约因"(Consideration)。

〔2〕 对应《民法典》第三编第一分编第二章即"合同的订立"。

素,须经当事人合意自无异议;常素作为某合同类型的必要因素,必须经当事人合意;唯有偶素,经当事人确定其为合同的必要因素时,须由当事人此项合意,合同始能成立。

根据《合同法》第12条[1]的规定,当事人对合同的必要因素(在书面合同中称主要条款)表示一致时,合同就成立。当事人对合同的要素基本一致的,只有个别常素不一致的,合同是否成立,须视法律规定或交易惯例而定;当事人对于合同主要的要素和常素未合意,或对业经表示的偶素未合意的,合同不能成立(《合同法》第30条)。[2]总之,要参照法律、当事人意思、交易惯例,判定当事人的合意与不合意。

二、要约

(一)要约的意义

要约是以订立合同为目的而由相对人受领的意思表示。发出要约的人称要约人,受领要约的人称相对人或受要约人。要约意思之表示方法,书面、口头、数据电文等,一切可达意思表示的方式均可(《合同法》第10条、第11条)。[3]

(二)要约的性质

要约之意思表示,在相对人承诺前,只有形式上的拘束力,而不发生实质上权利义务关系,故要约不属于法律行为,但该意思表示适用法律对意思表示的规定。

(三)要约的要件

1.要约须由要约人向相对人作出意思表示。当事人要约,是为了唤起相对人的承诺进而成立合同,故要约必须向相对人作出。不以特定人为对象的缔约意思,只是一种宣传、推介,达不到要约目的,故通常不被认为是要约。但该意思虽然不是对相对人而是向不特定人作出,同时又无碍要约所达到的目的时,要约也可以成立,例如悬赏广告等(《合同法》第15条)。[4]

---

〔1〕 对应《民法典》第470条:"合同的内容由当事人约定,一般包括下列条款:(一)当事人的姓名或者名称和住所;(二)标的;(三)数量;(四)质量;(五)价款或者报酬;(六)履行期限、地点和方式;(七)违约责任;(八)解决争议的方法。"

〔2〕 对应《民法典》第488条:"承诺的内容应当与要约的内容一致。受要约人对要约的内容作出实质性变更的,为新要约。有关合同标的、数量、质量、价款或者报酬、履行期限、履行地点和方式、违约责任和解决争议方法等的变更,是对要约内容的实质性变更。"

〔3〕 对应《民法典》第469条:"Ⅰ.当事人订立合同,可以采用书面形式、口头形式或者其他形式。Ⅱ.书面形式是合同书、信件、电报、电传、传真等可以有形地表现所载内容的形式。Ⅲ.以电子数据交换、电子邮件等方式能够有形地表现所载内容,并可以随时调取查用的数据电文,视为书面形式。"

〔4〕 对应《民法典》第473条:"要约邀请是希望他人向自己发出要约的表示。拍卖公告、招标公告、招股说明书、债券募集办法、基金招募说明书、商业广告和宣传、寄送的价目表等为要约邀请。商业广告和宣

2.要约须是受相对人承诺拘束的意思表示。要约的目的是订立合同,故要约成立时,要约人负有与相对人订立合同的义务,相对人一旦承诺,合同即告成立(《合同法》第14条第2项)。[1]即要约是有拘束力的意思。

3.要约须具备合同的各项必要因素。要约是对合同的设计,其缔约意思必须明确、完全,内容应包括足以订立合同的要素和经表示的常素、偶素等必要因素,否则相对人为承诺时,会因要约的意思残缺而无法成立合同(《合同法》第14条第1项)。[2]

(四)要约的效力

要约的效力,亦称要约的拘束力,是指要约所生的法律效果。要约的效力包括对要约人和对相对人两方面的效力。

1.对要约人的效力。要约对要约人的效力,是要约生效后,在其存续期间不得变更或撤回的效力,亦称要约的形式拘束力。

(1)要约的生效。要约于到达受要约人时生效(《合同法》第16条第1款),[3]我国对要约生效继受大陆法传统,采用到达主义。所谓到达,是指要约的意思表示传递到受要约人可控制的现实或虚拟空间,即要约只要传递至受要约人,不问其是否真实了解要约的意思,要约即生效,例如,要约以信函方式传递,受要约人收到后即使未拆开信函,要约也生效。

在国外立法例上;虽然规定要约的形式效力,但对于要约人事先声明不受拘束的要约意思表示,要约无形式拘束力。[4]按我国《合同法》的规定推论,如要约人事先声明其意思表示不受受要约人承诺约束的,该意思不属于要约(《合同法》第14条第2项)。即要约皆有形式拘束力。

要约生效,要约人有接受承诺的义务,不得随意撤回、撤销或变更要约,易言之,受要约人获得承诺的权利。要约人随意撤回、撤销或变更要约,构成违反前合同义务的,要承担缔约过失的损害赔偿责任(《合同法》第42条)。[5]

传的内容符合要约条件的,构成要约。"

〔1〕 对应《民法典》第472条第2项:"要约是希望与他人订立合同的意思表示,该意思表示应当符合下列条件:……(二)表明经受要约人承诺,要约人即受该意思表示约束。"

〔2〕 对应《民法典》第472条第1项:"要约是希望与他人订立合同的意思表示,该意思表示应当符合下列条件:(一)内容具体确定;……"

〔3〕 要约属于单方意思表,《民法典》放在第一编总则之第六章第二节规定,见该法第137条;在合同编的第474条只规定了援用的指引:"要约生效的时间适用本法第一百三十七条的规定。"这样的体例是《民法典》合同编与单行法《合同法》的一个重要区别。在《民法典》中,总则中有专门一节规定意思表示,在合同编中即可省略;在《合同法》中,就不可或缺。所以,《民法典》分则中,这样的援用总则的指引性条文很多。

〔4〕《德国民法典》规定,要约受拘束,但事先声明排除拘束的除外(第145条);英美法则规定除当事人事先声明受拘束,否则要约没有拘束力(《美国统一商法典》第2—205条、《印度契约法》第6条)。

〔5〕 对应《民法典》第500条:"当事人在订立合同过程中有下列情形之一,造成对方损失的,应当承担赔偿责任:(一)假借订立合同,恶意进行磋商;(二)故意隐瞒与订立合同有关的重要事实或者提供虚假情况;

（2）要约的撤回与撤销。对于要约人确定有承诺期限或明示要约为不可撤销，或者受要约人有理由认为要约为不可撤销并为履约做了准备的，要约为不可撤销要约，要约人不得撤销要约（《合同法》第19条），[1]一旦受要约人承诺，合同即成立，要约人不履行合同的，负担不履行合同责任。除此以外的要约，允许撤回或撤销。

要约的撤回，是指要约人对尚未生效的要约阻止其生效的意思表示。由于要约于到达受要约人时生效，故撤回之意思表示须于要约到达之前或与要约同时到达时生效（《合同法》第17条）。[2]

要约的撤销，是指要约人对已生效但未获承诺的要约消灭其拘束力之意思表示。撤销仅限于未被承诺的要约，若要约已获承诺，合同成立，要约已构成合同意思，自然不能撤销。对于要约撤销权的行使时间，《合同法》规定须于受要约人承诺通知发出前（第18条）。[3]即受要约人已发出的承诺通知即使未到达要约人，要约之撤销亦不生效。

要约的撤回或撤销生效，要约的拘束力即被排除，要约人不再受要约的拘束力限制，受要约人的承诺意思表示，视为要约。

2.对受要约人的效力。对受要约人的要约效力，是指要约经受要约人的承诺，合同即告成立的效力，学理上亦称承诺适格或承诺能力，又因其对合同成立具有实质意义，为与要约的形式拘束力相对应，又称其为要约的实质拘束力。

（1）受要约人的承诺权。要约生效后，受要约人获得承诺的权利，除有法律规定或预约外，受要约人不负承诺的义务；若不为承诺，也无须通知要约人；受要约人一旦承诺，合同即成立，受要约人就成为承诺人，同时与要约人共同成为合同的当事人。

（2）承诺期间。承诺期间是指要约受承诺拘束的期间，亦称要约存续期间。要约人在承诺期间受受要约人承诺的拘束，即受要约人于此期间有成立合同的期待权；反之，承诺期间经过，要约即失却效力（《合同法》第23条第1款）。[4]因此，承诺期间对确定要约的效力有重要的判断价值。计算承诺期间要确定始期与终期，依意思自治原则，该期间的始期和终期应由要约人的意思确定，但要约人未明确的，则从法定。《合同法》对要约的始期和终期，作了如下的规定：

（三）有其他违背诚信原则的行为。"

　　[1]　对应《民法典》第476条："要约可以撤销，但是有下列情形之一的除外：（一）要约人以确定承诺期限或者其他形式明示要约不可撤销；（二）受要约人有理由认为要约是不可撤销的，并已经为履行合同做了合理准备工作。"

　　[2]　对应《民法典》第141条："行为人可以撤回意思表示。撤回意思表示的通知应当在意思表示到达相对人前或者与意思表示同时到达相对人。"该法第475条是一个指引性条文。

　　[3]　对应《民法典》第477条："撤销要约的意思表示以对话方式作出的，该意思表示的内容应当在受要约人作出承诺之前为受要约人所知道；撤销要约的意思表示以非对话方式作出的，应当在受要约人作出承诺之前到达受要约人。"

　　[4]　对应《民法典》第481条第1款："承诺应当在要约确定的期限内到达要约人。"

承诺期间的始期,即要约生效的时间,于要约到达受要约人计算。要约以对话方式进行的,受要约人须即时承诺,要约完成即是始期(第23条第2款第1项);[1]电话、传真等通讯方式,以传达到受要约人起计算;要约以信件或电报方式作出的,承诺始期自信件载明的日期或者电报交发之日起计算,未载明日期的,自投寄该信件的邮戳日期起计算(第24条)[2]对于利用因特网(Internet)等虚拟空间传递要约意思表示的,收件人指定特定系统接收数据电文的,该数据电文进入该特定系统的时间为到达时间,计算始期;未指定特定系统的,以该数据电文进入收件人的任何系统的首次时间,为到达时间(第16条第2款)。[3]

承诺期间的终期,即要约拘束力消灭的时间。要约以非对话方式进行的,受要约人未及时承诺的,承诺期间即届满;要约以非对话方式进行的,承诺期间为"合理期限"(第23条第2款)。[4]所谓合理期限,一般包括受要约人考虑承诺和承诺到达要约人所需要的时间,通常应参照合同的类型、交易惯例并以诚实信用原则确定。如果要约撤销,撤销的通知到达受要约人,承诺期间即刻终止。

(五)格式合同要约之特则

格式合同的要约是由提供合同一方提出,与一般合同的订立不同,在格式合同缔约中,相对人一方是受要约人,对于格式合同只有承诺或不承诺的权利,而对要约的内容无个别磋商的余地。所以,格式条款一经承诺,就成为有约束力的合同,为保护受要约人一方,法律对格式合同的意思有限制,如格式合同要约之意思违反法律的限制性规定,即使受要约人承诺,该意思仍不发生合同的约束力(详见本章第一节)。

(六)要约之消灭

要约之消灭是指要约失去拘束力。要约一旦失去拘束力,受要约人即无从对之承诺而成立合同。《合同法》第20条[5]规定的要约消灭的原因有三类:

---

〔1〕 对应《民法典》第481条第2款第1项:"要约没有确定承诺期限的,承诺应当依照下列规定到达:(一)要约以对话方式作出的,应当即时作出承诺;……"

〔2〕 对于信件以邮戳、电报以交发计算始期,实际是采取"发信主义",明显与第16条第1款要约于到达时生效所采取的"到达主义"相悖。这个立法漏洞有待有权解释填补。

〔3〕 对应《民法典》第474条、第137条。第474条:"要约生效的时间适用本法第一百三十七条的规定。"第137条:"Ⅰ.以对话方式作出的意思表示,相对人知道其内容时生效。Ⅱ.以非对话方式作出的意思表示,到达相对人时生效。以非对话方式作出的采用数据电文形式的意思表示,相对人指定特定系统接收数据电文的,该数据电文进入该特定系统时生效;未指定特定系统的,相对人知道或者应当知道该数据电文进入其系统时生效。当事人对采用数据电文形式的意思表示的生效时间另有约定的,按照其约定。"

〔4〕 对应《民法典》第481条第2款:"要约没有确定承诺期限的,承诺应当依照下列规定到达:(一)要约以对话方式作出的,应当即时作出承诺;(二)要约以非对话方式作出的,承诺应当在合理期限内到达。"

〔5〕 对应《民法典》第478条:"有下列情形之一的,要约失效:(一)要约被拒绝;(二)要约被依法撤销;(三)承诺期限届满,受要约人未作出承诺;(四)受要约人对要约的内容作出实质性变更。"该条规定与《合同

1.承诺期间经过。要约的意思中明定有承诺期限的，相对人未在该期限内承诺时，要约失去效力；要约未定有承诺期限的，在对话方式要约，未即时承诺时，要约即失去效力；以非对话方式的要约，受要约人于合理期间内未予以承诺时要约失去效力（第3项）。

2.拒绝要约。拒绝要约是受要约人向要约人所作的不接受要约，或将要约扩张、限制或变更后所作的意思表示（第4项），受要约人扩张、限制或变更要约之意思表示，在法律上被视为是一项反要约，与不接受要约的效果相同。拒绝要约的意思通知，于到达要约人时生效。

3.要约撤销。要约一经撤销，要约效力即告消灭。

三、特殊要约

（一）反要约

反要约，亦称新要约，是指受要约人将要约的内容扩张、限制或变更后所作的"承诺"。由于承诺须与要约的内容完全一致始能成立合同，故受要约人修改要约后所作的"承诺"，其性质属要约而不属对要约的承诺。

除格式合同外，缔约过程通常是讨价还价的过程，交易中很难一次就完成订立合同。受要约人对要约的意思表示，有时候是大部分同意，小部分不同意，或是基本同意，要求修改一些枝节末梢的条件。是否要求受要约人只有对要约百分之一百同意，才算承诺呢？通常不这样要求，只要受要约人对足以成立合同的条件没有异议，该意思就算承诺意思，而不作为反要约。

《合同法》对反要约作了明确规定，即受要约人的意思对要约提出的标的、数量、质量、价金、履行期限、履行地点、履行方式、违约责任和解决争议方式作出变更的，就是对要约的实质性变更，其意思表示属于反要约（第30条）。[1]

对于上述以外的要约意思，若要约人明示不能变更或受要约人变更后，要约人及时表示反对的，受要约人的变更要约意思，也为反要约。否则，承诺就有效（第31条）。[2]

（二）交叉要约

交叉要约，亦称交错要约，是指当事人双方互为意思相同的要约。合同的成立虽然须合意，但在一般情况下，合意的两个意思表示往往一个在前另一个在后。而

法》第20条基本一致。

[1] 现为《民法典》第488条。

[2] 对应《民法典》第489条："承诺对要约的内容作出非实质性变更的，除要约人及时表示反对或者要约表明承诺不得对要约的内容作出任何变更外，该承诺有效，合同的内容以承诺的内容为准。"

在交叉要约,两个意思表示是"齐口同声"发出,无先后之分,其合意程度真可谓到了"心有灵犀一点通"的境地,故交叉要约互达于相对人时,合同成立。

(三)悬赏广告

1.悬赏广告之意义。悬赏广告是指以广告的方式,对完成一定行为的人给与报酬的意思表示。悬赏广告的使用很广,报刊、电视时常有之,街头广告栏、电线杆上也不乏见,例如,征集商标图案、悬赏捉拿犯罪嫌疑人、寻找走失之人等,种类甚多,不一而足。

悬赏广告虽然为日常生活所常见,但对其法律关系的认定则存在争议,各国民法的规定也对其定性不同。单独行为说认为,悬赏广告是因广告人一方的意思表示而对完成一定行为的人负担支付报酬的债务,故无须行为人的承诺,惟以完成一定的行为为停止条件,《德国民法典》(第657条)采取此说;契约说,又称要约说认为,悬赏广告是对不特定人的要约,相对人须以完成指定的行为作承诺,《日本民法典》采取此说;[1]债的关系说认为,因完成指定行为在当事人间发生给付,悬赏广告是独立的债关系类型,《俄罗斯联邦民法典》采取此说。[2]虽然在现实生活中常见悬赏广告,但我国《合同法》却没有对此作规定,[3]留下了一个法律空白。以下只能综合其他国家的立法例,对悬赏广告略作概括。

2.悬赏广告之成立要件。

(1)以广告的方法声明。即要求悬赏之意思必须是公开的,而且是以广告方式作出的。所谓广告,是指以文字或言词使不特定的多数人得知其意思表示的方法。悬赏须以广告的方式表示,至于是登载报刊、播于电视、网络,还是张贴边衢、街头喊叫,在所不问。

(2)完成的一定行为。悬赏的意思表示应指定完成的一定行为。该行为可以是作为,例如悬赏奥运冠军,也可以是不作为,例如悬赏开车不违纪者;该行为可以是为公益,例如捉拿嫌疑犯,也可以是为自己的积极利益,例如寻找遗失物,或是为自己的消极利益,例如提前工期。

指定行为如是事实行为,完成行为人不以有无行为能力为条件,只要完成指定行为即符合该要件,在广告人与行为人之间发生债的关系。

但是,法律禁止的行为,不得作为指定行为,例如悬赏窃得他人商业秘密等。

(3)给付报酬之意思。广告应约定由广告人对完成指定行为的人给付报酬。该报酬须是行为人无须支付对价而取得的任何能作为法律行为标的的利益,金钱、物品或其他物质奖励均可以。

---

[1]《日本民法典》将悬赏广告置于"契约的订立"。

[2]《俄罗斯联邦民法典》将悬赏规定在债法分则。

[3]《民法典》对悬赏作了规定,有一个条文,即第499条。悬赏广告一词,"悬"即有广告的意思,称"悬赏"更准确,"悬赏广告"有点画蛇添足。

3.悬赏广告之效力。

(1)报酬给付请求权。行为人在期限内完成指定行为时,对广告人有报酬请求权。在数人同时或先后完成指定行为时,行为的标的互不竞合的,数个行为人的报酬请求权可并行不悖,例如提供犯罪嫌疑人的线索;行为的标的发生竞合时,应由最先完成者取得报酬请求权,例如数人发现甲地有金矿。

根据《民法通则》的规定,拾得遗失物应归还失主(第79条),法律没有规定拾得人有报酬请求权,返还拾得物是无偿行为。[1]但如失主以广告悬赏时,对于完成指定行为人是否可以按广告人意思请求报酬,学界有争议。从法理上说,法律仅强制规定拾得人有返还义务,并没有禁止给付报酬,失主(广告人)悬赏给付报酬既与法律不抵触,法律应承认其约束力。[2]

(2)悬赏广告的撤销。撤销悬赏广告的意思应于指定行为完成前作出,若指定行为已完成,债的关系发生,自无撤销之余地。至于撤销的方式,一般应与原广告的方式相同,也可以达到原广告传播范围的其他方式进行。

4.优等悬赏广告。优等悬赏广告是指对于完成指定行为的数人,仅对被评定为优等者给付报酬的悬赏广告,例如征求商标设计、征文比赛等。

优等悬赏广告比一般悬赏广告有如下特别要件:①意思表示中须声明仅对评定为优等的行为给付报酬。②定有应募的期间,例如截至某月某日等。③应募人按广告人意思完成应募行为并接受评定。

优等悬赏广告有不同于一般悬赏广告的特别效力:①广告人对应募行为有评定义务,该评定须按广告约定的意思进行,未约定评定程序或方法的,按诚实信用原则,以公平、公正的方式进行。②广告人有将评定结果公开的义务,公开的方式可与悬赏广告相同或以能通知全体应募人的其他方式。③评定为优等行为者,有报酬请求权。④完成行为的结果,例如著作权、专利权等,未经约定的,应归属应募人,但广告人有优先使用权。

(四)现物要约

现物要约,是指未经订购而当事人一方向相对人径寄物品的行为。对于现物要约,相对人不负有承诺义务,故要约人若附物表示"在某期间内不作拒绝表示或退货的,即为承诺"不具有法律效力。相对人虽然不负有退回物品的义务,但不得丢弃、损毁,在要约人领回物品前,有保管义务,以示对他人财产的尊重。对保管行为所生

---

[1]《民法典》对此作了规定。该法第317条第2款规定:"权利人悬赏寻找遗失物的,领取遗失物时应当按照承诺履行义务。"

[2] 最高人民法院1994年12月26日公布的《李珉诉朱晋华、李绍华悬赏广告酬金纠纷上诉案》肯定了悬赏广告的效力。该案被告因遗失巨额金钱,在报纸上悬赏"一周内送还酬谢1.5万元",原告完成指定行为后,被告拒绝给付报酬。天津市和平区人民法院一审判决原告败诉,二审天津市中级人民法院认为,悬赏广告有效,原告(上诉人)在指定期限完成指定行为是对广告人的"有效承①诺",依《民法通则》第57条"民事法律行为从成立时起具有法律约束力"的规定,确认被上诉人有报酬给付义务。

的法律关系,有学者认为成立无偿寄托,也有学者认为当事人之间的权利义务关系应以侵权行为定位。[1]但从保管人意思看,更符合无因管理的要件。

四、要约邀请

要约邀请,也称要约劝诱、要约引诱,是指表意人邀请他人向自己作要约的意思表示。要约邀请只是订立合同的准备行为,其本身不具有要约效力。

任何不具备要约成立要件的交易意思表示,都可以视为要约邀请。在合同实务上,有的交易意思表示,虽然具备要约的意思要素,按交易习惯却不认为其是要约,但为维护交易安全和信赖利益,也要其接受一定的约束。这类交易习惯上的要约邀请,因有一定的法律约束力,所以,其法律关系的性质就需要法律定位。要约邀请是订立合同的准备行为,要约邀请人应负前合同义务,如果不履行要约邀请之意思,致相对人损害的,应承担缔约过失的损害赔偿责任。

《合同法》规定寄送价目表、拍卖公告、招标公告、招股说明书、商业广告等属于要约邀请,不属于要约(第15条第1款)。[2]但对于内容符合要约成立要件的商业广告,则视为要约(第15条第2款)。[3]

五、承诺

(一)意义

承诺是指受要约人同意要约并成立合同的意思表示(《合同法》第21条)。[4]受要约人发出承诺意思表示的,称承诺人。

(二)承诺的成立要件

1.由受要约人向要约人作出。承诺的意思表示一般应以通知的方式作出,并于到达要约人时生效(《合同法》第26条)。[5]所为通知,是指能传递到要约人的明示方式。但根据要约的约定或交易习惯允许以意思实现方式承诺的,如默示行为等,也可产生承诺效力(《合同法》第22条)。[6]承诺以数据电文作出的,与前述要约的表示

〔1〕 王泽鉴:《民法债编总论》(一),三民书局,第125页。

〔2〕 对应《民法典》第473条第1款:"要约邀请是希望他人向自己发出要约的表示。拍卖公告、招标公告、招股说明书、债券募集办法、基金招募说明书、商业广告和宣传、寄送的价目表等为要约邀请。"

〔3〕 对应《民法典》第473条第2款:"商业广告和宣传的内容符合要约条件的,构成要约。"

〔4〕 现为《民法典》第479条。

〔5〕 对应《民法典》第484条、第137条。第484条:"Ⅰ.以通知方式作出的承诺,生效的时间适用本法第一百三十七条的规定。Ⅱ.承诺不需要通知的,根据交易习惯或者要约的要求作出承诺的行为时生效。"第137条见第629页注3。

〔6〕 对应《民法典》第480条:"承诺应当以通知的方式作出;但是,根据交易习惯或者要约表明可以通

方式相同。

2.承诺之意思表示须与要约一致。承诺是对要约绝对和无条件的同意，故承诺与要约之意思须一致。即承诺对于要约提出的交易实质性条件，或虽非实质性条件，但要约人明确受要约人必须接受的条件，不得有改变，如改变，就是反要约，而不是承诺。

3.于承诺期间作出。承诺之意思表示，须在承诺期间作出，如逾期作出的承诺，被视为要约。

(三) 承诺的迟到和迟延

承诺应于承诺期间作出，才发生承诺效力。承诺之意思逾承诺期间作出时，本无承诺效力。然为谋交易上的安全，对逾承诺期间到达要约人的承诺，法律特别规定其效力。

1.承诺的迟到，即迟发迟到的承诺，是指受要约人逾承诺期间所发出的承诺。迟到的承诺不能成立合同，而被视为新要约；要约人及时通知该承诺有效的，合同成立(《合同法》第28条)。[1]

2.承诺的迟延，即未迟发而迟到的承诺，是指受要约人于承诺期间发出并按通常情形可适时到达要约人，因传达障碍或其他原因而逾承诺期间到达要约人的承诺。对于承诺迟延，因承诺人不知其迟到，按诚信原则，要约人负有及时通知义务。要约人若怠于履行此项义务时，承诺视为未迟到；要约人及时通知受要约人不接受承诺的，承诺无效(《合同法》第29条)。[2]

(四) 承诺的撤回

承诺的撤回是承诺人消灭承诺效力的意思表示。承诺因到达要约人时生效，故其撤回的通知须先时或同时与承诺到达，才产生撤回的效力(《合同法》第27条)。[3] 若撤回的通知虽然在承诺之后到达，但依通常情形应先时或同时到达的，要约人应向承诺人发迟到之通知，若其怠于履行此义务的，撤回有效，合同不成立。

(五) 承诺的生效

承诺生效，合同即告成立(《合同法》第25条)。[4] 故确认承诺的生效时间，即为

过行为作出承诺的除外。"

〔1〕 对应《民法典》第486条："受要约人超过承诺期限发出承诺，或者在承诺期限内发出承诺，按照通常情形不能及时到达要约人的，为新要约；但是，要约人及时通知受要约人该承诺有效的除外。"

〔2〕 对应《民法典》第487条："受要约人在承诺期限内发出承诺，按照通常情形能够及时到达要约人，但是因其他原因致使承诺到达要约人时超过承诺期限的，除要约人及时通知受要约人因承诺超过期限不接受该承诺外，该承诺有效。"

〔3〕 对应《民法典》第485条："承诺可以撤回。承诺的撤回适用本法第一百四十一条的规定。"

〔4〕 对应《民法典》第483条："承诺生效时合同成立，但是法律另有规定或者当事人另有约定的除外。"

认定合同成立的时间。我国《合同法》规定,对承诺生效时间,采取到达主义(《合同法》第26条)。[1]但例外的是,在书面合同,自当事人双方完成签字或盖章,合同始成立(《合同法》第32条)。[2]但在签字或盖章前当事人一方已经受领相对人主要给付的,合同得成立(《合同法》第37条);[3]在以信件、数据电文等形式订立的合同,有当事人要求签订确认书的,则于签订确认书时合同成立(《合同法》第33条)。[4]

六、意思实现

(一)意义

意思实现,是指受要约人虽然未有承诺的意思通知,却有可认为是承诺的行为。意思实现能否发生承诺的效力,使合同成立,大陆法系民法对此多持肯定的态度(《德国民法典》第151条、《日本民法典》第526条第2项)。我国《合同法》也遵循惯例,肯定意思实现的承诺效力(第26条)。[5]

(二)意思实现之适用

意思实现因不必通知,使合同成立,越出了合同成立须有承诺通知的范式,为保护要约人的利益,不乱交易秩序,各国民法对发生承诺效力之意思实现多有严格限制。即只有在特定的交易环境中或要约准许的情况下,意思实现才发生承诺的效力。我国《合同法》规定的适用于承诺的意思实现有两种情况,即依据交易习惯或要约人的意思,只要有承诺行为的,承诺无须通知即发生效力。除这两项以外,还有国家的民法规定,依事务性质承诺无须通知的(《意大利民法典》第1327条),或以法律的规定承诺无须通知的(《俄罗斯联邦民法典》第438条第2项),在有实际履行为时,因意思实现,合同成立。

---

〔1〕 对应《民法典》第484条,见第633页注5。

〔2〕 对应《民法典》第490条第1款:"当事人采用合同书形式订立合同的,自当事人均签名、盖章或者按指印时合同成立。在签名、盖章或者按指印之前,当事人一方已经履行主要义务,对方接受时,该合同成立。"

〔3〕 对应《民法典》第490条第2款:"法律、行政法规规定或者当事人约定合同应当采用书面形式订立,当事人未采用书面形式但是一方已经履行主要义务,对方接受时,该合同成立。"

〔4〕 对应《民法典》第491条:"Ⅰ.当事人采用信件、数据电文等形式订立合同要求签订确认书的,签订确认书时合同成立。Ⅱ.当事人一方通过互联网等信息网络发布的商品或者服务信息符合要约条件的,对方选择该商品或者服务并提交订单成功时合同成立,但是当事人另有约定的除外。"

〔5〕 对应《民法典》第490条:"Ⅰ.当事人采用合同书形式订立合同的,自当事人均签名、盖章或者按指印时合同成立。在签名、盖章或者按指印之前,当事人一方已经履行主要义务,对方接受时,该合同成立。Ⅱ.法律、行政法规规定或者当事人约定合同应当采用书面形式订立,当事人未采用书面形式但是一方已经履行主要义务,对方接受时,该合同成立。"

七、事实上的合同关系

(一) 学说的提出

事实上的合同关系，是指在某些特殊情形，不问当事人意思如何，因特定的事实而成立的合同。合同是双方法律行为，通常以意思表示一致为必要，易言之，无意思表示即无合同。对此，德国莱比锡大学教授哈帕特(Haupt)于1941年在"论事实上之契约关系"的讲演中首次提出，契约不能只按传统的要约承诺方式订立，因为生活是"活的"，不能以死的教条去套，强调在若干情形下，以一定的事实导致合同成立，当事人的意思如何，可以在所不问，并提出事实上之契约关系与传统契约只是订立方式不同，债之关系则完全相同。[1]

事实上的合同关系与要约承诺方式订立的合同区别，在于成立合同不以当事人有无合意为必要；与意思实现方式成立的合同区别，主要是不以法律效果意思为必要。因此，事实上的合同关系不发生因意思表示错误撤销以及无行为能力人、限制行为能力人不得订立合同的问题。

(二) 发生合同关系的事实类型

在比较法上，事实上的合同关系目前尚未见诸法律的规定，但该学说对解决现代社会众多合同关系的成立，有积极的认识价值，也为德国法院的判例所肯定。根据哈帕特教授的观点，认为事实上的合同关系，主要有三种类型：

1. 基于社会接触的事实。基于社会生活的接触发生的事实上的合同关系，主要是为了适用缔约过失。例如，顾客在商店里被电梯夹伤，按要约承诺合同尚未成立，按侵权行为，有举证方面的困难，而以事实上的合同关系发生，商店基于先合同义务，有对顾客的照顾、保护义务，未履行时负缔约上过失之损害赔偿责任。

2. 基于社会之给付的事实。对于现代生活须臾不可以分离的公共服务，例如电力、煤气、自来水、电信、公共汽车等，提供者负有社会义务，非有正当理由不得拒绝，且都采用格式合同，相对人无选择自由，更没有讨价还价的余地，因此合同并不是藉当事人意思成立，而是基于给付行为成立。

3. 基于团体关系发生的事实。所谓团体主要指合伙和劳动关系。合伙和劳动关系一旦已为部分或全部给付，无论在团体内部或外部即会发生复杂的法律关系，但合伙或劳动合同无效或被撤销后，当事人所受之给付应依不当得利返还，这样会破坏一系列的内部或外部关系的安全，如果以事实上的契约关系定位，就不会发生无效和被撤销问题。

德国联邦法院于1956年按事实上的契约关系判了一案：汉堡市政府根据议会

---

[1] 王泽鉴：《民法学说与判例研究》第1册，中国政法大学出版社1998年版，第104—106页。

的决议,将临近市政府的两块公地辟为有人看管的收费停车场。被告停车后,认为是公地而拒绝付费。原告以不当得利诉之,最后法院认定,双方建立事实上的契约关系。

(三)法律效力

发生合同之债的效力,合同之债的通共效力及附随义务、先合同义务、后合同义务等均可适用。

八、合同成立时间

合同有效成立后,除附停止条件或始期外,在当事人之间发生债的权力,故认定合同成立的时间对于债的履行、债权的时效期间等均有重要的判断价值。

(一)要式合同

要式合同除当事人之间意思表示一致外,还需完备特定的手续。所以,要式合同成立的时间应为完成特定手续的时间。如签名或盖章、签署确认书等,如果合同还要审核,须完成审核等程序。

(二)不要式合同

不要式合同若是以要约与承诺方式进行的,以承诺生效的时间为合同成立的时间。其中,以对话方式进行的,以受要约人作出承诺的时间为合同成立的时间;以非对话方式进行的,以承诺通知送达要约人的时间为合同成立的时间。

(三)同时表示之合同

当事人双方同时作相同内容的意思表示的,即所谓交叉要约,在非对话方式中,以后到达要约的到达时间为合同成立的时间。

(四)意思实现之合同

合同因意思实现发生承诺效力而成立的,应以受要约人作出可被认为是承诺之行为时,为合同成立的时间。

九、合同成立地点

合同成立的地点,在合同实务上称合同的签订地。确定合同的地点,对于合同纠纷的诉讼管辖、适用交易习惯等,有重大的价值。需要注意的是,合同的签订地与合同的履行地不是同一概念。前者是指完成合同这一法律行为的地点；而后者是指受领或履行合同之债权债务的地点。合同成立的地点，原则上以承诺的生效地点为合同的成立地点(《合同法》第34条第1款)。[1]合同成立的地点本属于事实，不允许意思确定，但当事人如为了确定管辖或其他特殊需要，约定成立地点，是否允许？对此，只要约定不违反禁止性规范，按契约自由原则，应该允许约定。

(一)书面合同

书面合同须签字或盖章后方能成立，所以，以双方当事人签字或盖章的地点为成立的地点(《合同法》第35条)。如果签字或盖章是先后在不同地点进行的，则应该以后一签字或盖章的地点为成立地点；如果合同既签字又盖章，签字和盖章是在不同的地点，则应以完成其中第一个行为的地点为成立地点，如先签字后盖章，以签字的地点为准。

(二)电子合同

电子合同是以电子邮件或其他数据电文形式订立，而数据电文运行于网络的虚拟空间，与书面或对话形式都不同。这类合同首先应该由当事人约定合同成立的地点，没有约定的，以受要约人的主营业地为合同成立的时间，没有主营业地的，以其经常居住地为合同成立的地点(《合同法》第34条第2款)。[2]

(三)意思实现之合同

合同因意思实现而成立，法律免除了受要约人的通知义务，如何确认合同成立地点有些困难。无论以要约地还是受要约人的承诺行为地，都无不可，《合同法》未作规定。但意思实现使受要约人免除承诺通知义务，获得缔约的便利，为了平衡当事人双方的利益，是否应该给予要约人在确定合同成立的地点上的便利，即以要约发出地为合同成立的地点。

十、合同的解释及漏洞填补

(一)合同的解释

1.意义及必要性。合同的解释，是指对合同条款及与合同效力相关之用语的含义所作的说明。所谓解释，含有分析、阐明、说明之意，也就是对合同的诠释。在现代人文学科中，解释学已成为基于哲学和语言学的新兴学科，是让人避免错误、获得

---

〔1〕 现为《民法典》第492条第1款。
〔2〕 对应《民法典》第492条第2款："采用数据电文形式订立合同的，收件人的主营业地为合同成立的地点；没有主营业地的，其住所地为合同成立的地点。当事人另有约定的，按照其约定。"

对事物正确理解的专门学问。现代对法律及合同的解释也是以解释学的认知和方法为基础的,只有结合法律的特点运用解释学方法,才能准确达到解释的目的。

合同是当事人双方的意思表示,在内在意志的外观化过程中,难免有不一致的情况;另外履约时,当事人各方对合同条款所使用的语言文字的含义,难免会基于自身利益的考虑而表示不同的见解。因此,分析说明合同的含义,得出唯一的解释,是解决当事人双方对合同条款歧见的有效途径,对合同有加以解释的必要。

2.解释的内容。合同解释的内容,一般有以下三个层次的问题:①合同的类型,即当事人所订立的,究属何种合同,是有名合同还是无名合同;倘为有名合同,又属何种类的合同(例如买卖、承揽等)。②合同成立与否,主要是对合同订立过程中各种意思表示的解释,以在要约及要约邀请、承诺与反要约间作出判断,确定合同究竟是合意成立或为不合意而未成立。③合同的条款,即是对双方争议的合同条款含义作出解释。

3.解释的方法。合同的解释,当应遵守法律的基本原则,自不待言,例如诚信原则、不违反强行性规范、禁止滥用权利等。惟就解释的方法,有说明的必要。我国《合同法》对合同的解释,要求"按照合同所使用的词句、合同的有关条款、合同目的、交易习惯以及诚实信用原则,确定该条款的真实意思"(第125条)。[1]对法律规定的解释要求,可以概括为这样四个解释方法:

(1)文义解释。所谓文义解释,就是通过对合同所使用的语言或文字的含义的解释。文义并非指当事人主观内心的意思,而是指意思表示受领人所认定的外部表示,亦即在一定环境下该用语的客观意思。采取此方法,旨在维护相对人对交易安全的依赖,若仅以一方当事人主观内心的意思解释,会使意思表示的客观表示价值飘忽不定,从而有变更双方合意时所确立的交易条件的危险性。如果当事人的内心意思与外部表示不一致时,则可根据《民法通则》第59条的规定,撤销合同,因在无效或撤销时,对当事人意思是采取主观解释。

(2)整体解释。是指不拘泥于个别文字而立足于合同订立的全过程和合同的全部条款对合同的解释。在合同的用语前后发生矛盾、有明显错误等情况出现时,应在参考合同的目的和经济价值的基础上,结合条款之间的相关性,通观全文而作出解释。

(3)合同的目的解释。指在合同使用的文字或用语有两种以上理解的,或者使用的两种以上文字的同一合同的不同文本用语不一的,则应按最适合于合同目的的解释。

(4)交易惯例解释。交易惯例是人们在交易过程中形成并被普遍遵守的交易规则。依其通行的地域和业务范围,可以分为国际惯例、地方惯例和行业习惯等。交

---

[1] 对应《民法典》第466条第1款:"当事人对合同条款的理解有争议的,应当依据本法第一百四十二条第一款的规定,确定争议条款的含义。"

易惯例既为人们普遍遵守，就应成为一种基本理念，故当事人对合同发生异解时，可参酌交易惯例解释合同。

(二) 合同漏洞之填补

1.合同漏洞填补之意义。合同的漏洞，是指合同对某事项应约定而未约定。合同的成立，须当事人双方就合同的必要因素达成合意，否则合同不成立，自无漏洞填补的问题。但若对合同的非必要因素未达到合意，合同仍可成立，但需补救。对合同漏洞的填补，就是使合同臻至完备的补救方法。

合同漏洞依其发生的原因，可以分为四种类型：①当事人在订立合同时，对非必要因素没有表示的，例如邮购物品而未约定邮费负担。②当事人对非必要因素虽然有表示，因未获合意，约定于合同成立后再协商的。③当事人对合同的必要因素虽然有约定，但约定不明确的。④合同的部分条款因违反法律的强制性规定或社会公共利益而无效的。

2.填补之方法。

(1) 以法律的任意规定填补。合同的漏洞，首先应由法律的任意规定补充，使其完善。例如，合同未约定债务履行地点的，那么，就可以按债的标的性质，根据《合同法》第62条第3项[1]的规定填补。

(2) 以合同解释填补。合同的解释分为两类：一是对合同条款歧义的解释，学理上称阐释性合同解释或单纯的合同解释；二是对合同缺漏条款的解释，学理上称为补充性合同解释。与阐释性合同解释不同，补充性合同解释的功能是填补合同的漏洞，而非歧义的阐释，故填补漏洞之解释可成为合同的条款。

补充性解释，应以当事人在合同上所作的价值判断及利益衡量为出发点，依诚信原则并斟酌交易惯例和合同目的对漏洞作出解释填补。因补充性合同解释旨在补合同之缺漏，而非为当事人创造合同，故解释填补漏洞之结果应与合同整体相一致，不能使其前后矛盾，更不能变更合同的内容。

第三节 订立合同的具体方式

一、导言

根据契约自由原则，当事人在订立合同时选择什么具体方式，应由当事人来决

---

〔1〕 对应《民法典》第511条第3项："当事人就有关合同内容约定不明确，依据前条规定仍不能确定的，适用下列规定：…… (三) 履行地点不明确，给付货币的，在接受货币一方所在地履行；交付不动产的，在不动产所在地履行；其他标的，在履行义务一方所在地履行。"

定。法律对此的唯一要求，就是所选择的方式须足以保证当事人合意。基于此理念，现代民法对法律行为方式的规定，往往将选择权赋予当事人而不作更多的限制。当然，例外也是存在的，有些特别法为了维护交易的安全要求某些法律行为采取限定的方式，例如，要求"航次租船合同应当书面订立"（《海商法》第43条）。

将选择合同方式的权利赋予当事人，是文明社会法律演进过程中形成的理念。诚如英国法学家阿蒂纳所指出："固守某种方式恰恰正是原始的和不发达的法律制度的特征，它反映了对法院在没有任何方式的框框或其他清规戒律的情况下是否能够查清案件真情的能力缺乏信心。在最现代的各种法律体制中，很少强调表面形式，更多地强调事情的实质。"[1]

若以逻辑方法对合同加以分类的话，它无非有口头、书面等方式。但现代科技的发展，早已将逻辑学的理性导向了人类想象力和创造力所开拓的迷离恍惚的境域。电话和视话模糊了口头与书面的功能及形式的界限，而电传、电子邮件等电子商务等交易方式不断涌现，使口头或书面方式的定义日益面临着现代科技的挑战。

鉴于上述理由，本节在介绍订立合同的具体方式时，暂时抛开学理上或实定法上对合同方式的划分，从一个商人的角度来看待订立合同时可以选择的各种具体方式，为使用缔约合同理论建造一个操作的实验"车间"。

二、谈判缔约

以谈判方式订立合同，一般适用于大宗交易。其订立合同的过程可以分为："准备—谈判—签约"三个阶段。

（一）准备

当有了"买"或"卖"的需求时，就需要为订立合同做各种准备。这种准备包括：

1.寻找合同对手。寻找合同对手就是选择能满足自己需求的交易伙伴。此时应将各个可能满足自己需求的厂商列入选择的范围，并通过银行、咨询机构、网络媒介等各种途径了解他们的经营范围及能力、履约表现、资信状况、技术和管理水平等基本情况，评定并比较他们的优劣，最后确定所要寻找的合同对手。

2.初步接洽。初步接洽主要是通过面对面的交谈或实地考察等方式了解对手的虚实，同时向对手表示自己交易的愿望。如果双方的需求合拍，而且愿意彼此成为交易伙伴，初步接洽的目的就算达到。

3.准备合同文本。在谈判中，以谁的合同文本作为谈判的基础，往往就对谁较为有利。因为合同文本所列的交易条件肯定是向拟订人的利益倾斜的，在谈判时相

---

〔1〕［美］P.S.阿蒂亚：《合同法概论》，程正康、周忠海、刘振民译，李志敏校，法律出版社1982年版，第134页。

对人稍有疏漏或不察就可能为自己带来不利。所以,准备合同文本虽然麻烦、费力,但后益是无穷的。

在准备合同文本时,应先明确目标,然后再设计合同条款。条款的设计,也要有针对性,特别是在涉外合同中。如果合同争议时适用中国法律,问题还不大,如适用外国法,就要了解该外国的法律。尤其是适用英美法,因为是判例法,就需要以条文详尽,相对大陆法有成文法典,很多权利本就见之于法律的规定,合同条款不用列出。

明确目标即明确自己在交易中想得到的利益和为此准备付出的对价。为了对付对手的讨价还价,还应确定可获利益的下限和可付对价的上限,使谈判增加成功的可能性。

设计合同条款时,要从交易能顺利达成出发,考虑合同应具备的各种要素、常素及偶素,并使之成为确定、齐备的合同条款。在通常的交易中,下列条款是必不可少的:标的、价金、期限、结算方式、风险负担、责任以及解决争议的方式等条款。

(二)谈判

谈判时,固然要从可能获得利益的最大化出发,但在具体操作时,应善于说明自己权利的合理性、可行性和互利性,有时为了说服对手,应在已确定的弹性砝码内,作必要的让步,以表示订立合同的诚意,避免使谈判陷入僵局。

(三)签约

签约完成即表明合同正式成立,签约的方式有签字或盖章两种方式。签约后的合同文本应各执一份,据以执行。

三、交换函电缔约

所谓函电,在传统意义上,是指信件和电报的总称。而现今,一般也把电传、电子邮件及其他电子商务传递信息模式包括在内。国际上,把函电看作是书面合同的方式(《联合国国际货物买卖合同公约》第13条),我国《合同法》也将电报、电传、传真、电子数据交换以及电子邮件方式缔结的合同,看作书面合同(第11条)。[1]

交换函电缔约,就是通过你来我往的函电进行谈判,最后成立合同。交换函电与前述谈判方式的不同之处在于,要约与承诺都是以函电方式进行的,主要是以电文往来进行,而不似面对面谈判方式,要坐在一起。交换函电虽然能免使当事人疲于奔命,达到对面谈判方式的同样的成立合同的效果,但函电送达的安全性和可靠

---

〔1〕 对应《民法典》第469条第3款:"以电子数据交换、电子邮件等方式能够有形地表现所载内容,并可以随时调取查用的数据电文,视为书面形式。"

性,也是要加以警惕的。在涉外交易中,还要注意不同法域对函电要约承诺生效时间的不同规定,我国虽然采取到达主义,但也有其他国家采取投邮主义的。

四、寄送订货单

在一般情况下,订货单是销售商事先拟定的交易条件,在性质上属格式条款。如果订货单表明的交易条件齐备的,该订货单应属要约。当相对人依订货单的要求,将签字或盖章后的订货单回执发回,或按约定将购货价金送达寄送人约定处时,合同即可成立。

但有两种情况属例外:其一,订货单的内容未包含合同的全部必要条款,或内容的含义含混不清的;其二,订货单中有"欢迎洽购"或"售完为止"等字样的。前者相对人无法据订货单承诺,后者销售商声明不受拘束。所以,这类订货单只能视为要约邀请,而不能视为要约。

五、招标投标

(一)概说

招标签约是通过招标、投标和定标的竞争程序订立合同的方式。在一般非竞争缔约方式中,合同的订立是当事人双方一对一进行的;而在竞争缔约方式,是由当事人一方与相互竞争的多个相对人进行的。竞争缔约方式除招标外,还有拍卖。招标的竞争者是"卖方",而拍卖的竞争者是"买方"。因此,当事人应根据自己的交易目的选择使用。法律对招标缔约方式的交易内容没有限制,建设工程合同、成套设备采购、承包经营权、土地使用权出让等,皆可用招标方式缔约。尤其是公物、公共机关采购、医院用药等用招标方式缔约,能避免舞弊行为。

(二)招标投标程序

1.招标。招标是当事人一方向数个特定的相对人或不特定的人公开缔约愿望的意思表示。该公开意思表示的人,称招标人,记载意思表示的文件称标书。

在招标中,标底是不公开的,因此,标书不具备合同的全部必备条款,而且在交易惯例上也不将招标视为要约,而视其为要约邀请。但招标与一般要约邀请不同,招标人对报价符合底价要求的最优者,有与其订立合同的义务。因而招标对招标人和最优报价者而言,又有预约的性质。

依标书的公布方式,招标可以分为两类:(1)有限竞争性招标,是招标人仅向特定的相对人公布标书的招标,竞争仅在限定的相对人之间进行。(2)无限竞争性招标,是招标人以文字广告的方式向不特定的人公布标书的招标,竞争是发生在不特定的相对人之间。

2.投标。投标是受招标人许可的人，以接受标书为条件向招标人发出订立合同的意思表示。该意思表示人称投标人，记载投标人意思表示的文件称标单。所谓受招标人许可的人，在有限竞争性招标中，是指受领标书的相对人；在无限竞争性招标中，是指符合标书约定条件的不特定人。

由于投标是向招标人发出，且又具备合同的全部必要条款，在法律性质上属要约。与一般要约不同，投标人是以接受招标人确定的交易条件为基础而投标竞争的，故标单的内容不能与标书相悖，否则将导致投标的失败。

3.定标。定标亦称决标，是指招标人对所有的投标进行评比，对评定的最优投标人允诺与其订立合同的意思表示。公布所有的投标，称开标；对投标的评比，称评标。评标是否公开以及公开的范围，应按约定，在可能侵害投标人商业秘密的条件下，评标应按适当的方法公开进行。

定标是否属于承诺，要视定标内容而定。定标若是对投标完全接受，定标即为承诺；定标若对中标人的投标并不完全同意，其结果只是选定中标人而作进一步的谈判，那么，定标也就成为对以谈判为标的的预约的承诺。但不管如何，定标是竞争性签约过程的结束。在定标后，双方对招标内容的确认、补充或磋商，已不再具有竞争性。

（三）反不正当竞争

由于招标缔约属于竞争性缔约方式，所以，在招标投标中不得有不正当竞争行为，例如串通投标、抬高或压低标价等。如有不正当竞争行为的，不正当行为人得对其他受害人负损害赔偿责任（《反不正当竞争法》第15条）。

六、拍卖

（一）意义

拍卖是指卖方以公开竞价方式在众多的买方中，选定最高报价者并与其缔约的买卖方式。其中，以落槌或其他公开方式作出卖定意思表示者称拍卖人。拍卖人可以是卖方或卖方的委托人，根据《拍卖法》规定，商事拍卖人是出卖人的委托人，且须是专营拍卖的企业法人（第10条）；买方称竞买人；以最高应价购得拍卖标的的竞买人称买受人。拍卖是属于竞争缔约方式，与招标不同的是，除了招标的竞争者是"卖方"、拍卖竞争者是"买方"外，招标竞争的是最低出价；而拍卖竞争的通常是最高出价。拍卖的标的，可以是动产、不动产或权利，但法律禁止拍卖的，不得以拍卖方式进行。

(二)类型

1.公开拍卖与封闭拍卖。这是依拍卖中报价的不同方式区分的。公开拍卖是在特定场所由竞买人以公开报价的方式进行的拍卖；封闭拍卖是由竞买人将出价以密封标单的方式报与拍卖人的拍卖方式，封闭拍卖的报价方式与投标相同，因此也称为招标式拍卖。

2.荷兰式拍卖。拍卖一般是由竞买人从低价渐次向高价报价的，但荷兰式拍卖则是由拍卖人报出最高价，然后渐次降低，直至有买主应买达成交易的拍卖。因此，荷兰式拍卖也称最低价拍卖，与通常最高价拍卖相对应。

3.强制拍卖。拍卖作为一种缔约方式，采用与否是任缔约人自由选择的。而强制拍卖则是依法律的规定卖主必须采取拍卖方式缔约的拍卖。强制拍卖须有法律的特别规定，例如赃物、罚没物、无主物必须拍卖(《国务院办公厅关于公物处理实行公开拍卖的通知》第1条)。

(三)拍卖的程序

1.拍卖公告及展示拍卖物。拍卖公告，是拍卖人将拍卖标的物的名称、质量、数量、拍卖场所及日期等事项以公开的方式所作的宣示。所谓公开的方式，包括广告、张贴公告等方式。在商事拍卖中，对于文物、书画等动产，拍卖人应提供相关资料和供察看的展览时间；对于土地使用权、房屋等不动产，应指示不动产的地理位置和察看的接待日期。若采用荷兰式拍卖时，还应宣示出价。拍卖公告属要约邀请，因拍卖人没有据此必须与应买人缔约的义务。

2.竞买。竞买，是应买人以报价方式向拍卖人所作应买的意思表示。应买的意思表示属要约，在以口头方式表示时，在其他应买人报出更高价前，维持其拘束力。与一般对话方式中，受要约人非立时承诺即失去拘束力不同，应买的意思表示只有在下一个应买人作出意思表示时，拘束力才消灭。应买一旦作出后，不得撤销。

3.卖定。卖定是拍卖人同意与最后报价的应买人成交的意思表示。按照拍卖的惯例，卖定是由拍卖人以拍槌的方式进行，故卖走亦称拍定，"拍卖"之谓也是由此而来的。拍卖无保留价(亦称底价)的，卖定为有效；拍卖若有保留价的，竞买人最高报价低于该底价的，最高报价不发生卖定法律效力(《拍卖法》第50条)。卖定在效力上属对应买的承诺，卖定生效时，买卖合同即成立，拍卖程序就此结束。

七、即时交易

即时交易即所谓"一手交钱一手交货"的缔约方式。其优点是安全、便捷，但只能限于小宗交易，对大宗交易而言，如滋生纠纷诉至法院会有举证方面的困难，故不宜采用。

第四节　合同的效力

一、概说

合同的效力，亦称合同之债的效力，是指合同在法律上所具有的债的效果。合同作为债发生的原因，债所具有的各项通共效力自然也就是合同的效力。故这里论述的合同效力，是专指合同所具有的特殊效力；又民法对于合同，是按类型设计，各种类型的合同自还有其特殊效力，故合同的效力仅指适用于各类具体合同的通共效力。

合同效力自合同生效起发生。所谓合同生效是指合同的权利义务开始发生法律上的效力。就一般情况而言，合同应自成立起生效，但也有的合同因当事人约定、合同的性质等原因，其成立和生效的时间并不一致，例如附条件或附期限等。因此，合同成立与合同生效不是同一概念，前者是产生后者的基础，而后者是前者导致的结果。

这里还须特别指出，本节论述的"合同的效力"与《合同法》规定的内容截然不同。《合同法》也设有专门的"合同的效力"一章(第三章)。[1]但该章的内容却是对合同的附条件、附期限、代理、合同的无效和可撤销等的规定。在民法体系上，《合同法》中规定的这些所谓"合同的效力"，大多是属于民法总则的内容，并不是合同的"特殊效力"，甚至也不属于债特有的效力。故从法典化的民法体系看，《合同法》第三章的规定实是对《民法通则》相关规定不足的修订，这也是非法典化带来的头痛医头、脚痛医脚的无奈之举。

二、标的不能之效力

（一）标的不能之意义

合同的标的与法律行为的标的一样，也须合法、确定、可能、妥当。这已在总论"法律行为"中说明，关于标的违反合法、确定和妥当的效果，总论中也都已说清楚，故不复赘言。惟合同标的之不能在合同上的效力问题，有待作深一步的说明。

---

〔1〕　对应《民法典》第三编第一分编第三章。

(二)标的不能之效力

1.合同无效。合同的标的是给付。若以自始、永久或客观不能之给付为标的,且不能之情形无法除去的,合同无效;若标的属部分不能的,可适用法律关于部分无效的规定(《民法通则》第60条、《合同法》第56条)。[1]

2.损害赔偿。合同无效仅是不发生依当事人约定的履行效力,而并非是无法律上的任何效力。对于因标的不能而致合同全部或部分无效的,有过失的当事人一方对于无过失而因信合同有效受损害的他方当事人,负赔偿责任。此即缔约上过失责任。

(三)缔约上过失责任

1.意义及制度价值。缔约上过失,是指在合同成立前的缔约过程中,因缔约人一方致合同不成立或无效所具有的过失。合同的违约责任,是以合同的有效成立为界点,如在合同成立前,当事人一方因相对人过失而受损害时,不能依合同而只能依侵权行为请求损害赔偿。但侵权行为的成立要件较为严格,对受害人利益的保护颇为不利。故在"合同责任"与"侵权责任"之间,需要设立一项特殊的责任,这就是缔约上过失的功能所在。

缔约上过失的理论,由德国法学家耶林在1861年发表的《缔约上的过失,契约无效与未臻完全时的损害赔偿》一文中首先提出。他认为,当事人的履行利益受损害,可依契约获得救济,但当事人如因对方过失致契约无效或不成立时,法律就不可能保护一个不存在的契约,因此,要对信其契约为有效成立的当事人的信赖利益予以救济。[2]这一学说对后世的各国民法和审判实务产生很大影响,缔约过失责任由此确立。如果说救济契约之债是基于履行利益,那么,救济缔约上过失之损害,法律肯定的就是信赖利益。我国《合同法》也确认对缔约过失造成的损害负损害赔偿责任(第42条、第43条),[3]肯定了信赖利益的合法性和可救济性。

2.缔约过失之类型。缔约上过失责任,究竟属于契约责任、侵权责任或是独立类型的责任,学说尚有争议。我国虽然将其规定在《合同法》中,但因《合同法》有补救民法不足的功能,也难说就是合同责任。因此,缔约上过失究竟由哪些法律要件构成,争议很大,我国《合同法》汲取大多数国家的做法,采取类型化的方法确定

---

[1]　对应《民法典》第156条:"民事法律行为部分无效,不影响其他部分效力的,其他部分仍然有效。"

[2]　王泽鉴:《民法债编总论》(一),三民书局,第171页。

[3]　对应《民法典》第500条、第501条。第500条:"当事人在订立合同过程中有下列情形之一,造成对方损失的,应当承担赔偿责任:(一)假借订立合同,恶意进行磋商;(二)故意隐瞒与订立合同有关的重要事实或者提供虚假情况;(三)有其他违背诚信原则的行为。"第501条:"当事人在订立合同过程中知悉的商业秘密或者其他应当保密的信息,无论合同是否成立,不得泄露或者不正当地使用;泄露、不正当地使用该商业秘密或者信息,造成对方损失的,应当承担赔偿责任。"

缔约过失原因(第42条、第43条)。[1]在各类型的缔约过失,有损害是通共要件,其他就是特殊要件。

(1)致合同不成立之恶意磋商。即当事人一方假借订立合同,恶意进行磋商致合同不成立的缔约过失,学说中称之中断交涉之缔约过失。中断交涉是否构成缔约上过失,须以恶意并致合同不成立为特殊成立要件。根据前合同义务,缔约双方在接触时有诚意缔约、互相协商义务,如果不为缔约恶意磋商或突然恶意中断交涉,则构成该类型的缔约过失。非恶意的过失中断交涉致合同不成立的,即使当事人受损害,不负缔约过失的赔偿责任。

(2)致合同无效之欺诈。即因当事人一方缔约时欺诈致合同无效的过失。欺诈是合同撤销的原因,受欺诈之当事人有合同撤销权。欺诈致缔约过失,有缔约时欺诈行为是无异议,但是否要有合同无效的要件,颇值讨论。若虽受欺诈但当事人不撤销合同,合同是有效的,能否就缔约时因欺诈所受损害请求赔偿? 不行使撤销权,就是受欺诈人放弃权利,从耶林解释,缔约过失也仅适用于合同不成立或无效。以此推论,对有效的合同不得适用缔约过失。所以,该类型缔约过失,须以欺诈和合同无效为特殊成立要件。

(3)违反保密义务之过失。即当事人一方泄露或不正当使用缔约时获悉的他方当事人商业秘密的过失。在缔约交涉时,如果获悉对方的商业秘密的,当事人有保密义务不得向他人泄露,除非合同本就是转让或许可使用该商业秘密的,也不得使用,否则就构成缔约上过失。该类型缔约上过失,是当事人违反前合同义务,包括保密和不得不正当使用两种情况,只要当事人违反其中一项,无论合同是否成立或故意过失,都要负缔约上过失责任。

(4)违反诚实信用的其他缔约时过失行为。这是《合同法》为其他没有归纳但也属于缔约过失的类型提供的法律适用空间。

3.效果。缔约上过失责任是违反前合同义务的责任,保护的是信赖利益而非履行利益。所以,赔偿损失的范围应以实际损失为原则,除违反保密义务之缔约过失外,不赔偿受损害人的期待利益。

(四)合同有效之特则

标的不能致合同无效,实是万不得已。因此,在标的不能经补正后仍能维持合同有效的,例如,在附停止条件或始期的合同,在条件成就或期限届至前,标的不能之情形除去的,合同仍为有效。

---

[1]《民法典》完全吸收《合同法》的体系,将缔约过失放在合同订立一章。其规定的缔约过失类型,有侵害信赖利益的,亦有违约的,还有侵害知识产权的等等,不都是合同订立问题。

三、合同的解除

(一)概说

合同解除,是消灭有效合同之效力的法律行为,有单方解除和双方解除之分。单方解除是指当事人一方根据法律规定或合同约定行使解除权,使合同效力溯及消灭的意思表示;双方解除是当事人双方消灭有效合同的意思表示一致。因此,双方解除,是以一个"解除合同"消灭原有合同的效力,与单方解除不同,单方解除合同的根据来自法定或事先约定的原因,合同效力之消灭完全是基于解除权人一方的意思表示,故解除权属于形成权。

由于双方解除是以合意方式进行,双方如何合意以及合意如何生效,依据双方法律行为的规定进行;而单方解除的根据及解除权的行使属于合同的效力,法律为区分正当行使解除权与毁约,特别对解除权予以规定。这里主要介绍解除权。

(二)解除的性质

解除是依有解除权当事人一方的意思表示而成立的单方法律行为,该行为属不要式行为和处分行为。解除与撤销虽然均是以意思表示使已成立的法律行为自始无效,但两者性质截然不同。

1.解除仅适用于债权合同,而撤销及于物权行为等一切法律行为。

2.解除发生的原因是当事人的约定或债务不履行;而撤销发生的原因是法律行为成立时的意思表示有瑕疵。

3.解除有约定和法定解除;而撤销仅有法定撤销。

4.解除仅发生债权效力,当事人负回复原状的义务;而撤销还发生物权效力,当事人负不当得利返还义务。

(三)解除权发生的原因

为解除合同的权利,称解除权。我国《合同法》视解除为消灭合同之债的根据。

1.法定解除权。法定解除权的原因,是由法律直接规定的,《合同法》第94条[1]规定的合同的通共解除原因,除此之外还有合同解除的特殊原因。

(1)不可抗力。发生不可抗力并使合同的既有目的不能达到,发生给付不能的,当事人可以解除合同。给付不能是免除履行原有债务的原因,但在债务人可归责时,

---

〔1〕 对应《民法典》第563条:"Ⅰ.有下列情形之一的,当事人可以解除合同:(一)因不可抗力致使不能实现合同目的;(二)在履行期限届满前,当事人一方明确表示或者以自己的行为表明不履行主要债务;(三)当事人一方迟延履行主要债务,经催告后在合理期限内仍未履行;(四)当事人一方迟延履行债务或者有其他违约行为致使不能实现合同目的;(五)法律规定的其他情形。Ⅱ.以持续履行的债务为内容的不定期合同,当事人可以随时解除合同,但是应当在合理期限之前通知对方。"

仍负损害赔偿债务,债之关系并不消灭;而在不可抗力,债务人可行使解除权,径直消灭债之关系,免除赔偿债务。可见解除合同并不导致消灭债之关系,只有消灭债之关系的解除,才对债之关系的当事人有意义。

(2)拒绝履行。债务人拒绝履行债务的,债权人可以行使解除权,径直解除合同。前已述及,拒绝履行,是以明示表示拒绝给付,如以默视行为表示,债权人则应行使不安抗辩权,而不能径直解除合同(《合同法》第68条)。[1]

(3)迟延履行。债务人迟延给付的,债权人得行使解除权解除合同。但在迟延给付,债权人得否径直解除合同,《合同法》规定了两种情况,应区别对待。

在债务人迟延履行主要债务,经债权人催告在合理的期限内仍不履行的,可行使解除权解除合同。即对履行迟延不能径直解除,须经催告在宽限期内仍不履行的,才发生解除权。这类解除权主要适用于迟延履行后债务仍能履行,但期限对于债权人很重要,债权人不容失去期限利益的,可以解除合同。对于催告后给予债务人履行债务的宽限期有多长,法律没有规定,通常应依诚实信用,根据债务的性质、交易惯例等来确定。

在债务人迟延履行使合同目的不能达到的,债权人得不经催告径直解除合同。这一类迟延履行因已使合同的目的不能实现,法律允许债权人径直解除,以救济自己的权利。

(4)违法履行。因当事人的违法履行使合同目的不能达到的,相对人可以径直解除合同。违法行为是指违反法律的强行性规定,而且该违法行为是履行合同债务的行为,不是合同之意思表示违法,如意思表示违法则合同无效,不适用解除。

(5)其他特殊解除原因。上述是法律规定的合同得以解除的通共原因,此外还有特殊类型合同的解除原因。这些特殊解除原因通常规定在该具体合同的分则或相关法律中。例如,不安抗辩权人解除权(《合同法》第69条)[2]、承揽人解除权(《合同法》第259条)[3]、保险人解除权(《保险法》第16条)、雇佣人解除权(《劳动法》第25条)等。

(6)情事变更。情事变更亦称情势变更,是法律行为成立后、履行前,其法律效力的基础或环境因不可归责于当事人的事由而发生的非当初可预料的变化,如战争、通货膨胀等。有的国家民法规定,情事变更时,当事人可行使解除权解除合同或请求变更给付,我国法律没有规定。将情事变更规定为法定解除合同原因,是认为情事变更如仍贯彻原定的法律效力,有失公平而违背诚信原则,故在情事变更发生后,对于已成立的法律行为之效力,需排除其因情事变更所发生的不公平的结果,例

---

[1] 对应《民法典》第527条:"Ⅰ.应当先履行债务的当事人,有确切证据证明对方有下列情形之一的,可以中止履行:(一)经营状况严重恶化;(二)转移财产、抽逃资金,以逃避债务;(三)丧失商业信誉;(四)有丧失或者可能丧失履行债务能力的其他情形。Ⅱ.当事人没有确切证据中止履行的,应当承担违约责任。"

[2] 对应《民法典》第528条:"当事人依据前条规定中止履行的,应当及时通知对方。对方提供适当担保的,应当恢复履行。中止履行后,对方在合理期限内未恢复履行能力且未提供适当担保的,视为以自己的行为表明不履行主要债务,中止履行的一方可以解除合同并可以请求对方承担违约责任。"

[3] 现为《民法典》第778条。

如,增减给付、延期分期给付、同种给付变更或拒绝先为给付等,学理上称此为第一次效力。如第一次效力仍不足以排除不公平结果的,则应允其发生拒绝给付、终止合同、解除合同或免除责任等第二次效力。

我国法律虽然未规定情事变更为法定解除权的原因,但能否依据其他规定,例如不可抗力之规定推导适用情事变更,学界有很大的争议,因为情事变更的适用完全取决于法官的自由裁量,为维护更高位阶的契约自由原则,我国不承认情事变更为法定解除合同的原因,是《合同法》最应受赞美的选择之一。[1]

2.约定解除权。约定解除权是指合同当事人在合同成立后生效前约定保留解除合同的权利(《合同法》第93条)。[2]约定之解除权既可以为一方保留,也可以为双方保留。

约定解除权与双方解除虽然都是约定发生,但性质上截然不同。约定解除权是双方在解除事由发生前的约定,即约定之解除是给予当事人的解除权,而不是径直消灭合同;而双方解除,是解除事由发生时或发生后,当事人约定径直消灭合同,即消灭合同是双方意思表示的效果,双方消灭合同的意思表示,民法上称解除契约或反对契约,属于无名契约。

(四)解除权的行使

解除权的原因发生后,并不当然发生解除的效力,只有当事人行使解除权,合同才因解除而消灭。

1.主体与客体。行使解除权的主体包括解除权人和相对人,以及他们的代理人、继承人和合同地位受让人。

解除既以债务不履行为要件,其客体应以债权合同为限。但基于意思自由,约定解除权如不违反法律强制规定,也可以适用于物权合同和身份合同。

2.解除权行使的方法。

(1)须有意思表示。解除权的行使,应向相对人为意思表示,该意思表示须以通知方式为之(《合同法》第96条),[3]法律另有特别规定的,遵循其规定,例如解除月

---

〔1〕 对应《民法典》第533条的规定,被认为是情事变更条款:"Ⅰ.合同成立后,合同的基础条件发生了当事人在订立合同时无法预见的、不属于商业风险的重大变化,继续履行合同对于当事人一方明显不公平的,受不利影响的当事人可以与对方重新协商;在合理期限内协商不成的,当事人可以请求人民法院或者仲裁机构变更或者解除合同。Ⅱ.人民法院或者仲裁机构应当结合案件的实际情况,根据公平原则变更或者解除合同。"

〔2〕 对应《民法典》第562条:"Ⅰ.当事人协商一致,可以解除合同。Ⅱ.当事人可以约定一方解除合同的事由。解除合同的事由发生时,解除权人可以解除合同。"

〔3〕 对应《民法典》第565条:"Ⅰ.当事人一方依法主张解除合同的,应当通知对方。合同自通知到达对方时解除;通知载明债务人在一定期限内不履行债务则合同自动解除,债务人在该期限内未履行债务的,合同自通知载明的期限届满时解除。对方对解除合同有异议的,任何一方当事人均可以请求人民法院或者仲裁机构确认解除行为的效力。Ⅱ.当事人一方未通知对方,直接以提起诉讼或者申请仲裁的方式依法主张解除合同,人民法院或者仲裁机构确认该主张的,合同自起诉状副本或者仲裁申请书副本送达对方时解除。"

度水路货运合同的须以书面方式（《水路货物运输规则》第70条）。

（2）解除权行使不可以分原则。在解除权人或相对人为多数人时，解除的意思表示应由全体或向全体为之；如是可以分之债，应就可以分部分作同样解释。

（3）解除权消灭不可以分原则。在多数人之债，解除权人中有一人丧失解除权的，解除权对其他人也消灭。但解除权对相对人中一人消灭时，对其他相对人是否消灭，《日本民法典》对此肯定（第544条第2项），可资参考。

（五）解除的效力

合同经解除，其效力溯及地被消灭，即回到未订立合同状态。但如当事人之间已有给付或当事人一方因相对人不履行而受损害的，则发生返还财产和损害赔偿的效力（《合同法》第97条）。[1]因此，解除是以解除的效力来达溯及消灭合同原定效力的目的，这是解除与免除的区别所在。

对于因解除所发生的债务人返还财产和损害赔偿债务，该债务之保证人仍应负保证责任。相对人对解除有异议的，可以请求法院或仲裁机构确认解除之效力。

（六）解除权的消灭

1.除斥期间届满。法律对解除权的行使定有除斥期间的，解除权于期间届满未行使消灭；当事人如对此期间有约定的，也应为同一解释。

2.经相对人催告而不行使。对解除权的行使无法定也无约定期间的，经相对人催告，解除权人于合理期限内未行使解除权的，解除权消灭（《合同法》第95条）。[2]

3.受领给付物返还不能。解除权人因可归责的事由致受领的财产毁损、灭失不能返还的，解除权消灭。

4.不履行之瑕疵已补正。在解除权人作解除之意思表示前，对给付迟延或不完全给付的履行瑕疵，经由债务人补正时，解除权消灭。但债务人的迟延给付责任，则应另当别论。

5.债之关系或债务不履行之情形消灭。以债务不履行为原因的解除权，因债之关系消灭或债务不履行之情形消灭而消灭。例如债因抵销消灭时，解除权亦消灭。

---

〔1〕 对应《民法典》第566条第1款："合同解除后，尚未履行的，终止履行；已经履行的，根据履行情况和合同性质，当事人可以请求恢复原状或者采取其他补救措施，并有权请求赔偿损失。"

〔2〕 对应《民法典》第564条："Ⅰ.法律规定或者当事人约定解除权行使期限，期限届满当事人不行使的，该权利消灭。Ⅱ.法律没有规定或者当事人没有约定解除权行使期限，自解除权人知道或者应当知道解除事由之日起一年内不行使，或者经对方催告后在合理期限内不行使的，该权利消灭。"

四、合同的终止

(一)终止的意义

合同的终止,亦称告知,是指合同的当事人一方所作的合同效力向将来消灭的意思表示。得依一方的意思表示而消灭将来法律关系的权利,称终止权,终止权是形成权。终止权多适用于持续性合同,故民法只于具体合同中规定,而不似解除有一般规定。我国《合同法》未将解除和终止加以区别,统称为解除。

(二)终止与解除

终止与解除在性质上(单方意思表示、形成权)、发生原因(法定或约定)、规范功能(消灭债之关系)及行使方法(不可以分原则)等方面有不少相同之点,故终止权在行使方法及不履行瑕疵的补正、权利行使方式、损害赔偿请求等方面可以准用法律对解除权的规定。但两者既属于不同的合同效力,也有以下区别:

1.解除有溯及既往的效力,而终止无此效力,仅使合同自终止后消灭。

2.解除的发生主要是对债务不履行,而终止的发生理由颇多。

3.解除有回复原状与损害赔偿效力,而终止仅生损害赔偿效力。

4.解除主要适用于一时性合同,终止主要适用于持续性合同。

解除与终止在法律效力上有根本性区别,持续性合同在给付发生后只适用终止,不适用解除,例如,供用电合同,用电人一方不履行债务,供电人只能终止而无法解除合同(《合同法》第182条),[1]其他租赁合同等也同样有这个问题。所以,区分解除与终止不仅有认识上的价值,也有实务上的意义。

(三)终止的效力

因终止的意思表示,合同及合同所生之债向将来发生消灭,已履行的债务或受领的债权仍然有效。对于终止前当事人一方因对方不履行债务所受的损害,发生损害赔偿请求权。

五、双务合同的特殊效力

(一)概说

双务合同是双方当事人互负对待给付之合同,其特点是双方当事人同为债权人

---

〔1〕 对应《民法典》第654条:"Ⅰ.用电人应当按照国家有关规定和当事人的约定及时支付电费。用电人逾期不支付电费的,应当按照约定支付违约金。经催告用电人在合理期限内仍不支付电费和违约金的,供电人可以按照国家规定的程序中止供电。Ⅱ.供电人依据前款规定中止供电的,应当事先通知用电人。"

和债务人，因而双方的债权债务在履行及存续上具有牵连性。该合同债权债务因牵连所生的合同效力，即是双务合同的特殊效力。之所以特殊，是该效力仅适用于双务合同，不适用于单务合同，而对双务合同而言，该效力又具有通则的意义，故置于合同总论中论述。

（二）同时履行抗辩权

1.意义。同时履行抗辩权是指无给付先后顺序的双务合同当事人一方在他方当事人未为对待给付前，有拒绝自己给付的抗辩权。同时履行抗辩权是为确保债务的履行而设，故有与留置权相同的担保债务履行功能。但留置权属物权，而同时履行抗辩权属债权，两者的权利类型和效力根本不同。

合同之债务经双方互为允诺，双方应当履行。若有一方不履行其诺言时，法律允许相对人以同时履行为由，拒绝先为履行，以资对其债权的救济（《合同法》第66条）。[1]

2.成立要件。同时履行抗辩权属于主债务的从权利，故其成立与主债务的发生、履行有关联，此关联分解即为要件。

（1）双方因同一合同互负对价。即双方的债务须由同一双务合同产生，且债务须有对价性。若双方非因同一合同产生的债务，或虽系同一合同发生但不具有对价性的债务，不成立同时履行抗辩权。前者如无因管理产生的债务与合同债务，后者如同一合同之主给付义务对从给付义务。但对于合同因无效、被撤销、解除后的双方给付，如互负不当得利返还债务，返还财产请求权与损害赔偿请求权，通说认为也可以成立同时履行抗辩权。

（2）行使抗辩权之当事人无先行给付义务。当事人只有在无法定或约定先行给付义务时，才得行使同时履行抗辩权。若有法定或约定先行给付义务时，有先行给付义务的当事人不得以他方未为对待给付为由，拒绝履行债务。

（3）他方当事人未提出给付。同时履行的提出是为了催促他方及时给付，若在他方提出给付甚至已经给付时，抗辩原因则消灭。但如他方提出的给付不完全或有其他不符合履行要求的情形的，债务人是否成立同时履行抗辩权，应以诚信原则判断。《合同法》规定当事人仅得"拒绝其相应的履行要求"（《合同法》第66条），即提出部分履行对债权人无意义的，债权人得行使同时履行抗辩请求对方当事人提出全部给付；在部分履行不损害债权的，债权人仅得就未提出的部分给付行使同时履行抗辩。

3.行使同时履行抗辩权之效力。同时履行抗辩权行使后，在实体法上发生阻却他方请求权效力，即在他方给付提出前，可以拒绝自己给付，但无消灭他方请求权和请求他方先为给付的效力。

---

〔1〕 对应《民法典》第525条："当事人互负债务，没有先后履行顺序的，应当同时履行。一方在对方履行之前有权拒绝其履行请求。一方在对方履行债务不符合约定时，有权拒绝其相应的履行请求。"

在债务人(被告)行使抗辩权时,法院是作债权人(原告)败诉判决抑或是同时履行判决? 如以败诉判决,原告则须先为给付后再为自己的抗辩权起诉;而以同时履行判决,则可以使一次判决即达实体法设此权利的目的。

(三)先履行抗辩权

1.意义。先履行抗辩权是指在有先后给付顺序的双务合同中,后给付一方当事人在他方当事人给付前,有拒绝自己给付的抗辩权。(《合同法》第67条)[1]先履行给付抗辩权是我国《合同法》明文规定的,尚未在国外法律中检索到明确规定该抗辩权的。

2.成立要件。从《合同法》规定看,先履行抗辩权与同时履行抗辩权的成立要件,仅在有无先行给付义务上不同。先履行抗辩权之权利人须享有后履行权利;而同时履行抗辩权则是给付无先后顺序。

(1)双方因同一合同互负债务。这与同时履行抗辩权相同,但互负债务是否对价给付,法律没有规定。但合理的解释是,该债务应为有对待性,如主债务对主债务、从债务对从债务。

(2)债务有先后履行顺序。即双务合同之债权债务,有先后履行的顺序,而不是由当事人同时履行。至于该顺序是约定或法定,在所不问。

(3)他方未为先给付义务。行使先履行抗辩权之当事人须有后给付之权利,只有他方尚未给付或已履行的给付有瑕疵时,才得行使抗辩权。如果对方为部分给付,得否行使先履行抗辩权,应以部分履行对债权有无损害为标准,与上述同时履行抗辩权作同样解释。

3.行使先履行抗辩权之效力。行使先履行抗辩权,发生阻却他方请求权效力,即在他方先行给付前,可以拒绝自己给付,但无消灭他方请求权的效力。

(四)不安抗辩权

1.意义。不安抗辩权是双务合同中有先为给付义务的当事人一方,因他方当事人的财产显著减少或经营状况恶化而有难为对待给付的情形时,在他方未为对待给付或提供担保前,有拒绝自己给付的抗辩权。在双务合同中,有先为给付义务的当事人在他方财产状况恶化时,若仍强使其给付,显然有失公平。为负有先给付义务之债务人自我救济,法律赋予债务人以不安抗辩之从权利,阻却相对人的请求权。

2.成立要件。

(1)一方有先为给付的义务。不安抗辩权仅适用于给付有先后顺序的双务合同,若无先后顺序的,当事人则可适用同时履行抗辩权。如果说先履行抗辩权是专为后

---

[1]　对应《民法典》第526条:"当事人互负债务,有先后履行顺序,应当先履行债务一方未履行的,后履行一方有权拒绝其履行请求。先履行一方履行债务不符合约定的,后履行一方有权拒绝其相应的履行请求。"

履行债务的当事人设置的,那么,不安抗辩权是法律专为先履行债务的当事人设置的,只有负有先行给付义务的当事人,才能行使该项抗辩权。

(2)有难为给付之状况。不安抗辩权的功能是为确保对待给付的公平交易,故其成立须有难为预期给付的状况。《合同法》列举了四种难为给付的状况(第68条),[1] 即在履行期届至时,当事人有该四种状况之一的,相对人即可行使不安抗辩权。一是经营状况严重恶化;二是有转移财产、抽逃资金、逃避债务行为的;三是丧失商业信誉的;四是有丧失或者可能丧失履行债务能力的其他情况的。

(3)他方未提供担保。于上述情形,若他方之债务有担保或虽然无担保但他方提出同时履行或提供担保的,当事人之预期债权并无预料不到的危害,故不安抗辩权不成立。

3.不安抗辩权之行使。不安抗辩权与同时履行抗辩权一样,须经当事人主张始生效力,而非当然发生效力。

(1)法律要求行使不安抗辩权需提供相对人发生有难为给付之状况的确切证据,证明相对人有经营状况恶化或抽逃财产等事实。这个举证责任主要是为相对人提起诉讼准备的,因为无诉讼不存在举证问题。若诉讼,不能举证的,就要承担不履行债务的责任。

(2)行使不安抗辩权的当事人,若中止先行给付,应及时通知对方当事人。

4.行使不安抗辩权之效力。

(1)中止先行给付。即行使抗辩权人得暂时停止原来所负的先行给付义务。

(2)相对人提供担保。若相对人对债务无担保的,需提供担保,担保方式不论,由第三人保证,或由本人或第三人提供动产或不动产设定质权或抵押权皆可。

(3)若相对人不提供担保,且在合理的期限内法定的难为给付的状况无改变,抗辩权行使人得行使解除权解除合同。

(五)给付不能对双务合同的效力

1.概说。双务合同所发生的债务,其给付为自始永久客观不能时,合同无效。但双务合同有对待给付的关系,如一方给付不能时,是否仅免除其给付,而其却仍可向他方请求对待给付,或对待给付因给付不能统归消灭?无论作何种选择,都涉及给付不能的负担由哪一方当事人负担的问题,故需专作说明,以济债务不履行通则的不足。

2.危险负担的意义。危险负担,是指双务合同因不可归责于债务人的事由而致给付不能时,对价利益损害的负担。例如,甲售果树于乙,甲的对价利益即为价金,果树被台风刮倒,因不可归责于双方的事由致甲(债务人)给付不能,以致甲丧失价

---

〔1〕 对应《民法典》第527条:"Ⅰ.应当先履行债务的当事人,有确切证据证明对方有下列情形之一的,可以中止履行:(一)经营状况严重恶化;(二)转移财产、抽逃资金,以逃避债务;(三)丧失商业信誉;(四)有丧失或者可能丧失履行债务能力的其他情形。Ⅱ.当事人没有确切证据中止履行的,应当承担违约责任。"

金请求权,此即为对价利益的危险负担。因危险负担丧失的对价利益,如从他方当事人角度视之,即是免为对待给付。故危险负担和免为对待给付是定位于不同角度的同义语。

危险负担之所以限定在不可归责于债务人的事由,是因给付不能因可归责于债务人的事由而发生时,原给付变更为损害赔偿,债务并不消灭,其对待给付请求权也不当然消灭,只是相对人有解除合同的解除权;给付不能如是因可归责于双方当事人的事由而发生时,应依混合过失来确定各方的责任(《合同法》第120条)。[1]

3.危险负担的类型及效力。给付不能在双务合同中的危险负担效力,因是否可归责于债权人而有不同,故需分类型论之:

(1)不可归责于双方当事人的给付不能。因不可归责于双方当事人的事由而致给付不能的,他方免为对待给付;若部分不能的,则按比例减少对待给付,即因给付不能的损害由债务人负担,学理上称此为债务人负担主义。

(2)可归责于债权人的给付不能。可归责于债权人的事由,须同时不可归责于债务人,而债权人也是相对于给付不能的给付而言的。在此种情形下,债务人免为给付义务,但不免除债权人所负的对待给付义务,学理上称此为债权人负担主义。

六、涉他合同的特殊效力

(一)概说

双方当事人之间的合同涉及第三人的,即为涉他合同。在合同类型中已介绍,涉他合同区分为负担合同和利他合同。涉他合同属合同的特殊形态,有不同于一般合同的特殊效力,但因该效力仍是涉他合同的通共效力,故于合同总论中论之。

(二)负担合同及其效力

负担合同是以第三人的给付为合同之给付标的的。根据意思自治原则,涉他合同为第三人设定义务,其效力仍限于当事人之间,非经第三人允诺其不因合同而承担债务,故在债务人担保第三人履行而第三人不为给付时,不问债务人是否可归责,均负债务不履行的责任(《合同法》第65条)。[2]

(三)利他合同及其效力

利他合同是约定第三人取得给付利益的合同。其不同于一般合同的特殊效

---

〔1〕 对应《民法典》第592条:"Ⅰ.当事人都违反合同的,应当各自承担相应的责任。Ⅱ.当事人一方违约造成对方损失,对方对损失的发生有过错的,可以减少相应的损失赔偿额。"

〔2〕 对应《民法典》第523条:"当事人约定由第三人向债权人履行债务,第三人不履行债务或者履行债务不符合约定的,债务人应当向债权人承担违约责任。"

力有：

1.对第三人效力。第三人对债务人有直接请求权，但撤销权、解除权等从权利仍归债权人本人，第三人向债务人表示拒绝接受给付时，应视为自始未取得该权利。第三人以意思表示接受给付时，第三人的权利即确定，当事人不得再变更或撤销合同。

2.对债权人的效力。利他合同成立，给付请求权归属第三人，债权人则仍为合同当事人，但不得请求债务人向自己给付，而只可请求债务人向第三人给付。

3.对债务人的效力。利他合同中第三人的获得之给付利益，源自债权人，自然应承受债权人的不利益，故第三人向债务人请求履行时，债务人对于债务所发生的一切抗辩，得对抗第三人。

第六编之二　合同之债——合同分论

第三十七章　移转标的物所有权的合同

第一节　导言

移转标的物所有权的合同，系指当事人双方约定，标的物所有者一方将物的所有权移转于他方，他方取得该标的物所有权的合同。这类合同的共性是物的所有权由商品所有人一方移转于他方，表现了商品交换的最基本的常态。"标的物所有权的让渡"构成了这类合同的标的，属于这类合同的有买卖、互易和赠与等。

在市场经济下，买卖是最为典型的移转所有权合同，但在我国并不是在所有的领域都实现了以市场原则配置资源，如农副产品买卖还完全是国家垄断经营的，所以，买卖合同的特点仍是多元化的。从我国的法律适用看，农副产品购销等计划合同将适用买卖合同的基本规则。因此，我们将这类合同归于买卖合同的特殊类别。

这组合同类型的标的物是指具有特定物或种类物特征，并允许进入民事流转的有体物。其他类型的财产流转，如有价证券、智慧创作成果、请求权和使用权的转让等，则归入其他合同类型研究。

买卖、互易和赠与合同，均属债权合同，它们是否直接发生所有权变动的效果，取决于法律对物权行为独立性与无因性的态度，这些问题已经在物权部分介绍，这里仅是依当事人的给付义务区分合同类型，不涉及物权行为的独立性和无因性问题。

第二节　买卖合同

一、概说

(一)买卖合同的意义

买卖合同是当事人双方约定，当事人一方交付标的物并移转其所有权于他方，他方受领标的物并支付价金的合同。其中，交付标的物所有权的一方当事人称出卖人；负给付价金义务的他方，称买受人。买卖的当事人既可以是自然人，也可以是法人。

买卖合同双方当事人就合同的条件，即标的物、价金、履行期限等，构成合同的基本内容。

买卖合同的标的物是出卖人依合同约定应移转给买受人的财产。该财产系出卖人所有或者有权处分的动产或不动产，但特为买受人制造或买受人提供所需要的标的物以外，买卖合同的标的物须是法律不禁止买卖的流通物。

买卖合同的价金是买受人因取得标的物所有权所支付给出卖人的货币。标的物价格在法律有限定时，双方当事人应于限定范围内确定价格。

买卖合同的履行期限决定标的物所有权的移转时间和标的物意外灭失的风险责任，因此，确定买卖合同的履行期限是合同成立的重要条件。

在买和卖的双方当事人意思表示对立统一的过程中，买受人支付货币取得商品，出卖人则交付商品获得金钱，买卖合同正是对这一交换关系的法律调整。

在各种合同类型中，买卖合同是典型的合同。人类社会的交易历史就是从买卖开始的，在现今的各种交易中，承揽、租赁等合同是以买卖为基础的，运输、保管等合同又是以买卖为服务对象的，技术转让、商标转让等新兴的知识产权交易，也不过是特种买卖。所以，在《合同法》中买卖合同不仅放在分则的首位，而且条文有46条之多（第130条至第175条），[1]占整个《合同法》条文的1/10强。法律之所以给予买卖合同特别的关注，除了买卖是市场经济最常见的交易这个原因外，还有以买卖作为其他合同"榜样"的含义。法律于买卖合同中规定的物的交付、标的物毁损灭失的风险负担、物的瑕疵和权利瑕疵担保义务等，可以适用于其他合同（《合同法》第174条至第175条），[2]法律为了简约，在其他合同中，通常也不再作类似的规定。

（二）买卖合同的特征

1.买卖合同是有偿合同。买卖合同的出卖人有向买受人移转标的物所有权的给付义务，而买受人则有向出卖人给付价金的义务。两项给付，互为对价，这是买卖合同的基本特征。这一特征，从法律上表现了以货币为媒介的商品交换的典型形式。在有无价金这一点上，买卖与互易、赠与相区别，互易是标的物所有权的对待移转，并无价金，而赠与人的出赠不以取得价金为目的。

2.买卖合同是双务合同。买卖合同双方当事人的权利义务是彼此对应关联的，一方当事人的权利，正是他方的义务，反之亦然。卖方有义务将出卖物的所有权移转给买方，并有权请求买方支付价金；买方亦有义务向卖方支付价金，并有权请求卖

---

〔1〕《民法典》第三编第二分编第九章为买卖合同，从第595条至第647条，共53个条文。

〔2〕 对应《民法典》第646条、第647条。第646条："法律对其他有偿合同有规定的，依照其规定；没有规定的，参照适用买卖合同的有关规定。"第647条："当事人约定易货交易，转移标的物的所有权的，参照适用买卖合同的有关规定。"

方移转出卖物的所有权。

3.买卖合同是诺成、不要式合同。买卖合同除法律另有规定或者当事人有约定外,买卖的成立,不以物的交付为要件,也不以履行书面形式为必要。

二、买卖合同的效力

买卖合同是双务合同,为说明简洁和便于明确不履行债务的责任,通常在论述买卖合同的效力时,多从义务的角度说明,该义务相对应的权利,则不赘述。

(一)出卖人的义务

1.交付标的物的义务。交付标的物,是出卖人的首要义务,也是买卖最重要的合同目的。标的物之交付,既可以现实交付,也可以拟制交付,前者指实际移转标的物的占有,后者则指以提单、仓单、所有权证书等的交付代替物的交付。

(1)交付期限、地点和方式。买卖标的物为动产的,交付期限、地点和方式由当事人约定,无约定的,依债务履行的一般规则(《合同法》第61条至第62条)[1]确定;如依债务履行一般规则仍不能确定买卖的履行地点的,需要运输的,以交给第一承运人为交付地点;不需要运输的,以成立合同时双方已知的标的物所在地为交付地点,不知的则以出卖人缔约时的营业地为交付地点(《合同法》第141条)。[2]

(2)孳息物归属。以交付为界限,交付前产生的孳息物,归出卖人;交付后产生的孳息物,归买受人(《合同法》第163条)。[3]

2.移转标的物所有权。买卖之交付别样于借用、租赁,就在于买卖之交付是所

---

〔1〕 对应《民法典》第510条、第511条。第510条:"合同生效后,当事人就质量、价款或者报酬、履行地点等内容没有约定或者约定不明确的,可以协议补充;不能达成补充协议的,按照合同相关条款或者交易习惯确定。"第511条:"当事人就有关合同内容约定不明确,依据前条规定仍不能确定的,适用下列规定:(一)质量要求不明确的,按照强制性国家标准履行;没有强制性国家标准的,按照推荐性国家标准履行;没有推荐性国家标准的,按照行业标准履行;没有国家标准、行业标准的,按照通常标准或者符合合同目的的特定标准履行。(二)价款或者报酬不明确的,按照订立合同时履行地的市场价格履行;依法应当执行政府定价或者政府指导价的,依照规定履行。(三)履行地点不明确,给付货币的,在接受货币一方所在地履行;交付不动产的,在不动产所在地履行;其他标的,在履行义务一方所在地履行。(四)履行期限不明确的,债务人可以随时履行,债权人也可以随时请求履行,但是应当给对方必要的准备时间。(五)履行方式不明确的,按照有利于实现合同目的的方式履行。(六)履行费用的负担不明确的,由履行义务一方负担;因债权人原因增加的履行费用,由债权人负担。"

〔2〕 对应《民法典》第603条:"Ⅰ.出卖人应当按照约定的地点交付标的物。Ⅱ.当事人没有约定交付地点或者约定不明确,依据本法第五百一十条的规定仍不能确定的,适用下列规定:(一)标的物需要运输的,出卖人应当将标的物交付给第一承运人以运交给买受人;(二)标的物不需要运输,出卖人和买受人订立合同时知道标的物在某一地点的,出卖人应当在该地点交付标的物;不知道标的物在某一地点的,应当在出卖人订立合同时的营业地交付标的物。"

〔3〕 对应《民法典》第630条:"标的物在交付之前产生的孳息,归出卖人所有;交付之后产生的孳息,归买受人所有。但是,当事人另有约定的除外。"

有权交付。只有将所有权移转给买受人，买受人才能获得对价。买卖标的物为动产的，如无特别约定，所有权在交付时移转；标的物为不动产的，出卖人除交付外，还须协助买受人办理不动产权利移转登记，实务上称"过户"登记，以登记完毕买受人取得权利证书为不动产所有权移转。

3.瑕疵担保义务。出卖人对标的物的瑕疵担保义务，系指出卖人应担保其给付的标的物以及标的物之权利不存在未告知的瑕疵，出卖人不履行告知义务的，应承担的责任，称瑕疵担保责任。标的物瑕疵可以区分为标的物瑕疵和权利瑕疵，因此，瑕疵担保义务，亦分为物之瑕疵担保和权利之瑕疵担保。

(1)物之瑕疵担保。标的物瑕疵担保，是出卖人就其所交付的标的物应保证其符合法定或者约定的品质。易言之，出卖人要保证标的物移转于买受人后，不存在品质或使用价值降低、效用减弱的瑕疵。

标的物欠缺法定或者约定品质的，称为物的瑕疵。依其被发现的难易程度，区分为表面瑕疵和隐蔽瑕疵。

表面瑕疵，系指存在于物的表面，无须专门检验，从标的物外观或凭买受人的生活经验即能发现的瑕疵，表面瑕疵也称外观瑕疵或者外在瑕疵。对于表面瑕疵，买受人应当在收到标的物时按约定检验期检验，未约定的应及时检验（《合同法》第157条）。[1]

隐蔽瑕疵，系指存在于物的内部，需经使用或专门测试检验才能发现的瑕疵。隐蔽瑕疵也称内在瑕疵。对于隐蔽瑕疵的检验，买受人应于约定检验期或质量保证期检验；没有前述约定期限的，买受人在合理期间或收到标的物起2年未主张的，视为标的物质量符合要求不存在瑕疵（《合同法》第158条）[2]。买受人主张瑕疵的，应以通知方式告知出卖人，怠于通知的，亦视为标的物无瑕疵。

确定物的瑕疵标准，合同有约定的，依合同约定；无约定或者约定不明的，应按国家质量或行业标准；没有国家标准或行业标准的，则依通常标准或符合合同目的的特定标准（《合同法》第62条第1项）。[3]

买受人主张标的物有瑕疵的，应以通知方式告知出卖人，由出卖人负担保责任。

---

〔1〕 对应《民法典》第620条："买受人收到标的物时应当在约定的检验期限内检验。没有约定检验期限的，应当及时检验。"

〔2〕 对应《民法典》第621条："Ⅰ.当事人约定检验期限的，买受人应当在检验期限内将标的物的数量或者质量不符合约定的情形通知出卖人。买受人怠于通知的，视为标的物的数量或者质量符合约定。Ⅱ.当事人没有约定检验期限的，买受人应当在发现或者应当发现标的物的数量或者质量不符合约定的合理期限内通知出卖人。买受人在合理期限内未通知或者自收到标的物之日起二年内未通知出卖人的，视为标的物的数量或者质量符合约定；但是，对标的物有质量保证期的，适用质量保证期，不适用该二年的规定。Ⅲ.出卖人知道或者应当知道提供的标的物不符合约定的，买受人不受前两款规定的通知时间的限制。"

〔3〕 对应《民法典》第511条第1项："当事人就有关合同内容约定不明确，依据前条规定仍不能确定的，适用下列规定：（一）质量要求不明确的，按照强制性国家标准履行；没有强制性国家标准的，按照推荐性国家标准履行；没有推荐性国家标准的，按照行业标准履行；没有国家标准、行业标准的，按照通常标准或者符合合同目的的特定标准履行。"

买受人可请求出卖人以无偿更换、修理等方式履行补正给付，或减少价金，在标的物瑕疵使合同目的不能实现时，可以解除合同。在标的物是种类物时，买受人可请求出卖人另行交付无瑕疵的同种类物。

标的物主物有瑕疵而解除合同时，解除合同的效力及于从物；反之，从物有瑕疵的，仅能部分解除合同，解除的效力不及于主物。标的物为数物时，其中一物有瑕疵的，买受人仅得就有瑕疵的物解除合同；数物之价值不能分离，则可就数物解除合同(《合同法》第165条)；[1]买卖标的物是分批交付的，买受人只能就不能达到合同目的的该批标的物部分解除合同，但各批标的物有关联的，则可就该批以及以后各批标的物解除合同。

(2)标的物之权利瑕疵担保。标的物权利瑕疵担保，是出卖人就其所移转的标的物有担保其不受他人追夺以及不存在未告知的权利负担的义务(《合同法》第150条)。[2]

权利瑕疵，是出卖人未告知标的物无处分权或于标的物上设定负担，如转让他人之物或存在标的物上为他人设定的物权担保等。标的物存在权利瑕疵时，买受人可请求出卖人除去权利负担，并且可依关于债务不履行的规定，请求出卖人负不履行债务或损害赔偿责任。但是，买受人在订立合同时知道或应当知道第三人对标的物享有权利的，出卖人得免除责任(《合同法》第151条)。[3]

(二)买受人的义务

1.给付价金的义务。给付价金是买受人的主要义务。此项给付，须依合同约定的价金数额、给付期限、地点和方式进行，并不得违反法律以及公共秩序和善良风俗。合同无约定或者约定不明的，应依法律规定、参照交易惯例确定。价金给付有约定结算方式的，则应依约定结算方式给付。

对于有确切证据证明标的物有权利瑕疵的，买受人得行使中止给付抗辩权，请求出卖人就该瑕疵提供担保，出卖人不提供担保的，买受人有权拒绝支付相应的价金(《合同法》第152条)。[4]

2.受领标的物的义务。对于出卖人交付的标的物及其有关权利和凭证，买受人有受领义务。在托运送达场合，即使主张标的物表面瑕疵，亦应受领，待受领后再为主张，否则拒绝受领可能构成受领迟延。

---

〔1〕 对应《民法典》第632条："标的物为数物，其中一物不符合约定的，买受人可以就该物解除。但是，该物与他物分离使标的物的价值显受损害的，买受人可以就数物解除合同。"

〔2〕 对应《民法典》第612条："出卖人就交付的标的物，负有保证第三人对该标的物不享有任何权利的义务，但是法律另有规定的除外。"

〔3〕 对应《民法典》第613条："买受人订立合同时知道或者应当知道第三人对买卖的标的物享有权利的，出卖人不承担前条规定的义务。"

〔4〕 对应《民法典》第614条："买受人有确切证据证明第三人对标的物享有权利的，可以中止支付相应的价款，但是出卖人提供适当担保的除外。"

3.对标的物检查通知的义务。买受人受领标的物后,应在当事人约定或法定期限内,依通常程序尽快检查标的物。若发现应由出卖人负担保责任的瑕疵时,应妥善保管标的物并将其瑕疵立即通知出卖人。就此项保管支出的必要费用,有请求出卖人赔偿的权利。若超过约定或法定期限,买受人不为通知的,交付的标的物视为无瑕疵。

三、标的物风险负担

(一)意义

买卖合同标的物风险负担,系指买卖过程中发生的标的物意外毁损灭失的风险,分配给当事人哪一方负担。在买卖中,对于不履行债务或不协助履行债务,标的物风险通常由有过失的一方负担,但在双方皆无过失或出卖人无过失的情况下,发生标的物的毁损灭失风险由谁承担,也就是要把标的物因"天灾人祸"导致的损失分配给谁,是买卖的一个重要问题。这个问题的实质是风险究竟自何时起从出卖人移转于买受人。可以确定风险移转的时间,不外是合同成立时、标的物交付时、标的物所有权移转时。

(二)标的物风险负担的分配原则

1.交付原则。我国《合同法》确定,标的物的毁损灭失风险的负担,在动产,首先依意思自治,由当事人约定,法律有特别规定的依其规定;其次在无前述约定或法定情况的,以交付为原则,交付之前由出卖人负担,交付之后由买受人负担(第142条)。[1]对于不动产或船舶、航空器等以登记为权利变动公示的,风险应由所有权人负担。

2.风险负担分配。《合同法》对各种不同交付方式规定了风险负担分配原则:①买受人自提标的物的,出卖人将标的物置于约定或法定地点时起,风险由买受人负担。②出卖运输在途标的物的,除有约定外,自合同成立时起,在途风险由买受人负担。③对于需要运输的标的物,没有约定交付地点或约定不明确的,自出卖人将标的物交付给第一承运人起,风险由买受人承担。④买受人受领迟延的,自迟延时起负担标的物风险。

---

〔1〕 对应《民法典》第604条:"标的物毁损、灭失的风险,在标的物交付之前由出卖人承担,交付之后由买受人承担,但是法律另有规定或者当事人另有约定的除外。"

四、涉外买卖合同

(一)概说

我国《合同法》,为了适应我国进出口贸易中买卖,吸收了许多国际惯例或国外立法的经验,因此,《合同法》中关于买卖的规定,是国内或对外贸易中的基本规则。但是对外贸易有其特殊性,法律允许当事人选择外国法或有关国际贸易公约。这里将我国参加的《联合国国际货物销售合同公约》关于买卖的一些特殊规定作简单介绍。

(二)国际货物销售合同公约

《联合国国际货物销售合同公约》是调整涉外买卖关系的统一规则。我国为该公约的成员国,依《民法通则》第142条第2款的规定,除我国声明保留的以外,国际公约的规定与国内法不同时,优先适用国际公约的规定。

1.适用条件。适用于营业地在不同国家的当事人之间所订立的货物买卖合同。

2.适用范围。适用于营业地所在不同国家或国籍不同的当事人之间的货物买卖关系。但不适用于:①非对外贸易性质的及个人之间的买卖。②非有体物(如各种票据证券和金银货币等)的买卖。③非一般货物(如飞机、船舶、电力等)的买卖。④根据法律规定进行的买卖(如公卖、拍卖)。

3.公约的效力。只调整国际买卖合同的订立以及买方和卖方由此合同而产生的权利义务关系。因此,若该公约无其他规定时,公约不涉及合同本身的效力,也不涉及合同的任何条款或任何惯例的效力。同时,合同对所买卖货物的所有权可能产生的影响,也与该公约无关。除此以外,该公约对因卖方的货物所造成的任何人的死亡或人身伤害的责任也不适用。

4.国际买卖合同的形式,以不要式为原则。可以是书面(包括电报、电传)的、口头的,或者任何其他可证明合同存在的方式。

5.合同的成立。合同自收到承诺时成立。

6.买卖双方的义务。卖方的基本义务是按照公约和合同的约定交付货物,移交一切与货物有关的单据并移转货物所有权;买方的基本义务是按照公约和合同的约定支付货物价款和收取货物。

7.货物风险负担移转。交付风险移转原则与过失划分原则相结合,公约和合同另有特别约定的除外。公约第66条规定,货物在风险移转到买方后遗失或损失,买方仍需履行付款义务,除非这种遗失或损失是由卖方的作为或不作为所致。

第三节　特殊买卖合同

在财产流转中,某些移转标的物所有权的买卖合同,除具有一般买卖合同的有偿、双务、诺成性等基本特征外,还具有其独特的特征。我们将其归为特殊类型的买卖合同。

一、买回

(一)意义

买回,系指在买卖合同中约定,出卖人保留自己将来买回已出卖标的物所有权的意思表示。出卖人对出卖物的再买回的权利,称买回权。

(二)性质

买回系买卖合同成立时以出卖人保留买回权的意思表示为附停止条件的再买卖合同。关于买回权的性质,有两种学说。解除说认为,买回是附解除条件的买卖合同,出卖人行使买回权,合同即解除;债权说则认为,买回是以买卖为基础的独立合同,属于特殊买卖合同。

(三)买回权的行使

1.期限限制。买回制度为急需资金的标的物出卖人提供了在将来资力恢复时,有再回复已出卖标的物所有权的可能性。但买回权的存在,使法律关系处于效力未定状态,尤其妨碍标的物的使用,故大多数国家的立法对买回权的行使都规定了期限限制。买回的期限可由当事人约定,但一般不得超过5年,其期限自买卖合同成立之日起计算。超越期间不行使买回权者,买回权消灭。

2.须有买回意思表示。出卖人在期限内应向买受人为买回的意思表示,出卖标的物在买卖合同于出卖人意思表示到达买受人始生效。

3.返还受领价金。出卖人返还其所受领的价金,买回出卖标的物所有权。出卖人买回的价金,原则上为出卖人依原合同所受领的价金。若当事人另有约定的,依当事人约定。原价金的利息与买受人就标的物所得的利益,视为互相抵销。标的物价值增加的,买回时,出卖人应向买受人偿还其价值增加额。

(四)买回权行使的效力

1.买受人有向买回权人交付标的物及附属物的义务。

2.因可归责于买受人的事由使标的物交付不能时,买受人应负损害赔偿责任。

二、试用买卖

(一)意义

试用买卖,系指买卖双方当事人约定,于合同成立时,出卖人将标的物交付买受人试用,并以买受人于约定期间内对试用标的物的承认为生效条件的买卖合同。试用买卖是合同成立时以买受人对标的物认可的意思表示为附停止条件的买卖合同,常见于新产品买卖等。

(二)特征

1.合同成立时,出卖人允许买受人试用其标的物,并交付试用物。

2.合同的效力,试用买卖合同虽经双方意思表示一致而成立,但其生效取决于买受人对标的物的承认。

3.买受人对试用标的物的认可为任意。即使试用标的物的品质符合合同规定的标准,买受人也有权作出拒绝的意思表示。

(三)买受人对标的物的承认

因试用买卖合同的效力以买受人对标的物的承认为必要条件,所以,确定买受人的承认具有重要意义。

1.买受人的试用期应依约定;无约定期限的,参照交易惯例确定;依前述仍无法确定的,由出卖人确定期限(《合同法》第170条)。[1]

2.买受人在试用期内或届满拒绝承认的,应作出明示的意思表示,期限届满未作承认或拒绝表示的,视为承认(《合同法》第171条)。[2]

3.买受人于试用期内支付一部分或全部价金的,视为承认。

(四)拒绝承认的效力

1.买受人在期限内为拒绝承认的意思表示,合同不生效。买受人负返还标的物的义务。

2.因可归责于买受人的事由,使标的物灭失、毁损而返还不能时,买受人负赔偿责任。

---

〔1〕 对应《民法典》第637条:"试用买卖的当事人可以约定标的物的试用期限。对试用期限没有约定或者约定不明确,依据本法第五百一十条的规定仍不能确定的,由出卖人确定。"

〔2〕 对应《民法典》第638条:"Ⅰ.试用买卖的买受人在试用期内可以购买标的物,也可以拒绝购买。试用期限届满,买受人对是否购买标的物未作表示的,视为购买。Ⅱ.试用买卖的买受人在试用期内已经支付部分价款或者对标的物实施出卖、出租、设立担保物权等行为的,视为同意购买。"

3.买受人在期限届满之后为拒绝意思表示的,合同生效,买受人不得拒绝接受标的物,且应支付价金。

三、分期付款买卖

(一)意义

分期付款买卖,系当事人双方约定,出卖人一方先行给付标的物,而买受人分期给付价金的买卖合同。

分期付款买卖合同对于买受人而言,只需先给付价金的一部分,即可占有和使用标的物,等于出卖人给予的短期信贷;对于出卖人而言,则有利于多销。

(二)特征

1.物先给付性。分期付款买卖是"物先交付型"买卖,在买受人给付第一期价金之后,出卖人即刻交付标的物于他方。标的物所有权的移转,当事人有约定的,依书面明示约定,无约定的,所有权自物的交付时起移转。

2.价金分期给付性。买受人的价金给付义务是分期的,在占有标的物之后,须存在分两期以上给付价金的义务。若一期清偿完毕,则不成立分期付款买卖。

(三)价金危险及其担保

对分期付款买卖的出卖人而言,有不能获得全部价金的危险。为确保其债权,通常可以约定以下担保方式:①就所交付标的物设定第一顺序抵押权。②保留标的物所有权于全部价金清偿之前。③特约保留出卖人对合同的解除权。

(四)合同的解除

1.解除权的行使:①买受人迟延给付,且已给付价金未达到全部价金的1/5的,出卖人可行使合同解除权或请求支付全部价金(《合同法》第167条)。[1]②出卖人基于其保留的所有权将出卖物取回的,视为行使合同解除权。

2.解除的效力:①双方互为恢复标的物原状。②出卖人可扣留其所受领的价金,但数额不得超过该标的物通常使用的代价。③标的物有毁损时,买受人应负担损害赔偿责任。

---

〔1〕 对应《民法典》第634条:"Ⅰ.分期付款的买受人未支付到期价款的数额达到全部价款的五分之一,经催告后在合理期限内仍未支付到期价款的,出卖人可以请求买受人支付全部价款或者解除合同。Ⅱ.出卖人解除合同的,可以向买受人请求支付该标的物的使用费。"

四、连续供给买卖合同

(一)意义

连续供给买卖合同,系当事人双方约定,一方在一定期限内供给一定种类、品质和数量的物于他方,而由他方给付价金的买卖合同。例如,供给电、水、天然气的合同以及日常生活中订报、订牛奶等合同均属之。

(二)特殊效力

连续供给买卖合同的当事人一方,负有先行给付的义务,而负先行给付义务的一方无主张对方同时履行的抗辩权。

1.当出卖人负有先行给付义务并为给付后,若买受人迟延给付价金时,出卖人有权拒绝次期给付并请求偿还已给付的对价。但在供电、供水等社会性福利给付,出卖人因买受人迟延而中止给付,须催告,买受人如在合理期限内不给付的,出卖人应按法定程序中止给付(《合同法》第182条)。[1]

2.当买受人负担先行给付义务并为给付后,若出卖人迟延给付,买受人有权请求出卖人补正给付或行使解约权。

(三)解除与终止

1.解除。当事人一方迟延履行第一期给付义务,经催告而不补正者,他方即产生解约权。解约权的行使,使合同归于消灭。

2.终止。在第一期给付履行之后,当事人一方迟延给付经催告而不补正者,他方即产生终止权。终止权的行使,使合同向将来消灭。

五、样品买卖

(一)意义

样品买卖,也称货样买卖,是指买卖双方约定样品,出卖人应交付与样品质量相同的标的物的买卖。样品买卖的特殊性,在于出卖人须按样品的品质标准交付标的物,其意义是出卖人提供一种质量担保。

---

〔1〕 对应《民法典》第654条:"Ⅰ.用电人应当按照国家有关规定和当事人的约定及时支付电费。用电人逾期不支付电费的,应当按照约定支付违约金。经催告用电人在合理期限内仍不支付电费和违约金的,供电人可以按照国家规定的程序中止供电。Ⅱ.供电人依据前款规定中止供电的,应当事先通知用电人。"

（二）特殊要件

1.样品买卖的样品须于合同成立时就存在。

2.双方当事人在买卖合同中有对样品的约定，并可以附加对样品的说明。

3.样品被确认后应封存样品（《合同法》第168条）。[1]

（三）特殊效力

1.出卖人交付的标的物的品质，必须与样品相符，负特别担保责任。

2.样品有隐蔽瑕疵的，如买受人无过失的，出卖人仍须按通常标准的质量交付标的物（《合同法》第169条）。[2]

第四节　互易合同

一、互易合同的意义

互易合同，系当事人双方约定互为移转金钱外财产之所有权的合同。

双方当事人均称为互易人。互易合同是商品交换的最古老形式，在货币出现后仍有其制度价值。

二、互易合同的特征

互易合同是以物易物的实物直接交换合同，无价金给付。据此，合同的任何一方都可视为出卖人或买受人。

三、参照买卖的规定

互易合同除给付价金一项外，其他特征与买卖相同，故《合同法》规定参照买卖合同有关规定（第175条）。[3]

---

〔1〕　现为《民法典》第635条。

〔2〕　现为《民法典》第636条。

〔3〕　对应《民法典》第647条："当事人约定易货交易，转移标的物的所有权的，参照适用买卖合同的有关规定。"

四、互易物所有权的移转

在互易人双方同时互换物时，双方标的物所有权自物交付于各相对人时起移转。

在一方先于他方受领物时，标的物所有权的移转应以相对方也受领物为准。法律另有规定或当事人另有约定的除外。

五、补足价金的互易

通常，无价金给付的交易，推定所交换的标的物价值相等。在双方互换物价值有差异时，一方应向他方交付补足金，此为附补足价金的互易。附补足价金的互易，应视为互易与买卖的混合合同。

第五节　赠与合同

一、赠与合同的意义

赠与合同，系一方当事人将自己的财产无偿给予他方，他方受领该赠与财产的合同。将自己财产无偿给予他方的当事人，称赠与人，受领赠与财产的人称受赠人。

赠与财产应为赠与人合法所有，并为法律允许其处分的具有财产价值的物、货币、有价证券及财产权。当赠与物为共有财产时，应依共有的规则处分财产。

赠与之动产所有权自交付时起转移，不动产所有权依不动产权利变动方式转移。

二、赠与合同的特征

1.赠与合同是无偿合同。赠与合同的赠与人依约无偿移转其赠与财产所有权于受赠人，而受赠人无偿取得该赠与财产所有权。赠与合同虽然为无偿合同，但因赠与人的过失给受赠人造成损失的，受赠人有权请求赔偿。如赠与人故意不告知其赠与财产之瑕疵或保证无瑕疵的，对受赠人因物之瑕疵所受的损害负赔偿责任。

2.赠与合同是单务合同。赠与合同的赠与人，有移转赠与物所有权的义务，而受赠人则无须为其无偿取得赠与物支付对价。

3.我国《合同法》规定赠与合同为诺成合同(第185条)[1]，赠与自当事人意思表示一致起成立，与传统上将赠与作为践成合同不同。

三、附负担之赠与合同

1.赠与人可以为赠与附义务，受赠人须按约定履行义务的赠与，称附负担赠与合同(《合同法》第190条)。[2]但所附负担以不违背公序良俗为限。

2.在受赠人履行义务之前，尽管其已经占有赠与物，但须受赠人履行义务之后，始能取得该赠与物所有权。受赠人不履行其负担时，赠与人有权请求受赠人履行负担或撤销其赠与。受赠人的负担应在赠与物的价值限度内。

3.附负担的赠与，其赠与的物或权利如有瑕疵，在受赠人负担的限度内，赠与人承担赠与物瑕疵担保责任。

四、赠与合同的撤销

出现以下情形之一的，赠与人可撤销赠与合同：

1.赠与人在合同成立后，赠与物交付前得任意撤销。但具有救灾扶贫等社会公益及道德义务性质的赠与，不得任意撤销(《合同法》第186条)。[3]

2.受赠人对赠与人及其近亲属有故意侵害行为。

3.对赠与人有扶养义务而不履行的。

4.不履行赠与合同约定的负担的。

赠与人的撤销权自赠与人知道有撤销原因之时起1年内有效。

五、捐助和遗赠

捐助是捐助人以公益事业为目的而无偿出让其财产所有权的单方法律行为。遗赠是赠与人生前处分其财产所有权而于其死后生效的单方法律行为。故捐助和遗赠都不属于合同。

---

〔1〕 对应《民法典》第657条："赠与合同是赠与人将自己的财产无偿给予受赠人，受赠人表示接受赠与的合同。"

〔2〕 现为《民法典》第661条。

〔3〕 对应《民法典》第658条："Ⅰ.赠与人在赠与财产的权利转移之前可以撤销赠与。Ⅱ.经过公证的赠与合同或者依法不得撤销的具有救灾、扶贫、助残等公益、道德义务性质的赠与合同，不适用前款规定。"

第三十八章　移转标的物用益权的合同

第一节　导言

移转标的物用益权的合同,系指当事人双方约定,一方在一定期限内移转标的物的占有于他方,他方为标的物的使用收益的合同类型。"物的使用收益权一定期限的移转"构成这类合同的标的。属于这一类型的合同有租赁、使用借贷等合同。该类合同的特征是,一方在保留其标的物所有权的前提下,依约将标的物在一定期限内允许他方使用收益。

第二节　租赁合同

一、概说

(一)租赁合同的意义

租赁合同,是当事人双方约定,在一定期限内,一方移转特定物于他方使用或收益,他方给付租金并于期限届满时返还租赁物的合同。

在当事人中,提供物的使用或收益权的一方为出租人;对租赁物有使用或收益权的一方为承租人。租赁物为法律允许自由流通的动产和不动产。

租赁分为使用租赁和用益租赁。仅以使用为目的的租赁为使用租赁,而以使用收益为目的的租赁,为用益租赁。

(二)租赁合同的制度价值

租赁合同是商品交换的重要形式之一,其经济依据是某些生产者和消费者对于商品需求的临时性。从大型生产综合体到家庭日常生活用品的租赁,使租赁合同成为实现和满足人们生产和生活需要的重要法律手段。民法创租赁合同这一法律形式，为其提供保护。

（三）租赁合同的特征

1.租赁合同是以标的物的使用收益权与租金对待移转为目的的合同。租赁也是商品交换的形态之一。不过，这种交换并非价值的一次性实现，而是逐渐、持续地实现。故在一定期限内，承租人所给付的价金，仅系该期间物的使用所"增加"消耗掉的价值，减价金就特别称之为租金。租金与使用收益权对待移转的特性，使租赁既区别于买卖与互易，又区别于使用借贷。后者不发生租金问题，而是无偿合同。

2.不动产租赁权的物权化。不动产租赁权虽系债权，但为平衡当事人利益，兼及保护经济上薄弱者起见，该权利已被物权化。即承租人依其使用权，可以对抗他人，其中包括作为出租人的原所有人。在出租物买卖的场合，租赁合同不受影响，对第三人继续有效。买受人为新的所有人时，须尊重不动产上的承租人使用权的原状。易言之，须取代原所有人地位而成为新的出租人，除非承租人解除租赁合同。此项原则，称之为"买卖不破除租赁"（《合同法》第229条）。[1]

3.租赁合同是双务、有偿和诺成性合同。

（四）租赁合同的租期和形式

1.租期，是由双方当事人协商确定的合同重要条件之一。通常，土地、房屋、建筑物等不动产的租期具有长期性的特点，而动产的租赁多为短期。租赁合同期满，可以续订，但租赁合同约定的租赁期限，不得超过20年，超过的部分，即使有约定，该超期约定也无效（《合同法》第214条）。[2]

双方在合同中未约定租期的，为不定期租赁。对于不定期租赁，任何一方当事人都有权依自己的意愿随时解除合同，但在解除合同之前，应领先通知对方，给其必要的准备时间（《合同法》第232条）。[3]

2.形式：①租赁合同的期限为6个月以上的，应订立书面合同；②未采用书面合同的租赁，视为不定期租赁（《合同法》第215条）。[4]

---

〔1〕 对应《民法典》第725条："租赁物在承租人按照租赁合同占有期限内发生所有权变动的，不影响租赁合同的效力。"

〔2〕 对应《民法典》第705条："Ⅰ.租赁期限不得超过二十年。超过二十年的，超过部分无效。Ⅱ.租赁期限届满，当事人可以续订租赁合同；但是，约定的租赁期限自续订之日起不得超过二十年。"

〔3〕 对应《民法典》第730条："当事人对租赁期限没有约定或者约定不明确，依据本法第五百一十条的规定仍不能确定的，视为不定期租赁；当事人可以随时解除合同，但是应当在合理期限之前通知对方。"

〔4〕 对应《民法典》第707条："租赁期限六个月以上的，应当采用书面形式。当事人未采用书面形式，无法确定租赁期限的，视为不定期租赁。"

二、赁合同的效力

(一)出租人的义务

1.交付租赁物的义务。出租人应依照合同约定的标的物(尤其是品质)、时间和方式交付之。此种交付,仅限于现实交付,不可以拟制交付。在出租带驾驶员的汽车、船舶、飞机的,即所谓"湿租",出租人须派遣约定的驾驶员。

2.继续性保持租赁物合于使用收益状态的义务。租赁合同是继续性合同,在其存续期间,出租人有继续保持租赁物的法定或者约定品质的义务;易言之,使该物合于约定的使用收益状态。倘发生品质降低而害及承租人使用收益或其他权利时,则应维护修缮,恢复原状。因修理租赁物而影响承租人使用、收益的,出租人应相应地减少租金或者延长租期,但按约定或习惯应由承租人修理,或租赁物的损坏因承租人过错所致的除外。

上述义务,又称租赁物的瑕疵担保义务。当租赁物有瑕疵或存在权利瑕疵致承租人不能依约为其使用收益时,承租人有解除或终止合同权。承租人因此受损失的,出租人应负赔偿责任,但承租人于订约时明知有权利瑕疵的除外。

3.返还担保物的义务。承租人为租赁物提供担保的,在合同终止时,出租人有返还担保物的义务。常见的担保物为金钱(称为押租金)、身份证明书等。对于押租金,则可冲抵租金。

(二)承租人的义务

1.给付租金的义务。租金是租赁合同存续期间承租人对租赁物使用权的对价。因此,承租人应依约定交付租金。关于租金标准、给付时间和方式,由合同约定;合同未约定交付租金期限的,从习惯;无习惯的,应于租期届满时支付。承租人迟延交付租金的,有补正给付义务,经催告仍不为补正者,出租人可终止合同(《合同法》第227条)。[1]

2.依约使用、收益和妥善管理租赁物的义务。承租人对于租赁物的权利,以保存行为,利用行为和不毁损其形、不降低其质的改良行为为限。易言之,应按约定的方法为租赁物使用、收益;无约定的,应根据租赁物的性质所确定的方法使用、收益,并应以善良管理人的注意保管租赁物。租赁物有收益能力的,应保持其能力。如因过失致租赁物毁损灭失者,即构成不履行债务行为,承租人须停止侵害、排除妨害和恢复原状。出租人有物上请求权、损害赔偿请求权以及终约权。

租赁物因不可归责于承租人的原因而部分灭失的,承租人可就灭失部分请求减

---

[1] 对应《民法典》第722条:"承租人无正当理由未支付或者迟延支付租金的,出租人可以请求承租人在合理期限内支付;承租人逾期不支付的,出租人可以解除合同。"

少租金,剩余部分不能实现租赁目的的,承租人可终止合同。

3.对租赁物的瑕疵通知义务。在租赁关系存续期间,出现以下情形之一的,承租人应及时通知出租人:①租赁物有修理、防止危害的必要。②第三人就租赁物主张权利。③其他依诚实信用原则应当通知的事由。

承租人怠于通知,致出租人不能及时救济而受到损害的,承租人应负赔偿责任。

4.返还租赁物的义务。承租人在合同存续期间仅取得对租赁物的使用收益权,而无所有权。因此,合同终止时,应将租赁物返还出租人。逾期不还,即成立违约,须负补正给付、给付违约金或逾期租金,并须负担逾期中的风险。租货物的返还应合于原状,但依租赁物的性质或依约定的方法未能使用收益致其发生变更或毁损的除外。经出租人同意对租赁物进行改善或在其上增设他物的,合同终止后,承租人可请求出租人在租赁物现存价值加额限度内还所支出的费用。

(三)承租人的转租权

承租人转租租赁物需经出租人同意。转租与债的移转不同,转租期间,承租人与出租人的租赁合同继续有效,第三人不履行对租赁物妥善保管义务的,由承租人向出租人负赔偿义务(《合同法》第224条)。承租人未经同意而转租的,出租人可终止合同。

第三节　房屋租赁合同

一、概说

房屋租赁合同,系指当事人双方约定,一方(房屋所有权人或由所有人授权的人)将房屋于一定期限内移转他方占有、使用,他方给付租金的合同。房屋租赁为不动产租赁,则适用有关不动产租赁的一般规则。

在我国,依住房的来源和所有权主体不同,可分为公有(国有)房屋租赁和私有房屋租赁两大类。因国有房屋还未形成纯粹的商品进入流通领域,则公有房屋租赁合同与私有房屋租赁合同具有显著区别:私有房屋租赁合同的订立不以公有房屋租赁合同的某些行政条件(需求、工龄、职务、贡献)为前提,只要当事人双方就合同的实质要件达成一致协议,合同即告成立,且租金依约定给付。而公有房屋租赁合同的产生以及合同的内容则受行政因素的制约,租金由物价局规定。因此,公有房屋租赁合同,严格地说,不是民事合同。只因多年来在住房领域内已形成类似的关系,并将其称为租赁,把相应的协议称为合同,我们也依其习惯。

二、私房租赁合同

(一)意义

私房租赁合同,是指因租赁私人所有房屋订立的租赁合同。国务院1983年2月17日发布了《城市私有房屋管理条例》,其中对私有房屋的租赁合同作了规定(第15条至第22条)。

(二)私有房屋租赁合同的特点

1.租赁城市私有房屋,须由出租人和承租人签订租赁合同,明确双方的权利和义务,并报房屋所在地房管机关备案。

2.房屋租金,由租赁双方按照房屋所在地人民政府规定的私有房屋租金标准,协商议定;没有规定标准的,由租赁双方根据公平合理的原则,参照房屋所在地租金的实际水平协商议定,不得任意抬高。

出租人除收取租金外,不得收取押租或其他额外费用。承租人应当按照合同规定交租,不得拒交或拖欠。

3.承租人擅自将承租的房屋转租、转让或转借,利用承租的房屋进行非法活动,损害公共利益的,或累计6个月不交租金的,出租人有权解除租赁合同。

4.城市私有房屋的出租对象是自然人,机关、团体、部队、企业事业单位不得租用或变相租用城市私有房屋。如因特殊需要必须租用,须经县以上人民政府批准。

5.修缮出租房屋是出租人的责任。出租人对房屋及其设备,应当及时、认真地检查、修缮,保障住房安全。

6.出租房屋需要大修缮时,可中止而不解除租赁合同。但拆除重建则构成租赁合同消灭的要件。重建后如继续出租,应承认和保护原承租人的优先承租权。

7.出租人在出卖出租房屋时,应提前通知承租人,承租人在同等条件下有优先购买权。

8.承租人需要与第三者互换住房时,应当事先征得出租人同意;出租人应当支持承租人的合理要求。换房后,原租赁合同即行终止,新承租人与出租人应当另行签订租赁合同。

9.租赁合同终止时,承租人应当将房屋退还出租人。如承租人到期确实无法找到房屋,出租人应当酌情延长租赁期限。

第四节　融资租赁合同

一、融资租赁合同的意义

融资租赁合同，是承租人选定出卖人和租赁物，出租人卖得该物并交付承租人，承租人支付价金并根据约定享有返还租赁物或取得租赁物所有权之选择权的合同。

融资租赁最早出现于第二次世界大战以后的美国，这是一种集借贷、租赁、买卖于一体，将融资与融物结合在一起的交易方式。融资租赁合同是由出卖人与买受人（租赁合同的出租人）之间的买卖合同和出租人与承租人之间的出租合同构成的，但其法律效力又不是买卖和租赁两个合同效力的简单相加。我国《合同法》专设第十四章规定融资租赁合同，[1]使该合同成为有名合同。

二、融资租赁合同的制度价值

融资租赁合同的意义在于，对承租人而言，无须立即支付所需租赁物的全部价款（实质上是赊买），即可在较长期限内获得该设备的使用、收益权，并利用租赁物生产所得利润支付租金。对出租人而言，则利用手中资金向承租人提供信贷，按承租人的选择购买资产，并将该资产交付租赁，期限可长达接近于该资产的经济寿命。在租赁期内，租赁资产的所有权虽然属于出租人，但实质上，所有权的全部负担，包括维修、保管、保险等都移转给承租人。出租人从承租人分期给付的租金中收回投资。可见，出租人系利用融资租赁合同这种特殊的投资方式实现其金融活动。

三、融资租赁合同的特征

融资租赁合同除具有一般租赁合同的特征外，还具有其独特之处：

1.融资租赁是多重关系的合同。融资租赁合同是一种特殊的租赁合同。与一般的租赁合同不同的是，它的实现涉及三个方面之间的关系，包括两个或两个以上的合同。首先，承租人可与出租人订立委托购物合同，由承租人确定出卖人以及所购标的物的条件；然后，出租人按承租人的要求，出资以自己的名义与出卖人订立买卖合同；其次，出租人将所购标的物出租给承租人使用，承租人按约定币种交付租金。

融资租赁合同虽然是多种合同的结合，但其仍然是独立的合同类型：①与买卖

---

〔1〕　对应《民法典》第三编第十五章。

合同不同,融资租赁合同的出卖人是向承租人履行交付标的物和瑕疵担保义务,而不是向买受人(出租人)履行义务,即承租人享有买受人的权利但不承担买受人的义务。②与租赁合同不同,融资租赁合同的出租人不负担租赁物的维修与瑕疵担保义务,但承租人要向出租人履行交付租金义务。③根据约定以及支付的价金数额,融资租赁合同的承租人有取得租赁物之所有权或返还租赁物的选择权,即如果承租人支付的是租赁物的对价,就可以取得租赁物的所有权,如果支付的仅是租金,则于合同期间届满时将租赁物返还出租人。

2.融资租赁合同具有融资、融物的双重职能。融资租赁合同既不同于银行等信用机构单纯融资的信贷合同,也不同于注重在物的使用价值的一般租赁合同。融资租赁的过程体现了货币资金与商品资金对待移转的过程。

3.融资租赁合同是要式合同。融资租赁合同必须采用书面形式(《合同法》第238条)。[1]

四、融资租赁合同之效力

1.出租人的义务:①出租人负依承租人的要求出资购买标的物的义务。②向出卖人支付租赁物的价金。③在承租人向出卖人行使索赔权时,负有协助义务。④负有不变更买卖合同中与承租人有关条款的不作为义务。

2.承租人的义务:①租赁物的接受、验收、通知义务。承租人应当接受出卖人交付的标的物,并进行验收,将验收结果及时通知出租人。②租赁物的使用、保管、维修义务,在选定租赁时,应于租赁期间届满时,返还租赁物。③交付租金的义务。④支付损害赔偿金的义务。承租人延付或拒付租金的,出租人可以请求即时交付欠租及未到期的全部租金,也可以终止合同,并请求支付约定的损害赔偿金。

3.出卖人义务:①向承租人交付租赁物。②承担标的物之瑕疵担保义务和损害赔偿义务。

五、承租人的选择权

租赁期限届满,承租人可选择支付合理代价取得租赁物所有权,或者续订租赁合同,或者将租赁物退还出租人。

---

〔1〕 对应《民法典》第736条第2款:"融资租赁合同应当采用书面形式。"

第五节　借用合同

一、借用合同的意义

借用合同也叫作使用借贷合同，是当事人双方约定，一方以物无偿供他方使用，他方在使用后负返还义务的合同。

上述当事人中，以物供他人使用者为出借人；使用对方之物者为借用人。

二、借用合同的特征

1.无偿性。借用合同是无偿合同，借用人无给付"租金"义务。倘有此项义务，即为租赁，而不复为借用。

2.要物性或诺成性。借用合同可以为要物性合同，也可以为诺成性合同。在当事人约定，当合同从交付借用物时起视为成立时，为要物性合同；当合同确定出借人负无偿转让借用物义务时，为诺成性合同。

3.不要式合同。

三、借用合同的效力

1.借用物的使用保管义务。借用人应依约定方式，或者依照物的性能和用途对物加以利用。非经出借人同意，不得允许第三人使用借用物。同时，借用人应以善良管理人的注意保管借用物，并负担保管借用物通常所需的费用。造成物毁损灭失者，应负恢复原状或者损害赔偿责任。

2.借用物的返还义务。在借用合同终止时，借用人有返还借用物的义务。返还借用物时，借用人可取回其就借用物所增之添加物，但不得损害借用物。

3.出借人的义务和责任。当借用合同为诺成性合同时，出借人应负无偿转让借用物的义务，出借人不履行义务，应构成不履行债务责任。对借用物的瑕疵或权利瑕疵，出借人故意不告知而致借用人受损害的，出借人负损害赔偿责任。

第三十九章　完成工作的合同

第一节　导言

一、完成工作合同的意义

完成工作的合同,是指当事人双方约定,一方完成他方特别指定的工作并交付工作成果,他方按约定接受该工作成果并支付酬金的一类合同。

完成工作的合同是承揽合同、基本建设工程承包合同等一类合同的总称。

完成工作人以其工作成果的交付构成这类合同的标的。

完成工作的合同,是买卖合同的变种。这一类合同,表面看来是货币和特定工作成果的交换,但实际上,双方当事人进行的不是货币与一般商品物的交换,而是完成工作的一方按相对方的特别指定,把自己的特定内容的活劳动,与特定的物品相结合,形成物化工作成果,作为商品而进行的出卖。义务人提供及权利人需求的,不是合同订立时已经存在的种类物或一般的特定物,或其他工作成果,而是义务人按照权利人的特别要求,通过特定物化形式凝聚的特定内容的劳动,即以特定工作成果表现的特定工作。

所谓特定物化形式凝聚的特定内容的劳动,是指合同订立时由权利人特别指定的、有定型化和定量化要求的,完成特定物品生产、加工的劳动。例如,在房屋建造合同中,就是承建人按照建造人确定的图纸或造型、造价等,把自己的符合建造人要求的施工建筑行为,与建筑材料凝聚为一体,建成合格新房屋的劳动。

可见,买卖是一方以货币交换另一方的物态商品,而完成工作成果的合同,不过是一方以货币支付为代价,购买对方按自己的特别指定而完成特定物品生产、加工的活劳动形态的商品。如果说买卖合同是所有权的交换,则完成工作的合同,是货币所有权与一物品生产、加工特别指定权的买卖。

二、完成工作的合同的共同特征

完成工作的合同所包括的承揽合同、基本建设工程承包合同,虽然各具特点,但本质上有许多相同点，从而形成了它们的共同特征。

(一)对完成工作的一方当事人有特殊要求

完成工作的一方，必须具备相应的人力、物力、技术条件、设备、资质等，能够适应对方的特别指定，完成特定物品的生产或加工。比如，承揽加工一套机器配件，没有国家的营业许可或没有适合加工的人力、物力，是不能订立合同的。

因此，完成工作的一方，应当是经过国家许可的、从事专门业务的自然人和法人。

(二)接受工作成果的一方对该成果有特别指定

在订立合同时，接受工作成果的一方必须对要求完成的工作成果提出定型化、定量化的特别指定。否则，对方没有工作成果的质量、规格、数量依据，便无法履行合同。从合同性质上讲，如果接受工作成果一方未提出特别指定，又要求完成工作一方按一般标准供应物品的，不应属于完成工作的合同，而是买卖合同，应当适用买卖合同的规定。这是其与买卖合同的根本区别之一。

(三)合同标的物是特定的工作成果

首先，这一类合同的标的物为有体物，即凝聚着完成工作人劳动的工作成果。如加工好的物品、新造的定作物等。这一点与提供劳务的合同相区别。提供劳务类的合同如运输、保管等合同，虽然也需要义务人提供劳动，但不要求劳务人提供物化劳动成果，只要求完成单纯的劳动或服务即可。

其次，这一类合同的标的物为特定的工作成果，即在合同订立后，按照接受工作成果人的特别指定，生产、加工的新的物品。这一点与买卖合同相区别。买卖合同虽然也有以特定物为标的的，但该标的物在合同订立时已经存在而且特定化了。

最后，这一类合同的标的物，不仅凝聚着完成工作一方的劳动，而且也蕴含接受工作成果一方的劳动。如对所需工作成果的事先设计、安排、规划等。这也是买卖、提供劳务等合同所不具有的。正因为如此，完成工作的一方不得擅自改变接受工作成果一方的特别指定。

(四)合同具有人身信任的性质，完成工作的一方须亲自履行

接受工作成果人相信完成工作人的技术条件、工作能力和信誉等均适合其要求，才与其订立合同。如果完成工作人擅自转让合同，私自让他人完成工作，将使接受工作成果人的信任落空，利益受到损害。因此，完成工作人不得擅自转让合同，否则，接受工作成果人有权拒绝受领，拒付酬金。

(五)接受工作成果人有验收义务和按约定提供协助的义务

无论是承揽合同,还是基本建设工程承包合同,完成工作人在交付工作成果时,接受工作成果人都应按约定验收。合同约定有协助义务的,接受工作成果人须给予协助。

(六)完成工作人独自承担工作中的意外风险责任

完成工作人是以独立权利义务人的地位,为接受工作成果人完成工作换取对价的,因此,他须独自承担工作中的意外风险责任。工作完成人应独自承担的意外风险责任包括:(1)因意外事故使工作失败,不能交付工作成果,无权收取酬金的风险责任。因自身过错不能交付工作成果的,虽亦无权取得酬金,但不在此列。(2)因意外事故或自身过错,造成人身伤亡时,无权要求接受工作成果人承担损失,须独自承担责任。(3)因意外事故使自己提供的原材料、半成品毁损灭失的,以及工作成果为自己提供的原材料,但未交付前已完成的工作成果毁损灭失的,独自承担损失,无权要求接受工作成果人承担责任。但原材料由接受工作成果人提供或其已付款购买的,意外风险损失由接受工作成果人承担。

(七)完成工作人对已交付工作成果的隐蔽瑕疵及该瑕疵所造成的损害承担责任

完成工作人所交付的工作成果有隐蔽瑕疵,验收时用通常方法或约定的方法不能发现,验收后在使用过程中暴露或致接受工作成果人、第三人受损害的,完成工作人应按合同约定或法律的规定,承担民事责任。

完成工作的合同,从其性质来说,是诺成、有偿、双务的合同。就其形式而言,是否须为要式,应依法律。法律无规定的,依工作性质或者约定。

第二节　承揽合同

一、承揽合同的意义

承揽合同,是指当事人一方按他方的特别要求完成一定工作,并将工作成果交付他方,他方按约定接受工作成果并给付酬金的合同。

提出工作要求、按约定接受工作成果并支付酬金的一方当事人是定作人;按指定完成工作成果、收取酬金的一方是承揽人。承揽工作包括加工、定作、修理、复制、测试、检验等。

承揽合同的承揽人可以是一人，也可以是数人。在承揽人为数人时，数个承揽人即为共同承揽人，如无相反约定时，共同承揽人对定作人负连带清偿责任(《合同法》第267条)。[1]

二、承揽合同的种类

在社会生活中，承揽合同种类繁多，比较常见的，有以下几种：

1.加工合同，即由定作人提供原材料或半成品，承揽人按其具体指定进行加工，制成成品，如有定作人提供布料加工成衣服等。

2.定作合同，即承揽人按照定作人的具体指定，用自己的原材料制成成品交付定作人，取得定作物价金的合同，如定作家具。

3.修理合同，即承揽人为定作人修理损坏的物品、设备，取得修理费的合同。例如，修理汽车、自行车。

4.建设工程合同，即承包人(承揽人)按照发包人(定作人)的具体指定，由发包人提供原材料或由承包人采购原材料，建筑房屋，收取报酬的合同。

5.房屋修缮合同，即以维修房屋、装修室内设备等为标的的合同。

6.其他承揽合同，包括各种为自然人、法人完成一定工作、交付工作成果的合同。如复制艺术品、设计图纸、检验物品、翻译等合同。但根据我国《合同法》体例，承揽标的为技术成果的，另设技术合同。

三、承揽合同的效力

(一)承揽人的义务

1.按约定完成工作。承揽人应按合同约定的时间、方式、数量、质量完成交付的工作。这是承揽人的首要义务，也是其获取酬金应付出的对价利益。承揽人应以自己的设备、技术和劳力亲自完成约定的工作，未经定作人同意，承揽人不得将承揽的主要工作交由第三人完成。承揽人将辅助工作交第三人完成，或依约定将主要工作交由第三人完成的，承揽人就第三人完成的工作对定作人负责(《合同法》第253条至第254条)。[2]

2.提供或接受原材料。完成定作所需的原材料，可依约定由承揽人提供或由定作方提供。承揽人提供原材料的，应按约定选购并接受定作人检验；定作人提供的，承揽人应及时检验，妥善保管，并不得更换材料。

3.及时通知和保密义务。对于定作人提供的原材料如不符合约定的，或定作人

---

[1] 现为《民法典》第786条。
[2] 现为《民法典》第772条、第773条。

提供的图纸、技术要求不合理的,应及时通知定作人。对于完成的工作,定作人要求保密的,承揽人应保守秘密,不得留存复制品或技术资料。

4.接受监督检验。承揽人在完成工作时,应接受定作人必要的监督和检验,以保证工作适合定作人的要求。

5.交付工作成果。承揽人完成的工作成果,要及时交付给定作人,并提交与工作成果相关的技术资料、质量证明等文件。但在定作人未按约定给付报酬或材料价款时,承揽人留置工作成果(《合同法》第264条)。[1]

6.对工作成果的瑕疵担保义务。承揽人对交付的工作成果应符合约定的质量,如有隐蔽瑕疵或表面瑕疵的,准用买卖的有关规定。定作人有瑕疵去除请求权。

(二)定作人的义务

1.给付酬金。定作人应依约定的期限和数额向承揽人支付报酬;合同中对支付期限不明确的,按交易惯例;如果还不能确定,则应依同时履行原则给付酬金(《合同法》第263条)。[2]

2.协助义务。为了使承揽人及时完成工作成果,定作人应依约定及按诚实信用,积极协助承揽人工作。依约定提供材料的,应及时提供;依约定提供图纸或技术要求的,也应及时提供;对承揽人告知的所提供原材料或图纸等不符合要求的,应及时补正。定作人不履行协助义务的,承揽人有期限迟延抗辩权并在定作人拒绝补正时有合同解除权(《合同法》第259条)。[3]

3.验收并受领工作成果。对承揽人完成并交付的工作成果,定作人应及时检验,对符合约定要求的,接受该工作成果。超过约定期限领取定作物的,定作人要负受领迟延责任。

四、承揽合同的特殊解约权

承揽是"买卖"特定人的劳动或工作技能,故承揽合同是以当事人之间的信赖关系为基础的。当在合同履行中,这种信赖关系受到破坏时,法律允许当事人解除合同。因此,承揽合同当事人除了可以依合同通共的法定或约定的原因解除合同外,还有以下特殊的法定解除权原因。

---

〔1〕 对应《民法典》第783条:"定作人未向承揽人支付报酬或者材料费等价款的,承揽人对完成的工作成果享有留置权或者有权拒绝交付,但是当事人另有约定的除外。"

〔2〕 对应《民法典》第782条:"定作人应当按照约定的期限支付报酬。对支付报酬的期限没有约定或者约定不明确,依据本法第五百一十条的规定仍不能确定,定作人应当在承揽人交付工作成果时支付;工作成果部分交付的,定作人应当相应支付。"

〔3〕 对应《民法典》第778条:"承揽工作需要定作人协助的,定作人有协助的义务。定作人不履行协助义务致使承揽工作不能完成的,承揽人可以催告定作人在合理期限内履行义务,并可以顺延履行期限;定作人逾期不履行的,承揽人可以解除合同。"

（一）承揽人解除权

对于定作人不履行协助义务的,承揽人可催告其在合理期限内履行,定作人逾期仍不履行的,承揽人有合同解除权。

（二）定作人解除权

1.对未经许可转承揽的解除权。承揽人未经许可将主要的承揽工作交由第三人完成的,定作人可以解除合同。

2.无因解除权。定作人可以不作解释任意解除合同,但对解除造成承揽人损失的,负损害赔偿责任(《合同法》第268条)。[1]

第三节　建设工程合同

一、建设工程合同的意义和种类

（一）意义

建设工程合同,是指施工人依约定完成建设工程,由建设人按约定验收工程并支付酬金的合同。建设人被称作发包人,施工人被称作承包人。该类合同以前被称为"基本建设工程承包合同",《合同法》正式命名其为"建设工程合同"。

建设工程合同是一种特殊类型的承揽合同,有与般承揽合同不同的特殊性。首先,它完成的工作构成不动产,通常要涉及对土地的利用;其次,对不动产的建造,有众多的强行性公法规范,例如,关于建设工程的申请程序、建造质量标准、原材料的使用、竣工验收等都要受到国家的干预,当事人不得违反公法规范自行约定;再次,施工的承包人需要有经国家认可具有一定等级建设资质的法人;最后,根据《合同法》要求,建设工程合同必须采用书面形式,属于要式合同(《合同法》第270条)。[2]

（二）种类

建设工程合同分为三大类(《合同法》第269条第2款),[3]它们是:①建设工程勘察合同,即承包人为发包人完成建设工程所需的地质、环境评估等勘察工作,发包

---

〔1〕 对应《民法典》第787条:"定作人在承揽人完成工作前可以随时解除合同,造成承揽人损失的,应当赔偿损失。"

〔2〕 现为《民法典》第789条。

〔3〕 现为《民法典》第788条第2款。

人按约定验收工作成果并支付酬金的合同。②建设工程设计合同，即承包人为发包人的建设工程提供图纸、建设要求等的设计，发包人受领该成果并支付酬金的合同。③施工工程合同，即承包人施工为发包人完成建设工程的建筑、安装工作，发包人按约定验收工程支付酬金的合同。

这三大类的每一类型合同，还可以分成若干亚类型的合同，例如，施工工程合同即可分为工程建筑合同和工程安装合同。

二、建设工程合同的订立

按我国基本建设程序，基本建设分为四个阶段：①立项，即建设项目从提出建议到设计被批准的过程。②施工准备，即进行筹建登记、领取筹建许可证、申请贷款、场地及材料准备等。③筹建单位与建设单位签订建筑、安装合同，由施工单位按约进行建设施工。④竣工验收，交付使用。

建设工程合同是在基本建设的不同阶段，由筹建单位与勘察、设计、建筑、安装单位之间签订的合同。一项建设工程，可以发包给一个总承包商，签订一个总合同，也可以分别发包给不同的设计、建设单位，签订若干个互相衔接的合同。

(一)勘察、设计合同的订立

勘察、设计包括初步设计和施工设计。勘察、设计单位接到发包人的要约和计划任务书、建设地址报告后，经双方协商一致，在书面合同签字或盖章后合同生效。

勘察、设计如果由同一单位完成，则应签订一个勘察设计合同；如果由两个不同单位承担，则应分别订立合同。

建设工程的设计有几个设计单位共同进行时，建设单位可与主体工程设计人签订总承包合同，由总承包人与分承包人签订分包合同。总承包人对全部工程设计向发包人负责，分包人就其承包的部分对总承包人负责，并对发包人承担连带责任。

(二)建筑、安装工程承包合同的订立

发包人和承包人根据已获批准的初步设计、技术设计、施工图和总概算等文件，就合同的内容协商一致时，即可签订建筑、安装工程承包合同。

发包人可以将全部建筑安装工程发包给一个单位总承包，也可以发包给几个单位分别承包。一个承包人总承包的，可以将承包的工程，部分分包给其他分包单位，签订分包合同，总承包人对发包人负责，分包人对总承包人负责并对发包人负连带责任。

（三）分承包之禁止

根据建设工程的性质，对于应当由一个施工人完成的工作，总承包人不得将工程肢解发包给若干个分承包人；总承包人经发包人许可，可将承包的部分工作交由第三人完成，但不得将全部工程交由第三人完成（《合同法》第272条）。[1]如果违反上述法律规定，《合同法》没有在该章规定其效果，依第287条[2]的规定，可准用承揽合同，发包人有合同的解除权。

三、建设工程合同的变更和解除

建设工程合同，在承包人一方是持续性给付，法律对该类合同的解除权限制比较严格，通常不允许随意解除合同，在合同中即使有一般不履行债务行为，也以承担损害赔偿责任为主。但发包人和承包人在不违反法律强行性规定前提下，可以协商变更或解除合同。变更和解除建设工程合同，要符合法定的程序和形式。变更或解除合同造成另一方损失的，由提出变更或解除要求的一方承担赔偿责任。

---

〔1〕 对应《民法典》第791条："Ⅰ.发包人可以与总承包人订立建设工程合同，也可以分别与勘察人、设计人、施工人订立勘察、设计、施工承包合同。发包人不得将应当由一个承包人完成的建设工程支解成若干部分发包给数个承包人。Ⅱ.总承包人或者勘察、设计、施工承包人经发包人同意，可以将自己承包的部分工作交由第三人完成。第三人就其完成的工作成果与总承包人或者勘察、设计、施工承包人向发包人承担连带责任。承包人不得将其承包的全部建设工程转包给第三人或者将其承包的全部建设工程支解以后以分包的名义分别转包给第三人。Ⅲ.禁止承包人将工程分包给不具备相应资质条件的单位。禁止分包单位将其承包的工程再分包。建设工程主体结构的施工必须由承包人自行完成。"

〔2〕 对应《民法典》第808条："本章没有规定的，适用承揽合同的有关规定。"

第四十章　给予信用的合同

第一节　导言

一、信用的意义

信用(credit),在经济学上,是指借贷资本的运动形式,亦即价值运动的特殊形式。在法律上,信用是指出借人对他人借钱或以分期付款方式购买货物的偿付能力和可靠性的积极判断(favorableopinion)。[1]

信用滥觞于原始社会解体时产生的高利贷。进入资本主义社会后,因商品经济的发达,出现了取代高利贷的生息资本,亦即借贷资本。信用就是以偿还为条件的借贷资本的运动形式。信用的规模和发达程度,是衡量市场经济发展水平的重要尺度。信用的主要类型有国家信用、银行信用、商业信用和消费信用等。在经济生活中,最常见的信用形式是银行信用和商业信用。前者是银行以借款和贴现等方式给予的信用,后者是以商业期票和汇票等方式给予的信用。

二、给予信用合同

在前面曾论及,债的关系在本质上就是一种"可期待的信用",如以给予信用的合同再产生债这一"信用",岂非同义反复? 其实不然,给予信用合同之"信用"是专指借贷资本运动中的信用,而借贷的实现,仍有赖于债这把"法锁"。所谓给予信用的合同,就是指以当事人一方以给予信用为条件而成立的合同。其主要类型有:资金借款合同、票据贴现合同、储蓄合同和实物消费借贷合同(借用合同)四种。由于实物消费借贷之"实物"移转,在性质上与实物用益权移转竞合,故依本书体例将其置于"设定用益权的合同"一章论述。

---

[1] BLACK'S LAW DICTIONARY , West Publishing CO, 1979,第331页。

第二节　借款合同

一、意义

借款合同，是缔约双方约定一方将一定种类和数额货币权移转给他方，他方于一定期间内返还同种类同数额货币的合同，也称借贷合同。其中，提供货币的一方是贷款人，受领货币的一方是借款人。合同的标的物是货币，在我国，主要是人民币，但也涉及美元、英镑、欧元等外币。货币借贷是否要支付利息，应依情形而定。由商业银行充任贷款人的商业借贷，要约定利息，故商业借贷为有偿合同；非商业借贷，是否支付利息从约定，自然人之间借贷未约定利息或者约定不明的，视为不支付利息，属无偿合同。在我国，商业借贷的利息支付，须遵守中国人民银行规定的法定利率(《中国人民银行法》第27条)，民间借贷约定的利率可略高于法定利率，但利率超过限度者，即为"高利贷"，高利贷受法律禁止。[1]

二、借款合同的主要类型

依其借款期限不同而分为短期借款合同、长期借款合同和中期借款合同；依贷款方式不同而分为抵押借款合同、信用借款合同；依借款使用方向不同而分为工业生产借款合同、供销及物资部门借款合同、商业借款合同、中短期设备借款合同、农业借款合同、技术改造借款合同、基本建设借款合同、经济开发借款合同、外汇借款合同、商品房借款合同等。

借款合同依贷款人性质，分为商业借贷合同和民间借贷合同。由商业银行或国家认可的其他金融机构充任贷款人的借款，为商业借贷合同；除此以外的为民间借贷合同，民间借贷合同又可分法人间借贷合同和自然人借贷合同。商业借贷合同是有偿、诺成合同，必须采用书面形式(《合同法》第197条[2])；自然人之间的民间借贷，形式不拘，有偿无偿皆可，是践成合同，自贷款交付借款人时起生效(《合同法》第210条[3])。

---

〔1〕 文中所引用的《中国人民银行法》第27条系1995年3月18日颁行的内容，现被2003年12月27日修订、2004年2月1日施行的《中国人民银行法》第28条所替代，该条内容如下："中国人民银行根据执行货币政策的需要，可以决定对商业银行贷款的数额、期限、利率和方式，但贷款的期限不得超过一年。"

〔2〕 对应《民法典》第668条："Ⅰ.借款合同应当采用书面形式，但是自然人之间借款另有约定的除外。Ⅱ.借款合同的内容一般包括借款种类、币种、用途、数额、利率、期限和还款方式等条款。"

〔3〕 对应《民法典》第679条："自然人之间的借款合同，自贷款人提供借款时成立。"

三、借款合同的效力

(一)贷款人的主要义务

1.将贷款交付给借款人。在商业借贷和法人之间借贷,合同生效后,贷款人应将约定数额的货币交给借款人。在自然人之间的民间借贷,交付贷款还是合同的生效要件。

2.不得滥用权利。在借款合同中,贷款人不得利用优势地位预先在本金中扣除利息,不得将借款人的营业秘密泄露于第三方。否则,应承担相应的法律责任。

(二)借款人的主要义务

1.前合同义务。在订立借款合同前,贷款人有要求的,借款人应将与借款有关的业务活动和财务状况的资料提供给贷款人(《合同法》第199条[1])。

2.依约提供担保。贷款人需要提供担保时,借款人应提供担保。担保方式包括保证、本人或第三人提供动产或不动产抵押或质押等具有担保性质的方式。

3.依约定用途使用贷款。借款人须按照约定的用途使用借款,接受贷款人对贷款使用情况实施的监督检查;不得擅自变更借款的用途。违反此义务的,贷款人有合同的终止权或解除权(《合同法》第203条[2])。

4.归还借款本金和利息。当借款为无偿时,借款人需归还贷款本金;当借款为有偿时,借款人除偿还借款本金外,还应当按约定支付贷款利息。

四、民间借款合同

(一)概说

广义的民间借款,是除商业借贷以外的借款,狭义的民间借款仅指自然人之间的借款。由于我国的营利法人多为国有企业,所以,民间借贷中通常使用狭义概念,又称私人借贷。由于货币的流通是经济运行中"血脉"的流动,国家对专事借贷的金融机构,可通过中央银行及其他行政干预加以控制,以防止"血脉"发生病变;对民间借贷,国家的公权力力所不逮,所以就用另类方法控制。以往对民间借贷主要控制其"高利贷",防止少数食利者阶层盘剥贫民,现在随着变相借贷的"乱集资"的出现,国家的控制重心又随之向控制"乱集资"转移。但在控制"乱集资"方面,

---

〔1〕 对应《民法典》第669条:"订立借款合同,借款人应当按照贷款人的要求提供与借款有关的业务活动和财务状况的真实情况。"

〔2〕 对应《民法典》第673条:"借款人未按照约定的借款用途使用借款的,贷款人可以停止发放借款、提前收回借款或者解除合同。"

几乎没有正式颁布的法律规范，主要靠政策调整。

（二）民间借贷的利率问题

民间有偿借款合同，其利率不得高于法定限度。但最高限度的"度"在何处？并没有正式公布的法律作出规定，目前的主要依据是最高人民法院于1991年发布的《关于审理借贷案件的若干意见》[1]，将相关司法解释结合《合同法》[2]的规定，我国对民间借贷利率的基本态度是：①民间借贷的利率可以适当高于银行的利率，但最高不得超过银行同类贷款利率[3]的4倍（含利率本数在内）。②不允许计复利[4]。③借款合同对利息支付没有约定或约定不明的，视为无偿借贷。④如果借贷关系无效，是由债权人行为引起，仅返还本金；其无效是由债务人行为引起，除追还本金外，参照银行同类贷款利率计息[5]。

---

〔1〕 自2020年以来，适用的相关司法解释是最高人民法院《关于审理民间借贷案件适用法律若干问题的规定》(2020第二次修正)。其第24条规定："Ⅰ.借贷双方没有约定利息，出借人主张支付利息的，人民法院不予支持。Ⅱ.自然人之间借贷对利息约定不明，出借人主张支付利息的，人民法院不予支持。除自然人之间借贷的外，借贷双方对借贷利息约定不明，出借人主张利息的，人民法院应当结合民间借贷合同的内容，并根据当地或者当事人的交易方式、交易习惯、市场报价利率等因素确定利息。"第25条规定："Ⅰ.出借人请求借款人按照合同约定利率支付利息的，人民法院应予支持，但是双方约定的利率超过合同成立时一年期贷款市场报价利率四倍的除外。Ⅱ.前款所称'一年期贷款市场报价利率'，是指中国人民银行授权全国银行间同业拆借中心自2019年8月20日起每月发布的一年期贷款市场报价利率。"第27条规定："Ⅰ.借贷双方对前期借款本息结算后将利息计入后期借款本金并重新出具债权凭证，如果前期利率没有超过合同成立时一年期贷款市场报价利率四倍，重新出具的债权凭证载明的金额可认定为后期借款本金。超过部分的利息，不应认定为后期借款本金。Ⅱ.按前款计算，借款人在借款期间届满后应当支付的本息之和，超过以最初借款本金与以最初借款本金为基数、以合同成立时一年期贷款市场报价利率四倍计算的整个借款期间的利息之和的，人民法院不予支持。"

〔2〕 现为《民法典》。

〔3〕 自2019年8月起，适用的利率标准不再是银行的利率标准，而是中国人民银行授权全国银行间同业拆借中心自2019年8月20日起每月发布的一年期贷款市场报价利率(Loan Prime Rate,简称LPR)。

〔4〕 在我国市场经济自20世纪90年代到21世纪20年代初的发展过程中，法治观念亦在进步。对借贷合同的规制，鉴于我国立法并未就复利作出明确的禁止，亦鉴于"法不禁止即自由"理念渐被接受和运用，故而"不允许计复利"的观念转变为"有限制地不拒绝复利约定"的观念，对"有限制地不拒绝复利约定"的理解，主要体现在：相关司法解释规定了自然人之间借贷通常禁止计算复利，其旨在防止民间借贷中的高利贷活动对国家金融市场正常秩序的破坏，但是中国人民银行《人民币利率管理规定》第四章"贷款的结息"规定中并未拒绝复利。虽然该规定适用的主体是作为出借方的银行，不过该规定给复利的计收提供了可能。在自然人之间借贷合同中，如果双方明确约定了复利计收且没有超过全国银行间同业拆借中心发布的一年期贷款市场报价利率(LPR)的四倍，基于民法的平等、缔约自由与公平基本原则，应当给予支持。

〔5〕 自2019年8月起，按照全国银行间同业拆借中心发布的一年期贷款市场报价利率(LPR)计息。

第三节　票据贴现合同

一、意义

票据贴现合同,是指票据持有人将未到期的票据让与银行,银行依票面所示金额扣除自贴现日至到期日的贴息后,向票据持有人支付现金的合同。提出贴现申请的票据持有人叫做贴现申请人,接受贴现申请的银行叫作贴现银行。票据贴现是银行贷款的一种特殊形式,故又称“银行贴现”。当票据到期时,贴现银行持票据按票面金额向最初发票的债务人或付款人兑取现金,如果贴现银行将票据向其他银行再次贴现时,称转贴现;若向中央银行再次贴现时,称再贴现。

二、特征

1.票据贴现合同是一种债权让与合同。贴现申请人通过银行贴现获得贴现金额,而票据转归银行所有,票据上的债权随之转移[1],即由原来的收款人与付款人间的债权债务关系,转为贴现银行与付款人间的债权债务关系。

2.贴现银行的相对人于贴现票据届清偿期而给付不能时,负连带责任。即当付款人对已贴现票据于到期日不足支付时,贴现银行的相对人不仅仅限于付款人,凡在票据上的发票人、背书人、贴现申请人或者保证人均应当承担连带责任(《票据法》第68条)。当在票据上签名的发票人、背书人、贴现申请人或者保证人向银行履行完清偿义务,便获得了向票据最后应付款人进行追索的权利。

3.票据贴现合同是要物合同。贴现申请人与银行有关票据贴现的合同,以给付票据为生效要件。如果银行依票据性质要求贴现申请人提供担保,则还须担保生效后贴现合同方生效,如申请人要求贴现的是跟单汇票(附有提单的汇票),则要以提单作担保。在通常情况下,票据贴现不需要担保。

三、票据贴现合同的主要类型

(一)票据初贴现合同、票据转贴现合同与票据再贴现合同

这是根据合同主体的不同而划分的。

1.票据初贴现合同,是指票据持有人与银行之间就票据贴现所达成的合同。持

---

〔1〕 通过票据贴现将自己的债权转让给银行的行为,是一种融资行为。持票人在票据到期前通过贴现从银行提前获得资金。

票人负有申请贴现的票据是通过合法方式获得且没有任何涂改、伪造、变造等的瑕疵担保义务。

2.票据转贴现合同，是贴现银行将未到期票据向其他银行贴现的合同。票据转贴现合同的双方当事人均为商业银行。[1]

3.票据再贴现合同，是指商业银行与中央银行之间就商业银行以未到期的贴现票据向中央银行贴现所达成的合同。我国中央银行再贴现业务于1986年在北京、上海、天津等城市开始试行。

(二)本票贴现合同与汇票贴现合同

这是依贴现标的不同而划分的。

1.本票贴现合同，是持票人与商业银行之间就持票人以未到期本票向商业银行贴现的合同。用于贴现的本票限于因国内外商品交易或提供劳务而产生的远期本票。

2.汇票贴现合同，是持票人与商业银行之间就持票人持未到期承兑汇票向银行贴现的合同。商业汇票，是商事组织之间根据买卖等交易为延期付款开具的反映债权债务关系的票据。商业汇票依承兑人的不同，分为商业承兑汇票和银行承兑汇票。商业承兑汇票是由收款人开出的，经付款人承兑或由付款人开出并承兑的汇票；银行承兑汇票是由收款人或承兑申请人开出，并由其向开户银行申请，经银行审查同意承兑的汇票。

四、票据贴现与国库券贴现的异同

国库券贴现，是指持券人在国库券兑付期之前将国库券转让给银行，由银行扣除未到期贴现利息后付给持券人现金。票据贴现与国库券贴现相同之处主要表现在，兑付期之前将债权转让给银行，可以发生再贴现，贴现率由中国人民银行法定。但票据贴现与国库券贴现在性质上是不同的，票据贴现是指在支付、信用、流通中代表一定数量货币的证券的贴现；而国库券贴现是指在借贷关系中代表债权的证券的贴现。[2]

---

〔1〕 商业银行是经营货币及货币代用券(例如票据)，通过存款和贷款的利率差额和服务手续费获取利润的银行。在我国，商业银行是根据《商业银行法》成立的银行，但我国现有的银行都是在法律公布前成立，又有政府授权的金融特权，故又称专业银行。中央银行是政府的银行，也是商业银行和其他金融机构的"最终贷款者"，我国的中央银行为中国人民银行。

〔2〕 除性质不同外，票据贴现与国库券贴现之间的不同还主要体现在：(1)申请贴现的主体不同。任何主体均可申请票据贴现；申请国库券贴现的主体只限于个人；(2)申请贴现的期限不同。票据未到期前均可以申请贴现；申请国库券贴现的期限需要根据中国人民银行公布的具体贴现规定办理，例如《一九八五国库券贴现办法》规定国库券存期必须满2年以上方可申请贴现；(3)再贴现的限制不同。贴现银行可持未到期票据向中央银行申请再贴现；国库券不能申请再贴现。

第四节　储蓄合同

一、储蓄合同的意义与特征

(一)储蓄合同的意义

储蓄是指存款人将货币交付给银行、信用社及其他储蓄人,储蓄人在约定期限届满时,向存款人偿还本金并给付利息的合同。储蓄合同按期限长短、计息方法可以分为活期、定期整存整取、定期零存整取、定期存本取息、定活两便等类型。储蓄合同中的存款利率均为法定利率,当事人不得约定。储蓄合同与借款合同不同。前者的借款人(储蓄人)是银行或其他金融机构,贷款人(存款人)无权对借款人使用借款实施监督;而后者的贷款人是银行或其他法人、自然人,贷款人有权对借款人使用借款提出条件。

(二)储蓄合同的特征

1.储蓄人必须是有权开办储蓄业务的金融机构,主要是银行、信用社和开办邮政储蓄业务的邮局等,存款人为自然人或法人。存款人为自然人时,必须以真实姓名储蓄,即采用储蓄实名制。

2.合同的标的是将货币所有权让渡给储蓄人。这与保管合同不同,保管合同中的保管人不因合同成立而获得寄存物的所有权。

3.储蓄合同为要式、要物及有偿合同。储蓄合同的要式性表现为须有储蓄机构签发的存折、存单等;要物是以存款人交付货币、储蓄人发给存单为生效要件。

二、储蓄合同的效力

(一)存款人的主要权利

1.本息给付请求权。存款人对于存款本金及所生利息享有给付请求权。

2.停止支付请求权。当存款人的存折、存单及印鉴遗失后,有权请求开户银行或同一银行的其他储蓄所暂停支付,并俟规定期限届满且履行一定手续后提出所存货币。因存款人未立即声明挂失致使存款被他人冒领,则视为存款人自愿放弃权利,后果由存款人承担。

3.存款人得放弃约定利率,随时解除合同取回存款。

(二)储蓄人的主要权利和义务

1.询问权。对于取款人的手续印鉴、记名存单等不符合要求的,有权询问。

2.支付本息义务。当存款人要求支付本金利息时,储蓄人必须如数支付,不得拒绝。

3.保密义务。储蓄人必须为存款人保密。除司法机关依法定程序查询外,储蓄人不得泄露存款人的身份及存款数额等隐私。

第四十一章　提供服务的合同

第一节　导言

提供服务的合同,系当事人一方完成他方所需的服务或特定行为,他方支付服务报酬的合同。

服务,就其语词含义而言,是泛指为别人所做的工作。在经济学上它又被称之为"劳务",即指不以实物形式而以提供活劳动的方式满足他人的特殊需要。因此,提供服务的合同与完成工作合同的区别是:后者的服务成果以实物的形式表现;而提供服务的合同标的是提供的劳务行为,是无形的活劳动。

以提供服务作为合同的标的,并非今日才有。罗马法中就有所谓"委托服务合同"(拉丁文: locatio operis faciendi)。时至今日,提供服务合同已发展为一个群族,包括委任、运送、居间、行纪、保管、仓储等有名合同和旅游、会计、医疗、律师等无名合同。其中既有格式合同,如运送、旅游等,也有非格式合同,如委任等。

提供服务合同与其他合同类型的最大区别在于,当事人"买"和"卖"的标的是活劳动,而非劳动成果。至于供给服务的行为属给付行为抑或给付效果,则要依合同的性质或当事人的约定而定,不能"一刀切"概而论之。

第二节　委任合同

一、概说

(一)意义

委任合同也称委托合同,是指当事人一方为他方处理事务,他方允为处理的合同。在委任合同中,委托他人为自己处理事务的人称委任人或委托人;接受委托的人称受任人或受托人。委任合同是一种历史悠久的合同,古巴比伦法典中对委任合同即有专门规定。在现代社会中,委任合同是一种适用范围相当广泛的合同,无论在哪一种民事主体之间均可产生。

委任与代理有别，是近代法学上的一大发现。罗马法将委任与代理视为同一，认为委任契约必定有代理权的授予。反之亦然。《法国民法典》承袭罗马法的立法例。自德国学者拉班德(Laband)发表论文《代理权授予及其基础关系的区别》始，委任与代理的不同法律关系才被提出。《德国民法典》吸收了这一理论，将委任与代理区别规定。我国《民法通则》[1]将代理划分为三种类型，委托代理作为与法定代理、指定代理并存的代理类型，而委托合同则是委托代理之代理权授予的基础关系。我国《合同法》[2]则在委托合同中，规定直接和间接两种委托，在间接委托，合同有对抗第三人效力，发生所谓"间接代理"，与大陆法系委托合同只有相对效力截然不同，应予以特别注意。

（二）委任的类型

根据我国《合同法》[3]的规定，委任区分为直接委任和间接委任。

1.直接委任，也称直接委托，是受托人以委任人的名义处理委任事务，其效果直接归属于委任人。直接委任合同是《民法通则》[4]规定的委任代理的代理权的基础。

2.间接委任，也称间接委托，是受托人以自己的名义处理委任事务，其效果间接或直接归属于委任人。所谓间接，是受托人以自己的名义承受处理事务的效果后，再转给委任人；所谓直接，是在特定情形下，因委托人主张权利或被披露，委任事务之效果直接对其发生。《合同法》[5]规定的间接委任可以发生与直接委任相同的效果，但《民法通则》[6]没有规定相应的间接代理，因此，如何协调代理与委任合同，需要有权解释填补。

（三）委任合同的特征

1.在直接委任合同中，受任人以委任人名义处理事务；在间接委任合同中，受任人以自己的名义处理事务。委任的效果由委任人承担。受任人必须在委任人授权范围内，以委任人名义而非自己的名义进行活动。其活动的法律效果包括风险在内均由委任人承担。总而言之，无论哪一种委任，处理事务的法律效果是由委任人承担的，而不是由行为人自己承担的。

2.委任合同的标的是处理事务的行为。处理事务的行为既可以为缔约等法律行为，也可以为清理财产、代望病人等事实行为。但委任合同不适用于须当事人亲自

---

〔1〕《民法典》第163条第一款将代理分为委托代理和法定代理。

〔2〕《民法典》第三编第二十三章。

〔3〕《民法典》合同编。

〔4〕《民法典》总则编。

〔5〕《民法典》合同编。

〔6〕《民法典》总则编。

履行的身份行为(如结婚、立遗嘱等)和需要特定人技能完成的债务行为(如表演等)。委任合同与承揽合同不同,委任合同只强调以处理事务为目的,而不以物化成果为要件;承揽合同则强调承揽人必须要提交其完成的工作成果。

3.委任合同是诺成、非要式合同。当委任人将自己的事务托付他人办理时,受任人作出允诺才可达成合意。自受任人作出允诺之时,委任合同即告成立。

4.委任合同可以是无偿单务合同,也可以为双务有偿合同。

二、受任人的权限

委任合同应当订明受任人的权限;未订明的,受任人的权限依委托事务的性质确定。

委任人可就一项或数项事务而授权,也可约定就一切事务而授权。委托处理下列事务之一的,应有委任人的特别授权:①不动产出售、出租或者就不动产设定抵押权。②赠与。③和解。④提交仲裁。

三、委任合同的效力

(一)受任人的主要义务

1.依委任人指示处理事务。受任人应当在委任人授权范围内依诚信原则处理所受托之事务。无论是委任人特别授权,还是概括授权,受任人都应当遵循诚实信用原则处理事务,不得擅自改动或曲解委任人的指示。只有在情况紧急难以与委任人联系时,为了委任人的利益可因势变更委任人的指示(《合同法》第399条[1])。委任人指示按其授权性质,可以分为三类:①命令性指示,受托人必须绝对遵从。②指导性指示,受托人可在该指示范围内根据处理事务的需要酌情裁量。③任意性指示,通常只有在全权委任中才有,受托人可以根据处理事务需要独立决定。委任是基于信任而产生,受任人应当亲自处理事务。经委任人同意,受任人可以将委托事务转委任给第三人代为处理;未经委任人同意转委任的,受任人应当对转委任的第三人的行为承担责任,只有在紧急情况下,受任人为维护委任人的利益而转委任的除外(《合同法》第400条[2])。

---

〔1〕 对应《民法典》第922条:"受托人应当按照委托人的指示处理委托事务。需要变更委托人指示的,应当经委托人同意;因情况紧急,难以和委托人取得联系的,受托人应当妥善处理委托事务,但是事后应当将该情况及时报告委托人。"

〔2〕 对应《民法典》第923条:"受托人应当亲自处理委托事务。经委托人同意,受托人可以转委托。转委托经同意或者追认的,委托人可以就委托事务直接指示转委托的第三人,受托人仅就第三人的选任及其对第三人的指示承担责任。转委托未经同意或者追认的,受托人应当对转委托的第三人的行为承担责任;但是,在紧急情况下受托人为了维护委托人的利益需要转委托第三人的除外。"

2.报告义务。在处理事务过程中,受任人应当随时向委任人报告事务处理的进展情况、存在的问题等,以使委任人及时了解情况。事务处理完毕后,应当向委任人报告委任事务结果。(《合同法》第401条[1])。

3.交付财产义务。受任人因处理委任事务所收受的物品、金钱及其他财产,应当交还给委任人。这些财产既包括第三人支付的财产,也包括委任人为处理事务之需而借给受任人使用的财产。

4.谨慎注意义务。受任人处理委任事务,应尽必要的注意义务,但该义务在有偿和无偿委任有所区分。在有偿委任合同中,受任人负善良管理人之注意义务,因违反此义务有过失的,负损害赔偿责任;在无偿委任合同中,受任人应负与处理自己的事务同一注意义务,因怠于该注意义务有重大过失的,承担赔偿损失的责任(《合同法》第406条[2])。

5.披露义务。在间接委任,因受托人是以自己的名义为委任人处理事务,在处理事务遇有障碍时,为了实现委任人的介入权和第三人的选择权,受托人负有披露义务(《合同法》第403条[3])。

(1)向委任人披露第三人。在因第三人的原因使受任人不能对委任人履行义务时,受任人应当向委任人披露第三人,使委任人得以行使受托人对第三人的权利。但第三人缔约时知道是委任就不订立合同的除外。

(2)向第三人披露委任人。在因委任人的原因使受托人不能对第三人履行义务时,受任人应当向第三人披露委任人,使第三人取得向受任人或委任人行使请求权的选择权。

(二)委任人的主要义务

1.支付费用的义务。对于受任人为处理事务而支出的必要费用,应当由委任人支付。支付的方式分为预付和偿还两种方式。特别是受任人为处理事务而自己垫付的费用,委任人有不可抗辩的支付义务(《合同法》第398条[4])。

2.清偿债务的义务。委任人对于受任人在授权范围内处理事务所产生的债务属于委任人之债务,委任人有义务清偿。受任人超越授权范围对事务进行处理,委任人对此没有明确表示反对,视为拒绝追认,受任人自负清偿义务(《合同法》第48

---

[1] 对应《民法典》第924条:"受托人应当按照委托人的要求,报告委托事务的处理情况。委托合同终止时,受托人应当报告委托事务的结果。"

[2] 对应《民法典》第929条:"有偿的委托合同,因受托人的过错造成委托人损失的,委托人可以请求赔偿损失。无偿的委托合同,因受托人的故意或者重大过失造成委托人损失的,委托人可以请求赔偿损失。
受托人超越权限造成委托人损失的,应当赔偿损失。"

[3] 现为《民法典》第926条。

[4] 对应《民法典》第921条:"委托人应当预付处理委托事务的费用。受托人为处理委托事务垫付的必要费用,委托人应当偿还该费用并支付利息。"

条[1]）。

3.给付报酬的义务。在有偿委任中,委任人应当依约定向受任人支付报酬。

4.赔偿的义务。受任人在处理事务过程中,因不可归责于自己的事由而造成损失的,有权要求委任人赔偿损失(《合同法》第407条[2]）。

(三)委任合同中的连带责任

当委任合同的一方或双方当事人有两人以上时,则两个以上的受任人对完成同一事务的委托负连带责任。反之亦然,两个以上的委任人对受任人完成委托事务的行为后果负连带责任。

(四)间接委任中的委任人介入权

我国《合同法》引进英美法隐名代理制度(第403条),肯认间接委任中委任人的介入权。

1.自动介入权。即在第三人与受任人缔约时知道受任人是为委任人处理事务的,该合同亦对委任人有约束力。委任人可以介入委任事务,直接对第三人行使受任人的权利,包括请求权、抗辩权等,同时负担受任人对第三人应负的义务。

2.被动介入权。即在受任人因委任人的原因不能履行对第三人的义务,向第三人披露委任人时,第三人因行使选择权选定委任人为义务人时,委任人成为债务人。委任人既负受任人应履行的债务,同时也得对第三人行使受任人对第三人的抗辩权和自己对受任人的抗辩权。

四、委任合同的终止

委任合同的终止,即意味着对合同双方当事人的约束力的丧失。委任合同终止的原因除受任人完成委托事务这一达到合同目的的一般性原因之外,还有下列原因:①委任人取消委任或者受任人辞去委托,委任人和受任人都可以随时终止委任合同,但须负过失赔偿责任(《合同法》第410条[3]）。②受任人死亡或者丧失行为能

---

〔1〕 对应《民法典》第171条:"Ⅰ.行为人没有代理权、超越代理权或者代理权终止后,仍然实施代理行为,未经被代理人追认的,对被代理人不发生效力。Ⅱ.相对人可以催告被代理人自收到通知之日起三十日内予以追认。被代理人未作表示的,视为拒绝追认。行为人实施的行为被追认前,善意相对人有撤销的权利。撤销应当以通知的方式作出。Ⅲ.行为人实施的行为未被追认的,善意相对人有权请求行为人履行债务或者就其受到的损害请求行为人赔偿。但是,赔偿的范围不得超过被代理人追认时相对人所能获得的利益。Ⅳ.相对人知道或者应当知道行为人无权代理的,相对人和行为人按照各自的过错承担责任。"

〔2〕 对应《民法典》第930条:"受托人处理委托事务时,因不可归责于自己的事由受到损失的,可以向委托人请求赔偿损失。"

〔3〕 对应《民法典》第933条:"委托人或者受托人可以随时解除委托合同。因解除合同造成对方损失的,除不可归责于该当事人的事由外,无偿委托合同的解除方应当赔偿因解除时间不当造成的直接损失,有偿委托合同的解除方应当赔偿对方的直接损失和合同履行后可以获得的利益。"

力，以及作为受任人的法人终止的，受任人的继承人、法定代理人、清算人等应通知委任人终止委任，但当事人另有约定或委任事务的性质不宜终止的除外（《合同法》第413条[1]）。③委任人死亡、丧失行为能力，或作为委任人的法人终止，但终止将损害委任人的利益的，在委任人的继承人、法定代理人或清算人承受委任事务前，受任人应继续处理委任事务（《合同法》第412条[2]）。

第三节　运送合同

一、概说

（一）意义

运送合同也称运输合同，是指当事人约定，一方当事人为将他方或他方的货物安全运送到约定地点并获得报酬的合同。在运送合同中，将物品或旅客运送到约定地点的人叫做承运人；将自己或他人的物品、旅客托付于承运人运送并支付运费的人叫做托运人。有些运送合同除承运人与托运人之外，还有收货人，即从承运人处接收物品的人。运送合同有广义与狭义之分。广义的运送合同含物品运送、旅客运送和通信运送三种合同。狭义的运送合同仅包括物品的运送、旅客运送合同，故又称运输合同。我国《合同法》[3]采用狭义的运输合同概念。

（二）法律特征

1.运送合同的标的是运送行为。尽管运送合同离不开运送之物或者旅客，但是运送合同的标的离不开物或旅客，但物或旅客仅是运送行为的对象而已。运送合同双方当事人的权利与义务均围绕运送行为而产生。

2.运送合同的成立，在客运合同中可为诺成或践成，生活中以交易惯例确定；货运合同，通常是诺成合同，承运人接受托运人发出的要约，例如，接受托运人预付的运费，即形成承诺，承运人与托运人达成合意，运送合同成立，无须以支付运送对象为成立要件。但当事人有约定或法律有特别规定的，货运合同也不妨为践成合同，例如，《航空货物运输合同实施细则》第3条第2款规定："托运人填交货物托运单经

---

〔1〕 对应《民法典》第936条："因受托人死亡、丧失民事行为能力或者被宣告破产、解散，致使委托合同终止的，受托人的继承人、遗产管理人、法定代理人或者清算人应当及时通知委托人。因委托合同终止将损害委托人利益的，在委托人作出善后处理之前，受托人的继承人、遗产管理人、法定代理人或者清算人应当采取必要措施。"

〔2〕 对应《民法典》第935条："因委托人死亡或者被宣告破产、解散，致使委托合同终止将损害委托人利益的，在委托人的继承人、遗产管理人或者清算人承受委托事务之前，受托人应当继续处理委托事务。"

〔3〕 《民法典》合同编。

承运人接受,并由承运人填发货运单后,航空运输合同即告成立。"

3.运送合同是双务有偿合同。承运人有义务为托运人运送物品或旅客,同时有权获得报酬;托运人或旅客有义务支付运费,同时有权要求承运人完成运送行为。

4.运送合同多为格式合同,合同条款由承运人事先拟定,托运人或旅客仅有就此条款同意与否的权利。

(三)制度价值及法律规范

1.运送合同的制度价值。运输把投入流通领域内的产品从一地运送到另一地,完成产品从生产领域到消费领域的转移,将生产与消费(含生产消费和生活消费)联系起来。与此同时,运输通过满足社会生产和人民消费对客运的需要,使社会再生产过程得以继续进行。此外,运输业的发展,对于巩固国防、沟通国内外联系、推动文化技术交流和国际贸易往来及改善人民的物质生活条件均有重要的作用。因此,运输是社会在生产过程中不可缺少的必要环节,而运送合同则为运输这一"社会生产过程的一般条件"[1]的有序化、规范化提供了保障。

2.运送合同的法律规范。运送合同是债权合同的重要合同类型。虽然《合同法》[2]以34个条文对运输合同作了规定,但基于运输业属于国家战略性产业,国家对这一领域有很多干预,存在很多行政法规。另一方面,我国的公路、水运、铁路、航空运输业,分属于交通部、铁道部、民航总局等不同的行政部门管辖,这些部门都有以行政法规形式公布的运输规则,干预运输合同。这些运输规则,既是行政法规,又充任格式合同的条款,对相对人一方彰显不公。例如,《铁路旅客运输规程》《公路汽车旅客运输规则》《水路旅客运输规则》《国内旅客运输规则》等,大多规定旅客或托运人应承担的义务,但对承运人过失的赔偿责任,就鲜有规定。此外,海运及空运又带有国际性,有众多的国际运输公约,凡我国参加的国际公约,如《统一国际航空运输某些规则的公约》(1933年)、《修改1929年10月12日在华沙签订的〈统一国际航空运输某些规则的公约〉的议定书》(1963年)、《国际铁路货物联运协定》(1951年)等,在涉外运输中有优先适用效力。

(四)运送合同的订立

1.运送合同订立形式。运送合同的形式主要为书面形式,大都是格式合同,旅客运送是票据化的,缔约称为购票。货物运送也往往有格式表格,订立时依标准填写。合同的成立主要有下列几种情形:①由双方在合同上进行签认。②承运人给付简易书面凭证。③承运人填发货运单或者在货运单上加盖承运日期戳。

无论旅客运送还是货物运送,都属于公共服务业,因此,承运人对于托运人和旅

---

〔1〕《马克思恩格斯全集》第23卷,人民出版社1972年版,第42页。

〔2〕《民法典》合同编。

客的合理运送要求不得拒绝。即对于相对人的要约，承运人无拒绝承诺权（《合同法》第290条[1]）。

2.运送合同的基本条款。运送合同的基本条款应当包括下列主要内容：①运送对象的性质、规格或数量、重量等。②物品运送的托运人和收货人的名称或姓名。③起运地点与到达地点。④运费数额、计算标准及结算方式。⑤变更、解除合同的期限。⑥违约责任条款。⑦不可抗力及其他风险承担条款。⑧特约条款。

二、旅客运送合同

（一）客运合同的意义、成立与生效的时间

1.意义。旅客运送合同，简称客运合同，是指当事人约定承运人将旅客及其携带物品运送到约定地点，旅客支付相应报酬的合同，车、船、飞机客票是旅客乘运送设备的书面凭证。

2.合同成立的时间与生效的时间。除有特别约定或交易习惯外，客运合同自承运人向旅客交付客票时成立（《合同法》第293条[2]）。①先购票者，自取得所购客票时起合同成立。②后购票先登运送设备者，自登上运送设备时起合同成立。

客运合同生效，在先购票者，为检票时间；在后购票者，为登上运送设备补得客票的时间。除航空运输外，承运人运送的旅客为非特定人，在合同成立后尚未检票前，债权人旅客得自由转让债权，即转让客票无须通知承运人，但在检票（合同生效）后，不得将客票转让给他人。

（二）旅客运送合同的效力

1.承运人的主要权利义务。

（1）收取运费。旅客运送为有偿合同，承运人有获得运送价金的权利；对拒绝支付价金的，承运人有权拒绝运送；对无票乘运、超程乘运、越级乘运的旅客，除有权收取补交票款外，还可以按规定加收票款（《合同法》第294条[3]）。

（2）按约定的时间、运输工具和服务标准运送。承运人须按客票载明的时间、班次运送，发生重要迟延事由的，应及时告知并负责退票或安排其他班次运送；不得随

---

[1] 对应《民法典》第811条："承运人应当在约定期限或者合理期限内将旅客、货物安全运输到约定地点。"

[2] 对应《民法典》第814条："客运合同自承运人向旅客出具客票时成立，但是当事人另有约定或者另有交易习惯的除外。"

[3] 对应《民法典》第815条："Ⅰ.旅客应当按照有效客票记载的时间、班次和座位号乘坐。旅客无票乘坐、超程乘坐、越级乘坐或者持不符合减价条件的优惠客票乘坐的，应当补交票款，承运人可以按照规定加收票款；旅客不支付票款的，承运人可以拒绝运输。Ⅱ.实名制客运合同的旅客丢失客票的，可以请求承运人挂失补办，承运人不得再次收取票款和其他不合理费用。"

意改变运送工具或降低服务标准，提高服务标准的，不得加收运费(《合同法》第298条至第300条[1])。

(3)免费运送限量携带的行李和办理托运义务。对旅客按约定限量随身携带的行李，承担免费运送义务，对超量携带的行李，应为旅客办理托运手续，按规定收取运费(《合同法》第296条[2])。

(4)安全运送的义务。承运人必须将物品、旅客安全运抵目的地。旅客在运送期间发生急病、分娩以及遇险等情况的，承运人有救助义务(《合同法》第301条[3])；因运送过程造成旅客伤亡的，负无过失损害赔偿责任(《合同法》第302条[4])。

(5)对旅客携带和托运行李安全运送和妥善保管义务。对旅客随身携带的行李，有安全运送的义务，因过失导致毁损灭失的，负损害赔偿责任；对旅客托运的行李，负有妥善保管及安全运送的义务，造成毁损灭失的，负无过失之限额赔偿责任(《合同法》第303条[5])。但对坚持携带危险品的旅客，有检查权和拒绝运送权(《合同法》第297条[6])。

(6)强制缔约义务。对于旅客通常、合理的要约，承运人不得拒绝承诺。

2.旅客的主要权利义务

(1)运送设备乘行权。旅客有权按照票面载明的时间及班(航)次等乘坐约定的运送设备抵达目的地。如因承运人的原因使旅客不能按约定时间和班次乘坐运送设备，旅客有退票或改乘其他班次的选择权(《合同法》第299条[7])；承运人擅自变更运送工具或降低服务标准的，旅客有退票或减付票款的选择权(《合同法》第300

---

〔1〕 对应《民法典》第819条至第821条。第819条："承运人应当严格履行安全运输义务，及时告知旅客安全运输应当注意的事项。旅客对承运人为安全运输所作的合理安排应当积极协助和配合。"第820条："承运人应当按照有效客票记载的时间、班次和座位号运输旅客。承运人迟延运输或者有其他不能正常运输情形的，应当及时告知和提醒旅客，采取必要的安置措施，并根据旅客的要求安排改乘其他班次或者退票；由此造成旅客损失的，承运人应当承担赔偿责任，但是不可归责于承运人的除外。"第821条："承运人擅自降低服务标准的，应当根据旅客的请求退票或者减收票款；提高服务标准的，不得加收票款。"

〔2〕 对应《民法典》第817条："旅客随身携带行李应当符合约定的限量和品类要求；超过限量或者违反品类要求携带行李的，应当办理托运手续。"

〔3〕 现为《民法典》第822条。

〔4〕 现为《民法典》第823条。

〔5〕 对应《民法典》第824条："在运输过程中旅客随身携带物品毁损、灭失，承运人有过错的，应当承担赔偿责任。旅客托运的行李毁损、灭失的，适用货物运输的有关规定。"

〔6〕 对应《民法典》第818条："Ⅰ.旅客不得随身携带或者在行李中夹带易燃、易爆、有毒、有腐蚀性、有放射性以及可能危及运输工具上人身和财产安全的危险物品或者违禁物品。Ⅱ.旅客违反前款规定的，承运人可以将危险物品或者违禁物品卸下、销毁或者送交有关部门。旅客坚持携带或者夹带危险物品或者违禁物品的，承运人应当拒绝运输。"

〔7〕 对应《民法典》第820条："承运人应当按照有效客票记载的时间、班次和座位号运输旅客。承运人迟延运输或者有其他不能正常运输情形的，应当及时告知和提醒旅客，采取必要的安置措施，并根据旅客的要求安排改乘其他班次或者退票；由此造成旅客损失的，承运人应当承担赔偿责任，但是不可归责于承运人的除外。"

条[1]）。

（2）携带权。旅客在乘坐运送设备过程中，有权按旅客运输规则的规定，免费携带限定重量的行李或包裹；免费或半价携带一名儿童。

（3）支付费用的义务。这是旅客的主要义务。旅客必须按照规定支付票价、行李运费等费用。但根据法律的规定或约定，现役军人、在校学生等其他享有优惠者，有权减付票款。

（4）不得携带违禁品的义务。运送的安全性不是承运人单方的责任，作为旅客必须按有关规定不将禁止随身携带品带进运送设备。禁止随身携带品主要是指易燃、易爆、污染等对运送设备的安全存在威胁的危险品和禁运品。

三、货物运送合同

（一）意义

货物运送合同，是指当事人约定承运人将货物运送到约定地点，托运人支付相应运费的合同。

货物运送合同种类较多。依运送方式不同，分为铁路、公路、水路、航空运送以及联运合同；依运送的货物性质不同分为一般、危险、鲜活物品运送合同；依装卸方式不同分为整机、整车、整船物品运送合同、集装箱物品运送合同、零担物品运送合同。不同类型的合同，在订立、受公法干预的程度等方面有很大的不同，如对空运、危险品运送，因涉及公共安全，法律就有较多的干预。除短途、零星运送等当事人可以即时清结者外，通常情况下要签订书面协议。货物运送合同依双方当事人的合意而成立，具体有两种类型：

（1）持续性运送合同，按年度、半年度、季度、月度签订的铁路、公路货物运送合同，按月签订的大宗水路货物运送合同，在承运人与托运人进行签认后合同即告成立。

（2）一时性运送合同，零担货物、集装箱货物的铁路运送合同，以货物运单为运送合同的水路和航空货物运送合同，以承运人在物品运单上加盖承运日期戳或填发货运单为合同成立。在办理货物托运时，托运人应当按国家有关规定提交卫生检疫、公安监理及政府是否禁运等证明。

（二）货物运送合同的效力

1.承运人的主要义务。

（1）运送义务。承运人要按约定的时间、地点，安全无损地将物品运抵目的地。

---

[1] 对应《民法典》第821条："承运人擅自降低服务标准的，应当根据旅客的请求退票或者减收票款；提高服务标准的，不得加收票款。"

如因承运人的原因错运到货地点或逾期运到的,应承担不履行债务责任。

(2)安全运送及妥善保管。货物自交付承运人起至交付给收货人或者提存止,除不可抗力、相对人过失或物品自然损耗以外,承运人对货物毁损灭失、短少、变质、污染的,负损害赔偿责任(《合同法》第311条[1])。赔偿数额依约定或到达地市场价格计算,法律有特别规定的,按规定的计算方法或限额赔偿数额赔偿(《合同法》第312条[2])。

(3)通知及提存。承运人在到货后应在法定或约定的时间内向收货人发出到货通知,如果收货人逾期领取货物,承运人可以收取保管费(《合同法》第309条[3]);收货人不明或无正当理由拒绝受领的,可以提存(《合同法》第316条[4])。

(4)交付货物。应向收货人交付货物及与货物有关的相关凭证。货物在运送过程发生短缺、毁损灭失的,负赔偿责任。

(5)强制缔约义务。即对托运人合理的订立货物运输合同要约,承运人不得拒绝。

(6)多个运送人的连带责任。两个以上的同一种方式承运人承运货物的,由与托运人订立合同的承运人对全程运输承担责任。运送货物有损害的,缔约的承运人与致害的运送人负连带赔偿责任(《合同法》第313条[5])。

2.托运人的主要义务。

(1)交付货物。托运人要按约定时间和要求向承运人提交托运的货物。托运危险品的,应完成国家规定的包装、警示标志等要求,并向承运人申报和提供相关防范资料(《合同法》第307条[6])。运送的货物需要办理审批、检验手续的,应向承运人交付相关的审批或检验文件(《合同法》第305条[7])。

(2)支付运费。按约定的计算标准和结算方式支付运送费用及其他应付费用。不支付运费、保管费等应付费用的,除有相反约定外,承运人享有留置权(《合同法》

---

〔1〕 对应《民法典》第832条:"承运人对运输过程中货物的毁损、灭失承担赔偿责任。但是,承运人证明货物的毁损、灭失是因不可抗力、货物本身的自然性质或者合理损耗以及托运人、收货人的过错造成的,不承担赔偿责任。"

〔2〕 对应《民法典》第833条:"货物的毁损、灭失的赔偿额,当事人有约定的,按照其约定;没有约定或者约定不明确,依据本法第五百一十条的规定仍不能确定的,按照交付或者应当交付时货物到达地的市场价格计算。法律、行政法规对赔偿额的计算方法和赔偿限额另有规定的,依照其规定。"

〔3〕 现为《民法典》第830条。

〔4〕 对应《民法典》第837条:"收货人不明或者收货人无正当理由拒绝受领货物的,承运人依法可以提存货物。"

〔5〕 对应《民法典》第834条:"两个以上承运人以同一运输方式联运的,与托运人订立合同的承运人应当对全程运输承担责任;损失发生在某一运输区段的,与托运人订立合同的承运人和该区段的承运人承担连带责任。"

〔6〕 对应《民法典》第828条:"Ⅰ.托运人托运易燃、易爆、有毒、有腐蚀性、有放射性等危险物品的,应当按照国家有关危险物品运输的规定对危险物品妥善包装,做出危险物品标志和标签,并将有关危险物品的名称、性质和防范措施的书面材料提交承运人。Ⅱ.托运人违反前款规定的,承运人可以拒绝运输,也可以采取相应措施以避免损失的发生,因此产生的费用由托运人负担。"

〔7〕 现为《民法典》第826条。

第315条[1]）。运送货物因不可抗力发生毁损灭失的，托运人可以免交运费，已交的可以请求返还（《合同法》第314条[2]）。

(3)包装义务。凡必须由托运人包装的货物，托运人应当按约定或适宜保护运送货物的方法包装，违反此义务的，承运人有权拒绝运送（《合同法》第306条[3]）。

(4)告知义务。不是托运人亲自收货的，应将收货人的姓名、名称、地址或其他联络方法告知承运人。

3.收货人的主要义务。当托运人与收货人不是同一人时，托运人的部分义务便依托运人与收货人的约定而转移于收货人。但收货人不履行义务的，仍由托运人承担责任。

(1)领取货物。收货人须按约定时间、地点领取货物。

(2)支付费用义务。约定由收货人支付运费或因逾期领取货物支付保管费的，应在领取货物时支付运费等费用，不履行义务的，除有相反约定，承运人享有留置权。

(3)验收货物。应按约定或交易习惯验收货物，货物有短缺或毁损灭失的，应在约定或合理期限内提出，未提出的，视为验收合格（《合同法》第310条[4]）。

四、多式联运合同

(一)意义

多式联运合同，是指采用两种以上不同运送方式运送货物的运送合同。联运的方式很多，有铁路、水路、公路联运或铁路、水路、公路、航空联运合同。此外，还有不同地区之间、不同地区与运输部门之间合作性的联运及国际性联运。联运因涉及多个承运人，他们之间的运送义务以及运送中发生的损害赔偿责任如何承担，对运送人请求权的行使，有特别需要明确的意义，所以《合同法》[5]专门对多式联运合同作出规定。

---

〔1〕 对应《民法典》第836条："托运人或者收货人不支付运费、保管费或者其他费用的，承运人对相应的运输货物享有留置权，但是当事人另有约定的除外。"

〔2〕 对应《民法典》第835条："货物在运输过程中因不可抗力灭失，未收取运费的，承运人不得请求支付运费；已经收取运费的，托运人可以请求返还。法律另有规定的，依照其规定。"

〔3〕 对应《民法典》第827条："Ⅰ.托运人应当按照约定的方式包装货物。对包装方式没有约定或者约定不明确的，适用本法第六百一十九条的规定。Ⅱ.托运人违反前款规定的，承运人可以拒绝运输。"

〔4〕 对应《民法典》第831条："收货人提货时应当按照约定的期限检验货物。对检验货物的期限没有约定或者约定不明确，依据本法第五百一十条的规定仍不能确定的，应当在合理期限内检验货物。收货人在约定的期限或者合理期限内对货物的数量、毁损等未提出异议的，视为承运人已经按照运输单证的记载交付的初步证据。"

〔5〕《民法典》合同编第十九章第四节。

(二)多式联运合同的特殊效力

与单一运送合同相比较,多式联运合同有下列特殊效力:

1.承运人权利和义务由多式联运的经营人享有,多式联运的承运人之间的内部责任划分约定,不得对抗托运人(《合同法》第317条至第318条[1])。

2.支付费用的总括性。托运人将全程不同运送设备的运费一次性支付多式联运经营人,并取得多式联运单据。多式联运单据分可转让和不可转让两种。

3.对于联合运送过程中发生的货物灭失或毁损的赔偿责任以及赔偿数额,首先适用法律的特别规定或国际公约的规定;发生损害的运输区段不能确定的,由多式联运经营人负赔偿责任,承运人之间的内部责任依约定或法定分配(《合同法》第321条[2])。

第四节　行纪合同

一、概述

(一)意义

行纪合同,是指当事人约定一方接受他方的委托,以自己的名义用他方的费用,为他方从事贸易等业务并获得报酬的合同。在行纪合同中,接受委托以自己的名义进行一定行为的人称行纪人,委托行纪人的人称委托人。

(二)行纪与信托

我国有学者称行纪合同为信托合同,[3]因英美法上另有与大陆法行纪的含义完全不同的信托制度,故有必要对两者加以区分。

1.英美法上的信托(Trust)是由英国中世纪衡平法中的用益权制度发展而来,是指受托人受权代表他人管理财产的一种协议,就其内容而言,近似于大陆法系的他

---

〔1〕 对应《民法典》第838条至第839条。第839条:"多式联运经营人负责履行或者组织履行多式联运合同,对全程运输享有承运人的权利,承担承运人的义务。"第839条:"多式联运经营人可以与参加多式联运的各区段承运人就多式联运合同的各区段运输约定相互之间的责任;但是,该约定不影响多式联运经营人对全程运输承担的义务。"

〔2〕 对应《民法典》第842条:"货物的毁损、灭失发生于多式联运的某一运输区段的,多式联运经营人的赔偿责任和责任限额,适用调整该区段运输方式的有关法律规定;货物毁损、灭失发生的运输区段不能确定的,依照本章规定承担赔偿责任。"

〔3〕 佟柔主编:《民法原理》(修订本),法律出版社1987年版,第372页;李由义编:《民法学》,北京大学出版社1988年版,第430页。

物权；而行纪合同(拉丁文mandatum，英文mandtate)源自罗马法，属债权法范畴。

2.Trust的当事人为财产授予人、受托人和受益人三方；而行纪合同的当事人则是受托人与委托人两方。

3.Trust须以财产交付给受托人为成立要件，且取得该财产利益的是受益人而非财产授予人；而行纪合同不以交付财产为成立要件，且委托人财产所得的利益归委托人享有。

(三)行纪合同的法律特征

1.行纪人以自己的名义为委托人进行一定的法律行为。行纪人以自己的名义办理行纪事务，如代购、代销、寄售等。行纪人与第三人之间的权利义务由行纪人自己享有或承担。委托人与第三人之间不存在直接的权利义务关系，委托人亦不对行纪人的行为承担责任。

2.行纪合同是双务有偿合同。行纪人为委托人进行一定的法律行为，委托人向行纪人支付报酬。这点与委任合同不同，虽然委任合同与行纪合同均基于双方当事人之间的信任而产生，但委任合同可以有偿也可以无偿。

3.行纪合同的标的是行纪人为委托人进行的法律行为限于商业活动；而委任的事务范围很广，商业、诉讼、亲近探望等法律行为、事实行为皆可以。

但我国《合同法》[1]在委任合同中，引入了间接委任合同。间接委任与行纪都是以委任人(行纪人)自己的名义为受托人处理事务，合同的功能相同。但除了两者处理事务范围、报酬有所不同外，行纪合同对第三人没有约束力，行纪人与第三人的合同也同样不能对抗委托人，行纪合同没有间接委任合同那种扩张效力。

二、行纪合同的效力

(一)行纪人的主要权利和义务

1.主要权利。

(1)报酬请求权。行纪人有请求委托人支付约定的报酬的权利。行纪人高于指定价格卖出或低于指定价格买入，有增加报酬请求权(《合同法》第418条第2款[2])。

(2)介入权。行纪人接受委托实施行纪行为时，以自己的名义介入买卖活动，即行纪人的介入权。根据介入权，行纪人买入或卖出市场定价的商品时，只要委托人没有相反的意思，可以自己作为买受人或出卖人(《合同法》第419条[3])。这是行纪

---

〔1〕《民法典》合同编。

〔2〕 对应《民法典》第955条第2款："行纪人高于委托人指定的价格卖出或者低于委托人指定的价格买入的，可以按照约定增加报酬；没有约定或者约定不明确，依据本法第五百一十条的规定仍不能确定的，该利益属于委托人。"

〔3〕 对应《民法典》第956条："Ⅰ.行纪人卖出或者买入具有市场定价的商品，除委托人有相反的意思

与委任代理的不同点,如在代理,介入权就构成自己代理,属滥用权利行为。

(3)留置与提存权。委托人拒绝支付报酬的,行纪人对委托物有留置权(《合同法》第422条[1]);委托人拒绝受领买入物品或未卖出的物品的,行纪人有权提存委托物。

2.主要义务。

(1)依指示为行纪行为。行纪人要按照委托人的指示完成行纪行为,并应当尽自己的注意,以使委托人的利益不受或少受损失。委托人对于价格有特别指示的,行纪人不得违反;高于指定价格买入或低于指定价格卖出,应经委托人允诺,未经允诺,该差额由行纪人自己负担(《合同法》第418条第1款[2])。

(2)负担行纪费用。行纪人对于在处理行纪事务中发生的费用,如无特别约定的,由自己承担(《合同法》第415条[3])。

(3)妥善保管委托物。对占有的委托物,负有妥善保管义务,未经注意义务致委托物毁损灭失的,负损害赔偿责任。

(4)委托物处置的义务。委托物品,有瑕疵或者不宜久存的,经委托人同意可以处分,不能及时取得联系,为了委托人的利益,行纪人有合理处分权(《合同法》第417条[4])。

(二)委托人的主要权利和义务

1.验收权。对于行纪结果,委托人有权检验。如果行纪人未按指示去实施行纪行为,委托人有权拒绝接受行纪结果,并可要求行纪人赔偿损失。

2.支付报酬。委托人应当按约定的数额给付行纪人报酬及与其约定的其他费用。

3.及时接受行纪人完成行纪行为结果的义务。如果由于委托人迟延接受而造成的损失,由委托人承担。

表示外,行纪人自己可以作为买受人或者出卖人。Ⅱ.行纪人有前款规定情形的,仍然可以请求委托人支付报酬。"

〔1〕 现为《民法典》第959条。

〔2〕 对应《民法典》第955条第1款:"行纪人低于委托人指定的价格卖出或者高于委托人指定的价格买入的,应当经委托人同意;未经委托人同意,行纪人补偿其差额的,该买卖对委托人发生效力。"

〔3〕 现为《民法典》第952条。

〔4〕 对应《民法典》第954条:"委托物交付给行纪人时有瑕疵或者容易腐烂、变质的,经委托人同意,行纪人可以处分该物;不能与委托人及时取得联系的,行纪人可以合理处分。"

第五节　居间合同

一、概述

(一)意义及性质

居间合同,是居间人向委托人提供与第三人缔约的机会或为订约提供媒介服务,委托人支付报酬的合同。

居间合同的居间人对委托人与第三人之间的合同没有介入权,居间人只负责向委托人报告缔约的机会或为委托人与第三人缔约居中斡旋,传达双方意思,起搭桥、牵线的作用,不参与委托人与第三人订约的具体商洽活动。这是居间合同与行纪合同的主要区别。

居间合同是双务、有偿、诺成合同。居间合同因双方当事人的合意而成立。合意的形式可以是书面、口头形式等。

(二)居间合同的沿革及功能

居间合同是市场经济的产物,是市场经济中商业活动的"红娘"。在存在简单商品经济形态的古希腊、古罗马帝国时代,就存在居间制度。在当时,任何人均可进行居间活动。我国的居间活动亦历史悠久,早在西汉时期(公元前206年至公元25年)就已有居间的萌芽。自中世纪以后,不少国家对居间加以限制。我国在北宋、明朝等朝代对居间活动的国家干预亦不断加强。各国对居间活动的控制,使居间成为一种职业,私自进行居间活动多遭限制或禁止。在近代民法,居间合同始见于《德国民法典》。我国民国时代的民法即肯定居间合同,进入市场经济后公布的《合同法》再次肯定居间,使居间合同成为有名合同。

二、居间合同的效力

(一)居间人的主要义务

1.报告缔约机会或提供缔约服务。居间人为委托人提供缔约机会或提供缔约服务,是居间人获取报酬的对价,易言之,居间人不履行该义务的,无权获得报酬。该报酬俗称"佣金",可约定数额,也可约定计算比例。

2.忠实介绍和尽力服务。对于订立合同的注意事项和有关商业信息,居间人要依诚实信用如实介绍,不得弄虚作假,隐瞒真实情况,更不得介绍第三人与委托人竞争。违反此义务造成委托人损害的,居间人负损害赔偿责任(《合同法》第425条[1])。居间人应本着为委托人的利益,尽力促成缔约。

3.保密义务。委托人要求居间人不得将自己的姓名或名称、商号等隐名事项告知相对人时,居间人负有不告知的保密义务。

4.负担居间费用。居间人促成合同成立的,居间人因居间事务支出的费用,由自己承担(《合同法》第426条[2])。

(二)委托人的主要义务

1.支付报酬的义务。委托人成功订立合同后,应按合同约定的数额支付给居间人应得的报酬;如果没有订立合同,委托人可以拒绝支付报酬(《合同法》第427条)。

2.偿付费用的义务。居间人未促成缔约的,委托人可以支付居间人为居间支出的合理费用。

第六节　保管合同

一、概述

(一)意义

保管合同又称为寄托合同,是指当事人一方将物品交付他方,他方给予保管并获得保管费用的合同。在保管合同中,对他人物品进行保管的人称保管人或受寄人,将自己的物品交托保管人保管的人称寄存人。

(二)保管合同的特征

1.保管合同是践成合同。除当事人有特别约定外,保管合同自保管物交付时成立(《合同法》第367条[3])。对于保管合同究竟为要物还是诺成合同,各国法律规定不一。将保管合同定为要物合同,系承袭罗马法的观念,法国、德国、日本等大陆法系国家的民法皆承袭罗马法制,我国法律也承袭此惯例;但《瑞士债务法典》则规定

---

〔1〕 对应《民法典》第962条:"Ⅰ.中介人应当就有关订立合同的事项向委托人如实报告。Ⅱ.中介人故意隐瞒与订立合同有关的重要事实或者提供虚假情况,损害委托人利益的,不得请求支付报酬并应当承担赔偿责任。"

〔2〕 对应《民法典》第963条:"Ⅰ.中介人促成合同成立的,委托人应当按照约定支付报酬。对中介人的报酬没有约定或者约定不明确,依据本法第五百一十条的规定仍不能确定的,根据中介人的劳务合理确定。因中介人提供订立合同的媒介服务而促成合同成立的,由该合同的当事人平均负担中介人的报酬。Ⅱ.中介人促成合同成立的,中介活动的费用,由中介人负担。"

〔3〕 对应《民法典》第890条:"保管合同自保管物交付时成立,但是当事人另有约定的除外。"

保管合同为诺成合同。

2.保管合同原则上为无偿、单务合同。除当事人有特别约定外，保管合同为无偿合同，并且不以具备特定形式为合同成立的要件。保管合同既是有偿合同也是双务合同。

3.以保管物品为目的。保管合同的标的是保管人对交付物品的保管行为，而不是获得物品的所有权、使用权，与租赁、承揽不同。保管的标的通常仅指动产，不动产管理、看护，构成物业管理合同，属于无名合同。

二、保管合同的效力

（一）保管人的主要义务

1.保管义务。保管人的首要义务即保管义务，履行该义务应当：

(1) 妥善保管标的物，尽必要程度的注意，因保管不善导致保管物毁损灭失的，负损害赔偿责任，但无偿保管人负重大过失责任，有偿保管人负一般过失责任（《合同法》第369条[1]、第374条[2]）。

(2) 按约定或有利于寄存人利益的保管方式保管物品（《合同法》第369条）。

(3) 亲自保管物品，未经寄存人同意的，不得擅自将保管物转交第三人保管，否则，保管人对第三人保管导致的损失，负损害赔偿责任（《合同法》第371条[3]）。

(4) 如需要，应给付保管凭证。

2.不得使用保管物。非经寄存人许可，保管人不得使用或允许第三人使用保管物（《合同法》第372条[4]）。

3.返还保管物。寄存人领取保管物的，保管人应及时交还。即使有第三人对保管物主张权利，非经执行程序强制，保管人仍应向寄存人返还保管物（《合同法》第373条[5]）。

4.附随义务：①危险告知义务，当保管物品发生危险或者被法院保全、执行时，保管人要及时通知寄存人。②孳息返还义务，保管事务完成，保管人要将保管物及其产生的孳息全部返还给寄存人。

---

〔1〕 现为《民法典》第892条。

〔2〕 对应《民法典》第897条："保管期内，因保管人保管不善造成保管物毁损、灭失的，保管人应当承担赔偿责任。但是，无偿保管人证明自己没有故意或者重大过失的，不承担赔偿责任。"

〔3〕 对应《民法典》第894条："Ⅰ.保管人不得将保管物转交第三人保管，但是当事人另有约定的除外。Ⅱ.保管人违反前款规定，将保管物转交第三人保管，造成保管物损失的，应当承担赔偿责任。"

〔4〕 对应《民法典》第895条："保管人不得使用或者许可第三人使用保管物，但是当事人另有约定的除外。"

〔5〕 对应《民法典》第896条："第三人对保管物主张权利的，除依法对保管物采取保全或者执行措施外，保管人应当履行向寄存人返还保管物的义务。"

(二)寄存人的主要义务

1.支付报酬义务。在有偿保管中,在保管人完成保管义务时,寄存人应支付约定的报酬。寄存人不支付约定报酬的,受寄人有权留置保管物(《合同法》第380条[1])。在无偿保管中,寄存人对保管人为保管垫支的必要费用,应偿还。

2.告知义务。保管物有瑕疵,或需采取特殊措施保管的,应将情况告知保管人。未履行此义务的,保管物因此而受的损害,保管人不负赔偿责任;保管人因此而受损害的,寄存人负赔偿责任(《合同法》第370条[2])。

3.贵重物品声明。保管物是货币、有价证券、金银等贵重物品的,寄存人应当向保管人声明。未声明的,对保管物造成的毁损、灭失,保管人可以按一般物品赔偿(《合同法》第375条[3])。

第七节 仓储合同

一、概述

(一)意义

仓储合同又称仓储保管合同,是指依存货人与保管人的约定,保管人有偿为存货人储存和保管物品的合同。仓储合同属保管合同的特殊类型,与一般的保管合同不同,仓储保管是一种商事行为,仓储保管人通常又是具有仓储营业资格的商人,所以也称其为仓储营业人。在民商分立立法体制下,仓储保管通常由商法典规定,在民商合一立法体制下,则由民法典作为保管合同的特殊类型规定。从这一点看,我国的法律体制,属于民商合一立法体制。

(二)仓储合同的特征

1.仓储保管人必须有仓储设备。仓储是商事行为,有无仓储设备是仓储保管人是否具备营业资格的重要表征。仓储设备是指供储存和保管物品用的设施,该设备

---

[1] 对应《民法典》第903条:"寄存人未按照约定支付保管费或者其他费用的,保管人对保管物享有留置权,但是当事人另有约定的除外。"

[2] 对应《民法典》第893条:"寄存人交付的保管物有瑕疵或者根据保管物的性质需要采取特殊保管措施的,寄存人应当将有关情况告知保管人。寄存人未告知,致使保管物受损失的,保管人不承担赔偿责任;保管人因此受损失的,除保管人知道或者应当知道且未采取补救措施外,寄存人应当承担赔偿责任。"

[3] 对应《民法典》第898条:"寄存人寄存货币、有价证券或者其他贵重物品的,应当向保管人声明,由保管人验收或者封存;寄存人未声明的,该物品毁损、灭失后,保管人可以按照一般物品予以赔偿。"

与仓储人经营的保管业务所匹配，如储存液体的有密封罐，存放粮食有仓库，堆放石料有堆场，等等，而不仅仅是有几间房屋，有几个看门人就可以称仓储设备。

2.仓储保管的对象须为物品，即仓储寄托的标的物须是动产。

3.仓库营业人须是专事仓储保管业务的人。即仓库营业人须是经仓储营业登记专营或兼营仓储保管的人(《仓储保管合同实施细则》第5条[1])。

4.存货人的货物交付或返还请求权以仓单为凭证。这是仓储合同的重要特征之一。仓单是指表示一定数量货物交付或返还请求权的文书，属于有价证券的一种。仓单以给付物品为标的，属物品证券；仓单记载货物之移转须移转仓单始生效力，故仓单又属物权证券。存货人凭仓单提取仓储的物品，也可以用背书形式并经仓库营业人签字将仓单上所载明的物品所有权转移给他人。

5.仓储合同是有偿、双务、诺成合同。仓储合同的当事人双方依法就合同的主要条款协商一致，合同即成立。

二、仓储合同的效力

(一)仓库营业人的主要义务

1.验收和接受保管物。按约定验收仓储物品，如验收发现物品与约定不符的，应及时通知存货人。验收合格，接受保管物并入库存放。

2.交付仓单。仓单是保管人应存货人请求签发的证明存货人财产权利的文书，保管人须将仓单交付给存货人。仓单属要式证券，应依法律要求记明有关事项(《合同法》第386条[2])。

3.仓储和保管。这是保管人的主要义务。保管人应按合同约定的储存条件和保管要求管理仓储物；在储存和保管方法上要符合有关要求，尤其是储存保管危险品、易腐物品，必须按国家规定或合同约定的要求严格操作。因保管不善，造成保管物毁损、灭失的，保管人负损害赔偿责任。

4.危险通知和处置。当仓储物品有变质等危险发生时，保管人应及时催告存货人或仓单持有人；因情况紧急，保管人可以自行作必要处置，事后告知相对人(《合同法》第390条[3])。

---

[1] 《仓储保管合同实施细则》于2001年10月6日被《国务院关于废止2000年底以前发布的部分行政法规的决定》所废止。

[2] 对应《民法典》第909条："保管人应当在仓单上签名或者盖章。仓单包括下列事项：(一)存货人的姓名或者名称和住所；(二)仓储物的品种、数量、质量、包装及其件数和标记；(三)仓储物的损耗标准；(四)储存场所；(五)储存期限；(六)仓储费；(七)仓储物已经办理保险的，其保险金额、期间以及保险人的名称；(八)填发人、填发地和填发日期。"

[3] 对应《民法典》第913条："保管人发现入库仓储物有变质或者其他损坏，危及其他仓储物的安全和正常保管的，应当催告存货人或者仓单持有人作出必要的处置。因情况紧急，保管人可以作出必要的处置；但是，事后应当将该情况及时通知存货人或者仓单持有人。"

5.容忍义务。存货人或仓单持有人要求对所存货物检查或提取样品的,保管人应允许并积极协助(《合同法》第388条[1])。

6.返还保管物。保管人应存货人的要求随时返还仓储物品,而不论存储期限是否届满。在约定的期限,未提取保管物的,保管人可以提存(《合同法》第393条[2])。

(二)存货人的主要义务

1.给付仓储费。应按约定给付仓储费;逾期提货的,给付逾期应增加的仓储费;在约定期限之前提货的,不得减少仓储费(《合同法》第392条[3])。存货人或仓单持有人不履行该项义务,保管人有权留置保管物。

2.提供资料或说明。对于危险品、易腐品等需要保管人特别注意的物品,保管人应提供该物品的特性、保管等资料,并作必要的说明,若存货人未履行该义务的,负担由此造成的保管人的损失。

3.取回仓储物品。储存期间届满,存货人或仓单持有人应凭仓单提取货物。未约定期限的,存货人或仓单持有人可以随时提取货物,保管人也可以随时要求存货人或仓单持有人取回货物,但要给对方必要的准备时间(《合同法》第391条[4])。

三、法律适用特则

仓储合同是由保管合同而来的,其法律关系除商事行为的特殊性外,其他方面与民事保管合同无异。所以,法律为了简约,只对仓储合同的特殊性方面作出规定,其他未尽事宜,则适用保管合同的有关规定(《合同法》第395条[5])。

---

[1]　现为《民法典》第911条。

[2]　对应《民法典》第916条:"储存期限届满,存货人或者仓单持有人不提取仓储物的,保管人可以催告其在合理期限内提取;逾期不提取的,保管人可以提存仓储物。"

[3]　对应《民法典》第915条:"储存期限届满,存货人或者仓单持有人应当凭仓单、入库单等提取仓储物。存货人或者仓单持有人逾期提取的,应当加收仓储费;提前提取的,不减收仓储费。"

[4]　对应《民法典》第914条:"当事人对储存期限没有约定或者约定不明确的,存货人或者仓单持有人可以随时提取仓储物,保管人也可以随时请求存货人或者仓单持有人提取仓储物,但是应当给予必要的准备时间。"

[5]　现为《民法典》第918条。

第四十二章　劳动合同与雇佣合同

第一节　导论

在人类社会有了商品交换后,交换的不仅有物,甚至有人的"劳动"。这一对劳动的交换,也谓之"租赁",这可能是现代人所不能理解的。罗马法最早出现雇佣租赁合同(Locatio—conductio operarum),[1]当时的罗马法学家们将人的体力劳动供他人使用的行为视为对物的租赁。罗马法对劳动关系的认识被《法国民法典》全盘继受。该法第1708条规定:"租赁契约,可分为两种:物的租赁契约、劳动力的雇佣契约。"至《德国民法典》,将人与物分离,将劳动的租赁另称为"雇佣契约",并且不再认为其是反映租赁关系的合同,而是一种属于广义给予服务的合同,该合同的目的十分明确,即以提供有偿劳务为目的。

尽管在近代民法中,将雇佣合同看成是法律面前平等的、独立的工人与雇主之间的自由意志相一致的产物——这也是民法将其纳入合同的根本缘由之一。但是,人类社会进入20世纪以后,随着社会经济的发展,人们发现,大工业生产越发展,生产效率越高,人们的就业机会就会越少,劳动力就会过剩。劳动力的长期过剩更使得订立雇佣合同的双方在经济力量上的对比愈发悬殊,工人为了维持生计,除了全盘接受雇主提出的苛刻条件外别无选择。因而,在表面上,雇佣合同的内容,如劳动报酬、劳动条件等虽然是双方协商而定,但基于双方不平等的经济地位,合同实是雇主单方的意思表示。这种名义上的平等、实际上的不平等状态正如马克思在《资本论》中所形容的那样:"原来的货币所有者成了资本家,昂首前行;劳动力所有者成了他的劳动者,尾随于后。一个高视阔步,踌躇满志;一个战战兢兢,畏缩不前。"[2]为了消除劳动就业中因合同双方经济地位悬殊而发生的不平等现象,保护经济上的弱者,避免雇主滥用"意思自治"损害劳工的利益,自20世纪以来,许多国家加强了对劳动合同的干预。由此,在传统民法[3]的雇佣合同的基础上,产生了一种具有

---

〔1〕[罗马]查士丁尼:《法学总论——法学阶梯》,张企泰译,商务印书馆1989年版,第177页;江平、米健:《罗马法基础》(修订本第三版),中国政法大学出版社2004年版,第265页;曲可伸:《罗马法原理》,南开大学出版社1988年,第334页。

〔2〕[德]马克思:《资本论》(根据作者修订的法文版第一卷翻译),中国社会科学出版社1983年版,第161页。

〔3〕 "传统民法"是一种较为流行的表达,但是,仔细探究,却是似是而非的一种表述。因为现代民法

新的特性、新的内容的合同——劳动合同。劳动合同与雇佣合同最大的区别是：雇佣合同是通过双方的自由协商来确立劳动关系；而劳动合同的自由协商性受到限制，合同须以法定的关于劳动条件、劳动保护等为最低基准的合同条款，否则合同将无效。

劳动合同是雇佣合同社会化的体现，其旨在消除现实社会中难以实现的、非实质性的平等，使经济力量薄弱的合同一方当事人(受雇者或者劳动者)得到较多的保护，使合同至少能保持最低程度的实质平等。

第二节　雇佣合同

一、雇佣合同的意义与特征

(一)雇佣合同的意义

雇佣合同，是指双方当事人约定，在确定或不确定期间内一方向他方提供劳务，他方给付报酬的合同。对于雇佣合同，大陆法系不少国家直接在民法典中加以规定，如《德国民法典》第611条、《日本民法典》第623条、《法国民法典》第1710条等。而英美法则多在诸如雇佣法等特别法或以判例法形式规定。我国有关雇佣合同的法律由单行法，例如《城乡个体工商户管理暂行条例》及有关司法解释，如1988年10月14日最高人民法院《关于雇工合同的批复》等规范[1]。我国新公布的《合同法》[2]亦未将雇佣合同列入，雇佣合同应算作无名合同。

雇佣合同的当事人是雇佣人和受雇人。接受受雇人提供的劳务并支付报酬者称雇佣人，在确定或不确定期间内向对方提供劳务并获得报酬者称受雇人，如在为雇请保姆、家庭教师而订立的雇佣合同中，保姆、家庭教师即为受雇人。

雇佣合同的标的是劳务。雇佣合同标的范围较委任合同、居间合同、运送合同等要广泛得多。它不限于特种劳务，亦不限于简单的体力劳务，智力型劳务同样可以成为雇佣合同的标的。

与传统民法实际上难以界分，尤其在我国这样一个相当缺乏民法文化的国度中。我国民法制度中的绝大多数内容都是所谓"传统民法"的直接移植或者继受，少量的"新术语"例如建设用地使用权、宅基地使用权、土地承包经营权等，实际上都是"传统民法"中的地上权之不同类型的本土特色表达，但权利原理却依然是"传统民法"的地上权原理。故而，"传统民法"之表达并非具有科学性。

〔1〕《城乡个体工商户管理暂行条例》已被国务院于2011年1月11日施行的《个体工商户条例》所废止；而《个体工商户条例》被2022年11月1日施行的《促进个体工商户发展条例》所废止。

〔2〕《民法典》同样未将雇佣合同纳入其合同编中。

（二）雇佣合同的特征

雇佣合同属于广义的给予服务合同。它除了具有双务性、诺成性的特征以外，还有下列特征：

1.以给付劳务为目的。劳务是雇佣合同之给付，属主给付行为，而不像承揽合同、委任合同，目的在于实现预期利益，给付劳务仅是附随义务。雇佣合同中的给付劳务，不问预期利益是否实现，只要提供了约定的劳务即可。

2.亲自履行受雇义务。受雇人应当亲自履行自己的义务而不得将义务转给第三人代为履行。因为雇佣合同不单纯是一种完全被劳务所充塞的合同，在这种合同中，还含有雇佣人与受雇人之间的信赖利益。作为复杂劳务，更是常常使合同义务带有一定的人身性质。因此，如果确有转让义务的必要时，需要事先征得雇佣人的同意。受雇义务是合同义务，不是法定的义务。

3.雇佣合同是有偿的、非要式和持续性的合同。凡雇佣合同均为有偿，即受雇人付出劳务后可获得相应的对价。至于计酬方法是按小时、日或计件，可由当事人依提供劳务的性质、类型约定。

（三）雇佣合同与承揽合同、委任合同的区别

雇佣合同与承揽合同的区别，主要表现为两点：

1.目的不同。雇佣合同以给付劳务为目的；承揽合同以完成工作成果为目的，给付劳务仅为达到目的的手段。

2.风险承担者不同。风险是指危险、意外事故或损失的可能性。承揽合同履行中所发生风险由承揽人负担；而雇佣合同履行中所发生风险由雇佣人承担。

雇佣合同与委任合同的区别，主要表现为两点：

1.目的不同。雇佣合同以给付劳务为目的；委任合同以完成一定法律行为或处理一定的事务为目的。

2.是否要求对价上不同。雇佣合同必为有偿的；委任合同可以是有偿的，也可以是无偿的。

二、雇佣合同的效力

（一）受雇人的义务

1.给付劳务。雇佣合同订立的目的就在于给付劳务，因而给付劳务是受雇人的基本义务。受雇人要按照合同约定的内容和方式给付，并应亲自实施而不得将此义务转让给第三人。

2.保证技能的义务。雇佣合同要求受雇人具有从事受雇活动的某项技能或者专

门知识。在订立合同时,受雇人应当保证自己确有所需技能或者专门知识。如果这种保证带有瑕疵,则雇佣人有权终止合同。

3.忠实义务。在雇佣合同成立后,受雇人应遵从雇佣人的指示。但是,如果因雇佣人的原因发出的指示是错误的,则受雇人有义务从诚实信用原则出发,提出矫正建议。当合同约定保密条款时,受雇人应为雇佣人保密。在得知有险情时,受雇人应当及时告知雇佣人。

4.注意义务。受雇人在履行给付劳务的义务时,应当加以善意的注意。如果未尽善意之注意而过失损害雇佣人的利益,应负赔偿责任。

(二)雇佣人的义务

主要是付酬的义务。雇佣人必须按照合同的约定,按期如数地给付酬金,不允许以各种借口克扣受雇人的酬金。当因雇佣人迟延接受受雇人提供的劳务致使义务不能按期履行完毕时,雇佣人不仅无权要求受雇人补充履行义务,还要按合同约定支付报酬。

第三节 劳动合同

一、概述

(一)意义

在我国《劳动法》中,将劳动合同定义为"劳动者与用人单位确立劳动关系、明确双方权利和义务的协议"。[1]劳动合同是从雇佣合同发展而来的,亦属于广义的给付服务合同之一种。但是,与其他给付服务的合同相比较,劳动合同更强调一方有偿劳务的给付是在高度服从另一方的情形之下进行的,这就是劳动合同中存在的从属关系。这种从属关系的存在与劳动合同双方当事人的法律地位平等并不矛盾。提供职业劳务者有平等机会考虑合同的订立,而劳动合同基本条款的法定化、强制化则更使劳动者的法律地位及权益获得有效保障。一旦合同成立,劳动者就必须服从雇佣者的劳动指挥权。确认劳动合同中从属关系的存在,是切实使劳动合同得以履行的保证。

(二)有关劳动合同的立法

劳动合同是雇佣合同社会化的产物,是雇佣合同随着社会经济和大工业生产的

---

[1]《劳动法》第16条。

发展导致其意思自治被弱化而法律强制性被扩增的衍生物。这一现象的外在表现即为劳动合同与雇佣合同分别存在。著名的《布莱克法律辞典》对雇佣合同和劳动合同分别作出理论解释："雇佣合同是雇主与雇员之间就雇佣的期间和条件作出的约定"，"劳动合同是雇主与雇员之间就劳动管理、工作条件、工资、津贴和奖惩作出的约定"。[1]在德国立法中，《德国民法典》第611条规定的雇佣合同与《德国劳动法》中规定的劳动合同有着明显的不同。[2]在我国正式公布的法律中，没有涉及雇佣合同的内容，雇佣合同属于无名合同。我国将劳动合同置于《劳动法》内，对其作出了较为详细的规定，并由享有法律解释权的劳动行政部门颁布的十余个行政法规给予辅助，使之不断趋于完善。

（三）劳动合同的当事人

劳动合同的当事人包括雇佣人和受雇人。

1.雇佣人，也称雇主，是指接受受雇人提供的职业上的有偿劳务的人。接受受雇人提供的职业上的有偿劳务是雇佣人缔结劳动合同的出发点和最终目的，但是，其最终目的的实现必须要在合同当事人依法享有的权利得到保护，以及依法承担的义务被履行的前提下进行。如果劳动合同的权利义务是当事人约定的，则该约定不得违反法律有关雇佣人与受雇人的基本权利义务的强制性规定。公法人（如国家机关）、私法人（如企业）抑或自然人（如私营企业的业主）均可为雇佣人。

2.受雇人，是指为雇佣人提供职业上的有偿劳务并享有法定最低保障权的人。通过向雇佣人提供职业上的有偿劳务而获得对价，这是受雇人缔结劳动合同的出发点和最终目的。与雇佣合同不同的是，尽管受雇人可以同雇佣人以约定的形式确定劳动合同的权利义务内容。但是，法律规定的劳动者地位、劳动条件、劳动保护、劳动时间、最低报酬等权利不得排除。受雇人均为自然人，但是必须年满16周岁，因为根据《义务教育法》的规定[3]，未满16周岁的未成年人尚处于接受义务教育的年龄段，故不得成为受雇人。对影视、杂技、体育等特殊行业，可适当降低年龄限制，但是必须经有关部门的特别批准并必须使这些未成年人完成应当得到的文化教育。已经年满16周岁尚未满18周岁的未成年人作为受雇人，受到法律的特殊保护。16周岁是我国对受雇人的最低年龄限定点。1937年第二十三届国际劳工大会上通过的《确定准许使用儿童于工业工作的最低年龄公约》，将受雇人的最低年龄限定于15岁。

---

〔1〕 BLACK'S LAW DICTIONARY, West Publishing CO,1979年，第472页、第786页。

〔2〕 史尚宽：《劳动法原论》，正大印书馆1978年版，第15页。

〔3〕《义务教育法》（2018年修正）第2条第1款规定："国家实行九年义务教育制度。"第11条第1款规定："凡年满六周岁的儿童，其父母或者其他法定监护人应当送其入学接受并完成义务教育；条件不具备的地区的儿童，可以推迟到七周岁。"据此可知，未到16周岁的未成年人尚在接受义务教育的阶段。

(四)劳动合同的特征

劳动合同具有双务、有偿、要式、诺成等法律特征,这是订立或变更劳动合同必须遵循平等自愿、协商一致的原则所产生的必然表征。[1]此外,劳动合同还有一些独有的特征:

1.提供职业劳务的目的性。劳动合同与雇佣合同均以提供劳务为目的,但是劳动合同强调受雇者提供的是职业上的劳务。该劳务受劳动合同存在的从属关系的制约。受雇人处于高度服从的位置,专为雇佣人提供劳务(如工厂的工人须专为该工厂给付劳务),而不像雇佣合同那样,其当事人可以是各自始终独立的,不存在任何从属关系的主体。

2.合同条款的形成具有任意与强制的复合性。通常,合同条款由当事人自由约定,但在劳动合同中,为防止雇佣人滥用从属关系和经济上的强势损害受雇人的利益,不允许完全任意约定,合同条款不得与法定的工资、劳动时间、劳动保护等规定相抵触。

3.劳动合同的订立、变更或终止的外力影响性。一般的合同依当事人的意愿即可订立、变更或终止合同,对合同当事人以外的任何人均无影响。劳动合同则不然,自18世纪末始,随着工会组织的出现,当事人对劳动合同的订立、变更、终止的自主性弱化,工会、政府对其影响力加强。这对处于经济地位较弱的受雇人来讲是有利的。如果在合同的订立、变更或终止上有损于受雇人,而受雇人又不能自力救济时,工会等社会组织乃至政府的外力性干预就会使原合同的订立、变更、终止的效力丧失。

二、劳动合同的条款

劳动合同应当具备下列主要条款:受雇人应当提供职业劳务性质的工作;合同期限,包括试用期限或工作期限;劳动报酬;劳动保护和劳动条件;劳动纪律;终止合同的条件;违约责任;双方认为需要约定的其他事项。

三、劳动合同的类型

依不同的标准,劳动合同可以分为不同的类型:

1.有固定期间劳动合同、无固定期间劳动合同和以完成一定工作为期限的劳动合同。这是依劳动合同有无期限而划分的。劳动合同是指在约定的期限内受雇人为雇佣人提供职业上的有偿劳务的合同。其特点是期间确定性,具体期间可以月、季、

---

〔1〕《劳动法》第17条规定:"订立和变更劳动合同,应当遵循平等自愿、协商一致的原则。"

年为单位。固定期间劳动合同范围较大，临时工、季节工与雇佣人订立的合同均是。无固定期间劳动合同是指在没有明确期限的情况下，受雇人与雇佣人订立的劳动合同。这其中亦含长期劳动合同在内。其特点是：在履行劳动合同过程中，当事人随时有以正当理由终止合同的权利；但同时要求受雇人不得无故离职，雇佣人不得无故解雇或辞退受雇人。

2.个人劳动合同、集体劳动合同。这是依订立劳动合同的受雇人的单数、复数划分的。受雇人为单一自然人的劳动合同称个人劳动合同，集体劳动合同是指受雇人为复数时，以团体形式与雇佣人订立的在相同期间内分别接受报酬的劳动合同。这里应注意三个问题：

(1)参加签订合同的团体是受雇人委托的团体，我国法律规定该团体为工会，由工会来代替每一个受雇人与雇佣人订立合同。该合同对每一个受雇人有效，并且每一个受雇人在相同时期内分别从雇佣人处获得自己的报酬。这种集体劳动合同在实质内容上与个人劳动合同无异，只是为了避免每一个受雇人分别同雇佣人订立合同的烦琐且预防不利于受雇人条款的出现。在我国，中外合资经营企业中的劳动合同和援外劳务输出中的劳动合同多属于集体劳动合同。《中外合资经营企业劳动管理规定》[1]第2条第2款规定："劳动合同，由合营企业同本企业的工会组织集体地签订；规模较小的合营企业，也可以同职工个别地签订。"

(2)代表受雇人签订劳动合同的团体是否具有法人资格在所不问。

(3)应当将集体劳动合同与团体协约区分开。团体协约又称集体协约、劳动协约、劳资合约，是指工会同雇佣人或雇佣人团体之间以决定劳动合同的基础条款及劳动条件的最低标准为主要目的而订立的合同。团体协约与集体劳动合同的区别是：

其一，工会作为团体协约的一方当事人是以自己的名义签约，集体劳动合同中的团体则是以受托人身份参加签约。

其二，团体协约的内容是以劳动条件为主要内容的劳动关系基础条件，而集体劳动合同的内容是劳动报酬、工作时间、休息休假、劳动安全卫生、福利待遇等基本条款。

其三，团体协约所订的劳动条件，对将来订立的劳动合同有约束力，与其相违背的劳动合同全部或部分无效，而集体劳动合同则没有这种约束力。就团体协约的约束力性质而言，表现为物权的效力和债权的效力。正如史尚宽先生所云："物权的效力，即团体协约所定条件，当然为该团体协约所属雇主及工人间劳动契约之内容。""债权的效力，谓团体协约当事人及团体协约关系人负有遵守团体协约所定条件以外的义务。"[2]

团体协约的萌芽始现于18世纪末资本主义自由竞争时期的英国，雇佣劳动者团

<hr>

[1] 已失效。
[2] 史尚宽：《债法各论》，中国政法大学出版社2000年版，第278页。

体与工厂主签订的劳动协约。19世纪中叶,随着工人不断采用罢工手段来保护自己的权益,资本家为了减少工人的明示或默示的罢工威胁,便与工会签订了旨在保证劳动合同基础条款及最低劳动条件的团体协约。

除上述分类外,还可依企业性质不同将劳动合同分为工业劳动合同、农业劳动合同、商业劳动合同、运送劳动合同;亦可依合同标的不同,将个人劳动合同分为录用、聘用、借调、学徒等劳动合同。

四、劳动合同的效力

(一)受雇人的主要权利和义务

1.合同解除权。受雇人有权在法律规定的或者与雇佣人约定的解除合同事由发生时,依自己的意愿终止劳动合同的法律效力(《劳动法》第24条、第31条、第32条)。

2.经济补偿请求权。在雇佣人解除劳动合同时,受雇人有权根据法律规定或约定,请求雇佣人给予解除合同的经济补偿(《劳动法》第28条)。

3.提供职业劳务义务。这是受雇人的主要义务,在合同有效期间内,该义务由受雇人亲自履行。

4.服从和保密义务。受雇人要高度服从雇佣人的劳动指挥权,在提供劳务时要尽自己的最大注意,以防给雇佣人的财产或利益造成不应有的损害。在劳动合同中有保密条款的,受雇人应当履行保密义务,不得将雇佣人的技术秘密、商业秘密等透露给他人。

(二)雇佣人的主要权利和义务

1.合同解除权。雇佣人有权在法律规定的或者与受雇人约定的解除合同事由发生时,行使终止权,终止劳动合同(《劳动法》第24条至第29条)。

2.给付报酬义务。这是雇佣人的基本义务。雇佣人必须按时如数地支付报酬。报酬的种类有基本工资、奖金、盈余分成、红利等。雇佣人因歇业、整顿、营业障碍(如战争等因素导致营业不能正常进行)等可以迟延履行该项义务。

3.保护义务。雇佣人有义务保护受雇者在劳动过程中的安全与健康,改善劳动条件,创造正常的、安全卫生的工作环境,预防并消除劳动过程中的伤亡事故、职业危害等。

4.协助义务。雇佣人要为受雇人顺利给付职业劳务提供有效的帮助,如提供设备、场所、工具等。

5.赔偿义务。若受雇人因从事雇佣人的事业损害第三人时,雇佣人有义务负责赔偿,承担转承责任。

五、劳动合同的终止

劳动合同终止的原因主要有：①合同的自的已实现。②合同约定的期间届满。③双方协议解除合同。④单方行使解除权解除合同，但单方解除劳动合同应提前30日通知对方，尤其是当雇佣人决定将受雇人解雇时，应当提前30日告知对方，使对方能够有寻求新职的时间，避免因失业导致生活困难。

第四十三章　承包经营合同

第一节　农业承包经营合同

一、意义和法律特征

农业承包经营合同,是指农村集体经济组织与经营承包者之间,为落实联产承包责任制,明确双方责、权、利关系而订立的合同。

农业承包合同是伴随着农村经济体制的改革而产生的。它是落实农村联产承包责任制的重要法律形式。[1]农业承包合同与一般合同相比较,具有以下几个方面的特征:

1.农业承包合同的当事人一方是农村集体经济组织,而合同另一方则是该经济组织的成员。作为发包人的农村集体经济组织与作为承包人的该经济组织成员之间,存在经济上的隶属关系。换言之,合同一方必须是农村集体经济组织,而另一方主体必须是该经济组织的成员。但在承包与不承包的问题上双方却处于平等的地位,订立承包经营合同时,必须遵循自愿协商的原则,不得强迫命令。这是农业承包经营合同具有的一个特征。

2.农业承包合同是集体组织统一管理、统一经营与承包人的自主经营相结合。在承包合同中,集体组织作为生产资料或自然资源的所有权人,只是把集体所有的生产资料或自然资源承包给经营者经营管理,即使承包人享有承包经营权。生产资料或自然资源仍归集体所有并享有最终支配权。这就是说,承包合同改变的只是过去过分集中的生产管理方式,但承包合同并没有排斥集体组织统一经营、统一管理的权力。

3.农业承包合同确认了集体与承包人之间的分配关系。农业承包合同实行联产计酬,以产量作为衡量劳动的尺度和计酬的标准,这种尺度和标准是事先约定的。由于承包指标是事先确定的,超产部分就归承包人所有。承包人投入的劳动或资金越多,在正常情况下其收入越高。可见,承包人是按照自己劳动的数量和质量取得

---

〔1〕　关于承包合同的性质,学术界有几种不同的认识:第一种意见认为承包合同属于合同,但却不宜用《合同法》调整;第二种意见认为它是属于纯粹的民事合同;第三种意见认为它不同于一般民事合同,有其自身的特点。

报酬的。这种因投资而取得的产量，实际上是承包人本人劳动的物化，体现了"按劳分配""多劳多得"的原则。

4.农业承包合同所确认的承包经营权具有物权属性。[1]依照承包合同的规定，承包人享有对集体所有的生产资料或自然资源的占有、使用、收益和一定程度的处分权，即享有承包经营权。这种权利是产生于所有权而又独立于所有权的一种权利。这种权利是否属于物权有待研究，在实务上却有物权的性质，即在合同规定的期限内，任何人不得干涉和阻挠，有排他性。因此，承包经营权的救济可适用物权的保护方法。

二、农业承包经营合同的种类

目前，我国农业承包合同的种类繁多，按照不同的标准划分可以将其划分为不同的种类。

(一)按农业承包经营合同的劳动成果划分

1.包产合同。包产合同是指在集体组织统一经营和统一核算的前提下，实行"三包一奖"联产到户、包产部分统一分配的合同。它是包产到户责任制的法律形式。"三包一奖"即包工、包产、包费用。超产奖励、减产赔偿。按包产合同，承包户将包产部分劳动成果全部交给集体，集体在接受包产部分的劳动成果后，按合同规定标准给承包户评记相应的工分。超过定产指标部分的劳动成果，则应按合同规定全部归承包户所有或由承包户与集体按约定比例分成。如果未完成包产任务，减产部分由承包户负责赔偿，即风险责任由承包户承担。

2.包干合同。包干合同是指在集体所有权不变的前提下，实行包交提留的办法与农户签订的合同。包干合同是包干到户责任制的法律形式。它是从包产到户责任制衍生出来的。包干合同与包产合同的根本区别在于分配办法不同。包产合同实行"统一分配"，而包干合同则实行包交提留的办法，即实行"保证国家的，留够集体的，剩下都是自己的"办法。这就是说，承包户按合同规定上交国家征购、农业税和集体提留部分以后，剩下的劳动成果全部归自己所有。

(二)按农业承包经营合同规定的生产经营方式划分

1.综合性承包合同。综合性承包合同是一种不分专业而承包人要完成合同中规定的多项任务指标的土地承包合同。它一般是按照劳力、人口及其比例来包种土地。

2.专业性的承包合同。这种承包合同的承包人只承包一两项生产经营项目，实

---

〔1〕《合同法》没有对土地承包经营合同的规定;《民法典》在规定物权的第二编设有土地承包经营权一章(第十一章)。

行专业化生产和劳动分工并在生产经营中有更大的独立性和自主性。

3.开发性承包合同。这种承包合同是以生产周期长而收益慢、承包人经营活动在短期内不能收益为内容的合同。如山林承包和小流域开发承包等合同。开发性承包合同规定的承包期限一般较长，有的可达15年甚至30年，还有规定更长期限的。

(三)按农业承包经营合同的标的划分

依照我国《民法通则》的规定，土地、森林、山岭、草原、荒地、滩涂、水面等属于集体所有或属于国家所有由集体使用的自然资源均可以成为承包合同的标的。因此，按承包合同的标的划分，承包合同可分为许多种。例如：土地(耕地或农地)承包经营合同；山林、山地承包经营合同；畜牧承包经营合同；水面(包括江湖、鱼塘、浅海、滩涂等)承包经营合同以及果园、茶场、瓦厂、砖厂承包经营合同；等等。

三、农业承包经营合同的主要条款

农业承包经营合同的主要条款尚无统一规定。因农业承包经营合同种类的不同，且受政策面的影响较大，其主要条款也不尽相同。通常应当具备以下主要条款：

1.承包的生产资料或生产经营项目。这是承包人进行经营活动的基础条件，要约定生产资料或生产经营项目的名称、数量，生产资料数量较多的应登记造册，作为合同的附件。对生产资料的使用要求也应明确规定。

2.承包指标。承包指标涉及集体组织与承包人之间的分配关系，是合同的核心内容。承包指标应当合理确定，既不能规定得过高，也不能规定得过低，特别是不能违背国家的有关政策，将"乱摊派"列入合同条款。在包干合同中，承包指标的确定一般是以前3年的平均产量加上年增加幅度，作为包干上交的依据。

3.分配方法和奖罚规定。承包合同的种类不同，其分配方法和奖罚规定也有所不同。因此，在合同中应对分配办法和奖罚作明确的规定。

4.双方的权利义务及违约责任。双方的权利义务是合同当事人全面履行的依据，而违约责任则是合同履行的约束和保证。双方一旦发生纠纷有利于分清是非、明确责任。因此，应当在合同中全面、具体地规定。

5.合同的期限。合同的期限应由双方协商确定，但该期限不得与国家规定的政策相抵触，例如，国家规定最低不得低于15年时，却约定5年。合同的种类不同，合同期限的长短也就不同。

6.其他协议事项。这是指除上述主要条款外，经双方协商同意的条款。例如，遇有自然灾害时，承包人得免交、减交承包金等。

四、农业承包经营合同的效力

（一）承包人的权利和义务

1.承包人按承包合同规定，享有从事生产经营活动、安排劳务的经营自主权，对于季节性的农活可以不经发包人同意而包给他人。

2.因发包人不履行承包合同规定的义务或因自然灾害等不可抗力的原因，致使承包合同无法继续履行时，承包人有权提出解除承包合同。

3.承包人负有按照承包合同规定完成任务或交付约定的劳动成果的义务。

4.承包人应当合理使用发包人提供的生产资料，不得进行破坏性、掠夺性生产经营，因此而造成的损失承包人应负赔偿责任。

5.承包人将承包经营权转让或转包给第三人，须经发包人同意，并不得擅自改变原承包合同的生产经营等内容。否则，转让或转包合同无效，承包人还应当赔偿对方因此而遭受的经济损失。

（二）发包人的权利义务

1.发包人享有按承包合同规定接受约定劳动成果的权利。

2.因承包人不履行承包合同规定的义务，致使承包合同无法继续履行的，或者承包人进行破坏性、掠夺性生产经营劝阻无效的，发包人有权提出解除承包合同，并享有要求赔偿因此而造成的经济损失的权利。

3.发包人应按承包合同规定向承包人提供生产资料以及必要的生产经营条件。

4.发包人应根据承包人完成任务情况，按约定给付劳动报酬，并保证承包人应得利益。

5.因发包人任意毁约，而承包人要求继续履行合同的，发包人负有继续履行合同的义务，因发包人擅自毁约给承包人造成经济损失的，发包人应当承担赔偿责任。

第二节　企业承包经营合同

一、企业承包合同的意义

企业承包经营合同，是国有资产管理人与企业经营者之间，约定双方权利义务，使企业经营者取得对该企业的承包经营权的合同。[1]其中，国有资产管理人称发包

---

〔1〕 根据《中共中央、国务院关于深化国有企业改革的指导意见》(2015年8月24日)的规定，对国有经营性企业实施公司化改制，国有企业承包经营体制由此退出历史舞台。

人,企业经营者称承包人。

企业承包经营合同是国有资产实现生产经营活动的法律形式,也是国家行使国有财产所有权的一种方式。通过企业承包合同,承包人享有一定的自主经营权。作为承包人的企业经营者,依照承包经营合同成为相对独立的生产者和经营者。按照"包在基数,确保上交,超收多留,欠收自补"的原则,实行自主经营,独立核算,自负盈亏,使企业承包的指标与职工工资、奖金、福利直接挂钩。但是,国家给予企业经营者的自主权是在国有资产管理人的控制下行使的,实行承包制的企业,都要保证完成法定或约定的效能、就业指标,不得擅自改变企业的生产或经营方向。承包人也只在承包合同规定的范围内承担责任。

二、企业承包经营合同的主体和客体

企业承包经营法律关系的主体为发包人和承包人。发包人是指代表国家行使所有权的国有资产管理人,通常是由国家指定的行政职能局、公司或国有资产管理委员会等部门担当;承包人是指因合同关系而享有经营权的自然人或自然人团体。

作为企业承包经营合同的承包人,根据我国目前的情况,可以分为三类。第一类是企业法人承包,就是指一个企业法人承包另一个企业法人;第二类是共同承包,指由两个以上自然人共同承包企业,包括本企业的或外企业的职工,共同承包人,实行利益共享,风险共担,并对发包人承担连带责任;第三类是自然人个人承包,个人承包之个人都应当具备国务院于1986年9月15日发布的《全民所有制工业企业厂长工作条例》[1]中规定的厂长所应具备的条件。为加强承包人的责任感,促使其全面履行合同,承包人应以个人财产作担保,财产担保数额,由发包人招标时确定或经双方协商确定。

企业承包经营法律关系的客体,即承包经营合同的标的,依照《民法通则》第82条规定,[2]只能是企业财产。承包人根据合同规定所取得的企业经营权,[3]其核心是对企业财产享有占有、使用以及一定的收益和处分权。至于承包人对企业的行政、人事制度等方面的管理权,则属于国家委托行使的公权力,受相关公法调整。

---

〔1〕 2024年3月10日,该条例被废止。参见第777号国务院令"国务院关于修改和废止部分行政法规的决定"之附件2。

〔2〕《民法典》称全民所有财产为国有财产,该法第246条第1款规定:"法律规定属于国家所有的财产,属于国家所有即全民所有。"

〔3〕 国有企业经营权属于国有财产管理范畴,负有促进国有财产保值增值、防止国有财产损失的义务。见《民法典》第259条:"Ⅰ.履行国有财产管理、监督职责的机构及其工作人员,应当依法加强对国有财产的管理、监督,促进国有财产保值增值,防止国有财产损失;滥用职权,玩忽职守,造成国有财产损失的,应当依法承担法律责任。Ⅱ.违反国有财产管理规定,在企业改制、合并分立、关联交易等过程中,低价转让、合谋私分、擅自担保或者以其他方式造成国有财产损失的,应当依法承担法律责任。"

三、企业承包经营合同的主要条款

根据国务院发布的《全民所有制工业企业承包经营责任制暂行条例》[1]的规定，企业承包经营合同应当包括下列主要条款：①承包形式。②承包期限。③上缴利润或减亏数额。④国家指令性计划。⑤产品质量及其他主要经济技术指标。⑥技术改造任务、国家资产维护和增值。⑦留利使用，贷款归还，承包前的债权和债务处理。⑧双方其他权利义务。⑨违约责任。⑩对企业经营者的奖罚。⑪合同双方约定的其他事项。

在上述条款中，其中应以上缴国家利润、技术改造任务、实行工资总额与经济效益挂钩为其核心内容。

上缴国家利润，应以包死基数，确保上缴，超收多留，欠收自补为原则，从而确立国家与企业的分配关系。上缴利润基数一般以上年上缴的利润额为准。对于受客观因素影响，利润变化较大的企业，可以承包前2—3年上缴利润的平均数为基数。在确立上缴利润基数时，也可以参照本地区、本行业平均资金利润率进行适当调整。

技术改造任务是企业挖潜、提高经济效益的重要环节。签订合同时应当根据国家的产业政策、市场需求、技术改造规划和企业的经济技术状况确立。

在企业承包经营合同的条款中，应当贯彻按劳分配原则，确定适合本企业的工资形式和分配办法，使职工的劳动所得同劳动成果紧密挂钩。对于企业经营者，应视完成承包经营合同情况予以奖罚。一般来说，企业经营者的年收入，可高于本企业职工年平均收入的1—3倍，贡献突出的，还可以适当高一些。如完不成承包经营合同时，应当扣减企业经营者的收入，直至只保留其基本工资的一半。

企业要用什么样的承包形式，国家没有硬性规定。我国目前采取的承包形式主要有以下三种：①综合承包，即以包上缴利润、包技术进步、包固定资产增值以及工资、增长留利同经济效益挂钩为主要内容的承包形式。②单项承包，指承包单一项目的一种承包形式，如产品质量承包、销售承包、新产品设计承包等。③行业承包，即全行业对国家实行上缴税种和指令性产品大包干，集中行业的优势，发展行业的生产和经营。

承包期限，应由合同当事人双方协定，一般不应少于3年。

四、企业承包经营合同的效力

根据《全民所有制工业企业承包经营责任制暂行条例》的规定，合同双方的权利和义务如下：

---

〔1〕 2024年3月10日，该条例被废止。参见第777号国务院令"国务院关于修改和废止部分行政法规的决定"之附件2。

(一)发包人的权利和义务

1.发包人有权对承包人的生产经营活动进行检查、监督。

2.因承包人经营管理不善或完不成承包经营合同任务时,发包人有权解除承包经营合同。

3.发包人负有按承包经营合同规定的额度和期限,偿还实行承包前的贷款义务。

4.发包人应当按照合同规定维护承包人和企业经营者的合法权益,并在职责范围内帮助协调解决承包人生产经营过程中遇到的困难的义务。

5.因发包人不履行合同,影响承包合同完成时,发包人应当承担违约责任,并视情节轻重追究发包方直接责任者的行政和经济责任。

(二)承包人的权利和义务

1.承包人享有国家法律、法规、政策和承包经营合同规定的经营管理自主权。

2.因发包人违约使承包人无法履行承包经营合同任务时,承包人有权解除承包经营合同。

3.承包人负有按承包经营合同规定完成各项任务的义务。

4.承包人完不成承包经营合同任务时,应承担违约责任,承担约定或法律规定的合同或其他责任。

第四十四章　移转智慧成果的合同

第一节　导言

法律通常所称财产权往往是指物质财产,不包括智慧财产。自欧洲文艺复兴运动及产业革命以后,基于科学技术和其他智慧成果日益被用来作为市场竞争因素,抢夺技术的制高点被越来越多的商人作为取得竞争优势的捷径。17世纪以后伴随着知识产权逐渐成型,关于知识产权交易的法律也随之丰满。在权利的序列里,衍生出著作权、专利权、商标权等,统称为知识产权,是与物权、债权等处于同位阶的民事权利,这也可以算作自罗马法以来民法的新发展。同理,知识产权的诞生,也导致了债的拓展,出现了知识产权的买卖、租赁等合同。这是以智慧成果为给付标的的合同,不过为了区别于物品的交易,通常将其称为智慧成果的许可使用、转让合同等。

第二节　技术合同

一、技术合同的意义与特征

(一)技术合同的意义

技术是指根据生产实践经验和科学原理而形成的、作用于自然界一切物质设备的操作方法与技能。技术依不同标准可以分为专利技术和专有技术(技术秘密);生产性技术(如机械技术、通讯技术等)和非生产性技术(如管理技术、医疗技术等);原创技术与嫁接技术;等等。

技术合同,是指当事人之间就技术开发、转让、咨询或者技术服务所订立的确立当事人权利义务的合同。技术合同属于有名合同,我国《合同法》规定了技术开发、技术转让、技术咨询和技术服务四类合同[1]。

---

〔1〕《民法典》合同编第二十章技术合同将"技术开发、技术转让、技术咨询和技术服务"四类合同调整为"技术开发、技术转让、技术许可、技术咨询和技术服务"五类合同。

（二）技术合同的特征

1.技术合同的标的是提供技术的行为。技术合同的标的是技术本身或与技术有关的咨询、服务等。提供的技术包括现存的技术成果、对尚未存在的技术开发以及提供与技术有关的辅助性帮助等行为。从这一特征分析，技术合同的性质属于特种买卖或承揽合同。

2.技术合同是诺成合同。技术合同自双方当事人达成合意起即告成立，属于诺成合同。对于技术开发、转让合同，法律要求必须以书面形式订立（《合同法》第330条第3款[1]、第342条第2款[2]），属要式合同。

二、技术合同订立与履行

技术合同的订立常以招标、投标方式进行，尤其是我国国家重点科技项目和一些进入技术市场的项目多采用此种方式。在技术合同订立与履行过程中，除必须遵循有关法规规定的原则之外，更应注重遵循下列原则：

1.诚实信用原则。技术合同的根本目的是将已有和待开发的技术从理论研究领域投入应用领域，而技术的应用既可以给当事人带来可观的利益，同时风险也很大，这就要求技术合同当事人尤其是提供技术一方须恪守诚信原则。因为委托开发技术人或技术受转让人往往通过提供技术方的介绍，对技术的应用性加以估价。如果提供技术人的介绍带有吹嘘等瑕疵，就会使受让人、委托人作出违背自己真实意愿的错误判断，更会使急需技术但又怕上当的自然人与法人对技术合同的订立与履行失去安全感，不利于技术的开发与转让，乃至影响社会生产力的发展。因此，双方当事人在订立与履行技术合同过程中须从善良的内心状态出发，自觉遵守诚信原则。

2.专有技术的保密原则。专有技术又称技术秘密。1961年，在国际商会（ICC）理事会上通过的《保护技术秘密标准条款》第1条规定："所谓专有技术是指单独或结合在一起，为了完成某种具有工业目的的技术，或者是为实际应用这种技术所必须的秘密技术知识和经验。"世界知识产权组织为发展中国家拟定的《发展中国家保护发明示范法》中称技术秘密为"有关使用和适用工业技术的制造工艺和知识"。专有技术的特点是不寻求专利保护，而以秘而不宣的方式去获得比专利保护更多的权益。秘密是专有技术得以存在的关键，秘密一旦泄露，专有技术即失去独占状态，成为公有技术。在技术合同中，涉及专有技术的，保密义务不仅是受让人必须遵守的合同义务（《合同法》第347条[3]），而且也是前合同和后合同义务，违反此项义务，

---

〔1〕　对应《民法典》第851条第3款："技术开发合同应当采用书面形式。"

〔2〕　对应《民法典》第863条："技术转让合同和技术许可合同应当采用书面形式。"

〔3〕　对应《民法典》第868条："Ⅰ.技术秘密转让合同的让与人和技术秘密使用许可合同的许可人应当按照约定提供技术资料，进行技术指导，保证技术的实用性、可靠性，承担保密义务。Ⅱ.前款规定的保密义

受让人须承担损害赔偿责任。

3.不得妨碍科技进步。技术合同不得以妨碍技术进步、损害他人技术成果，或以垄断技术为目的。技术合同违背这一原则的，合同无效（《合同法》第329条[1]）。这是法律规定的专门适用于技术合同的特殊无效原因。

三、技术开发合同

（一）技术开发合同的意义

技术开发合同，是指当事人之间就新技术、新产品、新工艺或新材料及其系统的研究开发所订立的合同。委托他人开发技术的一方称委托人；接受委托从事技术开发的一方称研究开发人。技术开发合同的特征有两个：①合同标的是研究开发尚未问世的技术项目，如是已有的技术则可以成立转让或许可使用合同，无须耗资费力再去开发。②研究开发人须有技术开发能力，即开发人除具备一般的民事行为能力之外，还应当具有开发技术所需的财力、物力和研究人员，如无此能力与人订立合同，无疑于是欺诈，合同自始不能履行，应归于无效。

（二）技术开发合同的类型

技术开发合同依开发方式不同而分为委托开发合同和合作开发合同。委托开发合同是指当事人一方委托另一方进行研究开发所订立的合同；合作开发合同是指当事人各方就共同进行研究开发所订立的合同（《合同法》第330条[2]）。

（三）技术开发合同的效力

1.委托开发合同之效力。委托人的主要义务：①按约定支付研究费用和报酬。②按约定提供技术资料、原始数据并完成协作事项。③按期接受研究成果。

研究开发人的主要义务：①应当亲自完成技术开发工作，制订和实施研究开发计划，非经委托人同意，不得将技术开发工作的主要部分交由第三人完成。②合理使用研究开发经费。③按期完成开发研究工作，交付工作成果，提供有关的技术资料和必要的技术指导，帮助委托方掌握研究开发成果。④不得对第三人泄露所开发的技术

务,不限制许可人申请专利,但是当事人另有约定的除外。"

〔1〕 对应《民法典》第850条,其删除了"妨碍技术进步"："非法垄断技术或者侵害他人技术成果的技术合同无效。"

〔2〕 对应《民法典》第851条："Ⅰ.技术开发合同是当事人之间就新技术、新产品、新工艺、新品种或者新材料及其系统的研究开发所订立的合同。Ⅱ.技术开发合同包括委托开发合同和合作开发合同。Ⅲ.技术开发合同应当采用书面形式。Ⅳ.当事人之间就具有实用价值的科技成果实施转化订立的合同,参照适用技术开发合同的有关规定。"

秘密,除有约定外,不得向第三人提供该项技术成果(《合同法》第332条[1])。

2.合作开发合同之效力。合作开发各方当事人的主要义务:①按约定进行投资。②按约定的分工参与研究开发工作。③协作配合义务。④保守技术情报和资料的秘密(《合同法》第335条[2])。

(四)技术开发合同的成果归属、分享原则及风险承担

1.成果归属和分享原则。基于委托开发合同所完成的发明创造、专利申请权,除有合同约定外,该权利属于研究开发人,但委托人有优先受让权,对取得的专利权,有无偿使用权(《合同法》第339条[3])。基于合作开发所完成的发明创造、专利申请权,除有特别约定外,归合作开发的当事人共有。当一方转让其共有的专利申请权时,其他合作人有优先受让权。由于合作开发的技术具有共有性,因而,共有人中有不同意申请专利的,其他当事人即不能申请专利;若共有人有声明放弃专利申请权的,可由其他共有人单独或共同申请,但获得专利权后,放弃专利申请权的一方可免费实施该项专利(《合同法》第340条[4])。

委托或合作而开发完成的技术秘密的使用权、转让权及利益分享,依约定;没有约定的,当事人均有使用和转让的权利,但委托开发研究人不得在将研究开发成果交付给委托人之前将成果转让给第三人(《合同法》第341条[5])。

2.风险的负担。在履行技术开发合同过程中,因出现无法克服的技术困难而导致研究开发全部或部分失败的,其风险负担由当事人约定;没有约定的,可补充约定或按交易习惯;仍不能确定的,由当事人合理分担(《合同法》第338条[6])。

---

〔1〕 对应《民法典》第853条:"委托开发合同的研究开发人应当按照约定制定和实施研究开发计划,合理使用研究开发经费,按期完成研究开发工作,交付研究开发成果,提供有关的技术资料和必要的技术指导,帮助委托人掌握研究开发成果。"

〔2〕 对应《民法典》第855条:"合作开发合同的当事人应当按照约定进行投资,包括以技术进行投资,分工参与研究开发工作,协作配合研究开发工作。"

〔3〕 对应《民法典》第859条:"Ⅰ.委托开发完成的发明创造,除法律另有规定或者当事人另有约定外,申请专利的权利属于研究开发人。研究开发人取得专利权的,委托人可以依法实施该专利。Ⅱ.研究开发人转让专利申请权的,委托人享有以同等条件优先受让的权利。"

〔4〕 对应《民法典》第860条:"Ⅰ.合作开发完成的发明创造,申请专利的权利属于合作开发的当事人共有;当事人一方转让其共有的专利申请权的,其他各方享有以同等条件优先受让的权利。但是,当事人另有约定的除外。Ⅱ.合作开发的当事人一方声明放弃其共有的专利申请权的,除当事人另有约定外,可以由另一方单独申请或者由其他各方共同申请。申请人取得专利权的,放弃专利申请权的一方可以免费实施该专利。Ⅲ.合作开发的当事人一方不同意申请专利的,另一方或者其他各方不得申请专利。"

〔5〕 对应《民法典》第861条:"委托开发或者合作开发完成的技术秘密成果的使用权、转让权以及收益的分配办法,由当事人约定;没有约定或者约定不明确,依据本法第五百一十条的规定仍不能确定的,在没有相同技术方案被授予专利权前,当事人均有使用和转让的权利。但是,委托开发的研究开发人不得在向委托人交付研究开发成果之前,将研究开发成果转让给第三人。"

〔6〕 对应《民法典》第858条:"Ⅰ.技术开发合同履行过程中,因出现无法克服的技术困难,致使研究开发失败或者部分失败的,该风险由当事人约定;没有约定或者约定不明确,依据本法第五百一十条的规定仍不能确定的,风险由当事人合理分担。Ⅱ.当事人一方发现前款规定的可能致使研究开发失败或者部分失

四、技术转让合同

（一）技术转让合同的意义

技术转让合同，是当事人约定转让专利所有权、专利申请权、专利使用权和技术秘密的技术合同。将专利权、专利申请权、专利实施许可、非专利技术进行转让的一方称让与人；接受转让的一方称受让人。

技术转让合同由下列四种具体的合同构成：

1.专利权转让合同，是专利权人作为让与人将其专利所有权或持有权让与受让人，并取得相应价金的合同。

2.专利申请权转让合同，是让与人将其特定的专利申请权让与受让人，受让人支付约定价款的合同。

3.专利实施许可合同，是专利权人或者其授权的人作为让与人许可受让人在约定的范围内实施专利，受让人支付约定使用费的合同，专利实施许可合同的本质就是专利权的"租赁"。

4.技术秘密转让合同，是让与人将拥有的秘密技术提供给受让人，受让人支付约定价金的合同，技术秘密的转让，包括"买卖"和"租赁"两种，前者转让所有权，后者让与的是使用权。

（二）技术转让合同的法律特征

1.合同标的的特定性兼现有性。技术转让合同的标的所指向的权利即专利权、专利申请权、专利实施权、技术秘密的使用权和转让权均须为特定的且现存的。凡转让尚待开发的技术成果或者传授不涉及专利或技术秘密的知识、技术、经验、信息的合同，不属于技术转让合同，如裁剪、驾驶等技术。

2.实施专利和使用技术秘密范围的可限性。技术转让合同双方当事人可以在合同中对实施专利的期限、实施专利或者使用非专利技术的地区和方式作出约定限制。但是，不得以合同条款限制技术竞争和技术发展。

（三）技术转让合同的效力

1.专利实施许可合同之效力。让与人的主要义务：①许可受让人在合同约定的范围内实施专利。②交付实施专利有关的技术资料，提供必要的技术指导。受让人的主要义务：①在合同约定的范围内实施技术，并不得许可合同约定以外的第三方实施该专利。②按照合同约定支付使用费。

败的情形时，应当及时通知另一方并采取适当措施减少损失；没有及时通知并采取适当措施，致使损失扩大的，应当就扩大的损失承担责任。"

2.技术秘密转让合同之效力。让与人的主要义务：①按照合同约定提供技术资料，进行技术指导。②保证技术的实用性、可靠性。③承担合同约定的保密义务。受让人的主要义务：①在合同约定的范围内使用技术。②按照合同约定支付使用费。③承担合同约定的保密义务。

3.权利丧失时转让金的返还及赔偿。转让的专利权被宣告无效或者被撤销时，除非明显有违公平原则，受让人不得请求让与人返还转让金。但让与人有恶意的，应当部分或者全部返还转让金，受让人因此受有损失的，让与人并应予以赔偿。

五、技术咨询合同与技术服务合同

(一)技术咨询合同与技术服务合同的意义

技术咨询合同，是指当事人一方为他方就特定技术项目提供可行性论证、技术预测、专题技术调查、分析评价报告等咨询服务，他方支付报酬的合同。

技术服务合同，是指当事人一方以技术知识为他方解决特定技术问题，他方支付报酬的合同。凡一方为另一方的专业技术人员进行特定项目和专业训练所达成的技术培训合同，一方以自己的知识、技术、经验、信息为另一方与第三方订立合同进行居间活动而达成的技术中介合同，均属技术服务合同的性质。但是，承揽合同与建设工程合同不属技术服务合同(《合同法》第356条[1])。

(二)技术咨询合同与技术服务合同的效力

1.技术咨询合同的效力。委托人的主要义务：①阐明咨询的问题，按照约定提供技术背景材料及有关技术资料、数据。②按期接受受托人的工作成果，支付报酬，如未按约定提供必要数据或资料而影响工作进度和质量的，所付报酬不得追回，未付的要如数支付。

受托人的主要义务：①利用自己的技术知识，按约定如期完成咨询报告或解答委托方的问题。②达到约定的咨询要求，若未按期或提交的咨询报告不符合要求的，则应当减少或免收报酬，支付违约金或赔偿损失。

2.技术服务合同的效力。委托人的主要义务：①按约定为受托人提供工作条件，完成配合事项。②按期接受服务方的工作成果，支付报酬。

受托人的主要义务：①按期完成约定项目，解决技术问题，保证工作质量。②传授解决技术问题的知识。

---

〔1〕　对应《民法典》第878条："Ⅰ.技术咨询合同是当事人一方以技术知识为对方就特定技术项目提供可行性论证、技术预测、专题技术调查、分析评价报告等所订立的合同。Ⅱ.技术服务合同是当事人一方以技术知识为对方解决特定技术问题所订立的合同，不包括承揽合同和建设工程合同。"

（三）技术咨询合同与技术服务合同的风险负担及技术成果归属

1.风险负担。委托人按照受托人符合合同要求的咨询报告和意见作出决策所造成的损失，由委托人承担，但合同另有约定的除外（《合同法》第359条[1]）。

2.新技术成果的归属。在履行技术咨询合同、技术服务合同的过程中，受托人利用委托人提供的技术资料和工作条件所完成的新技术成果，属于受托人；委托人利用受托人的工作成果所完成的新技术成果，属于委托人。但是，合同另有约定的除外（《合同法》第363条[2]）。

第三节　商标使用许可合同与转让合同

一、商标使用许可合同

（一）商标使用许可合同的意义

商标使用许可合同，是指当事人约定商标许可人（商标注册人）许可相对方使用自己的注册商标并获得使用费的合同。商标合同尚未整合进《合同法》[3]，但在体系上属于债法范畴。《商标法》第26条[4]规定："商标注册人可以通过商标使用许可合同，许可他人使用其注册商标。"许可他人使用注册商标的人，称许可人；被许可使用注册商标的一方称被许可人。商标使用许可合同属要式合同，其订立须用书面形式，依《商标法》的规定，要报商标局备案，并且另备副本交送双方当事人所在地的工商行政管理部门存查。其目的在于预防纠纷，防止假冒使用者。商标使用许可合同的期限，不得超过商标注册人享有的权利的存续期限。

（二）商标使用许可合同的效力

1.商标许可人的主要权利义务。

---

〔1〕　对应《民法典》第881条："Ⅰ.技术咨询合同的委托人未按照约定提供必要的资料，影响工作进度和质量，不接受或者逾期接受工作成果的，支付的报酬不得追回，未支付的报酬应当支付。Ⅱ.技术咨询合同的受托人未按期提出咨询报告或者提出的咨询报告不符合约定的，应当承担减收或者免收报酬等违约责任。Ⅲ.技术咨询合同的委托人按照受托人符合约定要求的咨询报告和意见作出决策所造成的损失，由委托人承担，但是当事人另有约定的除外。"

〔2〕　对应《民法典》第885条："技术咨询合同、技术服务合同履行过程中，受托人利用委托人提供的技术资料和工作条件完成的新的技术成果，属于受托人。委托人利用受托人的工作成果完成的新的技术成果，属于委托人。当事人另有约定的，按照其约定。"

〔3〕　《民法典》合同编。

〔4〕　现为《商标法》（2019年修正）第43条。

(1)监督权。监督被许可人使用其注册商标的商品质量(《商标法》第26条)。

(2)使用费获得权。当合同约定被许可人是有偿使用时,商标注册人有权获得使用费。

(3)使用权保证及维持义务。商标许可人应保证其注册商标可许可他人使用的权利,并保证被许可人依合同约定使用其商标不会损害第三人的权利。并在合同有效期内负维持其权利的义务。

(4)协助义务。许可人应当办理法律规定的必要手续。应当依照合同的约定,给予被许可人必要的技术指导。

2.被许可人的主要权利义务。

(1)依约使用的义务。被许可人依合同约定的范围、方式使用商标,并不得损害许可人的其他权利。依约享有商标独占性使用权的,未经许可人同意,不得允许第三人使用该商标。

(2)标示权利人的义务。被许可人使用商标时,应依约定标示权利人的姓名或名称。

(3)保密义务。应保守对方的商业秘密。

二、商标转让合同

(一)商标转让合同的意义

商标转让合同,是指商标注册人与受让人约定将注册商标转给受让人并获得报酬的合同。商标转让合同的最大特点是转让注册商标的全部权利,本质是注册商标的"买卖"合同。

(二)订立商标转让合同需要注意的问题

1.商标转让合同的生效,即意味着商标专用权从原商标注册人完全移转给了受让人,同时亦意味着保证使用该注册商标的商品质量的义务的移转。

2.转让的注册商标必须是合法的,不得属于被商标局责令限期改正或撤销注册的商标。

3.商标转让必须办理完成法定公示程序。转让人和受让人共同向商标局提出转让注册商标的申请,经商标局核准后,将原证加注发给受让人,并予以公告。

第四节　作品使用合同

一、作品使用合同概述

（一）作品使用合同的意义

作品使用合同，是指作者或其权利继受人与受让人之间就作品的使用所签订的合同。许可他人使用作品的一方称为著作权人，包括作者或作者的权利继受人，如作者的著作财产权的继承人、受遗赠人等。经他方许可而获得作品使用权并支付对价的当事人称受让人，受让人通常是出版社、表演团体、广播与电影电视组织等法人，受让人也可以是自然人。订立作品使用合同是使作者的作品得以传播的重要途径。作品使用合同所转让的权利仅是基于作品而产生的著作财产权，《著作权法》对作品使用合同让与的权利有专门的规定。

（二）作品使用合同的特征

1.当事人一方须是著作权人，即合同当事人中的一方必须是享有著作权的作者或其权利继受人。

2.合同的期限性。这是作品使用合同与其他知识产权合同相区别之处，专利、商标等的转让或许可合同只要求合同期限不长于权利存续期限即可。但是作品使用合同则不同，由于著作权的发表权、使用权和获酬权的保护期很长，法律不允许将这些权利一次性绝卖，即发表权、获酬权及通过出版、发行、展览、复制、演绎、播放、表演等方式使用作品许可使用合同的期限不得超过10年，超过法定期限的不发生债权效力[1]。

3.许可使用权利的明示性，即受让人所行使的权利必须是合同中明确许可行使的权利。凡合同中著作权人未明确许可的权利，他方当事人不得行使（《著作权法》第25条[2]）。但是，法律规定可不经著作权人即可行使的使用权不受限制。

（三）作品使用合同的类型

依使用作品的方式和转让的著作财产权的不同可将作品使用合同分为：

1.出版合同，是指当事人约定作者或其权利继受人将作品的出版权在约定期间

---

〔1〕　2001年10月修改的《著作权法》将含作品使用合同在内的著作权许可使用合同期限不得超过10年的规定删除。

〔2〕　对应《著作权法》（2020年修正）第29条："许可使用合同和转让合同中著作权人未明确许可、转让的权利，未经著作权人同意，另一方当事人不得行使。"

内转让给出版人,出版人支付报酬的合同。这类合同是著作权使用许可合同中最典型的合同。

2.表演许可合同,是指当事人约定作者或其权利继受人将未发表的作品的表演权在约定期间内转让给表演人(演员或演出团体),表演人支付报酬的合同。表演是使用作品的一种方式,表演权是通过表演而使用作品的一种权利。

表演许可合同仅适用于他人未发表的作品,对于他人已发表的作品,除著作权人声明不许使用的以外,表演人可以不经著作权人许可进行营业性的演出,但必须支付报酬(《著作权法》第35条[1])。

3.录音录像许可合同,是指当事人约定著作权人将其作品的录音录像权在约定期间内转让给录音录像制作者,录音录像制作者支付报酬的合同。

录音许可合同适用的作品是著作权人未发表的作品,而录像许可合同适用的作品是著作权人已发表或未发表的作品。除著作权人已声明不许使用的以外,录音制作者使用他人已发表的作品制作录音制品可不经著作权人许可,但是要支付报酬。

4.制作广播、电视节目许可合同,是指当事人约定著作权人将未发表的作品制作成广播或电视节目的权利在约定期间内转让给节目制作人(广播电台、电视台)的合同。

制作广播、电视节目许可合同仅适用于他人未发表的作品。对于已发表的作品,除著作权人声明不许使用的以外,广播电台、电视台可以不经著作权人许可而加以利用,并要支付报酬。

5.演绎许可合同,是指当事人约定著作权人将作品的改编、翻译、注释、编辑等权利在约定期间内转让给他人的合同。改编、翻译、注释、编辑权的受让人对其改编、翻译、注释、编辑作品(派生性作品或称演绎作品)享有著作权,但是其行使著作权时,不得侵犯原作品的著作权。

此外,亦可依合同涉及的作品类型不同而分为口头、文字、摄影、计算机软件等作品使用合同。

(四)作品使用合同的订立

作品使用合同的订立应当遵循平等、自愿、公平、诚实信用的原则,而不允许受让人强制转让人将作品的使用权一次性地全部绝卖。

作品使用合同的基本条款是:

1.许可使用作品的方式。包括复制、表演、播放、展览、发行、摄制电影、电视、录像或者改编、翻译、注释、编辑等[2]。

---

〔1〕 对应《著作权法》(2020年修正)第38条:"使用他人作品演出,表演者应当取得著作权人许可,并支付报酬。演出组织者组织演出,由该组织者取得著作权人许可,并支付报酬。"

〔2〕 对应《著作权法》(2020年修正)第26条:"Ⅰ.使用他人作品应当同著作权人订立许可使用合同,本法规定可以不经许可的除外。Ⅱ.许可使用合同包括下列主要内容:(一)许可使用的权利种类;(二)许可

2.许可使用权利的性质。要明确转让的权利是专有性使用权还是非专有性使用权。专有性使用权是指在合同约定期间内由受让人享有的排他性的权利；非专有性的使用权是指若干受让人在同一时期内享有同一性的使用权。

3.许可使用的范围、期间。合同的有效期间不得超过10年[1]，合同期满要继续使用作品的，可以续订合同。

4.付酬标准和办法。既可以自行约定付酬标准，也可以按国家规定的示范标准付酬。目前国家规定的使用作品示范付酬标准，主要在报刊图书出版业，其他如表演、展览等没有国家付酬标准。

5.违约责任。

6.双方认为需要约定的其他内容。

(五)作品使用合同的效力

1.著作权人的主要权利义务。

(1)获酬权，即许可他人使用作品所获对价的权利。但是，在法律规定或约定受让人无偿使用时，著作权人无此项收益权。

(2)不作为的义务。依合同约定，受让人获得作品使用权，则著作权人在合同有效期内不得影响受让人权利的行使，尤其是受让人获得的是专有性使用权时，著作权人不得再将同一权利转让给第三人，即不得"一稿两投"。

2.受让人的主要权利义务。

(1)作品使用权。受让人有权按合同约定的范围、期限使用作品。

(2)付酬的义务。受让人要按合同约定的标准给付报酬，这是其主要义务之一。但法律规定不付酬时可免除该义务。

(3)不作为的义务。受让人行使权利仅限于合同约定的范围，并在行使作品使用权时不得侵害作者的署名权、修改权、保护作品完整权及著作权人未转让的其他著作财产权。

(六)作品使用合同的终止

作品使用合同终止的原因主要有：

1.合同约定的期限届满。

2.双方约定终止合同。

3.出现法定或约定原因当事人一方单方解除合同。

4.因合同或作品等原因被著作权行政部门强制终止合同。

使用的权利是专有使用权或者非专有使用权；（三）许可使用的地域范围、期间；（四）付酬标准和办法；（五）违约责任；（六）双方认为需要约定的其他内容。"

〔1〕 2001年10月修改的《著作权法》将含作品使用合同在内的著作权许可使用合同期限不得超过10年的规定删除。

二、出版合同

(一)出版合同的意义

出版合同,是指当事人约定作者或其权利继受人将作品的出版权在约定期限内转让给出版人,出版人支付对价的合同。作品使用合同中最常见的合同即为出版合同。在我国,出版是出版社的专有权,非出版社不得染指,故作者出版作品,须通过与出版人订立出版合同,将出版权、发行权、复制权等权利在约定期间内交给出版人享有,才得使自己的作品问世。出版合同适用的作品必须是能够通过机械、光源等设备进行排版,将作品的表现形式(文字、图片等符号)固定于物质载体上的作品。

(二)出版合同的效力

1.著作权人(作者及其权利继受人)的主要权利和义务。

(1)获酬及作品样本权。按约定标准获得报酬并依有关规定获得所出版作品的样本。

(2)收回权。这是指当合同有效期届满后,著作权人有权将转让的出版权收回,这与收回作品的权利不一样。

(3)终止权。在合同有效期内,当图书脱销而出版者无故拒绝重印、再版时,著作权人有权终止合同。

(4)交付义务。著作权人须按合同的约定将作品原件及其出版权交给出版方,以便于出版人行使权利。作者在合同有效期内,不得将作品的一部或全部以匿名或更换名称的方式另行出版。

(5)瑕疵担保义务。著作权人交付的作品必须是作者的独创性成果,不得存在任何剽窃、抄袭等侵权行为。

2.出版人的主要权利和义务。

(1)出版权。在合同有效期内有出版作品的权利,在出版人享有的是专有出版权时,在合同有效期内,出版人享有垄断出版权。

(2)修改权。在获得作者许可的情况下,出版人可以对作品进行修改、删节,而不是仅限于文字润色性的修改、删节。

(3)出版的义务。出版方要按合同约定的时间和质量出版作品。

(4)付酬及样本的义务。无论是初版、再版、重印,出版人均须按约定付酬,并依约定向著作权人赠送作品样本。

(5)不作为的义务。出版人有义务不侵犯著作权人的其他权利,在未经许可的情况下,不得对作品的内容随意修改或增删。

(6)赔偿责任。作品交付出版者后,非因作者的原因不能出版时,出版者仍应给付报酬。

(7)返还原稿。原稿的所有权未经特别约定的,归著作权人,故出版人在作品出版后,须将原稿返还著作权人。

(三)约稿合同与出版合同

约稿合同,是指出版人与作者之间就尚未创作出的作品,在创作完成后交给出版人并进一步谋求出版的合同。约稿合同与出版合同有着密切的联系。当约稿合同与出版合同均存在的情况下,约稿合同与出版合同是预约与本约的关系。因为任何约稿合同订立的目的都在于使应约创作的作品能够问世。如果因出版方的过失而未使应约创作的作品成为出版合同的标的作品,则出版人要返还作品原件并补偿创作人的损失,我国习惯的做法是损失补偿费低于稿酬。如果因作者违反约稿合同的约定而致使不能出版,则由作者承担违约责任。约稿合同的条款主要包括:交稿时间、稿酬、订立出版合同的时间、违约责任等。

第四十五章　合伙合同

第一节　概说

一、合伙及合伙合同

(一)合伙

1.意义。合伙是两个以上的人以共同经营为目的,相约共同出资、共享利益、共担风险的合同。合伙在合伙人内部发生具有对外效力的连带关系,这是合伙合同不同于其他合同的特征。我国法律对合伙的规定偏重于合伙人共同经营之事业,《民法通则》将自然人(个人)间的合伙称个人合伙(第30条[1]),将法人间的合伙视为"联营"之类型(第52条[2]),该联营被称为"合伙型联营",1997年公布的《合伙企业法》将合伙企业列为与有限公司、独资公司并列的企业类型。由此,合伙更多的被看作"团体",其原本的契约属性反被忽视了。

2.沿革。在商业活动中,商人们为加快财富积累的速度和扩大经营的规模,发明了"人的联合"——合伙这一经营形式。在公元前18世纪的《汉谟拉比法典》中就有对合伙的规定(第29条)。至罗马法,对合伙的财产、损益分配、合伙人间的财产责任、合伙的解散等已有了详尽的规定。[3]至近代,虽有公司这一萌生于合伙的新型团体的出现,但合伙并未因此退出历史舞台,在各国民法典中无不给予其一定的地位(《法国民法典》第三卷第九编、《德国民法典》债编第七章第十四节、《日本民法典》债权编第二章第十二节),及至现代,有的国家的民法典已将合伙作为具有法人资格的民事主体(《法国民法典》第1841条),故有学者极力主张合伙应成为与自然人、法人并立的"第三民事主体"。[4]

3.合伙组织与法人的关系。传统民法将合伙与法人截然分开,然而,1978年修订的《法国民法典》突破了合伙组织不得成为法人的观念,使除隐名合伙外的民事

---

〔1〕　对应《民法典》第967条:"合伙合同是两个以上合伙人为了共同的事业目的,订立的共享利益、共担风险的协议。"

〔2〕　《民法典》删除了"联营"的内容。

〔3〕　[罗马]查士丁尼:《法学总论——法学阶梯》,张企泰译,商务印书馆1989年版,第179—181页。

〔4〕　《法学研究》编辑部编著:《新中国民法学研究综述》,中国社会科学出版社1990年版,第106页。

合伙和商业合伙自登记之日起即享有法人资格。《意大利民法典》亦规定商业合伙为法人。但是，目前世界上大部分大陆法系国家民法仍将合伙与法人分立，将合伙看作一种契约关系，而不是"团体"。我国《民法通则》[1]亦将合伙与法人分立，在民法学理论上亦认为合伙与法人有明确的区别，但从《合伙企业法》对商事合伙的规定看，合伙企业有"准"法人的资格。

传统民法认为合伙人只能是自然人，这是传统法学中"个人本位"思想的影响结果之一。但是随着法人在社会经济活动中的地位日趋重要，合伙人仅为自然人的观念已被突破。美国、德国等[2]国家规定公司可以成为合伙人，而法人的典型形式即为公司。《民法通则》[3]在联营中规定了法人间的合伙型联营，其实质就是肯认法人可为合伙人。

(二)合伙合同

合伙合同，是指两个以上的当事人，互约出资，共享利益，共担风险以经营共同事业的合同。合伙合同的各当事人称合伙人，合伙人可以是自然人，也可以是法人，但合伙人为自然人时，须有民事行为能力。合伙人的出资义务，应以合同为限，该出资作为合伙的共有财产。

二、合伙合同的性质

(一)合伙合同是多方、有偿合同

与其他合同不同的是，合伙合同的参加人必须是两个或两个以上的人。与一般合同不同的是，合伙当事人之间的利益不是对立的，而是一致的。因此，合伙合同是多方当事人之间的"共同意思"合同。

合伙合同虽然是有偿合同，但合伙合同的给付却非为交易，而是为了全体合伙人的共同目的。即每个合伙人的给付都是为了合伙的共同目标，这种为了达到共同目的的活动，使合伙当事人的给付构成共同的法律义务，合同当事人为此负担无限、连带责任。故有学者认为，合伙有团体性，[4]而《法国民法典》赋予其法人人格也依此理。但在英美法仍将合伙视作契约关系，而不承认其为契约外的特别类型的法律关系，认为"合伙仅是契约的结果"。[5]我国《民法通则》[6]虽然将合伙定位于经营

---

〔1〕《民法典》。

〔2〕已被美国各州接受的美国《统一合伙法》第2条规定，本法所说的"人"包括个人、合伙、公司和其他组合。德国规定股份有限公司或有限责任公司等企业法人可以成为合伙人。

〔3〕《民法典》虽然删除了"联营"的内容，但是，法人可以成为合伙人。

〔4〕史尚宽：《债法各论》，中国政法大学出版社2000年版，第647页。

〔5〕［美］阿瑟·库恩：《英美法原理》，陈朝璧译注，法律出版社2002年版，第250页。

〔6〕《民法典》依然将合伙与法人区分开，即使是有限合伙，其"有限"在于解决合伙人的责任形态，并

团体,但不承认其有独立人格。

(二)合伙合同是以经营共同事业为目的的合同

因合伙合同非为交易合同,合伙当事人的出资亦不构成对价,故合伙合同所产生的当事人的权利义务均以共同经营的事业为对象,具有平行性,而与一般合同所产生的权利义务有对应性不同。至于合伙合同所约定的共同事业的类型,是为营利,抑或为公益,则在所不问。但该事业须与全体合伙人有共同的利害关系,即对合伙之盈亏,各合伙人均须负其责。

(三)合伙合同为诺成合同

合伙合同因当事人的意思表示一致而成立,故为诺成合同。合伙合同是要式抑或不要式,《法国民法典》规定须以书面为之(第1835条),在我国,一般的民事合伙为非要式合同(《民通意见》第50条、第51条[1]),商事合伙则必须以书面方式订立,为要式合同(《合伙企业法》第8条[2])。

第二节　合伙合同的效力

合伙合同自成立后,即发生合伙人之间的内部关系和合伙人与他人的外部关系。

一、合伙合同对合伙人效力

(一)合伙人的权利

1.财产共有权。合伙财产主要由合伙人出资财产和合伙人经营共同事业中所获得的财产两部分构成。在法国、德国、日本等不少国家的法律中均规定合伙财产(出资财产和经营积累财产的总称)由合伙人共有。但是,我国《民法通则》的规定却不甚明确。该法第32条规定:"合伙人投入的财产,由合伙人统一管理和使用。合伙经营积累的财产,归合伙人共有。"[3]《民法通则》规定出资财产由合伙人统一管理

不会使合伙变为法人。

〔1〕 已失效。

〔2〕 对应《合伙企业法》(2006年修订)第14条:"设立合伙企业,应当具备下列条件:(一)有二个以上合伙人。合伙人为自然人的,应当具有完全民事行为能力;(二)有书面合伙协议;(三)有合伙人认缴或者实际缴付的出资;(四)有合伙企业的名称和生产经营场所;(五)法律、行政法规规定的其他条件。"

〔3〕 较之《民法通则》第32条的规定,《民法典》第969条的规定则明确到位:"Ⅰ.合伙人的出资、因合伙事务依法取得的收益和其他财产,属于合伙财产。Ⅱ.合伙合同终止前,合伙人不得请求分割合伙财产。"

和使用,盖源于合伙人出资财产中存在两种情形:一是作为国有企业的出资人对出资的财产没有所有权,只有经营权或法人财产权,这是法律为了照顾"国情"所作的解释;二是在出资人仅提供的财产所有权的部分权能,如使用权、收益权等,而不移转财产所有权,财产所有权仍归出资人享有。《民法通则》的这一规定并不意味着否定合伙人根据实际状况约定出资财产为合伙人共有的情况[1]。由上可知,合伙人对合伙财产有共有权,包括合伙人的出资财产和共同经营积累所得财产,为全体合伙人共同所有。合伙人于合伙清算前,不得请求分割合伙财产。

2.经营权。每一个合伙人对合伙的经营活动均享有权利。该权利具体表现为:

(1)共同决定权。合伙的经营活动,由合伙人共同决定(《民法通则》第34条第1款[2])。合伙组织是以合伙人之间的相互信任为基础,因而高度的诚信对其至关重要。这主要表现在每一个合伙人对合伙事务的决策有参与权利。凡涉及合伙组织经营活动的大政方针、合伙期限的变更、接纳新伙伴入伙等重大问题,必须由全体合伙人意思表示一致。

(2)执行权。从权利的角度看,执行由全体合伙人共同决定的合伙事务是每一个合伙人的权利,行使执行权包括全体合伙人、数个合伙人、单一合伙人三种方式。执行合伙事务的方式亦可由合伙合同直接规定。合同约定合伙事务由一人或数人执行的,其他合伙人不参与执行。合伙事务执行人,除非有正当或者重大事由,不得辞任或者解任。若因正当理由提出辞任,应当预先通知其他合伙人,在合伙事务能正常处理时,始得离任;因重大事由解任时,应有全体合伙人的一致同意,或由过半数决定,撤销其执行权。无论是合伙负责人还是其他合伙人执行合伙事务的效果,由全体合伙人承担(《民法通则》第34条第2款[3])。

(3)监督权。依《民法通则》第34条第1款[4]的规定,全体合伙人(尤其是不负责执行合伙事务的合伙人)对合伙事务的执行享有监督权。他们有权监督检查合伙经营情况、财产使用及管理情况并有权检查账目。监督权是合伙人内部关系中最重要的权利之一,它对合伙经营活动的正常进行起着重要的保障作用,因而受到法律保护。

(4)请求权。合伙人为合伙事务垫付的必要费用和所遭受的无法避免的损失,对合伙有求偿权。

---

〔1〕 根据《民法典》第969条的规定可知,《民法典》的立法者采纳了出资财产为合伙共有财产的理论。第969条:"合伙人的出资、因合伙事务依法取得的收益和其他财产,属于合伙财产。合伙合同终止前,合伙人不得请求分割合伙财产。"

〔2〕 对应《民法典》第970条第1款:"合伙人就合伙事务作出决定的,除合伙合同另有约定外,应当经全体合伙人一致同意。"

〔3〕 对应《民法典》第970条第2款:"合伙事务由全体合伙人共同执行。按照合伙合同的约定或者全体合伙人的决定,可以委托一个或者数个合伙人执行合伙事务;其他合伙人不再执行合伙事务,但是有权监督执行情况。"

〔4〕 同上注。

(二)合伙人的义务

1.出资义务。合伙人的出资财产是合伙的财产基础,因此,是否出资是取得合伙人资格的重要判断标准。合伙合同一经成立,各合伙人须按合同约定的出资形式和数额,如期履行出资义务。出资财产,既包括合伙人拥有所有权或他物权的有形财产(资金、设备、房屋等)和无形财产(专利权、债权等),现代法还将出资扩张解释为专门的技能、劳务等。

2.分担亏损义务。在合伙人之间,对合伙经营的亏损额承担无限责任,即按约定的比例或出资比例分担债务;没有前项约定的,可按约定的或实际的盈余分配比例分担债务;无损益分配比例,出资也无明确比例的,以均分原则负担。对于按比例分担的债务,每个合伙人均须以其全部财产作为其责任财产,即负无限清偿责任。

3.损害赔偿义务。出现以下情形之一的,合伙人对合伙应负损害赔偿责任:

(1)不履行合伙事务的。

(2)以现金出资而不按约定履行时,除向合伙支付其利息外,还应赔偿损害。

(3)在执行合伙事务中,由于自己的过失使合伙遭受损失的。

二、合伙合同对外效力

(一)合伙人的权利

1.名称权。在商事合伙中,经登记之合伙企业享有使用特定名称的权利。

2.代表权。在没有约定合伙执行人时,每一个合伙人均可代表合伙对外为订立合同等法律行为,该行为直接对全体合伙人发生效力。合伙人之间对合伙执行人的限制,不得对抗善意第三人;合伙的执行人行使代表权时,可进行再授权;合伙执行人的行为对全体合伙人发生效力。

(二)合伙人的义务

对合伙债务负连带责任,这是合伙人外部关系中的最重要特征。合伙的债权人有权向合伙人中的任何一人请求履行全部或部分债务,合伙人偿还债务超过自己应当承担的份额,有权向其他合伙人追偿[1](《民通意见》第35条第2款)[2]。

---

〔1〕 对应《民法典》第973条:"合伙人对合伙债务承担连带责任。清偿合伙债务超过自己应当承担份额的合伙人,有权向其他合伙人追偿。"

〔2〕 已失效。

第三节　合伙之变动

一、入伙

在合伙成立后,合伙人接受非合伙人为加入合伙的意思表示,称为入伙。合伙是人信关系的产物,接受非合伙人入伙,应当依合伙合同的约定或征得全体合伙人同意。有关入伙的约定,合伙人应在合伙合同中写明或另订书面合同约定,没有约定的,须经全体合伙人同意[1]（《民通意见》第51条）[2]。既存合伙新接纳的合伙人,对他加入前合伙的债务,与原合伙人负同一的责任。约定新合伙人对前合伙的债务不负责任的,承担了前合伙债务的新合伙人,有权就其承担数额向原各合伙人追偿。

二、退伙

合伙人退出合伙,丧失合伙人地位的行为称为退伙。合伙人入伙自愿,退伙亦应自由。合伙人可声明退伙,若合同未定有存续期间的,合伙人声明退伙应提前通知其他合伙人,并不得在有损合伙事务的时期进行。

合伙订有存续期间的,在有重大事由或不得已事由时,合伙人才能声明退伙。除声明退伙外,合伙人还可因下列事由之一而退伙:

(1)合伙人死亡或宣告死亡的,但约定其继承人可以继承的,不在此限。

(2)合伙人被宣告无行为能力、限制行为能力的。

(3)合伙人受破产宣告的。

(4)合伙人经合伙除名的。《民通意见》第52条规定:"合伙人退伙,书面协议有约定的,按协议处理;书面协议未约定的,原则上应予准许。但因其退伙给其他合伙人造成损失的,应当考虑退伙的原因、理由以及双方当事人的过错等情况,确定其应当承担的赔偿责任。"[3]

此外,退伙还应注意下列问题:首先,退伙人因退伙而转让出资份额时,其他合伙人有优先受让权,其他合伙人均不受让时,合伙人得将自己的股份转让给其他合伙人一致同意的第三人;其次,合伙人退伙时分割的合伙财产包括合伙时投入的财

---

〔1〕 对应《合伙企业法》(2006年修订)第43条:"Ⅰ.新合伙人入伙,除合伙协议另有约定外,应当经全体合伙人一致同意,并依法订立书面入伙协议。Ⅱ.订立入伙协议时,原合伙人应当向新合伙人如实告知原合伙企业的经营状况和财务状况。"

〔2〕 已失效。

〔3〕 对应《合伙企业法》(2006年修订)第46条、第47条。第46条:"合伙协议未约定合伙期限的,合伙人在不给合伙企业事务执行造成不利影响的情况下,可以退伙,但应当提前三十日通知其他合伙人。"第47条:"合伙人违反本法第四十五条、第四十六条的规定退伙的,应当赔偿由此给合伙企业造成的损失。"

产(入伙的特定物应予以返还)和经营积累的财产及为合伙人期间的债权债务;再次,退伙人对自己为合伙人期间出现的债务,如果在退伙时未按约定分担或未合理分担的,其清偿责任不能免除。即使已分担了债务,但为了最大限度地保护合伙相对人(债权人)的利益,防止合伙人借退伙逃避债务,退伙人仍需对其参加合伙期间的全部债务负连带责任(《民通意见》第52条)[1]。

三、合伙合同的终止

合伙合同的终止是指因合伙合同失去对各合伙人的约束力导致合伙关系结束。

合伙合同终止的原因主要包括:①合伙合同约定期限届满。如果全体合伙人一致同意继续合伙经营,则应视为新的合伙合同出现。②全体合伙人一致同意终止合伙合同,致合伙消灭。③合伙合同的目的已经达到或已不可能达到。④因从事违法活动被有关部门勒令终止或人民法院判决解散。⑤因破产使合伙合同失去效力。这里的破产分为合伙破产和合伙人破产,合伙企业因资不抵债而被宣告破产,导致合伙合同的终止。合伙人的破产亦会导致合伙合同终止,例如,在合伙中占主要出资比例的合伙人破产会使合伙难于维持。但这并不绝对,有的合伙人破产并不影响合伙组织保有的支付能力。⑥合伙合同约定的其他终止事由出现。

合伙合同终止后必须经过清算程序,合伙关系才归于消灭。清算人可由合伙人或合伙人指定的其他人担任。清算人的职责是清理资产、交纳税金、清偿债务、接受债权、退还出资财产以及有剩余财产的在合伙人之间进行分配。分配方案在有书面协议时,按协议处理;没有书面协议又协商不成的,如果合伙人出资额相等,应当考虑多数人的意见;如果出资额不相等的,可按出资额多的合伙人的意见处理,但应当保护其他合伙人利益(《民通意见》第55条)[2]。在商事合伙中,应在清算完毕后持财产清理书向工商行政管理部门办理终业登记。

---

〔1〕 对应《合伙企业法》(2006年修订)第46条、第47条,见第754页注3。

〔2〕 对应《合伙企业法》(2006年修订)第89条、第33条。第89条:"合伙企业财产在支付清算费用和职工工资、社会保险费用、法定补偿金以及缴纳所欠税款、清偿债务后的剩余财产,依照本法第三十三条第一款的规定进行分配。"第33条:"Ⅰ.合伙企业的利润分配、亏损分担,按照合伙协议的约定办理;合伙协议未约定或者约定不明确的,由合伙人协商决定;协商不成的,由合伙人按照实缴出资比例分配、分担;无法确定出资比例的,由合伙人平均分配、分担。Ⅱ.合伙协议不得约定将全部利润分配给部分合伙人或者由部分合伙人承担全部亏损。"

第四节　隐名合伙合同

一、隐名合伙合同的意义与特征

（一）隐名合伙合同的意义

隐名合伙合同是一种特殊类型的合伙合同。它是指当事人约定一方为他方经营的事业出资并分享盈余、分担亏损但不参与他方经营活动的合伙合同。与一般的合伙合同不同的是：隐名合伙合同只有两方当事人；而一般合伙合同可以有三方以上的当事人，在当事人为三方以上时，不发生隐名合伙合同。隐名合伙合同的当事人是：①隐名合伙人。即给他方经营的事业出资并参与盈亏分配，但不出面参与经营活动的人。②出名营业人。即利用隐名合伙人的出资以自己的名义进行经营活动的人。

对于隐名合伙，法国、德国、日本等不少国家的民法或商法中都有规定。我国目前没有在立法中明确规定隐名合伙的内容。隐名合伙的产生及其存在价值与两合公司相同。

（二）隐名合伙合同的特征

隐名合伙合同除具有诺成性、双务性与有偿性等特征外，还具有下列特征：

1.隐名合伙人对他方经营事业的非参与性。一般的合伙合同，其事业具有共同性，每个合伙人均有参与权；而隐名合伙合同中的事业仅是出名营业人的事业，而不是当事人的共同事业。隐名合伙人不过问经营事业的情况，与隐名合伙的第三人，不发生权利义务关系。

2.出资财产权的移转性。隐名合伙人出资的财产权要全部转到出名营业人名下，而不是由隐名合伙人单独享有或者与出名营业人共同享有财产权。这里的财产权可为所有权、债权或知识产权的财产性权利。

3.隐名合伙人的责任有限性。当隐名合伙人不参与经营事业时，其对经营事业所发生的债务，在其出资范围内承担责任。为了保护第三人，在第三人举证隐名合伙人以明示或默示的形式参与了经营事业，而隐名合伙人不能将该证据推翻的，隐名合伙人的责任有限性阻却，要与出名营业人共同承担责任。

二、隐名合伙合同的效力

(一)隐名合伙人的主要义务

1.出资义务。隐名合伙人将自己出资财产的权利全部交给出名营业人。

2.分担亏损义务。该义务通常以出资额为限。

(二)出名营业人的主要义务

1.业务执行义务。出名营业人利用出资进行经营事业时,要尽力注意妥善使用隐名合伙人的出资,充分发挥其效用。

2.接受监督的义务。隐名合伙人虽然不参与经营事业,但因其有出资并参与盈亏分配,因而有监督权,可查阅账簿,检查资金使用情况等。出名营业人要接受检查监督,不得拒绝。

3.分配盈余的义务。出名营业人要按约定在年终结算后向隐名合伙人支付其应得的盈余份额。

4.财产返还义务。当经营的事业终结时,出名营业人应向隐名合伙人返还其出资财产,并依约定分配所受之损益。

三、隐名合伙的终止

隐名合伙合同,除因隐名合伙人声明退伙外,可因下列事由之一而终止:①存续期间届满。②目的事业已完成或不能完成。③出名营业人失去营业能力或者死亡(包括宣告死亡)。④出名营业人或隐名合伙人被宣告破产。⑤营业结束或者终止。

隐名合同终止时,出名营业人应当返还隐名合伙人的出资和给付其应得的利益。

合同终止时经营亏损的,隐名合伙人应在其出资额范围内分担经营损失。

第四十六章 保险合同

第一节 概述

现代保险源于14世纪的欧洲，它的形成主要是依赖于海上贸易和运输业的发展。当时已经出现了船舶航程保单，这种航程保单已初具现代保单的形式。到15世纪末，美洲大陆和印度航道的发现，促进了世界市场的形成和扩大，也促使海上保险事业进一步兴旺发达，一部分商人便分化出来专门从事保险业，使保险行业以商业经营的形式迅速地发展。

中国的保险业是因与海外通商而出现的。1805年，英国商人在广州开办了第一家"广东保险公司"。最早由中国人开设的保险公司，是由招商局于1883年创办的"仁和"与"济和"两家保险公司，并于1885年合并为"仁济和保险公司"。

1949年以后，随着实行计划经济体制，保险业日趋式微，最后全中国只剩下了一家——中国人民保险公司，主要从事涉外保险。20世纪80年代的改革开放使保险业得以复兴，进入90年代，国内商业保险获迅速发展，外资保险公司进入，保险开始打破一家垄断的局面，随着保险经纪人的出现，各种财产、人寿保险逐渐走入家庭。

我国关于保险制度的规范最初散见于各有关制度的法律和法规中。如1951年公布了《铁路旅客意外伤害强制保险条例》《轮船旅客意外伤害强制保险条例》和《飞机旅客意外伤害强制保险条例》。1981年12月，第五届全国人大第四次会议颁布了《经济合同法》，对财产保险作了专门规定。依《经济合同法》的有关规定，国务院于1983年9月发布了《财产保险合同条例》。1992年，我国公布了《海商法》，规定了船舶及海事保险。1995年6月30日第八届全国人大常委会第十四次会议通过的《保险法》，[1]标志我国商事保险制度趋于完善。

---

[1]《保险法》于1995年6月30日公布后，又经2002年、2014年、2015年三次修正和2009年一次修订，法律条文序数有变动。书中所列法条序数若与变动后法条序数不一致的，下文将加注释列出新条文的序数。

第二节 保险合同

一、保险的意义和特征

保险在经济上具有分散损害的救济功能,是特定主体之间为克服或减低因意外事故造成的财产或人身的不利后果而建立和分配货币基金的专门经济活动。在这种经济关系中,有利益关系的法人和自然人(投保人)定期或不定期地将货币交付专门的组织(保险人)管理,以建立保险基金;当个别投保人因不可预知的事故造成财产或人身损害时,保险人以支付保险金的方式补偿受害人损失,使其尽快恢复圆满状态。可见,保险的经济意义在于:一方面,通过分摊损失的方法在各投保人之间建立互助共济关系;另一方面,利用保险机制救济受害投保人的损失,以保障投保人的财产完满。

保险活动中当事人利益的满足,须以法律形式固定使之规范化,保险作为法律制度应运而生。保险涉及多方面的法律关系,包括保险合同、保险公司的设立、保险经纪人等私法关系,也涉及政府对保险业的监管、保险经营规则等公法关系,这里主要介绍产生保险的基础关系——保险合同,其他公法或私法关系有商法或金融法等研究。

二、保险合同的意义

保险合同是当事人约定,一方向他方支付保险费,他方在约定事故出现造成损害或在约定的其他事实及条件出现时,负给付保险金义务的合同。

在上述当事人中,负支付保险费义务一方,为投保人;承担赔偿或给付保险金义务的一方为保险人。投保人依合同定期或不定期地支付给保险人的货币数额,为保险费;保险人于约定事故发生时承担赔偿责任或给付投保人的最高货币限额为保险金。保险金额是被保险人对保险标的的实际投保金额,它又是计算保险费的依据。保险费的多少由保险金额的大小和保险费率的高低两个因素决定。保险费率是规定一定时期内一定保险金额收取保险费的比例,它是以一定时期内保险金额和损失赔偿金额的比例即以损失率为基础计算出来的。

保险合同约定的保险责任范围内的事故,为保险事故,也称保险危险。

保险合同的标的为保险利益。保险利益是与投保对象的财产及人身有关的法律上承认的利益。具体应包括:①与占有、使用、收益、处分财产有关的利益,即保持建筑物、种植物、交通工具和其他动产、不动产处于完整良好状态下的利益。②与人的寿命、身体、劳动能力有关的利益，即当被保险人死亡、伤残、疾病或达到合同约定的年龄及期限时，可获得物质偿付的利益。③预防和避免损害发生的利益，即自然人和法人对可能发生的财产或人身损害希求获得补救的利益。

保险利益是保险合同成立的必要条件，投保人对保险对象不具有保险利益的，保险合同无效。合同履行时，被保险人丧失保险利益的，保险合同也失效。

三、保险合同的特征

（一）保险合同是双务、有偿合同

保险合同的投保人负有支付保险费的义务，保险人则负有当合同约定的保险事故发生时支付保险金的义务。双方当事人之间的义务存在对价关系，但保险合同的双务、有偿性质与一般买卖合同的双务、有偿性质不同。买卖合同双方当事人的义务是确定的，一方付钱，另一方给物。在保险合同中，投保人交付保险费的义务是确定的，而保险人支付保险金义务是否产生取决于保险合同中约定的事故发生与否及其他条件是否出现，因此，保险合同不发生同时履行抗辩的效力。

（二）保险合同为要式合同

保险合同应采取法定的书面形式（《保险法》第12条），[1]该书面形式通常是保险单或其他保险凭证，也可以是一般的书面合同。保险合同自投保人提出保险要求、保险人同意承保，并就合同的条款达成一致起成立。

（三）保险合同是格式合同

保险合同的主要条款是由保险人事先拟定的，投保人通常只有接受或不接受的权利，并无磋商的余地。因此，在保险合同的当事人就保险合同的成立或履行发生争议时，应适用《保险法》和《合同法》[2]关于格式条款的特别规定，以保护投保人的立场解决纠纷。

（四）保险合同是射幸合同

射幸，本义为碰运气。保险合同系射幸合同，是针对保险事故发生的随机性而言。保险事故发生的随机性也决定了保险金给付的或然性，在合同有效期间，如发生保险标的的损失，投保人或被保险人得到的赔偿金额可能比其支付的保险费多得多；如无损失发生，投保人或被保险人只付出保险费而无任何收入。由此可见，保险人是否向被保险人或投保人支付保险金以保险事故发生与否为前提。

---

〔1〕 该书面形式包括保险单及各式保险凭证。见《保险法》第13条第1款、第2款。
〔2〕《合同法》被废止后，适用《民法典》相关的规定。

保险合同的射幸性质从而也决定了保险合同与其他民事合同不同的特征,即它是通过对保险事故发生概率的复杂计算为基础确定保险费和保险金比例的。

四、保险的类型

按保险的不同功能或标的,保险可以分为以下类型:

(一)依保险标的分为财产保险和人身保险

1.财产保险,是以财产及其他有关经济利益为保险标的的保险。财产保险的标的既包括有形的物质财产,也包括由有形的财产所产生的无形的权利和责任。财产保险的种类繁多,主要险别有:①海上保险;②货物运输保险;③火灾保险;④运输工具保险;⑤工程保险;⑥责任保险;⑦信用保险和保证保险等。

财产损失保险是保险人于保险事故发生时于保险责任范围内,对被保险人所遭受的财产损失负赔偿责任的保险;责任保险是被保险人依法应对第三人负赔偿责任,当第三人向被保险人提出赔偿请求时由保险人承担赔偿责任的保险,如公众责任险、产品责任险、雇主责任险和职业责任险等都属于责任保险;信用保险是指当债务人(借款人或赊货人)不履行或不能清偿债务时,由保险人向信用放款或信用售货的被保险人所遭受的损失负赔偿责任的保险。

财产保险是以补偿为目的的保险。在财产保险关系中,投保人以支付保险费为代价,在发生保险事故造成保险标的损失时,享有获得补偿的权利,保险人则有收取保险费的权利,并承担对保险责任范围内的财产损失给予经济补偿的责任。因此,财产保险的赔偿原则以所遭受的实际损失为限,即当保险事故发生时,保险人以承保财产或者其有关利益的保险价值作为计算赔偿金额的依据。赔偿的保险金最高限额,不得超过保险价值,超过保险价值的,超过的部分无效;保险金额低于保险价值的,除合同另有约定外,保险人按照保险金额与保险价值的比例取得受损标的的部分权利。

2.人身保险,是以人的寿命和身体为保险标的的保险。《保险法》将人身保险具体分为人寿保险、健康保险、意外伤害保险三大类。

人寿保险是以被保险人的生命为保险标的,当被保险人的生命发生保险事故时,由保险人给付保险金的保险。人寿保险最常见的有死亡保险、生存保险和生死两全保险。死亡保险是保险人在被保险人死亡时给付保险金的保险;生存保险是保险人在被保险人达到合同约定的年龄、期限时给付保险金的保险;生死两全保险是指被保险人在保险期内死亡,或者生存达到合同约定的期限时,均由保险人给付保险金的保险。

健康保险,又称疾病保险,是指保险人对被保险人因疾病致残或死亡给付被保险人或受益人约定保险金的保险。

意外伤害保险是指被保险人遭受意外事故致残或死亡时，保险人向被保险人或受益人支付保险金的保险。意外伤害保险既可以作为单独的险种，也可以作为某一险种附加险或附加条款，如人寿保险附加意外伤害条款等。

我国《保险法》中所规范的人身保险，属于商业保险范畴，即由投保人支付保险费，保险公司承担给付保险金责任的商业行为，当事人间的权利义务关系由保险合同明确规定。因此，它与具有社会保障性质的社会保险是不同的。

(二)依保险产生的法律事实分为自愿保险和强制保险

1.自愿保险，是根据自愿原则，由投保人自主决定是否投保的保险。

2.强制保险，是根据法律的特别规定，强制特定人投保的保险，例如旅客意外伤害保险(《铁路旅客意外伤害强制保险条例》[1]第1条、《轮船旅客意外伤害强制保险条例》[2]第1条)。

(三)依对同一保险标的同时有几个保险人承保可分为普通保险和重复保险

1.普通保险，是投保人对同一保险标的、同一保险利益或同一保险事故，与一个保险人订立保险合同的保险。

2.重复保险，是投保人对同一保险标的、同一保险利益或同一保险事故分别向两个以上保险人订立保险合同的保险。重复保险的目的在于使被保险人在保险事故发生时有获得充分赔偿的保障。重复保险的保险金额总和超过保险价值的，各保险人的赔偿金额的总和不得超过保险价值，除合同另有约定外，各保险人按照其保险金额与保险金额总和的比例承担赔偿责任(《保险法》第40条)。[3]

(四)依保险人所负责任的次序可分为原保险和再保险

1.原保险，是指保险人对被保险人因保险事故所致的损害，承担直接的原始保险责任的保险，也称第一次保险。

2.再保险也叫作分保险，是指保险人与投保人订立合同后，为分散风险，控制损失，将自己直接接受的保险业务分出一部分转给其他保险人的保险。再保险是建立在原保险合同基础上的，没有原保险就没有再保险。但是，再保险关系是由原保险人与再保险人通过订立再保险合同确立的，再保险合同是一个独立的合同，再保

---

[1] 根据2012年11月9日《国务院关于修改和废止部分行政法规的决定》(第628号令)的规定，《铁路旅客意外伤害强制保险条例》被废止。

[2] 根据2001年10月6日《国务院关于废止2000年底以前发布的部分行政法规的决定》(第319号令)，《轮船旅客意外伤害强制保险条例》适用期已过，实际上已经失效。

[3] 对应《保险法》第56条第2款："重复保险的各保险人赔偿保险金的总和不得超过保险价值。除合同另有约定外，各保险人按照其保险金额与保险金额总和的比例承担赔偿保险金的责任。"

险合同的当事人均为保险人。再保险人与投保人、被保险人及受益人之间不发生直接的权利义务关系。因此,再保险人不得向原保险的投保人请求支付保险费,原保险的被保险人或者受益人,不得向再保险人提出赔偿或者给付保险金的请求,原保险人也不得以再保险人未履行再保险责任为由,拒绝履行或者迟延履行原保险责任(《保险法》第29条)。

五、保险合同的当事人和关系人

保险合同的当事人和关系人是保险合同的主体。保险人和投保人是保险合同的当事人。由于保险合同既可以为自己的利益也可以为他人的利益而订立,所以,在保险合同为涉他合同时,合同的受益人和被保险人,称为保险合同的关系人。

(一)保险合同的当事人

1.保险人。是收取保险费,并在保险事故发生或保险期满时给付保险金的人,也称承保人。在我国,保险人必须是依《保险法》设立的,经营商业保险业务的保险公司。非保险公司,不得经营商业保险业务。

保险公司的组织形式为股份有限公司和国有独资公司两种(《保险法》第69条),[1]其注册资本最低限额为人民币2亿元(《保险法》第72条)。[2]设立保险公司,必须经金融监督管理部门审查批准后,才能按《公司法》的程序办理工商注册登记。

2.投保人。是与保险人订立保险合同并负交付保险费义务的人,又称要保人或保单持有人。

投保人可以是公民,也可以是法人。投保人除要求具有权利能力和行为能力外,必须是对保险标的具有保险利益的人。投保人对保险标的无保险利益,保险合同无效。

订立财产保险合同,投保人须对所保财产具有保险利益;订立人身保险合同,投保人必须对被保险人具有保险利益,对投保人有保险利益的人,除投保人本人外,还有投保人的配偶、子女、父母以及与投保人有扶养关系的家庭其他成员、近亲属和被保险人同意投保人为其订立合同的人(《保险法》第52条)。[3]

---

〔1〕 修改后的《保险法》已不再规定保险公司的类型,让诸《公司法》调整。又根据2019年修订的《外资保险公司管理条例》第2条的规定,允许外国保险公司在中国设立独资公司、合资公司和分公司。

〔2〕 现为《保险法》第69条第1款。

〔3〕 对应《保险法》第31条:"Ⅰ.投保人对下列人员具有保险利益:(一)本人;(二)配偶、子女、父母;(三)前项以外与投保人有抚养、赡养或者扶养关系的家庭其他成员、近亲属;(四)与投保人有劳动关系的劳动者。Ⅱ.除前款规定外,被保险人同意投保人为其订立合同的,视为投保人对被保险人具有保险利益。Ⅲ.订立合同时,投保人对被保险人不具有保险利益的,合同无效。"

（二）保险合同的关系人

1.被保险人。是指其财产或者人身受保险合同保障,享有保险金请求权的人。

在财产保险中,被保险人须是财产的所有权人或对财产享有占有、使用、收益或处分权之某项权能的人。被保险人因保险事故所受的财产及有关利益的损失,享有向保险人请求给付保险金的权利。

在人身保险中,被保险人的身体或健康受到损害,也享有保险金给付请求权。但是,在人身保险的死亡保险中,被保险人不能享有保险金请求权,而由被保险人或投保人指定的受益人或者被保险人的继承人享有。

2.受益人。也称保险金受领人,是指人身保险合同中由被保险人或者投保人指定的享有保险金请求权的人。

在财产保险中,投保人或被保险人即为受益人。在为他人利益订立的人身保险合同中,投保人或被保险人与受益人不为同一人,受益人是保险合同的关系人,而非合同当事人。人身保险的受益人由被保险人或者投保人指定。投保人指定或变更受益人时须经被保险人同意。被保险人为无民事行为能力人或者限制民事行为能力人的,可以由其监护人指定受益人。

被保险人或者投保人可以指定一人或者数人为受益人。受益人为数人的,被保险人或者投保人可以确定受益顺序和受益份额;未确定受益份额的,受益人按照相等份额享有受益权。如果没有指定受益人或受益人先于被保险人死亡,没有其他受益人的或者受益人依法丧失受益权或者放弃受益权,又没有其他受益人的,则被保险人的法定继承人为受益人。

受益人故意造成被保险人死亡或者伤残的,或者故意杀害被保险人未遂的,丧失受益权。

六、保险代理人和保险经纪人

1.保险代理人,是根据保险人的委托,向保险人收取代理手续费,并在保险人授权的范围内代为办理保险业务的人。

保险代理人与保险委托人的关系,适用民法中关于代理的规定。

2.保险经纪人,是为投保人与保险人订立保险合同、提供中介服务并收取佣金的人。保险经纪人与投保人的关系适用民法中关于居间[1]的规定。

保险经纪人是投保人订立保险合同的参谋,应根据被保险人的需要,将保险人的情况、保险条款的内容向投保人作如实介绍。在办理保险业务中,保险经纪人因自己的过错,给投保人、被保险人造成损失的,应承担赔偿责任(《保险法》第125

---

[1] 《民法典》为"中介"。

条)。[1]

3.保险代理人、经纪人的资格和经营条件。保险代理人、保险经纪人是提供保险中介服务的商事主体,法律要求其应具有保险代理和保险经纪的特殊任职资格。取得特殊任职资格的标志,就是取得金融监督管理部门颁发的经营保险代理业务许可证或者经纪业务许可证,并在工商行政管理机关办理登记,获得营业执照(《保险法》第127条)。[2]

七、保险合同的订立和效力

(一)保险合同的订立

保险合同的要约通常以投保人向保险人申请填写投保单来实现,投保单为保险人就保险合同的基本条款事先印制的统一书据。在订立保险合同时,保险人应当向投保人说明保险合同的条款内容,并可就保险标的或者被保险人的有关情况提出询问,投保人应当如实告知。保险人对投保人提出的保险要求同意承保,双方并就合同的条款达成协议,保险合同成立。保险合同成立后,保险人应当及时向投保人签发保险单或者其他保险凭证,并在保险单或其他保险凭证中载明当事人双方约定的合同内容。保险人没有及时签发保险单或者其他保险凭证的,不应影响保险合同的效力。

在保险合同成立后,除《保险法》另有规定或者保险合同另有约定外,投保人可以任意解除合同(《保险法》第14条),[3]保险人只有在投保人故意隐瞒事实,不履行如实告知义务,或者因过失未履行如实告知义务,足以影响保险人决定是否同意承保或者提高保险费率等法定原因发生时,方有权解除保险合同,无法定原因的,保险人不得任意解除合同(《保险法》第15条至第16条)。

(二)保险合同的效力

1.投保人的义务。

(1)交纳保险费的义务。交纳保险费是投保人的主要义务,在保险合同成立后,投保人即应向保险人交纳保险费。保险费的交纳方式、期限等事项,依合同约定。保险费可一次交付,也可分期交付。

(2)及时通知义务。在财产保险合同中,投保人应将合同生效后发生的保险事故、

---

〔1〕 对应《保险法》第128条:"保险经纪人因过错给投保人、被保险人造成损失的,依法承担赔偿责任。"

〔2〕 对应《保险法》第119条:"保险代理机构、保险经纪人应当具备国务院保险监督管理机构规定的条件,取得保险监督管理机构颁发的经营保险代理业务许可证、保险经纪业务许可证。"

〔3〕 对应《保险法》第15条:"除本法另有规定或者保险合同另有约定外,保险合同成立后,投保人可以解除合同,保险人不得解除合同。"

保险标的危险程度增加之情事、保险标的转让等及时通知保险人。在人身保险合同中，投保人、被保险人或者受益人知道保险事故发生后，应当及时通知保险人。

（3）对保险财产防灾减损义务。财产保险合同的投保人和被保险人应当遵守国家有关消防、安全、生产操作、劳动保护等方面的规定，维护保险标的的安全。投保人和被保险人未按照约定履行其对保险标的的安全应尽的责任的，保险人有权要求增加保险费或者解除合同。

（4）索赔举证义务。保险事故发生后，投保人、被保险人或者受益人依照保险合同请求保险人赔偿或者给付保险金时，应当向保险人提供其所能提供的与确认保险事故的性质、原因、损失程度等有关的证明和资料。

2.保险人的义务。

（1）保险金给付义务。在保险合同成立后，一旦发生保险人责任范围内的保险事故，被保险人或者受益人行使保险金请求权，保险人按照合同约定承担赔偿或者给付保险金的义务。

保险人收到被保险人或者受益人的赔偿或者给付保险金的请求后，应当及时赔付。对属于保险责任范围的，保险人应当在与被保险人或者受益人达成有关赔偿或者给付保险金额的协议后10日内，履行赔偿或者给付保险金义务。如果保险合同对保险金额及赔偿或者给付期限有约定的，保险人应当依照保险合同的约定，履行赔偿或者给付保险金义务。保险人未及时履行赔付义务的，除支付保险金外，应当赔偿被保险人或者受益人因此受到的损失（《保险法》第23条）。[1]

对于因事故复杂、损失较大等原因，保险人赔偿或者给付保险金的数额难以很快确定，若久拖不决不作支付，将会影响被保险人、受益人合法权益的，保险人自收到赔偿或者给付保险金的请求和有关证明、资料之日起60日内，对其赔偿或者给付保险金的数额不能确定的，应当根据已有证明和资料可以确定的最低数额先予支付，在最终确定赔偿或者给付保险金的数额后，再支付相应的差额（《保险法》第25条）。

在人身保险中，保险人只承担因自然灾害或意外事故引起的被保险人死亡、伤残或疾病的保险金给付义务。而由被保险人自杀或故意犯罪导致的自身死亡、伤残等，为不保危险，保险人不承担给付保险金的责任。对投保人已支付的保险费，保险人应按照保险单退还其现金价值。但以死亡为给付保险金条件的合同，自成立之日

---

〔1〕 对《保险法》第23条等的适用，最高人民法院《关于适用〈中华人民共和国保险法〉若干问题的解释（一）》第5条作了解释："保险法施行前成立的保险合同，下列情形下的期间自2009年10月1日起计算：（一）保险法施行前，保险人收到赔偿或者给付保险金的请求，保险法施行后，适用保险法第二十三条规定的三十日的；（二）保险法施行前，保险人知道解除事由，保险法施行后，按照保险法第十六条、第三十二条的规定行使解除权，适用保险法第十六条规定的三十日的；（三）保险法施行后，保险人按照保险法第十六条第二款的规定请求解除合同，适用保险法第十六条规定的二年的；（四）保险法施行前，保险人收到保险标的的转让通知，保险法施行后，以保险标的的转让导致危险程度显著增加为由请求按照合同约定增加保险费或者解除合同，适用保险法第四十九条规定的三十日的。"

起满2年后,如果被保险人自杀的,保险人可以按照合同给付保险金。为了促使被保险人、受益人及时行使权利,维护保险人的利益,《保险法》规定,人寿保险以外的其他保险的被保险人或者受益人,对保险人请求赔偿或者给付保险金的权利,自其知道保险事故发生之日起2年不行使而消灭。人寿保险的被保险人或者受益人对保险人请求给付保险金的权利,自其知道保险事故发生之日起5年不行使而消灭(《保险法》第26条)。

(2)保险费返还义务。对于财产保险来说,保险金额是由保险标的的保险价值决定的。保险价值减少时,保险金额相应降低,保险费也应减少。因此,除合同另有约定外,在保险标的危险程度明显降低或保险标的的保险价值明显减少时,保险人应当降低保险费,并按日计算退还相应的保险费。

在人身保险,被保险人的年龄是保险人测定危险程度、确定保险费率的重要依据。对投保人申报的被保险人年龄不真实,并且其真实年龄不符合合同约定的年龄限制的,保险人可以解除合同,并向投保人退还保险费;投保人申报的被保险人年龄不真实,致使投保人实付保险费多于应付保险费的,保险人应当将多收的保险费退还投保人。

对于提前终止合同或解除合同的,保险人也应负保险费返还义务。

(3)保密义务。保险人或者再保险接受人对在办理保险业务中知道的投保人、被保险人或者再保险分出人的业务和财产情况,负有保密的义务。

(三)保险代位权和代位权的禁止

1.保险代位权。保险代位权也称保险人的代位求偿权,是指在财产保险中,因第三人对保险标的的损害而造成保险事故的,保险人接到投保人赔偿请求后可先予保险金给付,自向被保险人赔偿保险金之日起,保险人以其向被保险人给付的赔偿金额为限,取得向第三人追偿的权利。可见,保险代位权的成立条件为:①适用于财产保险合同。②保险事故因第三人造成。③第三人对保险人承担保险责任范围内的损失应负损害赔偿责任。④保险人先向被保险人给付赔偿金。⑤保险人在赔偿金额范围内,代替被保险人的位置向第三人行使赔偿请求权。

若保险事故发生后,被保险人已经从第三人取得损害赔偿的,保险人赔偿保险金时,可以相应扣减被保险人从第三人已取得的赔偿金额。保险人行使代位请求赔偿的权利,不影响被保险人就未取得赔偿的部分向第三人请求赔偿的权利。

保险事故发生后,保险人未赔偿保险金之前,如果被保险人放弃对第三人的请求赔偿的权利的,保险人不承担赔偿保险金的责任。保险人向被保险人赔偿保险金后,被保险人未经保险人同意放弃对第三者请求赔偿的权利的,该行为无效。

由于被保险人的过错致使保险人不能行使代位请求赔偿的权利的,保险人可以相应扣减保险赔偿金。

在保险人向第三者行使代位请求赔偿权利时，被保险人应当向保险人提供必要的文件和其所知道的有关情况。

2.代位权的禁止。人身保险不适用保险代位权。因为人身保险具有给付性，保险人给付保险金主要是履行合同义务，而不是补偿被保险人或者受益人的实际经济损失。尽管保险事故是由第三人引起的，保险人也不能于给付保险金后而代位向第三人行使请求权。

另外，在财产保险合同中，除被保险人的家庭成员或者其组成人员故意造成保险法规定的保险事故以外，保险人也不得对被保险人的家庭成员或者其组成人员行使代位请求赔偿的权利。

八、保险合同的解除

保险合同成立后，投保人可以任意解除合同，保险人不得任意解除合同。保险人只有在发生法定原因时，才得以行使单方解除权。发生保险人单方解除合同的原因有：①投保人故意隐瞒事实，不履行如实告知义务的，或者因过失未履行如实告知义务，足以影响保险人决定是否同意承保或者提高保险费率的。②在未发生保险事故的情况下，谎称发生了保险事故，向保险人提出赔偿或者给付保险金的请求的。③故意制造保险事故的。④财产保险中投保人、被保险人未按约定履行其对保险标的的安全防险义务或在保险标的危险程度增加时未及时通知保险人的。⑤人身保险中投保人对被保险人的年龄未如实告知，并且其真实年龄不符合合同约定的年龄限制的等。

投保人解除合同，已交足2年以上保险费的，保险人应当自接到解除合同通知之日起30日内，退还保险单的现金价值；未交足2年保险费的，保险人按照合同约定在扣除手续费后，退还保险费。

第六编之三　法定之债

第四十七章　侵权行为之债

第一节　导言

一、债抑或责任

自罗马法以来，市民法传统法学鉴于侵权行为的法律效果，是使加害人向受害人实施一定给付，此效果与合同、无因管理和不当得利在形态上并无不同，从而依其效果，将上述诸制度均归纳在债的发生根据之下。合同之债为意定之债，而侵权行为、无因管理以及不当得利之债，则为法定之债。法国、德国、日本、俄罗斯民法典，以及我国民国时期制定的民法典，均将侵权行为作为债的根据，而在债的部分加以规定。我国《民法通则》突破了这一格局，将"侵权的民事责任"与"违反合同的民事责任"集中规定，独立一章为"民事责任"。[1]而责任的"承担方式"，则增加了"训诫、责令具结悔过、收缴进行非法活动的财物和非法所得""罚款、拘留"(第134条第3款)等附加方式。学说认为，《民法通则》增列的这五种方式，旨在制裁加害人，突出民事责任的制裁意义，因而"侵权的民事责任"与市民法的侵权行为之债不可同日而语，二者不能混为一谈。[2]《民法通则》颁布后的民法教科书，普遍将侵权行为放在专门的"民事责任"部分加以研讨。[3]本书认为，《民法通则》第134条第1款所规定的民事责任诸形式，[4]均属给付，即使学者视为新样式的形式(九)——"消除影响、恢复名誉"和形式(十)——"赔礼道歉"，也不例外。至于给付标的是财产，抑或歉意之类，并不影响其作为给付的性质。就此点而言，侵权行为的民事法律效

---

〔1〕 尽管《民法典》第一编"总则"第八章统一规定了"民事责任"，但《民法典》在具体处理合同之债与侵权之债时仍对两者进行了分离，即第三编为"合同"，第七编为"侵权责任"。

〔2〕《法学研究》编辑部编著：《新中国民法学研究综述》，中国社会科学出版社1990年版，第488—489页。

〔3〕 李由义主编的《民法学》(北京大学出版社1988年版)设第八编论述包括侵权责任的民事责任；佟柔主编的《中国民法》(法律出版社1990年版)设第九编专门研讨"侵权的民事责任"，而"违反合同的民事责任"则仍然放在债法部分(第五编，债的一般原理，第二章第七节)研讨。

〔4〕 民事责任形式现规定于《民法典》第179条："Ⅰ.承担民事责任的方式主要有：(一)停止侵害；(二)排除妨碍；(三)消除危险；(四)返还财产；(五)恢复原状；(六)修理、重作、更换；(七)继续履行；(八)赔偿损失；(九)支付违约金；(十)消除影响、恢复名誉；(十一)赔礼道歉。Ⅱ.法律规定惩罚性赔偿的，依照其规定。Ⅲ.本条规定的承担民事责任的方式，可以单独适用，也可以合并适用。"

果仍然是并且也只能是债。至于《民法通则》第134条第3款所规定的附加责任，则已逾越同质救济的界限，因而就体系而言，已不属民事责任的范畴，而属公法责任。尽管《民法通则》为了司法上的便利，而违反体系地作了规定。[1]准此以解，民事责任的概念并不能说明《民法通则》的突破。因而本书坚持体系化方法，认为侵权行为的法律效果仍然是债，而把它放在债编加以研讨。

二、侵权行为

(一)意义

侵权行为是不法侵害他人支配型权利或者受法律保护的利益，因而行为人须就所发生损害负担责任的行为。侵权行为属于开放型的概念，难为一般定义。因此，必须从其法律要件上加以把握。关于此项法律要件，本书将在本章第二节研讨。

"侵权行为"这一概念，《民法通则》并未使用，所使用的是"侵权"。自体系言之，侵权行为法作为行为规范，所规范的对象应限于人的行为，而不及于事件。对于后者，无从命令或者导引，亦即不能加以规范。[2]故而《民法通则》所用"侵权"一词，实为"侵权行为"，殆可断言。[3]

(二)与类似行为的区别

1.与犯罪的区别。

(1)规范功能上的区别。犯罪是刑法学的范畴，作为规范，其功能在于维护公共秩序，保卫社会安全；侵权行为则为民法学概念，其功能在于给受害人以直接和同质的法律救济。

(2)法律要件上的区别。①侵权行为须以损害存在为要件，而犯罪则不问损害之有无。在犯罪的预备和未遂阶段，往往并无损害发生，但仍构成犯罪。②犯罪的主观要件以故意为原则，以过失为例外；而侵权行为则以过失为原则(故意当然包含其中)，以不问过失为例外。

---

〔1〕《法国民法典》第三编第十六章规定了"民事拘留"(第2059条至第2070条)，但1967年7月22日被全部废止。

〔2〕《民法通则》第127条(对应《民法典》第1245条："饲养的动物造成他人损害的，动物饲养人或者管理人应当承担侵权责任；但是，能够证明损害是因被侵权人故意或者重大过失造成的，可以不承担或者减轻责任。")规定的动物致害，从表面看，似系事件。但该条的规范意旨，实认"饲养动物＋该动物致害＋无违法性阻却事由"为侵权行为。另外，同法第126条(对应《民法典》1253条："建筑物、构筑物或者其他设施及其搁置物、悬挂物发生脱落、坠落造成他人损害，所有人、管理人或者使用人不能证明自己没有过错的，应当承担侵权责任。所有人、管理人或者使用人赔偿后，有其他责任人的，有权向其他责任人追偿。")所规定的建筑物致害，也暗含建筑物所有人或者管理人实施了"应作为而未作为"的行为之义，故亦应视为侵权行为。

〔3〕《民法典》已采用"侵权行为"的表述，如《民法典》第1167条等。

（3）法律效果上的区别。犯罪的法律效果是刑罚，对受害人而言，其性质并无救济性；侵权行为的效果则是给付义务，对受害人而言，其性质为同质救济和直接救济。

2.与违约行为的区别。

违约行为与侵权行为同属不法侵害他人权利或者受法律保护的利益的行为（就此点而言，汉语中"侵权行为"一词容易滋生误解），但罗马法却将其区分为两项制度。其区别如下：

（1）在规范功能上。违约行为的规范功能在于宣示契约神圣，确保合同债权的真实性和不可侵犯性；侵权行为的规范功能则在于保障合同债权之外的民事权利的不可侵犯性。

（2）在法律要件上。违约行为的要件是：①须存在契约之债；②须侵害债权或者与此有关的法益；③须加害人为契约之债的债务人；④须加害人不能证明其无过失。

侵权行为则不以上述①至②项所指的事实为要件。

3.与不当得利的区别。

（1）在规范功能上。侵权行为的规范功能旨在填补受害人所受损害，而不当得利则在于不使利得人获取非法利益。

（2）在法律要件上。①不当得利的利得人须受有利益，而侵权行为则不问加害人获益与否。②在因果联系要件上，不当得利采用直接因果关系；而侵权行为则采用相当因果关系。[1] ③在主观要件上，侵权行为以过失或者故意为要件，不当得利则不以过失为要件。

（3）在法律效果上。加害人的债务为填补受害人所受的损害，而利得人的债务则只须返还所受利益。两项债务的主题并不相同，数量自然也不同。[2]

三、责任论

所谓责任，乃是裁判规范中法律效果部分所描述的内容。如果该规范同时具有行为规范的性质，那么，在行为规范中该内容则被称为义务。义务的实现未必一概诉诸强制，在正常情况下，义务人是自觉或者经督促后而履行自己的义务的。但义务也须有救济权作担保，强制的依据就是裁判规范。而在这种场合，同一内容即变成责任。自此意义而言，责任是义务的担保。市民法以意思自治为基本理念，该理念尊崇理性，相信在正常情况下义务人的良知，即使其义务是违约或者侵权所致，仍

---

〔1〕 直接因果关系是狭义因果关系。而相当因果关系则为广义因果关系。关于因果关系问题，学说相当复杂，本书不拟评论。

〔2〕 设甲自己买一架钢琴。乙为交付后，甲转卖于丙，得价3000元，而该琴实值4500元。后甲、乙买卖合同无效，依动产善意取得制度，丙已取得钢琴所有权。甲对乙只负返还不当得利义务，应返还数额为3000元。倘设同一钢琴系甲强占，后因失火而灭失，甲应对乙依侵权责任法赔偿损失，赔偿额则为4500元。

会承认并且自觉或经督促而履行。因而，民法是从债的构想去规范侵权行为，而不是从责任与强制的角度去构想。在法律伦理上，行为人之所以须就自己行为所导致的损害负责，不同时代、不同立场的法学家各从不同角度和理念去加以说明，于是就有责任论。

（一）结果责任

结果责任是行为人当然须对其致人损害行为负责的理念。至于行为之际有无过失，在所不问——准确地说，也不知过失为何物，盖因当时尚未分化出过失的概念——此系早期人类社会的责任观，当时尚不知主观要件的伦理和理性价值。

（二）过失责任或自己责任

过失责任是行为人须对自己的有过失致害行为负责，并且仅因有过失方始负责的理念。自己责任的第一意义是自主参与，自己负责；第二意义则是反连坐。在第一种意义上，自己责任与过失责任是同一理念的不同侧面。该理念是理性原则的体现，自主参与和自己责任，共同地构成意思自治的完整理念。在19世纪后，它已成为经典理念。[1]

（三）不问过失责任

不问过失责任是不以过失存在为要件的责任理念。这一责任论是对工业社会反思的结果。工业社会出现了严重的工业灾害，例如，工伤事故（尤其是机器"吃"人、矿山事故）、交通事故、环境污染和工业品伤害事故，等等。这些事故后果严重，受害人众多，而且受害人往往难能证明加害人的过失，甚至不可能证明。况且，新技术的采用有其巨大的经济价值和社会发展价值，因而又不可以因为它有一定的致害危险、便因噎废食地废止新技术。面对这一挑战，民法学修正了过失责任原则，对于工业灾害改采不问过失责任，或称无过失责任。1871年《德国责任法》被认为是不问过失原则的首例立法。而对于工业品责任的无过失责任（或称产品责任），则由美国法院归纳并且予以肯认，而后为各国普遍接受。不问过失责任的采行使过失责任论受到很大冲击。

不问过失责任的理论依据并不相同。现对其主要学说，简介如下：

1.危险责任论。危险责任论认为，特定企业以及特定危险物，是意外灾害的危险源，唯有所有人或占有人方能控制危险的发生，故而应由该两人员就该危险负责。

2.报偿责任论。报偿责任论认为，获其利者即须担其险。危险源事业营业者获取巨大利益，亦应负担责任，此乃天经地义。

---

〔1〕 R.耶林曾说："使人负责任者，非为损害，而系过失，犹如使蜡烛发光者，非为火，而系氧气一般。"该说成为民法学上的名言。

3.风险分担论。风险分担论认为,工业是现代社会生存和发展的必要条件,其本身并无违法性可言。因而责任论应当走出制裁可非难行为的旧模式,建构分配不幸损害的新格局。通过保险机制和产品价值机制分散风险于社会大众的制度,已经相当成熟,此系风险分担论倍加赞许并且据以形成的主要制度模式。

(四)中间责任(推定过失责任)

中间责任即折中过失责任和不问过失责任的责任理念。其内容在于,特定加害行为实施之际的过失,应被法律推定其存在,如果加害人能够证明自己无过失,其责任便可豁免。因其过失是法律推定的,故而又被称为推定过失责任。这种推定运用了举证责任倒置的法律技术,缓和了过失责任论的僵化性,在不问过失责任的强烈冲击之下,保全了自己。

以上各种理论,各有千秋。本书以为,应当予以综合,而完善责任学说。

(五)现代侵权行为法的多轨制

当代实际起作用的责任理论并非一种。但是过失责任仍然处于主导地位,法律仅对特定的侵权行为明确规定适用不问过失或者推定过失原则。于是形成责任的多轨制。但是,多轨制并非各"轨"平分秋色,而是仍旧保留了"以过失(要件)为原则,以弱化过失(要件)为例外"的格局。国内学说中,有主张存在"公平责任"或者"衡平责任"的观点,认为《民法通则》第132条即体现了此责任原则。[1]依本书所信,"衡平"是民法的基本原则之一,在分配损害时,当然必须以衡平原则作指导。过失责任即体现着公平。辅之以不问过失责任和中间责任,即更充分地衡平当事人利益。如果在上述各项责任制度之外,再加上衡平原则,而与过失责任、不问过失责任和中间责任并列,亦即在原则之外更求衡平,则未必妥当,且在逻辑上也有窒碍之处。

(六)责任保险对侵权行为制度的冲击

责任保险以其巨大社会保障价值,造福于现代生活,但也给侵权行为制度的法理造成巨大冲击。侵权人由于参加了责任保险,而得以用不成比例的保险费,把他的赔偿责任转嫁给社会,使得侵权行为制度对于侵权行为的否定性诱引功能无从实现。就此点而言,侵权行为制度面临着真正的危机。如何摆脱危机,开创新局面,则寄希望于法学的发展。

---

〔1〕 对应《民法典》第1186条:"受害人和行为人对损害的发生都没有过错的,依照法律的规定由双方分担损失。"

第二节　侵权行为的法律要件

侵权行为不是狭义法律概念，[1]因而必须从其法律要件上加以把握。然而，关于侵权的法律要件，立法通常不用一个条文、或者几个连续的条文清楚地予以规定，[2]而是依其构造的逻辑，比较集中地规定于一个部分，同时，也零散地规定于若干其他部分。因而，要把握侵权行为的法律要件，仍需整合相关法条，综合归纳。本书参酌学说，对《民法通则》有关条文加以整合，提出侵权行为的法律构成要件如下：①须有损害存在——损害要件。②须损害系被控行为所致——因果关系要件。③须加害行为违法——违法性要件。④须行为之际有过失——过失要件。⑤须加害人有责任能力——责任能力要件。现分别加以研讨。

一、损害

"无损害即无责任"，这是罗马法的格言。损害事实的有无，是认定侵权行为的逻辑起点。

（一）损害的意义

损害，是指权利和受法律保护利益的数量减少及品质降低。受法律保护的利益，是法律予以肯认但尚未成熟为权利的利益，可简称为"法益"。

（二）损害的样态

1.财产损害与人身损害。发生在财产权利和财产性法益上的损害，是财产损害。与此对应，发生在人身权利和人身性法益上的损害，则是人身损害。

2.直接损害与间接损害。因损害原因事实所导致的现存财产上、人身上权利和法益的数量减少和品质降低，是直接损害。例如，物的毁损灭失、身体伤害以及为治疗而支出的医疗费。直接损害也称为积极损害。因损害事实所阻却的财产和人身上的期得利益，是间接损害。所谓期得利益是在正常情况下应当到来的利益。例如，利息、租金、利润、劳动报酬等。在人身损害场合，它应包括劳动收入、劳动关系中

---

〔1〕　狭义法律概念，指可用通常方法予以定义的法律概念。凡不可定义、而只能通过归纳要件的方法予以把握者，即不属狭义法律概念。正文认为侵权行为只能通过要件归纳方法予以把握的概念，故称其不是狭义法律概念。

〔2〕　此即完全法条与不完全法条问题。包括法律要件和法律效果的法条，方属完全性法条——此类法条在整个民法规范中是极少的；需多个法条互相配合方使法律要件以及法律效果齐备的法条，则为不完全法条——此类法条属于绝大多数。关于此问题，详见本书第二章第二节。

的福利(例如分配住房)、家务劳动和管理利益(例如折合为保姆费)等。间接损害也称消极损害。其范围和计算标准,迫切需要定型化和定量化。

二、因果关系

因果关系要件,即损害事实与被控行为之间具有因果关系。

(一)因果关系的意义

因果关系是辩证法的基本范畴之一。简言之,系指现象之间在先现象引起在后现象的稳定的和可重复的联系。

(二)关于因果关系要件的学说

1.直接因果关系说。即侵权行为应以损害与指控行为之间具有直接因果关系为必要条件的学说。所谓直接因果关系,即作为原因的现象直接引起作为结果的现象,而不存在中间现象传递的关系。例如,毁损某物、杀伤某人即是。而若借用他人的自行车,因忘记上锁而失盗,则在借车和丢车之间,尚有盗窃行为存在,便不属直接因果关系。直接因果关系,又称狭义因果关系,是以哲学上严格意义的因果关系作为侵权行为的要件。这种观点使受害人较少获得侵权行为法的救济。另外,要认定某现象与另一现象之间确定无疑地具有因果关系,必须以足够的经验材料,尤其是统计资料,作为归纳的依据。然而在许多领域和许多案型中,人们的认识成果尚不足以提供这样的材料。例如,对于他人的心理折磨,达到怎样的程度,即足以令其自杀? 环境污染达到怎样程度,就足以使农作物有多少数量的减产? 均不易说清。另外,原因事实往往由多种因素组合构成,各原因因素形成一个"合力",该合力才是原因。然而,形成该合力的因素究竟有哪些,我们的认识能否穷尽它们? 同时,每个因素在合力中所起的作用如何,其量度如何计算? 也都是难以定量化的。总之,以直接因果关系作为侵权行为的要件,不仅对受害人过苛,而且不具有足够的可操作性,因而实务上并不采纳。

2.相当因果关系说。所谓相当因果关系说,系指作为侵权行为要件的因果关系,只须某一事实具备,依社会共同经验,即足以导致与损害事实同样的结果即可。日本最高法院昭和五十年十月二十四日一项判决中写道:"诉讼上因果关系的证明,并非不许有任何疑义的自然科学式的证明,而是依据经验法则,综合检讨全部证据,证明特定事实足以导致特定结果发生的盖然性证明。然而这种判断,必须具有通常人均不怀疑的真实性。"此见解,应属对于相当因果关系的较好阐释。

认定相当因果关系,必须取向于侵权行为法的规范意旨,对被害人提供符合正义观念的充分保护。对于间接损害,必须设法列入赔偿范围。国外学说中有所谓"危险性关联说"，主张当第一次损害构成第二次损害的特别危险时，第二次损害也应列入赔偿范围。同时，还应注意解决受害人举证责任困难的问题。在上述前提下，须斟酌加害人注意义务这一因素，以及被害利益的重大与否和加害行为的危险性，同时区分加害行为的故意和过失对因果关系认定的影响。当故意加害时，应以事实上存在因果关系(只要损害系加害行为所致)即已足够；而当过失加害时，则须考虑注意义务的射程，考虑预见的可能性。该学说的价值值得注意。

三、违法性

行为人须就其致人损害行为负责，自法律伦理而言，是因为行为标的具有违法性。此即所谓侵权行为的违法性要件。[1]

(一)违法性的意义

1.违法性的意义。违法性系指行为违反法律所体现的价值而具有反社会性质的情形。

2.形式违法与实质违法。所谓形式违法，系指行为抵触强制性法律规定；实质违法则指行为违反法律所体现的价值。形式违法与实质违法在整体上是统一的。但是，由于制定法在体系化中难免存在这样或那样的矛盾，因而也存在某项行为虽然形式上违法，但实质上却不违法，以及实质上违法，而形式上却不违法的问题。在适用中，须通过法律解释与补充的作业予以化解。对于前一种情况，其方法是运用"违法性阻却事由"原则——这是"特别法优于普通法"原则的具体体现之一；而对于后一种情况，则须运用"下位阶价值不得抵触上位阶价值"的原则。

3.违法性阻却事由。违法性阻却事由，系指致人损害行为的违法性被特别法律规定予以豁免的情形。包括：

(1)权利行使行为。因正当行使民事权利，并无损害他人的目的，却导致他人损

---

〔1〕《民法通则》关于侵权行为的各个条文，均未使用行为"违法"或者"不法"之类的字样。所谓违法性要件，似乎于法无据。然而，该法第106条第2款规定："公民、法人由于过错侵害国家的、集体的财产，侵害他人财产、人身的，应当承担民事责任。"(对应《民法典》第1165条第1款："行为人因过错侵害他人民事权益造成损害的，应当承担侵权责任。")结合该法第5条关于"公民、法人的合法的民事权益受法律保护，任何组织和个人不得侵犯"的规定(对应《民法典》第3条："民事主体的人身权利、财产权利以及其他合法权益受法律保护，任何组织或者个人不得侵犯。")，则该法肯认违法性要件的意旨清晰可辨。在市民法国家立法例，除《德国民法典》(第823条)和民国时期民法典(第184条)外，法国、日本、俄罗斯诸民法典，也均未明文规定侵权行为的"违法""不法"性质。然而各国家的判例学说却都肯认违法性要件。以《日本民法典》为例，其第709条规定："因故意过失侵害他人权利者，就其所生之损害负赔偿责任。"判例原只肯认侵害权利行为为侵权行为，但后来则分离出独立的违法性要件。战后以"我妻法学"领导学说的我妻荣曾说，侵权行为的基本要件不是侵害权利，而是违法性。此说形成通说(近年来有反对说如权利扩张说、过失一元说等。关于日本判例学说介绍，参见[日]远藤浩、[日]福田平编：《法令解释事典》民法部分第108条"侵权行为中的违法性"，第217—220页)。

害的某些事由,阻却其违法性。例如,行使留置权而扣留以及变卖被留置物;监护人为了被监护人的利益而处分后者的财产;农民施用农药灭虫,致使走入其地的他人的牲畜采食有药植物而中毒死亡。上述行为,尽管均致人损害,但其违法性却已被阻却。但应当注意,权利滥用不属于权利的正当行使。

(2)受害人允诺。满足下列要件的,受害人的允诺,阻却加害行为的违法性:①受害人有处分权;②受害人有意思能力;③允诺充分意思表示的法律要件;④加害行为不违反禁止性规范。

《民法通则》第123条规定高度危险作业致人损害场合,如果能证明损害系由受害人故意造成,不负责任。此项故意,与允诺等同。[1]

(3)无因管理。无因管理行为,虽属干涉他人事务,但其助人救难的社会功能,使法律豁免其违法性(《民法通则》第93条[2]、第109条[3])。

(4)自力救济行为。正当防卫、紧急避险和法律允许的自助行为,阻却其违法性(《民法通则》第128条[4]、第129条[5])。

(5)公权行为。公务员行使法律赋予的权限,如拘捕人犯、执行罚款、执行死刑等。其违法性均被依法阻却。

(二)违法性的类型化

"违法性"是一个开放性类型概念,民法学尚不能穷尽地列举它的一切特征。就方法论而言,应当面向案型归纳类型,使之具体化,以有助于适用。

1.基本类型。

(1)侵害权利型。

侵害民事权利,是侵权行为违法性要件的基本类型之一。查《民法通则》用语,

---

〔1〕 对应《民法典》第1239条"占有或者使用易燃、易爆、剧毒、高放射性、强腐蚀性、高致病性等高度危险物造成他人损害的,占有人或者使用人应当承担侵权责任;但是,能够证明损害是因受害人故意或者不可抗力造成的,不承担责任。被侵权人对损害的发生有重大过失的,可以减轻占有人或者使用人的责任",以及第1240条"从事高空、高压、地下挖掘活动或者使用高速轨道运输工具造成他人损害的,经营者应当承担侵权责任;但是,能够证明损害是因受害人故意或者不可抗力造成的,不承担责任。被侵权人对损害的发生有重大过失的,可以减轻经营者的责任"。

〔2〕 对应《民法典》第979条第1款:"管理人没有法定的或者约定的义务,为避免他人利益受损失而管理他人事务的,可以请求受益人偿还因管理事务而支出的必要费用;管理人因管理事务受到损失的,可以请求受益人给予适当补偿。"

〔3〕 对应《民法典》第183条:"因保护他人民事权益使自己受到损害的,由侵权人承担民事责任,受益人可以给予适当补偿。没有侵权人、侵权人逃逸或者无力承担民事责任,受害人请求补偿的,受益人应当给予适当补偿。"

〔4〕 对应《民法典》第181条:"Ⅰ.因正当防卫造成损害的,不承担民事责任。Ⅱ.正当防卫超过必要的限度,造成不应有的损害的,正当防卫人应当承担适当的民事责任。"

〔5〕 对应《民法典》第182条:"Ⅰ.因紧急避险造成损害的,由引起险情发生的人承担民事责任。Ⅱ.危险由自然原因引起的,紧急避险人不承担民事责任,可以给予适当补偿。Ⅲ.紧急避险采取措施不当或者超过必要的限度,造成不应有的损害的,紧急避险人应当承担适当的民事责任。"

直接称侵害权利者有之,[1]称侵害财产、人身者有之,[2]称给"合法权益造成损害"者有之,[3]仅称"造成损害"者亦有之。[4]鉴于此,该型应当划分为两个亚型。

---

[1] 第118条称"著作权(版权)、专利权、商标专用权、发现权、发明权和其他科技成果权"受到侵害(《民法典》第123条规定:"Ⅰ.民事主体依法享有知识产权。Ⅱ.知识产权是权利人依法就下列客体享有的专有的权利:(一)作品;(二)发明、实用新型、外观设计;(三)商标;(四)地理标志;(五)商业秘密;(六)集成电路布图设计;(七)植物新品种;(八)法律规定的其他客体",知识产权属于《民法典》第1165条第1款所称之"民事权益");第120条称"姓名权、肖像权、名誉权、荣誉权""法人的名称权"受到侵害(《民法典》第110条规定:"Ⅰ.自然人享有生命权、身体权、健康权、姓名权、肖像权、名誉权、荣誉权、隐私权、婚姻自主权等权利。Ⅱ.法人、非法人组织享有名称权、名誉权和荣誉权。"这些人格权属于《民法典》第1165条第1款所称之"民事权益")。

[2] 第106条第2款(对应《民法典》第1165条第1款:"行为人因过错侵害他人民事权益造成损害的,应当承担侵权责任。"该条已将侵害客体统称为"民事权益")、第117条第1款、第2款(这两款规定已删除,但《民法典》第179条仍保留有"返还财产""恢复原状"与"赔偿损失"的责任承担方式)、第119条(对应《民法典》第1179条:"侵害他人造成人身损害的,应当赔偿医疗费、护理费、交通费、营养费、住院伙食补助费等为治疗和康复支出的合理费用,以及因误工减少的收入。造成残疾的,还应当赔偿辅助器具费和残疾赔偿金;造成死亡的,还应当赔偿丧葬费和死亡赔偿金。")、第122条均称侵害财产、人身、侵害身体(在产品责任规范群中,一般称为"造成他人损害",但《民法典》第1205条规定:"因产品缺陷危及他人人身、财产安全的,被侵权人有权请求生产者、销售者承担停止侵害、排除妨碍、消除危险等侵权责任。"该条将侵害客体称为"人身、财产安全")。

[3] 第121条(该规定已删除,但《民法典》第1191条规定了用人单位责任:"Ⅰ.用人单位的工作人员因执行工作任务造成他人损害的,由用人单位承担侵权责任。用人单位承担侵权责任后,可以向有故意或者重大过失的工作人员追偿。Ⅱ.劳务派遣期间,被派遣的工作人员因执行工作任务造成他人损害的,由接受劳务派遣的用工单位承担侵权责任;劳务派遣单位有过错的,承担相应的责任。")。

[4] 第123条至第130条、第132条(《民法通则》第123条对应《民法典》第1239条"占有或者使用易燃、易爆、剧毒、高放射性、强腐蚀性、高致病性等高度危险物造成他人损害的,占有人或者使用人应当承担侵权责任;但是,能够证明损害是因受害人故意或者不可抗力造成的,不承担责任。被侵权人对损害的发生有重大过失的,可以减轻占有人或者使用人的责任",以及第1240条"从事高空、高压、地下挖掘活动或者使用高速轨道运输工具造成他人损害的,经营者应当承担侵权责任;但是,能够证明损害是因受害人故意或者不可抗力造成的,不承担责任。被侵权人对损害的发生有重大过失的,可以减轻经营者的责任"。《民法通则》第124条对应《民法典》第1229条:"因污染环境、破坏生态造成他人损害的,侵权人应当承担侵权责任。"《民法通则》第125条对应《民法典》第1258条:"Ⅰ.在公共场所或者道路上挖掘、修缮安装地下设施等造成他人损害,施工人不能证明已经设置明显标志和采取安全措施的,应当承担侵权责任。Ⅱ.窨井等地下设施造成他人损害,管理人不能证明尽到管理职责的,应当承担侵权责任。"《民法通则》第126条对应《民法典》第1252条"Ⅰ.建筑物、构筑物或者其他设施倒塌、塌陷造成他人损害的,由建设单位与施工单位承担连带责任,但是建设单位与施工单位能够证明不存在质量缺陷的除外。建设单位、施工单位赔偿后,有其他责任人的,有权向其他责任人追偿。Ⅱ.因所有人、管理人、使用人或者第三人的原因,建筑物、构筑物或者其他设施倒塌、塌陷造成他人损害的,由所有人、管理人、使用人或者第三人承担侵权责任"以及第1253条"建筑物、构筑物或者其他设施及其搁置物、悬挂物发生脱落、坠落造成他人损害,所有人、管理人或者使用人不能证明自己没有过错的,应当承担侵权责任。所有人、管理人或者使用人赔偿后,有其他责任人的,有权向其他责任人追偿"。《民法通则》第127条对应《民法典》第1245条:"饲养的动物造成他人损害的,动物饲养人或者管理人应当承担侵权责任;但是,能够证明损害是因被侵权人故意或者重大过失造成的,可以不承担或者减轻责任。"《民法通则》第128条对应《民法典》第181条:"Ⅰ.因正当防卫造成损害的,不承担民事责任。Ⅱ.正当防卫超过必要的限度,造成不应有的损害的,正当防卫人应当承担适当的民事责任。"《民法通则》第129条对应《民法典》第182条:"Ⅰ.因紧急避险造成损害的,由引起险情发生的人承担民事责任。Ⅱ.危险由自然原因引起的,紧急避险人不承担民事责任,可以给予适当补偿。Ⅲ.紧急避险采取措施不当或者超过必要的限度,造成不应有的损害的,紧急避险人应当承担适当的民事责任。"《民法通则》第

①侵害权利型。侵害物权、知识产权、人身权当然具有违法性。积极侵害债权，亦构成侵权行为，例如，毁损出卖或者出租标的物、诱使债务人不履行债务等。

②侵害法益型。从《民法通则》第5条[1]、第106条第2款[2]、第117条[3]、第119条[4]、第122条[5]乃至第123条[6]、第124条[7]、第125条[8]、第126条[9]、第127条[10]等条文的规定看，侵害法益也具有违法性。例如，最高人民法院在一件批复型解释中肯认自然人对于死亡近亲属的名誉利益[11]即是。此外，本书以为，受害人胜诉后所支出的律师代理费、身体和健康受伤害所损害的精神利益等也属法益。对于法益的

130条对应《民法典》第1168条："二人以上共同实施侵权行为，造成他人损害的，应当承担连带责任。"《民法通则》第132条对应《民法典》第1186条："受害人和行为人对损害的发生都没有过错的，依照法律的规定由双方分担损失。"）。

〔1〕　对应《民法典》第3条："民事主体的人身权利、财产权利以及其他合法权益受法律保护，任何组织或者个人不得侵犯。"

〔2〕　对应《民法典》第1165条第1款："行为人因过错侵害他人民事权益造成损害的，应当承担侵权责任。"

〔3〕　《民法通则》第117条主要规定的是侵权责任的承担方式，这已被纳入《民法典》第179条："Ⅰ.承担民事责任的方式主要有：(一)停止侵害；(二)排除妨碍；(三)消除危险；(四)返还财产；(五)恢复原状；(六)修理、重作、更换；(七)继续履行；(八)赔偿损失；(九)支付违约金；(十)消除影响、恢复名誉；(十一)赔礼道歉。Ⅱ.法律规定惩罚性赔偿的，依照其规定。Ⅲ.本条规定的承担民事责任的方式，可以单独适用，也可以合并适用。"

〔4〕　对应《民法典》第1179条："侵害他人造成人身损害的，应当赔偿医疗费、护理费、交通费、营养费、住院伙食补助费等为治疗和康复支出的合理费用，以及因误工减少的收入。造成残疾的，还应当赔偿辅助器具费和残疾赔偿金；造成死亡的，还应当赔偿丧葬费和死亡赔偿金。"

〔5〕　对应《民法典》第1202条"因产品存在缺陷造成他人损害的，生产者应当承担侵权责任"，第1203条"Ⅰ.因产品存在缺陷造成他人损害的，被侵权人可以向产品的生产者请求赔偿，也可以向产品的销售者请求赔偿。Ⅱ.产品缺陷由生产者造成的，销售者赔偿后，有权向生产者追偿。因销售者的过错使产品存在缺陷的，生产者赔偿后，有权向销售者追偿"以及第1204条"因运输者、仓储者等第三人的过错使产品存在缺陷，造成他人损害的，产品的生产者、销售者赔偿后，有权向第三人追偿"。

〔6〕　对应《民法典》第1239条"占有或者使用易燃、易爆、剧毒、高放射性、强腐蚀性、高致病性等高度危险物造成他人损害的，占有人或者使用人应当承担侵权责任；但是，能够证明损害是因受害人故意或者不可抗力造成的，不承担责任。被侵权人对损害的发生有重大过失的，可以减轻占有人或者使用人的责任"，以及第1240条"从事高空、高压、地下挖掘活动或者使用高速轨道运输工具造成他人损害的，经营者应当承担侵权责任；但是，能够证明损害是因受害人故意或者不可抗力造成的，不承担责任。被侵权人对损害的发生有重大过失的，可以减轻经营者的责任"。

〔7〕　对应《民法典》第1229条："因污染环境、破坏生态造成他人损害的，侵权人应当承担侵权责任。"

〔8〕　对应《民法典》第1258条："Ⅰ.在公共场所或者道路上挖掘、修缮安装地下设施等造成他人损害，施工人不能证明已经设置明显标志和采取安全措施的，应当承担侵权责任。Ⅱ.窨井等地下设施造成他人损害，管理人不能证明尽到管理职责的，应当承担侵权责任。"

〔9〕　对应《民法典》第1253条："建筑物、构筑物或者其他设施及其搁置物、悬挂物发生脱落、坠落造成他人损害，所有人、管理人或者使用人不能证明自己没有过错的，应当承担侵权责任。所有人、管理人或者使用人赔偿后，有其他责任人的，有权向其他责任人追偿。"

〔10〕　对应《民法典》第1245条："饲养的动物造成他人损害的，动物饲养人或者管理人应当承担侵权责任；但是，能够证明损害是因被侵权人故意或者重大过失造成的，可以不承担或者减轻责任。"

〔11〕　最高人民法院〔1988年〕民他字第52号函："吉文贞(艺名荷花女)死亡后，其名誉权应依法保护，其母陈秀琴亦有权向人民法院提起诉讼。"

解释，宜从体系因素出发，以利于对法益的充分保护。

（2）违反法规型。

①违反民法的强制性规范。

例如，《民法通则》第5条[1]、第7条[2]、第18条第1款[3]和第2款[4]、第49条[5]、第58条[6]、第59条[7]、第66条第2款[8]、第67条[9]、第80条第3款[10]、第81条第4款[11]、第91条[12]、第100条[13]、第101条[14]、第102条[15]、第103条[16]等，均含有强制性规范。

---

〔1〕 对应《民法典》第3条："民事主体的人身权利、财产权利以及其他合法权益受法律保护，任何组织或者个人不得侵犯。"

〔2〕 对应《民法典》第8条："民事主体从事民事活动，不得违反法律，不得违背公序良俗。"

〔3〕 对应《民法典》第35条第1款："监护人应当按照最有利于被监护人的原则履行监护职责。监护人除为维护被监护人利益外，不得处分被监护人的财产。"

〔4〕 对应《民法典》第34条第2款："监护人依法履行监护职责产生的权利，受法律保护。"

〔5〕 该规定已删除。

〔6〕 对应《民法典》第144条"无民事行为能力人实施的民事法律行为无效"，第146条"Ⅰ.行为人与相对人以虚假的意思表示实施的民事法律行为无效。Ⅱ.以虚假的意思表示隐藏的民事法律行为的效力，依照有关法律规定处理"，第153条"Ⅰ.违反法律、行政法规的强制性规定的民事法律行为无效。但是，该强制性规定不导致该民事法律行为无效的除外。Ⅱ.违背公序良俗的民事法律行为无效"以及第154条"行为人与相对人恶意串通，损害他人合法权益的民事法律行为无效"。

〔7〕《民法通则》第59条第1款对应《民法典》第147条"基于重大误解实施的民事法律行为，行为人有权请求人民法院或者仲裁机构予以撤销"以及第151条"一方利用对方处于危困状态、缺乏判断能力等情形，致使民事法律行为成立时显失公平的，受损害方有权请求人民法院或者仲裁机构予以撤销"。《民法通则》第59条第2款对应《民法典》第155条"无效的或者被撤销的民事法律行为自始没有法律约束力"。

〔8〕 对应《民法典》第164条第1款："代理人不履行或者不完全履行职责，造成被代理人损害的，应当承担民事责任。"

〔9〕 对应《民法典》第167条："代理人知道或者应当知道代理事项违法仍然实施代理行为，或者被代理人知道或者应当知道代理人的代理行为违法未作反对表示的，被代理人和代理人应当承担连带责任。"

〔10〕《土地管理法》第2条第3款规定："任何单位和个人不得侵占、买卖或者以其他形式非法转让土地。土地使用权可以依法转让。"《民法典》第249条规定："城市的土地，属于国家所有。法律规定属于国家所有的农村和城市郊区的土地，属于国家所有。"《民法典》第207条规定："国家、集体、私人的物权和其他权利人的物权受法律平等保护，任何组织或者个人不得侵犯。"

〔11〕《民法典》第247条规定："矿藏、水流、海域属于国家所有。"《民法典》第250条规定："森林、山岭、草原、荒地、滩涂等自然资源，属于国家所有，但是法律规定属于集体所有的除外。"《民法典》第207条规定："国家、集体、私人的物权和其他权利人的物权受法律平等保护，任何组织或者个人不得侵犯。"

〔12〕 对应《民法典》第555条"当事人一方经对方同意，可以将自己在合同中的权利和义务一并转让给第三人"以及第556条"合同的权利和义务一并转让的，适用债权转让、债务转移的有关规定"。

〔13〕 对应《民法典》第1019条："Ⅰ.任何组织或者个人不得以丑化、污损，或者利用信息技术手段伪造等方式侵害他人的肖像权。未经肖像权人同意，不得制作、使用、公开肖像权人的肖像，但是法律另有规定的除外。Ⅱ.未经肖像权人同意，肖像作品权利人不得以发表、复制、发行、出租、展览等方式使用或者公开肖像权人的肖像。"

〔14〕 对应《民法典》第1024条第1款："民事主体享有名誉权。任何组织或者个人不得以侮辱、诽谤等方式侵害他人的名誉权。"

〔15〕 对应《民法典》第1031条："Ⅰ.民事主体享有荣誉权。任何组织或者个人不得非法剥夺他人的荣誉称号，不得诋毁、贬损他人的荣誉。Ⅱ.获得的荣誉称号应当记载而没有记载的，民事主体可以请求记载；获得的荣誉称号记载错误的，民事主体可以请求更正。"

〔16〕 对应《民法典》第1042条第1款："禁止包办、买卖婚姻和其他干涉婚姻自由的行为。禁止借婚姻

如果违反,即构成违法。

②违反刑事法规。尤其是实施《刑法》分则所规定的侵害公民人身权利、民主权利罪以及侵犯财产罪,即当然具有违法性。违反其他规定亦同。

③违反管理法规。例如,违反产品质量管理、食品卫生管理、治安、消防以及其他管理法规中保护民事权利者,即具有违法性。

(3)故意加害型。

①故意以违背公序良俗方式损害他人利益。例如,实施法律以及法规未规定的不正当竞争行为、医生延误治疗病人等,应认为它们具有违法性。

②滥用权利。滥用权利行为具有违法性,自不待言。

2.其他类型。

(1)依加害事故划分的类型。在产品责任事故、企业伤亡事故、交通肇事事故、污染环境事故、医疗事故中,其违法性要件被进一步具体化。以产品责任事故为例,其违反瑕疵说明义务的违法性,即须取向于规范意旨,斟酌损害的严重性、说明的可能性、消费者的知识、经验、当事人的职业、回避的可能性、预见的可能性等因素,而为判断。

(2)不作为违法。凡依法或者依习惯有实施一定的作为、提供安全指示或者措施义务者,当未实施该行为而致当事人发生损害时,即具有违法性。上述产品责任中的不尽说明义务即是。

唯应注意,以上关于违法性的类型,只是学说上为了便于适用而提出的。各个类型之间,难免有交集竞合情事,尚有待进一步归纳整合。

四、过失

侵权行为实施之际,行为人须有过失,始成立侵权行为,此即侵权行为的主观要件,称为过失要件。[1]依意思自治理念,过失责任是自主参与的另一侧面,因而过失

索取财物。"

[1]《民法通则》称"过错"。学说认为过错划分为过失与故意。本书以为,作为侵权行为的主观要件,以过失为已足;故意仅在算定责任量时有其意义(尚非通说),而对侵权行为的成立则无意义。故此项要件称之为过失要件,始为准确。这也是国外(苏联除外)、我国台湾地区学说的共识。苏联则称"Вина"(过错)。按"过错"一语,易与伦理上的可非难性例如过咎相混淆,而生误会。在立法和司法文件中,更普遍的是采其"过咎"的含义,而不是采其"未尽注意义务"的含义,例如,《民法通则》第61条第1款规定:"民事行为被确认为无效或者被撤销后,当事人因该行为取得的财产,应当返还给受损失的一方。有过错的一方应当赔偿对方因此所受的损失,双方都有过错的,应当各自承担相应的责任。"《合同法》第58条采用了相似的表述。(对应《民法典》第157条:"民事法律行为无效、被撤销或者确定不发生效力后,行为人因该行为取得的财产,应当予以返还;不能返还或者没有必要返还的,应当折价补偿。有过错的一方应当赔偿对方由此所受到的损失;各方都有过错的,应当各自承担相应的责任。法律另有规定的,依照其规定。")最高人民法院1993年11月3日发布的《关于人民法院审理离婚案件处理财产分割问题的若干具体意见》序言写道:"人民法院审理离婚案件对夫妻共同财产的处理,应当……坚持男女平等,保护妇女、儿童的合法权益,照顾无过错方,尊重当事人意愿,有利生产、方便生活的原则,合情合理地予以解决。"(《民法典》第1087条第1款规定:"离婚时,夫妻的共同财产由双方协议处理;协议不成的,由人民法院根据财产的具体情况,按照照顾子女、女方和无过错方权益的原则判决。")在上引文件中,"过错"均取"过咎"之义,而不取"未尽注意义务"之义,

是侵权行为的基本要件。

违法性要件与过失要件,在学理上分别称之为"客观性违法要件"和"主观性违法要件",两者的规范意旨不同。如上所述,违法性所指的可非难性,系就行为标的而言,而过错所指的可非难性,则就行为时的注意而言。两者判然有别,不容混淆,也不容在要件上合二为一。

(一)意义

1.意义。过失是行为人应当而且能够预见行为具有加害他人的危险,却依然实施该行为的心理现象。

2.要件。

(1)须行为具有危险性。亦即行为具有加害的危险性。如无此项危险性,当不会发生致害行为,从而亦无过失可言。

(2)须该危险性能够预见。倘危险性无从预见,即无过失可言。例如,某木箱内装炸药,却标明是图书,某甲好奇取阅,不慎引爆,炸伤某乙与丙。此项危险性,对甲来说即属不能预见。

(3)须该危险性应当预见。亦即依法或者依事理对危险性负有注意义务。设某甲养猫一只,伤乙手,该项危险,属甲应预见危险。设乙深夜过甲门,该猫窜出,使乙受惊跌伤,此项危险,甲则无预见义务。

(二)类型

1.普通过失与推定过失。一般情况下的过失,在诉讼中须由主张其存在的一方负担举证责任。但是,法律对于特别侵权行为,却直接推定行为人有过失,如果行为人不能证明自己并无过失,即须负侵权责任。此种过失即为推定过失,又称"表现过失"。

2.单独过失与共同过失。单独过失,其义自明。共同过失是两人以上共同实施加害行为而均有过失的情形。

3.混合过失及其相抵。致人损害行为实施之际,不但行为人有过失,受害人也有过失的情形,即构成混合过失。在存在混合过失的场合,对于加害人的责任可以减轻。此即"过失相抵"。《民法通则》第131条规定:"受害人对于损害的发生也有过错的,可以减轻侵害人的民事责任。"[1]第127条也含有过失相抵的规定。[2]

4.轻过失与重过失。此系依过失程度作的划分。国外一些民法典和我国民国时

此种用法在该类文件中颇多,不必举赘。本书编者亲历过某些法官、律师将过错用于过咎意义,而失掉过失的主含义(相对于故意而言),从而不能正确把握过失要件的情形,有鉴于此,本书不使用"过错"要件、"过错"原则,而一律称"过失"。

〔1〕 对应《民法典》第1173条:"被侵权人对同一损害的发生或者扩大有过错的,可以减轻侵权人的责任。"

〔2〕 对应《民法典》第1245条:"饲养的动物造成他人损害的,动物饲养人或者管理人应当承担侵权责任;但是,能够证明损害是因被侵权人故意或者重大过失造成的,可以不承担或者减轻责任。"

期民法典规定,在一些场合,行为人只就重大过失负责;而在另一些场合,则须对轻过失负责。轻过失甚至还区分为"具体轻过失"和"抽象轻过失"两档。关于这种区分,《民法通则》未作规定。

(三)故意

1.意义。故意是行为人对于行为所具有的致害危险性有预见却仍然实施该行为,或者放纵加害结果到来的心理状态。

2.与过失的区别。

(1)在故意,行为人希望致害结果到来,或者其到来不违反其意思;而在过失,行为人却无此意思。

(2)在故意,行为人对致害结果必有预见。过失则有两种形态:第一是无预见;第二是虽有预见,却相信致害结果可因其控制而不到来。

3.故意在侵权行为法上的价值。

(1)《民法通则》第123条规定,对于高险作业致害,如果受害人有故意,则免除加害人责任。[1]

(2)《民通意见》第150条规定,在理算精神损害慰抚金的数额时,应斟酌加害人的过错程度。[2]易言之,如系故意,该数额应高于过失。学说中关于"过错程度"对于责任数额应有影响的主张日趋强烈,并以上述《民通意见》为重要依据。然而,本书以为,上述《民通意见》,表面看来,似乎以过失和故意的程度作为左右慰抚金定量的因素,实则仍以损害为唯一依据。因为在故意及重大过失场合,所致损害大于其他场合,如此而已。

五、责任能力

过失要件以责任能力为前提。无责任能力,即无过失可言。关于责任能力,本书第四章已有论述,兹不赘述。

---

〔1〕 对应《民法典》第1239条"占有或者使用易燃、易爆、剧毒、高放射性、强腐蚀性、高致病性等高度危险物造成他人损害的,占有人或者使用人应当承担侵权责任;但是,能够证明损害是因受害人故意或者不可抗力造成的,不承担责任。被侵权人对损害的发生有重大过失的,可以减轻占有人或者使用人的责任",以及第1240条"从事高空、高压、地下挖掘活动或者使用高速轨道运输工具造成他人损害的,经营者应当承担侵权责任;但是,能够证明损害是因受害人故意或者不可抗力造成的,不承担责任。被侵权人对损害的发生有重大过失的,可以减轻经营者的责任"。

〔2〕 对应《民法典》第998条:"认定行为人承担侵害除生命权、身体权和健康权外的人格权的民事责任,应当考虑行为人和受害人的职业、影响范围、过错程度,以及行为的目的、方式、后果等因素。"

第三节　特殊侵权行为

《民法通则》用11个条文,规定了若干不同于一般侵权行为的行为,学说上称之为特殊侵权行为。[1]

一、特殊侵权行为的意义

(一)意义

特殊侵权行为,系指立法特别规定其法律要件和法律效果的侵权行为。我国《民法通则》第43条[2]、第121条至第127条[3]、第130条[4]、第132条[5]、第133条[6],《专

---

〔1〕《民法典》将特殊侵权行为规定于第七编的第三章至第十章,共71条。

〔2〕 对应《民法典》第62条第1款"法定代表人因执行职务造成他人损害的,由法人承担民事责任"以及第1191条第1款"用人单位的工作人员因执行工作任务造成他人损害的,由用人单位承担侵权责任。用人单位承担侵权责任后,可以向有故意或者重大过失的工作人员追偿"。由于法人类型与用人单位类型并不单一,所以这两款并未限定主体类型,可作为《民法通则》第43条与第121条在《民法典》中的对应规范。

〔3〕《民法通则》第121条对应《民法典》第62条第1款"法定代表人因执行职务造成他人损害的,由法人承担民事责任"以及第1191条第1款"用人单位的工作人员因执行工作任务造成他人损害的,由用人单位承担侵权责任。用人单位承担侵权责任后,可以向有故意或者重大过失的工作人员追偿"。《民法通则》第122条对应《民法典》第1202条"因产品存在缺陷造成他人损害的,生产者应当承担侵权责任",第1203条"Ⅰ.因产品存在缺陷造成他人损害的,被侵权人可以向产品的生产者请求赔偿,也可以向产品的销售者请求赔偿。Ⅱ.产品缺陷由生产者造成的,销售者赔偿后,有权向生产者追偿。因销售者的过错使产品存在缺陷的,生产者赔偿后,有权向销售者追偿"以及第1204条"因运输者、仓储者等第三人的过错使产品存在缺陷,造成他人损害的,产品的生产者、销售者赔偿后,有权向第三人追偿"。《民法通则》第123条对应《民法典》第1239条"占有或者使用易燃、易爆、剧毒、高放射性、强腐蚀性、高致病性等高度危险物造成他人损害的,占有人或者使用人应当承担侵权责任;但是,能够证明损害是因受害人故意或者不可抗力造成的,不承担责任。被侵权人对损害的发生有重大过失的,可以减轻占有人或者使用人的责任",以及第1240条"从事高空、高压、地下挖掘活动或者使用高速轨道运输工具造成他人损害的,经营者应当承担侵权责任;但是,能够证明损害是因受害人故意或者不可抗力造成的,不承担责任。被侵权人对损害的发生有重大过失的,可以减轻经营者的责任"。《民法通则》第124条对应《民法典》第1229条:"因污染环境、破坏生态造成他人损害的,侵权人应当承担侵权责任。"《民法通则》第125条对应《民法典》第1258条:"Ⅰ.在公共场所或者道路上挖掘、修缮安装地下设施等造成他人损害,施工人不能证明已经设置明显标志和采取安全措施的,应当承担侵权责任。Ⅱ.窨井等地下设施造成他人损害,管理人不能证明尽到管理职责的,应当承担侵权责任。"《民法通则》第126条对应《民法典》第1252条"Ⅰ.建筑物、构筑物或者其他设施倒塌、塌陷造成他人损害的,由建设单位与施工单位承担连带责任,但是建设单位与施工单位能够证明不存在质量缺陷的除外。建设单位、施工单位赔偿后,有其他责任人的,有权向其他责任人追偿。Ⅱ.因所有人、管理人、使用人或者第三人的原因,建筑物、构筑物或者其他设施倒塌、塌陷造成他人损害的,由所有人、管理人、使用人或者第三人承担侵权责任"以及第1253条"建筑物、构筑物或者其他设施及其搁置物、悬挂物发生脱落、坠落造成他人损害,所有人、管理人或者使用人不能证明自己没有过错的,应当承担侵权责任。所有人、管理人或者使用人赔偿后,有其他责任人的,有权向其他责任人追偿"。《民法通则》第127条对应《民法典》第1245条:"饲养的动物造成他人损害的,动物饲养人或者管理人应当承担侵权责任;但是,能够证明损害是因被侵权人故意或者重大过失造成的,可以不承担或者减轻责任。"

〔4〕 对应《民法典》第1168条:"二人以上共同实施侵权行为,造成他人损害的,应当承担连带责任。"

〔5〕 对应《民法典》第1172条:"二人以上分别实施侵权行为造成同一损害,能够确定责任大小的,各自承担相应的责任;难以确定责任大小的,平均承担责任。"

〔6〕 对应《民法典》第1188条:"Ⅰ.无民事行为能力人、限制民事行为能力人造成他人损害的,由监护人承担侵权责任。监护人尽到监护职责的,可以减轻其侵权责任。Ⅱ.有财产的无民事行为能力人、限制民事行为能力人造成他人损害的,从本人财产中支付赔偿费用;不足部分,由监护人赔偿。"

利法》第60条第2款[1],《民通意见》第148条第2款、第3款[2]等,分别规定了此类侵权行为。

(二)特征

1.在构成要件上。特殊侵权行为,既有排除过失要件,采用不问过失原则者;也有折中过失要件,而采用推定过失者,因而与一般侵权行为的采用过失要件不同。

2.在法律效果上。对于公务侵权、职务侵权和被监护人致害等侵权行为,均由关系人而非行为人负责。

3.在行为样态上。对于动物、建筑物、污染环境、制造通行危险、产品瑕疵和高险作业等侵权,其行为样态均为不作为型侵权行为。

4.在责任论上。就多数特殊侵权行为而言,其责任论已由过失责任向危险分配责任转变,旨在更充分地保护受害人。

二、类型

特殊侵权行为,可归纳为以下类型:

(一)间接侵权型

间接侵权型,指由不直接实施侵权行为的关系人负担法律效果的侵权行为。该型包括三个种别:公务侵权行为、职务侵权行为与监护侵权行为。

1.公务侵权行为。

(1)意义。公务侵权系指国家公务员在执行职务中实施不法加害行为而由国家机关对其负责任的特殊侵权行为。

(2)要件上的特征。①须有国家公务员存在。②须其执行公务。③须其实施侵权行为,即实施了充分侵权行为要件的行为。④须行为违背对受害人应当执行的公务,即违背了公务的宗旨和具体要求。否则,即属正当行使权限行为,而不构成公务侵权。

(3)效果上的特征。依《民法通则》第121条和《民通意见》第152条,[3]公务侵权行为的效果,由加害人所属的机关法人负担,而不是由加害人负担,也不是由加害

---

〔1〕 对应《专利法》(2020年修正)第66条第1款:"专利侵权纠纷涉及新产品制造方法的发明专利的,制造同样产品的单位或者个人应当提供其产品制造方法不同于专利方法的证明。"

〔2〕 对应《民法典》第1169条第2款:"教唆、帮助无民事行为能力人、限制民事行为能力人实施侵权行为的,应当承担侵权责任;该无民事行为能力人、限制民事行为能力人的监护人未尽到监护职责的,应当承担相应的责任。"

〔3〕 这两条对应《民法典》第62条第1款"法定代表人因执行职务造成他人损害的,由法人承担民事责任"以及第1191条第1款"用人单位的工作人员因执行工作任务造成他人损害的,由用人单位承担侵权责任。用人单位承担侵权责任后,可以向有故意或者重大过失的工作人员追偿"。

人与机关法人连带负担。

2.职务侵权行为。

(1)意义。职务侵权行为是私法人的工作人员在执行职务中实施的不法加害行为依法由该法人对其负责任的特殊侵权行为。

(2)要件上的特征。①须有法人的工作人员存在。法人的工作人员，包括正式职员、工人，也包括合同工、临时工。②须工作人员执行职务。③须实施侵权行为。

(3)效果上的特征。依《民法通则》第43条的规定，企业法人工作人员的职务侵权行为，由该企业法人负责。[1]至于其他法人虽无规定，但从司法实务看，各地各级法院一般均扩张解释为法人负责。

3.监护侵权行为。

(1)意义。监护侵权是被监护人实施不法加害行为由监护人对其负责任的特殊侵权行为。

(2)要件上的特征。①须有被监护人存在。②须被监护人实施加害行为。③须行为违法。④须监护人不能证明自己无过失。

监护人包括《民法通则》所规定的监护人，以及《民通意见》第160条所规定的"幼儿园、学校、精神病院"。[2]

监护人纵使能证明尽其监护职责，也只能减轻责任（《民法通则》第133条第1款[3]）。

如果致害行为系第三人教唆、帮助而实施，监护人免负责任（《民通意见》第148条[4]）。

(3)效果归属上的特征。

①以监护人负责为原则。但被监护人有财产者，则由其本人负责，监护人补充负责。[5]②监护人不明确或者有争议者，以顺序在先的有监护能力者为监护人（《民

---

〔1〕 对应《民法典》第62条第1款"法定代表人因执行职务造成他人损害的，由法人承担民事责任"以及第1191条第1款"用人单位的工作人员因执行工作任务造成他人损害的，由用人单位承担侵权责任。用人单位承担侵权责任后，可以向有故意或者重大过失的工作人员追偿"。

〔2〕《民法典》第1199条至第1201条仅规定了无行为能力人或限制行为能力人在幼儿园、学校或其他教育机构学习、生活期间受到人身损害的情形，并未规定无行为能力人或限制行为能力人致人损害的情形，该情形规定于《民法典》第1188条和第1189条。

〔3〕 对应《民法典》第1188条第1款："无民事行为能力人、限制民事行为能力人造成他人损害的，由监护人承担侵权责任。监护人尽到监护职责的，可以减轻其侵权责任。"

〔4〕 对应《民法典》第1169条第2款："教唆、帮助无民事行为能力人、限制民事行为能力人实施侵权行为的，应当承担侵权责任；该无民事行为能力人、限制民事行为能力人的监护人未尽到监护职责的，应当承担相应的责任。"

〔5〕《民法通则》第133条第2款规定："有财产的无民事行为能力人、限制民事行为能力人造成他人损害的，从本人财产中支付赔偿费用。不足部分，由监护人适当赔偿，但单位担任监护人的除外。"（对应《民法典》第1188条第2款："有财产的无民事行为能力人、限制民事行为能力人造成他人损害的，从本人财产中支付赔偿费用；不足部分，由监护人赔偿。"）

通意见》第159条[1]）。③关于监护人的认定及其责任负担。夫妻离婚后与未成年子女共同生活的一方为责任人，但单独负责确有困难者，得请求不与子女共同生活的一方共同负责（《民通意见》第158条[2]）。在幼儿园、学校生活或学习的无民事行为能力人或者在精神病院治疗的精神病人，由该园、校、院适当赔偿受害人的损失（《民通意见》第160条[3]）。④唆助无责任能力人侵权，不属特殊侵权行为。教唆或者帮助无民事责任能力人不法加害他人，是唆助无能力人侵权。其要件是：a.须有无民事责任能力人存在。b.须该人加损害于他人。c.须行为违法。d.须行为由第三人教唆或者帮助。e.须第三人有责任能力。

唆助无能力人侵权，视为唆助人本人的侵权，由唆助人负担责任。此种类型，不属特殊侵权行为。

（二）工业灾害型

工业灾害型侵权包括产品瑕疵加害、高险作业加害和污染环境加害三种侵权行为。其共同特征在于：①致害源系工业灾害，故而本书称之为工业灾害型特殊侵权行为。②责任论体现了危险分配理念。

1.产品瑕疵加害型侵权行为。

(1)因制造物瑕疵致人损害，依法由制造人和销售人共同负责的行为，是产品瑕疵加害型特殊侵权行为。

(2)要件上的特征。①须致害源是制造物瑕疵。②无须制造人有过失。

(3)效果归属上的特征。产品瑕疵致害，依《民法通则》第122条规定，由产品的制造人和销售人共同负责。[4]其责任的法律理论依据，是保护消费者利益（由销售者负责尤其如此），督促制造人从人道主义出发组织生产。

(4)与违约责任的竞合。产品瑕疵型侵权行为与违约责任在请求权上发生竞合。然而前者不以加害人的过失为要件，而且合同当事人之外的制造人也为债务人，因而对消费者有利。

2.高险作业加害型侵权行为。

(1)因高度危险作业给他人造成损害，依法由作业人负责的行为，是高险作业加害型侵权行为。

所谓高度危险作业，《民法通则》第123条规定，指"高空、高压、易燃、易爆、剧毒、

---

〔1〕 该规定已删除。

〔2〕 该规定已删除。

〔3〕《民法典》第1199条至第1201条仅规定了无行为能力人或限制行为能力人在幼儿园、学校或其他教育机构学习、生活期间受到人身损害的情形，并未规定无行为能力人或限制行为能力人致人损害的情形，该情形规定于《民法典》第1188条和第1189条。

〔4〕 对应《民法典》第1203条规定："Ⅰ.因产品存在缺陷造成他人损害的，被侵权人可以向产品的生产者请求赔偿，也可以向产品的销售者请求赔偿。Ⅱ.产品缺陷由生产者造成的，销售者赔偿后，有权向生产者追偿。因销售者的过错使产品存在缺陷的，生产者赔偿后，有权向销售者追偿。"

放射性、高速运输工具等对周围环境有高度危险的作业"。[1]

（2）要件上的特殊性。依《民法通则》第123条规定，作业人无须有过失。[2]
此项作业人，应指作业所归属的人，而不指具体操作者。

3.污染环境加害型侵权行为。

（1）违反国家保护环境防止污染的规定实施的致害行为，是污染环境型侵权行为。

（2）要件上的特殊性。依《民法通则》第124条规定，无须污染人有过失。[3]

（三）危险来源型

工业灾害之外的危险行为，也是严重威胁民事权利安全的事由。《民法通则》规定了建筑物危险型、动物危险型和制造通行危险型三种特殊侵权行为。其共同特征在于：①责任论体现了危险分配理念。②致害行为系不履行必要作为的义务。学说上称之为"不作为型侵权行为"。

1.建筑物危险型侵权行为。

（1）建筑物或者其他设施以及建筑物上的搁置物、悬挂物发生倒塌、脱落、坠落致人损害，依法由建筑物所有人或者管理人负责的情形，是建筑物危险型侵权行为。

（2）要件上的特征

须建筑物所有人或者管理人不能证明自己无过失。危险事件发生与所有人或者管理人未履行必要义务有关。

（3）效果上的特征

由建筑物所有人或者管理人负担此类事件的危险。

2.动物危险型侵权行为

（1）饲养的动物加损害于他人，依法由动物占有人[4]负责的情形，是动物危险型侵权行为。

（2）要件上的特征。动物占有人负责不以过失为要件。此与建筑物责任不同。《民法通则》第127条并未规定动物占有人如能证明自己没有过失，则不负责任。[5]而第

---

〔1〕 根据《民法典》第1239条与第1240条，所谓"高度危险作业"，是指"占有或者使用易燃、易爆、剧毒、高放射性、强腐蚀性、高致病性等高度危险物"以及"从事高空、高压、地下挖掘活动或者使用高速轨道运输工具"。

〔2〕 根据《民法典》第1239条与第1240条，作业人无须有过失。

〔3〕 根据《民法典》第1229条"因污染环境、破坏生态造成他人损害的，侵权人应当承担侵权责任"，污染人无须有过失。

〔4〕 《民法通则》第127条称"动物饲养人或者管理人"（对应《民法典》第1245条中的"动物饲养人或者管理人"）。该条所称"饲养人"，按其文义，应指所有人。"管理人"则应指占有人。故本书统称为"动物占有人"。在查《德国民法典》第833条，《日本民法典》第718条，我国民国时期制定的民法典第190条，均称"动物占有人"，可资参考。

〔5〕 对应《民法典》第1245条："饲养的动物造成他人损害的，动物饲养人或者管理人应当承担侵权责任；但是，能够证明损害是因被侵权人故意或者重大过失造成的，可以不承担或者减轻责任。"

126条却有此等规定。[1]

(3)效果上的特征。由动物占有人负担动物致害的危险。但"由于受害人的过错造成损害的,动物饲养人或者管理人不承担民事责任;由于第三人的过错造成损害的,第三人应当承担民事责任"。

3.制造通行危险型侵权行为。

(1)在公共场所、道旁或者通道上挖坑、修缮安装地下设施等,没有设置明显标志和采取安全措施造成他人损害,依法由施工人负责的情形,是制造通行危险型侵权行为(《民法通则》第125条[2])。

(2)要件上的特征。施工人负责无须有过失。"施工人"应指施工作业的整体承担人,而不指具体进行该项劳动的人。当后者属法人工作人员时,即适用《民法通则》第43条的规定,由该法人承担责任。[3]

三、共同侵权行为

《民法通则》第130条规定:"二人以上共同侵权造成他人损害的,应当承担连带责任。"[4]此即关于共同侵权行为的规范。《民通意见》第148条第1款、第3款,规定了教唆帮助型共同侵权行为。[5]

(一)意义

共同侵权行为是两个以上的人共同实施的侵权行为。

---

〔1〕 对应《民法典》第1252条"Ⅰ.建筑物、构筑物或者其他设施倒塌、塌陷造成他人损害的,由建设单位与施工单位承担连带责任,但是建设单位与施工单位能够证明不存在质量缺陷的除外。建设单位、施工单位赔偿后,有其他责任人的,有权向其他责任人追偿。Ⅱ.因所有人、管理人、使用人或者第三人的原因,建筑物、构筑物或者其他设施倒塌、塌陷造成他人损害的,由所有人、管理人、使用人或者第三人承担侵权责任"以及第1253条"建筑物、构筑物或者其他设施及其搁置物、悬挂物发生脱落、坠落造成他人损害,所有人、管理人或者使用人不能证明自己没有过错的,应当承担侵权责任。所有人、管理人或者使用人赔偿后,有其他责任人的,有权向其他责任人追偿"。需注意,由于"存在质量缺陷"并不等价于存在过失,故在"建筑物、构筑物或者其他设施倒塌、塌陷造成他人损害"时,并不适用过错责任。

〔2〕 对应《民法典》第1258条:"Ⅰ.在公共场所或者道路上挖掘、修缮安装地下设施等造成他人损害,施工人不能证明已经设置明显标志和采取安全措施的,应当承担侵权责任。Ⅱ.窨井等地下设施造成他人损害,管理人不能证明尽到管理职责的,应当承担侵权责任。"

〔3〕 对应《民法典》第62条第1款"法定代表人因执行职务造成他人损害的,由法人承担民事责任"以及第1191条第1款"用人单位的工作人员因执行工作任务造成他人损害的,由用人单位承担侵权责任。用人单位承担侵权责任后,可以向有故意或者重大过失的工作人员追偿"。

〔4〕 对应《民法典》第1168条:"二人以上共同实施侵权行为,造成他人损害的,应当承担连带责任。"

〔5〕 对应《民法典》第1169条:"Ⅰ.教唆、帮助他人实施侵权行为的,应当与行为人承担连带责任。Ⅱ.教唆、帮助无民事行为能力人、限制民事行为能力人实施侵权行为的,应当承担侵权责任;该无民事行为能力人、限制民事行为能力人的监护人未尽到监护职责的,应当承担相应的责任。"

(二)样态

1.狭义共同侵权行为。

(1)系指两个以上的人均故意或者过失直接实施加害行为的情形。

(2)特征：有共同违法行为；每个人的行为均造成了损害；有共同过失，或者共同故意。例如，共同殴人致伤即是。此外，《民法通则》第58条第1款第4项规定的"恶意串通，损害国家、集体或者第三人利益的"行为[1]以及第66条第3款规定的"代理人和第三人串通，损害被代理人的利益的"行为[2]，均属于狭义共同侵权行为。

2.唆助型共同侵权行为。

(1)系指一方教唆或者帮助他方实施侵权行为的情形。

(2)特征：被唆助人直接实施侵权行为；教唆人不直接参与该行为，帮助人虽然参与，却处于辅助地位。

3.表见型共同侵权行为。

(1)系指共同行为人中不知孰为加害人的共同侵权行为。

(2)特征：有共同违法行为或者共同危险行为，即具有客观上的关联共同；何人行为致人损害却不能确定。此型的规范意旨在于免除受害人的举证责任，而对其提供优厚保护。

(三)效果归属

共同侵权行为的法律效果，由共同侵权人连带负担。但在其内部责任上，唆助型侵权的被唆助者为限制行为能力人时，由唆助人负主要责任(《民通意见》第148条第3款)。[3]

第四节　赔偿数额理算及赔偿法理上的问题

一、回复原状与损害赔偿

制定法如何规定侵权行为债务的内容，有两种理念，即回复原状主义与损害赔偿主义。

---

[1] 对应《民法典》第154条中的"行为人与相对人恶意串通，损害他人合法权益"。

[2] 对应《民法典》第164条第2款中的"代理人和相对人恶意串通，损害被代理人合法权益"。

[3] 该做法已被《民法典》改变。《民法典》第1169条第2款规定："教唆、帮助无民事行为能力人、限制民事行为能力人实施侵权行为的，应当承担侵权责任；该无民事行为能力人、限制民事行为能力人的监护人未尽到监护职责的，应当承担相应的责任。"

(一)回复原状主义

回复原状主义,是将回复被侵害权利原来状态作为侵权行为债务首选方案的立法主张。依此主义,只有回复原状不能时,方退而求其次地选择损害赔偿方案。

(二)损害赔偿主义

损害赔偿主义,是将赔偿受害人损害作为侵权行为债务内容首选方案的立法主张。此系鉴于回复原状受到诸多条件限制而构建的务实主义方案。相形之下,回复原状主义则富于确保同质救济原则的理想主义色彩。

(三)《民法通则》的规定

《民法通则》第134条第1款规定的民事责任方式有10种,即"(一)停止侵害。(二)排除妨碍。(三)消除危险。(四)返还财产。(五)恢复原状。(六)修理、重作、更换。(七)赔偿损失。(八)支付违约金。(九)消除影响、恢复名誉。(十)赔礼道歉"。[1]自其体系看,系采用回复原状主义。

回复原状,其债务内容的界定相对清晰。而当回复原状不能,须改货币赔偿损失的场合,赔偿数额理算则相对复杂。有鉴于此,本节只研讨赔偿问题。

二、财产损害的理算

关于财产损害赔偿数额的理算,《民法通则》和其他规范性文件无一般规定。以下研讨,系参酌学说提出。

(一)物灭失的场合

对灭失物的理赔,原则上应以灭失物灭失时的市价为准,但赔偿时价格明显高于灭失时者,则依赔偿时的价格理算。

(二)物毁损的场合

对毁损物的理赔,应依修缮费计算;修缮不能者,以所减少的价值计算。如尚有间接损失,则应另行计赔。

---

〔1〕 对应《民法典》第179条:"Ⅰ.承担民事责任的方式主要有:(一)停止侵害;(二)排除妨碍;(三)消除危险;(四)返还财产;(五)恢复原状;(六)修理、重作、更换;(七)继续履行;(八)赔偿损失;(九)支付违约金;(十)消除影响、恢复名誉;(十一)赔礼道歉。Ⅱ.法律规定惩罚性赔偿的,依照其规定。Ⅲ.本条规定的承担民事责任的方式,可以单独适用,也可以合并适用。"

（三）物被不法侵占的场合

物被不法占有，须返还占有。若尚有损害，应依所减少的租金收入为准予以理赔。

（四）其他情形

例如，侵害债权、知识产权、财产权或其他法益，即应调查确定损害数额，参酌交易习惯算定。

三、人身损害及其所发生财产损害的理算

人身权受到侵害时，不仅引起人格要素上以及身份利益上的损害，而且引起肉体和心理的痛苦。此两项属非财产损害。此外，人身损害还往往引起财产上的损害，包括医疗费、丧葬费以及获得利益损失，等等，即"因人身损害所生的财产损害"。上述两个方面损害的理算均颇困难，在实务上亟待归纳类型，予以定量化。

（一）非财产损害的理算

对非财产损害的救济，以回复原状为原则。回复的手段即医疗。回复不能时，致害人则须向受害人给付慰抚金，以疗治其肉体的、心理的痛苦。此外，当受害人重伤残和死亡时，其近亲属也受有心理痛苦，亦应慰抚。因而，在此种场合，应发生两种慰抚金，第一是对受害人本人的慰抚金，第二则是对其近亲属的慰抚金。不宜只见其一，不见其二。所谓慰抚金，顾名思义，即执行慰问抚恤功能的金钱。给付慰抚金，旨在救济肉体痛苦以及心理损害，抚慰创伤，化解悲痛。慰抚金是借助货币的心理功能(货币有奖励与慰抚功能)，达成人道主义目的。《民法通则》第120条第1款规定："公民的姓名权、肖像权、名誉权、荣誉权受到侵害的，有权要求停止侵害，恢复名誉，消除影响，赔礼道歉，并可以要求赔偿损失。"[1]该条肯认了精神性人格权的损害及其救济。但未相应肯认物质人格受侵害时肉体和心理痛苦的救济，因而尚不到位，我们寄希望于实务上的突破。另外，该法也未采用"慰抚金"的表述，而用"赔偿损失"。肉体痛苦与心理损害与金钱不同质，不可通约，无从比较，无从"赔偿"。因此，自该法的意旨解释，应系"慰抚金"之义。

慰抚金的数额，一直是困扰我国司法实务的重大问题，近年来，一些法院已作出了有力的判决，殊值注意。依本书所信，历史唯物主义是共产党的指导思想之一，随着人道主义在我国被认同，此问题将有所突破。

---

〔1〕 对应《民法典》第995条第1句："人格权受到侵害的，受害人有权依照本法和其他法律的规定请求行为人承担民事责任。"

(二)财产损害的理算

因人身损害所发生的财产损害,不属回复原状的范围,而应予以金钱赔偿。财产损害,特别是因身体、劳动能力、名誉等损害所障碍的期得利益,其理赔极为复杂,亟待归纳类型,予以定量化。本书在三个类型上予以讨论,即身体与健康损害型、劳动能力损害型和死亡型。每个类型,都仅限于其名称所指的损害。至于生活事实中复合存在的损害,则需综合适用各型予以处理。

1.身体与健康损害型。当身体权与健康权受到侵害时,所导致的财产损害及其理算方法是:

(1)应赔偿费用类型。依《民法通则》第119条前段[1]及《民通意见》第144条[2]、第145条[3]的规定,应赔偿费用包括:

①医药与治疗费。包括就诊挂号费、医药费、检验费、手术费和住院费等。

②附加护理费。系指住院治疗期间附加护理人员的劳动报酬以及出院后仍需护理者对必要护理人员支付的劳动报酬。

③住院杂费。包括住院费、伙食补助费(俗称"营养费")、交通费(含家属探视交通费)、通信费、必要日用品购买费。[4]

④义眼义肢和必要设备费。

除义眼义肢费外,义齿费、拐杖费、代步车费等亦属之。另外,此项费用,除购置费外,尚应包括维护与修缮费和更新费。

⑤致残者的后续医疗费。亦即日后必要的继续性治疗所需费用。

除以上各项费用之外,本书以为,在受害人依诉救济,并且聘任律师代理的场合,所支出的律师代理费,也属受害人财产损害的范畴。

(2)认定及定量化。《民通意见》第114条[5]、第145条[6]规定,各项费用一般以所

---

〔1〕 对应《民法典》第1179条前段:"侵害他人造成人身损害的,应当赔偿医疗费、护理费、交通费、营养费、住院伙食补助费等为治疗和康复支出的合理费用,以及因误工减少的收入。造成残疾的,还应当赔偿辅助器具费和残疾赔偿金"。

〔2〕 对应《人身损害赔偿解释》第6条第1款:"医疗费根据医疗机构出具的医药费、住院费等收款凭证,结合病历和诊断证明等相关证据确定。赔偿义务人对治疗的必要性和合理性有异议的,应当承担相应的举证责任。"

〔3〕 对应《人身损害赔偿解释》第7条:"Ⅰ.误工费根据受害人的误工时间和收入状况确定。Ⅱ.误工时间根据受害人接受治疗的医疗机构出具的证明确定。受害人因伤致残持续误工,误工时间可以计算至定残日前一天。Ⅲ.受害人有固定收入的,误工费按照实际减少的收入计算。受害人无固定收入的,按照其最近三年的平均收入计算;受害人不能举证证明其最近三年的平均收入状况的,可以参照受诉法院所在地相同或者相近行业上一年度职工的平均工资计算。"

〔4〕 日本尚肯定"医生谢礼",大致相当于我国伤病人员奉送给医生的礼金、好处费。

〔5〕 疑为第144条。对应《人身损害赔偿解释》第6条第1款:"医疗费根据医疗机构出具的医药费、住院费等收款凭证,结合病历和诊断证明等相关证据确定。赔偿义务人对治疗的必要性和合理性有异议的,应当承担相应的举证责任。"

〔6〕 对应《人身损害赔偿解释》第7条:"Ⅰ.误工费根据受害人的误工时间和收入状况确定。Ⅱ.误工

在地治疗医院的诊断证明和医药费、住院费的单据为凭。应经医务部门批准但未获批准擅自另找医院治疗的费用，一般不予以赔偿。至于附加护理费，只规定按护理者所失收入计算。关于此项费用，《北京市道路交通事故处理暂行办法》(1988年)(以下简称《京交办法》)则定出定量化标准，可供参考。[1]关于残者的后续医疗费、义眼义肢等的维护更新费，《京交办法》也定有标准。[2]

2.劳动能力损害型。

(1)应赔损失。关于劳动能力损害所导致的财产损害，即期得劳动收入损失。此项损失包括两个部分，第一是伤残治疗期间因不能工作而障碍的收入。关于此项损失，《民法通则》第119条予以肯认，称"因误工减少的收入"。[3]第二是治疗后的收入损失，其形态有因误工所障碍的收入，以及因劳动能力降低所影响的收入。对于此项收入，《民法通则》的规定并不直接。[4]

(2)认定及定量化。依《民通意见》第143条，误工减少收入的理算标准，"可以按照受害人的工资标准或者实际收入的数额计算"，"受害人是承包经营户或者个体工商户的，其误工费的计算标准，可以参照受害人一定期限内的平均收入酌定"。至于误工期间的标准，则"应当按其实际损害程度、恢复状况并参照治疗医院出具的证明或者法医鉴定等认定"。[5]第146条又规定，"赔偿的生活补助费一般应补足到不

时间根据受害人接受治疗的医疗机构出具的证明确定。受害人因伤致残持续误工的，误工时间可以计算至定残日前一天。Ⅲ.受害人有固定收入的，误工费按照实际减少的收入计算。受害人无固定收入的，按照其最近三年的平均收入计算；受害人不能举证证明其最近三年的平均收入状况，可以参照受诉法院所在地相同或者相近行业上一年度职工的平均工资计算。"

〔1〕《京交办法》第24条第2项规定："支付护理人员的工资，根据需要确定，但最高不超过本市一个一类产业(第一种)五级(正)工人的标准工资。"(关于护理费，《人身损害赔偿解释》第8条规定："Ⅰ.护理费根据护理人员的收入状况和护理人数、护理期限确定。Ⅱ.护理人员有收入的，参照误工费的规定计算；护理人员没有收入或者雇佣护工的，参照当地护工从事同等级别护理的劳务报酬标准计算。护理人员原则上为一人，但医疗机构或者鉴定机构有明确意见的，可以参照确定护理人员人数。Ⅲ.护理期限应计算至受害人恢复生活自理能力时止。受害人因残疾不能恢复生活自理能力的，可以根据其年龄、健康状况等因素确定合理的护理期限，但最长不超过二十年。Ⅳ.受害人定残后的护理，应当根据其护理依赖程度并结合配制残疾辅助器具的情况确定护理级别。")

〔2〕《京交办法》第24条第7项规定，残者的医疗补助费按已支付的医疗费、护理费等项费用总和的不同比例计算。完全丧失劳动能力生活不能自理的，为100%；丧失大部分劳动能力的，为80%；丧失部分劳动能力的，为20%~60%。(关于后续医疗费等费用，对应《人身损害赔偿解释》第6条第2款："医疗费的赔偿数额，按照一审法庭辩论终结前实际发生的数额确定。器官功能恢复训练所必要的康复费、适当的整容费以及其他后续治疗费，赔偿权利人可以待实际发生后另行起诉。但根据医疗证明或者鉴定结论确定必然发生的费用，可以与已经发生的医疗费一并予以赔偿。")

〔3〕对应《民法典》第1179条中的"因误工减少的收入"。

〔4〕《民法典》第1179条规定的赔偿项目包括"辅助器具费"和"残疾赔偿金"。

〔5〕对应《人身损害赔偿解释》第7条："Ⅰ.误工费根据受害人的误工时间和收入状况确定。Ⅱ.误工时间根据受害人接受治疗的医疗机构出具的证明确定。受害人因伤致残持续误工的，误工时间可以计算至定残日前一天。Ⅲ.受害人有固定收入的，误工费按照实际减少的收入计算。受害人无固定收入的，按照其最近三年的平均收入计算；受害人不能举证证明其最近三年的平均收入状况，可以参照受诉法院所在地相同或者相近行业上一年度职工的平均工资计算。"

低于当地居民基本生活费的标准"。[1]第147条规定,赔偿"依靠受害人实际扶养而又没有其他生活来源的人""必要生活费"。[2]上述规定,仍嫌笼统。《京交办法》有定量化规定,可供参考。[3]

3.死亡型。

(1)应赔损失。《民法通则》第119条后段规定:"造成死亡的,并应当支付丧葬费、死者生前扶养的人必要的生活费等费用。"[4]

①丧葬费。包括存尸费、装殓费(寿衣等设施费及对为死者着装者支付的报酬)、运尸费、火化费和棺盒费。此类费用的理算,在有固定工资收入者,其标准依劳动保护规范所定。

②死者生前扶养人的必要生活费。

《民通意见》第147条规定:"依靠受害人实际扶养而又没有其他生活来源的人要求侵害人支付必要生活费的,应当予以支持,其数额根据实际情况确定。"[5]关于此项费用,其请求权人范围及赔偿数额,需加以斟酌的因素颇多,亟待定型化和定量化。《京交办法》在定量化上已有规定,可供参考。[6]

---

〔1〕 对应《人身损害赔偿解释》第12条:"Ⅰ.残疾赔偿金根据受害人丧失劳动能力程度或者伤残等级,按照受诉法院所在地上一年度城镇居民人均可支配收入标准,自定残之日起按二十年计算。但六十周岁以上的,年龄每增加一岁减少一年;七十五周岁以上的,按五年计算。Ⅱ.受害人因伤致残但实际收入没有减少,或者伤残等级较轻但造成职业妨害严重影响其劳动就业的,可以对残疾赔偿金作相应调整。"

〔2〕 根据《人身损害赔偿解释》第16条,"被扶养人生活费计入残疾赔偿金或者死亡赔偿金"。《人身损害赔偿解释》第17条规定:"Ⅰ.被扶养人生活费根据扶养人丧失劳动能力程度,按照受诉法院所在地上一年度城镇居民人均消费支出标准计算。被扶养人为未成年人的,计算至十八周岁;被扶养人无劳动能力又无其他生活来源的,计算二十年。但六十周岁以上的,年龄每增加一岁减少一年;七十五周岁以上的,按五年计算。Ⅱ.被扶养人是指受害人依法应当承担扶养义务的未成年人或者丧失劳动能力又无其他生活来源的成年近亲属。被扶养人还有其他扶养人的,赔偿义务人只赔偿受害人依法应当负担的部分。被扶养人有数人的,年赔偿总额累计不超过上一年度城镇居民人均消费支出额。"

〔3〕《京交办法》第24条第7项规定:(1)关于损失标准:完全丧失劳动能力者,按医疗费、护理费、误工费等的总和的100%计算;丧失大部分劳动能力者,按医疗费、护理费、误工费等的总和的80%计算;丧失部分劳动能力者,按医疗费、护理费、误工费等的总和的20%～60%计算。(2)关于赔偿期间:不满25岁者,按25年计算;25岁以上者,按20年计算;超过55岁者,按20-(年龄-55-1)年计算;超过70岁者,按3～5年计算。(该规定已失效,应按《人身损害赔偿解释》中规定的具体标准)

〔4〕 对应《民法典》第1179条后段:"造成死亡的,还应当赔偿丧葬费和死亡赔偿金"。

〔5〕 对应《民法典》第1179条中的"死亡赔偿金",因为根据《人身损害赔偿解释》第16条,被扶养人生活费计入死亡赔偿金。

〔6〕《京交办法》第24条第9项规定:"死者家属的生活补助费:死者生前有固定收入的,按相当于死者生前10年的标准工资计算,但最低不得少于一个一类产业(第一种)五级(正)工人10年的标准工资。死者生前无固定收入的,按略高于同行业职工的平均工资计算,但死者在60岁以上的,按相当于本市一个一类产业(第一种)二级(正)工人的10年标准工资计算。死者生前无收入的,按相当于本市一个人15年的平均生活费计算,但不满16岁或60岁以上的,按相当于12年平均生活费计算。死者生前有供养人口或有其他特殊情况的,可适当增加,但增加的部分最高不得超过一个一类产业(第一种)五级(正)工人10年标准工资的四分之一。"(关于被扶养人生活费,《人身损害赔偿解释》第17条规定:"Ⅰ.被扶养人生活费根据扶养人丧失劳动能力程度,按照受诉法院所在地上一年度城镇居民人均消费支出标准计算。被扶养人为未成年人的,计算至十八周岁;被扶养人无劳动能力又无其他生活来源的,计算二十年。但六十周岁以上的,年龄每增加一

（2）问题点。自然人生命权受到损害而死亡，死者是否受有损害？这个问题是值得研究的。《民法通则》仅从赔偿死者有扶养义务人的必要生活费用角度，处理受害身死者损害赔偿问题，比较务实，易于落实，却回避了死者受损害、取得损害赔偿请求权、其继承人对此有继承权等重大问题。[1]

四、赔偿法理上的问题

在侵权行为法上，有一些重大问题困扰着人们，亟待探讨解决。

1. 以损害为赔偿定量唯一标准的正义性。在理算赔偿数额时，只着眼于财产损害，把损害作为赔偿定量的唯一标准，而不区分加害人的故意与过失，其正义性是值得怀疑的。其实，在财产受到损害时，受害人情感上也受到损害，当加害人故意毁损受害人极珍视的物品时，给受害人造成的情感上的创伤比过失情况下要深重得多。因此，应当肯认财产损害场合的慰抚金。轻过失致害，慰抚金为零，随过失增加，其数额加大，故意并且情节恶劣时，为最大。一些国家判例由此肯认惩罚性赔偿，在加害人为重大恶意时，使其负担较过失更重的法律责任。此点体现了侵权行为法的遏制不法行为与引导合法行为的功能。

2. 侵害劳动能力责任因受害人情况而异。当侵害他人劳动能力权和生命权时，赔偿数额取决于受害人的工资之类的状况、年龄以及扶养人口等，以至于同等物理量的加害行为，责任却相当悬殊，而且，对于受害人的上述情况，加害人无从预见。这一制度，是否合乎平等原则，尚须观察和思考。

3. 责任人赔偿能力不足问题。对于责任人无力负担赔偿义务，尤其是负担全部义务的情况还存在很多。尽管责任保险已经有了长足发展，但是仍有许多覆盖不周的新责任样态，无从投保。此外，也总有不少人忽视投保。责任人无力支付赔偿费的情况仍然很严重。对于这个问题，有待深入研究。

岁减少一年；七十五周岁以上的，按五年计算。Ⅱ.被扶养人是指受害人依法应当承担扶养义务的未成年人或者丧失劳动能力又无其他生活来源的成年近亲属。被扶养人还有其他扶养人的，赔偿义务人只赔偿受害人依法应当负担的部分。被扶养人有数人的，年赔偿总额累计不超过上一年度城镇居民人均消费支出额。"）

〔1〕 自然人因生命权受侵害而死亡，其民事权利能力即告消灭。在此之际，死者受有损害似已无从谈起，从而死者取得损害赔偿请求权之说便不成立。如上述观点正确，那么推而论之，生命权受侵害而既遂，即不会对死者造成损害，而既无损害，也就不构成侵害其生命权的侵权行为。这一结论之荒谬，不言自明，从而反证在自然人被害身死时，其本人仍存有损害。而既有损害，也就取得对于损害的赔偿请求权。该人虽死，但该项权利在继承领域仍有意义，它构成遗产的组成部分。《民法通则》不从此逻辑来建构受害身死赔偿制度，也就剥夺了死者继承人的继承权。诚然，《民法通则》充分考虑了受死者扶养而又无生活来源人的利益，肯认其必要生活费赔偿请求权。然而，那毕竟与继承权不是一回事。而且，对有生活来源继承人的继承权，却全然未予以考虑。

第四十八章　不当得利之债

第一节　不当得利的法律要件

一、概说

我国民法对不当得利的规定，仅有两个条文(《民法通则》第92条、[1]《民通意见》第131条)，故需民法理论的解释及完善其体系构架，以便于适用。

关于不当得利的一般构成要件，因统一说与非统一说互相对峙，故有肯定与否定等不同的解释。为学习上的方便，下文以通说加以概括，对于不同类型的不当得利的特殊构成要件，将在具体的类型中加以说明。

二、取得财产上的利益

所谓取得财产上的利益，是指因一定事实，而使总财产有所增加。不当得利的成立须以受领人取得财产利益为首要条件，若仅致他人损害，而自己并无所得，即使加害人负侵权行为的赔偿责任，也不构成不当得利。在财产利益的形态上，既包括财产的积极增加，例如取得所有权、知识产权等，也包括财产的消极增加，例如因债务消灭而使财产免于减少而实际上增加等。

三、致他人受损失

所谓致他人受损失，是指因一定的事实，使他人(利益所有人)的财产总额减少。此恰恰与利益受领人的财产状况相反，若取得利益而未使他人受损失的，即"利己而不损人"的，当然也不属不当得利。在受损失的形态上，与利益相对应，包括既存财产的减少与可增加的财产未增加两种形态。

---

[1]《民法典》第三编第二十九章为不当得利，共4个法律条文。

四、受损失与取得利益有因果关系

即受损失是取得利益所致，至于损失与利益的大小是否一致，形态是否相同，在所不问。在利益受领人所负返还义务的范围上，利益小于损失的，以利益为准；利益大于损失的，以损失为准。但超出损失部分的利益，在扣除劳务及管理费后，由法院收缴。

五、无法律上的原因

《民法通则》是用"没有合法根据"[1]来说明这一要件的。对于无法律上的原因，需从以下层面来理解：

1.无法律上的原因，是对于取得的利益而言的，若取得的利益有法律根据，纵使相对人受损失，也不构成不当得利，例如赠与。

2.无法律上的原因，既是指利益取得时无原因，也包含利益取得时有原因、但以后该原因消灭。后者例如买卖被撤销。

3.无法律上的原因之"法律"，还涉及不当得利法律规范以外的其他法律规范。例如合同无效、被撤销、被解除后，当事人所受之给付利益，虽应依不当得利返还，但无原因之法律根据却出自合同法。故判断财产变动是否无法律上的原因，须结合相关法域作考察，而对无原因的财产变动仅是由不当得利制度调整而已，这是不当得利错综复杂研究困难之所在，同样也是其研究魅力之所在。

第二节　不当得利的类型

一、导言

基于"损人而利己违反衡平"的理念，不当得利由罗马法的个别诉权而发展成为今天的一般规则。但在比较法上，各国民法典对于无法律原因（《民法通则》称"没有合法根据"）的财产变动均缺乏硬性规定，而是全由法官借助"衡平"思想作出判断，使不当得利成为民法中最具有"弹性"的制度，也使不当得利对"衡平"思想的吸纳，仅停留在制度肯认的"认识"层面，而未进入由体系化的个别硬性规范加以贯彻的制度化"操作"层面，而由维尔伯格倡导的不当得利类型化研究，使对不当得利的研究由表层进入深层，为不当得利规范的适用和有待时日的制度化提供了可资利

---

[1]《民法典》仍沿用之，表述为"没有法律根据"。

用的理论依据。

维尔伯格对不当得利的类型化研究,主要是依不当得利请求权的发生原因,将不当得利分为基于给付受利益与基于给付以外事由而受利益两个基本类型,于此之下再分若干类型。现分别予以论述。

二、给付之不当得利[1]

(一)意义及功能

给付之不当得利,[2]是指基于给付而发生的不当得利。因给付之不当得利成立的请求权,称为给付之不当得利请求权。由于法律允许当事人依其意思从事各种交易,决定给付目的,因此,给付之不当得利的功能就在于使给付者能向受领者请求返还欠缺目的而为的给付,以为交易失败的救济。

(二)构成要件的特殊要求

给付之不当得利除须符合不当得利的一般构成要件外,尚有对一般要件的进一步补充:

1.取得财产上的利益须因给付所发生。这里的给付系指有意识、基于一定目的而增加他人的财产。所谓有意识是指出于给付者的意思,若非出于给付者的意思则属非给付之不当得利。所谓基于一定目的,是指给付者以给付交换的利益所在。强调目的性的意义甚为重大,一方面以当事人所欲实现目的是否达成,认定法律上原因的有无,另一方面能以给付关系决定不当得利请求权的当事人。

2.致他人受损失须基于给付关系。这要求致他人受损失的原因事实是给付关系,依此给付关系,给付者仅得向受领给付者请求返还无法律原因而受领的利益。

3.无法律上原因须属欠缺给付目的。给付目的主要有清偿债务或成立债的关系两类。前者如买卖中的给付,后者如无因管理中的管理人给付。当事人一方以一定目的为给付时,其目的客观上就是给付行为的原因,给付如欠缺原因时,他方当事人受领即无法律上的原因,从而成立不当得利。

欠缺给付目的有以下两种类型:①自始无给付目的。此又分为两种类型:一是非债清偿,是指不负有债务而以清偿之目的而为的给付;二是作为给付原因的行为未成立、无效或被撤销。②给付目的嗣后不存在。例如,附解除条件或终期的民事法律行为,条件成就或期限届满。

---

[1] 德文为Leistungskondiktion。

[2] 《民法典》对不当得利也作了基于给付和非给付之区分,如该法第988条的规定:"得利人已经将取得的利益无偿转让给第三人的,受损失的人可以请求第三人在相应范围内承担返还义务。"

（三）给付之不当得利的排除

这是指虽然符合不当得利的要件，但法律排除其适用不当得利规定的给付。[1]

1.履行道德义务之给付。例如，养子女对生父母并无赡养义务而赡养，不得以不当得利请求返还给付之费用。此项规定在于调和法律与道德，以道德义务为法律上义务，使法律顺乎人之常情。

2.清偿期前之给付。债务人对未届清偿期的债务而为给付的，债务人不得请求返还，但债务因给付消灭，期限利益视为自愿抛弃。

3.明知无债务之给付。债务人明知无债务存在，而清偿债务为给付的，视为赠与，不得请求返还。此与非债清偿之给付不同，后者的债务人是不知其给付义务不存在而为之给付。其判断以给付时是否明知为标准。

4.不法原因之给付。因不法原因而为之给付，排除适用不当得利的规定，例如收受贿赂。此为各国民法普遍采纳（《德国民法典》第817条、《日本民法典》第708条）。为保护利益所有人，法律亦同时规定，不法原因仅存在于受领人一方时，不排除适用此规定，例如，某应侍员向顾客强索小费（《关于严格禁止在旅游业务中私自收受回扣和收取小费的规定》第5条第2项）。

对此规定，初学之始不免难明其理，故以法制史上的发展过程为线索略为介绍。在古代罗马法，对于给付人违反传统伦理的污辱性给付，法院否认其诉权，例如对知其通奸者支付金钱等。近代民法将此抽象为"不法原因之给付"。因此，此项规定的内含理念，在于维护人类社会的伦理秩序。假如无此规定，利益所有人对受领人保有返还请求权，便会使不法成了"合法"。如不设此规定而援用民事行为无效的规定，也发生与上述同样的后果。故其在堵法律于合法与违法之间空隙方面，实属不可或缺。但如依此项规定，利益受领人岂不因不用归还给付利益而得"合法"享有利益？世上难有十全十美的事，但对此也有两条对策：一是以此项规范本身告知当事人一方得以"不法"为由拒绝对方的给付请求，以说明法律禁止不法行为的目的；二是对某些违法的"给付"，可由行政法等公法规定收缴其标的物，例如赌债的给付。须注意，不法原因之给付，是指给付的原因违法，而其给付关系并不一定违法，如给付关系属赠与，但赠与原因是贿赂，这和赌债之给付本身违法有所不同。这是说明该规定不可或缺的第二个原因。

---

[1]《民法典》第985条也规定了排除适用不当得利之三项例外，即"履行道德义务""期前给付""明知无义务之清偿"。

三、非给付之不当得利

(一)意义

凡给付以外的事实而发生的不当得利,统称非给付不当得利。所谓给付以外的事实,包含基于行为、基于法律规定或基于自然事实等。这些事实因个性大于共性,故在构成要件等方面仅能分别立论,而难于抽象具有共性的一般规则。以下分别予以论述。

(二)因行为而生之不当得利

此类行为因主体的不同,又分为以下三种类型:

1.因受益人行为而生之不当得利。在非给付之不当得利中,因受益人行为而发生的不当得利,属最为常见的类型,例如出租他人之物等。德国学者称之为"侵害他人权益之不当得利"(Eingriffs-kondiktion)。在受益人因其行为而取得利益时,如何确定"致他人受损害"与"无法律上的原因"的判断标准? 理论上存在两种学说。违法性说认为,致他人受损害的获利行为的违法性,即构成"无法律上的原因",由此发生不当得利。权益归属说认为,权利所含的利益内容应归权利人享有,违反权益归属而取得其利益时,即欠缺法律上的原因,应成立不当得利。

对此两种学说,如以不当得利的功能价值判断,违法性说在于揭示行为过程的违法性,而未依不当得利的功能价值,考虑保有利益的正当性。因为行为过程的违法性与保有利益的正当性是两个不同的问题。尽管在大多数情形下两者一致,例如,出卖他人寄托物,但不一致处也并非没有,例如,甲将对乙的债权让与丙,而乙于受让与通知到达前对甲为清偿,甲之受领虽非违法,却欠缺保有的正当性,应成立不当得利。所以,只有权益归属说以保有利益的正当性为判断标准,与不当得利的功能价值相吻合。

其构成要件的特殊要求:①取得财产上的利益须因侵害他人权益。例如,出租他人之物而受租金、使用保管物等。②致他人受损失不以财产移转为必要。在给付之不当得利,给付当事人因给付关系发生财产转移,而在受益人行为之不当得利,只要因侵害归属他人权益而受利益,即可认为基于该事实"致"他人受"损失",不问财产有否转移。例如,甲擅自在乙的屋顶上放置广告牌时,无须估算乙的屋顶是否受损坏。③无法律上的原因须受益人无保有利益的根据。例如,承租人未经出租人同意转租房屋而获租金,租赁关系终止后承租人未交还租赁物而受利益等。

不当得利返还义务与侵权之赔偿义务的区别。因受益人行为所生之不当得利与侵权行为之损害赔偿较易混淆,故对受益人所负返还义务与侵权之赔偿义务有区别之必要。首先,构成要件不同。侵权行为成立,须符合五要件;而不当得利不以违法和过失为要件。其次,适用关系不同。成立不当得利时,不一定成立侵权行为,例如,前述租赁关系终止后,承租人不归还租赁物之情形;构成侵权行为的,但不成立不当得利,例如甲将他人之物赠与乙,因未受利益不成立不当得利,但成立侵权行为。

2.因受损人行为而生之不当得利。因受损人行为而发生的不当得利,如其行为属给付,则为给付之不当得利;当事人无给付关系,受损人因其行为受损的,则为非给付之不当得利,即指受益人因受损人自己的行为而取得应归属受损人利益的不当得利。例如,甲于乙之桑园偷偷套种蚕豆,发生纠纷后,乙以侵权行为要求甲赔偿地力损失,此无异议,但乙获取蚕豆,显属无法律上的原因而受益,甲对其应有请求返还的权利。

3.因第三人行为而生之不当得利。这是指受益人因第三人行为取得应归属于受损人利益的不当得利。例如,第三人用受损人的木料修理受益人的房屋等。

(三)因法律规定而生之不当得利

如就不当得利发生的规范基础而言,不当得利皆自法律规定而生。但此处所指,是因法律的直接规定而发生之不当得利。换言之,即对于某一事实,法律明文推定其符合不当得利的构成要件,而直接发生不当得利的法律效果。例如,《民通意见》第86条,对非产权人在使用他人的财产上增添附属物时,有"不能拆除的,也可以折价归财产所有人"的规定,此即为因添附丧失权利者(受损人)对财产所有人(受益人)得有不当得利之返还请求权。

(四)因自然事件而生之不当得利

因自然事件而生之不当得利,是指受益人因自然事件而取得应归属于受损人利益的不当得利。例如,因暴雨使甲所养的鱼跃入相邻的乙之鱼塘,且又无法辨别,甲对乙有依不当得利之返还请求权,使其返还所受利益。

第三节　不当得利的效力

一、概说

一定的事实符合不当得利的构成要件时,即发生不当得利的法律效力,也就是在利益所有人与利益受领人之间发生债权债务关系。利益所有人以其丧失的利益为债权,利益受领人以所得利益为债务,分别成为债的关系的债权人与债务人。以下就不当得利之债的客体、利益返还之范围以及不当得利请求权与物上请求权的关系分别说明。

二、不当得利之债的客体

不当得利之债的客体即是返还所受利益的给付。在给付方式上，因利益形态的不同，其要求也有所不同。

(一)返还原物

此处的原物系指利益的原来形态，包括利益自身与利益的孳息。关于利益的返还方式，应依法律规定的各类权利的移转方式，由债务人将权利转至债权人。例如，动产依实物交付、不动产依登记交付、债权依让与合意等方法转移。

(二)偿还价额

在所受的利益及其孳息不能返还时，应依其价额偿还。对于价额的计算，应依债务人所获利益之时的客观价值而定。例如，受领的利益是司麦脱衬衫一件，其时市价为20元，而受益人出售与他人时，市价为25元，但卖得价为15元，依客观价值，偿还价额应定为20元。但此客观价值说尚存争议。

三、利益返还之范围

对于受领人应负利益返还的责任，法律视受领人的主观状况及其与第三人的关系，而分别确定不同的利益返还范围。

(一)善意受领人的返还责任

不知无法律上的原因的利益受领人为善意受领人。为显法律对善意者的宽容，使善意受领人的财产状况不致因发生不当得利而减损，善意受领人仅负现存利益的返还责任；如该利益不存在时，适当减免其返还责任。

(二)恶意受领人的返还责任

受领时明知或受领后得知无法律上原因的利益受领人，为恶意受领人。恶意受领人负加重返还责任，即不论所受利益是否存在，一概要将所受利益或其折抵价额以及孳息返还利益所有人。[1]

(三)第三人的返还义务

善意受领人所受利益不存在而得减免责任，但其利益不存在如果是因为将该利

---

〔1〕《民法典》第987条规定，得利人返还的包括"取得的利益"和"赔偿损失"。这个规定应该是给善意或恶意留下不同的法律适用空间。

益无偿让与第三人时，第三人应负返还该利益的义务。[1]对于第三人而言，其所受利益是否存在，主观上是属善意或恶意，则适用法律对利益受领人的规定。

四、不当得利请求权与物上请求权

不当得利的规范功能是调整不符合法律的利益所有人的财产变动，其中也当然包括物权的变动。而物权人在其物受到侵害时，也得依物上请求权行使返还原物的请求权。这时就同一标的物的返还，发生了不当得利之请求权效力与物权请求权效力的竞合。对此，应如何区别两者的效力，理论上有两种学说。物权效力优先说认为，物权效力与不当得利效力竞合时，应优先适用物权效力，以不当得利请求权的效力辅助物上请求权效力；不当得利请求权独立说认为，不当得利请求权效力是独立的效力，其与物权效力并不处于辅助性地位，在同一标的物上发生两者效力竞合时，物权人对无权占有或侵夺其所有物者，依物上请求权得请求返还，同时亦得依不当得利请求权向无权占有人请求返还物之占有，因占有也是一种利益。[2]

---

[1] 见《民法典》第988条的规定："得利人已经将取得的利益无偿转让给第三人的，受损失的人可以请求第三人在相应范围内承担返还义务。"

[2] 辅助性说（Subsidiaritat）为法国、德国及瑞士早期学者所倡导，但晚近学者更倾向于独立说。

第四十九章　无因管理之债

第一节　无因管理的法律要件

一、导言

无因管理是基于对两种不同的理念的整合而形成的行为规范。因两种理念冲突甚烈,故整合也难臻周全,很难从不同类型的无因管理抽象出其共同构成要件。

我国民法对无因管理的法律条文,仅有两个(《民法通则》第93条、[1]《民通意见》第132条),统共百十来字,虽说尚未形成规范体系,但其显现的价值判断与各国民法并无两样,故比较法上的有关规定可资借鉴。

无因管理的构成要件共有三个,以下分别论述。

二、管理他人的事务

管理他人的事务可以从以下两个方面理解:

(一)管理事务

所谓事务,是指一切能满足人们生活需要而又适于为债的客体的事项。管理事务既可以是事实行为,例如,救助溺水之人、收留迷途幼童等;也可以是民事法律行为,例如,购买物品、请人修缮漏屋等。

所谓管理,是指对事务的照管、料理等行为,至于管理的目的是否达成,不影响无因管理的成立。例如,救火负伤,但火势未灭,仍可成立无因管理。

(二)他人的事务

无因管理的价值在于助人为乐,故管理的事务须是"他人"的。如何确定事务属他人的,在客观上可依事务在法律上的权利归属作为判断标准。例如,清偿"他人"债务、修缮"他人"房屋等;对于无法依法律上的权利归属判断其究属何人的中性事

---

[1]《民法典》第三编第二十八章为无因管理,共6个法律条文。

务，例如，购买博览会入场券、承租房屋等，应依管理人的主观意思而定，如果是有为他人管理的意思的，则为他人的事务。

三、有为他人管理的意思

有为他人管理的意思，是指管理人有使管理事务所生之利益归于他人的意思。该意思属事实上的意思，而非效力上的意思，故无须表示，学理上称之为"管理意思"。确定无因管理须有为他人利益的管理意思，是限定无因管理的适用范围，使因管理而"干预"他人事务的行为受违法性阻却而为合法的核心问题。故管理人误将自己事务而认为是他人事务管理的，或为自己的利益而管理他人事务的，都不构成无因管理。管理意思中的他人是指管理人以外的人，至于"他人"究竟是谁，并无确认的必要。例如，管理人误将甲的事务认为是乙的事务管理时，无因管理仍可成立。

四、无法律上的义务

无法律上的义务，是指管理人对事务的管理没有合同义务或法定义务。若管理人是因合同义务例如委托、承揽，或法定义务例如监护，而管理他人事务时，不构成无因管理。[1]

第二节　无因管理的类型及其效力

一、导言

无因管理，依管理人管理他人事务的目的，可以分为真正的无因管理和不真正的无因管理；而真正的无因管理，依管理是否符合被管理人的利益或公益，又可以分为适法之无因管理和不适法之无因管理。

对无因管理作这样的纯逻辑意义上的划分，是为揭示无因管理的深层架构，以便用无因管理的功能价值这一"探测器"甄别"貌似"实违的"假"的或"半假"的所谓的"无因管理"，为准确适用法律提供可资利用的理论依据。

---

[1] 根据《民法典》第984条的规定，管理之事务经受益人事后追认的，适用委托合同等的规定。

二、适法之无因管理[1]

(一)意义

所谓适法之无因管理,是指符合无因管理的功能价值及构成要件,完全发生法律规定的无因管理之债效果的无因管理。

(二)类型

依管理事务是否符合本人(被管理人)的意思,分为以下两类:

1.主观适法之无因管理。这是指管理事务利于本人且又不违反本人明示或可推知意思的无因管理。此类无因管理的特征在于主观上完全与本人的意思吻合。所谓明示之意思,是指本人事实上已表示之意思,例如,落水之人高呼救命;所谓可推知的意思,是指管理事务在客观上加以判断的本人的意思,例如,行人遇车祸,急送其去医院抢救,系合于本人可推知的意思。

2.客观适法之无因管理。这是指管理事务违反本人的意思,但管理是本人尽公益上的义务或履行法定扶养义务的无因管理。[2]所谓公益上的义务,包括"公法"的义务,例如缴纳税金;也包括"私法"的义务,例如挖坑时设置明显标志的义务。履行法定扶养义务,例如甲遗弃老母,乙为甲母提供衣着食物等。管理人以本人所负上述义务而管理时,符合社会的公共利益,故即使未尊重本人的意思,也构成无因管理。

(三)法律效力

适法之无因管理成立,在管理人与本人之间发生债的关系。

1.管理人的义务:(1)主给付义务。管理人的主给付义务是"为避免他人利益受损失进行管理或者服务"(《民法通则》第93条)。[3]管理人履行此项义务时,应负何种注意义务,法律没有规定。一般认为应负善良管理人的注意义务,如未尽此义务致本人损害的,应依债务不履行的规定,负损害赔偿责任。(2)从给付义务。①通知义务。[4]管理人在开始管理时,应尽其可能及时通知本人。本人指示继续管理的,可认为其承认管理行为,本人指示停止管理的,如管理人继续管理,应认为其管理事务违反本人的意思。②继续管理事务义务。对于是否有此项义务,学界有争议。[5]一般

---

〔1〕 适法之无因管理为德文"Berechtigte Geschaftsfuhrung ohne Auftrag"的迻译。

〔2〕《民法典》第979条第2款规定的"管理事务不符合受益人真实意思的",但"受益人的真实意思违反法律或者违背公序良俗的除外"。

〔3〕 对应《民法典》第979条第1款:"管理人没有法定的或者约定的义务,为避免他人利益受损失而管理他人事务的,可以请求受益人偿还因管理事务而支出的必要费用;管理人因管理事务受到损失的,可以请求受益人给予适当补偿。"

〔4〕 见《民法典》第982条("管理人管理他人事务,能够通知受益人的,应当及时通知受益人。管理的事务不需要紧急处理的,应当等待受益人的指示")。

〔5〕 该义务获《民法典》肯定。见该法第981条("管理人管理他人事务,应当采取有利于受益人的方法。

认为如终止管理较之管理更为不利的,管理人有继续管理的义务。③结算义务。在管理终止时,管理人应向本人报告管理情况,并将因管理事务所收取的金钱、物品等交还本人,以自己的名义为本人取得的权利也应移转给本人。管理人为自己利益而使用本人金钱的,应支付利息。

2.管理人的权利。管理人的权利,亦即本人的义务。(1)支出费用的偿还请求权。管理人为管理事务支出的必要费用,得请求本人偿还。如何确定有无必要,应以支出费用时的客观标准而定。(2)清偿负担债务的请求权。管理人因管理事务而负担的债务,得请求本人代为清偿。(3)损害赔偿请求权。管理人因管理事务而致受损害时,得请求损害赔偿。如管理的事务属管理人的职业范围时,管理人有报酬请求权,例如,医生抢救遇车祸之人。但一般情况下,管理人不得请求报酬,否则无因管理将成为变相的有偿合同。

三、不适法之无因管理

(一)意义

不适法之无因管理是指违反本人的意思且又无客观适法事由的无因管理。不适法之无因管理因其符合无因管理的构成要件,故属真正的无因管理;又其违反本人的意思,故又属对他人事务的过分干预,其管理人是否有好管闲事之嫌,当存疑问,是否肯认其无因管理的效力,应视情形而定。

(二)类型

依不适法之无因管理的结果是否有利于本人,分以下三个类型:

1.不利于本人的无因管理,是指违反本人的意思且又不利于本人的无因管理。例如,清偿他人拒绝给付的自然债务。

2.利于本人的无因管理,是指虽违反本人的意思但管理利于本人的无因管理。例如,甲出国嘱乙代管房屋,乙将房屋出租为甲赚取租金。

3.符合本人意思的无因管理,是指虽不违反本人的意思但不利于本人的无因管理。例如,清偿他人的赌债。管理事务不利于本人时,通常也违反本人的意思;而符合本人意思却不利于本人的情形,较为罕见。

(三)法律效力

1.管理人的责任。管理事务违反本人的意思或不利于本人的,管理行为无违法性阻却,依侵权行为的规定,由管理人负损害赔偿责任。此项责任与一般的侵权民事责任相同,属过失责任,若无过失,对于管理所生损失,管理人不负赔偿责任。例

中断管理对受益人不利的,无正当理由不得中断")。

如,甲宅失火,因投有保险,任其烧毁,乙奋力救火,虽违反甲的意思,但无过失。

2.本人的权利。对于不适法之无因管理所生的利益,本人可请求返还所得利益,也可不请求返还。

本人请求返还所得利益:①对于利于本人的管理事务,本人可请求返还因管理所得的利益。例如,前举出租房屋,得请求返还管理人所收取的租金,但应在所得利益范围内,偿还管理人支出的必要费用。②对于不利于本人的管理事务,本人亦可请求返还因管理所得的利益。例如,甲将欲出售的彩电暂借给乙使用,乙以自己的名义出售给丙,低于市价500元。甲可请求乙返还价金,但对乙因管理支出的费用可不予以偿还。

本人不主张享有无因管理所得利益。本人不主张享有管理事务所生利益时,其与管理人之间发生的财产损益变动,适用不当得利的规定。例如,上举彩电一例,甲可依不当得利的规定,请求乙返还彩电的利益,而可依市价确定利益的实际价值。

四、不真正无因管理

(一)意义

不真正无因管理是指管理人对他人的事务并非为他人而为的管理。由于无因管理的管理人须有为他人管理的意思,故无此意思时,即不成立无因管理,当然也不发生无因管理的法律效力。但在个别情形下,从保护被管理人的利益考虑,可适当准用无因管理的规定。

(二)类型及法律效果

1.误信管理。误信管理,是指误将他人的事务信以为是自己的事务而为的管理。例如,甲于其父病故后,将其父经常使用的自行车换件更新,而该车实属乙所有,借给甲父使用。所以,甲对自行车的管理属误信管理。误信管理不适用无因管理的规定,而应适用不当得利或侵权行为的规定。

2.为自己管理。[1]为自己管理,是指明知是他人的事务,为了自己的利益而为的管理。例如前例,改设甲明知自行车系乙借给其父,然以300元出售给丙,如依不当得利的规定,乙只能请求返还所受的损失,假设自行车实际价值为200元,乙只能得200元,如依违约(甲继承其父返还自行车债务)或侵权,乙也只能以自行车的实际损失请求赔偿。而甲享有超出损失的利益(100元)显与情理不合。故就利益衡量及价值判断而言,此利益归于乙比较合理,而在规范基础上,也只有依无因管理的规定,乙才能取得甲管理所生的全部利益,但对甲管理事务支出的必要费用,乙应于所受利益的范围内偿还。

---

〔1〕《民法典》第980条称之为"受益人享有管理利益的"管理。

第七编　继承权论

第五十章　继承权和继承法概述

第一节　继承的意义及构成要件

继承是发生在近亲属之间的、移转死者遗留财产的法律现象,它有法定的构成要件。

一、继承的意义

继承是指自然人死亡之后,其近亲属按照其有效遗嘱或者法律的具体规定,无偿取得其遗留的个人合法财产。

这一定义包括以下两层含义:

1.继承是指自然人依法取得其死亡近亲属的遗产。继承一词,有多种意义。现代民法上的继承,特指财产继承,封建社会的宗桃继承[1]已被彻底抛弃。

在民法中,继承有时指一种法律关系,即"继承关系",有时也指一种法律制度,即"继承制度"。如《继承法》第5条[2]规定的"继承开始后,按照法定继承办理"。其中"继承开始"是指继承关系发生,"按照法定继承办理"则可以理解为按照法定继承制度办理继承事项。但是,继承的基本意义,是指自然人依法取得其死亡近亲属的遗产。

遗产是死亡自然人遗留的个人合法财产。按照法律规定,对其近亲属遗产享有继承权的自然人,称为继承人。遗产被近亲属继承的死亡人,称为被继承人。继承人依法享有的能够继承被继承人遗产的权利,为继承权。

继承是存在于自然人近亲属之间的、死者遗产的合法移转。因此,继承人与被继承人都只能是自然人,而且相互之间必须有近亲属身份关系。国家、法人都不能成为被继承人。国家、法人、非死者近亲属的自然人虽然也可以依法取得死者的遗产,但都不属于继承人,而是受遗赠人或无人继承又无人受遗赠遗产的收取权人。[3]

---

[1]　封建社会的宗桃继承,包括对死者身份的继承、祭祀权的继承和财产权的继承。

[2]　现为《民法典》第1123条。

[3]　《继承法》第10条、第16条明确规定了继承人的范围;第16条第3款、第18条、第31条、第32条等,规定了非继承人的地位、称谓。[分别对应《民法典》第1127条、1133条;第1133条第3款、1140条、1158条、

其取得遗产可称为受遗赠或称收取无主物。

在存在私有财产的社会条件下，个人财产所有权受到法律的保护，所有人能够依法自由支配自己的财产，其中就包括能够决定自己死后个人遗产的归宿。个人总在一定的家庭中生活，家庭不仅是消费单位，也是人口生产单位，有时还是物资生产单位。家庭成员之间既有紧密的血缘、亲属联系，又有密切的财产关系，个人财产的用途和家庭职能总是结为一体的。为维护家庭及其职能，实现对家庭其他成员的亲情，人们在生前一般都愿意把遗产无偿移转给自己的近亲属，即由近亲属继承遗产。这种财产移转，是社会发展规律所决定的客观现象，适应着存在私有财产的社会生活的需要，对生产发展、社会进步都有好处，因而得到了国家的承认和保护。

列宁深刻地指出了继承的实质。他说："无论私有制或遗产制，都是在各自分立的小家庭已经形成和交换关系已在开始发展的那个社会制度的范畴。"[1]可见，继承这种现象，是与私有制、商品经济联系着的，近亲属之间的、个人遗产的合法移转。

2.继承是按照死亡近亲属的有效遗嘱或者法律的具体规定，无偿取得该死亡近亲属的遗产。

首先，继承从自然人生理死亡或被宣告死亡时开始。

继承只能是对死亡近亲属遗产的合法取得。因此，近亲属之间有人死亡时，该死者才被具体确定为被继承人，他遗留的个人合法财产才转化为遗产，有权参加继承的继承人也才能实际取得被继承人的遗产。自然人未死亡时，任何人都不得将其财产作为"遗产"，进行所谓的"继承"或"受遗赠"。

其次，继承按照被继承人的有效遗嘱或者法律的具体规定进行。

继承可以分为遗嘱继承、法定继承两种方式。按照法律直接规定的继承人的范围、继承顺序、遗产分配原则等继承遗产的方式，称为法定继承。其中的继承人称作"法定继承人"。按照被继承人所立有效遗嘱继承遗产的方式，称为遗嘱继承。其中的继承人称作"遗嘱继承人"。遗嘱继承人只能是法定继承人范围中的部分人或全

1160条。第1127条："Ⅰ.遗产按照下列顺序继承：（一）第一顺序：配偶、子女、父母；（二）第二顺序：兄弟姐妹、祖父母、外祖父母。Ⅱ.继承开始后，由第一顺序继承人继承，第二顺序继承人不继承；没有第一顺序继承人继承的，由第二顺序继承人继承。Ⅲ.本编所称子女，包括婚生子女、非婚生子女、养子女和有扶养关系的继子女。Ⅳ.本编所称父母，包括生父母、养父母和有扶养关系的继父母。Ⅴ.本编所称兄弟姐妹，包括同父母的兄弟姐妹、同父异母或者同母异父的兄弟姐妹、养兄弟姐妹、有扶养关系的继兄弟姐妹。"第1133条："Ⅰ.自然人可以依照本法规定立遗嘱处分个人财产，并可以指定遗嘱执行人。Ⅱ.自然人可以立遗嘱将个人财产指定由法定继承人中的一人或者数人继承。Ⅲ.自然人可以立遗嘱将个人财产赠与国家、集体或者法定继承人以外的组织、个人。Ⅳ.自然人可以依法设立遗嘱信托。"第1140条："下列人员不能作为遗嘱见证人：（一）无民事行为能力人、限制民事行为能力人以及其他不具有见证能力的人；（二）继承人、受遗赠人；（三）与继承人、受遗赠人有利害关系的人。"第1158条："自然人可以与继承人以外的组织或者个人签订遗赠扶养协议。按照协议，该组织或者个人承担该自然人生养死葬的义务，享有受遗赠的权利。"第1160条："无人继承又无人受遗赠的遗产，归国家所有，用于公益事业；死者生前是集体所有制组织成员的，归所在集体所有制组织所有。"]

〔1〕《列宁全集》第1卷，人民出版社1955年版，第133页。

部人。

　　自然人生前可以依法立遗嘱,将个人财产指定按遗嘱继承;也可以不立遗嘱,由法定继承人按法定继承方式继承遗产。自然人死亡时,有遗嘱的,按照遗嘱继承办理;无遗嘱的,按照法定继承办理;遗嘱无效或部分无效的,无效遗嘱所涉及的遗产,按法定继承办理。

　　非继承人依法或依照死亡人的遗嘱取得遗产的各种方式,都不是继承。

　　最后,继承是继承人无偿取得被继承人的遗产。

　　继承是基于继承人和被继承人之间的近亲属关系,以及亲情、维护家庭及其职能等原因而发生的遗产移转,不是按照等价有偿原则移转财产,因而不具有商品交换的因素,继承人取得被继承人的遗产,不需支付对价财产。

二、继承的构成要件

　　继承的构成亦称继承的发生,须具备下列要件:(1)近亲属中有人死亡。这是继承构成的前提条件。死亡包括生理死亡和被宣告死亡。被宣告失踪、植物人状态等非死亡现象,不能使继承发生。(2)死亡近亲属有遗产。这是继承构成的财产条件。继承就是对死者遗产的继承,死者没有遗产,则继承无以发生。(3)死者有继承人且继承人未丧失继承权。这是继承构成的根本条件。死者无近亲属可作继承人或虽有继承人但依法丧失继承权的,不发生继承。继承人和被继承人是对称概念,无继承人的死者不成其为被继承人,也就谈不到继承。继承也是继承人依法取得被继承人遗产的行为,无继承人或继承人丧失继承权,则不能构成这种行为。(4)继承人行使继承权,接受遗产。如继承人放弃继承权而无人继承时,继承不能发生。

　　继承是遗产取得方式之一,除此之外,还有非继承人按死者遗赠遗嘱、按遗赠扶养协议、按"适当分给"规定等多种遗产取得方式。不同的遗产取得方式,有不同的法律效力。

第二节　继承权

　　继承权是死亡自然人近亲属得以继承其遗产的法律保障,是一种独特的财产权利。

一、继承权的意义

　　继承权是指自然人依法享有的,能够无偿取得其死亡近亲属遗产的权利。这一定义表明：

1.继承权是财产权。继承权的内容，是继承人在合法范围内能够无偿取得其死亡近亲属的财产。继承权行使的基础和前提是被继承人的所有权，并以取得遗产所有权为归宿。可见继承权是一种财产权。

应当注意的是，继承权的发生，虽然以近亲属之间的身份权为前提条件，没有近亲属关系的人之间不能发生继承关系，但绝不能因此而认为继承权有身份权性质或者内容。[1]近亲属身份权只是继承权发生的基础权利和必要条件，二者之间只有联系，绝不相同，也不渗合为一体。如果不这样认识继承权，就会违反现代继承立法的基本精神，在理念上倒退于封建继承文化，给实践带来不良影响。

2.继承权是近亲属之间相互享有的财产权。首先，继承权只是发生于法律限定范围之内的亲属之间。各国或地区继承法对继承人的范围，有规定较宽的，有规定较窄的，但一般都限于相互之间有婚姻关系、一定血缘关系的亲属。[2]法定范围之外的亲属，相互之间不发生继承。我国《继承法》虽然未使用亲属之类的文字，但它规定的继承人，与《民法通则》规定的近亲属是完全一致的。[3]因此可以说，继承人都是被继承人的近亲属。继承权是法定之权，近亲属之间无须特别约定或实施其他法律行为，仅依《继承法》的直接规定，便自然地发生继承权。法律之所以限定继承权只能在近亲属之间发生，主要是保障死者的遗产相对集中地在近亲属之间移转，实现继承的根本目的。另一方面，也可避免和减少因遗产取得权人过多而带来的财产过于分散、利益关系过于繁杂的麻烦。

其次，近亲属之间相互享有继承权。担当继承人的近亲属，在未发生具体继承关系时，相互之间对等地互享继承权。我国《婚姻法》第24条规定："夫妻有相互继承遗产的权利。父母和子女有相互继承遗产的权利。"[4]兄弟姐妹之间亦然。因此可以说，某一自然人既是其近亲属的遗产继承人，又可能成为其近亲属的被继承人。近亲属中有人死亡时，继承开始，其他人即按照继承法规定的继承顺序或者有效遗嘱，行使其继承权。

---

〔1〕 现代继承立法都规定，继承权不包括对被继承人人格、身份的继承，只是继承被继承人遗留财产的权利。参见我国《继承法》第1条、第3条、第4条等条文以及《法国民法典》第三卷第一编。[《继承法》第1条对应《民法典》第1119条："本编调整因继承产生的民事关系。"《继承法》第3条对应《民法典》第1122条："Ⅰ.遗产是自然人死亡时遗留的个人合法财产。Ⅱ.依照法律规定或者根据其性质不得继承的遗产，不得继承。"《继承法》第4条对应《民法典继承编解释(一)》第2条："承包人死亡时尚未取得承包收益的，可以将死者生前对承包所投入的资金和所付出的劳动及其增值和孳息，由发包单位或者接续承包合同的人合理折价、补偿。其价额作为遗产。"]

〔2〕 例如，《法国民法典》规定的继承人包括：被继承人的子女及其直系血亲卑亲属、直系血亲尊亲属、兄弟姐妹或其后裔、六亲等以内的旁系亲属。配偶的继承权则有较多限制；《日本民法典》规定的继承人包括配偶、子女、直系血亲尊亲属、直系血亲卑亲属、兄弟姐妹。

〔3〕《民通意见》第12条。(《民法典》第1127条规定的继承人的范围也限于第1045条规定的近亲属的范围之内。)

〔4〕《民法典》第1061条和第1070条亦作此规定。

3.继承权是继承人依法享有的、能够取得被继承人遗产的权利。继承权依其作用,属于"物权取得权",而非对物支配权。继承人享有继承权,在近亲属死亡且有遗产时,能够按照继承法的规定或者被继承人的有效遗嘱,取得遗产。在无被继承人出现的情况下,各近亲属的继承权处于待行使的状态,任何人不能以继承权支配或者取得他人的财产。

4.继承权是继承人无偿取得被继承人遗产的权利,无对待给付义务。继承人按照法定继承或者遗嘱继承,都不负担支付对价或为其他对待给付的义务,即使附义务的遗嘱继承,所附义务也不能是交换性质的。否则,就不属于继承,而成为交换性财产移转。这种情况是继承法所不容许的。

二、继承权的特征

继承权是一种独特的财产权,它以近亲属身份权为发生前提,但不是人身权;以取得物权为权利目的,却不属于物权;与债权有联系,又绝对不是债权。同时,它与非继承人享有的各种遗产取得权也不相同。其特征体现在以下几个方面:

1.权利发生条件的限定性和唯一性。按照继承法的规定,继承权的发生,限定于自然人近亲属身份权的形成,不可约定。近亲属身份权是继承权发生的唯一要件,自然人之间只要有近亲属身份权利义务,就能相互享有遗产继承权。

需要注意的是,相互之间有扶养关系的继父母与继子女、继兄弟姐妹,对公、婆尽了主要赡养义务的丧偶儿媳,对岳父、岳母尽了主要赡养义务的丧偶女婿,与受扶养人或受赡养人并无婚姻的或者血缘的近亲属关系,我国《继承法》何以赋予其继承权? 有人认为是扶养关系使然。[1]

我们认为,上述继承权的发生根据包含两个方面的必要关系:(1)扶养人、赡养人与受扶养人、受赡养人之间有最近的姻亲关系。(2)在近姻亲关系上发生的扶养关系。缺少其中任何一个关系,都不能使继承权发生。正因为如此,我国《继承法》规定,遗赠扶养协议关系的扶养人"享有受遗赠的权利",[2]不是因扶养而取得继承权;继承人以外的依靠被继承人扶养的缺乏劳动能力又没有生活来源的人,或者继承人以外的对被继承人扶养较多的人,"可以分给他们适当的遗产",而不是享有继承权。[3]

可见,单纯的扶养关系不能发生继承,只能发生继承权之外的遗产取得权。在近姻亲关系上发生的扶养关系,使扶养人、赡养人与受扶养人、受赡养人之间原

---

[1] 参见刘春茂主编:《中国民法学·财产继承》,中国人民公安大学出版社1990年版,第134页。其把扶养关系看做继承权取得根据之一种。

[2] 《继承法》第31条。(对应《民法典》第1158条:"自然人可以与继承人以外的组织或者个人签订遗赠扶养协议。按照协议,该组织或者个人承担该自然人生养死葬的义务,享有受遗赠的权利。")

[3] 《继承法》第14条。(对应《民法典》第1159条:"分割遗产,应当清偿被继承人依法应当缴纳的税款和债务;但是,应当为缺乏劳动能力又没有生活来源的继承人保留必要的遗产",以及第1131条"对继承人以外的依靠被继承人扶养的人,或者继承人以外的对被继承人扶养较多的人,可以分给适当的遗产"。)

有的纯近姻亲关系"变格"为有财产内容的"复合关系"。[1]这种关系对个人、家庭、社会都有利，法律为对其进行保护，特别规定了有关的继承权。可以说，我国《继承法》是把上述人等视为被继承人的近亲属而赋予其继承权，他们与被继承人之间形成"准近亲属关系"。

2.权利效力具有二阶性。继承权从发生到消灭，除特殊情况外，一般要经历两个阶段，即继承开始前的待行使期间和与继承开始同步的得行使期间。在不同的期间，继承权的效力有重大差别，从整体上看，呈现出二阶状态。

首先，继承权待行使期间。

在近亲属中无人死亡、继承未开始之前的时间内，相互有继承权的人均不能行使继承权。此时的继承权，处于期待实现状态，学理上称之为"继承期待权"或"客观权利"。其效力仅在于表明近亲属之间互为继承人的法律地位，不能使权利人取得遗产，权利人也不能以其对抗第三人。

其次，继承权得行使期间。

近亲属中有人死亡时继承开始。按照我国《继承法》规定的继承顺序或有效遗嘱，除处于后一继承顺序的继承人，被遗嘱取消了继承权的继承人，不得行使继承权外，能够参加继承的继承人即得以行使继承权，取得被继承人的遗产，转为自己所有权的客体。此时的继承权，伴随继承的开始而升阶为得行使状态，法学上称之为"继承既得权"或"主观权利"。其效力有以下两个方面：(1)遗产移转力。继承人依其既得权，在继承开始时取得应继承财产的所有权。此时，无论遗产由何人占有，其所有权因继承人接受继承而自然移转于继承人。(2)继承回复请求权发生力。继承人依其既得权，享有"继承回复请求权"，以为遗产取得权的救济权。继承回复请求权是指继承人在其继承权受到不法侵害时，于时效期间内请求回复其继承权原状的权利。所谓回复其继承权原状，即回复受害人在继承开始时、权利未受侵害前的应有继承资格和应得遗产。

由上可见，继承既得权的效力比继承期待权要高级得多。前者体现继承权的上阶(终阶)效力，后者体现继承权的下阶(基阶)效力，前者以后者为基础，后者以前者为终极目的，二者共同构成了继承权效力的圆满性。

3.权利行使期间的短暂性。继承期待权虽然可以长期存在，但其不具备可行使性。因此，继承权的行使，系指继承既得权的行使。

继承权行使的结果，从积极方面看，是取得应继承财产的所有权；从消极方面看，是消灭被行使继承权本身。这是因为继承权是"物权取得权"，其存在价值只在于发生被继承人遗留财产的所有权转归继承人的后果。实现了这一后果，它就无存在的必要性和可能性了。

被继承人死亡时，其生前所享财产所有权随即相对消灭，如不及时将其遗产的

---

〔1〕 这种复合关系，可以视为"事实近亲属关系"。

所有权移转他人，就会出现这部分财产无所有人的不良现象。为防止"财产无主"现象的发生，就必须尽早地把遗产转归继承人。为此，我国《继承法》规定，被继承人死亡时继承开始，继承人即得以行使继承权；[1]只要不表示放弃继承，就取得了应继承财产的所有权；[2]多人共同继承的，遗产未分割前形成共有财产关系，单一继承的，继承人独享所有权。可见，法律规定的这种所有权移转过程，所用时间短暂。继承人取得遗产的所有权的过程，就是其行使继承权的过程。所有权转移，继承权同步消灭。

4.权利标的的总括性。即继承人继承的遗产，总体包括被继承人遗留的"积极遗产"与"消极遗产"。[3]

积极遗产是指被继承人遗留的个人财产和财产权利。[4]它给继承人带来财产利益，故称积极遗产。消极遗产是指被继承人遗留的个人债务。它不能给继承人带来财产利益，还要从积极遗产中扣减，故称消极遗产。

继承人不能只继承积极遗产而拒绝继承消极遗产，但可以都不继承。

有些学术观点认为我国《继承法》规定的遗产不包括债务。[5]我们认为，《继承法》第33条规定的"继承遗产应当清偿被继承人依法应当缴纳的税款和债务"[6]以及最高人民法院《关于贯彻执行〈中华人民共和国继承法〉若干问题的意见》第62条规定的"遗产已被分割而未清偿债务时，如有法定继承又有遗嘱继承和遗赠的，首先由法定继承人用其所得遗产清偿债务"，[7]表明我国法律承认继承人对消极遗产的继承。从法理上讲，若遗产不包括消极遗产，那么，继承人继承积极遗产后，这些财产已由继承人享有所有权，所有人无义务用自己的财产清偿他人的个人债务，被继承人生前的债权人的权利就会落空。反之，若遗产包括消极遗产，就可避免上述

---

〔1〕《继承法》第2条。现为《民法典》第1121条第1款。

〔2〕《继承法》第25条；最高人民法院《关于贯彻执行〈中华人民共和国继承法〉若干问题的意见》第49条。(对应《民法典》第1124条："Ⅰ.继承开始后，继承人放弃继承的，应当在遗产处理前，以书面形式作出放弃继承的表示；没有表示的，视为接受继承。Ⅱ.受遗赠人应当在知道受遗赠后六十日内，作出接受或者放弃受遗赠的表示；到期没有表示的，视为放弃受遗赠。")

〔3〕法学上将继承人总括性继承被继承人的财产上的权利、义务的继承现象，称之为"概括继承"或"总括继承"。

〔4〕《继承法》第3条、第4条规定的财产即属积极遗产。[分别对应《民法典》第1122条："Ⅰ.遗产是自然人死亡时遗留的个人合法财产。Ⅱ.依照法律规定或者根据其性质不得继承的遗产，不得继承。"《民法典继承编解释(一)》第2条："承包人死亡时尚未取得承包收益的，可以将死者生前对承包所投入的资金和所付出的劳动及其增值和孳息，由发包单位或者接续承包合同的人合理折价、补偿。其价额作为遗产。"且《民法典》第1112条不再如《继承法》第3条列举积极遗产的类型。]

〔5〕刘春茂主编：《中国民法学·财产继承》，中国人民公安大学出版社1990年版，第81页。

〔6〕对应《民法典》第1161条"Ⅰ.继承人以所得遗产实际价值为限清偿被继承人依法应当缴纳的税款和债务。超过遗产实际价值部分，继承人自愿偿还的不在此限。Ⅱ.继承人放弃继承的，对被继承人依法应当缴纳的税款和债务可以不负清偿责任。"

〔7〕对应《民法典》第1163条："既有法定继承又有遗嘱继承、遗赠的，由法定继承人清偿被继承人依法应当缴纳的税款和债务；超过法定继承遗产实际价值部分，由遗嘱继承人和受遗赠人按比例以所得遗产清偿。"

弊病。

三、继承权的性质

对继承权的性质，有不同的认识。有的学术观点认为，财产所有权是继承权的基础和前提，继承权是财产所有权的延伸或继续，也可以说是财产所有权在另一种形态上的补充。[1]有的民法典主张，继承权是继承人因亲属身份而享有的取得财产的方法。还有的立法则认为继承权是一种物权。如《奥地利民法典》第523条就规定："称继承权者，谓取得遗产全部或其一定比率的一部(例如一半或三分之一)之排他的权利，其权利为一种物权。对于任何侵害遗产之人，有对抗效力。"我国《民法通则》把继承权列为"与财产所有权有关的财产权"。[2]

我们认为，继承权是基于近亲属身份权而发生的遗产取得权。它的发生，仅以近亲属身份权的享有为要件；它的行使，以被继承人的所有权为基础和前提；它的效力，在于发生遗产所有权的转移。它是一种准物权或称类物权，具有对人(遗产管理人、遗嘱执行人)效力和对世效力，原则上应属财产性对世权、绝对权。

四、继承权的取得、行使、放弃和丧失

(一)继承权的取得

自然人之间发生近亲属关系时，相互取得遗产继承权。具体讲，因自然血缘关系形成近亲属关系的，从人的出生时，取得继承权；因拟制血缘关系形成近亲属关系的，自拟制血缘关系依法成立时，取得继承权；因婚姻关系形成近亲属关系的，自婚姻关系依法成立时，取得继承权；因近姻亲关系加扶养关系形成的"准近亲属关系"，自扶养关系开始时，取得继承权。

(二)继承权的行使

被继承人死亡、继承开始时，按照法律规定的顺序或有效遗嘱，能够参加继承关系取得遗产的继承人，方可行使继承权。

继承权的行使表现为：在继承开始后、遗产处理前，接受继承或者不作放弃继承的意思表示。

对此，《继承法》第25条规定，继承开始后，继承人在遗产处理前没有表示放弃

---

[1] 李由义主编：《民法学》，北京大学出版社1988年版，第501页。
[2] 现《民法典》第124条和第1120条均明确继承权是一项独立的可以取得自然人合法财产的民事权利。

继承的,视为接受继承。[1]

继承权行使的结果,是取得应继承遗产份额的所有权。如果财产仍由他人占有,继承人不能或不需直接占有,应适用"占有改定"制度,确定所有权已经转移。

继承权的行使,以继承的开始为起点,以遗产的取得为终端。因此,继承开始的时间即被继承人死亡的时间,对继承权的行使、不行使(继承权的放弃),都有重大意义。

继承开始时间对继承权的行使有以下意义:

1.从被继承人死亡时起,继承人的继承权由期待权升阶为既得权,从而得以行使,或者放弃。

2.从继承开始时起,被继承人生前合法所有的财产和所负的债务才转化为遗产,其范围、数额等方可确定,以供继承。

3.被继承人死亡时,继承人的范围、顺序等才能具体确定下来。按照法律规定的顺序或有效遗嘱能够参加继承关系的继承人,才能行使继承权。

4.被继承人死亡时,参加继承关系的继承人的应继承份额、被继承人遗嘱是否有效等才能予以确定,继承权的行使结果才能具体化、定量化。

5.继承开始的时间,是继承权纠纷诉讼时效期间的起算点。自继承开始之日起,继承人知道或者应当知道其继承权被侵犯而无法行使的,在2年之内有权请求人民法院保护;自继承之日起超过20年未行使继承权的,不得再提起诉讼。[2]

(三)继承权的放弃

继承权的放弃是指继承开始后,遗产分割前,继承人明确作出不继承遗产的意思表示。

继承权放弃的效力在于,放弃继承权的继承人不再继承被继承人的遗产。由于继承是概括继承,继承权的放弃也只能是对个人应继承遗产的全部放弃。不能只继承积极遗产,放弃消极遗产。

继承权的放弃是单方民事法律行为,只要权利人单方作出放弃的意思表示,就能发生放弃的效力。

继承权放弃的构成要件是:

1.继承人须在继承开始后、遗产分割前作出放弃继承的意思表示。继承未开始时,继承权处于期待行使阶段,没有取得遗产的效力,放弃不放弃,都无实际效果,

---

〔1〕　对应《民法典》第1124条:"Ⅰ.继承开始后,继承人放弃继承的,应当在遗产处理前,以书面形式作出放弃继承的表示;没有表示的,视为接受继承。Ⅱ.受遗赠人应当在知道受遗赠后六十日内,作出接受或者放弃受遗赠的表示;到期没有表示的,视为放弃受遗赠。"

〔2〕　本处是根据《继承法》第8条规定作出的表述。现根据《民法典》第188条的规定,向人民法院请求保护继承权的诉讼时效期间为3年,自权利人知道或者应当知道继承权受到损害以及义务人之日起计算。但是,自继承权受到损害之日起超过20年的,人民法院不予保护,有特殊情况的,人民法院可以根据继承权人的申请决定延长。

对继承人和其他利害关系人都不发生利害，故无所谓放弃。遗产分割时，被继承人遗留财产的所有权已经转移，再行放弃的不再是继承权，而是所有权。[1]对此，最高人民法院《关于贯彻执行〈中华人民共和国继承法〉若干问题的意见》第49条明确指出，继承人放弃继承的意思表示，应当在继承开始后、遗产分割前作出。[2]如果在被继承人死亡时未作放弃表示，直到遗产分割时或遗产分割中表示放弃的，放弃的效力追溯到继承开始时。

2.继承人须明示其放弃意思。不明示的，难定其真实意思。为保护继承人及利害关系人，法律将未明示放弃意思的推定为不放弃。对此，《继承法》第25条规定，继承开始后，继承人放弃继承的，应当在遗产处理前"作出放弃继承的表示。没有表示的，视为接受继承。"[3]最高人民法院考虑到该条中"表示"一词含义不够明晰，在其所作最高人民法院《关于贯彻执行〈中华人民共和国继承法〉若干问题的意见》第47条、第48条又分别明定："继承人放弃继承应当以书面形式向其他继承人表示。用口头方式表示放弃继承，本人承认，或有其它充分证据证明的，也应当认定其有效。""在诉讼中，继承人向人民法院以口头方式表示放弃继承的，要制作笔录，由放弃继承的人签名。"[4]

3.继承人不得因放弃继承权而不履行法定义务。最高人民法院《关于贯彻执行〈中华人民共和国继承法〉若干问题的意见》第46条规定："继承人因放弃继承权，致其不能履行法定义务的，放弃继承权的行为无效。"[5]这一规定，是对利用继承权放弃制度规避法定义务的不法行为的预防和限制，它具有重要的积极意义。这里所说的法定义务，是指继承人的个人法定义务。主要包括如下内容：

第一，清偿被继承人生前因继承人不尽赡养、扶养义务，为生活之需所负债务的义务。被继承人生前，有能力的继承人依近亲属关系应对其履行赡养、扶养的法定义务。继承人不尽此义务，使被继承人生前生活无靠，不得不举债度日的，此项债务实因继承人未履行其法定义务所致，不能简单归入遗产之中，而应作为继承人的未

---

〔1〕 最高人民法院《关于贯彻执行〈中华人民共和国继承法〉若干问题的意见》第49条。(对应《民法典继承编解释(一)》第35条："继承人放弃继承的意思表示，应当在继承开始后、遗产分割前作出。遗产分割后表示放弃的不再是继承权，而是所有权。")

〔2〕 对应《民法典继承编解释(一)》第35条："继承人放弃继承的意思表示，应当在继承开始后、遗产分割前作出。遗产分割后表示放弃的不再是继承权，而是所有权。"

〔3〕 对应《民法典》第1124条："Ⅰ.继承开始后，继承人放弃继承的，应当在遗产处理前，以书面形式作出放弃继承的表示；没有表示的，视为接受继承。Ⅱ.受遗赠人应当在知道受遗赠后六十日内，作出接受或者放弃受遗赠的表示；到期没有表示的，视为放弃受遗赠。"

〔4〕 对应《民法典继承编解释(一)》第33条、第34条。第33条："继承人放弃继承应当以书面形式向遗产管理人或者其他继承人表示。"第34条："在诉讼中，继承人向人民法院以口头方式表示放弃继承的，要制作笔录，由放弃继承的人签名。"显然，目前《民法典》继承编的解释未沿袭原《继承法》解释中的"用口头方式表示放弃继承，本人承认，或有其它充分证据证明的，也应当认定其有效"的规定。我们认为，对于用口头方式表示放弃继承行为的效力，需要在个案中结合交易安全中的第三人综合考量，不应当一刀切。

〔5〕 对应《民法典继承编解释(一)》第32条："继承人因放弃继承权，致其不能履行法定义务的，放弃继承权的行为无效。"

履行法定义务所生之债务,由继承人负责清偿。继承人清偿此项债务,性质上属于后补性的履行其赡养、扶养义务。如果继承人放弃继承,致其不能后补性履行此项法定义务的,当然不能承认其放弃继承权的行为为有效。

第二,支付被继承人丧葬费用的法定义务。被继承人非因他人过错而死亡的,有能力的继承人应当履行其安葬死者的法定义务。如继承人放弃继承而不能履行此项义务的,其放弃继承权的行为当然无效。

第三,赡养或扶养其他继承人的法定义务。根据我国民法监护制度和婚姻法家庭关系制度,有监护能力的继承人对无民事行为能力、限制民事行为能力的继承人有法定监护义务和赡养、扶养义务,近亲属之间有相互扶养的法定义务。如果继承人放弃继承权,致其不能履行该项法定义务的,其放弃继承权的行为无效。

第四,继承人的其他法定义务。如继承人依法应当缴纳税款、罚金、罚款以及其他合法费用等的义务。

继承人在遗产处理前或在诉讼中,对放弃继承权翻悔的,由人民法院根据其提出的具体理由,决定是否承认。遗产处理后,继承人对放弃继承翻悔的,法律不予以承认。

法定继承人和遗嘱继承人都可以放弃继承权。放弃继承所涉及的遗产,按法定继承方式,由其他继承人继承,或者用以清偿被继承人生前所负个人债务。无人继承的,归国家或集体所有。[1]

(四)继承权的丧失

继承权的丧失,是指继承人因有继承法规定的不法行为,被人民法院取消其继承被继承人遗产的权利,亦称"继承权的剥夺"。

根据《继承法》第7条[2]的规定,继承人有下列四种行为之一的,丧失继承权:

1.故意杀害被继承人的。继承人故意杀害被继承人,是一种严重的刑事犯罪行为,也违反了继承法的立法宗旨,破坏了家庭关系,给家庭带来灾难和损失。因此,决不能再由实施不法行为的继承人继承被害的被继承人的遗产。

对此项继承权丧失原因,应注意以下几点:其一,继承人杀害被继承人须为故

---

〔1〕《继承法》第32条。(对应《民法典》第1160条:"无人继承又无人受遗赠的遗产,归国家所有,用于公益事业;死者生前是集体所有制组织成员的,归所在集体所有制组织所有。"相较于《继承法》第32条,增加了"用于公益事业"的规定。)

〔2〕 对应《民法典》第1125条:"Ⅰ.继承人有下列行为之一的,丧失继承权:(一)故意杀害被继承人;(二)为争夺遗产而杀害其他继承人;(三)遗弃被继承人,或者虐待被继承人情节严重;(四)伪造、篡改、隐匿或者销毁遗嘱,情节严重;(五)以欺诈、胁迫手段迫使或者妨碍被继承人设立、变更或者撤回遗嘱,情节严重。Ⅱ.继承人有前款第三项至第五项行为,确有悔改表现,被继承人表示宽恕或者事后在遗嘱中将其列为继承人的,该继承人不丧失继承权。Ⅲ.受遗赠人有本条第一款规定行为的,丧失受遗赠权。"相较于《继承法》第7条,主要增加了一大类导致继承权丧失的行为"(五)以欺诈、胁迫手段迫使或者妨碍被继承人设立、变更或者撤回遗嘱,情节严重"。

意。过失致死的不应计入此列，仍可享有继承权。其二，继承人杀害被继承人无论既遂还是未遂，不问直接还是间接，不管是共犯还是单独行凶，不拘是否为了谋夺财产，都应毫无例外地丧失继承权。其三，被继承人生前之遗嘱将遗产指定由该继承人继承的，可确认该遗嘱无效，剥夺该继承人的继承权。其四，实施杀害行为的继承人，只丧失对被害被继承人遗产的继承权，对其他近亲属的遗产继承权，不应因此而一同予以剥夺。其五，对于实施杀害行为的继承人无刑事责任能力、无民事行为能力或为限制民事行为能力的，应否丧失继承权，我国《继承法》未予以明确。我们认为，对此类人可作区别对待，根据其财产状况、年龄大小、杀害被继承人的动机、目的等，具体分析，确定是否剥夺其继承权。否则，一刀切固然整齐划一，但由此产生的消极影响，如给他人、集体、国家和社会带来的经济负担，也是很重的。

2.为争夺遗产而杀害其他继承人的。这一继承权丧失原因的构成要件有三项：(1)实施杀害行为的继承人是为与其他继承人争夺被继承人的遗产。如果不是为此，而属其他原因杀害其他继承人的，不应丧失继承权。(2)杀害的是对同一被继承人遗产共享继承权的其他继承人，即近亲属。如果杀害的亲属与继承人无共享继承权关系，则不能构成"争夺遗产"。(3)须为故意杀害。只要继承人主观有故意，客观有行为，不论杀害法定继承人还是遗嘱继承人，是既遂还是未遂，是亲手杀害还是教唆实施，都应剥夺其继承权。

为争夺遗产而杀害其他继承人的，即使被继承人生前立遗嘱指定他按遗嘱继承，也不能免除其继承权的丧失。

3.遗弃被继承人或者虐待被继承人情节严重的。分为两种情况：一种情况是遗弃被继承人的。遗弃被继承人是指有扶养能力和条件的继承人，故意不履行其法定义务，使被继承人生前处于生活极度困难境地的不法行为。构成遗弃行为的，应丧失继承权。另一种情况是虐待被继承人情节严重的。虐待被继承人是指继承人在被继承人生前以非人道的手段，对其进行身体上或者精神上的摧残、折磨。虐待程度可分轻重；情节严重的，方构成丧失继承权的原因。至于何种程度为"情节严重"，最高人民法院《关于贯彻执行〈中华人民共和国继承法〉若干问题的意见》第10条指出："继承人虐待被继承人情节是否严重，可以从实施虐待行为的时间、手段、后果和社会影响等方面认定。虐待被继承人情节严重的，不论是否追究刑事责任，均可确认其丧失继承权。"[1]

继承人曾为遗弃、严重虐待行为，但后来确有悔改表现，而且被遗弃人、被虐待人生前又表示宽恕的，或者事后在遗嘱中将其列为继承人的，可不剥夺其继承权。

---

〔1〕 对应《民法典继承编解释(一)》第6条："Ⅰ.继承人是否符合民法典第一千一百二十五条第一款第三项规定的'虐待被继承人情节严重'，可以从实施虐待行为的时间、手段、后果和社会影响等方面认定。Ⅱ.虐待被继承人情节严重的，不论是否追究刑事责任，均可确认其丧失继承权。"

4.伪造、篡改、隐匿[1]或者销毁被继承人所立遗嘱,情节严重的。公民[2]享有订立遗嘱、预先安排自己遗产归宿的权利。遗嘱的内容是立遗嘱人生前处分自己财产的意思表示,是立遗嘱人生前行使所有权的表现。合法的遗嘱受法律保护,具有法律效力。继承人伪造、篡改、隐匿或者销毁被继承人所立合法遗嘱,实质上是对被继承人生前依法行使所有权行为的不法干预,同时也侵害了按遗嘱有权取得遗产的人的合法权利,当然为法律所不容许。

伪造遗嘱,是指继承人为夺取遗产,假冒被继承人名义制造虚假的遗嘱。篡改遗嘱,是指继承人为夺取遗产,将被继承人生前所立遗嘱内容进行非法改动。隐匿或者销毁遗嘱是继承人为夺取遗产,隐匿或者不法销毁被继承人所立遗嘱。

伪造、篡改、隐匿或者销毁被继承人合法遗嘱,情节严重的,方构成丧失继承权的原因。如果被继承人遗嘱内容违法,例如,立遗嘱将个人遗产指定由其婚外不正当关系人继承而侵害配偶的合法继承权,即使继承人有上述三种行为,也不应简单机械地认为应剥夺其继承权。至于继承人的不法行为达到何种程度为"情节严重",法律不便作定量化规定。最高人民法院《关于贯彻执行〈中华人民共和国继承法〉若干问题的意见》仅作一类说明,即"侵害了缺乏劳动能力又无生活来源的继承人的利益,并造成其生活困难的,应认定其行为情节严重"。[3]

我们认为,除此类情况外,从确定一般标准出发,凡伪造、篡改、隐匿或者销毁被继承人合法遗嘱,足以使其他继承人、受遗赠人根本不能取得应得遗产额,或实得额与应得额悬殊太大而蒙受重大财产损失的,应认为是情节严重。

丧失继承权是国家依法剥夺自然人取得死亡近亲属遗产的权利的强制性法律措施,其牵涉面较宽,对当事人利害关系重大。因此,只能由人民法院专门行使确认权。人民法院审理丧失继承权纠纷案件,无论继承人实施了何种行为,是否违反刑法,都只能按民事诉讼程序进行,只能依法确认继承人在某一特定继承关系中丧失了继承某一个或某些被继承人遗产的权利,不能裁判继承人丧失了继承权利能力。

第三节　继承法

一、继承法的意义

继承法是调整遗产移转关系的法律规范的总称,是我国民法的重要组成部分。

---

〔1〕"隐匿"为《民法典》第1125条相较于《继承法》第7条新增加内容。

〔2〕《民法典》继承编的用语为"自然人"。

〔3〕对应《民法典继承编解释(一)》第9条:"继承人伪造、篡改、隐匿或者销毁遗嘱,侵害了缺乏劳动能力又无生活来源的继承人的利益,并造成其生活困难的,应当认定为民法典第一千一百二十五条第一款第四项规定的'情节严重'。"

继承法有形式继承法和实质继承法之分。形式继承法专指系统编制的单行继承法律文件或民法典中的继承法专编，如《继承法》[1]。实质继承法指一国法律体系中所有的关于死者遗产继承的法律规范。

我国现行继承法体系，包括1985年4月10日颁布的《继承法》和最高人民法院《关于贯彻执行〈中华人民共和国继承法〉若干问题的意见》，[2]以及《宪法》《民法通则》、[3]土地管理法律制度等法律文件中有关继承的规范。

继承法主要规定和保护近亲属之间的遗产继承关系，同时也规定非继承人的自然人和法人[4]、国家按照死者的有效遗嘱或国家的直接规定取得死者遗产的权利并承担相关义务。在此种意义上，继承法也可以被认为是"遗产移转法"。但由于该种法律主要作用在于调整继承关系，非继承关系并非遗产移转关系中的主要方面，才称其为"继承法"。

二、继承法的性质

1.继承法是财产法。在奴隶社会和封建社会，继承主要是对被继承人身份(在社会上的政治地位、在家庭中的户主地位等)的继承，祭祀祖先权、财产权等的继承，均以身份继承为前提。因此，那时的继承法是身份继承法。

资产阶级革命推翻了身份继承制度。以《法国民法典》为肇端，确定继承为财产继承，不包含身份的继承，继承法是财产法。后来的继承立法，纷纷仿效。这种现象反映了人类文明的进步。

社会主义革命是更为进步的社会文明，它吸取了资产阶级继承立法中的精华，剔除其糟粕，不但旗帜鲜明地确认继承法的财产法性质，而且为全体社会成员的财产继承提供了确定的物质条件和法律保障。我国《宪法》第13条第2款规定，国家依照法律规定保护公民的"私有财产权和继承权"；我国《继承法》规定的各项制度，也毫无身份继承的因素。在我国司法实践和人们的继承活动中，身份继承也彻底、绝对地遭到抛弃。

2.继承法是巩固和发展家庭职能，维护家庭关系的财产法，其适用范围有局限性。继承的作用，是使被继承人的遗产转归其近亲属所有。在继承中，处于优先继承地位的继承人，一般都是被继承人生前所在家庭的成员，如配偶、子女、父母等。这些人不仅是与被继承人财产、亲情等关系最密切的近亲属，而且也是被继承人生前所在家庭的构成分子，他(她)们共同构成了家庭，一起担负家庭发展、延续的职责，

---

[1] 现为《民法典》的继承专编。

[2] 现为《民法典》的继承专编和《民法典继承编解释(一)》。

[3] 现已废止。

[4] 现也包括非法人组织。《民法典》第1133条的用语为"国家、集体或者法定继承人以外的组织、个人"。

发挥家庭的职能。

在存在私有财产、生产社会分工、人口生育以家庭为单位的社会条件下，家庭具有"成员协作生活、人口生育、物质生产"三大职能。[1]这在我国现阶段表现得更为突出。这三大职能都以一定的财产为实现的必要条件，又都是继承现象存在的客观基础。如果不允许继承，这三大职能必然受到严重损害，家庭必然无法顺利发展和延续。

继承法正是通过调整近亲属之间，主要是家庭成员之间的遗产移转关系，保护家庭成员对其死亡近亲属遗产的取得权，巩固和发展家庭职能，维护家庭关系。作为民法财产法的一个组成部分，继承法也只能以此为立法宗旨和根本任务。它不能像物权法那样，调整人们之间对物的直接支配、利用关系；不能像合同法那样，适用于社会商品交换的大市场；也不能像侵权行为法那样，规范任何人的侵权行为引起的侵权赔偿财产关系。

3.继承法是强制性法律。我国《继承法》规定的继承开始时间、遗产性质与范围、不同的遗产取得权的效力的强弱、继承权的丧失和放弃、继承人的范围和顺序、遗产分配原则及分割方法、遗嘱的有效条件、时效等各项制度，都不容许任何人私自改变或协商改变。违反法律而进行改变的，其改变行为无效。

三、我国继承法的基本原则

继承法的基本原则是处理继承关系的基本准则，也是实施、解释、研究继承法的基本准则。我国《继承法》[2]没有直接规定基本原则的专门性条文，学术界也有多种不同的学理解释。[3]最高人民法院的司法解释文件则指出："人民法院审理继承案件，应根据宪法、婚姻法和有关政策法律的规定，坚持男女平等、养老育幼，保护继承人的合法继承权，发扬互助互让、和睦团结的道德风尚，巩固和改善社会主义家庭关系。"[4]"人民法院贯彻执行继承法，要根据社会主义的法制原则，坚持继承权男女平等，贯彻互相扶助和权利义务相一致的精神，依法保护公民的私有财产的继承权。"[5]

---

〔1〕　一般认为家庭有"消费、生育、生产"三大职能。我们认为，"消费"不足以揭示家庭成员之间在共同消费中发生的协作生活关系，家庭成员的消费只是现象，而协作生活才是本质。即成员之间不仅互为亲属，还要协作生活，在感情上要相互给予，在物质上要相互帮助；在全体生存期间要协作生活，当有人死亡时，其遗产也应转归其他成员继续消费，作为协作生活的继续。养老、育幼情同此理。

〔2〕　现为《民法典》继承编。

〔3〕　《法学研究》编辑部编著：《新中国民法学研究综述》，中国社会科学出版社1990年版，第714页(第三十六章第二节)。

〔4〕　最高人民法院《关于贯彻执行民事政策法律若干问题的意见》(1984年8月30日)。(现已废止。)

〔5〕　最高人民法院《关于贯彻执行〈中华人民共和国继承法〉若干问题的意见》。(该《意见》已废止，现《民法典继承编解释(一)》未再特别作此表述。)

我们认为，根据我国继承立法，我国继承法的基本原则包括以下五项：

1.保护公民[1]私有财产继承权的原则。《继承法》第1条规定："根据《中华人民共和国宪法》规定，为保护公民的私有财产的继承权，制定本法。"[2]《宪法》第13条规定："国家保护公民的合法收入、储蓄、房屋和其他合法财产的所有权"；"国家依照法律规定保护公民的私有财产的继承权。"可见，我国《继承法》的立法宗旨，在于体现《宪法》的有关规定，保护公民[3]的继承权。这一立法宗旨贯穿《继承法》的全部内容，成为我国继承法的首要原则。

这一原则的含义是：赋予公民[4]继承权，以法律手段保障公民[5]能够对其死亡近亲属的遗产依法进行继承；强化继承权的效力，规定其为具有一定物权属性的财产权，是对世权，一切人都负有尊重他人继承权的法定义务；当继承权受到不法侵害时，继承权人有权请求人民法院依法保护，恢复其权利原状。

2.继承权男女平等原则。《宪法》第48条第1款规定："中华人民共和国妇女在政治的、经济的、文化的、社会的和家庭的生活等各方面享有同男子平等的权利"，以根本大法的地位确立了我国男女平等的立法原则。《继承法》按照《宪法》的精神，在第9条[6]明文规定："继承权男女平等"，并在全法各个主要制度中严格贯彻这一立法思想，从而确定了继承权男女平等的原则。这一原则主要体现为：(1)在确定继承人范围时，男女平等。近亲属不分男女，一律平等地享有遗产继承权，担当继承权人。(2)在规定继承人继承顺序时，男女平等。继承人不分男女，平等地处于其应在的继承顺位中，不因性别而有先后区分。如第一顺序的夫妻、子女；第二顺序的兄弟姐妹、祖父母，对公、婆或者岳父、岳母尽了主要赡养义务的丧偶儿媳或者丧偶女婿，平等地作为第一顺序继承人。(3)按法定继承分配被继承人遗产的，同一顺序的继承人，男女平等。同一顺序继承人继承遗产的份额，不因性别而有多少之差别，一般应当均等。(4)在代位继承和转继承中，代位人和转继承人既可以是父系的男女近亲属，也可以是母系的男女近亲属。(5)按照遗嘱继承的，男女平等。被继承人可以指定由男性继承人继承，也可以指定由女性继承人继承。

3.养老育幼、扶助残疾人的原则。养老育幼、扶助残疾人，是中华民族的传统美德，也是我国社会主义精神文明的体现。我国法律以各种形式肯定了这一民族传统，并使之具有国家强制效力。《宪法》第49条第3款规定："父母有抚养教育未成年子女的义务，成年子女有赡养扶助父母的义务。"《残疾人保障法》第9条规定："残疾

---

[1] 《民法典》继承编的用语为"自然人"。

[2] 对应《民法典》第1条及第1120条，表达了相关内容："为了保护民事主体的合法权益，调整民事关系，维护社会和经济秩序，适应中国特色社会主义发展要求，弘扬社会主义核心价值观，根据宪法，制定本法"；"国家保护自然人的继承权"。需要注意的是，将用语"公民"改为了"自然人"。

[3] 《民法典》继承编的用语为"自然人"。

[4] 同上注。

[5] 同上注。

[6] 对应《民法典》第1126条："继承权男女平等。"

人的扶养人必须对残疾人履行扶养义务。残疾人的监护人必须履行监护职责,维护被监护人的合法权益。"《民法通则》第104条规定,老人、儿童,残疾人的合法权益受法律保护。[1]所有这些都表明养老育幼、扶助残疾人是我国法律的重要立法精神。

我国《继承法》结合继承关系的特点,贯彻了这一立法精神,确立了养老育幼、扶助残疾人的继承原则。这一原则主要体现为:(1)在法定继承人范围和顺序中,老年的、未成年的、残疾的继承人与其他继承人享有同等的继承权,不因老、幼、残疾而影响其继承权。(2)我国《继承法》特别规定了"遗产分配照顾制度""必留份制度"。前者明确要求,按法定继承方式继承的,分配遗产时,对生活有特殊困难的缺乏劳动能力的继承人,"应当"予以照顾,即适当多分;[2]后者专门强调,立遗嘱应当对缺乏劳动能力又没有生活来源的继承人"保留必要的遗产份额"。[3](3)我国《继承法》还特别规定了"保留份制度",特地要求遗产分割时,应当保留胎儿的继承份额。[4](4)为了鼓励赡养老人,我国《继承法》把对公、婆或者岳父、岳母尽了主要赡养义务的丧偶儿媳、丧偶女婿,列入第一顺序继承人。还确认了遗赠扶养协议制度,贯彻这一原则。

4.法定继承为中心的原则。我国《继承法》根据我国国情,确立了以法定继承为中心,保护按有效遗嘱继承的原则。这一原则主要体现为:首先,继承人范围是法定的。不像有些国家,对继承人不加限制,甚至允许被继承人的婚外恋者、同性恋者或动物继承被继承人的遗产。其次,继承人的顺序是法定的。遗嘱继承虽然可以不受顺序限制,但遗嘱继承人也只能是法定继承人范围中的人。再次,遗嘱继承受到法定继承的多方制约。除上述有关继承人问题外,立遗嘱人还不得剥夺法定继承人中缺乏劳动能力又没有生活来源的继承人的继承权,必须为胎儿保留应继承份额等。最后,遗嘱无效或部分无效的,无效部分所涉及的遗产,仍要按法定继承办理。

5.限定继承原则。所谓"限定继承原则",是指继承人概括继承被继承人遗产、需偿还被继承人遗留个人合法债务的,仅以所得积极遗产额为限,负清偿责任的法律原则。简言之,即法律规定,继承人仅以所得积极遗产额对所继承债务负有限偿还责任。现代各国或地区大都规定这一原则,以避免继承人因概括继承、偿还被继承人遗留债务时,债务额过大而蒙受不利。

我国《继承法》第33条规定:"继承遗产应当清偿被继承人依法应当缴纳的税款

---

〔1〕 对应《民法典》第1041条:"Ⅰ.婚姻家庭受国家保护。Ⅱ.实行婚姻自由、一夫一妻、男女平等的婚姻制度。Ⅲ.保护妇女、未成年人、老年人、残疾人的合法权益。"

〔2〕《继承法》第13条第2款。(对应《民法典》第1130条第2款:"对生活有特殊困难又缺乏劳动能力的继承人,分配遗产时,应当予以照顾。")

〔3〕《继承法》第19条。(对应《民法典》第1159条:"分割遗产,应当清偿被继承人依法应当缴纳的税款和债务;但是,应当为缺乏劳动能力又没有生活来源的继承人保留必要的遗产。")

〔4〕《继承法》第28条。(对应《民法典》第1155条:"遗产分割时,应当保留胎儿的继承份额。胎儿娩出时是死体的,保留的份额按照法定继承办理。")

和债务，缴纳税款和清偿债务以他的遗产实际价值为限……"[1]继承人放弃继承的，对被继承人依法应当缴纳的税款和债务可以不负偿还责任。可见，我国继承法确认了限定继承原则。

四、权利义务一致是否为继承法的原则

我国法学界对此问题争论已久，分歧亦大。[2]我们认为，要正确确定这一问题，应首先检讨一下我们以往对此问题的思考方法，确立科学的、同一的认识标准，否则虽各执其辞，实为观察、强调角度不同所致，终难避免"金盾还是银盾"之争。

我们提出以下几点，试图作为检讨思考方法、确定这一问题的参考依据：

1.什么是继承法的基本原则？它是贯穿继承法全部内容的或是核心制度的、必须贯彻的立法思想，还是局部有效、可用可不用的弹性规范意旨？

2.在整个民法中，权利义务一致的含义应当是确定的、同一的，还是可以不确定、不同一，在一单行法中为此义、在另一单行法中又非此义？严肃的立法，同一语词的含义，讲同一律好，还是不讲同一律好？

3.马克思指出："没有无义务的权利，也没有无权利的义务。"[3]这句名言是从整体上讲权利义务相互依存性的，还是从具体权利义务关系的角度讲，权利人享有某一权利时，必须负有与该权利相对应存在的义务？换言之，法律是否允许有当事人一方只享有权利而对方只负有义务并不享有权利的民事法律关系？

4.继承关系与近亲属关系之间是怎样的关系？前者是后者的内容，还是后者派生的独立的权利义务关系？

5.继承关系是继承人之间、继承人与非继承人的不特定义务人之间的权利义务关系，还是继承人与被继承人之间的法律关系？是被继承人死亡时新发生的权利义务关系，还是被继承人生前已经存在的权利义务关系？

6.继承关系当事人的义务是什么？

7.继承权是近亲属关系的内容，还是近亲属关系派生的另外性质的权利？能否把它与作为身份关系内容的相互扶养义务并列为相对应的权利义务？

8.根据继承法律、法理、实际生活，继承权和扶养义务是否必须"一致"起来互为依存？

思辨这些问题，对确定权利义务一致是不是继承法的基本原则，肯定有所裨益。

---

[1] 对应《民法典》第1159条、第1161条。第1159条："分割遗产，应当清偿被继承人依法应当缴纳的税款和债务；但是，应当为缺乏劳动能力又没有生活来源的继承人保留必要的遗产。"第1161条："Ⅰ.继承人以所得遗产实际价值为限清偿被继承人依法应当缴纳的税款和债务。超过遗产实际价值部分，继承人自愿偿还的不在此限。Ⅱ.继承人放弃继承的，对被继承人依法应当缴纳的税款和债务可以不负清偿责任。"

[2] 《法学研究》编辑部编著：《新中国民法学研究综述》，中国社会科学出版社1990年版，第717—721页。

[3] 《马克思恩格斯选集》第2卷，人民出版社1972年版，第137页。

五、继承法的本质

继承法律制度是在人类社会出现了私有制并分裂为阶级之后产生的。它在一定的经济基础上形成、发展，成为该经济基础的上层建筑的重要组成部分。反过来，又成为巩固、维护该经济基础的法律工具之一。

在有阶级以来的漫长社会里，先后出现过奴隶社会、封建社会、资本主义社会三种剥削阶级的继承制度和社会主义社会的继承制度。"财产问题从来就随着工业发展的不同阶段而成为这个或那个阶级的切身问题"。[1]剥削阶级的继承制度，是维护其私有财产、巩固其统治剥削地位的法律工具，在剥削阶级统治下，"继承权之所以具有社会意义，只是由于它给继承人以死者生前所有的权利，即借助自己的财产以攫取他人劳动成果的权利"[2]。

社会主义社会的继承制度，是广大人民群众当家做主人，以自己遗留的劳动成果，维护和发展自己的家庭，养老育幼，扶助近亲属的可靠法律保障，是巩固和发展社会主义经济基础不可缺少的法律工具。

六、我国继承制度的特点

我国继承制度代表无产阶级和广大劳动人民的意志和利益，反映我国社会主义公有制的要求，为社会主义的经济基础服务。它保护公民[3]私有财产的继承权，不是承认财产富有者对他人剥削的权利。它的特点主要有：

1.整个继承制度建立在生产资料社会主义公有制基础上，并为这一经济基础服务。

2.继承权的客体主要是生活资料和法律允许公民[4]所有的、少量的、小型的生产资料。

3.继承的主体是全体劳动人民。

4.继承权的内容是依法取得被继承人遗留的个人合法财产，不允许利用继承移转不法所得财产或者没有法律根据的财产利益，更不许可移转非财产性的权利义务。

---

〔1〕《马克思恩格斯全集》第4卷，人民出版社1958年版，第335页。

〔2〕《马克思恩格斯选集》第2卷，人民出版社1972年版，第284页。

〔3〕《民法典》继承编的用语为"自然人"。

〔4〕同上注。

第四节　继承权的主体——继承人

继承人是继承关系的权利人，法律对其资格、范围等有具体的规定。

一、继承人的意义及资格

继承人是按照继承法的具体规定，对其近亲属的遗产享有继承权的自然人。

继承人必须具有死者近亲属的身份。

继承人的范围，是由继承法具体规定的。在不同方式的继承关系中，继承人的称谓可以有法定继承人和遗嘱继承人的区别，但事实上继承人都是法定的。遗嘱继承人只不过是被继承人用遗嘱在法定的继承人范围中指定的某个人、某些人，或者是按被继承人遗嘱继承遗产的全部法定继承人。绝不能认为有些继承人是法定的，有些继承人是被继承人用遗嘱另外指定的。

二、继承人的范围

继承人的范围，是指法律规定的哪些人可以作为继承人的界限。从各国或地区的继承制度看，以血缘关系的相近程度和婚姻关系的存在作为确定继承人范围的根据，已成为一种大的趋势。我国《继承法》确定的继承人范围，也是采用这种做法的结果。

根据《继承法》第10条、第12条的规定，[1]继承人包括被继承人的下列近亲属：

（一）配偶

按照我国《婚姻法》的规定，结婚的夫妻双方，互为配偶。配偶作为继承人，是根据合法的婚姻关系。夫妻是共同生活的伴侣，相互之间有极为密切的人身关系和财产关系。因此，在婚姻关系存续期间，双方互为遗产继承人，一方死亡时，另一方即可行使继承权，取得对方的遗产。以配偶身份享有继承权的要件是：男女之间有经过结婚登记的合法婚姻关系存在。至于是否举行结婚仪式、是否同居等，都不能

---

〔1〕 对应《民法典》第1127条和第1129条："Ⅰ.遗产按照下列顺序继承：（一）第一顺序：配偶、子女、父母；（二）第二顺序：兄弟姐妹、祖父母、外祖父母。Ⅱ.继承开始后，由第一顺序继承人继承，第二顺序继承人不继承；没有第一顺序继承人继承的，由第二顺序继承人继承。Ⅲ.本编所称子女，包括婚生子女、非婚生子女、养子女和有扶养关系的继子女。Ⅳ.本编所称父母，包括生父母、养父母和有扶养关系的继父母。Ⅴ.本编所称兄弟姐妹，包括同父母的兄弟姐妹、同父异母或者同母异父的兄弟姐妹、养兄弟姐妹、有扶养关系的继兄弟姐妹。""丧偶儿媳对公婆，丧偶女婿对岳父母，尽了主要赡养义务的，作为第一顺序继承人。"

影响继承权的享有。反之，已经离婚或非法同居、姘居等的男女，双方之间不得互为继承人。我国法律对一夫多妻或一妻多夫的男女，不承认其互为继承人，但对于历史遗留下来的、1950年《婚姻法》实施前已经存在且后来又未解除的这类关系，在司法实践中予以特殊对待，在男性配偶死亡时，允许妻、妾平等地继承其遗产。

(二)子女

子女与父母是最近的直系血亲，相互间有最密切的身份关系和财产关系，子女是父母遗产的继承人。根据《继承法》第10条[1]的规定，子女包括婚生子女、非婚生子女、养子女和有抚养关系的继子女。

对于子女继承权，应注意以下问题：

1.婚生子女，即男女之间基于合法婚姻关系所生的子女，不论儿子、女儿，继承权平等。

2.非婚生子女，指没有合法婚姻关系的男女所生的子女。尽管其不是婚生，但与生父母的血缘关系不能否认，对生父母的遗产有与婚生子女完全平等的继承权，任何人不得因其非婚生而限制或剥夺其继承权。

3.养子女，即通过合法收养关系所得的子女。他(她)与养父母之间是拟制血亲关系。在收养关系存续期间，养子女对养父母的遗产，享有与生子女平等的继承权。同时，养子女对生父母遗产的继承权，自收养关系的成立而消除。但是，养子女对生父母尽赡养义务较多的，还可以依照《继承法》第14条[2]的规定，适当分得生父母的遗产。

4.继子女，是配偶一方与前妻或前夫所生的子女。继子女与继父母的身份关系是基于其生父母的再婚配而形成的。继子女与继父母形成扶养关系的，才对继父母遗产享有继承权。若无扶养关系，则不得继承继父母之遗产。最高人民法院《关于贯彻执行〈中华人民共和国继承法〉若干问题的意见》第21条第1款[3]规定："继子女继承了继父母遗产的，不影响其继承生父母的遗产。"可见，与继父母有扶养关系的继子女，享有双重继承权。

5.胎儿的保留份额，是指胎儿虽不是法律上的权利主体，不能享有继承权，但其是即将出生的权利主体，是权利主体的胚胎，对被继承人关系重大，为实现养老育幼

---

〔1〕 对应《民法典》第1127条："Ⅰ.遗产按照下列顺序继承：(一)第一顺序：配偶、子女、父母；(二)第二顺序：兄弟姐妹、祖父母、外祖父母。Ⅱ.继承开始后，由第一顺序继承人继承，第二顺序继承人不继承；没有第一顺序继承人继承的，由第二顺序继承人继承。Ⅲ.本编所称子女，包括婚生子女、非婚生子女、养子女和有扶养关系的继子女。Ⅳ.本编所称父母，包括生父母、养父母和有扶养关系的继父母。Ⅴ.本编所称兄弟姐妹，包括同父母的兄弟姐妹、同父异母或者同母异父的兄弟姐妹、养兄弟姐妹、有扶养关系的继兄弟姐妹。"

〔2〕 对应《民法典》第1131条："对继承人以外的依靠被继承人扶养的人，或者继承人以外的对被继承人扶养较多的人，可以分给适当的遗产。"

〔3〕 现为《民法典继承编解释(一)》第11条："继子女继承了继父母遗产的，不影响其继承生父母的遗产。"

原则，从胎儿出生后的利益出发，《继承法》第28条[1]规定："遗产分割时，应当保留胎儿的继承份额。胎儿出生时是死体的，保留的份额按照法定继承办理。"最高人民法院《关于贯彻执行〈中华人民共和国继承法〉若干问题的意见》第45条规定，应当为胎儿保留的遗产份额没有保留的，应从继承人所继承的遗产中扣回。为胎儿保留的遗产份额，如胎儿出生后死亡的，由其继承人继承；如胎儿出生时就是死体的，由被继承人的继承人继承。[2]

(三)父母

父母是子女最亲近的尊亲属，对子女遗产享有继承权。对子女遗产有继承权的父母，包括生父母、养父母和有扶养关系的继父母。其中，继父母继承了继子女遗产的，不影响其对生子女遗产的继承权。但是，"养子女和生父母间的权利和义务，因收养关系的成立而消除"，[3]生父母对于被他人收养的生子女没有继承权。养父母对解除收养关系后的原养子女，没有遗产继承权。

(四)兄弟姐妹

兄弟姐妹是最亲近的旁系血亲，相互之间身份关系密切，依法互为遗产继承人。根据《继承法》第10条[4]的规定，互有遗产继承权的兄弟姐妹，包括同父母的兄弟姐妹、同父异母或者同母异父的兄弟姐妹、养兄弟姐妹、有扶养关系的继兄弟姐妹。其中，继兄弟姐妹之间的继承权，因其之间的扶养关系而发生，没有形成扶养关系的，不能互为遗产继承人；养兄弟姐妹之间的相互继承，因收养关系的解除而消灭。

(五)祖父母、外祖父母

祖父母、外祖父母与孙子女、外孙子女为直系血亲关系，相互之间有密切的身份关系和财产关系，因此，祖父母、外祖父母是孙子女、外孙子女的遗产继承人。在我国，许多家庭是三代同堂、共同生活，即使是外祖父母与外孙子女也有法定的权利义

---

〔1〕 对应《民法典》第1155条："遗产分割时，应当保留胎儿的继承份额。胎儿娩出时是死体的，保留的份额按照法定继承办理。"

〔2〕 对应《民法典继承编解释(一)》第31条："Ⅰ.应当为胎儿保留的遗产份额没有保留的，应从继承人所继承的遗产中扣回。Ⅱ.为胎儿保留的遗产份额，如胎儿出生后死亡的，由其继承人继承；如胎儿娩出时是死体的，由被继承人的继承人继承。"

〔3〕《婚姻法》第26条。(对应《民法典》第1111条第2款："养子女与生父母以及其他近亲属间的权利义务关系，因收养关系的成立而消除。")

〔4〕 对应《民法典》第1127条："Ⅰ.遗产按照下列顺序继承：(一)第一顺序：配偶、子女、父母；(二)第二顺序：兄弟姐妹、祖父母、外祖父母。Ⅱ.继承开始后，由第一顺序继承人继承，第二顺序继承人不继承；没有第一顺序继承人继承的，由第二顺序继承人继承。Ⅲ.本编所称子女，包括婚生子女、非婚生子女、养子女和有扶养关系的继子女。Ⅳ.本编所称父母，包括生父母、养父母和有扶养关系的继父母。Ⅴ.本编所称兄弟姐妹，包括同父母的兄弟姐妹、同父异母或者同母异父的兄弟姐妹、养兄弟姐妹、有扶养关系的继兄弟姐妹。"

务关系,[1]祖父母、外祖父母继承孙子女、外孙子女的遗产,符合国情、民情和亲情。

不无疑问的是,孙子女、外孙子女能否作为祖父母、外祖父母的遗产继承人。对此法律上未作规定,也无相关司法解释。有人认为,孙子女、外孙子女可以代位继承人身份继承祖父母、外祖父母的遗产,但是这不能替代其应有的直接继承权(也称"本位继承权")。[2]如果被继承人的子女丧失继承权或放弃继承权时,孙子女、外孙子女即因之丧失代位继承权,既然法律规定祖父母、外祖父母对孙子女、外孙子女有遗产本位继承权,而且在其他各种继承人的规定中,都是相关近亲属互为遗产继承人,那么,孙子女、外孙子女也应顺理成章地对祖父母、外祖父母有遗产本位继承权。

(六)对公、婆或岳父、岳母尽了主要赡养义务的丧偶儿媳或丧偶女婿

丧偶儿媳或女婿作为公、婆或岳父、岳母的遗产继承人,必须具备以下法定要件:(1)须为丧偶。配偶生存的,即使对公、婆或岳父、岳母尽了主要赡养义务,也不应对其遗产有继承权。(2)须对公、婆或岳父、岳母尽了主要赡养义务。所谓尽了主要赡养义务,是指对被继承人生前的生活提供了主要经济来源,或在劳务等方面给予了主要扶助。

我国继承法实行"继承人法定主义",除法律具体规定的继承人种类外,其他任何亲属、非亲属都不能对死者的遗产享有继承权。法律绝不允许出于封建家族继承思想,利用侄子女、外甥子女关系等搞徒有虚名的"嗣子""摔盆"等活动来排斥法定的继承人。

第五节 继承权的客体——遗产

我国法律采取"遗产法定主义",对遗产的性质、范围等作了明确、具体的规定。

一、遗产的意义和性质

遗产是公民[3]死亡时遗留的个人合法财产。

这是《继承法》第3条[4]给遗产所下的定义。根据这一定义和其他有关法律规

---

[1] 《婚姻法》第28条规定了祖父母、外祖父母与孙子女、外孙子女之间的抚养、赡养权利义务。(对应《民法典》第1074条:"I.有负担能力的祖父母、外祖父母,对于父母已经死亡或者父母无力抚养的未成年孙子女、外孙子女,有抚养的义务。II.有负担能力的孙子女、外孙子女,对于子女已经死亡或者子女无力赡养的祖父母、外祖父母,有赡养的义务。")

[2] 关于代位继承权和本位继承权,请参见本书第五十一章第二节"三、代位继承和转继承"。

[3] 《民法典》第1122条的用语为"自然人"。

[4] 对应《民法典》第1122条:"I.遗产是自然人死亡时遗留的个人合法财产。II.依照法律规定或者

定,我国继承权客体的性质表现在以下几个方面:(1)唯财产性。(2)存续时间的特定性和短暂性。公民[1]"死亡时遗留的"个人合法财产才是遗产,公民[2]生存时的个人合法财产不能作为遗产。继承开始时,继承人确定之后,遗产的法律地位即刻发生变化,成为继承人所有的财产而不再是遗产)。(3)合法性。公民[3]死亡时遗留的个人"合法财产"才有遗产的法律地位。被继承人生前非法所得的财产,不能作为遗产,继承人不得继承。法律规定不得作为遗产进行继承的财产,也无遗产的法律地位。(4)被继承人生前个人所有性。公民[4]生前个人合法所有,死亡时遗留的财产,才是遗产。被继承人生前占有的属于他人所有的财产,不能作为遗产。(5)内容的双重性。从作用的角度讲,有积极遗产和消极遗产。从存在形式上讲,既有有体财产,也有无体财产,如财产给付性债权;既有自物权,也有某些他物权。[5]

二、遗产的范围

《继承法》第3条列举性地规定了遗产的范围。[6]按照该条规定,遗产包括公民[7]死亡时遗留的个人合法所有的如下财产:(1)个人收入,即被继承人生前的各种劳动收入和其他合法的财产孳息收入。(2)房屋、储蓄和生活用品。(3)林木、牲畜和家禽。(4)文物、图书资料。(5)法律允许公民所有的生产资料。(6)著作权、专利权中的财产权利。(7)其他合法财产,包括有价证券和履行标的为财物的债权等。[8]

我们认为,法律作如此具体的规定,在特定历史条件下,有其优越之处,适合我国当时的国情。但从现代立法所应当具备的长期适用性、适当的预见性和超前性、对规范对象的最大限度涵盖性等立法技巧的角度讲,作这样具体的列举性规定,无疑有较大的局限性和被动性,对全面保护公民[9]的继承权,有一定的不利之处,而且实践证明,随着我国经济关系的不断发展变化,物权制度的不断健全、完善,可供公民[10]继承的财产权利,已不限于《继承法》规定的这些种类。[11]

按照继承法原理,我国现有法律体系的有关规定和司法实践中的合理做法,特

根据其性质不得继承的遗产,不得继承。"

　　[1]《民法典》第1122条的用语为"自然人"。

　　[2] 同上注。

　　[3] 同上注。

　　[4] 同上注。

　　[5] 如宅基地使用权、房屋典权等。

　　[6]《民法典》第1122条不再如《继承法》第3条列举遗产的类型。

　　[7]《民法典》第1122条的用语为"自然人"。

　　[8] 最高人民法院《关于贯彻执行〈中华人民共和国继承法〉若干问题的意见》第3条。(现《民法典继承编解释(一)》未作此具体规定。)

　　[9]《民法典》第1122条的用语为"自然人"。

　　[10] 同上注。

　　[11] 也正因如此,《民法典》第1122条不再如《继承法》第3条列举遗产的具体类型。

别是根据我国社会主义经济发展的事实,我们建议:我国继承权客体范围的界定,不宜采用列举性规定,而应实行概括性规定和排除性规定相结合的方法,明确规定,财产权利除权利人死亡时依法必须消灭者外,如有继承可能,均可作为继承权的客体。在此基础上,遗产可定义为:

遗产是自然人死亡时遗留的个人财产权利和义务,但依法因人的死亡而消灭的权利和义务,不属于遗产。

在这一定义的涵盖范围内,包括了自然人死亡时遗留的个人的如下财产权:(1)财产所有权。(2)法律允许或权利性质决定可以移转给继承人继承享有的他物权,如土地使用权、[1]合同允许由继承人继续承包经营财产的承包经营权、典权、收益权、抵押权、留置权、占有权等。(3)非人身性质的债权。(4)知识产权中的财产权。(5)个体工商户、私营非法人企业的名称权,即商号权。

三、遗体能否作为遗产

遗体属于物的范畴,但它根本不能成为死者生前的所有权的客体。因为死者在生前享有财产权时,其身体不构成遗体,而当人死亡,遗体构成时,死者已不再是权利能力者,不能再享有财产权。所以,从法理上讲,遗体不属于死亡自然人遗留的个人合法财产,不能作为继承权的客体。

自然人生前立遗嘱将自己的遗体交医学、科研单位使用,或指定由继承人将自己的遗体交医学、科研单位使用,是生前处分自己遗体的合法意思表示,应属人格权的处分权能的延伸,[2]不是继承人的权利。死者生前未立此种遗嘱的,从维护社会公德[3]和正常伦理观念出发,不应承认继承人有权任意处分被继承人遗体。

法学上有观点认为,被继承人遗体是继承人“近亲属埋葬权”的标的,不是财产权的客体,[4]也有观点认为是“遗嘱的人格权[5]或亲属权”的标的,不得作为所有权或其他财产权的标的。在日本,则有观点认为,遗体上可以成立所有权,其所有权构成继承财产,由继承人继承,但继承人对此项所有权的行使,在公法上、私法上均受到限制。[6]

我们认为,遗体应是“近亲属安葬权”的标的。近亲属安葬权是近亲属之间相互享有的以安葬为目的而占有、管理、处分死者遗体的权利。它属于近亲属身份关系的内容之一。此项身份权利,对非近亲属来说,是死者近亲属,特别是配偶、子女、

---

〔1〕《城镇国有土地使用权出让和转让暂行条例》第48条规定,土地使用权可以继承。

〔2〕 人格权的处分权能还有其他表现形式,如允许他人以营利为目的而使用自己的肖像;依法定程序改变自己的姓名等。

〔3〕 自《民法总则》颁行时起,用语改为“公序良俗”。

〔4〕 史尚宽:《继承法论》,中国政法大学出版社2000年版,第141—143页。

〔5〕 同上注。

〔6〕 同上注。

父母的权利，且有排他性、绝对性。反之，对死者近亲属，尤其是死者的配偶、子女、父母来说，安葬被继承人遗体，既是一种权利，也是一种法定义务，他(她)们必须履行这一义务，而且也只能以安葬死者遗体为目的，占有、管理、处分死者遗体，不得出于不良动机，违反死者生前意愿处分其遗体。

第六节 非继承人的遗产取得权

自然人死亡之后，除其继承人有遗产继承权外，还可能发生非继承人对其遗产的取得权。我国《继承法》就有对这种权利的规定。

一、非继承人的遗产取得权的意义和特征

非继承人的遗产取得权，是指继承人之外的权利人，按照继承法的规定享有的、取得死亡自然人遗产的权利。其具有以下特征：

1.权利人是死者继承人之外的自然人、法人[1]或者国家。自然人为权利人的，与死者之间无近亲属关系。

2.权利的效力虽亦为取得死者的遗产，但一般都比继承权的效力强。按照我国《继承法》的规定，除无人继承又无人受遗赠的遗产应归国有或死者生前所在集体所有制组织所有之外，其他各种非继承人的遗产取得权，效力都优于继承权，在遗产处理时，应首先保障这些权利的实现。例如，最高人民法院《关于贯彻执行〈中华人民共和国继承法〉若干问题的意见》第5条规定，被继承人生前与他人订有遗赠扶养协议，同时又立有遗嘱，继承开始后，如果有抵触，按协议处理，与协议抵触的遗嘱全部或部分无效。[2]

二、非继承人的遗产取得权的种类

1.与被继承人有扶养关系的非继承人的遗产适当分得权。

《继承法》第14条[3]规定，对继承人以外的依靠被继承人扶养的缺乏劳动能力又没有生活来源的人，或者继承人以外的对被继承人扶养较多的人，可以分给他们

---

〔1〕 现也包括非法人组织。

〔2〕 对应《民法典继承编解释(一)》第3条："被继承人生前与他人订有遗赠扶养协议，同时又立有遗嘱的，继承开始后，如果遗赠扶养协议与遗嘱没有抵触，遗产分别按协议和遗嘱处理；如果有抵触，按协议处理，与协议抵触的遗嘱全部或者部分无效。"

〔3〕 对应《民法典》第1131条："对继承人以外的依靠被继承人扶养的人，或者继承人以外的对被继承人扶养较多的人，可以分给适当的遗产。"

适当的遗产。最高人民法院《关于贯彻执行〈中华人民共和国继承法〉若干问题的意见》第57条规定，遗产因无人继承收归国家或集体组织所有时，按《继承法》第14条规定可以分给遗产的人提出取得遗产的要求，人民法院应视情况适当分给遗产。[1]

2.受遗赠人的遗产受遗赠权。

受遗赠权是继承人之外的自然人、法人[2]或者国家，按照死者有效遗嘱，取得其遗产的权利。《继承法》第16条第3款规定，公民可以立遗嘱将个人财产赠给国家、集体或者法定继承人以外的人，确认了受遗赠人的受遗赠权。[3]

3.遗赠扶养协议扶养人的遗产受遗赠权。

根据《继承法》第31条规定，公民可以与继承人之外的自然人、集体所有制组织签订遗赠扶养协议。[4]按照协议，扶养人承担该公民[5]生养死葬的义务，享有受遗赠的权利。

4.国家或集体所有制组织收取无人继承又无人受遗赠的遗产的权利。

《继承法》第32条规定，无人继承又无人受遗赠的遗产，归国家所有；死者生前是集体所有制组织成员的，归所在集体所有制组织所有。[6]

5.国家为清理死者生前所欠税款而取得其遗产的权利。

《继承法》第33条、第34条有具体规定。[7]

6.死者生前的债权人为清理死者生前所欠债务，取得其遗产的权利。

此亦由《继承法》第33条、第34条规定。

7.集体组织对"五保户"遗产的取得权。

最高人民法院《关于贯彻执行〈中华人民共和国继承法〉若干问题的意见》第55条作了规定。[8]

---

〔1〕　对应《民法典继承编解释(一)》第41条："遗产因无人继承又无人受遗赠归国家或者集体所有制组织所有时，按照民法典第一千一百三十一条规定可以分给适当遗产的人提出取得遗产的诉讼请求，人民法院应当视情况适当分给遗产。"

〔2〕　现也包括非法人组织。

〔3〕　对应《民法典》第1133条第3款："自然人可以立遗嘱将个人财产赠与国家、集体或者法定继承人以外的组织、个人。"注意用语为"国家、集体或者法定继承人以外的组织、个人"。

〔4〕　对应《民法典》第1158条："自然人可以与继承人以外的组织或者个人签订遗赠扶养协议。按照协议，该组织或者个人承担该自然人生养死葬的义务，享有受遗赠的权利。"注意用语由"公民"改为"自然人"。

〔5〕　《民法典》第1158条的用语为"自然人"。

〔6〕　对应《民法典》第1160条："无人继承又无人受遗赠的遗产，归国家所有，用于公益事业；死者生前是集体所有制组织成员的，归所在集体所有制组织所有。"

〔7〕　对应《民法典》第1161条、第1162条。第1161条："Ⅰ.继承人以所得遗产实际价值为限清偿被继承人依法应当缴纳的税款和债务。超过遗产实际价值部分，继承人自愿偿还的不在此限。Ⅱ.继承人放弃继承的，对被继承人依法应当缴纳的税款和债务可以不负清偿责任。"第1162条："执行遗赠不得妨碍清偿遗赠人依法应当缴纳的税款和债务。"

〔8〕　现《民法典继承编解释(一)》未作此规定。

第五十一章　法定继承

第一节　法定继承的意义和适用条件

法定继承,是继承方式之一,是我国继承实践中普遍采用的、主要的继承方式。

一、法定继承的意义和特征

(一)法定继承的意义

法定继承是指被继承人生前未立遗嘱处分其遗产或遗嘱无效时由其全体继承人按照法律规定的继承顺序、遗产分配原则等继承其遗产的继承方式。

由于法定继承是在被继承人无遗嘱或遗嘱无效的条件下采用的继承方式,人们又称其为"无遗嘱继承"。因此,法定继承与无遗嘱继承为同义词。

法定继承是一种法律推定继承。在被继承人生前立有合法遗嘱时,按遗嘱办理;在被继承人生前未立遗嘱时,法律根据被继承人与继承人之间的近亲属关系,推定被继承人生前愿意将自己的遗产由全体继承人按照近亲属亲等的近远、一般均等分配的方法进行继承。在被继承人所立遗嘱全部或部分不合法时,法律不承认其有效,反认为无遗嘱,亦应按照近亲属关系的近远、一般均等分配的方法进行继承。《继承法》所规定的法定继承制度,正是以上述情事为条件和内容,且以其为理论根据的。从法理上讲,被继承人未立遗嘱的法定继承,是法律对被继承人生前关于其遗产继承的合法意思的正向推定继承;而遗嘱无效时的法定继承,则是法律对死者生前就其遗产处理所作出的、不合法的意思表示的反向推定继承。

总而言之,法定继承是国家为维护自然人的全体近亲属之间的合法继承利益关系,直接地、具体地规定其内容的一种继承方式。

(二)法定继承的特征

法定继承有如下特征:(1)继承人范围法定。凡未丧失继承权的继承人,都能按法定继承顺序,参加继承关系。(2)继承人的继承顺序法定。继承人与被继承人的亲属关系有近远之分,由此决定了各自所处继承顺序的不同,法律规定了不同近亲属身份继承人的不同继承顺序,第一顺序的继承人比第二顺序的继承人有优先继承的权利,任何人不得违法越序。(3)遗产分配原则法定。我国《继承法》具体规定了法定继承中遗产分配的原则,任何人不得违反这些规定,任意多分遗产或不让其他继承人分得遗产。

二、法定继承的适用条件

根据《继承法》第27条[1]和其他有关规定的精神,法定继承在下列条件下方能适用:(1)被继承人生前未立遗嘱处分其遗产的;(2)遗嘱继承人放弃继承或者受遗赠人放弃受遗赠的;(3)遗嘱继承人丧失继承权的;(4)遗嘱继承人、受遗赠人先于遗嘱人死亡的;(5)遗嘱无效部分所涉及的遗产;(6)遗嘱未处分的遗产。

第二节　法定继承人的继承顺序

一、概说

在法定继承中,继承人按照法定的继承顺序参加继承,取得遗产。

我国《继承法》按照继承人与被继承人之间近亲属关系的近远不同,将全体继承人排列组合,分成第一、第二两个继承顺序。继承开始后,由第一顺序继承人继承,第二顺序继承人不继承。没有第一顺序继承人继承的,第二顺序继承人方可继承。

继承开始后,遗产分割前:(1)继承人生存的,按"本位继承"办理。所谓本位继承,即继承人按其所处法定顺序参加继承。(2)继承人未放弃继承权而死亡的,适用"转继承",其生前应得遗产转由其继承人继承。

有继承权的子女先于其父母死亡并且有晚辈直系血亲的,其父、母死亡后遗产按法定继承方式继承时,发生"代位继承",先死亡子女的晚辈直系血亲有权补位,进入第一顺序,继承被继承人的遗产。

二、继承人的法定继承顺序

(一)法定继承顺序的意义

法定继承顺序,是指继承法直接规定的继承人继承遗产时的先后次序。

---

[1] 对应《民法典》第1154条:"有下列情形之一的,遗产中的有关部分按照法定继承办理:(一)遗嘱继承人放弃继承或者受遗赠人放弃受遗赠;(二)遗嘱继承人丧失继承权或者受遗赠人丧失受遗赠权;(三)遗嘱继承人、受遗赠人先于遗嘱人死亡或者终止;(四)遗嘱无效部分所涉及的遗产;(五)遗嘱未处分的遗产。"

被继承人死亡后按法定继承进行继承时，并非全体继承人都能同时参加继承关系。为避免遗产过于分散而对被继承人最亲密的近亲属造成不利以及为减少和避免继承纠纷，法律确定了继承顺序，规定与被继承人身份、财产关系最密切的近亲属，较其他近亲属优先继承。

（二）法律规定继承顺序的依据

主要有三个：(1)继承人与被继承人的婚姻关系；(2)继承人与被继承人的血缘关系的亲近程度；(3)近亲属间共同生活的密切程度和扶养关系的状况。

（三）继承顺序的法律规定

按照《继承法》第10条[1]的规定，我国法定继承分为两个顺序，第一顺序的继承人有配偶、子女、父母；第二顺序的继承人有兄弟姐妹、祖父母、外祖父母。《继承法》第12条[2]规定，丧偶儿媳对公、婆，丧偶女婿对岳父、岳母，尽了主要赡养义务的，作为第一顺序继承人。

世界各国或地区规定的继承顺序大不相同，有规定三个顺序、[3]四个顺序[4]甚至五六个顺序的。[5]

（四）继承顺序的效力

1.在两顺序之间，第一顺序继承人有优先继承权。我国《继承法》明定：继承开始后，第一顺序继承人继承，第二顺序继承人不得继承；没有第一顺序继承人继承的，由第二顺序继承人继承。

2.在同一顺序之内，各继承人继承权平等。首先，各继承人同时继承，不分先后，不存在排列前后决定继承先后的问题。同时，各继承人继承遗产的份额，除法律另有规定或继承人有约定外，应当均等。排列在前的继承人，没有多分遗产的权利。

---

〔1〕 对应《民法典》第1127条："Ⅰ.遗产按照下列顺序继承：(一)第一顺序：配偶、子女、父母；(二)第二顺序：兄弟姐妹、祖父母、外祖父母。Ⅱ.继承开始后，由第一顺序继承人继承，第二顺序继承人不继承；没有第一顺序继承人继承的，由第二顺序继承人继承。Ⅲ.本编所称子女，包括婚生子女、非婚生子女、养子女和有扶养关系的继子女。Ⅳ.本编所称父母，包括生父母、养父母和有扶养关系的继父母。Ⅴ.本编所称兄弟姐妹，包括同父母的兄弟姐妹、同父异母或者同母异父的兄弟姐妹、养兄弟姐妹、有扶养关系的继兄弟姐妹。"

〔2〕 对应《民法典》第1129条："丧偶儿媳对公婆，丧偶女婿对岳父母，尽了主要赡养义务的，作为第一顺序继承人。"

〔3〕 如《南斯拉夫民法典》。

〔4〕 如《法国民法典》。

〔5〕 前者如《德国民法典》，后者如《匈牙利民法典》。

三、代位继承和转继承

代位继承和转继承是两种比较特殊的继承现象,其中,代位继承是法定继承中特有的现象,转继承则是法定继承、遗嘱继承和遗赠三种关系之中都可能发生的情况。代位继承和法定继承中的转继承,都涉及继承人继承顺序问题。

(一)代位继承

1.代位继承的意义。代位继承是指有继承权的子女先于其父母死亡并有晚辈直系血亲的,其父、母死后遗产按法定继承方式继承时,先亡子女的晚辈直系血亲,替代其继承地位,取得其应继承的遗产份额。[1]

通俗地说,代位继承就是孙子女、外孙子女等晚辈直系血亲,替代先亡父母,继承祖父母、外祖父母的遗产。

在代位继承中,先于父母死亡的子女,称为被代位人;进行代位继承的、先亡子女的晚辈直系血亲,称为代位人,其权利称为代位继承权。

2.代位继承的要件,包括以下各项:(1)须有被继承人子女先于被继承人死亡的事实,也即被代位人须为被继承人的先亡子女。(2)被继承人的先亡子女须有继承权可供代位行使。丧失继承权的,其晚辈直系血亲不能取得代位继承权。(3)代位人须为被代位人的晚辈直系血亲。即代位人是被代位人的子女、孙子女或外孙子女,也即被继承人的孙子女、外孙子女甚至曾孙子女、外曾孙子女。代位继承人不受辈分的限制。[2]但是,其他任何继承人不得为代位人。(4)代位继承须发生于法定继承之中。遗嘱继承中不发生代位继承,遗嘱继承人先于被继承人死亡时,遗嘱不得执行,按法定继承办理。

3.代位继承权的效力,表现在下列方面:(1)代位人替代被代位人的继承地位,与第一顺序的其他继承人共同继承,按均等原则分配被继承人的遗产。无论代位人为一人或为多人,均只能取得被代位人应继承的一份遗产。(2)第一继承顺序再无其他继承人继承的,由代位人独占继承,取得被继承人的全部遗产。此为第一继承顺序赋予代位继承权的、对第二顺序继承人继承权行使的排除力。

---

[1]《继承法》第11条。(对应《民法典》第1128条:"Ⅰ.被继承人的子女先于被继承人死亡的,由被继承人的子女的直系晚辈血亲代位继承。Ⅱ.被继承人的兄弟姐妹先于被继承人死亡的,由被继承人的兄弟姐妹的子女代位继承。Ⅲ.代位继承人一般只能继承被代位继承人有权继承的遗产份额。"需要注意的是,相较于《继承法》第11条,本条增加了"被继承人的兄弟姐妹先于被继承人死亡的,由被继承人的兄弟姐妹的子女代位继承"的内容。)

[2] 最高人民法院《关于贯彻执行〈中华人民共和国继承法〉若干问题的意见》第25条。[现为《民法典继承编解释(一)》第14条。]

(二)转继承

1.转继承的意义。转继承是指被继承人死亡后、遗产分割前，未放弃继承权的继承人也死亡的，其应得遗产份额转由他的继承人继承。

转继承实际上是就同一部分遗产，发生两次连续的继承关系，因此又称"连续继承""二次继承""再继承"等。例如，甲父死后、遗产分割前甲暴亡，其本应继承父亲的6万元遗产，所有权已移转于他，应由他的妻、子女、母亲继承，即为转继承。

2.转继承的构成要件，包括以下各项：(1)须被继承人死后、遗产分割前继承人死亡。如果遗产已经分割由继承人受领，继承人才死亡的，属一般继承，不发生转继承。(2)须继承人未放弃继承。如果遗产分割前继承人放弃继承，其死亡后不发生转继承。(3)须由死亡继承人的继承人继承其应继承的遗产份额。死亡继承人有遗嘱的，按遗嘱继承；无遗嘱的，应采用法定继承。

转继承与代位继承有很多明显的区别，应当注意区分它们的不同点。[1]

第三节　遗产的分配

同一顺序有两个以上的继承人共同继承时，发生遗产分配问题，也就是如何确定各继承人应继承份额的问题。

由于遗产分配直接关系法定继承人的实际利益，正确规定遗产分配方法，对贯彻继承法的基本原则，实现继承制度的社会功能，保障继承人的合法利益，有重要的作用。

在法定继承中，同一顺序继承人，与被继承人的近亲属关系同等密切，分配遗产时不应有大的差别。但是，由于相互扶养关系事实上存在亲疏差异，各继承人的经济状况、生活能力等又有不同，分配遗产时也不能不加区别地等额分享。为此，我国《继承法》第13条[2]根据一般和特殊相结合的原则，符合实际地规定了以下遗产分配方法：

1.一般均等分配的方法。在没有特殊原因的情况下，同一顺序继承人一般应均等分配。

2.协议分配的方法。继承人协商同意的，可以不均等分配。

---

〔1〕　参见马原主编：《中国民法教程》，人民法院出版社1989年版，第538页，"代位继承与转继承的区别"。

〔2〕　对应《民法典》第1130条："Ⅰ.同一顺序继承人继承遗产的份额，一般应当均等。Ⅱ.对生活有特殊困难又缺乏劳动能力的继承人，分配遗产时，应当予以照顾。Ⅲ.对被继承人尽了主要扶养义务或者与被继承人共同生活的继承人，分配遗产时，可以多分。Ⅳ.有扶养能力和有扶养条件的继承人，不尽扶养义务的，分配遗产时，应当不分或者少分。Ⅴ.继承人协商同意的，也可以不均等。"

3.照顾多分的方法。对生活有特殊困难的、缺乏劳动能力的继承人,应当照顾多分。

4.鼓励多尽扶养义务、惩戒不尽扶养义务的方法。对被继承人尽了主要扶养义务或者与被继承人共同生活的继承人,可以多分遗产;有扶养能力和有扶养条件的继承人,不尽扶养义务的,应当不分或者少分遗产。其中,"尽了主要扶养义务"的含义,与前文所述丧偶者尽了主要赡养义务基本相同。而与被继承人共同生活的继承人,如有扶养能力或条件,对"需要扶养"的被继承人不尽扶养义务的,则是可以少分或者不分遗产。[1]

在分配遗产时,非继承人的"遗产适当分得权"不可侵犯,[2]必须按具体情况,分给权利人以多于或者少于继承人的遗产额。[3]

---

〔1〕 最高人民法院《关于贯彻执行〈中华人民共和国继承法〉若干问题的意见》第34条。(现为《民法典继承编解释(一)》第23条。)

〔2〕 参见第五十章第六节。

〔3〕 最高人民法院《关于贯彻执行〈中华人民共和国继承法〉若干问题的意见》第31条。(对应《民法典继承编解释(一)》第20条:"依照民法典第一千一百三十一条规定可以分给适当遗产的人,分给他们遗产时,按具体情况可以多于或者少于继承人。")

第五十二章　遗嘱继承

第一节　遗嘱继承的意义和特征

一、遗嘱继承的意义

遗嘱继承是按照被继承人生前所立合法遗嘱继承遗产的继承方式。

1.遗嘱继承是一种继承方式。

作为法律概念,遗嘱继承是法定继承的对称。它与法定继承是互有联系但又各自独立的两种继承方式。不能用法定继承的有关规定,处理遗嘱继承中的问题。

2.遗嘱继承是被继承人生前依法安排其死后遗产继承的意思表示的实现。

自然人生前依其所有权,有权用遗嘱具体安排其死后遗产的继承问题。这种对遗产继承作出的遗嘱,是财产所有人行使所有权处分权能。愿意将其遗产按自己的具体心愿,由继承人继承的意思表示只要合法,当然受到法律保护,保障其得以实现。遗嘱继承,正是按照被继承人生前作出的、处分其遗产的合法意思表示所进行的继承。法律规定,被继承人立有合法遗嘱的,不适用法定继承,正是保障被继承人这种意思表示的全面实现。

由于遗嘱继承是按照被继承人生前的具体意思表示所进行的继承,它又被称为"意定继承"。另一方面,由于遗嘱继承的继承人范围、遗产继承方法等都是由被继承人生前指定的,又把它称为"指定继承"。

在遗嘱继承中,立遗嘱的被继承人称为遗嘱人;按遗嘱继承遗产的继承人称为遗嘱继承人。

二、遗嘱继承的特征

1.遗嘱继承的适用,以被继承人合法遗嘱的存在为要件。

被继承人未用遗嘱安排遗产继承或其遗嘱不合法的,不能发生遗嘱继承,适用法定继承。在有合法遗嘱时,应按遗嘱继承,排除法定继承的适用。

2.遗嘱继承人须为法定的继承人,但不受继承顺序的限制。

遗嘱人既可以指定继承人范围中的一人或数人按遗嘱继承,也可以指定全部继承人按遗嘱确定的方法、数额等分配遗产。切不可认为遗嘱继承只能是指定某个或某些继承人按遗嘱继承。

3.遗产的移转,不受法定继承的遗产分配制度的限制。

遗嘱人有权指定继承人按遗嘱继承部分遗产或全部遗产,遗嘱继承人为二人以上的,遗嘱人有权指定均等或不均等分配遗产。

第二节　遗嘱继承的依据——遗嘱

一、遗嘱的意义和特征

(一)遗嘱的意义

遗嘱是死者生前所为并于其死后生效的、处分其遗产或事务的单方的要式法律行为。在继承法上有意义的只是关于遗产的遗嘱。

遗嘱从自然属性上讲,是一种单方意思表示。从其法律性质上看,合法遗嘱是一种单方的要式法律行为。不合法的遗嘱,应属无效民事行为。为方便起见,法理上通常以法律行为而论。[1]

(二)遗嘱的法律特征

1.遗嘱是单方法律行为。遗嘱基于遗嘱人的单方合法意思表示,就能产生遗嘱人期望的法律后果。

2.遗嘱是处分行为。遗嘱的内容是指定继承事宜,确定其遗产归宿,因而是处分财产的法律行为。非处分财产的遗嘱,在继承法上无意义。

3.遗嘱是死因行为。遗嘱人死亡的事实,才能使遗嘱生效,遗嘱继承才得以生效。遗嘱人生存时,遗嘱不生效力,遗嘱人有权自行变更、撤销。

4.遗嘱是法定要式法律行为。遗嘱处分本已事关重大,且遗嘱生效时遗嘱人业已死亡,为保障遗嘱内容的真实可靠,明白无误,法律特别要求,遗嘱须以法定要式订立。若情势危急不能采用法定要式的,也应以可靠的明示形式订立。不具备法定要式的,将会导致无效。

5.遗嘱是亲为行为。遗嘱不得代理,否则无效。法律上规定的代书遗嘱,是代书人按遗嘱人的意思和要求代笔书写遗嘱,不是代理,而且代书遗嘱须有遗嘱人、代书人和其他见证人的签名方为有效。

---

〔1〕　自《民法总则》颁行时起,无论合法与否,均称为民事法律行为。

（三）遗嘱对遗嘱继承的作用

合法遗嘱是遗嘱继承的唯一依据。遗嘱的效力、变更、撤销等，对遗嘱继承有直接的决定作用。哪些继承人能参加遗嘱继承、遗嘱继承人能取得多少或者哪些遗产，全由遗嘱决定。

二、遗嘱的有效要件

遗嘱以遗嘱人的死亡为生效时间要件。同时，还必须具备法定的形式要件和实质要件，要件不齐备的不能生效。

（一）遗嘱的形式要件

遗嘱的形式是指遗嘱订立的法定方式。在遗嘱继承中，遗嘱形式是否合法，直接决定遗嘱的内容能否有效。

《继承法》第17条规定，遗嘱可以采用公证遗嘱、自书遗嘱、代书遗嘱、录音遗嘱、口头遗嘱五种形式。[1] 不同的遗嘱，有不同的法定形式要件。

1.公证遗嘱，即经过国家公证机关依法认可其真实性和合法性的书面遗嘱。其形式要件为：(1)须为书面形式，有遗嘱人签名或盖章。(2)须一式二份，一份由遗嘱人留存，另一份由公证机关保存。(3)须有公证机关出具的印鉴齐全的《遗嘱证明书》。办理遗嘱公证，遗嘱人必须亲自为之，不得委托代理。

2.自书遗嘱，即遗嘱人生前亲手书写的遗嘱。其形式要件为：(1)须为遗嘱人亲笔书写。(2)须有遗嘱人签名，并注明年、月、日。如对先前所立遗嘱作修改的，应予以文字说明并签名，注明修改的时间。

公民在遗书中涉及死后个人财产处分的内容，确为死者真实意思的表示，有本人签名并注明了年、月、日，又无相反证据的，可按自书遗嘱对待。[2]

3.代书遗嘱，即由他人代笔书写的遗嘱。其形式要件有：(1)须有两个以上见证人在场见证，由其中一个代书。(2)须有遗嘱人、代书人、其他见证人的签名，并注明年、月、日。

4.录音遗嘱，即以录音磁带录记遗嘱人处分其遗产的语音的遗嘱。其形式要件

---

〔1〕《民法典》不再用一个条文规定所有的遗嘱形式。《民法典》第1134条至第1139条在《继承法》第17条规定的公证遗嘱、自书遗嘱、代书遗嘱、录音遗嘱、口头遗嘱五种遗嘱形式的基础上，增加规定了打印遗嘱和录像遗嘱两种遗嘱形式。

〔2〕最高人民法院《关于贯彻执行〈中华人民共和国继承法〉若干问题的意见》第40条。［对应《民法典继承编解释(一)》第27条："自然人在遗书中涉及死后个人财产处分的内容，确为死者的真实意思表示，有本人签名并注明了年、月、日，又无相反证据的，可以按自书遗嘱对待。"。注意用语由"公民"改为"自然人"。］

是：(1)须是遗嘱人语音的录记。(2)须有两个以上见证人在场见证，并在录音遗嘱的磁带中录记见证人自报的姓名、见证的时间、地点等。

5.口头遗嘱，即遗嘱人在危急情况下，有两个以上见证人见证时口述的遗嘱。它没有任何物质载体加以记载，容易发生纠纷，因此，对口头遗嘱形式的采用，有严格的法律限制。《继承法》第17条第5款规定："遗嘱人在危急情况下，可以立口头遗嘱。口头遗嘱应当有两个以上见证人在场见证。危急情况解除后，遗嘱人能够用书面或者录音形式立遗嘱的，所立的口头遗嘱无效。"[1]所谓"危急情况"，是指遗嘱人有生命危险，来不及或不宜用其他形式立遗嘱的情况。

由上可见，口头遗嘱以危急情况为适用要件，其形式要件则是：(1)须是遗嘱人在危急情况下的口述。(2)须有两个以上见证人在场见证。

上述代书、录音、口头三种遗嘱，依法都须有两个以上见证人在场见证。我国《继承法》对见证人的资格，从排除性出发，作了具体规定。该法第18条[2]规定，下列人员不能作为遗嘱见证人：(1)无行为能力人、限制行为能力人。(2)继承人、受遗赠人。(3)与继承人、受遗赠人有利害关系的人。所谓与继承人、受遗赠人有利害关系的人，既应包括继承人、受遗赠人的近亲属，也应包括继承人、受遗赠人的债权人、债务人、共同经营的合伙人。除上述几种人外，其他人都有资格担当遗嘱见证人。

(二)遗嘱的实质要件

按照《继承法》第19条、第22条以及《民法通则》关于民事法律行为的规定，[3]遗嘱具备下列实质要件的，才能有效。

1.遗嘱人在立遗嘱时须有遗嘱能力，即有完全行为能力。遗嘱能力，是指完全行为能力人具有的订立遗嘱的行为能力。《继承法》第22条第1款规定："无行为能力人或者限制行为能力人所立的遗嘱无效。"[4]最高人民法院《关于贯彻执行〈中华人民共和国继承法〉若干问题的意见》第41条规定："遗嘱人立遗嘱时必须有行为能力。无行为能力人所立的遗嘱，即使其本人后来有了行为能力，仍属无效遗嘱。遗嘱人立遗嘱时有行为能力，后来丧失了行为能力，不影响遗嘱的效力。"[5]

---

〔1〕　对应《民法典》第1138条："遗嘱人在危急情况下，可以立口头遗嘱。口头遗嘱应当有两个以上见证人在场见证。危急情况消除后，遗嘱人能够以书面或者录音录像形式立遗嘱的，所立的口头遗嘱无效。"

〔2〕　对应《民法典》第1140条："下列人员不能作为遗嘱见证人：(一)无民事行为能力人、限制民事行为能力人以及其他不具有见证能力的人；(二)继承人、受遗赠人；(三)与继承人、受遗赠人有利害关系的人"

〔3〕　现ía根据《民法典》第1141条、第1143条("遗嘱应当为缺乏劳动能力又没有生活来源的继承人保留必要的遗产份额""Ⅰ.无民事行为能力人或者限制民事行为能力人所立的遗嘱无效。Ⅱ.遗嘱必须表示遗嘱人的真实意思，受欺诈、胁迫所立的遗嘱无效。Ⅲ.伪造的遗嘱无效。Ⅳ.遗嘱被篡改的，篡改的内容无效")以及《民法典》关于民事法律行为的规定。

〔4〕　对应《民法典》第1143条第1款："无民事行为能力人或者限制民事行为能力人所立的遗嘱无效。"

〔5〕　对应《民法典继承编解释(一)》第28条："遗嘱人立遗嘱时必须具有完全民事行为能力。无民事行为能力人或者限制民事行为能力人所立的遗嘱，即使其本人后来具有完全民事行为能力，仍属无效遗嘱。遗嘱人立遗嘱时具有完全民事行为能力，后来成为无民事行为能力人或者限制民事行为能力人的，不影响

2.遗嘱必须是遗嘱人的真实意思表示。遗嘱内容必须与遗嘱人关于处分其遗产的内心意思相一致，否则即不具备法律行为的有效条件。《继承法》第22条第2款、第3款、第4款分别规定："遗嘱必须表示遗嘱人的真实意思，受胁迫、欺骗所立的遗嘱无效"；"伪造的遗嘱无效"；"遗嘱被篡改的，篡改的内容无效"。[1]

3.遗嘱不得取消缺乏劳动能力又没有生活来源的继承人的继承权。《继承法》第19条[2]规定："遗嘱应当对缺乏劳动能力又没有生活来源的继承人保留必要的遗产份额。"这里所说的缺乏劳动能力，是指没有劳动能力或丧失了劳动能力；没有生活来源，是指没有经济收入或没有个人财产。确定继承人是否缺乏劳动能力又没有生活来源，应按照遗嘱生效即继承开始时该继承人的具体情况，而是按照立遗嘱时的情况。

法律之所以作这样的规定，是因为遗嘱人生前对缺乏劳动能力又没有生活来源的继承人有扶养义务，其死亡时必须给他们以应有的遗产份额维持生活。若用遗嘱取消这种继承人的继承权，将会使他们失去起码的生活条件，也加重了社会和他人的负担。所以，凡取消这种继承人继承权的遗嘱，当然无效。

4.遗嘱只能处分遗嘱人的个人合法财产。遗嘱是遗嘱人指定他人承受其个人财产的法律行为，对他人所有的财产，遗嘱人无权处分。因此，遗嘱人以遗嘱处分了属于国家、集体或他人所有的财产的，遗嘱的这部分无效。如丈夫以遗嘱处分了夫妻共有的财产，就侵犯了妻子的个人财产所有权。

5.遗嘱内容不得违反社会公德[3]和公共利益。这也是禁止所有权滥用原则在继承法中的体现。遗嘱人利用遗嘱违反社会公德[4]或公共利益的，遗嘱无效。如遗嘱人立遗嘱将遗产指定由姘头承受，即为我国法律所禁止。

三、遗嘱的变更、撤销[5]和执行

《继承法》第20条第1款规定："遗嘱人可以撤销、变更自己所立的遗嘱。"[6]遗

遗嘱的效力。"

　〔1〕　现相关内容参见《民法典》第1125条第1款："继承人有下列行为之一的，丧失继承权：（一）故意杀害被继承人；（二）为争夺遗产而杀害其他继承人；（三）遗弃被继承人，或者虐待被继承人情节严重；（四）伪造、篡改、隐匿或者销毁遗嘱，情节严重；（五）以欺诈、胁迫手段迫使或者妨碍被继承人设立、变更或者撤回遗嘱，情节严重。"

　〔2〕　对应《民法典》第1141条："遗嘱应当为缺乏劳动能力又没有生活来源的继承人保留必要的遗产份额。"

　〔3〕　自《民法总则》颁行时起，用语改为"公序良俗"。

　〔4〕　自《民法总则》颁行时起，用语改为"公序良俗"。

　〔5〕　鉴于撤销应当是针对已经生效的法律行为，但遗嘱是遗嘱人死亡时才发生效力，故遗嘱人生前只可能撤回而无法撤销遗嘱。为此，《民法典》第1142条已经将《继承法》第20条中的"撤销"改为了"撤回"。所以，本标题下除非引用《继承法》规定，否则所有的"撤销"均改以"撤回"表达。

　〔6〕　对应《民法典》第1142条第1款："遗嘱人可以撤回、变更自己所立的遗嘱。"注意将《继承法》第20条中的"撤销"改为了"撤回"。

嘱人死后,其生前所立合法遗嘱即生效力,应当予以全面执行。

(一)遗嘱的变更和撤回

遗嘱的变更,是指遗嘱人依法变动、更改原立遗嘱的部分内容的单方要式法律行为。

遗嘱的撤回,是指遗嘱人依法取消原立遗嘱全部内容的单方要式法律行为。

变更、撤回遗嘱,是遗嘱人的专有权利,其他任何单位和个人都不得实施这些行为。变更、撤回遗嘱都属单方要式法律行为,必须符合前文所述遗嘱的有效条件,否则不生效力。

遗嘱的变更、撤回,可有两种方式。一为明示方式,即遗嘱人明确进行意思表示,变更或撤回原立遗嘱。如在原立遗嘱书上记载变更内容或撤回之类的文字,并签名,注明年、月、日。二为法律推定方式,即遗嘱人虽未明确进行变更、撤回的意思表示,但以其他合法的可推知其变更、撤回意思的行为,变更、撤回原立遗嘱。如遗嘱人临终前以自书遗嘱变更或撤回原立代书遗嘱。再如,遗嘱人生前将个人财产全部出卖,即以与遗嘱的意思表示相反的行为,使遗嘱失去意义。对此类情况,法律上推定为遗嘱的变更或撤回。[1]

遗嘱人立有数份遗嘱,内容相抵触的,以最后的遗嘱为准。但是,自书、代书、录音、口头遗嘱,不得撤销、变更公证遗嘱。最高人民法院《关于贯彻执行〈中华人民共和国继承法〉若干问题的意见》第42条明确指出:"遗嘱人以不同形式立有数份内容相抵触的遗嘱,其中有公证遗嘱的,以最后所立公证遗嘱为准;没有公证遗嘱的,以最后所立的遗嘱为准。"[2]

(二)遗嘱的执行

遗嘱的执行,是指遗嘱人死亡后,由遗嘱继承人或遗嘱指定的其他人,真实、全面地实现遗嘱的内容。

遗嘱人生前可以指定继承人之外的个人或组织执行遗嘱,也可以不指定而由遗嘱继承人作执行人。遗嘱执行人必须真实、全面地执行遗嘱的内容,在遗嘱人死亡后有义务及时通知有关遗嘱继承人或受遗赠人,妥善保管、清理遗产,按《继承法》的规定和遗嘱分割遗产。遗嘱执行人为执行遗嘱所支出的费用,可在遗产中扣除。[3]

---

〔1〕 最高人民法院《关于贯彻执行〈中华人民共和国继承法〉若干问题的意见》第39条。现《民法典继承编解释(一)》不再作这样具体的解释性规定了,因为《民法典》第1142条第2款已经明确规定"立遗嘱后,遗嘱人实施与遗嘱内容相反的民事法律行为的,视为对遗嘱相关内容的撤回"。

〔2〕 特别需要注意的是,现《民法典》已经不再赋予公证遗嘱至高无上的效力了。《民法典》第1142条第3款明确规定:"立有数份遗嘱,内容相抵触的,以最后的遗嘱为准。"最高人民法院《关于适用〈中华人民共和国民法典〉时间效力的若干规定》第23条进一步规定,"被继承人在民法典施行前立有公证遗嘱,民法典施行后又立有新遗嘱,其死亡后,因该数份遗嘱内容相抵触发生争议的",仍然以最后的遗嘱为准。

〔3〕 特别需要注意的是,相较《继承法》的规定,《民法典》第1145条至第1150条增加了对遗嘱执行人的规定。

第五十三章 遗赠和遗赠扶养协议

第一节 遗赠

一、遗赠的意义

遗赠是遗嘱人以遗嘱将其遗产中的财产权利的一部或全部,无偿给与继承人之外的个人、集体或国家[1],于遗嘱人死亡时生效的单方要式法律行为。

《继承法》第16条第3款规定:"公民可以立遗嘱将个人财产赠给国家、集体或者法定继承人以外的人。"[2]可见,自然人不仅可以遗嘱指定继承人按遗嘱继承,也有权立遗嘱指定继承人之外的个人、集体或国家[3],无偿取得其遗产。

遗嘱人立遗嘱进行遗赠,是其行使财产处分权的意思表示,遗嘱的形式、内容都合法的,在遗嘱人死亡时发生法律效力。

在遗赠关系中,遗嘱人称为遗赠人;按遗嘱无偿取得遗赠财产的人,称为受遗赠人,其权利称为受遗赠权。

二、遗赠的特征

遗赠与赠与、遗嘱继承、遗赠扶养协议等都不同。从遗赠的如下特征中可以看出它们之间的区别。

1.遗赠是单方要式法律行为。遗赠人立遗嘱进行遗赠,是为受遗赠人单纯设立财产权的行为。因此,不需要经过受遗赠人的同意,遗嘱只要合法,就能发生法律效力。遗赠的效力,是使受遗赠人享有遗产无偿取得权,遗赠人死后,受遗赠人不愿接受遗产的,可以抛弃受遗赠权。遗赠在遗赠人死亡时生效,故遗赠人生前可随时撤回遗赠的遗嘱。可见,遗赠与赠与这种双方的、生前的行为不同。

〔1〕 对应《民法典》第1133条第3款:"自然人可以立遗嘱将个人财产赠与国家、集体或者法定继承人以外的组织、个人。"注意用语为"国家、集体或者法定继承人以外的组织、个人"。

〔2〕 对应《民法典》第1133条第3款:"自然人可以立遗嘱将个人财产赠与国家、集体或者法定继承人以外的组织、个人。"注意遗赠人的用语由"公民"改为"自然人";受遗赠人用语改为"国家、集体或者法定继承人以外的组织、个人"。

〔3〕 注意《民法典》第1133条将受遗赠人用语改为"国家、集体或者法定继承人以外的组织、个人"。

2.遗赠的标的仅是遗产中的财产权利。受遗赠人有权只接受遗产中的积极遗产，而不接受遗赠人的消极遗产。因为法律不允许任何人单方面为他人设定义务。相反，遗嘱继承是总括继承，继承人不能只继承积极遗产，不继承消极遗产。此系二者在标的上的不同。

3.受遗赠人是继承人以外的个人、集体或者国家[1]。依照《继承法》第16条第3款的规定，受遗赠人是继承人之外的个人、集体或国家[2]，可见，继承人不得作为受遗赠人。

4.遗赠是死因行为。遗赠的遗嘱，在遗赠人死亡时生效，受遗赠人方可行使受遗赠权，取得遗赠财产。

5.遗赠是无偿性财产给与行为。遗赠人向受遗赠人遗赠财产，不收取任何报偿，受遗赠人取得遗产，也无须付出任何代价。否则，不构成遗赠，而是一种附条件的买卖。不同的是，遗赠扶养协议是一种有偿性财产给与关系，扶养人获得被扶养人的遗产，以承担被扶养人生养死葬的财产性义务为对应要件。

三、遗赠适用的法律

遗赠的核心是遗嘱，因此，法律关于遗嘱有效条件的规定，关于遗嘱变更、撤回和执行的规定等，当然适用于遗赠。对此，《继承法》第三章将遗嘱继承和遗赠并列规定，条文中也多为通用规定。遗嘱的有关问题，前已有述，此不重复。

关于受遗赠权的接受、放弃，《继承法》第25条第2款规定，受遗赠人应当在知道受遗赠后两个月内，作出接受或者放弃受遗赠的表示。到期没有表示的，视为放弃受遗赠。[3]

第二节　遗赠扶养协议

一、遗赠扶养协议的意义

遗赠扶养协议，是指遗赠人与继承人之外的约定扶养人订立的、由扶养人承担遗赠人生养死葬的义务，享有取得遗赠人遗产权利的协议。

---

〔1〕《民法典》第1133条将受遗赠人用语改为"国家、集体或者法定继承人以外的组织、个人"。

〔2〕同上注。

〔3〕对应《民法典》第1124条："Ⅰ.继承开始后，继承人放弃继承的，应当在遗产处理前，以书面形式作出放弃继承的表示；没有表示的，视为接受继承。Ⅱ.受遗赠人应当在知道受遗赠后六十日内，作出接受或者放弃受遗赠的表示；到期没有表示的，视为放弃受遗赠。"需要注意的是，相较于《继承法》第25条，将"两个月"改为了"六十日"。

在遗赠扶养协议关系中,承担遗赠人生养死葬义务的人称为扶养人,扶养人可以是自然人,也可以是集体所有制组织,但不能是遗赠人的继承人。受扶养人扶养的遗赠人,称为被扶养人。

《继承法》第31条[1]规定了遗赠扶养协议制度,为遗赠扶养协议提供了法律依据。《继承法》第5条[2]则确认了遗赠扶养协议具有强于继承和遗赠的效力。

二、遗赠扶养协议的特征

遗赠扶养协议不同于遗嘱,也不是收养。它有以下特征:

1.是双方法律行为。被扶养人和扶养人意思表示一致,才能形成协议,因而遗赠扶养协议是双方法律行为。此一点,将它与遗嘱区别开来。

2.是双务合同。在遗赠扶养协议关系中,双方当事人都依约定负有义务。扶养人承担对被扶养人生养死葬的义务;被扶养人负有妥善保管或者保留遗赠财产的义务。遗赠扶养协议的双务性,反映了它的有偿性,但它不是商品交换性质的合同,而是一种有偿扶养老、弱或残疾人的契约,不能将等价交换的原则适用于这一关系中。

3.扶养人和被扶养人之间无法定扶养关系。遗赠扶养协议是一种约定扶养关系,凡相互之间有法定扶养关系的,不得订立遗赠扶养协议。否则,就是对法定义务的抛弃和对有关法定义务制度的非法否定。如近亲属之间、对职工有提供养老金义务的单位与职工之间,均不得订立遗赠扶养协议。

自然人为扶养人的,与被扶养人之间不形成收养关系,否则,遗赠扶养协议无效。

4.内容的实现分为两个阶段。遗赠扶养协议从订立时起生效,在被扶养人生存至死亡期间,扶养人履行其扶养、安葬被扶养人的义务;被扶养人死亡时,扶养人行使其取得遗赠财产的权利。

三、遗赠扶养协议的效力

(一)对当事人的效力

遗赠扶养协议使扶养人和被扶养人之间发生权利义务关系。

1.扶养人的权利。主要包括:(1)被扶养人死后,有按协议取得遗产的权利。(2)被扶养人无正当理由不履行,致协议解除的,有权请求被扶养人偿还已支付的供养费用。

---

〔1〕 对应《民法典》第1158条:"自然人可以与继承人以外的组织或者个人签订遗赠扶养协议。按照协议,该组织或者个人承担该自然人生养死葬的义务,享有受遗赠的权利。"

〔2〕 现为《民法典》第1123条。

2.被扶养人的权利。主要包括:(1)对扶养人享有按协议接受扶养的权利。扶养标准由协议约定,不得擅自改变。(2)扶养人无正当理由不履行,致协议解除的,有权不补偿扶养人已支付的供养费用,拒绝扶养人受遗赠的要求。

(二)对其他遗产取得权的效力

《继承法》第5条规定:"继承开始后,按照法定继承办理;有遗嘱的,按照遗嘱继承或者遗赠办理;有遗赠扶养协议的,按照协议办理。"[1]最高人民法院《关于贯彻执行〈中华人民共和国继承法〉若干问题的意见》第5条进一步说明:"被继承人生前与他人订有遗赠扶养协议,同时又立有遗嘱的,继承开始后,如果遗赠扶养协议与遗嘱没有抵触,遗产分别按协议和遗嘱处理;如果有抵触,按协议处理,与协议抵触的遗嘱全部或部分无效。"[2]可见,当与其他遗产取得权发生抵触时,遗赠扶养协议的效力最强。

---

〔1〕 现为《民法典》第1123条。

〔2〕 对应《民法典继承编解释(一)》第3条:"被继承人生前与他人订有遗赠扶养协议,同时又立有遗嘱的,继承开始后,如果遗赠扶养协议与遗嘱没有抵触,遗产分别按协议和遗嘱处理;如果有抵触,按协议处理,与协议抵触的遗嘱全部或者部分无效。"

第五十四章　遗产的处理

第一节　继承的开始

一、继承开始的时间

《继承法》第2条规定："继承从被继承人死亡时开始。"[1]据此,继承开始的时间应以被继承人死亡的时间为准,包括自然死亡的时间和被宣告死亡的时间。

继承开始的时间与遗产分割的时间不同。继承开始的时间,是法律明定的,遗产分割的时间,是继承人在继承开始后商定的;继承开始的时间,是继承人得以行使继承权的时间起点,遗产分割的时间,是继承人实际取得遗产的时间。遗产分割总是后于继承开始的时间。

一人死亡时继承开始的时间容易确定,互有继承关系的数人在同一事件中死亡的,比较复杂。为此,最高人民法院《关于贯彻执行〈中华人民共和国继承法〉若干问题的意见》第2条专门规定:"相互有继承关系的几个人在同一事件中死亡,如不能确定死亡先后时间的,推定没有继承人的人先死亡。死亡人各自都有继承人的,如几个死亡人辈份不同,推定长辈先死亡;几个死亡人辈份相同,推定同时死亡,彼此不发生继承,由他们各自的继承人分别继承。"[2]

二、继承的通知和遗产的保管

(一)继承的通知

继承开始后,知道被继承人死亡的继承人应当及时通知其他继承人和遗嘱执行人。继承人中无人知道被继承人死亡或者知道被继承人死亡而不能通知的,由被继承人生前所在单位或者住所地的居民委员会、村民委员会负责通知。

通知时,应告知继承的地点。一般为被继承人生前最后住所地。在我国,主要

---

〔1〕　现为《民法典》第1121条第1款。

〔2〕　对应《民法典》第1121条第2款:"相互有继承关系的数人在同一事件中死亡,难以确定死亡时间的,推定没有其他继承人的人先死亡。都有其他继承人,辈份不同的,推定长辈先死亡;辈份相同的,推定同时死亡,相互不发生继承。"不再由司法解释予以规定。

是户籍所在地为继承的地点,如果主要遗产在别处的,也可以主要遗产所在地为继承地点,对不动产遗产,应以不动产所在地为继承地点。

(二)遗产的保管

继承开始后、遗产分割前,存有遗产的人,无论继承人还是非继承人,是自然人还是社会组织,都有义务妥善保管遗产,任何人不得侵吞或者争夺。[1]

第二节　遗产的分割及其原则

一、遗产分割的意义

遗产的分割,是指共同继承人或者继承人与其他遗产取得权人,按照各自的应得遗产份额分配遗产的法律行为。

遗产分割包括对积极遗产和消极遗产的分割。通常所说的主要是积极遗产的分割,其中,实物遗产的分割占重要地位。

继承开始后、遗产分割前,遗产是共同继承人或继承人与其他遗产取得权人的共有财产,各共有人对共有财产没有独立支配权,但有分割请求权。遗产分割正是分割请求权行使的结果,而遗产分割的结果,正是共有关系的解除,各权利人能够独立支配自己得到的财产额。

二、遗产分割的原则

1.分清遗产与共有财产:这是遗产分割的一个重要原则。《继承法》第26条规定,夫妻在婚姻关系存续期间所得的共有财产,除有约定以外,分割遗产时,应先将共有财产的一半分出,为生存配偶个人所有,其余一半为被继承人的遗产。遗产在家庭共有财产之中的,应先分出他人的财产。[2]

2.无遗嘱的按法定继承;有遗赠扶养协议、遗嘱的,按先执行遗赠扶养协议、有剩余遗产时再执行遗嘱、最后还有遗产的再按法定继承的原则办理。

3.必须为胎儿保留应继承份额的原则。

4.清偿被继承人生前依法应当缴纳的税款和债务的原则。对继承人,采用"限

[1]《继承法》第24条。(对应《民法典》第1151条:"存有遗产的人,应当妥善保管遗产,任何组织或者个人不得侵吞或者争抢。")

[2] 对应《民法典》第1153条:"Ⅰ.夫妻共同所有的财产,除有约定的外,遗产分割时,应当先将共同所有的财产的一半分出为配偶所有,其余的为被继承人的遗产。Ⅱ.遗产在家庭共有财产之中的,遗产分割时,应当先分出他人的财产。"

定继承原则"处理消极遗产的继承。对遗产已被分割而未清偿债务的，如有法定继承又有遗嘱继承和遗赠时，应先由法定继承人用其所得遗产清偿债务；不足清偿的，剩余的债务由遗嘱继承人和受遗赠人按比例用所得遗产偿还。如果只有遗嘱继承和遗赠的，由遗嘱继承人和受遗赠人按比例用所得遗产偿还。[1]

但是，继承人中有缺乏劳动能力又没有生活来源的人时，即使遗产不足清偿债务，也应为其保留适当遗产。[2]这一点可谓"被继承人债务清偿中的特别保留原则"。

5.不得损害遗产效用和价值的原则。分割实物遗产时，应当执行《继承法》第29条的规定："遗产分割应当有利于生产和生活需要，不损害遗产的效用。不宜分割的遗产，可以采取折价、适当补偿或者共有等方法处理。"[3]

6.为无法通知的继承人保留应继承份额的原则。如果有无法通知继承人的情况时，要保留该继承人应继承的遗产，并确定该遗产的保管人或保管单位。

7.无人继承又无人受遗赠的遗产，归死者生前所在集体所有制单位或国家所有的原则。

---

〔1〕 最高人民法院《关于贯彻执行〈中华人民共和国继承法〉若干问题的意见》第62条。(对应《民法典》第1163条："既有法定继承又有遗嘱继承、遗赠的，由法定继承人清偿被继承人依法应当缴纳的税款和债务；超过法定继承遗产实际价值部分，由遗嘱继承人和受遗赠人按比例以所得遗产清偿。"不再由司法解释予以规定。)

〔2〕 最高人民法院《关于贯彻执行〈中华人民共和国继承法〉若干问题的意见》第61条。[对应《民法典继承编解释(一)》第25条："Ⅰ.遗嘱人未保留缺乏劳动能力又没有生活来源的继承人的遗产份额，遗产处理时，应当为该继承人留下必要的遗产，所剩余的部分，才可参照遗嘱确定的分配原则处理。Ⅱ.继承人是否缺乏劳动能力又没有生活来源，应当按遗嘱生效时该继承人的具体情况确定。"]

〔3〕 现为《民法典》第1156条"Ⅰ.遗产分割应当有利于生产和生活需要，不损害遗产的效用。Ⅱ.不宜分割的遗产，可以采取折价、适当补偿或者共有等方法处理。"

图书在版编目(CIP)数据

民法学原理：重排校订版 / 张俊浩主编；刘心稳等副主编.
-- 北京：中国民主法制出版社，2024. 9.
　　ISBN 978-7-5162-3749-6

Ⅰ. D923.01
中国国家版本馆CIP数据核字第2024H3K179号

图书出品人：刘海涛
图书策划：麦　读
责任编辑：庞贺鑫
文字编辑：靳振国

书名 / 民法学原理（重排校订版）
作者 / 张俊浩　主编
　　　　刘心稳　姚新华　副主编
　　　　姚新华　费安玲　刘智慧　刘心稳
　　　　张馨予　朱李圣　吴香香　朱庆育　校订

出版·发行 / 中国民主法制出版社
地址 / 北京市丰台区右安门外玉林里 7 号（100069）
电话 /（010）63055259（总编室）　63058068　63057714（营销中心）
传真 /（010）63055259
http：//www. npcpub. com
E-mail：mzfz@npcpub. com
经销 / 新华书店
开本 / 16 开　730 毫米 ×1030 毫米
印张 / 55.5　**字数 /**1115 千字
版本 / 2024 年 11 月第 1 版　2024 年 11 月第 1 次印刷
印刷 / 北京天宇万达印刷有限公司

书号 / ISBN 978-7-5162-3749-6
定价 / 149.00 元
出版声明 / 版权所有，侵权必究
